EL PRIMER AÑO DEL BEBÉ

EL PRIMER AÑO DEL BEBÉ

Arlene Eisenberg, Heidi E. Murkoff
y Sandee E. Hathaway, B.S.N.

Traducción
Jorge Cárdenas Nannetti

GRUPO
EDITORIAL
norma

Barcelona, Buenos Aires, Caracas,
Guatemala, México, Miami, Panamá, Quito, San José,
San Juan, Santafé de Bogotá, Santiago de Chile.

Edición original en inglés:
WHAT TO EXPECT THE FIRST YEAR
de Arlene Eisenberg, Heidi E. Murkoff y Sandee E. Hathaway.
Una publicación de Workman Publihing Company, Inc.
708 Broadway, New York, New York 10003, U.S.A.
Copyright © 1989 por Arlene Eisenberg, Heidi E. Murkoff y Sandee E. Hathaway.
Ilustraciones, Copyright © 1998 por Workman Publishing Company, Inc.

Copyright © 1991 para todo el mundo de habla hispana
por Editorial Norma S.A.
Apartado Aéreo 53550, Bogotá, Colombia.
Apartado de Correos 2001, Barcelona, España.
Reservados todos los derechos.
Prohibida la reproducción total o parcial de este libro,
por cualquier medio, sin permiso escrito de la Editorial.

Impreso por D'Vinni Ltda
Impreso en Colombia-Printed in Colombia

Directora editorial, María del Mar Ravassa G.
Jefes de edición, Nancy Z. de Ujfalussy y Lucrecia Monárez
Directora artística, Monica Bothe
Fotografía de cubierta, Alvaro Díaz.

ISBN: 958-04-1400-9

Nota: Cada niño es único. Este libro no pretende reemplazar al pediatra o al médico, que deberán ser consultados si el niño muestra síntomas de enfermedad o comportamiento extraño.

DEDICATORIA

A Emma y Wyatt, Rachel y Ethan
por el mágico y memorable primer año que nos dieron

A nuestros compañeros de paternidad, Howard, Erik y Tim
sin quienes no habríamos podido pasar por esos primeros años

Contenido

adecuada para el bebé • Saque el niño a pasear • Exposición a los extraños • Cambios de color de la piel • Programa para las comidas • Hipo • Deposiciones • Estreñimiento • Evacuaciones explosivas • Expulsión de gases • Alergia a la leche • Detergentes para la ropa del bebé • Sueño intranquilo • Pautas de sueño • Ruidos cuando el niño duerme • Chupador • Vigilando la respiración del bebé • *Para que duerma bien* • Confusión del día y la noche • Posiciones de dormir • Cómo pasar al niño dormido a su cama • El llanto • Cólico • *Remedio para el cólico* • Los hermanitos no deben sufrir • Usted no tiene la culpa • *Qué hacer con el llanto* • *Consentir al llorón* • *Cuándo se debe consultar el llanto con el médico* • Niños consentidos • Sangre en el vómito • Cambio de opinión sobre la lactancia • Fotos • Música fuerte • Suplementos vitamínicos • Cuidados en la circuncisión • Escroto inflamado • Hipospadia • *Seguridad del niño*

¿Por qué suplemento? • Cómo suplementar • *Reserva de emergencia* • Suplemento cuando el bebé no prospera

Seborrea • Sonrisas • Arrullo • Patituertos • Comparaciones • Uso del portabebés • Inmunización • *Lo que usted debe saber sobre DTP* • Inmunización contra la gripe • *Programa de inmunización recomendado por la AAP* • Testículos escondidos • Hernia • Pezones invertidos • Rechazo del pecho • Preferencia por un pecho • El niño difícil • Un segundo idioma • *¿Tiene usted un niño difícil?* • *¿Cómo se le habla a un niño?* • Media lengua

Creación de un buen ambiente • Consejos prácticos para aprender jugando

Crianza del niño cuando se trabaja

DOS PALABRAS DEL MEDICO

Tener un hijo es una experiencia feliz y emocionante, aunque no exenta de cuidados y preocupaciones. Al principio las nuevas responsabilidades de la paternidad parecen inmensas, pero esa natural ansiedad se puede dominar si se cuenta con sano consejo, información práctica y de vez en cuando una buena noche en que se pueda dormir. EL PRIMER AÑO DEL BEBÉ garantiza dos de estas tres cosas, y por tanto es una bienvenida extensión de mi oficio como asesor de padres de un recién nacido.

Me ha impresionado la precisión médica de las autoras y la manera sensata de traducirla a útiles consejos de madre a madre. Instrucción anticipada (sobre alimentación, cólicos, el gatear, la seguridad y el control de las crisis cotidianas) es la esencia de la pediatría. El presente libro le dice lo que usted necesita saber, cuando lo necesita: es decir, a medida que el niño crece, mes por mes.

La pediatría ha cambiado dramáticamente desde que yo empecé a ejercerla y a enseñarla en el Centro Médico Albert Einstein hace 25 años. No es sólo la avanzada tecnología para el diagnóstico y tratamiento de las enfermedades; es que hoy las madres y los padres están más adelantados, exigen más, están mejor informados y sus preguntas revelan mayor perspicacia y refinamiento. A ellos, pues, les viene como anillo al dedo este libro vivaz, comprensivo y bien organizado.

Me complació que la Academia Norteamericana de Pediatría (AAP) me diera el encargo, como su vocero ante la prensa nacional, de revisar el original. Una de las tres autoras es abuela, papel que hoy también asume el pediatra. Resolver un difícil problema de diagnóstico puede ser la mayor alegría para el pediatra; pero en la práctica, el ejercicio cotidiano de nuestra profesión se reduce a hacer de abuelas. La antigua familia extensa ya casi ha desaparecido, las abuelas de hoy están haciendo gimnasia o escultura, jugando golf, viajando o comenzando nuevas carreras. Para encontrar la instrucción anticipada que antes proporcionaban las abuelas, hoy los padres vuelven los ojos al pediatra.

Esa instrucción es tan indispensable que el año pasado me sorprendió no encontrarla en la China, en un viaje que hice a ese país para evaluar las prácticas pediátricas, y les dije a mis anfitriones: "Observo que ustedes no prestan asesoría sobre el desarrollo del niño ni los problemas diarios de las madres". Me miraron extrañados. "Es cierto", repuso el médico jefe, "estamos demasiado ocupados". Sólo cuando me invitó a su casa a almorzar y bajaron de sus habitaciones dos parejas de abuelos para acompañarnos a la mesa, vi la cosa clara. "Ahí está la respuesta", le comenté a mi esposa. "Los padres chinos no necesitan pediatras que los instruyan sobre alimentación y hábitos de higiene: tienen abuelas que viven en la casa".

Me complace decir que los consejos que contiene este libro están mucho más actualizados y son más informativos y autorizados que los de la abuelita. Nunca he visto un libro popular de pediatría tan completo en dieta y nutrición. Las recomendaciones de los comités de la AAP sobre la nutrición y la primera infancia — con las nuevas preocupaciones sobre el colesterol, la obesidad y la aptitud física — reciben excelente apoyo en estas páginas. La información sobre "Qué debe estar haciendo su bebé este mes" será, sin duda, de gran utilidad. Y la guía en las tres áreas principales de combate entre madre e hijo (dormir, comer y evacuar) merece el amplio y bien balanceado tratamiento que recibe en estas páginas: más atención de la que pueden prestarle muchos atareados pediatras.

En suma, estoy encantado de que al fin se haya publicado una obra tan completa y útil, que espero será para los padres de los años 90 lo que fue Spock para los de los años 50 y 60. Tan encantado estoy que me propongo darle un ejemplar a toda nueva madre que venga a mi consultorio.

Léalo. Goce con él. EL PRIMER AÑO DEL BEBÉ, un libro escrito por madres, es de primera. No reemplazará al pediatra pero sí le hará a éste la vida más fácil, y sus autorizados consejos le ahorrarán a usted muchos quebraderos de cabeza.

DR. HENRY HARRIS
Miembro de la Academia
Norteamericana de Pediatría,
Centro Médico Albert Einstein,
Nueva York

POR QUE SE CONCIBIO ESTE LIBRO

Parecía tan sencillo y tan seguro: yo entraría embarazada a la clínica y saldría convertida en madre. Lo que había sido una función natural para miles de generaciones de mujeres tendría que ser también natural para mí . . . gracias a mis glándulas de secreción interna que por arte de magia me proporcionarían toda la experiencia que necesitaría para cuidar de mi hijito y toda la leche necesaria para alimentarlo.

Apenas le habían cortado a Emma el cordón umbilical cuando puse por primera vez a prueba la eficacia de esa teoría; me pareció defectuosa, para decir lo menos. Mis sentimientos al tener en mis brazos a mi hijita recién nacida, húmeda todavía con agua del amnios y roja con mi sangre, eran no sólo menos radiantes de lo que esperaba, sino más ambivalentes de lo que me imaginaba. ¿Por qué yo no experimentaba sentimientos de intimidad con ella, ni ella conmigo? ¿Y por qué, oh, por qué, ella no dejaba de llorar? Más fallas surgieron cuando me abrí la camisa y acerqué la cara colorada de Emma a mi pecho. El instinto parecía faltar lamentablemente de parte y parte. Yo, por más que lo intenté, no logré meterle mi pecho en la boquita, y ella no tuvo mejor éxito tratando de tomar el pezón y mamar (invariablemente lo tomaba y lo volvía a soltar).

Las cosas no mejoraron cuando volvimos a casa; mi ineptitud era evidente en todo y en todo momento: al cambiarle los pañales, al ayudarle a eructar o darle de comer o hacerla dormir, al bañarla y vestirla. En las semanas que siguieron, lloré casi tanto como Emma. Y no es poco decir, pues ella sufría de cólicos.

Sin duda yo era la madre más inútil de cuantas ha habido en el mundo . . . o así me lo parecía, hasta que empecé a conversar con otras madres y descubrí que estos sentimientos de incompetencia eran generales entre todas las primerizas durante las primeras semanas. Lo mismo puedo decir de las preocupaciones. (En este campo yo también creía tener el monopolio.) Preocupación porque el bebé no está comiendo bien o está durmiendo demasiado; porque tiene un salpullido o un principio de diarrea; temor de exponerlo a la presencia de extraños que traen microbios, y aprensión por los riesgos de la vacunación.

Lo mismo que otras madres, busqué información y guía en todas las fuentes posibles: libros sobre la infancia, revistas, parientes con más experiencia, amigas que ya habían pasado por este trance. Cada cual tenía algo que ofrecer, pero el total de la información que me pudieron suministrar (la mayoría de la cual era contradictoria) no satisfacía ni una fracción de mis preguntas. Los pediatras seguramente las habrían podido contestar, pero ninguno estaba dispuesto a irse a vivir con Emma, con Erik mi marido, y conmigo.

En consecuencia, EL PRIMER AÑO DEL BEBÉ nació de mis necesidades durante los primeros doce meses de la maternidad.

Este libro tiene por objeto facilitarle el primer año (que nunca será realmente *fácil*), guiarla a usted, a su esposo y a los hijos mayores para hacerles frente a los innumerables problemas, crisis y transiciones que son parte inevitable de ese primer año, con la comprensión y empatía de quienes ya han pasado por eso y

QUE DEBE ESTAR HACIENDO SU BEBE ESTE MES

Todos los padres quieren saber si sus hijos se están desarrollando bien. El problema es que cuando los comparan con el "promedio" para su edad, encuentran que están o más adelantados o más atrasados, pero es raro que sean exactamente como ese promedio. Para ayudarle a usted a determinar si su hijo está dentro del amplio ámbito de lo normal, más bien que dentro del estrecho espacio del "promedio", hemos desarrollado un tramo mensual de realizaciones dentro del cual se encuentran casi la totalidad de los niños, con base en las Pruebas de Clasificación de Desarrollo de Denver y el Clinical Linguistic Auditory Milestones (CLAMS). En cualquier mes, por lo menos el 90% de todos los bebés habrán dominado las destrezas de la primera categoría, "Lo que su hijo debe ser capaz de hacer"; un 75% más o menos habrá dominado las de la segunda categoría, "Lo que su hijo probablemente podrá hacer"; el 50% podrá realizar lo previsto para la tercera categoría, "Lo que su hijo posiblemente podrá hacer"; y el 25% habrá alcanzado las destrezas de la última categoría, "Lo que su hijo hasta podría hacer".

La mayoría de los padres encontrará que sus niños adquieren destrezas de distintas categorías al mismo tiempo. Unos pocos observarán que sus niños permanecen constantemente en la misma categoría, y algunos hallarán el desarrollo de sus bebés desigual: lento un mes, dando un gran salto al siguiente. Todos pueden estar tranquilos sabiendo que sus hijos son perfectamente normales.

Sólo cuando el niño sistemáticamente no logre lo que un niño de esa edad "debe ser capaz de hacer", tendrán los padres motivo para preocuparse y consultar con el médico. Aun en esos casos es posible que no exista problema alguno.

Utilice las secciones "Qué debe estar haciendo su bebé" de este libro para verificar el desarrollo mensual, si lo desea, pero no para formarse juicios sobre sus capacidades actuales o futuras. Ese no es el propósito de tales secciones. Si la comparación de su hijo con estas listas le provoca ansiedad en lugar de tranquilidad, no haga caso de ellas. Su hijo se desarrollará igualmente bien si usted no las ve nunca...y usted podrá ser más feliz.

---

con el beneficio de la última información médica al respecto. Tiene en cuenta las diferencias individuales entre las madres y entre los bebés, pues, lo mismo que en el embarazo, lo "normal" abarca muchas cosas distintas; y observa, al mismo tiempo, las variantes en estilos de maternidad, porque cuando se trata de tomar decisiones en esta materia, no se puede decir que haya una sola y óptima manera

de tomarlas.[1] Confía en los instintos de una madre, pero reconoce que la misma madre muchas veces no se fía de ellos. Y, más que todo, asegura que casi todo lo que siente la madre y lo que hace el bebé es normal, aun cuando no sea lo mismo que siente la vecina o lo que hace su hijo.

Yo sobreviví el primer año. En efecto, a medida que las semanas se acumulaban en meses y Emma y yo nos íbamos amoldando más a lo que nos correspondía, yo empecé a gozar de la maternidad. Tanto, que de ahí a poco resolví volver a ser madre. Cinco años después yo (y mi coautora y hermana Sandee, quien ha hecho el viaje por los doce primeros meses dos veces en ese tiempo) comprendí cuán

---

[1] Desde luego, cuando se trata de decisiones médicas, la madre no es siempre la que más sabe, y aun contando con un libro como éste, usted no debe tratar de hacer de médico de su niño. Consulte con el médico antes de tomar decisiones que afecten a la salud del bebé.

cierto es que las cosas buenas de la vida — entre ellas los niños, que son la mejor — no nos llegan sin esfuerzo, pero que, sin la menor duda, vale la pena el esfuerzo que se hace por ellas.

A ese esfuerzo, y a ustedes, las que se disponen a hacerlo, les dedicamos EL PRIMER AÑO DEL BEBÉ.

HEIDI E. MURKOFF
Nueva York

PRIMERA PARTE

El primer año

CAPITULO UNO

Listos para arrancar

Tras esperar nueve meses, aparece al fin la luz al final del túnel. Pero faltando apenas pocas semanas para el día del alumbramiento, ¿ya sabe usted cómo es eso de traer al mundo una criatura? ¿Está preparada para la llegada de su hijo cuando sea la hora?

Aun para la que haya sido *Girl Scout* no hay manera de estar completamente preparada, tanto física como psicológicamente; pero sí hay un montón de cosas que se pueden hacer — desde escoger una cuna adecuada hasta buscar un buen médico, decidir si le va a dar el pecho a la criatura o la va a alimentar con biberón, si va a usar pañales de tela o pañales desechables; desde prepararse usted para la llegada hasta preparar al perro de la casa — a fin de que la transición sea suave. Esa gran actividad cuando se hacen los preparativos para el alumbramiento puede parecer a veces frenética, pero será una buena preparación para los días de mayor agitación que le esperan.

ALIMENTACION DEL BEBE: ¿Pecho o biberón?

Para muchas mujeres, eso no se discute. Cuando cierran los ojos y sueñan despiertas cómo va a ser la vida con una criatura, se ven a sí mismas claramente dándole el pecho; o, con no menos claridad, estrechando al recién nacido en sus brazos y dándole el último biberón. Cualesquiera que sean las razones que para ello tengan — emotivas, médicas, prácticas — tomaron su decisión sobre este punto desde temprano en el embarazo, tal vez desde antes que éste comenzara.

En cambio, otras mujeres se muestran indecisas. Quizá no les guste la idea de lactar al bebé, pero tanto han oído decir que la leche materna es la mejor, que tampoco se conforman con el sistema de biberón. Es posible que su propia madre recomiende éste porque fue el que ella usó, mientras que las amigas son partidarias del pecho. Es posible que estas mujeres quisieran ensayar la lactancia natural pero temen que no sería práctica porque piensan volver al trabajo poco después del nacimiento de la criatura. O tal vez es el futuro padre el que está confundido y esto es lo que hace vacilar a la futura madre.

Sea cual fuere la causa de tales vacilaciones, la mejor manera de aclarar las cosas es examinar los hechos al mismo tiempo que se averiguan los sentimientos de todos los interesados. En primer lugar, ¿cuáles son los hechos?

VENTAJAS DE LA LACTANCIA MATERNA

Los pediatras, los tocólogos, las enfermeras-parteras, hasta los fabricantes de alimentos infantiles están de acuerdo en que la leche materna es la mejor. Por más que avance la tecnología, siempre habrá algunas cosas que la naturaleza hace mejor, y entre ellas está proveer el mejor alimento y el mejor sistema de administrarlo a las criaturas, sistema que al mismo tiempo es bueno para las madres. Como lo dijo hace más de un siglo Oliver Wendell Holmes el Viejo: "Un buen par de glándulas mamarias les lleva la ventaja a los dos hemisferios cerebrales del más sabio profesor en el arte de componer un fluido nutritivo para infantes". Entre las ventajas de la lactancia materna se cuentan:

Leche individualizada para su niño. La leche del pecho humano contiene por lo menos cien ingredientes que no se encuentran en la leche de vaca ni se pueden sintetizar en el laboratorio. Además, a diferencia de las de fórmula, la composición de la leche materna varía constantemente para satisfacer las necesidades siempre cambiantes de la criatura: es distinta por la mañana que por la tarde; distinta cuando el niño tiene un mes que cuando tiene siete meses; distinta para un bebé prematuro que para el que nace de tiempo completo.

Más digestible. La leche materna es la más apta para el sensible aparato digestivo del niño, que todavía no está bien desarrollado. Su proteína (principalmente lactalbúmina) y su grasa las elabora la criatura con mayor facilidad que la proteína (principalmente caseinógeno) y grasa de la leche de vaca. La consecuencia práctica es que los niños alimentados al pecho tienen menos probabilidades de sufrir de cólicos, gases y salivación excesiva.

Menos sodio y proteína. Puesto que la leche materna tiene un contenido más bajo de estos dos nutrientes que la de vaca, exige menos trabajo a los débiles riñones del recién nacido.

Mejor absorción de calcio. Este aumento de absorción probablemente se debe, en parte, a los niveles inferiores de fósforo en la leche materna, pues este mineral, tomado en exceso, obstaculiza la utilización del calcio.

Menor riesgo de alergia. Los recién nacidos casi nunca son alérgicos a la leche de la madre. Pueden ser sensibles a algo que ella haya comido y que haya pasado a su leche (inclusive leche de vaca), pero por lo general la leche misma la toleran bien. Por el contrario, más del 10% de los niños, después de iniciados con una fórmula de leche de vaca, resultan alérgicos a ésta. (Un cambio a una fórmula de soya o hidrolizada suele resolver el problema, pese a que tales fórmulas se alejan aún más de la composición de la leche humana que la leche de vaca.[1])

No hay problemas de estreñimiento ni de diarrea. Debido al efecto naturalmente laxante de la leche materna, los niños que lactan ensucian pañales en abundancia y el estreñimiento es una cosa casi desconocida entre ellos. Pero aunque sus evacuaciones son muy blandas, tampoco se presentan problemas de diarrea. Parece que la leche materna disminuye el riesgo de desarreglos digestivos en dos formas distintas: la primera, destruyendo directamente muchos microorganismos perjudiciales que los causan; y la segunda, inhibiendo el desarrollo de éstos mediante el fomento de otros microorganismos que sí son benéficos y que controlan a los indeseables.

---

[1] Sin embargo, las *leches* de soya no son adecuadamente nutritivas y no se deben usar en la alimentación infantil.

Menor riesgo de erupciones. Las deposiciones bienolientes del infante criado al pecho ofrecen menos probabilidades de causar erupciones, pero esta ventaja (lo mismo que la del olor menos desagradable) desaparece en cuanto se le empiezan a dar sólidos.

Mejor salud del bebé. Cada vez que el niño toma del pecho de la madre ingiere en la leche una abundante dosis de anticuerpos que fortalecen su inmunidad a las enfermedades. En general, los criados al pecho sufrirán menos catarros, infecciones de los oídos y otras enfermedades que los alimentados con biberón, y su recuperación de las que sufran será más rápida y con menos complicaciones.

Menos obesidad. Por término medio, los infantes criados al pecho son menos gordezuelos que los criados con biberón. Esto se debe, en parte, a que en la lactancia el apetito del bebé es el regulador del consumo: una vez que ha comido lo suficiente, deja de mamar. Con el biberón, por el contrario, se suele animar al bebé para que siga chupando hasta acabar con el contenido del frasco, aun cuando haya llegado al punto de llenura después de tres o cuatro onzas. Además, en la leche materna las calorías están controladas. La última leche que toma en una mamada tiene un contenido calórico más alto que la primera y tiende a hacer que el niño se sienta lleno, lo cual es señal para que deje de chupar. Tenga en cuenta, sin embargo, que la criatura a quien se le da el pecho con demasiada frecuencia — por ejemplo, cada vez que está aburrida o necia — también está expuesta a crecer con demasiada rapidez.

Mayor satisfacción de chupar. Un rorro puede seguir chupando un pecho que ya está vacío, pero no un biberón vacío, para lograr el óptimo placer de chupar.

Mejor metabolismo del colesterol. Las personas que fueron criadas al pecho tienden a mostrar más bajos niveles de colesterol en la edad adulta que las que fueron alimentadas con biberón. Si bien los científicos no saben por qué, el nivel más alto de colesterol en la leche del pecho parece establecer un mecanismo que mejora la capacidad del individuo para metabolizar más tarde el colesterol.

Mejor desarrollo de la boca. Los pezones de la madre y la boca del bebé hacen un juego perfecto (aun cuando no lo parece la primera vez que lo ensayan). Ni el chupete sustituto más científicamente diseñado puede proporcionar a las quijadas, las encías y los dientes de la criatura el ejercicio que obtiene con el pecho de la madre, ejercicio que garantiza óptimo desarrollo bucal. Y como no hay estiramiento de la lengua hacia adelante, como lo hay al chupar el biberón, los niños criados al pecho tienen menos probabilidades de padecer problemas de ortodoncia que los criados con biberón.

Comodidad. La leche materna siempre está a la mano, lista para usarla y siempre a la temperatura perfecta. Como alimento cómodo, no hay nada igual. No hay fórmula que se acabe y haya que salir a comprarla, o que haya que llevarla si una va a alguna parte, ni hay que estar lavando y esterilizando y volviendo a llenar frascos, abriendo latas, poniendo a calentar el biberón. Dondequiera que usted se encuentre — en la cama, de viaje, en un restaurante, en la playa — el alimento que su bebé necesita siempre está listo. Si es preciso que madre e hijo se separen una noche o un día, o inclusive todo un fin de semana, la leche se puede extraer de los pechos por anticipado y guardarla en el refrigerador o el congelador para dársela al niño con biberón.

Menor costo. La leche materna no cuesta nada, mientras que la crianza con biberón puede resultar costosa (y a veces se desperdicia mucho si los biberones a medio consumir o latas abiertas del polvo van a parar al vertedero de la cocina). Aun cuando es cierto que la madre que amamanta necesita un poco más de alimento que la que no amamanta, la diferencia de costo no tiene por qué ser grande. Si la comida se elige teniendo en cuenta los valores nutritivos, como debe ser, puede hasta salir más barata. Una bolsa de leche baja en grasa cuesta menos que un litro de gaseosa; una escudilla de trigo desmenuzado y fruta fresca es más barata que un pastel de dulce; un helado hecho en casa con jugo de fruta es menos costoso que el comprado en la tienda endulzado con azúcar.

Más rápida recuperación de la madre. La lactancia es provechosa para el organismo de la madre. No todas sus motivaciones para dar el pecho tienen que ser altruistas. Como la lactancia es parte del ciclo natural embarazo-alumbramiento-maternidad, está destinada a ser buena no sólo para la criatura sino también para usted. Ayuda a la matriz a volver más pronto a su tamaño normal anterior al embarazo (esos son los dolores que experimenta la madre los primeros días que siguen al parto cuando el niño lacta), lo cual a su vez reduce más rápidamente el flujo de loquios (derrame vaginal después del parto). Contribuye igualmente a que usted pierda los kilos que le agregó el embarazo quemando más de 500 calorías al día. Recordará que algunos de esos kilos se acumularon en forma de reservas grasas específicamente para producir leche; ahora tiene usted la oportunidad de consumirlas. (Pero cuídese de quemar las grasas con demasiada rapidez. Vea la página 623.)

Algo de protección contra otro embarazo. La madre que da el pecho se ve por lo general libre de "aquella molestia mensual" durante muchos meses después del parto. La ovulación y la menstruación se suspenden en casi todos los casos por lo menos hasta que la criatura empieza a tomar suplementos alimenticios en cantidad significativa (ya sea en forma de biberón o de sólidos), a veces hasta que se ha destetado y a veces hasta por varios meses después. Desgraciadamente esto no quiere decir que usted no pueda quedar otra vez embarazada. La ovulación puede preceder silenciosamente a su primer período después del parto, de manera que no puede estar segura de cuándo cesará la protección que le ha proporcionado la lactancia. (Vea información sobre control de la natalidad en la página 662.)

Posible reducción del riesgo de cáncer. Aun cuando la lactancia no parece proteger contra el cáncer del seno después de la menopausia, sí hay algunos indicios de que puede reducir el riesgo de dicho cáncer que ocurre antes de esa época.

Descanso obligado. Dar el pecho obliga a la madre a tomarse ciertos períodos de tregua durante el día, sobre todo al principio (a veces con más frecuencia de lo que usted quisiera). Ya sea que usted piense que tiene o no tiene tiempo para descansar, su organismo después del parto necesita esos momentos de descanso que la lactancia la obliga a tomarse.

Menos complicaciones por la noche. Ni siquiera los padres que no se cansan de admirar a sus adorables criaturas todo el día quieren verlas a las 2 A.M. (ni a ninguna otra hora entre la medianoche y el amanecer). El despertar del niño por la noche puede ser mucho más tolerable (hasta se puede disfrutar como un momento de especial intimidad) cuando no hay que incomodarse porque la nutrición está allí mismo en sus pechos y no hay que ir a buscarla en el refrigerador de la cocina ni calentarla y ponerla en el biberón. (Más cómodo aún para la madre si el marido se encarga de pasar al bebé de la cuna a sus brazos y otra vez a la cuna.)

Fuerte relación madre-hijo. Como lo sabe toda madre que haya criado a su hijo al pecho, el mayor beneficio que de ello se deriva es el lazo de intimidad que se crea entre los dos. Se establece contacto de piel a piel y de ojo a ojo, y la oportunidad de mimar y arrullar al bebé y barbullar como el recién nacido. Es cierto que estos mismos placeres se pueden disfrutar cuando se da el biberón, pero en este caso hay que hacer un esfuerzo más deliberado, ya que con frecuencia puede usted tener la tentación de delegar esa función a otros cuando está cansada, por ejemplo, o apoyar el biberón para que el niño lo tome solo cuando usted está ocupada.

VENTAJAS DE LA CRIANZA CON BIBERON

Si la crianza con biberón no ofreciera ventajas, nadie capaz de dar el pecho pensaría siquiera en leches de fórmula. Pero sí ofrece ventajas muy reales y para algunas madres (y padres) superiores a las de la lactancia natural.

Satisfacción más duradera para el niño. Los preparados de fórmula a base de leche de vaca son más difíciles de digerir que la leche materna, y los coágulos cauchosos que forman permanecen más tiempo en el estómago del niño, dándole una sensación de saciedad que puede durar tres o cuatro horas, aun desde el principio. Por el contrario, la leche materna es de tan rápida y fácil digestión, que muchos lactantes recién nacidos parece que están permanentemente prendidos de los pechos de la madre. Esta frecuencia de lactación tiene sus ventajas (estimula la producción de leche) pero puede resultar agotadora.

Facilidad de controlar la cantidad. Uno sabe exactamente qué cantidad está tomando el niño, mientras que los pechos de la mujer no están calibrados para medir la cantidad que toma el bebé y muchas madres se angustian pensando que su recién nacido no está comiendo lo suficiente. La madre que cría a su hijo con biberón no tiene este problema. Un vistazo al frasco le da la información que necesita. (Esto también puede ser un inconveniente, si la madre ansiosa obliga al bebé a tomar más de lo que él quiere.)

Mayor libertad. La crianza con biberón no esclaviza a la madre. ¿Que quiere salir a cenar o a un teatro con su marido? ¿O aun ausentarse en un romántico fin de semana? La abuelita seguramente tendrá mucho gusto de cuidar del bebé y darle su comida. ¿Que quiere volver a trabajar medio tiempo cuando el niño cumpla los tres meses? No habrá necesidad de destetarlo ni de extraer la leche de los pechos. Basta decirle a la persona que se quede cuidando al niño dónde están los biberones y la leche de fórmula.

Más participación del padre. Los padres pueden participar de los placeres de alimentar al niño cuando éste se alimenta con biberón, cosa obviamente imposible cuando se cría al pecho. (En este último caso, hay algunos padres que llegan a sentirse decepcionados.)

Más participación de los hermanos. No hay nada que les dé a los hermanitos mayores un sentimiento más intenso de afecto por "su nuevo bebé" que el acto de darle ellos mismos de comer.

Menos exigencias. La mujer que queda agotada después de un parto difícil se sentirá encantada si tiene la opción de no levantarse a media noche, o aun a las seis de la mañana, a darle de comer a la criatura. El padre, la abuela, la enfermera — cualquiera que esté a la mano — puede encargarse de esta función mientras ella se recupera. Habrá también menos desgaste de los recursos fisiológicos de la madre si no tiene que producir leche.

Puede estar a la moda. La madre que cría a su hijo con biberón se puede vestir como quiera. Lo que pueda ponerse una madre que está lactando no es tan limitado como lo fue durante el embarazo, pero la mayor parte del tiempo no podrá preferir lo de moda a lo práctico. Mientras esté dando el pecho tendrá que prescindir de los vestidos de una pieza que no se abotonan por el frente. (Trate de acomodar a un chiquillo con hambre levantándose el vestido sobre la cabeza y verá por qué.)

Menos restricción de métodos anticonceptivos. Mientras que la madre que da el pecho tiene que limitar su elección de anticonceptivos a aquéllos que no causen daño al niño (vea la página 661), la que cría a su hijo con biberón no tiene tales limitaciones.

Menos demandas y restricciones dietéticas. Una madre que utiliza leches de fórmula puede dejar de comer por dos. A diferencia de la que lacta, puede dejar de tomar extras de proteínas y calcio y olvidarse de sus suplementos vitamínicos prenatales. (Sin embargo, a menos que sea una de esas raras mujeres a quienes les cuesta trabajo comer lo bastante para conservar su peso, no le complacerá tanto tener que renunciar a las calorías extra que la madre lactante puede seguir disfrutando hasta el destete.) Puede tomarse

unas cuantas copas en una reunión, tomar aspirina para el dolor de cabeza o medicinas que el médico le recete para las alergias, comer cuantos alimentos altamente sazonados quiera, sin tener que preocuparse por el efecto de tales cosas en su hijo. Después de las seis primeras semanas de sobreparto (aunque no antes, mientras su organismo está aún en la etapa de recuperación) puede seguir un régimen estricto, pero inteligente, para perder cualquier peso excesivo que el embarazo le haya dejado. Esta es una cosa que la madre que cría al pecho no puede hacer hasta que la criatura haya sido destetada, si bien es posible que, debido a las calorías que requiere la producción de leche, no tenga que ponerse a ningún régimen para realizar su objetivo.

Alimentación en público. La alimentación con biberón se puede hacer en público sin llamar la atención ni desvestirse. A una madre que da el pecho la mirarán con curiosidad o de reojo si se decide a amamantar a su hijo a la vista de todos, mientras que a una mujer que le da un biberón al suyo nadie la vuelve a mirar. Tampoco tiene ésta que preocuparse por el procedimiento, a veces embarazoso, de volverse a vestir (volver a ajustar las tiras del sostén, volver a meterse la camisa, volverse a abotonar el traje) una vez terminada la lactación.

No obstaculiza hacer el amor. Después de nueve meses de hacer el amor en condiciones bastante menos que ideales, muchas parejas anhelan volver al punto en que estaban cuando ocurrió la concepción. Para la mujer que está lactando, una vagina seca por los cambios hormonales de la lactación, junto con pezones sensibles y pechos que dejan escapar leche, pueden hacer de esto un sueño imposible durante varios meses. Para la que alimenta al niño con biberón, nada estorba su intimidad con su marido... como no sea que inesperadamente el chiquillo se despierte llorando a medianoche.

LAS OPINIONES TAMBIEN VALEN

Los hechos están a la vista; usted los ha leído y releído, los ha considerado y reconsiderado. Y, sin embargo, tal vez todavía no se puede decidir. Eso se debe a que, lo mismo que en el caso de otras decisiones que debe tomar en estos días, la relativa a la alimentación no depende únicamente de los hechos. También depende mucho de lo que piensen sobre el particular usted y su marido.

¿Desearía usted criar a su niño al pecho, pero le parece que esto no sería práctico porque piensa volver al trabajo poco después del nacimiento? No permita que las circunstancias la priven a usted y al niño de esa experiencia. Unas pocas semanas de lactancia son mejor que nada; los dos se beneficiarán aunque la experiencia sea muy breve. Y con un poco de cálculo y programación adicional, tal vez pueda idear un sistema para seguir dándole el pecho aun después de volver al trabajo. (Vea la página 196.)

¿Es usted básicamente enemiga de lactar, pero encuentra los hechos demasiado convincentes para no hacer caso de ellos? También en este caso puede hacer un ensayo, y si éste no le hace cambiar de opinión, abandone el experimento. Por lo menos su bebé se beneficiará de la lactancia un corto tiempo (lo que es mejor que nada) y usted quedará tranquila porque por lo menos lo ensayó. (Sin embargo, no eche pie atrás antes de haber ensayado de verdad. Una buena prueba tiene que durar siquiera un mes, o mejor aún, seis semanas, ya que por lo general se necesita ese tiempo para establecer una buena relación de lactancia, aun en las mejores circunstancias.)

¿Tiene usted una aversión profunda a dar el pecho, se siente incómoda con todo lo relacionado con este asunto, desde tener que desnudarse en público (no literalmente, por supuesto) hasta la idea misma de poner al niño contra su seno para que mame? ¿O con anterioridad ha dado el pecho y no le gustó? Si sus sentimientos son puramente negativos y si para usted valen mucho más que todas las ventajas de la lactancia, entonces lo mejor en su caso será probablemente apelar al biberón. Lo mismo puede decirse si sus sentimientos son *regularmente* negativos y las circunstancias de su vida (por ejemplo, la necesidad de regresar al trabajo) no son favorables para la crianza al pecho. En cualquiera de los dos casos, la decisión de apelar al biberón debe tomarla sin ningún escrúpulo de conciencia.

¿Cree usted que no podrá lactar al niño por ser de temperamento muy nervioso (no se puede estar quieta), aunque reconoce que la leche materna es la mejor? Nada se pierde con ensayar y en cambio puede ganar mucho si resulta que su personalidad es más compatible con la lactancia de lo que usted se imaginaba. Sin embargo, no se apresure a juzgar la situación. Hasta mujeres que han sido bendecidas con la calma de una madona pueden encontrar que las primeras semanas de la lactancia son de gran ansiedad. En cambio, muchas se llevan una agradable sorpresa cuando, una vez establecida una buena relación entre niño y madre, descubren que dar el pecho es tranquilizador: las hormonas que se secretan cuando el niño lacta refuerzan la sensación de paz y la experiencia misma es uno de los mejores medios de aliviar las tensiones. (Para obtener los mejores resultados, al principio se deben hacer ejercicios de relajamiento antes de dar el pecho al recién nacido.) Recuerde que siempre puede recurrir al biberón si resulta que sus temores iniciales estaban bien fundados.

¿Tiene celos su marido o se siente rechazado si usted le da el pecho al bebé, aunque a usted sí le gustaría dárselo? Si es así, pídale que lea lo que hay de cierto en el asunto. Quizás así se convencerá de que su pérdida, que al fin y al cabo es sólo temporal, o su desagrado, que también será pasajero, serán ganancia para el niño. Dígale que lea también la sección sobre crianza al pecho en el capítulo 25 "Con el nuevo padre". Si a pesar de todo él sigue oponiéndose a la lactancia y usted está resuelta a practicarla, tendrán que negociar un poco más para resolver el conflicto y encontrar una solución satisfactoria para ambos.

Lo mismo que en cualquier decisión matrimonial importante, hay dos métodos buenos: uno es la transacción; el otro consiste en ceder al que tenga más vivo interés o esté más directamente comprometido en el asunto de que se trate. Una transacción podría ser que usted dará el pecho pero sólo durante tres meses. O si lo que molesta a su marido es que usted alimente al bebé en público, usted podría convenir en no hacerlo sino en privado, y suplir con el biberón cuando esto sea imposible. Si no pueden llegar a una tran-

MITOS SOBRE LA LACTANCIA

■ **MITO: Usted no puede lactar si tiene pechos pequeños o pezones planos.**
Realidad: La apariencia externa no afecta de ninguna manera la producción de leche ni la capacidad de la madre para amamantar. Pechos y pezones de toda forma y tamaño pueden satisfacer a una criatura con hambre. Pezones invertidos que no se ponen erectos cuando se estimulan pueden necesitar alguna preparación previa para hacerlos totalmente funcionales. Vea las págs. 28-29.

■ **MITO: La lactancia es muy engorrosa.**
Realidad: Nunca volverá a ser tan fácil alimentar a su hijo. Los pechos, a diferencia del biberón, siempre están listos cuando el niño los necesita. No tiene usted que acordarse de llevarlos consigo cuando se va de paseo a la playa, ni meterlos en una bolsa, ni preocuparse porque la leche se vaya a dañar con el calor.

■ **MITO: La lactancia esclaviza.**
Realidad: Es cierto que la lactancia es más natural para las que se proponen pasar la mayor parte del tiempo con sus hijitos. Pero las que estén dispuestas a hacer el esfuerzo de extraer la leche y guardarla, o complementarla con leche de fórmula, pueden conciliar la necesidad de trabajar — o de ir a ver una película o a un seminario de todo el día — con el deseo de dar el pecho. Y cuando se trata de salir con el bebé, la madre que lacta es la que más movilidad tiene, puesto que siempre dispone de suficiente cantidad de alimento en cualquier parte adonde vaya y por más tiempo que esté fuera de casa.

■ **MITO: La lactancia le deformará el busto.**
Realidad: A muchas les sorprenderá enterarse de que la lactancia no parece afectar en forma permanente la forma o tamaño de los pechos. Debido a factores hereditarios, a la edad, mala sustentación (no usar sostén), o exceso de peso adquirido durante el embarazo, sus pechos pueden ser menos firmes después de tener un niño. Pero no se puede culpar de esto a la lactancia.

■ **MITO: La lactancia excluye al padre.**
Realidad: Un padre que quiera tomar parte en el cuidado del recién nacido encontrará amplias oportunidades para ello: bañarlo, cambiarle pañales, alzarlo, arrullarlo, jugar con él, y una vez que se le empiecen a dar alimentos sólidos, darle la comida.

sacción, ensayen el otro método. Si la oportunidad de dar el pecho es muy importante para usted, pídale a su marido que ceda en este punto. Si él es el más inflexible (cosa poco probable) ceda usted a sus deseos.

Algunas mujeres encuentran que dar el pecho es una experiencia increíble, vivificante y alborozadora; cuando llega el tiempo de destetar a la criatura (sobre todo si es la última) es común un período de lágrimas y depresión. Otras lactan al niño porque saben que eso es lo mejor, pero en el fondo se sienten indiferentes; y hay otras, en fin, que jamás aprenden a tolerar (para no hablar de disfrutar) la lactancia. Pero no es posible saber a qué grupo pertenece una mientras no haya tenido a su niño al pecho. Muchas que empezaron a lactarlo como un deber acaban dándole el pecho por amor. Muchas a quienes antes del alumbramiento las llenaba de consternación la idea de semejante acto de intimidad en compañía de extraños llegan a arrepentirse de sus palabras y a levantarse la camisa con aplomo al primer lloro del chicuelo — en un avión, en un parque lleno de gente, en un restaurante elegante.

Sin embargo, si por fin usted resuelve no lactar a su hijito (con ensayo o sin él), no tiene por qué remorderle la conciencia. Casi nada de lo que haga por su niño está bien si no lo siente bien para usted misma, inclusive la lactancia. Hasta los recién nacidos captan el sentimiento de insatisfacción de la madre; un biberón que se da con amor es mejor para su niño que un pecho que se ofrece a desgana.

CUANDO NO SE PUEDE O NO SE DEBE DAR EL PECHO

Para algunas mujeres las ventajas y desventajas de una y otra manera de alimentación no significan nada. Para ellas no hay opción, ya sea por motivo de su propia salud o la del niño. Si en su historia médica figura alguna de las circunstancias siguientes, casi con seguridad se le aconsejará que no trate de criar a su hijo al pecho:

■ Una grave enfermedad debilitante (como afección cardíaca o renal o anemia severa), o extrema deficiencia de peso (su organismo necesita reservas grasas para producir leche).

■ Infección grave, como sida o tuberculosis, o posiblemente hepatitis B. (Es posible que a pesar de la hepatitis pueda lactar a la criatura, si a ésta se la trata con gama globulina o vacuna para hepatitis B.)

■ Una enfermedad que requiera medicación regular, la cual pase a la leche materna y pueda ser perjudicial para la criatura, como drogas antitiroideas, anticáncer o antihipertensivas; litio, tranquilizantes o sedantes. (Sin embargo, la necesidad de medicación temporal no debe impedir la lactancia. Vea la pág 643.)

■ Abuso actual de drogas, incluyendo el

ADOPCION Y LACTANCIA

Aun cuando pocas madres adoptantes contemplen esta posibilidad, a veces se puede amamantar a un hijo adoptivo. Esto sólo da buen resultado si se hacen muchos preparativos por adelantado y si la criatura se recibe a los pocos días de nacida. (Vea la página 586.)

uso de sedantes, anfetaminas, barbitúricos y otras pastillas, o heroína, metadona, cocaína, mariguana, tabaco, y el uso moderado o exagerado de cafeína y alcohol.

■ Inadecuado tejido glandular de los senos (esto no tiene nada que ver con el tamaño de los pechos), o lesión de los nervios de los pezones (por accidente o cirugía). En algunos casos se puede tratar de dar el pecho, bajo cuidadosa vigilancia médica para ver que el niño prospere. Si a usted la han operado de cáncer en un seno, consulte con el médico la posibilidad de lactar al niño con el otro. Con la información de que se dispone hasta el momento, no está claro si hay o no peligro en ello, aun cuando sí parece que la madre no transmite sustancias cancerígenas a la criatura por medio de la leche. Futuras investigaciones nos darán más información sobre si no hay peligro en lactar después de haberse sometido a cirugía para el cáncer.[2]

Hay también algunas condiciones del recién nacido que desaconsejan la crianza al pecho.

■ Un desorden metabólico, como fenilcetonuria o intolerancia a la lactosa, que hace que la criatura no pueda digerir la leche materna.

■ Una deformación, como labio partido o paladar hendido, que hace difícil o imposible tomar el pecho. (Sin embargo, en algunos casos la madre puede usar un sistema nutritivo supletorio o extraer la leche para alimentar al niño nacido con ese defecto, y después de cirugía correctiva tal vez hasta pueda darle el pecho.)

Si no puede o no quiere lactar al niño, casi puede tener la seguridad de que las leches comerciales de fórmula nutrirán adecuadamente a su hijito (entre las raras excepciones se cuentan infantes con alergias múltiples que requieren fórmulas especiales). Millones de niños sanos y felices (quizá usted misma) se han criado con biberón, y así podrá criarse el suyo, especialmente si recuerda que la comida con biberón se debe dar con tanto amor como la del pecho materno.

LO QUE LE PUEDE PREOCUPAR

PREPARACION PARA LA MATERNIDAD

"Todo está preparado para el bebé... menos yo. Sencillamente, no me veo como madre".

Aun las mujeres que sí se ven a sí mismas como madres desde el primer día que le

cambiaron los pañales a la muñeca o le secaron las lágrimas, a veces empiezan a dudar de su destino cuando amenaza en convertirse en una realidad de todos los días. Las que no gustaban de muñecas sino de carritos y pelotas, podaban prados en vez de cuidar niños y no hacían el menor caso de un cochecito en el parque hasta el día que resultó positivo su propio examen de embarazo, seguramente verán aproximarse el día del alumbramiento con mayores temores.

Pero esta pérdida de confianza el noveno mes es no sólo normal sino provechosa. Entrar en la maternidad con una

---

[2] Muchos expertos recomiendan que la mujer espere de tres a cinco años después de cirugía para el cáncer, antes de quedar embarazada o lactar, por el temor de que las hormonas que se estimulan puedan activar células cancerosas durante este período cuando es mayor el riesgo de reincidencia del cáncer.

total despreocupación podría exponerla a una seria contrariedad al encontrar que la tarea es mucho más complicada de lo que se imaginaba. Un poquito de ansiedad, reconocer que la vida con una criatura traerá algunos días y noches difíciles, que a veces hasta parecen imposibles, y un poco de duda le ayudarán a mitigar el choque de la realidad en el sobreparto.

Así que si no se siente preparada para la maternidad, no se preocupe. Pero prepárese. Lea por lo menos los primeros capítulos de este libro y todo lo demás que pueda sobre recién nacidos y niños pequeños (teniendo en cuenta que los niños no siempre siguen lo que dicen los libros). Si es posible, pase algún tiempo con recién nacidos y rorros. Alcelos en brazos, múdelos, converse con los padres sobre los placeres y las frustraciones del cuidado de los hijos. Haga un curso de maternidad, si lo hay en su área. Se han organizado muchísimos últimamente — por los hospitales y grupos médicos, universidades y escuelas, entidades religiosas y empresarios privados — en respuesta a la demanda de padres de familia que quieren saber más de la tarea más difícil de cuantas van a tener que realizar.

Ante todo, entienda que las madres no nacen: se hacen en el oficio. Una mujer que haya adquirido alguna experiencia con hijos ajenos se sentirá un poco menos insegura que la primeriza totalmente inexperta, pero para el tiempo del examen médico de la sexta semana será difícil distinguir la una de la otra; y las que todavía están embarazadas y esperan en la antesala del consultorio les envidiarán esa seguridad que muestran como madres.

Recuerde también que todas hemos adquirido alguna experiencia, aunque sólo sea por observación. Hemos visto a muchos padres, los nuestros o los de amigos y extraños, trabajando y silenciosamente hemos programado nuestro propio ordenador mental. Una madre castiga a su chiquillo en el supermercado y una se dice: "Eso no lo haré yo jamás". Otra sale a trotar llevando a su bebé en el cochecillo, y una piensa: "Eso es lo que yo voy a hacer".

CAMBIO DE ESTILO DE VIDA

"Yo sí quiero tener un niño, pero me preocupa pensar que el estilo de vida a que nos hemos acostumbrado mi marido y yo se va a alterar".

Para la generación de nuestras madres ese problema del estilo de vida no existía. Los jóvenes se casaban y tenían hijos recién salidos de la escuela o la universidad. No tenían tiempo de desarrollar un estilo de vida de adultos sin niños antes que éstos aparecieran en escena. Habiendo pasado directamente del hogar de los padres a formar el suyo propio, no conocían otro estilo de vida que el centrado en la familia. Hoy la futura madre probablemente salió hace varios años de la vida de estudiante y se ha habituado a una vida independiente y *egocéntrica,* vida que puede incluir frecuentes almuerzos y comidas por fuera, improvisados fines de semana de esquiar o navegar, noches de amanecer bailando, seguidas de largas y perezosas mañanas en la cama, y un ropero lleno de trajes de limpieza en seco únicamente. Quizá esté también acostumbrada a hacer el amor cuando y donde quiera (dentro de los límites del buen gusto, por supuesto).

Semejante estilo de vida no tiene por qué desaparecer del todo, pero, viendo la realidad de las cosas, sí requiere modificaciones radicales. Algunos almuerzos y comidas se podrán seguir tomando fuera de casa, pero con menos frecuencia en *bistrots* franceses a media luz y con más frecuencia en cafeterías de estilo familiar donde hay sillas altas para los bebés y un alto grado de tolerancia para arvejas y zanahorias en el piso. Los paseos de fin de semana ya no serán tan improvisados (la programación se hace más necesaria y los preparativos más complicados), pero si usted tiene la voluntad, encontrará la manera de salir: generalmente con el niño, algunas veces sin él (si lo está criando con biberón o si ya está destetado). Un concierto o cinema vespertino tendrá que reemplazar los bailes de toda la noche durante algún tiempo, a menos que usted se crea capaz de regresar de la fiesta para la lactación de las 2 A.M. y despertarse otra vez para la de las 6. Y esos trajes de seda y pantalones de lana probablemente habrá que guardarlos en el fondo del ropero para las ocasiones libres de niños, dejando campo para ropa lavable que resista la saliva del bebé y otras cosas peores. No hay por qué prescindir de hacer el amor, pero la oportunidad será un factor tan crítico como el deseo para determinar los momentos de intimidad con su esposo.

Con todo, si ustedes son como la mayor parte de los padres de hoy, no querrán abandonar del todo su estilo de vida y tratarán de acomodar el niño a él, por lo menos hasta cierto punto. Desde luego, no siempre van a lograrlo, especialmente a medida que el niño crece. Mientras que un bebé pequeñito no se opone a que lo lleven de arriba abajo con papá y mamá, un niño que ya tenga aun cuando sea unos pocos meses de edad empieza a tener necesidades sociales y preferencias propias, y estas necesidades usted tendrá que tenerlas en cuenta al hacer su programa.

Cuánto habrá que modificar su estilo de vida dependerá mucho de las necesidades individuales de usted, de su marido y del bebé. Y cómo se adapte usted a tales cambios dependerá en gran parte de su propia actitud. Si ve los cambios como positivos y emocionantes, su vida será mejor y más rica que nunca. Pero si los ve con resentimiento y se resiste a todos los que impone la maternidad, entonces usted y su hijo (y probablemente también su marido) se verán en muchas dificultades.

VOLVER O NO VOLVER AL TRABAJO

"Cada vez que hablo con una amiga o leo un artículo sobre este asunto, cambio de opinión en cuanto a volver o no volver al trabajo al poco tiempo del nacimiento de mi hijito".

Hoy la futura madre que trabaja tiene mucho que esperar: todas las satisfacciones de realización profesional, todos los placeres de criar una familia, y también todos los sentimientos contradictorios, ansiedades y confusiones inherentes en la decisión de cuál de las dos cosas debe tener prioridad en su vida después del alumbramiento.

Pero aunque parezca que la decisión deba tomarla ahora, no es así, realmente. Decidir mientras está todavía embarazada si debe volver al trabajo (y cuándo) después del nacimiento de la criatura es como decidir entre un oficio que usted conoce bien y otro del cual no sabe nada. Más bien, si puede escoger, deje la elección pendiente hasta que haya pasado algún tiempo en su casa con su bebé. Quizá descubra que nada que haya hecho antes — incluso su empleo — le ha dado tanta satisfacción como cuidar de su recién nacido, y quizá aplace indefinidamente el retorno al trabajo. O, por el contrario, puede encontrar que por dulce y adorable que sea la criatura, después de un mes usted se está chiflando, y prefiera apresurar el regreso a la rutina del trabajo. Aun es posible que ni la maternidad de tiempo completo ni el trabajo de tiempo completo satisfagan todas sus necesidades y que le resulte mejor combinar lo mejor de ambos mundos — tomando un empleo de medio tiempo, si tiene la suerte de encontrarlo o la habilidad de inventárselo. (Vea consejos sobre la toma de la decisión cuando el bebé aparece en escena, en la página 682.)

EL PADRE SE TOMA SUS VACACIONES

"Mi marido quiere tomarse sus vacaciones cuando nazca el niño. Esto quiere decir que más adelante no tendremos vacaciones. ¿Tiene esto sentido?"

Algún día (y ojalá sea pronto) los padres no tendrán que plantearse este interrogante, porque tanto el padre como la madre tendrán automáticamente derecho a licencia por paternidad o maternidad con motivo del nacimiento de sus hijos. Esto ya es cosa corriente en muchos países industrializados.

Pero como éste no es el caso en todas partes, los futuros padres que quieran pasar los primeros días del sobreparto en su casa por lo general tienen que sacrificar por lo menos parte de sus vacaciones para poder cumplir ese deseo. Desde luego, es cuestión de gusto personal y de las circunstancias. Cambiar pañales y lavar la ropa puede no ser una gran perspectiva de vacaciones, y sin embargo para algunos padres el placer de esos primeros días en familia puede ofrecer mayor encanto que el carnaval o una excursión a las montañas, y dejarles más recuerdos queridos que un viaje alrededor del mundo. Si su esposo piensa de esta manera, esfuércese para que los días siguientes a la llegada del niño sean en verdad unas vacaciones. Pero asegúrese por anti-

cipado de que su marido esté bien al tanto de la mecánica del hogar: lavado de ropa, cocina elemental, manejo de la aspiradora, y demás. (Por supuesto, hay maridos que ya son tan diestros como sus esposas en estos menesteres, y aun más.)

Por otra parte, si ya ha previsto usted que va a contar con más ayuda de la necesaria (la abuelita que va a venir, una hermana menor que vendrá a pasarse con usted dos semanas, una niñera que se ha contratado) y el futuro padre se va a sentir como una quinta rueda quedándose en la casa durante el día, y preferiría conocer a su hijito en la tranquilidad de la noche, puede resultarles mejor reservar esas vacaciones para cuando realmente las puedan aprovechar yéndose a pasear en familia.

Pero no invite a todo el mundo a venir a ayudarle, si usted y su marido prefieren en realidad hacer las cosas por sí mismos. Esta es una manera maravillosa para que padre, madre y bebé integren una familia.

ABUELOS

"Mi madre tiene hechas las maletas y está lista a tomar el primer avión para venir a darme una mano apenas llegue el niño. Esto me pone nerviosa porque mi madre es de las que se hacen cargo de todo; pero ¿cómo le voy a decir que no venga?"

Ya sean de amor y cariño, o frías y a distancia, o en el borde entre una y otra cosa, las relaciones de una mujer con su madre (o con su suegra) son las más complicadas de su vida. Más se complican aún cuando la hija pasa a ser madre y la madre abuela. Seguramente en los próximos decenios de maternidad se presentarán centenares de situaciones en que los deseos de usted estén en conflicto con los de su madre, pero probablemente ésta es la que va a sentar precedente para las ocasiones futuras.

Usted y su esposo son los que deben resolver quiénes vendrán a la casa a ayudar cuando llegue el niño. Si ustedes prefieren pasar la primera semana solos con la criatura, explíquele a su madre (y a su suegra si también es necesario) que su marido y usted desean aprender a conocer bien al bebé y sentirse cómodos con él antes de recibir huéspedes. Asegúrele que tendrá mucho gusto en que ella venga a visitarla cuando el niño tenga un par de semanas y recuérdele, igualmente, que ya de esa edad el bebé responderá más y será más vivo e interesante. Por el momento ella puede sentirse rechazada, pero una vez que tenga al nieto en sus brazos esos sentimientos se desvanecerán y todo el episodio se olvidará. Lo que no se olvidará es que usted y su marido son los que dictan las reglas relativas al niño, y éste sí es un criterio importante que los abuelos y otros parientes deben entender desde temprano. Como dice el viejo dicho, si Dios hubiera querido que los viejos criaran hijos, no habría inventado la menopausia.

Por supuesto, muchos padres primerizos acogen con alborozo la experiencia y las manos amigas que vienen con la visita de sobreparto de la abuela, sobre todo si no vienen acompañadas de una actitud dominante e impertinente. Así como las que se sienten impelidas a decir, "Mamá, prefiero hacerlo yo misma" no deben sentir ningún remordimiento de conciencia, las que quieren que se les ayude no tienen por qué avergonzarse de decir, "Prefiero no hacerlo yo".

La experiencia que los abuelos aportan es irreemplazable. Ya sea que a usted le parezca que sus padres (o los de su esposo) hicieron muy bien o sólo medianamente el oficio de criarlos a ustedes, siempre hay algo que se puede aprender de su experiencia, aunque sólo sea qué no se debe hacer. No hay para qué volver a inventar la rueda — o la manera de cuidar hijos — en cada generación.

Estar dispuesta a oír consejos la pone a una, por supuesto, en la posición de tener que estar a veces (tal vez la mayoría de las veces) en desacuerdo. Pero esto no debe ser motivo para que deje de hablar con su madre (o con la madre de su esposo) sobre los preparativos para recibir a la criatura y después para atender a su cuidado. Probablemente ella también estuvo en desacuerdo con su propia madre o suegra cuando usted nació, cosa que usted le puede recordar si se molesta por sus opiniones. Lo que conviene en el cuidado de los niños cambia, como todas las cosas, de una generación a otra, y ambas deben conservar su sentido del humor a este respecto. (Lo va a necesitar más tarde, dentro de veinte o treinta años, cuando su recién nacido de hoy sea madre o padre y la tache a usted de anticuada.)

Si usted no está de acuerdo con la abuelita sobre algún punto — la lactancia natural o con biberón, por ejemplo — explíquele su punto de vista. Es posible que la haga cambiar de parecer, o por lo menos que entienda por qué usted piensa así. Aun cuando no haya acuerdo, las relaciones serán mejores si se habla con franqueza y se comparten las ideas que si se las guarda para sí.

Y recuerde, si la paternidad es una responsabilidad, ser abuelos es la recompensa, y puede llegar el día en que usted misma querrá gozar de ella. No prive a sus padres de ella.

FALTA DE ABUELOS

"Los padres de mi marido ya murieron. Los míos son muy viejos y viven en otra

ciudad. A veces me hacen falta familiares con los cuales hablar de mi embarazo y del niño. Creo que será peor cuando éste llegue".

No es usted la única que se siente sola. En épocas anteriores los miembros de la familia vivían más o menos cerca unos de otros, pero hoy, dada la gran movilidad de la población, muchas parejas viven lejos de todos sus parientes; y nunca se siente tanto esta separación como cuando se va a agregar una nueva generación.

Lo que ayuda — además del teléfono — es encontrar reemplazo para los miembros de familia que viven lejos o han fallecido. Iglesias y sinagogas, sobre todo las que tienen un fuerte sentido de comunidad, son buenas fuentes de este tipo de apoyo. Lo mismo las agrupaciones de padres que suelen formarse en las clases o ejercicios de preparación para el nacimiento, o que sencillamente se desarrollan en forma espontánea entre personas que se conocen casualmente. Hay también personas de edad que necesitan nietos tanto como usted necesita abuelos. Usted puede localizarlas por medio de agrupaciones de su localidad y "adoptarse" unos a otros. Visitas semanales y paseos le darán a usted y a su niño la sensación de familia y al mismo tiempo le darán a un viejo o a una pareja la sensación de que se les necesita.

Si le preocupa no poder contar con una abuela experimentada cuando usted regrese de la clínica a la casa, piense en conseguir una enfermera.

¿SE DEBE CONTRATAR UNA ENFERMERA?

"Algunas amigas mías contrataron una enfermera cuando nacieron sus hijitos. ¿Debo yo hacer lo mismo?"

Durante muchos años la enfermera era indispensable en las casas de la clase alta. A una nueva madre que tuviera con qué pagarla ni se le pasaba por la imaginación prescindir de ella. Pero hoy hasta los más encumbrados cambian pañales y dan de comer a sus hijos (aun cuando todavía emplean amas de leche y nodrizas para parte de la tarea), y muchas madres que tienen recursos financieros para contratar una niñera prefieren no contratarla.

Después de comprobar que su presupuesto le alcanza para pagar la enfermera, hay otros factores que usted debe considerar antes de decidirse a contratarla. Estas son algunas razones que pueden inducirla a ello:

■ Para adquirir adiestramiento práctico en el cuidado del niño. Si usted no tiene experiencia o no ha seguido un curso de maternidad, y le parece que es mejor no aprender cometiendo errores en el cuidado de su propio hijito, una enfermera le puede enseñar las cosas básicas: cómo bañar a la criatura, cómo ayudarle a expulsar los gases, cambiarle los pañales y hasta darle el pecho. Pero si ésta es la razón que usted tiene para contratarla, asegúrese de que la persona elegida tiene tanto interés en enseñar como usted en aprender; pues hay algunas de carácter muy dictatorial que la dejarán a usted tan ignorante e insegura cuando se vayan como estaba cuando llegaron.

■ Para no tener que levantarse a media noche a darle de comer al niño. Si lo está criando con biberón y prefiere dormir toda la noche, por lo menos durante las primeras semanas del sobreparto, una enfermera de servicio las 24 horas del día, o contratada sólo para de noche, se puede encargar de este menester. (También podría encargarse el marido o una abuelita complaciente.)

■ Para pasar más tiempo con un hijo mayor. Algunas mujeres contratan una enfermera para poder dedicarles más tiempo a sus hijos mayores, con la esperanza de que no tengan celos de su hermanito recién nacido. Tal enfermera se puede contratar por sólo unas pocas horas al día, las que usted desea pasar con su hijito mayor. Si ésta es su principal razón para contratar una enfermera, tenga en cuenta que su presencia sólo servirá probablemente para aplazar esos sentimientos de celos; el niño mayor se enfrentará otra vez con la realidad cuando la niñera se marche y usted tenga que hacer su doble trabajo. Vea en la página 697 otras maneras de tratar el problema de los hermanos.

■ Para darse tiempo de recuperarse de una cesárea o un parto vaginal difícil. Como es probable que sepa por anticipado si el nacimiento va a ser normal o no, es prudente hacer algunas investigaciones previas, por lo que pueda suceder. Si usted tiene los nombres de un par de posibles enfermeras, o si por lo menos ha hablado con una agencia, puede llamar inmediatamente después del alumbramiento y tener una contratada antes de volver a su casa.

Una enfermera no es la mejor solución para sus necesidades de sobreparto en los casos siguientes:

■ Si usted le está dando el pecho a la criatura. Como la enfermera no puede alimentar al niño (a menos que sea una ama de leche) y la alimentación es una de las tareas que más tiempo consumen en el cuidado del recién nacido, no será mucho lo que le pueda ayudar. Para la madre que lacta probablemente sea mejor inversión conseguir quien ayude en los menesteres de la casa: alguien que cocine, barra, haga las compras y lave la ropa — a menos que se pueda encontrar una niñera que haga todas estas cosas y también ofrezca instrucción sobre lactancia.

■ Si no se siente cómoda con una persona extraña viviendo en su casa, si le disgusta que una persona que no es de la familia comparta sus cuartos de baño, su cocina y su mesa 24 horas al día, contrate más bien una enfermera por horas, u opte por alguna de las otras formas de ayuda que se describen más abajo.

■ Si prefiere hacer las cosas por sí misma. Si usted quiere ser la que le dé el primer baño, descubra la primera sonrisa (aun cuando digan que no es más que gas), mimar al bebé durante su primer lloriqueo (aunque sea a las 2 A.M.), no contrate una enfermera; contrate quien le ayude con las tareas del hogar a fin de quedar libre para gozar de su hijo.

■ Si quiere que el padre también ayude. Si usted y su marido quieren compartir el cuidado del niño, la enfermera es un estorbo. Aun cuando esté dispuesta a reconocerle a la madre algunos derechos, tal vez no esté acostumbrada a ver que el padre haga otra cosa que recibir los parabienes. Y quizá quiera que las cosas sean así. Si está dispuesta a compartir con ustedes el cuidado del niño, no tendrá gran cosa que hacer fuera de cobrar su paga, que ustedes probablemente podrían gastar más provechosamente para conseguir quién ayude con la limpieza.

Si resuelve que le conviene contratar una enfermera o una niñera, la mejor manera de conseguirla es pedir recomendaciones a amigas que se hayan servido de una. Averigüe si la candidata reúne las cualidades que usted busca. Algunas cocinan, otras no. Algunas hacen tareas ligeras del hogar y lavan, otras no. Algunas son de carácter suave y maternal, en armonía con su innata habilidad materna y la dejarán a usted sintiéndose más segura de sí misma, mientras que otras son autoritarias, frías y altaneras y la dejarán a usted sintiéndose totalmente inepta. Muchas son enfermeras diplomadas, otras se han capacitado específicamente para el cuidado de la madre no menos que de la criatura, en relaciones madre-hijo y en enseñar la crianza al pecho y lo básico del cuidado del niño. Una entrevista personal es sumamente importante, pues es la única manera de saber si va a simpatizar con determinada persona. Por supuesto que referencias de primera son imprescindibles. Verifíquelas. Una enfermera contratada por conducto de una agencia debe estar asegurada. También es importante que cualquier persona a quien se contrate y que vaya a estar en contacto con el niño tenga certificado de salud y esté libre de tuberculosis.

OTRAS FUENTES DE AYUDA

"Habiendo perdido mi ingreso, no tenemos con qué pagar una enfermera. Como es posible que necesite una operación cesárea (la criatura está colocada de nalgas) no sé si me las voy a poder arreglar sin ayuda".

Que no tenga con qué pagar (o que no quiera contratar) una enfermera no significa que lo tenga que hacer todo usted sola. Muchas mujeres buscan otras fuentes de ayuda, de las cuales por lo menos una debe estar al alcance de usted.

El nuevo padre. Si su marido puede programar su trabajo de tal modo que la pueda acompañar por lo menos la primera semana, será probablemente su mejor ayudante. Entre los dos, sin ayuda ni intromisión extraña, aprenderán más sobre el bebé y su cuidado que de ninguna otra manera. No se necesita experiencia para este oficio; pronto se volverán prácticos. Tome clases de cuidado de niños si el hospital las da y lea uno o dos libros sobre la materia antes de la llegada del bebé

para adquirir de antemano los conocimientos básicos, y no vacile en acudir a parientes y amigos, al pediatra, al personal de la sala-cuna, y a cualquier otra fuente de información y consejo para llenar las lagunas.

La abuela. Si usted tiene una madre o una suegra a quien le gustaría tener como huésped en su casa las primeras semanas, o que viniera de visita diariamente, esto puede ser otra solución satisfactoria. Las abuelas saben hacer incontables cosas: arrullar al niño cuando llora, cocinar una espléndida cena, lavar y doblar la ropa, hacer las compras, y mucho, muchísimo más. Esta solución puede funcionar muy bien si usted puede aceptar con buen humor un poquito de intromisión bien intencionada. Por supuesto, si la abuela ya tiene una vida atareada y no le llama la atención eso de ir a cambiar pañales, esta no será una opción.

El refrigerador. Usted no puede congelar al niño cuando está cansada pero sí puede descongelar comidas que haya preparado durante las últimas semanas del embarazo, cuando le sobraba tiempo, si es que no tenía un empleo por fuera. Unos pocos platos nutritivos, algo de pollo al horno o una salsa preparada para pasta le aliviará la presión de tener que alimentar al resto de la familia todas las noches, de manera que se pueda concentrar en la alimentación del niño (que le puede resultar un oficio de tiempo completo durante un tiempo). No olvide hacer también provisión de hortalizas congeladas; requieren poco tiempo de preparación y son tan nutritivas como las frescas.

Comidas para llevar. Aun cuando no haya tenido tiempo u oportunidad para preparar comidas por adelantado, no tiene que ponerse a cocinar en los atareados días del sobreparto. Casi en todas partes hay restaurantes y otros establecimientos que venden comidas para llevar: carnes, pollos, a veces pescado y platos adicionales, todo listo para calentarlo y servirlo a la mesa, y también ensaladas frescas que no requieren sino de un tenedor y buen apetito para disfrutarlas. Pero no compre comidas rápidas con demasiada frecuencia. Tienen poco valor nutritivo y un exceso de grasas y sodio.[3]

Queda además el recurso de la pizzería (trate de conseguir corteza de trigo entero que es la más nutritiva), el restaurante chino (pida arroz integral si lo tienen) y los mostradores de venta de ensaladas (prefiera los artículos frescos a los ya preparados que por lo general nadan en salsas ricas en grasas, y evite los establecimientos que usan sulfitos). Cereales fríos, atún y salmón enlatados, requesón bajo en grasa, queso duro, yogur, pan integral y frutas frescas contribuirán a llenar los vacíos en sus comidas sin tener que cocinar demasiado ni hacer complicadas preparaciones.[4]

Artículos de cartón. Terminada la cena, ya sea que la haya preparado en su cocina o la haya traído de fuera, hay que lavar los platos, a menos que se usen platos de cartón, cubiertos de plástico y vasitos desechables. Los desechables también son muy prácticos para atender a las visitas que vienen a admirar al recién nacido. (Pero estas atenciones las debe reducir usted al mínimo, si quiere sobrevivir al sobreparto.)

La limpieza. Esta es una tarea a la cual renunciaría gustosa toda nueva madre. Confíesela a un servicio de limpieza, a una mujer de por días, a una persona que ya haya utilizado antes o que sea nueva — a cualquiera que pueda aspirar, limpiar el polvo, fregar los pisos y los baños, para que usted pueda disponer de tiempo y energía para atender al niño, a su marido y a los otros hijos, y a usted misma. Esta es una buena solución para la madre que quiera encargarse ella misma (o con su marido) del cuidado del recién nacido pero no quiere que la tengan que volver a llevar al hospital víctima de un total colapso por haber tratado de ser la "supermujer del año".

Recuerde que aunque contrate a alguien que le ayude (y desde luego si no contrata), siempre habrá cosas que se quedan inevitablemente sin hacer durante las primeras semanas. Pero mientras no se cuenten entre ellas dar de comer a todos y descansar usted un poco, no se preocupe, y acostúmbrese a que así tiene que ser. Poco a poco se irá restableciendo un poco de orden en su casa; pero cuando se vive con niños siempre hay que contar por lo menos con un poquito de desorden.

CIRCUNCISION

"Yo creía que la circuncisión se practicaba de rutina en nuestra época; pero mi pediatra dice que realmente no es necesaria".

La circuncisión es probablemente el procedimiento médico más antiguo de cuantos se practican todavía. El dato histórico más conocido es el que aparece en el Antiguo Testamento, cuando Abraham circuncida a Isaac, pero los orígenes de

---

[3] Muchas cadenas de comidas rápidas dan información sobre valores nutritivos cuando se les solicita; utilice esto como guía. En general, consuma ensaladas, carnes asadas, pollo, pescado o pizza, y evite los panecillos blancos, platos fritos y otros alimentos de alto contenido de sodio y grasas y los dulces azucarados.

[4] Muchos alimentos ya listos para comer, como atún y requesón, tienen un contenido excesivamente alto de sodio, así que, si es posible, busque las variedades bajas en sodio.

esta práctica se pierden en la antigüedad y quizá se remontan a una época anterior al uso de herramientas de metal. La han practicado musulmanes y judíos a lo largo de la historia como señal de su pacto con Dios, y en el siglo XIX se extendió mucho en los Estados Unidos porque se teorizaba que la ablación del prepucio hacía el pene menos sensitivo (esto no es cierto) y por tanto menos tentadora la masturbación. En años posteriores se han propuesto otras justificaciones para la circuncisión rutinaria, entre otras, que podría evitar o curar la epilepsia, sífilis, asma, locura y tuberculosis — nada de lo cual se ha comprobado.

La circuncisión sí parece reducir el riesgo de cáncer del pene, pero como este riesgo es tan pequeño, probablemente no justifica el de la circuncisión misma, que también es pequeño. También reduce el riesgo de infección, pero igual resultado se obtiene con buena atención a la higiene. De vez en cuando el prepucio permanece tieso a medida que el niño crece y no se retrae como es normal en los niños mayores. Este defecto se llama fimosis, puede ser muy doloroso y a veces dificulta la erección. El remedio es circuncidar. Se calcula que entre un 5 y un 10% de los hombres no circuncidados al nacer deben someterse a esta operación después de la infancia por infección, fimosis u otros problemas.

En los últimos años los expertos han llegado a la conclusión de que los beneficios de la circuncisión no justifican que se someta a todos los recién nacidos a cirugía, aunque menor; y tanto la Academia Norteamericana de Pediatría como el Colegio Norteamericano de Obstetricia y Ginecología han adoptado la posición de que no existe indicación médica para la circuncisión rutinaria del recién nacido. Pero como hay tantas opiniones sobre la materia, y tanto los opositores como los partidarios insisten en sus puntos de vista, la Academia de Pediatría, por lo menos, se propone volver a estudiar el problema. Revisará un estudio (cuya metodología ha sido cuestionada por algunos) que muestra un aumento del riesgo de infección de las vías urinarias en los niños no circuncidados, lo mismo que otras teorías que han circulado últimamente, como una que sugiere que hay más casos de sida entre los no circuncidados (teoría que también ha sido cuestionada).

Cualquiera sea la conclusión a que lleguen los investigadores de la Academia, muchos padres seguirán tomando la decisión de circuncidar o no, basándose en consideraciones sociales, culturales y religiosas más bien que médicas.

En la actualidad, más del 50% de los niños en los Estados Unidos son circuncidados; en 1980 la cifra era de más del 80%. Las razones más comunes que dan los padres para hacer circuncidar a sus hijos, fuera de que "les parece que así debe ser", son éstas:

■ Rito religioso. La Ley de musulmanes y judíos, que tiene base en la Biblia, ordena la circuncisión de los recién nacidos.

■ Aseo. Como es más fácil mantener limpio un pene circuncidado, el aseo sigue a la piedad como razón para la circuncisión.

■ Respetos humanos. Los padres no quieren que sus hijos en los baños públicos se sientan distintos de sus compañeros o de sus padres y hermanos.

■ Apariencia. Algunos creen que sus hijos se ven mejor sin el prepucio.

■ Salud. La esperanza de eliminar el riesgo de infección, cáncer y otros problemas futuros (incluyendo posible circuncisión posterior) lleva a muchos a optar por la cirugía inmediatamente.

Entre las razones por las cuales más padres se están decidiendo por no dejar circuncidar a los niños, se cuentan:

■ No hay necesidad médica. A muchos les parece que no tiene sentido cortar una parte del cuerpo del niño sin que haya una razón para ello.

■ Temor de desangre e infección. Aun cuando las complicaciones son muy raras (especialmente si la operación la practica un médico experimentado o un circuncidador ritual con entrenamiento médico) muchos padres siguen abrigando temores al respecto.

■ Miedo del dolor. Se cree que la operación produce algún dolor, aunque probablemente es de corta duración. (Por esta razón el médico aplica a veces anestesia local, pero muchos no tienen experiencia con esta técnica y prefieren no usarla.)

■ El deseo de que el hijo sea igual al padre no circuncidado. Esta es otra versión del complejo "de tal padre tal hijo".

■ Defensa de los derechos del niño. Algunos padres prefieren dejar la decisión para que la tome él mismo cuando sea mayor.

■ Para permitir máximo deleite sexual. Todavía hay quienes siguen creyendo que el pene no circuncidado es más sensitivo, pero esta creencia no tiene ningún respaldo científico.

■ Menos riesgo de irritación causada por los pañales. Se ha sugerido que el prepucio intacto puede proteger el pene de este peligro.

Los riesgos de la circuncisión son mínimos, pero sí se pueden presentar complicaciones. Para reducir este riesgo, hay que asegurarse de que la persona que la practica tenga experiencia; y si se trata de un religioso, se debe exigir que haya sido debidamente entrenado y tenga muy buenas recomendaciones. Tampoco se debe permitir que la operación se realice en la sala de partos, sino más bien cuando la criatura ya esté estabilizada, o sea por lo general después de 12 o de 24 horas. Y no permita que la cautericen con pinza metálica, que puede producir serias quemaduras.

Si al aproximarse la fecha del nacimiento usted todavía no se ha decidido, lea lo referente a cuidados en la circuncisión en el capítulo 4 y comente el asunto con el médico que haya escogido para su bebé — y posiblemente con amigas que hayan adoptado una u otra alternativa.

QUE PAÑALES SE DEBEN USAR

"Casi todas mis amigas están usando pañales de papel, y sí parecen más prácticos que los de tela. ¿Pero son buenos para el niño?"

A partir de Eva, todas las madres del mundo han tenido que resolver el problema de cómo cubrir el trasero de la criatura. Parece que las indias pieles rojas mantenían secos a sus chiquillos (y sus propias espaldas) envolviéndolos en paja seca de espadaña.

Por fortuna una madre de los últimos decenios del siglo XX, como es usted, no tiene que meterse todos los días entre los pantanos en busca de las espadañas más suaves y absorbentes para envolver a su criatura. Pero sí tendrá que elegir entre un gran número de posibilidades que le ofrece para el caso la industria moderna, desde diversos tipos de pañales de tela (para lavarlos usted misma o pedirlos a una empresa que ofrece este servicio), hasta una infinidad de desechables que cada vez son distintos.

La elección que resulte acertada para usted y su criatura quizá no sea la misma que para su vecina y su hijo. Factores personales tienen una influencia grande puesto que, científica y económicamente, no hay un ganador claro en la carrera de los pañales. Considere los siguientes puntos al hacer su elección:

Pañales desechables. La principal ventaja que éstos ofrecen es la comodidad: no hay que recoger, llevar y amontonar pañales sucios para la recolección semanal. Los desechables también economizan tiempo y esfuerzo; son más fáciles y rápidos de poner y quitar y no necesitan imperdibles (lo que es muy importante si el niño patalea mucho). Los de nuevo estilo son más absorbentes que los anteriores y por tanto deben causar menos erupciones; ajustan mejor y son menos susceptibles de pasarse. Estas características deseables traen consigo una clara desventaja, y es que como absorben tanta orina y "se sienten secos" cuando en realidad no lo están, los padres a veces no los cambian con suficiente frecuencia, y esto puede dar lugar a erupciones. Por otra parte, estos superpañales mantienen al bebé tan confortable aun cuando esté mojado, que el entrenamiento en hábitos higiénicos puede dificultarse. Otras desventajas son el efecto que los pañales desechables tienen en el ambiente (como no son biodegradables aumentan la acumulación de basura en el planeta); y el hecho de que hay que estarlos comprando y transportando. Este último inconveniente se puede evitar si se piden por correo, lo que es posible por lo menos en el caso de una de las marcas populares, o si su servicio local de pañales entrega desechables a domicilio. Estos suelen resultar más baratos que los comprados en las tiendas.

Pañales de tela a domicilio. A las que no les gusta forrar el trasero del bebé en papel y plástico, los pañales suaves de tela de algodón, confortables, esterilizados y ecológicamente inofensivos, les parecen superiores, sobre todo si se los llevan a la casa todas las semanas. En algunos estudios que los empresarios de tales servicios se complacen en citar, se revela una menor incidencia de erupciones cuando se usan estos pañales; otros estudios, que son los que citan los fabricantes de pañales desechables, muestran que los desechables superabsorbentes producen menos erupciones. Si se continúa el uso de pañales de tela hasta que el niño esté gateando (cosa que pocos padres logran) puede facilitarse el adiestramiento en hábitos higiénicos, porque el contacto directo entre un paño mojado y la piel del niño es muy molesto para éste.

Sin embargo, hay algunas desventajas. Se necesitan pantaloncitos impermeables adicionales para no tener que cambiar los pañales, mudar la cuna y a veces hasta la ropa de la madre cada vez que el bebé se moja. Los pantaloncitos aumentan el riesgo de salpullidos puesto que no dejan entrar aire y retienen la humedad. Este problema, sin embargo, se puede reducir y aun eliminar con pantaloncitos de pañales aireados hechos de algodón o lana (a veces con forro de malla que deja pasar el aire o con relleno de espuma absorbente). El cambio de pañales (a menos que se usen pantaloncitos impermeables tipo envoltura con cierre Velcro para mantener los pañales en su sitio) es más engorroso con pañales de tela que hay que estar sujetando con imperdibles, sobre todo a medida que el bebé adquiere mayor habilidad para retorcerse. Como la capacidad de absorción es menor, por la noche generalmente se necesita doble pañal, y a veces hasta de día si el niño se moja mucho. Los varones, que concentran la orina al frente, pueden necesitar forro de papel en el pañal. Fuera de esto, si se va de paseo hay que regresar a casa cargando con una bolsa de plástico llena de pañales usados; y siempre está presente el cubo de pañales sucios, el cual, aunque se desodorice, nunca queda realmente inodoro.

Pañales de tela lavados en casa. Estos son tal vez los que salen perdiendo, en comparación con las otras dos opciones. Según diversos estudios, ofrecen una mayor probabilidad de producir erupciones, ya que no es posible esterilizarlos del todo. Se complica la situación por el hecho de que casi siempre se usan con pantaloncitos impermeables, que aumentan el riesgo de irritación en la región del pañal. Al igual que otros pañales de tela, no ocasionan deterioro ambiental, como los de papel, pero en cambio presentan muchas de las mismas desventajas. Y aun cuando parecen mucho más económicos que otros tipos de pañales, la diferencia es pequeña si se toma en cuenta el valor del jabón, el agua y la energía que se gastan. Además, exigen un mayor gasto de tiempo y esfuerzo: para remojarlos, lavarlos, secarlos, doblarlos y guardarlos.

Algunos padres optan por los pañales de tela para los primeros meses, cuando la criatura pasa más tiempo en casa que por fuera, y luego pasan a desechables. Sin embargo, a menudo usan los desechables para los paseos y a veces por la noche desde el principio (porque su mayor poder de absorción mantiene al bebé confortable más tiempo y contribuye a que todos pasen una buena noche).

Con cualquier tipo de pañal que resuelva usar ahora, es posible que más adelante su hijo sufra de salpullidos. Esto podría indicar una equivocación de su parte al elegir. Si esto ocurre, no se obstine: cambie, ensaye un tipo distinto de pañal (pase de tela a papel, o al contrario), o a una marca distinta de desechables. Vea también las recomendaciones para el tratamiento de salpullidos que se dan en la página 205.

DEJAR DE FUMAR

"Con excepción de los primeros meses del embarazo, cuando yo no podía fumar porque me mareaba, nunca pude dejar el cigarrillo — ni tampoco pudo mi marido. ¿Hasta qué punto afecta el fumar a la criatura?"

El mejor regalo que usted le puede hacer a su recién nacido no es nada que se pueda comprar en la sección de artículos para bebés de una gran tienda o en una juguetería de lujo, ni es una cuenta de ahorros en un banco; es la posibilidad de criarse en un ambiente libre de humo. Se ha comprobado que cuando los padres fuman, las enfermedades respiratorias (catarros, gripe, bronquitis, asma) y las infecciones de los oídos aumentan durante el primer año de vida del niño, se altera la función respiratoria y disminuye la capacidad pulmonar. No sólo enferman con mayor frecuencia los hijos de fumadores que los de no fumadores sino que sus enfermedades duran más tiempo. También tienen mayores probabilidades de ser hospitalizados durante los tres primeros años de vida. Cuantos más fumadores haya en la casa, tanto más graves los efectos negativos, puesto que el nivel de cotinina en la sangre (subproducto del metabolismo de la nicotina) guarda relación directa con el número de fumadores a que se expone el niño permanentemente.

Los hijos de padres fumadores también tienen mayores probabilidades de sufrir de cólicos (para los no iniciados, esto significa niños que lloran, por lo general inconsolablemente, por lo menos dos a tres horas al día todos los días), aun cuando la razón de esto no está clara.

Tal vez lo peor es que los hijos de fumadores también tienen mayores probabilidades de volverse fumadores ellos mismos. Así pues, dejando de fumar antes de dar a luz, la futura madre tendrá un hijo más sano en la infancia y, disminuyendo las probabilidades de que más tarde adquiera el vicio, lo tendrá vivo más tiempo.

Si usted no ha sido capaz de dejar el cigarrillo hasta ahora, es claro que no le va a ser fácil dejarlo, pues, lo mismo que en cualquier otro caso de drogadicción, el organismo y la mente se rebelan; pero si está resuelta a luchar — por su bien y por el bien de su hijo — puede triunfar. El momento de empezar es ahora, antes que nazca el niño. Dejar de fumar antes del alumbramiento aumentará la cantidad de oxígeno disponible para la criatura durante el parto; y su recién nacido volverá de la clínica a un ambiente limpio, respirable; y si usted le da el pecho, obtendrá leche libre de nicotina. Si usted está aún en los primeros meses de embarazo, dejar de fumar ahora reducirá también el riesgo de un parto prematuro y de que la criatura nazca baja de peso.

Hay muchas maneras de dejar el vicio, pero algunas son totalmente inapropiadas para madres embarazadas (por ejemplo, mascar goma nicotínica). Las ideales son las que se han diseñado especialmente para futuras madres.

¿QUE NOMBRE LE PONDREMOS?

"A mí no me gusta mi nombre. ¿Cómo hacemos para que a nuestro hijo sí le guste el que le pongamos?"

¿Qué importa el nombre? Para el recién nacido, no mucho. Mientras usted lo alimente, lo abrigue, lo mime y lo entretenga, llámelo como quiera, que a él le dará lo mismo. Pero una vez que los amigos y el mundo exterior empiecen a reemplazar a los padres como centro de la vida del niño (por lo general a comienzos de la escuela elemental), puede desarrollarse antipatía por el nombre que ustedes escogieron. Si bien no hay modo de garantizar que al niño le guste por todo el resto de la vida, una selección cuidadosa y sensitiva disminuirá el riesgo de que dicho nombre resulte Calamidad.

■ Asegúrese de que a usted y a su esposo les guste: cómo suena, cómo se ve escrito, qué asociaciones sugiere. Pregúntese: ¿Me gustaría a mí llamarme así?

■ Escoja un nombre significativo, como el de un miembro querido de la familia o el de una respetable figura histórica o bíblica, un personaje favorito de la literatura, o un suceso importante. Un nombre tal le da al niño el sentimiento de pertenecer, de formar parte de una familia grande o de un mundo mayor.

■ Escoja un nombre apropiado, que parezca adecuado para su hijo. Por ejemplo, Irene, que significa "paz", podría ser un buen nombre para una niñita muy tranquila; y Pedro, "roca", no le vendría mal a un chico que hubiera salido bien librado de un parto difícil. Es posible, igualmente, elegir nombres simbólicos de cualidades que uno querría para su hijo, como Esperanza o Constancia, o bien Isaac, "el que reirá"; o que expresen los sentimientos de los padres ante la llegada de la criatura: Alegría, v.gr., o Ian que significa "gracioso don de Dios". Tales nombres hacen sentir a un niño como una persona muy especial, pero a veces hay que esperar a que el niño nazca, antes de escogerle el nombre.

■ ¿Cómo les sonará el nombre a los demás? ¿Tiene algún significado oculto o hay palabras parecidas que más adelante puedan causar desasosiego al niño? Fíjese que las iniciales no formen una palabra que pueda hacerlo víctima de burlas de sus compañeros. Por ejemplo, las de Andrés Simón Navarro Ortega podrían ocasionarle muchos sinsabores al chico que así se llamara. ¿Y qué tal los apodos? ¿Se prestan para insultos infantiles? Si elige un nombre extranjero ¿vivirá el niño y asistirá a la escuela en un ambiente donde tal nombre sea apreciado o sea objeto de mofa? (Si usted se decide por un nombre extranjero, por lo menos elija uno que tenga su equivalente agradable en español, en caso de que el niño quiera cambiarlo más adelante.)

■ Póngale dos nombres para que, si no le gusta el primero, pueda usar el segundo.

■ Elija un nombre fácil de pronunciar y escribir. Un nombre muy raro que los maestros siempre pronuncien mal o que nadie sepa escribir le dará a su hijo ratos muy desagradables.

■ Evite las modas y la política. No castigue a su hijito con el nombre que está este año en boca de todo el mundo (por una estrella de la TV o el cine o un político o un deportista que sale en la cubierta de todas las revistas). El famoso personaje desaparece luego como flor de un día y el nombre se convierte en un sambenito muy pesado para su hijo.

■ Use el nombre como es y no en diminutivo (Francisco, no Paco; Dolores, no Lola). Durante la niñez se pueden usar los diminutivos en la casa pero más tarde, cuando pasen a la edad adulta, el hijo o la hija tendrán la opción de cambiar a la forma más seria.

■ Si no quiere que su hijo sea uno de los seis Ivanes o Yolandas de la clase, no escoja el nombre entre los diez primeros del año. En muchos periódicos se publica un artículo anual sobre el tema de nombres populares y usted puede consultar el índice en la biblioteca del periódico. Verifique también cuáles son los más populares leyendo los anuncios de nacimientos, o vaya a pasear al parque y ponga atención a cómo llaman las madres a sus niños.

■ Tenga en cuenta los sentimientos de la familia aunque sin permitir que dominen. Si en la familia hay un nombre que a usted no le gusta pero que los demás quieren perpetuar, ya sea por tradición o sentimentalismo, ensaye agregándole un segundo nombre que sea más atractivo para usted, escoja otra forma del mismo nombre (casi todos tienen formas alternas), o elija otro que signifique lo mismo. Existen catálogos de nombres que pueden ser útiles en estos casos. Y recuerde: cualesquiera que sean los nombres que usted elija, los abuelos siempre van a adorar a los nietos aun cuando al principio los nombres les hayan parecido detestables.

■ Recuerde que los nombres de pila deben sonar bien unos con otros y con los apellidos. Una buena regla general es que para un apellido largo conviene un nombre corto (Marta Vozmediano) y viceversa (Federico Núñez), mientras que un apellido de dos sílabas suele ser buen complemento para un nombre también de dos sílabas.

HAY QUE PREPARAR AL ANIMALITO CONSENTIDO

"Nuestra perrita es muy celosa de mis afectos; siempre trata de interponerse cuando mi marido y yo nos abrazamos. Me preocupa cómo reaccionará con el nuevo bebé".

Para un perro que ha sido tratado como un bebé es difícil echarse patas arriba y "hacerse el perro" cuando aparece en la escena un bebé de verdad. Y eso es exactamente lo que tendrá que hacer cuando su lugar en el corazón de usted (y posiblemente en su cama) lo tome un diminuto pero peligroso ser humano que usted traerá pronto de la clínica. Aun cuando no se puede evitar que haya un poco de lloriqueo, conviene hacer lo posible por impedir un exceso de celos y, desde luego, cualquier reacción agresiva. Empiece desde ahora.

■ Invierta en un programa de entrenamiento de obediencia para su perro, si éste no está ya amaestrado y aun cuando usted no lo haya considerado necesario antes. Los retozos y excesos de entusiasmo no suelen ser un problema en un hogar sin niños, pero sí pueden serlo cuando llega un bebé. Particularmente, como el comportamiento del bebé no es controlable ni previsible, debe serlo el del perro. El entrenamiento de obediencia no le quita fogosidad a su animalito consentido pero sí lo hará más tranquilo y por tanto su hijo estará menos expuesto a que lo maltrate.

■ Acostumbre al perro desde ahora a los niños. Invite a su casa a amigas que tengan niños o permítale al perrito (bajo estrecha vigilancia y si la mamá lo permite) olfatear a un bebé en el parque, o acostúmbrelo a que se deje acariciar por el chiquillo para que vaya aprendiendo.

■ Acostumbre al perro a vivir con un niño, valiéndose para este adiestramiento de una muñeca del tamaño de un bebé (que también le servirá para adiestrarse usted misma). Póngale a la muñeca los pañales, cántele y arrúllela, envuélvala, llévela consigo por toda la casa, déle "de comer", acuéstela en la cuna y sáquela a pasear en el cochecillo (si no le molestan las miradas de asombro que le echarán los transeúntes).

■ Habitúe al perrito a dormir solo, si esto es lo que se ha resuelto para después del parto, de modo que el cambio no sea una sorpresa. Prepárele una cama confortable en un rincón, con su almohada y su manta predilectas que le hagan compañía. Todo lo que destine a la nueva cama del perro debe ser lavable porque una vez que su bebé comience a gatear, lo más seguro es que usted lo va a encontrar más de una vez bien acomodadito en la cama del perro.

■ Lleve al perrito al veterinario para que le haga una revisión general. Las inyecciones contra la rabia deben estar al día y el animal debe estar libre de pulgas y garrapatas, pero no le ponga collar contra pulgas sin antes asegurarse de que éste no contiene sustancias venenosas para los niños, y tampoco use bomba desinfectante durante su embarazo ni después del nacimiento del niño. No olvide verificar si el perro tiene parásitos de cualquier clase.

■ Si en la casa han nacido perritos, hágalos purgar de lombrices intestinales lo más pronto posible, pues las lombrices que se expelen en los excrementos (y que pueden permanecer en el suelo años enteros) pueden causar enfermedades graves a los niños.

■ Si su hijo va a dormir en cuarto aparte, entrene al perro para que no entre allí si usted no está. Una reja en la puerta contribuirá a disuadirlo de visitas no deseadas. Si la cuna del bebé va a estar en el cuarto de usted o en un rincón de la sala, entrene al perro para que no se meta debajo, ya que podría tropezar accidentalmente los ganchos de la baranda y hacerla caer.

■ Si el puesto de la comida del perro va a ser fácilmente accesible más tarde, páselo al sótano, al garaje o a otro lugar adonde no pueda llegar un chiquillo curioso, ya que hasta un perro muy manso es peligroso cuando cree amenazada su comida. Si viven en un apartamento pequeño, fije para por la noche la hora de comer del perro y esconda el plato de la comida durante el día. No deje comida a la vista ni siquiera cuando el perro esté fuera de la casa, pues esos apetitosos bocados no sólo son apreciados por paladares caninos: también les gustan a muchos niñitos. Para el agua utilice un cuenco de los que no se vuelcan si no quiere tener que estar secando el piso a cada rato.

■ Después del parto pero antes de salir de la clínica, pídale a su marido que lleve a la casa una prenda de ropa no lavada que haya usado el bebé para que el perro se vaya acostumbrando al olor de éste. Cuando usted llegue a su casa, déle el bebé a su esposo para que lo tenga mientras usted saluda al perrito. En seguida, para satisfacer la curiosidad del animal, déjele olfatear al niño, el cual debe estar envuelto seguramente y con la cabeza y la cara protegidas por sus brazos. Una vez que la criatura esté ya acomodada en la cuna, déle al perro alguna golosina especial y dedíquele algún tiempo a él solo.

■ Cuide de su recién nacido, por supuesto, pero no lo proteja excesivamente del perro. Esto pone al animal más celoso e inseguro. Por el contrario, como lo haría si se tratara de un hermanito (aunque naturalmente en un nivel distinto) haga que el animal participe y sienta que sigue siendo un miembro querido de la familia. Acarícielo mientras le da el pecho al niño, llévelo a pasear junto al cochecito del bebé, permítale entrar al cuarto de éste cuando esté usted allí. Destine siquiera cinco minutos cada día para pasarlos a solas con el perro. Pero si muestra el menor síntoma de agresividad, castíguelo inmediatamente.

■ Si a pesar de todos sus esfuerzos por prepararlo y tranquilizarlo el perro se muestra hostil con el recién nacido, téngalo amarrado y lejos del niño hasta que le pase el mal humor. Que un perro no haya mordido nunca no quiere decir que no pueda morder en determinadas circunstancias. Si amarrarlo aumenta su hostilidad, habrá que pensar en regalarlo. (Si el perro es macho, la castración puede reducir su agresividad.)

"Me preocupa que nuestro gato, que siempre ha dormido con nosotros, sienta celos del nuevo bebé".

Hasta los gatos amistosos suelen experimentar cambios de personalidad cuando llega un bebé. Y como pueden causar a éste tanto daño como los perros, con uñas y dientes, es igualmente importante prepararlos de antemano. La mayor parte de las anteriores recomendaciones relativas a los perros se aplican también a los gatos. Cuide especialmente de asegurar al suyo (prodigándole atenciones) de que sigue siendo un favorito de la familia. Como a los felinos les encanta arrimarse cariñosamente a un cuerpo tibiecito y pueden trepar a una cuna con gran facilidad, póngale a ésta una red bien asegurada para que el gato no pueda ir a acostarse con el bebé, gesto amistoso que podría terminar en tragedia.

PREPARACION DE LOS PECHOS PARA LA LACTANCIA

"Una amiga mía insiste en que debo dar masajes a mis pezones, a fin de fortalecerlos, en preparación para la lactancia. ¿Será ésta una buena idea?"

Los pezones de la mujer están hechos para lactar y, con raras excepciones, ya están perfectamente adecuados a su función, sin necesidad de ninguna preparación previa. En realidad, en algunos casos los procedimientos que la gente recomienda para prepararlos pueden causar más mal que bien. Por ejemplo, la aplicación de alcohol, hazelina o tintura de benzoína puede resecarlos y hacerlos más propensos a rajaduras y fisuras; hasta el jabón los reseca, por lo cual se debe evitar jabonarlos durante el último trimestre del embarazo y durante la lactancia misma. El empleo de cepillo también es contraproducente, ya que irrita los tejidos y los hace más susceptibles de rajarse bajo la presión de lactar.

Pero si bien en la mayoría de los casos los pezones no necesitan ninguna preparación previa, muchas mujeres se sienten más tranquilas si hacen algo por mejorar sus probabilidades de éxito. Si a usted le parece que debe hacer algo constructivo, hágase examinar los pechos por el médico para ver si existe alguna malformación anatómica que pudiera obstaculizar la lactación, como por ejemplo pezones invertidos o tejido glandular subdesarrollado. Pregúntele si debe usar escudos de pecho (vea la ilustración) para sacar los

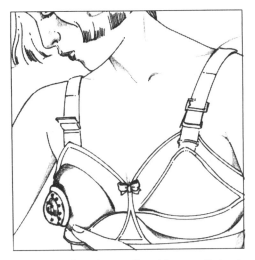

Los escudos de pecho son dispositivos ventilados de plástico, que se consiguen en las tiendas de maternidad y en las farmacias.

pezones invertidos o dar masaje a los tiernos para endurecerlos. Pero no haga dichos masajes durante el embarazo sin aprobación del médico, pues la estimulación de los pezones puede precipitar el parto en ciertas circunstancias.

Con aprobación del médico, usted

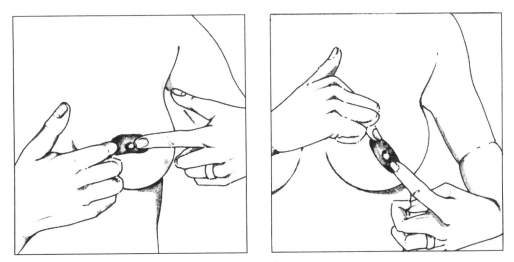

Para sacar pezones invertidos: Varias veces al día coloque los dedos índices en lados opuestos del borde de la areola, luego tire hacia afuera.

puede utilizar cualquiera de las siguientes maneras de preparar sus pezones para las fuertes mandíbulas de un bebé (aun cuando, lo repetimos, por lo general no se necesita ninguna preparación): frotarlos *suavemente* con una toalla después del baño; exponerlos al aire andando descubierta por la casa un rato todos los días; dejarlos rozar con la ropa sin usar sostén (a menos que sus pechos sean pesados o tengan tendencia a descolgarse) o en un sostén de lactar con aletas abiertas; sobarlos entre el dedo pulgar y el índice un par de veces al día y en seguida lubrificarlos con crema para pechos, pomada A y D, aceite de ensalada o aceite para niños; extraer un poquito de calostro, si puede, todos los días durante los tres últimos meses, o pedirle a su marido que estimule sus pezones cuando hacen el amor. (Aun cuando esto no dé resultado, de todas maneras es divertido.) No hay prueba sólida de que estas prácticas hagan más confortable la lactancia, pero tampoco parece que hagan daño y algunas mujeres las encuentran útiles. Los masajes y el sobar los pezones entre los dedos ofrecen la ventaja adicional de reducir las inhibiciones que tiene una mujer de tocarse los pechos — lo cual es necesario para acostumbrarse a amamantar al niño.

Más importante que preparar los pechos es preparar la cabeza. Aprenda todo lo que pueda sobre la lactancia (haga un curso prenatal si es posible, lea libros sobre la materia), escoja un pediatra que recomiende vigorosamente la alimentación natural de los niños, busque amigas que la puedan apoyar y contestar sus preguntas cuando se le ofrezca.

LO QUE IMPORTA SABER: Elección de un buen médico

Cuando usted empezó a pensar que iba a necesitar un tocólogo para el alumbramiento, era difícil imaginar que habría realmente una criatura que dar a luz. Ahora, con esos diminutos pero poderosos puños, pies y rodillas que la golpean constantemente como si fuera un balón de boxeo, ya no le cabe duda. No sólo hay ahí dentro una criaturita sino que está que se sale. De manera que es preciso contratar con un facultativo que la atienda. No hay tiempo que perder, pues la demora podría significar que un extraño se encargue del caso si el alumbramiento se anticipa; no tendría a quién hacerle preguntas importantes durante los primeros días de confusión; no contaría con una cara conocida en caso de urgencia.

Suponiendo que usted está relativamente satisfecha con los cuidados que recibe, el médico que elija verá a su hijo — y a usted — a lo largo de 16 o 18 años de catarros, dolores de oído y de garganta, fiebres altas, males de estómago, golpes y rasguños, quizá huesos rotos, a lo largo de hitos de dramático desarrollo físico y psicológico tan emocionantes como desconcertantes, momentos que ahora ni siquiera se puede imaginar. No vivirá usted con el médico del niño todos esos años (aunque a veces desearía que así fuera, sobre todo por las noches y fines de semana) pero necesita una persona en quien pueda depositar toda su confianza; alguien a quien no vacile en despertar a las dos de la mañana cuando la fiebre del bebé de nueve meses llega a un grado alarmante; alguien a quien le pueda preguntar sin avergonzarse por qué el chiquillo de seis meses de pronto parece fascinado con sus partes pudendas; alguien a quien se sienta en libertad de expresarle sus dudas sobre la necesidad de un antibiótico que le han recetado.

Antes de empezar a conseguir nombres, tiene que tomar ciertas decisiones básicas acerca del tipo de médico que usted quiere para su hijo.

¿PEDIATRA O MEDICO DE FAMILIA?

Cuando la mamá de usted tenía un resfriado o una erupción molesta, la mamá de ella no la llevaba al pediatra. Lo más probable era que la llevara al mismo médico que la trajo al mundo, que trataba la bursitis de su papá y la artritis de la abuela, que le sacaba al tío los cálculos renales y al primo las amígdalas; el médico de la familia, el médico general que abría su consultorio recién salido de la facultad y con sólo un año de internado. Hoy estos médicos están desapareciendo y los catarros y las erupciones cutáneas los trata el pediatra, especialista en el cuidado de niños, o el sucesor del médico general que es el moderno médico de familia, también altamente especializado. Resolver qué tipo de profesional es el que a usted le conviene es el primer paso.[5]

El pediatra. Bebés, niños y a veces algunos adolescentes ocupan exclusivamente su atención. Además del curso regular en la facultad de medicina, los pediatras reciben tres años de adiestramiento especializado y deben someterse a rígidos exámenes para poder ejercer. La principal ventaja de elegir a un pediatra para su bebé es obvia: como sólo ven niños, y muchísi-

mos niños, están más familiarizados que otros médicos con lo que es normal, o atípico o patológico en sus pequeños pacientes. También es más probable que tengan las respuestas a las preguntas que ofuscan a los nuevos padres, como "¿Por qué quiere comer a todas horas?" "¿Por qué no duerme más?" o "¿Por qué llora tanto?"

Una desventaja es que como los pediatras sólo ven a los niños, es posible que no tengan presente todo el cuadro familiar (muchos sí lo tienen) y que no reconozcan cuando un problema del niño tiene sus raíces en lo que está ocurriendo, física o emocionalmente, a los padres o parientes. Otra desventaja es que si toda la familia es afectada por una dolencia que necesita atención médica, puede ser necesario buscar los servicios de dos médicos distintos.

El médico de familia. Lo mismo que el pediatra, el médico de familia también hace tres años de especialización después de cursar medicina general en la facultad pero su programa de residencia es mucho más amplio, ya que comprende medicina interna, psiquiatría, obstetricia y ginecología además de pediatría. También tiene que someterse a exámenes rigurosos para poder ejercer la profesión. La ventaja de escoger a un médico de familia es que a todos los miembros de ésta los puede atender un solo doctor, quien los conoce a todos clínica y personalmente y puede aprovechar esa información para el diagnóstico y tratamiento. Si ustedes ya tienen un médico de familia, incluir a su hijo en la lista de sus pacientes traerá la ventaja adicional de llevar al nuevo miembro de la familia a un viejo amigo, no a un extraño.

La desventaja es que como este médico tiene menos entrenamiento y experiencia con niños que un pediatra, es posible que

[5] Si el diagnóstico prenatal o los antecedentes familiares indican la posibilidad de que usted vaya a tener un hijo con un problema específico (síndrome de Down, alergias, asma), se puede pensar en un pediatra o médico de familia que tenga una subespecialización o por lo menos buena experiencia en la materia.

esté menos preparado para contestar las innumerables preguntas de los padres relativas a la conducta del bebé cuando éste está sano, y que su sagacidad sea menor para dar con un oscuro diagnóstico cuando está enfermo. A fin de minimizar esta desventaja, busque un médico de familia que vea a muchos bebés, no sólo a niños mayores. Hay muchos.

¿CUAL ES EL SERVICIO PERFECTO?

Para algunos pacientes el tipo de servicio puede ser casi tan importante como el tipo de médico. Hay varias opciones; la que sea mejor para usted dependerá de sus preferencias y prioridades.

El profesional independiente. Como los médicos generales de antaño, los que ejercen independientemente tienen la oportunidad de establecer una relación íntima y personal con cada uno de sus clientes. Pero, a diferencia de sus antecesores, no es probable que se les encuentre a cualquier hora, de día y de noche y durante todo el año. La mayor parte del tiempo sí se les puede visitar con cita previa (o llamarlos en casos de urgencia); pero también salen de vacaciones o se toman de vez en cuando una noche libre o un fin de semana de descanso, dejando a sus pacientes que requieran atención urgente o deseen una consulta, al cuidado de un reemplazo a quien tal vez los pacientes no conozcan. Si usted elige a un médico que trabaje solo, pregúntele quién lo reemplazará en tales casos, y asegúrese de que en caso de urgencia la historia clínica de su hijo estará disponible aun cuando no lo esté el doctor habitual.

La sociedad. A veces dos médicos son mejores que uno. Si el uno no está, estará el otro. Si usted los visita alternativamente durante el primer año, el trato frecuente les permitirá tanto a usted como a su hijo establecer buenas relaciones con ambos. Dos médicos que son socios estarán probablemente de acuerdo en las cuestiones más importantes y ejercerán la profesión con la misma filosofía y la misma técnica; pero ocasionalmente pueden manifestar opiniones diversas. En algunos casos esto puede ser motivo de confusión para los padres; pero oír dos opiniones sobre un determinado problema que no es claro puede ser muy útil. (Si el uno no resuelve el problema, quizá el otro lo resuelva.)

Una pregunta importante que hay que plantearse antes de resolverse por una sociedad de médicos es: ¿Se pueden hacer citas con el que usted prefiera? Si no es así y usted descubre que le gusta el uno pero no el otro, quizá la mitad de las visitas le toquen con un médico que no le gusta. Aun cuando pueda elegir al médico de su preferencia para los exámenes de rutina, a un niño enfermito tiene que verlo cualquiera de los dos, el que esté disponible en ese momento.

El grupo de servicio. ¿Si dos son buenos, tres serán mejores? Por ciertos aspectos sí, por otros no. Un grupo puede ofrecer servicio 24 horas al día con los médicos de turno, pero en cambio no puede ofrecer la misma relación personal entre el doctor y el paciente — a menos que usted pueda concertar los exámenes siempre con el mismo médico (o con dos de ellos) como ya se ha dicho. Cuanto mayor sea el número de médicos que ven al niño sano o enfermo, tanto más tardará éste en acostumbrarse a cada uno, aunque este problema será mucho menor si todos los médicos son cordiales y comprensivos. Otro factor es que al cambiar de médico se pueden recibir consejos contradictorios, que bien pueden ilustrar o confundir. A la larga, más importante que el número de médicos en un grupo de servicio es la confianza que uno pueda depositar en cada uno de ellos y en el grupo en general.

La enfermera-pediatra. En cualquiera de las anteriores formas de atención es posible que haya además una enfermera pediatra como practicante: el equivalente de la enfermera-partera en el consultorio de obstetricia. La practicante pediatra (casi siempre es una mujer) es una enfermera graduada con entrenamiento adicional, por lo general a nivel de máster, en su especialidad. Suele encargarse de los exámenes de rutina de los bebés que están sanos y a veces también del tratamiento de dolencias menores, consultando con sus colegas médicos en caso de necesidad. A ellos les da traslado de los problemas que ella misma no pueda resolver.

Seguramente usted será partidaria o no de que cuide de su niño una enfermera pediatra por las mismas razones que la llevaron a aceptar o a rechazar a una enfermera-partera que cuidara de usted durante el embarazo. Lo mismo que ésta, la enfermera pediatra pasará más tiempo con los pacientes en cada visita, dedicando a menudo tanta atención a cuestiones de estilo de vida como a cuestiones médicas. En algunos casos sus honorarios pueden ser más bajos; pero como su nivel de preparación no es igual al de un médico, quizá le inspire a usted menos confianza el cuidado que está recibiendo su bebé. Esta, sin embargo, no es una preocupación válida, ya que muchos estudios han demostrado que por término medio las enfermeras practicantes y asistentes paramédicas tienen tanto acierto como los médicos mismos (y a veces más) para el diagnóstico y tratamiento de enfermedades menores.

EL MEDICO QUE USTED BUSCA

Para cada paciente hay un médico ideal. Una vez que usted sepa qué clase de médico quiere y en qué clase de servicio, puede empezar a buscarlo. En unas pocas poblaciones ya hay servicios de computador para poner en relación a los pacientes con los médicos que buscan; si donde usted vive no existe tal servicio, tendrá que recurrir a fuentes más tradicionales pero también dignas de confianza.

Su tocólogo o partera. Los médicos generales recomiendan a colegas cuyo estilo y modo de pensar son parecidos a los suyos y cuyo trabajo conocen y respetan. Así pues, si usted está satisfecha con el que la ha visto durante el embarazo, pregúntele a él; si no, busque recomendaciones en otra parte.

La enfermera-pediatra o partera. Si conoce a una enfermera que trabaje con pediatras, ya sea en un consultorio o una clínica, ella será una fuente segura de información sobre qué doctores son competentes, concienzudos, considerados y se llevan bien con los pacientes, y cuáles son descuidados, bruscos y huraños. Si no conoce a una enfermera puede telefonear a la que atiende en el piso de pediatría o al departamento de maternidad del hospital donde va a dar a luz, para pedir recomendaciones.

Los padres. Nadie conoce mejor a un médico que sus propios pacientes satisfechos (o insatisfechos), o, en este caso, los padres de los pacientes. Las mejores recomendaciones son las de amigas o conocidas que se parezcan a usted en temperamento y modo de criar a los hijos. Si no se parecen, entonces las mismas cualidades que ellas ensalzan serán para usted defectos vituperables del médico que recomiendan.

La sociedad médica local. Si bien estas entidades no recomiendan a un facultativo más que a otro, sí pueden darle una lista de pediatras de buena reputación en su área entre los cuales escoger.

Servicios de información. Algunos hospitales, grupos médicos y empresarios han organizado servicios de información para suministrar nombres de médicos en diversas especialidades. Los hospitales recomiendan a los que gozan de privilegios en la respectiva institución. A veces estos servicios, además de dar datos relativos a la especialidad, preparación e idoneidad general del médico, pueden informar si éste ha sido demandado alguna vez por prácticas impropias.

Directorios médicos. En las bibliotecas públicas y en algunos consultorios suelen encontrarse directorios médicos que son otras tantas fuentes de información, ya que por lo general contienen, además de nombres y direcciones de los profesionales, datos sobre sus credenciales (educación, práctica y afiliaciones).

La Liga de la Leche. Esta asociación tiene capítulos en muchas ciudades; si hay uno donde usted vive (busque en la guía telefónica) será una buena fuente de información, sobre todo si para usted la lactancia es cuestión de alta prioridad y busca un pediatra que la apoye decididamente en este aspecto.

Las páginas amarillas. Como último recurso, consulte las páginas amarillas de la guía telefónica, donde suelen publicarse listas clasificadas por especialidades. Pero tenga en cuenta que estas listas son incompletas; muchos médicos, sobre todo los que ya tienen su clientela asegurada, se abstienen de anunciar en las páginas amarillas.

LA ELECCION MAS ACERTADA PARA USTED

Procurarse una lista de muchos nombres valiéndose de cualquiera de las anteriores fuentes es un buen comienzo en la busca del médico que le conviene. Pero reducir dicha lista a un número menor de candidatos posibles y finalmente llegar al médico de sus sueños, requiere un poco más de investigación telefónica, visitas personales y entrevistas con los finalistas.

Afiliación a hospitales. Es una ventaja que el médico que se elija esté afiliado a un hospital cercano para contar con tratamiento de urgencia fácilmente accesible. También conviene que el médico o médica gocen de privilegios en el hospital donde usted va a dar a luz para que puedan examinar a la criatura antes que le den de alta. Pero no suprima de su lista a un buen candidato porque no esté afiliado. A veces se concede permiso a un médico no afiliado para ver a un bebé (aunque no para tratarlo). Si no, un médico de planta puede hacer el examen clínico y ordenar que a la madre se le dé salida, y después de salir usted puede llevar al niño a su médico preferido.

Credenciales. Un diploma de una universidad de prestigio luce en la pared de un consultorio, pero más importante es una residencia en pediatría o medicina familiar y certificación de una academia de estas especialidades. Los pediatras y médicos de familia que mantienen su posición sometiéndose periódicamente a exámenes de recertificación, dan prueba de que tienen interés en mantenerse al día profesionalmente y en ofrecer a sus pacientes la mejor atención posible.

Unos médicos cobran un honorario por la consulta, otros no. En su séptimo u octavo mes de embarazo haga citas con los finalistas de su lista y vaya preparada para evaluar al posible médico de su bebé teniendo en cuenta lo siguiente:

Ubicación del consultorio. Llevar consigo una barriga talla 42 a donde quiera que vaya puede parecer cosa seria ahora; pero no es nada en comparación con lo que va a tener que llevar después del alumbramiento. Recorrer distancias inverosímiles no será entonces tan fácil como subir a un ómnibus o a un automóvil, y cuanto más lejos le quede el consultorio, más complicado será el viajecito, sobre todo con mal tiempo. Un consultorio cercano ciertamente será una ventaja, e incluso algo más: cuando el niño está enfermo o se ha lastimado, significa atención y tratamiento rápidos. Pero tenga en cuenta al tomar la decisión que un médico realmente excepcional puede justificar una mayor distancia.

Horas de visita. La oportunidad del horario para las visitas al médico dependerá del programa de los padres del niño. Si uno de ustedes dos, o ambos, están empleados de 9 a 5, será indispensable que las citas las puedan hacer muy temprano por la mañana, o por la noche, o los fines de semana.

Ambiente. Se puede conocer mucho sobre el ambiente de un consultorio aun antes de visitarlo. Si cuando llama por teléfono le contestan con sequedad, lo más probable es que su experiencia en el consultorio no sea más agradable. Por el contrario, si la voz que le contesta es amable y cordial, seguramente encontrará una acogida amistosa y comprensiva cuando se presente personalmente, muerta de susto, con un bebé enfermo o herido. Obtendrá otros indicios en su primera visita para una entrevista con el doctor. ¿Es amistosa la recepcionista o es su estilo tan estirado y estéril como su traje blanco de hospital? ¿Es el personal considerado y paciente con sus jóvenes clientes, o se limita la comunicación a "Bájate de allí", "No toques" y "Estate quieto"? ¿Está el área de recepción separada de la de espera de modo que sus preocupaciones las pueda expresar y sus preguntas las pueda hacer al personal en privado?

Decoración. Un médico de niños necesita algo más que un par de revistas sobre la mesa y unas cuantas reproducciones de cuadros expresionistas en las paredes de su sala de espera. En su visita de reconocimiento observe si hay detalles que hagan menos penosa la espera, tanto para usted como para el niño que vendrá: un espacio de juego para los pequeñines y otro donde puedan esperar los mayorcitos; una colección bien conservada de juguetes y libros apropiados para distintas edades; sillas bajitas u otros sitios diseñados para cuerpos pequeños. Paredes de colores atrevidos y figuras interesantes (canguros anaranjados y tigres amarillos en lugar de discretos diseños de colores terrosos) y pinturas llamativas de niños, tanto en la sala de espera como en las de examen, también darán al temeroso paciente algo agradable en qué fijar la atención mientras espera o experimenta los hurgonazos y pinchazos de un examen. (Pero recuerde que no todos los doctores son admiradores de Walt Disney.) Una característica muy deseable de un consultorio médico es que las áreas destinadas a los niños y a los adultos estén separadas.

Tiempo de espera. Esperar tres cuartos de hora paseando de arriba abajo con un bebé alharaquiento en los brazos, o tratando de distraer con libros de láminas a un niñito inquieto, es una experiencia bastante penosa para todos. Y, sin embargo, tales esperas son comunes. Para algunas madres pueden ser apenas un fastidio, pero para otras son algo que sencillamente no pueden acomodar en su horario de actividades.

Al tratar de estimar cuánto tiempo hacen esperar en un consultorio, no se guíe sólo por el que le han hecho perder a usted en su visita. Estas visitas son más bien de cortesía que de necesidad médica y a un chiquillo que se desgañita llorando se le da prioridad (o se le debe dar). Interrogue a la recepcionista, y si su respuesta es vaga y poco satisfactoria dirija la pregunta a algunas de las demás personas que están esperando.

Un largo período de espera, si es habitual, supone desorganización del consultorio, o un exceso de citas para el mismo día y hora, o que el doctor tiene más pacientes de los que puede atender. Pero no le dice a usted mucho sobre la calidad de la atención médica. Hay médicos muy buenos que son malos administradores. A veces le dedican a cada paciente más tiempo del que habían calculado (cosa que usted apreciará en la sala de examen pero no en la de espera); o quizá no son capaces de negarse a ver a un niño que está muy enfermo, aun cuando ya tengan copadas todas las citas del día. (Esto lo apreciará usted si el niñito enfermo es el suyo.)

No toda la espera es en la sala destinada a este fin. A veces la más desagradable es en la sala de examen, sosteniendo en sus brazos a un bebé sin pañales, desesperado, o tratando de distraer a un niño asustado sin la ayuda de la colección de juguetes que hay afuera. Si bien las largas esperas no son de por sí razón suficiente para rechazar a un médico, si se convierten en un problema no vacile en decirle a la enfermera que usted prefiere esperar afuera lo que sea necesario antes de pasar a la consulta.

Visitas a domicilio. Todavía quedan algunos pediatras y médicos de familia que visitan a sus clientes a domicilio. Sin embargo, como se lo explicará a usted el doctor, estas visitas por lo general no son necesarias ni son lo mejor para el bebé. En el consultorio el médico puede realizar pruebas y usar aparatos que no se pueden meter en un maletín. Hay ocasiones, por supuesto, en que usted apreciará mucho a un médico que se tome la molestia de venir a la casa; por ejemplo, cuando el niño mayor ha regresado de la guardería infantil con un resfriado, el bebé tiene fiebre alta y tos y usted está sola en la casa en un día de tormenta.

Las llamadas telefónicas. Si las mamás corrieran al consultorio cada vez que tienen que hacer una pregunta sobre la salud o el desarrollo de su hijito, las cuentas del médico se irían a las nubes y los consultorios estarían atestados de gente día y noche. Por eso la mayor parte de las consultas y preocupaciones se absuelven por teléfono, y por eso le conviene a usted enterarse de antemano cómo maneja tales llamadas el médico que va a escoger para su niño. Unos padres prefieren la hora fija: el médico destina todos los días un tiempo determinado, durante el cual no ve pacientes y las distracciones son pocas, para atender las llamadas telefónicas. Esto garantiza acceso casi inmediato al doctor, aun cuando habrá ratos en que el número suena "ocupado" o quizá haya que esperar un poco para que del consultorio le devuelvan a uno la llamada. A otros padres les resulta difícil limitar sus preocupaciones entre las 7 y las 8 de la mañana o entre 11 y 12 del medio día, o peor aún, guardarse las preocupaciones de hoy hasta la hora de llamada de mañana. Prefieren el otro sistema: llaman al doctor cuando se presenta el problema, y el doctor les devuelve la llamada cuando tenga un momento libre entre dos consultas. Aunque la llamada del médico tarde horas (por supuesto, si no se trata de un caso de urgencia), los padres por lo menos pueden dar expresión a su ansiedad y muchas veces la persona que recibe la llamada está en capacidad de tranquilizarlos o aconsejarlos mientras el doctor se desocupa. Y es un consuelo saber que esa persona hablará con el médico antes de que termine el día.

Cómo se manejan las urgencias. Cuando ocurra un accidente (cosa inevitable) es importante la manera como su médico maneja los casos de urgencia. Algunos les dicen a los padres que lleven al niño directamente a la sala de urgencias del hospital local, donde el personal de planta lo atenderá. Otros prefieren que usted llame primero al médico, quien, según sea la naturaleza de la lesión o dolencia, resolverá si lo debe tratar en el consultorio o en la sala de urgencias. Algunos médicos se pueden llamar siempre (a menos que hayan salido de la ciudad) de día, de noche y durante los fines de semana. Otros se valen de colegas o socios que los reemplacen durante sus horas de descanso.

Cuestiones financieras. Para todos, excepción hecha de los muy ricos y los que están asegurados por sumas muy grandes, los gastos que implican los servicios médicos son una cuestión muy seria. En algunos consultorios se pide que se pague cuando se hace la visita (si no se ha convenido otra cosa por anticipado); otros mandan la cuenta. Unos cobran una suma global por el cuidado del primer año y se puede hacer cualquier número de visitas. Aun cuando la suma global es más de lo que se pagaría en total por las visitas de rutina durante el año, casi siempre resulta mejor, pues esa suma se cubre con dos o tres consultas por enfermedad y se sobrepasa con más. Los reintegros de la compañía de seguros por consultas médicas, haya o no haya convenio global con el médico, se efectúan de acuerdo con los términos de la respectiva póliza.

Algunos consultorios aceptan pagos en varios contados, ya sea como cuestión de rutina o en circunstancias especiales, por ejemplo en casos de dificultades financieras. Si usted cree que va a necesitar un acuerdo de esta naturaleza, hable con la persona encargada de la facturación.

En particular, si usted no está muy bien de fondos, sería bueno que preguntara si las pruebas rutinarias de laboratorio las hacen en el consultorio mismo; si es así, probablemente le costarán menos que cuando hay que mandarlas a hacer en un laboratorio por fuera.

El estilo. Cuando usted está buscando un médico, lo mismo que cuando está buscando muebles para el bebé, el estilo apropiado dependerá de su propio estilo. ¿Prefiere que el médico sea sencillo e informal, o rígido y serio, o de un estilo intermedio? ¿Se siente usted cómoda con una figura paternal (o maternal) que espera decir siempre la última palabra, o con un médico que la acepte como socia y se interese en sus opiniones? ¿Quiere un médico que dé la impresión de que todo lo sabe, o uno que esté dispuesto a confesar: "No sé"?

Así como hay ciertas características que todos los padres buscan en una cuna o un cochecillo (calidad, hechura, valor), así también las hay que todos quisieran ver en el futuro médico de su hijo: la capacidad de escuchar (sin estar echando ojo al nombre siguiente en su libro de citas); una actitud abierta a las preguntas y disposición de contestarlas completa y claramente (sin colocarse a la defensiva ni sentirse amenazado); y ante todo, que sinceramente quiera a los niños.

Filosofía. Aun en los matrimonios mejor avenidos los esposos no siempre se ponen de acuerdo, y hasta en las mejores relaciones de médico y paciente puede haber puntos de divergencia. Pero esta relación, como la del matrimonio, tiene las mejores probabilidades de éxito si ambos socios están de acuerdo sobre la mayor parte de las cosas importantes. El momento ideal para averiguar si usted y el posible médico de su bebé tienen la misma manera de pensar es antes de comprometerse, en su entrevista de consulta.

Pregúntele cuál es su posición frente a cualquiera de los siguientes puntos que usted considere importantes:

■ La crianza con leche materna. Si usted quiere amamantar a su hijo, un médico que no le dé mucha importancia a la materia o confiese no saber mucho sobre ella no podrá proporcionar mucho apoyo a la futura madre.

■ Nutrición. Si una buena nutrición es importante para usted, cuídese del doctor que hace poco caso del asunto diciéndole: "No se preocupe; la alimentación de los niños generalmente está bien balanceada".

■ Circuncisión. Sea que usted haya resuelto en favor o en contra de esta práctica, no querrá usted un médico que haga mofa de su decisión.

■ Antibióticos. Es buena idea no elegir un médico que los receta para cualquier catarro.

■ Régimen vegetariano. Si usted y su familia no comen carne, conviene un médico que no sólo respete esto sino que sepa cómo se satisfacen en un régimen vegetariano las necesidades nutritivas de un niño que se está desarrollando.

■ Salida de la clínica. Si usted quiere regresar rápidamente a su casa después del parto, querrá un pediatra que no se niegue (suponiendo que todo ha salido bien) a firmar la orden de salida.

■ Medicina preventiva. Si usted cree que es mejor prevenir que curar, tenga cuidado con un médico excesivamente gordo, que tiene un cenicero lleno de colillas de cigarrillo sobre el escritorio y está comiendo galletitas de chocolate mientras la escucha.

El médico que ya lleva años de ejercicio profesional seguramente tiene ciertas ideas fijas sobre la crianza de los niños. Si usted, por el contrario, es una novata en este terreno, acaso no tenga sino la más vaga idea de lo que hay que hacer (y probablemente cambiará radicalmente de estrategia a medida que entra de lleno en el asunto). No estando usted segura de su propia filosofía y teniendo que juzgar al doctor en una breve entrevista, será difícil una elección perfecta. Con todo, lo sensato es descartar a todo candidato cuya filosofía parezca abiertamente contraria a las ideas que se han venido gestando en su mente durante la gestación del bebé en su seno.

LA ENTREVISTA PRENATAL

Una vez que usted haya resuelto cuál ha de ser el médico de su hijo, habrá probablemente varias cuestiones (muchas de las cuales se examinan en este capítulo y en el siguiente) que usted querrá discutir en una consulta; entre otras, las siguientes:

Su historia obstétrica y antecedentes de familia. ¿Cómo influirán éstas en el parto que se aproxima y en la salud de su nuevo bebé?

Procedimiento clínico. ¿Qué medicación aplicarán a los ojos de la criatura para prevenir infecciones? ¿Qué pruebas son de rutina después del parto? ¿Cómo tratarán la ictericia? ¿Qué criterios tienen para dar de alta temprano?

Circuncisión. ¿Qué se puede alegar a favor y en contra de ésta? ¿Quién la practica y en qué momento, si es que usted la desea?

Crianza con biberón. ¿Qué tipo de frasco, chupete y fórmula recomienda el doctor?

Lactancia materna. ¿Cómo puede el médico de su niño ayudarle a usted a empezar bien? ¿Puede él ordenar que se le permita darle el pecho en la sala de partos, cuando sea posible? ¿Puede él prohibir el uso de chupadores de entretención y biberones suplementarios en la sala-cuna? ¿Se puede solicitar una visita de consulta una o dos semanas después del parto si le está dando trabajo la lactación o para evaluar su progreso?

Remedios y equipo. Obtenga recomendaciones relativas a remedios y otros artículos de salud como acetaminofeno, termómetro y pomada para erupciones, y sobre equipo como cunas, asientos para el automóvil y cochecillos.

Lecturas que se recomiendan. ¿Hay algún libro que el médico quiera recomendar especialmente, o que no quiere que usted lea?

Costumbres del consultorio. ¿Qué debe saber usted sobre la manera como funciona el consultorio del médico — por ejemplo, ¿a qué horas reciben llamadas telefónicas y cómo manejan las urgencias?

SU COLABORACION CON EL MEDICO

Una vez que usted ha escogido al médico que le conviene, no puede sencillamente dejar en sus manos todo el cuidado de la criatura, sentarse muy cómoda con una revista en la sala de espera y creer que todo va a salir muy bien. Como padres, ustedes y no el médico son los que tienen la influencia más significativa en la salud del niño. Si no ponen de su parte en esta sociedad, ni los mejores médicos podrán dar a éste los mejores cuidados. Para ser la buena madre-paciente del buen doctor usted tiene una larga lista de responsabilidades que cumplir.

Observe las prácticas del consultorio. Acomódese a lo que se acostumbra: llegue puntualmente para las citas, o si en el consultorio siempre andan atrasados, llame media hora antes de la hora fijada para su visita y pregunte cuánto tiempo podría tardarse en llegar; trate de avisar con 24 horas de anticipación cuando tenga que cancelar una cita; y cumpla con los plazos fijados para los pagos. Recuerde que los pacientes (o en este caso los padres de los pacientes) son en parte responsables por el buen funcionamiento del consultorio del médico.

Practique prevención. Si bien es conveniente elegir un médico que crea en la medicina preventiva y se concentre en el cuidado del niño sano, la tarea de conservarlo sano recaerá más en usted que en el doctor. Es usted la que tiene que ver que el niño obtenga nutrimento adecuado, goce de un buen equilibrio de descanso y juegos activos, no se exponga innecesariamente a infecciones o humo de cigarrillo, y se conserve lo menos expuesto que sea posible a lesiones accidentales. Son los padres los que deben enseñarle a adquirir buenos hábitos de higiene y seguridad (idealmente, por el buen ejemplo que le den), hábitos que le durarán y lo beneficiarán durante toda su vida.

Anote sus inquietudes. Muchas de las preguntas que se le ocurren entre uno y otro examen son dignas de atención, pero no justifican una llamada especial ("¿Por qué todavía no le salen los dientes?", "¿Cómo hago para que le guste el baño?''). Anótelas antes de que se le escapen de la memoria en la típica jornada de actividad incesante con el chico.

Tome notas. El médico le da instrucciones sobre lo que debe hacer si su niñita tiene una determinada reacción a las primeras vacunas. Usted vuelve a casa, la niña tiene fiebre, y usted es presa del pánico. ¿Qué fue lo que dijo el doctor? No lo puede recordar — la niña lloraba de tal modo cuando le pusieron la inyección que usted ni oyó bien las instrucciones mientras trataba de volverla a vestir, ni mucho menos las va a recordar. El remedio para esta pérdida maternal de memoria es llevar siempre consigo lápiz y papel cuando va de visita al médico y anotar los diagnósticos, instrucciones y cualquier otra información que le pueda servir más tarde. Quizá esto no sea fácil mientras tiene a la criatura en su regazo (por eso son tan convenientes las visitas de ambos padres) pero vale la pena el esfuerzo que se haga. O use una grabadora, si el doctor lo permite.

Tome notas también en las conversaciones telefónicas. Aun cuando esté segura de que recordará el nombre del ungüento que el doctor le recomendó para la erupción del bebé o la dosis de acetaminofeno que le recetó para el dolor de la dentición, estos detalles fácilmente se le pueden ir de la memoria cuando cuelga el teléfono y ve que el niño está untando la papa en toda la pared de la cocina.

Tome el teléfono. Gracias a Alejandro Graham Bell, el alivio de sus preocupaciones está al alcance de la mano que se estira para tomar el teléfono. Pero no abuse de su médico como si fuera una enciclopedia de consulta; antes de llamar, trate de encontrar la solución de su problema en este libro u otros que tenga sobre niños. Si no tiene éxito, entonces sí llame al médico. En los primeros meses los médicos de niños saben que van a recibir muchísimas llamadas, sobre todo de madres primerizas. Pero no llame sin estar preparada con la información necesaria. (Vea la sección ''Antes de llamar al médico'' en la página 472.)

Siga las instrucciones del médico. En toda buena asociación, ambas partes contribuyen con lo que cada una conoce o sabe hacer mejor. En esta asociación el médico de su hijo aportará años de preparación y experiencia, y para aprovechar al máximo esa aportación, lo sensato es seguir sus consejos e informarle si por cualquier motivo usted no puede seguirlos. Esto es de capital importancia tratándose de situaciones médicas. Digamos que se le ha recetado al niño un antibiótico para la tos; el bebé lo escupe y no hay forma de que reciba una gota más. De todas mane-

PAGO ANTICIPADO

A medida que proliferan las organizaciones de cuidados de la salud y los seguros médicos de grupo, las familias van perdiendo el derecho de escoger médico. Puede que no haya sino un pediatra o un tocólogo o un médico de familia en la ''lista'' en su vecindario. Si usted se ve en esa situación y no está contenta con la atención del médico que le han asignado, informe tanto a su jefe (o al jefe de su marido) como al director del plan de seguro médico. Haga específica su queja, pero no mortificante. Lo que a usted le interesa es que se mejore la calidad del servicio. Si esto no funciona, tal vez pueda persuadir a su patrono de que cambie a otro plan de seguro médico.

ras, como parece haber mejorado un poco de la tos, usted no insiste, para no molestarlo más, y no se toma la molestia de informar al médico. Dos días después la temperatura del bebé ha subido, la tos está peor y hacer usted el papel del médico ha resultado peligroso. Lo que el doctor le habría dicho, si lo hubiera llamado, es que cuando se inicia la medicación el niño comienza a mejorar, pero si se interrumpe el tratamiento la dolencia puede volver con más fuerza que antes. También le habría podido aconsejar un método mejor de hacerle tomar el remedio o formas alternas de medicación.

Hable sin miedo. Decir que es importante seguir las instrucciones del doctor no significa que la madre (o el padre) no sepa a veces mejor (aun mejor que el médico) lo que hay que hacer. Si le parece que el diagnóstico del médico está equivocado o teme que el remedio que se le receta resulte peor que la enfermedad, dígalo con franqueza, aunque no en son de disputa. Explique en qué se basa su preocupación y pídale al doctor que él también justifique su posición. Puede que ambos aprendan el uno del otro.

Diga también si ha oído hablar sobre una nueva forma de inmunización o un tratamiento nuevo para el cólico, o cualquier otra cosa que pueda beneficiar a su hijito. Si es algo que haya leído, lleve la fuente si es posible. Quizá el doctor ya

esté enterado de este avance y le pueda suministrar información adicional a favor o en contra. Si no está enterado, quizá querrá averiguar un poco más sobre el asunto antes de dar su opinión. Tenga en cuenta, eso sí, que la información sobre cuestiones médicas es muy dispareja. Con ayuda de su médico usted podrá distinguir lo útil de lo inútil.

Rompa una relación intolerable. Divorciarse del médico de su niño, como cualquier divorcio, puede ser muy penoso. Pero es menos desagradable que vivir con una relación insatisfactoria — y es mejor para los niños. Siempre que sea posible, trate de arreglar sus diferencias y problemas hablando con el doctor antes de romper del todo con él. Es posible que sólo se trate de malas interpretaciones y no de diferencias serias de modo de pensar, caso en el cual quizá podría empezar de nuevo con el mismo médico. Si el que usted ha escogido resulta ser definitivamente el que no le convenía, empezará a buscar otro con mejor conocimiento de causa y podrá aspirar a mejores resultados. Para asegurarse de que a su niño no le va a faltar atención médica mientras usted busca otra vez, no ponga punto final a sus relaciones con el indeseable antes de haberle encontrado reemplazo. Cuando lo encuentre, cuide de que se le dé rápidamente traslado de toda la historia clínica del niño.

CAPITULO DOS

Compras para el bebé

Durante meses usted ha resistido la tentación. Ha echado miradas codiciosas a las tiendas de bebés, sin atreverse a tocar siquiera los vestiditos de encajes ni las mantas bordadas a mano, mirando apenas de reojo los móviles musicales y ositos de peluche. Pero al fin, faltando ya sólo unas pocas semanas para el alumbramiento, bien puede dejar de resistir y empezar a comprar; es más: esto es absolutamente necesario.

Resista, eso sí, el impulso de llegar al mostrador y ponerse en manos de la vendedora que parece una abuelita y está esperando para venderle todo lo que tiene en existencia y aun muchas otras cosas que está lista a pedir en cuanto aparezca una tarjeta de crédito. Esa "voz de la experiencia" de la vendedora puede hacerle olvidar que su cuñada le va a regalar muchas cosas que ya no necesita, que le van a llover más regalos de otras procedencias y que va a tener que lavar la ropa con frecuencia. A lo mejor termina con bolsas repletas de ropa, juguetes y más cosas de las que su hijo podrá usar antes que le queden chicas.

Estudie bien antes de empezar a comprar. Calcule sus necesidades mínimas (más adelante habrá tiempo para completar lo que falte) usando la lista de compras que aparece en este mismo capí-

tulo, y enfréntese a la vendedora con estos criterios:

■ No compre una canastilla de ropa completa como ofrecen las tiendas o aparecen en varias listas; use las listas sólo como guías.

■ Tenga en cuenta cuántas veces a la semana tendrá que lavar la ropa (usted u otra persona). Si va a lavar casi todos los días, compre el número mínimo de prendas que se recomienda en la lista; si va a tener que llevar grandes cantidades de ropa a la lavandería y sólo puede ir una vez por semana, compre el número máximo.

■ Verifique las prendas prestadas o de segunda mano con que puede contar antes de hacer su lista final de compras.

■ Si las amigas o parientas le preguntan qué necesita, dígaselo con franqueza. Ellas quieren hacerle un regalo que le sea útil, no cualquier cosa que después tenga que ir a cambiar a la tienda. Sugiérales varios artículos y de distintos precios para darles libertad de escoger, pero no les sugiera un mismo artículo a distintas personas.

■ Absténgase de comprar lo que no va a necesitar inmediatamente (una silla alta, un asiento de bebé para la bañera, juguetes que son para niños mayores) y cosas que al fin puede no necesitar (cantidad de pijamas, toallas y camisetas) hasta que haya recibido todos los regalos. Cuando ya no le lleguen más, vuelva a hacer el cálculo de sus necesidades y vuelva una vez más a las tiendas.

■ Compre principalmente tallas de 6 a 9 meses. Querrá tener un par de camisas tamaño 3 y tal vez un vestidito o dos que le vengan precisos, pero en general es más práctico arremangarle las camisas y ver al bebé con la ropa un poco floja durante unas semanas, mientras crece y la ropa empieza a quedarle mejor. Aun cuando sea grande la tentación de abrir las compras y colocarlas en la nueva cómoda del bebé, no las abra. Conserve toda la ropita (aun la que ha pensado ponerle el día de llevarlo a casa) en su empaque original y con los correspondientes recibos de compra; de modo que, si resulta que el niño nace pesando 5 kilos, su marido o su mamá o una amiga pueden cambiar por lo menos algunas prendas por tallas para 6 meses mientras usted está todavía en la clínica, y las demás poco después. De igual manera, si el nacimiento se anticipa y la criatura sólo pesa 3 kilos, algunas de las prendas grandes se pueden cambiar.

En términos generales, compre tamaños por lo menos de un número más que la edad del niño (muchos niños de seis meses usan tallas de 9 a 12, y a veces aun mayores); pero antes de comprar, mucho ojo, porque algunos estilos (sobre todo los importados) pueden ser mucho más grandes o más pequeños que las tallas indicadas.

■ Tenga en cuenta las estaciones cuando vaya de compras. Si se espera el bebé para mediados de la estación, compre sólo unas pocas prendas pequeñas para las semanas inmediatas y ropita más grande para el tiempo que hará en los meses siguientes. Siga teniendo en cuenta las estaciones a medida que el niño crece. Un lindo trajecito de verano, a mitad de precio, puede ser difícil dejar de comprarlo; pero si es talla para 12 meses y su niñita tendrá un año cuando venga el tiempo caluroso, es una compra de la cual usted se arrepentirá.

■ Al elegir ropa para el niño, considere primero la comodidad y después la moda. Unos botoncitos en el cuello pueden ser muy lindos, pero no será tan lindo luchar por abotonárselos a un bebé que se está retorciendo en la mesa de cambiarlo. Un vestidito de fiesta, de organdí, se verá precioso en su gancho en el ropero, pero tendrá que quedarse allí si le irrita la delicada piel al bebé. Un trajecito marinero importado parecerá muy elegante — hasta que usted tenga que cambiar al niño y no halle acceso al área de los pañales. Busque siempre ropa de telas suaves, fáciles de limpiar o lavar, con broches de presión en lugar de botones (que son incómodos y hasta peligrosos si el bebé arranca uno con los dientes), aberturas holgadas para la cabeza (o con broches de presión para el cuello), y fondillos que se abran para cambiar los pañales. Evite los cordones o cintas largos, que pueden ser peligrosos, lo mismo que las costuras toscas que pueden ser molestas. Holgura para el crecimiento es otra consideración importante: tirantes ajustables para los hombros, telas elásticas, cinturas no definidas o vestidos de una sola pieza, cinturas con elástico, doble fila de broches de presión en la ropa de dormir, pantalones que se puedan arremangar, dobladillos anchos que se puedan soltar, pliegues y alforzas. Los pijamas con "pies" deben ser de la longitud precisa o tener tobillos con elásticos para mantenerlos en su lugar.

■ Si usted no se ha sometido a las pruebas de ultrasonido o amniocentesis para saber cuál va a ser el sexo de su bebé, no compre todo amarillo o verde (a menos que le fascinen estos colores), especialmente porque muchos niños no tienen la complexión que sale bien con ellos. Niños y niñas por igual bien pueden usar rojo, azul o cualquier otro color. Si aplaza algunas compras hasta que nazca el suyo, podrá elegir rosados para una niña y tonos más masculinos para un varón. En algunas tiendas se puede pedir la canastilla y no recogerla hasta que nazca el bebé, y entonces se puede especificar el color. Esto sólo funcionará si el padre, la abuelita o una amiga se encargan de pasar a recogerla mientras usted está en la clínica, o si se la pueden mandar a domicilio antes de que usted regrese a su casa.

■ Cuando vaya a comprar muebles para el bebé, lo práctico y seguro se debe preferir al estilo. Una cuna antigua, comprada o heredada, puede darle al cuarto del bebé un aire de tradición, pero el niño se cae si el fondo no es bastante sólido para sostener su peso, o se expone a una dosis excesiva de plomo si la pintura también es antigua. Cuando hay perro en la casa, la cuna antigua puede quedar demasiado cerca del suelo para que uno pueda estar tranquilo. Una sillita de ruedas de paseo si es demasiado complicada podrán admirarla los transeúntes en la calle pero para usted será un problema plegarla y subir con ella y el niño y la bolsa de los pañales a un ómnibus atestado de gente. Otras características que se deben buscar en muebles para niños se dan más adelante en la pág. 48 bajo el título "Muebles".

■ En cuanto a artículos de tocador para el bebé, compre únicamente lo que necesita (ver lista más adelante), en lugar de comprar todo lo que ve. Al comparar los productos, escoja los que no tengan alcohol (el alcohol reseca la piel del niño) y los que contengan la menor cantidad de colorantes artificiales, preservativos y otros aditivos químicos. No compre polvos para el bebé. Estos no responden a ninguna finalidad médica, pueden producir irritación si se acumulan en grietas y fisuras de la piel, pueden ser peligrosos si se aspiran, y si contienen talco pueden ser origen de cáncer pulmonar más adelante.

■ Por el contrario, cuando esté organizando el botiquín es preferible pecar por exceso y llenarlo de cuanto pueda necesitar en un caso de urgencia, que ojalá no se presente. Si no procede así, bien puede suceder que no sepa qué hacer cuando el bebé despierte a medianoche con fiebre altísima y usted no tenga a mano ninguna medicina para darle. O cuando lo encuentre comiéndose unas lindas flores que le llevó una amiga pero que son venenosas y en el botiquín no haya nada con qué provocar vómito.

PRIMER VESTUARIO

De 3 a 7 camisas. Las más fáciles de usar con un recién nacido son las de estilo abierto por delante o con broches de presión laterales, pero las de meter por la cabeza (*pullovers*) son más suaves y confortables. Las que cubren todo el cuerpo y se abrochan por debajo no se suben y mantienen las barriguitas calientes en los días fríos.

De 3 a 8 camisas de dormir con cordones de atar. Estos cordones se deben quitar cuando el niño empiece a desplegar mayor actividad.[1]

---

[1] La ropa de dormir de los bebés y niños pequeños debe satisfacer las normas corrientes de resistencia a las llamas; se fabrica por lo general de fibras sintéticas no inflamables.

2 o 3 talegos de dormir, para que los bebés duerman bien abrigados en las estaciones o climas muy fríos. No use estos talegos cuando el niño ya esté mayorcito.

3 o 4 pantalones impermeables, si se propone usar pañales de tela. Si va a usar desechables, entonces con un solo par tiene, para ocasiones especiales.

2 o 3 pares de zapatitos o medias. Escoja un modelo que el niño no se pueda quitar fácilmente pataleando.

3 a 6 trajes enterizos con pies, para un bebé nacido en otoño o invierno o nacido en tierra fría, pero sólo 2 o 3 para los nacidos en primavera y verano o en tierra caliente.

3 a 6 rompers (trajes de una sola pieza, de manga corta y broches de presión en la entrepierna), para las estaciones y climas cálidos.

2 baberos lavables, o un paquete de desechables. Aun antes de empezar a darle alimentos sólidos, los necesitará

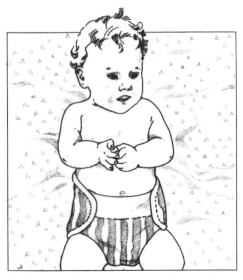

La fajapañal elimina la necesidad de imperdibles o pantalones de caucho; se hace de algodón o lana y "respira", reduciendo el riesgo de salpullidos.

para proteger la ropa de la saliva y los vómitos.

1 a 3 suéteres. Un suéter ligero bastará en el verano; en tiempo frío se necesitarán otros más abrigados.

1 a 3 gorros. Uno de poco peso, con visera para proteger del sol a un bebé nacido en verano; otro más grueso y que cubra las orejas confortablemente pero no demasiado ajustado, para uno nacido en invierno.

1 traje o talego de nieve con mitones adheridos, para el otoño y el invierno en los países donde nieva.

ROPA DE CAMA

3 a 6 mantillas para recibirlo, según la estación.

3 a 4 juegos de sábanas, para la cuna, camita y cochecillo.

2 cubiertas acolchadas para el colchón, si se desea.

2 a 6 cojincillos impermeables, para proteger la cuna, el coche, el regazo y los muebles.

2 mantas lavables para la cuna. Ligeras de peso para el verano, más gruesas para el invierno. Evitar flecos largos e hilos sueltos.

1 o 2 mantas para cochecito. Sólo una de poco peso para el verano.

2 a 3 toallas de albornoz, con capucha.

2 a 3 paños para lavarse, suaves.

1 docena de pañales cuadrados de tela, para proteger usted sus hombros cuando le saque los gases al niño, para proteger las sábanas cuando escupa, para usarlos como baberos de emergencia, y mucho más.

Forros para pañales de tela, si usted quiere, para niños que se mojan mucho o como protección extra durante la noche.

Pañales. Compre de 2 a 5 docenas de pañales de tela plegados de antemano, si ha resuelto lavar, o varias docenas de desechables, si va a usar éstos exclusivamente (un par de docenas si los va a usar sólo para salidas y emergencias). Si va a hacer uso de un servicio de pañales, contrátelo durante el octavo mes a fin de poder contar con él desde que nazca la criatura.

ARTICULOS DE TOCADOR

Los artículos que se necesitan para cambiar pañales se deben tener en un anaquel a suficiente altura sobre la mesa para que el bebé no les eche mano, pero no tan altos que usted no los alcance con facilidad.

Jabón de bebé o líquido para el baño, que hay que usar en pequeñas cantidades.

Champú sin lágrimas. Para los recién nacidos se puede usar baño de bebés que no haga llorar, en vez de champú.

Aceite para el baño, si se desea. Este no es indispensable, a menos que el doctor lo recete para la seborrea de los lactantes, y muchas veces el aceite de ensalada sirve lo mismo.

Almidón de maíz, si se desea. No es necesario, pero es bueno para usarlo en tiempo caluroso.

Ungüento para erupción causada por los pañales. Pídale al médico que le recomiende alguno.

Jalea de petróleo, como vaselina, para lubricar el termómetro rectal; pero no la use para tratar usted misma una erupción.

Paños limpiadores, para cuando le cambie pañales, lavado de manos y muchos otros usos; pero use motas de algodón y agua pura para limpiarle el trasero al bebé durante las primeras semanas y cuando los pañales le hayan producido irritación.

Motas estériles de algodón para limpiar los ojos del bebé, untar alcohol en el sitio del cordón umbilical, y para cambios de pañal las primeras semanas y cuando el niño tiene salpullido.

8 imperdibles, si usa pañales de tela. Las cabezas de metal son mejores que las plásticas, que se pueden romper.

Tijeritas o cortauñas para arreglarle las uñas.

Peine y cepillo para el bebé. Use únicamente un peine de dientes separados para el pelo mojado.

PARA EL BOTIQUIN

Tenga a mano los remedios en vez de esperar hasta que los necesite para comprarlos. Pídale recomendaciones al pediatra. Guárdelos fuera del alcance de los niños.

Sustituto líquido de aspirina, como Tylenol para bebés, Tempra, Penadol (todos éstos son marcas de acetaminofeno).

Carbón vegetal líquido si lo recomienda su centro local de control de envenenamientos.

Jarabe de ipecacuana, en caso de envenenamiento accidental (pero no usarlo sin orden del médico; Vea la página 522, sección "Rotule la ipecacuana").

Descongestionante líquido, fórmula para niños, para usarla únicamente si lo dispone el médico (por lo general no se recomienda para los bebés).

Crema antiséptica, como bacitracina o neomicina, para cortaduras y rasguños pequeños.

Peróxido de hidrógeno, para limpiar cortaduras.

Loción de calamina o hidrocortisona (al $1/2\%$), para picaduras de mosquitos y erupciones que producen comezón.

Líquido rehidratante, si el pediatra lo receta para el tratamiento de la diarrea; por lo general no se necesita cuando el niño se alimenta al pecho.

Crema o loción para el sol. No use estas cosas hasta que el bebé cumpla seis meses, a menos que el médico disponga lo contrario.

Alcohol antiséptico, para limpiar termómetros pero no para dar fricciones.

Cucharita calibrada, gotero o jeringa oral, para administrar las medicinas.

Vendas estériles y gasa, en distintas formas y tamaños.

Esparadrapo, para asegurar las aplicaciones de gasa.

Pinzas, para extraer astillas diminutas.

Aspirador nasal, que es una bomba para limpiar la nariz obstruida (vea la página 487).

Jeringa auricular, para sacar la cera acumulada, siempre que el médico la recomiende.

Vaporizador/humectador. El antiguo humectador de vapor de agua caliente no se recomienda porque puede causar quemaduras.

Un termómetro rectal corriente. Este viejo instrumento se prefiere a los más modernos termómetros digitales que suelen ser menos exactos y a las tiras de tomar la temperatura, que también son imprecisas.

Linternita de mano, para examinar la garganta si se teme una infección, y las pupilas, para ver si hay síntomas de concusión.

Baja lengua, para examinar la garganta.

Cojín caliente o bolsa de agua caliente, para aliviar el dolor de un cólico o suavizar músculos adoloridos.

PARA LA ALIMENTACION

1 biberón con su chupete, para darle agua al bebé o para un suplemento alimenticio de emergencia cuando se está criando al pecho.

4 frascos de 4 onzas y entre 10 y 12 de 8 onzas, con sus chupetes, si lo está criando con fórmula; de 4 a 6 si los usa sólo para suplemento. Los frascos de vidrio son los más fáciles de lavar, pero se pueden romper y no se recomiendan para usarlos con leche materna. Los de plástico son de dos tipos: el estilo tradicional que se puede volver a usar, y el nuevo estilo de frasco desechable dentro de un receptáculo permanente, y que se va aplastando a medida que el niño come, de modo que éste traga el mínimo de aire.

Los chupetes se consiguen de distintas formas (incluyendo la más natural ortodóntica) y con agujeros de varios tamaños (más pequeños para fórmula y bebés chicos, más grandes para jugos y para niños mayores). Los chupetes de silicona no tienen ningún olor ni sabor, no se ponen cauchosos, se pueden lavar en la lavadora de platos y son transparentes, de modo que uno puede ver si están limpios. Se pueden ensayar varios, a ver cuál es el que más le conviene a su hijo.

Utensilios para preparar la fórmula, si usted cría a su hijo con biberón. Qué artículos necesita, exactamente, depende del tipo de fórmula que vaya a usar, pero generalmente en la lista de compras hay que incluir cepillos para frascos y chupadores, una jarra grande de Pyrex, de medir, taza de medir también de Pyrex, abrelatas, cuchara de mezclar de mango largo, y pinzas. Todo debe ser susceptible de hervirse.

Un esterilizador, si va a criar con biberón o a usar éste como suplemento desde temprano.

Chupador de entretención. Si decide usarlo, busque uno fuerte y de una sola pieza, con agujeros de ventilación y de forma ortodóntica. Lo mismo que los chupetes, se consiguen también de silicona. *Advertencia:* Nunca le ponga cordón o cinta al chupador de entretención.

MUEBLES

En todos los artículos. *Buscar:* que la pintura no sea de plomo, si se trata de objetos pintados; construcción fuerte; bordes lisos y esquinas redondeadas; cinturones de seguridad para la entrepierna y cintura cuando se necesiten. *Evitar:* bordes ásperos, puntas agudas o partes pequeñas que se puedan zafar; bisagras o muelles expuestos; cordones o cintas o cuerdas atadas. Siga las instrucciones del fabricante para el uso y mantenimiento de todos los artículos y acostúmbrese a verificar con regularidad el estado en que se encuentra la cuna del niño, el cochecillo y otras cosas para estar segura de que no se haya soltado un tornillo, que las correas no estén raídas, que los soportes no se hayan roto o que no haya otros síntomas de desgaste.

Cuna. *Buscar:* un marbete de garantía de que en su fabricación se han cumplido las normas generales que rigen en estos casos; los barrotes no deben tener una separación mayor de 6 cm, sin rajaduras en la madera; el nivel del colchón debe ser graduable; altura mínima de la baranda 56 cm cuando el colchón está en su posición más alta y la baranda en la más baja; barras estabilizadoras de acero; cubierta plástica en los rieles de dentición, si los tiene, fuertemente asegurada y sin roturas; ruedas para poderla mover. *Evitar:* postes o perillas protuberantes y barras transversales.

Colchón para la cuna. *Buscar:* firmeza; somier de muelles interiores, o, si en la familia hay tradición de alergia, un colchón de cauchoespuma densa (o póngale al somier una cubierta hermética); ajuste preciso del colchón a la cuna, sin que quede espacio entre uno y otra para más de dos dedos de una persona adulta.

Parachoques. *Buscar:* que queden bien ajustados, no flojos, en todo el perímetro de la cuna; por lo menos con 6 lazos o juegos de broches de presión para asegurarlos a la baranda de la cuna.

Cuna portátil o canasta. Opcional pero útil las primeras semanas cuando el bebé gusta de estar bien abrigadito, y para usted será una ventaja la movilidad (aunque un cochecito le presta el mismo servicio). *Buscar:* colchón firme, base fuerte y estable; tamaño adecuado para su hijo (una antigüedad frágil podría desbaratarse con el peso de un bebé de buen tamaño).

Espacio para cambiarlo. Para mudar al niño se puede usar una mesa o la tapa de una cómoda diseñada especialmente para el efecto, o una unidad improvisada para el caso utilizando cualquier cosa que usted ya tenga. *Buscar:* altura cómoda; acolchonamiento lavable; correa de sujeción; un lugar donde guardar los pañales al alcance de su mano; puesto para los artículos de tocador donde el bebé no los alcance.

Pañalera, si los va a lavar usted misma; si contrata un servicio de pañales, le deben mandar un receptáculo para pañales. *Buscar:* que sea fácilmente lavable; tapa que cierre bien para que los niños chiquitos no lo puedan abrir (ha habido casos de bebés que se ahogan en un balde de agua o se envenenan probando un desodorante).

Cómoda con cajones o alguna otra unidad donde guardar la ropita del bebé.

Bañera. *Buscar:* fondo no resbaladizo (o use una toalla para que el niño no resbale); que sea fácil de lavar; que sea bastante amplia (suficientemente grande para que le sirva ahora o cuando tenga cuatro o cinco meses); apoyo para la cabecita y los hombros; que se pueda transportar con facilidad; con buen desagüe. *Evitar:* almohadillas de esponja que no se puedan quitar.

Asiento para el baño, para cuando el niño ya pase a la bañera grande. *Buscar:* correas de sujeción; patas de succión.

Asiento de bebé. *Buscar:* base ancha, fuerte, estable, con patas de succión para que no resbale; correas de sujeción para la cintura y la entrepierna; tamaño adecuado (algunos son tan chicos que sólo sirven para los bebés más pequeñitos); manillar para llevarlo cómodamente. *También deseable:* un mecanismo mecedor; posibilidad de graduarlo. Nunca deje a un bebé, aun cuando sea muy chiquito, en un asiento de éstos al borde de una mesa o mostrador ni cerca de algún objeto (como una pared) contra el cual pueda empujar, y no use nunca uno de estos asientos como si fuera un asiento de automóvil.

Caja de juguetes. *Buscar:* tapa de poco peso, de quitar y poner o con mecanismo de soporte que impida que le caiga encima al niño; bordes y esquinas lisos, sin astillas los de madera; agujeros de ventilación en la tapa y los lados; sin llave o falleba. Un cajón abierto o un estante son preferibles para guardar los juguetes.

EQUIPO PARA SALIR A LA CALLE

Cochecito de paseo. *Buscar:* sello de certificación de calidad; asiento reclinable de modo que el cochecito se pueda usar cuando el bebé está muy pequeñito y también le sirva para echar una siesta cuando esté más grandecito; una base ancha antideslizante; ruedas grandes para que se pueda manejar con facilidad; buenos frenos; correas de sujeción seguras y fáciles de poner; facilidad de plegarlo (pruébelo); poco peso, si usted espera llevarlo con frecuencia en el ómnibus u otros vehículos; capota para protegerlo del sol y la lluvia; bisagras que no agarren deditos curiosos; altura cómoda del manillar; canasta metálica para portar paquetes. Cuando use el cochecito de paseo, fíjese que el mecanismo de plegarlo quede bien asegurado en la posición de abierto, y no recargue las manijas con bolsas u otros objetos que lo puedan volcar.

Coche combinado. Este tiene algunas de las ventajas del cochecillo corriente y del de paseo, aunque no es tan ligero de peso como el de paseo. Ver recomendaciones para elegir en los párrafos relativos a uno y otro.

Cochecillos. Muchas familias, especialmente las que viven en un espacio muy reducido, o las que salen a pasear siempre en automóvil, no quieren ni necesitan un cochecillo. Si usted lo quiere, *busque* uno con movimiento mecedor suave; facilidad de plegarlo (si esto es importante para usted); maniobrabilidad (asegúrese de que cabe por las puertas de su casa); que tenga canasta para los paquetes; dispositivos seguros de fijación si la capota es de quitar para usarlo como cuna portátil. Si el cochecillo es de plegar, fíjese que esté debidamente asegurado en la posición de abierto cuando lo esté usando; cuando su bebé ya pueda sentarse apoyado, use siempre un arnés de bebé.

Asiento de automóvil. Aun cuando usted no tenga automóvil, necesitará un asiento para el bebé si lo va a sacar a pasear en un auto prestado. Si toma uno en alquiler, también podrá alquilar el asientito, pero tenga en cuenta que tal vez no sea el mejor que hay. Los hay de tres tipos: el de bebé, el convertible y el de niños que ya empiezan a andar; y usted debe *buscar* lo siguiente cuando escoja uno: que sea de fabricación nueva y se ajuste a las normas modernas (no pida prestado uno viejo ni que ya haya protegido a un niño en un accidente); facilidad de instalación (de preferencia sin cabestro); arnés de un solo broche, para que sea fácil asegurar y soltar al niño (pruébelo hasta estar segura de que lo puede manipular con rapidez); comodidad y espacio para el bebé, con visibilidad adecuada y facilidad de movimiento para un niño mayorcito; que sea ajustable, de modo que siga siendo seguro y cómodo a medida que el niño crece.

Portabebé. Este aparato es útil para llevar a su hijo de un lado a otro en la casa o en la calle y le deja a usted las manos libres para hacer su oficio o llevar paquetes. *Buscar:* un modelo de llevar por delante (el bebé no se debe llevar a la es-

Asiento de automóvil. *Este es útil para niños hasta de 10 kilos de peso que todavía no se sientan solos. Mira hacia atrás, lo cual permite a la mamá charlar con el bebé mientras está conduciendo. Sin embargo, los niños ya mayorcitos se aburren si no pueden mirar al frente lo que está sucediendo en el camino. Una ventaja especial es un asiento que se pueda sacar e instalar con el niño ya sentado en él, mientras la base permanece asegurada al auto. También sirve como asiento de bebé dentro de la casa.*

Asiento convertible de automóvil. *Esta unidad está diseñada para niños desde recién nacidos hasta 20 kilos de peso. Mira hacia atrás en posición semireclinada cuando se usa para un bebé, y luego se puede enderezar y girarse para que quede viendo hacia adelante para un niño de más edad que quiera ver el paisaje.*

Para los que ya andan. Diseñado para niños de determinada estatura y peso (ver instrucciones del fabricante), este asiento se asegura con los cinturones de seguridad del automóvil. Ofrece mayor movilidad y visibilidad a niños mayorcitos. (Los niños no deben viajar con cinturones de adultos hasta que pasen de 20 kilos de peso.)

palda hasta que ya esté en edad de sentarse solo), que sea fácil de quitarse y ponerse sin ayuda; correas ajustables acolchadas que no se atasquen; lavable; con sostén para los hombros y la cabeza del niño y asiento amplio para nalgas y muslos.

Si se encuentra un portabebé que permita al niño mirar hacia adelante cuando está despierto, sería ideal. Un modelo que haga descansar casi todo el peso en sus caderas es mejor para su espalda si el bebé es pesado. No use nunca el portabebé como asiento de automóvil.

Bolsa de pañales. *Buscar:* compartimientos múltiples y por lo menos uno de ellos impermeable; correa para llevarla al hombro; cierre de cremallera para el compartimiento principal. Un cojincito desprendible para mudar es una ventaja. Ver en la página 100 cómo empacar una bolsa de pañales.

BUENO TENER

Silla mecedora. Magnífica para dar de comer al niño y arrullarlo. *Buscar:* arcos fuertes; asiento cómodo (ensáyelo).

Teléfono interno. Ideal si el cuarto del bebé queda donde no se alcance a oír desde la alcoba de usted u otras partes de la casa. *Buscar:* portabilidad y seguridad (sin partes expuestas que puedan ser causa de una electrocución).

Columpio. Puede contentar a un niñito llorón. *Buscar:* correas de sujeción seguras; bordes y superficies lisos; construcción fuerte; asiento reclinable para un bebé; una bandeja de actividades para que se divierta. *Evitar:* un columpio con bisagras que puedan agarrar los deditos, o partes pequeñas que se puedan soltar. Si el columpio se va a colgar en el marco de una puerta, asegúrese de que cabe en la suya. No lo use para un bebé menor de seis meses.

Cuna portátil, si se propone viajar con frecuencia a lugares donde no se dispone de tal equipo. *Buscar:* las mismas características de seguridad que se detallan más adelante para corralitos de juego.

PUEDE NECESITAR O QUERER MAS ADELANTE

Silla para comer. Las hay de dos modelos, altas y bajas, pero las primeras son más populares en la actualidad. *Buscar:* base amplia y fuerte que no la deje volcar; bandeja que se pueda quitar o asegurar en su lugar fácilmente con una sola mano; un reborde ancho para atajar lo que se derrama; que sea lavable; respaldo del asiento suficientemente alto para sostener la cabeza del bebé; descanso para los pies graduable; cinturones de sujeción; dispositivo seguro de cierre, si la silla es de plegar.

Asiento de comer portátil. Estos son muy útiles cuando uno va de visita o a un restaurante, o en la casa misma. *Buscar:* mecanismo de agarre que evite caídas; asiento confortable; guarda de entrepierna para que el niño no resbale y se salga. No use nunca un asiento de este tipo en una mesa de vidrio o de pedestal, ni le ponga debajo un asiento. (Vea otras medidas de seguridad en la página 270.)

Corralitos de juego. Para aprender a pararse, los mejores son los de madera, pero los de red son más suaves si el bebé se cae sobre los lados. *Buscar:* sello de certificación; separación no mayor de 6 cm entre las tablillas si el corral es de madera; si es de red, ésta debe ser apretada para que no se engarcen en ella ni los dedos del bebé ni los botones; acolchonamiento fuerte de vinilo que no se rasgue fácilmente (un bebé se puede ahogar con un plástico roto o con el relleno de una colcha); bisagras de metal acolchadas; un mecanismo de seguridad que no deje que el niño haga desplomar el corral. *No use* un corral tipo acordeón ni deje un corral de red con los lados bajados.

Reja de seguridad, para puertas o escaleras. *Buscar:* malla rígida o construcción metálica de vaivén (pero no de tipo acordeón a menos que sea de diseño moderno y tenga certificación de seguridad) y picaporte fácil de abrir y cerrar (pues se le podría olvidar cerrarla).

Andaderas. A algunos niños les gusta este aparato, pero hay que usarlo bajo estricta vigilancia (vea "Andaderas" en la página 267). *Buscar:* base ancha y fuerte que no deje volcar el aparato; mecanismo seguro de cierre para proteger los dedos; cubierta protectora para cualquier resorte accesible; bandeja ancha de tres lados para juego y protección.

QUE LLEVAR AL HOSPITAL

Utilice la siguiente lista de comprobación:

De camino

- Dinero en efectivo para pagar el taxi o el estacionamiento.
- Reloj que tenga segundero para contar el tiempo de las contracciones.
- Papel y lápiz para anotar las contracciones y los síntomas emocionales y físicos.

Para la sala de partos

- Bastantes monedas sueltas para llamadas telefónicas y para las máquinas de gaseosas y cosas de comer.
- Formularios de seguros.
- Información y formularios de admisión al hospital o clínica.
- Loción para masajes.
- Bolsa pequeña de papel para remediar la hiperventilación.
- Pelota de tenis o rodillo para contramasaje durante el parto.
- Paletas sin azúcar para mantener la boca húmeda.
- Calcetines gruesos para que no se le enfríen los pies.
- Paño de lavarse, de color.
- Champaña marcada con su nombre, para celebrar.
- Emparedados u otros bocados, para el papá.
- Su libreta de direcciones, o una lista de personas de la familia o amigos a quienes debe llamar.

Para su pieza en la clínica

- Este libro.
- Una bata y dos o tres camisas de dormir (no las mejores, pues pueden resultar manchadas por los loquios; si lo prefiere, también puede usar las del hospital).

- Saco de cama, pantuflas.
- Perfume, polvos, cosméticos, cepillo de dientes, dentífrico.
- Jabón, desodorante, loción para la piel, champú, acondicionador.
- Cepillo para el cabello, secador y rizador.
- Anteojos o lentes de contacto (con los accesorios pertinentes).
- Toallas sanitarias (éstas probablemente las suministra el hospital).
- Naipes, libros, revistas u otras distracciones.
- Un libro de nombres, si todavía no ha decidido cuál le va a poner a su hijo.
- Paquetes de pasas, nueces, galletas de trigo integral.

Al volver a casa: para la mamá

- Un traje amplio para regresar a casa.
- Sostén (sostén de lactancia si le va a dar el pecho al bebé).

- Ropa interior.
- Zapatos y medias.
- Abrigo o suéter, si el clima lo exige.
- Bolsas de compras, para llevar a casa los regalos.

Al volver a casa: para el bebé

- 2 pañales desechables (aunque probablemente el hospital los suministrará), o 4 de tela con imperdibles y pantalones impermeables o faja de pañales.
- 1 camiseta.
- 1 pijama enterizo o camisa de dormir.
- Medias o zapatitos de lana.
- 1 manta de abrigo.
- Suéter y cofia para tiempo frío.
- Edredón o manta gruesa en tiempo frío (si el edredón no cabe en el asiento del auto, asegure al bebé con los cinturones y luego cúbralo con una manta).
- Asiento de automóvil para bebé.

CAPITULO TRES

Su recién nacido

LO QUE DEBE ESTAR HACIENDO SU BEBE

Su bebé a los pocos días de nacer probablemente será capaz de hacer lo siguiente:

■ Levantar un poco la cabeza cuando está boca abajo.

■ Mover brazos y piernas de ambos lados igualmente bien.

■ Fijar la vista en objetos que estén entre 20 y 40 cm de distancia.

LO QUE PUEDE ESPERAR EN LOS EXAMENES DEL HOSPITAL

Los primeros exámenes se los harán a su hijo en la misma sala de partos. Allí, o después en la sala-cuna, usted puede esperar que un médico o una enfermera haga algunas de las cosas siguientes, o todas.

■ Aclarar las vías respiratorias de la criatura succionándole la nariz (lo cual se puede hacer apenas aparece la cabeza o después que nazca el resto del cuerpo).

■ Cerrar con pinzas y cortar el cordón umbilical (le pueden untar un ungüento antibiótico al muñón del cordón; la pinza se deja puesta por lo menos 24 horas).

■ Revisar la placenta para verificar que esté completa y cerciorarse del estado en que se encuentra.

■ Asignarle al bebé un número de Apgar, calificación de las condiciones en que se encuentra a un minuto y a cinco minutos de nacido. (Vea Prueba de Apgar, página 56.)

■ Aplicar gotas para los ojos, o ungüento (nitrato de plata o antibióticos, vea la página 78) para prevenir una infección gonocócida o clamídea.

■ Contar los dedos de las manos y los pies y observar si las partes visibles y otras características del cuerpo parecen normales.

■ Registrar el paso o retención de la orina y las deposiciones, para descartar cualquier problema de eliminación.

■ Administrar inyección de vitamina K para aumentar la capacidad de coagulación de la sangre de la criatura.

■ Pesar al bebé (peso promedio 3 400 gramos; el 95% de los recién nacidos pesan entre 2 500 y 4 500 gramos).

■ Medirlo (la longitud promedio es 50

RETRATO DE UN RECIEN NACIDO

Los padres primerizos no están preparados para el aspecto de ese montoncito de felicidad que les van a poner en las manos después del alumbramiento. Pese a las exclamaciones y ponderaciones de familiares y amigos, el recién nacido no es bonito. Generalmente la cabeza parece desproporcionada para el cuerpo (es como la cuarta parte de la longitud total de éste), tiene piernas flacas "de pollo" y la cara hinchada, a menos que haya nacido mediante operación cesárea.

El pelo puede ser ralo o abundante, liso o parado como el último estilo punk. Cuando es ralo, los vasos sanguíneos del cuero cabelludo aparecen muy prominentes y se pueden observar las pulsaciones en la zona blanda, o fontanela, de la parte superior de la cabeza.

Los ojos de un recién nacido a veces parecen bizcos debido a las comisuras interiores, a la hinchazón del parto o a las gotas que se les han aplicado para protección. También pueden estar irritados por la presión del alumbramiento. La nariz puede estar achatada y el mentón asimétrico o hundido por haber pasado forzados por la pelvis. Si ésta era muy estrecha, la cabeza pudo deformarse alargándose como si el bebé llevara un gorro; o también puede haberse producido un chichón o cefalohematoma. (La mayor parte de estas consecuencias del parto desaparecen en unos pocos días o a lo más unas pocas semanas.)

Como la piel del recién nacido es delgada, muestra casi siempre una pálida coloración rosada (hasta en los niños negros), debida a los vasos sanguíneos que están debajo. Esta piel con mucha frecuencia está cubierta con lo que queda de la *vernix caseosa*, un recubrimiento que protege la epidermis fetal durante el tiempo que está inmersa en el fluido amniótico. Cuanto más tarde nazca la criatura, menos queda de este recubrimiento. Muchos bebés, especialmente los que nacen temprano, también tienen algunas partes del cuerpo, sobre todo los hombros, la espalda, la frente y las mejillas, cubiertas de lanugo, que es un vello prenatal y desaparece durante las primeras semanas de vida. Debido a la infusión de hormonas femeninas de la placenta justamente antes del nacimiento, muchos bebés, tanto varones como hembras, tienen hinchados los pechos o los órganos genitales. Hasta puede haber una emisión lechosa de los pechos, y en las niñas emisión vaginal, a veces sanguinolenta.

Estas características del recién nacido empiezan a desaparecer en el curso de las semanas siguientes. Pronto su hijo se pondrá lindísimo.

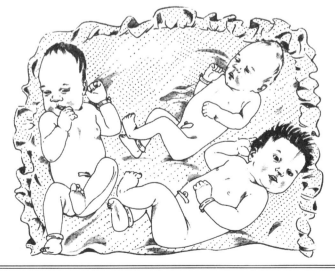

centímetros; el 95% de los recién nacidos miden entre 45 y 55 cm).

■ Medir la circunferencia del cráneo (promedio 35 cm; variación normal entre 32.8 y 37.3 cm).

■ Tomar una muestra de sangre del talón del bebé para exámenes en masa de fenilcetonuria e hipotiroidismo; del cordón umbilical para la prueba de Coombs para ver si hay anticuerpos que indiquen que ha ocurrido sensibilización al factor Rh; para cualquier otra prueba metabólica selectiva necesaria (por ejemplo, bajo nivel de azúcar en la sangre); y para examen de células falciformes.[1]

■ Para los niños prematuros, calcular la edad de gestación (tiempo que pasaron en el útero).

Antes de salir de la sala de partos, les pondrán a usted y a su hijo bandas de identificación. Se toman las huellas de los pies del bebé para fines de futura identificación (la tinta se le lava y cualquier mancha que quede será sólo temporal). El pediatra que usted haya escogido por lo general le hace al niño un examen más completo en el curso de las 24 horas siguientes; si usted puede estar presente (sola o acompañada de su marido) ésta será una buena oportunidad para hacer preguntas. El doctor verificará lo siguiente:

■ Peso (es probable que haya bajado después del nacimiento, a veces hasta un 10%), circunferencia de la cabeza (puede ser mayor que la medida tomada inicialmente porque la deformación puede ha-

berse redondeado) y longitud. Esta última no habrá cambiado realmente pero quizá lo parezca, pues medir a un bebé que no se puede poner de pie ni coopera es un procedimiento sumamente inexacto.

■ Latidos del corazón y respiración.

■ Organos internos, como riñones, hígado y bazo, por palpación (es decir, por examen externo, al tacto).

■ Reflejos del recién nacido.

■ Caderas, por si hay dislocación.

■ Manos, pies, brazos y piernas.

■ Organos genitales.

■ El tocón umbilical.

PRUEBA DE APGAR

La primera prueba a que se someten los recién nacidos y en la cual la mayoría sacan buen puntaje es la que desarrolló la pediatra Virginia Apgar. Los puntajes, que se registran al minuto y a los cinco minutos del alumbramiento, muestran el estado general del recién nacido y se basan en observaciones hechas en cuatro categorías de evaluación. Los niños que sacan calificaciones entre 7 y 10 están en condiciones buenas o excelentes y por lo general sólo requieren cuidados de rutina; los que obtienen un puntaje entre 4 y 6 se hallan en condiciones regulares y es posible que necesiten medidas resucitadoras; y los que están por debajo de 4, en malas condiciones, requerirán un esfuerzo inmediato máximo para salvarles la vida. Antes se creía que los niños cuyo puntaje permanecía bajo a los cinco minutos estaban condenados a sufrir futuros problemas neurológicos, pero investigaciones recientes demuestran que la mayoría resultan normales y sanos.

---

[1] Algunas de estas pruebas son obligatorias en algunos países, otras no. La mayor parte son más exactas cuando se practican después del primer día de vida. La prueba de células falciformes se limita por lo común a niños negros, pero hay autoridades que las recomiendan para todos.

TABLA DE APGAR

SIGNO	PUNTOS		
	0	**1**	**2**
Aspecto (color)*	Pálido o azul	Cuerpo rosado, extremidades azules	Rosado
Pulso	No detectable	Menos de 100	Más de 100
Mueca (irritabilidad refleja)	Ninguna reacción al estímulo	Mueca	Grito fuerte
Actividad (tono muscular)	Fláccida (débil o ninguna)	Algún movimiento de extremidades	Mucha actividad
Respiración	Ninguna	Lenta, irregular	Buena (con llanto)

* En niños no blancos se examina el color de las membranas mucosas de la boca, de la córnea, los labios, las palmas de las manos y las plantas de los pies.

REFLEJOS DEL RECIEN NACIDO

Reflejo de sobresalto, o de Moro. Un ruido fuerte súbito o la sensación de estar cayendo hacen al niño estirar las piernas, los brazos y los dedos, arquear la espalda, echar la cabeza hacia atrás, y en seguida replegar los brazos sobre el pecho con los puños cerrados.
Duración: Cuatro a seis meses.

Reflejo de Babinski. Cuando se le pasa suavemente la mano por la planta del pie desde el talón hasta el dedo gordo, levanta los dedos y voltea el pie hacia adentro.
Duración: Entre seis meses y dos años; después de este tiempo, recoge los dedos hacia abajo.

Reflejo de mamar. Un recién nacido a quien se le toca suavemente la mejilla vuelve la cabeza en la dirección del estímulo, con la boca abierta listo para mamar.
Duración: Unos tres o cuatro meses, aunque puede persistir cuando el niño duerme.

Reflejo de andar. Si se le tiene en posición vertical sobre una mesa u otra superficie plana, sostenido por los sobacos, el recién nacido levanta primero una pierna y después la otra como si quisiera dar unos pasos. Esto se observa mejor después del cuarto día de vida.
Duración: Variable, pero generalmente unos dos meses. Que muestre este reflejo no indica que vaya a andar pronto.

Reflejo de aprehensión. Mirando el niño hacia adelante, los brazos doblados, si se le pone un dedo índice en la palma de la mano cierra la mano tratando de

LA ESCALA BRAZELTON DE EVALUACION DEL COMPORTAMIENTO NEONATAL

Más compleja y más dispendiosa de tiempo para su aplicación que la prueba de Apgar, la de Brazelton, desarrollada por el pediatra T. Berry Brazelton, la consideran algunos mejor para predecir el futuro desarrollo. Es una evaluación de 35 minutos; a menudo se lleva a cabo en el curso de varios días y se usan distintos estímulos (campanas, colores, formas, matracas, luces) para probar cómo reacciona el recién nacido y cómo se acopla a su ambiente. Se observan cuatro tipos de conducta: de interacción (cómo se comporta el bebé con las personas, incluyendo viveza y mimo); motriz (incluyendo reflejos, tonicidad muscular, actividad mano-boca); control del estado fisio-lógico (inclusive si el niño se consuela fácilmente o puede ser consolado después de un contratiempo); y reacción a la tensión (incluso el reflejo de sobresalto). En lugar de basarse en la conducta término medio del niño durante las pruebas, la de Brazelton utiliza su mejor desempeño en ellas, y los examinadores se esfuerzan (a menudo con la ayuda de la madre) por hacer que el niño dé lo mejor de sí. Muchos médicos reservan esta prueba para los casos en que sospechan que puede haber un problema, como por ejemplo cuando el bebé pesa muy poco al nacer o muestra síntomas de desórdenes neurológicos.

agarrarlo. El agarre de un recién nacido puede ser bastante fuerte para sostener todo el peso del cuerpo.

Duración: Tres o cuatro meses.

Reflejo tónico de la nuca. Estando de espaldas, el bebé toma una posición de "esgrima", la cabeza hacia un lado y los brazos y piernas de ese mismo lado extendidos y los del lado contrario doblados.

Duración: Puede existir desde el nacimiento o aparecer a los dos meses, y desaparecer más o menos a los seis meses.

Usted puede tratar de producir estos reflejos en el niño, pero no olvide que sus resultados serán menos confiables que los de un médico u otro examinador calificado, y que factores como la fatiga y el hambre afectan a las reacciones. Si no logra inducir la respuesta adecuada a una o más de estas pruebas cuando las haga en su casa, lo más probable es que la falla esté en su técnica u oportunidad y no en el niño. Ensaye otro día, y si todavía no obtiene la reacción deseada, hable con el pediatra, quien probablemente ya ha examinado al bebé y tendrá mucho gusto en repetir las pruebas en su presencia cuando usted vuelva al consultorio. La ausencia verificada de un reflejo o su duración más allá de la edad normal justifican mayor evaluación.

LA COMIDA DEL NIÑO: Cómo empezar

Ya sea que usted resuelva criar a su hijo con biberón o al pecho, no tardará en darse cuenta de que la hora de la comida no es solamente para darle al niño su sustento: es también la oportunidad de conocerse y amarse el uno al otro.

COMO EMPEZAR LA LACTANCIA

Esas mamás que usted ha visto la hacen aparecer como la cosa más fácil del mundo. Sin dejar de conversar un momento ni de masticar un bocado de ensalada, se levantan la blusa y ponen al bebé al pecho con la mayor facilidad, con el mayor desparpajo, como si fuera la cosa más natural del mundo.

Pero la primera vez que usted le dé el pecho a su bebé, nada le va a parecer natural. Aun con la mayor concentración y el máximo esfuerzo de su parte no logra que el bebé tome el pezón, para no hablar de mamar. El niño está inquieto, usted frustrada, los dos pronto hechos un mar de lágrimas. Si falla en la más elemental de las funciones maternales, ¿qué esperanza le queda para lo demás?

Todavía no se dé por vencida. Usted no ha fracasado — simplemente, está empezando. Lactar, lo mismo que otros aspectos fundamentales de la maternidad, no es una cosa instintiva; es algo que hay que aprender. Dése a sí misma y déle al bebé un poco de tiempo, y no pasará mucho antes de que a usted también le parezca facilísimo. Le será útil recordar los puntos siguientes.

Empiece temprano. Si usted y el bebé son capaces, y si al bebé no se lo llevan inmediatamente a la sala-cuna, trate de darle el pecho en la misma sala de partos. Pero no se preocupe si al principio no lo logra. Forzar las cosas cuando ambos están extenuados después de un parto laborioso sólo puede conducir a una desilusión. El solo hecho de arrimarse al pecho puede ser tan satisfactorio para el niño como comer durante los primeros momentos de su vida. Si no logra amamantarlo en la sala de partos, pida que se lo lleven a su cuarto tan pronto como sea posible una vez cumplidos todos los procedimientos de la sala-cuna. Recuerde, sin embargo, que aunque un comienzo temprano es ideal, no garantiza éxito instantáneo. Se necesitará mucha práctica antes de que usted y su bebé lleguen a la perfección.

No se deje intimidar. La administración de un hospital mira al bien general, que muchas veces puede no coincidir con las necesidades de una mamá que va a criar su niño al pecho. Para estar segura de que sus esfuerzos no serán contrariados por insensibilidad, ignorancia o reglas arbitrarias, pídale al médico *por adelantado* que haga conocer sus preferencias al personal (alimentación cuando el niño la pida, nada de biberones ni chupadores de entretención) o explíqueselas a las enfermeras en una forma amistosa. Ganarse la buena voluntad de la enfermera que está encargada de los niños puede ser su mejor camino al éxito. Con todo, necesitará el apoyo del doctor si tiene fiebre y sin embargo quiere darle el pecho al niño.

No se separen. No puede haber lactancia si usted y el niño no están juntos. Por eso, compartir el cuarto es lo ideal para la madre que está dando el pecho, ya que no depende del personal de la sala-cuna que le lleve a su hijito para darle de comer y puede estar segura de que nadie le da de contrabando un biberón de agua pura o con glucosa. Si está muy cansada porque el parto fue difícil, o todavía no siente confianza suficiente para cuidar del bebé las 24 horas del día, puede ser preferible compartir el cuarto sólo parcialmente, es decir, tener al niño durante el día con usted y dejar que lo lleven al cuarto de los niños durante la noche. Con este sistema, puede alimentar a su hijo cuando lo pida de día y a las horas de la sala-cuna de noche.

Si no es posible tener al niño en su cuarto (hay algunos hospitales que sólo lo permiten en piezas privadas o cuando las dos ocupantes de una pieza están de acuerdo en ello), o si usted prefiere que lo tengan en el cuarto de los niños, puede pedir que se lo lleven cuando el bebé tenga hambre más bien que a las horas reglamentarias. Como en la mayoría de los hospitales esto se considera una solicitud fuera de lo corriente, su médico tendrá que tomar de antemano las disposiciones del caso. Aun así, quizá sólo le lleven a su hijo esporádicamente, sobre todo si en la sala-cuna hay muchos bebés y el personal es insuficiente, como suele suceder. En último caso, puede optar por salir pronto del hospital y en su casa podrá tener el niño en su cuarto sin problemas. Si no le dan la salida y no le permiten alimentar al niño cuando éste lo pida, resígnese a darle de comer a las horas reglamentarias hasta que le den de alta. Pero cuando le lleven al bebé no lo deje dormir. Si se lo llevan dormido despiértelo para que lacte por lo menos unos minutos.

Práctica y más práctica. Las sesiones de amamantar antes de que le baje la leche considérelas como de ensayo y no se preocupe de que el bebé esté recibiendo muy poca nutrición. La cantidad de leche que usted produce es la adecuada para las necesidades de la criatura, y en este momento esas necesidades son mínimas. En efecto, es muy poco el alimento que tolera el estómago de un recién nacido, y la cantidad de calostro que usted produce es la precisa. Aproveche esas sesiones iniciales para practicar las técnicas de lactar más bien que para llenarle el estómago al bebé. Puede estar segura de que no se está muriendo de hambre mientras los dos aprenden.

Déle gusto. Para el niño que se cría con leche materna, lo mejor es darle de comer cuando lo pida. Sin embargo, esto quizá no sea posible sino cuando lo pueda tener en su pieza, o si el personal de la sala-cuna es suficiente para que las enfermeras puedan llevar a los niños a sus madres cuando tengan hambre. Si no se

da ninguno de estos casos, tendrá que alimentarlo cuando pueda, lo cual significa, muchas veces, despertarlo cuando está dormido.

Nada de biberones. La administración suplementaria de un biberón de agua con glucosa, que en algunos hospitales es cuestión de rutina para los bebés alimentados al pecho, debe considerarla usted como un sabotaje a sus esfuerzos de lactar al suyo. Unos pocos tragos de agua azucarada bastan para satisfacer el apetito y las necesidades de chupar del recién nacido, con la consecuencia de que más tarde, cuando se lo lleven a sus brazos, estará más dormido que alimentado. Observará usted igualmente que se muestra menos dispuesto a luchar con el pezón materno después de unas pocas experiencias con un pezón artificial que le da resultados con mucho menos esfuerzo. Si su bebé no mama, o sólo toma el pecho brevemente o a desgana, sus pechos no serán estimulados para producir leche y se inicia entonces un círculo vicioso que seguramente dificultará la crianza.

Aun cuando le digan que los recién nacidos que se crían al pecho necesitan los fluidos adicionales que suministra el agua embotellada porque de la madre sólo están recibiendo unas pocas cucharaditas de calostro, esto sólo es cierto en los casos de deshidratación o hipoglicemia, que son muy raros. Esa costumbre de darles agua a los niños en la sala-cuna beneficia más bien a las enfermeras recargadas de trabajo, ya que para ellas es más fácil callar a una criatura que está llorando poniéndole un biberón en la boca que llevarla hasta el cuarto de la madre.

Déle tiempo. Una relación satisfactoria de amamantar no se puede crear en un día. El bebé ciertamente no tiene experiencia, ni la tiene usted tampoco si es primeriza. Ambos tienen mucho que aprender y necesitan mucha paciencia mientras están aprendiendo. Tendrán que ensayar y cometer muchos errores para llegar a actuar en armonía.

Tenga en cuenta que las cosas irán aún más lentamente si para uno de los dos o para ambos el parto fue difícil, o si a usted le aplicaron anestesia; madres adormecidas y niños perezosos no están preparados todavía para aprender el arte de la lactancia. Duerma un poco y deje dormir al niño antes de acometer con seriedad la tarea que les espera.

No luche sola. Hace cien años las madres y los niños que se iniciaban en la crianza al pecho contaban con mucha ayuda. Ahí estaban para transmitirles su experiencia las madres, las abuelas y las tías; las parteras aumentaban el apoyo de la familia. Pero el hecho de que su criatura haya venido al mundo en una clínica en lugar de una cama antigua, o que su madre y sus tías no vivan cerca o no tengan experiencia en la materia, no quiere decir que usted tenga que hacer frente sola y sin ayuda a esas primeras sesiones de lactancia. En algunas clínicas y hospitales se dan clases de lactancia o instrucción individualizada, o se reparte material escrito. Si nadie le ofrece espontáneamente ayuda, pídala usted a una enfermera, al médico, o a una especialista en lactación que esté afiliada al hospital. Si no obtiene ayuda, o no obtiene la suficiente, llame al capítulo local de La Liga de la Leche (búsquelo en la guía telefónica). Una visita al pediatra, una o dos semanas después del nacimiento, para revisar con él sus progresos en la lactancia, es muy recomendable, lo mismo que conversar con otras madres que estén dando el pecho.

Conserve la calma. Esto no es fácil para la que es madre por primera vez, pero es indispensable para tener éxito en la lactancia. La tensión inhibe la bajada de la leche, lo cual significa que aun cuando usted la produzca, no está disponible hasta que usted se tranquilice. Si se siente nerviosa, no reciba visitas durante los quince minutos anteriores a la hora de dar el pecho al niño, o si lo está alimentando cuando él lo pide, pídales a los visitantes que se retiren del cuarto en cuanto el bebé empiece a mostrar síntomas de hambre. Haga ejercicios de relajación si le parece que le pueden ayudar, tome un libro o una revista, encienda la TV, o simplemente cierre los ojos y escuche una música suave durante unos minutos. A la hora del coctel podría ensayar una copita de vino para ayudarse a estar tranquila. (Como en muchos hospitales no se suministran bebidas alcohólicas, casi con seguridad usted tendrá que llevar su botella y guardarla marcada con su nombre y número de habitación, en el refrigerador de la unidad.)

COMO EMPEZAR CON EL BIBERON

Es curioso pero la alimentación con biberón parece más natural — o por lo menos más fácil — que la crianza al pecho. A los bebés no les cuesta trabajo aprender a tomar un chupete artificial, y para las madres (y hasta para los padres) todo se facilita. Preparar las fórmulas y esterilizar los frascos es un poco más complicado, pero aun estas habilidades se dominan sin gran esfuerzo. (Vea en la página 47 información sobre los tipos de biberones y chupetes disponibles y sobre los artículos que se necesitan.)

ELECCION DE UNA FORMULA

Con la ayuda del pediatra, elija una fórmula que se parezca lo más posible en su composición a la leche materna. Los tipos y proporciones de proteínas, grasas, azú-

LO BASICO EN LA LACTANCIA

■ Tome líquidos. Un vaso de leche, jugo o agua inmediatamente antes de dar el pecho o durante esta operación le suministrará los fluidos que necesita para producir leche materna.

■ Póngase cómoda. Durante los primeros días, reclinarse de lado le puede resultar bien. Después es mejor sentarse en la cama o en una silla. Pero no se incline hacia adelante para meterle el pezón en la boca al niño; más bien coloque sobre su regazo una almohada para sostener el brazo en que descansa el bebé y para acercarlo al pecho. Experimente con diversas posiciones hasta encontrar la que le resulte más cómoda y que pueda mantener durante largos períodos de tiempo sin sentirse fatigada.

■ Con la mano libre, tome el pecho entre el pulgar y el índice (el pulgar arriba) justamente encima de la areola. Sosteniéndolo en esta forma, acerque el pezón a la mejilla del niño hasta rozarle la comisura de la boca. Esto estimula el reflejo de mamar (uno de los muchos reflejos de supervivencia del recién nacido), que lo hace voltear la cara hacia el estímulo. También puede usted usar un dedo libre para estimular este reflejo, o hacerle cosquillas en los labios con el pezón para que abra la boca. Pero no le apriete las mejillas para abrírsela porque así el niño no sabe a qué lado volverse. Una vez abierta la boca, póngale suavemente el pezón en el centro de modo que lo pueda agarrar. Si es necesario repita estos pasos hasta que el bebé tome el pezón en la boca. No lo fuerce. Si lo deja, él mismo tomará pronto la iniciativa.

■ Asegúrese de que el niño toma en la boca tanto la areola como el pezón. Chupar sólo el pezón lo dejará con hambre y

Posición adecuada para un recién nacido.

Esta posición le permite descansar mientras lacta.

Guíe el pezón con la mano libre.

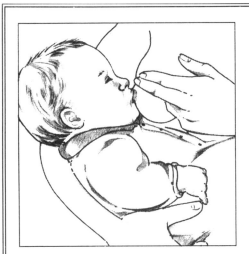

Con los dedos déle al bebé campo para respirar.

Con el índice puede interrumpir la lactación.

además le irritará los pezones. Asegúrese también de que el bebé no se haya equivocado y esté chupando otra parte enteramente distinta del pecho. Los recién nacidos chupan cualquier cosa, aunque no les salga leche, y pueden lastimar con las encías y hacer doler los delicados tejidos del pecho.

■ Fíjese que el bebé no se esté chupando el labio inferior o la lengua. Puede verificar esto tirándole hacia abajo el labio mientras lo está lactando. Si parece que es la lengua lo que se está chupando, interrumpa la succión con su dedo, retire el pezón y asegúrese de que la lengua esté bajada antes de volver a ensayar. Si es el labio, sáqueselo suavemente mientras está mamando.

■ Una vez que el bebé lo haya agarrado bien, hay que tener cuidado de que el pecho de usted no le tape la nariz. Si se la está tapando, presione el pecho con el dedo para retirarlo de modo que la criatura tenga amplio espacio para respirar.

■ Observe si se produce un movimiento fuerte, continuo y rítmico de las mejillas del bebé, señal de que está chupando bien. Posteriormente, cuando le venga la leche, escuche el ruido que hace al tragar (a veces entrecortado), que indica que no está chupando en vano. Si la leche sale con tanta rapidez que le inunda la boca y lo está ahogando, suspenda la lactación y extraiga un poco de leche con la mano o con la mamadera para reducir el exceso.

■ El primer día no le dé más de 2 o 3 minutos por lado, contando el tiempo que el bebé toma el pecho sin chupar. Aumente 2 minutos cada día hasta llegar a 10 minutos. Déle los 10 minutos completos del primer pecho, y del segundo hasta que el bebé quiera, volviendo al primero si ha quedado con hambre después de desocupar el segundo. Si se queda dormido antes que haya cambiado de pecho, sacarle los gases lo puede despertar para que siga comiendo.

Empiece cada comida alternando los pechos. Para recordar con cuál le toca, ponga un imperdible en el sostén del lado con que empezó la última vez, o ponga un pañuelito de papel dentro de la copa del sostén de ese lado. Servirá también para absorber lo que se pueda salir del pecho.

■ Cuando el bebé termine, séquese los pezones y luego, si es posible, expóngalos al aire durante diez minutos. Esto ayuda a fortalecerlos y no será necesario una vez que la lactancia esté ya bien establecida.

■ Cuando le llegue la leche, lacte al niño con frecuencia, dándole los dos pechos y vaciando por lo menos uno en cada comida. Si el bebé no lacta vigorosamente o un tiempo suficiente en cada mamada y el pecho no se desocupa, puede ser buena idea extraer la leche sobrante, especialmente si su leche no es muy abundante. La leche extraída se puede guardar en el refrigerador para comidas suplementarias.

cares, sodio y otros nutrientes deben ser iguales a los de dicha leche, hasta donde se pueda. Una fórmula fortificada con fluoruro es una buena idea si usted no vive en una ciudad donde el agua del acueducto sea tratada con esta sustancia, si no va a preparar la fórmula con agua fluorinada o si no le va a dar al niño un suplemento vitamínico-mineral que contenga fluoruro. La adición de hierro es importante si no le va a dar un suplemento que lo contenga. Hay fórmulas especiales para niños alérgicos a la leche o que sufran de desórdenes metabólicos. Fórmulas comerciales se encuentran en las formas siguientes:

Lista para usar. Esta viene en frascos de 4 y de 8 onzas para una sola comida y está lista para el bebé, con la adición de un chupete esterilizado.

Lista para servir. Esta es una fórmula líquida que viene en latas de distintos tamaños, y sólo es necesario verterla en un biberón esterilizado para usarla.

Lista para mezclar. Menos costosa pero un poco más demorada para prepararla. Es un polvo o líquido concentrado que se diluye en frascos de agua corriente o esterilizada. Viene en latas o en paquetes para una sola comida.

No use fórmulas de preparación casera. Una fórmula hecha de leche evaporada o fresca con azúcar y agua no se aproxima ni a la leche humana ni a las fórmulas comerciales, no nutrirá adecuadamente a su hijo, y les puede imponer una carga excesiva a los riñones del niño. *No use* ninguna fórmula o substituto de ella sin la aprobación del pediatra. Una compañía sacó una bebida de soya que según decía reemplazaba adecuadamente la leche materna, pero la Administración Federal de Drogas de los Estados Unidos la encontró deficiente como alimento.

BIBERON SIN PELIGRO

Hace un tiempo criar a un niño con biberón era una empresa arriesgada. Las medidas de higiene eran deficientes y las fórmulas dejaban mucho que desear, de modo que los niños alimentados con ellas no prosperaban, o enfermaban con frecuencia o aun se morían de infecciones. Hoy las fórmulas comerciales se elaboran científicamente para que se asemejen lo más posible a la leche materna y representan una opción segura y apropiada para la crianza del bebé. Pero es indispensable observar las normas necesarias de higiene y mezcla correcta en casa para poder tener la seguridad de que no se corre ningún riesgo.

■ Verifique siempre la fecha de vencimiento de la fórmula; no la use si ya está vencida. No compre ni use latas u otros recipientes que tengan hendiduras, o que se salgan o muestren algún otro desperfecto.

■ Lávese bien las manos antes de preparar la fórmula.

■ Antes de destapar una lata de fórmula, lávela con detergente y agua caliente; enjuáguela bien y séquela. Agítela si esto se requiere.

■ Use únicamente un abrelatas limpio y de buen filo, de preferencia reservándolo exclusivamente para la fórmula del niño (los de cuchilla rotativa son los más eficaces); lave el abrelatas cada vez que lo use y antes de volverlo a usar fíjese que no le hayan quedado partículas de alimento ni esté oxidado. Use un abridor limpio tipo punzón para latas de fórmula líquida; abra dos agujeros, uno grande y otro pequeño, en puntos opuestos de la tapa para que sea más fácil verter. Lávelo cada vez que lo use.

■ Cuando prepare biberones de fórmula, prepare también uno o dos de agua esterilizada para usarla cuando se necesite entre las comidas. Es posible que cuando el niño tenga entre uno y dos meses el médico autorice que se le dé agua sin hervir.[2]

■ Lave todo lo que se usa para la alimentación del niño en una paila limpia de lavar la vajilla, reservada para este fin, fregándolo todo con cepillo, detergente y agua caliente. (Los artículos nuevos se deben hervir antes de usarlos por primera vez.) Haga pasar agua jabonosa por los agujeros de los chupetes, luego haga pasar varias veces agua caliente. Si los agujeros parecen tapados, destápelos con un alfiler de pañales. (Los chupetes transparentes de silicona son los más fáciles de lavar.) Enjuague todos los utensilios en agua caliente dejándola correr.

■ Siga exactamente las instrucciones del fabricante al mezclar la fórmula. Si son distintas de las de la sala-cuna o las que le da el doctor, pregunte por qué antes de prepararla. Es posible que las instrucciones que le dieron a usted fueran para una fórmula distinta. *Fíjese bien si en la lata dice que la fórmula se debe diluir. Puede ser peligroso diluir una fórmula que no se debe diluir, o no diluir una que sí lo requiere.* Siga esterilizando todo el tiempo que el doctor recomiende; casi siempre aconsejan dos o tres meses, aun cuando hay unos pocos que consideran suficiente lavar con jabón en agua caliente. Vea las técnicas más corrientes de esterilización en la página 66.

■ Caliente un biberón de fórmula antes de usarlo, si es necesario, dejándole correr por encima agua caliente. Sin embargo, la mayor parte de los niños reciben bien la comida sin calentar. Compruebe con frecuencia la temperatura poniendo unas gotitas en su muñeca; está lista para el bebé cuando ya no se sienta fría. No tiene que estar caliente, apenas a la temperatura del cuerpo. Una vez que la fórmula esté tibia, se debe usar inmediatamente, pues las bacterias se multiplican con rapidez a esa temperatura. No caliente la fórmula en un horno de microondas, pues es posible que el calentamiento del líquido no sea uniforme o que el recipiente permanezca frío mientras el contenido está bastante caliente para quemarle al niño la boca o la garganta.

■ El sobrante de la fórmula no lo vuelva a usar. Todo lo que quede después de la comida se debe tirar, ya que constituye un caldo de cultivo potencial para las bacterias.

■ Enjuague los frascos y chupetes inmediatamente después de usarlos para que el lavado sea más fácil.

■ Latas o frascos abiertos de fórmulas líquidas se deben mantener muy bien tapados en el refrigerador, y *no por más tiempo* del especificado en las etiquetas. Las latas de fórmulas secas se deben tapar y guardar en lugar fresco y seco para usarlas dentro del mes.

■ No guarde fórmulas líquidas, ni abiertas ni cerradas, a temperaturas inferiores a 0 grados ni superiores a 35 grados centígrados. Lo ideal es entre 7 y 32 grados centígrados. No use una fórmula que haya sido congelada (los productos de soya se congelan más rápidamente) o que muestre manchitas o vetas blancas aun después de agitarla.

■ Los biberones de fórmula ya preparada téngalos en el refrigerador hasta el momento de usarlos. Si viaja, lleve fórmula embotellada lista para usar o frascos

[2] Si en su casa la pureza del agua del acueducto es dudosa, use agua embotellada pero no destilada para preparar la fórmula y para tomar (en el proceso de destilación le quitan valiosos minerales).

TECNICAS DE ESTERILIZACION

El método de calentamiento final, para usarlo con fórmulas de líquidos concentrados o de polvo. Prepare la fórmula según las instrucciones en una taza de medir limpia o en una escudilla de mezclar; luego viértala en frascos limpios. Ponga encima de los frascos los chupetes, tapas y aros, sin apretarlos. Colóquelos en una rejilla o una toalla doblada en el esterilizador o en una olla grande y agregue 8 cm de agua. Caliéntela hasta que hierva, déjelos hervir 25 minutos. En seguida retírelos del calor. Apriete las tapas cuando los frascos estén suficientemente fríos al tacto y póngalos en el refrigerador hasta que se necesiten. (Si se ponen a refrigerar antes de enfriarse se puede formar en la fórmula una película que obstruye los chupetes a la hora de la comida.) Uselos en el término de 48 horas.

El método aséptico, para usarlo con fórmulas de líquido concentrado o en polvo. Coloque frascos limpios, chupetes, anillos, tapas, cuchara de mezclar, abrelatas, jarra de medir, taza de medir y tenacillas (siempre que todos estos artículos se puedan hervir) sobre una rejilla o una toalla doblada en un esterilizador o una olla grande. Agregue agua hasta cubrirlos y tape la olla o esterilizador. Hiérvalos cinco minutos. En otra cacerola mida la cantidad de agua que se necesita para la fórmula, tápela y hiérvala también durante cinco minutos. Retírela de la parrilla y déjela enfriar tapada hasta que esté a la temperatura ambiente. Mida la fórmula en una jarra esterilizada de medir y agréguela al agua hervida de la cacerola. Vierta la fórmula ya mezclada en frascos esterilizados; agregue los chupetes, aros y tapas sirviéndose de las tenacillas para evitar contaminación con sus manos. Consérvelos en el refrigerador hasta 48 horas. Agítelos antes de usarlos.

El método de biberones individuales, para usarlo con fórmulas en polvo o de líquido concentrado. Llene cada uno de los frascos limpios con la cantidad de agua especificada para la fórmula y póngales encima, flojos, los chupetes y las tapas. Colóquelos sobre una rejilla o toalla doblada en un esterilizador o una olla grande. Agregue agua hasta el nivel del agua de los frascos. Hágalos hervir, tape y déjelos hervir 25 minutos. Retire la olla de la parrilla. Cuando los frascos ya estén fríos al tacto, sáquelos, apriete las tapas y guárdelos a temperatura ambiente. Uselos en el término de 48 horas. A la hora de darle de comer al niño quite el chupete y la tapa a uno de los frascos, agréguele la cantidad especificada de líquido concentrado o de polvo, vuélvalo a tapar y agítelo bien para que se mezcle. (La fórmula en polvo se disuelve mejor en agua tibia de modo que si usted quiere la puede volver a calentar ligeramente antes de mezclar.)

Fórmulas listas para usar. Estas fórmulas no necesitan mezclarse. Si vienen en biberones ya listos, todo lo que hay que hacer es hervir los chupetes, tapas, aros, tenacillas y el frasco de chupetes con su tapa, en una rejilla de alambre o toalla plegada, en un esterilizador o en una olla grande tapada, durante cinco minutos. Retírela del calor y cuando esté fría tome con las tenacillas las unidades de chupete y póngalas en el frasco esterilizado o en bolsas limpias de plástico. Manténgalas cubiertas hasta el momento de ponerlas en los frascos de fórmula. Si los frascos se mantienen a la temperatura ambiente no hay necesidad de volverlos a calentar. Agítelos bien y úselos inmediatamente una vez destapados.

Una fórmula lista para usar que viene en latas de 8 o de 16 onzas requiere esterilización de los frascos y de las unidades de chupete. Use el método aséptico. Cuando los frascos se hayan enfriado apriete los aros y guárdelos en un lugar limpio. Agregue la fórmula en el momento de dar de comer al niño, o prepare los frascos para todo el día llenándolos y poniéndolos en el refrigerador. Agite bien antes de usarlos.

de agua esterilizada y paquetes de fórmula para una sola comida para mezclar; o guarde biberones previamente preparados en un recipiente con aislamiento o en una bolsa de plástico con un pequeño paquete de hielo o una docena de cubos de hielo (la fórmula se conservará fresca mientras el hielo no se derrita del todo); o empaque los frascos con una caja pequeña o lata de jugo congelado de antemano. (Cuando usted o un niño mayor quieran un refresco, el jugo ya estará descongelado y la fórmula estará todavía fresca.) No use fórmula que ya no esté fría al tacto.

EL BIBERON, DARLO CON AMOR

Aunque al principio le cueste mucho trabajo a la nueva madre lograr que el bebé tome el pecho, lo que sí le resulta muy fácil es ofrecerle un máximo de contacto de piel a piel. Esta es una característica inherente al sistema de lactancia materna. Cuando el niño se cría con biberón, infortunadamente es posible alimentarlo con un mínimo de tal contacto, y muchas madres bienintencionadas pero muy atafagadas adoptan métodos de simplificación en que sacrifican la intimidad a la comodidad. Así, pues, las que crían con biberón tienen que hacer un esfuerzo mayor que las que dan el pecho para no perder el contacto con sus hijos cuando les dan de comer. Las indicaciones siguientes le ayudarán a hacer las sesiones de biberón tan satisfactorias para ambos participantes como las de lactancia natural.

No apuntale el biberón. Para un bebé que tiene tanta hambre de las satisfacciones emocionales de ser mimado como de satisfacción oral en forma de alimento, la costumbre de dejarlo solo con el biberón apuntalado no es nada satisfactoria. Además, hay desventajas físicas tanto como emocionales, pues los bebés están más expuestos a atragantarse cuando comen de espaldas — un problema muy grave si la mamá no está a la mano para ayudarle. En esta posición pueden ser también más susceptibles a las infecciones de los oídos y, como se pueden quedar dormidos con el biberón en la boca, también a las caries dentarias una vez que les salen los dientes.

Al principio, déle usted sola. El bebé apenas está empezando a hacerse a la idea de chupar un pezón artificial para alimentarse. Como cada adulto tiene una manera diferente de alzar al niño y de hablarle, si muchas personas distintas le dan el biberón (la madre, el padre, los abuelos, las enfermeras, otros niños), esto puede retardar un buen acoplamiento entre madre e hijo. Por eso es mejor que al principio usted sola le dé de comer, si es necesario con ayuda de otros. Más adelante, cuando el bebé esté más diestro, se puede permitir que los demás se den el gusto de alimentarlo.

Establezca contacto si es posible. Hay algo especial para ambos en el contacto de las mejillas de un bebé con el pecho de la madre. Aunque usted esté criando el suyo con biberón, puede lograr ese efecto abriéndose la blusa y poniendo al niño junto a su pecho cuando le da el biberón. Naturalmente esto no es práctico en público, pero en privado da buen resultado. O también puede ensayar un sistema nutritivo supletorio, que permite a las mujeres que no pueden lactar pero desean esa experiencia, poner sus hijitos al pecho (vea la página 119).

Cambie de brazos. Déle al bebé la oportunidad de ver el mundo desde distintas perspectivas cambiando de brazo en medio de la comida. Esto le permite a usted aliviar el dolor que produce a veces la permanencia prolongada en una misma posición.

Si no quiere más, déjelo. Si usted ve que el niño no ha tomado sino 3 onzas cuando la comida normal es 6 onzas, puede sentirse tentada a forzarlo a comer un poco más. No lo haga. Un niño con buena salud sabe cuándo ha comido bastante. Precisamente porque las madres los obligan, los niños criados con biberón muestran tendencia a la gordura excesiva.

¿Y si pide más? Un bebé alimentado con leche materna puede seguir chupando largo rato después de que el pecho ha quedado vacío, simplemente por el gusto que siente chupando. El criado con biberón no puede hacer lo mismo con un frasco vacío; pero hay maneras de proporcionarle algunas de las mismas satisfacciones. Extienda el placer de la sesión de comer charlando y jugando con el niño cuando el biberón quede vacío, suponiendo que el chiquillo no haya caído en un profundo sueño inducido por la leche. Si después de comer el bebé todavía parece querer más, ensaye chupetes con agujeros más pequeños, que lo obligarán a trabajar más por la misma comida, u ofrézcale un biberón de agua o un chupador de entretención durante breves períodos. Si parece que en realidad se queda con hambre, piense si será que la fórmula es insuficiente. Auméntela en una onza o dos, con autorización del doctor, a ver si la causa de la intranquilidad es realmente hambre.

Reconcíliese con el biberón. Si usted quería criar su niño al pecho pero por alguna razón no le fue posible, eso no debe ser motivo de ningún remordimiento de conciencia ni tiene por qué sentirse frustrada. Con el biberón se le

puede alimentar bien y prodigarle el mismo amor y las mismas caricias. Y no conviene transmitirle sentimientos de remordimiento y frustración.

LA MANERA FACIL DE DAR EL BIBERON

Si usted ha tenido alguna experiencia dándole el biberón a un bebé — tal vez a un hermanito o al hijo de una amiga o parienta — recordará la técnica correcta desde el momento que tenga a su hijito en sus brazos. Si no la ha tenido, es bueno que aprenda ciertos procedimientos básicos.

■ Hágale saber al niño que "la fórmula está servida" acariciándole la mejilla con el dedo o con la extremidad del chupete. Esto lo hace que vuelva la cara en esa dirección. En seguida ponga suavemente el chupete entre los labios del bebé, y es de esperar que empiece a comer.

■ Sostenga el biberón inclinado hacia arriba de manera que la leche llene siempre el chupete por completo. Si no procede así y el aire llena una parte de éste, el niño traga aire, con deplorables consecuencias para él y para usted. Esta precaución, empero, no es necesaria si se usan biberones desechables, que automáticamente se desinflan y eliminan las bolsas de aire.

■ No se preocupe si durante los primeros días el bebé no parece comer mucho. Las necesidades alimentarias del recién nacido son mínimas al principio; a esta edad los que se crían al pecho sólo toman en cada comida unas pocas cucharaditas de calostro, como lo prevé la madre naturaleza. En la clínica probablemente le darán a usted frascos de 4 onzas, pero no espere que el bebé los deje vacíos. Si se queda dormido habiendo tomado apenas

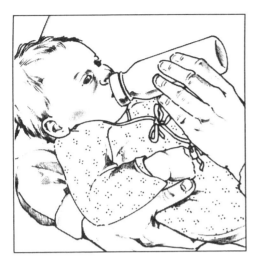

La crianza con biberón da al padre y a otros miembros de la familia la oportunidad de acercarse al bebé, mimarlo y conocerlo mejor; se le puede dar la comida con amor aunque no sea del pecho.

la mitad, es como si dijera: "Basta ya". Pero si después de tomar sólo una pequeña cantidad se muestra desasosegado, vuelve la cabeza al otro lado o suelta el chupete y se niega a tomarlo otra vez, tal vez es que está lleno de gases. Si después de un buen eructo todavía rechaza el biberón, es probable que la comida ya haya terminado.

La cantidad que el niño toma en cada comida va aumentando a medida que aumenta de peso, desde unas pocas onzas hasta 8 onzas completas, o sea un total de 32 onzas diarias, más o menos, a las doce semanas. No se preocupe si su hijito toma un poco más o un poco menos en cada comida o cada día, con tal que el peso vaya aumentando normalmente.

■ Asegúrese de que la leche de fórmula esté saliendo a una velocidad conveniente.

Esto lo puede verificar alzando el biberón, invertido, y sacudiéndolo rápidamente. Si la leche sale en chorro, es demasiado rápido; si sólo salen una o dos gotitas, es demasiado lento. Si obtiene una pequeña rociada y luego unas gotitas, el flujo está como debe estar. También se puede obtener un indicio observando la manera de chupar el niño. Si hace un gran esfuerzo durante unos momentos y luego parece desanimado o posiblemente suelta el chupete para protestar, el flujo es demasiado lento. Por el contrario, si se atraganta y se le derrama leche de la boca, es demasiado rápido.

El problema puede estar simplemente en la manera como se haya fijado la tapa. Una tapa muy apretada crea un vacío parcial y aflojándola se logra que la leche pase más fácilmente. Si con esto no se corrige el defecto, entonces el problema está probablemente en el tamaño del agujero del chupete. Si está saliendo demasiada leche, es muy grande. Hirviéndolo unos pocos minutos es posible que se reduzca; pero si no se reduce habrá que descartarlo o guardarlo para cuando el niño sea mayor, y usar mientras tanto un chupete con agujero más pequeño. Si el flujo es muy lento, el agujero es demasiado estrecho. Se puede agrandar metiéndole la punta de un imperdible o de una aguja de diámetro grande calentada al rojo, o forzando en él un palillo de dientes redondo e hirviendo el chupete durante cinco minutos. O hágale otro agujero.

■ Para que las comidas durante la noche no sean una experiencia tan penosa, invierta en un portabiberones, que se mantiene al lado de la cama y en el cual la leche se conserva fría hasta que se necesita y luego se calienta en pocos minutos a temperatura ambiente. O mantenga el biberón en hielo en el cuarto del niño, listo para dárselo frío o calentándolo un poco en el chorro de agua caliente del baño cuando el niño se despierte con hambre.

CONSEJOS PARA EL EXITO A LA HORA DE DARLE DE COMER

Darle de comer a una criatura las primeras semanas no es una cosa fácil, cualquiera que sea el método que se adopte; pero ya sea la alimentación al pecho o con biberón, los consejos que se dan a continuación le ayudarán a facilitar las cosas.

Minimizar el alboroto. Se necesita concentración de parte suya y de su hijo en estas primeras sesiones de comida, y todo irá mejor si las distracciones se reducen al mínimo posible. Si en el hospital no permiten visitas a las horas de dar la comida a los niños, considere que esta regla es una bendición, puesto que le proporciona el rato de tranquilidad que usted necesita con su hijo. Si las visitas no están prohibidas, usted misma puede evitarlas a esas horas, y cuando regrese a la casa trate de seguir disminuyendo las distracciones a un mínimo, por lo menos hasta que se sienta más segura y adquiera confianza para dar el pecho o el biberón. Cuando haya visita o cuando estén haciendo mucho ruido en la sala retírese al dormitorio para darle de comer al niño. Desconecte el teléfono o ponga el contestador automático durante las horas de comida y si tiene otros hijos, distraiga su atención con alguna actividad que no sea ruidosa o aproveche la oportunidad para leerles un cuento.

Múdelo. Si el bebé está relativamente tranquilo, múdelo antes de darle de comer. Con un pañal limpio se sentirá más cómodo y se reduce la necesidad de cambiarlo inmediatamente después, lo cual resulta ventajoso si el chiquillo se queda dormido y usted prefiere que no se despierte durante un rato. Pero no lo mude durante la noche si esto no es necesario; esta interrupción hace que le cueste más trabajo volverse a dormir.

Lávese bien. Aunque no es usted la que va a comer, sí son sus manos las que tiene que lavar con agua y jabón antes de las comidas del bebé. Si le está dando el pecho, no es necesario que se lave los pezones cada vez que le da de comer; basta con lavarlos una sola vez al día, sin jabón, en la ducha o en la bañera.

Póngase cómoda. Los dolores musculares son gajes del oficio de los nuevos padres, que deben poner en actividad músculos no acostumbrados a llevar bebés de aquí para allá. Tomar una posición incómoda para darles de comer complica el problema. De manera que antes de darle al suyo el pecho o el biberón, cuide de ponerse bien cómoda, con apoyo adecuado para la espalda y el brazo que sostiene al niño.

Aflójelo. Si el niño está envuelto muy apretado, desenvuélvalo para que lo pueda acariciar durante la comida.

Calme al niño llorón. Un bebé que está alterado no puede dedicarse seriamente al oficio de alimentarse, y si algo come, se le indigesta. Trate de calmarlo primero con una canción o arrullándolo.

Tóquele la diana. Algunos niños se muestran soñolientos a las horas de comer y es preciso hacer un esfuerzo deliberado por despertarlos para que atiendan a la tarea de tomar el pecho o el biberón. Si su bebé es un dormilón de éstos, ensaye las técnicas que se ofrecen en la página 71.

Establezca contacto. Mime y acaricie al bebé con las manos, los ojos y la voz. Recuerde que durante las comidas hay que satisfacer no sólo sus necesidades de alimento sino también las de amor maternal.

Suspenda para sacarle los gases. Cuando cambia de pecho, o como cosa de rutina cuando va por la mitad del biberón, suspenda un momento la operación para sacarle al niño los gases. Ensaye también este procedimiento si el niño parece querer dejar de comer antes de tiempo: puede ser que lo que le está llenando el estómago sean gases, no comida.

LO QUE LE PUEDE PREOCUPAR

DUERME CUANDO DEBIA DESPERTARSE PARA COMER

"El médico dice que le debo dar de comer al niño cada tres o cuatro horas, pero a veces se pasan cinco o seis horas sin que se haga sentir. ¿Debo despertarlo para que coma?"

Algunos niños duermen felices durante las horas que les toca comer, especialmente los primeros días después de nacidos. Si el suyo es uno de éstos, ensaye esta técnica despertadora a la hora de alimentarlo: colóquelo sobre su regazo en la posición de sentado, teniéndole levantado el mentón con una mano y sosteniéndole la espalda con la otra. En seguida hágalo inclinar hacia adelante por la cintura. En el momento en que se mueva, asuma usted la posición de amamantar. Si se vuelve a quedar dormido antes de que usted haya podido iniciar la tarea, repita este proceso. Pruebe también quitándole las mantillas o aun la ropa, menos el pañal (hay bebés a quienes no les gusta estar desnudos); múdelo de pañal; sóbele con el dedo el área debajo de la barbilla; hágale cosquillas en los pies; sáquele los gases.

Si se despierta, toma el pezón e inmediatamente se queda dormido, ensaye sacudir el pecho o el biberón, frotarle la mejilla, empujarlo, o ajustar la posición del niño a la suya a ver si se reanuda la acción de lactar. Es posible que en el curso de una sesión de comida tenga que sacudirlo varias veces para lograr que coma bien. Hay bebés que chupan y duermen alternativamente desde el principio de la comida hasta el fin. Si usted no logra que reanude la lactación, ensaye algunas de las técnicas arriba detalladas. Si nada da resultado, no insista más: deje al dormilón dormir un poco más, con la seguridad de que a su tiempo el hambre lo despertará.

Si su hijo se queda dormido después de haber tomado sólo un pequeño aperitivo y si fallan los esfuerzos hechos por animarlo a que siga chupando, está bien dejar que duerma; quizá esa vez no necesitaba más que una comida de cinco minutos. Sin embargo, no es bueno dejar que el bebé eche una siestecita cada quince o treinta minutos durante todo el día. Si le parece que ésa es la tendencia, haga todo esfuerzo posible para despertarlo en cuanto se duerma comiendo y trate de que obtenga una comida completa antes de dejarlo sucumbir otra vez al sueño.

Si el sueño crónico perjudica la alimentación y amenaza el bienestar del niño, consulte con el médico sobre las maneras de corregir tal anomalía.

NO DUERME DESPUES DE COMER

"Mucho me temo que mi niñita va a ser una gordinflona. No bien la he puesto otra vez en la cuna, vuelve a llorar pidiendo de comer".

Su niña sin duda va por mal camino y hacia la obesidad si usted le da otra vez de comer cuando acaba de obtener una comida adecuada. Los niños lloran por muchas razones distintas del hambre, y es posible que usted esté interpretando mal lo que la niña quiere. Piense que puede ser solamente que le está dando un poco de trabajo conciliar un sueño profundo. Tal vez lo logre por sí misma si la deja sola unos minutos. O tal vez no es dormir lo que quiere; tal vez llora porque quiere compañía y pide que jueguen con ella, no que le den más de comer. Trate de divertirla un poco. O quizá le cuesta trabajo calmarse. Ayúdele meciéndola o con cualquier otro método de tranquilizarla. Piense también que el problema puede ser gases, y en ese caso darle más comida lo agravaría. Trate de provocar un eructo poniéndola sobre su regazo o sobre el hombro y sobándole suavemente la espalda. (No olvide sacarle los gases a intervalos frecuentes durante las comidas.) El problema también podría ser la manera como usted la acuesta en la cuna (vea "Posiciones de dormir" en la página 140, donde se indica cómo se debe acostar a un bebé para que duerma bien). O acaso se trate de un problema temporal; puede hallarse en un momento de rápido crecimiento en que necesita más alimento.

Si usted le da a su niña alimento cada vez que llora después de comer, aun cuando en realidad no tenga hambre, no sólo se volverá una gordinflona sino que puede desarrollar un hábito de bocado y siesta que después será difícil quitarle.

Con todo, hay que asegurarse de que el bebé está aumentando de peso según lo que es normal para su edad. Si no es así, entonces sí es posible que llore de hambre, señal de que usted no está produciendo leche en cantidad suficiente. Vea la sección "Producción suficiente de leche" en la página 116, para saber lo que debe hacer si el niño no prospera.

PESO AL NACER

"Todas mis amigas tienen hijos que pesaron al nacer entre 3 600 y 4 000 gramos. Mi niñita pesó apenas un poquito más de 1 900. Parece muy pequeñita".

Bebés sanos nacen de todos los tamaños: unos largos y flacos, otros grandes y robustos, otros pequeños y esbeltos. Si bien un peso inferior a 2 500 gramos al nacer de tiempo completo puede indicar que la criatura no fue bien alimentada durante la gestación, o que el crecimiento se retrasó por cualquier otra causa (por razones desconocidas o incontrolables, o porque la madre bebía, o fumaba, o tomaba drogas) una chiquilla de 2 900 gramos puede ser tan sana y vigorosa como un regordete de 4 000.

Muchos factores afectan al tamaño de un niño, entre otros los siguientes:

El régimen alimentario de la madre durante el embarazo. Alimento escaso o de clase o calidad inadecuadas puede producir un bebé pequeño; demasiado alimento, uno demasiado grande.

Aumento de peso de la madre embarazada. Un aumento excesivo de peso puede tener como resultado un bebé grande, pero si ese aumento se debió a comida que es "basura", el niño puede ser pequeño y la mamá gorda.

El estilo de vida prenatal de la madre. Fumar, beber o consumir drogas puede retardar el desarrollo fetal.

La salud de la madre. Una diabetes mal controlada (aun del tipo gestacional) puede ser causa de un bebé excesivamente grande. La toxemia (preeclámptica o eclámptica) o una placenta deficiente pueden retardar el crecimiento fetal, y la consecuencia será una criatura pequeñita.

El peso de la madre antes del embarazo. Las mujeres pesadas suelen tener hijos pesados; las que pesan poco, los tienen también de peso ligero.

El peso de la madre al nacer. Si la mamá al nacer pesó unos 3 200 gramos, su primer hijo probablemente pesará más o menos lo mismo. Si era muy pequeña o muy corpulenta, su hijito seguirá por el mismo camino.

Genética. Padres grandes por lo general tienen hijos grandes. Si la madre es pequeña y el padre grande, lo más probable es que el hijo nazca relativamente pequeño; así compensa la naturaleza el riesgo de un parto difícil. Si genéticamente el niño está destinado a ser como su padre, un rápido crecimiento durante el primer año y de ahí en adelante suplirá la deficiencia de tamaño al nacer.

El sexo del bebé. Los niños varones por lo general tienden a ser un poco más pesados y más largos que las niñas.

Orden de nacimiento. Los primogénitos pueden ser más pequeños que los hijos que nacen después.

El número de fetos. Los bebés de embarazos múltiples pesan por lo común menos que los no gemelos.

La raza. Los hijos de los orientales, los negros y los indios son generalmente más pequeños que los de raza caucásica. Sin embargo, la diferencia de tamaño entre bebés blancos y negros tal vez se deba más a factores socioeconómicos que a la raza. Los niños de clase media, sean negros o blancos, muestran más igualdad en cuanto a peso al nacer.

LAZOS DE UNION

"A mí me hicieron una operación cesárea de urgencia y a mi niña se la llevaron a la incubadora antes de que yo tuviera tiempo de establecer con ella un lazo de unión. Me preocupa pensar que esto pueda afectar a nuestras relaciones".

Esta idea de que en el momento de nacer se establece entre madre e hijo un lazo especial de unión, ya es hora de que la abandonemos. La teoría de que la relación entre los dos será mejor si pasan 16 de las primeras 24 horas en íntimo contacto amoroso fue sugerida por los años setenta. Las últimas investigaciones que se han hecho sobre el particular no la corroboran, y hasta los mismos que la propusieron originalmente han expresado preocupación porque el concepto ha sido mal interpretado. A pesar de todo, la teoría sigue siendo popular.

Las consecuencias han sido mixtas. Por una parte, muchos hospitales permiten a las nuevas madres (y hasta a los padres) alzar a sus hijitos momentos después del nacimiento, mimarlos y darles de comer durante diez minutos hasta una hora o más, en lugar de despachar al recién nacido a la sala-cuna apenas cortado el cordón umbilical. Este encuentro permite a madre e hijo establecer desde el principio contacto piel a piel, ojo a ojo — lo cual ciertamente es un cambio positivo. Por otra parte, muchas madres que han tenido que someterse a intervención quirúrgica para dar a luz o han sufrido un traumático parto vaginal, o cuyos bebés han venido al mundo necesitando cuidados especiales, y que por consiguiente no los pudieron alzar en sus brazos inmediatamente después del nacimiento, creen que se han perdido una oportunidad única en la vida de establecer una relación íntima con el hijo. Algunas se desesperan y exigen ese lazo de unión inmediato, aun a riesgo de la salud de sus criaturas.

Muchas autoridades niegan que se pueda establecer un lazo de unión al nacer entre madre e hijo. Sostienen que un recién nacido es una criatura demasiado primitiva para apegarse instantáneamente a persona alguna y que por lo general pasa una semana o más antes que reconozca a la madre, para no decir nada de formar un lazo de unión para toda la vida con ella. Por lo que a la madre se refiere, es cierto que ella no es demasiado primitiva para iniciar una íntima relación con su hijo, pero hay muchas razones por las cuales quizá no esté preparada para ello: agotamiento después de un parto laborioso y largo; mareo por las drogas que se le han aplicado; dolor de calambres o de una incisión; o simplemente falta de preparación para la experiencia de alzar y cuidar de un recién nacido. Además, no hay ninguna prueba de que el amor entre madre e hijo tenga que establecerse (o siquiera iniciarse) el primer día de vida. Algunos opinan que en realidad no se desarrolla hasta la segunda mitad del primer año de vida del niño.

En efecto, el lazo al nacer puede ser parte de un largo proceso de unión entre madre e hijo, pero es sólo un comienzo. Y este comienzo se puede efectuar igualmente bien horas después en una cama de hospital, o a través de las ventanillas de una incubadora, o aun semanas después en la casa. Cuando nacieron los padres de usted, probablemente no vieron mucho a sus mamás, ni mucho menos a sus papás, hasta que regresaron a la casa (generalmente a los diez días del nacimiento), y la inmensa mayoría de esa generación "desfavorecida" se crió con fuertes y amorosos vínculos familiares. Madres que tuvieron la oportunidad de establecer un lazo de unión inicial con uno de sus hijos pero no con otro, dicen que no notan diferencia alguna en su cariño por ellos. Y los padres adoptivos, que no suelen conocer a sus bebés sino después que salen del hospital (o aun mucho más tarde), se las arreglan para desarrollar fuertes vínculos.

El amor perdurable no puede crearse mágicamente en pocas horas o pocos días. Para algunos, los primeros momentos después del nacimiento serán dignos de grata recordación, pero para otros pueden ser una desilusión que prefieren olvidar. Como quiera que sea, esos momentos no marcan indeleblemente el carácter o la calidad de sus futuras relaciones.

El complicado proceso de enlace madre-hijo comienza en realidad para la madre desde el embarazo, cuando empiezan a desarrollarse sus actitudes y sentimientos hacia el bebé. La relación sigue evolucionando y cambiando en el curso de la infancia, la niñez y la adolescencia, y hasta en la edad adulta. Así pues, tranquilícese. Hay mucho tiempo para atar esos lazos que amarran.

"A mí me habían dicho que el lazo de unión al nacer acerca más a la madre y el hijo. Yo tuve en brazos a mi hijita casi una hora después del nacimiento, pero entonces me parecía una extraña, y aún lo parece hoy, tres días después".

El amor a primera vista es un concepto que florece en las novelas románticas y el cine, pero rara vez en la vida real. El amor que dura toda la vida requiere tiempo, cultivo y muchísima paciencia para que se desarrolle y se haga profundo. Y esto es tan cierto del amor entre el recién nacido y sus padres como del amor entre un hombre y una mujer.

La proximidad física entre la madre y el niño inmediatamente después del nacimiento (pese a todo lo que le digan los partidarios de la teoría del lazo de unión) no garantiza una instantánea unión emocional. Esos tan ensalzados primeros momentos postparto no están automáticamente bañados en el resplandor del amor maternal. La verdad es que la primera sensación que experimenta una mujer después del parto suele ser de alivio más que de amor — alivio de que la criatura sea normal, y, sobre todo, si el parto fue penoso, de que ya haya pasado. No es nada raro ver esa criaturita chillona y antisocial como un extraño que tiene muy poco del lindo bebé idealizado de los anuncios de compotas que usted ha llevado en su seno durante nueve meses, y sentirse poco más que neutral con respecto a ella. En un estudio se halló que las madres tardaban por término medio más de dos semanas (y en algunos casos hasta nueve semanas) para empezar a tener sentimientos positivos con respecto a sus recién nacidos.

Exactamente cómo reacciona una mujer cuando ve a su hijo por primera vez depende de diversos factores: la duración e intensidad del parto; si le administraron medicinas durante él; su experiencia anterior (o su falta de experiencia) con bebés; lo que ella piensa de tener un hijo; sus relaciones con el marido; cuestiones extrañas que la puedan preocupar; su salud general; y probablemente lo más importante de todo, su personalidad.

Su reacción es normal *para usted;* y mientras experimente un sentimiento de confort y afecto que va creciendo con el correr de los días, puede estar tranquila. Algunas de las mejores relaciones empiezan muy lentamente. Déle a su niño y dése usted misma la oportunidad de aprender a conocerse y apreciarse mutuamente, y deje que el amor se desarrolle sin premura.

Sin embargo, si después de unas semanas usted no siente que su afecto ha aumentado, o si siente rabia o antipatía hacia el niño, comente estos sentimientos con el pediatra. Es importante corregirlos a tiempo para evitar que sus relaciones se perjudiquen permanentemente.

EL NIÑO EN SU CUARTO

"Tener al niño conmigo en mi cuarto me parecía el colmo de la dicha antes de darlo a luz; ahora me parece el infierno. No logro que deje de llorar; pero ¿qué madre sería yo si le pido a la enfermera que se lo lleve a la sala-cuna?"

Sería usted una madre muy humana. Acaba de terminar el trabajo hercúleo de dar a luz y está a punto de enfrentarse a otro más exigente aún: criarlo. Que necesite unos pocos días de descanso entre uno y otro no es nada que le pueda causar remordimiento.

Naturalmente, hay algunas mujeres a quienes les va muy bien compartiendo la pieza con el bebé. Probablemente el alumbramiento les dejó una sensación de alegría, no de agotamiento; o tal vez ya habían tenido experiencia cuidando recién nacidos, propios o ajenos. Para estas mujeres un bebé inconsolable a las 3 de la mañana no será una felicidad pero tampoco es una pesadilla; pero a la que se ha pasado 48 horas sin dormir, cuyo cuerpo está fláccido por un trabajo agotador, y que nunca ha estado cerca de un bebé, estas pruebas prematinales la pueden dejar llorando y preguntándose: ¿Por qué me metí yo en esto de ser madre?

Hacerse la mártir puede despertar resentimiento maternal contra el bebé, y es muy posible que éste lo perciba. Por el contrario, si manda al niño a la sala-cuna entre las comidas de por la noche, a la mañana siguiente madre e hijo, ambos descansados, encontrarán que es más fácil aprender a llevarse bien. Y la mañana es tiempo apropiado para aprovechar una de las principales ventajas que ofrece compartir la habitación durante el día: la oportunidad de aprender a cuidar de su nuevo bebé en un ambiente seguro, con personas de experiencia que la pueden aconsejar y ayudar si es necesario. Aun cuando haya resuelto conservar al niño con usted todo el día, eso no quiere decir que no pueda pedir ayuda al personal de la sala-cuna, que para eso está allí.

Cuando vuelva a caer la noche, ensaye otra vez con el bebé en su cuarto, a ver cómo le va. Puede que la sorprenda. Pero si le parece preferible descansar del niño, apele nuevamente a los buenos oficios de la sala-cuna. Compartir el cuarto todo el tiempo es una maravillosa nueva opción en el cuidado materno centrado en la familia — pero no es para todas. Usted *no ha fracasado* ni es una mala madre si no le gusta ese sistema o si está muy cansada. Si no lo quiere, no se deje convencer; y si ya lo ha aceptado, no piense que no puede cambiar de opinión y pasarse a medio tiempo.

Tenga flexibilidad. Atienda más a la calidad que a la cantidad del tiempo que pasa con su bebé en la clínica. Pronto vendrá la hora de compartir la habitación permanentemente en la casa, tal vez en las próximas 24 o 48 horas, pues los hospitales están dando de alta a las parturientas más y más pronto. Para entonces, si no exagera ahora, estará emocional y físicamente preparada.

EL NIÑO NO ESTA COMIENDO LO SUFICIENTE

"Hace dos días que di a luz a mi niñita, y no me sale nada de los pechos cuando los aprieto, ni siquiera calostro. Me temo que se esté muriendo de hambre".

Su niña no sólo no se está muriendo de hambre sino que ni siquiera siente hambre todavía. Los niños no nacen con apetito ni con necesidades inmediatas de nutrición. Cuando su hija quiera un pecho lleno de leche, generalmente hacia el tercero o cuarto día después del parto, usted muy probablemente estará en capacidad de satisfacerla. A veces, especialmente en las que son madres por segunda vez, la leche viene más pronto. Es raro que se demore hasta el séptimo día. En estos casos es posible que el pediatra recomiende, por precaución, darle al niño leche de fórmula después de cada lactación.

Lo cual no quiere decir que usted tenga ahora los pechos vacíos. Casi con seguridad hay en ellos calostro (que le proporciona al niño nutrimento y anticuerpos importantes que su organismo todavía no elabora, al mismo tiempo que ayuda a vaciar su sistema digestivo de meconio y mucosidades excesivas), si bien en cantidades muy exiguas (en las primeras comidas el promedio es menos de media cucharadita; para el tercer día, menos de tres cucharaditas por comida). Pero mientras sus pechos no empiecen a henchirse y sentirse llenos, no es fácil extraer el líquido manualmente — y para algunas mujeres ni aun después. Hasta un bebé de un día de nacido, sin experiencia previa, está mejor equipado que usted para extraer esta preleche.

EL NIÑO DUERME DEMASIADO

"Mi nuevo bebé parecía muy despierto cuando nació, pero después se duerme tan profundamente que casi no lo puedo despertar para que coma ni mucho menos para distraerlo".

Usted ha esperado nueve largos meses para conocer a su bebé, y ahora que está aquí no hace más que dormir. Pero está haciendo lo que es natural en él. Estar despierto la primera hora después de nacer y luego caer en un profundo sueño que puede durar 24 horas, es lo normal para el recién nacido (y probablemente le sirve para recuperarse del fatigante trabajo de nacer).

No espere que al despertar de este beneficioso sueño su niño se muestre inmediatamente más estimulante y comunicativo. Durante las primeras semanas sus períodos de dos a cuatro horas de sueño se interrumpen abruptamente con llanto. Pasará a un estado de semidespierto para comer y una vez satisfecho volverá a entregarse al sueño. Es probable que se quede dormido comiendo y será necesario sacudirle el pezón en la boca para que siga chupando. Por fin se quedará más profundamente dormido, dando unas pocas y últimas arremetidas al pezón cuando usted lo retire.

Verdaderamente despierto sólo estará unos tres minutos de cada hora durante el día y menos (ojalá, dirá usted) durante la noche. Esto equivale más o menos a una hora diaria para actividades sociales. No tiene aún la madurez necesaria para beneficiarse de más largos períodos de vigilia, y sus períodos de sueño, particularmente los de ensoñación, parece que le ayudan a madurar. Poco a poco los períodos de vigilia se van alargando. Al final del primer mes la mayoría de los niños pasan de dos a tres horas al día despiertos, por lo general en un solo período largo hacia el caer de la tarde. En algunos casos este período, en lugar de ser de dos a tres horas, es de seis o seis y media horas seguidas.

Mientras tanto, usted quizá sigue sintiéndose frustrada en sus esfuerzos por aprender a conocer a su niño. Pero en lugar de pararse al lado de la cuna a esperar que despierte para jugar con él, aproveche que está dormido para hacer usted también acopio de un poco de sueño, que buena falta le hará en los días y noches que le esperan, cuando probablemente estará despierto más tiempo de lo que usted querría.

REMEDIOS PARA LOS DOLORES

"He estado sintiendo dolores muy fuertes por la incisión que me hicieron para la cesárea. El médico me ha recetado analgésicos, pero no me atrevo a tomarlos porque temo que mi hijo se drogue con mi leche".

Le causa usted un daño mayor a su niño si no toma los remedios que si los toma. La tensión y fatiga resultantes del dolor post-operatorio no aliviado disminuirán su capacidad para establecer con su hijito una relación de lactancia satisfactoria (usted tiene que estar tranquila) y le impedirán producir una cantidad adecuada de leche (tiene que estar descansada). Por otra parte, en el calostro sólo aparecen cantidades mínimas de las medicinas; cuando le empiece a bajar la leche lo más probable es que ya no necesite analgésicos. Y si el bebé alcanza a recibir una pequeña dosis de la medicación, le pasará mientras duerme y no tendrá consecuencias perjudiciales.

LA APARIENCIA DEL BEBE

"Todos me preguntan si el bebé se parece a mí o a mi marido, pero ni mi esposo ni yo tenemos la cabeza puntiaguda, los ojos saltones, una oreja doblada ni la nariz achatada. ¿Cuándo va a mejorar de apariencia?"

Los bebés que escogen para que aparezcan en las películas y en los comerciales de televisión son los de dos a tres meses de edad, y para ello hay una buena razón: los recién nacidos rara vez son fotogénicos. Y aun cuando el amor paternal sea más ciego que los demás amores, ni los padres más entusiastas pueden dejar de reparar en las imperfecciones del bebé, por lo que a apariencia se refiere. Por fortuna muchas de las características que le impiden lucirse como estrella del cine o vender pañales en la TV son pasajeras.

Esos defectos que usted menciona no los heredó el niño de ningún antepasado cabecilargo, ojisaltón y chato; los adquirió durante su permanencia en el estrecho recinto de su matriz, en el tormentoso paso por la ósea pelvis de usted en preparación para el nacimiento, y en el último y traumático tránsito por el angosto cuello uterino en el parto.

Si no fuera por la milagrosa conformación de la cabeza del feto — en la cual los huesos no están soldados todavía y se pueden empujar y moldear al ir descendiendo la criatura — tendría que haber muchos partos más con intervención quirúrgica. Así, pues, agradezca la cabecita puntiaguda que fue el resultado de un parto natural y esté segura de que a la vuelta de unos pocos días el cráneo adquirirá en forma igualmente milagrosa la redondez de los querubines.

La hinchazón en torno a los ojos del bebé también se debe en parte a lo que tuvo que aguantar en su fantástico viaje al mundo. (Otro factor contribuyente, en los niños a quienes se les aplican gotas de nitrato de plata, es la irritación que produce este antiséptico.) Algunos sostienen que esta hinchazón es una defensa natural de los recién nacidos, cuyos ojos se exponen por primera vez a la luz. La preocupación de que los ojos hinchados impidan que la criatura vea al padre y a la madre y se haga imposible por tanto el lazo de unión al nacer, no tiene fundamento. Aunque no los pueda distinguir uno de otro, el recién nacido sí ve caras borrosas, pese a los párpados hinchados.

Lo de la oreja gacha es tal vez otra consecuencia de las apreturas que experimentó la criatura en el útero materno. A medida que el feto se desarrolla y va quedando más justo dentro del amnios, una oreja que se dobla accidentalmente hacia adelante puede quedarse así hasta después del nacimiento. Pero esto es pasajero. Fijarla con esparadrapo no sirve de nada, dicen los entendidos, y más bien puede causar irritación. Lo que sí se puede hacer para facilitar su retorno a la posición normal es tener cuidado de que cuando acueste al niño de ese lado la oreja no le quede doblada. Naturalmente, algunos están destinados genéticamente a tener las orejas un poco paradas. Más tarde el pelo ayudará a disimular este defecto, y hay también cirugía plástica para los que quieran eliminarlo. (Pero no hay por qué considerarlo una desventaja — ¿no recuerdan a Clark Gable?)

En cuanto a la nariz aplastada, lo más probable es que sea consecuencia de un fuerte apretón durante el parto, y debe retornar naturalmente a su forma normal. Pero como las narices de los bebés son tan distintas de las de los adultos (el caballete es ancho, casi inexistente, la forma a veces indescriptible), quizá haya que esperar un tiempo para poder saber de quién sacó la nariz.

COLOR DE LOS OJOS

"Yo tenía la esperanza de que mi hija tuviera los ojos verdes como los de mi esposo; pero los tiene de un color gris oscuro. ¿Existe alguna posibilidad de que le cambien?"

El juego favorito del embarazo — ¿será niño o niña? — se reemplaza por otro durante los primeros meses de vida del bebé: ¿de qué color tendrá al fin los ojos?

Claro que es demasiado temprano para decirlo. La mayoría de los niños de raza caucásica nacen con ojos azules oscuros o color pizarra; los negros y los orientales los tienen por lo común negros o pardos oscuros. Los ojos negros de los niños de piel oscura se quedan de ese color, pero los de los niños de piel blanca pueden experimentar varios cambios (dando más interés a las apuestas) antes de fijarse, lo que suele ocurrir entre los tres y los seis meses, o aun más tarde. Puesto que la pigmentación del iris puede continuar aumentando durante todo el primer año, la tonalidad del color definitivo tal vez no se fije bien hasta que el niño cumpla un año.

TIENE BASCAS Y SE ATRAGANTA

"Cuando me trajeron el niño esta mañana, parecía que tuviera bascas y se estuviera atragantando, y luego escupió una cosa líquida. Yo todavía no le había dado de comer, de manera que no podía ser vómito. ¿Qué pasa?"

Su hijo ha pasado los últimos nueve meses, más o menos, viviendo en un medio líquido. No respiraba aire pero sí absorbió una buena cantidad de fluidos. Aunque la enfermera o el médico probablemente le succionaron las vías respiratorias al nacer para aclarárselas, quizá tenía en los pulmones otras mucosidades y fluidos, y esas bascas y esos esfuerzos que hacen parecer que se estuviera atragantando son la manera de limpiar lo que queda. Es una reacción perfectamente normal.

SOBRESALTOS

"Me preocupa que mi niña tenga algún defecto del sistema nervioso. Aun cuando está dormida hay veces que salta como si se asustara".

Suponiendo que su hija no esté abusando del café negro, esos saltos que usted observa se deben a un reflejo muy normal, conocido también con el nombre de reflejo de Moro. Puede presentarse, sin razón obvia para ello, más a menudo en unos bebés que en otros y casi siempre es una reacción a un ruido fuerte, una sacudida o un sentimiento de caer — como cuando a un niño muy pequeñito se le alza sin suficiente soporte. En tales casos el bebé se pone rígido, levanta los brazos y los estira hacia afuera simétricamente, abre los puños que generalmente tiene cerrados, recoge las rodillas, y finalmente lleva otra vez los brazos, con los puños cerrados, hacia el cuerpo en un gesto de abrazar, todo en cuestión de unos pocos segundos. Es posible que grite. Este es uno de los varios reflejos protectores con que nacen los niños, como un esfuerzo primitivo por recuperar una temida pérdida de equilibrio.

Si a los padres les preocupa el sobresalto del niño, lo que más bien puede preocupar al médico es un niño que no se sobresalte. A los recién nacidos se les hace una prueba de rutina para averiguar si tienen este reflejo, la presencia del cual es síntoma tranquilizador de que el sistema nervioso está funcionando bien. Encontrará usted que poco a poco los sustos de su hijo van siendo menos frecuentes y que al fin el reflejo desaparece del todo entre el cuarto y el sexto mes. (Es claro que a cualquier edad un niño puede sobresaltarse, pero no con la misma pauta de reacciones.)

LA BARBILLA LE TIEMBLA

"A veces, especialmente cuando mi bebé ha estado llorando, la barbilla le tiembla".

Aun cuando esa barbilla temblorosa pueda parecer otra ingeniosa treta del recién nacido para derretirle a usted el corazón, en realidad es una señal de que su sistema nervioso no se ha desarrollado todavía totalmente. Prodíguele los mimos que él busca, y goce de la barbilla que tiembla — y que no temblará mucho tiempo.

LUNARES

"Lo primero que observé en mi recién nacida, una vez que vi que era niña, fue una mancha levantada y rojiza que tenía en el muslo derecho. ¿Le desaparecerá algún día?"

Mucho antes de que su hija empiece a

solicitar la venia paternal para usar bikini, ese lunar de color de fresa (como casi todos los lunares) será parte de su pasado infantil y le dejará el muslo listo (aunque su padre no lo esté) para mostrarlo en la playa. Esto, desde luego, parece difícil creerlo cuando uno observa los lunares de un recién nacido. A veces un lunar crece un poco antes de esfumarse y a veces ni siquiera aparece sino cierto tiempo después del nacimiento. Y cuando empieza a contraerse y desaparecer, los cambios de un día a otro suelen ser difíciles de percibir. Por esta razón muchos médicos documentan los cambios fotografiándolos y midiéndolos periódicamente. Si no lo hace el médico, usted misma los puede fotografiar y medir para su propia tranquilidad.

Los lunares son de distintas formas, colores y texturas y por lo general se categorizan de la siguiente manera:

Hemangioma fresa. Este lunar blando, levantado, de color de fresa madura, tan pequeño como una peca o tan grande como un salvamanteles, se compone de materiales vasculares inmaduros desprendidos del sistema circulatorio durante el desarrollo fetal. Puede ser visible desde el nacimiento o bien aparecer súbitamente durante las tres primeras semanas de vida y es tan común que de cada 10 niños uno probablemente lo tendrá. Los lunares fresa pueden crecer durante un tiempo pero después empiezan a desvanecerse adquiriendo un color gris perla y casi siempre desaparecen por completo entre los cinco y los diez años de edad. Aunque los padres se sientan tentados a exigir tratamiento para uno de estos lunares, sobre todo si es en la cara, es mejor dejarlos sin tratamiento alguno, a menos que sigan creciendo u obstaculicen alguna función, como la vista. Parece que el tratamiento puede llevar a mayores compli-

caciones que la política de dejarlos hasta que desaparezcan solos.

Si el médico de su hijo opina que se debe hacer un tratamiento, hay varias opciones. Las más sencillas son la compresión y el masaje, que parecen acelerar la involución. Formas más activas de terapia para los hemangiomas fresa son la administración de esteroides, la cirugía, la radioterapia o la aplicación de rayos láser, la crioterapia (congelación con hielo seco) y las inyecciones de agentes endurecedores (como los que se usan en el tratamiento de várices). Muchas autoridades opinan que no más de 0.1% de estos lunares requieren terapias tan radicales. Cuando el lunar fresa reducido por tratamiento o por el tiempo deja una cicatriz o un poco de tejido residual, esto generalmente se puede eliminar con cirugía plástica.

De vez en cuando la cicatriz de uno de estos lunares puede sangrar, espontáneamente o porque se haya rascado o se haya golpeado. Aplicando presión se puede contener el flujo de sangre.

Hemangioma cavernoso. Este lunar es menos común que el anterior; sólo lo padecen 1 o 2 de cada 100 bebés y se encuentra a veces en combinación con el tipo fresa. Se compone de elementos vasculares más grandes y maduros e interesa capas más profundas de la piel. La masa, aterronada y de color azulado o violáceo, con los bordes menos definidos que el lunar fresa, puede parecer inicialmente casi plana. Crece rápidamente los primeros seis meses, luego más lentamente. Entre los 12 y los 18 meses se empieza a encoger. El 50% ha desaparecido a la edad de cinco años, 70% a los siete, 90% a los nueve y 95% cuando los niños llegan a los diez años de edad. Lo más común es que no queden señales, pero de vez en cuando pueden dejar cicatriz. La variedad de tratamientos posibles es parecida a la detallada para los lunares fresa.

Mancha salmón o nevo simple. Estas manchas de color salmón pueden aparecer en la frente, en los párpados superiores y alrededor de la boca y la nariz, pero con más frecuencia se ven en la nuca (el punto por donde la cigüeña llevaba al bebé, por lo cual en algunos países les dicen "picadura de cigüeña"). Invariablemente su color se aclara durante los dos primeros años de vida y sólo se hacen visibles cuando el niño llora o se esfuerza. Como más del 95% de las lesiones en la cara desaparecen por completo, estos lunares preocupan menos que los otros desde el punto de vista estético.

Nevo vinoso, o nevus flammeus. Estos lunares son de un color purpúreo, pueden aparecer en cualquier parte del cuerpo y se componen de capilares maduros dilatados. Se presentan normalmente al nacer como lesiones planas o apenas elevadas, de coloración rosada o rojiza morada. Pueden cambiar ligeramente de color pero no se desvanecen apreciablemente con el tiempo y se pueden considerar permanentes. Para cubrirlos se pueden usar cremas cosméticas resistentes al agua, y más o menos a la edad de doce años puede ser eficaz el tratamiento de rayos láser para extirparlos. En raras ocasiones estas lesiones están acompañadas por un crecimiento excesivo del tejido blando subyacente u óseo; o si son en la cara, por anormalidades del desarrollo cerebral. Consulte con el pediatra de su hijo si tiene alguna inquietud al respecto.

Manchitas café con leche. Estas manchitas planas en la piel, que pueden variar de color desde el café con leche muy claro hasta el del café con muy poca leche, pueden aparecer en cualquier parte del cuerpo. Son muy comunes. Aparecen o bien al nacer o durante el primer año de vida, y no desaparecen. Si su niño tiene muchas manchas café con leche (seis o más) consulte con su médico.

Manchas mongólicas. Estas son azules o gris pizarra, parecen magulladuras en las nalgas o la espalda, a veces también en las piernas y los hombros y las presentan 9 de cada 10 niños de ascendencia negra, oriental o hindú. Las manchas mongólicas, tan mal definidas, son también bastante comunes en niños de los pueblos del Mediterráneo, pero son raras entre los niños rubios de ojos azules. Si bien se presentan más a menudo al nacer y desaparecen dentro del primer año, ocasionalmente no aparecen hasta más tarde o persisten hasta la edad adulta.

Nevos congénitos pigmentados. Estos lunares varían de color, desde pardo claro hasta negruzco, y a veces son peludos. Los pequeños son muy comunes; los de mayor tamaño, "nevos pigmentados gigantes", son raros pero ofrecen mayor peligro de volverse malignos. Por lo general, se recomienda extirpar los lunares grandes y los pequeños cuando son sospechosos, siempre que la extirpación se pueda realizar con facilidad y que un médico familiarizado con su tratamiento vigile los que queden.

PROBLEMAS DE COMPLEXION

"Mi niño tiene toda la carita cubierta de pequeños granos blancos. ¿Se los puedo quitar restregándole la cara?"

La madre que espere una piel sonrosada y perfecta puede angustiarse si observa unos puntitos blancos en la cara de su recién nacido, especialmente alrededor de la nariz y el mentón, uno o dos ocasionalmente en el tronco y las extremidades, o aun en el pene. El mejor tratamiento para esta acné, que se debe a la obstrucción de las glándulas sebáceas no maduras del recién nacido, es no hacer nada. Puede ser grande la tentación de apretarlas o estregarlas, pero no lo haga. Desaparecen espontáneamente, por lo general en unas pocas semanas.

"Me preocupan unas manchas rojas con el centro blanco que el niño tiene en la cara".

Es raro el bebé que pasa por el período neonatal con la piel ilesa. Esa erupción cutánea que ha afectado a su recién nacido es una de las más comunes en los lactantes: el eritema tóxico. A pesar de su nombre asustador y su aspecto alarmante — manchones de forma irregular, rojizos y con centro pálido — este eritema es completamente benigno y de corta duración. Tiene la apariencia de una colección de picaduras de insectos y desaparece sin necesidad de tratamiento.

QUISTES BUCALES O MANCHAS

"Cuando el niño tenía la boca bien abierta y estaba llorando, noté unos puntitos blancos en las encías. ¿Será que ya le están saliendo los dientes?"

No avise todavía a los periódicos (ni a los abuelos). Muy rara vez un bebé echa un par de incisivos inferiores unos seis meses antes de tiempo, pero es más probable que los puntitos blancos en las encías sean pápulas o vejiguillas llenas de fluido, o quistes. Estos quistes son comunes en los recién nacidos y desaparecerán pronto dejando las encías limpias con suficiente anticipación a la primera sonrisa desdentada.

Algunos también pueden mostrar manchitas amarillas en el paladar al nacer. Estas, lo mismo que los quistes, son comunes en los recién nacidos y no tienen ningún significado médico. Se les dice "perlas de Epstein" y desaparecen sin tratamiento.

PRIMERA DENTICION

"Me llevé un gran susto al ver que mi hijito nació con dos dientes incisivos. El doctor dice que hay que sacárselos, lo cual nos tiene a mi marido y a mí consternados".

De vez en cuando un bebé se presenta en el mundo con un diente o con dos. Si no están bien firmes en las encías, será preciso extraerlos para evitar que el bebé se los trague o se atragante con ellos. Pueden ser dientes anticipados o extra y serán reemplazados por los verdaderos dientes de leche a su debido tiempo. Pero con más frecuencia son ya los dientes de leche, y si hay que extraerlos, será necesario reemplazarlos con dientes postizos hasta que le salgan los definitivos.

ALGODONCILLO

"Mi niña tiene una cosa como cuajada blanca en la boca. Pensé que sería leche vomitada, pero cuando traté de limpiársela, le empezó a sangrar la boca".

Las dos padecen de un hongo. Aun cuando la infección conocida como algodoncillo está afectando a la boca de su niña, probablemente comenzó en su cuello del útero como una infección monílica — y allí fue donde ella se contagió. El organismo causante, *Candida albicans,* es un habitante normal de la boca y de la vagina, que otros microorganismos mantienen a raya y generalmente no causa problemas. Pero si el equilibrio se altera por enfermedad, o por el uso de antibióticos o cambios hormonales como los que ocurren en el embarazo, se presentan las condiciones favorables para el desarrollo del hongo y aparecen síntomas de infección.

El algodoncillo aparece como manchitas blancas elevadas, que tienen el aspecto de requesón o leche cuajada, en la parte interior de las mejillas del niño y a veces en la lengua, el paladar y las encías. Si se limpian las manchas, queda expuesta una zona roja irritada que a veces sangra. Es más común en los recién nacidos pero también se infectan niños de más edad, especialmente si están tomando antibióticos.

La infección en sí no es peligrosa, pero sí es dolorosa y puede perjudicar la alimentación de la criatura. Rara vez se presentan complicaciones, si no se atiende.

PERDIDA DE PESO

"Yo esperaba que mi hijo perdiera algo de peso en el hospital, pero bajó de 3 400 a 3 100 gramos. ¿No es demasiado?"

Las madres primerizas, ansiosas de empezar a informar a propios y extraños sobre el progreso de su hijo, suelen sentirse descorazonadas cuando el bebé sale de la clínica pesando menos que cuando nació. Pero todos los recién nacidos pierden algo de peso (por lo general entre un 5 y un 10%) durante los cinco primeros días de vida — no porque en la sala-cuna esté de moda el régimen para adelgazar, sino por pérdida normal de fluidos después del nacimiento, pérdida que no se recupera inmediatamente porque durante ese período los niños no toman ni necesitan mucho alimento. Los bebés criados al pecho, que sólo toman cada vez cucharaditas del calostro anterior a la leche, pierden por lo general más peso que los criados con biberón. La mayoría de los recién nacidos deja de perder peso hacia el quinto día y a los diez o los catorce días de edad ya ha recuperado o ha superado el

que tenía al nacer. Es entonces cuando usted puede emitir sus famosos boletines informativos.

ICTERICIA

"La doctora dice que mi hijo tiene ictericia y debe pasar algún tiempo bajo la lámpara ultravioleta antes de poderlo dejar salir de la clínica. Dice que no es grave, pero a mí cualquier cosa que retenga a mi hijito en la clínica me parece grave".

Entre en cualquier sala-cuna y verá que más de la mitad de los niños se han empezado a poner amarillos hacia el segundo o el tercer día de nacidos — no por la edad sino por la ictericia del recién nacido. La amarillez, que comienza por la cabeza y baja hasta los dedos de los pies,[3] se debe a exceso de bilirrubina en la sangre. La bilirrubina, el subproducto final de la descomposición normal de los glóbulos sanguíneos portadores de sangre, normalmente es extraída del torrente sanguíneo por el hígado que la transforma y la envía luego a los riñones para ser eliminada. Los recién nacidos a veces producen más bilirrubina de la que puede procesar el hígado, aún inmaduro. El resultado es la acumulación de esta sustancia en la sangre, que se manifiesta en la amarillez conocida como ictericia normal, o fisiológica, del recién nacido.

En esta ictericia la amarillez comienza del segundo al tercer día de vida, y empieza a disminuir cuando el bebé tiene una semana o diez días de nacido. Aparece un poco más tarde (entre el tercero y el cuarto día) y dura un poco más (a veces catorce días o más) en los prematu-

---

[3] El proceso es el mismo en los niños de piel negra u oscura pero la amarillez sólo es notoria en las palmas de las manos, las plantas de los pies y la córnea de los ojos.

ros debido a que el hígado de estos niños dista mucho de estar maduro. Es más probable que sufran de ictericia los niños varones, o los que han perdido mucho peso inmediatamente después de nacer, los hijos de madres diabéticas y los que nacieron en parto inducido.

A veces el médico retiene unos pocos días más en el hospital a un niño que tenga ictericia fisiológica para observación y tratamiento. En la mayoría de los casos, el nivel de bilirrubina (que se determina por exámenes de sangre) disminuye poco a poco y al bebé le dan de alta. En casos raros hay un aumento rápido de bilirrubina, lo que sugiere una ictericia anormal o patológica.

La ictericia patológica es sumamente rara. Empieza o más temprano o más tarde que la fisiológica y los niveles de bilirrubina son más altos. Cuando se presenta al nacimiento o se desarrolla rápidamente el primer día, puede indicar enfermedad hemolítica causada por incompatibilidad de grupos sanguíneos, como cuando el niño tiene un factor Rh distinto del de la madre. La que aparece más tarde (una o dos semanas después del nacimiento) puede indicar ictericia por obstrucción, en la cual una obstrucción del hígado impide el procesamiento de la bilirrubina. La ictericia patológica también pueden causarla otras enfermedades del hígado o de la sangre, a menudo hereditarias, y diversas infecciones intrauterinas y neonatales. El tratamiento para hacer bajar los niveles anormales de bilirrubina es importante a fin de evitar la acumulación de ésta en el cerebro, lo que se denomina ictericia nuclear. Sus síntomas son llanto débil, reflejos perezosos y flojedad para mamar; si no se trata puede causar lesión cerebral permanente o aun la muerte.

La ictericia fisiológica leve no requiere tratamiento; casos más graves pueden tra-

tarse eficazmente con fototerapia bajo una lámpara de rayos ultravioleta. Durante la exposición el niño está desnudo y los ojos se le cubren para protegerlos de la luz. Se le dan líquidos en abundancia a fin de compensar la pérdida de fluidos a través de la piel y es posible que no se le permita salir de la sala-cuna sino para las comidas. A veces se dispone de un equipo portátil de rayos ultravioleta y entonces el tratamiento se puede hacer a domicilio, lo cual es una comodidad para la madre y el niño cuando se cría al pecho.

El tratamiento de la ictericia patológica depende de la causa, pero puede ser con fototerapia, transfusiones de sangre, o cirugía para eliminar las obstrucciones. Igualmente se puede apelar a una nueva quimioterapia con sustancias que inhiben la producción de bilirrubina.

En un niño de más edad, la ictericia o amarillez puede indicar anemia, hepatitis u otra infección o mal funcionamiento del hígado, y se debe informar al doctor lo más pronto posible.

"He oído decir que la leche materna produce ictericia. Mi hijo está un poco amarillo. ¿Debo suspender la lactancia?"

Los niveles de bilirrubina en la sangre son en promedio más altos en los niños criados al pecho que en los que toman biberón y pueden permanecer elevados más tiempo (hasta seis semanas). Se cree que esto es una manifestación exagerada de ictericia fisiológica sin significado médico. Se recomienda continuar dando el pecho porque interrumpir y dar al niño comidas de agua con glucosa parece que hace subir en lugar de bajar los niveles de bilirrubina y también puede perjudicar la normalización de la lactancia. Se ha sugerido que lactar al niño en las cuatro primeras horas después de nacido reduce los niveles de bilirrubina.

Se sospecha verdadera ictericia de la leche materna cuando el nivel de bilirrubina sube rápidamente a fines de la primera semana de vida y se han descartado otras causas de ictericia patológica. Se cree que es causada por una sustancia que contiene la leche de algunas mujeres, que impide la descomposición de la bilirrubina, y se calcula que existe en un 2 por ciento de los bebés criados al pecho. El diagnóstico se confirma por una caída dramática de dicho nivel cuando la leche materna se reemplaza con leche de fórmula durante 36 horas (tiempo en el cual la madre continúa vaciando sus pechos mediante extracción a las horas de las comidas con el fin de mantener la producción de leche).

Cuando se reanuda la lactancia, los niveles de bilirrubina suelen subir otra vez, aunque no tanto como antes. La anomalía se corrige por lo general en el término de unas pocas semanas.

CHUPADOR DE ENTRETENCION

"En la sala-cuna, cada vez que un niño llora le meten un chupador en la boca. A mí nunca me ha gustado ver a los bebés con chupadores y me temo que esto es lo que le va a pasar al mío si me lo acostumbran desde ahora".

Que tranquilicen al bebé con un chupador durante los dos o tres días que permanecerá en el hospital, no lo enviciará. Pero sí existen buenas razones para oponerse a que se lo den desde ahora:

■ Si está lactando, puede causar confusión de pezones (mamar de un pezón artificial requiere movimientos distintos que tomar el pecho) y obstaculizar la normalización de la lactancia.

■ Bien usted esté dando el pecho, o

bien el biberón, es posible que el niño obtenga suficiente satisfacción con el chupador y no quiera seguir mamando a la hora de comer.

■ Para el recién nacido es mejor que se atienda a sus necesidades cuando llora, y no que lo callen con un chupador.

Si usted no quiere que el personal de la sala-cuna le dé chupador a su hijito, dígaselo. Si llora y en la sala-cuna nadie tiene tiempo para ponerse a consolarlo, pídales que se lo lleven a usted para prodigarle sus caricias y su amor y acaso darle también una dosis de pecho que satisfaga su necesidad de chupar. O vea si es posible tenerlo en su cuarto. Cuando ya esté en su casa, si parece que necesita chupar más y usted piensa darle chupador, vea la página 137.

COLOR DE LA DEPOSICION

"La primera vez que le cambié los pañales al niño, me asombró ver que la deposición era negra verdosa".

Este es apenas el primero de los muchos sobresaltos que le va a dar su bebé en el curso del primer año; y en su mayor parte lo que descubra, aunque algunas veces chocante para la sensibilidad, será completamente normal. Esta vez lo que ha encontrado es meconio, la sustancia pegajosa de color negro verdoso que gradualmente llenó los intestinos del niño durante su permanencia en el útero. Que ahora aparezca en el pañal y no en el intestino es buena señal: ahora usted sabe que no tiene ninguna obstrucción intestinal.

A veces, después de transcurridas las primeras 24 horas, cuando todo el meconio se ha excretado, observará una deposición de transición,[4] de un color amarillo verdoso oscuro, suelta, a veces de textura pastosa (en especial en los bebés alimentados al pecho), y quizá con mucosidades. Hasta pueden aparecer rastros de sangre si la criatura tragó un poco de la de la madre durante el parto. (Si hay sangre en el pañal, guárdelo para mostrárselo a la enfermera o al médico, para estar segura de que no hay ningún problema.)

Después de tres o cuatro días de deposiciones de transición, lo que el bebé excrete dependerá de lo que usted le esté dando de comer. Si es leche materna, la deposición será amarilla dorada (como mostaza), a veces floja, hasta aguada, a veces pastosa, pulposa, cuajada, o de la consistencia de mostaza. Si es leche de fórmula, la deposición será blanda pero mejor formada y de color desde amarillo pálido hasta pardo amarillento, pardo claro o pardo verdoso. Si la fórmula es fortificada con hierro, sobre todo si es a base de suero más bien que de caseína, o si el bebé está tomando gotas de vitaminas con hierro, la deposición puede ser verde, verdosa, parda oscura, o negra.

De ninguna manera se ponga a comparar los pañales de su hijo con los del que está en la cuna vecina. Como ocurre con las impresiones dactilares, no hay dos deposiciones exactamente iguales; y, a diferencia de aquéllas, éstas cambian no sólo de un niño a otro sino de un día para otro y hasta de una deposición a otra del mismo niño. Los cambios, como lo verá usted cuando el niño empiece a tomar alimentos sólidos, se hacen más pronunciados a medida que la alimentación se hace más variada.

---

[4] Si todo el meconio del intestino se ha expulsado antes de nacer la criatura, como puede ocurrir cuando el feto sufre mucho en un parto difícil, la primera deposición después del nacimiento es de transición.

SECRECIONES DE LOS OJOS

"En los ojos de mi niño veo una secreción amarillenta que forma costra. ¿Es esto una infección?"

No es probable que se trate de una infección, sino más bien el resultado de las medidas tomadas en la clínica para evitar infección gonocócica de los ojitos de su niño.

Esta era en un tiempo una de las principales causas de ceguera, pero en la actualidad ha sido virtualmente eliminada gracias a este tratamiento profiláctico. Sin embargo, cuando al niño al nacer se le echan gotas de nitrato de plata en los ojos (práctica de rutina en muchas clínicas), en un 20% de los recién nacidos, aproximadamente, se desarrolla una conjuntivitis química caracterizada por hinchazón y una secreción amarillenta que desaparece al cuarto o quinto día. Muchas clínicas prefieren hoy usar ungüentos o gotas antibióticos, que ofrecen menos probabilidad de producir reacción adversa (o causar manchas grises temporales en las mejillas, como el nitrato de plata cuando se derrama alguna gota, lo cual es otra desventaja de éste) y pueden prevenir no solamente la infección gonocócica sino también la conjuntivitis clamídea neonatal.

Si la hinchazón y la secreción no se corrigen, o si comienzan en cualquier momento transcurridas veinticuatro horas de la aplicación de nitrato de plata, es posible que sean causadas por infección. Informe inmediatamente a la enfermera de la clínica o al pediatra. El lagrimeo, la hinchazón o la infección que aparezcan una vez que esté usted en su casa también pueden ser causados por obstrucción de un conducto lacrimógeno. (Vea la página 126.)

LO QUE IMPORTA SABER: Cartilla de cuidados del bebé

¿Que le puso el pañal al revés? ¿Que tardó cinco minutos en colocar a su hijo en una posición adecuada para sacarle los gases? ¿Que se olvidó de lavarle los sobacos durante el baño? No se afane. Los bebés no sólo perdonan sino que ni siquiera lo notan. Con todo, conviene tratar de hacer todas las cosas lo mejor posible, y el propósito de esta Cartilla de cuidados del bebé es ayudarle. Pero recuerde que estas son apenas sugerencias; es posible que usted descubra otras maneras aun mejores de cuidar de su bebé.

EL BAÑO

Mientras el niño no se esté arrastrando por el suelo y ensuciándose todo, el baño diario no es una necesidad. Siempre que se le haga una limpieza adecuada cuando se le cambia de pañales y después de las comidas, un baño dos o tres veces a la semana en los meses que preceden a la época de andar a gatas lo conservará bien oliente y presentable. Esta moderación en el programa de baños resulta especialmente atractiva las primeras semanas cuando ese rito es tan temido por la ejecutante como por la víctima. Los bebés que no se aficionen pronto al baño se pueden seguir bañando sólo dos o tres veces por semana, aun cuando ya la mugre se empieza a acumular. Entre uno y otro baño de inmersión se les hace un buen aseo con esponja en los sitios críticos como la cara, nuca, manos y nalgas. (Vea en la página 290 consejos para reducir el miedo al baño.) En cambio, para los que gozan con el agua, el baño diario es un rito indispensable.

Para bañar al bebé cualquier hora del día es igual, aunque el baño inmediatamente antes de acostarlo contribuye a crear un estado de paz y sosiego propicio al sueño. Evite los baños justamente antes o después de las comidas, ya que tanto manoseo con el estómago lleno puede inducir vómito, mientras que con el estómago vacío el bebé tal vez no quiera cooperar. Reserve tiempo suficiente para la operación para que no tenga que hacerla de carrera ni tenga la tentación de dejar al niño solo ni por un instante para ir a atender a otra cosa. Conecte el contestador telefónico, si lo tiene, o sencillamente decídase a no contestar durante el baño.

Si se usa una tina portátil, cualquier cuarto de la casa sirve para el caso, si bien la cocina o el cuarto de baño son los más indicados por lo que siempre se salpica y se derrama agua. La superficie de trabajo debe estar a un nivel al cual le sea a usted fácil maniobrar, y bastante amplia para poner todas las cosas que se necesitan. Para comodidad del bebé, sobre todo durante los primeros meses, apague los ventiladores y el aire acondicionado hasta que termine el baño y cuide de que la temperatura del cuarto sea agradable (entre 24 y 27 grados centígrados si es posible) y que no haya corrientes de aire. Si le cuesta trabajo alcanzar estas temperaturas, caliente previamente el cuarto de baño con vapor de la regadera o invierta en un calentador de ambiente.

El baño de esponja. Hasta que sanen las cicatrices del cordón umbilical y de la circuncisión, si ésta se practicó (un par de semanas, más o menos), ni hablar de baño de tina. El paño de aseo y la esponja son mientras tanto los instrumentos de limpieza de su hijo. Para dar un buen baño de esponja siga estas indicaciones:

1. Escoja un buen lugar. La mesa de cambiarlo, un mostrador de cocina, su cama o la cuna del bebé (si el colchón es bastante alto) son todos sitios adecuados para el baño de esponja; sencillamente, cubra la cama o la cuna con una tela impermeable o el mostrador de cocina con una colcha o una toalla gruesa.

2. Tenga listo lo siguiente antes de desnudar al niño:

■ jabón y champú para bebé, si usa este último

■ dos paños de aseo (le basta con uno si usa la mano para enjabonarlo)

■ motas de algodón esterilizado para limpiarle los ojos

■ toalla, de preferencia con capucha

■ pañal y ropa limpia

■ ungüento para salpullido del pañal, si es necesario

■ alcohol para fricciones y bolas de algodón o almohadillas con alcohol para el cordón umbilical

■ agua tibia, si no va a estar cerca del lavabo

3. Aliste al niño. Si el cuarto está tibio, puede desnudarlo totalmente antes de empezar, manteniéndolo cubierto floja-

mente con una toalla mientras trabaja (a los niños por lo general no les gusta estar completamente desnudos); si el cuarto está frío, vaya desvistiendo cada parte del cuerpo a medida que esté lista para lavarla. Cualquiera que sea la temperatura del cuarto, no le quite el pañal hasta que sea hora de lavarle el trasero; un bebé desnudo se debe considerar siempre armado y peligroso.

4. Empiece la limpieza por las partes más limpias del cuerpo y vaya pasando a las más sucias, para que el paño de aseo y el agua que está usando permanezcan limpios. Aplique el jabón con la mano o con un paño, pero use un paño limpio para enjuagarlo. El siguiente orden de proceder da por lo general buenos resultados:

■ Cabeza. Una o dos veces por semana use jabón o champú de bebé, y enjuáguelo completamente. Los días intermedios use agua únicamente. Sostener al bebé en el antebrazo con la cabecita des-

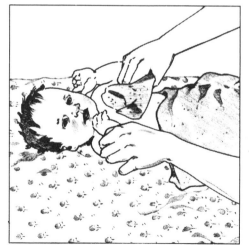

Cubrirle la parte inferior del cuerpo mientras le lava la parte superior mantiene al bebé cómodo mientras usted trabaja; y la protege de un chisguete inesperado, sobre todo si el bebé es varón.

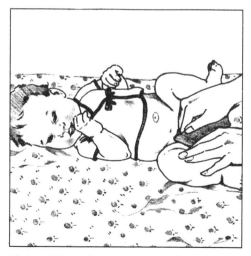

El área del pañal requiere el esfuerzo más concentrado de aseo y se debe dejar para lo último, a fin de que los microbios que haya en esa región no se pasen a otras partes del cuerpo.

cansando en la palma de su mano (vea ilustración en la página 62) al borde del lavabo puede ser la mejor posición para enjuagarle la cabeza. Séquele el pelo con la toalla (es cosa de un instante) antes de pasar adelante.

■ Cara. Primero, usando una mota de algodón esterilizado humedecida en agua tibia, límpiele los ojos, frotando suavemente de la nariz hacia afuera. Para cada ojo use una mota limpia. Para la cara no se necesita jabón. Limpie alrededor de las orejas pero no dentro del oído. Seque todas las partes de la cara.

■ Cuello y pecho. No se necesita jabón, a menos que el niño haya sudado mucho o esté muy sucio. Límpiele bien los pliegues, que son muchos. Séquelos.

■ Brazos. Extiéndale los brazos para llegar hasta el pliegue del codo y presiónele las palmas de las manos para que abra el puño. Las manos necesitan un poco de jabón, pero cuide de enjuagárselas bien antes de que se las vuelva a llevar a la boca. Séquelas.

■ Espalda. Voltee al niño sobre el estómago con la cabeza a un lado y lávele la espalda, teniendo cuidado de no omitir los pliegues de la nuca. Como ésta no es un área sucia, probablemente no necesite jabón. Séquelo y vista la parte superior del cuerpo antes de continuar si el cuarto no está tibio.

■ Piernas. Extiéndale las piernas para llegar hasta las corvas, aun cuando el bebé se resista, que es lo probable. Séquelo.

■ Area del pañal. Siga las indicaciones especiales para el cuidado del pene circuncidado y el tocón del cordón umbilical (páginas 125 y 158) hasta que sanen por completo, y las instrucciones para el pene no circuncidado que se dan en la página 102. A las niñas lávelas de adelante hacia atrás, abriendo los labios y limpiándolos con agua y jabón. Cambie en cada pasada la sección del paño que esté usando. Una secreción vaginal blanca es normal; no trate de limpiarla frotándola. A los niños límpielos con cuidado, llegando hasta todas las hendiduras y pliegues con agua y jabón, pero no trate de retraer el prepucio. Seque bien el área del pañal y aplique ungüento si es necesario.

5. Póngale el pañal y vístalo.

El baño de tina. Al niño se le pueden dar baños de inmersión desde que hayan sanado las cicatrices del cordón umbilical y la circuncisión, si ésta se practicó. Si parece que no le gusta que lo metan en el agua, vuelva a los baños de esponja durante unos días y ensaye otra vez. Cuide de que la temperatura del agua sea confortable y de que el bebé se sienta firmemente sostenido para combatir el temor innato de caer.

1. Escoja un sitio a propósito para la bañera portátil, como por ejemplo el la-

Muchos bebés se sienten inseguros y hasta tienen miedo la primera vez que los meten en el agua. Así, pues, esfuércese por ofrecerle apoyo seguro y palabras tranquilizadoras.

vabo del cuarto de baño o el vertedero o un mostrador de la cocina o la bañera grande (aun cuando la maniobra de bañar a un niño chiquito inclinándose y estirándose sobre una bañera puede ser difícil). Asegúrese de que estará cómoda y de que haya espacio suficiente para la bañera portátil y los artículos necesarios. Las primeras veces que le dé un baño de tina puede prescindir del jabón — un bebé enjabonado es muy resbaladizo.

2. Tenga listas todas las cosas siguientes *antes* de desnudar al bebé y llenar la bañera:

■ bañera, lavabo o vertedero fregados y listos para llenarlos[5]
■ jabón y champú de bebé, si usa éste
■ dos paños de aseo (basta uno solo si usa la mano para enjabonar)
■ motas de algodón esterilizado para limpiarle los ojos
■ toalla, de preferencia con capucha
■ pañal y ropa limpia
■ ungüento para salpullido del pañal, si es necesario
■ y, además, una bata de baño de tela de toalla para usted, con forro de plástico, para mantenerse seca

3. Vierta 5 centímetros de agua en la bañera del bebé; pruebe con el codo a ver si está agradablemente tibia. Nunca eche el agua estando el niño en la bañera porque puede ocurrir un cambio de temperatura. No le agregue al agua jabón ni baño de burbujas pues estas sustancias pueden resecar la piel del niño.

4. Desnúdelo completamente.

---

[5] Si pone un cojín de esponja en el fondo de la bañera, no deje de secarlo al sol o en la secadora cada vez que lo use. Verifique con el fabricante la temperatura adecuada. Las toallas que se pongan en el fondo de la bañera se deben lavar cada vez que se usen.

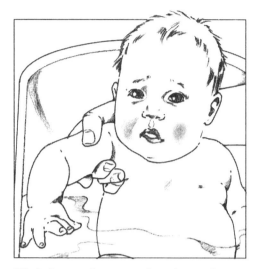

Si la bañera no ofrece apoyo adecuado para el cuerpo escurridizo y la cabeza floja del bebé, déselo usted, con suavidad pero con firmeza.

5. Meta al bebé gradualmente en el agua, hablándole en voz suave y tranquilizadora para quitarle el miedo, y sosteniéndolo firmemente para evitar el reflejo de sobresalto. Sosténgale con una mano la nuca y la cabeza, a menos que la bañera tenga incorporado un soporte, o si el bebé parece preferir sus brazos al soporte de la bañera, hasta que desarrolle buen dominio de la cabeza. Sosténgalo firmemente en posición semirreclinada, pues si resbala y cae súbitamente se llevará un gran susto.

6. Con la mano libre lave al niño, pasando de las áreas más limpias a las más sucias. Primero límpiele los ojos con una mota de algodón esterilizado empapada en agua tibia, frotando suavemente de la nariz hacia afuera. Use una mota limpia para cada ojo. En seguida lávele la cara, las orejas por fuera y el cuello. Aunque probablemente no se necesitará jabón todos los días en otras partes (a menos que su bebé sea propenso a "accidentes" que lo dejan todo untado) sí se debe usar jabón a diario para las manos y el área del

Mientras el cuello del bebé no controle bien la cabeza, usted tendrá que sostenérsela con una mano mientras con la otra le lava la espalda.

pañal, y día de por medio en brazos, cuello, piernas y abdomen, siempre que la piel del niño no parezca reseca, y con menor frecuencia si lo parece. Aplique el jabón con la mano o con un paño de aseo. Una vez que termine con las partes del frente, voltee al niño sobre su brazo para lavarle la espalda y las nalgas.

7. Enjuague perfectamente al bebé con un paño de aseo limpio.

8. Una o dos veces por semana lávele el cuero cabelludo con un jabón suave o con champú para bebé. Enjuáguelo muy bien y séquelo con toalla.

9. Envuélvalo en una toalla, acábelo de secar con palmaditas, y vístalo.

COMO SACARLE LOS GASES

Leche no es todo lo que traga el niño cuando chupa un pezón. Junto con el líquido nutritivo le entra aire no nutritivo, que lo puede hacer sentir muy mal antes de que termine de comer. Por eso es tan importante la operación de sacarle

los gases, o hacer que expulse el exceso de aire que ha acumulado — cada par de onzas cuando toma el biberón y cada cinco minutos más o menos (o por lo menos cuando cambia de pecho) si se está criando con leche materna. Hay tres maneras corrientes de hacer esto: echándoselo al hombro, poniéndolo boca abajo en el regazo, o sentado, y es bueno ensayarlas todas para ver cuál les resulta más eficaz a usted y a su hijo. La mayoría de los niños eructan sólo con que se les den unas palmaditas o se les sobe la espalda, pero algunos necesitan una mano un poco más firme.

Al hombro. Ponga al bebé sobre su hombro sosteniéndolo firmemente con una mano bajo el trasero, mientras con la otra mano le da palmaditas o le soba la espalda.

Boca abajo en el regazo. Voltee al niño boca abajo en su regazo, con el estómago sobre una pierna y la cabeza descansando en la otra. Sosteniéndolo seguramente

Cargarlo al hombro para sacarle los gases suele ser lo mejor con muchos bebés, pero no olvide protegerse la ropa.

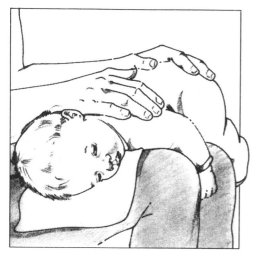

Ponerlo en las rodillas para sacarle los gases tiene la ventaja adicional de que se alivia al bebé si le duele el estómago.

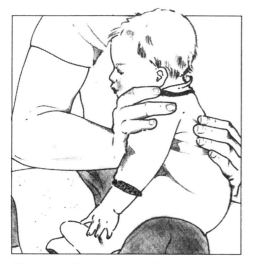

Hasta un recién nacido se puede sentar para eructar, pero tenga cuidado de que la cabeza le quede bien sostenida.

con una mano, déle palmaditas o sóbele la espalda con la otra.

Sentado. Siente al niño en su regazo, con la cabeza inclinada hacia adelante y el pecho descansando en su brazo mientras usted lo sostiene por el sobaco. Déle

palmaditas o sóbelo, teniendo cuidado de que la cabeza no se le vaya para atrás.

COMO SE LE PONEN LOS PAÑALES

Especialmente durante los primeros meses, la necesidad de mudar los pañales se presenta con frecuencia excesiva, a veces cada hora durante el tiempo que el bebé pasa despierto. Es una operación molesta para usted y para el niño, pero el cambio frecuente (por lo menos antes o después de cada comida y cuando quiera que se le mueva el estómago) es la mejor manera de prevenir la irritación que producen los pañales en la delicada piel del bebé. Si está usando pañales desechables, no podrá guiarse por la humedad ya que éstos la absorben tan bien que no se sienten húmedos sino cuando están enteramente saturados. Sin embargo, no hay necesidad de despertar al niño, cuando está dormido, para cambiarlo, y a menos que esté sumamente mojado e incómodo, no necesita mudarlo al darle de comer por la noche. La actividad del cambio y la luz le pueden dificultar que se vuelva a dormir.

Para realizar el cambio de pañales en las mejores condiciones y con los mejores resultados, proceda en la forma siguiente:

1. Antes de empezar el cambio, asegúrese de que tiene a mano todo lo que va a necesitar, ya sea en la mesa de cambiarlo o, si se encuentra fuera de casa, en su bolsa de pañales. De lo contrario corre el peligro de verse con un pañal sucio y sin tener con qué asear al bebé. Necesita todas las siguientes cosas, o algunas de ellas:

■ un pañal limpio

■ motas de algodón y agua tibia para bebés menores de un mes (o para los que sufren de irritación del pañal) y una toa-

ASIENTO DE SEGURIDAD

Los nuevos padres que sacan por primera vez a sus hijitos tienen mucho cuidado de envolverlos bien (a veces demasiado) para protegerlos de los elementos, temerosos de las consecuencias de una súbita ráfaga de viento o una llovizna; pero millones de esos mismos padres no los protegen donde sí se necesita: en el automóvil. Mientras que una breve exposición a la inclemencia del tiempo no suele ser perjudicial para un recién nacido, viajar sin la protección de un asiento de seguridad o en un asiento que no esté bien asegurado sí ofrece peligro. A lo que los padres deben temer más no es a la enfermedad sino a los accidentes de automóvil, en los cuales perecen o quedan lisiados más niños todos los años que como consecuencia de todas las enfermedades infantiles juntas.

Así, pues, para la primera salida, de la clínica a la casa, vea que esté *debidamente* instalado el asiento de seguridad de su auto, y que el bebé quede bien asegurado en él cuando el vehículo se ponga en marcha. Aun cuando su casa esté muy cerca de la clínica, use el asiento (la mayoría de los accidentes ocurren dentro de un radio de 40 kilómetros de la casa, y no en las carreteras como generalmente se cree). No se fíe de que va a conducir a baja velocidad (en un choque a 50 kph se produce tanta fuerza como en una caída desde la ventana de un tercer piso). No debe tampoco fiarse de sus brazos para proteger al niño, aun cuando tenga puesto el cinturón de seguridad (en un choque la criatura se le puede soltar violentamente de los brazos, o quedar aplastada bajo su cuerpo). Y recuerde, igualmente, que no se necesita un choque para sufrir lesiones graves — muchas lesiones ocurren cuando el automóvil para en seco o vira súbitamente para evitar un accidente.

Si el bebé se acostumbra a usar el asiento de seguridad desde el principio, más tarde lo aceptará en forma casi automática. Y los niños que viajan con restricciones de seguridad no sólo están menos expuestos sino que se portan mejor en el coche, cosa que usted apreciará cuando tenga que conducir llevando en su compañía a un niñito inquieto.

Además de comprar un asiento de automóvil que satisfaga las normas corrientes de seguridad, instálelo y úselo correctamente:

■ Siga las instrucciones del fabricante para la instalación del asiento y la seguridad del niño. Antes de ponerse en marcha verifique que las correas o cinturones que lo sujetan estén debidamente abrochados. Casi todos los asientos traen presillas de seguridad que se deben usar para asegurar cinturones de hombros o de cintura que no ajusten bien.

■ Los bebés deben sentarse mirando hacia atrás hasta que lleguen a un peso de 8 a 10 kilos por lo menos. Los niños de más de 15 kilos pueden usar asientos diseñados para el automóvil, y, en caso de necesidad, un cinturón de seguridad de adulto, aun cuando esto no es tan seguro como un asiento de seguridad debidamente instalado.

■ El lugar más seguro en un automóvil es el centro del asiento de atrás, pero si el conductor va solo con el bebé, está bien llevar a éste en el centro del asiento delantero para poderlo observar y comunicarse con él. Evite en lo posible colocar el asiento del niño cerca de los lados del vehículo, pues éstos son los que están más expuestos a impactos laterales y también porque los cinturones de seguridad que hay en los lados del auto son más difíciles de usar con un asiento de seguridad.

■ Cuide de que los objetos pesados, como parlantes de estéreo, maletas de viaje y demás, estén bien asegurados para que no se conviertan en peligrosos objetos voladores en una parada en seco o un choque.

■ Ajuste el arnés de hombros al asiento del automóvil, si es ajustable, para el tamaño de su hijo. Vea que todas las correas estén bien apretadas, y no use escudo protector, si lo hay, sin las correas del arnés. Para un bebé de muy corta edad conviene acolchar los lados del asiento del automóvil y el área en torno a la cabeza y la nuca con una manta o toalla enrollada para darle apoyo (en el comercio se encuentran cojines de forma especial para este uso). Si el asiento es muy hondo, se puede poner una toalla doblada entre el bebé y la correa de entrepierna para ofrecerle mayor comodidad.

■ Para niños mayores, los juguetes blandos que lleven se deben fijar al asiento con lazos de plástico o cuerdas muy cortas, pues los juguetes sueltos suelen volar por todas partes dentro del auto o se caen al piso, lo que desasosiega al niño y distrae al conductor. O utilice juguetes diseñados específicamente para usarse en los asientos de automóvil.

lla pequeña o paño de aseo seco, para secarlo; limpiadores de pañal para otros bebés

■ una muda de ropa por si el pañal se ha pasado (esto ocurre hasta con los mejores); fajas de pañal limpias o pantaloncitos impermeables si está usando pañales de tela

■ ungüento para irritación, si lo necesita; lociones y polvos no son necesarios, y antes bien, los polvos pueden ser peligrosos y anular la capacidad adherente de las lengüetas de los pañales desechables

■ almidón de maíz, si se necesita, para mantener al niño más seco, especialmente en tiempo caluroso

2. Lávese y séquese las manos antes de empezar, si es posible, o límpieselas con un paño húmedo.

3. Tenga previsto algo con qué entretener al bebé — en vivo o no. Entretención en vivo la puede ofrecer la misma persona que está mudando al niño o los hermanitos de éste. Otras formas de distracción pueden ser un "móvil" colgado sobre la mesa, uno o dos juguetes rellenos al alcance de la vista del bebé (más adelante, al alcance de la mano), una caja de música, un juguete mecánico, cualquier cosa que ocupe su interés y le dé a usted tiempo de quitarle un pañal y ponerle otro. Pero no use cosas como los envases de polvos o lociones porque un niño mayorcito los puede agarrar y metérselos a la boca.

4. Extienda un pañal o una tela de protección si está haciendo el cambio en cualquier lugar distinto de la mesa de cambio. En cualquier parte que sea, no vaya a dejar solo al bebé ni por un instante. Aunque esté sujetado con las correas de la mesa de cambio, el niño no se debe dejar nunca fuera del alcance de su mano.

5. Suelte el pañal (imperdibles del pañal de tela, lengüetas adhesivas en los de papel) pero no lo quite todavía. Primero observe la escena. Si ha habido deposición, utilice el mismo pañal para limpiar la mayor parte manteniendo mientras tanto el pañal sobre el pene del niño, si éste es varón. En seguida doble el pañal con el lado limpio hacia afuera bajo el cuerpo del bebé para que sirva de superficie protectora. Limpie completamente al niño por delante con agua tibia o con un limpiador, teniendo cuidado de llegar a todos los pliegues de la piel; luego levántele ambas piernas, límpiele el trasero, y retire el pañal sucio sustituyéndolo por uno limpio antes de soltarle las piernas. (Como medida de autodefensa, mantenga un pañal limpio encima del pene todo el tiempo posible durante este proceso.) Seque suavemente al niño si ha usado agua. Si nota cualquier irritación o salpullido, vea la página 205 donde se dan indicaciones para su tratamiento.[6]

---

[6] Los bebés varones pueden experimentar una erección durante el cambio de pañal; esto es perfectamente normal y no significa que se hayan excitado.

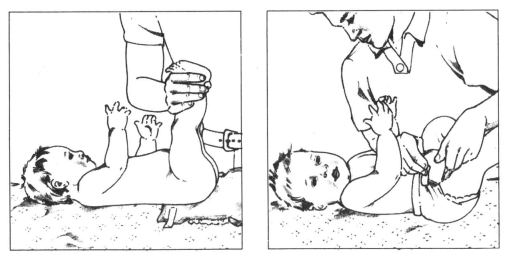

Con pañales desechables, mudarlo es cosa de un momento, siempre que usted tenga cuidado de no poner al niño encima de las lengüetas adhesivas. Una vez colocado el bebé en su sitio, pásele por entre las piernas la parte delantera del pañal y prenda las lengüetas cuidando de que queden bien aseguradas.

6. Si usted está usando pañales de tela, probablemente han sido doblados previamente y están listos para usarlos, pero es posible que usted tenga que doblarlos más aún hasta que su hijo crezca un poco. La tela extra debe quedar por delante en los niños y por detrás para las niñas. Para no ir a pinchar al bebé con los imperdibles, meta los dedos bajo los pliegues del pañal al insertarlos. Los imperdibles se pueden clavar en el jabón mientras usted hace el cambio, para que luego pasen más suavemente por la tela. Cuando uno de estos alfileres se ponga romo, deséchelo.

Si está usando pañales de papel, siga las indicaciones del fabricante (varían un poco de una marca a otra) a fin de lograr la mayor cobertura y protección. Tenga cuidado de que las lengüetas adhesivas no se prendan a la piel del niño.

Pañales y pantalones protectores deben quedar bien ajustados para reducir al mínimo los escapes, pero no tan apretados que lastimen o irriten la piel del bebé. Las marcas en la piel le dirán si el pañal quedó muy ajustado.

Será menor la posibilidad de que la humedad suba a empapar la camiseta y la ropa de los varones si el pene se les coloca hacia abajo al ponerles el pañal. Si todavía no se le ha caído el cordón umbilical, doble el pañal hacia abajo para exponer el área sensible al aire y evitar que se moje.

7. Deshágase de los pañales en una forma sanitaria. Cuando sea posible tire al excusado todo excremento formado (probablemente no lo habrá en los pañales de los niños criados al pecho hasta que empiecen a comer cosas sólidas). Los pañales de papel usados se doblan y se atan fuertemente en bolsas de plástico que van al cubo de la basura. (Desde el punto de vista ecológico, es más razonable echar todos los pañales de un día en una sola bolsa.) Los pañales de tela usados se deben tener en una pañalera con tapa bien ajustada (la suya propia o la que le suministre el servicio de pañales) hasta el día de recolección o de lavado. Si sale fuera de casa, métalos en una bolsa de plástico hasta que regrese.

8. Cámbiele al niño la ropa o mude la ropa de cama según se necesite.

9. Lávese las manos con agua y jabón siempre que sea posible, o límpieselas bien con un pañal limpiador.

VISTIENDO AL BEBE

Con esos bracitos flojos, esas piernas tercamente encogidas, una cabeza que siempre parece demasiado grande para las aberturas de la ropa y un desagrado manifiesto de verse desnudo, un bebé no es fácil de vestir y desvestir. Pero hay maneras de hacer la operación menos penosa para usted y para él.

1. Escoja la ropa teniendo en cuenta características que faciliten ponerla y quitarla. Cuellos bien grandes o con cierre de presión son los mejores. Las mangas deben ser bastante flojas, y basta con un mínimo de abotonadura, sobre todo a la espalda. Las prendas hechas de telas elásticas o tejidas son más fáciles de poner que las de telas que no ceden.

2. Múdelo sólo cuando sea necesario. Si le molesta el olor de los esputos frecuentes, limpie suavemente el sitio con un paño en lugar de mudar al niño cada vez que le viene un eructo productivo. O trate de protegerse de tales incidentes poniéndole un babero grande durante las comidas y después.

3. Vista al bebé en una superficie plana, como la mesa de mudarlo o el colchón de la cama o la cuna. Y tenga a mano alguna entretención.

4. Considere que la hora de vestirlo es también una hora social. Con sencilla y alegre conversación se distrae a su hijo del sufrimiento y la indignidad de que lo vistan y así es posible que coopere. Si ponerle la ropa se convierte en un juego, se unirá el estímulo a la distracción.

5. Estire con las manos la abertura del cuello antes de tratar de ponerle las prendas. Póngaselas suavemente en lugar de halar para que le entren o le salgan, manteniendo las aberturas lo más abiertas que pueda durante el proceso y evitando que se enreden las orejas o la nariz del bebé. La fracción de segundo que la cara le queda tapada, y que podría ser molesta o asustadora para el bebé, conviértala en un juego de escondite (''¿Dónde está mamá? ¡Aquí está!'' y más tarde, cuando ya tenga edad para darse cuenta de que él es igualmente invisible para usted, ''¿Dónde está Paquito? ¡Aquí está!'').

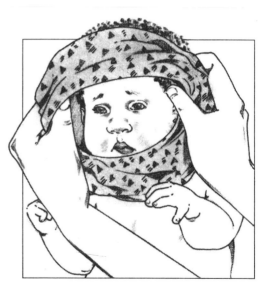

6. Con respecto a las mangas, meta los dedos en ellas y sáquele al bebé las manecitas, en lugar de tratar de empujar los pequeños brazos como de caucho para que pasen por cilindros fofos de tela. Aquí también un juego (''¿Dónde está la mano? ¡Aquí está!'') ayudará a distraer y educar cuando las manos del bebé desaparecen temporalmente.

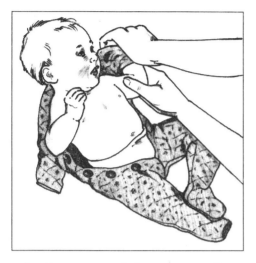

7. Al cerrar o abrir una cremallera, sostenga la prenda alejada del cuerpo del bebé para no pellizcarle la piel.

CUIDADO DE LOS OIDOS

El dicho "Nunca metas en el oído nada más pequeño que el codo", no es sólo una conseja de las abuelas sino también un precepto de las autoridades médicas modernas. Estas están de acuerdo en que es peligroso meter en los oídos cualquier cosa que quepa en ellos — ya sea una moneda que se introduce un niño travieso o un copito de algodón introducido por un adulto bienintencionado. Lávele a su niño las orejas por fuera con un paño de aseo o una mota de algodón, pero no penetre jamás en el canal auditivo con motas, dedos ni nada. El oído se limpia por sí mismo automáticamente, y si se trata de quitar la cera hurgándolo, es probable que más bien se empuje hacia adentro. Si le parece que la cera se está acumulando, dígaselo al médico.

COMO ALZAR Y LLEVAR AL BEBE

Para el que nunca ha alzado en sus brazos a un niño chiquito, ésta es una experien-cia que al principio lo pone nervioso. Pero para el bebé puede ser igualmente asustadora. Después de pasar meses suavemente movido en el seguro capullo uterino, puede resultar muy desconcertante que lo levanten a uno súbitamente y lo transporten por los aires y luego lo dejen en otra parte. Sobre todo si no se ofrece apoyo adecuado para la cabeza y la nuca, esto puede producir una sensación aterradora de caer en el vacío y, en consecuencia, una reacción de sobresalto. Por tanto, una buena técnica de llevar al niño busca no sólo que el método sea en realidad seguro sino también que el bebé *lo sienta* seguro.

Usted desarrollará poco a poco maneras de llevar a su bebé que sean cómodas para ambos, y alzarlo será una experiencia enteramente natural. Se echará el niño al hombro con gran facilidad, o lo llevará bajo el brazo mientras separa la ropa lavada, empuja la aspiradora o lee etiquetas en el supermercado, y él se sentirá tan seguro como cuando estaba en la matriz. Mientras llega ese día, sin embargo, estos consejos pueden serle útiles:

Para alzar al bebé. Antes de tocarlo siquiera, hágale conocer su presencia por medio de la voz y de contacto visual. Ser levantado de improviso por manos invisibles y llevado a un destino desconocido, puede ser desconcertante.

Para que el bebé se acomode al cambio de soporte del colchón a los brazos, pásele las manos por debajo del cuerpo (una bajo la cabeza y la nuca, la otra bajo las nalgas) y téngalas allí un momento antes de levantarlo.

La mano que está bajo la cabeza deslícela hacia la espalda, de tal manera que la espalda y la nuca del niño descansen sobre su brazo mientras la mano de usted sostiene las nalgas. Con la otra mano sosténgale las piernas y levántelo suave-

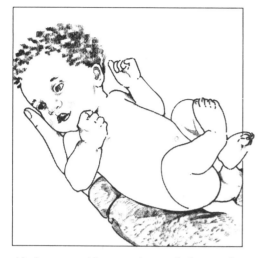

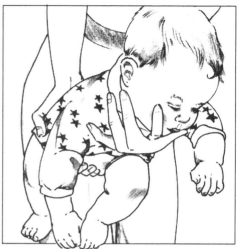

Al alzar a un niño que está acostado boca arriba, asegúrese de que su brazo le sostenga muy bien la espalda y la nuca.

Para alzar a un niño que está de espaldas, pásele una mano bajo la barbilla y el cuello y la otra bajo las nalgas.

mente hacia usted acariciándolo al mismo tiempo. Inclinándose para acercar más su cuerpo al bebé, disminuye la distancia que éste tiene que viajar por el aire, y la consiguiente incomodidad.

Para llevarlo cómodamente. Un bebé pequeño puede acunarse muy bien en un solo brazo (poniéndole la mano en las nalgas y sosteniéndole con el antebrazo la espalda, nuca y cabeza como se ve en la ilustración), si así se siente usted segura.

Si el bebé es grande, ambos se sentirán más cómodos si usted le pasa una mano por detrás por entre las piernas, y con la otra le sostiene espalda, cuello y cabeza (rodeándole con la mano el brazo al bebé, y con la muñeca de usted bajo su cabecita).

Algunos bebés prefieren que los lleven al hombro todo el tiempo o parte del tiempo. Es fácil colocar al bebé en esa posición poniéndole una mano en las nalgas y la otra en la cabeza y la nuca. Usted tiene que prestarle este apoyo para la cabeza hasta que la tenga suficientemente fuerte y no lo necesite. Pero esto lo puede

hacer hasta con una sola mano si coloca el trasero del bebé en la curva interior del codo y le pasa el brazo por la espalda sosteniéndole con la mano la cabeza y la nuca.

Hasta los bebés muy jóvenes gustan de la vista al frente, ya que esto les permite ver desfilar el mundo, y muchos niños

La posición mirando al frente les gusta más porque pueden ver el mundo.

Llevándolo sentado en su cadera le queda a usted una mano libre.

mayores lo prefieren. Sostenga al niño con la cara hacia afuera poniéndole una mano en el pecho, recostado en el suyo y sentado en su otra mano.

El transporte en la cadera le deja una mano libre para hacer oficio. (Evítelo, sin embargo, si ha sufrido alguna lesión en la parte baja de la espalda.) Mantenga al niño sentado en su cadera y bien apretado contra su cuerpo.

Para acostarlo otra vez. Mantenga al bebé bien apretado a su cuerpo e inclínese con él sobre la cuna o el cochecillo (para reducir aquí también la distancia en el aire), con una mano en las posaderas del bebé y la otra sosteniéndole la espalda, la nuca y la cabeza. Conserve las manos en esa posición unos minutos hasta que el niño sienta la comodidad y seguridad del colchón; luego retírelas y acomódelo en su posición para dormir (generalmente boca abajo). Unas palmaditas más en la espalda o una suave presión en la mano (según lo que le guste más a él), unas pocas palabras de despedida si el bebé está despierto, y ya puede dejarlo solo.

CORTARLE LAS UÑAS

Cortarle al recién nacido esas uñas tan pequeñitas puede poner nerviosa a una nueva madre, pero es una precaución indispensable porque esas manecitas tienen poco control y pueden rasguñar muchas cosas, por lo general la cara del mismo bebé.

Los niños nacen frecuentemente con las uñas demasiado largas y tan blandas que cortarlas es tan fácil como cortar papel. Lo que no es fácil es lograr que el bebé se esté quieto durante esta operación. A algunos que tienen un sueño profundo se les pueden cortar mientras duermen, o si a usted no le importa que se despierte. Cuando el bebé está despierto, lo mejor es apelar a un ayudante que le sujete las manos mientras usted corta. Use siempre tijeritas especiales para bebés, que tienen las puntas redondeadas para evitar que alguien sufra un pinchazo si el bebé se rebela en el momento menos pensado. Para no correr el riesgo de cortarle la piel al cortar la uña, presione la yema del dedo apartándola así de las tijeras. Aun con esta precaución es posible que alguna vez lo haga sangrar; a casi todas las madres les pasa esto de vez en cuando. Si le pasa a usted, haga presión con un pedacito de gasa esterilizada hasta que se estanque la sangre; probablemente no habrá necesidad de una venda adhesiva.

CUIDADO DE LA NARIZ

Lo mismo que el oído, el interior de la nariz se limpia solo y no necesita ningún cuidado especial. Si hay flujo, limpie el exterior pero no use copos de algodón ni un trapo retorcido ni la uña de su dedo para tratar de sacar material del interior de la nariz; eso sólo sirve para empujarlo más adentro y aun puede rasguñar las delicadas membranas. Si el bebé tiene abundancia de mocos debido a un resfriado, succiónelos con un aspirador nasal (vea la página 728).

SALIDAS CON EL BEBE

Ya nunca más podrá volver a salir usted de su casa con las manos vacías — por lo menos si va con el niño. En general, necesitará algunas de las siguientes cosas, o todas ellas:

Una bolsa para pañales. No salga de la casa sin ella. Puede ser un maletín diseñado para el caso o cualquier bolsa que encuentre cómoda, pero será más útil si reúne algunas características como un cojincito para mudar al niño incorporado en ella, varios bolsillos (incluyendo espacio para su dinero, licencia de conducir, tarjetas de crédito), un bolsillo aislado para los biberones, y por lo menos un compartimiento impermeable. Mantenga la bolsa siempre empacada y lista, reabasteciéndola con regularidad, de modo que no sea sino tomarla y salir.

Cojincito para mudar. Si su bolsa de pañales no lo tiene, lleve un conjincito impermeable. En un caso de necesidad se puede usar una toalla o un pañal, pero éstos no protegen alfombras, camas o muebles cuando hay que mudar al bebé en una visita.

Pañales. Cuántos debe llevar depende del tiempo que vaya a durar su salida. Lleve siempre por lo menos uno más de los que cree que va a necesitar — probablemente lo necesitará. Casi todas las madres usan desechables cuando salen, pero usted puede usar pañales de tela si lo prefiere.

Limpiadores. Una cajita pequeña es más cómoda de llevar que una de tamaño normal, pero hay que reponerla con frecuencia. O puede servirse de una bolsita de plástico para llevar una pequeña cantidad. Estos limpiadores son útiles, entre otras cosas, para lavarse las manos antes de darle de comer y antes y después de mudarlo, lo mismo que para quitar manchas de vómito y comida de la ropa y los muebles.

Bolsitas de plástico. Estas le servirán para los pañales desechables usados, especialmente cuando no se encuentra a mano un cubo de basura, y también para llevar de regreso a su casa la ropa mojada y sucia del bebé.

Un biberón de agua. Si su hijo toma agua con biberón, ésta es una buena manera de entretenerlo entre las comidas, especialmente si a usted no le gusta dar el pecho en público o si va a estar en alguna parte donde no se debe hacer esto, como por ejemplo en un oficio religioso. El agua no necesita hielo ni cuidado especial, y si la de su localidad contiene flúor, le dará a su niño una dosis de este importante mineral. Use agua hervida si el médico se la recomienda, y vuelva a llenar el biberón con agua fresca para cada salida.

Leche de fórmula. Si a su niño lo está criando con biberón y piensa que va a estar o puede estar fuera a la hora de la próxima comida, tiene que llevar listo el biberón. No necesita refrigeración si lleva un frasco sin abrir de fórmula lista para usar (lleve en una bolsita de plástico un chupete esterilizado), o un frasco de agua esterilizada a la cual le agregará la fórmula. Sin embargo, si lleva fórmula preparada en casa, tendrá que guardarla en un envase aislado junto con una bolsa de cubitos de hielo.

Un pañal para el hombro. A sus amigas les encantará alzar a su hijo pero no que las escupa. Tener a mano un pañal de tela es una buena precaución para no pasar vergüenzas ni dejar hombros malolientes.

Una muda de ropa. El bebé está perfecto estrenando ropa nueva y usted sale con él para asistir a una reunión especial de la familia. Al llegar, levanta a su heredero del asiento del automóvil y encuentra que una pequeña laguna de evacuación suelta como mostaza le ha agregado "el toque final". Una razón para que usted lleve consigo una muda extra para el bebé (y hasta dos si la permanencia fuera de casa se va a prolongar).

Una manta extra o un suéter. Especialmente en las estaciones de transición, cuando el tiempo es muy variable e imprevisible, es bueno contar con protección adicional.

Chupador de entretención, si el niño lo usa. Llévelo en una bolsa de plástico limpia.

Distracción. Algo que ofrezca estímulo visual es conveniente para bebés muy jóvenes, sobre todo para el asiento del automóvil o para el cochecito de paseo. Para niños un poquito mayores, juguetes de poco peso que puedan zarandear o hurgar o meterse en la boca. A los que ya gatean les gustan los libros, carritos, muñecos, animales rellenos y pequeños juguetes de arrastrar.

Visera contra el sol. Una vez que el niño tenga seis meses, una visera contra el sol se hace indispensable todo el año (en invierno la nieve y el sol se combinan para producir quemaduras serias).

Un bocado para mamá. Si usted está amamantando o si va a estar fuera de casa largo tiempo y quizá no encuentre fácilmente un tentempié, llévelo consigo: una fruta; bolitas o triángulos o cubitos de queso; galletas de grano entero o pan; una bolsa de frutas secas. Un recipiente de jugo de frutas o un termo para llevar una bebida caliente o fría es muy deseable si el paseo es a un parque donde no se pueden conseguir refrescos líquidos.

Un bocadito (o dos, o tres) para el bebé. Una vez que empiece a comer cosas sólidas, lleve frascos de alimentos para bebés (no hay que refrigerarlos mientras no se destapen, ni es preciso calentarlos para dárselos) si va a estar por fuera a la hora de comida; una cucharita metida en una bolsa de plástico (guarde la bolsa para llevar la cucharita sucia a casa); un babero; y muchas toallas de papel. Posteriormente, una selección de alimentos de comer a mano (no perecederos si va a salir en tiempo caluroso) como frutas frescas, galletas y pan, permitirán aplacar el hambre entre las comidas al mismo tiempo que ofrecen a su hijo alguna actividad durante el paseo. Cuídese, sin embargo, de utilizar la comida para engañar el aburrimiento o hacer callar al niño; la costumbre de comer sin causa justificadora desde la infancia puede continuar como un hábito indeseable más tarde.

CUIDADO DEL PENE

El pene se compone de un vástago cilíndrico (casi toda la longitud) y una cabeza redondeada llamada el glande. Están separados el uno del otro por una ranura llamada el surco. En la punta del glande se halla la abertura del meato, por donde salen el semen y la orina, aunque no al mismo tiempo. Todo el pene, vástago y glande, está cubierto por una capa de piel llamada el prepucio. El prepucio mismo se compone de dos capas: la piel exterior y un revestimiento interior parecido a una membrana mucosa.

En el momento de nacer, el prepucio está firmemente adherido al glande, pero con el tiempo los dos empiezan a sepa-

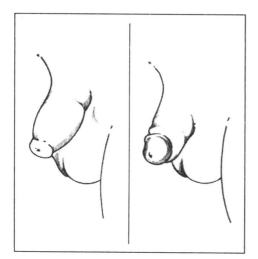

El pene no circuncidado (izquierda) requiere higiene meticulosa; el circuncidado, al cual se le ha quitado el prepucio, no requiere ningún cuidado especial.

rarse a medida que se van desprendiendo células de la superficie de cada capa. Las células desechadas, que son reemplazadas en el curso de toda la vida, se acumulan formando una sustancia blanquecina ("perla") que gradualmente encuentra salida por la extremidad del prepucio.

Por lo general el prepucio y el glande se han separado totalmente en el 90 por ciento de los niños no circuncidados para el segundo año después del nacimiento, pero a veces esto puede tardar cinco o diez años o aun más. Entonces el prepucio se puede replegar dejando al descubierto el glande.

Cuidado del pene no circuncidado. Al contrario de lo que se creía anteriormente, no se necesita ningún cuidado especial para un pene no circuncidado en la infancia; basta lavarlo externamente con agua y jabón lo mismo que el resto del cuerpo para mantenerlo aseado. No solamente es innecesario tratar de replegar el prepucio por la fuerza o limpiar por debajo de él con algodón, irrigaciones o antisépticos, sino que puede ser

muy perjudicial. Una vez que el prepucio se haya separado claramente en forma natural, entonces sí puede replegarlo ocasionalmente para limpiarlo. Cuando el muchacho llega a la pubertad el prepucio ya es por lo general replegable y el niño puede aprender a asearlo él mismo.

Cuidado del pene circuncidado. El único cuidado que requiere el pene circuncidado, una vez que la herida haya cicatrizado, es el lavado común y corriente con agua y jabón. (Vea "Cuidados en la circuncisión", página 158.)

LAVADO DE LA CABEZA

Este es un proceso poco penoso con un bebé joven, pero para que más tarde no tenga problemas, evite desde el principio que le caiga jabón en los ojos. Jabónele la cabeza sólo una o dos veces por semana, a menos que la seborrea de los lactantes o un cuero cabelludo particularmente aceitoso requieran un champú más frecuente.

1. Mójele la cabeza con una suave rociada del lavabo o echándole un poquito de agua con una taza. Agréguele apenas una gota de champú o jabón para niños (si le pone más será difícil enjuagarlo) y frótelo con suavidad para producir espuma.

2. Enjuáguelo completamente con una rociada, o dos o tres tazas de agua limpia.

A niños mayores que ya se pueden parar solos y han pasado a la bañera grande se les puede jabonar la cabeza en ésta, pero sólo después del baño si se trata de una niña porque bañarla en agua jabonosa puede producirle infecciones vaginales. El problema, sin embargo, es que a los niños no les gusta echar la cabeza atrás para el champú (esto los hace sentirse vulnerables) y tratar de enjabonarlos en

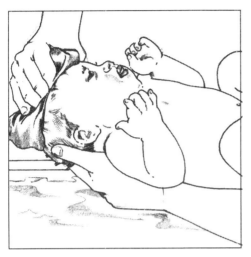

A veces para enjuagarlo después del champú lo mejor es limpiarlo suavemente unas pocas veces con un paño de aseo.

esta forma termina por lo común en llantos y berrinches. Una roseta de regadera, si la tiene su baño, le dará a usted más control y será divertida para el bebé, aunque algunos se asustan. En las tiendas de artículos infantiles o en las jugueterías se encuentran a veces viseras para el champú que protegen los ojos del agua de jabón pero dejan el pelo expuesto para lavarlo; son ideales si el niño las acepta; algunos las rechazan. Si su bebé rechaza la rociada y la visera, puede seguirle lavando la cabeza en el lavabo, o por lo menos enjuagándosela después de jabonársela en la bañera, hasta que esté más grandecito y coopere. Este procedimiento no es perfecto y puede resultar bastante incómodo a medida que el niño crece, pero es rápido y por tanto reduce a un mínimo el período de sufrimiento para los dos.

COMO ENVOLVERLO

Algunos bebés se calman cuando los envuelven y hasta dejan de llorar; a otros no les gusta la falta de libertad. Si al suyo parece que le gusta, ésta es la manera de envolverlo:

1. Extienda una mantilla sobre la cuna, la cama o la mesa de mudar al niño, con una punta doblada hacia adentro unos 15 cm. Ponga en ella al niño a la diagonal, con la cabeza sobre la punta doblada.

2. Tome la punta cercana al brazo izquierdo del bebé, pásela sobre dicho brazo y sobre el cuerpo. Levántele el brazo derecho y métale la punta de la

mantilla bajo la espalda de ese mismo lado.

3. Levante la punta inferior de la mantilla y llévela sobre el cuerpo del niño, formando con ella el primer pliegue.

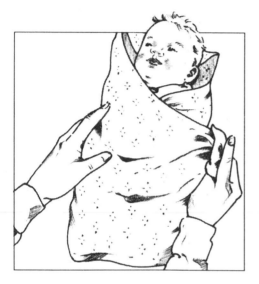

4. Tome la última punta, pásela sobre el brazo derecho del niño y métala bajo la espalda, por el lado izquierdo.

Si su niño da muestras de que prefiere mayor movilidad, envuélvalo sólo bajo los brazos, y déjeselos libres, Cuando cumpla un mes ya no lo debe seguir envolviendo, pues esto es limitante y puede obstaculizar el buen desarrollo posterior.

CUIDADO DEL TOCON DEL CORDON UMBILICAL

El último vestigio de la unión de la criatura con la madre en el vientre de ésta es el tocón que queda del cordón umbilical. Este se pone negro a los pocos días del nacimiento y se cae entre una y cuatro semanas después. Usted puede contribuir a que sane pronto y no se infecte manteniendo el área seca y expuesta al aire. Siga estos consejos:

1. Al ponerle el pañal, dóblelo hacia abajo bajo el ombligo con el objeto de impedir que le caiga orina y permitir que le dé aire. Doble la camisa hacia arriba.

2. No lo bañe en la bañera y evite que el ombligo se moje cuando le dé baños de esponja hasta que el ombligo se caiga del todo.

3. Al tocón úntele alcohol (con motas de algodón absorbente o gasa esterilizada) para mantener el sitio limpio y acelerar el secado.

4. Si el área en torno al ombligo se pone colorada, o si supura, llame al médico.

LA FE DE BAUTISMO

Hay un documento sumamente importante que su niño va a necesitar periódicamente durante toda la vida. Es la fe de bautismo, o el registro del nacimiento. Las formalidades legales que se exigen para que este documento tenga validez varían, naturalmente, según la legislación de cada país; pero en todo caso es indispensable que los padres atiendan a cumplirlas apenas nazca el niño, pues más tarde lo va a necesitar como prueba de nacimiento y ciudadanía, o para poderse matricular en una escuela, o sacar una licencia de conducir automóvil, obtener un pasaporte, y muchos actos más de la vida civil.

CAPITULO CUATRO

El primer mes

LO QUE DEBE ESTAR HACIENDO SU BEBE

*A fines de este mes, su hijo
. . . debe ser capaz de:*

■ levantar la cabeza brevemente cuando está boca abajo en una superficie plana

■ fijar la vista en una cara

Nota: Si parece que su hijo no ha alcanzado alguno de estos hitos, hable con su médico. Son raros los casos en que la tardanza indica un problema y casi siempre resulta que es normal para su bebé. Los niños prematuros suelen alcanzar estos hitos más tarde que otros de la misma edad de nacimiento, y más bien los alcanzan cerca de su edad ajustada (la edad que tendrían si hubieran nacido en tiempo) y a veces más tarde.

. . . probablemente podrá:

■ reaccionar a un timbre de alguna manera, como sobresaltarse, llorar o calmarse

■ seguir un objeto que se haga oscilar a 15 centímetros de altura sobre su cara hasta la línea central (derecho al frente)

. . . posiblemente podrá:

■ de barriga, levantar la cabeza 45 grados

■ vocalizar en una forma distinta de llorar (por ejemplo, arrullando)

■ seguir un objeto que oscile a 15 centímetros sobre su cara *más allá* de la línea central

A fines de este mes el bebé podrá fijar la mirada.

■ sonreír en respuesta a la sonrisa de usted

. . . hasta podría:

■ Mantener la cabeza firme cuando está en posición vertical

■ de barriga, levantar la cabeza 90 grados

■ juntar las manos

■ sonreír espontáneamente

■ reír en voz alta

■ chillar de felicidad

■ seguir cualquier objeto que oscile a 15 centímetros sobre su cara en un arco de 180 grados (de un lado al otro)

LO QUE PUEDE ESPERAR EN EL EXAMEN DE ESTE MES

Cada médico tiene su propia manera de hacer los exámenes a los niños sanos. La organización general del examen físico y el número y tipo de técnicas de evaluación que se empleen y los procedimientos que se lleven a cabo variarán también con las necesidades específicas de cada niño; pero en términos generales usted puede esperar lo siguiente en una revisión cuando su bebé tenga entre dos y cuatro semanas de edad. (La primera visita puede ocurrir más temprano en ciertas circunstancias, como por ejemplo cuando el recién nacido tiene ictericia, o nació prematuro, o cuando hay problemas para establecer la lactancia.)

■ Preguntas sobre cómo les va a usted y a su hijo y al resto de la familia en la casa, y sobre cómo está comiendo el niño, si duerme bien y su progreso general.

■ Medida de la longitud, peso y circunferencia de la cabeza, y registro del progreso desde el nacimiento.

■ Evaluación de la vista y el oído.

■ Informe del resultado de las pruebas selectivas neonatales (de fenilcetonuria, hipotiroidismo y otros defectos innatos de metabolismo) si no se los dieron previamente. Si el doctor no los menciona, lo más probable es que los resultados hayan sido normales, pero de todos modos pídalos para su propia satisfacción. Si al niño le dieron de alta en el hospital antes de practicar estas pruebas, o si se le practicaron antes de que cumpliera 72 horas de vida, probablemente se le harán o se le repetirán ahora.

■ Un examen físico. El médico o la enfermera practicante examinarán y evaluarán todo lo siguiente, o la mayor parte, si bien algunas de las evaluaciones las hará el ojo experto o el tacto, sin comentario:

□ ruidos del corazón, con el estetoscopio, y examen visual de las palpitaciones a través de la pared torácica (lo ideal es que el niño no llore durante esta parte de la prueba)

□ abdomen, por palpación o con el estetoscopio, para ver si hay masas anormales

□ caderas, por posible dislocación rotando las piernas

□ normal desarrollo y movimiento de manos y brazos, piés y piernas

□ espalda y columna vertebral, por cualquier anormalidad

□ ojos, con oftalmoscopio y linterna de mano para verificar si son normales los reflejos y el foco, y el funcionamiento de los canales lacrimógenos

□ oídos, con otoscopio para examinar color, fluido, movimiento

□ nariz, con otoscopio, para ver color y condiciones de membranas mucosas y anormalidades

□ boca y garganta, usando depresor de lengua en busca de lesiones.

□ cuello, para comprobar movimiento normal, tamaño de la tiroides y las glándulas linfáticas (estas últimas se palpan fácilmente en los recién nacidos, y esto es normal)

□ sobacos, por si hay glándulas linfáticas hinchadas

□ las fontanelas (la parte blanda), palpando con las manos

□ respiración y función respiratoria, por observación, y a veces con estetoscopio y leve percusión en pecho y espalda

□ órganos genitales, por anormalidades como hernias, criptorquismo; el ano por grietas o fisuras; el pulso femoral en la ingle para ver si la pulsación es fuerte y estable

□ color de la piel, tono, erupciones y lesiones, como lunares

□ reflejos específicos de la edad del niño

□ movimiento y comportamiento generales, capacidad de acariciar y entenderse con los adultos

■ Instrucciones sobre qué esperar el mes siguiente en lo relativo a alimentación, sueño, desarrollo y seguridad del niño.

■ Recomendaciones en cuanto a suplemento de fluoruro si se necesita en su área, y suplemento de vitamina D si el niño se está criando al pecho.

Antes de que termine la visita, no olvide:

■ Pedir instrucciones sobre llamadas en caso de que el niño se ponga enfermo. (¿Qué justificaría una llamada a media noche? ¿Cómo se puede localizar al doctor fuera de las horas de oficina?)

■ Expresar cualquier inquietud que haya surgido durante el mes pasado en relación con la salud del niño, su conducta, sueño, alimentación y demás.

■ Anotar (o aun grabar) la información y las instrucciones que le dé el doctor (de otro modo, con seguridad se le olvidan).

Al llegar a su casa, anote toda la información pertinente (peso del bebé, longitud, circunferencia de la cabeza, tipo sanguíneo, resultado de las pruebas, lunares) en un registro permanente de salud.

LA COMIDA DEL NIÑO ESTE MES:
Extracción de la leche de los pechos

Ahora uno ve a las madres extrayendo leche de sus pechos en los cuartos para señoras en todas partes: en los intermedios en la ópera, en los aeropuertos y las estaciones de buses y ferrocarril, en las oficinas y las fábricas, en las grandes tiendas, los restaurantes, las escuelas y los hospitales: dondequiera que las mujeres trabajan o se divierten, viajan o estudian.

POR QUE LAS MADRES SE EXTRAEN LA LECHE

A diferencia de las madres en las sociedades primitivas, que llevaban a sus hijitos al pecho para mayor comodidad para darles de comer a cualquier hora, las madres atareadas de nuestra veloz sociedad industrial no siempre pueden estar seguras de que el bebé y el pecho se encontrarán en un mismo lugar a un mismo tiempo. Por esta razón y por muchas otras, hoy casi todas las mujeres que lactan a sus hijos extraen la leche de sus pechos, generalmente con mamadera. Las razones más comunes son:

■ Para sacar pezones invertidos hacia el final del embarazo.

■ Para inducir lactación en una madre adoptante, o en una madre biológica cuya leche tarda en bajarle.

■ Aliviar la congestión de los pechos cuando llega la leche.

■ Aumentar o mantener el suministro de leche.

■ Recoger leche para comidas intermedias cuando está fuera de casa.

■ Evitar atascamiento por llenura excesiva de los pechos.

■ Tener leche para alimentar con biberón o tubo a un niño (prematuro o no) demasiado débil para lactar, o que tenga un defecto bucal que se lo impida.

■ Poderle dar leche materna a un niño enfermo hospitalizado o prematuro.

■ Evitar congestión y mantener el suministro de leche cuando la lactación se interrumpe temporalmente por enfermedad (de la madre o del bebé).

■ Estimular la relactación si la madre cambia de opinión acerca de la cría al pecho o si el niño resulta alérgico a la leche de vaca cuando lo han destetado temprano.

TECNICAS PARA EXTRAER LA LECHE DE LOS PECHOS

En un tiempo, la única manera de extraer la leche materna era con la mano, proceso largo y tedioso que con frecuencia no producía leche en cantidad significativa. Hoy, estimulados por el renacimiento de la cría al pecho, los fabricantes han producido mamaderas de diversos tipos — desde las más sencillas que son de operación manual y cuestan muy poco, hasta complicados modelos eléctricos que cuestan millares — para hacer esta operación fácil y cómoda. Una que otra madre todavía extrae a mano, por lo menos para aliviar la congestión, pero la mayoría invierten en alguno de estos dispositivos:

■ Una mamadera de bulbo como el de una cornetilla de bicicleta, que extrae leche del pecho cada vez que se aprieta el bulbo. Estas son más bien baratas, pero ineficaces, difíciles de limpiar (lo que puede ser causa de acumulaciones antihigiénicas de leche) y desagradables de usar, pues con frecuencia dejan los pezones adoloridos. Poco prácticas para la extracción regular de leche para la alimentación del bebé, se pueden usar ocasionalmente para aliviar la congestión.

■ Una mamadera de gatillo, que crea succión al apretar éste. Es un poco más cara que la anterior, pero todavía de pre-

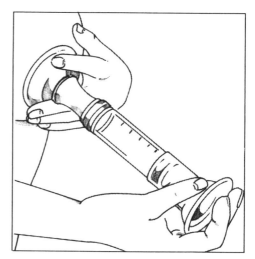

La mamadera de jeringa es uno de los instrumentos más baratos y cómodos para extraer la leche, aun cuando cansa el brazo que la acciona.

cio módico. Tiene la ventaja de que se maneja con una sola mano, pero en cambio requiere fuerza y habilidad, y a una mujer que no tenga las manos grandes y fuertes le puede resultar difícil servirse de ella, y otras tal vez encuentren difícil vaciar el pecho del lado de su mano no dominante. Otra desventaja es que estos sacaleches son de vidrio; no sólo se pueden romper sino que los factores inmunizantes que contiene la leche materna se adhieren al vidrio (no se adhieren al plástico) privando al niño de beneficiarse con ellos.

■ Una mamadera de jeringa, que se compone de dos cilindros, uno dentro del otro. El cilindro interior se coloca encima del pezón, mientras que el exterior, cuando se empuja y se vuelve a sacar, crea succión que saca la leche. Este tipo es el más popular porque es bastante fácil de usar, es de precio módico, fácil de limpiar, portátil, y puede servir también como un biberón auxiliar. En algunos modelos es posible graduar la presión para imitar mejor la acción de mamar del niño, con lo cual la extracción de la leche se hace más confortable.

■ Una mamadera manual convertible que se puede conectar, a voluntad, a un sistema eléctrico. Este modelo es de operación más rápida y eficiente cuando se dispone de corriente eléctrica, a la vez que es portátil y se puede usar también donde no haya electricidad.

■ Una mamadera que funciona con pilas, portátil y eficaz, pero no todos los modelos dan buen resultado. El precio es moderado. Son menos poderosas que los modelos eléctricos; la rapidez con que consumen pilas las hace costosas de usar y es dudoso que sean prácticas. Infórmese bien sobre ellas en La Liga de la Leche de su localidad.

■ Una mamadera eléctrica que es muy poderosa, rápida y fácil de usar, le deja a la madre las manos libres para lactar al niño (con el otro pecho) o para otras actividades mientras le está dando de comer. Son por lo general muy caras, pero si el tiempo es muy importante tal vez valga la pena la inversión. Si usted quiere una unidad portátil, tenga en cuenta que todas las mamaderas eléctricas son muy difíciles de transportar. Por supuesto, puede comprarse otra que sea más portátil para llevar cuando salga, y aprovechar la eléctrica cuando se queda en la casa.

Muchas mujeres consiguen mamaderas alquiladas en los hospitales, las farmacias o los grupos de La Leche; otras compran o alquilan en compañía con una amiga; o bien compran el sacaleches, lo usan y después lo vuelven a vender. Es posible que en los planes de seguro se incluya el costo de comprar o alquilar el sacaleches si se receta leche materna y no es posible lactar al niño, generalmente cuando éste es prematuro o enfermo. Hay juegos personales de mamadera (con sobaquera, copa, tapa y tubos) desechables o que se puedan esterilizar, para hacer más práctico el uso de una mamadera de hospital.

Antes de decidirse por uno u otro modelo, consulte con sus amigas, con una instructora sobre alumbramientos, un asesor de lactación o con el pediatra de su hijo (si es entendido en la materia) para informarse sobre las ventajas y desventajas de los distintos modelos. Si es posible, ensaye el que piensa comprar (pidiéndolo prestado o en alquiler) antes de comprarlo. Busque un sacaleches que sea fácil de manejar, limpio, relativamente cómodo de usar, y portátil si piensa usarlo fuera de casa.

EXTRACCION DE LA LECHE

Preparativos básicos. Cualquiera que sea el método que usted elija, la extracción de la leche los primeros días puede resultarle difícil. Hacer estos preparativos antes de empezar le facilitarán la operación:

■ Escoja la hora del día en que tenga más llenos los pechos; para la mayoría de las mujeres esto quiere decir por la mañana. Prepárese para extraer la leche y recogerla cada tres o cuatro horas más o menos. Cada extracción puede durar de 20 a 40 minutos y a veces algo más.

■ Cuide de que todo el equipo esté limpio y esterilizado, según las instrucciones del fabricante; lavar la mamadera inmediatamente después de usarla le facilitará la difícil tarea de mantenerla limpia. Si la usa lejos de casa, lleve consigo un cepillo de biberones, detergente y toallas de papel para el lavado.

■ Especialmente mientras usted es todavía novata, elija un ambiente tranquilo, abrigado y confortable para la extracción, donde pueda gozar de intimidad y no la interrumpan teléfonos ni llamadas a la puerta. En el trabajo, una oficina privada, una sala de juntas desocupada o el cuarto de señoras le pueden servir muy bien. En la casa, es una gran cosa si otra persona puede cuidar del bebé, dejándola a usted libre para concentrarse en la tarea.

■ Lávese las manos con agua y jabón, los pechos con agua solamente y no use jabones, cremas, ungüentos ni ninguna otra cosa en los pezones.

■ Tómese un vaso de agua, jugo, leche, té o café sin cafeína, o sopa inmediatamente antes de empezar. Una bebida caliente en lugar de una fría puede ser mejor para estimular el flujo de leche. Las bebidas alcohólicas no se cuentan en su cuota de fluidos pero puede tomarse una copa de vino o una cerveza, o bien un coctel no más de dos veces al día, de 10 a 20 minutos antes de aplicar la mamadera, como alivio para la tensión.

■ Póngase cómoda, con los pies en alto si es posible.

■ Descanse unos minutos antes de empezar. Haga uso de la meditación u otras técnicas tranquilizantes, música, TV, o cualquier otra cosa que le sirva a usted para calmar los nervios.

■ Piense en su bebé y en lactarlo, o mire fotos suyas para ayudar a estimular el flujo. También se podría lograr este efecto teniendo a su hijo en el cuarto inmediatamente antes de empezar la extracción, pero lo ideal es que una vez que empiece, otra persona se encargue del niño. Si usa una mamadera eléctrica que le deje las manos libres, hasta puede alzar a la criatura, si bien a muchos bebés no les gusta estar tan cerca y al mismo tiempo tan lejos de que les den de comer. Aplicar a los pezones compresas calientes durante cinco o diez minutos, tomar un baño de ducha caliente, darse masaje en los pechos o inclinarse y sacudir éstos, son

Para darse masaje, ponga una mano bajo el pecho y la otra encima. Deslice la palma de una mano, o de ambas, hacia el pezón aplicando una ligera presión. Rote las manos alrededor del pecho y repita a fin de llegar hasta todos los canales lactíferos.

otras tantas maneras de hacer que fluya la leche.

■ Si encuentra que le cuesta mucho trabajo obtener resultados, pregúntele al médico si puede usar un atomizador nasal de oxitocina que induce el flujo. Uselo únicamente según las instrucciones.

Extracción manual. Para empezar, tome en la mano uno de sus pechos, con el pulgar encima y los otros dedos debajo al borde de la areola. Comprímalo hacia el tórax, presionando suavemente como para juntar el índice y el pulgar. (Mantenga los dedos sobre la areola únicamente, sin dejarlos resbalar hasta el pezón.) Repita rítmicamente para iniciar el flujo de la leche, rotando los dedos para alcanzar todos los conductos lactíferos. Repita la operación con el otro pecho, dándoles masaje entre extracciones, según se requiera. Repita con el primer pecho, luego otra vez con el segundo.

Para recoger la leche extraída, ponga debajo del pecho con que está trabajando

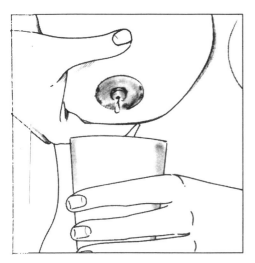

Extraer la leche a mano es un proceso lento, a veces doloroso. Sirve para sacar pequeñas cantidades, como cuando el pecho está demasiado congestionado para que el bebé pueda tomar un buen bocado.

una taza de boca ancha, esterilizada. Lo que se derrame del otro pecho lo puede recoger colocando sobre él dentro de su sostén una taza esterilizada. La leche recogida se debe pasar inmediatamente a frascos esterilizados y refrigerarse lo más pronto posible.

Extracción con mamadera de mano o eléctrica. Sencillamente siga las instrucciones que vienen con la mamadera que esté usando. Tenga paciencia. A veces se necesita tiempo para aprender a manejarla. Si quiere usar un sacaleches de mano en un pecho mientras le da de mamar al niño con el otro, apoye al niño con una almohada (teniendo buen cuidado de que no se pueda caer de su regazo), o bien deje que otra persona maneje el sacaleches mientras usted sostiene al niño.

Con mamadera eléctrica, como no tiene que servirse de las manos para operarla, puede fácilmente darle de mamar al bebé de un lado y poner a funcionar el sacaleches del otro.

RECOLECCION Y CONSERVACION DE LA LECHE MATERNA

Los envases de plástico son mejores que los de vidrio para recoger y guardar la leche materna, no sólo porque no se rompen sino también porque se ha demostrado que los glóbulos blancos de la sangre, que son los que combaten las enfermedades, se adhieren más al vidrio que a los materiales plásticos, de modo que el niño se priva de ellos. Muchas mamaderas vienen con recipientes que se pueden utilizar como frascos para almacenar y como biberones; otras permiten usar un biberón corriente para recoger la leche. Frascos de 4 onzas (118 ml) son apropiados para bebés jóvenes cuyo apetito es todavía pequeño, y de 8 onzas (236 ml) para bebés mayores. Un termo, empacado con hielo hasta que se vaya a llenar, se puede usar para conservar la leche materna fresca cuando salga de casa, pero puede ofrecer la desventaja de tener revestimiento interno de vidrio.

Esterilice los recipientes y biberones, o láveos en una lavadora de platos que alcance una temperatura no inferior a 82 grados centígrados si la leche va a permanecer a temperatura ambiente más de 30 minutos o si se va a guardar más de 48 horas en refrigerador o congelador. De lo contrario, debe ser suficiente lavarlos bien con agua y jabón y cepillo para frascos.

Refrigere lo más pronto posible la leche extraída; si esto no es posible, use un recipiente esterilizado, en el cual permanecerá fresca a temperatura ambiente hasta seis horas (pero teniéndola lejos de radiadores, del sol y de otras fuentes de calor). En el refrigerador se puede guardar leche materna hasta 48 horas, o también se puede enfriar durante 30 minutos y luego congelarla. Los recipientes para el congelador llénelos sólo hasta tres cuartas partes para dejar espacio para la dilatación y márquelos con la fecha (use siempre la leche más vieja primero). La leche materna permanece fresca en el congelador desde una o dos semanas en un refrigerador de una sola puerta, hasta unos tres meses en uno de dos puertas de modelo libre de escarcha donde los alimentos permanecen congelados sólidos, o hasta seis meses en un congelador en el cual la temperatura permanezca a 32 grados bajo cero.

Para descongelar leche materna, agite el frasco bajo un chorro de agua tibia del acueducto; luego úsela dentro del término de 30 minutos. O déjela descongelar en el refrigerador y úsela en el término de tres horas. No la descongele en horno de microondas, ni sobre la estufa, ni a la temperatura ambiente; y no la vuelva a congelar. Cuando su hijo haya acabado de comer, lo que quede en el biberón deséchelo. Deseche también toda la leche que haya estado guardada por períodos más largos que los recomendados arriba.

Si usted piensa transportar leche materna con frecuencia, invierta en un maletín para biberones, que tenga aislamiento, en un termo o una bolsa aislada donde quepa el biberón junto con una bolsa de hielo.

LO QUE LE PUEDE PREOCUPAR

QUE "SE ROMPA" EL BEBE

"Tengo tanto miedo de alzar al bebé — es tan pequeñito y parece tan vulnerable".

Los recién nacidos pueden parecer tan frágiles como muñequitos de porcelana, pero en realidad son bastante resistentes. Siempre que tengan bien sostenida la cabeza, no sufren ningún daño con el tratocorriente que se les da, y que puede ser un poco torpe e inseguro en manos de una mamá novata. Usted aprenderá poco a poco qué es lo que es cómodo para él y para usted misma, pues es evidente que los estilos de tratar a un bebé varían mucho de unos padres a otros. Pronto transportará usted a su niño tan confiadamente como la bolsa del mercado, y a menudo junto con la bolsa del mercado.

ACNE INFANTIL

"Yo creía que todos los bebés tenían una complexión perfecta. Pero a mi niñito de dos semanas le ha dado una acné terrible".

Por injusto que parezca, algunos bebés sufren de "piel de adolescentes" antes de tiempo, cuando apenas han cumplido unos pocos días de vida. Y en efecto, muchas de sus dolencias tienen las mismas causas que las dolencias epidérmicas de los adolescentes: las hormonas. En el caso de los recién nacidos no son sus propias hormonas las que causan estos problemas sino las de la madre, que todavía circulan en el organismo de la criatura. Otra razón por la cual es posible que aparezcan granitos en la piel es que los poros de los bebés no están todavía bien desarrollados y son fácil blanco para la infiltración de suciedad y la consiguiente aparición de desperfectos cutáneos.

No apriete ni refriegue ni empape de loción ni trate de ninguna otra manera la acné de su recién nacido. Sólo lávelo con agua dos o tres veces al día, séquelo, y a la vuelta de pocos meses desaparecerá sin dejar huella permanente.

EL OIDO

"Mi niño parece que no reacciona a los ruidos. En efecto, sigue durmiendo aun cuando el perro esté ladrando y mi hijita mayor tenga una de sus rabietas. ¿Será que tiene un defecto del oído?"

Lo más probable no es que el bebé no oiga ladrar al perro ni gritar a su hermanita, sino que esté acostumbrado a esos ruidos. Aun cuando vio por primera vez el mundo cuando salió de su vientre, no es la primera vez que los oye. Muchos sonidos — desde la música que usted escuchaba en el estéreo hasta las bocinas de los automóviles y las sirenas en la calle — penetraron las paredes de su pacífica habitación uterina y se habituó a ellos.

Los niños reaccionan a un ruido fuerte; en la primera infancia, con sobresalto; hacia los tres meses, parpadeando; a los cuatro, volviéndose hacia la fuente del sonido; pero los ruidos que ya se han hecho parte del subconsciente tal vez no provoquen respuesta alguna, o provoquen una reacción tan sutil que el ojo poco experto no la advierta, como un cambio de posición o de actividad.

Si a usted le preocupa el oído de su bebé, haga esta prueba: dé con las manos unas palmaditas detrás de la cabeza del niño y fíjese si se sobresalta. Si se sobresalta, ya sabe que sí oye. Si no, pruebe otra vez después de un rato. Los niños, aun los recién nacidos, tienen una manera maravillosa de hacer caso omiso de su ambiente o bloquearlo a voluntad, y es posible que haya estado haciendo justamente eso. La repetición de la prueba puede lograr la reacción que usted busca. Si no es así, trate de observar otras formas en que su hijo reaccione a los sonidos: ¿Se calma o responde de alguna otra manera a la voz tranquilizante de usted aun cuando no la esté viendo directamente? ¿Responde en alguna forma a la música o el canto? ¿Se sobresalta con un súbito ruido fuerte que no le es familiar? Si parece que su hijo no reacciona nunca al sonido, comente este hecho con su médico en la primera oportunidad. Cuanto más pronto se diagnostique y se trate una deficiencia auditiva, tanto mejor será el resultado a largo plazo.

Hay niños que corren mayor riesgo de sufrir de un defecto auditivo y probablemente deben ser sometidos a un examen especial como cuestión de rutina. Son éstos los que nacen pesando menos de 2 500 gramos, o los que han sufrido serias complicaciones poco después de nacer (tales como asfixia, ataques o hemorragia intracraneal); los que se han expuesto antes de nacer a drogas o infecciones que se sabe afectan al oído (como la rubeola); los que tienen antecedentes de sordera no explicada o hereditaria en la familia; los que muestran anormalidades visibles en los oídos; y los que son mentalmente retardados, ciegos, autísticos o sufren de parálisis cerebral.

VISION

"He colgado un móvil sobre la cuna de mi bebé con la esperanza de que los colores le llamaran la atención; pero parece que no lo ve. ¿Será que tiene algún defecto visual?"

Es más probable que el defecto sea del móvil, o por lo menos del lugar donde está colgado. El recién nacido enfoca mejor los objetos a una distancia entre 20 y 35 centímetros de sus ojos; y esta distancia parece no haber sido escogida al azar por la naturaleza, sino porque es la que media entre el niño y la cara de su madre cuando está lactando. Para el bebé que está en la cuna los objetos situados más cerca o más lejos son un borrón, salvo que siempre se fijará en una cosa distante que brille o que se mueva, si no hay nada más que valga la pena ver dentro de su campo visual corriente.

Por otra parte, pasará la mayor parte del tiempo mirando a derecha o izquierda, pero rara vez fijando la mirada directamente enfrente en los primeros meses. Un móvil colgado directamente encima de la cuna no es probable que le llame la atención, aunque sí podría interesarle si se cuelga a uno u otro lado. Sin embargo, pocos bebés muestran interés en móviles hasta que tienen tres o cuatro semanas, y algunos mucho después.

Su recién nacido sí ve, pero no de la manera que verá dentro de tres o cuatro meses. Si usted quiere evaluar su visión, sostenga una linternita de bolsillo a un lado de su línea de visión y a 25 o 30 cm de su cara. Durante el primer mes, un bebé generalmente fija la mirada en la luz si usted la mueve lentamente hacia el centro de su campo visual. Por lo general, sólo a los tres meses el niño sigue un objeto que describa un arco completo de 180 grados, es decir, pasando de un lado al otro.

Los ojos de su niño continuarán desarrollándose durante el primer año. Probablemente será présbita durante varios meses y no percibirá bien la profundidad hasta los nueve meses (lo cual puede explicar por qué es tan propenso a caerse de la mesa de cambiarlo o de la cama). Pero aun cuando su visión actual no sea perfecta, sí le gusta mirar las cosas y este pasatiempo es una de las vías más importantes del aprendizaje. Ofrézcale, pues, abundantes estímulos visuales, pero no recargue sus circuitos: una o dos cosas llamativas a la vez es todo lo que él puede manejar; y como su tramo de atención es corto, cambie el escenario con frecuencia.

A los bebés les gusta estudiar rostros, hasta los mal pintados, y prefieren los dibujos en blanco y negro a los colores brillantes, y los objetos complejos a los sencillos. Les encanta mirar la luz. Una araña, una lámpara, una ventana (especialmente si a través de ella se filtra la luz por entre persianas verticales u horizontales), serán objeto de su embelesado escrutinio; y están más contentos en un cuarto bien iluminado que en la penumbra.

La prueba de visión es parte de los exámenes corrientes a que será sometido su niño. Pero si le parece que no fija la vista en objetos o caras o que no se vuelve hacia la luz, háblele de esto al doctor en su próxima visita.

EL VOMITO

"Mi hijo vomita tanto que temo que no esté recibiendo suficiente nutrición".

Aun cuando parezca que todo lo que el bebé toma lo devuelve, esto no es así. Lo que a usted le parece toda una comida de leche, tal vez no sea más que una cucharadita o dos mezcladas con saliva y mucosidades; ciertamente no lo suficiente como para malograr la alimentación del niño. (Para ver cuánto puede parecer un poquito de líquido, derrame un par de cucharaditas de leche sobre el mostrador de su cocina.) Lo que el niño devuelve estará relativamente poco cambiado de la forma en que entró en su boca si sólo alcanzó a llegar hasta el esófago antes de ser devuelto; pero si alcanzó a llegar hasta el estómago, parecerá cuajado y tendrá olor a leche agria.

Todos los niños vomitan por lo menos ocasionalmente, y algunos con todas las comidas. En los recién nacidos esto puede tener relación con un esfínter no bien formado aún entre el esófago y el estómago y con un exceso de mucosidades que hay que echar fuera. En niños más grandecitos, el vómito ocurre cuando regurgitan leche mezclada con aire. A veces el bebé vomita porque ha comido demasiado.

No hay una cura segura, pero se puede tratar de reducir a un mínimo el aire que traga al comer y que contribuye al vómito. No lo alimente mientras esté llorando (suspenda un momento hasta que se calme); téngalo lo más derecho que pueda durante la comida y durante un rato después de ésta; fíjese que los chupetes del biberón no sean ni demasiado grandes ni demasiado pequeños y que el biberón quede inclinado de tal manera que la leche y no el aire llene el chupete. Evite que el niño se vuelva un asco, no lo esté moviendo de arriba abajo durante las comidas ni inmediatamente después (si es posible déjelo un rato en el asiento del bebé o en el cochecito de paseo abrochándole el cinturón de seguridad). Y no olvide sacarle constantemente los gases durante la comida en lugar de esperar hasta que termine y eche fuera una gran bocanada.

Resígnese, sin embargo, a que de todas maneras y haga usted lo que haga, si el bebé es vomitador, vomitará — y usted tendrá que aguantarlo por lo menos seis meses. Lo que hay que hacer es tener la precaución de ponerse un pañal en el hombro o en el regazo cuando se le da de comer. Casi todos los niños dejan de vomitar tanto cuando empiezan a sentarse, aunque algunos siguen con esa maloliente costumbre hasta su primer cumpleaños.

Generalmente el vómito no ofrece riesgo, como no sea para la ropa y los muebles.[1] Pero como un niño chiquito se puede ahogar con el material regurgitado, se debe colocar boca abajo al acostarlo a dormir o para que juegue.

Hay algunas clases de vómito que sí pueden indicar un problema. Llame al médico si el vómito de su niño está aso-

ciado con falta de aumento de peso o con prolongadas náuseas o tos, o si es de color oscuro o verde, o salta en un chisguete violento (vómito proyectil). Estos síntomas podrían indicar un problema médico, por ejemplo obstrucción intestinal (curable mediante cirugía).

¿HAY QUE ENVOLVERLO?

"Yo he tratado de mantener a mi hijo envuelto en mantillas como me enseñaron en el hospital, pero patalea y se las quita. ¿Debo insistir?"

Los primeros días en el exterior un bebé puede sentirse un poco desorientado y asustado. Después de pasar nueve meses bien envuelto y abrigado en la crisálida uterina, se ve ante la necesidad de acomodarse súbitamente a un ambiente nuevo y de espacio abierto. Muchas autoridades opinan que la transición se suaviza si se trata de imitar la seguridad y calor de la anterior morada envolviendo a la criatura en mantillas. Esto también evita que sus propios movimientos reflejos perturben su sueño, y la mantiene calentita los primeros días cuando su termostato todavía no está funcionando con plena eficacia.

Que a todos los niños los envuelvan en el hospital no significa que con todos haya que seguir esa costumbre cuando regresan a su casa. A muchos les seguirá gustando que los envuelvan (y así dormirán mejor) durante unas semanas, o aun más tiempo. También puede aliviar a los que sufren de cólico. Pero al fin todos sobrepasan la edad de las mantillas, generalmente cuando son más activos, y lo demuestran claramente tratando de qui-

---

[1] Mantenga siempre a mano en un frasquito de plástico un poco de agua con bicarbonato para limpiar las manchas del vómito. Frotándolas con un trapo empapado en dicha solución se evita que se fijen en la tela y se elimina el olor casi del todo. O use toallitas de aseo.

társelas. Otros desde el principio no las necesitan y se sienten perfectamente contentos sin ellas o es obvio que les molestan. Una buena regla para decidir si lo debe envolver o no es ésta: si parece que a su niño le gusta, envuélvalo; si no, no.

PRODUCCION SUFICIENTE DE LECHE

"Cuando me llegó la leche los pechos se me desbordaban. Ahora que ha pasado la congestión, ya no se me sale y me temo que ni siquiera tenga suficiente para mi hijito".

Como el pecho humano no viene equipado con calibraciones de onzas, es casi imposible saber a ojo si su producción de leche es suficiente. El niño mismo tendrá que servirle de guía. Si parece contento, sano y está aumentando de peso satisfactoriamente, usted está produciendo suficiente leche. No tiene que saltarle como un surtidor ni salírsele como de un grifo para que pueda amamantar adecuadamente; la única leche que cuenta es la que entra en el estómago del bebé. Si en algún momento éste no parece progresar, lactaciones más frecuentes y los consejos que se dan en la página 118 deben ayudarle a producir más leche.

"Mi hija estaba tomando el pecho cada tres horas más o menos y parecía que iba muy bien. Ahora quiere comer cada hora. ¿Es posible que mi leche haya disminuido?"

A diferencia de lo que ocurre con un pozo, la producción de leche no se seca porque se consuma con regularidad. La verdad es todo lo contrario: cuanta más leche tome su hijo, tanta más producirán sus pechos. Una explicación más probable del fenómeno que usted ha observado es que su hija experimenta un súbito arranque de crecimiento o apetito. Estos arranques se presentan más comúnmente a las tres semanas, a las seis semanas y a los tres meses, aunque pueden ocurrir en cualquier momento durante el desarrollo infantil. A veces, para consternación de los padres, hasta un bebé que ha estado durmiendo bien toda la noche empieza a despertarse pidiendo de comer a medianoche. En este caso, el activo apetito del niño no es más que la manera que tiene la naturaleza de hacer que el organismo materno aumente la producción de leche para satisfacer las necesidades del crecimiento del hijo.

Tranquilícese y tenga listos los pechos hasta que pase el arranque de crecimiento. No caiga en la tentación de darle leche de fórmula (o, peor aún, sólidos) para aplacarle el hambre, porque disminuir la frecuencia de las lactaciones tendría la consecuencia de reducir su producción de leche, que es todo lo contrario de lo que se busca. Esta pauta — iniciada por un bebé que quiere comer más, seguida por la madre que se preocupa temiendo no tener leche suficiente y le da un suplemento y que termina en una merma de la producción de leche — es una de las causas principales de que la crianza al pecho se abandone prematuramente.

A veces un niño que empieza a dormir toda la noche pide más comida durante el día, pero esto también es temporal. Sin embargo, si su hijo continúa pidiendo de comer cada hora (más o menos) durante más de una semana, verifique su aumento de peso y vea el párrafo siguiente. Podría ser que no estuviera recibiendo suficiente alimento.

SU BEBE CRIADO AL PECHO NO PROSPERA

"A las tres semanas mi bebé parece más

flaquito que cuando nació. Come bastante, de modo que no puedo creer que le esté haciendo falta más leche. ¿Qué puede ser?"

Si hay algo que pueda producir más ansiedad que el aumento de peso durante el embarazo, es la pauta de aumento de peso del bebé durante los primeros meses de vida. Sólo que las mujeres embarazadas se preocupan si aumentan demasiado mientras que las nuevas madres se preocupan porque sus bebés no aumentan bastante.

A veces un niñito que nació con la cara muy hinchada se empieza a ver más flaco cuando le disminuye la hinchazón. La mayoría, sin embargo, empieza a llenarse como a las tres semanas y a parecerse menos a pollos flacuchentos y más a bebés bien redonditos, si bien los que ven a un niño todos los días no notan el cambio tanto como lo notan los que lo ven con menos frecuencia. En la mayoría de los casos se puede esperar que un bebé criado al pecho recupere a las dos semanas el peso con que nació y de ahí en adelante aumente aproximadamente entre 170 y 225 gramos por semana durante los dos meses siguientes. Si tiene dudas sobre el progreso de su niño, puede pedir prestada una balanza y pesarlo. Lo más probable es que el resultado la tranquilice. Pero si todavía no está segura o si no encuentra una balanza, pregúntele al doctor si puede llevar al niño para pesarlo en el consultorio, tanto para tranquilizarse como para descubrir y corregir cualquier problema que pueda existir.

El hecho de que el niño esté mamando con frecuencia no constituye por sí mismo una garantía de que está recibiendo todo el alimento que necesita; puede ser indicio de todo lo contrario. Un bebé que no queda satisfecho puede pedir el pecho constantemente tratando

de obtener suficiente nutrimento. Esto puede ser pasajero, como cuando el niño que pasa por un período de súbito desarrollo trata de aumentar el suministro de leche (vea la página 116). O puede indicar una producción realmente insuficiente. Pero hay señales que le indicarán que no es éste el caso de su bebé:

Hace por lo menos cinco deposiciones diarias, grandes, pastosas y como mostaza. Los recién nacidos y criados al pecho pueden defecar después de cada comida, hasta doce veces al día. Menos de cinco veces diarias en las primeras semanas puede ser indicio de insuficiente alimentación.

El pañal está mojado cuando lo cambia antes de cada comida y la orina es incolora. Si el bebé orina menos de ocho o diez veces al día o si la orina es amarilla, posiblemente con olor a pescado, o contiene cristales de urea (éstos parecen ladrillo molido, tiñen el pañal de rosado y son normales antes de que le baje la leche a la madre pero no después), no está recibiendo suficientes líquidos. Sin embargo, tales señales de deshidratación quizá no aparezcan hasta que el problema se haya vuelto grave.

Se oyen muchos ruidos al tragar el niño cuando está lactando. Si usted no los oye, tal vez el niño no tiene mucho que tragar. Sin embargo, no se preocupe porque el niño coma en silencio con tal de que esté ganando peso satisfactoriamente.

Parece feliz y contento después de comer. Si llora mucho o está intranquilo y se chupa furiosamente los dedos después de lactar, esto es tal vez indicio de que se quedó con hambre. Claro que no toda señal de descontento se relaciona con el hambre: después de la comida el malestar puede indicar gases o un esfuerzo por echar fuera una deposición.

Usted experimentó congestión de los pechos cuando le vino la leche. La congestión es buena señal de que sí puede producir leche; y los pechos más llenos al levantarse por la mañana y cuando han pasado cuatro o cinco horas sin lactar al bebé que después de darle de mamar, indican que se están llenando de leche con regularidad, y también que su bebé los está vaciando. Sin embargo, mientras el niño esté ganando peso, no tiene por qué preocuparse si no hay congestión.

Usted siente la sensación de la leche que baja o que se le sale. Unas mujeres sienten la bajada de la leche de manera distinta que otras (llenura, cosquilleo, estiramiento, comezón, dolor, pesadez, con derrame o sin él) pero sentirla cuando empieza a lactar, cuando oye llorar al niño o simplemente cuando piensa en él, indica que la leche está bajando de los conductos de almacenamiento a los pezones lista para que su hijo goce de ella. No todas las mujeres notan la bajada cuando ocurre, pero el hecho de que no baje (en combinación con señales de que el niño no está prosperando) debe ser para usted una señal de alarma.

No empieza usted a menstruar durante los tres primeros meses después del parto. A la mujer que está dando el pecho exclusivamente, la regla por lo general no le vuelve durante los tres primeros meses después del parto. Si le vuelve prematuramente, esto puede ser consecuencia de un bajo nivel hormonal, reflejo de inadecuada producción de leche.

Además de las pesadas de rutina, es posible que el doctor le pida que pese al niño antes y después de darle de mamar, sin cambiarle los pañales. Así se puede saber cuántos gramos está tomando en cada comida, o por lo menos en esa comida, cosa que sabe automáticamente la madre que lo alimenta con biberón.

Si el examen médico revela que su hijo no está progresando con la lactancia, hay muchas causas posibles. Algunas se pueden remediar:

No le está dando con suficiente frecuencia. En este caso, aumente el número de comidas por lo menos a ocho o hasta diez en las 24 horas. No deje pasar más de tres horas durante el día y cinco durante la noche entre las comidas (los programas de comida cada cuatro horas son para los niños que se crían con biberón, no para los que se crían al pecho). Esto implica despertar al niño cuando está dormido para que no se pierda una comida o darle si tiene hambre aunque haya acabado de comer una hora antes. Si su bebé es de los que se quedan "contentos con hambre" (algunos recién nacidos son así) y nunca pide el pecho, usted tiene que tomar la iniciativa y programarle las horas de comer. La lactancia frecuente no sólo llena al niño y le hace ganar peso sino que estimula la producción de leche de la madre.

Usted no está desocupando por lo menos un pecho en cada comida. Lactar del primer pecho por lo menos diez minutos debe vaciar el pecho; si su hijo cumple esta tarea, déjelo mamar lo que quiera, poco o mucho, del otro pecho. Acuérdese de alternar el pecho con que empieza cada comida. Cambiar de uno a otro cada cinco minutos les resulta mejor a algunas mujeres (y a sus niños) porque el bebé obtiene la porción del cachorro de león de cada uno antes de saciarse; pero cuide de darle en total no menos de diez minutos del primer pecho. Si el bebé no cumple la tarea, extraiga la leche con una bomba para mejorar la producción.

Su bebé es perezoso o ineficiente. Esto puede ser consecuencia de que el niño haya sido prematuro, o esté enfermo, o adolezca de alguna malformación bucal (por ejemplo, paladar hendido o lengua adherida). Cuanto menos eficiente sea la acción de mamar, menos leche se produce y el niño no podrá prosperar. Mientras no aprenda a mamar vigorosamente, necesitará ayuda para estimular sus pechos. Esto se puede hacer con una mamadera, la cual se puede usar para vaciarlos después de cada comida (la leche que se recoja se debe guardar en frascos para usarla después). Mientras su producción de leche no sea suficiente, es probable que el doctor le recomiende un suplemento de leches de fórmula administradas con biberón, o con el sistema nutritivo supletorio que se muestra en esta página (y que tiene la ventaja de no causar confusión con la introducción de un pezón artificial) después de darle el pecho.

Si el niño se cansa con facilidad, es posible que le recomienden lactarlo sólo cinco minutos de cada pecho, siguiendo luego con un suplemento de leche extraída o de fórmula en biberón, o mediante el sistema nutritivo supletorio, los cuales le exigen al bebé menos esfuerzo.

Su niño no ha aprendido a coordinar los músculos de las quijadas para mamar. Este mamador ineficiente también necesitará la ayuda de un sacaleches para estimular los pechos de la madre a producir más leche. Además necesitará que se le enseñe a mejorar la técnica de mamar; hasta es posible que el doctor recomiende hacerle fisioterapia. Mientras aprende quizá requiera una alimentación suplementaria.

Tiene usted los pezones sensibles o sufre una infección. El dolor no sólo puede contrariar su deseo de dar el pecho, haciendo menos frecuentes las lactaciones y reduciendo su producción de leche, sino que también puede impedir que la leche

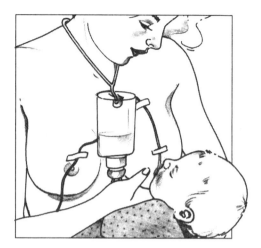

Sistema nutritivo supletorio: *Este aparato, sumamente cómodo, le da al bebé un alimento suplementario al mismo tiempo que estimula la producción de leche de la madre. Del cuello de ésta pende un frasco de alimento; tubos delgados que salen del frasco van adheridos a los pechos hasta un poco abajo de los pezones. El frasco se llena con la propia leche de la madre extraída con mamadera, o con leche materna de un banco de leche, o con la de fórmula recomendada por el doctor. Al tomar el niño el pecho, toma al mismo tiempo el suplemento por el tubo. Este sistema evita la confusión de pezones que ocurre cuando el suplemento se da en biberón (el niño tiene que aprender a mamar de distinta manera del biberón y del pecho) y estimula a la madre para producir más leche mientras suplementa artificialmente.*

le baje. Así pues, tome las medidas necesarias para curar pezones sensibles o una mastitis (vea ''Pezones adoloridos'' y ''Mastitis'' en las páginas 646 y 647). Pero no use un protector de pezones, pues éste le dificulta al niño tomar bien el pezón y así se aumentan las dificultades.

Tiene los pezones planos o invertidos. No es fácil para el niño agarrar un pezón así. Esta situación inicia el círculo vicioso de escasa lactación, que produce escasez de leche, que conduce a chupar menos aún y a menos leche. Ayúdele al niño a agarrar mejor el pezón tomando usted la areola entre el pulgar y el índice y comprimiendo toda el área para que pueda chupar mejor. Use protectores de pezón entre las comidas a fin de facilitar la salida de los pezones, pero no los use cuando le esté dando el pecho, puesto que éstos, si bien sacan los pezones, le pueden impedir al niño que los agarre debidamente, causando así un problema a largo plazo.

Algún otro factor está impidiendo que le baje la leche. La bajada de la leche es un fenómeno fisiológico que puede ser inhibido o estimulado por su estado de ánimo. Si usted se siente avergonzada o angustiada con respecto a la alimentación al pecho en general, o en una situación en particular, la producción de leche puede estancarse, y además se puede afectar al contenido calórico de ésta. Trate, pues, de dar de mamar al bebé donde usted se sienta más cómoda, en privado si le disgusta hacerlo cuando hay otras personas presentes. Para calmar los nervios siéntese en una silla cómoda, escuche una música suave, tome una bebida alcohólica (no más de dos al día) o no alcohólica, ponga en práctica algunas de las técnicas de relajación que aprendió en las clases de maternidad. Masajes en los pechos o aplicación de compresas tibias inmediatamente antes de lactar también contribuyen a hacer bajar la leche. Si estas medidas no le resultan eficaces, pregúntele al pediatra si puede usar un atomizador de oxitocina. Este medicamento no aumentará su producción de leche pero sí ayudará a que la que produce baje y pase al bebé.

Su hijo se satisface de otra manera. Si el niño satisface la necesidad de mamar con un chupador de entretención, o con cualquier otra cosa no nutritiva, es natural que muestre poco interés por el pecho materno. Tire a la basura el chupador y déle el pecho cuando pida chupar; y no le dé biberones de agua supletorios.

Usted no le está sacando los gases du- rante la comida. Un niño que ha tragado aire puede dejar de comer antes de haber ingerido suficiente alimento, porque se siente ya lleno. Sacarle el aire le deja espacio para más leche. No olvide hacerlo eructar cada vez que lo cambia de pecho, ya sea que parezca necesitarlo o no, y con mayor frecuencia si durante la comida se muestra muy inquieto.

El niño duerme toda la noche. Un sueño no interrumpido de toda la noche es magnífico para el aspecto de la madre, pero no necesariamente para su producción de leche. Después de sufrir durante varios días la incomodidad de los pechos congestionados, cuando el niño empieza a pasar siete u ocho horas (y hasta diez) sin comer por la noche, la leche de la madre puede empezar a disminuir y aun es posible que al fin se necesite darle al bebé un suplemento. Para evitar esto, quizá usted tenga que despertarlo una vez a medianoche. En esta etapa no debe pasar más de cinco horas sin comer.

Usted ha regresado al trabajo. Volver al trabajo — y pasarse de 8 a 10 horas al día sin darle el pecho — también puede reducir la producción de leche. Una manera de impedir esta disminución es extraer la leche en el trabajo por lo menos una vez cada cuatro horas que usted esté lejos del bebé.

Está haciendo más de lo que debe hacer. La producción de leche materna requiere muchísima energía. Si usted está gastando la suya en otras cosas y no descansa lo suficiente, es posible que su producción disminuya. Ensaye pasar un día de descanso casi total en cama, seguido por tres o cuatro días de no hacer casi nada, y vea si su bebé no queda satisfecho.

Está durmiendo boca abajo. Cuando usted se acuesta boca abajo — cosa que muchas mujeres están ansiosas de hacer después de los últimos meses de embarazo cuando no podían adoptar esa posición en la cama — está descansando sobre el pecho, y esa presión puede disminuir su producción de leche, lo mismo que lo haría una faja para impedir la lactación. Así pues, póngase de lado, por lo menos parcialmente, para evitar la presión sobre las glándulas mamarias.

Le quedan en la matriz fragmentos de placenta. Su organismo no acepta el hecho de que ya ha dado a luz hasta que todos los productos del embarazo hayan sido expelidos, incluso la totalidad de la placenta; y mientras no esté completamente convencido, no produce niveles adecuados de prolactina, la hormona que estimula la producción de leche. Si usted experimenta una sangría anormal (vea la página 598) o cualquier otro síntoma de fragmentos de placenta retenidos, consulte inmediatamente con el tocólogo. Una dilatación y un raspado los pueden poner a usted y a su hijo en buen camino para una lactancia satisfactoria, evitando al mismo tiempo los riesgos que ofrece para su salud una placenta retenida.

Pero a pesar de sus mejores esfuerzos, en las mejores condiciones, con amplio apoyo de los médicos, de su marido y sus amigas, bien puede suceder que usted carezca de la capacidad de criar al pecho. Le pueden haber asegurado lo contrario, pero lo cierto es que hay algunas mujeres que sencillamente no pueden dar el pecho a sus niños sin ayuda supletoria, y unas pocas no pueden de ninguna manera. La razón puede ser fisiológica, por ejemplo, deficiencia prolactínica, insuficiencia de tejido glandular mamario, pechos marcadamente asimétricos, o lesión de los nervios de los pezones causada por cirugía del pecho. O puede ser psicológica, debida a sentimientos negativos con respecto a la crianza al pecho que inhiben la bajada de la leche. Algunas veces la causa no se puede precisar. Una señal temprana de que sus pechos pueden no ser capaces de producir leche suficiente es que no se agranden durante el embarazo; pero no es una señal infalible, y puede ser menos confiable en el segundo embarazo o en el tercero, que en el primero.

Si el niño no está prosperando, y a menos que el problema sea de los que se resuelven en unos pocos días, el médico seguramente ordenará alimentación supletoria con leche de fórmula. No se desanime. Lo más importante es la nutrición adecuada de su hijito, y no si se le da el pecho o el biberón. En todo caso, aun cuando le dé un suplemento, puede obtener los beneficios del contacto directo madre-hijo que ofrece la lactancia dejando que el niño mame por placer (de él y de usted) una vez que haya terminado con el biberón, o usando el sistema nutritivo supletorio.

Los defensores ardorosos de la alimentación al pecho tal vez pongan mala cara si usted usa leche de fórmula; tal vez le recomienden más bien que cambie radicalmente su régimen alimentario, que consuma levadura, que beba cerveza o ensaye alguna otra panacea. Desde luego, un régimen alimentario bien equilibrado es importante para que usted conserve su vigor y la buena calidad de su leche, pero no existe ninguna prueba científica de que con manipulaciones dietéticas se puedan remediar las deficiencias de la crianza al pecho. Ensáyelas si quiere, pero no permita que su bebé se muera de hambre mientras tanto.

Cuando un niño que no prospera con el pecho se pasa a leche de fórmula, casi invariablemente empieza a medrar. En los raros casos en que esto no ocurre, es preciso volver a consultar con el médico para determinar cuál es la causa de que no aumente de peso.

DOBLE TRABAJO, DOBLE DIVERSION

En generaciones anteriores, cuando el instrumento más refinado de la obstetricia para el diagnóstico prenatal era el estetoscopio, era cosa frecuente que una pareja de gemelos sorprendiera a los padres en la sala de partos, sin darles tiempo para hacer preparativos adicionales. Hoy, como los padres pueden ver doble en la pantalla de ultrasonido desde el principio del embarazo, son raras las carreras desaforadas a la tienda a comprar doble de todo después del parto. Pero aun con ocho meses de aviso previo puede ser imposible prepararse completamente para el día en que son cuatro en la familia (o más si ya había hermanitos). Saber más sobre cómo planificar y qué esperar dará un mejor sentido de control de una situación que parece fundamentalmente incontrolable.

Prepárese doblemente. Como las dobles bendiciones suelen presentarse antes de lo que uno esperaba, es bueno empezar a organizarse para la llegada de los gemelos con bastante anticipación. Trate de tener en la casa todos los artículos necesarios antes de internarse en la clínica. (Los preparativos que se indican en el capítulo uno para las madres que esperan son doblemente importantes para usted.) Pero, aunque es bueno destinar bastante tiempo a los preparativos, no es bueno que usted se agote (sobre todo si el médico le ha dado instrucciones explícitas en sentido contrario). Descanse todo lo que pueda antes de la llegada de los gemelos; después, descansar va a ser un lujo para usted.

De todo, el doble. Haga lo más posible para sus hijos por partida doble. Esto significa sacarlos a pasear al mismo tiempo para poderlos alimentar juntos, meterlos al baño juntos (una vez que se puedan sentar en un asiento de bañera), llevarlos a ambos en el cochecito de paseo. Jabónelos a los dos poniéndolos en su regazo, o uno en el regazo y otro al hombro. Cuando no pueda atender a los dos al tiempo, altérnelos. Bañe al uno una noche, al otro a la siguiente. O disminuya: báñelos sólo cada dos o tres días (a tan temprana edad no es

necesario el baño diario) y hágales el aseo con esponja en los días intermedios.

Reparta. Es decir, reparta el trabajo. Cuando esté en casa el padre, comparta con él los quehaceres hogareños (cocinar, barrer, lavar, ir de compras) y los niños (usted se encarga de un niño, él del otro). Cuiden de alternar, de modo que ambos niños aprendan a conocer bien a ambos padres, y viceversa.

Que coman a dos pechos. Lactar a niños gemelos es físicamente muy exigente, pero en cambio elimina el engorroso manejo de docenas de biberones y gramos interminables de fórmula. Lactarlos simultáneamente economiza tiempo y le ahorra un diario maratón alimenticio. Puede sostener a los niños, apuntalados con almohadas, con los pies detrás de usted, o con uno en cada pecho, con los cuerpos cruzados al frente de usted. Alterne los pechos que cada uno toma en cada comida para evitar favoritismos (y también para evitar que los pechos se descompensen si uno de los niños resulta más comilón que el otro). Si su producción de leche no es suficiente para dos, puede lactar al uno mientras le da el biberón al otro — también alternando de una a otra comida. Para conservar su energía lo mismo que su producción de leche, cuide de obtener supernutrición (inclusive 400 o 500 calorías extra por bebé) y descanso adecuado.

Trate de conseguir más manos, si cría con biberón. Criar mellizos con biberón requiere un par de manos adicionales ó mucho ingenio. Si se encuentra con dos bebés y sólo dos manos a la hora de la comida, puede sentarse en un sofá entre los dos niños, con los pies de éstos hacia atrás, y sostener un biberón para cada uno. O álcelos a los dos en los brazos con los biberones en sostenedores levantados a altura conveniente con almohadas. Ocasionalmente también puede sostener el biberón para uno de los bebés sentado en su sillita (nunca acostado) mientras le da la comida al otro en la forma habitual. Alimentarlos uno después del otro es otra posibilidad, pero le merma significativamente la escasa cantidad de tiempo con que cuenta para otras actividades. Este sistema también hace que los niños duerman a horas ligeramente distintas, si duermen después de comer, lo cual es bueno si usted quiere tener un tiempo a solas con cada uno, pero malo si quiere utilizar la hora de la siesta conjunta para hacer otras cosas en la casa.

Haga la mitad del trabajo. Reduzca las cosas no esenciales. Use platos de cartón y comidas de llevar, no haga caso del polvo ni del desorden, use pañales desechables o de un servicio de pañales, y ropa fácil de cuidar para toda la familia. Use baberos y pantaloncitos de caucho (si insiste en pañales de tela) para proteger la ropa y no tener que lavar tanto.

Lleve el doble de registros. ¿Cuál tomó tal cosa y en qué comida? ¿A quién bañé ayer? ¿A cuál le toca hoy? Si usted no lo anota (en una carterita, o pegado en la pared del cuarto de los niños o en un pizarrón, con seguridad se olvida. Igualmente, en un cuaderno de registro permanente lleve los datos de las vacunas, las enfermedades y demás. Aunque casi siempre a ambos les dará todo lo que esté dando en su localidad, a veces uno solo será afectado, y usted no recordará después cuál fue.

Eche su siestecita. El sueño necesariamente será escaso para usted los primeros meses, pero será más escaso aún si permite que los niños se despierten al azar durante la noche. Por el contrario, cuando uno llore, despierte también al otro y déles de comer a los dos. En cualquier momento que sus dos angelitos estén durmiendo durante el día, eche usted también su siestecita, o por lo menos siéntese con los pies en alto.

Duplique la ayuda. Toda nueva madre necesita ayuda, y usted necesita el doble. Acepte toda la que le ofrezcan, venga de donde viniere, del esposo, de los padres, de otros parientes, amigas, niñas vecinas, niñeras pagadas. Si tiene con qué, contrate dos niñeras cuando tenga que dejar a los niños durante el día. O contrate a dos amigas o parientas o adolescentes del vecindario. En esta forma, cuando se tome unas pocas horas de descanso sabrá que ambos bebés gozan de atención individual.

Aprenda a desintonizar algo de la alharaca y el llanto. Usted no puede estar en dos lugares a la vez, y tanto usted como sus gemelos van a tener que aprender a aceptar esta realidad. Al poco tiempo se estarán distrayendo el uno al otro, dándole a usted más tiempo para otras cosas.

Duplique el equipo. Cuando no tenga otro par de manos que le ayuden haga uso de dispositivos prácticos como un portabebés (lleva a uno de los bebés en éste y al otro en brazos), columpios (pero no antes de que los niños cumplan seis semanas) y asientos infantiles. Un corralito de juego es un lugar seguro para los mellizos cuando ya estén un poquito mayores, y como allí se acompañan el uno al otro, se dejarán meter en esa prisión y por más tiempo que un hijo único. Elija un cochecito de paseo que responda a sus necesidades; por ejemplo, si va a recorrer con frecuencia los estrechos pasadizos de un mercado, le conviene un modelo en que los niños van uno detrás del otro, más bien que un modelo en que van sentados uno al lado del otro. Probablemente encontrará que comprar un cochecillocuna es tirar el dinero. Y no olvide que necesita dos asientos de automóvil. (Ponga el uno en el centro del puesto delantero, el otro en el centro del asiento trasero.)

Unase a un grupo de padres de gemelos. Los padres de gemelos que ya han sobrevivido los primeros meses serán sus mejores fuentes de consejo y apoyo; aprovéchelos. Busque en su vecindario una asociación de tales padres, y si no la hay, iníciela usted localizando miembros mediante un aviso en la cartelera de su pediatra. No conviene, sin embargo, que se vuelva demasiado exclusivista, que se relacione únicamente con padres de gemelos y que sus niños sólo participen en grupos de juego de gemelos. Sin duda ser mellizos es algo muy especial, pero excluir a sus hijos del trato de los que no lo son desestimula el desarrollo social normal ya que la mayoría de las personas obviamente no son gemelas.

> **Duplique la vigilancia cuando empiecen a moverse.** En cualquier lío en que se pueda meter un niño, se pueden meter dos niños — y con mayor frecuencia. Descubrirá usted a medida que empiezan a gatear y andar por todas partes que la travesura que no se le ocurre al uno, se le ocurre al otro. Por tanto, es preciso ejercer el doble de vigilancia con ellos.
>
> **Espere doble mejora.** Los cuatro primeros meses con gemelos son los más difíciles; aun cuando nunca será sencillo cuidar de ellos, usted adquirirá poco a poco mayor experiencia y destreza para arreglárselas. No olvide que los gemelos son cada uno el mejor compañero del otro; a veces tienen una manera de distraerse mutuamente que bien pueden envidiar las madres de hijos únicos, y que la dejará a usted cada vez más en libertad en los meses y años venideros.

LAS FONTANELAS

"Me pongo muy nerviosa cuando le toco la cabeza al niño; esa parte blanda me parece tan vulnerable. A veces se sienten en ella pulsaciones y esto me asusta".

Esa "parte blanda" (en realidad son dos y se llaman las fontanelas) es más resistente de lo que parece. La fuerte membrana que cubre las fontanelas protege al recién nacido hasta de los dedos del hermanito más curioso, y ciertamente del manoseo cotidiano.

Estas aberturas en el cráneo, donde los huesos aún no han soldado, no son para que los papás se pongan nerviosos sino para dos funciones importantes. Durante el parto permiten cierta deformación de la cabeza de la criatura para que pueda pasar por el cuello uterino, como no podría pasar un cráneo sólidamente soldado. Posteriormente, permiten el enorme crecimiento del cerebro durante el primer año.

La mayor de las dos aberturas, la fontanela anterior, tiene forma de diamante y puede alcanzar hasta 5 cm de ancho. Empieza a cerrarse a los seis meses y generalmente está ya totalmente cerrada cuando el niño cumple los 18 meses. Normalmente aparece plana, aunque puede abultar un poco cuando el niño llora, y si el pelo es ralo y claro, las pulsaciones cerebrales son visibles a través de ella.

Una fontanela anterior deprimida suele ser indicio de deshidratación, o sea que el niño necesita que se le den líquidos rápidamente. (Llame inmediatamente al médico para informarle de este síntoma.) Una fontanela que abulte persistentemente puede indicar aumento de presión dentro de la cabeza y requiere por tanto inmediata atención médica.

La fontanela posterior, abertura triangular más pequeña situada más atrás en la cabeza y de menos de 12 milímetros de diámetro, es mucho menos notoria y quizá a usted le dé trabajo localizarla. Por lo general ya está totalmente cerrada al tercer mes.

AMPOLLAS DE LA LACTACION

"¿Por qué tiene mi niño ampollas en el labio superior? ¿Estará chupando muy duro?"

Para un bebé de buen apetito no es que esté chupando muy duro — aunque eso le parezca a una nueva madre que tiene los pezones sensibles. Las "ampollas de la lactación" aparecen en el centro del labio superior de muchos recién nacidos, ya sea que se críen al pecho o con biberón. Sí son causadas por chupar vigorosamente, pero no tienen ningún significado médico, no le causan al niño molestia alguna, y desaparecen a los pocos meses sin necesidad de tratamiento. A veces hasta parece que desaparecen entre las comidas.

CICATRIZACION DEL CORDON UMBILICAL

"El cordón todavía no se le ha caído a mi hijo del ombligo, y se ve horrible. ¿Estará infectado?"

Un ombligo que está sanando se ve y huele por lo general peor de lo que realmente está. Lo que en términos médicos es "perfectamente normal" puede aterrar a las personas temerosas más que la escena culminante de una película de horror.

Si usted ha cuidado debidamente del tocón, como se indicó en el capítulo anterior, no es probable que haya infección. Sin embargo, si observa que la piel alrededor se ha puesto colorada (lo que puede ser irritación causada por las aplicaciones de alcohol, o infección), o si hay supuración del ombligo o de la base del cordón umbilical, y sobre todo si la supuración tiene mal olor, consulte con el pediatra. Si hay infección, probablemente le recetará antibióticos.

El cordón, brillante y húmedo al momento de nacer la criatura, se seca y se cae generalmente a la vuelta de una semana o dos; pero esto puede ocurrir más temprano o más tarde. Algunos bebés parece como que no quieren soltar el ombligo. Mientras no se haya caído, mantenga el sitio seco (nada de baños de inmersión), expuesto al aire (doble el pañal hacia abajo y la camisa hacia arriba) y límpielo con alcohol (pero trate de proteger la piel circundante, lo que se puede hacer cubriéndola con una loción para niños antes de limpiar el cordón con algodón).

HERNIA UMBILICAL

"Cada vez que mi niña llora, el ombligo parece que se le saliera. La enfermera dice que es hernia y quiere ponerle una faja alrededor de la barriga".

El diagnóstico probablemente es correcto, pero el tratamiento está definitivamente equivocado. Antes del nacimiento, la pared abdominal de todos los niños tiene una abertura por donde pasan los vasos sanguíneos que comunican con el cordón umbilical. En algunos casos (más frecuentes entre los niños negros que entre los blancos) esa abertura no se cierra del todo al nacer. Cuando estos bebés lloran o hacen esfuerzo, un pequeño pliegue de intestino empujando por la abertura levanta el ombligo, y a menudo toda el área circundante, formando una protuberancia de tamaño desde la yema de un dedo hasta el tamaño de un limón. El aspecto, sobre todo si se le aplica el pavoroso nombre de "hernia", puede ser aterrador, pero en realidad no hay por qué preocuparse. A diferencia de otras hernias, el intestino casi nunca se estrangula en la abertura y en la mayoría de los casos la hernia se resuelve poco a poco sin intervención. Las aberturas pequeñas se cierran solas o se hacen insignificantes en pocos meses; las grandes tardan un año y medio o dos años.

Fajas estomacales, vendas, y monedas pegadas con esparadrapo, son remedios anticuados e ineficaces, fuera de que el esparadrapo puede irritar la piel. El mejor tratamiento suele ser no hacer nada. A pesar de que la cirugía para corregir una hernia umbilical es sencilla, segura y no ofrece peligro, no se recomienda sino cuando la abertura abdominal es muy grande, se está ensanchando, molesta al niño o intranquiliza a la madre. A menudo el pediatra aconsejará esperar hasta que el niño cumpla seis o siete años antes de pensar en cirugía, porque casi en todos los casos la abertura se habrá cerrado para entonces. Naturalmente, lo mejor es evitar una operación si se puede.

No confunda un ombligo protuberante con una hernia. Una hernia se expande al llorar el niño; el ombligo normal protuberante no. Es posible que el ombligo también parezca sobresalir antes de que se caiga el cordón umbilical, pero esto tampoco es hernia.

ESTORNUDOS

"Mi niño estornuda constantemente. No parece que esté enfermo, pero me temo que haya pescado un resfriado".

No se apresure a darle remedios. Lo que su niño tiene probablemente no es un resfriado sino un poco de líquido amniótico y un exceso de mucosidades en las vías respiratorias, cosas muy comunes en los recién nacidos. Para aclararlas, la naturaleza le ha dado un reflejo protector: el estornudo. El estornudo frecuente (y la tos, otro reflejo protector) le ayudan también a deshacerse de partículas extrañas del ambiente que se le han entrado por la nariz — algo así como la pimienta que al olerla hace estornudar a los adultos.

OJOS BIZCOS

"La hinchazón alrededor de los ojos ya se le ha quitado a mi hijo, pero ahora parece bizco".

Los niños chiquitos siempre les dan gusto a las mamás ofreciéndoles nuevos motivos de preocupación. Y todas se preocupan muchísimo cuando notan que los ojitos del bebé parecen bizcos. En la mayoría de los casos lo que pasa es que hay arrugas extra de piel en la comisura interior de los ojos que los hacen parecer así. A medida que el niño crece, estas arrugas se

repliegan y los ojos parecen más normales.

Durante los primeros meses también es posible que observe usted que los ojos del niño no parecen funcionar de acuerdo el uno con el otro. Estos movimientos al azar significan que apenas está aprendiendo a ver y fortaleciendo los músculos oculares. La coordinación debe mejorar bastante a los tres meses. Si no es así, o si los ojos del niño siempre parecen estar desincronizados, consulte con el médico. Si hay indicios de estrabismo, que es la verdadera bizquera (en que el niño enfoca el objeto que mira con un solo ojo mientras que el otro ojo parece dirigido a cualquier parte) será necesario consultar con un pediatra oftalmólogo. El tratamiento temprano es importante puesto que mucho de lo que el niño aprende le entra por los ojos; y porque no hacer caso de ojos bizcos puede conducir a una ambliopía, u "ojo perezoso", en la cual el ojo que no se usa se debilita precisamente por falta de uso.

OJOS LACRIMOSOS

"Al principio, cuando mi bebé lloraba no le salían lágrimas. Ahora los ojos se le llenan de lágrimas aun cuando no esté llorando. Y a veces le corren por las mejillas".

Llorar sin lágrimas es cosa común en los recién nacidos. Sólo a fines del primer mes de vida el fluido que baña los ojos (y que llamamos lágrimas) empieza a producirse en las glándulas lacrimógenas situadas encima de los globos oculares. Este fluye normalmente por los diminutos conductos lacrimonasales situados en la comisura interior de cada ojo y en la nariz, lo cual explica por qué un llanto copioso produce flujo nasal. Estos conductos son muy pequeñitos en los recién nacidos y en el 1% de los bebés uno de ellos, o ambos, están bloqueados.

Puesto que en un conducto bloqueado no hay drenaje adecuado, los ojos se llenan de lágrimas que con frecuencia se desbordan y producen constantemente el aspecto de "ojos lacrimosos" hasta en niños alegres. Por lo general los conductos bloqueados se aclaran por sí mismos para fines del primer año sin necesidad de tratamiento, pero es posible que su médico recomiende masajes de los conductos para acelerar el proceso. (Si al hacerle masajes los ojos se hinchan o se ponen colorados, suspenda los masajes e informe al doctor.)

A veces cuando hay bloqueo del conducto lacrimonasal se forma una pequeña mucosidad blanca amarillenta en la comisura interior del ojo, y los párpados están pegados cuando el bebé despierta por la mañana. Estas legañas y mocos se deben limpiar con agua hervida que se deja enfriar y motas de algodón absorbente esterilizado. Sin embargo, si hay flujo más pesado y amarillo oscuro o enrojecimiento de la córnea, esto puede ser indicio de infección y requiere atención médica. El doctor puede recetar ungüentos o colirios antibióticos, y si el conducto está infectado en forma crónica, puede recomendarle que vea a un oftalmólogo. Este último quizá ordene sondear el conducto con un alambre muy fino para establecer el flujo normal de lágrimas, o tal vez prefiera seguir esperando hasta que el niño tenga un año, más o menos. Es muy raro el caso en que la sonda no dé resultado y haya que operar.

PRIMERAS SONRISAS

"Todos dicen que las sonrisas de mi hijo no son más que «gases», pero parece feliz cuando sonríe. ¿No serán reales?"

Lo leen en libros y revistas. Lo oyen en boca de suegras, amigas que tienen hijos, el pediatra, personas extrañas en el parque. Pero no hay ninguna nueva madre que quiera creer que las primeras sonrisas de su hijo son un gesto mecánico debido a burbujas pasajeras de gases, y no una onda de amor especial para ella.

Desgraciadamente, hasta ahora las pruebas científicas parecen indicar que eso es cierto: un recién nacido no sonríe en el verdadero sentido social antes de las cuatro o seis semanas de edad. Esto no significa que todas sus sonrisas se deban a "gases"; también pueden ser una manifestación de comodidad y contento. Unos sonríen cuando se están quedando dormidos, cuando orinan o cuando se les acaricia la mejilla.

Cuando su niño sonría por primera vez de verdad, usted no podrá dudarlo y se derretirá, naturalmente. Mientras tanto, disfrute de esas vislumbres de sonrisas que vendrán, indudablemente adorables cualquiera que sea su causa.

LA TEMPERATURA ADECUADA PARA EL BEBE

"Me parece que hace mucho calor para ponerle suéter y gorro, pero cuando lo saco en camisa y pañal, toda la gente que encontramos en la calle me dice que está desabrigado".

En opinión de los extraños bienintencionados que uno encuentra en los ómnibuses, las tiendas y la calle, las nuevas madres (aun cuando ya vayan por su segundo o su tercer hijo) no hacen nada bien. De modo que, acostúmbrese a la crítica. Pero no permita que ésta afecte a su manera de cuidar del bebé. Abuelas y otras señoras que se les parecen se irán a la tumba sosteniendo lo contrario, pero la verdad es que una vez que se ajuste bien el termostato natural del niño (o sea durante sus primeros días de vida), no necesita abrigarlo más de lo que se abriga usted misma. (Y en efecto, antes de eso, un exceso de ropa puede resultar tan perjudicial como la insuficiencia de abrigo para el mecanismo autorregulador de temperatura del recién nacido.)

De manera que, en general, para determinar si la temperatura es confortable para el bebé guíese por su propia comodidad — a menos que usted sea una de esas personas que siempre sienten calor cuando todo el mundo siente frío, o siempre están con frío cuando los demás se quejan de calor. Si no está segura, no lo compruebe tocándole la mano, como lo hacen esas señoras críticas bienintencionadas que le dicen: "¿Lo ve usted? Tiene las manos frías". Las manos y los pies de un niño pequeño están por lo general más fríos que el resto del cuerpo debido a la falta de madurez del sistema circulatorio. Tampoco interprete unos pocos estornudos como síntoma de que tiene frío; puede estornudar como reacción a la luz del sol o porque necesita limpiar la nariz. Si afuera hace calor su hijo no está desabrigado.

No escuche a los extraños, pero sí al niño. Los niños nos dicen si tienen frío (como nos dicen todo lo demás) alborotando y llorando. Cuando usted reciba ese mensaje, tómele la temperatura con el dorso de la mano poniéndole ésta en la nuca, el brazo o el tronco (lo que sea más accesible bajo la ropa del bebé). Si lo siente confortablemente tibio, tal vez el llanto sea de hambre o de cansancio. Si está sudando, tiene demasiada ropa. Si está frío póngale más ropa o una manta, o caliente la habitación. Si un recién nacido está excesivamente frío, llévelo sin pérdida de tiempo a un lugar caliente porque su organismo probablemente no puede producir suficiente calor para re-

calentarse él mismo aun cuando tenga mucha ropa encima. Mientras tanto, acérquelo bien al calor de su cuerpo, bajo su blusa si es necesario.

Una parte del cuerpo que necesita más protección en cualquier tiempo es la cabeza, en parte porque por la cabeza descubierta se pierde mucho calor, y en parte porque los niños chiquitos por lo general tienen muy poco pelo que los proteja. Cuando el día esté un poco fresco, es bueno ponerles gorro a los niños de menos de un año. En tiempo caluroso y de sol, un sombrerito con ala les protegerá la cabeza, la cara y los ojos; pero aun con esta protección, la exposición directa al sol no debe ser sino por un instante.

Un bebé de corta edad también necesita protección extra contra la pérdida de calor cuando está durmiendo. Durante el sueño su mecanismo productor de calor funciona más lentamente, de manera que en tiempo frío usted debe tener a mano una manta adicional para la siesta. Si duerme por las noches en un cuarto frío, un saco de dormir de bayeta o un edredón servirán para mantenerlo calentito.

En materia de vestido para el niño en tiempo frío, no es sólo cuestión de moda sino de sensatez ponerle varias prendas unas sobre otras, pues las capas múltiples de ropa ligera retienen mejor el calor que una sola prenda gruesa. Además, se las puede ir quitando una por una según lo pida la temperatura ambiente, por ejemplo si usted entra con el niño en una tienda muy caliente o en un ómnibus atestado de gente, o si súbitamente el tiempo cambia y sale el sol.

Hay unos pocos bebés que se salen de la norma general con respecto a la temperatura del cuerpo, como se salen también algunos adultos. Si su hijo está siempre más fresco o más caliente que usted, acepte ese hecho. Quizá hablando con sus parientes políticos se entere de que su esposo era lo mismo cuando estaba chiquito. Eso significa, para el bebé más frío, más cobertores y prendas de ropa más abrigadas de lo que usaría usted normalmente; y menos abrigo y ropa más ligera para el que siempre tiene temperatura más alta. (Esto probablemente lo descubrirá usted por el salpullido del calor, aun en tiempo frío.)

SAQUE EL NIÑO A PASEAR

"Hace diez días que traje a mi hijo del hospital a la casa, y me estoy volviendo loca aquí encerrada. ¿Cuándo podré salir con el niño a la calle?"

A menos que su casa y el hospital hayan estado conectados por un túnel, usted ya lo sacó. Y si no hubo tormenta o huracán, o un tiempo polar, lo había podido seguir sacando todos los días. Esos cuentos de comadres (que siguen perpetuando mamás y suegras ya no tan viejas) que han mantenido a los recién nacidos y a las nuevas madres prisioneros en la casa durante dos semanas, no tienen validez ninguna. Cualquier bebé bastante fuerte para salir de la clínica es bastante fuerte para dar un paseo por el parque, ir al supermercado y hasta emprender una excursión más larga para visitar a los abuelos. (Desde luego, en la temporada de gripe es más prudente no exponerlo a las multitudes en lugares encerrados, sobre todo los primeros meses.) Usted probablemente necesita más descanso que el bebé y debe pasar mucho tiempo sentada o acostada por lo menos durante la primera semana después del parto; pero si se siente con fuerzas para ello, no vacile en programar su primer escape del encierro de su casa.

Cuando salga con el bebé, vístalo adecuadamente y lleve siempre una manta extra por si el tiempo cambia y se enfría. Si ventea o llueve, use una cubierta protectora para el cochecito; si hace mucho frío o mucho calor con humedad, no tenga al niño mucho tiempo a la intemperie: si usted se está congelando o se está asando, él también. Evite exponerlo directamente a los rayos del sol, aun en buen tiempo. Si salen en el auto, cuide de que quede bien sujetado en el asiento de seguridad.

EXPOSICION A LOS EXTRAÑOS

"Todo el mundo quiere tocar a nuestro hijito: el portero, la cajera del supermercado, las ancianas en las tiendas, las visitas que vienen a casa. Yo siempre me preocupo por los microbios".

No hay nada que pida tanto que lo aprieten como un recién nacido: mejillas, dedos, barbilla, el dedo gordo del pie — ¡irresistibles! Pero justamente lo que la mamá quiere es que los extraños resistan la tentación cuando se trata de su hijito.

Su temor de que su hijo adquiera microbios en esta forma es justo. Un bebé de muy corta edad es muy susceptible a infecciones porque su sistema inmunológico todavía no está bien desarrollado y el organismo no ha tenido tiempo de construir defensas. De manera que, por el momento, pida cortésmente a los extraños ver y no tocar, sobre todo las manos que el niño invariablemente se lleva a la boca. Echele la culpa al doctor: "El pediatra dice que todavía no lo debe tocar nadie fuera de la familia". Y en cuanto a los amigos y parientes, pídales que antes de alzar al bebé se laven las manos, por lo menos durante el primer mes. Esto debe continuar indefinidamente si tocan al niño personas que padecen una enfermedad contagiosa. El contacto de piel a piel hay que evitarlo con cualquiera que tenga una erupción cutánea o una llaga.

De todas maneras, y por más precauciones que usted tome, siempre habrá de vez en cuando algún contacto de su hijo con extraños. No se ha perdido todo. Si un amistoso revisor en el supermercado prueba la fuerza con que el niño le agarra el dedo, usted saca un limpiador y le lava la mano al niño — discretamente, por supuesto.

Sin embargo, a medida que el niño va creciendo no necesita y no se debe criar en un ambiente de burbuja plástica. Es preciso que se exponga a diversos microbios para que vaya creando defensas contra los más comunes en su vecindario. Así que después del primer mes sea menos estricta y deje que los microbios caigan donde caigan.

CAMBIOS DE COLOR DE LA PIEL

"De pronto mi hijo se puso de dos colores: azul rojizo por debajo y pálido por encima. ¿Qué está pasando?"

Tal vez no hay nada más aterrador que ver cambiar al niño de color; pero en realidad no hay nada que temer cuando súbitamente presenta una doble coloración, bien de un lado a otro, bien de la parte superior a la parte inferior del cuerpo. Lo que ocurre es que, como consecuencia de la falta de madurez del sistema circulatorio, la sangre se acumula en la mitad del cuerpo del bebé. Póngalo un instante cabeza abajo (o voltéelo si la diferencia de color es de un lado al otro) y se restablecerá la coloración normal.

También es posible que usted observe que el bebé tiene las manos y los pies azules, aun cuando el resto del cuerpo sea rosado. Esto se debe igualmente a imperfecta circulación y por lo común desaparece para fines de la primera semana.

"A veces cuando estoy mudando a mi bebé noto que tiene toda la piel moteada. ¿Por qué?"

La aparición de manchitas amoratadas (a veces más rojas, a veces más azules) en la piel del bebé seguramente pone a cavilar a los padres. Es común que la piel se ponga amoratada cuando el niño se ha enfriado o está llorando. Estos cambios transitorios son otra señal de inmadurez del sistema circulatorio, visibles a través de la piel aún muy delgada. Este fenómeno debe desaparecer a los pocos meses. Mientras tanto, cuando se presente, tóquele al niño la nuca o la parte central del cuerpo para verificar si se ha enfriado demasiado, y en este caso abríguelo mejor. De lo contrario, tranquilícese y espere a que desaparezca el moteado, como desaparecerá probablemente dentro de pocos minutos.

PROGRAMA PARA LAS COMIDAS

"Parece que me paso todo el día dándole de comer al niño. ¿Qué fue de los programas de cuatro horas de los cuales he oído hablar?"

Infortunadamente ni su hijo, ni todos los demás niños a quienes usted ve prendidos del pecho de la madre casi continuamente durante los primeros meses de vida, han oído hablar de tales programas de cuatro horas. El hambre acosa y el niño pide de comer — con más frecuencia de lo que los "programas" le permitirían.[2]

Déjelo, por lo menos por ahora. Los programas de tres o de cuatro horas son para los niños criados con biberón, a los que generalmente les va muy bien con

[2] Recuerde, sin embargo, que lo mismo que las contracciones del alumbramiento, los intervalos entre comidas se cuentan desde el principio de una hasta el principio de la siguiente. Por ejemplo, un bebé que lacta cuarenta minutos empezando a las 10 A.M. y luego duerme una hora y veinte minutos antes de volver a comer, tiene un programa de comida cada dos horas, no de una hora y veinte minutos.

ellos. Pero los criados al pecho necesitan comer con más frecuencia. En primer lugar, porque la leche materna se digiere más rápidamente que la de fórmula y el niño vuelve a sentir hambre más pronto. En segundo lugar, porque la lactación frecuente contribuye a que la producción sea abundante, base del éxito en la crianza al pecho.

Durante las primeras semanas déle de comer cuantas veces lo pida; pero si a las tres semanas todavía quiere comer cada hora, consulte con el médico para verificar si el aumento de peso del niño es normal. Si no es normal, pídale consejo y vea la sección "Su bebé criado al pecho no prospera", página 116. En cambio, si parece que sí prospera, hay que pensar en otra cosa. Dar el pecho cada hora es demasiado esfuerzo, tanto físico como emocional, para usted y probablemente tendrá la consecuencia de pezones adoloridos y fatiga. Tampoco es lo mejor para su hijo, puesto que él necesita períodos más largos de sueño y períodos más largos de estar despierto cuando no esté comiendo y debe estar viendo otra cosa que no sea un pecho.

Suponiendo que su producción de leche está ya bien normalizada, puede empezar a pensar en someter al bebé a alguna especie de programa. Ensaye alargando los intervalos entre comidas (lo cual también puede contribuir a que el niño duerma mejor por la noche). Cuando despierte llorando una hora después de comer, no se apresure a darle. Si parece que todavía tiene sueño, trate de que se vuelva a quedar dormido sin darle de comer. Antes de alzarlo déle unas palmaditas en la espalda o sóbesela, ponga a sonar un juguete musical, a ver si se vuelve a dormir. Si no, álcelo, arrúllelo, paséelo, mézalo en sus brazos, todo con la intención de hacerlo dormir otra vez. Aun cuando parezca que está muy des-

pierto, no se apresure a darle el pecho. Múdelo, convérsele, distráigalo de alguna otra manera o hasta sáquelo a pasear. Es posible que el bebé se interese tanto en usted y el resto del mundo que se olvide del pecho, siquiera por unos minutos.

Cuando al fin le dé el pecho, no le permita mamar en forma intermitente, que es lo que tratan de hacer muchos bebés. Anímelo para que tome cada pecho por lo menos diez minutos (veinte sería mejor aún). Si no lo logra, empiece con cinco minutos de cada lado para que se llene con la mayor cantidad de leche de ambos pechos en diez minutos, luego vuélvalo al primer pecho para que siga lactando todo lo que quiera. Si se duerme, trate de despertarlo para que siga comiendo. Si logra aumentar los intervalos entre comidas un poquito cada día, al fin usted y el bebé llegarán a un programa más razonable: cada dos o tres horas, y con el tiempo cada cuatro horas más o menos. Pero el programa debe basarse en el hambre que tenga, no en el reloj.

HIPO

"Mi hijo tiene hipo constantemente, sin que sepamos por qué. ¿Le molestará tanto como me molesta a mí?"

Algunos bebés no empiezan a hipar desde que nacen sino que ya tenían hipo antes de nacer; y si su niño tenía ya esta afección cuando estaba en su vientre, lo más probable es que siga con hipo los primeros meses de su vida en el mundo exterior. Pero a diferencia del hipo de los adultos, el de los recién nacidos no tiene causa conocida. Se cree que es otro reflejo del bebé, aunque posteriormente es provocado por sus risitas. También se diferencia del hipo de los adultos en que no molesta (por lo menos al niño). Si le molesta a usted, ensaye darle al bebé un biberón de agua, que tal vez pueda calmar el ataque.

DEPOSICIONES

"Yo esperaba que mi hijo criado al pecho hiciera una deposición diaria, o tal vez dos; pero hace en todos los pañales, a veces hasta diez veces al día, y parecen muy flojas. ¿Tendrá diarrea?"

Su niño no es el primero criado al pecho que parece querer batir la marca de ensuciar pañales. Pero esta activa función eliminatoria no es mala en un niño que se está criando con leche materna; es buen síntoma. Puesto que la cantidad que sale guarda relación con la que entra, la madre cuyo hijo hace cinco o más deposiciones al día puede estar segura de que el niño está recibiendo suficiente nutrición. (Las madres de lactantes que hacen menos evacuaciones deben ver la página 117.) El número de evacuaciones disminuye poco a poco y puede llegar a no más de una al día o una día de por medio, aunque hay niños que siguen haciendo varias al día durante todo el primer año. No hay necesidad de llevar la cuenta; el número puede variar de un día a otro, y eso también es normal.

Igualmente normal para un niño criado con leche materna es una deposición muy blanda, a veces hasta aguada. Pero la diarrea — evacuaciones frecuentes, líquidas, malolientes y que pueden contener mucosidades, a menudo acompañadas de fiebre y pérdida de peso — es rara en niños que se alimentan al pecho. Si les da, hacen menos y más pequeñas deposiciones que los que se crían con biberón afectados del mismo mal, y se recuperan más pronto, probablemente debido a las propiedades antibacterianas de la leche materna.

ESTREÑIMIENTO

"Me preocupa que mi niño tenga estreñimiento. Sólo se le mueve el estómago cada dos o tres días. ¿Será por la leche de fórmula?"

Se ha dicho jocosamente que estreñimiento es hacer deposiciones con menos frecuencia que la madre, pero esto no es una guía confiable, ya que cada individuo tiene un patrón personal de eliminación. No es necesariamente el caso de que "de tal palo tal astilla". Algunos niños criados con biberón se pasan tres o cuatro días sin evacuar pero no se considera que haya estreñimiento a menos que las deposiciones estén firmemente formadas o salgan como pelotillas duras, o causen dolor o sangría (por fisuras en el ano como consecuencia de pujar). Si las deposiciones de su niño son blandas y no le producen molestia, no se preocupe; pero si cree que puede tratarse de estreñimiento, consulte con el médico. Es posible que mejore con un cambio de fórmula o agregándole a ésta un par de cucharadas de jugo diluido de ciruelas u otra fruta. (A esta edad temprana no se le deben dar jugos cítricos porque son muy alergenos y ácidos.) Pero no tome ninguna medida, como administrarle laxantes (especialmente aceites minerales), enemas o tisanas de hierbas sin autorización médica.

"Yo creía que a los bebés criados al pecho nunca les daba estreñimiento, pero mi hijo gruñe y se queja y puja siempre que se le mueve el estómago".

Es cierto que el estreñimiento es muy raro en los niños criados al pecho, porque la leche materna está perfectamente adecuada al sistema digestivo del bebé. Pero también es cierto que algunos sí tienen que pujar y esforzarse para expulsar las materias fecales, aunque la deposición sea blanda y parezca que debiera haber sido fácil.[3] Cómo se explica esto, no está muy claro. Algunos proponen la teoría de que es porque la blanda deposición del bebé no ejerce suficiente presión sobre el ano. Otros piensan que tal vez los músculos del ano no son bastante fuertes ni están suficientemente coordinados para eliminar fácilmente cualquier excremento; y no faltan los que sostienen que a los bebés de pocos días, como casi siempre hacen la deposición estando acostados, les falta la ayuda de la gravedad.

Cualquiera que sea la explicación, la dificultad debe aliviarse cuando se agreguen sólidos al régimen alimentario del niño. Mientras tanto, no se preocupe, y no haga uso de laxantes (especialmente aceite mineral) ni enemas ni ningún otro remedio casero para este problema, que en realidad no es ningún problema. Cuando un adulto sufre de estreñimiento, a veces se alivia caminando; usted puede probar haciéndole al niño flexiones de las piernas recogiéndoselas y estirándoselas a la manera de un ciclista, mientras está de espaldas, cuando parezca que está molesto. Y una vez que empiece a comer alimentos de mesa, cuide de que coma suficientes granos y legumbres, frutas y vegetales, y más adelante que haga ejercicio.

EVACUACIONES EXPLOSIVAS

"Las evacuaciones de mi niño se producen con tanta fuerza y ruidos explosivos que temo pueda tener algún problema digestivo, o tal vez que en mi leche haya algo malo".

Los recién nacidos que se crían al pecho

---

[3] Si las evacuaciones de su niño criado al pecho son muy poco frecuentes y no está ganando peso, vea la página 116 y consulte con el doctor. Es posible que no esté tomando suficiente alimento y por consiguiente no tenga mucho que eliminar.

no son muy discretos que digamos, cuando de hacer del cuerpo se trata. El ruido que llena todo el cuarto mientras ellos llenan los pañales se alcanza a oír desde la pieza contigua y alarma a los padres primerizos. Estas evacuaciones y la sorprendente variedad de sonidos que las acompañan son, sin embargo, normales, resultado de la expulsión forzada de gases del inmaduro sistema digestivo. En un mes o dos la situación se debe modificar.

EXPULSION DE GASES

"Mi niño expulsa gases todo el día, y con mucho ruido. ¿Podría tener mal de estómago?"

Las exclamaciones digestivas que con frecuencia explotan de la diminuta parte posterior del recién nacido, por lo menos con tanto énfasis como en un adulto, son para los padres motivo de sobresalto y a veces hasta de vergüenzas. Pero, lo mismo que las evacuaciones explosivas, son perfectamente normales. Una vez que el sistema digestivo del niño se haya regularizado, los gases saldrán más silenciosamente y con menor frecuencia.

ALERGIA A LA LECHE

"Mi bebé llora mucho, y una amiga dice que puede ser alérgico a la leche de la fórmula. ¿Cómo se puede saber?"

Aunque las amigas sostengan que el llanto excesivo se debe a una alergia a la leche, y las madres, ansiosas de echarle la culpa a cualquier cosa menos a sí mismas, se inclinen a aceptar esa explicación, los médicos opinan de otra manera. La alergia a la leche es la más común de las que sufren los niños, pero es menos común de lo que se cree. Los médicos creen que es una posibilidad remota en niños cuyos padres no sufren de alergias, o en un niño cuyo único síntoma es el llanto. El niño que experimenta una reacción alérgica severa a la leche vomita con frecuencia y hace deposiciones flojas, aguadas, posiblemente teñidas de sangre. (Es importante descubrir pronto las causas de tales síntomas pues podrían llevar a deshidratación y a grave desequilibrio químico.) En reacciones menos severas puede haber vómito y deposiciones flojas y mucosas. Algunos niños alérgicos a las proteínas de la leche pueden tener también eczema, urticaria, respiración ruidosa y fluxión u obstrucción nasal.

Por desgracia no existe una prueba sencilla para determinar con certeza la hipersensibilidad (alergia) a la leche, sino por tanteo. Si usted la sospecha, hable con el pediatra antes de tomar alguna medida. Si en la familia no hay antecedentes de alergia y el único síntoma es el llanto, entonces lo más probable es que el doctor le indique tratarlo como un cólico común y corriente. (Vea la página 143.)

Si ha habido alergias en la familia o se presentan otros síntomas fuera del llanto, puede recomendarle ensayar un cambio de fórmula — a hidrolizada (en que la proteína ha sido parcialmente descompuesta o predigerida), o a soya. Un rápido alivio del cólico o la desaparición de otros síntomas, si los había, indicaría posibilidad de alergia a la leche, o podría ser una coincidencia. Reanudar la fórmula es la única manera de verificar el diagnóstico; si los síntomas vuelven, es probable una alergia.

En muchos casos no hay cambio cuando el bebé se pasa a fórmula de soya. Esto puede significar que también es alérgico a la soya, o que padece algún mal que no tiene nada que ver con la leche y hay que diagnosticarlo, o simplemente que el sistema digestivo todavía es inmaduro. Un cambio de soya a fórmula hidrolizada puede ayudar si el bebé parece

sensible tanto a la soya como a la leche. En algunos casos se aconseja leche de cabra, pero como ésta es deficiente en ácido fólico, hay que dar un suplemento cuando se usa.

En casos muy raros el problema es una deficiencia enzimática: el bebé nace incapaz de producir lactasa, la enzima necesaria para digerir lactosa que es el azúcar de la leche. El bebé que sufre esta deficiencia padece de diarrea desde el principio y no gana peso. Con una fórmula que no contenga lactosa, o que contenga muy poca, se resuelve generalmente este problema. A diferencia de una intolerancia temporal a la lactosa, que a veces se presenta por presencia de algún parásito intestinal, una deficiencia congénita de lactasa suele ser permanente y el niño probablemente no podrá tolerar nunca los productos lácteos corrientes, aun cuando sí podrá prosperar con los de contenido reducido de lactosa.

Si el problema no proviene de alergia o intolerancia a la leche, entonces probablemente le conviene volver a la leche de vaca, que es la que mejor reemplaza la materna.

Las alergias infantiles a la leche de vaca generalmente se superan para fines del primer año, y casi siempre para fines del segundo. Si a su hijo le ha quitado una fórmula de leche de vaca, el médico tal vez le aconseje volver a ensayarla después de seis meses de usar otra fórmula, o quizá aconseje esperar hasta que cumpla un año.

DETERGENTES PARA LA ROPA DEL BEBE

"He estado lavando la ropa de mi hijo con jabón en hojuelas pero no queda bien limpia; además, ya estoy cansada de lavarle su ropita aparte. ¿Cuándo puedo empezar a usar detergentes?"

Aunque a los fabricantes de jabones especiales para niños no les gustará que se diga, en la mayoría de los casos no es necesario lavar la ropa infantil aparte de la del resto de la familia. Aun los detergentes más fuertes, que realmente limpian la ropa eliminando todas las manchas y olores, no irritan la piel de los niños siempre que la ropa quede bien enjuagada. (Con detergentes líquidos el enjuague es más completo y el poder quitamanchas más eficaz.) Una ventaja adicional de los detergentes es que como no están prohibidos para prendas resistentes al fuego, como lo están los productos de jabón, toda la ropita del bebé se puede lavar junta.

Para probar la sensibilidad de su bebé a su detergente favorito, al lavar una tanda de ropa de la familia incluya una prenda que el niño vaya a usar contigua a la piel (por ejemplo, una camiseta), teniendo cuidado de no excederse en la cantidad de detergente ni quedarse corta en el enjuague. Si la piel del bebé no muestra señales de irritación, no tenga reparo en lavar su ropita junto con la de los demás; pero si aparece un salpullido, entonces ensaye otro detergente, de preferencia uno sin colores ni fragancias, antes de decidir quedarse con el jabón.

SUEÑO INTRANQUILO

"Nuestro hijito, que duerme en el mismo cuarto con nosotros, se mueve y se voltea toda la noche. ¿No será que nuestra cercanía no lo deja dormir tranquilo?"

A pesar de que la expresión "duerme como un niño" se considera equivalente a un sueño profundo y reparador, sobre todo por los fabricantes de colchones y otros adminículos para el caso, el sueño infantil no es nada tranquilo. Los recién nacidos duermen mucho pero también se despiertan mucho. La mayor parte del tiempo duermen por períodos cortos, soñando mucho y moviéndose mucho. Al final de cada uno de estos períodos el durmiente despierta brevemente. Si usted oye que el niño se queja o se mueve durante la noche, es probablemente porque está terminando uno de esos períodos, no porque comparta la pieza con ustedes.

A medida que crece, sus pautas de sueño maduran. Dormirá durante períodos más largos y con sueño más profundo y tranquilo, del cual será difícil despertarlo. Seguirá moviéndose y gimoteando de vez en cuando, pero con menos frecuencia.

Dormir en el mismo cuarto probablemente no molesta al bebé en esta etapa (quizá más tarde le moleste), pero a usted sí. No sólo despierta usted a cada gemido sino que tiene la tentación de alzarlo con más frecuencia de lo necesario durante la noche. Trate de no hacer caso de los murmullos nocturnos del niño. No lo alce sino cuando empiece a llorar seguido y con seriedad. Así ambos dormirán mejor. Si esto le parece difícil, entonces tal vez sea mejor que duerman en cuartos distintos, si tiene el espacio necesario.

Esté alerta, sin embargo, por si despierta súbitamente llorando o da muestras de inquietud desacostumbrada o cambios en la pauta de sueño que no parecen relacionarse con los hechos de la vida del niño (como la dentición o un día muy agitado). Si nota usted estas cosas, busque síntomas de enfermedad como fiebre, pérdida de apetito o diarrea. Llame al médico si los síntomas persisten.

PAUTAS DE SUEÑO

"Yo pensaba que los recién nacidos dormían todo el tiempo. Nuestra hijita de tres semanas parece que nunca duerme".

Parece que los recién nacidos nunca saben qué es lo que "deben" hacer. Comen a cualquier hora cuando deberían seguir un programa de cada cuatro horas, o duermen 12 horas al día (o 22) cuando debían dormir 16 y media. Eso es porque saben lo que nosotros muchas veces olvidamos: que no hay casi nada que un bebé deba estar haciendo a un tiempo dado. Sí hay bebés "término medio" que todo lo hacen de acuerdo con la cartilla, pero son una minoría. Para llegar a las 16 horas y media que constituyen el promedio del tiempo de dormir un niño en su primer mes de vida, se toman en cuenta niños que duermen 10 horas y otros que duermen 23, lo mismo que los intermedios. El que cae en cualquier extremo de este intervalo es tan normal como el que queda cerca del término medio. Unos niños, lo mismo que unos adultos, parecen necesitar menos sueño y otros parecen necesitar más.

De manera que, suponiendo que su bebé goza de buena salud en todo sentido, no se preocupe porque se despierte: acostúmbrese. Los que desde el principio duermen poco, dormirán poco de niños — con padres que también dormirán poco, y no por coincidencia.

"Mi hija se despierta varias veces durante la noche. Mi mamá me dice que si no la acostumbro bien desde ahora, nunca va a adquirir buenos hábitos de dormir. Dice que la debo dejar llorar en lugar de darle de comer toda la noche".

Toda madre que tenga experiencia, especialmente aquélla a quien le dio trabajo un bebé que no dormía toda la noche o que tardaba mucho en quedarse dormido, conoce la importancia de crearles a los bebés buenos hábitos desde el principio. Pero el primer mes es demasiado temprano. Su hija apenas empieza a conocer el mundo. La lección más importante que tiene que aprender es que cuando llama, usted está allí, aunque sean las 3 de la mañana y aunque sea la cuarta vez que despierta en el término de seis horas. "Dejarla llorar" puede servir para que aprenda a quedarse dormida solita, pero todavía le faltan meses para eso; hay que esperar a que se sienta más segura y con más dominio del ambiente.

Si usted la está criando al pecho, tratar de imponerle desde ahora un horario fijo de comidas puede obstaculizar su producción de leche — y el buen desarrollo de la niña. Los recién nacidos criados con leche materna necesitan comer con más frecuencia que los alimentados con biberón, con frecuencia cada dos horas, lo que no les permite dormir toda la noche hasta la edad de tres a seis meses. Lo mismo que el famoso horario de cuatro horas, la idea de que a los dos meses ya deben dormir toda la noche se basa en las pautas de desarrollo de los alimentados con biberón y no es realista para los criados al pecho.

Así pues, siga el consejo de su madre y piense que más tarde le convendrá introducir algo de disciplina en los hábitos alimenticios de su hija, pero por ahora todavía no la deje llorar.

RUIDOS CUANDO EL NIÑO DUERME

"Tengo una amiga que desconecta el teléfono cuando el niño está durmiendo, pone en la puerta una nota para que las visitas llamen con golpecitos en lugar de tocar el timbre, y anda por la casa de puntillas todo el tiempo. ¿No es esto una exageración?"

Su amiga está programando a su niño para que no pueda dormir sino en condiciones ambientales controladas, pero ella encontrará que es prácticamente imposible mantener esas condiciones en forma permanente, a menos que el cuarto del bebé fuera una celda acolchada.

Es más: esos esfuerzos probablemente le resultarán contraproducentes. Algunos niños despiertan con un ruido súbito muy fuerte, pero otros siguen durmiendo aunque detonen fuegos artificiales, suenen sirenas y ladren perros. A la mayoría, en cambio, un ruido sostenido o monótono de fondo — como de un televisor o un estéreo, un ventilador o acondicionador de aire, un juguete musical que imite los sonidos uterinos, o el de una máquina de ruido blanco — parece más propicio para inducir un sueño tranquilo que el silencio absoluto, especialmente si el bebé se ha quedado dormido al compás de tales sonidos.

Cuánto ruido resista el sueño del bebé, y de qué clase, dependerá en parte de los sonidos a que se acostumbró antes de nacer y en parte al temperamento individual, así que los padres deben valerse de las reacciones del niño para determinar hasta qué punto pueden ir para protegerlo de interrupciones innecesarias durante las siestas y por la noche. Si su hijo resulta especialmente sensible a los ruidos, conviene graduar el timbre del teléfono lo más bajo posible, cambiar el de la puerta de la calle por otro que no sea tan estridente y bajar el volumen del radio y la TV. Estas tácticas no son necesarias, sin embargo, si el niño lo aguanta todo.

Su amiga, por tratar de suprimir todos los ruidos de la vida de su niño, le está haciendo más difícil que se duerma más adelante, cuando tenga que dormir en el mundo real.

CHUPADOR

"Mi hijo tiene rachas de llanto por las tardes. ¿Le puedo dar un chupador para entretenerlo?"

A la larga, es mejor que los niños aprendan a entretenerse ellos mismos en lugar de apelar a ayudas artificiales, como un chupador. El dedo pulgar (o el puño) hace el mismo oficio de permitirle que se consuele chupando, con la diferencia de que él lo controla, no la madre. Ahí está cuando lo necesite, se lo puede sacar de la boca si quiere sonreír, barbotar, llorar o expresarse de cualquier otra manera; y no produce confusión de pezones, como el chupador, a los recién nacidos que apenas están aprendiendo a tomar el pecho.

Debido a la confusión de pezones, no conviene darle chupador de entretención a un lactante hasta que la lactación esté bien afianzada. Y no se debe usar en ningún caso si el niño no está ganando peso en forma satisfactoria o si no es un buen mamador, pues tal vez el chupador le dé suficiente satisfacción y no se interese por chupar el pecho.

A veces puede justificarse el chupador como medida temporal para un bebé que llora mucho y no se calma con nada más, o para el que busca mayor satisfacción de chupar pero todavía no ha aprendido a meterse los dedos en la boca. Pero no olvide que el uso de chupador fácilmente se convierte en abuso. Lo que empieza como muleta del bebé se vuelve muleta de la madre. Está siempre presente la tentación de utilizarlo como un cómodo reemplazo de la atención que ella debía prodigarle al niño. La madre bienintencionada que se lo da para que obtenga experiencia en mamar, puede caer en la rutina de encajárselo apenas se muestra inquieto, en lugar de tratar de descubrir el porqué de su desazón o si hay otras maneras de aplacarlo. Quizá lo usa para que el niño se duerma en vez de leerle un cuento para lograr silencio mientras habla por teléfono, en lugar de alzarlo y consentirlo mientras charla, o para comprar su silencio mientras ella escoge un par de zapatos en vez de hacerlo tomar parte a él también. El resultado es un niño que sólo está contento cuando tiene algo en la boca y que no es capaz de entretenerse por sí mismo, ni consolarse ni dormirse solo.

Si se usa por la noche, el chupador le dificulta aprender a dormirse solo, o le interrumpe el sueño si se le cae en medio de la noche y no se puede volver a dormir sin él . . . y ya sabe usted quién tendrá que levantarse a buscarlo y ponérselo otra vez en la boca.

Otra desventaja, aun cuando temporal, es que el chupador, lo mismo que el hábito de chuparse el dedo, puede deformar la boca del niño; pero esta deformación se corrige si el hábito se suspende antes de que le salgan los dientes permanentes.

Si le parece que debe usar un chupador para su bebé, úselo con prudencia. Compre uno de tipo ortodóntico para reducir a un mínimo la posible deformación de la boca y fíjese que tenga agujeros para el aire y que sea de una sola pieza, de manera que no haya partes que se puedan romper y con las cuales se pueda atorar el niño.

Los chupadores de silicona son más suaves que los de caucho, duran más, se pueden echar a la máquina de lavar platos y no se ponen pegajosos. *Jamás* ate un chupador a la cuna, cochecito, corral de juego o silla de ruedas, ni se lo cuelgue al cuello ni a la muñeca con cinta o cuerda de ninguna clase: casos se han dado de bebés que se han estrangulado en esta forma. Para evitar el desarrollo de un hábito arraigado, empiece a retirarle el chupador cuando el bebé tenga tres meses. Hasta entonces, cada vez que piense en ponérselo en la boca, pregúntese primero si lo que el niño necesita es el chupador o a usted.

VIGILANDO LA RESPIRACION DEL BEBE

"Todos se burlan de los que se la pasan corriendo a la alcoba del niño a ver si está respirando. Pues bien, eso es justamente lo que yo estoy haciendo, en medio de la noche. A veces casi no se le oye el resuello; otras veces es muy fuerte".

Padres primerizos que vigilan la respiración de sus hijos parecen buen material para hacer chistes, hasta que el turno le toca a usted. Entonces ya no es cosa de risa. Despierta usted sudando frío en medio del más profundo silencio, cinco horas después de haberlo acostado en su camita. ¿Qué habrá pasado? ¿Por qué no se despertó? O pasa cerca de la cuna y está tan callado y tan quieto que no está segura si estará vivo. O está gruñendo y resoplando tan fuerte que usted no duda que tiene algún problema respiratorio. Usted — y millones de nuevos padres.

Sus preocupaciones son normales, como lo son igualmente las diversas pautas de respiración del bebé cuando duerme. Una gran parte del sueño del recién nacido es del tipo MRO (movimiento rápido de ojos) en que se le pueden ver mover los ojos bajo los párpados y respira irregularmente con muchos gruñidos, resoplidos y crispaduras. El resto del sueño es tranquilo; entonces respira profunda y silenciosamente y parece estar muy quieto, con sólo ocasionales movimientos de mamar o sobresaltos. A medida que crece tendrá menos períodos de MRO y el sueño tranquilo se hará más parecido al de los adultos. Poco a poco usted irá perdiendo el miedo de si se va a despertar o no por la mañana, y gozará de comodidad cuando él y usted puedan dormir ocho horas seguidas.

Sin embargo, nunca dejará del todo la costumbre de vigilar el resuello de su hijo

PARA QUE DUERMA BIEN

A todo niño, dormilón o no, se le puede ayudar a alcanzar su capacidad potencial de dormir con algunas de las siguientes técnicas, o con todas. Muchas de ellas sirven para reproducir las comodidades de la vida en el vientre materno.

Lugar cómodo y tibio. Una camita es un gran invento moderno, pero las primeras semanas muchos recién nacidos la sienten demasiado holgada y no les gusta verse condenados a la soledad, allí en todo el centro del colchón y tan lejos de las paredes. Si su niño no parece contento en la camita, una cuna a la antigua, una canasta o el cochecito se pueden usar los primeros meses para lograr un abrigo más parecido a los nueve meses pasados en el vientre materno. Para mayor seguridad, envuelva al bebé, arrópelo bien con las sábanas y mantas, y use una ropa de dormir con abotonadura a los pies o un talego de dormir en lugar de manta.

Temperatura controlada. Si el niño siente demasiado calor o frío no puede dormir. Vea consejos para comodidad en tiempo caluroso en la página 446; para tiempo frío en la página 455.

Movimiento calmante. En el vientre materno la criatura está más activa cuando la madre está descansando; cuando la madre se levanta y va de un lado a otro, la criatura se aquieta, arrullada por el movimiento. Fuera del vientre el movimiento sigue teniendo efecto calmante. Mecer al niño y darle palmaditas contribuye a tenerlo contento . . . y a que duerma.

Sonidos calmantes. Durante muchos meses las pulsaciones del corazón de la madre, los ruidos de su estómago y su voz entretuvieron y confortaron al bebé. Ahora se le puede dificultar dormir sin ruido de fondo. Ensaye con el zumbar de un ventilador o un limpiador de aire, acordes suaves de un radio o estéreo, el tañido de una caja de música o móvil musical, o uno de esos apaciguadores de bebés que imitan los ruidos uterinos o de autos.

Aislamiento. Los niños duermen mejor en un cuarto aparte. En esta etapa no es tanto que los perturbe la presencia de la madre sino más bien que las madres estando cerca tienen la tentación de alzarlos al primer gemido, interrumpiendo innecesariamente su sueño. Sin embargo, usted sí debe estar suficientemente cerca para oírlo llorar antes de que el llanto se convierta en alaridos frenéticos — o instale un intercomunicador entre el cuarto del bebé y el suyo.

Rutina. Puesto que el recién nacido probablemente se queda dormido mientras está lactando o tomando el biberón, una rutina para la hora de dormir podría parecer innecesaria. Pero nunca es demasiado temprano para iniciar tal rutina, y ciertamente a los seis meses de edad el niño ya debe estar bien entrenado. El ritual de baño tibio seguido por vestirlo con ropa de dormir, unos pocos minutos de juego tranquilo en la cama de usted, una historia monótona o versos de un libro de cuentos infantiles, puede ser tranquilizador y soporífero hasta para los bebés más jóvenes. El pecho o biberón pueden ser el último número del programa para los que todavía se duermen así, pero se les puede dar antes a los que ya han aprendido a dormirse por su cuenta.

Reposo diurno adecuado. Algunas madres pretenden resolver el problema del sueño nocturno de sus hijos manteniéndolos despiertos durante el día, aun a las horas que quieren dormir. Este es un grave error, pues un niño muy cansado tiene un sueño más intranquilo que el que ha gozado de un reposo adecuado (pero sí está bien limitar un poco la duración de las siestas diurnas a fin de mantener el contraste entre el día y la noche).

(por lo menos de vez en cuando) hasta que ya vaya a la universidad y viva lejos de la casa.

CONFUSION DEL DIA Y LA NOCHE

"Mi hijo de tres semanas duerme todo el día y está despierto toda la noche. ¿Cómo hago para que proceda al contrario, y podamos mi esposo y yo descansar un poco?"

Niños que trabajan (o juegan) el turno de la noche y duermen de día pueden volver locos a sus padres. Por fortuna esta bendita ignorancia de la diferencia entre el día y la noche no es permanente. Lo que pasa es que el recién nacido, que antes de salir al mundo de luz diurna y tiniebla nocturna pasó nueve meses en la oscuridad, necesita un poco de tiempo para acomodarse al nuevo ambiente.

Lo más probable es que a la vuelta de unas pocas semanas su hijo por su propia cuenta deje de confundir día y noche. Si usted quiere ayudarle a acelerar este proceso, trate de limitarle las siestas diurnas a no más de tres o cuatro horas cada una. No es fácil despertar a un niño que está durmiendo (excepto cuando uno no quiere que se despierte), pero sí es posible. Ensaye alzarlo en posición vertical, sacarle gases, desnudarlo, acariciarle la barbilla, o hacerle cosquillas en los pies. Cuando esté un poco despierto, siga estimulándolo, convérsele, cántele canciones alegres, mueva un juguete colgado dentro de su radio visual, que es de 20 a 25 centímetros. (En las páginas 71-72 encontrará otros consejos para mantenerlo despierto.) Sin embargo, no hay que impedirle del todo que duerma de día con la esperanza de que duerma por la noche. Si está muy cansado o ha sido excesivamente estimulado, no dormirá bien de noche.

Hacer una clara diferencia entre el día y la noche puede ayudar. Durante el día póngalo a dormir en el cochecillo, quizá a la intemperie. Si duerme en el cuarto, no lo oscurezca ni trate de rebajar el nivel de ruido. Cuando se despierte ofrézcale actividades estimulantes. Por la noche haga lo contrario. Acuéstelo en su camita o en la cuna y busque la oscuridad (utilice cortinas para impedir la entrada de luz), silencio e inactividad. Resista la gran tentación de jugar con él o hablarle cuando despierte; no encienda la luz ni la TV mientras le da de comer; reduzca la comunicación a un murmullo o suaves canciones de cuna; y cuando lo vuelva a acostar cuide de que las condiciones para dormir sean ideales. (Vea "Para que duerma bien" en la página 139.)

Aun cuando pueda parecer una dudosa bendición, considérese afortunada si su hijo duerme por períodos largos, aun cuando sea de día. Es buena señal de que sí puede dormir bien, y que una vez que se regule su reloj interno dormirá bien por las noches.

POSICIONES DE DORMIR

"Cuando acuesto a dormir al bebé boca abajo me da miedo de que se vaya a asfixiar; pero cuando lo acuesto de espaldas no parece estar cómodo".

Muchas madres temen la asfixia cuando acuestan al niño boca abajo, pero ésta no es posible si la superficie es dura, puesto que todo niño, hasta un recién nacido, puede voltear la cabeza de un lado a otro y lo hace instintivamente para que la nariz no le quede tapada. Sí existe ese riesgo, en cambio, si cerca de su cabeza hay almohadas, juguetes blandos o topes acolchados, de manera que estas cosas no se deben tener en la camita.

Como el recién nacido es casi inmóvil, la posición en que usted lo acueste es la posición en que se va a despertar. Es, pues, importante que sea cómoda y no lo haga despertar antes de tiempo. Los niños, a pesar de su falta de habla, se las arreglan para comunicar a sus padres qué posición prefieren, ya sea llorando o alborotando más en las que no les gustan o durmiendo mejor y más tiempo en las que les gustan. Para la mayoría la preferida es boca abajo. Esta posición tiene claras ventajas prácticas. En primer lugar, hay menos probabilidades de sobresalto, y como este reflejo los puede despertar, los niños duermen más tiempo y más tranquilos boca abajo. En segundo lugar, si hay cólico la posición de barriga alivia un poco. En tercer lugar, es una posición más segura que de espaldas si el niño vomita dormido, puesto que se disminuye la probabilidad de que inhale el vómito. Y, finalmente, los bebés que están siempre de espaldas mirando en la misma dirección pueden desarrollar temporalmente zonas calvas o planas en la cabeza, que tal vez tarden un par de años en volver a la normalidad.

A pesar de todo, hay niños que prefieren dormir de espaldas. Si el suyo es de éstos, invierta la dirección (de pies a cabeza) para cada período de dormir, de modo que si tiende a enfocar el mismo punto en el cuarto (por ejemplo una ventana) la presión no sea siempre sobre el mismo lado de la cabeza. Cambiar periódicamente la posición de la cama da el mismo resultado. Esto último también es una buena idea si su hijo duerme boca abajo pero siempre con la cabeza volteada para el mismo lado. Si el niño prefiere dormir de lado, quizá le cueste trabajo mantenerlo en esa posición, aun con el apoyo de mantas enrolladas, pues los niños generalmente se deslizan sobre el estómago o la espalda, sobre todo si no están envueltos.

Dentro de unos meses, cuando su hijo empiece a voltearse, todo esto carecerá de importancia. Cualquiera que sea la posición en que usted lo acueste, él buscará la que más le acomode.

COMO PASAR AL NIÑO DORMIDO A SU CAMA

"Para mí es un sufrimiento tratar de pasar al niño dormido a su camita. Temo que se va a despertar, y se despierta".

Al fin el bebé se queda dormido, después de lo que parecen horas de lactarlo con pechos adoloridos, mecerlo en brazos fatigados, arrullarlo hasta quedar ronca. Se levanta usted muy despacito de la silla de brazos, va con el mayor cuidado hasta la camita conteniendo el resuello y sin mover más que los músculos absolutamente indispensables. Luego, con una oración silenciosa pero ferviente, lo levanta sobre la baranda de la cama e inicia el peligroso descenso al colchón. Por fin lo deja, pero demasiado pronto. No bien lo ha acostado, se vuelve a despertar, voltea la cabeza de un lado a otro, empieza a gimotear, luego rompe en sollozos y llanto. Usted, también a punto de llorar, tiene que alzarlo otra vez y volver a las andadas.

La escena es la misma en casi todas las casas donde hay un recién nacido. Si le da trabajo acostar al bebé, ensaye lo siguiente:

Un colchón alto. Si usted fuera un gorila tal vez podría poner a su hijo en una camita de colchón bajo sin escalar la baranda, o dejarlo caer los últimos 15 centímetros. Como sólo es un ser humano, encontrará que es más fácil poner el colchón lo más alto posible (aunque a no menos de 10 centímetros del borde de la baranda), pero cuide de volverlo a bajar cuando el bebé ya esté en edad de sentarse. O para las primeras semanas use algo distinto de la camita: un cochecito o una cuna en los cuales sea más fácil meter y sacar al niño. Estos ofrecen la ventaja adicional de que se pueden mecer, de modo que el movimiento iniciado en sus brazos para adormecerlo puede continuar una vez que lo ha acostado.

Luz adecuada. Aun cuando conviene que el niño duerma en un cuarto oscuro, debe haber suficiente luz (una luz nocturna basta) para que usted pueda entrar y acercarse a la cuna sin tropezar con la cómoda ni enredarse con algún juguete, lo que con seguridad los sacudirá a los dos.

Corta distancia. Cuanto mayor sea la distancia entre el lugar en que el bebé se queda dormido y el lugar donde lo va a acostar, mayor es la posibilidad de que se despierte por el camino. Así pues, déle de comer o arrúllelo lo más cerca posible de la cama o la cuna.

Un asiento cómodo. Acostúmbrese a darle de comer o mecerlo siempre en un asiento o un sofá de donde le sea a usted fácil levantarse, sin sacudirlo mucho ni perturbarlo.

La cama ya lista. Prepare con anticipación el lugar de aterrizaje, a menos que posea la coordinación necesaria para abrir la cama o sacar un osito con los dedos de los pies. Habrá menos probabilidad de que el niño se quede dormido si usted tiene que mover muchas cosas para aclarar el sitio donde lo va a acostar.

Caliente la cama. El choque de sábanas frías con mejillas tibias puede despertar al bebé más dormilón. Las noches que haga frío caliente las sábanas con una bolsa de agua caliente o un cojín eléctrico puesto en bajo, pero no olvide retirarlos y comprobar la temperatura de las ropas de cama antes de acostar al niño. O use sábanas de franela o de tejido de lana que se conservan más confortables que las telas planas.

El lado derecho. O el izquierdo. Déle de comer o mézalo en el brazo que le permita acostarlo en la cama sin tener que voltearlo primero. Si se duerme antes de tiempo en el brazo contrario, cámbielo suavemente de brazo y sígalo meciendo un rato antes de tratar de acostarlo. Otra cosa que se puede hacer es dejar la camita separada de la pared y disponer la ropa de cama de manera que le sea posible acostar al angelito dormido por cualquiera de los dos lados.

Contacto permanente. Cuando el niño está bien acomodadito y seguro en sus brazos, que lo suelten de pronto en el espacio abierto, aunque sólo sea tres o cuatro centímetros, lo asusta, y lo despierta. Téngalo bien sostenido hasta el final, saque con mucha maña la mano que tiene debajo de él (y voltéelo suavemente si es de los que duermen boca abajo) inmediatamente antes de llegar al colchón. Mantenga las manos tocándolo unos momentos más, dándole ligeras palmaditas si se empieza a mover.

Una tonadilla arrulladora. Hipnotícelo para que se duerma con una vieja canción de cuna (él no se molesta si usted desafina) o con alguna improvisación de compás monótono ("a-rru-rrú mi ro-rro..."). Sígale canturreando mientras se acerca a la cuna, mientras lo acuesta y unos minutos después. Si empieza a moverse, cántele más hasta que se aquiete del todo.

EL LLANTO

"En el hospital nos felicitábamos por tener un bebé tan bueno; pero no hacía 24 horas que estábamos en casa cuando empezó a dar alaridos".

Si los bebés de uno y dos días de nacidos

lloraran tanto como están destinados a llorar un par de semanas después, los nuevos padres lo pensarían dos veces antes de salir del hospital con su recién nacido. Un bebé cuando ya está seguro en el hogar no vacila en mostrar su temple verdadero. Todos lloran algo, y algunos mucho. Al fin y al cabo el llanto es la única manera que tienen para comunicar sus necesidades y sentimientos — el primer lenguaje infantil. Su hijo no le puede decir que está triste o con hambre, o mojado o cansado, incómodo, muy caliente, muy frío, o molesto por cualquier otro motivo. Y aun cuando ahora pueda parecer imposible, usted pronto estará en capacidad de descifrar (por lo menos parte del tiempo) los distintos llantos del niño y saber qué es lo que pide.

Sin embargo, el llanto de algunos recién nacidos no parece tener ninguna relación con sus necesidades básicas. El 80% de los niños (según algunos estudios el 90%) tienen sesiones diarias de llanto de 15 minutos a una hora de duración que no son fáciles de explicar. Estos períodos de llanto, lo mismo que los que se asocian con el cólico, forma más grave y persistente de llanto inexplicable, ocurren con más frecuencia hacia las últimas horas de la tarde. Puede ser que ésa sea la hora de mayor agitación en el hogar, cuando se está preparando la comida, llega el padre del trabajo, los demás niños, si los hay, piden atención, y el bebé no resiste tanto alboroto. O también podría ser que después de un día de mucha actividad en que ha estado absorbiendo y asimilando formas, sonidos, olores y otros estímulos del ambiente, el niño sencillamente necesita desfogarse con un buen llanto.

Algunos que están perfectamente bien parece que necesitan llorar para poderse dormir, posiblemente porque están cansados. Si el suyo llora cinco o diez minutos antes de quedarse dormido, no se afane; poco a poco dejará esa costumbre, y si lo alza para calmarlo o le da el chupador, más adelante, cuando sea mayor, será más difícil lograr que se duerma. Lo que sí puede ayudar es seguir un ritual regular al acostarlo y proporcionarle suficiente descanso durante el día para que no esté cansado a la noche.

Mientras tanto, paciencia. Aunque durante los próximos dieciocho años la mamá siempre tenga que estar enjugando lágrimas, esas rachas de llanto sin lágrimas del recién nacido serán sólo un recuerdo cuando el bebé cumpla los tres meses. A medida que aprende a comunicarse con mayor claridad y a confiar más en sí mismo, y usted por su parte aprende a entenderlo, llorará menos, por períodos más cortos, y se dejará consolar más pronto cuando llore.

Sin embargo, si un niño que antes lloraba poco empieza de pronto a llorar mucho, esto puede indicar enfermedad o el principio de la dentición. Observe si hay fiebre u otras señales de que el niño no está bien o que le están saliendo los dientes y llame al médico si nota cualquier cosa anormal.

COLICO

"Mi esposo y yo no hemos vuelto a cenar juntos desde que nuestro hijito cumplió tres semanas. Tenemos que turnarnos engullendo de prisa y paseándolo mientras llora horas enteras todas las noches".

Para los padres del bebé víctima de cólico, hasta el mejor bisté es una comida rápida que se despacha con acompañamiento de gritos que les provocan indigestión. Poco consuelo es que el médico les asegure que eso le pasará.

No son pocos los padres que pasan tales angustias. Se calcula que el 20% de los niños tienen períodos de llanto — que empiezan en las últimas horas de la tarde y pueden durar hasta la hora de acostarse — bastante serios para que se puedan denominar cólico. El cólico se diferencia del llanto ordinario (vea arriba) en que el niño parece inconsolable, el llanto se convierte en alaridos, y el acceso dura dos o tres horas, en ocasiones mucho más, algunas veces día y noche. Lo más corriente es que los períodos de cólico se repitan a diario, aunque algunos bebés se toman de vez en cuando una noche de descanso.

En el cólico clásico el niño recoge las rodillas, aprieta los puños y en general aumenta su actividad. Cierra los ojos con fuerza o los abre mucho, frunce el entrecejo, hasta suspende brevemente el resuello. La actividad del intestino aumenta y expulsa gases. Las pautas de comida y sueño se alteran por el llanto; el bebé busca desesperadamente un pezón pero no bien ha comenzado a mamar, lo suelta otra vez, o se queda dormido un momento y en seguida despierta gritando. Sin embargo, son pocos los que se ajustan exactamente a la descripción clásica. No hay dos que muestren los mismos síntomas o sigan iguales pautas de comportamiento; y no hay dos padres que reaccionen en una forma exactamente igual.

Por lo general el cólico empieza durante la segunda o tercera semana de vida (más tarde en los prematuros) y llega al máximo de severidad en la sexta semana. Durante algún tiempo parece que la pesadilla no va a terminar jamás, pero a las doce semanas empieza a disminuir, y a los tres meses la mayoría de los niños (exceptuando otra vez a los prematuros) parecen curarse milagrosamente. Son pocos los que siguen llorando hasta el cuarto o el quinto mes. El cólico puede aliviarse de pronto o poco a poco, con unos días buenos y otros malos, hasta que todos son buenos.

Aun cuando estos períodos diarios de gritos, ya sean maratónicos o de duración más manejable, se llaman cólicos, no existe una definición clara de qué constituye un cólico, o en qué se diferencia de otras formas de llanto-problema, como el paroxísmico o periódico irritable. Defini-

REMEDIO PARA EL COLICO

Los padres del niño que sufre de cólico, desesperados, acuden al médico en busca de algún remedio mágico que ponga fin al llanto. Por desgracia no hay ningún remedio conocido que lo cure completamente, y como toda medicación de receta tiene sus efectos colaterales, el médico prefiere no echar mano del bloc de recetar al tratar a estos llorones crónicos. Hay, sin embargo, una medicina que se usa mucho en Europa para el cólico, se vende sin fórmula médica para los gases, y que parece que sí alivia o reduce los síntomas en muchos casos. Su ingrediente activo es simeticón, el mismo ingrediente antigases que se encuentra en muchas preparaciones para adultos. Aunque no hay acuerdo en que los gases sean la causa del cólico infantil, sí se reconoce que muchos niños que sufren de cólico parecen tener gases (no está claro si son causa o consecuencia del llanto), y los estudios hechos al respecto indican que reduciendo los gases se reduce el malestar en muchos casos. Como este producto no se absorbe en el organismo, es totalmente inocuo y no tiene efectos colaterales. Si su niño sufre de cólico y parece tener gases, pregúntele al médico por el simeticón, que en algunas partes se vende con el nombre de gotas de Mylicon.

ciones y diferencias, empero, tienen poca importancia para los padres angustiados que tratan de calmar a su hijo.

Qué produce el cólico es un misterio, aunque las teorías abundan. Muchas de las siguientes han sido rechazadas total o parcialmente: que los niños con cólico lloran para ejercitar los pulmones (no existe ninguna prueba médica de tal cosa); que lloran debido a desazón gástrica causada por una alergia o sensibilidad a algo que contiene la leche de la madre, si son criados al pecho, o la fórmula si toman biberón (esto sólo de vez en cuando es causa de cólico); que lloran por inexperiencia de los padres (el cólico no es menos común en el segundo hijo y los siguientes, aunque los padres pueden hacerle frente con más serenidad); que el cólico es hereditario (no parece ser cuestión de familia); que es más común en niños cuyas madres tuvieron complicaciones en el embarazo o el parto (las estadísticas no lo confirman); que la exposición al aire fresco produce cólico (en la práctica, muchos padres encuentran que el aire fresco es la única manera de calmar a sus hijos).

La teoría de que al niño le da cólico porque la madre está tensa es más controvertible. Aunque muchos expertos consideran más probable que sea el llanto del bebé lo que pone tensa a la madre, otros sostienen que una madre nerviosa le puede comunicar inconscientemente su nerviosismo al niño, y esto lo hace llorar. Tal vez aun cuando la ansiedad de la madre no cause el cólico, sí lo puede agravar.

Una teoría corriente es que el llanto no es más que una manifestación normal de la inmadurez fisiológica del recién nacido: todos lloran, y el cólico es sólo una forma extrema de este comportamiento normal. Otra sugiere que el inmaduro tubo digestivo se contrae violentamente al expulsar gases, produciendo los dolores del cólico. Una tercera teoría afirma que el espasmo intestinal doloroso ocurre por la suspensión de progesterona al descender el nivel de hormonas maternas en el organismo infantil. Hay todavía otra explicación: que el sistema nervioso de la criatura todavía no ha aprendido a inhibir conductas indeseables, como el llanto.

Tal vez la más plausible es la teoría de que los recién nacidos, que habitualmente no lloran mucho, poseen un mecanismo automático para reprimir los estímulos, lo que les permite dormir y comer sin prestar mucha atención a lo que los rodea. Hacia el final del primer mes (cuando por lo general empiezan los cólicos) este mecanismo desaparece y los deja más atentos e interesados en el mundo exterior. Bombardeados con sensaciones todo el día (sonidos, imágenes y olores), y no pudiendo desintonizarlas cuando están saturados, llegan a las primeras horas de la noche superestimulados y abrumados. El resultado es llanto inexplicable, y en casos extremos, cólico. Cuando llegan a la edad de tres o cuatro meses, o a veces cinco, dice la teoría, estos niños ya tienen la capacidad de desconectarse del ambiente antes de saturarse, y se acaban los cólicos.

Un factor ambiental que sí parece incrementar la presencia de cólicos, aunque la razón no está clara, es el humo de tabaco en la casa. Y cuantos más fumadores haya en la familia, mayor la probabilidad de cólico y la gravedad de éste.

Lo que lo tranquiliza a uno respecto al cólico y el llanto paroxísmico es que los niños parece que no sufren mayormente con esos accesos (lo cual no se puede decir de sus padres) ni emocional ni físicamente. Prosperan lo mismo que los que lloran muy poco, ganan peso igualmente bien, y más adelante no muestran más problemas de conducta que otros niños.

En efecto, los que lloran vigorosamente en su primera infancia tienen más probabilidades de ser más activos y vigorosos para resolver problemas en la edad de gatear que los que lloran débilmente. Y lo más tranquilizador de todo es saber que esa costumbre no va a durar para siempre. Mientras tanto, los consejos que se dan en las páginas 148 a 150 le ayudarán a hacer frente al problema.

LOS HERMANITOS NO DEBEN SUFRIR

"El llanto continuo de nuestro nuevo bebé parece que está afectando mucho a nuestra otra hijita de tres años. ¿Qué hago?"

La hermanita es la víctima inocente que más sufre con el cólico del recién nacido. Ahí está ese bebé que ella probablemente no pidió, y que además de amenazar con desplazarla de su posición de privilegio, hace un ruido tremendo a la hora que antes era para ella la mejor del día: la hora de comer con papá y mamá. Tan insoportable como el llanto es el desorden que trae consigo. En lugar de ser esa una hora tranquila de comer, compartir y divertirse, se ha vuelto una experiencia de comidas interrumpidas, interminables paseos por el cuarto con el bebé en los brazos, y padres que se están volviendo locos. Tal vez lo peor de todo es que la pequeña víctima se siente impotente. Mientras que los adultos pueden hacer algo, por lo menos tratar de aliviar el cólico (aunque no sirva de nada), y condolerse los dos, ella no puede hacer nada.

No es posible hacer que el cólico del bebé no afecte a los niños mayores, pero sí se puede hacer mucho para ayudarles a sobrellevarlo, siguiendo estas recomendaciones:

Explíquele. Hable con el niño mayor y explíquele en términos que él pueda en-

tender, qué es el cólico. Asegúrele que no durará mucho y que cuando el bebé se acostumbre a su mundo nuevo y extraño dejará de llorar tanto. Si cuando estaba más chiquito él también sufría de cólicos, dígaselo; así le será más fácil creer que estos "monstruos" que tanto gritan, de veras crecen y llegan a ser niños buenos.

Aclárele que él no tiene la culpa. Los niños pequeños se echan a sí mismos la culpa de todo lo malo que ocurre en el hogar, desde las disputas entre los padres hasta el llanto del nuevo hermanito. Hay que asegurarles que nadie tiene la culpa, y mucho menos ellos.

Dígale y muéstrele que lo quiere. Cuidar de un bebé que tiene cólico puede ser tan absorbente, y atender a las necesidades básicas de alimentación, vestido y vivienda del resto de la familia quita tanto tiempo, que a usted se le pueden olvidar las cosas pequeñas que le muestran a un niño de corta edad que usted sí lo quiere. Debe, pues, esforzarse por hacer todos los días por lo menos una de esas cosas

Para el niño con cólico. *Algunos bebés que tienen cólico se alivian con la presión que se ejerce sobre el abdomen al alzarlos en esta posición.*

(como peinar a una niña de una manera distinta, jugar a "nadar" en el baño, hacer galletas con su colaboración, ayudarle a pintar un mural en un pliego grande de papel); y, por supuesto, no olvide repetirle varias veces al día qué niño tan maravilloso es él y cuánto lo quiere usted.

Resérvele tiempo para ella sola. Trate de encontrar todos los días algún tiempo, aun cuando sólo sea media hora, para pasar a solas con la hermanita mayor, sin el bebé. Aproveche la hora en que el bebé está durmiendo (esto es más importante que sacudir el polvo de los muebles), o cuando su marido lo está paseando, cuando su madre viene de visita, o, si se puede dar ese lujo, cuando tenga una niñera para el bebé.

USTED NO TIENE LA CULPA

"Es nuestro primer hijo y llora constantemente. ¿Qué estamos haciendo mal?"

Tranquila. Usted no tiene la culpa. La teoría de que el cólico de los bebés se debe a alguna falla por parte de los padres nunca se ha podido justificar. La situación probablemente sería la misma si lo estuvieran haciendo todo bien (claro que nadie lo hace todo bien, y además lo que está bien varía según el niño y según los padres). Y tampoco sería mucho peor si estuviera haciendo muchas cosas mal (nadie lo hace *todo* mal). El cólico, según las últimas investigaciones, tiene que ver con el desarrollo del bebé, no del suyo.

Lo mejor que puede hacer es tratar el llanto del niño con la mayor compostura y racionalidad posibles. Como lo sabe todo el que haya tenido a un niño con cólico, esto no es fácil, pero las recomendaciones que se dan en la pág. 148 pueden serle útiles. Aun cuando usted no tenga la culpa del llanto del bebé, si conserva la calma esto ayudará a calmarlo.

"A veces cuando llevo tres horas de estar meciendo al niño en mis brazos y no cesa de gritar, me entran unas ganas terribles de tirarlo por la ventana. Claro que no lo tiro; pero ¿qué clase de madre soy yo para pensar siquiera en semejante barbaridad?"

Es usted una madre perfectamente normal. Ni las que por su conducta general son dignas de que las canonicen pueden sobrevivir a la angustia y desesperación de vivir con un niño que no deja de llorar, sin experimentar un sentimiento de cólera y aun de odio contra él. Y aunque no lo admitan, son muchas las madres de llorones crónicos que constantemente luchan contra esos mismos impulsos horripilantes que usted siente. Si observa que tales sentimientos no son apenas pasajeros o si teme que realmente la podrían llevar a causar algún daño a su niño, busque ayuda inmediatamente.

No cabe duda de que los padres llevan la peor parte de los cólicos. Si bien se puede decir sin temor de equivocarse que el llanto no parece hacerles daño alguno a los niños, sí afecta a la madre y al padre. Oír llorar a un bebé es irritante y provoca ansiedad. Estudios objetivos muestran que todos, hasta los niños, reaccionan al llanto constante de un recién nacido con alza de la tensión arterial, aceleración del ritmo del corazón y cambios en el flujo de sangre a la epidermis. Si el bebé nació prematuramente, si estuvo mal nutrido en la matriz, o si la madre sufrió de toxemia (preeclámptica o eclámptica) el tono del llanto puede ser especialmente alto y particularmente difícil de tolerar.[4]

A fin de sobrevivir con algo de cordura a los dos o tres meses que duran los cólicos, ensaye lo siguiente:

[4] Si el tono del llanto es inexplicablemente alto, consulte con el médico; ese llanto puede ser indicio de enfermedad.

QUE HACER CON EL LLANTO

No hay ninguna medicina, fármaco o yerba medicinal, ni tratamiento alguno que con seguridad ponga remedio al llanto del bebé; por el contrario, algunos pueden agravarlo. Pero sí hay algunas cosas que las madres pueden hacer. Ninguna dará siempre buenos resultados; otras nunca; quizá haya casos en que ninguna sirva para nada, pero todas vale la pena ensayarlas.

Tratar de evitarlo. En las sociedades en que la madre lleva al hijo muy envuelto y fajado, como en las tribus aborígenes americanas, los largos períodos de llanto y alharaca de un niño son desconocidos. Un estudio realizado hace poco en los Estados Unidos mostró que niños cargados en brazos o en un portabebé por lo menos tres horas al día lloraban mucho menos que los otros. Además de proporcionarle el placer del contacto físico con la madre (del cual disfrutaba en el vientre), cargar al bebé ayuda a la madre a sintonizar mejor las necesidades del niño.

Responder. Llorar es la única manera que tiene su niño de ejercer algún control sobre un vasto ambiente nuevo, o hacer que algo ocurra. "Cuando llamo, alguien responde". Si usted nunca responde, él se sentirá impotente y despreciable. ("Soy tan insignificante que nadie viene cuando llamo".) Aun cuando a veces parezca que todo es inútil porque por más esfuerzos que haga usted el bebé no se calla, responder prontamente a sus llamadas al fin reducirá el llanto. En efecto, los estudios indican que los bebés cuyas madres respondieron prontamente a ellas en la infancia lloran menos en la edad de hacer pinitos. Además, el llanto que se deja intensificar más de cinco minutos se hace más difícil de interpretar, ya que el bebé se altera tanto que ya ni recuerda qué lo originó. Cuanto más dure, más difícil es calmarlo. Claro está que no se necesita dejar todo lo que uno esté haciendo para correr a atenderlo, por ejemplo si usted se está bañando, escurriendo los espaguetis o yendo a abrir la puerta. Que se les deje llorar un par de minutos extra no les hace mal de vez en cuando, siempre que no corran ningún peligro mientras usted acude.

No tema malenseñar a su hijito por responder prontamente. Los bebés muy pequeñitos no se malenseñan, y los que han recibido más atención en los primeros meses son los más precoces. Los otros siguen siendo más dependientes y más exigentes.

Para casos particularmente difíciles de llanto inconsolable, algunos expertos recomiendan una rutina que consiste en dejar llorar al niño diez o quince minutos en un lugar donde no corra peligro como la cuna, alzarlo y tratar de consolarlo durante otros quince minutos, y luego volverlo a acostar y repetir. Parece que esto no causa problemas a la larga, así que si a usted le gusta el método, puede ensayarlo.

Evaluar la situación. Antes de decir que el niño llora por llorar, piense si hay alguna causa simple y remediable. Si le parece que tiene hambre, ensaye darle el pecho o el biberón, pero no cometa el error de responder invariablemente a las lágrimas con comida. Aun en esta tierna edad la comida debe responder a la necesidad de alimento, no de atención. Si sospecha fatiga, ensaye mecerlo en los brazos, el cochecito, la cuna o el portabebé. Si la causa del llanto es el pañal mojado, cámbielo (naturalmente, si usa imperdibles busque si alguno se ha abierto). Si el bebé parece demasiado caliente (el sudor es una señal), quítele unas cuantas prendas de ropa, abra la ventana o ponga a funcionar un ventilador o el aire acondicionado. Si el problema es de frío (cuello, brazos o cuerpo se sienten fríos al tacto) abríguelo mejor o encienda el calentador. Si el niño empieza a llorar al desvestirlo para el baño (a los recién nacidos por lo general no les gusta estar desnudos), cúbralo rápidamente con una toalla o una manta. Si cree que está cansado por haber permanecido demasiado tiempo en la misma posición, cámbielo de posición. Si ha estado contemplando la misma vista durante media hora, cámbielo.

Ritualismo. Con niños que responden bien a una rutina, el llanto se puede reducir observando la mayor regularidad posible en el programa de comidas, baño, cambio de pañales, paseo y demás, hasta la rutina de la hora de dormir. Usted debe ser consecuente con el método que use para calmar al bebé o reducir su llanto; evite sacarlo un día a pasear a pie, al día siguiente en automóvil, y apelar al columpio al otro día. Una vez que descubra qué es lo que lo calma, no cambie de método.

Muy poco mimo. A veces lo único que quiere el niño es que lo consientan y por eso llora. Separarse de la madre después de nueve meses de íntimo contacto con ella es cosa muy dura para él. Ensaye las técnicas que se detallan en el cuadro de la página 150, "Consentir al llorón".

El placer de chupar. Con frecuencia los bebés necesitan chupar por chupar, no necesariamente para comer, y agradecen que se les ayude a meterse el dedito en la boca (sobre todo el pulgar). Algunos prefieren un dedo de adulto, pero, por favor, que estén limpias las uñas y bien recortadas. Hay otros que gozan con un chupador de entretención, pero cuide de que éste sea de estilo ortodóntico; de que *nunca* tenga atada una cinta o una cuerda (se le podría enredar en el cuello al bebé); déselo únicamente después de haber atendido a sus otras necesidades; y úselo sólo mientras dure el cólico.

Nueva cara, otros brazos. Una madre que ha luchado horas enteras por calmar a un recién nacido, indudablemente empieza a mostrar señales de tensión y fatiga que el niño inmediatamente percibe, y reacciona a ellas con más llanto. Páseselo a otra persona — a su esposo, a un pariente o una amiga, a una niñera — y es posible que el llanto cese.

Aire puro. Sacarlo al aire libre a veces cambia como por arte de magia el ánimo del bebé. Ensaye un paseo en automóvil, en el cochecito de paseo o en el portabebé. Aun cuando sea de noche, seguramente el niño se distraerá con el parpadeo de las luces del alumbrado y de los autos.

Control del aire. Gran parte de las molestias que sienten los recién nacidos se deben

a que tragan aire. Tragarán menos aire si se les pone derechos y se les mantiene en esta posición lo más posible durante las comidas y para sacarles los gases. Que el agujero del chupete sea de tamaño adecuado contribuye a reducir la ingestión de aire; fíjese que no sea demasiado grande (lo cual hace que trague más aire con la leche de fórmula) ni demasiado pequeño (el esfuerzo de chupar también lo hace tragar aire). Sostenga el biberón de manera que no entre aire en el chupete (vea la pág. 68), y fíjese que la leche no esté ni muy caliente ni muy fría (aunque casi todos toleran muy bien la leche de fórmula sin calentar, a unos pocos parece que no les gusta). Cuide de sacarle los gases con frecuencia durante la comida para expulsar el aire que haya tragado. Se sugiere practicar esta operación cada media onza o cada onza cuando se está dando el biberón, o cada cinco minutos cuando se está dando el pecho.

Menos excitación. Tener un bebé es una gran felicidad. Todo el mundo lo quiere ver y usted quiere llevarlo a todas partes para que lo vean, exponerlo a nuevas experiencias, a ambientes estimulantes. Eso está bien para algunos, pero para otros puede ser demasiado estímulo. Si el suyo sufre de cólicos, es mejor que limite la agitación, las visitas y los estímulos, sobre todo a fines de la tarde y principios de la noche.

Revisar el régimen alimentario. Hay niños que lloran mucho porque no están comiendo lo suficiente. Si un niño alimentado con biberón no está progresando satisfactoriamente, consulte al pediatra si le debe aumentar la cantidad de fórmula. Si lo está criando al pecho y le parece que está bajo de peso, vea en la página 116 consejos para evaluar esta deficiencia y medios de corregirla. Sin embargo, no le empiece a dar sólidos, pues ésta no es una buena técnica ni da buenos resultados para bebés muy jóvenes. Ocasionalmente una alergia o sensibilidad a algo que contenga la leche de fórmula o la materna puede ser la causa de la desazón y el llanto, pero generalmente hay también otros síntomas.

Entretención en vivo. En los primeros meses algunos bebés se contentan con quedarse sentaditos viendo pasar el mundo, mientras que otros lloran de frustración y aburrimiento porque todavía no hay nada que puedan hacer por sí mismos. Llevarlos de arriba abajo y explicarles todo lo que usted está haciendo mientras atiende a sus ocupaciones, y hacer un esfuerzo especial para encontrar juguetes y otros objetos para que vean y más tarde toquen y jueguen, puede ayudar a tenerlos ocupados.

Ayuda externa. Aquí sí que no se justifica decir: "Prefiero hacerlo yo misma". Aproveche toda posibilidad que se le presente de compartir la carga (vea la página 19).

Aceptación. Tenga la sabiduría de aceptar lo que no puede cambiar. Usted no puede curar el cólico de su hijo, y con mucha frecuencia ni siquiera puede hacerlo callar cuando está dando alaridos. Su única alternativa, que quizá no sea fácil de aceptar, es tener paciencia.

CONSENTIR AL LLORON

Hay muchas maneras de confortar a un recién nacido, y lo que sirve para unos puede agravar el llanto de otros. Use un solo método a la vez, cuidando de agotar sus posibilidades antes de pasarse a otro, pues de lo contrario va a seguir siempre ensayando, ensayando, ensayando, y el bebé siempre llorando, llorando y llorando. Estar pasando de uno a otro o usar varios métodos a la vez podría sobreestimular al niño y empeorar la situación, aunque generalmente es posible combinar un arrullo suave con alguna actividad motriz como mecerlo. Pruebe los pasos siguientes:

■ Mecerlo rítmicamente en los brazos, en un cochecito, una cuna o un columpio automático (pero no antes de que cumpla seis semanas). Algunos responden mejor a un movimiento mecedor rápido, pero no lo sacuda con fuerza, ya que esto puede causarle una seria lesión. Mecerlos de un lado a otro tiende a estimular a algunos niños mientras que mecerlos de arriba abajo los calma. Pruebe la reacción de su hijo a diversas maneras de mecerlo.

■ Sacarlo a pasear en el cochecito o en el auto de la familia. Una alternativa es un aparato de reciente invención que hace sentir la cuna como si fuera un automóvil que viajara a 90 kilómetros por hora, y hasta imita el silbar del viento.

■ Pasearlo por el cuarto en un portabebé o un cabestrillo o simplemente en los brazos. Cansa, por supuesto, pero es un método bien probado y que muchas veces da buenos resultados.

■ Envolver al bebé. Sentirse apretado en las mantillas es muy reconfortante para algunos niños.

■ Mimarlo en los brazos. Esto, lo mismo que envolverlos, les da a muchos bebés una sensación de seguridad. Mantenga al suyo apretándolo contra el seno, rodeado por sus brazos acariciadores. Es opcional darle palmaditas.

■ Darle un baño de agua tibia. Pero sólo si al bebé le gusta, pues hay algunos que gritan más en cuanto tocan el agua.

■ Cantarle. Observe si el niño se calla con suaves canciones de cuna o con tonadas pop, y si es para él más agradable una voz ligera de tono alto o una voz grave y fuerte. Si da con una tonadilla que le guste al niño, no vacile en cantársela una y otra vez; a los bebés les encanta la repetición.

■ Sonidos rítmicos. Muchos se calman, por ejemplo, con el zumbar de un ventilador o una aspiradora eléctrica, una grabación de los gorjeos uterinos, o un disco que reproduzca calmantes sonidos de la naturaleza, como el de las olas del mar en una playa o el susurro del viento entre los árboles.

■ Ponerle encima las manos. Para los niños que gustan de que los soben, un masaje puede ser muy calmante; pero si no les gusta, el remedio resulta contraproducente. Invierta en la compra de un libro de masajes para bebés para perfeccionar su técnica, o simplemente ensaye sobarle la espalda, el abdomen, los brazos y las piernas de manera firme pero suave y amorosa. Tenga cuidado de no hacerle cosquillas. Le puede resultar muy relajante para hacerle el masaje tenderse de espaldas y sostener al bebé boca abajo sobre su pecho.

■ Tácticas de presión. Una posición favorita de muchos niños que sufren de cólico, y que con frecuencia los alivia, es que los pongan boca abajo sobre las rodillas de un adulto, y al mismo tiempo les den palmaditas en la espalda. Algunos prefieren que los pongan derechos sobre el hombro, pero siempre con presión en el abdomen y palmaditas o soba en la espalda.

Tómese un descanso. Si usted es la única persona que tiene que cuidar del bebé siete noches a la semana en la época de los cólicos, la tensión afectará no sólo a su papel de madre sino también a su salud y a sus relaciones con su esposo. Tómese un descanso por lo menos una vez a la semana, o diariamente si es posible, dejándole la tarea a una niñera, si la puede pagar, o si no, abusando de la abuelita o de otras parientas y amigas. (Pero evite amigas y parientas que suelten indirectas de que el llanto es culpa suya, porque no lo es.)

Si usted y su esposo nunca pueden cenar tranquilamente por obra y gracia del llorón, salgan de vez en cuando a comer fuera de casa. No es difícil acomodar una cena entre una y otra comida del bebé, aun cuando salidas más largas pueden dificultarse si usted le está dando el pecho. Si no les resulta práctico salir a comer fuera de casa, ensaye dar una caminata, visitar a unos amigos (de preferencia que no tengan niños chiquitos), jugar una partida de tenis, o hacerse dar un masaje.

Deje descansar al niño. Ciertamente es importante responder al lloro del bebé, pero una vez que haya atendido a todas sus necesidades (comida, eructo, cambio de pañales, caricias y demás) sin cambio perceptible del nivel de gritos, lo puede dejar que descanse un poco de usted, acostándolo un rato en su camita o su cuna. No le hará ningún daño llorar allí y no en sus brazos diez o quince minutos mientras usted hace alguna cosa relajante, como tenderse en la cama, lavar los platos, asar un pastel, ver televisión o leer unas cuantas páginas de un libro. En efecto, a él le hará bien tener una madre fresca y no agotada.

Desconéctese. Para disminuir el impacto de los alaridos del bebé, use tapones para los oídos; no excluyen totalmente el ruido, pero sí lo atenúan para hacerlo más tolerable. Metidos dentro de las orejas, le permiten relajarse en los ratos de descanso, y aun mientras lo esté paseando por el cuarto.

Haga ejercicio. El ejercicio físico es una gran manera de aliviar las tensiones, que a usted no le faltan. Hágalo temprano en su casa con el niño (vea la página 612), vaya a nadar o a hacer ejercicio en un club de salud donde haya servicios de guardería infantil (déle golpes a un saco de arena si lo hay), o saque al niño en su cochecito para dar con él una caminata a buen paso cuando él esté descontento (esto los puede calmar a él y a usted).

Pida ayuda. Como la mayor parte de la tarea de cuidar del bebé recae en usted si está en uso de licencia de maternidad o si ha resuelto quedarse en casa mientras su marido va al trabajo como de costumbre,

CUANDO SE DEBE CONSULTAR EL LLANTO CON EL MEDICO

Lo más probable es que las diarias sesiones de alaridos de su hijo se deban a cólico normal o llanto paroxísmico. Pero por si acaso obedecieran a algún problema médico, es prudente informar al doctor de la duración del llanto, su intensidad, su pauta, y, especialmente, si se observa alguna variación en lo que ha sido normal para su bebé. A medida que los científicos conocen mejor este terreno, han descubierto que ciertos aspectos del llorar (el tono, por ejemplo) pueden dar la clave de una enfermedad.

Alguna vez un bebé llora por algo que está comiendo la madre o por alergia a la fórmula. Pregunte al médico sobre esta posibilidad si en la familia hay tradición de alergias. Quizá le recomiende suprimir algún alimento de su régimen (a menudo productos lácteos) si está dando el pecho, o cambiar de fórmula si está alimentando al niño con biberón. Si el cambio reduce significativamente el cólico, entonces es posible que la causa sea una alergia. Para demostrarlo en forma más concluyente (y si usted tiene nervios de acero e inclinación científica) puede volver a la leche o fórmula originales a ver si el llanto se reanuda. Un llanto que persiste más de tres meses también puede indicar alergia. Un llanto súbito y sostenido, en un niño que antes no había llorado mucho, podría indicar enfermedad o dolor. Consulte con el médico.

es posible que al cabo de poco tiempo esa tarea le parezca imposible de cumplir sin ayuda. En primera línea para ello está su esposo. Los padres suelen resultar muy hábiles para calmar al bebé, si se ponen a ello, si bien una pequeña minoría no puede en absoluto tratar con un niño llorón. Si usted tiene la suerte de contar con parientes cercanos, válgase de ellos también. Las abuelas, gracias a muchos años de experiencia, tienen una mano mágica para estos menesteres, aunque, como pasa con los padres, hay unas pocas que no aguantan a un niño llorón. Una hermana, cuñada o buena amiga también pueden aliviarle un poco la carga. Si también han tenido hijos, pueden por lo menos aportar experiencia a la tarea. Si no, pueden aportar entusiasmo y buena voluntad.

Si no puede contar con ayuda voluntaria, tendrá que pagar por los servicios de una niñera experimentada o una enfermera que se encargue de pasear una vez a la semana durante una hora o más al bebé que llora. Una adolescente a quien le gusten los niños suele ser una ayudante poco costosa y sin embargo eficiente que puede sacar al niño en su cochecito o cargarlo en la casa mientras usted se da un baño o prepara la comida o aun mientras come.

Hable de su situación. Llore usted también un poquito por su cuenta en el hombro de una persona comprensiva: su marido, el pediatra, el tocólogo, un sacerdote, un miembro de la familia, una amiga. Comentar la situación no va a curar los cólicos, pero usted se puede sentir un poco mejor después de compartir su triste historia. Lo más beneficioso será hablar con otras madres de bebés afectados de cólico, especialmente con las que hayan salido victoriosas de la tormenta y estén ya navegando en aguas tranquilas.

Si se siente cruel, busque ayuda. Un niño que no se calla irrita a todo el mundo, pero hay personas que al fin no lo pueden aguantar. El resultado es a veces maltrato del niño. Si su deseo de tirarlo por la ventana es algo más que un sentimiento pasajero, si siente que va a ceder al impulso de pegarle o sacudirlo o maltratarlo en cualquier forma, pida ayuda *inmediatamente*. Acuda a una vecina, si puede, y entréguele la criatura hasta que usted logre dominarse. En seguida llame a alguien que le pueda ayudar — su marido, su mamá o su suegra, una amiga íntima o su médico o el médico del niño. Aun cuando esos sentimientos muy intensos no la lleven a maltratar al niño, sí perjudican su relación con él y su confianza en sí misma como madre, a menos que obtenga consejo sin pérdida de tiempo.

NIÑOS CONSENTIDOS

"Siempre alzamos al bebé apenas llora. ¿Lo estaremos malcriando?"

Prodigarle cariño no va a malenseñar a su hijo, por lo menos hasta que tenga siquiera seis meses. Por el contrario, los estudios hechos al respecto indican que confortarlo ahora — alzándolo apenas llora y atendiendo a todas sus necesidades — no tiene la consecuencia de hacer de él un mocoso insufrible, sino un niño alegre, confiado en sí mismo y que a la larga llorará menos y exigirá menos atención. Será también más afecto a usted (o a la persona que lo atiende) y menos aprensivo. Una ventaja adicional es que como al tomar el pecho o el biberón está tranquilo y no tiene el estómago lleno de aire ingerido al gritar, comerá mejor.

Naturalmente, nada se pierde si a veces usted no lo puede alzar inmediatamente; tal vez esté en el baño, o contestando el teléfono, o sacando el asado del horno. No importa que se tarde un poco, siempre que acuda lo más pronto posible. Tampoco serán los resultados catastróficos si usted se toma periódicamente descansos de 15 minutos dejando solo al niño con cólico.

SANGRE EN EL VOMITO

"Cuando mi hijo, que tiene dos semanas de nacido, vomitó hoy, en la leche cuajada aparecieron trazas rojizas. Esto me preocupa mucho".

Sin duda es alarmante descubrir rastros de sangre que parecen ser de un bebé de dos semanas, especialmente si aparecen en el vómito. Pero lo primero que hay que determinar es si la sangre es realmente del niño o más bien de usted, como es lo más probable. Si le está dando el pecho y tiene los pezones rajados, aun cuando sea ligeramente, el niño puede haber tragado algo de sangre junto con la leche al mamar. Y como lo que entra al cuerpo tiene que volver a salir, a veces en forma de vómito, esto seguramente podría explicar la sangre que usted ha notado.

Si sus pezones no son la causa obvia (podrían serlo aunque no se noten las rajaduras diminutas), acuda al pediatra para que le ayude a resolver el misterio.

CAMBIO DE OPINION SOBRE LA LACTANCIA

"Yo había resuelto no lactar a mi hija y dejé que se me secara la leche. Ahora, viendo que otras madres sí les dan el pecho a sus hijos, he cambiado de opinión. ¿Es muy tarde para que me vuelva la leche?"

La naturaleza permite un cambio de opinión, por lo menos la mayoría de las veces. Así tan al principio, cuando los bebés cuentan apenas entre cuatro y siete semanas, las mujeres que quieran lactar después de haber dejado secar la leche, o las que destetaron a sus niños muy pronto y a las pocas semanas se arrepintieron, tienen razonables probabilidades de éxito en la relactación.

Sin embargo, antes de decidirse asegúrese de que su cambio de opinión es sincero. El éxito no va a ser fácil y necesitará hacer un doble esfuerzo para alcanzarlo. Durante las primeras semanas la relactación le exigirá mucho tiempo, ya que al principio tendrá que lactar al niño con mucha frecuencia, y mucho trabajo (es posible que tenga que apelar a la extracción manual o mecánica de la leche). También les causará tensión a usted y al niño, el cual quizá se resista al principio a esa nueva forma de alimentación. Aunque logre volver a producir leche, tal vez no sea suficiente para llenar las necesidades nutritivas del niño y sea preciso darle un suplemento de leche de fórmula.

Si se decide usted seriamente a volver a la crianza al pecho, vea la sección "El mejor régimen para la lactancia" (página 621) y siga las recomendaciones para inducir la lactación en la página 586. Para muchas mujeres — y para sus niños — los resultados justifican el esfuerzo.

"Le he estado dando el pecho a mi niño durante tres semanas y francamente no me gusta. Quisiera pasarme al biberón, pero me remuerde la conciencia".

No tiene por qué remorderle la conciencia, siempre que su decisión se base en razones justas. El proceso de lactación es al principio una serie de pruebas y tanteos; y en cuanto a disfrutar de él, tal vez ni la madre ni el hijo gocen mucho en ese período inicial de acomodación. Si usted está segura de que su inconformidad no es consecuencia de un mal comienzo (que casi siempre se ha corregido ya para mediados del segundo mes), y de que usted ha hecho por la lactación todo lo posible en términos de tiempo y esfuerzo, insistir no será probablemente una experiencia positiva. Pero trate de aguantar hasta que el bebé tenga seis semanas (ocho sería mejor), a esa edad ya habrá recibido los beneficios de la leche materna más importantes para su salud. Entonces, si todavía le disgusta dar el pecho, siéntase en libertad — y sin remordimientos — para destetarlo.

FOTOS

"He notado que el bebé parpadea cuando se enciende la bombilla de destello de nuestra cámara fotográfica. ¿Le causa daño a los ojos?"

Sólo las celebridades más perseguidas por los fotógrafos están más expuestas a las luces de destello que un bebé recién nacido, cuyos padres no caben en sí de orgullo y quieren captar en fotos todos los detalles de sus primeros días de vida. Pero, a diferencia de las celebridades, los bebés no se pueden esconder tras anteojos oscuros cuando estallan las bombillas de magnesio. Para protegerle los ojos de posible lesión si éstas estallan muy cerca o la luz es muy intensa, es buena idea tomar algunas precauciones durante las sesiones de fotografía. Trate de mantener la cámara a no menos de un metro de distancia del niño, y use una pantalla de difusión sobre la unidad de destello a fin de reducir a un mínimo el resplandor. Si su equipo fotográfico lo permite, haga rebotar la luz de una pared o del techo y no directamente de la cara del niño. Si no tomó tales precauciones en las fotos anteriores, no importa. El riesgo de que sufra daño es sumamente pequeño.

MUSICA FUERTE

"A mi esposo le gusta escuchar música rock en el estéreo a todo volumen. Yo temo que esto pueda lesionar el oído de nuestro hijito".

Todos los oídos, jóvenes o viejos, tienen mucho que perder cuando se exponen durante largos períodos de tiempo a oír música con un volumen muy alto, sea música rock, o clásica o de cualquier otro tipo: pierden parte de su capacidad auditiva. Algunos oídos son naturalmente más sensitivos y por tanto están más expuestos a sufrir daño, pero en general el oído de los bebés y de los niños pequeños es el que más sufre los efectos perjudiciales de los sonidos demasiado fuertes. El daño puede ser temporal o permanente, según el nivel del sonido y la duración y frecuencia de la exposición.

¿Cuál es el nivel peligroso de volumen? Si bien el llanto puede ser indicio de que la música (u otro ruido) es demasiado fuerte para el bebé, no espere hasta que él proteste para bajarle el volumen a su aparato. El oído del niño se puede estar lesionando aunque él no siente la molestia. Según las normas para lugares de trabajo establecidas por la OSHA (Administración de Seguridad y Salud Ocupacional de los Estados Unidos), el máximo nivel de ruido que no es perjudicial para adultos es 90 decibelios, nivel que fácilmente puede sobrepasar cualquier equipo de estéreo. Si usted no tiene el equipo necesario para medir los decibelios del suyo cuando su marido está escuchando su música rock, la manera de no excederse del límite de peligro es bajar el volumen hasta donde permita conversar normalmente; si hay que gritar, está demasiado alto.

SUPLEMENTOS VITAMINICOS

"Todas las personas con quienes hablamos tienen ideas distintas sobre las vitaminas para los bebés. No podemos resolver si debemos dárselas o no al nuestro".

La bisabuela de usted cuando era una joven madre seguramente nunca oyó hablar de suplementos vitamínicos, ni siquiera de vitaminas (no se les dio este nombre hasta 1912); a su abuela tal vez le recomendaron que les diera a sus hijos aceite de hígado de bacalao por las "vitaminas"; a su mamá quizá no le dijeron que le diera a usted suplementos de ninguna clase. Estando la ciencia de la nutrición todavía en su infancia, cabe esperar que las recomendaciones sigan cambiando a medida que se descubre nueva información. Y si entre los científicos los conocimientos se están modificando tanto, no puede sorprender que entre el público general haya gran confusión en cuanto a qué es lo que se debe hacer.

Las últimas investigaciones indican que los recién nacidos que estén en buen estado de salud no necesitan un suplemento multivitamínico. La leche materna les suministra todas las vitaminas y minerales que necesitan, si la madre sigue un buen régimen alimentario y toma a diario un suplemento para el embarazo y la lactancia; o se los suministra la leche de fórmula si ésta es una marca comercial médicamente aprobada y no una mezcolanza casera. Se exceptúan los niños que tienen problemas de salud que comprometen su capacidad de nutrición (por ejemplo, los que no pueden asimilar determinados nutrientes del alimento y deben seguir una dieta especial), y los hijos alimentados al pecho por madres vegetarianas que no comen productos animales ni toman suplementos. A éstos últimos se les debe dar por lo menos vitamina B-12, que puede faltar del todo en la leche de la madre, y probablemente también ácido fólico; pero quizá sea aconsejable un suplemento vitamínico-mineral completo, con hierro.

Si se necesita o no un suplemento para un bebé de unos pocos meses de edad es menos claro. Una fórmula comercial con hierro seguirá suministrando todos los nutrientes que se sabe necesita el niño —

todo lo que contienen las gotas, y más. La leche materna, en cambio, es variable y mucho más difícil de analizar; su composición nutritiva depende en parte de la alimentación de la madre, en parte de su estado de salud, y en parte de factores que ni siquiera entendemos.

Cuando se le empiezan a dar alimentos sólidos, la alimentación del niño se vuelve más difícil aún de evaluar y controlar. Un día se toma una gran taza de nutritivo cereal al desayuno, un par de cucharadas de yogur al almuerzo, y luego las zanahorias y arvejas de la cena. Al día siguiente quizá rechace todo menos el biberón. Al tercer día el cereal termina en el piso, la mayor parte del yogur untado en la silla, y la carne para bebé que se le ofrece por la noche apenas la prueba y luego la escupe.

Aun cuando es cierto que algunas vitaminas de las que con tanto cuidado pone la madre en la boca del bebé se excretan en la orina, algunos médicos recomiendan que al niño se le den a diario vitaminas en gotas, como seguro de salud. Otros dicen que esto no es necesario. Si el suyo es de los que sostienen que lo único que necesita el bebé es una alimentación bien balanceada, pero sin embargo usted quiere estar bien segura, nada se pierde, y tal vez algo se gane, dándole un suplemento vitamínico de los de venta libre, que le suministre *no más* de la dosis diaria recomendada de vitaminas y minerales.

Sin embargo, se reconoce generalmente que hay ciertos nutrimentos de los cuales es necesario dar un suplemento:

Vitamina D. Para prevenir el raquitismo un bebé no necesitaría sino exponerse al sol poco más de cuatro minutos al día vestido únicamente con el pañal, o dos horas por semana, unos diecisiete minutos al día, completamente vestido pero con la cabeza descubierta. Pero obtener

de esta manera la dosis necesaria de vitamina D no sólo es inseguro (una racha de mal tiempo puede ocultar el sol toda una semana, y sacar al niño sin protección para la cabeza en días de mucho calor o mucho frío no es posible), sino que también puede ser muy peligroso. (Vea riesgos de asolear al niño en la página 448.) La Academia Norteamericana de Pediatría (AAP) recomienda, por tanto, que se les dé un suplemento de vitamina D empezando a las dos o cuatro semanas de edad. Este suplemento se encuentra en las leches comerciales de fórmula (y en la leche fortificada de vaca que su niño tomará después); pero no está claro si la leche materna lo contiene en cantidad adecuada aun cuando la madre tome un suplemento. Si usted está criando a su niño al pecho, es posible que su pediatra le recomiende darle adicionalmente gotas vitamínicas. Pero no le vaya a dar (ni a él ni a ninguna otra persona) más de la dosis diaria recomendada de vitamina D (400 UI). Es muy tóxica a niveles aun ligeramente superiores a éste. Al niño que esté tomando fórmula con vitamina D *no se le debe dar* ningún otro suplemento.

Hierro. Una deficiencia de hierro durante los primeros 18 meses de vida puede causar serios problemas de desarrollo y conducta, por lo cual las madres deben cuidar de que la ingestión de hierro sea adecuada. El recién nacido, a menos que sea prematuro o esté bajo de peso, llega por lo general con una buena reserva de este elemento, pero se le agota entre los cuatro y los seis meses de edad.

La AAP recomienda empezarle a dar hierro en alguna forma no más tarde de los dos meses de edad. La leche de fórmula fortificada con hierro (pero no la de vaca corriente) resuelve el problema para los niños criados con biberón. Para los criados al pecho hay que buscar alguna otra fuente. Una opción cuando se le empiece a dar alimento sólido son los cereales enriquecidos, pero es posible que el médico sugiera un suplemento de hierro (el sulfato ferroso en dosis basadas en el peso del niño es barato y eficaz), ya sea solo o como parte de un suplemento vitamínico-mineral.

La absorción del hierro se mejora tomando dosis adecuadas de vitamina C, y una vez que el niño empiece a comer bastantes cosas sólidas es bueno darle con las comidas algún alimento que la contenga, a fin de maximizar el beneficio del hierro que se consuma (vea la página 415). Pese a lo que usted haya oído decir, los estudios clínicos indican que el hierro no altera la digestión de los bebés. Pero recuerde que en dosis grandes puede ser tóxico. Para estar segura, no tenga nunca en su casa más que la provisión para un mes, y guárdela fuera del alcance de los niños.

Fluoruro. Este mineral es excelente protección contra las caries dentarias, y la Academia Norteamericana de Pediatría recomienda que a todos los niños se les dé en una u otra forma desde las dos o las cuatro semanas de edad. Usted se puede asegurar de que estas recomendaciones se cumplan para su hijo en diversas formas, y la que escoja dependerá de la proporción de fluoruro que contenga el agua del acueducto local. Tal vez el médico de su hijo la pueda asesorar sobre esto; si no, comuníquese con la secretaría de salud. Si usa agua de pozo u otra fuente privada, puede hacer verificar el nivel de fluoruro por un laboratorio (pregunte a la secretaría de salud cómo se hace esto).

Si el agua del acueducto está debidamente fluorizada (0.3 partes por millón es el mínimo recomendado para protección) ensaye cualquiera de los siguientes medios para asegurar que su bebé la tome:

■ Prepare con agua del acueducto las fórmulas líquidas o en polvo listas para mezclar (no las listas para servir, que no se deben diluir). Cuando el bebé ya tome jugos, dilúyalos con agua del acueducto.

■ Acostúmbrelo a tomar agua todos los días. Désela en biberón, o en taza cuando ya la pueda tomar así.

■ Si su hijo no toma agua del acueducto en ninguna forma, hable con el médico a ver si le receta fluoruro o gotas de vitaminas y minerales que lo contengan.

Si el agua del acueducto no está fluorizada, o si contiene menos de la proporción adecuada de fluoruro de sodio, pregúntele al médico si se lo receta, ya sea solo o en gotas de vitaminas y minerales. Cuando el niño eche los dientes se pueden usar también suplementos tópicos con enjuagues y dentífricos. La dosis dependerá de la cantidad de fluoruro que contenga el agua.

Con el fluoruro, como con todas las cosas buenas, demasiado puede ser malo. Una ingestión excesiva cuando los dientes se están formando en las encías, como podría ocurrir si el niño toma agua muy fluorizada y al mismo tiempo se le da un suplemento, puede causar "fluorosis" o moteado. Las formas leves de moteado (estriaciones blancas) no se notan ni son feas. Pero en los casos más serios no sólo desfigura sino que los hoyos pueden predisponer los dientes a la caries.

Los bebés y los niños pequeños son especialmente susceptibles de contraer fluorosis, debido a su pequeño tamaño y a que sus dientes están en formación. Así que cuídese de una sobredosis. Antes de darle a su hijo un suplemento asegúrese de que el agua del acueducto no esté ya debidamente fluorizada. Y cuando empiece a cepillarle los dientes no use dentífrico, o use apenas una ligera untadita si el chico insiste. Tape el tubo de dentífrico cuando no lo esté usando y guárdelo fuera del alcance del niño: hay bebés a quienes les gusta comérselo.

Aun cuando pueda ser conveniente darle un suplemento vitamínico-mineral que contenga no más de la dosis infantil recomendada desde que ya no dependa únicamente del pecho o el biberón, no es conveniente darle ningún otro suplemento de vitaminas o minerales en ninguna forma. Una "nutricionista" no le debe recetar a su niño vitaminas ni minerales ni hierbas sin aprobación del médico. Casos se han dado de enfermedades graves causadas por sobredosis de vitaminas o por hierbas medicinales dadas por padres solícitos que creían estar procediendo bien.

Si a su hijo no le gusta la diaria dosis de gotas vitamínicas, vea los consejos "Para que tome la medicina" que se dan en la página 478.

CUIDADOS EN LA CIRCUNCISION

"A mi hijo lo circuncidaron ayer, y hoy parece que la cicatriz está supurando. ¿Es normal esto?"

Un cuerpo no puede perder una parte —aun cuando sea un pedacito de piel tan pequeño e innecesario como el prepucio— sin reaccionar. En este caso suele haber inflamación, a veces un poco de sangre y supuración, señal de que los fluidos curativos del cuerpo están acudiendo al lugar de la herida.

Use doble pañal durante los primeros días para que el pene descanse en un material blando y para que los muslos del niño no lo presionen; más tarde esto no es necesario. Generalmente el pene lo

envuelve en gasa el cirujano o el *mohel* (el circuncidador oficial de la religión judía). A usted le pedirán que le ponga una nueva venda de gasa con vaselina u otro ungüento cada vez que le cambie los pañales, y que evite que el pene se moje en el baño hasta que la cicatrización sea completa. (Seguramente usted no le daría todavía un baño de inmersión puesto que lo probable es que el cordón umbilical no se le haya caído aún.)

ESCROTO INFLAMADO

"Parece casi como si nuestro nuevo bebé tuviera tres testículos".

Los testículos de su hijito están dentro de una bolsa protectora llamada el escroto, que está llena de fluido para acuñarlos. A veces un niño nace con exceso de fluido en dicha bolsa, lo cual la hace parecer inflada. Este fenómeno se llama hidrocele y no tiene por qué preocupar, ya que se resuelve gradualmente en el curso del primer año, casi siempre sin tratamiento alguno.

Sin embargo, es bueno que le llame la atención al médico del niño sobre esta hinchazón, a fin de asegurarse de que no se trate de una hernia inguinal (más probable si hay también sensibilidad, coloración rojiza o descoloración; vea la página 179), que puede o bien parecerse al hidrocele o presentarse juntamente con éste. Iluminando el escroto el médico puede determinar si la inflamación del escroto se debe a exceso de fluido o si se trata de una hernia.

HIPOSPADIA

"Nos perturbó mucho enterarnos de que el orificio de salida del pene de nuestro hijito no está en el extremo de éste sino en el medio".

SEGURIDAD DEL NIÑO

Pese a su aspecto frágil, los bebés son muy resistentes. No se "rompen" cuando usted los alza, ni se les desprende la cabeza si se olvida de sostenérsela, y aguantan muchas caídas sin sufrir mucho daño. Pero sí son vulnerables. Hasta los muy jóvenes, que parecen demasiado inocentes para buscarse líos, se los buscan, a veces desde la primera vez que se voltean para alcanzar alguna cosa. Para proteger a su hijo de accidentes innecesarios, observe *todas* las siguientes medidas de seguridad *todo* el tiempo:

■ Use siempre el asiento de seguridad del bebé cuando lo saque a pasear en automóvil. Póngase un cinturón de seguridad y cerciórese de que la persona que va a conducir también se lo ponga. Nadie está seguro si no lo está el conductor. Y no beba jamás si ha de conducir, ni permita que su niño viaje con un conductor que ha bebido.

■ Si baña al bebé en una bañera grande, ponga en el fondo un paño o una toalla para evitar resbalones. Mantenga constantemente una mano sobre su niño durante el baño.

■ No deje jamás solo al bebé en una mesa de cambiarlo, una cama, una silla o un sofá, ni siquiera por un instante. Hasta un recién nacido que no puede voltearse sí puede estirarse súbitamente y caerse. Si no tiene correas de seguridad en la mesa de cambiarlo, debe mantener siempre una mano encima del bebé.

■ Cuando use un asiento infantil, no lo ponga en una mesa pequeña, una mesa de cambiarlo, un mostrador de cocina u otra superficie alta que no sea suficientemente ancha para que el niño no se pueda caer del borde.

■ Nunca deje al niño solo con un animalito consentido, aun cuando éste esté muy bien amaestrado.

■ Nunca deje al niño solo en un cuarto con un hermanito menor de cinco años. Un juego de taparse y destaparse, jugado amorosamente por un niño preescolar, puede acabar en tragedia si el bebé se asfixia. Un apretadísimo abrazo lleno de cariño le puede romper una costilla.

■ No deje al bebé solo con una niñera menor de catorce años a quien usted no conozca bien o cuyas referencias no haya verificado. Toda persona que se encargue de cuidar al niño debe haberse adiestrado en este menester y conocer las reglas de seguridad.

■ Nunca deje al niño solo en la casa, ni siquiera para ir a ver si llegó el correo, o a mover el auto, o a ver si ya acabó de lavar la máquina lavadora; pocos segundos bastan para que estalle un incendio.

■ Nunca deje a un niño solo en un automóvil. En tiempo caluroso aun dejando las ventanillas abiertas puede sufrir una insolación. En todo tiempo los frenos pueden fallar y el bebé rodar con el vehículo cuesta abajo; o una ladrona de niños podría apoderarse rápidamente de él.

■ Nunca le quite los ojos de encima cuando vaya de compras o salga de paseo o se siente en el campo de juego. Un cochecillo es fácil presa para una ladrona de niños.

■ Nunca sacuda vigorosamente al bebé ni lo lance al aire.

■ Evite el empleo de cadenas o cuerdas de todo tipo en el bebé o en sus juguetes o pertenencias; esto significa no usar collares, cuerdas para chupadores o sonajeros, ni medallas religiosas colgadas de cadenas, ni cintas de más de 12 cm en la camita o la cuna. Cuide de que los extremos de las cuerdas de capuchas, batas y pantalones estén anudados fuertemente y no se puedan soltar; y no deje nunca cuerdas, tiras, cintas o cadenas donde el niño las pueda alcanzar. Fíjese igualmente que la cuna, corralito de juego y mesa de mudarlo no estén cerca de alambres eléctricos (que presentan doble peligro), cables telefónicos o cuerdas de persianas o cortinas. Todas estas cosas pueden causar estrangulación accidental.

■ No use películas plásticas, como las que utilizan en los talleres de limpieza en seco; no las use sobre los colchones ni en ningún lugar adonde pueda llegar el niño. Y no ponga almohadas ni juguetes blandos en la cuna o el corralito. Las almohadas y las bolsas de plástico pueden causar asfixia accidental.

> ■ No ponga al bebé en ninguna superficie contigua a una ventana sin protección, ni por un segundo, ni aun cuando esté dormido.
>
> ■ Use en la casa detectores de humo e instálelos de acuerdo con las recomendaciones del departamento de incendios. Hágales mantenimiento.

De vez en cuando algo va mal en el desarrollo prenatal de la uretra y el pene. En el caso de su hijito, la uretra (el tubo que conduce la orina y el semen, aunque no al mismo tiempo) en lugar de ir hasta el glande, o extremidad del pene, se abre por otra parte. Esta anormalidad se denomina hipospadia y se calcula que la padecen entre 1 y 3 de cada 1 000 niños que nacen en los EE.UU. La hipospadia de primer grado, en que la abertura uretral está en la extremidad del pene pero no en el lugar preciso donde debiera estar, se considera un defecto menor y no requiere tratamiento. La de segundo grado, en que la abertura está en el lado inferior del vástago del pene, se puede corregir mediante cirugía. La de tercer grado, en que la abertura está cerca del escroto, también se puede corregir pero tal vez sean necesarias dos operaciones.

Como el prepucio sirve para la reconstrucción, a un bebé que tenga hipospadia no se le practica circuncisión, ni siquiera ritual.

De vez en cuando nace una niña con hipospadia, en que la abertura de la uretra da sobre la vagina. Esto también se corrige generalmente mediante una intervención quirúrgica.

LO QUE IMPORTA SABER: El desarrollo de cada bebé es distinto

Desde el día que nace el niño empieza la carrera, y se puede apostar a que los padres que animan con entusiasmo a sus retoños desde la línea de partida se van a sentir muy desilusionados si su campeón no sale bien librado en la competición. Si el cuadro de desarrollo de bebés muestra que algunos empiezan a voltearse a las diez semanas, ¿por qué el suyo a las doce semanas todavía no se voltea? Si el bebé de aquel otro cochecito en el parque agarró un objeto a los tres meses y medio, ¿por qué el suyo no puede hacer lo mismo? Si la abuela asegura que todos sus hijos se sentaban a los cinco meses, ¿por qué el suyo que tiene seis meses es incapaz de realizar igual proeza?

Pero en esta carrera el niño que primero domina las destrezas tempranas del desarrollo no termina necesariamente como ganador, ni el que se tarda más en dominarlas termina necesariamente como perdedor. Si bien el bebé muy listo puede llegar a ser un niño brillante y un adulto de éxito, los esfuerzos realizados para medir la inteligencia infantil y correlacionarla con la inteligencia en años posteriores no han sido fructíferos. Parece que el bebé un poco lento también puede llegar a ser brillante y triunfar en la vida. Los estudios han revelado, en efecto, que 1 de cada 7 niños gana 40 puntos de coeficiente intelectual desde mediados del tercer año hasta la edad de 17. Esto significa que un gateador "promedio" puede convertirse en un adolescente "talentoso".

Parte de la dificultad estriba, por supuesto, en que no sabemos cómo se manifiesta la inteligencia en la infancia, si es que se manifiesta. Y aun cuando lo supiéramos, sería difícil ponerlo a prueba puesto que los bebés no poseen el don de la palabra. No podemos hacerles preguntas y esperar respuestas, no les podemos señalar un trozo de lectura para probar en seguida su comprensión, no les podemos plantear un problema para evaluar su capacidad de razonamiento. Todo lo que podemos hacer es evaluar destrezas motrices y sociales, y éstas sencillamente no se pueden equiparar con lo que más tarde consideramos inteligencia. Aunque evaluemos las destrezas tempranas de desarrollo, los resultados son inciertos; nunca sabremos si el hecho de que el bebé no dé la medida se debe a incapacidad, falta de oportunidad, o a una momentánea pérdida de interés.

Todo el que haya pasado algún tiempo con más de un bebé sabe que cada uno se desarrolla a distinto ritmo. Probablemente estas diferencias se deben más a la naturaleza que a la crianza. Cada individuo parece que nace programado para sonreír, levantar la cabeza, sentarse y dar los primeros pasos a determinada edad. Los estudios indican que es poco lo que podemos hacer para acelerar esa programación, aun cuando sí la podemos retardar no suministrándole un ambiente adecuado, o por falta de estímulos, mala alimentación, deficiente cuidado de la salud (ciertos problemas médicos o emocionales retardan el desarrollo), o simplemente no dándole suficiente amor.

El desarrollo infantil suele dividirse en cuatro áreas:

Social. La facilidad con que el bebé aprenda a sonreír, arrullar y reconocer un rostro y la voz humana, nos dice algo sobre él como ente social. Un retraso serio en esta área podría indicar un problema de visión o de oído, o del desarrollo emotivo o intelectual.

Lenguaje. El niño que a temprana edad tiene un vocabulario amplio o habla en frases y oraciones antes del tiempo normal, probablemente va a tener facilidad de palabra. Pero el que al segundo año todavía se vale de gruñidos y gestos para pedir lo que quiere, bien puede alcanzar al otro y aun superarlo más adelante. Como el desarrollo de la receptividad lingüística (cuánto comprende el niño de lo que se le dice) es una mejor medida de progreso que el desarrollo de la capacidad de expresarse con palabras, el niño que "entiende todo" pero habla muy poco probablemente no se está atrasando. Pero también en esta área un desarrollo demasiado lento podría indicar un problema de visión o de oído y es conveniente evaluarlo.

Gran desarrollo motor. Algunos bebés son muy activos físicamente desde las primeras patadas que dan en el vientre materno; una vez que nacen, sostienen la cabeza en alto, se sientan, se incorporan y dan muy pronto los primeros pasos, y quizá resulten más atléticos que los demás. Pero hay otros que siendo lentos al comienzo acaban siendo también distinguidos futbolistas o tenistas. Sin embargo, los que empiezan con demasiada lentitud deben ser evaluados para asegurarse de que no exista impedimento físico o de salud para su desarrollo normal.

Pequeño desarrollo motor. Una temprana coordinación ojo-mano, y el estirar la mano para alcanzar objetos, agarrar éstos y manipularlos antes de la edad corriente, *puede ser* indicio de que el individuo va a tener facilidad manual. Sin embargo, el bebé que tarda más en adquirir destrezas en esta área no va a ser necesariamente "torpe de manos".

Los principales indicadores del desarrollo intelectual (por ejemplo creatividad, sentido del humor y destreza para resolver problemas) no se manifiestan hasta fines del primer año, cuando mucho. Pero contando con amplia oportunidad, estímulo y refuerzo, a su debido tiempo las diversas habilidades innatas del niño se combinan para producir un adulto que será un distinguido pintor, un hábil mecánico, un vendedor eficiente, un astuto corredor de bolsa, un maestro sensitivo, una estrella del fútbol.

El ritmo de desarrollo en las distintas áreas suele ser desigual. Un bebé quizá sonría a las seis semanas pero no estira la mano para tomar un juguete hasta los seis meses, mientras que otro anda a los ocho meses pero no habla hasta el año y medio. Ocasionalmente un bebé sí se desarrolla por parejo en todas las áreas, lo cual puede ser un claro indicio de posibilidades futuras. Por ejemplo, el que todo lo hace a temprana edad es probable que sea más brillante que el promedio; el que se muestra lento en extremo en todas las áreas puede tener un serio problema de salud o desarrollo, caso en el cual se necesita evaluación e intervención profesional.[5]

Si bien los niños se desarrollan a ritmo distinto, todos (si no hay obstáculos ambientales o físicos) siguen tres pautas básicas iguales. Primera, se desarrollan de arriba abajo, de la cabeza a los pies. Levantan la cabeza antes de que puedan enderezar la espalda para sentarse, y enderezan la espalda antes de que puedan sostenerse parados sobre las piernas. Segunda, se desarrollan del tronco hacia las extremidades; utilizan los brazos antes que las manos y las manos antes que los dedos. El desarrollo procede, como era de esperar, de lo simple a lo complejo.

Otro aspecto del aprendizaje infantil es la profunda concentración dirigida a aprender determinada habilidad. Al bebé no le interesa hablar mientras está aprendiendo a incorporarse. Una vez dominada una destreza pasa a otra, y puede parecer que olvida la primera, por lo menos por el momento mientras está tan ocupado con la nueva. Poco a poco aprende a integrarlas todas y a utilizarlas espontánea y apropiadamente. Mientras tanto, no se afane si parece olvidar lo aprendido hace poco o si la mira a usted como si no comprendiera cuando le pide que demuestre su más reciente habilidad.

A cualquier ritmo que se desarrolle su hijo, lo que logra el primer año es notable: jamás volverá a aprender tanto en tan breve tiempo. Goce de esta época y hágale saber al bebé que usted está gozando. Así él se sentirá más seguro de sí mismo. No lo compare con otros bebés, ni suyos ni ajenos, ni con normas publicadas en los cuadros de desarrollo. Un bebé sólo se debe comparar consigo mismo, con lo que era hace una semana o hace un mes.

---

[5] En la Prueba Selectiva Denver de Desarrollo, si un bebé no puede dominar determinada habilidad a la edad en que la domina el 90% de los demás niños, tiene un atraso de desarrollo en esa área. Si hay atraso en dos o más áreas, hay que buscar las causas para remediarlas. Una pronta intervención puede influir notablemente en la vida futura de niños que se están desarrollando lentamente.

CAPITULO CINCO

El segundo mes

LO QUE DEBE ESTAR HACIENDO SU BEBE

*A fines de este mes, su hijo
. . . debe ser capaz de:*

■ sonreír en respuesta a su sonrisa

■ seguir un objeto en un arco a unos 15 cm sobre la cara hasta la línea central (directamente al frente)

■ responder a un timbre de alguna manera, como sobresaltarse, llorar, callarse (al mes y medio)

■ vocalizar de manera distinta del llanto (por ejemplo, arrullando)

Nota: Si su bebé parece no haber alcanzado alguno de estos hitos, hable con el médico. Son raros los casos en que la tardanza indica un problema y casi siempre resulta que es normal para su hijo. Los niños prematuros suelen alcanzar estos hitos más tarde que otros de la misma edad de nacimiento y más bien los alcanzan cerca de su edad ajustada (la edad que tendrían si hubieran nacido en tiempo) y a veces más tarde.

. . . probablemente podrá:

■ boca abajo, levantar la cabeza 45 grados

■ seguir un objeto en un arco a unos 15 cm sobre la cara *más allá* de la línea central (directamente al frente)

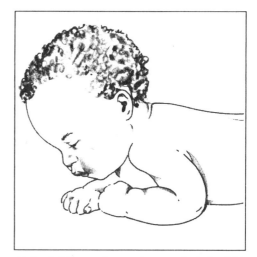

Al final del segundo mes, la mayoría de los bebés pueden levantar la cabeza en un ángulo de 45°.

. . . posiblemente podría:

■ sonreír espontáneamente

■ juntar las dos manos (a los $2^2/3$ meses)

■ de estómago, levantar la cabeza 90 grados ($2^1/4$ meses)

■ reír duro

■ chillar de felicidad ($2^1/4$ meses)

■ seguir un objeto a 15 cm sobre su cabeza en un arco de 180 grados (de un lado al otro)

...hasta podría:

■ mantener firme la cabeza estando erguido

■ boca abajo, levantar el pecho sostenido por los brazos

■ voltearse (sobre un lado)

■ agarrar un sonajero que se le pone en la punta de los dedos

■ fijarse en una pasa u otro objeto muy pequeño

■ tratar de tomar un objeto

■ decir a-gú u otra combinación parecida de vocales y consonantes

LO QUE PUEDE ESPERAR EN EL EXAMEN DE ESTE MES

Cada médico o enfermera practicante tiene su manera personal de hacer los exámenes del niño que está en buen estado de salud. La organización general del examen físico, lo mismo que el número y tipo de técnicas de evaluación y los procedimientos que se apliquen también varían según las necesidades individuales del niño. Pero, en general, usted puede esperar lo siguiente en un examen cuando su hijo tenga unos dos meses.

■ Preguntas sobre cómo les va en la casa a usted y al bebé y al resto de la familia, y acerca de cómo está comiendo y durmiendo el niño y su progreso general. Acerca de quién va a cuidarlo si usted piensa volver al trabajo.

■ Medida del peso, tamaño, circunferencia de la cabeza, y diagramación del progreso del niño desde que nació.

■ Examen físico, incluyendo revisión de problemas anteriores.

■ Evaluación del desarrollo. Es posible que el examinador someta al bebé a ciertas pruebas para evaluar el control de la cabeza, uso de las manos, visión, oído e interacción social, o bien que se contente con observarlo y con lo que usted le informe sobre lo que el bebé está haciendo.

■ Primera serie de inmunización contra difteria, tétano y tos ferina, y contra polio si el bebé está en buen estado de salud y no hay contraindicación.

■ Indicaciones sobre lo que se puede esperar el mes siguiente en relación con temas tales como alimentación, sueño y crecimiento, y consejos sobre seguridad del niño.

■ Recomendaciones sobre suplemento de fluoruro si se necesita en su localidad, y de vitamina D si su hijo se está criando al pecho. Recomendaciones sobre suplemento de hierro para los que estén tomando fórmulas no fortificadas con este elemento.

Preguntas que usted puede hacerle, si el médico no se las ha contestado ya:

■ ¿Qué reacciones se pueden esperar a las inmunizaciones? ¿Cómo se deben tratar? ¿Qué reacciones justifican que se llame al médico?

Igualmente, puede plantear preocupaciones que hayan surgido durante el mes pasado acerca de la salud del bebé, problemas de alimentación o de adaptación de la familia. Anote la información e instrucciones del doctor. Escriba toda la información pertinente (peso del niño, longitud, circunferencia de la cabeza, lunares, vacunas, enfermedades, remedios que le hayan dado, resultados de las pruebas, etc.) en un registro de salud permanente.

ALIMENTACION DE SU NIÑO ESTE MES:
Biberones suplementarios

La mamá canguro no tiene mucha opción. Su criatura sale de la cintura pelviana, se mete en la bolsa de la mamá, se agarra a un pecho, empieza a mamar y sigue comiendo cuando necesita hasta que esté en edad de destetarlo. El sistema es parecido en las culturas primitivas. La madre se cuelga de alguna manera al bebé cerca de sus pechos para que mame cuanto quiera. Nunca hay necesidad de alimentación suplementaria. En cambio, en nuestra sociedad, con nuestro amor a la independencia, hasta los bebés muy jóvenes se ven a veces separados de la madre a tal distancia o durante tanto tiempo que es indispensable darles una o más comidas suplementarias. Esta práctica se está haciendo cada día más común debido a que son cada vez más las madres que regresan al trabajo a poco de haber dado a luz; pero gracias al desarrollo de buenas leches de fórmula y mamaderas fáciles de usar, se ha facilitado mucho dar estos suplementos.

¿POR QUE SUPLEMENTO?

Una madre que está criando al pecho puede empezar la alimentación suplementaria por varias razones:

■ Porque tiene la intención de volver a su empleo o a los estudios mientras el bebé está joven.

■ Piensa destetarlo antes de que sea capaz de tomar leche en taza (por lo general no antes de ocho o nueve meses).

■ Quiere poder salir alguna vez sin el bebé (sola o con el marido, una amiga u otro niño), cumplir citas (con el médico, el dentista, clientes, etc.), o asistir a reuniones o clases sin llevar a su hijo.

■ Quiere estar preparada en caso de una emergencia: si se enferma y no le puede dar el pecho, o no puede salirse de una reunión que se prolonga mucho y no alcanza a llegar a la casa a tiempo para darle de comer a la hora prevista, o tiene que salir de la ciudad un día o dos.

Las madres que resuelven no darle suplemento tienen menos libertad que las otras, pero casi siempre encuentran la manera de poder salir de vez en cuando a comer por fuera entre una y otra comida del bebé, o ir a un cine dejando al niño dormido. Entre las razones para no darle un suplemento se cuentan:

■ Temor de que si el bebé se acostumbra al biberón habrá que destetarlo dos veces: primero del pecho y luego del biberón. Estas madres inician a su hijito con leche en taza apenas puede sentarse apoyado y usan la taza para comidas suplementarias de leche materna o fórmula.

■ El deseo de no perjudicar en ninguna forma la producción de leche.

■ Cuando un bebé rechaza definitivamente el biberón, la madre que no cree que un suplemento sea indispensable, resuelve no insistir.

COMO SUPLEMENTAR

Cuándo empezar. A unos bebés no les cuesta ningún trabajo pasar del pecho al biberón y de éste a aquél desde el principio, pero a la mayoría les va mejor con ambos si el biberón no se introduce hasta las cinco o seis semanas. Más temprano, la alimentación suplementaria puede estorbar la normalización de la lactancia y los niños pueden sufrir confusión de pezones porque el pecho y el biberón requie-

RESERVA DE EMERGENCIA

Aun cuando usted no tenga la intención de darle al niño alimento suplementario, es buena idea extraer leche y congelar suficiente para seis biberones, por si acaso. Así cuenta usted con una reserva en caso de que se enferme, o que tenga que tomar remedios que podrían pasar a la leche, o que se vea obligada a salir de la ciudad inesperadamente. Aun cuando su bebé nunca haya tomado un biberón, le será más fácil aceptarlo si está lleno de la familiar leche materna y no de una desconocida leche de fórmula.

---

ren diferentes técnicas de chupar. Si se tarda mucho más del tiempo mencionado, muchos rechazan el pezón de caucho y prefieren el conocido y amado pezón suave de la madre.

Qué usar. Puesto que la leche de vaca no es apropiada para un bebé joven, las dos alternativas que les quedan a las madres que quieran dar un suplemento alimenticio son leche materna o de fórmula.

■ Leche materna. Esta tiene la ventaja de ser gratis una vez que se haya comprado el equipo de extracción (que puede ser muy barato si se trata de un sacaleches de mano o muy caro si es un modelo eléctrico). Pero hay que dedicar mucho tiempo a extraer la leche (hasta 45 minutos o una hora al principio, después tal vez de 15 minutos a media hora, si bien hay mujeres que se las arreglan para desocupar sus pechos en 10 minutos una vez que tienen experiencia). La leche materna, desde luego, ofrece la ventaja de nutrición óptima y resistencia a las enfermedades; un biberón de vez en cuando no anula esta ventaja, pero frecuentes comidas de leche de fórmula sí podrían anularla.

■ Fórmula. El gasto de tiempo y de dinero dependerá del tipo de fórmula que usted escoja. La fórmula ya lista para consumirla es costosa pero virtualmente no requiere ningún tiempo para prepararla;

suelen preferirla las madres que sólo ocasionalmente dan a su hijito una comida suplementaria. Las fórmulas que hay que mezclar son menos costosas pero su preparación consume más tiempo. Desde el punto de vista de nutrición las leches de fórmula son menos perfectas que la materna, pero sin duda constituyen un buen suplemento.[1]

Si resuelve dar un suplemento, sea de leche materna o de fórmula, tenga en cuenta que probablemente será necesario extraer leche si usted va a estar lejos del niño más de tres o cuatro horas, a fin de evitar atascamiento de los conductos lactíferos, derrame de la leche o merma de la producción. La leche se puede guardar para usarla más tarde o se puede desechar. Si proyecta usar alguna vez la fórmula, désela en los biberones introductorios para irlo acostumbrando al sabor.

Cuánta usar. Una de las bellezas de la alimentación al pecho es que nunca hay

---

[1] Muy rara vez un niño que fue sensibilizado a la leche en el útero o cuando se le dio leche por inadvertencia en la sala-cuna del hospital, tiene una reacción desfavorable a los primeros tragos de leche de vaca (pura o en fórmula). Si su bebé llora como si tuviera un dolor, o si se nota hinchazón de los labios, lengua y membranas mucosas de la boca, o un silbo a los pocos minutos de tomar la leche, llame inmediatamente al médico. Si el niño tiene dificultad para respirar llame a urgencias.

que preocuparse porque el bebé esté tomando mucha o poca. Apenas se le da el biberón por primera vez, comienza la preocupación por las cantidades. Resista esta tentación. Dígale a la niñera que le dé sólo lo que el niño quiera, sin obligarlo a que tome determinada cantidad. Un bebé de 4 kilos de peso puede tomar hasta 180 mililitros en una comida, o menos de 60. Recuérdele igualmente que cuando usted vuelva a casa le dará un par de comidas extra, así ella no tiene que sentirse obligada a darle demasiado, lo que conduce a un exceso de peso o a que el niño no quiera lactar cuando se le ofrece la oportunidad.

Cómo habituarlo. Espere a que el niño tenga hambre (sin que llegue a la desesperación) y esté de buen humor, antes de tratar de iniciar el biberón. Los primeros biberones probablemente los aceptará si el chupete se calienta a la temperatura del cuerpo poniéndolo un momento bajo el chorro del agua caliente, y si se los da una persona que no sea usted — de preferencia no estando usted presente para que el bebé no se queje. La persona que se los dé debe consentir al niño y hablarle mientras lo alimenta, tal como lo haría usted misma lactándolo. Si usted misma tiene que darle el biberón, conserve los pechos bien disimulados (no se lo dé sin ponerse sostén ni usando una blusa escotada) y distráigalo con música de fondo, con un juguete o de cualquier otra manera. Demasiada distracción, sin embargo, hará que quiera jugar más bien que comer. Si el bebé prueba el chupete y en seguida lo suelta con disgusto, ensaye la próxima vez otro tipo de chupete. Para el bebé acostumbrado a chupador de entretención un chupete de igual forma puede dar buen resultado.

Programación regular. Si su programa de ocupaciones exige que usted esté au-sente durante dos comidas todos los días, pásese al biberón en una sola de ellas a la vez, empezando por lo menos dos semanas antes de su proyectado regreso al trabajo o a los estudios. Déle al niño una semana completa para que se habitúe a una comida de biberón antes de pasar a dos. Esto servirá no sólo para habituarlo a él gradualmente sino también el organismo de usted si proyecta darle un suplemento de fórmula más bien que de leche materna. El maravilloso mecanismo de oferta y demanda que controla la producción de leche reducirá ésta en forma automática, dándole a usted mayor comodidad cuando regrese por fin al trabajo.

El biberón ocasional. Si le va a dar un biberón sólo de vez en cuando, láctelo totalmente de ambos pechos antes de salir, para que sea menor el problema de llenura y derrame. (Pero, por precaución, no deje de ponerse almohadillas de protección en el sostén.) Disponga que al bebé no le den de comer muy cerca de la hora en que usted regresará a la casa (menos de dos horas es demasiado cerca), de manera que si usted siente una llenura incómoda, lo pueda lactar apenas regrese.

SUPLEMENTO CUANDO EL BEBE NO PROSPERA

A veces se recomienda dar un suplemento de fórmula cuando el niño no está prosperando con la sola leche materna. Entonces la madre no sabe qué debe hacer. Por una parte, ha oído decir que dar el biberón en tales circunstancias puede anular del todo sus posibilidades de éxito con la lactancia; por otra parte, el médico le dice que si no le da al niño dicho suplemento las consecuencias para su salud pueden ser graves. La mejor solución en estos casos puede ser el sistema nutritivo supletorio que se muestra en la página 119, que le da al bebé leche de fórmula al mismo tiempo que estimula los pechos de la madre para que produzcan leche.

LO QUE LE PUEDE PREOCUPAR

SEBORREA

"Todos los días le lavo la cabeza a mi hijita, pero sin embargo no le puedo quitar las escamas que se le forman en el cuero cabelludo".

No se afane. La seborrea del recién nacido es una dermatitis del cuero cabelludo muy común en los bebés, y no condena a su hijita a toda una vida de caspa. La seborrea infantil leve, en la cual aparecen en la cabeza escamas superficiales grasas, cede a menudo a un vigoroso masaje con aceite mineral o vaselina para aflojar dichas escamas, seguido por un buen champú para desalojarlas y eliminar el aceite. Casos rebeldes, en que la formación de escamas es abundante y aparecen manchas pardas y costra amarillenta, pueden mejorar con la aplicación diaria de un champú antiseborréico o un ungüento que contenga salicilatos de azufre (mucho cuidado de que no le caiga en los ojos al niño) después del tratamiento de aceite. (Hay casos que se agravan con estos medicamentos; si así ocurre en el suyo, suspéndalos y consulte con el médico.) Como usualmente la seborrea del recién nacido se agrava cuando el cuero cabelludo suda, mantenerlo frío y seco puede ayudar — así que no le ponga gorro al niño si no es absolutamente necesario, y en todo caso quíteselo dentro de la casa o de un automóvil caliente.

En casos graves la irritación seborréica puede extenderse a la cara, el cuello o las nalgas. Si esto ocurre, el médico del niño probablemente le recetará un ungüento tópico.

Ocasionalmente el mal persiste durante todo el primer año, y en casos raros hasta mucho después de que el niño ha dejado la cuna. Como no produce malestar y por tanto se considera sólo un problema cosmético, no suele recomendarse una terapia activa (como sería la aplicación de cortisona tópica, capaz de contener la formación de escamas durante un tiempo), pero ciertamente vale la pena discutir el asunto con el médico como último recurso.

SONRISAS

"Mi niño tiene ya cinco semanas, y yo creía que a esta edad ya estaría sonriendo con sonrisas de verdad, pero no es así".

Animo. Aun los niños más alegres no suelen sonreír de verdad, con sentido social, hasta las seis o siete semanas de edad. Y una vez que empiezan, unos son naturalmente más sonrientes que otros. Usted podrá distinguir la primera sonrisa verdadera de las tentativas y de ensayo por la manera como el niño usa todo el rostro — no sólo la boca. Si bien los niños no sonríen hasta que están listos, sí están listos más pronto si se les habla, se les juega y se les consiente mucho. Sonríale a su niño y háblele con frecuencia, y verá que pronto él también empieza a corresponder a su sonrisa.

ARRULLO

"Mi hijo, que tiene seis semanas, produce muchos sonidos de vocales pero no pronuncia ninguna consonante. ¿Significa esto que tiene algún defecto del habla?"

En los bebés pequeñitos todo es a, e, i, o, u. Los sonidos de las vocales son los primeros que pronuncian, más o menos entre las primeras semanas y el fin del segundo mes. Al principio el melódico (y adorable) arrullo y el gorjeo parecen totalmente al azar, pero luego la madre nota que se dirigen a ella cuando le habla al niño, a un animalito relleno que comparte el corralito de juego, a un móvil suspendido encima de la cuna que le llama la atención, y hasta a una flor del tapizado del sofá. Estos ejercicios vocales los practica para su propia satisfacción tanto como para usted; parece que los bebés gozan escuchando su propia voz. También son educativos. El niño está descubriendo qué combinaciones de acción de la garganta, lengua y boca producen determinados sonidos.

Para el padre y la madre el arrullo es un buen avance comparado con el llanto en la escala de la comunicación. Y es sólo el comienzo. Dentro de pocas semanas o pocos meses el bebé agregará a su repertorio risa fuerte (por lo general a los tres meses y medio), chillidos (a los cuatro meses y medio) y unas pocas consonantes. Algunos niños producen unos pocos sonidos que parecen consonantes durante el tercer mes, otros sólo después de cinco o seis meses, pero el promedio es aproximadamente cuatro meses.

Cuando empiezan a experimentar con las consonantes, descubren una o dos a la vez y repiten muchísimas veces la misma combinación (ba o ga o da). A la semana siguiente quizá den con otra combinación y parece que la primera se les hubiera olvidado. No es que la hayan olvidado sino que como su capacidad de concentración es limitada, trabajan hasta dominar las cosas una por una.

Después de los sonidos de dos sílabas con una consonante (a-ga, a-ba, a-da), viene el sonsonete de consonantes (da-da-da-da-da) que se llama barboteo, a los seis meses por término medio. A los ocho meses muchos niños pueden producir dobles consonantes a modo de palabras (da-da, ma-ma, pa-pa), generalmente sin asociar con ellas ningún significado hasta dos o tres meses después. (Para felicidad de los padres, casi siempre dicen pa-pá antes que ma-má.) El dominio de *todas* las consonantes no viene sino mucho más tarde, a veces no antes de los cinco o seis años de edad. A algunos niños perfectamente normales les dan trabajo ciertas consonantes (como la *l* o la *s*) hasta que están ya de edad escolar.

"Nuestro hijo no hace los mismos ruidos de arrullo que hacía su hermanito mayor a las seis semanas. ¿Esto debe preocuparnos?"

Unos bebés normales desarrollan destrezas lingüísticas antes que el término medio, otros después. Aproximadamente el 10% empieza a arrullar antes de fines del primer mes, y otro 10% no empieza hasta que tiene casi tres meses. Algunos empiezan con series de consonantes antes de cumplir $4^1/2$ meses; otros no ensartan consonantes hasta pasados los ocho meses. Los que verbalizan temprano quizá terminen siendo fuertes en destrezas lingüísticas (aunque las pruebas no son muy claras); los que se quedan muy atrás, en el 10% más bajo, pueden tener un problema físico o de desarrollo, pero esto tampoco está claro. Ciertamente es demasiado temprano para preocuparse porque tal pueda ser el caso de su hijo, puesto que todavía está dentro de la norma.

Si en el curso de los próximos meses a usted le parece que su hijo sistemáticamente, y a pesar de su estímulo, se queda corto de los hitos que se mencionan en cada capítulo, hable de ello con el médico. Tal vez haya necesidad de una evaluación del oído, o de otras pruebas. A lo mejor resulta que usted está tan ocupada que no ha notado realmente los progresos vocales de su niño (esto pasa a veces con el segundo hijo). En el caso, menos probable, de que sí exista un problema, una pronta atención puede remediarlo.

PATITUERTOS

"El bebé tiene los pies torcidos hacia adentro. ¿Se le enderezarán después por sí mismos?"

La respuesta, casi con seguridad, es que sí. Los recién nacidos parecen patiestevados y con los pies como patas de pollo, debido a la curvatura normal de las piernas a esa edad, y a que el estrecho espacio en que vivió la criatura en el vientre materno lo obligó a adoptar posiciones forzadas de un pie o de ambos. Cuando se le da a luz después de pasar varios meses en esa posición, los pies todavía están torcidos, según parece, hacia adentro.

En los meses venideros, a medida que pies y piernas gozan de libertad y el bebé aprende a incorporarse, gatear y luego a andar, los pies se le empiezan a enderezar, casi siempre sin necesidad de aquellos vendajes, zapatos especiales y varillas que en un tiempo constituían el tratamiento de rutina. Probablemente esto explica por qué tales tratamientos, que hoy se consideran completamente ineficaces, parecía que "curaban" al niño.

Para estar segura de que el problema de los pies de su hijo no se debe a ninguna anormalidad, tráigalo a cuento en su próxima visita de revisión al médico. Lo más probable es que él ya le haya examinado los pies y las piernas, pero nada se pierde con que se las vea otra vez. También querrá el médico vigilar el progreso de los pies con relación al crecimiento general. Si las piernas del bebé no se están enderezando en forma satisfacto-

ria, es posible que más adelante necesite vendajes o zapatos especiales. En qué momento sería esto necesario dependerá de la naturaleza del problema y la opinión del doctor.

COMPARACIONES

"Yo me reúno con regularidad con otras madres, e inevitablemente todas empiezan a comparar lo que sus bebés están haciendo. A mí esto me vuelve loca y me preocupa que tal vez el mío no se esté desarrollando normalmente".

Si hay algo que provoque más angustia que un grupo de mujeres embarazadas que se dedican a comparar sus barrigas, es una reunión de madres que acaban de dar a luz y se ponen a comparar a sus hijos. Así como no hay dos vientres preñados exactamente iguales, tampoco hay dos bebés idénticos. Las normas de desarrollo, como las que se presentan en los distintos capítulos de este libro, son útiles para comparar al niño con un vasto conjunto de niños normales a fin de evaluar su progreso e identificar cualquier falla; pero compararlo con el hijo de otra madre o con otro hijo suyo mayor no sirve sino para despertar inútiles dudas y temores. Dos bebés perfectamente "normales" se pueden desarrollar en distintas áreas a ritmos totalmente diferentes: uno se adelanta en vocalización y trato social, otro en actividades físicas como voltearse. Las diferencias se acentúan en el transcurso del primer año: un niño gatea muy pronto pero no anda hasta los quince meses y otro tal vez no gatea nunca pero de pronto se suelta a andar a los diez meses. Por lo demás, la evaluación que hace la madre del progreso de su hijo es muy subjetiva y no siempre acertada. Una madre acaso no reconozca el temprano arrullo de su hijo como el comienzo del habla, en tanto que otra jura que el niño está diciendo "mamá".

Dicho todo lo anterior, hay que reconocer que es más fácil censurar las comparaciones como inconvenientes que evitar en la práctica caer en ellas o en compañía de quienes las hacen. Muchas madres no se pueden sentar a tres metros de otra madre con niño en un ómnibus o un consultorio sin espetarle alguna pregunta, en apariencia inocente, que inicia el diálogo de las comparaciones. ("¡Qué bebita tan linda! ¿Y ya se sienta? ¿Qué edad tiene?") El mejor consejo, si no puede prescindir totalmente de este intercambio de información, es que tenga en cuenta su absoluta inutilidad. Su hijo, lo mismo que fue antes su vientre, es único.

USO DEL PORTABEBES

"Generalmente llevamos a nuestros hijos en un portabebés. ¿Es una buena idea?"

El portabebés — un saco de tela con correas para llevar al bebé cargado a la espalda o al frente — se ha popularizado recientemente; pero su uso en una u otra forma data en otras culturas desde tiempos prehistóricos. Existen para ello por lo menos tres buenas razones. Primera, que a los niños les gusta; gozan con el movimiento suave y continuo y con estar cerca de un cuerpo caliente. Segunda, lloran menos el resto del día si se les pasea mucho, lo cual se facilita con el portabebés. Y tercera, deja en libertad a la madre, al padre o quienquiera que tenga a su cargo al bebé, para atender a otros menesteres al mismo tiempo que carga al niño.

Pero, si por una parte es una bendición para los padres de hoy, también presenta algunos riesgos. Si usted desea seguir usándolo, tenga en cuenta los siguientes:

Recalentamiento. En un día muy caluroso, hasta un niño que tenga muy poca ropa encima se puede recalentar en un portabebés, sobre todo si éste le cubre las piernas, los pies y la cabeza, o si está hecho de una tela gruesa como la pana. El recalentamiento le puede causar salpullido y hasta insolación. Si usted usa el portabebés en tiempo caluroso o en habitaciones o vehículos muy calientes, examine con frecuencia al bebé para ver que no esté sudando y que su cuerpo no se sienta más caliente que el de usted misma. Si parece demasiado caliente, quítele algo de ropa o sáquelo del portabebés.

Falta de estímulos. Un bebé que está siempre metido en una bolsa, con su perspectiva visual limitada a un pecho, no tiene la oportunidad que necesita de contemplar el mundo. Esto no es problema las primeras semanas de vida, cuando su interés no va más allá de las satisfacciones orgánicas básicas, pero sí lo es ahora, cuando está en capacidad de ampliar sus horizontes. Busque un portabebés convertible, en el cual el niño pueda estar mirando hacia adentro para echar una siesta o hacia afuera para ver el mundo; o bien limite su permanencia en él a las horas de dormir o a los ratos en que no se calme sino cargándolo y usted necesite tener los brazos libres para otras cosas. Fuera de estos ratos, use el cochecito de paseo o la silla infantil.

Demasiado sueño. En el portabebés los bebés tienden a dormir mucho, con frecuencia más de lo que necesitan, con dos consecuencias que no son nada deseables: la primera, que se acostumbran a dormir a poquitos (15 minutos mientras usted corre a la tienda, 20 cuando tiene que sacar al perrito) en lugar de dormir por períodos más largos en la cama; la segunda, que quizá descansen tanto durante el día que ya no quieran dormir de noche. Si su hijo se queda dormido en cuanto lo pone en el portabebés, no lo ponga, a menos que usted quiera que se le duerma y lo va a cargar todo el tiempo que dure el sueño.

Mucho zarandeo. El cuello de un bebé joven no está todavía bastante fuerte para sostenerle la cabeza cuando se le zangolotea mucho. Cuando usted sale a trotar, le puede parecer que llevarlo en el portabebés es una manera ideal de tenerlo contento al mismo tiempo que usted hace su ejercicio, pero sacudirlo tanto puede ser peligroso. Es mejor llevarlo bien asegurado en el cochecito de paseo cuando vaya a trotar. Será divertido para usted.

Si bien el uso prudente de un portabebés puede ser bueno para la madre y el bebé, todavía es demasiado temprano para usarlo. El bebé no está preparado para esta forma de transporte hasta que se pueda sentar solo.

INMUNIZACION

"El pediatra de mi niño dice que la inmunización no ofrece el menor peligro; pero yo he oído muchas historias horribles de reacciones graves, y hasta fatales, de modo que me da miedo permitir que lo inoculen".

Vivimos en una sociedad que considera que las buenas noticias ya no son noticia. Una historia de los efectos positivos de la inmunización no puede competir con alguno de los casos sumamente raros de complicaciones fatales. Por eso es probable que los padres de hoy hayan oído más sobre los riesgos de la inmunización que sobre sus beneficios. Y, sin embargo, como se lo habrá dicho su pediatra, esos beneficios siguen siendo para la mayoría de los bebés muy superiores a los riesgos.

No hace muchos años, las causas más comunes de mortalidad infantil eran las enfermedades infecciosas, como difteria, tifoidea y viruela. El sarampión y la tos ferina eran tan comunes que se esperaba que a todos les dieran, y millares, sobre todo en la primera infancia, morían o quedaban lisiados de por vida. A los padres les aterraba la llegada del verano y las epidemias de parálisis infantil (polio) que traía consigo y que mataban o inutilizaban a millares de niños. Hoy la viruela ha sido virtualmente eliminada y la difteria y la tifoidea son muy raras. Sólo a un pequeño porcentaje de los niños les da sarampión o tos ferina, y la parálisis infantil es una enfermedad que las madres jóvenes ya no temen o ni siquiera conocen. Más riesgo tiene hoy un niño de morir por no asegurarlo bien en un asiento de automóvil que por una enfermedad contagiosa. Y la inmunización es la razón.

Esta se basa en el principio de que la exposición a microorganismos patógenos debilitados o muertos (en forma de vacunas) o a los venenos (toxinas) que ellos producen pero tratados por procedimientos térmicos o químicos para hacerlos inocuos (entonces se llaman toxoides), hacen que el individuo produzca los mismos anticuerpos que se desarrollarían si el organismo hubiera sido atacado por la enfermedad. Armados con la memoria especial que es única en el sistema inmunológico, estos anticuerpos "reconocen" a los microorganismos específicos, si éstos atacan en el futuro, y los destruyen.

Hasta los antiguos observaron que cuando una persona había sufrido una enfermedad determinada y había sobrevivido, no era probable que la volviera a contraer. Los que se recuperaban de la peste se empleaban muchas veces en atender a las nuevas víctimas. Aun cuando en algunas sociedades se ensayaron crudas formas de inmunización, ésta en el sentido moderno sólo comenzó cuando el doctor Edward Jenner, médico escocés, resolvió poner a prueba la vieja creencia de que si a una persona le daba viruela vacuna, enfermedad menos grave, nunca le daría la verdadera viruela. En 1796, Jenner tomó pus de las pústulas que tenía una lechera infectada de viruela vacuna, y lo untó en dos pequeñas cortaduras que practicó en el brazo de un niño sano, de ocho años de edad. A la semana el niño tuvo una fiebre ligera y en seguida le aparecieron dos costras pequeñas en el brazo. Posteriormente fue expuesto a viruela y permaneció sano. Había sido inmunizado.

Hoy la inmunización salva millares de vidas todos los años, pero no es perfecta. Aunque la mayoría de los niños muestran apenas una ligera reacción, algunos se ponen enfermos, muy pocos gravemente. Con algunos tipos de vacuna puede haber un pequeñísimo riesgo de daño serio o permanente, aun de muerte. Pero así como los beneficios de cruzar la calle o salir a pasear en automóvil superan los riesgos muy reales que implican tales actividades, así también los beneficios de la protección contra una enfermedad grave sobrepasan los riesgos de la inmunización para todos los niños, como no sean los de alto riesgo (vea "Cuándo omitir la vacuna contra la tos ferina", página 174). Así como se toman precauciones para disminuir los riesgos al cruzar la calle (esperando la luz verde y mirando en ambas direcciones) o al viajar en automóvil (conduciendo con prudencia y usando el asiento y cinturones de seguridad), también hay que tomarlas al hacer vacunar al niño (observando la reacción para informar al médico y viendo que esté en buen estado de salud antes de que lo inoculen).

La primera inmunización que se aplicó en gran escala, la vacuna contra la viruela, tuvo tanto éxito que ya no es necesaria, pues la enfermedad parece haber desaparecido de la tierra. Se abriga la esperanza de que otras enfermedades graves también se eliminen con la inmunización algún día. Mientras tanto, salvo lo dicho anteriormente, es probable que a su niño le apliquen las siguientes inmunizaciones desde el segundo mes en adelante a lo largo de toda la infancia.

DTP. Probablemente la primera será la DTP, que contiene toxoides de difteria y tétanos y vacuna contra pertusis (tos ferina). Las reacciones a cualquiera de los toxoides son sumamente raras, pero la reacción a la tos ferina sí es común (vea la página 174). La mayoría de los padres no se preocupa gran cosa por las consecuencias leves o moderadas de la inoculación, que son las más frecuentes; otros se angustian con los muy raros informes de lesiones cerebrales y muertes atribuibles a reacciones serias, que hoy los expertos estiman mucho menos comunes de lo que anteriormente se creía. Una nueva vacuna contra la tos ferina, que se espera causará menos reacciones adversas, se está estudiando en la actualidad y se dará al servicio en cuanto se pueda garantizar su seguridad y eficacia (sobre las cuales hay algunas dudas). Mientras tanto, es prudente tomar las siguientes medidas para asegurarse de que la inoculación de su hijo no lo expone a ningún riesgo, por pequeño que éste sea.

■ Cuide de que, antes de proceder a inocularlo, el médico lo examine completamente y se asegure de que no se esté incubando ninguna enfermedad que todavía no sea aparente.

■ Obsérvelo cuidadosamente durante 72 horas después de inoculado (especialmente durante las primeras 48) e informe *inmediatamente* al doctor si hay una reacción severa. Continúe la observación de

LO QUE USTED DEBE SABER SOBRE DTP

REACCIONES COMUNES

Las siguientes reacciones se anotan en orden de frecuencia, siendo las tres primeras las más comunes pues se presentan en la mitad más o menos de los niños inmunizados.

- Dolor en el sitio de la inyección
- Fiebre leve a moderada (temperatura rectal 38 a 40 grados centígrados)
- Inquietud
- Hinchazón del sitio de la inyección
- Inflamación del sitio de la inyección
- Amodorramiento
- Pérdida del apetito
- Vómito

Para la fiebre y el dolor se le puede dar acetaminofeno para bebés. Cuando se administra inmediatamente después de la inmunización como medida profiláctica, parece que reduce significativamente las reacciones. Compresas tibias en el sitio de la inyección ayudan también a reducir la incomodidad del niño. La fiebre e inflamación local se pueden agravar a cada nueva aplicación de DTP, pero la inquietud y el vómito suelen ser menos frecuentes.

CUANDO LLAMAR AL MEDICO

Si el niño muestra cualquiera de los síntomas siguientes dentro de las 48 horas después de una inyección de DTP, llame al médico, no sólo por el bien del niño sino también para que pueda informar a los centros científicos que hacen el seguimiento de las reacciones. Mientras más información se recoja para evaluación y análisis, más probabilidades hay de reducir el riesgo de la inmunización.

- Llanto muy agudo y persistente por más de tres horas
- Amodorramiento excesivo (el bebé casi no se puede despertar)
- Flojedad o palidez desacostumbradas
- Temperatura rectal de 40 grados o más
- Convulsiones

Síntomas de inflamación cerebral, tales como convulsiones o cambios del estado consciente, pueden no presentarse hasta una semana después de la inoculación. (Un estudio reciente reveló que ni siquiera una reacción tan seria es probable que produzca una significativa lesión neurológica permanente.)

CUANDO OMITIR LA VACUNA CONTRA LA TOS FERINA

La Academia Norteamericana de Pediatría (AAP) recomienda que el componente antipertusis de la vacuna DTP no se administre a niños en las siguientes categorías, y que se reemplace por DT que contiene sólo los componentes antidifteria y antitétanos:

- Niños que tengan antecedentes de convulsiones, mientras no se descarte la posibilidad de enfermedad neurológica.
- Niños con enfermedad neurológica confirmada o sospechada, como por ejemplo epilepsia.
- Niños que hayan mostrado una seria reacción a una inoculación anterior de DTP, como convulsiones o temperatura rectal de 40.5 grados o más.
- Posiblemente, y según cada caso, niños que hayan reaccionado a una inoculación anterior con llanto desacostumbradamente agudo, llanto no característico que persista más de tres horas, somnolencia excesiva, flojedad, palidez no usual. Discuta el significado de tales reacciones con el médico del niño.
- Niños que estén tomando remedios o siguiendo otros tratamientos que disminuyan la resistencia del organismo a la infección (cortisona, prednisona, ciertas drogas anticarcinógenas, o radioterapia).

Los médicos tienen políticas ligeramente distintas en cuanto a la administración de DTP y usted debe consultar al suyo cuál es su opinión. La mayoría aplaza la inoculación si el niño tiene fiebre, y algunos aunque se trate de un catarro leve. Muchos esperan hasta un mes después de una fiebre. Generalmente no se aplaza la vacunación cuando el niño sufre de congestión nasal frecuente causada por alergia, no por infección.

Durante una epidemia se inmunizan hasta los niños de alto riesgo, pues el peligro de la tos ferina, que ocasiona la muerte de 1 de cada 100 niños infectados, es más grave que el de la vacuna.

Se recomienda por lo general que las inoculaciones de refuerzo que se administren después de los siete años no contengan vacuna contra la tos ferina, ya que esta enfermedad es menos peligrosa y menos común después de esta edad y el riesgo de la vacuna es mayor. También se sugiere una dosis reducida de la vacuna antidiftérica después de esta edad, cuando las reacciones suelen ser más serias. La vacuna combinada para niños mayores se denomina Td y se recomiendan inoculaciones de refuerzo cada siete o diez años durante toda la vida.

posible inflamación cerebral durante 7 días (vea la página 174).

■ Pídale al doctor que registre en la historia clínica del niño el nombre del fabricante y el número del lote de la vacuna, junto con cualquier reacción de que usted le dé cuenta. Pida copia de toda esta información para su archivo particular.

■ Cuando sea tiempo de la siguiente inyección de DTP, recuérdele al doctor toda reacción anterior del niño a esta vacuna.

■ Si abriga algún temor acerca de los riesgos de la vacunación, discútalo con el médico del bebé.

Tomar todas las precauciones posibles es sensato; pero no es sensato dejarse dominar por el pánico y negarse a que un niño que no es de alto riesgo sea inmunizado contra difteria, tétanos y tos ferina. Si los padres iniciaran un amplio boicoteo de la DTP, pronto presenciaríamos un retorno de proporciones epidémicas de estas enfermedades, con las muertes e incapacitaciones que las acompañan. Recientemente una disminución dramática de la inmunización en Inglaterra y el Japón, causada por los temores del público, fue seguida por aumentos igualmente dramáticos de casos de tos ferina. Lo mismo podría ocurrir aquí.

VPO. Desde hace treinta años la vacuna contra la poliomielitis ha venido salvando vidas. Los niños reciben generalmente un total de cuatro dosis antes de la edad escolar: a los dos y cuatro meses, al año y medio y entre los cuatro y los seis años. Algunos médicos dan una dosis adicional a los seis meses, ya sea porque el niño viva en una zona de alto riesgo, ya porque exista la posibilidad de que haya perdido parte de una dosis anterior (porque la escupió, o la vomitó, o la expulsó en diarrea).

La vacuna ha demostrado ser muy segura y es raro el caso de que un niño muestre reacción alguna. Pero siempre existe un riesgo minúsculo (1 en 8.7 millones) de parálisis y ligeramente mayor (1 en 5 millones) de que un padre susceptible u otra persona de la familia pueda contagiarse de un niño inmunizado.

La vacuna viva oral de polio se suele aplazar si el bebé sufre de cualquier cosa más grave que un resfriado. No se les debe dar a los que tengan cáncer o cuyo sistema inmunológico sea naturalmente deficiente o esté suprimido por enfermedad o tratamiento médico, o que vivan en un hogar con alguien cuyo sistema inmunológico esté comprometido. Hay una vacuna inactivada (VPI), inyectable directamente en el torrente sanguíneo, que se puede usar cuando exista la posibilidad de que el niño transmita en las heces la vacuna oral a miembros de la familia que sean susceptibles o que tengan un sistema inmunológico deprimido.

Sarampión, paperas, rubeola (SPR). Quizá a usted no lo inmunizaron contra estas enfermedades tan comunes en la infancia pero es casi seguro que a su hijo sí lo inmunicen, por lo general con una vacuna combinada a los 15 meses de edad, ya que antes resulta menos eficaz.[2] El sarampión, aunque a veces sea motivo de chistes, es en realidad una enfermedad grave que a veces puede tener complicaciones serias o aun fatales. La rubeola, por el contrario, suele ser tan leve que sus síntomas no se adviertan. Pero como durante el embarazo de una madre infectada puede causar en el feto defectos congénitos, se recomienda la inmunización en la infancia, tanto para proteger los fetos futuros de hembras como para reducir el riesgo de que niños infectados expongan a su mamá embarazada. Las paperas rara vez presentan un problema serio en la infancia, pero como sí pueden tener consecuencias graves en la edad adulta (tales como esterilidad o sordera), se recomienda inmunización temprana.

Las reacciones a la vacuna SPR son bastante comunes, aunque por lo general muy leves y no se presentan hasta una o dos semanas después de la inoculación. Más o menos el 20% de los niños tienen erupción o fiebre ligera que dura pocos días, como reacción al componente de sarampión. Uno de cada 7 sufre salpullido o hinchazón de las glándulas del cuello, y 1 en 20 dolor o hinchazón de las articulaciones por el componente de rubeola, a veces hasta tres semanas después

de la inyección. A veces puede haber hinchazón de las glándulas salivares por el componente de paperas. Mucho menos comunes son el cosquilleo, el entumecimiento o dolor de las manos y los pies, síntomas difíciles de percibir en un bebé, y reacciones alérgicas. También es posible (aunque los expertos no están seguros) que la vacuna SPR sea responsable por encefalitis (inflamación del cerebro), convulsiones acompañadas de fiebre, o sordera nerviosa en casos muy raros.

Deben tomarse precauciones al administrar la vacuna a un niño que tenga cualquier cosa más seria que un resfriado, a cualquiera que tenga cáncer o una enfermedad que disminuya la resistencia del organismo a la infección, o que esté tomando alguna droga que baje la resistencia, o al que haya tenido gama globulina dentro de los tres últimos meses. También podría ser peligrosa para los que hayan tenido una reacción alérgica *severa* a huevos o a un antibiótico llamado neomicina que haya requerido tratamiento médico.

Vacuna contra la varicela. La varicela es por lo común una enfermedad leve sin consecuencias serias. Pueden presentarse complicaciones, sin embargo, como el síndrome de Reye, e infecciones bacterianas, y puede ser fatal para niños de alto riesgo como los que tienen leucemia o deficiencia inmunológica, o cuya madre fue infectada justamente antes de dar a luz.

Vacunas antihemófilas b. Estas tienen por objeto combatir las mortales bacterias de influenzas hemófilas b (Hib) que son causa de múltiples infecciones muy graves en los recién nacidos y los niños de corta edad. La Hib es responsable por unos 12 000 casos de meningitis infantil al año en los Estados Unidos (causando la muerte del 5% de los afectados y produ-

---

[2] Ocasionalmente, debido a la alta incidencia de estas enfermedades en un vecindario, se administra al año de edad, con la teoría de que un poco de protección es mejor que nada.

ciendo lesión neurológica a 1 de cada 3) y por casi todos los de epiglotitis (infección potencialmente fatal que obstruye las vías respiratorias). Es igualmente la causa principal de septicemia (infección de la sangre), celulitis (infección de la piel y el tejido conjuntivo), osteomielitis (infección de los huesos y articulaciones), y pericarditis (infección de la membrana que rodea el corazón).

Puesto que el microorganismo ataca a los recién nacidos y a los niños menores de dos años, la autorización de una vacuna combinada eficaz fue un notable paso de avance. A fines de 1987 la FDA la aprobó para uso en niños de 18 meses y se espera que será aprobada igualmente para uso en la primera infancia. Las pruebas han demostrado que es más eficaz que las anteriores y que no tiene efectos secundarios, o muy pocos (en una prueba dichos efectos no fueron peores que para el placebo). La Academia Norteamericana de Pediatría recomienda que se aplique a los 18 meses, pero es posible que reduzca esa edad cuando se cuente con la aprobación de la FDA.

La vacuna Hib, lo mismo que otras vacunas, no se debe aplicar a un niño que sufra de una enfermedad más grave que un leve resfriado, o que pudiera ser alérgico a alguno de sus componentes (verifique con el médico). Aunque las reacciones adversas son raras, un porcentaje muy pequeño de niños puede tener fiebre, irritación o sensibilidad en el sitio de la inyección, diarrea, vómito y llanto.

Si por alguna razón se aplaza alguna de las inoculaciones de su bebé, no hay por qué preocuparse. La inmunización se puede reanudar en el punto en que se suspendió; no hay que volver a empezar.

INMUNIZACION CONTRA LA GRIPE

"Todo el mundo está hablando de una gran epidemia de gripe que viene y todos se van a hacer vacunar. ¿Debo hacer inocular a mi niño, que tiene dos meses?"

PROGRAMA DE INMUNIZACION RECOMENDADO POR LA AAP

Edad	DTP	VPO	Prueba de TB	SPR	Hib	Td
2 meses	x	x				
4 meses	x	x				
6 meses	x	x*				
1 año			x			
15 meses				x		
15 a 18 meses	x	x				
18 meses					x	
4 a 6 años	x	x				
14 a 16 años						x

* En áreas de alto riesgo

Generalmente la gripe, o influenza, es una enfermedad leve que no tiene complicaciones graves en las personas sanas y que no ataca a todo el mundo, aun durante una epidemia. Debido a esto, y a que los efectos de la inmunización son a corto plazo y sólo protegen de la variedad de virus de este año y no contra los del año próximo, la vacuna contra la gripe sólo se recomienda para niños que sean muy susceptibles: los que sufran una grave dolencia del corazón o los pulmones, los que tengan el sistema inmunológico deprimido, y los que sufran de anemia falciforme u otra enfermedad parecida de la sangre. Aun cuando los recién nacidos son especialmente susceptibles a la gripe, en la actualidad no se recomienda para ellos la inmunización por ser poco lo que se sabe sobre los riesgos y beneficios de administrar esta vacuna a niños menores de seis meses.

Si su niño está sano, es probable que su médico le diga que no hay necesidad de vacunarlo contra la gripe. Sin embargo, si alguna persona de la familia enferma de influenza, siga las recomendaciones que se dan en la página 672 para evitar su difusión. Si por alguna razón el médico sí recomienda inmunizar al niño, cuide de que la inoculación contra la gripe no se le haga al mismo tiempo que la de DTP. La combinación de éstas dos aumenta el riesgo de una reacción grave.[3]

No hay que confundir la vacuna contra la gripe (o influenza) con la inmunización contra la influenza hemófila tipo b (Hib) que sí se recomienda como cuestión de rutina.

---

[3] La vacuna contra la gripe no se debe aplicar a nadie que sea alérgico a los huevos — cosa que no interesa si se trata de un bebé de seis meses, pero que sí se debe tener en cuenta si se va a inmunizar a un niño de más edad.

TESTICULOS ESCONDIDOS

"Mi hijito nació con los testículos escondidos. El doctor me dijo que probablemente le descenderían del abdomen cuando cumpliera uno o dos meses, pero no le han descendido aún".

El abdomen puede parecer una localización muy extraña para los testículos, pero no es tan extraña. Los testículos en los varones y los ovarios en las hembras se desarrollan en el abdomen fetal del mismo tejido embriónico. Los ovarios, desde luego, se quedan en su sitio. Los testículos deben descender por los canales inguinales al saco denominado escroto, localizado en la base del pene, hacia el octavo mes de la gestación; pero en 3 o 4% de los niños nacidos en tiempo y en una tercera parte de los prematuros, no bajan antes del nacimiento. El resultado es el criptorquismo, o testículos escondidos.

Debido a la movilidad de los testículos, no siempre es fácil determinar si uno de ellos no ha descendido. Normalmente cuelgan hacia abajo del cuerpo cuando están en peligro de recalentamiento (protegiendo el mecanismo productor de semen de temperaturas demasiado elevadas), pero vuelven a esconderse en el cuerpo cuando se enfrían demasiado (protegiendo dicho mecanismo de temperaturas excesivamente bajas) o cuando se manosean (también reflejo protector para evitar daño). En algunos varones los testículos son especialmente sensitivos y pasan mucho tiempo refugiados en el cuerpo. En la mayoría, el izquierdo cuelga un poco más bajo que el derecho, lo cual hace que éste último parezca que no ha descendido (muchos muchachos se preocupan por esto). Por tanto, el diagnóstico de testículos escondidos no se hace sino cuando se observa que uno de ellos o los dos nunca están en el escroto, ni siquiera cuando el niño está en un baño de agua caliente.

Un testículo que no ha descendido no produce dolor ni dificultad para orinar, y como se lo dijo el doctor, generalmente desciende por sí mismo. A la edad de un año, sólo 3 o 4 niños de cada 1 000 tienen los testículos escondidos. En los raros casos en que persisten dentro del abdomen hasta la edad de cinco años, se recomienda cirugía, que por lo general tiene éxito.

HERNIA

"Estoy muy alarmada porque el pediatra me ha dicho que mis bebés gemelos tienen hernia inguinal y que habrá que operarlos".

Uno tiene la idea de que una hernia es una lesión que sufren los hombres que levantan un peso demasiado grande. Pero hernias se dan hasta en los recién nacidos, especialmente en los varones y sobre todo en los que nacen antes de tiempo (como suele ser el caso de los gemelos).

En la hernia inguinal, parte del intestino se sale por uno de los canales inguinales (los mismos canales por los cuales los testículos descienden al escroto) y abultan en la ingle. Este defecto se descubre a menudo por un abultamiento en los pliegues donde el muslo se une al abdomen, en especial cuando el niño llora o está muy activo, y se retrae cuando está quieto. Cuando el sector de intestino baja del todo hasta el escroto, se ve como una dilatación del escroto y a veces se llama hernia escrotal.

Si bien la mayoría de las veces una hernia inguinal no causa problemas, ocasionalmente se "estrangula". La sección herniada queda apretada por el revestimiento muscular del canal inguinal y obstruye el flujo y digestión en el intestino. El resultado puede ser vómito, dolor intenso y hasta shock. Por esta razón los padres que observen hinchazón o abultamiento en la ingle o el escroto del bebé deben informar al médico lo más pronto posible. La estrangulación de una hernia inguinal es más común en los bebés de menos de seis meses de edad, por lo cual los médicos recomiendan que la hernia se corrija apenas se diagnostique — suponiendo que el bebé esté preparado para la cirugía. Esta suele ser muy sencilla y se practica con buen éxito, con permanencia mínima en el hospital (a veces sólo un día). Es muy raro que una hernia inguinal vuelva a aparecer después de operada, si bien en algunos niños se puede presentar otra del lado opuesto más tarde.

Como hoy una hernia inguinal que se diagnostique se trata pronto, las estranguladas ocurren en los bebés a quienes no se les diagnostica a tiempo. Así pues, los padres que noten llanto súbito del bebé adolorido, vómito o suspensión de las evacuaciones, deben buscar si hay en la ingle algún abultamiento, y en caso de ser así, deben llamar inmediatamente al médico, o si éste no se encuentra llevar al niño al hospital a la sección de urgencias. Levantar ligeramente el trasero del bebé y aplicarle hielo en el camino a urgencias puede ayudar a que el intestino se repliegue, pero no trate usted de hundirlo con la mano. Y no le ofrezca ni el pecho ni un biberón para confortarlo, ya que probablemente va a ser necesario operarlo y para eso es mejor que tenga vacío el tubo digestivo.

PEZONES INVERTIDOS

"Uno de los pezones de mi hija está hundido en lugar de estar erecto. ¿Qué pasa?"

Parece que se trata de un pezón invertido, lo cual es bastante común en las recién nacidas. Con frecuencia un pezón que está invertido al momento de nacer se corrige después espontáneamente. Si no es así, no ofrece ningún problema funcional hasta que ella esté ya preparándose para amamantar a su propio hijo, y entonces podrá tomar distintas medidas para corregir ese defecto.

RECHAZO DEL PECHO

"A mi niño le iba muy bien con la lactancia, pero ahora la rechaza desde hace ocho horas. ¿Será que mi leche contiene algo malo?"

Algo anda mal, sin duda, pero no necesariamente su leche. Rechazar temporalmente el pecho es común y casi siempre obedece a una causa específica. Las causas más comunes son:

La alimentación de la madre. ¿Ha venido usted comiendo pasta al pesto u otros platos recargados de ajo? ¿Se ha dado gusto con chuletas y pollo, coles y otras viandas de preparación complicada y fuertemente condimentadas? Si es así, lo más probable es que su hijo simplemente esté protestando por el exceso de condimentos y sabores y aromas muy fuertes que la comida de usted le transmite con la leche. Si usted logra puntualizar qué es lo que le disgusta, deje de comerlo hasta después de que lo haya destetado.

Un resfriado. Un bebé que no puede respirar por tener la nariz tapada, no puede mamar y respirar por la boca al mismo tiempo; es natural que opte por respirar. Use un vaporizador de niebla refrescante, succiónele suavemente las fosas nasales con un aspirador para bebés, o pregúntele al doctor si le puede dar gotas para la nariz.

Dentición. Aunque la mayoría de los bebés no tienen el problema de los dientes hasta los cinco o seis meses de edad, hay unos pocos en quienes la dentición sí empieza desde antes, y aun se da el caso de un bebé de dos meses que eche un diente o dos. El acto de lactar somete a presión las encías hinchadas de modo que mamar es doloroso. Cuando los dientes son la causa del rechazo del pecho, el niño por lo general empieza a mamar con entusiasmo pero el dolor lo hace suspender.

Dolor de oído. Como el dolor de oído puede irradiar a la quijada, los movimientos de chupar lo agravan. Vea otras claves de infección del oído en la página 492.

Algodoncillo. Si su hijo tiene esta infección fungosa en la boca, lactar puede ser doloroso. Cuide de que el mal reciba tratamiento para que la infección no se le contagie a usted a través de rajaduras de los pezones, ni se extienda a otras partes del cuerpo del niño (vea la página 82).

Salida lenta. Un bebé que tiene mucha hambre se impacienta si la leche no le sale inmediatamente (en algunas mujeres puede tardar hasta cinco minutos en empezar) y quizá rechace furioso el pezón antes de que la leche empiece a salir. Para evitar este problema, extraiga un poco de leche antes de alzarlo, de modo que tenga algo que darle para premiar su esfuerzo desde el momento que empiece a tomar el pecho.

Un cambio hormonal. Un nuevo embarazo (poco probable si usted está dando el pecho exclusivamente, más posible si ha empezado a darle comida sólida y varios suplementos de fórmula) puede producir en el organismo de usted hormonas que modifican el sabor de la leche y hacen que el bebé rechace el pecho. El mismo efecto lo puede tener la reanudación de la menstruación, la cual tampoco es probable hasta que empieza el destete.

Tensiones. Si usted está preocupada o nerviosa, es posible que le transmita esas tensiones a su hijo, a quien la agitación no le permite lactar debidamente. Tranquilícese.

Hora de destetarlo. Un niño ya de más edad que rechaza el pecho tal vez le quiere decir: "Mamá, ya no quiero lactar más. Ya tengo edad para pasar a otra cosa". La ironía está en que los bebés parecen hacer esto cuando las madres todavía no han pensado en destetarlos y no cuando ellas ya están aburridas de dar el pecho.

De vez en cuando no hay ninguna explicación obvia de por qué el niño rechaza el pecho. Lo mismo que un adulto, un bebé puede no tener hambre para una comida o dos. Por fortuna estas interrupciones son casi siempre temporales. Si el desinterés en la lactancia continúa o si ocurre junto con otros síntomas de enfermedad, consulte con el médico.

PREFERENCIA POR UN PECHO

"Mi niño nunca quiere lactar de mi pecho izquierdo, y éste se me ha reducido de tamaño considerablemente en comparación con el derecho".

Algunos bebés tienen preferencias. Por qué su niño prefiere un pecho al otro no está claro. Es posible que se sienta más cómodo en el brazo favorito y posiblemente más vigoroso de la madre, de modo que se acostumbra a gustar más del pecho de ese lado. O también puede ser que la madre, no siendo zurda, tienda a ponerlo en el pecho izquierdo para tener libre la mano derecha para comer, sostener un libro o el teléfono o hacer otras cosas, y permite que el pecho derecho

disminuya de tamaño y producción. Quizá ésta sea más abundante en uno de los dos, debido a que desde el principio de la lactancia la madre o el hijo prefirieron ese lado por razones tan diversas como la localización de un dolor consiguiente a una operación cesárea o la posición del televisor en su dormitorio.

Cualquiera que sea la razón, preferir un pecho al otro es un hecho para algunos lactantes, y la asimetría es un hecho en la vida de sus madres. Aunque puede tratar de aumentar la producción del lado menos favorecido aplicándole a diario la mamadera, o iniciando cada comida con ese lado (si su hijo coopera), tales esfuerzos quizá no sirvan para nada. En muchos casos la madre pasa por toda la etapa de la lactancia con un pecho más grande que el otro. La asimetría disminuye después del destete, aunque puede persistir una diferencia ligeramente mayor que lo normal. Mientras tanto, la única solución segura es rellenar la copa más holgada del sostén para que los dos pechos parezcan iguales y caiga mejor la ropa.

Es muy raro que un bebé rechace el pecho porque en éste se esté desarrollando un tumor maligno. De todos modos, menciónele al doctor la preferencia de su hijo.

EL NIÑO DIFICIL

"Nuestra hijita es adorable, pero llora por todo. Si hay mucho ruido, o mucha luz, o aun si está un poquito mojada. Mi marido y yo nos estamos volviendo locos. ¿Estaremos haciendo algo mal?"

Ninguna pareja esperaba que su criatura resultaría un niño difícil. Los sueños durante el embarazo son todos de color de rosa, de un bebé feliz que arrulla, duerme como un bendito, no llora sino cuando está con hambre, y crece con un temperamento dulce y cooperador. Eso de pataleos y berrinches, y niños que cuando ya gatean ponen el grito en el cielo, es para otros — para padres que no supieron educarlos y ahora tienen que pagar las consecuencias.

Y luego, para padres como ustedes, a las pocas semanas de haber nacido su bebé perfecto, la realidad desbarata las fantasías. De pronto es su hijo el que llora por todo, el que no duerme, el que perpetuamente parece descontento. Es natural que usted se pregunte: ¿Qué estaré haciendo mal?

La respuesta seguramente es: nada — como no sea quizá haberle transmitido algunos genes infortunados, pues el comportamiento del bebé parece tener más relación con la herencia que con el ambiente. Sin embargo, la estructura que se dé al ambiente de la infancia sí influye en la manera como el temperamento innato afecta al desarrollo futuro. Por ejemplo, si se presta más atención a los estímulos, los niños difíciles muchas veces alcanzan un coeficiente intelectual más alto que el promedio. Y el bebé que con la ayuda del padre y la madre aprende a dirigir y desarrollar rasgos innatos de la personalidad, que los transforma de desventajas en ventajas, puede pasar de ser un imposible niño problema a un adulto bien estructurado.[4]

El papel de los padres en esta transformación es crítico. El primer paso es determinar qué tipos de personalidad asociados con una conducta difícil muestra su niño (algunos niños muestran una combinación). La niña que usted describe parece ser lo que se conoce como un bebé de bajo umbral sensorio. Un pañal

húmedo, un vestido almidonado, un escote alto, una luz brillante, un radiorreceptor con ruido, un cobertor que raspe, una cuna fría — todas estas cosas pueden afectar a un bebé supersensible a los estímulos sensorios. En algunos niños todos los cinco sentidos — oído, vista, gusto, tacto y olfato — se recargan muy fácilmente; en otros, sólo uno o dos. Para tratar con uno de estos niños se necesita mantener bajo el nivel general de estimulación sensoria, y evitar las cosas específicas que usted ha notado que lo afectan, tales como:

■ Sensibilidad al ruido. Disminuya el nivel de sonidos en su casa manteniendo el radio, estéreo y TV a bajo volumen o apagados, graduando el timbre del teléfono a la posición más baja, pidiendo a las visitas que llamen a la puerta con golpecitos en lugar de tocar el timbre, e instalando alfombras y cortinas, en cuanto sea posible, para absorber el sonido. Háblele o cántele a su hijo suavemente y pida a los demás que hagan lo mismo. Cuide de que no haya instrumentos musicales u otros aparatos generadores de sonido que molesten al niño. Si los ruidos de fuera son un problema, trate de excluirlos del cuarto del niño con una máquina de ruido blanco o un limpiador de aire.

■ Sensibilidad a la luz o visual. Ponga cortinas en el cuarto para que el bebé pueda dormir hasta más tarde por la mañana y hacer sus siestas durante el día, y evite luces muy brillantes en los cuartos que él frecuenta. No lo exponga a demasiados estímulos visuales a la vez: cuelgue un solo juguete sobre la cuna, o ponga sólo uno o dos al mismo tiempo en el corralito de juego. Elija juguetes de diseño y colores suaves y discretos más bien que los de colores vivos y llamativos.

■ Sensibilidad al gusto. Si le está dando el pecho y el niño pasa un mal día cuando

---

[4] Ayuda valiosa para tratar a un niño difícil se encuentra en *El niño difícil*, Editorial Norma, por Stanley Turecki, M.D. y Leslie Tonner.

usted ha comido ajos o cebollas, piense que el sabor no familiar de su leche puede ser la causa. Si lo está criando con biberón y parece muy malhumorado, ensaye una fórmula de distinto sabor. Cuando le empiece a dar alimento sólido, tenga en cuenta que quizá no le complacen todas las sensaciones gustativas y algunas puede rechazarlas de plano.

■ Sensibilidad al tacto. Algunos bebés pierden la compostura en cuanto se mojan, se desesperan si sienten mucho calor o si los visten de telas toscas, gritan cuando los meten al baño o los ponen en un colchón muy frío, o, más adelante, cuando les ponen los zapatos con las medias arrugadas. Vístalo, pues, con ropa confortable (tejidos de algodón con las costuras suaves y botones, broches de presión, marcas y cuellos que no irriten por su tamaño, forma o posición, son ideales); mantenga el agua del baño y la temperatura ambiente a niveles que le gusten, y cámbiele con frecuencia los pañales (posiblemente acepte mejor los absorbentes y desechables que los de tela).

Unos pocos bebés son tan exageradamente sensibles al tacto que no quieren que los carguen ni los mimen. No se debe manosear mucho a uno de estos niños; acaríciele y comuníquese con él por contacto visual y de palabra más bien que tocándolo materialmente. Cuando tenga que alzarlo, aprenda de qué manera le molesta menos (apretado o flojo, por ejemplo).

■ Sensibilidad al olfato. Los olores corrientes no deben molestar a un niño de corta edad, pero hay algunos que muestran reacción negativa a ciertos olores antes de cumplir el año. El de cebollas fritas, el de una pomada para el salpullido, la fragancia del nuevo perfume de la madre o de la loción para después de afeitarse del padre, son olores que pueden moles-

tar y poner nervioso al niño. Si su hijo parece sensible a los olores fuertes, evítelos en lo posible.

■ Sensibilidad al estímulo. Demasiado estímulo de cualquier clase altera a algunos niños. A éstos hay que tratarlos lenta y suavemente. Conversación en voz muy alta, movimientos rápidos, demasiados juguetes, mucha gente en el cuarto, exceso de actividad en el día, pueden ser perturbadores. Para que un niño de éstos duerma mejor, evite mucho juego antes de acostarlo, reemplazándolo por un baño tibio calmante, seguido por cuentos o canciones de cuna, o grabaciones de música suave.

Vivir con un niño difícil no es cosa sencilla, pero con mucho amor, paciencia y comprensión es posible, y a la larga hasta puede ser muy satisfactorio. Sin embargo, antes de llegar a la conclusión de que su niño es uno de los difíciles, debe usted cerciorarse de que esa conducta caprichosa no tenga alguna causa física. Descríbasela al médico a fin de que se pueda descartar cualquier posible explicación médica — enfermedad o alergia, por ejemplo. A veces un bebé que parece ser difícil no es sino alérgico a la leche de fórmula, o le están saliendo los dientes, o está enfermito. Vea la descripción de otros tipos de niños difíciles en el cuadro de las páginas 184-185.

UN SEGUNDO IDIOMA

"Mi marido es francés y quiere hablarle exclusivamente en francés al niño. Yo le hablo en español. Me parece maravilloso que aprenda dos idiomas, pero a esta edad ¿no será confundirlo?"

Como el dominio de un segundo idioma no es indispensable para vivir en un lugar determinado, son muchas las personas

¿TIENE USTED UN NIÑO DIFICIL?

El niño activo. Con frecuencia un bebé anuncia desde el útero que va a ser más activo que la mayoría, y esos indicios se confirman poco después del nacimiento cuando patalea y se quita los cobertores, las mudas de pañal y de ropa se convierten en torneos de lucha, y después de la siesta el bebé siempre aparece al otro extremo de la cuna. Los bebés activos son un problema constante (duermen menos, están inquietos cuando comen, y siempre están en peligro de hacerse daño), pero también son una felicidad (son muy despiertos, interesados e interesantes, y rápidos para aprender). No hay que frustrar ese entusiasmo y ese espíritu de aventura, pero sí es preciso tomar especiales precauciones protectoras lo mismo que aprender a calmarlo para que duerma y coma bien. Las medidas siguientes serán útiles:

■ En tiempo frío use un talego de dormir de bayeta, y en tiempo fresco un talego de tela más ligera, si el bebé es de los que se descobijan pateando.

■ Usted debe tener especial cuidado de no dejar jamás a un niño activo solo en una cama, mesa de cambiarlo u otra superficie elevada ni siquiera por un segundo; ellos se las arreglan para voltearse muy pronto y cuando uno menos lo espera. Una correa de seguridad en la mesa de cambiarlo es útil pero no hay que fiarse mucho de ella si uno está a más de un paso de distancia.

■ Gradúe el colchón de la camita al nivel más bajo apenas el bebé empiece a sentarse solito aun cuando sea por pocos segundos. El paso siguiente puede ser apoyarse sobre la baranda y caerse al suelo. Mantenga fuera de la cama o corral todo objeto sobre el cual el bebé pueda subirse.

■ No deje a un bebé activo en un asiento infantil, salvo en el centro de una cama doble o en el piso (son capaces de volcar el asiento). Y, desde luego, siempre hay que sujetarlo con las correas.

■ Aprenda qué tranquiliza a su bebé superactivo: música suave que usted le cante o le toque en un disco o cinta, un baño de agua tibia (pero nunca lo deje solo en el agua), o mirar un libro de láminas (aunque es posible que los niños activos no estén preparados para esto tan pronto como los niños más pacíficos). Incluya estas actividades tranquilizantes en el programa del niño antes de las horas de comer y dormir.

El niño irregular. Entre las seis y las doce semanas, justamente cuando otros bebés se acomodan a un horario regular y se hacen más fáciles de tratar, éstos se ponen más caprichosos. Ni siguen pautas de su propia cosecha ni aceptan las que les ofrezca.

En lugar de seguir la iniciativa del niño y permitir que el caos reine en su hogar, o de tomar usted las riendas e imponerle un programa estricto, contrario a su naturaleza, trate de hallar un término medio. Para bien de ambos, es indispensable poner un poco de orden en su vida pero trate de basar su programa, hasta donde ello sea posible, en las mismas tendencias naturales que el bebé muestre. Tal vez tenga que llevar un diario a fin de descubrir pautas que se repiten en la jornada del niño, como por ejemplo hambre todos los días hacia las 11 de la mañana o inquietud todas las noches hacia las 7 P.M.

Trate de contrarrestar lo imprevisible con lo previsible. Esto quiere decir tratar en lo posible de hacer las cosas siempre a la misma hora y de la misma manera todos los días. Ocupe siempre la misma silla para darle el pecho, báñelo a una hora fija, cálmelo con el mismo método (meciéndolo o cantándolo o como resulte mejor). Trate de programar las comidas más o menos para las mismas horas todos los días, aunque el bebé no parezca tener hambre, y trate de cumplir ese horario aun cuando le dé hambre a deshoras, ofreciéndole en esas ocasiones un corto bocado si es necesario. Llévelo con maña a un día mejor estructurado, sin forzarlo. Y no espere verdadera regularidad; conténtese con menos caos.

Las noches con un bebé irregular pueden ser una verdadera tortura, especialmente porque él no las distingue del día. Puede ensayar los consejos que se dan para hacer frente a los problemas del sueño (página 139) y de la diferenciación noche-día (página 140), pero es muy posible que no den resultado en el caso de su bebé, el cual tal vez quiera pasar toda la noche en vela. Para sobrevivir, los padres se ven a veces obligados a turnarse en los deberes nocturnos hasta que las cosas mejoren, como ocurrirá con el tiempo si ustedes persisten y no pierden la calma. En situaciones extremas es posible que el médico recomiende un calmante para el niño (no para usted), que lo tranquilice lo suficiente, de modo que usted pueda trabajar en establecer alguna rutina de dormir.

El niño poco adaptable. Estos bebés rechazan constantemente todo cuanto no les es familiar: objetos, personas, alimentos. A unos les mortifica cualquier cambio, aun cuando sea un cambio familiar como ir de la casa al automóvil. Si así es su bebé, establezca una programación diaria con pocas sorpresas. Las comidas, baños y siestas deben ser a unas mismas horas y lugares, con el menor número posible de variaciones de la rutina. Introduzca muy gradualmente nuevos juguetes, personas y alimentos (cuando sea tiempo). Por ejemplo, cuelgue un móvil nuevo sobre la cuna sólo uno o dos minutos, retírelo y vuélvalo a sacar después de un rato, dejándolo esta vez unos minutos más. Siga aumentando el tiempo de exposición hasta que el niño dé muestras de que lo acepta y le gusta. Introduzca de la misma manera otros juguetes y objetos nuevos. Cuando se trate de personas nuevas, pídales primero que simplemente pasen bastante tiempo en la misma pieza con el niño; después, que le hablen desde lejos y luego que se comuniquen más de cerca, antes de tratar de establecer contacto físico. Posteriormente, cuando le vaya a dar alimentos sólidos, introduzca éstos muy gradualmente, empezando con cantidades diminutas y aumentando las porciones poco a poco en el término de una semana o dos. No agregue otro alimento hasta que el anterior haya sido bien aceptado. Evite cambios innecesarios cuando haga compras: un biberón nuevo, de distinta forma o color, un dispositivo nuevo en el cochecito de paseo, un cobertor nuevo en la camita. Si un artículo se gasta o se rompe, trate de reemplazarlo con uno idéntico o muy parecido.

El niño de llanto agudo. Seguramente usted lo notaría desde el principio: su niño lloraba más fuerte que todos los demás en la sala-cuna de la clínica. Ese llanto agudísimo y con gritos, capaz de ponerle los nervios de punta al más sereno, continuó cuando regresó a su casa. Por desgracia no se puede accionar un interruptor y bajarle el volumen al bebé, pero bajar el volumen de ruido y actividad del ambiente sí puede contribuir a calmarlo un poquito. También conviene tomar algunas medidas puramente prácticas para que el ruido no moleste a la familia y a los vecinos. Si es posible, haga el cuarto del niño a prueba de ruido recubriendo las paredes de material aislante o acolchado, agregando alfombra, cortinas y cualquier otra cosa que absorba el ruido. Puede ensayar tapones para los oídos, una máquina de ruido blanco, un ventilador o acondicionador de aire para mermar el desgaste de sus oídos y sus nervios sin suprimir totalmente los gritos del niño. A medida que el llanto disminuya en los meses siguientes, también disminuirá este problema, pero probablemente su niño siempre será más ruidoso y más intenso que la mayoría.

El niño negativo o descontento. En lugar de sonreír y barbullar, hay niños que parecen contrariados todo el tiempo. De esto no tienen la culpa los padres (a menos, eso sí, que se hayan descuidado), pero puede afectarlos profundamente. Les es difícil amar a un niño descontentadizo y a veces hasta lo rechazan. Si parece que nada satisface a su bebé (y no se descubre explicación médica) entonces haga todo lo posible por prodigarle amor y cuidados de todas maneras, con la seguridad de que algún día, cuando el niño aprenda otros modos de expresión, el llanto y la inconformidad general disminuirán, aun cuando siempre siga siendo del tipo "serio".

¿COMO SE LE HABLA A UN NIÑO?

Las vías de comunicación con un bebé son infinitas y cada padre o cada madre recorre unas más que otras. Damos a continuación algunas que usted puede ensayar, ahora o en los meses venideros:

Un comentario continuo. Cuando esté con su hijo no dé un paso sin comentar lo que está haciendo. Describa el proceso de vestirlo: "Ahora nos ponemos el pañal... Aquí va la camiseta sobre la cabeza... Abotonamos los pantalones...". En la cocina describa el proceso del lavado de platos o la preparación de la salsa para espaguetis. Durante el baño explíquele que el jabón y el agua lo limpian y el champú le deja el pelo brillante. No importa que el bebé no entienda una palabra de lo que usted le dice. La descripción punto por punto la pone a usted a hablar y al niño a escuchar — y así lo inicia en el camino de la comprensión.

Pregunte mucho. No espere hasta que su hijo pueda contestar para hacerle preguntas. Piense que usted es una reportera y él un personaje a quien está entrevistando. Las preguntas pueden ser variadísimas según lo que haga durante el día. "¿Quieres ponerte los pantalones rojos o los verdes?" "¿No te parece que está haciendo un día lindo?" "¿Qué compro para la comida, carne o pescado?" Haga una pausa para la respuesta (un día de éstos la va a sorprender contestándole), y luego usted misma se contesta en voz alta ("¿Carne? Bien pensado").

Déle la palabra. Los estudios muestran que los niños cuando los padres hablan *con ellos* y no *a ellos* aprenden a hablar más pronto. Déle al suyo la oportunidad de intervenir en el diálogo con un barboteo o un gorjeo o una risilla. En su comentario continuo deje algún espacio para que él también comente a su manera.

Frases sencillas — a veces. Por ahora el placer de escuchar es igual para el niño si le recitan el monólogo de Segismundo o le leen una animada evaluación de la economía; pero a medida que vaya creciendo, es bueno irle ayudando a identificar algunas palabras. Así pues, por lo menos unas veces esfuércese por usar frases u oraciones sencillas: "Mira la luz", "Adiós", "Los deditos del bebé", etc.

Nada de pronombres. Para un niño muy pequeñito es difícil entender que "yo" y "tú" puedan ser mamá, o papá, o la abuelita o el bebé mismo, según el que esté hablando. Así pues, la mayor parte del tiempo para referirse a sí mismos digan "mamá", "papá", "abuelita", y a él llámenlo por su nombre: "Ahora mamá le cambia el pañal a Manolito".

Suba el tono. Casi todos los bebés prefieren una voz de tono alto, lo cual quizá explique por qué las voces femeninas son naturalmente más altas que las masculinas, y por qué las mamás al hablarles a sus niños suben el tono de la voz una o dos octavas. Suba usted el tono cuando se dirija al suyo y observe la reacción. (Unos pocos bebés prefieren una voz más grave; experimente para ver cuál le gusta más al suyo.)

Quédese en el presente. Usted puede divagar mucho ante el bebé pero por ahora no habrá comprensión notoria de su parte. Cuando ésta se desarrolle, convendrá que usted se ciña a lo que él pueda ver o a lo que esté experimentando en la actualidad. Los niños pequeños no tienen memoria del pasado ni concepto del futuro.

Imite. Al bebé le encanta la adulación que implica la imitación. Cuando él barbulle, haga usted lo mismo; cuando diga "aaa", diga usted "aaa". La imitación se convierte rápidamente en un juego que a ambos les gustará y que servirá de base para que el niño imite su lenguaje.

Póngale música. Si usted no tiene buen oído, no se preocupe; los niños no son exigentes en materia de música. Les gusta cualquier cosa que les canten, un aria de ópera, o la última canción de moda, o lo que usted le quiera tararear. Si su sensibilidad (o los vecinos) no permiten una canción, basta con el sonsonete. Hasta los bebés muy pequeñitos gozan con las canciones de cuna. (Si la memoria le falla, cómprese un librito que las contenga.) Y es mayor su dicha si se acompañan con gestos y ademanes. Pronto su niño le dará a conocer cuáles son las que prefiere y las que usted tendrá que cantarle y volverle a cantar una y otra vez.

Lea en voz alta. Aunque al principio la lectura no tenga ningún sentido, nunca es demasiado pronto para empezar a leerle poemitas infantiles. Cuando usted no esté de humor para hablar media lengua y quiera más bien algún estímulo a nivel de adulto, comparta con él su amor por la literatura (o las recetas o los chismes o la política) leyéndole en voz alta lo que a usted le guste leer.

Déjelo descansar. La cháchara y el canturreo incesantes cansan a cualquiera, hasta a un bebé chiquito. Si su bebé ya no pone atención a su juego de palabras, cierra los ojos o desvía la mirada, se muestra inquieto y molesto o de alguna otra manera indica que ha llegado el punto de saturación, déjelo descansar.

---

que se descuidan en el aprendizaje de otra lengua viva. Pero todos reconocen que enseñarle a un niño un segundo idioma le da una ventaja extraordinaria, le permite pensar de maneras distintas y hasta lo eleva en su propia estimación. Si ese segundo idioma es el de sus antepasados, le da también un vínculo significativo con sus orígenes.

En lo que no hay acuerdo es en cuándo empezar a enseñárselo. Algunos expertos aconsejan empezar desde que el niño nace, mientras que otros opinan que esto le da una desventaja en ambas lenguas — aunque tal vez sólo temporalmente. Recomiendan esperar hasta que tenga dos años y medio o tres años. A esta edad ya tiene una firme base de la lengua materna y todavía posee la capacidad de adquirir otra con facilidad y naturalidad. Hay acuerdo general en que si se espera hasta que el niño sepa leer y escribir para iniciar la enseñanza del segundo idioma, se le dificulta llegar a dominar éste.

Ya sea que se empiece ahora o dentro de dos años, hay varias maneras de estimular al niño para que adquiera un segundo idioma. Uno de los padres puede hablarle en español y el otro en el idioma extranjero (como lo sugiere su marido), o bien hablarle ambos en el idioma ex-tranjero con la expectativa de que el español lo aprenderá en la escuela o de alguna otra manera; o que los abuelos o la niñera le hablen en esa lengua y los padres en español (éste es el método menos eficaz). Ningún método puede dar muy buenos resultados si el "maestro" o la "maestra" no dominan el idioma que se quiere enseñar.

Los entendidos recomiendan que no trate usted de "enseñar" un segundo idioma sino que empape al niño en él: juéguele en ese idioma, léale libros, cántele, hágale escuchar grabaciones, ver videocintas, visitar amistades que lo hablen bien, y, si es posible, visitar lugares donde se hable. Quien quiera que esté hablando el segundo idioma debe usarlo exclusivamente al hablarle al niño, resistiendo la tentación de volver al español o de traducirle si el niño parece no entender bien. Durante los años escolares se le debe enseñar a leer y escribir el idioma extranjero para que le sea más útil y significativo. Si en la escuela no dan clases, se puede apelar a clases privadas o aprendizaje programado por computador.

MEDIA LENGUA

"Otras madres saben hablarles a sus be-

bés. Pero yo no sé qué decirle a mi hijito de seis semanas, y cuando lo intento, me siento como una perfecta idiota. Me temo que mis inhibiciones retarden su desarrollo lingüístico".

Son pequeñitos. Son pasivos. No pueden replicar. Y, sin embargo, para muchas madres y padres novatos los recién nacidos constituyen el auditorio más intimidante a que tendrán que enfrentarse en la vida. La indecorosa y chillona media lengua que parece tan natural para otros padres está fuera de su alcance — dejándolos mudos y con remordimientos de conciencia por el embarazoso silencio que reina en torno a la cuna.

Si bien su bebé aprenderá el lenguaje de usted antes que usted aprenda el de él, su habla se desarrollará mejor y más rápidamente si usted hace desde temprano un esfuerzo consciente de comunicación. Los niños con quienes nadie se comunica se perjudican no sólo en el área lingüística sino en todos los aspectos del desarrollo. Pero esto rara vez ocurre. Aun la madre que se avergüenza de hablar media

lengua se comunica con su bebé todo el día: cuando lo acaricia, cuando responde a su llanto, le canta una canción de cuna, le dice "Ya es hora de salir de paseo" o murmura, "¡Ah, otra vez el teléfono!", cuando se acaba de acomodar para darle el pecho. Los padres enseñan a hablar tanto cuando conversan entre sí como cuando le hablan directamente al bebé, y éste aprende casi tanto de un diálogo ajeno como cuando él mismo toma parte en la conversación.

Así pues, no es probable que su niño vaya a pasar el año entero en compañía de una madre silenciosa; hay maneras de ampliarle el vocabulario aunque para usted la media lengua no sea una cosa natural.

El secreto es empezar en privado, de modo que la vergüenza de gorjear y parlotear en presencia de otros adultos no le dañe su estilo de conversación. Si no sabe por dónde empezar, vea las sugerencias que se hacen en la página 186. A medida que se familiariza con la media lengua infantil encontrará que la usa inconscientemente, aun en público.

LO QUE IMPORTA SABER:
Estímulos para el bebé en los primeros meses

En nuestra sociedad, tan pagada de los triunfos, muchos padres se afanan por producir hijos capaces de competir — y se empiezan a afanar desde muy temprano. Piensan que si a las tres semanas el bebé no sonríe tal vez no pueda ingresar a un buen programa preescolar; que si a los dos meses no es capaz de voltearse, no llegará al equipo de tenis de la escuela preparatoria. Y les preocupa que si no hacen todas las cosas bien, no lograrán hacer de ese ente básicamente pasivo que trajeron del hospital un candidato al doctorado.

En realidad, no hay motivo para preocuparse. Los bebés, aun los que están destinados a brillar en las mejores universidades, se desarrollan a distintos ritmos, y los que empiezan lentamente suelen sobresalir más tarde. Por su parte los padres, aun los crónicamente inseguros, por lo general cumplen muy bien la misión de estimular a sus hijos, la mayoría de las veces sin proponérselo deliberadamente.

Pero saber esto, por más tranquilizador que pueda ser, no siempre acaba con las preocupaciones. Muchos abrigan el temor de que tratándose de paternidad, no basta hacer lo que parece natural. Si usted desea verificar lo que ha venido haciendo instintivamente para ver si va por buen camino, le serán útiles las siguientes advertencias relativas a la creación de un buen ambiente y el suministro de estímulos sensorios.

CREACION DE UN BUEN AMBIENTE

Ame a su bebé. Nada ayuda tanto a un niño a crecer y prosperar como ser amado. Una relación de intimidad con la madre o el padre, o con padres sustitutos, es definitiva para el desarrollo normal.

Viva con él. Aproveche toda oportunidad para hablarle, cantarle o acariciarlo — cuando le esté cambiando los pañales, bañándolo, haciendo el mercado o conduciendo el automóvil. Estos intercambios casuales pero estimulantes sirven más que cualquier juego educativo para despertar la inteligencia del niño. Los mejores juguetes del mundo son inútiles si no tiene la oportunidad de jugar con usted un rato. Su meta no debe ser "enseñarle" sino vivir con él.

Aprenda a conocerlo. Descubra qué es lo que hace al niño feliz o desdichado, lo excita o lo aburre, lo calma o lo estimula, prestando más atención a lo que aprenda del mismo niño que de cualquier libro o de un consejero. Los estímulos que le dé los debe adecuar a su hijo, que es único, no a un modelo típico sacado de un libro de texto. Si los ruidos fuertes y los juegos bruscos lo alteran, entreténgalo con sonidos suaves y juegos moderados. Si la excitación excesiva pone al niño nervioso, limite la duración de los juegos y la intensidad de la actividad.

Alivie la presión. Ni usted ni el niño ganan nada con su preocupación por su nivel de realización. El aprendizaje y el desarrollo no se aceleran con la presión; antes bien, ésta puede perjudicarlos. Para el bebé y su estimación de sí mismo es nocivo el mensaje (por más que se disimule) de que usted no está contenta con su progreso. En lugar de convertir el tiempo que usted dedica a estimular a su niño en sesiones de enseñanza a presión, afloje y diviértase — para bien de ambos.

Déle un poco de libertad. La atención adecuada es importantísima; pero si se prodiga en exceso resulta asfixiante. Aunque el bebé necesita saber que puede contar con ayuda cuando la necesite, también tiene que aprender a buscarla. Si usted no lo deja libre un momento, lo priva de la oportunidad de buscar otras diversiones: el osito amigo que comparte la cuna con él, el juego de luces que hace la persiana, sus propios dedos de manos y pies, los ruidos de un avión que vuela sobre la casa, o la bomba de incendios que pasa por la calle, o el perro que ladra en la casa vecina. También puede perjudicar la capacidad del niño para jugar y aprender independientemente más tarde — y un niño dependiente le hará a usted difícil atender a cualquier otra cosa. Por supuesto, juegue con su hijo y pase bastante tiempo con él, pero a veces déle un juguete y déjelo que se divierta solo y aprenda a conocerlo.

Siga la corriente. Y el que va adelante con la corriente debe ser el niño, no usted. Si él está fascinado con el móvil, no saque otro juguete: siga con el móvil. Dejarlo que él tome la iniciativa de vez en cuando refuerza el aprendizaje porque así se aprovecha el "momento de enseñar", y al mismo tiempo se refuerza el naciente sentido de propia estimación del niño porque se le da a entender que sus intereses son dignos de la atención de la madre.

Permítale que también tome la iniciativa para suspender una sesión de juego — aun cuando sea antes de agarrar el sonajero. El bebé le dice "Basta ya" volviéndose a otro lado, mostrándose descontento, llorando o manifestando de alguna otra manera desinterés o desagrado. No hacer caso de este mensaje y seguir presionando priva al niño del sentido de control, suprime el interés en el asunto (al menos por el momento) y al fin hace el tiempo de jugar mucho menos divertido para ambos.

Aproveche el momento. Un niño siempre está en uno de estos seis estados de conciencia: 1) sueño profundo, o tranquilo; 2) sueño ligero, o activo; 3) modorra; 4) vigilia activa con interés en actividades corporales; 5) desagrado y llanto; 6) vigilia tranquila. Cuando usted puede fomentar con mayor eficacia el desarrollo físico es durante la vigilia activa; y en la vigilia tranquila puede fomentar mejor otros tipos de aprendizaje. Tenga en cuenta igualmente que la atención de un niño chiquito es de muy corta duración. Un bebé que a los dos minutos de estar viendo un libro de láminas no quiere ver más, no es que rechace la actividad intelectual sino sencillamente que no se puede concentrar más.

Ofrezca refuerzo positivo. Cuando el niño haga algo (como sonreír, dar un manotazo al sonajero, levantar hombros y brazos del colchón, voltearse o agarrar un juguete) muéstrele su aprobación con abrazos, vítores, aplauso — como le sea más fácil con tal de que le lleve al niño el mensaje "Me parece que eres una maravilla".

CONSEJOS PRACTICOS PARA APRENDER JUGANDO

Algunos padres, sin haber leído nunca un libro sobre la materia ni haber seguido un curso sobre estimulación de los niños, tienen más facilidad que otros para iniciar a los suyos en actividades de aprender jugando; y hay niños que tienen una predisposición especial para ellas y por tanto es más fácil hacerlos participar en tales actividades. Pero con un poquito de ayuda, todos los padres pueden tener éxito en este terreno.

Las áreas que se deben cultivar y fomentar son:

El sentido del gusto. Por ahora usted no tiene que preocuparse por estimular este sentido. Las papilas gustativas del bebé son excitadas en cada comida al pecho o en biberón; pero a medida que crece, gustar será una manera de explorar, y todo lo que encuentre a la mano va a parar a la boca. Resista la tentación de impedirle esta actividad, excepto, desde luego, cuando lo que se va a llevar a la boca es venenoso, o cortante, o tan pequeño que se lo pueda tragar o ahogarse.

El sentido del olfato. En la mayoría de los ambientes el fino aparato olfatorio del niño tiene mucho en qué ejercitarse: la leche materna, que es el aroma natural de la madre; el perro que anda por la casa, el pollo que se está asando en el horno. A menos que su niño dé muestras de ser exageradamente sensible a los olores, piense que todos los diversos olores son otras tantas oportunidades que el niño tiene de aprender algo acerca del ambiente.

El sentido de la vista. En un tiempo se creía que los niños eran ciegos al nacer, pero ahora sabemos que no sólo ven sino que empiezan a aprender de lo que ven. Por el sentido de la vista aprenden rápidamente a conocer la diferencia entre los seres vivos y las cosas inanimadas (y entre uno y otro objeto o una y otra persona), a interpretar el sentido de gestos y ademanes y otras claves no verbales, y a entender cada día un poquito mejor el mundo que los rodea.

Decore el cuarto o el rincón de su niño con la mira de ofrecerle un ambiente visualmente estimulante, más bien que para satisfacer su propio gusto. Al escoger el papel de la pared, colchas, colgaduras, juguetes o libros, tenga en cuenta que los bebés gustan de los contrastes fuertes, y que los diseños atrevidos y brillantes les llaman más la atención que los suaves y delicados (patrones en blanco y negro son los preferidos las primeras seis semanas, más o menos, después los de colores fuertes). Limite los juguetes en la cama, el cochecillo, el corralito de juego y el asiento infantil a uno o dos a la vez; la abundancia crea confusión y estímulo excesivo.

Muchos objetos, inclusive los juguetes, sirven para estimulación visual:

■ Móviles. Las figuras de un móvil deben ser completamente visibles desde abajo (la perspectiva del bebé) más bien que desde un lado (que es la perspectiva del adulto). El móvil no se debe suspender a más de unos 30 o 35 centímetros sobre la cabeza del niño y es mejor ponerlo hacia un lado u otro de la línea directa de visión que directamente encima (la mayoría de los niños prefieren mirar hacia la derecha, pero observe al suyo a ver qué lado prefiere).

■ Otras cosas de movimiento. Usted puede pasar un sonajero u otro juguete brillante a través de la línea visual del niño para estimularlo a que siga un objeto que se mueve. Llévelo a visitar una tienda de animalitos consentidos y póngalo frente a una pecera o a una jaula de pájaros para que vea la acción. O hágale pompas de jabón.

■ Objetos estacionarios. Los niños se quedan largo tiempo simplemente mirando un objeto. Este no es tiempo perdido sino tiempo de aprendizaje. Formas geométricas o caras sencillas en blanco y negro, dibujadas a mano o compradas en una tienda, son las primeras favoritas. Prefieren colores vivos y contrastes acentuados, a diseños pálidos o más delicados.

■ Espejos. Estos les encantan a casi todos porque les dan una visión que cambia constantemente. Use espejos metálicos de seguridad para niños, y no los corrientes de cristal; cuélguelos en la cuna, en el cochecillo, en la mesa de mudarlo.

■ La gente. Los niños se deleitan mirando de cerca un rostro humano, por lo cual usted y otras personas de la familia deben pasar algunos ratos acercándose mucho. También se le pueden mostrar retratos de la familia, indicando quién es cada persona.

■ Libros. Muéstrele dibujos sencillos de bebés, niños, animales, o juguetes, identificándolos. Los dibujos deben ser claramente definidos, sin muchos detalles.

■ El mundo. Muy pronto el niño se va a interesar en lo que hay más allá de su nariz. Ofrézcale amplias oportunidades de ver el mundo desde el cochecito de paseo o el asiento infantil de automóvil, o desde el portabebés llevándolo con la cara hacia el frente. De tiempo en tiempo hágale notar los automóviles, los árboles, la gente, etc. Pero no divague sin parar durante todo el paseo porque así usted se aburre y el niño deja de ponerle atención.

El sentido del oído. Por el oído es como los niños aprenden acerca del lenguaje, el ritmo, los peligros, las emociones y sentimientos — y acerca de muchas otras cosas que ocurren a su alrededor. La estimulación auditiva proviene de cualquier fuente:

■ La voz humana. Esta es, desde luego, el tipo más significativo de sonido en la vida del recién nacido; use la suya hablándole, cantándole o tarareándole. Ensaye canciones de cuna, versos infantiles, letrillas sin sentido que usted misma invente. Imite sonidos de animales, sobre todo de los que el niño oye con frecuencia, como el ladrido del perro o el maullido del gato. Lo más importante para el niño es reproducir los sonidos que él mismo hace.

■ Ruidos caseros. A unos les deleita la música de fondo, suave o vivaz, el zumbar de la aspiradora o la mezcladora, el silbido de la tetera o el salpicar de agua corriente, el crujido de papel que se arruga (pero no le dé un periódico para que lo estruje pues el papel de imprenta puede ser venenoso), el retintín de un cascabel o el campanilleo de un móvil musical. Sin embargo, es posible que más adelante durante el primer año algunos de tales sonidos los asusten.

■ Sonajeros y otros juguetes que hacen ruidos suaves. No hay que esperar hasta que el niño pueda agarrar el sonajero. Los primeros meses sacúdalo usted misma, o póngaselo en la mano y ayúdele a sacudirlo, o consígale uno de ponerle en la muñeca. La coordinación entre visión y oído se desarrollará a medida que aprende a volverse hacia el sonido.

■ Cajas de música. Le sorprenderá la rapidez con que el niño aprende a reconocer una tonada. Especialmente son buenas las cajas de música que son visualmente llamativas; pero si le deja una a su alcance, cuide de que no tenga piezas pequeñas que se puedan romper y se las meta a la boca.

■ Juguetes musicales. Asegúrese de que las llaves y otras piezas de éstos no ofrezcan peligro. Los juguetes que producen música y al mismo tiempo ofrecen estímulo visual y práctica de las pequeñas destrezas motrices (como un conejito que se mueve y hace música cuando el niño tira de una cuerda) son especialmente buenos. Evite los que producen ruidos fuertes que puedan causar daño al oído, y no coloque cerca del oído del niño ninguno que haga ruido aunque sea moderado.

■ Discos y cintas para niños. Trate de ensayarlos antes de comprar, a ver si se oyen bien. La infancia es el tiempo ideal para habituar al niño a escuchar música clásica (escúchela suavemente cuando el bebé está jugando en la camita, o durante el baño o las comidas), aun cuando muchos parece que prefieren los ritmos más animados de rock y cantos populares. Observe la reacción de su niño a la música; si parece que le molesta lo que está sonando, suspéndalo.

El sentido del tacto. El tacto, aun cuando a menudo se menosprecia, es en realidad uno de los más valiosos medios de que dispone el niño para explorar el mundo y aprender. Por el tacto es como se da cuenta de la suavidad de la madre, de la relativa dureza del padre, de que acariciar al osito es maravilloso, que pasar la mano por un cepillo tieso no es lo mismo, y, lo más importante de todo, que los que cuidan de él lo aman: mensaje éste que usted le transmite siempre que lo baña, le cambia de pañal, le da de comer o lo mece en sus brazos.

Le puede ofrecer experiencias táctiles más variadas con:

■ Una mano amorosa. Descubra cómo le gusta que lo traten, si firme o levemente, rápida o lentamente. A todos les gusta que los besen y los acaricien, que les hagan cosquillas en el estómago o que se lo rocen con los labios, que les soplen los dedos de las manos o los pies. Les encanta la diferencia entre el toque de la madre y el padre, la brusquedad con que un hermanito los abraza o les hace cosquillas, y la facilidad de experta con que los alza la abuelita.

■ Masaje. Los niños prematuros a quienes se les hace masaje todos los días durante veinte minutos ganan peso más rápidamente y prosperan más que los otros (no se sabe si esto se debe a que los manosean más o al masaje en sí); los bebés a quienes no se les toca en absoluto no crecen a un ritmo normal. Descubra qué toques le gustan más a su hijo y cuáles le molestan.

■ Texturas. Ensaye sobar al niño con diferentes texturas (raso, tela de toalla, terciopelo, lana, piel o algodón absorbente) para que sepa cómo se siente cada una. Posteriormente anímelo a explorar por su cuenta. Póngalo boca abajo sobre superficies de distintas texturas: la alfombra de la sala, una toalla de baño, el abrigo de pieles de la abuela, una falda de pana, el suéter de lana del padre, una mesita de mármol — las posibilidades no tienen límite.

■ Juegos con texturas. Ofrézcale juguetes que tengan textura interesante como un osito de peluche y un perrito de pelo basto; bloques de madera duros y bloques blandos rellenos; una cuchara tosca de madera y una escudilla lisa de metal; una almohada sedosa y una burda.

Desarrollo social. Su hijo se convierte en un ser social observando a la madre, tratando con usted y el resto de la familia, y posteriormente con otras personas. Todavía no es tiempo de enseñarle a dar una fiesta animada ni a hablar frivolidades en una reunión, pero sí de empezar a enseñarle por el ejemplo cómo deben comportarse las personas unas con otras. Dentro de pocos años, cuando el niño hable con amigos, maestros y vecinos, o empiece a "jugar a la casa", con frecuencia escuchará usted su ejemplo reproducido por su vocecita. Ojalá pueda sentirse complacida y no horrorizada o desilusionada por lo que oiga.

Juguetes que ayudan al desarrollo social del niño son animalitos rellenos, móviles de animales, y muñecas. Pasarán muchos meses antes de que pueda abrazarlos y jugar con ellos, pero desde ahora puede empezar a entenderse con ellos; observe a un bebé conversando con animales que bailan en la baranda de la camita o en un móvil. Más adelante, libros y oportunidades de fingir y disfrazarse contribuirán también al desarrollo de destrezas sociales.

Pequeño desarrollo motor. En este momento los movimientos de la mano del niño son totalmente al azar, pero dentro de un par de meses esas manecitas se moverán con más dominio y propósito. Usted puede ayudar al desarrollo del movimiento deliberado dando mucha libertad a las manos del niño. No se las tenga envueltas ni metidas bajo un cobertor (excepto fuera de casa en tiempo frío). Déle varios objetos que las pequeñas manos puedan tomar y manipular y no requieran mucha destreza. Y como los bebés por lo general no toman las cosas que estén directamente enfrente de ellos, déjele dichos objetos a un lado.

Déle a su niño amplia oportunidad de experiencia práctica con lo siguiente:

■ Sonajeros que quepan confortablemente en sus manecitas. Los de dos asas o superficies de agarre le permiten pasar el juguete de una mano a la otra, habilidad importante, y los que se pueda meter a la boca le darán alivio cuando comience la dentición.

■ Gimnasios de cama (se colocan atravesados sobre el cochecito, el corral de juego o la cama) que tienen muchas piezas diversas para que el niño pueda agarrar, girar, halar y hurgar. Evite, sin embargo, los que tengan cuerdas de más de 15 centímetros de longitud y retire el gimnasio una vez que el niño sea capaz de sentarse.

■ Tableros de actividades que requieren una gran variedad de movimientos de las manos para operarlos. Muchas de estas actividades no las podrá ejecutar su hijo deliberadamente todavía; pero algunas hasta un bebé de corta edad las puede poner en marcha accidentalmente con una manotada o un puntapié. Además de las destrezas de girar, discar, empujar y oprimir que fomentan estos juguetes, también enseñan el concepto de causa y efecto.

Gran desarrollo motor. Someter al niño al régimen de una videocinta de ejercicios infantiles no aumentará su fortaleza muscular ni acelerará su desarrollo motor. Buenas destrezas motrices, cuerpos bien desarrollados y buen estado físico en la primera infancia dependen de otras cosas: alimentación adecuada; buen cuidado de la salud (para el niño sano y para el enfermo); y mucha oportunidad de actividad física automotivada. Si al niño se le mantiene metido en un columpio o un asiento infantil, asegurado con correas en un cochecito o envuelto en mantillas, no tendrá oportunidad de aprender cómo funciona su cuerpo. Los que nunca se ponen boca abajo tardan más en levantar la cabeza y los hombros y en voltearse de un lado a otro o de pies a cabeza. Cámbiele con frecuencia de posición durante el día (sentándolo apoyado, colocándolo a veces de espalda y otras veces boca arriba) para maximizar las oportunidades de actividad física.

Estimule el desarrollo físico tirándolo de las manos para que se siente, dejándolo "volar" (ejercicio de brazos y piernas) o "montar" (tendido boca abajo sobre sus espinillas). Indúzcalo a que se voltee colocando algún objeto interesante a su lado cuando está tendido de espaldas; si se voltea un poquito, ayúdele a completar la vuelta. Estimúlelo a arrastrarse dejándolo que empuje contra sus manos cuando esté de estómago.

Desarrollo intelectual. Fomentar el desarrollo de todos los sentidos y el control motor pequeño y grande, contribuirá al desarrollo intelectual del niño. Hable mucho desde el principio. Póngales nombres a los objetos, los animales y las personas a quienes ve, señale las partes del cuerpo explicando lo que está haciendo. Léale poemitas infantiles y cuentos sencillos, mostrándole las ilustraciones al mismo tiempo. Lleve al niño a distintos ambientes (el supermercado, la iglesia o sinagoga, una gran tienda, el museo). Viaje con él en ómnibus, en automóvil, en taxi. Hasta en la casa varíele el punto de vista: coloque el asiento infantil cerca de la ventana (pero únicamente si ésta tiene protección), o frente a un espejo; ponga al niño en el centro de la alfombra de la sala para que vea todo lo que ocurre, o en el centro de la cama para que la vea doblar la ropa, o coloque la cuna portátil o el cochecito de paseo en la cocina mientras usted prepara la comida.

Sin embargo, haga lo que haga, no someta al niño ni se someta usted misma a presión. Lo que importa es la acción, y ésta debe ser divertida; lo que se aprende con ella viene por añadidura y es muy importante.

CAPITULO SEIS

El tercer mes

LO QUE DEBE ESTAR HACIENDO SU BEBE

*A fines de este mes, su hijo
. . . debe ser capaz de:*

■ tendido boca abajo, levantar la cabeza 45 grados ($2^2/_3$ meses)

■ Seguir un objeto que oscile a unos 15 centímetros sobre su cabeza más allá de la línea media (directamente al frente) (a los $2^1/_2$ meses)

Nota: Si su hijo no ha alcanzado uno o más de estos hitos, consulte con el médico. Son raros los casos en que la tardanza indica un problema, y casi siempre resulta que es normal para su bebé. Los niños prematuros suelen alcanzar estos hitos más tarde que otros de la misma edad de nacimiento y más bien los alcanzan cerca de su edad ajustada (la edad que tendrían si hubieran nacido en tiempo) y a veces más tarde.

. . . probablemente podrá:

■ reír en voz alta

■ estando boca abajo, levantar la cabeza 90 grados

■ chillar de felicidad

■ juntar las dos manos

■ sonreír espontáneamente

■ seguir un objeto suspendido a 15 centímetros sobre su cabeza en un arco de 180 grados, esto es, de un lado al otro (a los $3^1/_4$ meses)

. . . posiblemente podrá:

■ mantener la cabeza derecha

■ estando boca abajo, levantar el pecho, apoyándose en los brazos

■ voltearse (de un lado)

■ agarrar un sonajero que se le acerque a los dedos ($3^1/_3$ meses)

A los tres meses muchos niños, aunque no todos, pueden levantar la cabeza en un ángulo de 90 grados.

- poner atención a una pasa u otro objeto muy pequeño ($3^1/3$ meses)

...hasta podría:

- sostener algún peso en las piernas cuando se le tiene derecho

- tratar de alcanzar un objeto ($3^2/3$ meses)

- mantener la cabeza en línea con el cuerpo cuando se le tira de los brazos para hacerlo sentar

- voltearse en la dirección de una voz, en especial la de la madre

- decir a-gú, u otra combinación parecida de vocal y consonante

- hacer ruidos con la boca

LO QUE PUEDE ESPERAR EN EL EXAMEN DE ESTE MES

Los médicos generalmente no programan este mes exámenes de control para niños que estén en buen estado de salud.

Pero llame usted al doctor si tiene una preocupación que no pueda esperar hasta el examen del mes próximo.

LA COMIDA DEL NIÑO ESTE MES:
La lactancia mientras trabaja por fuera

Existe una responsabilidad adicional que no figura en ninguna descripción de oficio pero que asumen voluntariamente muchas madres que están empleadas. Consume tiempo, es dura, hasta fastidiosa, interrumpe los momentos de descanso y la hora del almuerzo, y hace más agitadas aún las horas que preceden y siguen al trabajo. A pesar de todo, las mujeres que han resuelto recargar su jornada lactando a su hijo se sienten satisfechas y dicen que gustosas repetirían.

Las razones son poderosas. Ante todo, les pueden seguir dando muchos de los beneficios físicos de la leche materna (menos enfermedades, menor riesgo de alergias), y todos ellos si no les dan fórmula suplementaria. En segundo lugar, pueden sentir menos remordimiento de dejar al bebé solo durante el día puesto que están haciendo algo importante para él aunque no estén con él. En tercer lugar, como tienen que darle el pecho antes de salir para el trabajo y al regresar después a la casa, tienen la oportunidad de pasar cierto tiempo en contacto íntimo con el niño por lo menos dos veces al día. Por ocupadas que estén, no pueden meterle un biberón en la boca o pedirle a otra persona que se lo dé mientras se bañan o preparan la cena. Finalmente (y esto es tal vez lo más importante de todo), las madres que siguen dando el pecho cuando regresan al trabajo pueden gozar por más tiempo, lo mismo que sus hijos, de los beneficios de la lactancia natural.

CRIANZA DEL NIÑO CUANDO SE TRABAJA

Cuando se tiene un niño recién nacido, todo lo que guarde relación con el regreso al trabajo exige cuidadosos preparativos. Para que le dé buenos resultados esa combinación de crianza y trabajo, tenga en cuenta lo siguiente:

- No le empiece a dar biberón hasta que esté bien establecida su producción de leche natural. Es tentador empezar a dárselo temprano para que no lo rechace, pero comenzar muy temprano puede causar confusión de pezones (vea la página 119) y hacer inadecuada la producción de leche. Antes de introducir el biberón espere hasta que haya resuelto los problemas de la lactancia (como dolor de los pezones) y tenga confianza en su producción de leche. Para la mayoría de las mujeres, esto quiere decir unas seis semanas, aunque algunas se sienten confiadas un poco antes o un poco después.

■ Introduzca el biberón con bastante anticipación al día de su regreso al trabajo. No conviene que sea antes de seis semanas de nacido, pero tampoco que sea mucho tiempo después, aunque todavía le falte mucho para regresar al empleo. Cuanto mayores y más listos sean los bebés, tanto más difícil es que acepten el biberón. Trate de acostumbrar al suyo de modo que cuando llegue el día en que usted debe volver a trabajar, ya haya aprendido a tomar por lo menos un biberón suplementario (ojalá a una hora en que usted va a estar trabajando). Use leche de fórmula o de pecho, según lo que haya resuelto darle en adelante.

■ Si la comida suplementaria va a ser de leche materna más bien que de fórmula, adiéstrese en extraer la suya con bastante anticipación a su regreso al trabajo. Congele unos cuantos frascos para contar con una reserva de emergencia para los primeros días en el empleo, que serán muy agitados para usted. Aun cuando tenga la intención de usar leche de fórmula, le conviene aprender a extraer la de sus pechos, puesto que probablemente tendrá que extraerla en el trabajo para evitar que se obstruyan los canales lactíferos y disminuya la producción.

■ Si es posible, espere hasta que su hijo tenga siquiera 16 semanas de edad antes de volver a su empleo fuera del hogar. En general, cuanto mayor sea el niño cuando la madre da este paso, más éxito tiene la continuación de la lactancia, probablemente porque ésta, lo mismo que la relación madre-hijo, han tenido más tiempo de consolidarse.

■ Trabaje media jornada si puede, por lo menos al principio. Más horas con el niño fortalecerán los vínculos de la lactancia. Trabajar cuatro o cinco días media jornada es más práctico que dos o tres días de jornada completa por varias razones. Trabajando medio día, en muchos casos usted probablemente no tendrá que omitir ninguna lactación, y seguramente no más de una. Tendrá pocos problemas de que se le salga la leche y es muy posible que no tenga que extraérsela en el trabajo. Además, pasará la mayor parte del día con su hijo, lo que muchas autoridades consideran beneficioso. Trabajar de noche es otra alternativa que perturba muy poco la lactancia, especialmente si el niño duerme bien toda la noche, aunque sí puede perjudicar el descanso y el esparcimiento romántico.

■ Observe puntualmente "El mejor régimen para la lactancia"; lo necesita para la producción de leche, no menos que para conservar sus energías y mantener sus emociones controladas.

■ Gánese el apoyo del personal en el lugar donde trabaja. Si sus superiores y sus colegas no entienden y apoyan su decisión de seguir lactando al niño mientras trabaja, su probabilidad de éxito disminuirá dramáticamente. Disponga de antemano un tiempo y lugar para extraer la leche, lo mismo que para la refrigeración y el almacenamiento. Si no tiene ninguna manera de guardar y transportar la que extraiga, tendrá que desecharla y contentarse con la que extraiga y almacene en la casa por las mañanas o por las noches y fines de semana, o apelar a leche de fórmula.[1]

■ Si busca a una persona que cuide del niño mientras usted está en el trabajo, asegúrese de que esa persona entienda y esté de acuerdo con su decisión de seguir dando el pecho. De lo contrario, no sería extraño que al volver a su casa ansiosa de lactar al bebé encuentre a éste saciado por haber sido alimentado poco antes. Déle a la niñera un curso rápido sobre el porqué y los métodos de la lactancia si no los conoce; explíquele la diferencia de horarios de comida y evacuaciones, lo mismo que la importancia de lactaciones frecuentes para mantener la producción de leche. Déjele órdenes terminantes de que no le debe dar biberones de leche (ni de jugo ni agua) por lo menos desde dos horas antes de la de su regreso a casa para lactarlo.

■ Obtenga igualmente el apoyo de su marido. El debe compartir algunos de los quehaceres del hogar para que usted pueda dedicar a la lactancia el tiempo necesario cuando esté en la casa.

■ Conserve claras sus prioridades. No puede hacerlo todo ni hacerlo todo bien. Su hijo y sus relaciones con su esposo (y con otros hijos si los tiene) deben figurar a la cabeza de la lista; a otras cosas les puede conceder menos atención — excepción hecha del trabajo, desde luego, si éste significa mucho para usted financiera, emocional o profesionalmente.

■ Manténgase flexible. Una madre tranquila y alegre es más valiosa para el niño que un régimen exclusivo de leche materna. Es muy posible que usted pueda seguir suministrando al bebé toda la leche que necesita (si eso es lo que usted quiere hacer), pero también cabe la posibilidad de que esto no sea así. A veces las tensiones de desempeñar un empleo y lactar a un niño al mismo tiempo reducen la producción de leche. Si su bebé no está prosperando con la sola leche materna, ensaye lactándolo con más frecuencia cuando esté en la casa y, si es posible, volviendo a su casa a la hora del almuerzo para darle el pecho y ayudar a fortalecer su producción. Si esto no le da resultado, quizá sea necesario apelar a un suplemento de leche de fórmula.

■ Vista adecuadamente. Para que el escape de leche no sea visible y no le manche su mejor ropa, use blusas o camisas flojas de telas opacas de algodón o mezcla de fibras, estampadas de colores alegres, fáciles de lavar. Evite los colores pálidos, las telas que se pegan a la piel, las veladas y las blusas apretadas que pueden inducir la bajada de la leche rozando los pezones, o bien inhibirla al actuar como una faja. Cuide de que la blusa se pueda alzar o abrir fácilmente y que no se deforme ni se arrugue por estarla alzando. Rellene el sostén con almohadillas como protección adicional para la ropa y lleve en su bolso una provisión de reserva para reemplazar las mojadas.

■ Haga unos cuantos ensayos. Ensaye su programa de trabajo haciendo todo lo que tendría que hacer si realmente fuera a trabajar, inclusive extraer la leche fuera de casa (pero la primera vez auséntese de la casa sólo un par de horas, la segunda vez un poco más). Observe los problemas que se presenten y piense cómo se resolverían.

■ Si regresa a un empleo de jornada completa, ojalá pueda regresar un jueves o un viernes para darse tiempo de acomodarse otra vez, ver cómo marchan las cosas y evaluar la situación durante el fin de semana. Será también un poco menos

---

[1] Estudios recientes indican que la leche materna puede permanecer fresca hasta seis horas a temperatura ambiente; pero para mayor seguridad, refrigere la suya si es posible y guárdela en frascos u otros recipientes esterilizados.

pesado que empezar con cinco días seguidos.

■ Arregle su programa para maximizar el número de lactaciones. Si es posible déle el pecho dos veces antes de salir para el trabajo y dos o tres (o más) por la noche al regresar. Si trabaja cerca de su casa pero no puede ir a lactarlo a la hora del almuerzo ni tampoco es posible que la niñera se lo lleve a algún sitio convenido de antemano, piense en hacer esto: si deja al niño en la casa de la niñera, láctelo al llegar allí, o en el automóvil antes de entrar, si esto le parece mejor. Ensaye también lactarlo a la hora de recogerlo, en lugar de esperar hasta llegar a su casa.

■ Trate de llevar a la casa cualquier trabajo que se pueda hacer fuera de la oficina o tienda (con autorización de su jefe, desde luego). Esto le dará más flexibilidad y le permitirá estar en la casa más horas cuando el niño esté despierto. Cuando esté trabajando en la casa quizá tenga que dejarle a la niñera casi todo el cuidado del niño, pero de todos modos podrá lactar a éste cuando se necesite.

■ Si su oficio le exige viajar, evite los viajes de más de un día hasta que su niño esté destetado; pero si esto no es posible, trate de extraer y congelar por anticipado suficiente leche para que le den durante su ausencia, o acostúmbrelo al biberón antes de emprender viaje. Para su propia comodidad y para mantener la producción de leche, lleve consigo una mamadera (o tome una en alquiler en el lugar adonde vaya) y extraiga la leche cada tres o cuatro horas. Al regresar a casa encontrará el suministro de ésta un poco mermado; pero con darle de mamar con más frecuencia que de costumbre y con especial atención a su régimen alimentario y al descanso logrará restablecerlo. Si no es así, probablemente tendrá que apelar al biberón, por lo menos para las comidas durante sus horas de trabajo.

■ Si para que el bebé obtenga el nutrimento adecuado para sus necesidades de crecimiento y desarrollo tiene que darle un suplemento de fórmula en las comidas en la casa, déle el pecho antes del biberón y no después, a fin de perjudicar lo menos posible su producción de leche.

■ Haga lo que parezca mejor para el bebé y para usted, ya sea darle suplemento de fórmula o criarlo únicamente con leche materna, trabajar media jornada o jornada completa, abandonar del todo la lactancia natural o aun dejar de trabajar.

LO QUE LE PUEDE PREOCUPAR

ORGANIZACION DE UN HORARIO REGULAR

"Yo sé que ahora censuran la vieja idea de someter al niño a un horario. Pero estoy agotada tratando de acomodarme yo al horario de él: pide que le dé el pecho cada hora durante todo el día, y se lo doy".

Las mujeres de nuestra generación exigen en voz alta sus derechos en el lugar de trabajo, pero a veces olvidan que también tienen derechos respecto de sus hijos. A medida que el suyo crece, usted puede empezar a exigírselos.

Antes asegúrese, sin embargo, de que esa aparente glotonería no se deba a que no está recibiendo una alimentación adecuada, ya porque usted no produzca suficiente leche o porque él sea más activo de lo corriente, o porque esté pasando por un período de súbito crecimiento. ¿Parece estar creciendo en forma normal? ¿Se le está llenando bien el cuerpo? ¿Se le queda chica la ropa de dormir de recién nacido? Si no es así, consulte los consejos de la página 118 para mejorar su producción de leche. Si no le dan resultado, pregúntele al médico si le debe dar leche de fórmula como suplemento.

Cuando haya verificado que el niño sí está prosperando y que no es hambre lo que lo hace pedir a cada rato "Mamá, por favor, dame más", es hora de hacer algunos cambios para que usted también prospere. Darle el pecho cada hora es demasiado esfuerzo para usted, tanto física como emocionalmente; le puede poner sensibles los pezones y darle un sentimiento muy comprensible de resentimiento contra el bebé por quitarle tanto tiempo con su glotonería. En cuanto a él, el exceso de lactancia no sólo es innecesario sino que es perjudicial. No lo deja dormir bien, ahora que necesita dormir durante períodos más largos, y perjudica su desarrollo cuando está despierto. Tener el pecho entre la boca todo el día no le deja tiempo para nada más.

A los tres meses, el bebé típico ha establecido una pauta diaria bastante regular que puede ser más o menos así: se despierta todas las mañanas a la misma hora, come, se queda un rato despierto, hace una siesta, despierta otra vez para almorzar, sigue otra siesta, come, tiene entonces un período largo de vigilia hacia las últimas horas de la tarde que culmina con una comida y siesta al anochecer. Si esta siesta tiende a prolongarse más allá de la hora de acostarse los padres, éstos antes de retirarse lo pueden despertar para que coma, tal vez hacia las 11 P.M. En este punto quizá se vuelve a quedar dormido hasta las primeras horas de la mañana, pues a esta edad los niños suelen dormir seis horas seguidas y a veces más.

Hay bebés que tienen un horario más caprichoso. Por ejemplo, uno tal vez se despierta a las 6 A.M., come y se vuelve a dormir durante una hora o dos. Al despertar quizá se contenta con jugar un rato antes de comer, pero una vez que empieza quiere seguir durante tres horas sin parar. Sin embargo, después de dormir veinte minutos se despierta con ganas de jugar feliz toda la tarde con sólo un período de lactancia y otros cinco minutos de siesta. Vuelve a comer hacia las 6:00; a las 7:00 está profundamente dormido y así sigue hasta que la madre lo despierta para darle la última comida antes de acostarse ella. Este bebé no tiene el tradicional horario de cada cuatro horas, pero sí permite a la mamá basarse en él para organizar su jornada.

Por desgracia hay bebés que no se ciñen a ningún horario, ni aun después de los tres meses. Despiertan, comen y duermen totalmente al azar, comiendo frecuente o infrecuentemente, combinando a veces las dos cosas en forma imprevisible. Si su niño es uno de éstos, a usted le toca tomar la iniciativa y organizarle lo mejor posible aquellos aspectos de su vida sobre los cuales pueda ejercer control. Baños, paseos, períodos de dormir deben ser a la misma hora todos los días. Trate de prolongar los períodos entre una y otra comida hablándole o cantándole o jugando con él antes de darle el pecho o el biberón. Póngalo unos minutos en un columpio infantil, o en la camita con su móvil musical o su gimnasio de cuna para entretenerlo — cualquier cosa que le guste y que le impida tomar su próxima comida tan pronto como él quisiera. Déle también algo que hacer entre las comidas, pues es posible que ese deseo de lactar a cada rato se deba más a aburrimiento que a otra cosa. Ya no es un recién nacido y necesita un estilo de vida más activo. (Vea consejos para estimularlo en la página 188.)

Cuando usted haya logrado disminuir el número de lactaciones y establecer alguna rutina diaria, dispondrá de más tiempo para su propia vida y mayor control sobre la de su hijo.

"A todos les parece que yo soy muy rara o descuidada porque no le tengo un horario regular a mi hijo: ni horas fijas de comer, ni dormir, ni bañarlo. Pero así es como yo me siento mejor".

Aunque gran parte de nuestra sociedad marcha según horarios fijos — itinerarios de ferrocarril, horas de trabajo, horarios de las escuelas y demás — muchos de nosotros funcionamos perfectamente bien sin ellos. Y si el bebé no tiene ningún problema serio para dormir por la noche, y durante el día parece contento, activo e interesado, una actitud de *laissez faire* respecto de la programación puede justificarse por el momento.

Sin embargo, criar a un niño en un ambiente no estructurado ofrece ciertos peligros. Tenga cuidado con los siguientes si usted escoge este estilo de vida:

■ Algunos bebés necesitan un horario desde el principio y se ponen de mal humor cuando se les atrasan las comidas, o se cansan con exceso si no duermen a su debido tiempo. Si su bebé reacciona desfavorablemente a sus jornadas sin horario regular, es porque necesita más regularidad, aunque usted no la necesite.

■ La importancia del horario para la estabilidad de la familia y el bienestar del niño aumenta a medida que pasa el tiempo. A muchos bebés parece que les va muy bien sin horario en la primera infancia, cuando es tan fácil llevarlos de un lado a otro y se pueden quedar dormidos o comer en cualquier parte, pero más tarde reaccionan a la irregularidad de las comidas y horas de dormir con llanto e irritabilidad.

■ Si no le fijan al niño una hora de dormir, los padres se encuentran a menudo con que no pueden pasar ningún tiempo a solas los dos. Disfrutan tanto del trío al anochecer que se olvidan de que los dos también se pueden y se deben divertir.

■ Las familias que no observan horas regulares de dormir y comer a veces defraudan a sus niños porque también omiten, sin pensarlo, los ritos de las horas de comer y dormir que los bebés parecen necesitar.

■ Para las madres que proyectan volver a un empleo remunerado en algún momento dentro de los primeros años de vida del niño, no tener un horario para guiar a la persona encargada de su cuidado significa que el bebé no sólo no tendrá a su lado a la madre todo el día, sino que tampoco tendrá una rutina familiar a la cual acogerse y que le ayudaría a adaptarse.

■ A todos los bebés la falta de estructura temprano en la vida les dificulta desarrollar autodisciplina y ejercerla más tarde. Llegar a la escuela a tiempo, ser puntuales para terminar las tareas escolares y presentar los trabajos les puede resultar increíblemente difícil a niños que nunca han tenido ninguna disciplina.

A pesar de todos estos inconvenientes, hay niños que prosperan en hogares donde no se sabe lo que es un horario. Y, en efecto, un programa demasiado rígido puede ser tan asfixiante como uno demasiado laxo puede ser desorientador. Hasta qué punto estructurar la vida de su hijo debe depender de los patrones naturales de éste en lo tocante a comida y sueño, de su personalidad innata (si parece necesitar más estructura o menos), y de las necesidades del resto de la familia. Lo mismo que en todo lo demás, lo que sea mejor para los demás acaso no lo sea para usted. Si su hijo es el que se opone al horario, vea la página 184.

COMER Y DORMIR

"Mi hijo siempre se queda dormido cuando está comiendo. He oído decir que ésta es una mala costumbre para empezar".

Es una idea que parece muy bien en el papel: acueste al niño cuando está despierto, no cuando ya se ha dormido, para que más tarde, cuando lo destete, se pueda dormir solo, sin necesidad de pecho o chupete. En la práctica, como lo sabe toda madre que haya tratado de impedir que el niño se le duerma mientras está lactando, o de despertar al que haya caído ya en un sueño profundo, es una idea no necesariamente compatible con la realidad. Es muy poco lo que se puede hacer para tener despierto a un niño que lacta si se quiere dormir. Y si se pudiera, ¿querría usted realmente despertarlo?

Para enseñar a su bebé a dormirse sin el pecho o el biberón, es más práctico esperar a que sea un poquito mayor — entre seis y nueve meses — y esté lactando con menos frecuencia. Si el hábito persiste, ciertamente se puede romper muy rápidamente después del destete.

Con todo, siempre que se le presente la ocasión trate de acostarlo a dormir mientras esté todavía despierto — no tan despierto que le cueste trabajo dormirse, sino más bien en un estado entre dormido y despierto. Mecerlo un poquito, darle de comer o arrullarlo suele poner al niño en ese estado (pero trate de no prolongar el arrullo hasta tal punto que se quede profundamente dormido).

NO DUERME TODA LA NOCHE

"El niño de mi vecina duerme toda la noche desde que salió de la clínica, mientras que el mío todavía se despierta y come con tanta frecuencia como cuando nació".

Los niños son criaturas de hábitos. Si se les crea un hábito, se aferran a él, particularmente si es de los que les procuran alimento y atención.

En los muy jóvenes el hábito de comer frecuentemente por la noche es a menudo una necesidad nutritiva. Aun cuando algunos (como el de su vecina) ya no necesitan alimentación nocturna al tercer mes (y a veces antes), la mayoría de los de dos y tres meses, en especial los criados al pecho, necesitan todavía comer una o dos veces durante la noche. Sin embargo, si el hábito de despertar por la noche persiste hasta el quinto o sexto mes, se puede sospechar que el bebé se despierta no porque lo necesite sino porque se acostumbró a comer a esas horas; un estómago habituado a que lo llenen a intervalos regulares día y noche gritará "vacío" aun cuando esté bastante lleno para aguantar más tiempo.

Es posible que su hijo necesite realmente una comida durante la noche, pero ciertamente no necesita tres o cuatro. Hay que reducirle poco a poco el número de comidas nocturnas, como un primer paso para prepararlo para que después duerma toda la noche. Proceda así:

■ Aumente la cantidad de la comida a la hora de acostarlo. Muchos bebés se quedan dormidos antes de haber comido lo suficiente para pasar la noche; estimule al suyo sacándole los gases o sacudiéndolo o con alguna otra estratagema y siga dándole hasta que le parezca que ha tomado bastante. Dentro de un mes o dos, cuando empiece a tomar alimentos sólidos, se le puede reforzar la comida de la noche con cereal u otro alimento; si bien no se ha demostrado científicamente que esto ayude a los bebés a dormir toda la noche, a veces sí da resultado.

■ Despierte al bebé para que coma antes de retirarse usted por la noche; esto puede llenarlo lo suficiente para que usted pueda dormir sus seis u ocho horas. Por desgracia algunos bebés están tan soñolientos cuando se les despierta, que no es mucho lo que comen; pero aunque sea un poquito, a veces les permite aguantar una o dos horas más que sin nada de comida nocturna. (Naturalmente, si después de iniciar esta práctica su niño se despierta con más frecuencia, suspéndala. Bien podría ser que el despertarlo usted lo induzca a despertarse también él solo.)

■ Cuide de que el niño coma lo suficiente durante todo el día. Si no está comiendo bien, es posible que esté aprovechando las comidas nocturnas para compensar una insuficiencia de calorías. Si a usted le parece que esto es lo que está ocurriendo, piense en lactarlo con más frecuencia durante el día para estimular la producción de leche (vea también las recomendaciones de la página 118). Si su hijo se está criando con biberón auméntele la cantidad de fórmula que le da en cada comida. Tenga en cuenta, sin embargo, que darle de comer cada dos horas durante el día fija un patrón para el intervalo de las comidas, patrón que tiende a persistir día y noche.

■ Si se está despertando y pidiendo de comer cada dos horas — lo que tal vez sea necesario para un recién nacido pero no para un niño sano de dos o tres meses — trate de alargar el tiempo entre las comidas agregando media hora cada noche, o noche de por medio. En vez de saltar a alzarlo al primer gemido, déle la oportunidad de volverse a dormir él so-

lito; tal vez la sorprenda. Si no se duerme y la inquietud se convierte en llanto, trate de calmarlo sin alzarlo, dándole palmaditas o sobándole la espalda, canturreándole una tonada monótona o poniendo a funcionar algún juguete musical. Si el llanto no cesa después de un tiempo razonable (unos 15 minutos a esta edad), álcelo y trate de calmarlo meciéndolo en los brazos, acariciándolo o cantándole. Si lo está criando al pecho, es mejor que lo alce el papá, pues si el bebé ve, oye o huele su fuente de abastecimiento no es fácil que se distraiga de comer. Mantenga el cuarto oscuro y evite mucha conversación o estimulación.

Si después de todos estos esfuerzos el bebé todavía no se duerme y sigue pidiendo de comer, déle; pero ya para entonces probablemente ha alargado el intervalo entre comidas por lo menos media hora. En unas pocas noches se espera que el niño se habitúe a una nueva pauta en que duerma media hora más entre una comida y la siguiente. Trate de ir aumentando gradualmente este intervalo hasta llegar a una sola comida durante la noche, la cual es posible que la siga necesitando durante dos o tres meses más.

■ Reduzca las cantidades en las comidas nocturnas que quiere eliminar. Disminuya una onza de cada biberón, o dos minutos de cada lactación al pecho. Siga reduciendo un poquito más cada noche o cada dos noches. Con un niño criado con biberón, puede ser útil diluir la fórmula agregando gradualmente más agua y mermando la cantidad de fórmula hasta llegar a que todo sea agua en la comida que se quiere suprimir. En ese punto, un bebé puede llegar a la conclusión de que no vale la pena despertarse por un biberón de agua y que es preferible seguir durmiendo. Pero los más pensarán que mejor es algo que nada y seguirán pidiendo su biberón aun cuando sea de agua. Pero como el hambre no se satisface con agua, usted habrá eliminado por lo menos el ciclo hambre-comida, facilitando así prescindir totalmente de la comida más tarde. (Consulte con el médico antes de diluir la fórmula, para estar segura de que no está eliminando calorías necesarias.)

■ Aumente la cantidad que le ofrezca en la comida de la noche. Por ejemplo, si el niño se está despertando a medianoche, a la una y a las dos, puede suprimir la primera y la última de estas tres comidas. Esto se facilitará si le aumenta la del medio, de biberón o del pecho. Un poquito del pecho o un par de onzas del biberón no lo harán dormir mucho tiempo. Vea las recomendaciones para mantener despierto al niño para que coma, en la página 71.

■ No le cambie los pañales durante la noche, a menos que sea absolutamente necesario, cosa que usted sabrá con sólo olfatearlo. (Desde luego, si le da menos comidas durante la noche, será menos necesario el cambio de pañales.) Si usa pañales de tela, que se empapan y son muy incómodos, piense en ponerles revestimiento de papel o en usar pañales desechables superabsorbentes por la noche. Si su hijo es de un tamaño intermedio, use el tamaño siguiente envolviéndolo bien para evitar escapes (a menos que sea susceptible de erupción) pues así se obtiene un área de absorción adicional. Piense también que si de todas maneras hay que mudarlo, será más rápido y menos engorroso acomodarle un desechable que uno de tela.

■ Si tiene al bebé en el mismo cuarto con usted, ya es hora de pensar en separarse (vea la página 213). Su cercanía puede ser la causa de que se despierte con tanta frecuencia y de que usted lo alce a cada rato.

SIGUE USANDO EL CHUPADOR

"Mi intención era dejar que mi hija usara el chupador sólo hasta que tuviera tres meses, pero se ha acostumbrado tanto que ya no sé cómo quitárselo".

Los niños son muy apegados al confort, que encuentran de muy diversas maneras: en el pecho de la madre, el biberón, una canción de cuna o un chupador. Y cuanto más se habitúen a una determinada fuente de confort, más difícil les es prescindir de ella. Si usted no quiere tener más tarde los problemas que acarrea el hábito del chupador, éste es el momento de suprimirlo. Por una parte, a esta edad la memoria de su hija es corta y pronto olvidará el chupador cuando éste desaparezca de su vida. Por otra parte, está más dispuesta al cambio que un bebé de más edad y es más fácil que acepte un medio distinto de distracción. Una niña que ya esté haciendo pinitos no se olvida del chupador y lo exigirá probablemente con una tempestad de rabietas. Y desde luego un hábito de tres meses es más fácil de quitar que uno que se haya cultivado todo un año o más.

Para confortar a su hija sin chupador ensaye mecerla, cantarle, dejarla que le chupe un nudillo limpio (o ayudarle a encontrar sus propios dedos) o cualquiera de las otras técnicas que se anotan en la página 150. Es cierto que todas ellas le exigen a usted más tiempo que meterle un chupador en la boca, pero para la niña serán mejores a la larga, especialmente si se van eliminando gradualmente para que aprenda a confortarse ella misma. (Vea las ventajas y desventajas del uso del chupador en la página 85.)

MOVIMIENTOS ESPASTICOS

"Cuando mi niño trata de alcanzar alguna cosa, no lo logra, y sus movimientos

parecen tan espásticos que me temo que tenga algún defecto del sistema nervioso".

Probablemente no existe ningún defecto del sistema nervioso; no es sino que el bebé está muy chiquito y no tiene experiencia. Aunque ha progresado mucho desde los días en que usted sentía pequeñas punzadas en el útero, el sistema nervioso de su hijo todavía no se ha desarrollado del todo. Cuando el niño agita el brazo en dirección a un juguete que le ha llamado la atención pero no se acerca siquiera al blanco, esa falta de coordinación puede preocupar a una madre novata, pero en realidad es un estado normal del desarrollo motor infantil. Pronto adquirirá mayor dominio y esos torpes manoteos al azar serán reemplazados por movimientos diestramente encaminados a alcanzar las cosas. Y una vez que haya llegado a la etapa en que nada que esté a su alcance se pueda considerar seguro, usted va a añorar los buenos tiempos en que el bebé veía pero no podía tocar.

Si quiere estar más segura, verifíquelo con el médico del niño en su próxima visita.

LECHE DE VACA PARA EL BEBE

"A mi niño lo estoy criando al pecho y me gustaría darle un suplemento, pero no me gustan las leches de fórmula. ¿Le puedo dar leche de vaca?"

La leche de vaca es un gran alimento para terneros pero no contiene la combinación necesaria de sustancias nutritivas para los niños. Tiene más sal (mucha más) y proteína que la materna y las fórmulas comerciales y este exceso exige demasiado esfuerzo a los riñones infantiles. Por otra parte, le hace falta hierro. Los niños alimentados exclusivamente con leche de vaca, lo mismo que los que toman fórmulas pobres en hierro, necesitan un

suplemento de este elemento en forma de gotas de vitaminas y minerales (más tarde, la deficiencia se puede suplir también con cereal fortificado con hierro). La composición de la leche de vaca se diferencia también de la materna en varias otras formas. Además, causa una leve sangría intestinal en un pequeño porcentaje de niños. Si bien la sangre que se pierde en las deposiciones no se nota a simple vista, el desangre es significativo porque puede producir anemia.

De manera que si usted piensa darle a su hijo un suplemento, lo mejor es que le dé leche extraída de sus pechos o una fórmula que le recomiende su médico, por lo menos hasta que el niño cumpla seis meses. Las más fáciles son las fórmulas listas para usar, que no requieren ninguna preparación fuera de atornillar en el biberón un chupete limpio. Una vez que le empiece a dar alimentos sólidos, si se le hace un poco engorroso usar un poquito de leche de fórmula o del pecho para cosas como mezclar el cereal, pregúntele al médico si puede usar pequeñas cantidades de leche de vaca.

SALPULLIDOS

"Mudo a mi hijo con frecuencia, pero a pesar de eso tiene salpullido del pañal y me cuesta mucho trabajo quitárselo".

Hay buenas razones para que su hijo (y 7 a 35 por ciento de sus camaradas en pañales) muestre esta afección. El área del pañal está expuesta a alta humedad, poca ventilación, diversas materias químicas irritantes y organismos infecciosos de la orina y las heces, además del rozamiento de los pañales y la ropa, de modo que es blanco fácil para muchas enfermedades. El salpullido puede seguir siendo un problema durante todo el tiempo que el niño use pañales, pero lo más corriente es que llegue a un máximo entre los siete y los nueve meses, cuando un régimen alimentario más variado se refleja en heces de naturaleza más irritante, y en seguida empieza a disminuir a medida que la piel del bebé se endurece.

Por desgracia, el salpullido del pañal repite en algunos bebés, tal vez debido a una susceptibilidad innata, tendencias alérgicas, un pH anormal de las heces (desequilibrio entre acidez y alcalinidad), exceso de amoniaco en la orina, o simplemente porque la piel una vez irritada es susceptible de mayor irritación.

El mecanismo exacto que produce el salpullido no se conoce, pero se cree que comienza cuando la delicada piel del niño se irrita por humedad crónica. La piel se sigue debilitando por rozamiento con el pañal o la ropa, o por alguna sustancia irritante en la orina o las heces, y queda expuesta al ataque de microbios que hay en éstas o en la piel misma. Una vigorosa y frecuente limpieza del área del pañal con detergentes o jabón puede aumentar la susceptibilidad de la piel, lo mismo que pañales y pantalones de caucho muy ajustados que retienen la humedad y no dejan entrar aire. El amoniaco de la orina, que antes se creía el principal culpable de la erupción, no parece ser una causa importante de ésta pero sí puede irritar una piel que ya esté lesionada. El salpullido suele empezar donde se concentra la orina en el pañal, hacia el fondo en las niñas y hacia el frente en los varones.

El término ''salpullido'' describe varias afecciones distintas de la piel en la región del pañal. En cuanto a qué distingue un salpullido de otro, no hay acuerdo general entre los médicos, quizá porque el tema no ha despertado suficiente interés para estimular un estudio serio y claras definiciones, pero a menudo se describen en la siguiente forma:

Dermatitis perianal. Coloración rojiza en torno del ano, causada generalmente por heces alcalinas del niño criado con biberón; no suele ocurrir en los criados al pecho hasta que se les empiezan a dar sólidos.

Dermatitis de rozamiento. Esta es la forma más común del salpullido de los lactantes y aparece como un enrojecimiento en los sitios donde es mayor el rozamiento, pero no en los pliegues de la piel del bebé. Por lo común aparece y desaparece sin causar mucha molestia, siempre que no se complique con una infección secundaria.

Dermatitis atópica. Este salpullido produce picazón y puede aparecer primero en otras partes del cuerpo. Empieza a extenderse hacia la región del pañal entre los seis y los doce meses.

Dermatitis seborreica. Este salpullido, de color rojo oscuro, a menudo con escamas amarillentas, empieza generalmente en la cabeza como seborrea de los lactantes, aunque a veces también se puede iniciar en la región del pañal y extenderse hacia arriba. Como la mayor parte de los salpullidos, es más molesta para los padres que para el bebé.

Dermatitis cándida. Esta incómoda erupción, rojiza y dolorosa, se presenta en los pliegues inguinales (entre el abdomen y los muslos) con pústulas satélites que se extienden desde ese punto. Los salpullidos que duran más de 72 horas se pueden infectar con *candida albicans,* la misma infección de levadura que produce el algodoncillo. Este tipo de erupción también se puede desarrollar en un bebé que esté tomando antibióticos.

Impétigo. Causado por bacterias (estreptococos y estafilococos), el impétigo en la región del pañal se presenta en dos formas: el bulboso, con ampollas grandes de paredes delgadas que se revientan y dejan una delgada costra amarilla pardusca, o no bulboso, con gruesas costras ásperas amarillas y mucho enrojecimiento alrededor. Puede cubrir los muslos, nalgas, abdomen inferior y extenderse a otras partes del cuerpo.

Intertrigo. Este tipo de irritación, que se manifiesta como un área rojiza mal definida, ocurre como resultado del rozamiento de piel con piel. En los bebés se encuentra por lo común en los profundos pliegues inguinales entre los muslos y el abdomen inferior, y a menudo en los sobacos. El eritema intertrigo rezuma a veces materia blanca o amarillenta y arde al contacto con la orina, haciendo llorar al niño.

Dermatitis del borde. Esta irritación se debe al rozamiento del borde del pañal contra la piel.

El mejor remedio para el salpullido es prevención — aunque ésta no siempre es posible. Uno de sus principios más importantes es mantener siempre limpia y seca la región del pañal. Vea en la página 92 maneras de poner los pañales que le ayudarán en esto. Si las medidas preventivas no le dan resultado, las siguientes pueden curar el salpullido sencillo y ayudarán a impedir que repita.

Menos humedad. Para reducir la humedad en la piel, múdele pañales con frecuencia, aun en medio de la noche si el bebé está despierto. Suspenda cualquier plan de enseñarle a dormir toda la noche hasta que haya pasado la erupción. Cuando el salpullido es persistente, cámbiele de pañal apenas se dé cuenta de que está mojado o se le ha movido el estómago. Igualmente, reduzca la cantidad de líquido innecesario que se le da, pues eso de darle frasco tras frasco de jugos produce exceso de orina y más salpullido. Mejor es usar una taza sólo para el jugo a fin de evitar excederse en la dosis.

Más aire. Mantenga al niño desnudo de la cintura abajo la mayor parte del tiempo, colocándolo sobre un par de pañales doblados o mantas sobre una tela plástica impermeable para proteger la superficie que esté debajo. Si es necesario, déjelo que duerma así, pero teniendo cuidado de que la temperatura sea adecuada para que no se resfríe. Si usa pañales de tela, póngale faja en lugar de pantalones de caucho, o déjelo sin pantalones y acuéstelo sobre una colcha impermeable. Si usa desechables, ábrale agujeros a la cubierta exterior impermeable para permitir que entre un poco de aire y que al mismo tiempo salga un poco de humedad, lo que llevará a más frecuentes cambios de pañal.

Menos irritantes. No es posible limitar los irritantes naturales, como la orina y las heces, sino cambiando con frecuencia el pañal; pero sí se pueden limitar las sustancias que se aplican al bebé. El jabón seca e irrita la piel, así que no lo use sino una vez al día. Se recomiendan jabones Dove y Johnson para niños (muchos de los llamados "suaves" no son recomendables), o pídale al médico que le recomiende alguno. Para la muda de pañal cuando al bebé se le ha movido el estómago, lave muy bien la piel (durante treinta segundos o un minuto) con agua tibia y motas de algodón en lugar de toallitas perfumadas. Estas contienen sustancias que irritan la piel (los distintos niños son sensibles a distintas sustancias); las que contienen alcohol la resecan muchísimo. Si las que usted está usando causan problemas, cámbielas — pero no use esas toallitas en absoluto si el bebé tiene un salpullido. Si al hacer del cuerpo el bebé se ha ensuciado de verdad, lo mejor es meterlo en el agua en la tina o el lavabo, según sea más cómodo. Eso sí, séquelo bien después de lavarlo. Si el niño sólo se ha orinado, no hay necesidad de limpiarlo; basta con cambiarle el pañal.

Distintos pañales. Si su niño tiene un salpullido recurrente, piense en cambiar a otro tipo de pañal (de tela a desechables o al contrario, o de un tipo de desechables a otro), a ver si con el cambio se mejora. Si está lavando los pañales en casa, enjuáguelos con media taza de vinagre o con un enjuague especial para pañales, o si es necesario hiérvalos diez minutos en una olla grande.

Ungüentos. Una gruesa capa de ungüento protector (A & D, Desitin, óxido de cinc, pasta Lassar, Eucerin, Nivea o alguna otra cosa que le recomiende el médico) aplicada al niño en la región del pañal después de lavarlo a la hora de cambiarlo servirá para impedir que la orina toque la piel. Si compra estos productos en los tamaños grandes economizará dinero y los usará con más liberalidad, que es lo mejor. Pero no aplique ungüentos cuando esté ventilando las nalgas del bebé.

No use ácido bórico ni talco para el tratamiento del salpullido. Si bien el ácido bórico puede aliviar el salpullido sencillo, es muy tóxico cuando se ingiere y la mayoría de los médicos recomiendan que no se use para niños o que ni siquiera se tenga en la casa. El talco también puede ayudar absorbiendo humedad y manteniendo seco al niño, pero puede ser inhalado por éste y causarle pulmonía, y también es carcinógeno. El almidón de maíz es un sustituto eficaz y más seguro. Y no le dé al bebé medicamentos que encuentre en la casa y que hayan sido recetados para otras personas: algunos ungüentos (los que contienen esteroides y agentes bactericidas o fungicidas) son

causa importante de reacciones alérgicas de la piel, y al usarlos usted podría sensibilizar a su niño.

Si el salpullido no desaparece o no mejora en uno o dos días, o si aparecen vejiguillas o pústulas, llame al médico, quien tratará de descubrir la causa y aplicar el tratamiento adecuado. Para la dermatitis seborreica puede ser necesaria una crema esteroide (pero no se debe usar largo tiempo); para impétigo, antibióticos administrados oralmente; para intertrigo, limpieza cuidadosa más una pomada de hidrocortisona y ungüentos protectores; para cándida, que es la infección más común, un buen ungüento o pomada tópica fungicida. Pregunte cuánto tiempo debe tardar en desaparecer el salpullido, e informe al doctor si para entonces no ha mejorado o si el tratamiento parece agravarlo. Si la erupción persiste, es posible que el médico investigue factores dietéticos o de otra naturaleza que puedan estar contribuyendo al mal. En casos raros puede ser necesaria la intervención de un pediatra dermatólogo para descubrir el misterio.

PENE INFLAMADO

"Estoy muy preocupada porque mi hijo tiene inflamada la extremidad del pene".

Lo que usted observa probablemente no es más que un salpullido de pañal localizado. Es común y puede producir hinchazón al punto de impedirle al niño que orine. Si se extiende a la uretra puede dejar más tarde una cicatriz, por lo cual se debe hacer todo lo posible por curar la erupción cuanto antes. Si usted ha venido usando pañales lavados en casa, cambie a un servicio de pañales o use desechables hasta que el problema se resuelva, y siga las demás recomendaciones que se dan arriba para el tratamiento del salpullido, agregando baños de agua tibia si el niño tiene dificultad para orinar. Si la inflamación persiste después de dos o tres días de tratamiento casero, llame al médico.

Si vuelve a usar pañales lavados en casa, use para el enjuague una sustancia sanitaria especial.

SINDROME DE MUERTE INFANTIL SUBITA

"Desde que el hijito de una vecina murió de repente en la cuna, yo estoy tan nerviosa que despierto al mío varias veces durante la noche para verificar que esté bien. ¿Convendría preguntarle al médico acerca de un aparato de control?"

El temor de que el niño se quede muerto súbitamente en medio de la noche ha atormentado a las madres desde que el mundo es mundo — desde mucho antes que a este fenómeno se le diera un nombre técnico: Síndrome de Muerte Infantil Súbita (SMIS). Se menciona en la antigua literatura; el niño que en el Libro de los Reyes se dice que fue "recubierto" por su madre, muy probablemente fue víctima de él.

Pero, a menos que su hijito haya experimentado un episodio de peligro de muerte, en que haya dejado de respirar y haya sido preciso revivirlo, las probabilidades de que sucumba al SMIS son menos de 2 en 1 000. Y la preocupación de que su hijo pueda ser uno de esos dos es más perjudicial que útil — para ambos.

Para la mayoría de las madres, ninguna consideración racional les quita del todo la necesidad que sienten de verificar ocasionalmente la respiración del bebé durante la noche. En efecto, muchas no respiran ellas mismas con alivio hasta que el niño cumple un año, edad en que los niños parecen superar los problemas que causan el SMIS. Eso está bien, siempre

que usted no permita que el temor entorpezca todas sus demás actividades.

Podría pensarse que invertir en un monitor (aparato que avisa si un niño deja de respirar súbitamente) es una manera ideal, aunque costosa, de acabar con sus temores; pero lo cierto es que vigilar en esta forma a un niño normal crea más problemas de los que resuelve. Perturba la dinámica familiar y afecta adversamente a las relaciones entre madre e hijo. Y las falsas alarmas que son comunes con el monitor producen más preocupación que tranquilidad. Estos aparatos se recomiendan únicamente para bebés que han tenido episodios de peligro de muerte por asfixia (suspensión de la respiración), o que sufren afecciones del corazón o los pulmones, que los hacen especialmente susceptibles al SMIS, o que han tenido dos o más hermanos que murieron o estuvieron a punto de morir de SMIS.

Lo que sí la puede hacer sentir más segura, a usted y a todas las madres, es hacer un curso de resucitación cardiopulmonar infantil (RCP) y ver que el padre, la niñera, el ama de casa y toda persona que se quede sola con el niño conozca esta técnica salvadora, de manera que si el bebé deja de respirar, por cualquier razón que sea, se pueda intentar resucitarlo inmediatamente (vea la página 523). Si todavía la asaltan vagos temores, pregúntele al doctor si conviene hacerle una evaluación de las funciones pulmonar y cardíaca (que generalmente sólo se practica cuando ha habido indicios previos de un problema). Si la evaluación muestra que su niño no está en inminente peligro de sufrir el SMIS, tranquilícese. Si no se puede tranquilizar, hable con un terapeuta conocedor de este síndrome para que la aconseje.

"Ayer por la tarde me acerqué a ver al niño, que parecía estar durmiendo mucho

¿QUE ES EL SMIS?

El Síndrome de Muerte Infantil Súbita, o SMIS, suele definirse como la muerte repentina de una criatura, que no se puede explicar por su historia clínica ni por una autopsia. Es una de las principales causas de mortalidad entre las edades de dos semanas y doce meses. Aunque en un tiempo se creía que las víctimas eran niños "perfectamente sanos" que sufrían de repente el ataque sin ninguna razón, hoy los investigadores están convencidos de que dichas víctimas sólo *aparentaban* buena salud pero en el fondo adolecían de algún defecto oculto, que todavía no se ha podido identificar y que los predispuso a la muerte súbita.

El riesgo de que un niño normal muera de SMIS es muy pequeño — alrededor de 2 por 1 000. Para la mayoría de niños sanos ese riesgo es aún menor. Pero es más alto para cierto grupo pequeño de niños, entre los cuales están los que han sobrevivido a un episodio muy grave y peligroso no relacionado con una herida o accidente, durante el cual dejaron de respirar, se pusieron azules y necesitaron resucitación. Si los bebés que han sufrido breves ataques de apnea (asfixia) también corren alto riesgo de SMIS, no está claro. En menor riesgo, pero todavía más susceptibles que los "normales", están los bebés de bajo peso al nacer o prematuros, y los mellizos, triples y demás nacidos de gestaciones múltiples.

La teoría de que la raíz del problema se encuentra en el desarrollo fetal prenatal encuentra apoyo en el hecho de que también es un poco más elevado el riesgo para los hijos de mujeres que tuvieron deficiente cuidado prenatal o que durante el embarazo fumaron o consumieron drogas, especialmente cocaína, y posiblemente de las que sufrieron de anemia durante el embarazo. También tienen más peligro los hijos de madres menores de 20 años, pero esto puede ser consecuencia tanto (o más) del mal cuidado prenatal como de la edad.

La sospecha de que la herencia sea un factor importante en el SMIS no se ha confirmado en las investigaciones, pero sí parece haber un ligero aumento de riesgo entre hermanitos de víctimas de SMIS, posiblemente porque los mismos factores que contribuyeron al primer caso — mal cuidado médico o el hecho de que la madre fume, por ejemplo — están presentes en ambos embarazos. Las diferencias raciales (el SMIS ocurre con más frecuencia entre los negros que entre los blancos y con mínima frecuencia entre los orientales) sugieren un factor genético, pero no está claro si tales diferencias obedecen en parte o del todo a desigualdades económicas, ya que el SMIS también es más común entre los pobres.

No parece existir ninguna correlación entre el SMIS y el uso de anestesia o analgésicos durante el parto, duración de la primera y la segunda etapa del parto, operación cesárea, vaginitis o enfermedades venéreas de la madre.

Es muy importante reconocer que aun entre los grupos de alto riesgo, sólo 1 de cada 100 niños sucumbe finalmente al síndrome; y entre los de bajo riesgo, la proporción es muy pequeña.

Se están adelantando intensas investigaciones para descubrir qué es realmente lo que produce el SMIS; bien podría resultar que haya más de un tipo de SMIS, cada uno con diferentes causas, o que varios factores se combinen para producirlo. Una de las principales teorías es que la tardanza en la maduración del mecanismo respiratorio, que tiene su origen en el eje cerebral, predispone al niño para el SMIS. Otra dice que por lo menos en algunos casos la causa puede ser calentamiento excesivo; y otra, en fin, sugiere que algunos casos pueden tener relación con el maltrato del niño. Se está recogiendo información relativa a las características que tienen en común las víctimas (inclusive ciertas modificaciones de los tejidos y señales de asfixia inexplicable), y a otros factores comunes en los casos de muerte (que tiene más probabilidades de ocurrir entre el segundo y el cuarto mes de vida, en la casa, en la cuna, más a menudo en tiempo frío y casi siempre entre la medianoche y las 8 A.M.).

tiempo. Lo encontré en la cuna perfecta-
mente quieto y azul. Desesperada lo alcé
y lo sacudí, y volvió en sí. El médico
quiere llevarlo al hospital para hacerle
unas pruebas, y yo estoy aterrada".

Sin duda debió ser una experiencia aterradora para usted, pero puede alegrarse
de que haya ocurrido. No sólo sobrevivió
su hijo sino que le previno que este episodio se podía repetir (aunque por lo general no es así) y que debía acudir al médico
para prevenir una repetición más grave.

  ˙ Su niño ha sufrido lo que se llama "apnea infantil" y su médico hace muy bien
en querer hospitalizarlo. Un episodio de
este tipo pone al niño en mayor riesgo de
SMIS, aunque las probabilidades están a
su favor 99 contra 1. Una breve permanencia en el hospital permitirá evaluar su
salud mediante un examen físico completo, historia clínica, pruebas diagnósticas, y posiblemente seguimiento de nuevos ataques de apnea prolongada (en que
el niño deja de respirar más de 20 segundos), en busca de la causa subyacente del
episodio. A veces es algo simple (como
una infección o una obstrucción de las
vías respiratorias) que se puede tratar y
eliminar el riesgo de futuros problemas.

  Por desgracia, no hay ninguna prueba
que permita siempre predecir exactamente el riesgo de SMIS, pero una evaluación comprensiva le dirá al médico si conviene o no controlar al niño en la casa, o
quizá darle alguna medicación.

  Este tipo de evaluación se puede practicar igualmente a un niño sin antecedentes
de apnea pero que haya tenido dos o
más hermanitos que murieron de SMIS, o
uno que murió y otros que han sufrido
ataques graves de apnea, y posiblemente
a un niño cuyos primos hayan sido víctimas del síndrome.

  Si se encuentra que la causa de la apnea es una enfermedad, se trata ésta. Si la
causa no se puede determinar, o si se
descubren problemas del corazón o los
pulmones que lo pusieron en peligro de
morir de repente, el médico tal vez recomiende colocarlo en un aparato monitor
que vigila la respiración y la acción del
corazón. Este monitor se le conecta al
niño con electrodos, o bien se implanta
en la cama, el corralito de juego o el
colchón de la cuna. A usted y a la persona
que cuide del niño le enseñarán a conec-
tarlo, lo mismo que a practicar la RCP en
caso de urgencia. El monitor no le da a su
hijo una protección total, pero sí le permite al médico conocer mejor su estado y
a usted le hace sentir que algo se está
haciendo en lugar de permanecer impotente esperando que ocurra lo peor.

  No permita, sin embargo, que el problema del niño y su monitor se conviertan
en el foco de su vida. Esto sería muy
destructivo, ya que tornaría inválido a su
niño que probablemente es normal, es-
torbaría su desarrollo y crecimiento y per-
judicaría sus relaciones con él y otros
miembros de la familia. Busque ayuda de
su médico u otro consejero autorizado si
el monitor aumenta las tensiones familiares en vez de reducirlas.

  Aun cuando los criterios varían de un
médico a otro y de una comunidad a otra,
a los niños que no han tenido episodios
críticos después del primero se les retira
el monitor por lo general cuando han
pasado dos meses sin episodios que requieran prolongada y vigorosa estimulación o salvamento. Requisitos más estrictos se aplican cuando se ha presentado un
segundo episodio crítico. Aunque es raro
que el monitor se le quite a un niño antes
de cumplir los seis meses, cuando ha pasado ya la incidencia máxima del SMIS, el
90% ya lo ha dejado al cumplir el año.

"Mi bebé prematuro tuvo ocasionales ac-
cesos de apnea las primeras semanas de

vida, pero el médico me dice que no me preocupe, que no necesita monitor".

La apnea es muy común en los niños prematuros. En realidad, ataca como al 50% de los que nacen antes de las 32 semanas de gestación. Pero esta "apnea de los prematuros", cuando ocurre antes de la fecha original de nacimiento del niño, parece no tener ninguna relación con el SMIS; no aumenta el riesgo de este síndrome ni de apnea más tarde. Así que, a menos que su hijo tenga graves episodios de asfixia después de la fecha en que debía haber nacido, no hay por qué preocuparse ni ponerle monitor.

Aun en niños nacidos en tiempo, faltas breves de resuello pero sin ponerse azules, sin flojedad ni necesidad de resucitación, no creen los expertos que sean anuncios de riesgo de SMIS; pocos bebés con esta apnea mueren de SMIS, y no se ha observado que los que sí murieron hubieran tenido antes apnea.

"He oído decir que la inmunización para DTP puede causar SMIS y por eso tengo miedo de hacer vacunar a mi niño".

Se ha propuesto la teoría de que el SMIS puede tener alguna relación con la inoculación para DTP; pero, naturalmente, aun cuando esto fuera cierto, solamente sería una de las causas, puesto que la muerte infantil súbita es muy anterior a la técnica de inmunización. Hasta el momento solamente se ha hecho un estudio en grande controlado y no se encontró ninguna relación entre las dos. Desde luego, no tiene por qué sorprender que algunos niños que mueren de SMIS hubieran sido inoculados con DTP, pues esta vacuna se administra como cuestión de rutina a los dos y a los cuatro meses de edad, que es justamente cuando el SMIS llega a su máximo. Pero si usted todavía no está tranquila, hable con su médico, quien sin duda alguna la tranquilizará sobre la inmunización DTP.

INFORME AL MEDICO SOBRE EMERGENCIAS RESPIRATORIAS

Si bien interrupciones muy breves de la respiración (menos de 20 segundos) pueden ser normales, períodos más largos, o períodos cortos acompañados de coloración azul del niño, flojedad y palpitaciones muy lentas del corazón exigen atención médica. Si usted tiene que tomar medidas par revivir al niño, llame inmediatamente al médico o al puesto de primeros auxilios. Si no puede revivir al niño sacudiéndolo suavemente ensaye la RCP (vea la página 523) y llame a urgencias. Trate de observar lo siguiente para informar al doctor:

■ ¿La interrupción de la respiración ocurrió cuando el niño estaba dormido o despierto?

■ ¿Estaba el niño durmiendo, comiendo, llorando, vomitando, arqueando o tosiendo cuando ocurrió el episodio?

■ ¿Experimentó el niño cambios de color, se le puso la cara pálida, azul o colorada?

■ ¿Hubo algún cambio en el llanto (tono más alto, por ejemplo)?

■ ¿Parecía flojo o tieso, o se movía normalmente?

■ ¿Su niño tiene a menudo resuello ruidoso (vea la discusión de estridor en la página 484); o ronca?

■ ¿Necesitó resucitación? ¿Cómo lo revivió usted, y cuánto tiempo tardó?

DESTETE TEMPRANO

"Pienso volver a trabajar tiempo completo a fines del mes y quisiera no seguirle dando el pecho a mi hijo. ¿Será esto muy duro para él?"

Un bebé de tres meses es por lo común una personita muy agradable y adaptable. Ya salió de la etapa de recién nacido, se despierta en él una personalidad propia, pero todavía está lejos del niño caprichoso (a veces el pequeño tirano) que empieza a hacer pinitos. De modo que tal vez éste sea el mejor momento para destetarlo sin que lo sienta mucho. Aunque lactar le proporcione mucho placer, probablemente no estará tan apegado al pecho como un bebé de seis meses que nunca ha tomado un biberón y a quien súbitamente se desteta. Seguramente va a descubrir que destetarlo a los tres meses es más fácil para él que para usted.

Las madres que quieran destetar a sus hijos temprano deben empezar por darles biberones suplementarios, usando o bien leche extraída o de fórmula, hacia las cinco o las seis semanas, de manera que los niños se acostumbren a chupar del biberón lo mismo que del pecho. Si usted no hizo esto, empiece por habituar al bebé a un pezón artificial; uno de silicona puede ser más atractivo que uno de caucho y es posible que tenga que ensayar diversos estilos hasta encontrar el que más le guste al niño. En este punto sería bueno empezar a usar leche de fórmula para que la producción de leche materna empiece a disminuir. Persevere pero no fuerce el pezón. Ensaye dándole el biberón antes que el pecho; si lo rechaza la primera vez, ensaye nuevamente a la comida siguiente. El biberón puede ser más aceptable para el niño si se lo da otra persona que no sea la madre. (Vea en la página 166 otras indicaciones sobre la introducción del biberón.)

Siga insistiendo hasta que tome por lo menos una onza o dos del biberón. Logrado esto, reemplace una lactación de mediodía por una comida de fórmula. Unos pocos días después reemplace otra lactación diurna con un biberón. Efectuando la transición gradualmente, una comida a la vez, dará a sus pechos la oportunidad de irse acomodando sin una incómoda congestión. La lactación del anochecer es la última que debe eliminar, pues ésta les da a usted y al bebé una oportunidad de estar juntos y en calma cuando usted regrese del trabajo. Si quiere — y suponiendo que la leche no se le seque del todo y que el niño siga interesado — puede continuar durante un tiempo dándole así el pecho una sola vez al día, aplazando el destete total para más tarde o hasta que la leche se le seque del todo.

COMPARTIENDO LA PIEZA CON EL BEBE

"Nuestro niño, que tiene diez semanas, ha dormido en la misma pieza con nosotros desde que nació. ¿Cuándo debemos ponerle cuarto aparte?"

Las primeras semanas, cuando el bebé pasa tanto tiempo prendido del pecho o el biberón como en la cama, y las noches son una pesadilla de comidas, cambios de pañales y sesiones de mecerlo, interrumpidas a ratos por cortos intervalos de sueño, se justifica tenerlo al alcance de su cansado brazo. Pero una vez que ha superado la necesidad fisiológica de comidas frecuentes durante la noche (entre dos semanas y tres meses, y a veces más) tener al niño como compañero de cuarto presenta algunos inconvenientes serios.

Menos sueño para los padres. Teniendo al niño toda la noche en su pieza, usted tiene la tentación de alzarlo al primer lloriqueo. Y aun cuando no lo alce, siempre se queda despierta esperando que el quejido se convierta en gritos. También puede perder unas cuantas noches de dormir bien por estar pendiente de las vueltas y revueltas del bebé en la cuna, y es sabido que los niños chiquitos no se están quietos en la cama.

Menos sueño para el niño. El hecho de que lo alce con más frecuencia de noche cuando duerme en su cuarto no sólo significa menos sueño para usted sino también para él. Además, durante las fases de sueño ligero su hijito se despierta más fácilmente con la actividad de usted, aun cuando usted ande en puntillas con pantuflas suaves y se suba a la cama con mucho cuidado.

Menos amor conyugal. Claro, usted sabe que el niño está dormido (o por lo menos así lo espera) cuando empieza a hacer el amor. ¿Pero puede realmente estar desinhibida en su ardor si sabe que hay un tercero en el cuarto (respirando fuerte, volteando la cabeza de un lado a otro, dando pequeños gemidos dormido)?

Más difícil acomodarse después. En sociedades en que familias enteras duermen en un solo cuarto, no es necesario enseñar a los niños a dormir solos; pero en aquéllas donde lo corriente es que duerman aparte, tener al bebé en su pieza durante un período muy largo hará más difícil separarlo cuando esto sea ya necesario.

Naturalmente, "un cuarto aparte" no es posible en todas las casas. Si usted vive en un apartamento de una sola alcoba o en una casa pequeña con más niños, quizá se vea obligada a compartir su cuarto con el bebé. En ese caso, piense en una división: un biombo o una cortina pesada colgada del techo (la cortina sirve al mismo tiempo para amortiguar los ruidos). O cédale su cuarto al niño y para usted cómprese un sofá-cama y póngalo en la sala. O separe un rincón de la sala para él y pase la TV a la alcoba para ver los programas de la noche y conversar.

Si el bebé debe compartir un cuarto con otro niño, cómo resulte esta disposición dependerá de la manera de dormir de los dos. Si uno de ellos o ambos tienen sueño ligero con tendencia a despertarse durante la noche, les espera a todos un difícil período de acomodamiento hasta que cada uno haya aprendido a dormir mientras el otro esté despierto. En este caso también una división o una cortina ayudará a amortiguar los ruidos y le dará al niño mayor un espacio privado.

CAMA COMPARTIDA

"He oído que es muy conveniente hacer que los niños compartan la cama de los padres. Si esto es cierto, podría ser la solución para que todos durmiéramos mejor, pues mi niña se despierta mucho por la noche".

Esta práctica de compartir la cama padres e hijos parece dar buenos resultados en algunas sociedades. Pero en las que ponen tanto énfasis en el desarrollo individual y la independencia de cada uno, presenta muchos problemas:

Problemas de sueño. Probablemente lo más significativo para los cansados padres es el hecho de que compartir la cama parece aumentar la incidencia de desórdenes del sueño en los niños. Un estudio de los de seis meses a cuatro años de edad mostró que se presentaban problemas en 50% de los que compartían la cama de los padres, contra sólo 15% en los que dormían en su propia cama. Otro estudio mostró que 35% de los niños en edad de gatear que dormían con sus padres tenían problemas de dormir, en comparación con sólo 7% de los que dormían solos. Se supone que dormir juntos priva a los niños de la oportunidad de aprender a dormirse solos, que es una habilidad importante en la vida.

Problemas dentales. Parece que compartir la cama estimula en vez de desestimular la mala costumbre de estar comiendo por la noche. Y para el niño criado al pecho, a quien se le permite que aproveche la proximidad de la madre para mamar a cada rato durante toda la noche, la consecuencia puede ser caries dentaria (causada por leche que se le queda en la boca mientras duerme, lo mismo que al que toma biberón), especialmente si la lactancia nocturna se prolonga más allá del primer año.

Problemas de desarrollo. Si bien se necesita más investigación para analizar cómo afecta la cama compartida al desarrollo emotivo del niño, algunas autoridades piensan que es posible que impida que el niño desarrolle un fuerte sentido de individualidad, el sentimiento de ser una persona distinta e independiente. También puede llevar a que dure más de lo normal la angustia de separación; el niño se siente solo e inseguro cuando no está con sus padres.

Problemas en la escuela. Si se prolonga hasta los años escolares, la costumbre de dormir con sus padres expone al niño a que en la escuela sea objeto de las burlas de sus compañeros.

Problemas conyugales. Si tener al bebé en la misma pieza inhibe las relaciones sexuales de los padres, hacerlo dormir en la misma cama puede ser fatal. No hay pruebas de que un bebé muy pequeñito pueda sufrir un choque emotivo si accidentalmente despierta y ve a sus padres haciendo el amor, pero no se puede decir lo mismo de un niño de más edad.

Problemas de seguridad. Aunque el riesgo es pequeño, siempre existe la posibilidad de que uno de los padres al voltearse le cause daño al bebé, o que accidentalmente lo empuje y lo haga caer de la cama. El solo temor de que tal accidente pueda ocurrir les quita el sueño a los padres.

Cómo ponerle punto. Una cosa es que el bebé y hasta el niño de un año duerma en la misma cama con los padres; pero ¿cómo se hace para ponerle punto final a esta costumbre? ¿Y cómo se le puede enseñar a un niño que siempre ha dormido con ustedes a que de pronto duerma solo en otra cama? ¿Es justo acostumbrarlo a tener siempre a su lado un cuerpo tibio durante la noche, y de pronto desterrarlo a una cama solitaria y fría? Aunque le parezca justo, puede resultarle imposible. El niño que se habituó a dormir con sus padres no va a querer dejar tan fácilmente esa costumbre.

A pesar de que todo parece estar a favor de cama y cuarto aparte para los niños una vez que hayan pasado de los tres meses (cuando ya no lloran tanto de noche), la cuestión sigue siendo personal. No hay duda de que compartir la cama ha sido la costumbre en incontables sociedades por incontables generaciones, y que los niños experimentan un calor y un confort especial cuando duermen con sus padres. Algunas familias dirán que no van a ceder a las presiones de la sociedad y optarán por la "cama de familia". Eso está bien, siempre que tengan en cuenta los posibles riesgos. Y los que resuelvan dormir aparte pueden disfrutar de intimidad familiar llevando al bebé a su cama algunas mañanas o todas las mañanas para darle de comer o para consentirlo.

JUEGOS BRUSCOS

"A mi marido le encanta jugar con nuestra hija, que tiene doce semanas, y a ella le encantan los juegos bruscos; pero yo he oído decir que sacudir demasiado a un niño chiquito, aun cuando sea por juego, lo puede lastimar".

Viendo la cara de felicidad de la niña cuando su padre que la adora la lanza al aire, es difícil imaginar que esta diversión pueda terminar en tragedia. Pero así es. El juego brusco puede causar daños de dos tipos. El primero es desprendimiento de la retina, que causa serios problemas de visión y hasta ceguera. El segundo es el efecto de latigazo que sufre el cuello del bebé, que es muy inestable, y puede producirle grave lesión cerebral y en casos raros hasta la muerte.

Estas lesiones suelen producirse principalmente cuando se sacude al niño con rabia, pero también pueden ocurrir jugando. Evite, pues, todo juego brusco que sacuda violentamente la cabeza no apoyada del bebé o su nuca. Evite también salir a trotar llevando al bebé en un portabebés y otras actividades que lo zangoloteen. (Cuando salga a correr o trotar lleve al bebé en el cochecito de paseo.) Esto no quiere decir que no se pueda jugar con los niños; a todos les encanta "volar" por el aire pero suavemente y sostenidos por un par de manos fuertes, lo mismo que otros juegos físicos que no los sacudan violentamente.

Aun cuando los juegos bruscos se deben evitar en adelante, no se preocupe por los pasados. Si el niño hubiera sufrido algún daño, habría sido notorio.

MENOS EVACUACIONES

"Estoy preocupada porque mi hijito, criado al pecho, pueda padecer estreñimiento. Antes se le movía el estómago seis u ocho veces al día, y ahora sólo una vez, cuando mucho, o se pasa todo un día sin evacuar".

No se preocupe: agradezca. Esta disminución de producción es normal y exigirá menos cambios de pañales. Definitivamente es una mejora.

Es normal que los niños criados al pecho, como el suyo, empiecen a hacer menos deposiciones entre un mes y tres meses de edad. Algunos se pasan varios días sin evacuar; otros continúan haciendo deposiciones abundantes todo el tiempo que toman el pecho. Esto también es normal.

En los niños criados al pecho es muy raro el estreñimiento; y el no hacer deposiciones frecuentes no es señal de este mal, como sí lo son las heces duras y difíciles de expeler (vea la página 132).

EL NIÑO PUEDE QUEDARSE CON LA NIÑERA

"Nos gustaría salir solos una noche, pero no nos atrevemos a dejar al niño solo con la niñera, cuando es tan chiquito".

Salgan, y pronto. Como es de suponer que ustedes van a querer pasar algún tiempo juntos y a solas en el curso de los próximos dieciocho años, acostumbrar al niño a que se quede de vez en cuando al cuidado de otra persona, distinta de los padres, es parte importante de su desarrollo. Y en este caso cuanto más pronto empiece a acostumbrarse, tanto mejor. Los bebés de dos o de tres meses de edad pueden reconocer a la madre, pero si no la están viendo, no la echan de menos. Y como se está atendiendo a sus necesidades, se quedan contentos con cualquier persona que los cuide bien. Cuando llegan a los nueve meses de edad (algunos mucho antes), empiezan a experimentar lo que se llama angustia de separación: se muestran no sólo descontentos por estar separados del padre o la madre, sino también temerosos de los extraños.

Al principio sería bueno que sus salidas fueran más bien cortas, especialmente si le está dando el pecho y tiene que acomodar su cena entre dos comidas del niño. Lo que no debe ser corto, en cambio, es el tiempo que dedique a escoger y preparar a la niñera, para asegurarse de que el niño queda en buenas manos. La primera noche pídale a la niñera que llegue siquiera con media hora de anticipación, con el objeto de familiarizarla detalladamente con las necesidades y hábitos del bebé, y para que se conozcan mutuamente. (Vea la "Lista de comprobación de la niñera" en la página 218 y "Lo que importa saber", en la página 219.)

"Casi siempre llevamos al niño adonde quiera que vayamos. Sólo lo dejamos con la niñera cuando está dormido, y sólo por pocas horas. Las amigas me dicen que lo estoy enseñando a ser demasiado dependiente".

Parece que hoy la gente se preocupa más por el niño a quien los padres nunca dejan solo, que por el que siempre se queda con alguna otra persona. Pero no hay hechos que justifiquen esa preocupación. Aun cuando ofrece algunas ventajas acostumbrar al niño a quedarse con una niñera ahora (antes que aparezca la angustia de separación) y no sentirse usted misma tan atada, un niño que tiene a la madre siempre cerca no se vuelve necesariamente dependiente en exceso. Por el contrario, el que pasa la mayor parte de su primera infancia en compañía de uno de los padres o de ambos, suele resultar confiado y seguro de sí mismo. Tiene la seguridad de ser amado, de que cualquier persona con quien sus padres lo dejen va a cuidar bien de él, y de que cuando los padres salen, volverán a la hora que dijeron que volverían.

Proceda, pues, como le parezca más cómodo y no para complacer a sus amigas.

ATADA POR UN BEBE LACTANTE

"Estaba muy contenta con mi decisión de no darle a mi niño biberón suplementario, hasta que me di cuenta de que es casi imposible salir una noche por largo tiempo".

Nada es perfecto, ni siquiera la decisión de dar exclusivamente el pecho. Esto tiene sus ventajas, por supuesto, pero hay ocasiones en que uno se arrepiente. A pesar de todo, muchas mujeres salen adelante con esa decisión y se las arreglan para hacer algo de vida social. En primer lugar, aun cuando ahora sea difícil salir, será más fácil cuando el bebé empiece a dormir desde las 8 o las 9 de la noche, dejándola a usted en libertad para salir. Por otra parte, cuando se le empiecen a dar comidas sólidas, la niñera tendrá algo que ofrecerle si se despierta con hambre. Y, finalmente, una vez que aprenda a tomar en taza, hasta podrá echar un trago si le da sed.

Mientras tanto, si hay una reunión o función especial a la que usted quiere asistir y que la retendría fuera de casa más de un par de horas, ensaye lo siguiente:

■ Llevar al niño y a la niñera, si hay algún sitio donde puedan esperar, como un vestíbulo. No será cómodo pero el bebé puede dormir en el cochecito de paseo mientras usted asiste a la función. Si se despierta, la niñera la puede llamar y usted puede salir un rato y darle el pecho en el cuarto de señoras u otro lugar apropiado.

■ Si el acontecimiento es fuera de la ciu-

LISTA DE COMPROBACION DE LA NIÑERA

Hasta la mejor niñera necesita instrucciones. Antes de dejar a su hijo con una persona, asegúrese de que esa persona sabe lo siguiente:

■ La manera más fácil de calmar al bebé (mecerlo, cantarle una tonada favorita, un móvil preferido, pasearlo en el portabebés).

■ Cuál es su juguete preferido.

■ Cómo le gusta dormir (de espaldas, boca abajo, etc.).

■ La mejor manera de sacarle los gases (cargándolo al hombro, en el regazo, después de comer, durante la comida).

■ Cómo ponerle el pañal y cómo asearlo (¿Usa toallitas perfumadas o motas de algodón? ¿Pañal doble o sencillo? ¿Pantaloncitos de caucho? ¿Un ungüento para el salpullido?) y dónde se guardan los pañales y los materiales.

■ En dónde se guarda la ropa limpia, si la que tiene puesta se le ensucia.

■ Cómo se le da el biberón, si se está criando con leche de fórmula o si se le está dando un suplemento de fórmula o de leche materna extraída.

■ Lo que el bebé puede y no puede comer o beber (dejando en claro que no se le puede dar ningún alimento, bebida o medicina sin que usted o el doctor lo hayan autorizado).

■ La disposición de la cocina, el cuarto del niño, etc., y cualquier otro dato pertinente relativo a su casa (como una alarma de incendio que pudiera sonar, y dónde están las salidas de incendio).

■ Cualquier costumbre o característica del niño que la niñera no espere (vomita mucho, hace deposiciones muy abundantes, llora cuando se moja, sólo se duerme con la luz encendida, se puede rodar de la mesa donde se le cambian los pañales).

■ Las costumbres de cualquier animalito consentido que la niñera deba conocer, y reglas relativas al bebé y dicho animal.

■ Reglas de seguridad del niño (vea la página 159). Se puede hacer una fotocopia de las reglas y fijarla en un lugar visible para la niñera.

■ Dónde está el botiquín de primeros auxilios (o artículos sueltos).

■ Dónde hay una linterna (o velas).

■ Qué debe hacer si suena la alarma de incendio o si ve humo o llamas, o si una persona no aprobada por usted llama a la puerta.

■ Quiénes están autorizados por usted para entrar en la casa cuando usted no esté, y cuál es su política en cuanto a visitas para la niñera.

También debe dejarle a la niñera los siguientes artículos:

■ Números de teléfono importantes (médico, lugar adonde la pueda llamar a usted, una vecina que esté en su casa, sus padres, la sección de urgencias del hospital, centro de control de venenos, administrador del edificio, un plomero, etc.) y un bloc y lápiz para tomar notas.

■ La dirección de la más cercana sala de urgencias y la mejor manera de ir allá.

■ Dinero para pagar un taxi en caso de urgencia (por ejemplo si hay que llevar al niño al hospital o al consultorio del médico), y el número para llamar un taxi.

■ Una autorización firmada para que al niño le puedan hacer tratamiento médico dentro de límites específicos, en caso de que no la encuentren a usted (esto lo debe arreglar de antemano con su médico).

Conviene combinar toda la información necesaria para cuidar del niño — números telefónicos, reglas de seguridad e higiene y cualquier otra cosa que estime necesaria — en una libreta de pasta de argollas. La información se puede cambiar o adicionar según se necesite, y todo queda al alcance de la mano de la niñera. El dinero que se le deje se puede meter en un sobre y adherirlo a la pasta de la libreta.

dad, lleve a toda la familia. Lleve a su niñera o contrate una en el lugar donde se va a alojar. Si éste queda cerca del local de la recepción, usted puede escaparse un rato para ir a darle de comer.

■ Modifique la hora de acostarlo. Si está acostumbrado a acostarse después de las nueve y usted tiene que salir a las siete, trate de hacer que se salte la siesta de la tarde y acuéstelo dos horas más temprano. Asegúrese, eso sí, de que quede bien comido antes de salir y déle de comer cuando regrese a casa, si es necesario.

■ Deje un biberón de leche extraída o de agua, con la esperanza de que si se despierta con mucha hambre acepte el biberón. En esta etapa no hay confusión de pezones que perjudique la lactancia, de modo que no tiene que preocuparse por eso. Si no lo acepta, tal vez llore un rato, pero al fin se callará y se volverá a dormir. Cuando regrese a casa, déle otra vez de comer. Naturalmente, si la niñera la llama porque le parece que el niño está muy alterado, usted debe estar preparada para regresar.

LO QUE IMPORTA SABER: La niñera apropiada para el hijo

Dejar por primera vez al bebé con una niñera es una experiencia traumática en sí, aun sin la preocupación adicional de pensar si se queda en buenas manos. Y encontrar una persona en quien se pueda tener plena confianza ya no es tan fácil, por lo menos para la mayoría, como tomar el teléfono y llamar a la abuelita o a una vecina bondadosa que tenga instintos maternales. Como ahora las familias se dispersan y muchos parientes viven lejos, además de que muchas abuelas trabajan, la madre que necesita quién cuide de su hijo tiene que valerse de extraños.

Cuando la cuidadora era la abuela, la principal preocupación de la madre era que le diera al bebé demasiadas galletitas. Ponerlo en manos de una extraña plantea muchas otras. ¿Será una persona responsable y digna de confianza? ¿Atenta a las necesidades del niño? ¿Capaz de darle la estimulación juego-aprendizaje que le ayude a desarrollar mente y cuerpo en todo su potencial? ¿Estará su filosofía de cuidado infantil de acuerdo con la de usted, y aceptará ella sus ideas y respetará sus deseos? ¿Será bastante afectuosa y cariñosa para actuar como madre sustituta

pero sin pretender suplantarla a usted como madre?

Nunca será fácil separarse de su hijito, así sea para desempeñar un empleo de nueve a cinco o para salir a cenar y a una función el sábado por la noche, sobre todo las primeras veces; pero si se separa sabiendo que el niño queda en las mejores manos, eso calmará sus temores y su remordimiento.

CUIDADO EN CASA

Los expertos están de acuerdo en que si la madre no puede estar con su hijito todo el tiempo (por el trabajo, estudios u otros compromisos), la mejor solución es una madre sustituta (nodriza o niñera permanente o temporal) que cuide del bebé en casa.

Las ventajas son muchas. El niño queda en el ambiente que conoce, con su propia camita, silla y juguetes; no se expone a microbios de otros niños; y no hay que estarlo llevando de un lado a otro. Además, goza de la atención total de la niñera, suponiendo que a ésta no se le asignen muchas otras tareas; y existe la probabilidad de que se formen fuertes vínculos entre ella y el niño.

Hay también algunas desventajas. Si la niñera está enferma, o no puede venir por cualquier otra razón, o de pronto resuelve no volver, no se cuenta automáticamente con un reemplazo. Un fuerte apego del niño hacia ella puede producir una crisis si ésta se va inesperadamente, o si la madre empieza a sentir celos de ella. Para algunos padres la pérdida de independencia si la niñera va a vivir en la casa es otro inconveniente. Además, el cuidado en casa puede resultar costoso, más si se busca una persona profesional, menos si se contrata a una joven universitaria o una persona de poca experiencia.

Cómo buscarla

Encontrar la niñera ideal es un proceso que puede consumir mucho tiempo, de modo que es bueno destinarle unos dos meses. Existen varias pistas para buscarla:

El médico del niño. Probablemente nadie conoce a más niños — y a sus padres — que el médico del bebé. Pídale recomendaciones, vea la tablilla del consultorio donde suelen fijar avisos niñeras que buscan trabajo (algunos pediatras les exigen, para permitirles fijar tales avisos, que dejen sus referencias con la recepcionista), o fije usted su propio aviso. Pregunte también en la sala de espera.

Otras madres. No deje pasar a ninguna — en el campo de juego, en una clase de ejercicios para bebés, en un coctel, en una reunión de negocios — sin preguntarle si sabe de una buena niñera o si ha empleado a alguna.

Su iglesia o sinagoga. Aquí también una cartelera puede resultar una ayuda valiosísima. Lo mismo el cura párroco, el ministro o el rabino, que pueden conocer entre sus feligreses a alguna persona que esté dispuesta a cuidar niños.

Maestras de escuelas de párvulos. Las maestras de las escuelitas de párvulos muchas veces conocen niñeras experimentadas, o las emplean por horas en sus programas. A veces ellas mismas están disponibles por las noches o los fines de semana.

Agencias profesionales. Por este conducto es posible conseguir enfermeras y niñeras graduadas (generalmente costosas). Valiéndose de estos servicios se eliminan muchas salidas en falso y se gana tiempo. (De todas maneras, verifique usted personalmente las referencias.)

Servicios de niñeras. Estas entidades ofrecen los servicios de niñeras seleccionadas. Figuran en las páginas amarillas de las guías telefónicas de muchas ciudades y se ofrecen para jornada completa, por horas o para servicio ocasional.

Un hospital local. Algunos hospitales o clínicas de maternidad ofrecen el servicio de recomendar niñeras. Por lo general las niñeras a quienes recomiendan han hecho allí mismo un curso de especialización en el cuidado de párvulos, incluyendo adiestramiento en RCP y otros procedimientos de primeros auxilios. En otros hospitales y escuelas de enfermeras las estudiantes suelen hacer oficios de niñeras.

Periódicos locales. Busque en los diarios de su localidad y en las publicaciones especializadas para padres de familia, anuncios de niñeras que buscan trabajo, o ponga usted un aviso en dichos periódicos.

Oficina de empleos de la universidad. Por medio de las universidades locales se puede conseguir servicio de jornada completa o por horas, para todo el año o para la época de vacaciones.

Organizaciones de personas mayores. Señoras de edad pero llenas de vida y entusiasmo suelen ser niñeras de primera — y al mismo tiempo hasta abuelas sustitutas.

Selección de posibles candidatas

Para no tener que pasar días enteros entrevistando candidatas que obviamente no son satisfactorias, selecciónelas por las hojas de vida que le hayan mandado por correo o en conversaciones telefónicas. Antes de empezar a hablar con ellas, prepare en detalle una descripción de oficio para saber exactamente qué es lo que busca. Se pueden incluir en esa descripción cosas como hacer el mercado y lavar la ropa, pero cuide de no recargar a la niñera con tareas que la distraigan del cuidado del niño. En una conversación telefónica preliminar pídale a la persona su nombre, dirección, teléfono, edad, educación, experiencia (ésta es en realidad menos importante que otras cualidades, como entusiasmo y habilidad natural), salario deseado (infórmese de antemano cuál es la tarifa corriente en su región) y pregúntele por qué quiere el empleo. Explíquele qué exige éste y vea si todavía le interesa. A las candidatas que parezcan ofrecer posibilidades, déles cita para una entrevista personal.

Durante las entrevistas, tome nota de las preguntas o comentarios de la candidata que puedan ser claves de su personalidad ("¿El niño llora mucho?" podría indicar impaciencia con el comportamiento infantil normal), lo mismo que de sus silencios (la mujer que nunca dice una palabra sobre los niños, si le gustan o no, ni hace ningún comentario sobre el suyo, tal vez le esté diciendo algo). Para averiguar más, hágale preguntas como las

siguientes, poniéndolas en forma que pidan algo más que un sí o un no como respuesta (si usted le pregunta si le gustan los niños y le contesta que "sí", eso no significa mucho):

■ ¿Por qué quiere usted este empleo?

■ ¿Cuál fue su último empleo, y por qué lo dejó?

■ ¿Qué cree usted que es lo que más necesita un niño de la edad del mío?

■ ¿Cómo se sentiría usted pasando el día con un bebé de esta edad?

■ ¿Cómo ve usted su papel en la vida de mi hijo?

■ ¿Qué piensa usted de la alimentación al pecho? (Naturalmente esto sólo es importante si usted está lactando a su niño y piensa continuar, para lo cual necesita que ella la apoye.)

■ Cuando el niño sea más activo y empiece a hacer travesuras ¿qué hará usted? ¿Cómo disciplina a los niños chiquitos?

■ ¿Cómo vendrá a trabajar cuando haga mal tiempo?

■ ¿Tiene permiso para conducir automóvil y siente confianza cuando está al timón? (Si va a tener que conducir como parte de su oficio.)

■ ¿Cuánto tiempo espera desempeñar este oficio? (La niñera que se marcha en cuanto el niño se ha acostumbrado a ella puede causar problemas para toda la familia.)

■ ¿Tiene usted hijos propios? ¿Las necesidades de ellos perjudicarán su trabajo? (Permitirle a una niñera que traiga a sus hijos tiene ventajas y desventajas. Por una parte, le da al suyo la oportunidad de tener trato con otros niños. Por otra parte, también lo expone a contagiarse a diario de los microbios que los otros traigan; y tener otros niños de quienes cuidar puede afectar a la calidad y cantidad de atención que la niñera conceda al suyo. También puede causar mayor desgaste de la casa.)

■ ¿Cocina o hace otros quehaceres domésticos? (Que otra persona se encargue de esto le deja a usted más tiempo para pasar con su hijo cuando esté en la casa; pero si la cuidadora les dedica mucho tiempo, es posible que descuide al niño.)

■ ¿Tiene usted buena salud? Pídale certificado de examen físico completo y reciente radiografía negativa de TB; pregúntele si fuma (no debe ser fumadora) o si consume alcohol o drogas. Esta última información no es probable que la dé la persona si es drogadicta, pero observe las claves, como inquietud, verbosidad, nerviosismo, agitación, pupilas dilatadas, falta de apetito (síntomas de uso de estimulantes como anfetaminas o cocaína); lengua estropajosa, andar tambaleante, desorientación, mala concentración y otros síntomas de intoxicación con tufo de alcohol o sin él (alcohol, barbitúricos y otros depresores); pupilas como puntas de alfiler y ganas de dulces (temprana adicción a la heroína); euforia, abandono de inhibiciones, aumento del apetito, pérdida de memoria, posible dilatación de pupilas e irritación de los ojos, hasta paranoia (mariguana). Una niñera que esté tratando de no consumir drogas ni alcohol en el trabajo puede mostrar síntomas del retiro de esas sustancias, como ojos llorosos, bostezos, irritabilidad, ansiedad, temblores, escalofríos y sudores. Naturalmente, muchos de estos síntomas pueden indicar alguna enfermedad mental o física más bien que consumo de drogas. En todo caso, si los tiene la niñera deben ser motivo de preocupación para usted. Se debe evitar también a toda persona que padezca alguna dolencia que le impida asistir puntualmente al trabajo.

■ ¿Ha hecho recientemente o está dispuesta a hacer un curso de RCP y primeros auxilios?

Aunque usted es la que va a hacer las preguntas, la candidata no es la única que debe contestarlas. Hágase usted misma las siguientes, con base en lo que ha observado de cada persona entrevistada, y contéstelas con toda sinceridad:

■ ¿Se presentó la candidata a la entrevista bien vestida y arreglada? Aun cuando no se le exija uniforme almidonado de nodriza, la ropa sucia, el cabello sin lavar y las uñas negras son malos indicios.

■ ¿Parece tener un sentido del orden compatible con el suyo? Si ella tiene que rebuscar cinco minutos en el bolso para encontrar las referencias y usted es persona muy organizada, no se van a entender; pero tampoco se entenderán si ella es muy estricta en esta materia y usted es muy desordenada.

■ ¿Parece digna de confianza? Si llega tarde a la entrevista, cuídese. Puede seguir llegando tarde todos los días. Averígüelo con las personas a cuyo servicio estuvo anteriormente.

■ ¿Posee el vigor físico necesario para el oficio? Una mujer débil y que ya no sea joven tal vez no pueda cargar al bebé todo el día ni andar detrás de él después, cuando ya esté haciendo pinitos.

■ ¿Parece buena con los niños? La entrevista no está completa hasta que ella haya pasado algún tiempo con el bebé de modo que usted pueda ver si se entienden bien o no. ¿Parece paciente, bondadosa, realmente atenta y sensible a las necesidades del niño? Averigüe con los patrones anteriores algo más sobre su aptitud para el cuidado infantil.

■ ¿Parece inteligente? Se necesita una persona capaz de enseñar y entretener al niño como lo haría usted misma, y que muestre buen juicio en situaciones difíciles.

■ ¿Se lleva usted bien con ella? Las relaciones de la niñera con usted son casi tan importantes como sus relaciones con el niño. Para bien de éste, tiene que haber comunicación constante, abierta y fácil entre la niñera que escoja y usted; asegúrese de que así será.

Si de la primera serie de entrevistas no resultan candidatas que la satisfagan plenamente, no ceda; pruebe otra vez. Si resultan, el paso siguiente en la selección es verificar las referencias. No se fíe de lo que le digan amigas o parientas de la candidata sobre las habilidades o confiabilidad de ésta; insista en que le dé los nombres de personas para quienes haya trabajado antes; o si su experiencia de trabajo es limitada o nula, los de maestras, sacerdotes u otras personas capaces de emitir un juicio objetivo al respecto.

Que se conozcan primero

Usted seguramente no se sentiría muy bien si se viera en el caso de quedarse todo el día con una persona completamente extraña. Tampoco se sentirá bien su hijo, quien experimentará la tensión adicional de verse sin su madre. Para que la experiencia no sea tan dura, preséntelos con anticipación. Si la niñera es sólo para la noche, hágala venir por lo menos media hora antes el primer día (una hora si el niño tiene más de cinco meses) a fin de que el niño tenga tiempo de acomodarse. Haga que se conozcan gradualmente, empezando con el bebé en sus propios brazos, llevándolo luego a una silla infantil o columpio de modo que la niñera se pueda acercar en territorio neutral; y finalmente, cuando el bebé ya se sienta menos esquivo con la extraña, poniéndolo en brazos de ésta. Una vez lo-

grado el ajuste inicial, auséntese una o dos horas. Al día siguiente vuelva a hacer venir a la niñera media hora antes de salir usted, y permanezca por fuera un poco más tiempo. Ya para el tercer día, debe ser suficiente un período de un cuarto de hora estando usted presente. De ahí en adelante, niño y niñera deben ser buenos camaradas. (Si no lo son, piense si no sería que usted se equivocó al escoger.)

La niñera de diario necesita un período más largo de introducción. Conviene que pase siquiera un día entero con usted y el niño para que se familiarice no sólo con éste sino también con su casa, su estilo de cuidado infantil y las rutinas del hogar. Esto le dará a usted la oportunidad de hacerle recomendaciones, y a ella, de formular preguntas. También podrá usted observar a la niñera en acción — y cambiar de opinión sobre ella si lo que ve no le gusta. (No la juzgue por la reacción del niño, sino más bien por la manera como ella responde a esa reacción. Por buena que sea una niñera, los niños, hasta los muy pequeñitos, no quieren quedarse con ella mientras la madre esté presente.)

El suyo, dicho sea de paso, probablemente se acomodará a una nueva cuidadora más fácilmente antes de la edad de seis meses, cuando todavía no se presenta la angustia de exraños.

El período de prueba

Contrate siempre a la niñera por un período de prueba, de modo que pueda evaluar su desempeño antes de resolver si la toma por tiempo más largo. Es más justo para ella y para usted misma advertirle por anticipado que las dos primeras semanas o el primer mes (o cualquier período específico) serán de prueba. En ese tiempo observe al bebé. ¿Parece alegre, aseado, alerta cuando usted vuelve a casa? ¿O más cansado que de costumbre y más malhumorado? ¿Le han cambiado de pañal recientemente? También es importante el estado de ánimo de la niñera al final del día. ¿Está contenta y confiada o tensa e irritable, obviamente feliz de que vengan a aliviarla de esa carga? ¿Se muestra deseosa de contarle cómo pasó el día con el niño y hablarle de las gracias de éste lo mismo que de cualquier problema que haya observado, o se contenta con la información de rutina sobre cuánto tiempo durmió y cuántas onzas tomó del biberón — o peor aún, cuánto lloró el niño? ¿No se olvida que el bebé sigue siendo suyo y acepta que es usted la que resuelve cómo se ha de cuidar? ¿O parece creer que ahora ella es la que manda?

Si su evaluación le indica que la niñera no da la medida, empiece a buscar otra vez. Si no está segura, trate de llegar un día más temprano y de sorpresa para ver lo que realmente está ocurriendo durante su ausencia, o pregunte a sus amigas o vecinas que hayan visto a la niñera en el parque, o en el supermercado, o andando por la calle, cómo les parece que lo está haciendo. Si una vecina le informa que su niño, normalmente alegre, llora mucho cuando usted no está, esto es una señal de alarma.

Si desde su punto de vista no ha nacido aún la niñera perfecta de tiempo completo, quizá le convendría revisar su decisión de volver al trabajo, en vez de someter al niño a una serie de niñeras incompetentes o descuidadas.

GUARDERIAS INFANTILES

Aun cuando no se considere lo ideal para los niños, algunas madres tienen que valerse de guarderías infantiles porque no tienen alternativa.

Sin embargo, un buen servicio de guardería ofrece ciertas ventajas. En las mejores hay personal capacitado y programas bien organizados para el desarrollo y crecimiento del niño, lo mismo que oportunidades de juego y aprendizaje en compañía de otros bebés o niños. Como estas entidades no dependen de una sola persona, como el cuidado en la casa, no se presenta una crisis cuando una maestra está enferma o se retira, si bien el niño tendrá que acostumbrarse a una nueva. Y en los lugares donde las guarderías necesitan licencia de funcionamiento, suele haber vigilancia oficial de los programas de seguridad, salud y hasta de educación.

Las desventajas también pueden ser significativas. En primer lugar, no todos los programas son igualmente buenos, y aun en los buenos la atención es menos individualizada que en la casa, hay más niños por cada niñera y la rotación de maestras puede ser alta. La programación es menos flexible que en situaciones más informales, y si en la guardería se observa el calendario escolar público, puede estar cerrada los días de fiesta que usted tiene que trabajar. El costo es relativamente elevado, a menos que la guardería tenga subsidio oficial o de fuentes privadas, pero puede ser más bajo que el de un buen cuidado en la casa. Tal vez el inconveniente más serio es un mayor riesgo de infecciones entre los niños, pues muchas madres que están empleadas no tienen más remedio que dejar a sus hijos en la guardería aun cuando estén resfriados o tengan alguna otra dolencia leve.

Ciertamente, existen guarderías espléndidas; lo importante es encontrar una que tenga cupo para su hijo.

Dónde buscar

Se pueden obtener los nombres de las guarderías locales (que pueden ser sin ánimo de lucro, cooperativas o comerciales) por recomendaciones de amigas y conocidos, o llamando a la entidad pública que concede las licencias de funcionamiento (las secretarías de educación o de salud de su localidad quizá puedan darle esta información), o preguntando en su iglesia o sinagoga. También se puede consultar la guía telefónica.

Qué buscar

Las guarderías infantiles van en calidad desde las de primera línea hasta las menos satisfactorias, estando la mayoría en el medio. Si uno quiere lo mejor para su niño, tiene que examinar todos los aspectos de cada posibilidad. Busque lo siguiente:

Licencia de funcionamiento. En algunas partes las entidades públicas conceden licencia de funcionamiento a las guarderías y las vigilan en lo tocante a seguridad e higiene, aun cuando no a calidad del cuidado. Pero algunas de dichas entidades no tienen un reglamento adecuado sobre estos puntos. (Infórmese sobre la situación en su localidad.) De todas maneras una licencia ofrece cierta garantía.

Personal experimentado. Las directoras, por lo menos, deben ser graduadas en educación infantil, y todo el personal de la guardería debe tener experiencia en cuidado de los niños. Con demasiada frecuencia y debido a que los sueldos son muy bajos, las niñeras son personas que se dedican a ese oficio porque no saben hacer nada más, caso en el cual lo más probable es que tampoco sirvan para cuidar niños. La rotación de personal debe ser baja; si todos los años hay varias maestras nuevas, tenga cuidado.

Personal sano y seguro. Todas las personas que trabajan en cuidado infantil deben haberse sometido a un examen médico completo, incluyendo prueba de TB. La investigación de sus antecedentes debe demostrar que no se han dedicado anteriormente a actividades dudosas.

Buena relación de maestras a niños. Debe haber por lo menos una maestra para cada tres niños. Si hay menos, cuando un niño llora tiene que esperar hasta que haya alguna libre para atenderlo.

Tamaño moderado. Una guardería demasiado grande quizá no sea tan bien vigilada y dirigida como una pequeña, aun cuando hay excepciones a esta regla. Además, cuantos más niños haya, tanto mayor la posibilidad de que las enfermedades se extiendan. Cualquiera que sea el tamaño, se debe contar con espacio adecuado para cada bebé. Cuartos atestados son señal de un programa inadecuado.

Separación por edades. Los niños de menos de un año no deben estar revueltos con los de más edad.

Atmósfera de afecto. Al personal le deben gustar genuinamente los niños y gozar cuidándolos. Los niños deben parecer alegres, alerta y limpios. No deje de visitar la guardería sin previo aviso en medio del día, pues estas visitas le darán mejor idea de lo que realmente es el establecimiento que la impresión que recibe al visitarlo por la mañana. (Tenga cuidado con una guardería donde no permitan visitas de las madres sin anunciarse.)

Atmósfera estimulante. Hasta un bebé de dos meses se beneficia de una atmósfera estimulante, en la cual haya mucha intercomunicación — de palabra y física — con las personas responsables de su cuidado, y donde haya juguetes apropiados para cada edad. A medida que los bebés crecen y pueden manejar objetos más eficientemente, deben ofrecérseles muchas oportunidades de manipular juguetes, mostrarles libros, hacerles oír música y sacarlos. En los mejores programas se incluyen ''salidas'': de tres a seis niños van con una o dos maestras al supermercado, la lavandería u otros sitios adonde irían con su mamá si ésta no trabajara.

Participación de los padres. ¿Se invita a los padres a participar de alguna manera en el programa? ¿Hay una junta de padres de familia que fije la política de la institución?

Una filosofía compatible. ¿Le satisface a usted la filosofía de la guardería en lo tocante a educación, religión e ideología?

Oportunidades de descanso. Los bebés todavía duermen mucho, tanto en la guardería como en su casa. Se debe disponer de un lugar tranquilo para que duerma cada uno en su cuna, y de acuerdo con su propio programa — no según el horario de la guardería.

Reglas estrictas de salud e higiene. En su propia casa, usted no tiene que preocuparse porque el niño se meta las cosas en la boca; pero en una guardería donde hay muchos niños, cada uno con su propia cepa de microbios, la cosa es distinta. La guardería infantil puede ser un foco de diseminación de muchas enfermedades intestinales y respiratorias. Para reducir este peligro a un mínimo y proteger la salud de los niños, una guardería bien dirigida debe contar con un consultor médico y una política escrita que comprenda los puntos siguientes:

■ Las niñeras tienen que lavarse muy bien las manos (con jabón líquido) después de cambiarle a un niño los pañales o ayudarle a hacer las necesidades del cuerpo, limpiarle la nariz mocosa o cuidarlo cuando está resfriado, y antes de darle de comer.

■ Las áreas destinadas al cambio de pañales y a la preparación de los alimentos tienen que estar completamente separadas, y hay que limpiarlas cada vez que se usen.

■ Los pañales usados deben echarse en un receptáculo con tapa, lejos del alcance de los niños.

■ Los juguetes se deben limpiar con una solución sanitaria cada vez que se pasan de un niño a otro, o tener una caja aparte de juguetes para cada niño.

■ Animalitos rellenos no deben ser compartidos y se deben lavar en la lavadora de ropa frecuentemente.

■ Aros de dentición, chupadores de entretención, paños de aseo, toallas, cepillos y peines no se deben compartir.

■ Los utensilios que se usen para la alimentación se deben lavar en una lavadora de platos, o mejor aún, usar desechables. (Los biberones de cada niño se deben marcar con su nombre para evitar confusiones.)

■ La preparación de alimentos para los niños que ya toman sólidos se debe llevar a cabo en condiciones higiénicas (vea la página 264).

■ La inmunización de todos los bebés debe estar al día.

■ Los niños que estén enfermos, moderada o gravemente, particularmente de diarrea, vómitos, fiebre alta y algunos tipos de erupciones, se deben retener en la casa, o en una sección especial de enfermería de la guardería. (Esto no es necesario con los resfriados, pues el período cuando el resfriado es más contagioso es antes de que se haga evidente.)

■ Las medicinas para los niños se les deben administrar de acuerdo con una política escrita de la guardería.

■ Cuando un niño tenga una enfermedad contagiosa, hay que notificar a los padres de todos los demás; en casos de influenza emófila se puede administrar inmunización o medicación para evitar que se extienda.[2]

También se debe verificar con las autoridades locales de higiene que no haya quejas contra la guardería por violación de las normas.

Reglas estrictas de seguridad. En las guarderías infantiles son comunes las lesiones, generalmente de menor cuantía. Las cosas que más peligro ofrecen son escalerillas, rodaderos, juguetes de mano y bloques, otros objetos del patio de recreación, puertas y superficies del piso. Hasta un niñito que gatea se puede lastimar con estas cosas y todos se pueden causar daño con objetos pequeños (se los pueden tragar o ahogarse con ellos), objetos cortantes, materiales venenosos, y demás. La guardería infantil debe cumplir los mismos requisitos de seguridad que usted observa en su casa, prestando especial atención a escaleras sin protección, puertas que se pueden cerrar sobre los dedos del bebé o darle en la cara al abrirse, ventanas a nivel del piso (deben abrirse no más de 15 centímetros y tener guardas), radiadores y otros aparatos de calefacción, tomacorrientes, materiales de aseo y medicinas (a menudo las maestras tienen que darles remedios a varios bebés que se están recuperando o que sufren dolencias crónicas), y a los pisos (no debe haber juguetes tirados por todas partes, con los cuales pueda tropezar una niñera que lleva en brazos a un bebé). Los materiales que usan los niños mayores (pinturas, arcilla y demás) deben mantenerse fuera del alcance de los chiquitos. Los detectores de humo, las rutas de escape y extintores de incendio y otras precauciones de seguridad deben estar a la vista. El personal debe estar capacitado en RCP y primeros auxilios y debe haber a mano un botiquín de primeros auxilios perfectamente dotado.

Cuidadosa atención a la nutrición. Todas las comidas y bocados deben ser sanas, seguras y apropiadas para la edad de los niños a quienes se sirven. Deben observarse las instrucciones de la madre sobre leche de fórmula (o leche materna), alimentos y horario de comidas. Nunca se debe dejar a un bebé con un biberón apuntalado.

CUIDADO EN LA CASA

Muchas madres se sienten más tranquilas dejando al niño en una casa de familia, en un ambiente de hogar privado con sólo unos pocos niños de compañía, que en una "aséptica" guardería infantil; y para las que no pueden tener una niñera en su propia casa, esta forma de dejar al niño suele ser la mejor.

Tiene muchas ventajas. Ofrece un ambiente caluroso y hogareño a un costo menor que otras formas de cuidado infantil, y como hay menos niños que en una guardería, hay menos exposición a contagios y mayor potencial de estimulación y cuidado individualizado (aunque ese potencial no siempre se realiza). También hay más flexibilidad en la programación: cuando sea necesario se puede llevar al niño más temprano que de costumbre o recogerlo un poco más tarde.

Las desventajas varían de una situación a otra. Las personas que prestan este ser-

---

[2] Un problema especial para las madres que pronto esperan quedar embarazadas otra vez es la posibilidad de transmisión de citomegalovirus (CMV), que fácilmente se difunde entre los niños debido al frecuente contacto con orina y saliva cargadas del virus. En una madre embarazada que no sea inmune, el CMV ofrece peligro para la criatura. Afecta a una de cada cinco madres no inmunizadas, según estudios, y no suele causar síntomas en los adultos o los niños. Debido al riesgo para la criatura por nacer, las mujeres no inmunes que esperan otro embarazo pueden pensar en otro tipo de cuidado infantil.

SU BEBE COMO BAROMETRO DEL CUIDADO QUE RECIBE

Cualquiera que sea la modalidad de cuidado infantil que usted escoja para su hijo, esté alerta a señales de descontento: súbitos cambios de personalidad o genio, tendencia a agarrarse de usted cuando la ve, como si tuviera miedo, intranquilidad que no se puede atribuir a otra causa. Si su niño parece descontento, verifique los detalles del cuidado que se le está dando; es posible que necesite modificarse.

---

vicio no suelen tener licencia oficial, lo que da poca protección en cuanto a salud y seguridad, y a menudo no se han capacitado y no tienen experiencia profesional. También es posible que tengan una filosofía de cuidado de los niños distinta de la de los padres. Si la mujer o alguno de sus hijos enferma, tal vez no haya quien la reemplace. Y aun cuando el riesgo de contagio es menor que en una guardería grande, siempre existe la posibilidad de que los microbios se propaguen de un niño a otro, sobre todo si la higiene no es muy estricta.

CUIDADO EN EL LUGAR DE TRABAJO

Una práctica común en los países europeos desde hace años pero que no se ha extendido mucho a otras partes, es tener en la misma empresa los medios necesarios para cuidar de los hijos de las trabajadoras. Es una opción que muchas madres elegirían si se les ofreciera.

Las ventajas son muchas. La madre tiene al niño cerca, en caso de emergencia; lo puede visitar a la hora del almuerzo o en los períodos de descanso, y hasta darle el pecho; y como lo lleva ella misma al trabajo, pasa más tiempo en su compañía durante el viaje. Las salas-cunas o guarderías infantiles de las empresas están por lo general a cargo de profesionales y muy bien dotadas. Saber que su niño está cerca y en buenas manos le da a la madre tranquilidad para dedicarse a su trabajo. El costo suele ser muy bajo, o ninguno.

Hay algunas posibles desventajas. Si usted vive muy lejos del lugar donde trabaja, los viajes diarios pueden resultar pesados para el niño. En algunos casos, verla a usted durante el día, si eso es parte del programa, puede hacer cada separación más difícil para el niño, especialmente en tiempos de tensión. Y las visitas pueden distraerla a usted del trabajo.

Desde luego, el cuidado infantil en las empresas debe ceñirse a las normas educativas, sanitarias y de seguridad de toda guardería. Si el de su empresa no las cumple, hable con los encargados a ver qué se puede hacer para remediar cualquier deficiencia.

NIÑOS EN EL TRABAJO

Muy rara vez puede una madre llevar al bebé consigo al trabajo no habiendo guardería en la empresa. Y es raro que dé buen resultado. Lo da mejor cuando el bebé todavía no anda y si no sufre de cólicos; y, por supuesto, cuando la madre tiene espacio para una cuna portátil y otros adminículos cerca de su puesto de trabajo, y si cuenta con el apoyo de su jefe y de las personas que trabajan con ella. Lo ideal sería que pudiera tener una niñera en el sitio, por lo menos parte del tiempo. Esta situación es perfecta para la madre que cría al niño al pecho, o para cualquiera que quiera su trabajo y también su niño.

CUANDO SU HIJO SE ENFERMA

Ninguna madre quiere ver a su hijo enfermo, pero especialmente a las que trabajan las aterra el primer síntoma de fiebre o mal de estómago. Bien saben que el cuidado de un niño enfermo plantea muchos problemas, el primero de los cuales es: ¿quién lo va a cuidar, y dónde?

Lo ideal sería que usted o su esposo pudieran obtener una licencia de su trabajo para poder atender al niño en la casa. Si esto no se puede, lo mejor sería contar con una persona de confianza, niñera o parienta, a quien se le pueda pedir que se quede con el niño en casa. Algunas guarderías infantiles tienen enfermería o satélite donde el niño queda en un ambiente familiar y con caras que le son familiares. También hay guarderías especiales para niños enfermos, tanto en casas particulares como en centros grandes que van apareciendo para hacer frente a esta necesidad; pero en éstas, naturalmente, el niño tiene que acostumbrarse a ser cuidado por extraños en un ambiente extraño, precisamente cuando no está en las mejores condiciones para aguantar cambios.

Algunas empresas, con tal que las madres puedan seguir trabajando, pagan el costo del cuidado infantil, como por ejemplo, cupo en un centro de enfermería o una enfermera que se quede en la casa con el niño (lo que también exige adaptación a una niñera extraña).

Estas opciones son mejores que nada, por supuesto; pero, como lo sabe todo el que haya pasado por este trance, para el bebé no hay nada como su madre que le acaricie la mano caliente, le limpie la frente calenturienta y le administre dosis especialísimas de amor y atención. Y, debido a las necesidades especiales de un niño enfermo, la Academia Norteamericana de Pediatría recomienda que se liberalicen las licencias maternales cuando haya un niño enfermo, a fin de que éste pueda recibir los cuidados adecuados durante la enfermedad.

CAPITULO SIETE

El cuarto mes

LO QUE DEBE ESTAR HACIENDO SU BEBE

A fines de este mes, su hijo
. . . debe ser capaz de:

■ tendido boca abajo, levantar la cabeza 90 grados

■ reírse duro ($3^2/_3$ meses)

■ seguir un objeto suspendido a 15 cm de su cara en un arco de 180 grados (de un lado al otro)

Nota: Si su hijo no parece haber alcanzado algunos de estos hitos, consulte con su médico. Son raros los casos en que la tardanza indica un problema, y casi siempre resulta que es normal para su bebé. Los niños prematuros suelen alcanzar estos hitos más tarde que otros de la misma edad de nacimiento y más bien los alcanzan cerca de su edad ajustada (la edad que tendrían si hubieran nacido en tiempo) y a veces más tarde.

. . . probablemente podrá:

■ mantener la cabeza firme cuando está derecho

■ estando boca abajo, levantar el pecho apoyándose en los brazos

■ dar la vuelta (en un sentido)

■ agarrar un sonajero que se le acerque a las puntas de los dedos

■ poner atención a una pasa u otro objeto muy pequeño ($4^1/_4$ meses)

■ tratar de tomar un objeto

■ gritar de felicidad

. . . posiblemente podrá:

■ mantener la cabeza a nivel con el

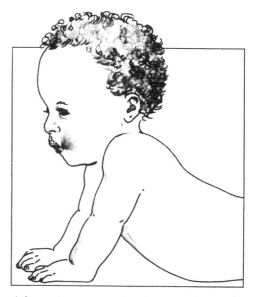

A los cuatro meses muchos, pero no todos, pueden levantar el cuerpo apoyándose en los brazos.

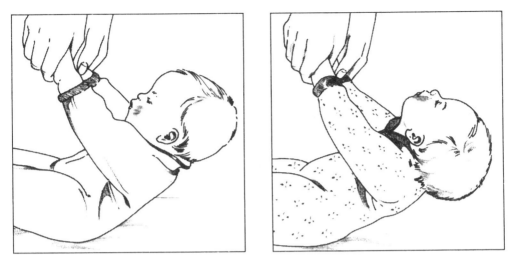

Al final del cuarto mes la mayoría de los niños aún no pueden mantener la cabeza a nivel del cuerpo si los levantan por las manos para hacerlos sentar (izquierda). La cabeza se les va para atrás (derecha).

cuerpo cuando lo levantan por las manos para hacerlo sentar ($4^1/4$ meses)

■ volverse en dirección a una voz, especialmente la de la madre

■ decir a-gú u otras combinaciones de vocal y consonante

■ hacer ruidos con la boca ($4^1/2$ meses)

... hasta podría:

■ sostener algún peso en las piernas cuando se le tiene derecho

■ sentarse sin apoyo

■ protestar si le quitan un juguete

■ volverse en la dirección de una voz

LO QUE PUEDE ESPERAR EN EL EXAMEN DE ESTE MES

Cada médico o enfermera practicante tiene su manera personal de practicar el examen de un niño sano. La organización general del examen físico, lo mismo que el número y tipo de técnicas de evaluación que se usen y procedimientos que se practiquen también serán distintos según las necesidades individuales del niño. Pero en general usted puede esperar lo siguiente en un examen cuando su hijo tenga unos cuatro meses de edad.

■ Preguntas sobre cómo les va en la casa a usted y al bebé y al resto de la familia, y sobre la alimentación, sueño y progreso

general del niño. Sobre cuidado infantil, si usted está trabajando.

■ Medidas del niño: peso, longitud del cuerpo y circunferencia de la cabeza; registro de su progreso desde que nació.

■ Examen físico, inclusive examen de control de problemas anteriores. La fontanela posterior, detrás de la cabeza, puede haberse cerrado ya; la anterior, encima de la cabeza, se puede haber ensanchado desde la última visita.

■ Evaluación del desarrollo. El examinador puede someter al niño a una serie de pruebas para evaluar el control de la cabeza, uso de las manos, visión, oído e interacción social; o bien puede contentarse con la observación y con lo que usted le informe sobre su conducta.

■ Segunda tanda de inmunizaciones para difteria, tétanos y tos ferina (DTP) y polio (VPO) si el niño está en buen estado de salud y no hay otras contraindicaciones. No se olvide de comentar con anterioridad cualquier reacción a la primera serie de inmunizaciones.

■ Instrucciones sobre qué esperar en el próximo mes en lo relativo a cosas como alimentación, sueño, desarrollo y seguridad infantil.

■ Recomendaciones sobre suplemento de fluoruro si se necesita en su región, y suplemento de vitamina D si su niño se está criando al pecho. Recomendaciones sobre suplemento de hierro para niños que estén tomando leche de fórmula no fortificada con este elemento.

Preguntas que usted seguramente le querrá hacer al médico:

■ ¿Qué reacciones se puede esperar que tenga el niño a la segunda tanda de inmunizaciones? ¿Cómo se deben tratar? ¿Cuáles justifican que llame al médico?

■ ¿Cuándo se recomienda que le empiece a dar alimentos sólidos?

Háblele también de las preocupaciones que hayan surgido durante el último mes. Anote la información e instrucciones que le dé el doctor (de otra manera, con seguridad se le olvidan). Anote todo dato pertinente (peso del bebé, longitud, circunferencia de la cabeza, lunares, vacunas, enfermedades, remedios que le dieron, resultados de las pruebas, y demás en un registro permanente de salud.

LA COMIDA DEL NIÑO ESTE MES: Los alimentos sólidos

Los consejos que le dan a una madre sobre cuándo empezar a darle al niño alimentos sólidos son muchos y contradictorios. Su madre le dice: "Yo te los empecé a dar a ti cuando tenías dos semanas. ¿Qué esperas?" Y para reforzar su argumento menciona lo que es obvio: "Tú estás sana, ¿no?" El pediatra le indica que es mejor esperar hasta que el niño tenga cinco o seis meses, lo cual corroboran los pocos estudios hechos al respecto. Una amiga bienintencionada afirma que empezar temprano hace que el niño duerma toda la noche, en prueba de lo cual ahí está su hijito que durmió la noche entera desde la primera cucharada de cereal.

¿A quién escuchar? ¿Sabe más la madre? ¿O el doctor? ¿O las amigas? En realidad el que más sabe es el niño mismo. Nadie le puede indicar mejor que él cuándo se debe empezar a darle sólidos. Una investigación reciente revela que el factor decisivo es su desarrollo individual, más bien que arbitrarios parámetros de edad.

La iniciación muy temprana con alimentos sólidos (que era la moda cuando la madre de usted estaba criando a sus hijos y que todavía es común en Europa) no se cree que sea físicamente perjudicial en la mayor parte de los casos; pero la investigación médica indica que en un niño de pocas semanas el sistema digestivo no está suficientemente desarrollado todavía para sólidos, empezando por la lengua que rechaza toda materia extraña que se ponga en ella, y los intestinos que carecen de muchas enzimas digestivas. Tampoco apoya, sin embargo, la idea de que haya que dejar los alimentos sólidos para finales del primer año porque éstos perjudican algunos de los aspectos beneficiosos de la alimentación al pecho y la asimilación de hierro.

Es importante escoger el momento oportuno: ni muy temprano ni muy tarde. La introducción demasiado temprano no es nociva físicamente, pero puede causar daño a los hábitos alimentarios futuros. Cuando el bebé que no está preparado para sólidos los rechaza, la frustración a ambos lados del plato de cereal puede fijar la pauta de una lucha constante para que el niño coma cuando sea mayor. Por otra parte, si se espera demasiado (hasta los últimos meses del primer año) también se pueden presentar dificultades. Un niño ya mayorcito se resiste a aprender los nuevos trucos de masticar y tragar sólidos si se ha acostumbrado durante largo tiempo a obtener nutrimento y satisfacción oral chupando. Los sabores, como los hábitos, también pueden ser muy difíciles de modificar en este punto. A diferencia del bebé de cuatro a seis meses, que es más dócil, el niño de un año tal vez no esté tan abierto a una nueva experiencia gastronómica.

Para saber si su hijo está preparado para dar el gran paso al mundo de los alimentos sólidos (la mayoría pueden empezar entre los cuatro y los seis meses), observe las siguientes claves y luego consulte con su médico.

■ Su niño puede sostener bien la cabeza levantada. Aunque el alimento sea cernido, no se le debe dar a un niño que todavía no pueda tener firme la cabeza cuando lo sientan; otras comidas menos blandas no se le deben dar hasta que se pueda sentar bien solo, por lo general no antes de los siete meses.

■ Ha desaparecido el reflejo de rechazo de la lengua. Este reflejo hace que los bebés muy jóvenes empujen fuera de la boca toda materia extraña (mecanismo innato que los protege de atragantarse con cuerpos extraños). Haga esta prueba: ponga un pedacito muy pequeño de cereal de arroz mojado en leche materna o de fórmula en la boca del niño, con el borde de una tacita o con una cucharita de bebé, o con el dedo. Si el cereal vuelve a salir inmediatamente empujado por la lengua, y si esto se repite varias veces, el reflejo está aún presente y el bebé no está preparado todavía para comer con cuchara.

■ El bebé trata de alcanzar el alimento o muestra de alguna otra manera que le interesa. El bebé que agarra el tenedor que usted tiene en la mano o un pedacito de pan de su plato, que la observa atentamente y se emociona viéndola comer, le está diciendo que quiere probar más la comida de los adultos.

■ Tiene capacidad de ejecutar movimientos de sacar y meter la lengua, lo mismo que de moverla hacia arriba y hacia abajo. Esto lo descubrirá usted por la observación.

■ El bebé puede llevar hacia adentro el labio inferior de manera que puede tomar alimento con cuchara.

Hay, sin embargo, algunos casos en que aun un niño que por su desarrollo ya está preparado para tomar alimentos sólidos, tiene que esperar porque en la familia ha habido una fuerte tradición de alergia. Mientras no sepamos más acerca del desarrollo de las alergias, se recomienda que los niños de tales familias sean alimentados al pecho exclusivamente durante la mayor parte del primer año, y que de ahí en adelante se vayan introduciendo cautelosamente alimentos sólidos, uno por uno.

LO QUE LE PUEDE PREOCUPAR

NO SE ESTA QUIETO

"Mi niño no se está quieto un instante mientras lo estoy cambiando. Siempre está tratando de voltearse. ¿Cómo hago para que coopere?"

En cuanto a cooperación cuando le está cambiando los pañales, puede esperar menos y menos a medida que pasan los meses y su desarrollo físico sigue adelante de su desarrollo moral. La indignidad de que le pongan pañal, además de la frustración de sentirse temporalmente inmovilizado como una tortuga de espaldas, da origen a una lucha cada vez que hay que cambiarlo. El único remedio es proceder rápidamente (tenga todas las cosas listas antes de colocar al bebé sobre la mesa) y ofrecerle alguna distracción, como un móvil colgado encima, una caja de música que ojalá sea también visualmente llamativa, un sonajero u otro juguete para ocupar sus manos y su imaginación.

CUANDO SE PUEDE SENTAR

"Llevaba a mi niño sentado en el cochecito, apoyado en almohadas, y dos señoras que pasaban me riñeron diciendo que todavía no estaba en edad para sentarse".

Si su hijo no tuviera edad para sentarse, él mismo se lo diría. No en palabras, por supuesto, sino hundiéndose en las almohadas o cayéndose de lado al tratar de ponerlo en esta posición. No se le debe forzar a ello mientras su cuello y espalda necesiten más soporte del que le puede dar un cojín, pero un bebé de tres o cuatro meses que mantiene la cabeza erguida y no se desploma ya puede sentarse. (Hay soportes especialmente diseñados para sostener la cabeza del niño cuando

Sentar al niño bien apoyado le da un cambio de perspectiva y le permite ejercitar músculos y adquirir experiencia que necesita para sentarse solo.

está sentado.) Los niños cuando se cansan avisan quejándose o dejándose caer.

Además del alivio que les proporciona el cambio de posición, sentarlos les ofrece una nueva visión del mundo. En lugar de ver sólo el cielo, el interior del cochecito o el colchón, un niño sentado puede ver a los transeúntes (incluso a las señoras que la riñen a usted), tiendas y casas, árboles, perros, otros cochecitos, niños que regresan de la escuela, buses, automóviles y todas las demás maravillas que llenan su universo en expansión. Esto lo tendrá contento más tiempo que estando acostado, de manera que el paseo será más agradable para ambos.

EL BEBE SE PARA

"A mi bebé le gusta «pararse» en mi regazo y llora si lo hago sentar, pero mi abuelita insiste en que no lo debo dejar parar tan pronto porque se volverá patituerto".

Los niños saben lo que pueden hacer, y lo saben mejor que las bisabuelas. Muchos, como el suyo, ya son capaces de "pararse" en el regazo de la madre, con el debido apoyo, y encuentran esto muy divertido, aparte de que es buen ejercicio, un cambio agradable en lugar de estar siempre de espaldas o en una silla infantil — y ciertamente no los vuelve patituertos.

Por otra parte, a un niño que no muestre deseos de pararse no se le debe forzar hasta que esté listo. Un niño a quien se le permite fijar él mismo el ritmo de su desarrollo será más feliz y tendrá mejor salud que aquél a quien los padres se lo imponen.

SE CHUPA EL DEDO

"A mi hijo le ha dado por chuparse el dedo. Al principio esto me gustó porque dormía mejor, pero ahora me temo que se le va a volver un vicio y que no se lo voy a poder quitar más tarde".

No es fácil la vida de un bebé. Cada vez que encuentra algo que le proporciona el confort y satisfacción que busca, alguien se lo quiere quitar, a veces sin razón.

Casi todos los niños se chupan el dedo en algún momento durante el primer año de vida, y muchos empiezan a chupárselo desde antes de nacer. Esto no debe sorprender. Para el niño la boca no es únicamente un órgano para comer sino también para explorar y gozar, como lo descubrirá usted pronto, cuando el suyo empiece a meterse todo a la boca, así sea el sonajero o un insecto muerto hace tiempo que encuentra en el fondo de la alacena. Pero aun antes de que sea capaz de tomar los objetos, descubre sus propias manos; ¡y qué cosa más natural que llevárselas a esa cavidad sensorial maravillosa que es la boca! La primera vez, las manos llegan a la boca por casualidad,

pero el bebé pronto aprende que los dedos le producen una sensación agradable y se los mete deliberadamente. Un poco después llega a la conclusión de que el pulgar es el mejor dedo para chuparse y el más satisfactorio (tal vez sea el más suculento); entonces ya no se mete todos los dedos a la boca sino que se chupa éste. Algunos siguen con uno o dos dedos y hasta con todo el puño.

Al principio a usted le puede parecer gracioso, y hasta se alegra de que el bebé haya encontrado la manera de entretenerse él solo, sin intervención suya; pero a medida que pasan las semanas empieza a preocuparse y ya ve al niño grandecito yendo a la escuela con el dedo en la boca y siendo objeto de las burlas de sus compañeros y los regaños de la maestra. ¿Tendrá que untarle las uñas de una solución amarga para disuadirlo, y luego sermonearlo y rogarle si ese remedio no funciona? ¿Tendrá que estarlo llevando todos los meses al ortodoncista para corregir la deformación de la mordida causada por el hábito de chuparse el dedo? ¿O peor aún, tendrá que acudir todas las semanas al terapeuta para tratar de descubrir los ocultos problemas emocionales que lo han llevado a adquirir ese hábito?

Pues bien, deje de preocuparse y deje al niño que se divierta. No hay ninguna prueba de que chuparse el dedo sea en sí "peligroso" ni de que sea señal de un desorden emotivo. Y si termina a los cinco años, no parece causar ningún daño a la alineación de los dientes permanentes. Cualquier deformación de la boca que ocurra antes de esa edad, vuelve a la normalidad cuando se pone fin al hábito. La mayoría de los expertos están de acuerdo en que, puesto que es una modalidad del desarrollo que se corrige por sí misma con el correr del tiempo, no hay que tratar de destetar al niño del pulgar antes de los cuatro años de edad.

Algunos estudios indican que casi la mitad de los niños se chupan los dedos hasta más allá de la primera infancia. Esta conducta llega al máximo por término medio entre los 18 y los 21 meses, aun cuando a esta edad algunos ya la han abandonado. Cerca del 80% la dejan hacia los cinco años de edad y el 95% a los seis, generalmente por su propia voluntad. Los que la tienen como ayuda para poderse dormir conservan el hábito más tiempo que los que la tienen por pura satisfacción oral.

Cuando el niño va llegando a la edad en que le salen los dientes permanentes, que es cuando chuparse los dedos podría estorbar el buen desarrollo de la boca y producir deformaciones, ya está suficientemente maduro para tomar parte activa en la eliminación del hábito. Y como esta costumbre no es por lo general consecuencia de perturbaciones emotivas, los que se chupan el dedo se corrigen con aparatos dentales especiales, más bien que con tratamiento psicológico. (Unos pocos niños sí parece que buscan apoyo emocional chupándose el dedo pulgar y pueden beneficiarse con consejería psicológica.)

Mientras tanto, deje que el bebé chupe cuanto quiera. Pero si lo está criando al pecho, tenga cuidado de que el chuparse el dedo no sea para compensar porque no está mamando lo suficiente. Si parece que quiere lactar más en cada comida, déjelo. (No tomará un exceso de leche porque en este punto el pecho ya debe estar vacío, o casi vacío.) Y si el chuparse el dedo se convierte en foco de todas sus actividades y le impide usar las manos para otras exploraciones, sáquele a ratos el dedo de la boca y distráigalo con juguetes, con juegos de dedos o manos ("este compró un huevito..."etc.), o sosteniéndolo por las manos y haciéndolo que se pare, si eso le gusta.

Si su hijo sigue chupándose el pulgar hasta que ya está en la edad de hacer pinitos, puede usted esperar comentarios desfavorables, sobre todo de personas pertenecientes a la generación de sus padres, quienes tienen aversión a esta costumbre. Si se siente obligada, explíqueles que según las últimas investigaciones eso no hace ningún daño y no quiere decir que el niño esté emotivamente desfavorecido.

Si a usted misma le molesta, debido a ideas preconcebidas, trate de superar esas preocupaciones infundadas. Si esto no le resulta, trate de reemplazarle el dedo temporalmente con un chupador, suponiendo que no tenga también aversión a éste. Pero naturalmente esto la dejará con otro hábito que quitarle.

BEBES GORDITOS

"Todos admiran a mi niña tan linda y gordita; pero yo me temo que se esté engordando demasiado. Está tan redonda que casi no se puede mover".

Con los hoyuelos en las rodillas y los codos, una panza como la de cualquier Buda, varias papadas que rascarle y una deliciosa cantidad de tierna carne en las mejillas para pellizcarle, la niña es el ideal de la gracia infantil. ¿Pero será también el ideal de salud? Los abuelitos sin duda lo creen así; pero la madre, sabiendo que hoy se prefiere moderación, teme que su hija regordeta vaya a ser una niña gordinflona y después una adulta obesa y desgraciada. Los médicos adoptan una posición intermedia. Convienen en que gordura y salud no son sinónimos, pero no les preocupa tanto en los bebés desde que se averiguó que un aumento de células grasas en la infancia no conduce necesariamente a posterior obesidad. En realidad, sólo uno de cada cinco bebés gordos están destinados a ser adultos gordos.

A pesar de todo, el exceso de gordura en la infancia tiene sus inconvenientes. El bebé que no se puede mover de gordo cae en un círculo vicioso de inactividad y exceso de peso: cuanto menos se mueva, más engorda; y cuanto más engorde, menos se puede mover. La incapacidad de moverse lo pone malgeniado y entonces la madre, para contentarlo, le da de comer más de lo conveniente. Si llega a los cuatro años pesando más de lo normal, aumentan las probabilidades de obesidad en la edad adulta.

Pero no se precipite a ponerlo a dieta ni cosa por el estilo. Asegúrese primero de que su peso es en realidad excesivo y que no se trata de la gordura natural de la infancia. (Recuerde que como los bebés todavía no han desarrollado mucho músculo, hasta uno delgado mostrará una regular cantidad de blando relleno.) Compare su crecimiento con la curva de peso y crecimiento en el cuadro de la página 239. Si el peso aumenta sistemáticamente más que la talla, consulte con el médico.

A diferencia de la receta para un adulto gordo, para el bebé gordo el remedio no es ponerlo a dieta. En lugar de tratar de hacerlo perder peso, lo que se debe buscar es que el aumento de peso sea más lento. Entonces, a medida que crece en estatura, se irá adelgazando, lo cual muchos niños hacen sin intervención, al hacerse más activos. Algunos de los siguientes consejos le ayudarán no sólo si su hijo está demasiado gordo sino también si le parece que va por mal camino.

■ Déle de comer únicamente para quitarle el hambre, no para satisfacer otras necesidades. Un niño a quien se le da alimento por cualquier razón (cuando se golpea o está descontento, cuando la madre está muy ocupada para ponerse a jugar con él, cuando está aburrido en el cochecito) sigue pidiendo de comer por motivos falsos, y como adulto comerá también por esos mismos motivos injustificados. En lugar de darle el pecho a su hijo apenas llora, conténtelo con una canción o una caricia. En lugar de sentarlo con un biberón, siéntelo enfrente de un móvil o una caja de música si usted está demasiado ocupada para hacerle juegos, o déjelo que observe lo que usted está haciendo (taje las zanahorias o doble la ropa en el piso al lado de la silla infantil). En vez de rellenarlo de galletas de dentición en el supermercado, átele un juguete al cochecito de paseo para que se entretenga mientras usted hace la compra. Pese a lo que crea su madre, embutir al niño de comida no es una prueba de amor.

■ Modifique el régimen alimentario si es necesario. Una razón de que los niños criados al pecho tengan menos probabilidades de engordar demasiado es que la leche materna se acomoda automáticamente a sus necesidades. La "primera" leche, baja en grasa y calorías, que sale al comenzar una lactación, estimula al bebé con hambre para que chupe; mientras que la "última" leche, que sale al final de la comida, tiene un contenido más alto de ambas cosas, y le amortigua el apetito transmitiéndole el mensaje "Ya estás lleno". Si esto no es un disuasivo suficiente y el niño sigue chupando, el pecho queda al fin vacío. Chupar por chupar puede continuar sin que haya consumo excesivo de calorías. Aunque las leches de fórmula no tienen esta misma virtud, si el niño está engordando muy rápidamente y ya está muy por encima de su peso normal, el médico le recomendará que le cambie la fórmula por otra de menor contenido calórico. Antes de proceder a este cambio, asegúrese de que no está diluyendo muy poco la fórmula actual, lo cual aumentaría considerablemente el número de calorías por onza. Tampoco la diluya demasiado sin aprobación del médico. O bien cambie a leche desnatada o baja en grasa. Los niños, aun los demasiado gordos, necesitan el colesterol y la grasa de la leche materna y de la de fórmula (o cuando estén mayores, la que contiene la leche entera de vaca).

■ Déle agua, que es la mejor bebida sin calorías. Casi todos tomamos muy poca. Como la alimentación infantil es toda o casi toda líquida, no es indispensable un suplemento de agua, pero ésta sí puede ser muy útil para el bebé excesivamente gordo que quiere seguir mamando después de haber satisfecho el hambre, o que tiene más bien sed que hambre en tiempo caluroso. En lugar de darle el pecho o el biberón, déle una taza de agua pura (sin ponerle azúcar ni ningún otro edulcorante) cuando el niño parezca estar buscando algo que comer a deshoras — es decir, a la hora o dos horas de la última comida. Acostumbrarlo desde temprano al sabor (o falta de sabor) del agua servirá para que más tarde adquiera el sano hábito de tomarla con regularidad.

■ No le dé sólidos antes de tiempo para que duerma toda la noche. Esto rara vez da resultado y sí puede hacerlo engordar demasiado. (Ensaye más bien los consejos que se dan en la página 202 para hacer que el niño duerma toda la noche.)

■ Evalúe el régimen alimentario del niño. Si ya le ha empezado a dar alimentos sólidos (por su cuenta o por recomendación del doctor) y si está tomando más que unas pocas cucharadas de cereal, verifique si está tomando la misma cantidad de leche que antes. Si es así, probablemente esto explica el exceso de peso. Reduzca los sólidos si se los ha empezado a dar antes de tiempo o suspéndalos totalmente durante un mes o dos. (La mayoría

de los expertos recomiendan que no se empiecen a dar sólidos hasta los cuatro o seis meses.) Un bebé no necesita los nutrimentos de los alimentos sólidos (salvo hierro, que se puede dar en un suplemento). Más tarde, a medida que se van agregando sólidos, se puede ir mermando gradualmente la cantidad de leche materna o de fórmula, dando más importancia a los sólidos como verduras, yogur, frutas, cereales y pan. Si el niño está tomando jugos, dilúyalos en agua, mitad y mitad. No le dé con biberón cereal aguado (en esta forma los niños toman demasiado).

■ Haga mover al niño. Si el suyo "casi no se puede mover", estimule su actividad. Cuando le cambie los pañales hágale tocar la rodilla derecha con el codo izquierdo varias veces, luego al contrario. Dejándolo que le agarre los dedos pulgares y teniéndolo por los bracitos con los demás dedos, haga que se levante hasta quedar sentado. Hágalo parar en su regazo y rebotar. (Vea en la pág. 193 otros consejos para hacer mover al niño.)

EL BEBE DELGADO

"Los bebés de todas mis amigas son rollizos pero el mío es largo y delgado — dentro del percentil 75 en estatura y del 25 en peso. El médico me dice que va bien y que no hay por qué preocuparse. Pero yo me preocupo".

Lo delgado es lo que está de moda — en todas partes menos entre los bebés. En los adultos todos quieren esbeltez, pero en los bebés lo que buscan y adoran es que sean bien gorditos. Y sin embargo los niños delgados, aun cuando no sean modelos para anuncios de pañales, gozan de tan buena salud como los regordetes.

En general, si su hijo está alerta, activo y básicamente alegre, si está ganando

¿COMO CRECE SU NIÑO?

¿Cómo crece un niño? Muy al contrario de lo que creen los padres nerviosos, que estudian angustiados las tablas estadísticas de peso y estatura temiendo encontrar siempre algo anormal, el niño crece en una forma que es normal para él.

El peso y la estatura que va a tener en el futuro se determinan en gran parte desde la concepción. Y si las condiciones prenatales han sido adecuadas y después del nacimiento no le ha faltado amor ni nutrición, el niño por lo común realizará a su tiempo ese potencial genético.

La programación de la estatura se basa principalmente en la media entre la estatura del padre y la de la madre. Los estudios indican que, en general, los varones serán un poco más altos que este punto medio y las niñas un poco más bajas.

El peso también parece que es programado de antemano. El niño nace ya con los genes para ser delgado o grueso, o un feliz término medio, pero los hábitos alimentarios que adquiere en la infancia le ayudan a realizar o a frustrar ese destino.

Las tablas de crecimiento, como la que se presenta en la tercera parte de esta obra, no deben convertirse en motivo de angustia para los padres. Es muy fácil interpretarlas mal, pero en realidad deben servir para que ellos y los médicos sepan cuándo el crecimiento del niño se aparta de la norma y cuándo es necesaria una evaluación teniendo en cuenta el tamaño de los padres, el estado de nutrición y salud general. Como el crecimiento ocurre muchas veces a saltos durante el primer año, una medida que muestre muy poco o demasiado no es significativa por sí sola, aun cuando sí debe tenerse como señal de alerta. Una suspensión del aumento de peso durante dos meses seguidos puede indicar sólo que el niño está creciendo menos porque genéticamente está destinado a ser pequeño (especialmente si el aumento de estatura también se ha detenido) pero también puede significar que no se está alimentando bien o que está enfermo. Un aumento de peso del doble de lo normal en esos mismos dos meses (si no va acompañado de un análogo aumento súbito de estatura), podría ser sólo la manera que tiene el niño de recuperar tiempo perdido si el peso al nacer fue demasiado bajo, o si hasta entonces el aumento había sido muy lento; pero también podría ser síntoma de que va por el camino de una creciente obesidad más tarde en la vida.

peso constantemente, y si su peso, aunque por debajo del promedio, se mantiene a tono con su estatura, no hay ningún motivo para preocuparse, tal como se lo ha dicho el doctor. Existen algunos factores relativos al tamaño del bebé, acerca de los cuales no se puede hacer nada. Factores genéticos, por ejemplo. Si usted y su esposo son delgados y de huesos pequeños, su hijo probablemente será lo mismo. Y factores de actividad: el bebé muy activo suele ser más delgado que el inactivo.

Existen, empero, algunas causas de flacura que hay que remediar. Una de las principales es insuficiente alimentación. Si la curva de peso del bebé baja continuamente durante un par de meses, y si esta pérdida no se compensa con un alza súbita al mes siguiente, el médico pensará en la posibilidad de que al niño no se le está dando de comer lo suficiente. Si éste es el caso y usted lo está criando al pecho, los consejos de la página 116 le deben ayudar a lograr que gane peso otra vez. Si lo está criando con biberón, puede complementar la alimentación con sólidos si el médico los autoriza, o puede probar diluyendo la leche de fórmula un poco menos, también con autorización del doctor. Y no le disminuya deliberadamente la alimentación. Algunas madres, deseosas de iniciar a sus hijos por el camino de la esbeltez y la buena salud para el futuro, les merman las calorías y grasas en la infancia. Esto es *muy peligroso,* puesto que el niño necesita ambas cosas para su crecimiento y desarrollo normal. Se le puede poner en el camino de los buenos hábitos alimenticios sin privarlo del nutrimento que necesita.

Cuide igualmente de que su hijo no sea tan dormilón ni esté tan ocupado que se olvide de pedir a tiempo la comida. Entre los tres y los cuatro meses, el bebé debe comer por lo menos cada cuatro horas durante el día (unas cinco comidas), aun cuando por la noche no se despierte para comer. Algunos niños criados al pecho pueden tomar más comidas aún, pero menos comidas pueden indicar que no están comiendo lo suficiente. Si el suyo es de los que no arman alboroto cuando no se les da de comer, tome usted la iniciativa y ofrézcale con más frecuencia, aun cuando esto signifique recortarle una siesta diurna o interrumpirle un juego fascinante en su gimnasio de cuna.

Rara vez el escaso aumento de peso se relaciona con incapacidad para asimilar determinados nutrimentos, con desarreglos del metabolismo o con enfermedad infecciosa o crónica. Estos desórdenes, naturalmente, necesitan inmediata atención médica.

RUIDOS DEL CORAZON

"El doctor dice que mi niño tiene un ruido en el corazón, pero que eso no significa nada. Sin embargo, me preocupa".

La sola mención de la palabra "corazón" en el diagnóstico es motivo de alarma. Al fin y al cabo el corazón es el órgano que sostiene la vida y cualquier posibilidad de un defecto asusta, especialmente a los padres de una criatura cuya vida apenas empieza. Pero en el caso de ruidos, en la mayoría de los casos realmente no hay motivo para ello.

Cuando el médico habla de ruidos del corazón, eso significa que al examinarlo se oyen sonidos anormales de este órgano, causados por la turbulencia del torrente sanguíneo al pasar por él. El médico sabe qué anormalidad es responsable, por el volumen del ruido (desde apenas perceptible hasta bastante fuerte para ahogar los sonidos normales del corazón), por su localización y por la clase de sonido (musical o vibratorio, un tañido, un clic o un retumbar, por ejemplo).

La mayoría de las veces, como es probablemente el caso de su niño, el ruido es consecuencia de irregularidades en la forma del corazón que está creciendo. Este ruido se denomina "inocente" o "funcional" y lo diagnostica el médico mediante un simple examen de consultorio con el estetoscopio. No se necesitan más pruebas ni tratamientos ni limitación de actividades. Sin embargo, la circunstancia se anota en la historia clínica del niño para que otros médicos que lo examinen en el futuro sepan que siempre ha estado presente. Con mucha frecuencia el ruido desaparece cuando el corazón ha alcanzado su pleno desarrollo.

Hay, sin embargo, soplos del corazón que sí requieren vigilancia. Algunos se curan por sí mismos pero otros pueden requerir tratamiento quirúrgico o médico, y unos pocos se pueden agravar. Si su niño tiene un soplo peligroso, su médico se lo dirá y le recomendará el tratamiento del caso. En la mayoría de los casos los niños que tienen un soplo pueden y deben continuar con sus actividades regulares. Se exceptúan los que pierden el resuello o se ponen azules si hacen ejercicio, o no están creciendo bien.

Si usted no está tranquila, digan lo que digan los demás, pídale al médico que le diga exactamente qué clase de ruido del corazón tiene su niño, y si cabe la posibilidad de que se presenten problemas, ahora o en el futuro; o en caso contrario, que le explique en detalle por qué no hay motivo de preocupación. Si las respuestas no la tranquilizan, pida consulta con un pediatra cardiólogo.

EXCREMENTO NEGRO

"Cuando le cambié el pañal, lo encontré lleno de una deposición negra. ¿Será que el niño tiene algún problema digestivo?"

Es más probable que le hayan estado dando un suplemento de hierro. En algunos niños, la reacción entre las bacterias normales del aparato gastrointestinal y el sulfato de hierro de un suplemento hace que el excremento tome un color pardo oscuro, verdoso o negro. Este cambio no tiene ningún significado médico, no hay por qué preocuparse ni hay por qué suspender el hierro. Este elemento, según muestran los estudios, no produce malestar digestivo ni inquietud. Si el niño hace una deposición negra y no está tomando un suplemento o leche de fórmula que contenga hierro, consulte con su médico.

MASAJES

"Una amiga mía le da masajes a su hijito y dice que es necesario dárselos para estrechar los lazos entre madre e hijo. A mí no me gusta mucho la idea. ¿Qué hago?"

Cualquier actividad que se lleve a cabo conjuntamente entre madre e hijo (ver un libro, cantar una canción o compartir un abrazo) estrecha ese lazo. El masaje no es excepción. Sabemos igualmente que el masaje (una soba suave) puede mejorar el crecimiento y desarrollo de los bebés prematuros. No se sabe si tendrá un efecto parecido en niños nacidos en tiempo, que tienen en su vida muchos otros estímulos, son mucho más activos físicamente y tal vez no necesiten el estímulo adicional del masaje.

Tal vez lo más que se puede decir en la actualidad es que las madres que gusten de dar masajes a sus hijos deben seguir haciéndolo, si no por los posibles beneficios que ello reporte, por el simple placer de dárselos. Por su parte, las madres a quienes no les guste esta práctica pueden prescindir de ella sin temor de causarle ningún mal al niño. Hay muchas otras maneras de estrechar los lazos de unión con él.

EJERCICIO

"He oído mucho sobre la importancia de que el niño haga ejercicio. ¿Es realmente necesario llevarlo a una clase de ejercicios?"

Hay personas que se van a los extremos. O son totalmente sedentarias y se contentan con quedarse viendo la TV, o se imponen un plan riguroso de carreras que al fin las lleva al consultorio ortopédico con todo el cuerpo adolorido. Y a los niños, o los relegan a la inmovilidad de la silla infantil, el cochecito de paseo o el corral de juego, o corren a matricularlos en cursos de ejercicios apenas pueden levantar la cabeza, con la esperanza de hacer de ellos atletas preparados para toda la vida.

Pero el extremismo en busca de la salud resulta ineficaz y por lo general está condenado al fracaso. Una meta mucho mejor es la moderación en su estilo de vida y en el de su hijo. En lugar de hacer caso omiso de su desarrollo físico o de forzarlo más allá de sus capacidades, tome las siguientes medidas para iniciarlo en el camino de la salud.

Estimule cuerpo y mente. Nos inclinamos a enseñar a los niños cosas intelectuales desde la cuna, pero damos por sentado que los aspectos físicos se arreglarán solos. En realidad, así ocurre en gran parte, pero un poco de atención a ellos servirá para recordarles a usted y al niño su importancia. Trate de pasar en actividad física una parte del tiempo que dedica a jugar con el niño. En esta etapa, puede no ser más que tirarlo de las manos para que se siente (o hacerlo que se pare cuando ya pueda pararse), llevarle suavemente las manos sobre la cabeza, doblarle las rodillas hasta que se las toque con los codos en una forma rítmica, o levantarlo en el aire sosteniéndolo con las manos por la cintura para que mueva los brazos y las piernas.

Que sea una diversión. Se quiere que el niño se sienta contento con su cuerpo y con la actividad física, de modo que es necesario que goce en estas pequeñas sesiones — y usted desde luego no debe mostrar un gesto adusto en ellas. Háblele o cántele y cuéntele lo que está haciendo. El llegará a identificar pequeñas cantilenas rítmicas (como "ejercicio, ejercicio, nos encanta el ejercicio") con la diversión de la actividad física.

No lo inmovilice. Un bebé que está siempre sujeto con correas en el cochecito de paseo o la silla infantil o metido en un portabebés, sin ninguna oportunidad de emprender exploraciones físicas, está en camino de llegar a ser un niño seden-

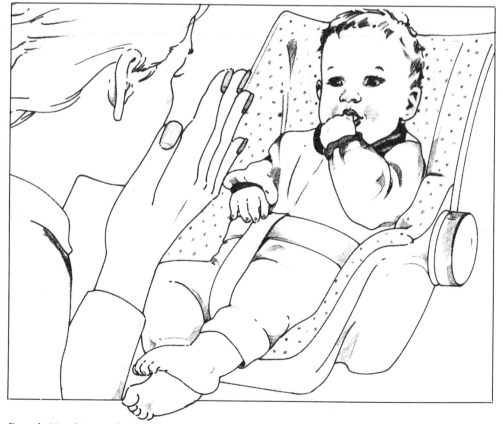

Para el niño, el tiempo de juego es de aprendizaje. El juego de asomarse y esconderse, por ejemplo, le produce risas de felicidad a un bebé de tres o cuatro meses y además le enseña la importante lección de la permanencia de las cosas; cuando la madre o el padre esconden la cara entre las manos, todavía están allí.

tario y desadaptado. Hasta el bebé que todavía no puede gatear se beneficia de la libertad de movimiento que le da una manta tendida en el piso, o el centro de una cama grande (con vigilancia constante, por supuesto). En esta posición, estando de espaldas, muchos bebés de tres y cuatro meses pasan muchísimo tiempo tratando de voltearse (ayúdeles a practicar volteándolos lentamente boca abajo y otra vez de espaldas). Colocados de barriga, muchos se mueven a los lados, explorando con manos y boca, levantando en el aire las posaderas, alzando la cabeza y los hombros. Toda esta actividad ejercita naturalmente los pequeños brazos y piernas — y no es posible duplicarla en un espacio encerrado.

Que sea informal. Clases de ejercicios o programas grabados para niños no son necesarios para un buen desarrollo físico; antes por el contrario, pueden ser perjudiciales. Los bebés hacen espontáneamente todo el ejercicio que necesitan, si se les da la oportunidad. Pese a todo lo que le hayan dicho, las clases o cintas grabadas en que las madres les hacen ejercicios a los niños no sirven para acelerar el desarrollo, ni para tonificar los músculos, ni para enseñar al niño a disfrutar del ejercicio. Su valor básico consiste en animarla a usted para que juegue con su hijito, y si son en forma de clases, ofrecen la compañía de otros niños. En todo caso, si usted resuelve llevar al suyo a un programa de éstos, tenga en cuenta lo siguiente:

■ ¿Tienen las maestras buenas credenciales? ¿Ha aprobado algún pediatra el programa? (Esto, sin embargo, puede ser a veces engañoso; un pediatra mal informado podría prestar su nombre para un programa que no sea el mejor.) Cualquier programa que proponga ejercicios en que se sacuda fuertemente a los bebés

es peligroso. Igualmente tenga cuidado con clases que sean de alta presión en lugar de diversión y que fomenten competencia en vez de crecimiento individual.

■ ¿Se divierten los niños? Si el bebé no ríe cuando está haciendo el ejercicio, es porque no está gozando con él. Tenga especial cuidado si el bebé está confundido o asustado, o si lo fuerzan a hacer cosas que no le gustan.

■ ¿Hay bastante equipo de juego adecuado para la edad del niño — cosas como peldaños alfombrados, deslizaderos miniatura, y mecedoras?

■ ¿Se les da a los niños amplia oportunidad de juego libre — exploraciones por su propia cuenta o con usted? La mayor parte de la clase se debe dedicar a esto, y no a actividades organizadas de grupo.

■ ¿Es la música parte integrante del programa? A los niños les gusta la música y las actividades rítmicas como mecerse o cantar, y las dos cosas se combinan muy bien en un programa de ejercicios.

No hay que forzarlos. Obligar a un niño a que haga ejercicios o cualquier otra cosa para la cual no esté preparado o tenga ganas de hacer en ese momento, puede producir actitudes muy negativas. Empiece el ejercicio con su hijo únicamente cuando él esté dispuesto a hacerlo, y suspéndalo cuando él le indique con su desinterés o su fatiga que ya no quiere más.

Déle energías. La buena nutrición es tan importante para el buen desarrollo físico del niño como el ejercicio. Una vez que le empiece a dar alimentos sólidos (con autorización del doctor, por supuesto), inicie "El mejor régimen alimentario para principiantes" (página

252) para que tenga la energía que necesita para los juegos y la nutrición adecuada para un desarrollo óptimo.

Modelo de aptitud. Déle buen ejemplo. La familia que hace ejercicio en compañía se mantiene unida en buen estado de salud.

Si el niño crece viéndola a usted caminar medio kilómetro para ir al mercado en lugar de ir en automóvil, hacer ejercicios ante la televisión en vez de sentarse a comer galletas, nadar en la piscina en lugar de asolearse al borde de ella, llegará a la edad adulta con una buena disposición respecto a la aptitud física, que podrá transmitir más tarde a sus propios descendientes.

LO QUE IMPORTA SABER: Juguetes para el bebé

Entrar en una juguetería es como meterse en un carnaval en plena actividad. Todos los pasillos invitan en competencia a la atención del comprador con su selección de cosas llamativas, bombardean sus sentidos y su sensibilidad con interminables hileras de cajas de colores y mil artículos expuestos a la vista, y uno no sabe por dónde empezar. Pero, aun cuando la visita despierte al niño que hay en cada uno de nosotros, para los padres escoger juguetes apareja varias responsabilidades.

Para no dejarse llevar por el empaque más bonito o la última invención de la ingeniosa industria de la juguetería, y acabar con una amplia provisión de todo lo que no debiera haber comprado, considere los puntos siguientes cuando vaya a comprar, o cuando tenga que resolver si debe conservar, guardar o devolver a la tienda juguetes recibidos como regalos.

¿Es para su edad? La razón más obvia para asegurarse de que el juguete sea apropiado para la edad del niño es que éste debe disfrutar de él desde ahora. Hay otra, menos aparente aunque no menos importante, y es que hasta un niño adelantado, que podría interesarse en un juguete clasificado para una edad superior a la suya y aun podría arreglárselas para jugar con él a un nivel primitivo, se puede lastimar con él, puesto que la adecuación por edades tiene también en cuenta la seguridad. Darle juguetes que no son para su edad tiene otra desventaja: es posible que cuando llegue a la edad de apreciarlos, ya le hayan aburrido.

¿Cómo puede uno saber si un juguete es apropiado para su hijo? Una manera es fijarse en la clasificación de edad que aparece en el empaque, aunque es posible que el niño tenga capacidad para apreciar determinado juguete un poco antes o un poco después de lo corriente. Otra manera es observar a su niño con el juguete, si ya lo tiene o si lo puede probar en casa de una amiga o en la tienda. ¿Se interesa el niño? ¿Juega con él en la forma debida? Un juguete apropiado le ayudará a perfeccionar destrezas ya adquiridas o promueve el aprendizaje de otras nuevas. No debe ser ni tan fácil que lo aburra ni tan difícil que lo descorazone.

¿Es estimulante? No todos los juguetes tienen que acercar al niño un paso más a la anhelada aceptación por la universidad. La infancia y la niñez son también épocas de pura diversión. Pero el niño se divertirá más si el juguete es estimulante para el sentido de la vista (un espejo o un móvil) o el del oído (una caja de música o un payaso con un timbre en la barriga), el tacto (gimnasio de cuna o tablero de actividades), o el gusto (aro de dentición o cualquier otra cosa que se pueda meter en la boca) que si es simplemente un objeto bonito o curioso. A medida que crece, se necesitan juguetes que le ayuden a aprender la coordinación del ojo con la mano, el control motor grande y pequeño, el concepto de causa y efecto, la identificación y apareamiento de colores y formas, la discriminación auditiva, las relaciones espaciales; y que estimulen el desarrollo social y lingüístico, la imaginación y la creatividad.

¿Es seguro? Esta es quizá la pregunta más significativa de todas, puesto que los juguetes causan más de 100 000 heridas al año — sin contar bicicletas, trineos, patines y patinetas, que causan otros centenares de miles de lesiones. Al escoger juguetes, fíjese en lo siguiente:

■ Que sean fuertes. Los juguetes que se rompen o se desbaratan con facilidad pueden lastimar a un niño chiquito.

■ Acabado. Cuide de que la pintura u otro acabado no sean tóxicos.

■ Construcción segura. Los juguetes con piezas pequeñas, bordes agudos o partes que se rompan no son seguros para un bebé.

■ Que sean lavables. Los que no se pueden lavar se convierten en criaderos de microbios — un problema si el niño se mete todo en la boca.

■ Tamaño seguro. Juguetes tan pequeños que se los pueda tragar (de menos de 1.5 cm de diámetro), o que tengan partes desprendibles o rompibles de ese tamaño, ofrecen un serio peligro.

■ Sin cuerdas. Juguetes (o cualquier otra cosa) con cuerdas, cintas o cordones de más de 15 cm de largo no se deben dejar nunca cerca de un bebé, por el peligro de que se estrangule. Se pueden adherir a la cama, corral de juego y demás, con uniones de plástico que no sólo son seguras sino de colores llamativos y atractivas como juguetes en sí mismas.

■ Sonido seguro. Los ruidos fuertes, como el de las pistolas de juguete, los avioncitos modelos y vehículos motorizados pueden lesionar el oído de un bebé. Busque, pues, juguetes que produzcan sonidos suaves o musicales y no ruidos agudos, fuertes y chillones.

¿Los aprueba usted? Este problema no es tan grave en la primera infancia como lo es más adelante, pero nunca es demasiado temprano para empezar a pensar en el mensaje subliminal que está enviando el juguete, y considerar si ese mensaje está de acuerdo con los ideales de usted. No permita que la sociedad — o aquella parte de la sociedad que presenta juguetes bélicos para los niños por la televisión — sea la que decida qué valores se han de impartir a su hijo. Hasta en juguetes infantiles encontrará usted mucha basura, y cuando menos lo espere su niño empezará a pedirle alguna fruslería popular que usted no apruebe. Y si el chico acaba por tener un juguete que usted por su gusto no compraría (a veces esto ocurre), explíquele lo que usted piensa al respecto. Por ejemplo, si el tío Gabriel, que quiere mucho a su sobrinito, le regala para su cumpleaños una ametralladora de juguete, explíquele, cuando el niño ya tenga edad de comprender estas cosas, que ése es un juguete pero que las armas de verdad son peligrosas y matan a la gente.

CAPITULO OCHO

El quinto mes

LO QUE DEBE ESTAR HACIENDO SU BEBE

*A fines de este mes su bebé
. . . debe ser capaz de:*

■ mantener la cabeza firme cuando está derecho (a los $4^1/4$ meses)

■ estando boca abajo, levantar el pecho apoyándose en los brazos (a los $4^1/3$ meses)

■ voltearse (a un lado)

■ poner atención a una pasa u otro objeto muy pequeño

■ gritar de felicidad (a los $4^2/3$ meses)

■ estirar la mano para tratar de agarrar algo

■ sonreír espontáneamente

■ agarrar un sonajero que se le acerque a la punta de los dedos

Nota: Si su niño no parece haber alcanzado uno o más de estos hitos, consulte con el médico. Son raros los casos en que una demora puede indicar que hay un problema, pero en la mayoría de los casos resultará que es normal para su niño. Los niños prematuros generalmente tardan más en alcanzar estos hitos que otros niños de la misma edad de nacimiento, y los alcanzan más bien al acercarse a su edad ajustada (la que tendrían si hubieran nacido en tiempo) y a veces más tarde.

A fines del mes, unos pocos bebés son capaces de sentarse sin ayuda, apoyándose en las manos, pero la mayoría todavía se caen de bruces estando en esta posición.

. . . probablemente podrá:

■ sostener algo de peso en las piernas ($5^1/4$ meses)

■ mantener la cabeza a nivel con el cuerpo cuando se le tira de las manos para sentarlo

■ decir a-gú u otra combinación análoga de vocales y consonantes

- producir un sonido desapacible vibrando la lengua entre los labios

...posiblemente podrá:

- sentarse sin apoyo ($5^1/2$ meses)
- volverse en la dirección de una voz

...hasta podría:

- estando sentado, ponerse de pie agarrándose de algo
- permanecer de pie agarrado de una persona o de alguna cosa
- comer él solo una galleta

- protestar si uno trata de quitarle un juguete
- trabajar para agarrar un juguete que está fuera de su alcance
- pasar un cubo u otro objeto de una mano a la otra
- buscar un objeto que se ha caído
- empujar una pasa y recogerla con la mano
- parlotear combinando vocales y consonantes como ga-ga-ga-ga, ba-ba-ba-ba, ma-ma-ma-ma, da-da-da-da.

LO QUE PUEDE ESPERAR EN EL EXAMEN DE ESTE MES

Los médicos casi nunca practican un examen a un niño sano este mes, pero usted puede llamar a su médico si se llega a presentar alguna complicación urgente que no pueda esperar hasta la visita del mes próximo.

LA COMIDA DEL NIÑO ESTE MES:
Empiezan los alimentos sólidos

Ha llegado el momento que tanto esperaba y usted está loca de emoción. Papá está listo con la cámara de vídeo para captar el gran suceso, y el niño ataviado con su mejor ropita y su babero recién lavado está bien seguro en su silla alta nuevecita. Al rodar la cámara, el primer bocado de alimento sólido (en una cucharita de plata grabada, regalo de la tía Alicia) se lleva del plato a la boca del bebé; éste la abre y en seguida, cuando el alimento produce su primera extraña impresión en las inexpertas papilas gustativas, hace un gesto de disgusto y lo escupe sobre la barbilla, el babero y la bandeja de la silla. ¡Corte!

Ha empezado el problema de lograr que su niño coma (o por lo menos que coma lo que usted quiere), problema que probablemente continuará todo el tiempo que compartan la misma mesa de comer. Pero es algo más que una cuestión de fomentar la buena nutrición; se trata de formarle sanas actitudes para las horas de comer. Tan importante como asegurarse de que el alimento que entra en la boca del niño es sano, es ver que la atmósfera en que se ingiere sea agradable y no un campo de batalla.

Los primeros meses de alimentación sólida, la cantidad total de alimento consumido no es muy importante, siempre que se continúe dando el pecho o un biberón. Al principio, comer es menos una cuestión de alimentarse que de adquirir experiencia — con las técnicas de comer, con los diferentes sabores y texturas, con los aspectos sociales del comer.

NOCHE DE ESTRENO... Y MAS ALLA

Aprestar el equipo de vídeo no es el único paso preparatorio que usted tendrá que dar para que la primera experiencia de comer sea memorable. También tendrá que prestar atención a las horas, el ambiente y los artículos necesarios para obtener el mayor provecho de esta comida — y de las próximas.

La hora adecuada. Si usted está criando su niño al pecho, la función debe empezar cuando su provisión de leche esté en el punto más bajo (en la mayoría de las mujeres a finales de la tarde o al anochecer). También es conveniente el anochecer si su bebé se despierta con hambre por la noche, pues una comida abundante al acostarlo puede sostenerlo más tiempo. Por el contrario, si el niño parece tener más hambre por la mañana, ésta sería la hora de ofrecerle alimentos sólidos. No se preocupe si el menú es de cereal y la hora de servirlo las 6 P.M. ... el niño no espera bisté.

Déle gusto. Usted ha programado la función para las 5:00 pero resulta que a esa hora la estrella está malgeniada y muy cansada. Aplace el espectáculo. No es posible acostumbrar a su rorro a ninguna cosa nueva, incluso el alimento, cuando está en estas condiciones. Programe las comidas para las horas en que se muestra más activo y alegre.

No empiece con el estómago vacío. Abrale al niño el apetito antes de ofrecerle sólidos, pero no lo llene. Empiece con un aperitivo de una pequeña cantidad de fórmula o leche materna. Así no estará demasiado famélico para afrontar la nueva experiencia, ni tampoco tan lleno que el siguiente plato no le llame la atención. Desde luego, con niños de poco

apetito es mejor empezar con alimento sólido cuando están con bastante hambre; tendrá usted que determinar qué es lo mejor en su caso.

Prepárese para un largometraje. No crea que las comidas se pueden disponer en segmentos de cinco minutos intercalándolas entre otros quehaceres. La alimentación de un bebé es un proceso que consume mucho tiempo, así que usted debe reservar para ello el tiempo que se necesite.

Prepare el escenario. Sostener a un chiquillo inquieto en el regazo al mismo tiempo que trata de depositar una sustancia extraña en una boca nada receptiva, es una fórmula perfecta para el desastre. Arme una fuerte silla alta, o silla de comer (vea la página 270) varios días antes de la primera experiencia, para que el niño se vaya acostumbrando a ella. Si se desliza o se hunde en la silla, acólchela con una manta pequeña, un edredón o unas toallas. Abroche las correas de retención para seguridad del niño y tranquilidad suya. Si el bebé todavía no se puede sentar en una de estas sillas o asientos, probablemente lo mejor es aplazar un poco la alimentación sólida.

Cuide igualmente de que la cuchara sea adecuada. No tiene que ser ninguna reliquia ni joya heredada de la familia, ni una cuchara especial para niños, pero sí debe ser pequeña (tal vez una cucharilla de café negro o de té helado) y posiblemente con revestimiento de plástico, que es más suave para las tiernas encías del niño. Darle a él mismo la cucharita para que trate de utilizarla comiendo con su propia mano, evita que cada bocado sea ocasión de un combate, y al mismo tiempo le da a su nuevo individualista un sentido de independencia. Un mango largo es útil si usted le va a dar la comida, pero escoja una cuchara de mango corto y curvo si la va a usar el mismo niño, para evitar que se lastime un ojo accidentalmente. Si su joven glotón insiste en "ayudarle" a usted con la cuchara, permítale que la agarre con su manecita mientras usted la guía firmemente al blanco; lo alcanzará la mayoría de las veces.

Use un babero grande, fácil de limpiar, fácil de quitar, cómodo. Puede ser de plástico firme o blando, como usted quiera, que se pueda limpiar o lavar con facilidad, de tela o plástico que se pueda echar a lavar, o un pañal desechable. Quizá no le moleste que manche de cereal las pijamas que ya casi le quedan pequeñas, pero si el hábito del babero no se le infunde temprano, es difícil (si no imposible) infundírselo más adelante. Y no olvide arremangarse si usa manga larga. Estando en casa, una alternativa al babero (si la temperatura ambiente lo permite) es dejar que el niño coma desnudo de la cintura arriba. Todavía habrá algo que limpiar, pero las manchas no serán problema.

Haga un papel de apoyo. Si le permite al bebé dirigir la función, sus probabilidades de tener éxito en la alimentación mejoran mucho. Antes de intentar siquiera acercarle la cuchara a la boca, ponga un poquito de alimento en la mesa o en la bandeja de la silla alta y déle al niño la oportunidad de examinarlo, meterle el dedo, amasarlo, frotarlo y tal vez hasta probarlo. En esta forma, cuando ya se lo ofrezca con la cuchara, no le será totalmente desconocido. Aun cuando ofrecer alimento nuevo en un biberón (con un chupete de agujero grande) podría parecer una buena manera de enseñarle a comer por sí mismo, no se recomienda por varias razones. En primer lugar, puede hacerlo ahogar; en segundo lugar, le refuerza el hábito del biberón y no le

enseña a comer como comemos todos, lo cual es en definitiva el fin que se busca. Y en tercer lugar, los niños tienden a comer demasiado en esta forma, lo que contribuye al exceso de peso.

Empiece con los anuncios. Las primeras comidas no serán comidas de verdad, sino simples introducciones a lo que vendrá. Empiece con un cuarto de cucharadita del alimento escogido. Ponga una porción diminuta entre los labios del bebé y déle tiempo de reaccionar. Si lo acepta, probablemente abrirá más la boca para el siguiente bocado, el cual se le puede colocar más adentro de la boca para que lo trague más fácilmente. Aun cuando el niño parezca receptivo, no es raro que las primeras veces el alimento vuelva a salir de la boca; en efecto, las primeras comidas a veces parecen un desperdicio total. Pero un niño que esté listo para tomar alimento sólido pronto empieza a comer más de lo que escupe. Si lo sigue rechazando, probablemente es porque en su desarrollo todavía no ha llegado el momento de darle alimentos sólidos. Usted puede, o bien seguir perdiendo tiempo, esfuerzo y comida en un empeño inútil, o esperar una semana o dos y luego probar otra vez.

Hay que saber cuándo terminar. Nunca continúe una comida cuando su niño ha perdido interés. Las señales son bien claras, aun cuando pueden ser distintas de un niño a otro y de una comida a otra: el niño se muestra inquieto, desvía a un lado la cabeza, aprieta la boca o escupe la comida, o la tira lejos.

Si rechaza un alimento que antes le gustaba, pruébelo usted para asegurarse de que no se haya alterado. Naturalmente, puede haber muchas otras razones para el rechazo. Quizá hayan cambiado los gustos del niño (los bebés son muy inconstantes en materia de comida), o acaso tenga alguna desazón, o sencillamente no tiene hambre. Cualquiera sea la razón, no lo fuerce, no insista. Ensaye con otro alimento, y si tampoco lo acepta, deje caer el telón.

ALIMENTOS PARA EL ESTRENO

Aun cuando todo el mundo está de acuerdo en que el alimento líquido perfecto para el bebé es la leche materna, no hay acuerdo total, ni siquiera entre los pediatras, en cuanto al primer alimento sólido perfecto. La razón es que no hay suficientes pruebas científicas en favor de ninguno determinado, y los niños parecen prosperar igualmente bien con uno que con otro (suponiendo que es alimento apropiado para un bebé). Si el médico de su niño no tiene ninguna reco-

mendación especial que hacer, ensaye alguno de los siguientes. Tenga en cuenta que no podrá evaluar exactamente la reacción del bebé a los alimentos que toma por primera vez por su expresión, pues al principio casi todos los niños retuercen la boca aun cuando la comida les haya gustado, sobre todo si el sabor es algo ácido. Guíese más bien por si el niño abre la boca en espera de otro bocado.

Cereal de arroz. Por ser fácil de adelgazar a una textura no mucho más espesa que la leche, ser fácilmente digerible, no producir por lo general reacciones alérgicas, y por suministrar hierro, el cereal de arroz para bebés enriquecido con hierro es probablemente el que más se recomienda como primer alimento y el preferido por la Academia Americana de Pe-

---

BUENOS ALIMENTOS SOLIDOS PARA EMPEZAR

Casi todos los niños pequeños gustan de los siguientes y los toleran bien. Pero antes de empezar con los de la lista de las frutas más dulces, trate de que el suyo se acostumbre a diversos alimentos de las tres primeras categorías. Carne y aves por lo general se introducen más tarde — hacia los siete u ocho meses. Los alimentos que se pueden preparar en la casa o comprarse ya listos para usarlos deben ser al principio de textura muy suave — cernidos, en puré o finamente machacados, y adelgazados con líquidos, si es necesario, hasta la consistencia de crema espesa. La textura debe seguir siendo blanda hasta el séptimo mes, haciéndose progresivamente más espesa a medida que el niño adquiere más práctica para comer. Los bebés por lo general toman menos de una cucharadita al principio, pero muchos llegan hasta dos o tres cucharadas grandes y a veces más en corto tiempo. El alimento se puede servir a temperatura ambiente (que es la preferida por la mayor parte de los bebés) o ligeramente tibia, aun cuando calentar la comida es cuestión del gusto de los adultos más bien que de los niños.

cereales de arroz	calabaza	yogur (sin dulce)	compota de manzana	carne
cereales de cebada	papa	kéfir (sin dulce)	plátanos	pollo
cereales de avena	zanahoria		duraznos	pavo
	habas		peras	cor-
	arvejas			dero
	aguacate			

Nota: La espinaca, que es muy rica en ácido oxálico, con frecuencia no se recomienda hasta que el niño sea mayorcito.

diatría. Mézclelo con leche de fórmula, leche materna, agua o leche entera de vaca (una vez que el médico de su niño apruebe; muchos permiten pequeñas cantidades de leche de vaca para mezclarla con cereal antes de los seis meses). Resista la tentación de agregarle plátano machacado, compota de manzana o jugos de fruta, o de comprar el cereal ya preparado con fruta, pues su niño se acostumbrará pronto a aceptar únicamente alimentos dulces y rechazará todo lo demás.

Un alimento parecido a la leche. Partiendo del supuesto de que un niño acepta más fácilmente lo que le sea familiar, los alimentos que se parezcan a la leche en consistencia y sabor (como yogur o kéfir natural de leche entera, sin endulzar) son los preferidos para comenzar. Ya sea que le dé el yogur desde el principio o un poco más tarde, no se lo mezcle con frutas ni azúcar para darle un sabor que usted considera más agradable; los niños lo toman sin tales aditamentos y hasta se habitúan a ese sabor acre y sin dulce, lo cual más tarde les será muy útil. Desde luego, a los niños que sean alérgicos o no toleren los productos lácteos se les debe dar alguna otra cosa para comenzar.

Algo dulce. A muchos los inician con una papilla de plátano bien majado o cernido (adelgazado con un poco de leche materna o de fórmula si es necesario) o compota de manzana. Es cierto que a casi todos esto les gusta mucho, pero lo malo es que se acostumbran y luego rechazan otros alimentos menos dulces, como verduras y cereales sin dulce cuando se les ofrecen. Por eso no es una elección ideal.

Verduras. En teoría, las verduras son un buen alimento para empezar — nutritivas y no dulces. Pero su sabor fuerte y distintivo las hace menos at... cereal o el yogur para much... manera que no crean una actit... hacia la experiencia gastronóm... ...onviene, sin embargo, introducirlas antes de la fruta, mientras el paladar del niño es todavía más receptivo a sabores nuevos. Las hortalizas "amarillas" como batatas y zanahorias suelen ser más sabrosas (y también más nutritivas) que las "verdes" como arvejas o habas.

AMPLIACION DEL REPERTORIO DEL BEBE

Aun cuando su bebé devore su primera porción de cereal al desayuno, no piense que le puede dar luego un almuerzo de yogur y habichuelas, y de comida carne cernida y batatas. Cada alimento nuevo que le ofrezca, desde el primero en adelante, se lo debe dar solo (o con alimentos que ya hayan sido aceptados), de manera que si hay sensibilidad o alergia a alguno de ellos se pueda reconocer. Si empieza con cereal, por ejemplo, déselo exclusivamente por lo menos durante tres o cuatro días (algunos médicos recomiendan cinco días). Puede dar por sentado que lo tolera bien si no muestra reacciones adversas como abotagamiento excesivo o gases; diarrea o mucosidad en la deposición; vómito; una erupción en la cara, especialmente en torno de la boca, o alrededor del ano; fluxión nasal o lagrimeo; o bien un resuello con resoplido ruidoso que no se pueda atribuir a resfriado; desvelo no usual por la noche; o mal genio duante el día.

Si descubre algo que le parezca una reacción, espere una semana y vuelva a ensayar. La misma reacción dos o tres veces seguidas es buen síntoma de que el niño tiene sensibilidad al alimento. Espere varios meses antes de volvérselo a dar, y mientras tanto ensaye el mismo procedimiento con otro alimento distinto. Si el bebé parece tener reacción a varios alimentos, o si en la familia hay antecedentes de alergia, espere toda una semana entre uno y otro alimento nuevo. Si con todos encuentra algún problema consulte con el médico si debe esperar algunos meses antes de empezar con alimentos sólidos.

Introduzca cada alimento nuevo en la misma forma cautelosa llevando registro escrito (la memoria es flaca) del alimento, las cantidades aproximadas que le dio y las reacciones que observe. Tenga cuidado de empezar con un solo alimento — por ejemplo, zanahorias o arvejas cernidas únicamente. Casi todas las compañías productoras de comidas para bebés tienen para este fin una línea especial de alimentos sin mezcla (que también vienen en botes pequeños para evitar desperdicio). Una vez que el niño ha tomado aisladamente tanto arvejas como zanahorias sin malos efectos, se le pueden dar en combinación. Más adelante, a medida que se amplía el repertorio del bebé, se puede introducir un nuevo alimento que no venga envasado solo (tomate, por ejemplo) junto con verduras ya aceptadas.

Algunos alimentos por ser más alergénicos que otros se introducen más tarde. El trigo, por ejemplo, se agrega a la comida del niño una vez que hayan sido bien aceptados el arroz, la avena y la cebada. Esto ocurre ocasionalmente hacia el octavo mes, pero lo corriente es que se puedan dar antes a los niños que no muestren síntomas, si no hay en la familia antecedentes de alergias a los alimentos. Las frutas y jugos cítricos se introducen después de otras frutas y jugos; la comida de mar después de la carne y las aves. Yemas de huevo (revueltas o cocidas duras y en papilla) no se dan por lo general hasta el octavo mes; las claras, que tienen

más probabilidades de provocar reacción alérgica, no suelen darse hasta cumplido el año. Chocolate y nueces no sólo son altamente alergénicos sino inapropiados como comida para bebés y por lo general no se dan en absoluto durante el primer año.

EL MEJOR REGIMEN ALIMENTARIO PARA PRINCIPIANTES

Ahora su niño apenas se está iniciando con los sólidos; todavía obtiene la mayor parte de la nutrición requerida de la leche materna o de fórmula. Pero desde el sexto mes en adelante la leche por sí sola no será suficiente para satisfacer todas las necesides del niño, y para fines del año la mayor parte de su nutrición tiene que proceder de otras fuentes. No es, pues, demasiado temprano para empezar a pensar en términos de los Nueve Principios Básicos de la Buena Nutrición (pág. 412) al planificar ahora las comidas de su bebé, y en una simplificada Docena Diaria (a continuación) una vez que su niño empiece a tomar una variedad de alimentos — por lo común hacia los ocho o nueve meses. Puesto que un régimen prudente es la mejor prevención de las enfermedades cardíacas y de muchas formas de cáncer, los hábitos de alimentación que usted fomente en su niño ahora que está en la silla alta pueden salvarle la vida más adelante. Una nutrición óptima iniciada temprano optimiza el desarrollo físico, emocional, intelectual y social de su bebé. Contribuye a hacerlo un buen estudiante y una persona feliz.

En el curso de los próximos meses puede empezar a darle gradualmente la Docena Diaria del Bebé, agregando alimentos nuevos y aumentando las cantidades de los que aparecen a continuación. Al acercarse el primer cumpleaños del

NADA DE MIEL PARA EL RORRO

La miel, fuera de que contiene poco más que sólo calorías, ofrece un riesgo positivo para la salud en el primer año. Puede contener esporas de *Clostridium botulinum,* que en esta forma es inocuo para los adultos pero a los bebés puede causarles botulismo (con estreñimiento, debilidad para mamar, mal apetito y letargo). Esta enfermedad, grave aun cuando raras veces mortal, puede degenerar en pulmonía y deshidratación. Algunos médicos aprueban la miel a los ocho meses; otros recomiendan que se espere hasta cumplido el año. Como la miel de maíz también puede contener estas esporas, la Administración de Alimentos y Drogas de los Estados Unidos ha dicho que se deber evitar en la alimentación infantil.

niño, será más adecuada la Docena Diaria Infantil. Una lista de selecciones adicionales de docena diaria comienza en la página 414.

LA DOCENA DIARIA DEL BEBE

Calorías. No se necesita contar las calorías del niño para saber si está ingiriendo las necesarias — o demasiadas. ¿Está muy gordinflón? Probablemente exceso de calorías. ¿O está muy flaco y crece lentamente? Entonces la ingestión de calorías tal vez es insuficiente. En la actualidad la mayor parte de las calorías que lo conservan en buena salud provienen de la leche materna o de fórmula; gradualmente más y más provendrán de alimentos sólidos.

Proteína. Dos o tres cucharadas al día de yema de huevo (una vez que haya sido aprobada), carne, pollo, pescado, requesón o yogur, o una onza de queso o dos de queso de soya, serán suficientes mientras la mayor proporción de proteína la siga recibiendo de leche materna o de fórmula.

Alimentos con calcio. La leche materna y la de fórmula suministran una cantidad adecuada de calcio para el niño, pero a medida que éstas se disminuyen y se aumentan los sólidos, deben agregarse al régimen alimentario otros alimentos ricos en calcio, tales como quesos duros, yogur, leche entera y queso de soya preparado con un coagulante rico en calcio. El requisito total se puede satisfacer con unas dos tazas de leche entera o el equivalente en leche materna, fórmula, otros productos lácteos u otros alimentos ricos en calcio, hasta que el niño llegue a la edad de un año (vea equivalentes en la página 416).

Granos enteros y otros carbohidratos concentrados complejos. De dos a cuatro porciones de alimentos gramíneos, legumbres o arvejas secas al día, agregan al régimen alimentario del bebé las vitaminas y minerales esenciales, lo mismo que algo de proteínas. Una porción es igual a $1/4$ de taza de cereal para bebé, $1/2$ rebanada de pan integral, o $1/4$ de taza de cereal cocido de trigo entero o pasta, $1/2$ taza de cereal seco de grano entero, o $1/4$ de taza de puré de lentejas, fríjoles o arvejas, pero no espere que el niño vaya a comer todo esto antes de varios meses.

Vegetales verdes de hoja y vegetales amarillos y fruta. Dos o tres cucharadas de calabaza, batata, zanahoria, bróculi, col, albaricoques, duraznos (al principio en puré, después en trocitos), o $1/4$ de taza de melón maduro, mango o cubos de durazno cuando el niño pase a tomar

BOTES DE DOBLE UTILIDAD

Utilice los botes en que viene el alimento para bebé, muy bien lavados en la lavadora o a mano, con detergente, en agua muy caliente, para calentar y servir porciones pequeñas de comida. Caliéntelos colocando el frasco destapado en una cantidad pequeña de agua caliente, más bien que en el horno de microondas (éste puede calentar los alimentos desigualmente).

alimentos con los dedos, le darán la cantidad necesaria de vitamina A.

Alimentos ricos en vitamina C. Basta $1/4$ de taza de jugo de fruta para bebé, fortificado con vitamina C o jugo de naranja o toronja (que generalmente no se dan hasta el octavo mes) para darle suficiente vitamina C. Lo mismo $1/4$ de taza de cubos de melón o de mango, o $1/4$ de taza de puré de brécol o coliflor.

Otras frutas y vegetales. Si al bebé le queda campo en su régimen alimentario para más comida, agregue uno de los siguientes diariamente: una o dos cucharadas de compota de manzana, papilla de plátano, puré de arvejas o habas, o puré de papas.

Sustancias grasas. El niño que está tomando fórmula o leche materna obtiene todas las sustancias grasas y el colesterol que necesita. Pero cuando se cambia a un régimen más variado y el niño pasa menos tiempo lactando o con el biberón, es importante ver que la ingestión de sustancias grasas y de colesterol continúe siendo adecuada. Los productos lácteos que se le den deben ser grasos o hechos de leche entera. Si al régimen de su niño le agrega leche en polvo desgrasada como parte del suministro de proteínas y calcio, agréguele dos cucharadas o mitad y mitad a cada tercio de taza de leche deshidratada para reemplazar la grasa. Si usa requesón bajo en grasa para el resto de la familia, puede usar lo mismo para el bebé siempre que le agregue un poquito de crema dulce o agria, o también le puede dar a diario algún queso duro no desgrasado (como por ejemplo queso suizo, de preferencia bajo en sodio) que es muy rico en grasa. Si bien es importante no eliminar las grasas lácteas del régimen alimentario, es igualmente importante no recargar dicho régimen con grandes cantidades de otras grasas o alimentos fritos, lo que puede agregar peso innecesario, ser difícil de digerir y crear malos hábitos de comida.

Hierro y suplementos. Para ayudar a prevenir la anemia por deficiencia de hierro, se le deben dar al niño diariamente cereal o leche de fórmula fortificada con hierro, o un suplemento vitamínico que lo contenga. Cantidades adicionales se obtienen de alimentos ricos en hierro, como carne, yemas de huevo, germen de trigo, panes integrales y cereales, y arvejas secas y otras legumbres a medida que se introducen en el régimen alimentario.

Sal en la comida. Como los riñones del niño no pueden elaborar grandes cantidades de sodio, y además desarrollar temprano en la vida el gusto por la sal puede conducir a problemas de hipertensión más tarde, a la comida del niño no se le debe agregar sal. La mayor parte de los alimentos ya contienen naturalmente algo de sodio, especialmente los productos lácteos y muchos vegetales, de modo que al rorro en ningún caso le va a faltar sal, aun cuando usted no se la agregue al menú.

Líquidos. Durante los cuatro o cinco primeros meses de vida, virtualmente todos los líquidos del bebé provienen del biberón o del pecho materno. Ahora pequeñas cantidades provienen de otras fuentes como jugos, leche en una taza y frutas y vegetales. A medida que empieza a disminuir la cantidad de leche de fórmula o materna, es importante ver que el total de líquidos no disminuya. En tiempo caluroso se deben aumentar; cuando haga calor, déle agua y jugos de fruta diluidos en agua.

Suplemento vitamínico. Como simple seguro de nutrición, déle gotas de vitaminas y mineral especialmente formuladas para infantes. Estas gotas deben contener hierro si su hijo no está tomando una fórmula fortificada, y únicamente las dosis diarias de vitaminas y minerales que se recomiendan para bebés.

No le dé ningún otro suplemento vitamínico ni mineral sin aprobación del médico.

LO QUE LE PUEDE PREOCUPAR

LA DENTICION

"¿Cómo puedo saber si a mi niña le están saliendo los dientes? Se muerde las manos muchísimo pero no le veo nada en las encías".

Cuando llega la visita del hada de la dentición no hay manera de saber cuánto va a durar ni si va a ser desagradable o no. Para un niño puede ser una cuestión larga y penosa mientras que para otro parece que pasa con un solo movimiento de la varita mágica en medio de una noche tranquila. A veces durante semanas o meses es visible en la encía una protuberancia; en otros casos no hay ningún síntoma visible hasta que el diente mismo aparece.

Por término medio, el primer diente brota durante el séptimo mes, aun cuando es muy posible que se deje ver más temprano: a los tres meses, o más tarde: a los doce; o en casos raros aun antes o después. La salida de los dientes sigue patrones hereditarios, de manera que si usted o su marido echaron los dientes temprano o tarde, su bebé puede hacer lo mismo. Sin embargo, con frecuencia síntomas de dentición preceden al diente mismo hasta dos o tres meses. Estos síntomas varían de un niño a otro y las opiniones de los médicos varían en cuanto a cuáles son en realidad tales síntomas y cuán dolorosa es la dentición. Pero se acepta generalmente que un niño que esté echando los dientes puede experimentar algunos de los siguientes o todos:

Babear. Para muchísimos bebés, empezando desde las diez semanas hasta los tres o cuatro meses de edad, el grifo está abierto. La dentición estimula el babear más en unos niños que en otros.

Erupción en la barba o en la cara. En los que babean mucho no es raro que se produzca una erupción cutánea o se les cuartee la piel de la barba y alrededor de la boca por la irritación del contacto constante con saliva. Para prevenir esto, durante el día limpie suavemente las babas periódicamente, y cuando el bebé duerme, coloque una toalla debajo de la sábana de la cuna para absorber el exceso. Si aparece una mancha de piel reseca, manténgala bien lubricada con una crema suave para el cutis (pídale al doctor que le recomiende una).

Un poco de tos. El exceso de saliva puede causarle al bebé bascas o tos ocasionalmente. Esto no debe ser motivo de preocupación, siempre que por lo demás el niño no tenga síntomas de resfriado, gripe o alergias. A veces los niños siguen tosiendo para llamar la atención o porque les parece una adición interesante a su repertorio de vocalización.

El bebé muerde. En este caso el morder no es síntoma de hostilidad. Un rorro que está echando los dientes muerde todo lo que se le ponga por delante — desde su propia manecita hasta el pecho que lo alimenta o el dedo de un extraño desprevenido — pues la contrapresión de lo que muerde le ayuda a aliviar la presión bajo las encías.

Dolor. La inflamación es la reacción protectora del sensible tejido de las encías al diente que viene, el cual se considera un intruso que hay que rechazar. A algunos niños les produce un dolor que parece inaguantable pero a otros no. Por lo general el primer diente es el que más molesta. Parece que los niños se acostumbran a la sensación de la dentición y aprenden a tolerarla. Los molares, debido a su mayor tamaño, parece que producen más dolor, pero por fortuna no son motivo de preocupación hasta algún tiempo después de que el niño cumpla el primer año.

Irritabilidad. A medida que aumenta la inflamación y un dientecillo agudo se va acercando a la superficie amenazando irrumpir, el dolor de las encías puede hacerse más constante. Como cualquiera que sufra un dolor crónico, el bebé se muestra irritable, desazonado, inquieto. Algunos niños (y sus padres) sufrirán más que otros en los casos en que la irritabili-

dad dura semanas en lugar de días u horas.

No quiere comer. El niño que empieza a endentecer puede parecer caprichoso cuando se trata de comer. Al mismo tiempo que busca la satisfacción de tener algo en la boca (y parece que "quiere comer todo el tiempo"), una vez que empieza a chupar, la succión creada aumenta su desazón, y entonces rechaza el pecho o el biberón que momentos antes deseaba tan apasionadamente. Con cada repetición de esta escena (y algunos la repiten todo el día mientras les están saliendo los dientes) el niño y la mamá se sienten más frustrados y mortificados. El que había empezado a tomar sólidos pierde interés en ellos durante algún tiempo; esto no es motivo de preocupación, pues todavía está obteniendo casi toda la nutrición y líquidos que necesita de la lactancia natural o de la fórmula y el apetito le volverá una vez que le salga el diente. Naturalmente, si rechaza más de un par de comidas o parece que está comiendo muy poco durante varios días, conviene llamar al doctor.

Diarrea. Si este síntoma realmente tiene relación con la dentición o no, depende de a quién se le pregunte. Algunas mamás insisten en que cada vez que sus hijos tienen un diente, hacen deposiciones sueltas. Algunos médicos admiten que puede haber alguna relación directa porque el exceso de la saliva que se traga afloja la deposición. Otros médicos no reconocen esa relación, por lo menos públicamente, tal vez no porque estén completamente seguros de que no existe sino porque temen que la legitimación de la teoría lleve a las madres a pasar por alto síntomas gastrointestinales posiblemente significativos atribuyéndolos a la dentición. Las deposiciones de su niño pueden ser más sueltas durante la dentición, pero en todo caso cuando haya verdadera diarrea en más de dos evacuaciones, hay que notificar al médico.

Fiebre baja. La fiebre, como la diarrea, es un síntoma que los médicos vacilan en vincular con la dentición. Sin embargo, algunos reconocen que una fiebre baja (menos de 38,3° centígrados de temperatura rectal) puede ocasionalmente acompañar la dentición como resultado de inflamación de las encías. Como medida de precaución, trate la fiebre que acompaña la dentición como trataría cualquier otra fiebre baja en cualquier otro tiempo, llamando al médico si persiste por tres días.

Se desvela. Los dientes no le salen solamente durante el día; el malestar que lo tiene inquieto todo el día también lo puede desvelar por la noche. Hasta el que ha venido durmiendo bien toda la noche de pronto empieza a despertarse otra vez. Para evitar que vuelva a caer en los malos hábitos de antes, no se apresure a confortarlo o alimentarlo. Espere a ver si se vuelve a dormir solo. El despertarse por la noche, lo mismo que otros problemas de la dentición, es más común con el primer diente y con los molares.

Hematoma de las encías. De vez en cuando la dentición produce sangría bajo las encías y ésta aparece como una hinchazón azulada. Estos hematomas no tienen ninguna importancia y los médicos recomiendan dejar que se resuelvan solos sin intervención ninguna. Compresas frías pueden aliviar el malestar y acelerar la resolución del hematoma de la encía.

Se tira las orejas; se frota la mejilla. El dolor de las encías puede pasar a las orejas y a las mejillas por las vías nerviosas compartidas, particularmente cuando los molares empiezan a presionar para salir. Por eso es por lo que algunos niños

cuando empiezan a echar los dientes se tiran de una oreja o se frotan la mejilla o la barba. Pero tenga en cuenta que también se tira de las orejas cuando tiene una infección. Si sospecha que hay tal infección (vea la página 492) con dentición o sin ella, hable con el médico.

Para el malestar de la dentición probablemente hay tantos remedios caseros como hay abuelas. Algunos dan buenos resultados y otros no. Entre los mejores que la práctica antigua y la nueva medicina pueden ofrecer se cuentan los siguientes:

Algo para morder. Esto no trae ningún beneficio nutritivo; es simplemente para el alivio que proviene de la contrapresión contra las encías — alivio que se aumenta si el objeto que se muerde está helado y es adormecedor. Una rosquilla congelada, un banano congelado (aunque se ensucie con él), un cubo de hielo envuelto en una servilleta muy limpia y bien asegurado con una banda de caucho, una zanahoria helada, con la punta recortada (pero no utilice zanahorias cuando ya hayan salido los dientes, que podrían arrancar pedacitos capaces de ahogarlo). Un aro de caucho u otro juguete de dentición, o hasta la baranda de plástico de una cuna o corralito de juego le dan algo que mascar. En las tiendas de alimentos naturales se compran galletas nutritivas de dentición, que están muy bien antes de que los dientes hayan brotado, pero después, debido a su alto contenido de carbohidratos pueden causar problemas de caries si se mantienen constantemente en la boca. Cuando se le den para la dentición cosas de comer, el bebé debe estar en posición de sentado y siempre bajo la vigilancia de un adulto.

Algo que frotar. Muchos bebés agradecen que se les frote firmemente la encía con el dedo de un adulto. Algunos protestan al principio, pues el frotamiento les causa dolor, pero luego se calman cuando la contrapresión empieza a darles alivio.

Algo frío para tomar. Ofrézcale al niño un biberón de agua helada. Si no toma biberón o le molesta chupar, ofrézcale el líquido calmante en una taza — pero primero sáquele los cubitos de hielo. Esto aumentará también la cantidad de líquido que toma el niño que está endenteciendo, lo cual es importante si está perdiendo líquidos por el babear o la soltura de estómago.

Algo frío para comer. Compota de manzana o de durazno, o yogur enfriados en el congelador resultan más apetitosos para el niño que está echando los dientes que los alimentos tibios o a temperatura ambiente, y desde luego son más nutritivos que un aro de dentición.

Algo para el dolor. Si no hay nada que le traiga alivio, habrá que recurrir al acetaminofeno. Consulte con su médico la dosis adecuada, o si no lo encuentra, vea la página 730. O ensaye algo menos moderno pero a menudo igualmente eficaz como quitadolor: frotarle la encía con el dedo ligeramente humedecido de brandy aromatizado — pero *no más* porque el alcohol es un veneno peligroso para los niños, aun en pequeñas cantidades. No le dé ninguna medicina, absolutamente, a menos que lo ordene el doctor.

TOS CRONICA

"Durante las tres últimas semanas mi bebé ha tenido un poco de tos. No parece estar enfermo y casi se diría que está tosiendo a propósito. ¿Es esto posible?"

Desde la temprana edad de cinco meses muchos niños empiezan a darse cuenta de que todo el mundo es un escenario y que no hay nada como un auditorio admirativo. Cuando descubren que un poquito de tos — sea causada por exceso de saliva o producida normalmente en el proceso de experimentación vocal — atrae mucha atención, siguen tosiendo sólo por lograr este efecto. Mientras el niño esté sano y parezca controlar la tos y no al contrario, no haga caso. Y aun cuando su pequeño actor en cierne jamás pierda el gusto de lo dramático, probablemente abandonará el truco de la tos para llamar la atención cuando él y el auditorio se hayan aburrido.

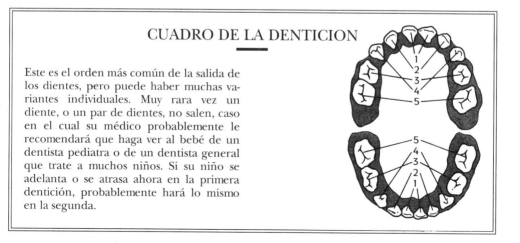

CUADRO DE LA DENTICION

Este es el orden más común de la salida de los dientes, pero puede haber muchas variantes individuales. Muy rara vez un diente, o un par de dientes, no salen, caso en el cual su médico probablemente le recomendará que haga ver al bebé de un dentista pediatra o de un dentista general que trate a muchos niños. Si su niño se adelanta o se atrasa ahora en la primera dentición, probablemente hará lo mismo en la segunda.

SE TIRA LAS OREJAS

"Mi hijita se tira mucho de las orejas. No parece que le duela nada pero me preocupa que pueda tener una infección".

Los niños tienen mucho territorio por descubrir y una gran parte de él está en su propio cuerpo. Los dedos y las manos, los pies, el pene o la vagina y otros curiosos apéndices como la oreja serán motivo de exploración en un momento u otro. A menos que el acto de tirarse de la oreja la niña vaya acompañado de llanto o dolor obvio, fiebre u otros síntomas de enfermedad (en ese caso vea la página 492), es muy probable que sea sólo manifestación de su curiosidad y no síntoma de infección del oído. Algunos bebés también se llevan la mano a los oídos cuando están endenteciendo. El enrojecimiento del oído externo no es señal de infección sino un simple resultado de la manipulación constante. Si sospecha que hay algún problema, consulte con su médico.

Manerismos peculiares, como tirar de la oreja, son bastante comunes y de corta duración; son reemplazados por otros nuevos y más interesantes una vez que el niño se aburre de ellos.

SIESTAS

"Ahora mi bebé pasa más tiempo despierto durante el día y yo no sé, ni él tampoco, cuántas siestas necesita".

Esto es inevitable. Las primeras semanas cuando lo traen del hospital los orgullosos padres, ansiosos de iniciar sus funciones como tales, se paran al lado de la cuna del recién nacido esperando que despierte de lo que parece un sueño interminable. Después, cuando empieza a pasar más tiempo despierto, se preguntan: ''¿Por qué no duerme nunca?''

Si bien el niño típico en el quinto mes hace tres o cuatro siestas bastante regulares de una hora de duración cada una más o menos, algunos se las arreglan con cinco o seis siestas de veinte minutos cada una y otros con dos largas, de hora y media o dos. El número de siestas que el niño haga, sin embargo, no tiene tanta importancia como el tiempo total de sueño (unas $14^1/2$ horas al día por término medio durante el quinto mes, con grandes variaciones). Las siestas largas son más prácticas para usted puesto que le dan períodos más largos en qué realizar sus quehaceres. Además, el bebé que se acostumbra a siestas cortas durante el día puede seguir con el mismo patrón durante la noche despertándose con frecuencia.

Para que las siestas sean más largas, usted puede:

■ Ofrecerle un lugar cómodo para dormir. Dejarlo dormir en el hombro no sólo la cansa a usted sino que el niño duerme menos. Es preferible una cuna, un cochecito o aun cuando sea un sofá (poniéndole al lado un asiento o una mesa bajita con almohadas para que no se vaya a caer).

■ Mantener la temperatura de la pieza confortable, ni muy caliente ni fría, y abrigarlo debidamente. Pero recuerde que todos necesitamos un poco de abrigo extra durante el sueño, cuando estamos inactivos.

■ No dejar que se quede dormido justamente antes de la comida (cuando el estómago vacío probablemente lo despierte antes de tiempo), cuando necesite cambiarle pañales (no dormirá bien si está mojado), cuando espera visita (y ruido), o en cualquier otro tiempo en que se pueda prever que la siesta no será larga.

■ Evitar toda perturbación previsible. Pronto aprenderá qué es lo que no lo deja dormir. Puede ser el rodar del cochecito en el supermercado, o pasarlo del asiento de automóvil a la cuna, o el ladrido agudo del perro, o el teléfono que suena en el vestíbulo cerca de su cuarto. Controlando las circunstancias en que duerme el niño, podrá eliminar estas perturbaciones.

■ Mantener al niño despierto más tiempo entre una y otra siesta. Ya a esta edad debe ser capaz de permanecer despierto unas tres y media horas seguidas y en ese caso la siesta puede ser más larga. Ensaye las ideas de estimulación infantil de las páginas 190 y 303 para aumentar el tiempo que permanezca despierto.

Aun cuando muchos niños se regulan a sí mismos bastante bien en esta materia, no todos duermen lo suficiente. Si el suyo parece estar con frecuencia de mal humor, es posible que esto se deba a falta de sueño. Si le parece que el bebé necesita dormir más, tendrá que intervenir para aumentar los períodos de sueño. Pero si a pesar de dormir poco se muestra perfectamente contento, tendrá que aceptar el hecho de que es uno de esos niños que no necesitan dormir tanto.

ECZEMA

"Apenas pasé a mi hija del pecho al biberón, le empezó a brotar una erupción rojiza en las mejillas. Debe producirle comezón porque trata de rascarse y eso le inflama la piel".

Esto suena como un caso típico de eczema infantil, conocida también como dermatitis atópica. Esta es una afección cutánea que suele presentarse cuando al niño se le empiezan a dar alimentos sólidos, o cuando se le cambia de leche materna a leche de fórmula, o de esta última a leche de vaca, y se cree que es una reacción alérgica. Es rara en los niños

criados exclusivamente al pecho y más común en aquéllos que tienen antecedentes familiares de eczema, asma o fiebre del heno. En los niños alimentados con leche de fórmula, la erupción aparece más o menos a los tres meses de edad.

Se inicia como un brote escamoso rojizo en las mejillas y a menudo se extiende a otras regiones del cuerpo, principalmente detrás de las orejas, la nuca, los brazos y las piernas. (Generalmente no llega a la zona del pañal hasta los seis o los ocho meses.) Se desarrollan pequeñas pápulas o vejiguillas que se llenan de fluido y luego rezuman y forman costra. La fuerte picazón hace que los niños se rasquen, y esto puede producir infección. Con excepción de los casos más suaves y autolimitados, el ezcema requiere tratamiento médico para evitar complicaciones. Desaparece hacia los dieciocho meses en la mitad de los casos y generalmente se hace menos grave en los demás a la edad de tres años. Sin embargo, 1 de cada 3 niños con eczema, aproximadamente, desarrollan más tarde asma u otras alergias.

Los puntos siguientes son importantísimos en el tratamiento del eczema:

Cortarle las uñas. Manténgaselas tan cortas como sea posible, para minimizar el daño que se ocasiona rascándose la erupción. Quizá se le pueda impedir rascarse metiéndole las manos en un par de medias o de mitones, sobre todo cuando está durmiendo, pero todavía podrá frotarse la cara contra las sábanas para obtener alivio.

Limitar los baños. Como el contacto del jabón y el agua aumenta la sequedad de la piel, limite los baños a no más de 10 o 15 minutos tres veces por semana. No se debe usar jabón en las áreas afectadas, pero para las manos sucias, las rodillas y el área del pañal se puede usar un jabón muy suave (hay jabones líquidos especiales para bebés). Use el mismo jabón en lugar de champú para lavarle la cabeza y no meta a su niño en piscinas de agua tratada con cloro ni tampoco en agua salada, pero un chapuzón en agua dulce está bien.

Lubricar abundantemente. Extienda cantidades de una rica crema facial (que haya sido recomendada por el médico) sobre las áreas afectadas, después del baño y mientras la piel esté aún húmeda. No use grasas vegetales ni aceites, ni jalea de petróleo (como Vaselina).

Controlar el ambiente. Los excesos de calor, frío o sequedad del aire agravan el eczema; evite sacar a su niño fuera de casa cuando las condiciones del tiempo sean extremas; mantenga la casa ni muy caliente ni demasiado fría y use un humectador de vapor frío para mantener el aire húmedo. (Pero tenga cuidado de que el humectador se limpie con regularidad; vea la página 730.)

Usar telas de algodón. El sudor agrava el eczema, de modo que hay que evitar las telas sintéticas, las de lana y el exceso de abrigo. Evite también las telas ásperas y la ropa con costuras o adornos que puedan contribuir a empeorar la situación. La ropa de algodón suave y floja será la más confortable y menos irritante. Cuando el bebé juegue en la alfombra del piso, que también le puede irritar la piel, póngale debajo una sábana de algodón.

Implantar una cuarentena limitada. No para proteger a otros niños (el eczema no es contagioso) sino para proteger al suyo de otros niños que le podrían pasar un virus (especialmente herpes) u otra enfermedad que pueda llevar a una infección secundaria grave de la piel, la cual está expuesta y vulnerable.[1]

Controlar la dieta. Bajo supervisión del médico, elimine todo alimento que parezca causar un recrudecimiento de la erupción.

Obtener tratamiento médico. El eczema que aparece y desaparece en la infancia por lo general no deja efectos permanentes, pero si persiste cuando el niño ya está grande, la piel afectada puede engrosar, perder pigmento y cuartearse. Por tanto, es indispensable un tratamiento, que por lo general incluye una crema esteroide para extender sobre las zonas afectadas, antihistaminas para reducir la picazón, y antibióticos si se presenta una infección secundaria.

CON EL NIÑO A CUESTAS

"Nuestro bebé ya está muy grande para llevarlo en el portabebés colgado al frente. ¿Es peligroso llevarlo en un asientito de portar a la espalda?"

Cuando el niño ya se pueda sentar solito, aun cuando sea por poco tiempo, está en condiciones de ocupar un asientito de llevar en la espalda — suponiendo que a él y a usted les guste. Algunos padres encuentran este aparato confortable y cómodo, mientras que a otros les parece muy molesto y fatigante. A algunos bebés les encanta la altura y la vista que les proporciona, pero otros se asustan al verse allá arriba. Para descubrir si al suyo le gusta o no, pruebe primero con el de alguna amiga, o con el asiento de muestra que tienen en la tienda, antes de comprar.

Si se resuelve a usarlo, asegúrese siempre de que el niño quede bien asegurado

---

[1] Aunque es muy improbable que su hijo entre en contacto con otra persona que haya sido vacunada recientemente contra la viruela, usted debe saber que ese contacto — o la inoculación misma — es peligroso para un niño con eczema.

en él. Tenga también en cuenta que esa posición le permite al niño hacer muchas cosas más que simplemente mirar el paisaje — inclusive agarrar latas de los anaqueles en el supermercado, tumbar un florero en una tienda de regalos, arrancar (y comerse) hojas de arbustos en el parque. También tenga en cuenta que llevar al niño a cuestas le exige a usted juzgar las distancias de una manera distinta — por ejemplo, al entrar de espaldas en un ascensor lleno de gente o al pasar por una puerta de dintel muy bajo.

CONSEJOS GRATUITOS

"Cada vez que salgo con mi hijo tengo que oír por lo menos a una docena de personas extrañas que me dicen que no está suficientemente abrigado, o que haga tal o cual cosa para la dentición, o qué debo hacer para que deje de llorar. ¿Qué hago yo con tantos consejos no deseados?"

Aun cuando es cierto que si usted tiene una gran perspicacia podría beneficiarse ocasionalmente de las voces de la experiencia que hacen coro en torno al cochecito de paseo cada vez que usted sale de su casa, lo mejor que se puede hacer con la mayor parte de lo que oye de estas personas bienintencionadas es dejar que le entre por un oído y le salga por el otro rápidamente.

Usted podría replicar y perder quince minutos en un empeño inútil por persuadir a esas consejeras de que lo correcto es lo que usted está haciendo; pero lo más sensato en estas situaciones es esbozar una sonrisa, darles las gracias y seguir su camino lo más pronto posible. Dejándolas hablar les da en la vena del gusto y no se mortifica usted.

Si los consejos que le dan parece que tienen alguna validez pero usted no está segura, consulte con el médico del niño, o con otra fuente digna de confianza.

EMPIECE A DARLE EN TAZA

"No le doy biberón a mi niño, pero el doctor me dice que ya le puedo dar jugos. ¿Es demasiado temprano para empezar a darle en taza?"

Sea que empiece a darle en taza a los cinco meses o a los diez o a los dieciocho, lo cierto es que tarde o temprano ésa es la manera como el niño recibirá todos los líquidos. Pero enseñarle temprano a beber en taza ofrece ciertas ventajas importantes, una de las cuales es que aprende que hay una fuente de refrescos líquidos distinta del pecho o el biberón, alternativa que hará más fácil destetarlo del uno o el otro. Otra ventaja es que es una forma adicional de darle líquidos (agua, jugos, y después de seis meses leche) cuando la mamá no puede o no quiere lactarlo o no está disponible, o cuando no hay a mano un biberón.

Puede anotarse igualmente como ventaja del temprano adiestramiento con la taza el hecho de que a los cinco meses el niño es muy maleable. En cambio, si se espera hasta que cumpla un año va a encontrar mucha resistencia. No sólo se le habrán fijado ya muy firmemente los hábitos sino que puede sentir que al aceptar la taza está sacrificando el pecho o el biberón a que estaba acostumbrado. Y aun cuando la acepte pasará un tiempo antes de que adquiera destreza para usarla, lo cual significa que pueden pasar semanas o meses antes de que pueda tomar cantidades significativas — y por tanto semanas o meses antes que lo pueda destetar.

Para facilitarle que aprenda a usar temprano la taza:

Espere hasta que se pueda sentar apoyado. Hasta a bebés de dos meses se les puede enseñar a usar la taza, pero hay menos probabilidad de bascas cuando el niño ya se puede sentar apoyado.

Elija una taza segura. Aun cuando usted misma la sostenga, el niño puede voltearla o darle un manotazo impaciente porque ya no quiere más, por lo cual lo mejor es usar tazas irrompibles. Una que tenga peso en el fondo no se vuelca con facilidad. Los vasitos de papel o plásticos aun cuando son irrompibles no sirven para el entrenamiento porque se pueden estrujar . . . para felicidad del bebé.

Consiga una que le guste. El tipo de taza preferido varía de un niño a otro, de modo que habrá que experimentar con distintos tipos hasta encontrar el que realmente le guste al suyo. A algunos les gusta una taza con una o dos asas que puedan agarrar; otros prefieren una sin asas. (Si ésta última resbala entre las manecitas húmedas del bebé, envuélvale un par de tiras de cinta adhesiva alrededor, cambiando la cinta cuando se ensucie.) Una taza con tapa de pico teóricamente ofrece una buena transición de mamar a beber (probablemente más para los niños criados con biberón que para los que están acostumbrados al pezón materno) pero a algunos sencillamente no les gusta, tal vez porque encuentran que es más difícil extraer el líquido, o acaso porque quieren beber de una taza igual a la de mamá o papá. Y aun cuando se derrama menos usando una taza con tapa de pico, siempre llegará el día en que el niño tendrá que aprender a tomar sin esta protección, y entonces habrá más líquido derramado.

Proteja a todos los interesados. Enseñarle al niño a beber en taza no va a ser un proceso muy limpio; durante un tiempo será más lo que derrama que lo que traga. Mientras aprende, póngale un babero grande, absorbente o impermeable durante las lecciones. Si lo sostiene en el regazo mientras le da de comer, protéjase con una tela impermeable o un delantal.

Ponga al niño cómodo. Siéntelo de modo que se sienta seguro — en el regazo, en un asiento infantil o en una silla alta, bien apoyado.

Ponga en la taza el líquido adecuado. Es más fácil y menos dañino empezar con agua. Después puede ensayar con leche materna extraída, o con leche de fórmula (pero no con leche de vaca mientras no lo autorice el médico), o jugo diluido; al principio algunos niños sólo aceptan en taza el jugo, no la leche, mientras que otros sólo aceptan leche.

Use la técnica de trago por trago. Ponga sólo una pequeña cantidad de leche en la taza. Lleve ésta a los labios del niño y viértale en la boca unas pocas gotas. Retire en seguida la taza para darle la oportunidad de que trague sin atragantarse. Suspenda la sesión cuando el niño dé señales de que no quiere más volviendo a un lado la cabeza, empujando la taza o mostrándose molesto.

Aun con esta técnica se puede esperar que le salga de la boca tanto líquido como el que le entra. Pero con mucha paciencia, práctica y perseverancia, llegará el día en que entre más de lo que sale.

Fomente la participación. Es posible que su bebé trate de quitarle a usted la taza, como si quisiera decir, "yo puedo tomar solo". No se lo impida. Hay unos pocos niños que aun a tan temprana edad son capaces de manejar la taza. No se preocupe si lo derrama todo — eso es parte del proceso de aprendizaje. También puede aprender compartiendo la tarea, cogiendo la taza junto con usted.

No lo obligue. Si el niño se resiste a usar la taza aun después de varios ensayos y aun después de que usted ha probado con diferentes líquidos y varios tipos de tazas, no lo presione para que acepte. Mejor aplace el proyecto un par de sema-

PRECAUCIONES CON LOS ALIMENTOS

La intoxicación alimentaria o botulismo es una de las enfermedades más comunes de la infancia, y son millones los casos que se presentan todos los años; pero es también una de las más fáciles de prevenir. Otros peligros que tienen su origen en la mesa de comer (esquirlas de vidrio, contagio de microbios del resfriado) también se pueden evitar. Para estar segura de que ha hecho todo lo posible a fin de que la comida de su niño no ofrezca peligro, observe las precauciones siguientes en la preparación de los alimentos:

■ Lávese siempre las manos con agua y jabón antes de darle de comer; si toca carne cruda, pollo, pescado o huevos (todos los cuales contienen bacterias) durante el proceso de darle de comer, láveselas otra vez. Lávese también las manos si se suena o si se toca la boca. Si tiene en la mano una cortadura, cúbrala con una tira de esparadrapo antes de darle la comida al niño.

■ Guarde los cereales y los botes sin abrir de comida para bebés en un lugar seco, fresco, lejos de fuentes de calor extremo (como por ejemplo la estufa) o de frío excesivo (como un sótano sin calefacción).

■ Limpie las tapas de los frascos de comida con un paño limpio o con agua del grifo para quitarles el polvo antes de abrirlos.

■ Si la tapa está muy apretada y no la puede abrir, deje correr agua caliente sobre ella o hágale palanca con un abrefrascos; pero no golpee la tapa, pues esto puede hacer que caigan dentro del contenido pequeñas astillas de vidrio.

■ No le dé de comer al niño directamente del bote de compota, a menos que sea la última porción que queda en él, y lo que sobre en el plato en que ha comido el niño no lo guarde para la siguiente comida porque las enzimas y bacterias que contiene la saliva del bebé empiezan a "digerir" el alimento tornándolo aguado y descomponiéndolo rápidamente.

■ Fíjese que en las tapas de seguridad el botón esté bajado antes de abrir por primera vez el frasco. Al abrir, ponga cuidado para oír un golpecito seco, indicador de que el cierre hermético estaba intacto. Descarte o devuelva a la tienda todo frasco que tenga levantado el botón o que no produzca un estallido al abrirlo. Si usa alimento enlatado corriente para un niño mayor, (o para cualquier otra persona) deseche las latas que estén infladas o que tengan un escape. No consuma alimentos en que un líquido que debiera ser claro se haya vuelto turbio o lechoso.[2]

■ Cuando use el abrelatas, asegúrese de que esté limpio (lávelo cada vez que lo use, fregando los engranajes con un cepillo de dientes reservado para el caso), y deséchelo cuando empiece a oxidarse y ya no se pueda limpiar.

■ Cada porción de alimento que le vaya a dar al niño sáquela del bote con una cuchara limpia. Si el bebé quiere repetir, use otra cuchara distinta, también limpia.

■ Después de sacar del frasco la porción que le va a dar al niño, tápelo otra vez y guarde en el refrigerador lo que quede hasta que se necesite de nuevo; si no usa los jugos en el término de tres días (o dos días en el caso de cualquier otra cosa) tírelo todo a la basura.

■ No es necesario calentar la comida del bebé (los adultos prefieren las carnes y los vegetales calientes, pero los niños no han desarrollado aún tales prejuicios gustativos); pero si quiere, caliente únicamente la porción necesaria para una comida y deseche cualquier sobrante. No caliente la comida del bebé en horno de microondas; aun cuando el recipiente pueda permanecer frío, el contenido se sigue calentando unos pocos minutos después de sacarlo del horno y puede llegar a una temperatura suficiente para quemarle la boca al niño. Caliéntelo más bien en una escudilla de vidrio resistente al calor, sobre agua hirviendo (los platos de comer de agua caliente no calientan el alimento pero sí lo

---

[2] Los alimentos enlatados son menos nutritivos que los congelados o los frescos y con frecuencia tienen mucha sal o azúcar, así que se deben usar muy poco o nada para el bebé.

mantienen caliente). Para probar la temperatura revuelva el alimento, luego échese una gota en el interior de la muñeca, pero no pruebe usted de la misma cucharilla del bebé; si quiere probarlo, use otra cuchara distinta.

■ Cuando prepare alimentos frescos para el niño, asegúrese de que los utensilios y las superficies de trabajo estén bien limpios. Mantenga fríos los alimentos fríos y calientes los calientes; la comida se descompone rápidamente entre los 15° y los 50° centígrados, de modo que la del bebé no se debe guardar a tales temperaturas durante más de una hora. (Para los adultos el período que no ofrece peligro es más bien entre dos y tres horas.)

■ Cuando el médico autorice que le dé a su hijo claras de huevo, cuide de que éstas estén bien cocidas antes de dárselas. Las claras de huevo crudas pueden contener salmonela.

■ Al probar durante la preparación de los alimentos, use una cuchara distinta cada vez que pruebe, o lave la cuchara entre una y otra prueba.

■ *Cuando tenga duda* sobre la frescura de un alimento, *tírelo a la basura.*

■ Para los paseos lleve botes de compota o frascos sin abrir de alimento deshidratado para bebé (al cual se le agrega agua fresca). Los frascos ya abiertos, o los recipientes de cualquier cosa que necesiten refrigeración, deben llevarse en una bolsa empacada con hielo si va a transcurrir más de una hora antes de servirlos. Cuando el alimento ya no se sienta frío, no se lo dé al bebé.

Otra fuente de peligro en lo que come el niño es la contaminación química — pesticidas en frutas y vegetales, aditivos en los alimentos preparados, contaminantes accidentales o incidentales en carnes, aves o pescado (vea la página 277). Aun cuando la mejor manera de evitar estas sustancias químicas es no comprar los alimentos que las contienen, también se pueden eliminar algunas de ellas en la cocina:

■ Pele los vegetales y las frutas siempre que sea posible, a menos que tengan certificado de haber sido cultivados orgánicamente.

■ Lave todas las frutas y vegetales que no pele, con agua y detergente de platos, fregándolos bien con un cepillo duro cuando sea práctico. Enjuáguelos muy bien para que no quede ni rastro del detergente.

nas. Cuando ensaye otra vez, use una taza distinta y haga un poco de aspaviento ("¡Mira lo que ha traído mamá!") para despertar su interés. O también se le puede permitir al pequeño rebelde que juegue un rato con una taza vacía para que se vaya acostumbrando.

ALERGIAS A LOS ALIMENTOS

"Tanto mi marido como yo tenemos muchas alergias. Me preocupa que nuestro hijo también las vaya a tener".

Desgraciadamente, no sólo se heredan las mejores características — un hermoso cabello, piernas largas, habilidad musical,

disposición para la mecánica. También se heredan las menos deseables, y tener dos padres con alergias hace al niño mucho más susceptible de desarrollarlas que otro niño cuyos padres no las hayan tenido. Eso no significa que su niño esté condenado a toda una vida de urticarias y estornudos. Significa que usted debe discutir sus preocupaciones con el médico de su niño y si es necesario con un pediatra especialista en alergias.

Un bebé se hace alérgico cuando su sistema inmunológico se sensibiliza a una sustancia produciendo anticuerpos. La sensibilización puede ocurrir la primera vez que el organismo encuentra dicha sustancia, o la centésima vez; pero una vez que ocurre, los anticuerpos entran en acción cuando quiera que se encuentran con esa sustancia, causando una gran variedad de reacciones físicas, inclusive fluxión nasal, lagrimeo, dolores de cabeza, resuello ruidoso, eczema, urticaria, diarrea, dolor o malestar abdominal, vómito violento, y en casos graves, choque anafiláctico. Hasta hay algunos indicios de que la alergia puede también manifestarse en síntomas del comportamiento, tales como mal genio.

Entre los alimentos, los alergenos más comunes son la leche, los huevos, el maní, el trigo, el maíz, el pescado, los mariscos, las fresas y las moras, las nueces, las arvejas, los fríjoles, el chocolate y algunas especias. En algunos casos, hasta una pequeña cantidad del alimento produce reacción severa. En otros, parece que pequeñas cantidades no causan problema alguno. Los niños suelen curarse de las alergias a los alimentos, pero más adelante pueden desarrollar hipersensibilidad a otras sustancias del ambiente, tales como el polvo de la casa, el polen y la caspa animal.

Sin embargo, no todas las reacciones adversas a una sustancia son alergias. Efectivamente, en algunos estudios de niños los especialistas han podido comprobar alergias en menos de la mitad de los individuos — todos los cuales habían sido previamente diagnosticados como tales. Lo que parece ser una alergia puede ser muchas veces una deficiencia enzimática. Por ejemplo, niños con insuficientes niveles de la enzima lactasa no pueden digerir la lactosa, o azúcar de la leche, y por consiguiente reaccionan mal a la leche y sus productos. Y los que sufren de enfermedad celíaca no pueden digerir el gluten, sustancia que se encuentra en las semillas de los cereales, y por eso parecen alérgicos a éstos. El funcionamiento de un sistema digestivo inmaduro, o problemas infantiles tan comunes como el có-

lico, pueden ser erróneamente diagnosticados como alergias.

Para los bebés que tienen familias con antecedentes de alergia, los médicos por lo general recomiendan las precauciones siguientes:

Lactancia natural. Los niños criados con biberón tienen más probabilidades de desarrollar alergias que los criados al pecho — quizá porque la leche de vaca es una causa relativamente común de reacción alérgica. Si usted le está dando el pecho a su niño, continúe dándoselo si es posible durante todo el primer año. Cuanto más tarde la leche de vaca en ser la base de su régimen alimentario, tanto mejor. A veces en las familias alérgicas se sugiere usar una fórmula con base de soya cuando se necesita un suplemento, pero algunos bebés también resultan alérgicos a la soya.[3] Para tales criaturas, se necesitará una fórmula de proteína hidrolizada.

Demorar los sólidos. Hoy se cree que cuanto más se tarde en exponer al niño a un alergeno potencial, tanto menores serán las probabilidades de que haya sensibilización. Por eso muchos médicos recomiendan que en las familias alérgicas se deje para más tarde la administración de alimentos sólidos — empezando no antes de los cinco meses, a menudo a los seis y a veces aun más tarde.

Introducción gradual de nuevos alimentos. Siempre es prudente introducir los nuevos alimentos para el bebé uno por uno, y esto es especialmente importante en las familias alérgicas. Quizá se recomiende que se le dé cada nuevo alimento todos los días durante toda una

---

[3] Recientes investigaciones indican que ocasionalmente los niños pueden tener una reacción alérgica a proteína de huevo o de leche de vaca en la leche materna. Se necesita más estudio para confirmar esto.

semana, antes de empezar con otro. Si se presenta cualquier reacción alérgica — como deposición suelta, gases, salpullido (inclusive erupción del pañal) escupir con exceso, resuello ruidoso o fluxión nasal — por lo general se aconseja que se suspenda inmediatamente el alimento y no se le vuelva a dar por lo menos durante varias semanas — y entonces tal vez ya lo acepte sin molestia.

Introducir los alimentos menos alergénicos primero. Cereal de arroz para bebés, el que tiene menos probabilidades de causar alergias, se suele recomendar para empezar la alimentación sólida. Avena y cebada son menos alergénicos que trigo y maíz, y por lo general se dan antes que éstos. La mayoría de las frutas y los vegetales no causan problemas pero se advierte a los padres que no se apresuren a introducir fresas, moras y otras bayas, y tomates. Mariscos, arvejas y fríjoles también pueden esperar. La mayor parte de los demás alimentos altamente alergénicos (nueces, maní, especias, chocolate) no son comida apropiada para bebés y es mejor dejarlos para después de los dos años de edad.

Las dietas de eliminación y dietas líquidas especiales que se usan para diagnosticar alergias son complicadas y consumen mucho tiempo. Las pruebas de piel para alergias alimentarias no son muy confiables; una prueba puede mostrar un resultado positivo y sin embargo la persona no tiene ninguna reacción cuando come el alimento. Las pruebas selectivas de ''sensibilidad a los alimentos'', que pretenden diagnosticar alergias con base en muestras de sangre, son todavía menos confiables, sumamente costosas y no han sido aprobadas ni por la Dirección de Alimentos y Drogas ni por la Academia Americana de Pediatría.

Por fortuna muchas alergias infantiles se curan con el tiempo, así que si su bebé es hipersensible a la leche o al trigo ahora, quizá no lo sea dentro de unos pocos años o menos.

Vea más información sobre alergias y pruebas en la página 480.

ANDADERAS

"Mi hija parece muy contrariada por no poder todavía ir de un lado a otro. No se contenta con quedarse acostada en la cuna o sentadita en su silla, pero yo no la puedo tener todo el día alzada. ¿Puedo ponerla en andaderas?"

Para una niñita llena de vitalidad, que no tiene adónde ir o por lo menos no puede ir por sus propios medios, la contrariedad es interminable — como lo es también para la madre, cuya única opción es o llevar consigo a la niña a todas partes, u oírla llorar. Tales frustraciones llegan al máximo desde que el niño empieza a sentarse bastante bien sin necesidad de ayuda hasta que puede moverse por sí solo (arrastrándose, gateando o como sea). Una solución que para muchas madres es una bendición son las andaderas (un asientito dentro de una armazón de cuatro patas con ruedas), que le da al bebé la libertad de movimiento que anhela. Pero hay dos cosas importantes que recordar. Primera: las andaderas no la dejan *a usted* en libertad de moverse — todavía tiene que permanecer cerca y vigilar al bebé; y segunda, son anualmente la causa de muchos millares de lesiones que requieren tratamiento médico y muchos millares más que se arreglan en casa con un beso. Para que su bebé no sea una de las víctimas que figuran en estas estadísticas, y para que su uso contribuya a su desarrollo motor en vez de perjudicarlo, siga las reglas siguientes (en la página 52 encontrará recomendaciones para elegir andaderas seguras):

Déle al bebé un paseo de ensayo. La mejor manera de averiguar si el niño está preparado para las andaderas es permitirle que las use. Si no tiene una amiga cuyo hijito tenga un aparato de éstos, vaya a una tienda y permítale al niño ensayar las que tienen en demostración. Si parece contento y no se hunde en él lastimosamente, está listo para andaderas. No espere a que pueda ir muy lejos todavía; quizá al principio no vaya a ninguna parte, y probablemente dará muchos pasos atrás antes de dar uno adelante.

No lo deje "andando" solo. Su bebé no debe quedarse jamás sin vigilancia ni siquiera por un minuto cuando está en las andaderas. Aun cuando todavía no haya demostrado mucha movilidad en ellas, con un vigoroso empujón contra la pared y un par de rápidas patadas en el suelo podría llegar al otro extremo del cuarto . . . o salir por la puerta y caer escaleras abajo.

Un ambiente seguro. La mayor parte de los peligros que acechan a un niño que gatea o que anda solo, acechan igualmente al bebé que está en las andaderas. Por tal razón, aun cuando su niño no se pueda mover sin la ayuda de dicho aparato, debe considerar que corre tanto riesgo como un niño más móvil. Lea la sección "Un ambiente seguro en el hogar" (página 337) y haga todos los ajustes necesarios antes de soltar a su bebé en las andaderas.

Retire todo peligro del camino. Las escaleras para bajar a un piso inferior constituyen el peligro potencial más grande de todos para un niño en andaderas. No le permita al suyo moverse libremente en ellas cerca de la escalera, aun cuando ésta esté protegida por una reja de seguridad.

Si bien la mayor parte de los accidentes de este tipo ocurren en escaleras que no están protegidas, o cuando la reja se queda abierta, algunos ocurren porque la reja no está bien asegurada a la pared. Por consiguiente, cuando el bebé esté en sus andaderas, lo mejor es bloquear enteramente — con asientos u otros obstáculos pesados — las áreas inmediatas a la escalera. Otros peligros para el niño que se deben eliminar o bloquear antes de soltarlo son los umbrales de los cuartos, cambios de nivel (como de alfombra a linóleo o de asfalto a hierba), juguetes en el suelo, tapetes sueltos y otras obstrucciones bajas que pueden volcar las andaderas.

No lo deje andar todo el día. Limite a 30 minutos por sesión el tiempo que el niño pasa en las andaderas. Este aparato le da un medio artificial de movilidad que podría emperezarlo para alcanzar movimiento propio. Todo niño necesita pasar algún tiempo en el suelo practicando habilidades que más adelante le ayudarán a arrastrarse, tales como levantar el vientre del piso para andar a gatas. Necesita la oportunidad de tratar de incorporarse cogiéndose de mesas o asientos de la cocina en preparación para ponerse en pie y más adelante para caminar. Necesita más oportunidades que las que le permiten las andaderas para explorar y manipular objetos que no ofrezcan riesgo en su ambiente. Y también necesita la interacción con usted y con otras personas que el trato libre requiere y permite.

No espere hasta que sepa andar para quitarle las andaderas. Tan pronto como su bebé pueda movilizarse de alguna otra manera — gateando o arrastrándose, por ejemplo — quíteselas. El propósito del aparato, como recordará, era eliminarle la incomodidad de no poderse mover. Continuar con él no solamente no le ayuda a caminar más pronto sino que su uso constante puede causarle "confusión de andar" (más o menos como darle un biberón antes que haya aprendido a tomar el pecho materno puede causarle confusión de pezones) porque andar en las andaderas y andar solo requieren diferentes movimientos del cuerpo. El mencionado aparato no le exige aprender a mantener el equilibrio ni aprender a caer, dos cosas que son absolutamente necesarias para andar independientemente. Y moverse en él es, después de todo, más fácil, más fructífero y menos arriesgado que aquellos primeros pasos sin ayuda.

COLUMPIO SALTADOR

"Nos han regalado para el bebé un columpio saltador que se cuelga en el marco de una puerta. Parece que le gusta mucho, pero no estamos seguros de que sea seguro".

La mayoría de los niños desean hacer ejercicio vigoroso y pueden ejecutarlo mucho antes de tener capacidad de movimiento independiente, lo cual explica por qué gozan tanto con la acrobacia que pueden hacer en el columpio de saltar. Pero también se pueden presentar problemas con estos aparatos.

Algunos especialistas en pediatría ortopédica previenen que ciertas lesiones de los huesos y articulaciones pueden ocurrir a los niños que usan tal columpio. Además, la felicidad del niño con la libertad de movimiento que le da el columpio se puede transformar pronto en frustración cuando descubre que por más que agite brazos y piernas, siempre permanece en el mismo lugar bajo el marco de la puerta.

Si usted quiere usar el columpio saltador, consulte primero con el médico sobre cuestiones de seguridad. Lo mismo que con cualquier otro aparato destinado a mantener al niño ocupado (andaderas, columpio, chupador de entretención, por ejemplo), cuide de usarlo para atender a las necesidades del bebé y no por comodidad para usted misma; si está molesto en él, sáquelo inmediatamente; y nunca lo deje solito, ni siquiera por un momento en el columpio, aun cuando esté contento.

SILLAS PARA COMER

"Hasta ahora le he venido dando de comer a mi bebé sentándolo en el regazo, pero ya esto se está volviendo un desaseo. ¿Cuándo lo podré sentar en una silla alta?"

Aun cuando no hay ninguna manera perfectamente limpia de darle la comida al bebé (ambos van a necesitar ropa lavable durante bastante tiempo), el uso de algún tipo de silla para comer sí minimiza el desaseo y al mismo tiempo maximiza la eficiencia del proceso alimentario. Mientras el niño todavía necesite apoyo para sentarse, el asiento infantil (con el niño asegurado con el cinturón y bajo su vigilancia constante) puede servir de asiento para comer. Cuando ya se pueda sentar bastante bien solito, es tiempo de pasarlo a una silla alta u otro tipo de mesa de comer.

Por lo general los niños al principio se resbalan, se deslizan y se hunden en su nuevo asiento. Se pueden usar almohadas pequeñas, toallas enrolladas o una colcha o manta para ajustarlos muy bien en su sitio. También ayuda el cinturón de seguridad (que, de todas maneras, se debe abrochar).

CONSEJOS DE SEGURIDAD PARA SILLAS DE COMER

Darle de comer al niño sin riesgo no es solamente cuestión de introducir gradualmente los alimentos nuevos y ser escrupulosos en cuanto a evitar intoxicaciones con alimentos que se hayan alterado. En efecto, la seguridad en la comida del niño empieza desde antes de que se llene la primera cucharada — cuando el bebé se coloca en una silla de comer. Para asegurarse de que la hora de comida transcurra sin riesgo, siga estas reglas:

Para todas las sillas
■ Nunca deje solo a un niñito pequeño en una silla de comer; tenga listos los alimentos, el babero, servilletas, utensilios y cuanto necesite para la comida, de modo que no tenga que dejar al niño solo para ir a buscar estas cosas.
■ Abroche siempre las correas de seguridad o de retención, aun cuando el niño parezca demasiado pequeño para poderse salir. Asegúrese de abrochar la de la entrepierna de modo que no se pueda deslizar y salirse por debajo de la mesa.
■ Mantenga limpias las sillas y todas las superficies de comer (lávelas con detergente o agua de jabón y enjuáguelos bien); los chiquillos no tienen reparo en recoger y llevarse a la boca una brizna de comida anterior que haya quedado sobre la mesa aun cuando esté dañada.

Sillas altas y mesas bajas
■ Cuide siempre de que las bandejas corredizas estén firmemente aseguradas en su sitio; una bandeja no asegurada puede permitir que se vaya al suelo de cabeza un niño inquieto a quien no se le ha abrochado el cinturón.
■ Si la silla es plegadiza, revísela para ver que esté firmemente trabada en la posición de abierta y no se vaya a plegar de súbito con el niño adentro.
■ Coloque la silla lejos de cualquier mesa, mostrador, pared u otra superficie contra la cual el bebé pueda empujar con los pies y hacer caer la silla.
■ Para proteger los dedos del niño, fíjese primero dónde están antes de poner o quitar la bandeja.

Asientos de enganchar
■ Uselos sólo en mesas estables de madera o de metal, pero no en mesas de tapa de vidrio o de tapa suelta, ni en mesas que tengan el apoyo en el centro (el peso del niño las puede volcar) ni en mesitas de juego de cartas, mesas de aluminio ni tampoco en el tablero de una mesa de extensión.
■ Si un niño en un asientito de enganchar puede hacer mecer la mesa, esto significa que la mesa no es suficientemente estable; no ponga en ella el asiento.
■ No use individuales ni manteles, pues con ellos el asiento de enganchar no agarra bien.
■ Cuide de que todos los cierres, abrazaderas o partes de encajar estén bien aseguradas antes de poner al niño en la silla; sáquelo siempre del asiento antes de soltar o desenganchar tales partes. Asegúrese de que las abrazaderas estén siempre limpias y funcionen adecuadamente.
■ No ponga debajo del asiento una silla ni ningún otro objeto como prevención para el caso de una caída, ni coloque el asiento de enganchar frente a un travesaño o pata de la mesa, pues el niño puede empujar contra tales objetos y desalojar el asientito. Y no permita que un perro grande ni un niño mayor se metan debajo del asiento mientras el bebé esté en él, pues también lo pueden desalojar desde abajo.

LO QUE IMPORTA SABER: Peligros ambientales para el bebé

¿Qué efecto tiene en el cuerpo joven y vulnerable de un niño crecer en un mundo de seguridad cuestionable, lleno de contaminantes y de carcinógenos (sustancias que producen cáncer) comprobados o sospechados y mutágenos (cualquier agente que produce mutación genética)? ¿Qué medidas de precaución deben tomar los padres para proteger a sus hijos de tales peligros?

Afortunadamente la vida no es tan peligrosa como lo temen muchas madres o lo sugieren muchos periodistas. Y de los factores que influyen en la salud de la criatura a largo plazo, son muchos más los que puede controlar la madre durante el embarazo que los que no puede controlar: asegurarle a la criatura desde que nace un cuidado adecuado ya sea que esté sana o enferma; iniciarla de la mejor manera posible en la nutrición; fomentarle un estilo de vida con hábitos higiénicos como el ejercicio y combatir los hábitos perjudiciales, tales como el cigarrillo y el alcohol, por ejemplo.

Pero hay en nuestro ambiente algunos riesgos que sólo podemos controlar parcial e indirectamente. Y aun cuando se cree que éstos ofrecen menor riesgo que los que sí podemos controlar, de todas maneras son un peligro. Son motivo de especial preocupación para los padres de niños pequeños porque los niños son más susceptibles que los adultos a los daños que puede causar el medio. Una razón es su cuerpo pequeño: la misma dosis de una sustancia nociva puede causarles un mal mucho mayor. Otra razón es el hecho de que sus órganos están aún en el proceso de maduración y por tanto son vulnerables a ataques de toda clase. Una razón adicional es la mayor duración de la vida que puede esperar un niño; puesto que el daño generalmente tarda años en desarrollarse, tiene más tiempo para desarrollarse en un niño. Es claro, pues, que conviene conocer cuáles son los riesgos potenciales y qué se puede hacer para prevenirlos.

Pero también es importante tener en cuenta que no hay ninguna posibilidad de un mundo completamente libre de peligros; sólo se puede aspirar a que sea menos peligroso. Constantemente nos vemos en el caso de tener que contrapesar riesgos y beneficios: la penicilina salva millones de vidas pero de vez en cuando (los casos son raros) cuesta una vida (obviamente el beneficio justifica el riesgo); el tabaco da placer a los fumadores pero es responsable por centenares de miles de muertes prematuras todos los años (la mayoría estará de acuerdo en que el beneficio no justifica el riesgo); decenas de miles de personas mueren todos los años en accidentes automovilísticos pero el automóvil ofrece el beneficio del transporte indispensable para miles de millones de personas (aquí todos parecen estar de acuerdo en que los beneficios superan los riesgos).

No podemos eliminar todos los riesgos, pero sí los podemos reducir en mayor o menor grado en la mayoría de los casos. En el caso de la penicilina, por ejemplo, el riesgo se reduce no administrándosela a ninguna persona que haya tenido previamente una reacción adversa a ella. En el caso del cigarrillo, los fumadores pueden reducir el riesgo no aspirando, (aun cuando en esa forma aumentan el riesgo para las personas que están cerca) o fumando cigarrillos de bajo contenido de brea o nicotina (aun cuando los fumadores suelen fumar más para compensar la falta de aquellas sustancias), o fumando menos cigarrillos (aun cuando entonces fuman más de cada uno). Y en el caso de los automóviles, podemos reducir grandemente los riesgos conduciendo con las debidas precauciones y evitando los excesos de velocidad, escogiendo vehículos más seguros y usando equipo de seguridad como por ejemplo asientos infantiles y cinturones.

Todos los siguientes casos ofrecen riesgos y beneficios, pero casi siempre es posible reducir los riesgos.

PESTICIDAS CASEROS

Las plagas caseras llevan y transmiten enfermedades, son asquerosas, y en el caso de los roedores pueden infligir mordeduras dolorosas y graves. Pero la mayor parte de los pesticidas son venenos peligrosos, particularmente en las manos (o en la boca) de bebés o niños pequeños. Se puede minimizar el riesgo y al mismo tiempo obtener el beneficio de mantener la casa y el hogar libres de la infestación, con lo siguiente:

Tácticas de bloqueo. Use alambreras en las ventanas y cierre con malla de alambre cualquier orificio por donde puedan entrar insectos y sabandijas.

Trampas pegadizas. Estas no dependen de venenos químicos, sino que atrapan los insectos reptantes en cajas cerradas (trampas de cucarachas) o en contenedores (trampas de hormigas), las moscas en las viejas tiras de papel pegajoso, los ratones en rectángulos pegadizos. Como la piel humana se puede adherir a estas superficies y la separación es dolorosa, estas trampas cuando están abiertas tienen que mantenerse fuera del alcance de los niños, o ponerlas sólo por la noche cuando ya estén durmiendo y volverlas a guardar temprano por la mañana antes de que los niños se levanten. Tienen la desventaja de prolongar la muerte de los roedores.

Trampas de caja. Las personas de corazón compasivo pueden atrapar a los roedores y luego soltarlos en los campos y los bosques, lejos de las áreas residenciales, aun cuando esto no es siempre fácil. Como los roedores pueden morder, las trampas deben mantenerse lejos del alcance de los niños o armarse cuando éstos no estén cerca.

Pesticidas químicos. Todos éstos, incluido el tan mentado ácido bórico, son altamente tóxicos, no sólo para las plagas sino también para los seres humanos. Si usted se decide a utilizarlos, *no los extienda* (ni los guarde) donde los niños los puedan alcanzar, ni en superficies donde se preparan los alimentos. Use las sustancias menos tóxicas (infórmese al respecto con las autoridades sanitarias). Si resuelve fumigar, mantenga a los niños fuera de la casa durante la operación y durante todo el resto del día, por lo menos. Lo mejor es que la fumigación se haga cuando ustedes estén de vacaciones, visitando a la abuelita o en cualquier otra parte lejos de la casa. Cuando regresen, abra todas las ventanas para ventilar la casa o apartamento.

PLOMO

Desde hace muchos años es sabido que grandes dosis de plomo pueden causar grave daño al cerebro de los niños. Hoy se reconoce igualmente que aun dosis relativamente pequeñas pueden reducir su cociente de inteligencia, alterar la función enzimática, retardar el crecimiento, dañar los riñones y causar problemas de aprendizaje y comportamiento y deficiencias de oído y atención. Hasta pueden tener un efecto negativo en el sistema inmunológico.

Es importante, pues, que los padres sepan cuáles son las fuentes de donde proviene el plomo en el ambiente de sus niños y qué se puede hacer para minimizar la exposición.

Pinturas de plomo. A pesar de las leyes que prohíben su uso, las pinturas que contienen plomo siguen siendo la principal fuente de infección para los niños. En muchas casas viejas todavía quedan tales pinturas, que a veces contienen altas concentraciones de plomo bajo capas de nuevas aplicaciones. A medida que la pintura se resquebraja o se desconcha, se van desprendiendo partículas microscópicas que contienen el metal. Estas llegan hasta las manos del bebé, los juguetes, la ropa . . . y hasta la boca. Si hay alguna posibilidad de que la pintura de su casa contenga plomo, hágala quitar toda por un profesional — cuando la familia, y especialmente los niños o cualquier mujer embarazada no estén en la casa. Y asegúrese de que todo objeto pintado — juguete, cuna o cualquier otra cosa con la cual el bebé tenga contacto esté libre de plomo. Tenga especial cuidado con los artículos importados o comprados fuera del país.

Emisiones de gasolina. Cuando no había leyes que prohibieran el plomo en los combustibles para automóvil, ésta era una de las fuentes principales de contaminación. Gracias a la legislación al respecto, los niveles de plomo en el aire y en los individuos expuestos a él se ha reducido en forma dramática en algunos países.

Agua potable. Las autoridades sanitarias calculan que el agua de millones de viviendas está probablemente contaminada con plomo. Este pasa al agua por lixiviación, o disolución, en los edificios donde hay tuberías de plomo donde los tubos del acueducto se han soldado con este metal, especialmente donde el agua es muy corrosiva. Como este fenómeno se presenta cuando el agua ya ha entrado al edificio, y no en las instalaciones del acueducto mismo, las comunidades por lo general no se han preocupado por corregir el problema. Si usted teme que el agua de su casa esté contaminada con plomo (o con cualquier otra sustancia nociva) hágala examinar por las autoridades sanitarias, si éstas verifican pruebas de esta naturaleza, o por algún laboratorio privado que le recomienden. Si se encuentra plomo, hay varias maneras de reducirlo o eliminarlo, incluyendo: instalar sistemas de purificación del agua; pedirle a la empresa de acueducto que reduzca las propiedades corrosivas del agua que reparte; usar únicamente agua fría para cocinar (en la caliente se lixivia más plomo de las tuberías); y cambiar los tubos de su casa. Mientras el agua del acueducto no sea segura para tomarla, use agua embotellada para cocinar y para beber.

El suelo. La pintura de las paredes que se desconchan, residuos industriales, polvo de la demolición de casas que hayan sido pintadas con plomo, son todas cosas que pueden llegar a contaminar el suelo. No es para que usted se ponga histérica, pero sí conviene evitar que el niño se eche a la boca puñados de tierra.

Periódicos y revistas. Debido al alto nivel de plomo que contienen las tintas de imprenta, especialmente las que se usan en ilustraciones a cuatro colores, los materiales de lectura no deben ir a parar a la boca del bebé. Cuando éste suspenda la observación de las ilustraciones y empiece a metérselas a la boca, es tiempo de cambiar de actividad.

Además de mantener al niño lejos de las fuentes de plomo, también se debe tratar de aumentar su resistencia a tal contaminación mediante una buena nutrición, sobre todo niveles adecuados de hierro y de calcio. Pregúntele al doctor acerca de las pruebas selectivas para plomo, particularmente si vive en una zona de posible riesgo alto.

AGUA CONTAMINADA DE OTRA MANERA

En las ciudades modernas que cuentan con buenos acueductos, el agua es por lo general apta para el consumo humano, pero sin embargo queda un pequeño porcentaje del abastecimiento público de agua que contiene sustancias nocivas. Los sistemas de agua purificada con carbón activado, y no con cloro, se cree que ofrecen agua más pura, pero en la actualidad son pocos los municipios que utilizan este sistema de purificación. Si sospecha que en su localidad el agua no es pura, consulte con las autoridades sanitarias cómo se podría hacer analizar. Si resulta que está contaminada, un purificador de agua puede hacerla apta para beber. Qué tipo de purificador será el mejor para su casa dependerá de cuáles son los contaminantes que el agua contiene y cuánto puede usted gastar.

AIRE INTERIOR CONTAMINADO

La mayoría de los niños pasan una gran parte del tiempo dentro de la casa, de manera que la calidad del aire que respiren es sumamente significativa. Puesto que ese aire en ocasiones puede estar tan contaminado como el de una autopista de mucho tráfico, tenga siempre en cuenta los riesgos siguientes:

Vapores de ollas que no se pegan. Aun cuando para cocinar parece que no ofrecen ningún peligro, las ollas o sartenes con revestimiento de Teflón o Silverstone cuando se calientan demasiado o se queman emiten vapores que pueden ser sumamente tóxicos. Ha habido muchos informes de pájaros que mueren por exposición a dichos vapores, y de adultos que enferman de "fiebre de vaho polimérico". Los efectos a largo plazo de toxicosis del Teflón no se conocen pero pueden incluir alteraciones potencialmente serias de los pulmones, como fibrosis o escarificación. Tampoco se conocen los efectos en los niños. Para prevenir cualquier posible problema en su casa, nunca use coladores no pegajosos en su estufa (se recalientan rápidamente), nunca use ollas no pegajosas a altas temperaturas (ni en la

estufa ni en el horno, especialmente para recoger lo que chorrea al fondo del horno), y no deje tales utensilios sin vigilancia, pues los líquidos se pueden evaporar totalmente y entonces las ollas y sartenes se queman.

Monóxido de carbono. Este gas, incoloro, inodoro e insaboro pero traicionero, puede causar lesiones pulmonares, afectar la visión y el funcionamiento del cerebro, y es fatal en altas dosis. Se produce cuando se queman combustibles y puede entrar en su casa de muchas fuentes distintas: estufas de leña o calentadores de petróleo sin respiraderos adecuados (haga examinar éstos por un experto); cocinas de leña que queman muy lentamente (acelere la combustión manteniendo abierta la compuerta de tiro); estufas de gas u otros aparatos que no estén bien regulados o no tengan tubos de escape (hágalos revisar periódicamente — la llama debe ser azul — e instale un extractor para sacar el humo al exterior); cocinas de gas cada vez que se encienden (el encendido eléctrico reduce la cantidad de gases de combustión que se liberan); chimeneas que tienen el cañón obstruido por residuos (el fuego no se debe dejar nunca ardiendo en rescoldo y la chimenea se debe limpiar con regularidad); un garaje adjunto a la vivienda (nunca deje un automóvil con el motor en marcha, ni siquiera por corto tiempo, en un garaje que comparta una pared o techo con su habitación, pues los gases se pueden infiltrar).

Benzopirenos. Una larga lista de enfermedades respiratorias (desde irritaciones de ojos, nariz y garganta hasta asma y bronquitis, enfisema y cáncer) se pueden atribuir a la presencia de partículas orgánicas como de brea que resultan de la combustión incompleta de tabaco o madera. Para prevenir la exposición de su

PELIGROS DE LA ARENA DE JUGAR

Malas noticias para los pequeños amantes de la arena. Recientes investigaciones indican que ocasionalmente un lote de arena para jugar puede estar contaminado con un tipo de asbesto llamado tremolita. Las fibras de esta materia flotan en el aire y si se respiran pueden causar grave enfermedad. El problema es más serio en lugares cerrados donde la arena tiende a ser más seca y polvorienta que de puertas para afuera, donde suele ser húmeda. Aun cuando es prácticamente imposible saber si la arena con que juega el niño (en casa, en la guardería o en el parque) está contaminada, sí se puede saber si es polvorienta y mala para respirar. Devuelva o deseche la arena si hace una nube de polvo cuando se echa un balde lleno de ella, o si al mezclar una cucharada en un vaso de agua ésta permanece turbia después de haberse ido la arena al fondo. Consiga una arena de otra procedencia, preferiblemente la ordinaria de las playas (mucha de la arena para jugar no es más que piedra molida).

bebé, no permita que se fume en su casa (a los visitantes fumadores pídales que fumen afuera), asegúrese de que el cañón de la chimenea donde se queme leña no tenga escapes, acondicione con extractores al exterior todos los aparatos de combustión (tales como secadoras), cambie los filtros de los diversos aparatos con regularidad, y aumente la ventilación en su casa. Burletes para cerrar herméticamente puertas y ventanas, sin duda conservan el calor más eficientemente durante el invierno, pero también atrapan gases que pueden ser nocivos.

Partículas de materia. Una gran variedad de partículas invisibles a simple vista llenan el aire de nuestras casas y ofrecen peligro para nuestros hijos. Provienen de fuentes tales como polvo de la casa (que puede producir alergias a niños susceptibles), humo de tabaco, humo de leña, aparatos de gas sin respiraderos, calentadores de petróleo y materiales de construcción de asbesto (que contribuye a una gran variedad de enfermedades, incluyendo algunas formas de cáncer y enfermedades cardíacas). Las mismas precauciones mencionadas atrás (no fumar, ventilación adecuada, cambio de filtros) pueden minimizar este peligro. Las unidades de filtro pueden eliminar muchas de estas partículas y son especialmente útiles si alguna persona de la familia tiene alergia. Si usted encuentra en su casa asbesto que se deba eliminar, obtenga ayuda profesional para ello antes de que las partículas empiecen a volar.

Emanaciones diversas. Emanaciones de fluidos de limpiar, de aerosoles (si contienen fluorocarburos también pueden envenenar el ambiente), y de trementina y otros materiales usados en las pinturas, pueden ser altamente tóxicos. Si usted usa estas sustancias, busque los productos menos tóxicos (pinturas con base de agua, cera de abejas para los pisos, adelgazadores de pintura hechos de aceites vegetales); úselos en áreas bien ventiladas (mejor aún, fuera de la casa), y jamás los use cuando estén cerca los niños. Guarde estos productos, lo mismo que cualesquiera otros, donde queden lejos del alcance de las manecitas inquietas. Lo mejor es guardarlos en áreas de almacenamiento fuera de la casa, de modo que si se empiezan a evaporar, los gases no entren en las áreas de vivienda.

Formaldehídos. Habiendo tantos productos en el mundo moderno que contienen formaldehídos (de las resinas de la madera sintética de que se hacen los muebles, del encolado de las telas decorativas y de los adhesivos de las alfombras), no ha de sorprender que por todas partes se encuentre este gas, el cual se ha descubierto que causa cáncer nasal en los animales y problemas respiratorios, salpullidos, náusea y otros síntomas en los seres humanos. Los niveles de gas formaldehído que se liberan son más altos cuando el artículo es nuevo, pero la emisión de gas puede durar años. Para minimizar el daño potencial, busque productos libres de formaldehído para decorar o amoblar su casa. Para reducir los efectos del que ya exista en su vivienda, proteja los materiales como madera sintética con un sellador epoxílico, o lo que es más sencillo aún y más agradable, invierta en un pequeño jardín interior. Quince o veinte plantas caseras pueden absorber aparentemente el gas formaldehído de toda una casa de tamaño mediano.

Radón. Este gas incoloro, inodoro y radiactivo es un producto natural de la desintegración del uranio en las rocas y los suelos, y es una causa muy importante de cáncer pulmonar. Cuando lo respiran los desprevenidos residentes de casas en que se ha acumulado, bombardea los pulmones con la radiación. Esta exposición en el curso de varios años puede producir cáncer.

La acumulación ocurre cuando el gas se infiltra en una casa desde rocas que se desintegran y desde el suelo sobre el cual está edificada, y se retiene por mala ventilación. Las precauciones siguientes ayudan a evitar serias consecuencias:

▫ Antes de comprar una casa, especialmente en una área de alta incidencia de radón, hágala examinar por si hay contaminación de éste. Las autoridades locales de sanidad le pueden informar quién puede hacer el examen.

▫ Si usted vive en una área de alto radón o sospecha que su casa esté contaminada, hágala examinar. La prueba ideal debe hacerse en el curso de varios meses para obtener un promedio. Los niveles son por lo general más altos en las estaciones en que las ventanas se mantienen cerradas.

▫ Si resulta que su casa tiene altos niveles de radón, consulte con las autoridades locales de protección ambiental qué empresa se podría encargar de sanearla, y pídales cualquier material escrito que tengan sobre el tema de reducción de radón. El primer paso probablemente será sellar todas las rajaduras y otros orificios en los cimientos y en los pisos. Lo más importante será aumentar la ventilación abriendo las ventanas, instalando respiraderos en los sótanos, desvanes y otros lugares cerrados, y eliminando burletes herméticos y permutadores térmicos de aire a aire. En algunos casos es posible que sea necesario un sistema especial de ventilación para toda la casa.

CONTAMINANTES EN LOS ALIMENTOS

En este mundo de producción en masa, los fabricantes han aprendido a usar sustancias químicas de diversos tipos para hacer que los alimentos que producen tengan mejor aspecto, se sientan mejor, sepan mejor (por lo menos que se parezcan más a los alimentos naturales), y duren más. Pero aun los alimentos que no han pasado por una fábrica a veces están contaminados — con pesticidas u otras sustancias químicas que se usan en el cultivo y almacenamiento, o que han adquirido incidentalmente del agua o del suelo. En estos casos el riesgo que tales sustancias ofrecen al hombre, o no se

LO QUE NO DEBE ENTRAR EN LA BOCA DEL NIÑO

■ Carnes ahumadas o curadas, tales como salchichas, salchichón o tocino. Estos productos son generalmente ricos en grasa y colesterol, lo mismo que en nitratos y otras sustancias químicas, y a veces contienen harina de hueso (que puede estar contaminada con plomo y otras sustancias), y no se deben servir a los niños sino muy rara vez o nunca.

■ Pescado ahumado, como salmón o trucha. Estos no son ideales como alimento infantil porque suelen curarse con nitritos para conservar su frescura.

■ Pescado de aguas contaminadas. Las autoridades sanitarias locales deben estar en capacidad de informarle a usted qué pescado se puede comer y cuál no, en distintas épocas en su comunidad, y cuáles se pueden servir ocasionalmente.

■ Alimentos o bebidas como café, té, chocolate que contengan cafeína o compuestos análogos. La cafeína pone a un niño nervioso, o, peor aún, puede impedir la absorción de calcio y reemplazar valiosos artículos alimenticios.

■ Alimentos simulados, tales como cremas no lácteas (llenas de grasa, azúcar y sustancias químicas), postres de queso de soya congelado (de los cuales se puede decir lo mismo), bebidas cítricas o de otras frutas (que contienen azúcar innecesario y a veces sustancias químicas). Déle a su niño comida, no cocteles químicos.

■ Infusiones de hierbas. Estas contienen a menudo sustancias muy dudosas (la tisana de consuelda, por ejemplo, contiene un carcinógeno) y con frecuencia tienen efectos no deseables y aun peligrosos sobre el organismo.

■ Suplementos vitamínicos distintos de los diseñados para niños (y que se den como lo ordena el médico). El exceso de vitaminas puede ser especialmente nocivo para los bebés cuyo organismo no las procesa tan rápidamente como el de los adultos. El ácido de la vitamina C de masticar puede dañar el esmalte de los dientes y debe evitarse, tanto para adultos como para niños.

■ Pescado crudo, como el de *sushi*. Los niños pequeños no mastican suficientemente bien para destruir los parásitos que pueden alojarse en él y producir enfermedades graves.

■ Bebidas alcohólicas. A nadie se le ocurriría incluir éstas en el régimen alimentario corriente de un bebé, pero hay personas a quienes les parece muy gracioso darle una probadita — juego peligroso tanto porque el alcohol es un veneno para un niño, como porque le podría quedar gustando.

■ Agua del acueducto, que esté contaminada con plomo o cualquier otra materia nociva. Consulte con las autoridades sanitarias o con la empresa de acueducto, o haga examinar el agua privadamente si sospecha contaminación.

■ Frutas o vegetales que se sepa que están contaminados. Cuando en los periódicos se informe que una determinada fruta o vegetal puede ofrecer peligro, evite usarlos hasta que se le dé el visto bueno, o hasta que pueda comprar una variedad no contaminada.

conoce o se cree que es pequeño, a veces menor que el de los alimentos "naturales", tales como aceite de coco (que puede contribuir a la enfermedad cardiaca) o cacahuetes dañados (las aflatoxinas que contienen pueden causar cáncer). Sin embargo, es prudente proteger a su bebé observando las siguientes reglas básicas al escoger y preparar los alimentos:

■ No compre alimentos procesados con una gran cantidad de aditivos químicos. Tales alimentos, además de su contenido químico, son por lo general menos nutritivos que los frescos y por tanto no son aconsejables para la dieta del bebé. Si bien se cree que muchos aditivos comunes no ofrecen peligro, también hay otros muy dudosos. Tenga especial cuidado con aquéllos que contengan cualquiera

NO HAY QUE EXAGERAR LOS PELIGROS

Si bien es prudente evitar las sustancias químicas en el régimen alimentario de los suyos, siempre que esto sea posible, el miedo a los aditivos puede limitar de tal manera la variedad de alimentos que la familia debe consumir, que se malogre la buena nutrición. Es importante recordar que un régimen nutritivo bien balanceado, con muchos granos enteros, frutas y vegetales (especialmente las crucíferas como bré-col, coliflor y repollitos de Bruselas, y los ricos en vitamina A como los de hoja verde y los amarillos oscuros) no sólo suministran los nutrientes necesarios para el crecimiento y la buena salud, sino que también ayudan a contrarrestar los efectos de posibles carcinógenos del ambiente. Así pues, limite la ingestión de sustancias químicas cuando le sea posible, pero no se vuelva loca ni vuelva locos a todos con este tema.

de los siguientes: aceites vegetales bromados, hidroxianisol butílico, hidroxitolueno butílico, cafeína, glutamato monosódico, galato propílico, quinina, sacarina, nitrato y nitrito de sodio, sulfitos y colores y sabores artificiales, todos los cuales recomienda evitarlos el Centro de Ciencia de Interés Público. Son dudosos el ácido fosfórico y otros compuestos de fósforo (no porque el fósforo es venenoso sino porque su exceso puede causar desequilibrio alimentario, particularmente de calcio).

■ No le dé a su hijo alimentos que contengan edulcorantes artificiales. Se ha demostrado que la sacarina produce cáncer en los animales y sólo permanece en el mercado porque se cree que ayuda a controlar el peso; pero como los bebés no necesitan una dieta de calorías limitadas (ni se les debe dar), esos edulcorantes están de más en su alimentación. El edulcorante Aspartame (Equal, Nutrasweet) parece que no ofrece ningún peligro para individuos normales,[4] y quizá tampoco para los niños (no se han hecho aún pruebas extensas con los muy jóvenes), pero sin embargo no debe ser parte de la dieta del bebé por la misma razón citada, o sea porque no es el caso de limitar las calorías.

■ Compre frutas y vegetales que estén libres de sustancias químicas siempre que le sea posible, pero no se preocupe si no le es posible, pues muchos científicos creen que el riesgo de tales sustancias es pequeño. Las hortalizas cultivadas localmente suelen ser las más seguras puesto que no necesitan grandes cantidades de preservativos para su transporte y almacenamiento. También son más seguros los alimentos que tienen cáscara, hojas o corteza que los proteja de los pesticidas (como maíz, coliflor y plátanos). El alimento que no parezca perfecto (que tenga manchas negras, por ejemplo) bien podría ser en realidad más sano, pues por lo general lo que hace ver las frutas lindas es la protección química. Comprar frutas que se anuncian como "cultivadas orgánicamente" puede ayudar, pero esto no siempre garantiza que estén libres de sustancias químicas. (Vea la página 279.)

■ Pele frutas y vegetales antes de usarlos (sobre todo los de aspecto ceroso), o lávelos con agua y un detergente y refriéguelos con un cepillo duro cuando sea posible. Para la lechuga o las fresas no se puede usar el cepillo pero sí para manzanas y pepinos. Infortunadamente esto no

[4] El Aspartame no deben tomarlo los que tengan fenilcetonuria ni aquéllos que experimenten dificultad para metabolizar la fenilalanina, uno de los ingredientes del edulcorante.

elimina los residuos químicos sistémicos pero sí ofrece alguna protección.

■ Cuando ya le esté dando distintos alimentos, mantenga la alimentación del niño tan variada como sea posible. La variedad no sólo hace la vida agradable sino que aumenta la seguridad y mejora la nutrición puesto que suministra muchas vitaminas y minerales de distintas fuentes. En lugar de darle todos los días jugo de manzana, cambie de jugos: manzana un día, naranja al siguiente, después piña o duraznos, etc. Varíe también los alimentos proteínicos, cereales y panes, frutas y vegetales. Aun cuando esto a veces no es fácil porque los niños se habitúan a una cosa y se resisten a cambiar, vale la pena hacer el esfuerzo.

■ Limite la cantidad de grasas animales que le dé al bebé (distintas de las contenidas en la leche materna o de fórmula), porque en las grasas es donde se almacenan las sustancias químicas (antibióticos, pesticidas y demás). Cocine con aceite o margarina en lugar de mantequilla (esto también es mejor para el corazón), quíteles a las carnes el gordo y a las aves el gordo y la piel. Y mantenga pequeñas las porciones de carne de vaca, cerdo y pollo. Cuando sea posible, prefiera carnes y pollo marcados como criados sin materias químicas o antibióticos.

ALIMENTOS ORGANICOS — ¿BUENOS O MALOS?

Los llamados "alimentos orgánicos" empiezan a aparecer en tiendas de alimentos naturales y hasta en los supermercados. A los padres que se preocupan por la salud de sus hijos, tales alimentos les pueden parecer la solución al problema de una sana alimentación; pero hay que tener en cuenta dos cosas.

■ No existe una definición legal de lo que es "orgánico", de manera que cualquiera puede usar estas palabras para promover un producto, cualquiera haya sido el modo de cultivo. Fíjese si se certifica que se cultivó sin herbicidas ni pesticidas.
■ Ni siquiera dicha certificación es garantía de que el producto esté libre de materias químicas, pues bien puede haber sido contaminado con sustancias que han llegado al suelo o al agua de otras procedencias. Que esté totalmente libre de materias químicas sintéticas tampoco garantiza seguridad. Algunas plantas se valen de pesticidas naturales, sustancias que ellas mismas elaboran para defenderse de enemigos como hongos, insectos y otros animales. La mayor parte de dichas sustancias no se han ensayado, pero de las que sí se han sometido a análisis científico, un elevado porcentaje mostró ser causante de cáncer en los animales (lo mismo que muchas de las sintéticas). Algunos científicos creen que las plantas que no son protegidas con pesticidas sintéticos producen una mayor cantidad de sus propios materiales protectores, de modo que pueden llegar a ser más nocivas, a menos que se cultiven en condiciones que mantengan su producción dentro de límites aceptables.

Con todo, si encuentra en el mercado a precios razonables alimentos cultivados orgánicamente, o si puede pagar los precios un poco más altos que generalmente se cobran por ellos, probablemente vale la pena comprarlos. Esto cumple dos propósitos: uno, estimula a las tiendas para que ofrezcan frutas y vegetales cultivados orgánicamente; y dos, reduce el consumo total de materias químicas en la alimentación de su familia. Si en su vecindario no se consiguen alimentos orgánicos, pídale al supermercado que los venda; el interés de los consumidores hace aumentar la oferta y bajar los precios. Pero, repetimos, no se preocupe si no encuentra o no puede pagar por productos orgánicos: los riesgos de consumir otros productos son pequeños.

■ Nunca le dé a su niño pescado de aguas posiblemente contaminadas (vea la página 277).

■ No consuma alimentos de dudosa frescura, pues los que estén alterados ofrecen los mayores peligros. No sólo pueden causar intoxicación (vea en la página 264 maneras de prevenir este riesgo) sino que algunos, como cacahuetes, maíz u otros granos en que se hayan formado aflotoxinas pueden contribuir al desarrollo de cáncer.

■ Manténgase al corriente de las últimas novedades en materia de higiene alimentaria leyendo los periódicos locales o suscribiéndose a algún boletín de alimentación higiénica que sea sensato, no alarmista.

■ Dé alimentos de los que se cree que tienen un efecto anticáncer, como las crucíferas (brécol, repollitos de Bruselas, coliflor, repollo), arvejas y fríjoles secos, alimentos ricos en carotina beta (zanahorias, calabaza, batata, brécol, melón), y los que contienen alta proporción de fibra (granos enteros, fruta fresca y vegetales).

■ Recuerde que aunque es bueno tomar precauciones, no se justifica que se ponga histérica. Aun con los cálculos más pesimistas, es muy pequeño el porcentaje de cánceres que se deban a contaminación química en los alimentos. Mayores son los riesgos a que se expone su bebé por el tabaco, el alcohol, la mala alimentación, falta de inmunización y negligencia para tomar precauciones tales como abrochar los cinturones de seguridad.

SU PAPEL COMO CONSUMIDORA

Tomar todas las precauciones posibles para proteger a los niños de las amenazas del ambiente, no basta. Para proteger su futuro y el de los hijos de ellos, tenemos que actuar y presionar a los que controlan las cosas que nosotros no controlamos totalmente: el aire exterior, el alimento que consumimos, el agua que bebemos — y el gobierno que las regula. A la

---

¿UNA MANZANA AL DIA? YA NO

El "Alar" (daminozida), sustancia que se usa para acelerar la maduración de las frutas (especialmente de las manzanas, uvas y cacahuetes) es motivo de gran inquietud (sobre todo porque los niños pequeños tienden a consumir litros de jugo de manzana a la semana), desde que se demostró en estudios al respecto que podría ser carcinógeno, y que puede resultar aún más nocivo cuando se expone al calor, como en la preparación de compota de manzana. Que el Alar sea un carcinógeno no está absolutamente probado, pero fue tal la alarma que se produjo entre los consumidores, que muchos fabricantes, cadenas de tiendas y tiendas individuales resolvieron rechazar productos en los cuales se hubiera aplicado. Para mayor seguridad, pregunte en el supermercado o la tienda qué frutas están libres de Alar. Dígales que usted no quiere comprar frutas que hayan sido fumigadas. Consulte igualmente con los fabricantes de cualquier producto a base de manzanas que usted compre con regularidad, para estar segura de que sus manzanas no contienen Alar. Una carta o una llamada telefónica bastan generalmente para obtener esta información y contribuyen a mantener la presión para que la industria de alimentos no siga usando Alar. Importantes productores de jugo o compota de manzana (entre ellos compañías de alimentos para bebés) ya han anunciado que no aceptan manzanas contaminadas con Alar; se espera que otros hagan lo mismo.

larga, hacerse oír puede ser lo más importante que usted puede hacer por su hijito. Presione a sus representantes — municipales, provinciales o nacionales — para que dicten leyes estrictas para regular el uso de sustancias químicas en el cultivo y elaboración de alimentos, y obliguen a marcar claramente los productos que contienen residuos químicos (como antibióticos en los pollos y Alar en las manzanas). Escriba a las autoridades sanitarias para hacerles conocer su inquietud por la proliferación de materias químicas en los alimentos.

CAPITULO NUEVE

El sexto mes

LO QUE DEBE ESTAR HACIENDO SU BEBE

A fines de este mes, su hijo
. . . debe ser capaz de:

■ mantener la cabeza a nivel con el cuerpo cuando se le tira de las manos para hacerlo sentar ($6^1/_3$ meses)

■ decir a-gú o alguna combinación análoga de vocal y consonante

Nota: Si su bebé parece no haber alcanzado alguno de estos hitos, hable con el médico. Son raros los casos en que la tardanza indica un problema y casi siempre resulta que es normal para su hijo. Los niños prematuros suelen alcanzar estos hitos más tarde que otros de la misma edad de nacimiento y más bien los alcanzan cerca de su edad ajustada (la edad que tendrían si hubieran nacido en tiempo) y a veces más tarde.

. . . probablemente podrá:

■ sostener algún peso en las piernas cuando se le mantenga parado

■ sentarse sin apoyo (a los $6^1/_2$ meses)

. . . posiblemente podrá:

■ permanecer de pie agarrándose de alguna persona o un objeto

■ coger con la mano una galleta y comérsela ($5^1/_3$ meses)

■ protestar si uno le quiere quitar un juguete

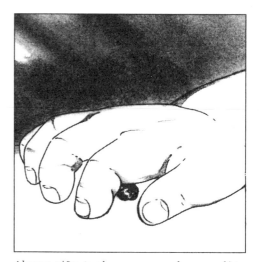

Algunos niños pueden agarrar con la mano objetos pequeños y posiblemente peligrosos — de manera que hay que tener cuidado de no dejar tales cosas a su alcance.

■ esforzarse por alcanzar un juguete que esté lejos

■ pasar un cubo u otro objeto de una mano a la otra

■ buscar un objeto que se ha caído

■ empujar una pasa y cogerla con la mano ($5^1/_2$ meses)

■ voltearse en la dirección de una voz

■ parlotear combinando vocales y consonantes, como ga-ga-ga, ma-ma-ma, da-da-da (a los $6^1/_3$ meses)

... hasta podría:

■ estando sentado, ponerse de pie

■ estando boca abajo, sentarse

■ recoger un objeto muy pequeño con el pulgar y el índice

■ decir mamá o papá indiscriminadamente

LO QUE PUEDE ESPERAR EN EL EXAMEN DE ESTE MES

Cada médico o enfermera practicante tiene su manera personal de hacer los exámenes del niño que está en buen estado de salud. La organización general del examen físico, lo mismo que el número y tipo de técnicas de evaluación y los procedimientos que se apliquen también varían según las necesidades individuales del niño. Pero, en general, usted puede esperar lo siguiente en un examen cuando su bebé tenga unos seis meses.

■ Preguntas sobre cómo les va en la casa a usted y al bebé y al resto de la familia, y acerca de cómo está comiendo y durmiendo el niño y su progreso general. Acerca de quién va a cuidarlo si usted está trabajando.

■ Medida del peso, tamaño, circunferencia de la cabeza, y diagramación del progreso del niño desde que nació.

■ Examen físico, incluyendo revisión de problemas anteriores. La boca probablemente se la examinarán ahora, lo mismo que en visitas futuras, en previsión de la aparición, o inminente aparición, de los dientes. La fontanela posterior de la cabeza debe haberse cerrado ya; y la fontanela anterior, en la parte superior de la cabeza, empezará probablemente a cerrarse ahora.

■ Evaluación del desarrollo. Es posible que el examinador se contente con observar al niño y con lo que usted le informe sobre lo que está haciendo; o bien que lo someta a ciertas pruebas para evaluar control de la cabeza cuando se le tira de los brazos para sentarlo; visión, oído; capacidad de alcanzar y agarrar objetos, empujar objetos muy pequeños, voltearse y sostener algún peso en las piernas; e interacción social y vocalización.

■ Tercera serie de inmunización contra difteria, tétano y tos ferina, si el bebé está en buena salud y no hay contraindicación. En zonas de alto riesgo, es posible que se administre también una tercera dosis de vacuna contra la poliomielitis. No olvide mencionar cualquier reacción previa a las inoculaciones.

■ Posiblemente una prueba de hemoglobina o hematocrito para averiguar si hay anemia (generalmente mediante un pinchazo en el dedo) sobre todo para niños de bajo peso al nacer.

■ Indicaciones sobre lo que se puede esperar el mes siguiente en materia de alimentación, sueño, crecimiento y seguridad del niño.

■ Recomendaciones sobre suplemento de fluoruro si se necesita en su localidad, y de vitamina D si su hijo se está criando al pecho. Recomendaciones sobre suplemento de hierro para los que estén tomando fórmulas no fortificadas con este elemento.

Preguntas que usted puede hacerle, si el médico no se las ha contestado ya:

■ ¿Qué reacciones se puede esperar que tenga el niño a la tercera serie de inmunizaciones? ¿Cómo se deben tratar? ¿Qué reacciones justifican que se llame al médico?

■ ¿Qué alimentos se le pueden empezar a dar ahora? ¿Ya se le puede dar leche en taza?

Igualmente puede plantear preocupaciones que hayan surgido durante el mes pasado. Anote la información e instruc-ciones del doctor para que no se le olviden. Escriba toda la información pertinente (peso del niño, longitud, circunferencia de la cabeza, vacunas, enfermedades, remedios que le hayan dado, alimentos nuevos, etc.) en un registro permanente de salud.

ALIMENTACION DE SU NIÑO ESTE MES:
Alimentos comerciales o preparados en casa

Cuando los alimentos para bebés hicieron su aparición en los anaqueles de los supermercados, por allá en los años treinta, los recibieron con alborozo las atribuladas mamás, deseosas de abandonar el molinillo, orgullosas de entrar en la era de las comodidades modernas. Hoy muchas madres, tan atribuladas como las de ayer o más aún, y con menos tiempo disponible, están evitando los productos comerciales para bebés y volviendo al molinillo (o más probablemente a la mezcladora eléctrica y el procesador). Y las que optan por la comodidad se avergüenzan un poco.

¿Merecen los alimentos comerciales para bebés la mala fama que se les ha dado últimamente? ¿Son menos sanos que los preparados en la casa? ¿Son estos últimos más nutritivos... e inocuos? Siga leyendo antes de juzgar.

ALIMENTOS COMERCIALES

El cambio de actitud frente a los alimentos comerciales para bebé ocurrió en los años setenta, cuando se descubrió que los que las mamás compraban por creerlos especialmente buenos para sus niños, podían ser especialmente malos. Contenían sustancias agregadas como azúcar y sal, otras no nutritivas para relleno y para espesar, y aditivos dudosos como glutamato monosódico. Cuando se hizo este descubrimiento se empezaron a mejorar las preparaciones para niños, debido en parte a presión de los consumidores y de la profesión médica, y en parte al deseo de la misma industria de mejorar sus productos y su imagen.

Hoy los alimentos comerciales para niños no contienen por lo general ni sal ni sustancias químicas, mientras que azúcar y rellenos rara vez se agregan a las variedades de un ingrediente único. Siguen ofreciendo las mismas comodidades de siempre; los alimentos vienen listos para servir, en recipientes de porciones calculadas para el bebé, que se pueden volver a tapar para guardar los sobrantes en el refrigerador. Pero hay también muchas otras ventajas. Como las frutas y vegetales se cuecen y se envasan poco después de cosechados, retienen una buena proporción de sus nutrientes. Estos alimentos son uniformes en textura y sabor y son inocuos e higiénicos. También resultan relativamente económicos, sobre todo si el tiempo que con ellos se economiza es valioso para usted, y si se tiene en cuenta que es menor la probabilidad de desperdicio que cuando usted prepara cantidades grandes de comida.

Las ventajas que ofrecen los alimentos comerciales son mayores en los primeros meses de alimentación sólida. Las variedades cernidas tienen la consistencia perfecta para principiantes, mientras que los de un ingrediente único facilitan puntualizar el origen de las alergias. Si bien los principales fabricantes ofrecen texturas graduadas para irlas usando a medida que el bebé las puede tolerar, muchas madres prescinden de los alimentos preparados comercialmente en cuanto sus niños aprenden a comer las comidas suavemente cocidas, en puré, picadas en trozos o en hojuelas, del menú de la familia. Sin embargo, todavía pueden encontrar cómodos los productos comerciales para los viajes, y útiles de tener a la mano para un caso de necesidad o cuando quieren salir a comer por fuera.

Desde luego, no todo lo que se vende como "comida para bebés" es bueno para el niño. Lea las etiquetas y evite ingredientes como azúcar o miel de maíz, sal, fécula modificada y otras sustancias de espesar, grasa de pastelería y otras grasas parcial o totalmente hidrogenadas, glutamato monosódico, sabores o colorantes artificiales y preservativos. El azúcar que se agrega a algunos cereales, frutas y otros postres no lo necesita el bebé, cuyas papilas gustativas están vírgenes y se contentan muy bien con el dulce natural de tales alimentos. (Si ocasionalmente le quiere dar algo más dulce como golosina, compre productos endulzados sólo con concentrados de zumo de frutas.) Unos pocos flanes y budines contienen huevo; si todavía no le está dando huevo al niño, prescinda de tales postres.

Los alimentos para bebé "instantáneos" o deshidratados ofrecen gran ventaja por ser ligeros de peso, no necesitar refrigeración después de abiertos y poderse mezclar con líquidos distintos de agua para aumentar el valor nutritivo. Pero también tienen algunas desventajas: ante todo, algunos contienen aceites vegetales parcialmente hidrogenados o saturados, o rellenos feculentos, ingredientes que su niño no necesita. En segundo lugar, su valor nutritivo es más bajo que el de los envasados; y finalmente, el sabor de los alimentos deshidratados cuando se vuelven a hidratar es necesariamente distinto del de los alimentos frescos, con lo cual posiblemente se confunden las papilas gustativas del niño cuando pasa a comidas de mesa. Así que, aun cuando las comidas deshidratadas puedan ser muy prácticas para llevar cuando se va de paseo o de viaje, no son lo ideal para dárselas como régimen permanente.

Los alimentos "orgánicos" para bebé empiezan a aparecer en el mercado, pero son caros y no siempre se encuentran. Son inocuos y ofrecen buena nutrición, pero no se preocupe si no los encuentra o si son demasiado caros para su bolsillo. Las variedades comerciales, aun no siendo orgánicas, están por lo común libres de los peligros conocidos (como glutamato monosódico, Alar, preservativos y colorantes) y no ofrecen ningún riesgo para su bebé.

COMIDA INFANTIL PREPARADA EN CASA

Si le queda tiempo, energía y ganas, bien puede preparar en casa la comida del bebé, siempre que observe las reglas siguientes:

■ Cuando introduzca alimentos nuevos, prepárelos y sírvalos sin otro ingrediente alguno.

■ No les ponga azúcar ni sal. Si cocina para toda la familia, separe la porción del niño antes de aderezar la comida con sal o condimentos.

■ No le ponga grasa a la comida del niño, ni al guisarla ni en la mesa.

■ No cocine en ollas de cobre, pues esto destruye la vitamina C.

■ No cocine alimentos acídulos (como los

tomates) en vasijas de aluminio, pues pequeñas cantidades de aluminio se pueden disolver y absorberse en el alimento.

■ Prepare los vegetales al vapor, o en olla de presión, o sin agua, exponiéndolos lo menos posible a la luz, el aire, el calor y el agua.

■ Las papas hiérvalas o áselas al horno con cáscara y pélelas después.

■ No use bicarbonato; éste preserva el color pero acaba con las vitaminas y minerales.

■ No ponga a remojar toda la noche legumbres secas (arvejas o fríjoles) ni las deje hervir largo tiempo. Hiérvalas rápidamente dos minutos, luego déjelas reposar una hora y póngalas a cocer en la misma agua.

■ Siga los principios que se dan en la página 264 para la correcta preparación de los alimentos.

Durante las primeras semanas de alimentación sólida, o por lo menos hasta que tenga 6 meses, debe darle la comida en puré y bien cernida (aunque el plátano sí se le puede dar machacado y adelgazado con algún líquido). Por comodidad, prepare una cantidad de zanahorias, arvejas u otro vegetal y congélela en cubetas de hacer hielo. Mantenga cada cubito separado en bolsitas herméticas de congelar. Antes de usarlos descongélelos en el refrigerador, en una olla de doble fondo, en el horno de microondas (a temperatura de descongelar, no de asar), o en agua fría (sin sacarlos de las bolsitas) — pero no a la temperatura ambiente.

LO QUE LE PUEDE PREOCUPAR

MODIFICACION EN LAS DEPOSICIONES

"Desde que empecé la semana pasada a darle sólidos a mi niño, criado al pecho, sus deposiciones han sido más sólidas, como era de esperar, pero también son más oscuras y malolientes. ¿Es esto normal?"

Infortunadamente se acabaron aquellos tiempos en que todo lo que pasaba por el cuerpo de su bebé salía inocente y dulce. Para la mamá que ha venido lactando a su criatura, el cambio de evacuaciones inodoras y blandas como mostaza, a heces oscuras, espesas y de mal olor puede ser muy desagradable, pero es perfectamente normal. Se debe esperar que las deposiciones del bebé se vayan pareciendo más a las de los adultos a medida que su alimentación también se asemeja más a la

de éstos; pero las de los niños criados al pecho siguen siendo más blandas que las de los alimentados con biberón hasta que se les desteta.

"Por primera vez le he dado a mi niño zanahoria, y en seguida hizo una deposición de color anaranjado brillante".

Lo que entra, vuelve a salir. Y en los niños, con su sistema digestivo aún inmaduro, a veces no cambia mucho durante el proceso. Una vez que empiezan a comer cosas sólidas, se observan de una deposición a otra cambios en que se refleja la comida más reciente por su color y textura. Después, alimentos no bien masticados, especialmente los que son más difíciles de digerir, pueden salir enteros o casi enteros. Pero mientras la deposición no muestre mucosidades ni sea excesivamente suelta (lo que podría indicar irritación gastrointestinal y haría necesario suspender el respectivo alimento durante unas semanas), puede continuar dándole la comida recién variada sin preocuparse.

RECHAZO DEL BIBERON

"Me gustaría darle a mi hija un biberón de leche extraída para darme un poquito de libertad, pero no lo quiere. ¿Qué hago?"

Su niña ya no es una recién nacida. A diferencia de los chiquitines que acaban de venir a este mundo, ya sabe muy bien lo que quiere y lo que no quiere, y cómo hacer para conseguirlo. Lo que quiere es el pecho suave y tibio de la mamá, y lo que no quiere es un pezón artificial de caucho o plástico. Para obtener el primero, sabe que tiene que llorar; el segundo lo rechaza.

Usted tiene la culpa por haber esperado tanto tiempo para darle un biberón; es mucho mejor empezar a las seis semanas (vea la página 165). Pero todavía es posible que gane la partida, si sigue estos consejos:

Déle cuando tiene hambre. Muchos niños aceptan mejor el biberón como fuente de nutrición cuando están buscando qué comer. Así pues, pruebe a ofrecerle el biberón cuando realmente tenga hambre, no cuando haya comido poco antes.

O con el estómago lleno. Hay algunos niños que, si se les ofrece un biberón cuando están buscando el pecho, se muestran hostiles hacia la persona que se lo ofrece, quizá porque se sienten traicionados. Si éste es el caso de su bebé (cosa que no sabrá sino ensayando) no le ofrezca el biberón cuando tenga mucha hambre, sino más bien de manera casual entre lactaciones — cuando esté más dis-

puesto a experimentar y acaso acepte un refrigerio.

Finja indiferencia. En lugar de actuar como si darle por primera vez un biberón fuera una cosa muy importante (aun cuando lo sea), trate de mostrarse indiferente, cualquiera sea la reacción del bebé.

Déjelo jugar antes. Permítale al niño que juegue con el biberón antes de tratar de dárselo. Si se le da la oportunidad de examinarlo él mismo, quizá se preste mejor a dejarlo entrar en su vida, y ojalá en su boca. Hasta es posible que él mismo se lo lleve a la boca, como se lleva todo lo que encuentra a la mano.

Esconda sus pechos. Y todo el resto de su persona, cuando presente por primera vez el biberón. Un niño criado al pecho acepta con más facilidad el biberón si se lo da el papá, la abuela o cualquier otra persona cuando la mamá se mantiene fuera del alcance de su olfato. Por lo menos mientras la alimentación supletoria no haya quedado bien establecida, hasta el sonido de su voz puede quitarle a su bebé el apetito por el biberón.

Ensaye con una bebida favorita. Es posible que no sea el frasco lo que le disgusta al niño sino su contenido. Unos se aficionan al biberón si se llena de la leche materna que les es familiar, mientras que otros, recordando la fuente original de dicha leche, prefieren en el biberón otra bebida. Ensaye con leche de fórmula o jugo de manzana diluido, o con leche de vaca cuando el médico la autorice.

Aprenda a darse por vencida . . . temporalmente. No permita que el biberón se convierta en manzana de la discordia, pues usted saldrá irremediablemente derrotada. En cuanto su niño rechace el biberón, retírelo y ensaye otro día. Perseverar (conservando siempre su actitud de indiferencia) es tal vez cuanto se necesita. Pruebe con el biberón cada dos o tres días por lo menos durante un par de semanas antes de darse definitivamente por vencida.

Si la derrota es una realidad, no pierda la esperanza. Hay otra alternativa en vez del pecho, y es la taza. A los niños les gusta tomar en taza, a veces desde los cuatro o cinco meses de edad, y así toman contentos las comidas suplementarias (vea la página 262); algunos llegan a ser tan hábiles para tomar en taza hacia fines del primer año (a veces a los ocho o nueve meses), que se les puede destetar directamente del pecho a la taza — lo cual les evita a las madres el paso intermedio de quitarles el biberón.

ZAPATITOS PARA EL BEBE

"Mi hija todavía no anda, por supuesto, pero me parece que no está bien vestidita sin zapatos".

Aun cuando unas medias, o unos zapatitos tejidos de lana, o los pies descalzos si el tiempo lo permite, son probablemente lo mejor para su niña a esta edad, no hay inconveniente en calzarla para ocasiones especiales, siempre que se elija el calzado adecuado. Puesto que los piecitos todavía no le sirven para andar, tampoco se necesita que le sirvan para ese fin los zapatos que le compre. El calzado para bebés debe ser de poco peso, de material aireable (cuero o tela, pero no plástico) con suelas tan flexibles que a través de ellas se le puedan sentir los dedos. Suelas duras, de ninguna manera. Zapatos con caña alta y rígida para resguardar los tobillos son innecesarios y perjudiciales para los pies del niño ahora, y lo serán también cuando empiece a caminar. Teniendo en cuenta que los zapatos muy pronto le van

a quedar chicos, es prudente comprar unos que no sean muy caros.

Para apreciar el largo adecuado, haga presión con el pulgar en la punta de cada zapatito. Si queda entre el dedo más largo del bebé y la extremidad del zapato espacio para el pulgar de usted, el largo del zapato está bien y queda espacio para el crecimiento. Para verificar el ancho, trate de pellizcar un pedacito de zapato en la parte más ancha del pie; si puede pellizcar, el ancho está bien. No le ponga a su niño zapatos muy pequeños, ni ahora ni después.

EL BAÑO EN LA TINA GRANDE

"Mi hijo ya está muy grande para la bañera infantil, pero me da miedo bañarlo en la tina grande de la casa".

Meterlo en la bañera de la familia puede ser asustador, no sólo para usted sino también para el mismo niño; al fin y al cabo, es un pez tan pequeñito — y resbaladizo — para un estanque tan grande. Pero tomando las debidas precauciones para evitar accidentes y disipar temores, la tina grande se puede convertir en una formidable diversión acuática para el chiquillo de seis meses, y el baño será entonces una actividad favorita, aunque un poco húmeda, de la familia. Para que todo le salga a pedir de boca, siga las recomendaciones básicas sobre el baño que se dan en la Cartilla de Cuidados del Bebé, página 87, y ensaye lo siguiente:

Espere hasta que se pueda sentar. El y usted se sentirán más seguros con el baño en la tina grande si el niño ya es capaz de sentarse solo, o con un mínimo de apoyo.

Cuide de que quede seguro. Un bebé mojado es un bebé resbaladizo, y hasta un niño que se pueda sentar solo puede resbalar en la bañera (lo mismo que un adulto). Si se da un chapuzón por un momento, eso no le causa ningún daño, pero el susto le puede hacer tomar aversión al baño. (Claro está que si resbala cuando usted no esté presente, las consecuencias pueden ser mucho más graves.) Por fortuna hoy los padres no necesitan sostener permanentemente al bebé con una mano durante el baño: se consiguen asientitos de baño con copas de succión que se adhieren firmemente al fondo de la tina. El asiento puede ser una cosa sencilla como un aro dentro del cual se coloca al niño, o un juguete complicado como un caballito marino de plástico. Algunos asientos tienen cojines de espuma de caucho que se ponen debajo del bebé para que no se corra. Si el suyo no los tiene, coloque un paño de aseo limpio o una toalla bajo las posaderas del niño para lograr el mismo efecto. Enjuague, exprima y tienda a secar el paño o toalla, o use una distinta cada vez para evitar la multiplicación de microbios en la tela húmeda. Si el asiento trae un cojín de espuma, séquelo en la secadora después del baño por la misma razón.

Déjelo que se familiarice con la tina. Durante varios días antes de abandonar la bañera infantil, báñelo en ésta pero metiéndola dentro de la tina grande vacía. Así no le parecerá tan asustadora la tina grande cuando la llene de agua y lo meta dentro.

No lo bañe después de comer. Puede ser discutible la insistencia de nuestras mamás en que no se podía nadar inmediatamente después de comer; pero de todas maneras es mejor no bañar al bebé cuando acaba de tomar su comida porque tanto moverlo y tanta actividad pueden provocarle vómito.

Evite el enfriamiento. A los niños chiquitos no les gusta sentir frío, y si asocian el enfriamiento con el baño, tal vez se rebelen contra éste último. Asegúrese, pues, de que el cuarto de baño esté a una temperatura agradable. Si está muy frío, puede calentarlo con un pequeño calentador de ambiente o una unidad calefactora de techo (observe las precauciones de seguridad, página 340). No desnude al niño hasta que la tina esté llena y usted esté lista para meterlo al agua. Tenga a mano una toalla grande, suave, de preferencia con capucha, para envolverlo en cuanto lo saque. En tiempo frío es bueno calentar la toalla en un radiador, pero tenga cuidado de que no se caliente demasiado. Seque bien al niño llegando a todos los pliegues de la piel antes de desenvolverlo y vestirlo.

Prepárelo todo. Toalla, paño de aseo, jabón, champú, juguetes y cualquier otra cosa que vaya a necesitar para el baño del bebé debe tenerlos al alcance de la mano *antes* de meterlo en el agua. Si se le ha olvidado algo y tiene que ir a buscarlo, *envuelva al niño en la toalla y llévelo con usted.* Prepárese también retirando de la bañera cualquier cosa que pueda presentar riesgo, como jabón, cuchillas y champú.

Pruebe en el codo. Sus manos toleran mucho mejor el calor que la delicada piel del bebé. Para tener la seguridad de que la temperatura del agua que vierta es adecuada, pruébela en el codo o en la muñeca antes de meter en ella al niño. Debe estar agradablemente tibia pero no muy caliente. Cierre primero el agua caliente de modo que lo que chorree del grifo sea frío y el niño no se pueda quemar. Una cubierta de seguridad para los grifos lo protege de quemaduras y golpes.

Esté presente. Su bebé necesita la vigilancia de un adulto todo el tiempo que dure el baño — y así será durante los primeros cinco años de su vida. *Nunca lo deje solo en la tina,* aun cuando tenga un asientito, ni por un segundo.

Algo para divertirlo. Haga de la bañera un corralito flotante de juego para el niño, para que esté distraído mientras usted atiende a la tarea más seria de lavarlo. Juguetes especiales para la tina (sobre todo los que flotan en el agua) y libros plásticos son espléndidos, pero lo mismo se puede decir de cualquier envase de plástico de cualquier forma o tamaño. Para evitar que se forme moho en los juguetes, séquelos con la toalla después de usarlos y guárdelos en un lugar seco.

Déjelo chapalear. Pero no lo haga usted. Para la mayor parte de los niños chiquitos chapalear en el agua es la mejor parte del baño, y cuanto más la mojen a usted, más divertido es el juego. (Póngase un delantal de plástico si no le gusta mojarse mucho.) Pero mientras que al niño casi seguramente le gusta chapalear, en cambio no le gusta ser él la víctima. Muchos le han tomado aversión al baño con una sola vez que los hayan hecho objeto de un chapaleo.

No quite el tapón hasta que el niño esté afuera. Verse en una tina vacía puede ser no sólo una experiencia físicamente desagradable por el enfriamiento, sino también psicológicamente chocante. El gorgoteo del agua que escapa puede asustar a un niño pequeño, y un niño un poquito mayor al ver cómo el agua se precipita por el desagüe quizá tema que él también va a ser arrastrado por la corriente.

MIEDO AL BAÑO

"Mi bebé tiene tanto miedo al baño en la tina, que grita de una manera irracional y tenemos que obligarlo a permanecer en ella".

Aun cuando le pueda parecer irracional a un adulto que se ha bañado incontables veces, el temor de un niño es muy real cada vez que lo bañan. Obligarlo a sobreponerse a tal temor no se lo disipa. Lo que se debe buscar es gradualmente, con paciencia y comprensión, cambiarle la actitud hacia el baño, hacer de la tina un lugar amistoso para visitar y del agua una compañera agradable para jugar.

Continúe con las prácticas tradicionales. Espere hasta que su niño esté completamente dispuesto a dejarse bañar. No lo obligue. Mientras tanto, sígalo bañando en su familiar bañera infantil, o si también a ésta le teme, o si ya está muy grande para ella, déle baños de esponja.

Una prueba en seco. Si el bebé se deja, póngalo en la tina (sobre una toalla de baño grande o en un asientito para que no resbale) sin agua y con un montón de juguetes para que se vaya acostumbrando al escenario y descubra que se puede divertir jugando en él. Si el cuarto está bien calentito y al niño no le molesta estar desnudo, déjelo jugar así. De lo contrario, manténgalo vestido. Recuerde que mientras está en la bañera no lo debe dejar solo ni por un momento.

Muéstrele un ejemplo práctico. Mientras otra persona sostiene al niño, hágale usted una demostración de baño con una muñeca lavable o un animalito relleno, comentando al mismo tiempo todos los detalles de lo que va haciendo en la bañera. Cuando su hijito tenga suficiente edad para ello, déjelo ayudar al baño de la muñeca, o permítale que bañe a su propio "bebé" en una jofaina mientras esté sentado en la tina seca.

Juegos en el agua. Para el niño que se pueda sentar, llene un cubo plástico (o también la bañera infantil o cualquier palangana) de agua tibia y burbujas hechas con jabón líquido y algunos juguetes flotantes. Póngalo en la bañera vacía pero sobre una toalla, o en el piso de la cocina o del cuarto de baño si es que el bebé se niega rotundamente a que lo metan dentro de la tina. Colóquelo, vestido o desnudo, al lado y permítale explorar bajo su supervisión constante. Para el niño que todavía no se puede sentar bien, llene una palangana más pequeña y colóquela en la bandeja de la silla de comer o de las andaderas para que pueda jugar cómodamente.

Vestido o no, es posible que trate de meterse él mismo dentro del agua — indicio de que ya está preparado para ensayar otra vez el baño. De lo contrario, usted tendrá que tomar la iniciativa hundiendo los juguetes y los deditos del niño en el agua, con la esperanza de que siga el ejemplo. Si no lo sigue, déle más tiempo.

Use el sistema de camaradas. Algunos niños se dejan bañar más fácilmente si tienen compañía. Ensaye bañarse usted misma con el bebé, pero graduando el agua a una temperatura que sea agradable para él. Una vez que se acostumbre a estos baños en dúo, puede ensayar bañarlo solo.

Tenga paciencia. Al fin el bebé se dejará bañar otra vez en la tina pero esto se logrará más pronto sin presión paterna y sin pretender sacarlo de su paso.

EL CEPILLO DE DIENTES

"Mi hijito ha echado el primer diente. Una vecina me dice que debo empezar a cepillárselo, pero esto me parece tonto".

Esas pequeñas perlas que producen tanto dolor antes de su aparición y tanta emoción cuando salen, están destinadas a perecer. Se puede esperar que todos se le caigan en el curso de los primeros años de escuela para ser reemplazados por los dientes permanentes. Entonces ¿para qué cuidarlos tanto ahora?

Por varias razones. Ante todo, como ocupan el lugar que corresponde más tarde a los permanentes, la caries o pérdida de estos dientes de leche puede deformar la boca en forma permanente. Por otra parte, el niño va a necesitar estos primeros dientes para morder y masticar durante varios años; los dientes cariados entorpecen la nutrición. También son importantes los dientes sanos para el desarrollo del habla normal y para la apariencia, dos cosas que son importantes para que el niño adquiera confianza en sí mismo. El que no pueda hablar con claridad debido a dentadura defectuosa, o cierre siempre la boca para esconder dientes cariados o faltantes no puede sentirse bien. Finalmente, si se empieza desde temprano a cepillarle los dientes, es más probable que adquiera buenos hábitos dentales.

Los dientes de leche se pueden limpiar con un taco de gasa o un paño de aseo, o bien cepillarlos con un cepillo infantil muy suave y muy pequeño (con no más de tres filas de cerdas) humedecido en agua, después de las comidas y a la hora de acostarlo. Pídale a su dentista o farmaceuta que le recomienden un cepillo. El taco de gasa probablemente se presta mejor hasta que salgan los molares, pero el uso del cepillo acostumbra al niño a cepillarse, de modo que probablemente lo mejor es una combinación de ambas cosas.[1] Pero proceda con mucha suavidad: los dientes de un bebé son blandos. También cepille o limpie suavemente la lengua puesto que en ella también se acumulan microbios.

---

[1] El dentista pediatra le podrá indicar dónde puede comprar fundas para el dedo, desechables, que son aún más eficaces que el tarugo de gasa para limpiar los dientecitos.

EL PRIMER CEPILLO DE DIENTES

Las cerdas deben ser suaves y cuando estén gastadas hay que cambiar de cepillo. Aun cuando éste todavía parezca nuevo, se debe cambiar después de seis u ocho semanas (algunos recomiendan que se cambie cada tres semanas) porque con el tiempo las bacterias de la boca se acumulan en el cepillo. Cepillitos con personajes de Plaza Sésamo o de las tiras cómicas son más atractivos para los niños, pero verifique con el dentista que sean de buena calidad.

No se necesita dentífrico para los dientes del bebé, pero por el buen sabor se le puede untar una pizca al cepillo si con ello se hace éste más atractivo. Pero no use sino un tris como del tamaño de una arveja hasta que lo pueda escupir — a la mayor parte de los niños les gusta comérselo y así pueden ingerir una dosis excesiva de fluoruros, especialmente si el agua es tratada con dichas sustancias. Todo niño quiere hacer las cosas "él solito". Una vez que tenga la habilidad necesaria, lo cual no ocurrirá antes de varios meses, puede dejarlo que trate de cepillarse él mismo después de las comidas, agregando usted una limpieza más completa con la gasa antes de acostarlo, como parte de la rutina habitual. Permítale también que la observe cuando usted se cepilla. Si mamá y papá le dan buen ejemplo, será más probable que se preocupe por cepillarse y más tarde por usar la seda dental.

Si bien estas dos operaciones seguirán siendo importantes durante toda la vida del bebé, la nutrición adecuada tendrá un impacto igual en su salud dental, empezando desde ahora (en realidad, empezó desde antes de que naciera). Asegurar una ingestión adecuada de calcio, fósforo, flúor y otros minerales y vitaminas (particularmente vitamina C que contribuye a mantener sanas las encías) y limitar los alimentos ricos en azúcar refinado (inclusive las galletas de dentición comerciales) o azúcares naturales pegajosos (tales como frutas secas, aun pasas) son cosas que ayudan a prevenir los padecimientos propios de una boca llena de dientes cariados y encías sangrantes. Limite los dulces (aun los sanos) a una o dos veces al día, puesto que cuanto más se distribuya en el día el consumo de azúcar mayor es el riesgo para los dientes. Sírvalos con las comidas, que es cuando hacen menos daño a los dientes, y no entre comidas. O cepíllele los dientes inmediatamente después de que se haya comido un dulce.

Cuando el niño haya comido dulces o golosinas ricas en hidratos de carbono entre las comidas y no tenga a la mano el cepillo, déle un pedacito de queso (como queso suizo) que parece tener la capacidad de bloquear la acción corrosiva de los ácidos producidos por las bacterias de la placa. Para mayor protección de la dentadura, acostumbre a su bebé a tomar jugo en taza ahora y nunca lo deje que se duerma con un biberón en la boca.

Además de buen cuidado en el hogar y buena nutrición, su bebé necesitará buen cuidado dental profesional para asegurar dientes sanos en encías sanas. Ahora, antes de que se presente una emergencia, pídale a su médico que le recomiende un dentista pediátrico confiable, o un dentista general que trate a muchos niños y sea bueno para ellos. Si tiene alguna preocupación sobre la dentadura de su niño, llame o haga una cita en cuanto ésta se presente. Si no, no necesitará hacerle examinar la boca hasta por allá en el segundo o tercer año. Algunos problemas dentales de la infancia, tales como mordedura defectuosa o una boca desdentada por causa de las caries, deben corregirse pronto. Otros como dientes demasiado separados, que generalmente se juntan más tarde, rara vez necesitan intervención.

LECHE DE VACA PARA EL NIÑO

"Estoy lactando a mi niño y lo quiero destetar, pero no quiero darle leche de fórmula. ¿Le puedo dar leche de vaca?"

Los pediatras están casi todos de acuerdo en que a los niños no se les debe dar leche de vaca antes de los seis meses. Las opiniones no son tan uniformes cuando se trata de niños mayores de esta edad, sobre todo porque no hay pruebas bien claras. Algunos médicos recomiendan que se les siga dando fórmula hasta que tengan un año; otros siguen la posición de la Academia Americana de Pediatría, la cual aprueba la introducción de leche de vaca desde los seis meses, *siempre que* también se le dé un suplemento adecuado de alimento sólido.

Consulte con el médico del niño antes de pasarlo a leche de vaca. Si ésta es aprobada, cuide de que el bebé reciba una nutrición adecuada siguiendo estas reglas:

■ Usar únicamente leche entera, no descremada, ni leches 1% o 2%, que no contienen suficiente grasa y calorías para el crecimiento y desarrollo.

■ Incluir en el régimen alimentario del niño una buena fuente de hierro — por ejemplo, cereal fortificado o gotas de vitamina con hierro — puesto que la leche de vaca es pobre en este mineral.

■ Ver que el niño tome alimentos sólidos y que con regularidad se introduzcan otros nuevos. Más o menos la tercera parte de sus calorías deben provenir de una dieta variada que incluya cereales, vegetales y otros alimentos.

BOCA DESDENTADA POR EL BIBERON

"Tengo una amiga con un hijito a quien le tuvieron que extraer los dientes delanteros porque se le habían cariado a causa del biberón. ¿Cómo hago para que al mío no le pase lo mismo?"

No hay nada más gracioso que un escolar que al reírse revela el espacio vacío donde antes estuvieron los dos incisivos. Pero no hay nada gracioso en un niño que apenas empieza a hacer pinitos y ya ha perdido los dos dientecitos delanteros, años antes de su tiempo, debido al biberón. Y esto es lo que les pasa a un gran número de niños todos los años.

Por fortuna éste es un mal que perfectamente se puede evitar. Ocurre con mayor frecuencia en los dos primeros años de vida, cuando los dientes son más vulnerables, y por lo general como resultado de quedarse el niño dormido con regularidad con un biberón en la boca. Los azúcares del líquido que haya estado tomando (leche de vaca, o materna, o de fórmula, jugo de frutas o bebidas azucaradas) se combinan con las bacterias de la boca para producir caries dentaria. La obra destructora continúa durante el sueño cuando la producción de saliva, que ordinariamente diluye el alimento y la bebida y promueve el reflejo de tragar, se retarda en una forma dramática. Como es poco lo que se traga, los últimos sorbos que el niño toma antes de quedarse dormido se le quedan en la boca y allí permanecen en contacto con los dientes durante varias horas.

Para evitar la boca desdentada por el biberón:

■ Nunca le dé agua con glucosa (azúcar)

ni siquiera antes de que le salgan los dientes, para que no se acostumbre. Lo mismo se aplica a bebidas azucaradas como cóctel de jugo de grosellas, ponche de frutas, bebidas de frutas o de jugos de fruta.

■ Cuando le salgan los dientes, no lo acueste a dormir por la noche ni a hacer siesta de día con un biberón de leche o de jugo. Una violación ocasional de esta regla no le hará daño, pero la violación constante sí. Si tiene que acostarlo con un biberón, déselo de agua pura, que no le hace daño a los dientes y, al contrario, se los fortalece si ha sido tratada con fluoruro.

■ No le permita a su niño usar el biberón de leche o de jugo como chupador de entretención, ni andar con él de arriba abajo chupando a voluntad. Este hábito de todo el día puede ser tan malo para los dientes como el de por la noche. El biberón se debe considerar como parte de una comida o un refrigerio, y como tal se debe dar en condiciones adecuadas (en los brazos, en el asiento infantil y más tarde en una silla alta), y a las horas convenientes.

■ Si el niño duerme en la cama con usted, no lo deje que tenga el pezón entre la boca toda la noche para mamar a ratos. En esta forma la leche materna puede causar caries, especialmente después del duodécimo mes.

■ Destete a su niño del pecho o del biberón más o menos a los doce meses.

ANEMIA

"No entiendo por qué el médico quiere hacerle a mi niño pruebas de anemia en la próxima visita. Nació prematuro, pero ahora está muy sano y activo".

En un tiempo muchos niños se volvían anémicos entre los seis y los doce meses de edad, y en muchas familias pobres esto sigue siendo cierto. Las pruebas para descubrir esta deficiencia se volvieron cosa de rutina porque los niños que la tienen en forma leve parecen estar sanos y activos y no muestran los síntomas que con tanta frecuencia aparecen en los adultos.[2] Y la única manera de descubrir este problema es hacer una prueba para determinar la proporción de hemoglobina en la sangre. Se diagnostica anemia cuando es escasa la hemoglobina (la proteína de los glóbulos rojos de la sangre, que ejecuta la importante función de distribuir el oxígeno).

Hoy, gracias a que se presta más atención a los suplementos de hierro, sólo dos o tres de cada cien infantes de clase media contraen anemia, y ya no se considera indispensable la prueba de rutina, pese a lo cual muchos médicos siguen realizándola como precaución (entre los 6 y los 9 meses para los niños de bajo peso al nacer, y entre los 9 y los 12 meses para los demás).

De vez en cuando nacen niños anémicos, por lo general debido a la pérdida de glóbulos rojos por pérdida de sangre, destrucción de dichas células debido a algún problema de incompatibilidad sanguínea, o a una enfermedad heredada, como presencia de hematíes falciformes o talasemia (vea las páginas 566 y 578). Pueden volverse anémicos después en la infancia debido a desangre oculto (tal como podría ocurrir por tomar leche de vaca a edad demasiado temprana) o por infestación de parásitos (como anquilostoma o lombriz intestinal). También puede producir anemia una insuficiencia de ácido fólico o de vitamina B12, que

---

[2] Entre los síntomas de anemia en los adultos y niños mayores se incluyen: inicialmente, palidez, irritabilidad, debilidad, pérdida de apetito, poco interés en lo que los rodea; y más tarde, piel cerosa y cetrina, y susceptibilidad a infección.

son insuficientes en la leche de madres estrictamente vegetarianas, o de vitamina C, insuficiencia que impide la producción de hemoglobina.

Pero el ingrediente esencial de la hemoglobina es el hierro, y la deficiencia de hierro es la causa más común de anemia en los niños. Los que nacen en tiempo por lo general tienen reservas de hierro acumuladas durante los últimos meses de gestación y les sirven para los primeros meses. Después, siguen necesitando este mineral en grandes cantidades para aumentar el volumen de sangre y hacer frente a las demandas de un rápido crecimiento. Es preciso que en su régimen alimentario dispongan de una fuente de hierro, como un suplemento vitamínico y mineral con hierro, cereal infantil fortificado, o fórmula fortificada con hierro (para los criados con biberón).[3] Si bien la lactancia natural exclusiva durante los primeros cuatro o seis meses se considera generalmente la mejor manera de nutrir al bebé y el hierro de la leche materna se asimila muy bien, esta lactancia no asegura un suministro suficiente de hierro una vez agotadas sus reservas prenatales de dicho elemento.

La anemia por deficiencia de hierro es más común en los niños que nacen con reservas pobres, como los prematuros que no tuvieron tiempo antes del nacimiento de acumular cantidades suficientes, y aquéllos cuyas madres no consumieron hierro suficiente durante el embarazo. A veces se presenta más tarde en niños con problemas intestinales (como diarrea) metabólicos (como la enfermedad celíaca) que impiden la asimilación del hierro. Pero también se puede presentar en bebés que no tengan problemas de asimilación, que empezaron con una buena reserva pero después no recibieron ningún suplemento de hierro al agotárseles dicha reserva.

Cuándo debe empezar el suplemento de hierro, es cuestión de opinión médica, y usted debe confiar en lo que le recomiende su pediatra para su bebé.

El caso típico de anemia infantil por deficiencia de hierro es el del bebé que se nutre principalmente de leche materna o de vaca, o de una fórmula pobre en hierro, y toma muy pocos sólidos. Como la anemia tiende a quitarle el apetito por los sólidos, su única fuente de hierro, se produce un círculo vicioso de menos hierro-menos alimento, menos alimento-menos hierro que empeora las cosas. Esta situación se puede corregir con una receta de gotas que contengan hierro.

Para contribuir a prevenir en su bebé la anemia por deficiencia de hierro, ensaye lo siguiente:

■ Si lo está alimentando con biberón, cuide de que la fórmula sea fortificada con hierro.

■ Si lo está alimentando al pecho, vea que reciba hierro en alguna forma suplementaria, como por ejemplo cereal fortificado o gotas vitamínicas que contengan hierro. Y déle alimentos con vitamina C (vea la página 415) al mismo tiempo, cuando sea posible, para mejorar la asimilación del hierro.

■ A medida que aumenta la cantidad de alimento sólido que el niño come, incluya en su dieta alimentos ricos en hierro.

■ Evite darle afrecho, pues éste podría impedir la asimilación del hierro.

REGIMEN VEGETARIANO

"Nosotros somos estrictamente vegetaria-

---

[3] Los fitatos de los granos, que normalmente vinculan el hierro haciéndolo asimilable por el organismo, anteriormente hacían ineficaz la fortificación del cereal infantil. Este problema se ha superado ya con nuevos métodos de producción y estos cereales son hoy una buena fuente de hierro.

nos y así nos proponemos criar a nuestro hijo. ¿Le dará suficiente nutrición este régimen?"

Hay millones de personas que están en el mismo caso y crían a sus hijos como vegetarianos, con poco o ningún mal efecto, salvo que el peso de éstos suele ser ligeramente menor que el de otros niños. Pero prescindir de todos los productos animales también presenta sus riesgos, tanto para los niños como para los adultos. En todo caso, se deben tener las siguientes precauciones:

■ Déle el pecho a su niño. Puesto que las fórmulas a base de leche de soya son un sustituto imperfecto de la leche materna, la madre vegetariana que pueda lactar a su niño debe hacerlo para asegurarse de que éste obtenga todos los nutrientes necesarios durante los primeros seis meses, y la mayoría de ellos durante el primer año — suponiendo que ella sí esté tomando todos los nutrientes que necesita (inclusive ácido fólico y vitamina B12 como suplemento) para producir leche materna de alta calidad. Si la madre no puede dar el pecho al niño, debe cuidar que la fórmula de soya que le dé haya sido recomendada por su médico.

■ A un niño criado al pecho déle un suplemento de vitaminas y minerales que contenga hierro, vitamina D (fuera de la luz del sol la fuente principal es la leche a la cual se le agrega como cuestión de rutina vitamina D), ácido fólico y vitamina B12 (que sólo se encuentra en productos animales). (Vea en la página 155 más sobre suplementos vitamínicos.) Déle también un suplemento cuando destete al niño de leche de fórmula o materna.

■ Déle únicamente fríjoles y cereales de grano entero una vez que haya dejado los cereales infantiles de principiante. Estos le dan más vitaminas, minerales y proteínas de las que ordinariamente se obtienen de los productos animales, que lo que le pueden dar los productos análogos refinados.

■ Use queso vegetal y otros productos a base de soya para darle proteínas cuando el niño pase a sólidos. Hacia el final del primer año también se pueden agregar al régimen alimentario como fuente de proteínas arroz moreno cocinado muy blando, garbanzos en puré y otras legumbres (fríjoles y arvejas), y pastas ricas en proteínas y grano entero. (Vea en la página 417 una lista más completa de proteínas vegetales.)

■ Cuando destete a su niño, cuide de que reciba cantidades adecuadas de calcio en su régimen alimentario, para que desarrolle huesos y dientes fuertes y sanos. Entre las buenas fuentes vegetarianas se cuentan queso de soya preparado con calcio (pero tenga cuidado con las muchas bebidas de soya y postres congelados que contienen muy poco calcio o nada), brécol y otros vegetales de hoja verde, y almendras y nueces bien molidas (de manera que el bebé no se vaya a atragantar). Como estos alimentos no son normalmente favoritos de los niños, es posible que también tenga que agregar un suplemento de calcio al régimen alimentario de su niño, si prefiere no darle leche. Consulte con el médico.

A los vegetarianos que sí usan productos lácteos, les es mucho más fácil asegurar una buena nutrición de sus niños. Los productos de leche contienen las proteínas y calcio que se necesitan para el crecimiento y la buena salud, lo mismo que cantidades adecuadas de vitaminas A, B12 y D. Si se incluyen en la alimentación yemas de huevo, éstas suministran una fuente adicional de hierro — pero puede ser una buena medida darles de todas maneras un suplemento de hierro, como a la mayor parte de los niños. (Y desde luego, a medida que crece su niño, no le debe dar huevo todos los días.) También en este punto consulte con el doctor.

SAL EN LA COMIDA

"Yo me cuido mucho de la cantidad de sal que tomamos mi esposo y yo. ¿Debo también vigilar la sal de la comida de mi niño?"

Los niños, lo mismo que todos nosotros, sí necesitan algo de sal, pero tampoco necesitan una gran cantidad. En efecto, sus riñones no pueden manejar grandes cantidades de sodio, lo cual explica probablemente por qué la madre naturaleza hizo la leche materna una bebida de muy bajo contenido de sodio (sólo 5 miligramos por taza, en comparación con 120 miligramos por taza que tiene la leche de vaca) y hay muchas pruebas de que un exceso de sal demasiado temprano, sobre todo cuando en la familia ha habido antecedentes de hipertensión, pueden preparar el terreno para alta tensión arterial en la edad adulta. También han mostrado los estudios que los niños no tienen preferencia innata por las cosas saladas, pero sí pueden desarrollar esa preferencia si se les da un régimen alimentario rico en sodio, lo cual puede ser mortal más tarde en la vida.

Atendiendo a las pruebas, cada vez más abundantes, de que un exceso de sodio no es bueno para los niños, los grandes fabricantes de alimentos infantiles han eliminado la sal de sus recetas. Lo mismo deben hacer las madres que preparan ellas mismas la comida de sus niños. No dé por sentado que las habichuelas o el puré de papas no le va a gustar a su bebé si no les pone sal, simplemente porque así es como a usted le gustan. Déles a las papilas gustativas del niño la oportunidad de aprender a qué saben los alimentos no adulterados con sal, y él desarrollará el gusto por los sabores naturales, que debe durarle toda la vida.

Para estar segura de que su niño no va a adquirir el vicio de la sal y ayudar al resto de la familia a reducir su consumo de sal, lea las etiquetas como cuestión de rutina. Encontrará que muchos productos que no se imaginaba contienen cantidades grandes de sodio, inclusive requesón y quesos duros (escoja las variedades de bajo contenido de sodio), panes y cereales de desayuno, bizcochos y galletas. Puesto que un niño entre las edades de seis meses y un año no requiere más de 250 a 750 miligramos de sodio al día, los alimentos que contienen 300 miligramos o más por porción sobrepasan rápidamente este nivel. Cuando compre para el bebé, déles la preferencia a los alimentos con menos de 50 miligramos por porción.

EL HABITO DE LOS GRANOS ENTEROS

"Yo sé que el pan integral es el mejor para mi niño, pero a mí no me gusta y creo que a él tampoco le va a gustar. ¿No es mejor que se coma su pan blanco y no que no coma ninguno?"

¿Cuál fue el primer pan que su mamá le dio a usted cuando estaba en su silla alta? ¿Qué clase de pan tostado le dieron con los huevos cuando estaba creciendo? ¿Con qué pan le preparaban los emparedados de la merienda que llevaba a la escuela? Apostaríamos a que la respuesta a estas tres preguntas es: "pan blanco" — y por eso es natural que usted lo prefiera. Las preferencias que desarrollamos temprano por determinados alimentos nos acompañan toda la vida, a menos que

CONTENIDO DE SODIO DE LOS ALIMENTOS INFANTILES

ALIMENTO	CANTIDAD	MG DE SODIO
Leche materna	1 taza	5 mg
Leche de fórmula	1 taza	Varía, pero se aproxima a la leche materna
Leche entera de vaca	1 taza	120 mg
Cereal infantil	$1/4$ taza	0 mg
Frutas para bebé (varias)	$1/2$ bote	2-10 mg
Batatas	$1/2$ bote	20 mg
Zanahorias	$1/2$ bote	35 mg
Arvejas para bebé	$1/2$ bote	7 mg
Yogur de leche entera	2 cucharadas	20 mg
Requesón de leche entera	2 cucharadas	110 mg
Requesón, sin sal*	2 cucharadas	15 mg
Pan de trigo integral	$1/2$ rebanada	90 mg
Pan integral, sin sal	$1/2$ rebanada	5 mg
Pastelitos de arroz	1 entero	28 mg
Pastelitos de arroz, sin sal	1 entero	0 mg

* Si usa requesón sin sal, que generalmente sólo se consigue en variedades bajas en grasa, tenga cuidado de que a su bebé se le den grasas de otras fuentes, como leche materna, leche de fórmula, queso duro y yogur corriente. O agregue una cucharada de crema ligera, dulce o agria, a cada $1/4$ de taza de requesón.

hagamos un esfuerzo deliberado por cambiarlas; y por eso es por lo que es tan importante darle a su bebé *únicamente* panes integrales ahora y durante toda la niñez. Si usted hace esto, el niño no sólo aprenderá a gustar de ellos sino que los preferirá, y el pan blanco le parecerá desabrido y soso en comparación. Si el resto de la familia sigue el ejemplo, no pasará mucho sin que todos ustedes prefieran los panes oscuros y más saludables.

EL NIÑO MADRUGADOR

"Al principio estábamos felices porque nuestra niña dormía toda la noche. Pero

como se despierta puntualmente a las 5:00 todas las mañanas, casi que preferiríamos que se despertara más bien a medianoche".

Con los que se despiertan por la noche, por lo menos hay la promesa de unas cuantas horas más de sueño una vez que se vuelven a dormir; pero con un bebé que despierta a los papás con manifestaciones de furiosa energía y está impaciente por iniciar la jornada cuando hasta los gallos están todavía durmiendo, no hay esperanza de descanso hasta que vuelva a caer la noche, y son incontables los padres que están sometidos a este rudo despertar diariamente.

Con frecuencia no tienen más remedio que acostumbrarse a vivir con este problema, pero en algunos casos es posible corregir a estos impertinentes despertadores:

No deje entrar la claridad del día. Algunos bebés (lo mismo que algunos adultos) son especialmente sensibles a la luz cuando están durmiendo. Sobre todo cuando los días son más largos y amanece temprano, mantener la pieza del niño a oscuras puede ayudarle a dormir más tiempo. Invierta en cortinas de oscurecimiento o forradas, o cuelgue una manta pesada sobre la ventana por la noche.

Aíslelo del tráfico. Si la ventana del cuarto da a una calle de mucho tráfico en las horas de la mañana, ese ruido lo puede hacer despertar prematuramente. Ensaye cerrando la ventana, o colgando en ella una manta pesada, o una cortina para ayudar a amortiguar el ruido; o si es posible, pase al niño a dormir a una pieza que no dé a la calle. O use un ventilador o una máquina de "ruido blanco" para ahogar los ruidos de la calle.

Tenga al niño despierto hasta más tarde. Es posible que su niño se esté despertando más temprano de lo que debiera, porque se está acostando a dormir muy temprano. Acuéstelo cada noche 10 minutos más tarde que la noche anterior, hasta que gradualmente le haya atrasado la hora de dormir toda una hora más. Para que esto tenga buen resultado, probablemente convenga atrasarle simultáneamente y en la misma forma las siestas y las comidas.

Téngalo más tiempo despierto durante el día. Algunos madrugadores se vuelven a quedar dormidos después de una hora o dos. Para que esto no ocurra, aplace el regreso a la cuna 10 minutos más cada mañana, hasta que esté haciendo la siesta una hora más tarde, lo cual puede ayudarle a extender su sueño nocturno.

No lo deje dormir mucho de día. Un bebé sólo necesita determinado tiempo de sueño en total — por término medio $14^1/_2$ horas a esta edad, aun cuando esto varía mucho de uno a otro niño. Es posible que el suyo esté durmiendo demasiado durante el día y por eso necesita dormir menos de noche. Limítele las siestas diurnas suprimiendo una o reduciendo la duración de todas, pero no hasta el punto en que termine el día muy cansado.

Hágalo esperar. No se apresure a atender la primera llamada desde la cuna. Gradualmente aumente el tiempo antes de acudir a su lado, empezando con cinco minutos — a menos que esté dando alaridos, naturalmente. Si tiene suerte, quizá se vuelva a dormir o se distraiga con alguna cosa por el momento.

Póngale un montón de juguetes en la cuna. Si no sirve de nada mantener el cuarto oscuro, ensaye dejando entrar luz y manteniendo a la mano unos cuantos juguetes para que se entretenga jugando mientras usted se levanta. (Deben ser juguetes que no ofrezcan peligro, centros de actividad adheridos al lado de la cuna, animales rellenos, pero no de felpa que podrían ofrecer riesgo de asfixia, y otros juguetes de cuna que no ofrezcan peligro.)

Hágalo esperar el desayuno. Si se ha acostumbrado a comer a las 5:30, el hambre lo despertará con regularidad a esa hora. Aun cuando usted se levante entonces, no le dé de comer inmediatamente. Aplace gradualmente el desayuno para que se vaya acostumbrando a despertar más tarde.

Todos estos esfuerzos desgraciadamente pueden ser en vano. Algunos bebés sencillamente necesitan mucho menos sueño en total que otros; y si el suyo es uno de éstos, probablemente usted va a tener que madrugar hasta que él tenga edad suficiente para levantarse a preparar su propio desayuno. Mientras tanto, acostarse más temprano y compartir con su marido los deberes del amanecer, turnándose para atender al bebé (lo cual sólo servirá si no se requiere la presencia de la mamá para lactarlo) puede resultar para ustedes la mejor técnica de supervivencia.

TODAVIA NO DUERME TODA LA NOCHE

"Mi bebé todavía se despierta dos veces durante la noche y no se vuelve a dormir si no le doy de comer, por más que lo mezamos y lo consintamos. ¿Cuándo podremos dormir?"

Su bebé seguirá despertándose varias veces durante la noche por el resto de su vida, tal como lo hacemos todos los demás; pero, a menos que aprenda a volverse a dormir por su propia cuenta, ni ustedes ni él podrán tener un sueño tranquilo.

Ayudarle para que se vuelva a dormir — dándole el pecho o el biberón, meciéndolo, dándole palmaditas, sobándolo, cantándole o con música — no servirá sino para aplazar el día en que ha de aprender a dormirse por sí mismo. Ese día inevitablemente llegará cuando ya no sea práctico ni posible que usted lo duerma. Si usted hace que ese día llegue ya, podrá dormir más, y el niño también.

Su primer paso debe ser repasar las recomendaciones de la página 202 para reducir el número de veces que se despierta por la noche, y reducir las siestas diurnas. En seguida, adopte una de las tácticas siguientes para que su niño se inicie en el camino de la independencia para dormir:

No hacerle caso. Si el niño tiene la costumbre de despertarse para comer una o dos veces durante la noche, no responda — déjelo llorar.

Retiro gradual. Si el niño tiene el hábito de despertar tres o cuatro veces o aun más durante la noche, o si usted no se resuelve a no hacerle caso, proceda más lentamente. Responda cuando él llame, pero no dándole de comer. Por el contrario, trate de ayudarle a que se vuelva a dormir en alguna otra forma (dándole palmaditas, cantándole, meciéndolo, etc.). Cuando se acostumbre a pasar la noche sin comer, inicie un programa gradual de dejarlo llorar.

Si a pesar de todas sus ingeniosas maquinaciones el bebé todavía no duerme toda la noche, el problema quizá esté en la manera como se duerme al principio de una siesta o por la noche. Mientras que algunos bebés se quedan dormidos con el biberón o el pecho durante las siestas o a la hora de dormir por la noche y sin embargo pueden volver a dormirse sin estas ayudas en medio de la noche, otros no pueden. Si su niño es uno de éstos, tendrá que modificarle las rutinas de acostarse. Déle de comer mucho antes de la hora de acostarlo o de la siesta; y más tarde, cuando parezca que tiene sueño, póngalo en el cochecito o en la cuna amodorrado pero despierto. Muchos niños no podrán al principio conciliar el sueño en esta forma, pero casi todos lo logran después de unas cuantas veces que se les deje llorar.

Esto parece razonable, pero ¿es posible? ¿Qué pasa si su niño invariablemente se queda dormido durante la comida, sea que usted lo quiera así o no? En estas circunstancias, probablemente es mejor aplazar su cruzada en lugar de tratar de despertarlo después de cada comida para que luego se vuelva a dormir solo. Por fortuna, a medida que los niños van creciendo va siendo menos probable que se queden dormidos comiendo y usted tendrá más oportunidades de acostar al suyo despierto. Aproveche la oportunidad cuando se le presente y con el tiempo tendrá un niño que sabe dormirse por sí solo.

Hay unos niños que siguen despertándose y comiendo de noche hasta que ya están en edad de hacer pinitos, no porque necesiten esa comida sino porque noche tras noche se les ofrece la tentación que no pueden resistir: el confort de lactar. Y seguirán despertando por la noche mientras la oferta subsista. Las mamás están dispuestas a sacrificar su propio descanso nocturno haciendo de proveedoras de leche las 24 horas del día hasta que sus hijos se desteten (y entonces los niños empiezan a dormir toda la noche como por arte de magia); pero no está claro que esa prolongada alimentación durante la noche sea beneficiosa para los niños. Los que tienen mayores probabilidades de problemas de despertar por la noche son los lactantes que duermen con la mamá — una práctica más común de lo que se cree generalmente, y que una vez que salen los dientes, puede contribuir a la caries dentaria, por las frecuentes comidas nocturnas.

DEJARLO LLORAR

"Todos me aconsejan que deje llorar al bebé cuando se despierta por la noche. Pero me parece una crueldad".

Para los amantes padres, dispuestos a responder a todas las necesidades de sus rorros, dejarlos llorar puede en efecto parecer un castigo cruel e inhumano, especialmente si se tiene en cuenta que su único delito es querer estar con su mamá o su papá durante la noche. Pero según los entendidos en la materia, es en realidad la mejor manera de responder a la necesidad que tiene el niño de aprender a quedarse dormido por su propia cuenta. Con todo, si usted se opone filosóficamente a esa idea, no la ponga en práctica. Seguramente no podría perseverar y las señales mixtas que le dé confundirán al niño y no le ayudarán a dormir. Permítale, pues, que se valga de alguna ayuda para conciliar el sueño (de preferencia alguna distinta de comer a medianoche) tanto tiempo como sea necesario.

Para los padres más fuertes (o más desesperados) dejar llorar al niño casi invariablemente les da buen resultado. Usted puede usar uno de estos dos métodos:

Dejarlo llorar de una vez por todas. Si usted es capaz de aguantarse una hora de vigoroso llanto o gritos, no se acerque al bebé, no lo consienta ni le dé de comer ni le hable cuando se despierte en medio de la noche. Sencillamente, déjelo llorar hasta que se canse y se convenza de que con el llanto no tiene ninguna posibilidad de alcanzar nada ni de que nadie vaya a

¿OTRO CAMINO PARA DORMIR TODA LA NOCHE?

Si usted se cuenta entre los padres blandos de corazón o débiles de nervios que sencillamente no son capaces de dejar llorar a un niño, quizá tenga una alternativa a las noches de insomnio. Un estudio reciente indica que un programa llamado "despertar sistemático" puede dar tan buen resultado como dejar llorar al niño, aun cuando sea quizá un poco más lento. Todavía hay muchas preguntas sin respuesta sobre el despertar sistemático — siendo la principal por qué funciona. Con todo, vale la pena probarlo.

La cosa es así: lleve un diario de las veces que se despierta el niño de noche, durante una semana, para tener una idea de las horas habituales. En seguida, ponga el despertador para que suene media hora antes del primer llanto esperado. Cuando suene, levántese, despierte al bebé y proceda a hacer lo que hace generalmente cuando el despertar es espontáneo (cambiarle pañales, darle de comer, mecerlo, o lo que sea). Anticípese en igual forma a cada despertar del niño. Gradualmente vaya ampliando el tiempo entre estos despertares sistemáticos y luego empiece a eliminarlos. A la vuelta de unas pocas semanas le debe ser posible suprimirlos del todo.

---

verlo, y se vuelva a quedar dormido. A la noche siguiente haga lo mismo; casi con toda seguridad el llanto será más corto que la primera vez. Su duración debe seguir disminuyendo las noches siguientes hasta que por fin desaparece por completo. Su bebé habrá aprendido algo que ni usted ni él creían posible: que sí se puede quedar dormido otra vez sin chupador de entretención en la boca ni un par de brazos que lo mezan.

Mientras llega esa mañana extraordinaria en que usted se despierta a las 6:00 y se da cuenta de que ha dormido toda la noche lo mismo que su niño, probablemente va a tener los nervios destrozados. Encontrará que unos tapones para los oídos, el zumbar de un ventilador, el rumor de voces o música, o la radio o la TV pueden amortiguar mucho el llanto sin suprimirlo totalmente. Si tiene un interfono desde el cuarto del bebé, la amplificación del llanto puede ser especialmente mortificante. La puede reducir bajándole el volumen apenas empiece a llorar. Si el bebé se pone realmente histérico, usted podrá oírlo. Si no lo puede oír en absoluto, ponga un medidor de tiempo para cada 20 minutos. Al sonar el timbre, vuelva a poner el interfono para ver si todavía sigue llorando. Repita esto cada 20 minutos hasta que cese el llanto.

Si en cualquier momento varía el llanto del niño y parece que puede tener algún problema, vaya a ver qué pasa, no sea que se haya enredado en los cobertores o se haya incorporado y no se pueda volver a acostar. Si tiene algún problema, póngalo otra vez cómodo, hágale una caricia, dígale unas palabras tranquilizadoras, y déjelo.

Dejarlo llorar poquito a poco. Si no es capaz de aguantar una hora de ese llanto que parte el corazón, déjelo llorar sólo unos pocos minutos (o hasta donde usted aguante), luego acuda (o si usted es la que le da de comer, es mejor que vaya el papá), consuélelo con unas palmaditas y unas palabras de amor, pero sin alzarlo en brazos, y déjelo otra vez. No se esté con él hasta que se vuelva a dormir. Repita este proceso ampliando cada vez cinco minutos o más el tiempo que lo deje solo, hasta que se vuelva a dormir. A la noche siguiente, amplíe los períodos que pasa solo unos pocos minutos más, y así sucesivamente durante varias noches hasta que aprenda a quedarse dormido después del primer período. Este método, sin embargo, presenta un problema: algunos bebés se pueden exaltar con las visitas paternas y ser estimulados por éstas para llorar más, aumentando el tiempo que tardarán en volverse a quedar dormidos.

Desgraciadamente, hay unos pocos niños que no aprenden a volverse a quedar dormidos por sí mismos, aun cuando se siga con toda determinación el programa de dejarlos llorar. En algunos casos es posible que el niño no se esté alimentando bien durante el día y que despierte en medio de la noche porque en realidad tiene hambre. Para estos bebés el remedio puede ser aumentar las comidas diurnas, particularmente hacia fines del día. (Recuerde: si su niño fue prematuro o muy pequeño para su edad de gestación, es posible que siga necesitando ser alimentado de noche más tiempo que otros niños.) Otros pueden sufrir de alergia o enfermedad. Para estos niños y para todos aquéllos para quienes el despertar de noche parece un problema insoluble, se impone una consulta con el médico. Hay todavía otros que pueden ser hipersensibles; los perturban estímulos que otros niños ni siquiera notarían y no se pueden volver a dormir. Para éstos, conviene controlar cuidadosamente el ambiente a fin de que los ruidos, la luz, la temperatura y la ropa sean todos cómodos y propicios para el sueño. Y en fin, hay también niños que sencillamente no necesitan mucho sueño y encuentran que las 2:00 A.M. es una hora muy buena para jugar. Con éstos lo único que pueden hacer los papás es hacer votos para que los chicos aprendan a gozar solitos de su sesión nocturna de juegos.

Ocasionalmente un niño llora unos pocos minutos antes de volverse a dormir, y también cuando despierta por la noche. Esto no tiene ninguna importancia — a menos que invariablemente la despierte a usted.

LO QUE IMPORTA SABER: Estímulos para un bebé mayor

Si estimular a un niño en los primeros meses de vida requiere ingeniosidad, estimular a uno que se está sentando al medio año exige refinamiento. Ya no es la criatura de cera entre sus manos, ni física ni emotiva ni intelectualmente. Ahora es capaz de desempeñar un papel activo en el proceso de aprendizaje y de coordinar los sentidos, observando lo que se palpa, buscando lo que se escucha, tocando lo que se saborea.

Las mismas reglas básicas que se expusieron en la página 188 sobre estímulo del niño en los primeros meses seguirán aplicándose al acercarse al segundo semestre de vida de su niño, pero las actividades que se le pueden ofrecer se amplían muchísimo. Básicamente, éstas caen dentro de las áreas de desarrollo:

Destrezas motrices grandes. La mejor manera de ayudar al niño a desarrollar la fuerza motriz grande y la coordinación que son necesarias para sentarse, gatear, andar, lanzar una pelota y montar en un triciclo, es ofrecerle todas las oportunidades. Cámbielo con frecuencia de posición — de boca abajo a boca arriba, de sentado a tendido, de la cuna al piso — para darle ocasión de practicar actos de destreza física. A medida que vaya mostrando capacidades para ello (cosa que

A los niños les encanta tener un regazo en qué pararse. Levantarlo a esta posición no sólo lo divierte sino que también contribuye a desarrollar los músculos de las piernas, que después va a necesitar para incorporarse y para pararse sin ayuda.

usted no sabrá hasta que ensaye), déle la oportunidad de hacer lo siguiente:

■ Pararse y saltar en su regazo

■ Estando acostado, sentarse solo

■ Sentarse en la posición de una "ranita"

■ Sentarse derecho sostenido con almohadas si es necesario

■ Ponerse de pie agarrado de sus dedos

■ Ponerse de pie agarrándose de cualquier cosa en la cuna, el corralito de juego u otro mueble

■ Levantarse en cuatro pies

■ "Volar" por el aire

Pequeñas destrezas motrices. Desarrollar la destreza de los deditos y manecitas del bebé llevará con el tiempo a dominar muchas habilidades esenciales, tales como comer por su propia mano, dibujar, escribir, cepillarse los dientes, atarse los zapatos, abotonarse la camisa, girar una llave en la cerradura y muchas otras. Estas habilidades se desarrollan más rápidamente si se les dan a los niños amplias ocasiones de usar las manos, manipular objetos de toda clase, tocar, explorar y experimentar. Lo siguiente ayudará a perfeccionar las pequeñas destrezas motrices:

■ Tableros de actividades — una variedad de actividades da al niño práctica en las pequeñas destrezas motrices, si bien pasarán meses antes de que la mayor parte de los niños puedan dominarlas todas.

■ Bloques — cubos simples de madera, plástico o tela, grandes o pequeños, son apropiados en esta edad.

■ Muñecas blandas y animales rellenos — su manejo desarrolla destreza.

■ Objetos del hogar, reales o de juguete — a los niños les encantan los teléfonos, de verdad o de juguete (quitándoles el cable), las cucharas de mezclar, tazas de medir, cedazos, ollas y sartenes, vasitos de papel, cajas vacías.

■ Bolas — de distintos tamaños y texturas para agarrarlas o estrujarlas; son especialmente divertidas cuando el niño ya se puede sentar y hacerlas rodar o arrastrarse para alcanzarlas.

■ Juegos de dedos — al principio será usted la que tiene que jugar a dar palmaditas o a contar los deditos y otros juegos por el estilo, pero muy pronto el niño aprende a imitarlos. Después de hacerle una demostración o dos, ayúdele con el juego de los dedos mientras le canta.

Habilidades sociales. La mitad del primer año es una época muy sociable para la mayor parte de los niños. Sonríen, ríen, gritan y se comunican en diversas formas. Están dispuestos a compartir su amistad con todas las personas pues por lo general todavía no han desarrollado el temor

¿COMO SE LE HABLA AHORA AL NIÑO?

Ahora que su niño está al borde del desarrollo lingüístico lo que usted le diga adquiere nuevo significado. Le dará las bases para aprender el lenguaje tanto receptivo (comprender lo que oye), que viene primero, como expresivo (hablar), que se desarrolla más lentamente. Usted puede ayudarle a desarrollar ambos tipos de lenguaje en las formas siguientes:

Hablar despacio. Cuando el niño está apenas empezando a desenredar la confusa jerga de usted, hablarle rápidamente lo confunde. Para que pueda empezar a identificar las palabras, debe hablarle más lentamente, con mayor claridad y con frases sencillas. Recalcar cada palabra. Continúe su comentario corrido, pero recalcando las palabras una por una. Después de "Ahora te vamos a cambiar el pañal" siga con "pañal, éste es tu pañal", enseñándoselo al mismo tiempo. A la hora de la comida, cuando le diga "Te voy a servir jugo en la taza" levante el jugo y agregue: "Jugo, aquí está el jugo"; levante la taza y diga: "Taza". En general, las frases deben ser cortas y no complicadas, concentrándose principalmente en las palabras de uso corriente en la vida diaria del niño. Haga una pausa para darle tiempo suficiente de descifrar sus palabras, antes de hablarle más.

Evitar los pronombres. Los pronombres todavía confunden al bebé de modo que siga con "Este es el libro de mamá" y "Esta es la muñeca de Lolita".

Reforzar la imitación. Ahora que el número de sonidos que hace el bebé está aumentando, también aumenta la diversión de imitarse el uno al otro. Se pueden basar conversaciones enteras en unas pocas consonantes y vocales. El niño dice "Ba-ba-ba-ba" y usted responde con un profundo "Ba-ba-ba-ba". El bebé replica "Da-da-da-da" y usted contesta "Da-da-da-da". Se puede seguir con este estimulante diálogo mientras ambos lo disfruten. Si el niño parece receptivo, usted puede ensayar nuevas sílabas (por ejemplo "Ga-ga-ga-ga"), estimulando la imitación. Pero si el cambio de papeles no parece gustarle al niño, vuelva atrás. Antes de pocos meses encontrará que el bebé empieza a imitar sus palabras — sin necesidad de incitarlo a ello.

Formar un repertorio de canciones y rimas. A usted le puede parecer aburrido tener que repetir las mismas canciones de cuna doce veces al día, pero a su niño le encanta la repetición y además así es como aprende. Que usted utilice las canciones de todos conocidas o que se invente otras nuevas, da lo mismo. Lo que vale es la perseverancia. Ahora es también el momento de ampliar la variedad de música que el niño escuche en un tocadiscos o grabadora de cinta.

Usar libros. El bebé no está todavía en edad de escuchar cuentos, pero sí le pueden llamar la atención las rimas sencillas de libros con láminas vistosas. Señálele constantemente objetos aislados, animales o personas. Empiece a preguntar: "¿Dónde está el perro?" y de pronto el niño la sorprenderá poniendo su dedito justo encima del perro.

Esperar la reacción. Aun cuando el niño todavía no hable, ya está empezando a procesar la información y a menudo tendrá una reacción a lo que usted dice — aun cuando sea simplemente un grito de alegría (cuando usted le propone salir a pasear en el cochecito) o un gruñido de protesta (cuando usted le dice que tiene que salir del columpio).

Darle órdenes. Es importante que el niño aprenda a obedecer órdenes sencillas, como "Dale un beso a la abuelita" o "Díles adiós" o "Dale la muñeca a mamá" (agregue "por favor" si quiere que estas palabras acompañen en forma natural las solicitudes que el mismo niño haga). No ocurrirá inmediatamente, pero no se desconsuele si el niño no obedece todavía. Por el contrario, ayúdele a ejecutar lo que se le ha pedido y al fin entenderá de qué se trata. Una vez que esto ocurra, tenga mucho cuidado de no tratar a su niño como si fuera una foca amaestrada, exigiéndole que demuestre su última "gracia" en cuanto tenga un auditorio.

de los extraños. De modo que ésta es una época perfecta para fomentar el trato social poniendo al niño en contacto con personas de distintas edades — desde otros bebés hasta adultos y viejos. Esto lo puede hacer usted en la iglesia o la sinagoga, cuando vaya de compras, cuando vengan a verla sus amistades o cuando usted vaya de visita, y hasta dejando que el niño fraternice con su propia imagen en el espejo. Enséñele saludos sencillos como "¡Hola!" y algunas otras de las gracias sociales básicas, tales como despedirse con un ademán de la mano, tirar besos soplando, y decir "Gracias".

Destrezas intelectuales y lingüísticas. Empieza la comprensión. Primero se reconocen los nombres de la mamá, el papá o los hermanos; en seguida palabras básicas (por ejemplo "no", "biberón", "adiós"), y poco después frases sencillas que se oyen a menudo ("¿Ya quieres tu comida?"). Este lenguaje receptivo (entender lo que se le dice) viene primero que el lenguaje hablado. Otros tipos de desarrollo intelectual están en el horizonte. Aun cuando al principio no lo parezca, el niño está dando los primeros pasos para la adquisición de destrezas como la solución de problemas elementales, la observación y la memorización. Se le puede ayudar haciendo lo siguiente:

■ Realizar juegos que estimulen el intelecto (vea la página 368), que le ayuden a observar causa y efecto (llenar una taza de agua en la tina y dejar que el bebé la derrame), que expliquen la permanencia de los objetos (tapar un juguete favorito con un paño y luego permitirle que lo busque, o jugar a esconderse y aparecer luego súbitamente).

■ Continuar perfeccionando la percepción auditiva del niño. Cuando pase sobre la casa un avión o por la calle una bomba de incendio tocando la sirena, llámele la atención al niño diciéndole, por ejemplo: "¿Es un avión?" o bien "¿Oyes a los bomberos?" Esto le ayudará a sintonizarse con el mundo de los sonidos. Recalque y repita las palabras claves (avión, bomberos) para fortalecer el reconocimiento de las palabras. Haga lo mismo cuando ponga a funcionar la aspiradora o suelte el agua de la bañera, cuando silbe el vapor en la tetera o suene el timbre de la puerta o el teléfono. Y no olvide los ruidos chistosos favoritos; los que hace él mismo vibrando la lengua entre los dientes, el chasquido de su lengua, y los pitos y silbatos son también educativos, pues fomentan la imitación que a la vez estimula el desarrollo del lenguaje.

■ Introducir conceptos. Este osito es suave, el café está caliente, el auto va rápido, la bola está debajo de la mesa. La escoba es para barrer, el agua para lavar y beber, la toalla para secarse, el jabón para lavar. Al principio sus palabras no tendrán sentido alguno para el niño, pero poco a poco, repitiéndoselas muchas veces, se las hará entender.

■ Estimular curiosidad y creatividad. Si su niño quiere usar un juguete en una forma no usual, no se lo impida. (¿Dónde estaríamos hoy si los padres de Edison, Einstein y Marie Curie no hubieran dejado que sus hijos hicieran las cosas a su manera?) Déle al suyo la oportunidad de experimentar y explorar — aunque eso signifique arrancar el pasto del jardín o estrujar en el baño una esponja llena de agua. El niño aprende mucho más por la experiencia que con lo que se le dice.

■ Fomentar el amor por aprender. Aun cuando enseñar hechos y conceptos específicos a su bebé es importante, igualmente importante es enseñarle a aprender e inculcarle amor por el conocimiento.

CAPITULO DIEZ

El séptimo mes

LO QUE DEBE ESTAR HACIENDO SU BEBE

*A fines de este mes, su bebé
. . . debe ser capaz de:*

■ comerse una galleta con su propia mano (6 $^1/_4$ meses)

■ hacer un ruido desapacible vibrando la lengua entre los dientes (6$^1/_2$ meses)

Nota: Si su niño parece no haber alcanzado alguno de estos hitos, hable con el médico. Son raros los casos en que la tardanza indica un problema y casi siempre resulta que es normal para su bebé. Los niños prematuros suelen alcanzar estos hitos más tarde que otros de la misma edad de nacimiento y más bien los alcanzan cerca de su edad ajustada (la edad que tendrían si hubieran nacido en tiempo) y a veces más tarde.

. . . probablemente podrá:

■ sostener algún peso en las piernas cuando se le mantenga parado

■ sentarse sin apoyo

■ protestar si uno le quiere quitar un juguete

■ esforzarse por alcanzar un juguete que esté lejos

■ pasar un cubo u otro objeto de una mano a la otra

■ buscar un objeto que se ha caído

■ empujar una pasa y tomarla con la mano

■ voltearse en la dirección de una voz (a los 7 $^1/_3$ meses)

■ parlotear combinando vocales y consonantes, como ga-ga-ga-ga, ba-ba-ba-ba, ma-ma-ma-ma, da-da-da-da

■ jugar a esconderse y aparecer súbitamente (a los 7 $^1/_4$ meses)

. . . posiblemente podrá:

■ permanecer de pie agarrándose de alguna persona o un objeto

. . . hasta podría:

■ estando sentado, ponerse de pie

■ estando boca abajo, sentarse

■ jugar a dar palmadas o despedirse con un ademán de la mano

■ recoger un objeto pequeñito con el pulgar y el índice

■ dar unos pasos apoyándose en los muebles

■ decir mamá o papá indiscriminadamente

LO QUE PUEDE ESPERAR EN EL EXAMEN DE ESTE MES

Los médicos no suelen programar para este mes un examen del niño que está en buen estado de salud. Pero llame usted al doctor si tiene alguna inquietud que no pueda esperar hasta la consulta del mes próximo.

LA COMIDA DEL NIÑO ESTE MES:
Se pasa a los alimentos no cernidos

Ya sea que el paso del bebé a los sólidos haya sido hasta ahora fácil y sin complicaciones, o difícil y lleno de contrariedades, se presenta ahora otro arroyo que cruzar: el de los alimentos cernidos y texturas más ásperas. Y ya sea que su niño se haya mostrado valiente comilón o difícil de complacer, ya sea un veterano de los alimentos sólidos o un recién llegado a la silla alta, ese paso es mejor darlo ahora y no más tarde en el primer año, cuando hay mayores probabilidades de que las nuevas experiencias encuentren vigoroso rechazo.

Pero todavía no ha llegado el momento de ir con toda la familia al restaurante favorito a pedir bisté. Aun cuando le hayan salido los dos primeros dientes, el bebé sigue masticando con las encías — que no se hicieron para habérselas con un trozo de carne. Por ahora bastan para su menú alimentos en puré grueso o machacados, que tienen apenas un poquito más de textura que los cernidos.

Se pueden usar los alimentos comerciales para la "etapa 2", o bien majar para las comidas del bebé lo mismo que se le sirve a la familia, siempre que se haya preparado sin agregarle sal ni azúcar. Ensaye gachas de avena preparadas en casa adelgazadas con leche (pero recuerde que, a diferencia de la avena para bebé, no tienen hierro agregado); cuajada machacada (de preferencia sin sal, vea la nota de la página 298); manzana o pera raspada (raspe con un cuchillo pequeños pedacitos de la fruta en un plato); fruta cocinada (como manzanas, albaricoques, duraznos o ciruelas) machacada o en puré; y vegetales (como zanahorias, batatas, papas, coliflor o calabaza). A los 7 meses puede empezar a darle carne y pollo sin piel (majado, molido o en picadillo muy fino) y pedacitos pequeños de pescado suave. Cuando el médico autorice empezar a darle yemas de huevo (probablemente le aconsejará esperar un poco más para darle las claras, que son muy alergénicas), sírvalas cocidas duras y machacadas, revueltas, o en tostada a la francesa o en pastelitos de harina, y en la misma comida con alimentos ricos en vitamina C, tales como jugo de naranja, para facilitar la asimilación del hierro. Tenga cuidado con las hebras de las frutas (tales como plátanos y mangos), de los vegetales, como brécol, habichuelas y col, y de las carnes. Y no olvide examinar muy cuidadosamente el pescado por si tiene espinas que pueden haber quedado después de machacarlo.

Hay unos bebés que pueden comer pan y galletas a los 7 meses, pero escoja usted cuidadosamente. Deben ser de todo el grano, preparados sin agregarles azúcar ni sal, y tener la textura de disolverse en la boca. Ideales para empezar son las roscas de pan integral que han sido congeladas (son duras, pero lo que el niño les pueda sacar royendo será blando) y pastelitos de arroz sin sal (se desmenuzan fácilmente pero se disuelven en la lengua y aun cuando son algo insípidos, a los chicos les encantan). Una vez que se las pueda arreglar con estas cosas, el niño está listo para consumir panes integrales. Para disminuir el riesgo de que se atragante, quítele la corteza y sirva el pan tajado en cubos y los panecillos u hogazas en trozos; evite el pan blanco comercial que tiende a hacerse pastoso cuando se humedece y puede causar bascas o hacerlo atorar. Déle pan, galletas y cualquier otro alimento que pueda tomar con la mano solamente cuando el niño esté sentado y bajo su vigilancia permanente. Y aprenda lo que debe hacer en caso de atoramiento (vea la pág. 530).

LO QUE LE PUEDE PREOCUPAR

MUERDE LOS PEZONES

"Mi niña tiene ya dos dientes y le parece muy divertido morderme los pezones cuando le doy el pecho".

No hay ninguna necesidad de dejarla que se divierta a costa suya. Puesto que un bebé no puede morder mientras está mamando (la lengua se interpone entre los dientes y el pecho), la acción de morder por lo general significa que ya ha tomado suficiente leche y simplemente está jugando con usted. Es posible que la diversión haya comenzado porque mordió accidentalmente el pezón y usted dejó escapar un grito. Ella se rió y usted no pudo dejar de reír también, y así continuó el juego — mordiéndola, observando su reacción, sonriendo burlona cuando usted le decía que "no" y no dejándose engañar por sus vanos esfuerzos de fingirse enojada.

Así pues, resista la tentación de reírse y hágale entender que morder el pezón no está permitido, diciéndole con toda firmeza aunque no rudamente que "¡no!" y retirándola del pecho. Si trata de continuar agarrada al pezón, quíteselo con el dedo. Después de unos pocos episodios de este tipo, entenderá y desistirá.

Es importante quitarle de una vez el hábito de morder a fin de evitar problemas más tarde. No es demasiado temprano para que aprenda que aun cuando los dientes son para morder, hay algunas cosas que se prestan para ello (un aro de dentición, un pedazo de pan, un plátano) y otras que no se deben morder (los pechos de mamá, el dedo del hermanito, el hombro del papá).

EL BEBE MALCRIADO

"Yo alzo a mi niño apenas llora y lo tengo cargado gran parte del día. ¿Lo estoy malcriando?"

Aun cuando mimar a un niño no tiene por qué echarlo a perder (en efecto, los expertos recomiendan que se les consienta un poco), eso de tenerlo alzado casi todo el día a esta edad sí lo puede malcriar. A los 7 meses los niños son expertos en el arte de abusar de la mamá; y las que les dan gusto cargándolos en brazos apenas se lo piden, los acostumbran mal y después se ven condenadas a estar "de servicio" todo el tiempo que el bebé permanezca despierto.

Hay pueblos entre los cuales existe la costumbre de que la madre lleve consigo a la criatura todo el día, por lo general cargada a la espalda o al pecho, pero entre nosotros eso no se estila. Nosotros esperamos que un niño adquiera desde temprano cierto grado de independencia — aprendiendo a distraerse él mismo por lo menos durante cortos períodos de tiempo. Esto no sólo le da a la mamá la posibilidad de atender a sus propias necesidades y otras responsabilidades, sino que también aumenta la confianza del niño en sí mismo. Al mismo tiempo, le enseña que los demás también tienen derechos y necesidades, lo cual es un concepto importante de adquirir temprano.

Suponiendo que usted no quiere malcriar a su hijo o que lo quiere corregir, ahora es el momento de empezar a tomar las medidas del caso. Ensaye lo siguiente manteniéndose constantemente tranquila. Si el niño siente que usted espera que ésta sea una experiencia que va a provocar ansiedad, hará todo lo posible para que esa profecía se realice:

■ Primero que todo, determine si su niño está molestando para que lo alce porque en realidad no se le está prestando la debida atención. ¿Se ha sentado usted realmente a jugar con él varias veces durante el día — a leerle un libro, a jugar con un juguete o a practicar levantarlo — o se ha limitado a dejarlo en el corralito de juego con un juguete, a ponerle el cinturón de seguridad en el automóvil y llevarlo al mercado, dejarlo en el columpio mientras usted prepara la comida, sacarlo cuando llora y cargarlo mientras atiende a sus obligaciones? Si es así, probablemente el niño ha llegado a la conclusión de que ser cargado en brazos todo el día, aun cuando no sea muy estimulante, es mejor que no recibir ninguna atención.

■ En seguida vea si el niño tiene alguna necesidad física. ¿Está sucio el pañal? ¿Es su hora de almorzar? ¿Tiene sed? ¿Está cansado? Si es así, satisfaga esas necesidades y luego dé el paso siguiente.

■ Páselo a un lugar distinto: al corralito si ha estado en la cuna; a las andaderas si estaba en el corral de juego; al piso si estaba en las andaderas. Esto puede satisfacer su deseo de movimiento.

■ Póngale juguetes u otros objetos para que se distraiga — ollas, cacerolas, un animalito relleno o un tablero de actividades — cualquier cosa que le guste. Puesto que no puede fijar la atención durante mucho tiempo, déjele al alcance varios juguetes, unos dos o tres pero no demasiados porque entonces se confunde y se desconcierta. Cuando empiece a dar señales de intranquilidad, cámbiele los juguetes por otros.

■ Si sigue protestando, trate de distraerlo bajándose durante un momento a su nivel, pero sin alzarlo en brazos. Muéstrele cómo golpear una olla con una cuchara de madera, señálele "ojos, nariz, boca" del animal relleno, haga girar el cilindro o mueva las bolitas del tablero de juegos y estimúlelo para que él trate de hacer lo mismo.

■ Si está momentáneamente divertido, y aun cuando todavía proteste un poco, dígale que usted tiene trabajo que hacer y retírese sin vacilar. Permanezca donde él la alcance a ver, canturreándole si esto le gusta; pero si su presencia aumenta su desazón, retírese adonde no la pueda ver (pero cuidando de que usted sí lo alcance a oír y de que el niño esté en un corralito de juego seguro o en la cuna). Antes de retirarse asome la cabeza por una esquina jugando a desaparecer y volver a aparecer, para que él vea que aun cuando desaparezca, siempre va a volver.

■ Déjelo que se entretenga solo un ratito más largo cada vez, aun cuando sea necesario aguantar más tiempo sus protestas. Pero siempre vuelva a su lado antes de que empiece a gritar, a fin de tranquilizarlo, e inicie otra vez el mismo procedimiento. Demórese todo lo posible en alzarlo, pero sin empeñarse en una lucha de voluntades que él casi siempre le ganará. Si usted se espera hasta que grite para alzarlo, el bebé llegará a la conclusión de que ésa es la manera de que le pongan atención.

■ No tenga ningún remordimiento por no tenerlo alzado o estar jugando con él todo el santo día. Eso sería transmitirle el mensaje de que jugar solo es un castigo y no puede ser divertido, que hay algo malo en la soledad. Se debe pasar bastante tiempo jugando con él, pero un poco de tiempo de estar separados será beneficioso para los dos.

TODAVIA NO DUERME TODA LA NOCHE

"Parece que mi bebé es el único en nuestro vecindario que todavía no duerme toda la noche. ¿Va a seguir así para siempre?"

Todos los niños despiertan durante la noche y a esta edad la mayor parte han adquirido la capacidad de volverse a dormir por sí solos. Infortunadamente esto no es una cosa que usted le pueda enseñar a su bebé, como le enseña a jugar a esconderse y aparecer, o a despedirse con un ademán de la mano; es algo que tiene que aprender por sí mismo. Y la única manera en que aprenderá será dándole la oportunidad. Esto significa no darle el pecho ni el biberón, no mecerlo ni emplear otros métodos para tratar de hacerlo dormir otra vez cuando se despierta por la noche y está llorando, sino más bien dejarlo solo en su lucha hasta que se quede dormido sin ayuda. Es posible que se necesiten varias noches o hasta semanas para aprender esta destreza — pero rara vez más de eso.

Si usted nunca ha ensayado las recomendaciones que se dan en la página 300 para ayudar al niño a dormir toda la no-

che, o si las ensayó antes y no le dieron resultado, o si se dio por vencida antes que el bebé, ahora es el momento de ensayarlas nuevamente. Si así lo hace, hay muy buenas probabilidades de que a la vuelta de poco tiempo todos ustedes estén durmiendo tan profundamente como el resto del vecindario.

LOS ABUELOS CONSIENTEN DEMASIADO AL BEBE

"Mis padres viven cerca y ven a mi hijita varias veces a la semana. En esas ocasiones la llenan de dulces y le dan gusto en cuanto se le ocurre. Yo los quiero mucho pero no me gusta la manera como me la están malacostumbrando".

Los abuelos tienen ese privilegio. Gozan del placer de consentir al bebé con exceso sin tener que sufrir las consecuencias. Pueden observar con placer cómo la nietecita se da un gran atracón de galletas y dulces que ellos le regalan, pero no tienen que luchar con una niñita que a la hora de comer rechaza el alimento porque está harta. La pueden mantener despierta cuando debiera estar haciendo su siesta, para divertirse jugando con ella, pero después no tienen que aguantarse su mal humor.

¿Tienen los abuelos un derecho inalienable de malcriar a los nietos? Hasta cierto punto, sí. Ya ellos cumplieron con su deber en el papel de "los malos" cuando usted era una chiquilla, destetándola de su precioso biberón, suplicándole que se comiera las espinacas que detestaba, luchando con usted a la hora de ir a la cama. Ahora que a usted le corresponde hacer ese papel, ellos se han ganado el derecho de no hacer otra cosa que consentir demasiado a sus nietos. Sin embargo, es posible llegar a un acuerdo sobre ciertas reglas sensatas de conducta:

■ A los abuelos que viven lejos se les puede permitir que se tomen más libertades. Los abuelos ocasionales — los que sólo ven al bebé dos o tres veces al año en las fiestas o en ocasiones especiales — no pueden malacostumbrarlo y nada se pierde con que lo consientan todo lo que quieran. Si el niño se salta una siesta o se le pasa un poco la hora de dormir cuando están de visita sus padres, o si lo alzan y lo miman más de lo acostumbrado cuando usted va a visitarlos durante las fiestas, no se preocupe. Deje que todos gocen de estas ocasiones poco frecuentes y tenga la seguridad de que el bebé volverá rápidamente a su rutina normal después de la visita.

■ Los abuelos que viven cerca sí deben acomodarse al reglamento de la casa — casi siempre. Con los que viven en la misma ciudad y especialmente los que viven en la misma casa, sí se corre el peligro de que por mimar demasiado al niño lo acostumbren mal, con graves consecuencias tanto para el mismo niño como para sus padres. Por ejemplo, la mamá no lo alza cada vez que él lo pide, pero la abuela sí, lo cual hace que el niño se confunda. Por otra parte, el niño aprende que las reglas pueden variar según el territorio donde se encuentre: en la casa de la abuelita no importa derramar la comida en el mantel pero en su propia casa esto no está permitido. Así pues, en las áreas menos importantes no está mal que los abuelos gocen de más libertades.

■ Ciertas reglas paternas tienen que ser inviolables. Puesto que son los papás los que tienen que vivir con su hijo las 24 horas del día, son ellos los que deben dar la ley en las cuestiones más significativas — y les corresponde a los abuelos, cercanos o lejanos, aceptar esas reglas aun cuando a veces no estén de acuerdo con ellas. En una familia, un tema de discordia puede ser la hora de acostarse; en otra, el azúcar y las golosinas en el régimen alimentario; en otra, en fin, lo que se les permita a los niños ver en la televisión (lo cual todavía no es un problema con un bebé de 7 meses, pero lo será pronto). Naturalmente, si los padres quieren plantarse en las cuestiones importantes, entonces a los abuelos se les debe permitir negociar de vez en cuando.

■ Ciertos derechos de los abuelos también deben ser inviolables. Por ejemplo, el derecho de dar regalos que los padres no habrían elegido, ya porque sean demasiado costosos o frívolos, o porque los consideren de mal gusto. Y el derecho de darlos más frecuentemente de lo que los darían el papá y la mamá. (Sin embargo, regalos que sean peligrosos deben estar prohibidos, y los que violan los principios de los padres se deben negociar antes de comprarlos.) En general, en fin, hay que dejarlos que consientan a los nietos (aun cuando sea demasiado) con algo extra de cada cosa — amor, tiempo, objetos materiales. Pero no hasta el punto en que este consentimiento viole sistemáticamente las reglas de los padres.

¿Qué pasa si los abuelos se exceden en este sentido? ¿Si no hacen caso o abiertamente violan todas las reglas que ustedes han fijado con tanta previsión y se esfuerzan por cumplir? Entonces es hora de un diálogo abierto y muy franco. Mantenga la discusión a un alto nivel de afecto y consideración — pero si hay diferencias que se centren en cuestiones vitales — si su papá se niega a reconocer la importancia de usar el asientito de automóvil o si su suegra fuma mientras tiene al niño alzado en brazos — haga hincapié en la gravedad de este problema. Explíqueles, aun cuando ya lo haya explicado antes, cuánto desea usted que pasen bastante tiempo con el bebé pero cómo la violación de las reglas que ha establecido lo confunden, alteran su horario y el equilibrio familiar. Dígales que está dispuesta a ser flexible en ciertas cuestiones, pero que en otras ellos tendrán que ceder. Si esto no da resultado, deje este libro abierto en la página de "Los abuelos consienten demasiado al bebé" en un lugar donde no puedan dejar de verlo.

¿ES MI NIÑO PRECOZ?

"No quiero ser presumida pero si mi hijo tiene ciertas disposiciones tampoco quisiera dejarlas sin estímulo. ¿Cómo se puede distinguir entre un niño naturalmente inteligente y un genio?"

Todos los niños son precoces en alguna cosa. Música. Relaciones sociales. Atletismo. Arte. Mecánica. Cualesquiera sean las disposiciones que el niño muestre, es importante que los padres fomenten su desarrollo, lo elogien y no piensen que ojalá fuera otra habilidad que a ellos les gusta más. El estímulo se debe dar tan pronto como se manifieste la disposición — lo cual puede ser en el primer año. Pero estimular es muy distinto de exigir y forzar, lo cual no es bueno para el niño.

Cuando la gente dice que un niño es un "genio", por lo general se refiere al que sobresale en lo intelectual. Aun entre aquéllos que han sido favorecidos con una capacidad intelectual excepcional hay diferencias. Algunos son hábiles con los números, otros con las relaciones espaciales, otros, en fin, con el manejo de las palabras. Algunos son creativos; otros, grandes organizadores. Muchas de estas disposiciones, aun cuando no todas, se pueden medir más tarde por pruebas de inteligencia, pero en la infancia todas son difíciles de reconocer. Las pruebas de desarrollo motor generalmente usadas para

evaluar el CI en el primer año no se correlacionan bien con el CI de un niño más adelante. Las pruebas que evalúan la capacidad del niño para procesar información y manipular el ambiente sí se relacionan, pero no están al alcance de todo el mundo. Sin embargo, hay indicios de inteligencia en el primer año que usted puede observar en su propio niño:

Desarrollo uniforme. Un bebé que lo hace todo "temprano" — sonreír, sentarse, andar, hablar, recoger objetos como con pinzas, y demás — probablemente seguirá desarrollándose a un ritmo avanzado y puede resultar verdaderamente precoz. Si bien la destreza lingüística temprana, especialmente el empleo de palabras no usuales antes de terminar el primer año, es la característica que con más frecuencia observan los padres en sus niños privilegiados y probablemente indica alta inteligencia, algunos niños geniales no muestran habilidades verbales hasta bastante más tarde.

Buena memoria y capacidad de observación. Los niños privilegiados muchas veces sorprenden a sus padres por las cosas que recuerdan, con frecuencia mucho antes de que la mayor parte de los bebés muestren memoria ninguna. Y notan inmediatamente cuando las cosas son distintas de lo que recordaban (mamá se ha hecho cortar el pelo, papá tiene una chaqueta nueva, el abuelo lleva un parche sobre el ojo operado).

Creatividad y originalidad. A pesar de que la mayor parte de los niños menores de un año no son competentes para resolver problemas, el niño genial puede sorprender a sus padres por ser capaz de ingeniarse la manera de sacar un juguete que se ha atascado detrás de una silla, alcanzar un anaquel alto de la biblioteca (tal vez apilando libros de los anaqueles inferiores para trepar sobre ellos), o indicar por señas cuando la palabra adecuada está más allá de sus habilidades lingüísticas (por ejemplo, señalar su propia nariz para indicar que el animal que aparece en el libro es un elefante, o las orejas si es un conejo). El niño que va a ser prodigio también muestra creatividad en el juego, usando los juguetes en formas originales, usando para jugar objetos que no son juguetes, divirtiéndose con fingir.

Sentido del humor. Aun en el primer año un niño muy despierto observa y se ríe de las cosas incongruentes en la vida: por ejemplo, la abuela se ha puesto los anteojos en la cabeza o el papá tropieza con el perrito y derrama su vaso de jugo.

Curiosidad y concentración. Si bien todos los niños son sumamente curiosos, los superdotados no solamente son curiosos sino que poseen la perseverancia y concentración necesarias para explorar lo que despierta su curiosidad.

Capacidad de establecer relaciones. El niño superdotado ve más claramente y más temprano que otros las relaciones entre las cosas y tiene la capacidad de aplicar conocimientos anteriores a situaciones nuevas. Un bebé de 9 o 10 meses ve en una tienda un libro que su papá ha estado leyendo en casa y dice: "da-da". O acostumbrado a empujar el botón del ascensor en su casa de apartamentos, ve un ascensor en una tienda y busca el botón.

Rica imaginación. Antes de cumplir un año, un niño superdotado puede ser capaz de hacer que toma una taza de café o fingir que arrulla a un bebé, y un poco después podrá inventar historias, juegos, imaginar amigos, etc.

Dificultad para dormir. Los bebés geniales pueden llegar a interesarse tanto en observar y aprender, que les cuesta trabajo desprenderse del mundo para dormir — característica que puede exasperar a sus padres.

Capacidad de percepción y sensibilidad. Muy temprano el niño precoz puede notar cuando la mamá está triste o enfadada, o cuando el papá se ha lastimado (porque lleva una venda en el dedo), o puede tratar de consolar a un hermanito que está llorando.

Aun cuando su niño muestre muchas de estas características, es demasiado temprano para designarlo como "superdotado". Lo que necesita no es que se le clasifique sino que se le prodigue amor. Naturalmente, usted puede fomentarle el crecimiento y el desarrollo criándolo en un ambiente estimulante. Léale, háblele, juegue con él. Pero no se limite a atender únicamente a aquellos talentos que le gustaría ver que desarrollara — quizá lingüísticos o musicales. Preocúpese más bien por su desarrollo global, físico y social no menos que intelectual. A medida que crece, hágale comprender que usted lo quiere, no por causa de sus dotes especiales sino porque es su hijo y que nunca le retiraría ese amor aun cuando dejara de ser "inteligente". Enséñele a ser bondadoso y comprensivo con los demás, inclusive con aquéllos menos bien dotados o cuyas disposiciones son diferentes.

GOLOSINAS

"Mi bebé parece que quiere comer todo el día. ¿Es bueno que esté tomando bocaditos a cada rato?"

Teniendo todavía en los oídos la prohibición de su propia mamá ("Antes de comida, no; te daña el apetito") las madres de hoy vacilan en darles a sus hijitos golosinas entre las comidas cuando las piden, pese a que ellas mismas atienden a sus propias necesidades nutricionales comiendo todo el día. Pero un tentempié en forma moderada sí tiene un papel importante en la vida de los niños.

Es una experiencia de aprendizaje. A la hora de la comida, al niño se le da el alimento con cuchara, de una escudilla; a la hora del refrigerio tiene la oportunidad de asir con su propia mano un pedazo de pan o una galleta y llevársela a la boca él mismo — lo cual no es pequeña proeza si se tiene en cuenta que la boca es muy pequeñita y su coordinación muy primitiva.

Llena un vacío. El bebé tiene el estómago muy pequeño, que se llena y se desocupa muy rápidamente, y es raro que pueda resistir de una comida a la otra, como los adultos, sin un piscolabis intermedio; y cuando los sólidos vienen a ser la parte más significativa del régimen alimentario de su bebé, se necesitan tentempiés para complementar los requisitos nutricionales. Encontrará usted que es casi imposible darle al niño todo lo que necesita en sólo tres comidas al día.

Son un alivio. Lo mismo que los adultos, los bebés también necesitan un alivio del tedio del trabajo o el juego (su juego es su trabajo), y un bocadito les da este alivio.

Satisfacción oral. Los bebés están todavía oralmente orientados — todo lo que toman se lo llevan directamente a la boca. El refrigerio les da la oportunidad bienvenida de meterse cosas a la boca sin que les riñan.

Facilitan el camino para el destete. Si usted no le ofrece algo sólido como refrigerio, lo más probable es que el niño insista en que le dé en cambio el pecho o el biberón. El bocadito a deshoras disminuye la necesidad de lactación frecuente y contribuye a llevar el destete a la práctica.

A pesar de todas sus ventajas, sin embargo, los bocados entre comidas también tienen algunas desventajas. Para lograr los beneficios sin los inconvenientes, recuerde los puntos siguientes:

Déselos por reloj. Mamá tenía razón — un bocado muy cerca de la hora de comer le daña el apetito al niño. Trate de programar los bocados más o menos hacia la mitad del tiempo entre las comidas para evitar este problema. Si se le dan cosas de comer continuamente, se acostumbra a tener siempre algo en la boca, hábito que puede ser peligroso y contribuir al exceso de peso si se prolonga hasta la niñez y la edad adulta. Tener siempre la boca llena también puede producir caries dentaria puesto que hasta un almidón sano como el del pan integral se convierte en azúcar cuando se expone a la saliva de la boca. Un tentempié por la mañana, otro por la tarde y un tercero al anochecer si transcurre largo tiempo entre la comida y la hora de acostarse, deben ser suficientes. Haga una excepción, por supuesto, si la comida se demora más de lo acostumbrado.

Algo que lo justifique. Hay algunas razones buenas como las que se han anotado antes para darle al niño algo entre las comidas, y otras que no son tan buenas. No le ofrezca una golosina simplemente porque esté aburrido (distráigalo con un juguete), o si se ha lastimado (más bien déle un abrazo y cántele) o si ha realizado algo que merezca premio (ensaye el elogio verbal y un aplauso entusiasta).

En el lugar adecuado. El refrigerio se debe tratar con tanta seriedad como las comidas regulares. Se le debe dar cuando el niño esté sentado, de preferencia en su sillita, por razones de seguridad (un niño que come tendido de espaldas o gateando o andando se puede atragantar fácilmente), de etiqueta (el correcto comportamiento en la mesa se aprende mejor en la mesa), y por consideración para con el ama de casa (usted o la persona que haga el aseo agradecerán que no haya migas ni alimentos derramados por todas partes). Desde luego, si usted ha salido y el bebé está en el cochecito o en el asiento del automóvil a la hora de tomar su refacción, se la puede dar allí, pero no le dé la impresión de que la golosina es una compensación por estar preso; meterlo en el cochecito o en el automóvil no debe ser señal de que viene en seguida la galleta.

COMER A TODA HORA

"He oído decir que comer todo el día es la manera más sana de alimentarse, especialmente para un niño pequeño. ¿Debo alimentar así a mi hijo?"

Mucho antes de que se pusiera de moda entre los adultos la costumbre de comer todo el día, ésta era la manera predilecta para los niños pequeños. Puestos a escoger, muchos bebés optarían por pasarse todo el día mordiscando galletas o tomando jugos mientras juegan. Nunca se sentarían a tomar una comida de verdad. Pero aun cuando algunos expertos dicen que esto es más sano que la manera convencional de tres comidas diarias complementadas con ligeros refrigerios, otros no están de acuerdo. Considérese lo siguiente:

Comer a toda hora perjudica la nutrición. Un ternero que pace en una dehesa de trébol adquiere en esa forma el nutrimento que necesita. Pero no es probable (aun cuando sería posible) que un niño que no hace más que mordiscar golosinas todo el día obtenga los elementos esenciales para su adecuada nutrición. Los requisitos nutricionales se satisfacen mucho más eficientemente cuando se observa un horario regular para las comidas, con dos o tres piscolabis intermedios.

Obstaculiza el juego. Tener siempre en la mano una galleta o un pedazo de pan (o tener constantemente el biberón en la boca) limita la cantidad y calidad de juego y exploración que puede realizar el niño. Cuando ya empieza a moverse gateando o haciendo pinitos con comida en la boca, existe el peligro de que el niño se atore.

Perjudica las relaciones sociales. Un bebé que siempre tiene la boca llena no puede practicar sus destrezas sociales ni sus habilidades lingüísticas, y también se pierde la experiencia social de la hora de la comida.

No aprende urbanidad. Las reglas de urbanidad que se deben enseñar en la mesa no las aprenderá un niño mordiscando galletas en un sofá, tomando la leche en la cama o saboreando un pedazo de queso en el piso.

TODAVIA NO SE SIENTA

"Mi bebé todavía no ha empezado a sentarse y me temo que esté atrasado para su edad".

Los niños normales cumplen a distintas edades las diversas etapas del desarrollo, por lo cual varía muchísimo lo que es "normal" para unos y otros. El niño "promedio" se sienta sin apoyo alrededor de los 6 meses y $1/2$, pero hay algunos que se sientan desde los 4 meses y otros que se demoran hasta los 9. Y como al suyo todavía le falta bastante para llegar a esos límites, ciertamente no tiene por qué preocuparse de que esté atrasado.

El niño está programado por factores genéticos para sentarse y para alcanzar otras importantes destrezas del desarrollo a determinada edad. Aun cuando no es mucho lo que los padres pueden hacer para acelerar esa programación, sí hay maneras de evitar que se atrase. Un niño a quien se le sienta apoyado con almohadas desde temprana edad, ya sea en el asiento infantil, en el cochecito o en una silla alta, adquiere mucha práctica en esa posición y es posible que llegue temprano a ser capaz de sentarse por sí solo. Por otra parte, el niño que pasa la mayor parte del tiempo acostado de espaldas o sujeto en un portabebés, y a quien rara vez se le sienta apoyado con almohadas, probablemente tardará más en sentarse solo. En efecto, en algunos países existe la costumbre de que la madre lleve al niño constantemente al pecho en un portabebés. Estos niños suelen pararse antes que sentarse, pues están muy acostumbrados a la posición vertical. Otro factor que puede intervenir en el desarrollo de esta habilidad (y de otras destrezas motrices grandes) es el exceso de peso. Es lógico que un niñito gordinflón se caiga de lado más que uno flaco cuando se trata de sentarlo.

Siempre que usted le dé a su bebé amplias oportunidades de alcanzar su meta, lo más probable es que se siente en el curso de los próximos dos meses. Si no se sienta, o si a usted le parece que se está desarrollando con excesiva lentitud en otras áreas, consulte con el médico.

MANCHAS EN LOS DIENTES

"Los dos dientecitos de mi bebé parecen manchados de un color grisáceo. ¿Será que ya se le están cariando?"

Lo más probable es que esa tonalidad gris no signifique caries sino hierro. Algunos niños que toman vitaminas en forma líquida y con suplemento mineral que contiene hierro, muestran dientes manchados. Esto no perjudica los dientes en ninguna forma y desaparece en cuanto el niño deje de tomar el líquido y empiece a tomar vitaminas masticables. Mientras tanto, cepíllele los dientes o límpieselos con gasa (vea la página 291) inmediatamente después de darle el suplemento, para minimizar la mancha.

Si su niño no ha estado tomando ningún suplemento líquido, y especialmente si ha estado chupando mucho en un biberón de leche de fórmula o jugo a la hora de acostarse, la descoloración podría sugerir caries, trauma o un defecto congénito del esmalte dental. Discuta esto con su médico o con un dentista pediatra lo más pronto posible.

EL BEBE SE PORTA MAL CON USTED

"La niñera me dice que mi hijo es todo suavidad con ella, pero en cuanto yo llego del trabajo, empieza a dar que hacer. Me siento como si fuera una mala mamá".

Lo mismo que muchos niños de esa edad, el suyo ya ha aprendido a ser manipulador. Y lo mismo que muchas buenas madres, usted está cayendo en la trampa. Aun a esta tierna edad, si bien a un nivel elemental, su niño es bastante sagaz para entender que hacerse el abandonado y la víctima es la mejor manera de alcanzar una dosis extra de amor y atención cuando usted llega a casa. Se aprovecha de las debilidades de usted para obtener lo que quiere — que probablemente usted se lo daría de todos modos. Pero él quiere estar seguro.

El hecho de que los bebés y los niños que ya hacen pinitos y aun niños mayores se manejan mal con los padres mientras que con otras personas son buenecitos, es señal de que se sienten más cómodos y seguros con sus padres. Bien saben que pueden mostrar sus emociones sin correr el riesgo de perder amor. Pero esta mala conducta no es siempre al azar — a menudo tiene propósito. No solamente obtiene y conserva la atención maternal, sino que es también una manera de probar los límites: "¿Hasta dónde puedo llegar antes de que mamá (o papá) explote o ceda?" Eso es lo que hace el niño que llora para que le den de comer a media noche, o el que se unta en el pelo el puré de zanahorias, o el que de intento deja caer al suelo una y otra vez los juguetes que tiene en el corralito de juego. La misma táctica muestra el que repetidas veces maniobra sus andaderas hasta el borde de la escalera — la única área que le está prohibido explorar.

Cierto grado de manipulación es normal y probablemente saludable, puesto que le da a un niño la oportunidad de ejercer algún control sobre su ambiente. Pero si se exagera puede ser perjudicial para su desarrollo emotivo. Déle gusto en cuanto parezca razonable — cuando en realidad necesite de su atención y le esté advirtiendo que usted se la está dando. Pero fije límites, los que considere importantes para la salud y seguridad del niño no menos que para su propia tranquilidad, y cúmplalos.

LO QUE IMPORTA SABER: El niño prodigio

Admiramos sus fotografías en las tapas de las revistas y los vemos actuar en los programas de televisión. Con una extraña mezcla de curiosidad, desaprobación y envidia escuchamos a sus orgullosos padres que describen sus increíbles proezas. Leer palabras a los seis meses, libros al año, el periódico a los dos años. Nos preguntamos cómo es posible que les exijan tanto a sus bebés. Y también nos preguntamos si no debiéramos hacer lo mismo con el nuestro.

El concepto del superbebé indudablemente ha hecho su entrada sensacional en los medios de comunicación masiva, con algunas pequeñas repercusiones entre el público en general y de grandes proporciones en ciertas comunidades. Proliferan los programas y libros dedicados a la crianza de estos pequeños prodigios, y hasta existe un instituto dedicado a ese fin. Pero entre los expertos más dignos de confianza en el campo del desarrollo infantil, no encuentra aceptación la teoría de que a los bebés y a los niños se les deba forzar para que alcancen realizaciones más allá de su ritmo normal de desarrollo. Esto se debe a que no existen pruebas científicas de que tales programas sean beneficiosos, ni siquiera de que en realidad den resultado. Si bien es posible enseñar a un bebé una gran diversidad de destrezas mucho antes de lo que normalmente se aprenden, inclusive a reconocer palabras, no hay ningún método comprobado para lograrlo. Ni hay ninguna prueba de que un intenso aprendizaje temprano sea a la larga más ventajoso que las pautas tradicionales de aprender. Estudios realizados con adultos sobresalientes en campos tan distintos como la música, el atletismo y la medicina, han demostrado que la adquisición de destrezas en dichas especialidades no sólo no empezó en la temprana infancia sino que cuando empezó generalmente tomó la forma de juego y no de una actividad seria y compulsiva.

Los bebés tienen mucho que aprender en el primer año de vida — más, en efecto, de lo que se espera que aprendan en el primer año de escuela. En esos primeros doce meses su recargado programa de aprendizaje incluye desarrollar cariño hacia otros (mamá, papá, hermanitos, niñera y demás), aprender a confiar ("cuando tengo un problema puedo estar seguro de que mamá o papá me ayudarán"), y asimilar el concepto de permanencia de las cosas ("cuando mamá se esconde detrás de la silla, ella todavía está ahí aun cuando yo no la vea"). También tienen que aprender a manejar el cuerpo (sentarse, pararse, andar), las manos (recoger y dejar caer, lo mismo que manipular), y la mente (resolver problemas, por ejemplo cómo alcanzar el carrito que está en un anaquel alto); el significado de centenares de palabras y cómo reproducirlas usando una complicada combinación de cuerdas vocales, labios y lengua; y algo también acerca de sí mismos ("Quién soy yo, qué me gusta, qué no me gusta, qué me pone alegre o triste"). Con un programa ya tan recargado, es muy posible que agregarle más material de aprendizaje traiga la consecuencia de que se descuiden una o más de estas áreas críticas del desarrollo programado.

Aun cuando son pocos los padres que fuercen a un niño a pararse antes de que esté listo para ello, muchos no vacilarían en apremiarlo para que logre una realización mental como leer. ¿Por qué? Tal vez porque es más fácil imaginar lesión en una pierna que se fuerza demasiado que daño a una mente excesivamente trabajada. O tal vez porque en algunos hogares se concede más valor a lo intelectual que a lo físico.

Los padres que sientan la tentación de producir un niño prodigio a pesar de la clara acumulación de opinión contraria a los programas de temprano aprendizaje, deben hacerse las preguntas siguientes:

■ ¿Cuál es mi meta? ¿Hacer que mi hijo se sienta superior a los demás? ¿Le servirá bien semejante sentimiento en la vida? ¿Darle un temprano acceso a la educación? — ¿La universidad a los diez años, postgrado a los doce? ¿Y después qué? ¿Qué decir del impacto emocional y el estigma psicológico de ser un niño en la universidad? No hay ninguna prueba de que la vida de los niños prodigios sea más rica ni más satisfactoria que la de los niños que no fueron forzados. En efecto, ha habido casos en que la vida de los niños "genios" ha sido desastrosa. Aun desde muy temprano los padres y otras personas tienden a juzgar a estos superbebés por su éxito en aprender lo que se les enseña, más bien que por lo que son como individuos.

■ ¿Me mueve el temor de que sin esa temprana preparación mi hijo no salga bien librado en el mundo académico altamente competitivo de nuestros días? Si bien es cierto que los niños que aprenden a leer antes de entrar en la escuela a menudo continúan leyendo más adelante del nivel de su grado, un niño que haya tenido un buen aprestamiento para la lectura (familiarización con el alfabeto, canciones y cuentos y una variedad de experiencias enriquecedoras), aunque no haya empezado a descifrar palabras hasta que se inicia en la educación formal, puede ponerse al día rápidamente y tener un éxito igual.

■ ¿No me siento cómoda con niños chiquitos? Algunas personas que no pueden ponerse al nivel de sus bebés (tal vez porque no tienen la disposición de hablar media lengua) quieren llevar a sus hijos a su propio nivel lo más pronto posible. Pero los bebés necesitan su infancia y haciendo el esfuerzo será más equitativo que usted se ponga al nivel de ellos y no que los obligue a subir al suyo.

■ ¿Si fuerzo un aspecto del desarrollo del niño — por ejemplo, el lenguaje, mediante la lectura — qué impacto tendrá esto en las otras áreas? ¿Tendrá usted tiempo de contribuir al desarrollo social del niño (por medio de grupos de juego o en el patio de recreo) y físico (con oportunidades de trepar por un deslizadero, lanzar una pelota, saltar de un escaño), y de fomentar al mismo tiempo su creciente curiosidad acerca de todo, desde una mota de polvo en el suelo hasta las nubes del cielo? No todos los adultos tienen capacidad para todo, ni la necesitan — pero los niños sí necesitan conocer sus puntos fuertes y débiles, descubrir y explorar todas las vías posibles hacia la realización personal antes de elegir los aspectos de la personalidad que quieren desarrollar más. Esta selección tiene que hacerla el niño mismo, no los padres, y ciertamente no en el primer año.

Aun los padres que resuelven no tratar de producir un superbebé pueden perfectamente educar a un niño para que desarrolle su máximo potencial a un ritmo apropiado, proporcionándole amplios estímulos y apoyo en las tareas ordinarias de la infancia; familiarizándolo con una buena variedad de ambientes (tiendas, parque zoológico, museos, estación de gasolina, parques y demás); hablándole sobre las personas a quienes encuentra ("Esa señora es muy anciana", "Ese hombre tiene que moverse en una silla de ruedas porque tiene una herida en la pierna", "Esos niños van a la escuela"); y describiéndole cómo funcionan las cosas

("Mira, si giro la llave sale el agua del grifo"), para qué se usan ("Esta es una silla — uno se sienta en la silla"), y en qué se diferencian ("El caballo tiene la cola larga y flotante, y el marrano la tiene cortita y enroscada"). Es más importante para su bebé saber que un perro ladra, corre, puede morder, tiene cuatro patas y el cuerpo cubierto de pelo, que ser capaz de reconocer que las letras p-e-r-r-o se leen perro.

Si su niño muestra interés por las palabras, letras y números, foméntele ese interés, desde luego, pero no prescinda súbitamente de sacarlo al patio de juego para que pase todo su tiempo con las tarjetas de letras. El aprendizaje debe ser divertido, ya se trate de reconocer una letra o de aprender a lanzar una pelota. Pero no hay diversión alguna en un ambiente forzado, en el cual usted se ve ante una lista interminable de metas que tienen que cumplirse. Guíese por las reacciones del niño dejándolo que él mismo fije el paso y si parece disgustado con alguna actividad, cambie a otra.

Los niños ganan confianza aprendiendo lo que es importante para ellos, no lo que es importante para sus padres. La idea de que lo que mamá o papá quieren que yo haga es más importante que lo que yo quiero hacer, puede ser un gran golpe para su amor propio, lo mismo que el no poder alcanzar lo que los padres esperan, sea realista o no. A la larga aprender los niños a estimarse y respetarse a sí mismos es mucho más importante que aprender a leer o a tocar piano en la infancia.

CAPITULO ONCE

El octavo mes

LO QUE DEBE ESTAR HACIENDO SU BEBE

*A fines de este mes, su bebé
. . . debe ser capaz de:*

■ sostener algún peso en las piernas cuando se le mantenga parado

■ sentarse sin apoyo

■ comerse una galleta con su propia mano

■ pasar un cubo u otro objeto de una mano a la otra (a los 8 $^1/_2$ meses)

■ empujar una pasa y agarrarla con la mano

■ voltearse en la dirección de una voz (a los 8$^1/_3$ meses)

■ buscar un objeto que se ha caído

Nota: Si su niño parece no haber alcanzado alguno de estos hitos, hable con el médico. Son raros los casos en que la tardanza indica un problema y casi siempre resulta que es normal para su niño. Los niños prematuros suelen alcanzar estos hitos más tarde que otros de la misma edad de nacimiento y más bien los alcanzan cerca de su edad ajustada (la edad que tendrían si hubieran nacido en tiempo) y a veces más tarde.

. . . probablemente podrá:

■ permanecer de pie agarrándose de alguna persona o un objeto (8$^1/_2$ meses)

■ protestar si le quitan un juguete

■ esforzarse por alcanzar un juguete que está lejos

■ jugar a esconderse y aparecer súbitamente

■ estando boca abajo, sentarse

. . . posiblemente podrá:

■ estando sentado, ponerse de pie

■ recoger un objeto muy pequeño con el pulgar y el índice

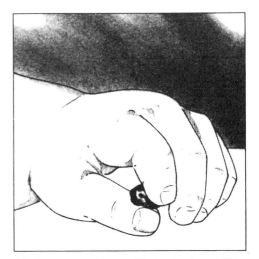

Al octavo mes unos pocos niños pueden tomar objetos pequeños con el pulgar y el índice.

- decir mamá o papá indiscriminadamente

...hasta podría:

- jugar a aplaudir o despedirse con un ademán de la mano

- dar unos pasos apoyándose en los muebles

- permanecer de pie solito un instante

- comprender una palabra (pero no siempre obedecerla)

LO QUE PUEDE ESPERAR EN EL EXAMEN DE ESTE MES

Los médicos no suelen programar para este mes un examen del niño que está en buen estado de salud. Pero llame usted al doctor si tiene alguna inquietud que no pueda esperar hasta la consulta del mes siguiente.

LA COMIDA DEL NIÑO ESTE MES: Al fin come con las manos

Al fin las mamás se cansan de luchar constantemente para llevar a la boquita del niño la cucharadita de cereal de arroz. Esto deja de ser una novedad. Los labios apretados tercamente, la cabeza desviada hacia un lado justamente en el momento crítico (¡plaf!), la manecita regordeta que agarra la cuchara y lanza su contenido lejos antes de que llegue a su destino, y el simple tedio de repetir esta engorrosa tarea tres veces al día, todos los días, hace que las mamás estén ansiosas por abandonar un papel que antes esperaban con ilusión. Por fortuna, muy pronto se les presenta la oportunidad. Casi todos los niños cuando pasan de los 7 meses, y muchos aun antes, quieren y pueden empezar a comer con su propia mano.

La transición es más súbita que gradual. Una vez que descubren que pueden llevarse la comida a la boca independientemente, el número de alimentos que pueden manejar con pericia aumenta rápidamente. Al principio tal vez tengan el pastel de arroz o el pedazo de pan agarrado en el puño y lo van ronzando por los bordes, pues todavía no han aprendido la coordinación de los dedos para asir y transportar. Cuando se presenta el problema de cómo comerse el último pe-

dacito que tienen agarrado, quizá muestren su frustración llorando. Algunos resuelven el problema abriendo la mano plana contra la boca, mientras que otros sueltan el pedazo de pan y lo vuelven a tomar dejando expuesta una parte mayor.

La habilidad de colocar un objeto entre el pulgar y el índice a manera de pinzas no se desarrolla en la mayoría de los casos hasta la edad de 9 a 12 meses, aunque algunos la perfeccionan antes y otros más tarde. Una vez que dominan esta destreza, pueden agarrar objetos muy pequeños, como por ejemplo una arveja o una moneda y llevárselos a la boca, ampliando considerablemente la variedad de alimentos — y el peligro de ahogarse.

Aprender a comer con los dedos es el primer paso hacia la independencia en la mesa. Al principio los alimentos de mano simplemente complementan el régimen de un niño pequeño; a medida que aumenta la facilidad de comer por sí mismos, una mayor proporción de la comida diaria será dirigida por la propia mano del niño. Algunos aprenden a usar una cuchara regularmente bien para mediados del segundo año o aun antes, y pasan a esta manera más civilizada de comer;

otros siguen durante largo tiempo llevándose a la boca la comida con las manos (aun cosas que no se prestan mucho para ese método, como gachas de cereal o requesón). Unos pocos, por lo general aquéllos a quienes no se les ha permitido hacer las cosas por sí mismos, ya sea por el tiempo que esto consume o por el desaseo que produce, insistirán en que se les dé de comer hasta mucho después de que son capaces de comer por sí mismos.

Los alimentos más apropiados para que empiece a comerlos con las manos son aquéllos que el niño puede majar con las encías hasta darles una consistencia que permita tragarlos, o los que se disuelven en la boca sin masticarlos, y que ya han sido bien recibidos anteriormente en forma de puré. Se incluyen en estas categorías roscas de pan integral, pan de todo el trigo o tostada, pastelitos de arroz u otras galletas que se ablandan en la boca; cereales de avena (las mejores variedades son las preparadas sin sal ni azúcar que se encuentran en las tiendas de alimentos higiénicos), pastelillos de maíz y trigo; cubos pequeños de quesos naturales; trozos de plátano maduro y de otras frutas muy maduras como pera, melocotón, albaricoque, melón o mango; trozos pequeños de vegetales cocidos hasta que queden muy blandos, como zanahoria, papa, batata, brécol o coliflor (las florecitas únicamente), arvejas cortadas en mitades o machacadas; hojuelas de pescado asado al horno o cocido (pero hay que tener *muchísimo cuidado* con las espinas); albóndigas blandas de carne cocidas en salsa o en sopa para que no se tuesten; pasta de varios tamaños y formas, bien cocinada (córtese antes o después de cocinarla según se necesite) si no contiene ingredientes que todavía no se le puedan dar de comer al niño; yemas de huevo revueltas o cocidas duras, y huevos enteros una vez que pueda comer las claras; cubos de

tostada a la francesa, blanda, o panqueques de trigo entero (también preparados al principio únicamente con las yemas y después con todo el huevo cuando ya pueda comer las claras). Más o menos al mismo tiempo que le empiece a dar cosas de comer con la mano, puede agregar más textura a otros alimentos que esté comiendo el niño, utilizando alimentos comerciales o la comida corriente de la mesa, picada o en puré que contenga pequeños pedacitos blandos que el niño pueda mascar con las encías.

Para servir los alimentos de comer con la mano, ponga cuatro o cinco pedazos en un plato irrompible o directamente en la bandeja de comer el niño y los va reemplazando a medida que se los vaya comiendo. Los principiantes, si se ven ante una gran abundancia de comida, especialmente en un solo punto, pueden reaccionar o bien tratando de metérsela toda al tiempo a la boca, o bien tirándola al suelo de un manotazo. Lo mismo que en el caso de otros alimentos, los de comer con la mano sólo se le deben dar al niño cuando esté sentado y no cuando esté moviéndose, gateando o haciendo pinitos.

Debido al peligro de que el niño se ahogue, no le dé alimentos que no se puedan disolver en la boca, o que no pueda majar con las encías o que se le vayan fácilmente por la tráquea — por ejemplo pasas sin cocer, rosetas de maíz, nueces, arvejas enteras, vegetales de consistencia dura crudos (zanahorias, pimientos) o frutas (manzanas, peras no maduras), pedazos de carne o ave, o salchichas (éstas, por su alto contenido de sodio y aditivos, no son en ningún caso alimento apropiado para bebés).

Los primeros dientes del niño son para morder y no mejoran su capacidad de masticar, pero cuando le salgan las muelas, o sea hacia el final del primer año en el caso de los que endentecen temprano, se pueden agregar algunos alimentos que necesitan ser en realidad masticados, tales como manzana y otras frutas y vegetales de textura dura, pequeñas rebanadas de carne o ave (cortadas contra el grano), pasas sin cocinar (al principio blandas y machacadas), y uvas sin semilla o con semilla (peladas y cortadas en dos mitades). Pero espere todavía varios meses antes de darle cosas como zanahoria, rosetas de maíz, nueces o salchichas, que siempre causan problemas. Estas cosas no se las dé hasta que el niño ya sepa masticar perfectamente.

Hay algunas cosas que no se le deben dar de ninguna manera, cualquiera sea su textura, ni ahora ni más tarde: ciertos alimentos que son basura, que no contribuyen a la nutrición o que han sido preparados agregándoles azúcar o sal, y panes y cereales refinados. Con toda seguridad los comerá más tarde fuera de casa, pero para esa época el niño ya sabrá que no son aceptables como comida corriente.

LO QUE LE PUEDE PREOCUPAR

LAS PRIMERAS PALABRAS

"Mi bebé ya ha empezado a decir "mama" y todos estábamos felices hasta que una amiga nos dijo que eso no quería decir nada, que sólo estaba haciendo un ruido pero sin saber su significado. ¿Es cierto?"

El niño es el único que lo sabe con seguridad . . . y no lo dice, al menos por ahora. Es muy difícil saber exactamente en qué momento un niño hace la transición, de sonidos que no significan nada a palabras de verdad. Es posible que sólo esté practicando el sonido de "m", o que esté llamando a su mamá; pero en realidad no importa mucho. Lo que sí es importante es que ya está vocalizando y tratando de imitar los sonidos que oye. Muchos bebés, desde luego, dicen primero "pa-pá", pero eso no es señal de favoritismo; no es más que una expresión de la consonante que encuentran más fácil de pronunciar primero.

En muchas lenguas las palabras que designan al padre y a la madre son muy parecidas. Papá, daddy, abba. Mama, mamá, imma. A lo mejor todas se derivaron de las primeras sílabas que balbucen espontáneamente los niños, y que los padres entusiastas interpretaron como las primeras palabras. Hace siglos, cuando un crío español pronunció por primera vez "ma-ma", su madre muy orgullosa se sintió aludida; y cuando un niñito hebreo vocalizó "ah-ba" el papá seguramente no cabía en sí de gozo y aseguraba: "Es que está tratando de decir av".

Cuándo dice la primera palabra de verdad, varía muchísimo y, desde luego, se presta a interpretaciones paternas no muy objetivas. Según los expertos, se puede esperar que por lo general un niño por primera vez diga lo que quiere decir entre los diez y los catorce meses. Un pequeño porcentaje de los niños hablan un par de meses antes y algunos perfectamente normales no dicen una sola palabra inteligible hasta por allá a mediados del segundo año. Puede ocurrir, empero, que el niño ya esté pronunciando sílabas, aisladas o en combinación, para designar objetos ("te" para leche, "yo" para adiós, "bo" para perro), pero los padres tal vez no están suficientemente sintonizados para notarlo hasta que la pronunciación se hace clara. Un niño que está muy ocupado desarrollando destrezas motrices — que quizá gatea y anda temprano, o está aprendiendo a subir las escaleras o montarse en un carrito — puede ser más lento para empezar a hablar que otros niños menos activos. Esto no debe ser motivo de preocupación, siempre que por su comportamiento indique que sí entiende muchas de las palabras familiares que escucha.

Mucho antes de que su niño pronuncie su primera palabra, ya habrá empezado a desarrollar sus destrezas lingüísticas. Primero, empezando a entender lo que se le dice. Este lenguaje receptivo se empieza a desarrollar desde el nacimiento, con las primeras palabras que escucha. Gradualmente va seleccionando palabras aisladas de entre el barullo de voces que lo rodean, hasta que un buen día, hacia mediados del primer año, vuelve a mirar cuando uno lo llama por su nombre. Ha reconocido una palabra. Poco después empieza a reconocer los nombres de otras personas y objetos que ve a diario, como mamá, papá, leche, jugo, pan. En unos pocos meses, o quizá antes, es posible que siga órdenes sencillas como "Dame a probar", o "Díles adiós", o "Dame un beso". Esta comprensión avanza mucho más rápidamente que el habla misma y es una importante base para ésta. Es posible fomentar tanto el lenguaje receptivo como el hablado en muchas formas (vea la página 305).

EL NIÑO TODAVIA NO GATEA

"El bebé de mi amiga ha gateado desde que tenía seis meses. El mío ya cumplió ocho y no muestra interés por gatear. Si se moviliza es arrastrándose de barriga. ¿Estará atrasado?"

En esto de gatear no hay que ponerse a hacer comparaciones con otros niños. No es ésta una habilidad que todos lleguen a dominar a una edad fija que nos sirva para evaluar su desarrollo general. Moverse sobre la barriga o arrastrarse suele ser anterior a moverse sobre las manos y las rodillas, que es gatear propiamente dicho. Algunos gatean a los seis meses, pero más típico es entre $7^1/2$ a 9 meses. Unos no gatean jamás: se ponen de pie, empiezan a trasladarse de un lugar a otro agarrados de la mesita de centro o del sofá, y luego se sueltan y andan solos. Puesto que gatear, a diferencia de sentarse o pararse, no es parte previsible del desarrollo de todo niño, no se incluye en las escalas de evaluación.

Aun entre los que sí gatean, los estilos varían. Muchos empiezan gateando hacia atrás o de lado, y tardan semanas en aprender a moverse hacia adelante. Unos se mueven sobre una rodilla o sobre el trasero, y otros en manos y pies, etapa a que llegan muchos niños justamente antes de soltarse a andar. El método que el niño adopte para ir de un lugar a otro es menos importante que el hecho de que está haciendo el esfuerzo por lograr locomoción independiente.

Antes de que pueda gatear tiene que ser capaz de sentarse bien. Después de eso, cuándo empiece a gatear es una cuestión individual que no debe causar preocupación a menos que esté atrasado en un par de áreas de desarrollo (social, grandes o pequeñas destrezas motrices, lenguaje y demás). Los buenos gateadores a menudo se tardan para andar, mientras que los que nunca gatearon suelen caminar más pronto.

Hay muchos que nunca aprenden a gatear porque no se les ofrece la oportunidad de ensayarlo. El niño que pasa la mayor parte del día reducido a la cuna, el cochecito, el portabebés, el corralito de juego o las andaderas, no tiene mucha ocasión de ponerse en cuatro pies ni mucho menos movilizarse sobre manos y rodillas. Cuide de que su niño goce de mucho tiempo en el suelo, vigilado, por supuesto, pero no se preocupe por la mugre, siempre que el piso se haya barrido o se haya limpiado con la aspiradora y esté libre de pequeñas partículas y objetos peligrosos. Para animarlo a moverse hacia adelante ensaye ponerle enfrente a corta distancia un juguete predilecto o un objeto interesante. Protéjale las rodillas, eso sí, pues las rodillas desnudas en un piso frío y duro o en una alfombra raspante pueden darle una sensación desagradable y hasta desanimarlo de tratar de gatear. Quítele las andaderas si las ha estado usando y limite el destierro en el corralito de juego a los períodos en que usted no lo pueda estar atendiendo.

De una u otra manera, en el curso de los próximos meses su niño se va a soltar . . . y cuando ande suelto aumentarán los problemas y usted se va a preguntar: "¿Por qué estaba yo tan ansiosa de que se soltara?"

EL TODO ES PODER MOVERSE

"Nuestra hija anda de arriba abajo apoyándose en una rodilla y con la otra pierna estirada. Se mueve, ¡pero se ve tan rara!"

Para una niña empeñada en ir de un lugar a otro, el estilo o la gracia del movimiento no tienen importancia. Tampoco debe usted concedérsela. El todo está en que se mueva por su propio esfuerzo, y lo demás no importa. Ese modo de locomoción, apoyada en una rodilla y arrastrando la otra pierna, puede parecer extravagante, lo mismo que el estilo de los que se sientan en las posaderas y así avanzan por el piso. Todos estos bebés, inclusive la niña suya, realizan lo que se proponen.

DESORDEN EN LA CASA

"Ahora que mi niño ya gatea y tira de cuanto encuentra para apoyarse, no me doy abasto para reparar el desorden que

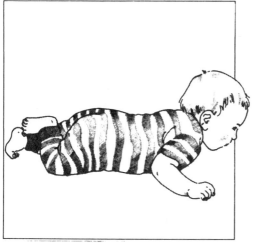

Algunos bebés empiezan arrastrándose sobre el estómago. Algunos pasan luego a gatear sobre las manos y las rodillas, pero unos pocos se siguen arrastrando hasta que logran pararse.

La locomoción sobre manos y rodillas es la técnica clásica de gatear. Algunos bebés se contentan con andar por todas partes en esta forma y pasan meses sin que traten de caminar.

hace. ¿Debo tratar de controlarlo, o me doy por vencida?"

Puede ser que el desorden le disguste mucho a usted, pero para el bebé explorador es el ambiente ideal. Una casa que se mantiene siempre rigurosamente ordenada no le puede ofrecer más atractivo a un niño inquieto que el que tendría para Cristóbal Colón un estanque de jardín. Dentro de lo razonable y seguro (porque tampoco se le puede dejar que destruya su chequera o rompa el florero) hay que permitirle que ejercite los músculos y que satisfaga su curiosidad natural. Dejarlo andar con libertad y aun desordenar un poco la casa es tan importante para su desarrollo intelectual como para su crecimiento físico. Y para usted, aceptar esta realidad contribuirá a su tranquilidad mental. Los padres que se empeñan en combatirla y mantener la casa tan perfecta como la tenían antes de la llegada del bebé, se van a llevar una desilusión — no menos que una gran frustración y angustia.

La postura de pies y manos es una combinación entre gatear y andar. Unos la adoptan desde el principio y se quedan con ella; para otros es una etapa previa a caminar.

Puede usted dar ciertos pasos para facilitar el hacer frente a esta realidad:

Ante todo, la casa segura. Se puede tolerar que riegue la ropa por todo el piso de la alcoba o que haga con las servilletas una torre en la cocina, pero no que estrelle las botellas de licor unas con otras a ver cómo suenan, ni que derrame el limpiador de cloro en la alfombra. Antes de dejar suelto al niño, asegúrese de que la casa no ofrezca peligros para él ni hayan quedado a su alcance cosas con las cuales pueda causar un daño grave.

Limitar el caos. La mamá ordenada estará mucho más tranquila si trata de limitar el desorden a una o dos piezas o áreas de la casa. Esto significa dejarle al bebé completa libertad únicamente en su propio cuarto y quizá en la cocina o el cuarto de estar — donde quiera que pasen tiempo juntos. Cierre puertas o use rejas de seguridad para definir tales áreas. Desde luego que si viven en un apartamento pequeño tal vez no pueda imponerle al bebé esas restricciones y se tenga que resignar al desorden diario y a volver a arreglar la casa todas las noches.

Reduzca también las posibilidades de desorden apretando bien los libros en los anaqueles accesibles al niño, dejando unos cuantos de sus libros indestructibles a su alcance para que los pueda sacar con facilidad; cerrando con llave algunas de las gavetas y cajones más vulnerables (especialmente los que contienen objetos frágiles, valiosos o peligrosos); retirando de las mesitas la mayor parte de los adornos que se pueden romper, dejando únicamente unos pocos con los cuales sí se le pueda permitir que juegue. Resérvele para él solo un cajón o una gaveta especial, y lléneselo de cosas divertidas como vasitos y platos de cartón, cucharas de madera, una taza o una ollita de metal, cajas vacías y rizadores plásticos.

Pero no tenga empacho en impedirle que le adorne el cuarto de baño con su lápiz labial, o le arranque las páginas de un libro predilecto, que derrame una caja de cereal por todo el piso de la cocina o que en general rehaga a su gusto la decoración de toda la casa. Fijarle límites no sólo sirve para que usted no se vuelva loca, sino que contribuye al desarrollo del niño (los niños realmente maduran cuando se les señalan límites) y le enseñan la importante lección de que los demás también tienen derechos, inclusive los padres.

Refrénese un poco. No ande siempre detrás del niño tratando de volver a poner constantemente en orden todo lo que él desordena. Esto lo contraría y le da la sensación de que todo lo que hace es inaceptable y además completamente inútil. También será una contrariedad permanente para usted si él vuelve a desarreglar todo lo que usted arregla. Lo que puede hacer, en cambio, es realizar el arreglo formal dos veces al día, la primera hacia el final del período de juego de la mañana, cuando está haciendo su siesta o está en el corralito de juego o en su silla alta; y la segunda ya al final de la tarde o cuando lo ha acostado a dormir.

Déle lecciones de orden, una y otra vez. El arreglo intensivo de la casa no lo realice teniendo al niño a su lado, pero sí recoja un par de cosas con él al final de cada sesión de juego, diciéndole al mismo tiempo (aun cuando todavía no entienda bien): "¿Quieres ayudarle a mamá a recoger este juguete y guardarlo?" Déle un cubo para que lo vuelva a meter en el cajón de los juguetes, una olla para que la lleve a la gaveta de la cocina, o un papel arrugado para que lo tire al cesto y aplauda cada esfuerzo. Es cierto que durante muchos años por venir será más lo que desordene que lo que ordene, pero estas lecciones tempranas le ayudarán a entender poco a poco que lo que se saca se debe volver a guardar.

Déjelo desordenar en paz. No lo esté sermoneando y criticando constantemente con un monólogo desesperante ("¡Sí que eres desobediente! ¡Jamás voy a poder limpiar ese crayón de la pared!"). No le haga sentir que es malo expresar su sana curiosidad natural, o que ello significa que es un niño malo ("¿Si volteo la taza de leche, qué pasará?" "¿Si saco toda la ropa del cajón, qué habrá debajo?"). Si es algo que usted no quiere que se repita, hágaselo saber — pero como maestra, no como juez.

No le ganará, pero no se abandone. No debe llegar a la conclusión de que, puesto que lleva las de perder, lo mejor es dejar que crezca el desorden y aprender a no hacerle caso. Vivir en esa forma no es bueno ni para usted ni para el niño. Al niño hay que permitirle que desarregle la casa pero no le conviene vivir siempre rodeado de desorden. Le dará una sensación de seguridad saber que, aun cuando deje todo alborotado por la noche, lo encontrará otra vez en su puesto al día siguiente. Y también será entonces más divertido volverlo a desordenar; porque ¿qué gracia tiene, al fin y al cabo, desordenar un cuarto que ya está desordenado?

Prepárese un refugio. No siempre podrá reparar los daños causados por su pequeño huracán, pero por lo menos trate de reservar un lugar de refugio en medio de la tormenta — su dormitorio, o el escritorio, o el cuarto de estar, por ejemplo — ya sea no permitiéndole al niño jugar allí o viendo que siempre se vuelva a arreglar sin falta todas las tardes. Así, al final del día, usted y su marido tendrán un lugar de reposo.

Cuide de la seguridad. La actitud permisiva respecto al desorden tiene una excepción, y es el caso en que éste amenaza la seguridad de la familia. Si el niño derrama el jugo o la escudilla de agua del perrito, seque el piso inmediatamente, pues esos líquidos recién derramados convierten un piso sin alfombra en una pista de patinaje donde son inevitables las caídas. Recoja las hojas de papel y las revistas en cuanto el niño las deje, y mantenga los lugares de paso (sobre todo las escaleras) siempre libres de juguetes, especialmente los de ruedas.

COME DEL SUELO

"Mi bebé deja caer las galletas al suelo y luego las recoge y se las come. Me parece que esto es antihigiénico, ¿no es verdad?"

Aun cuando no pueda mantener los pisos "limpios como una patena", no importa que el niño coma cosas del suelo. Es cierto que en el suelo hay microbios, pero no en cantidades significativas, y en su mayor parte son microbios a los cuales ya se ha expuesto antes el niño, sobre todo si juega frecuentemente en el suelo. Lo mismo se puede decir, en general, de los pisos de otras casas, de los supermercados y de los grandes almacenes; pero si el reciclar su hijito una galleta de un piso ajeno ofende su sentido estético, sencillamente tírela a la basura y déle una galleta limpia.

Hay excepciones, por supuesto. Aun cuando las bacterias no se pueden multiplicar mucho en superficies secas, sí se reproducen muy rápidamente en las húmedas. Si puede evitarlo, no le deje comer al niño cosas que se hayan caído en el cuarto de baño, en charcos o en cualquier superficie húmeda o mojada. La humedad en el alimento mismo puede ser un problema. Una galleta o cualquier otra

cosa que haya tenido un tiempo en la boca y que después se queda unas horas, aunque sea en un lugar limpio, mientras se multiplican las bacterias, no es apta para consumo. Tenga, pues, cuidado de no dejar sobras donde el niño las pueda volver a tomar. No siempre es posible evitar esto. A veces los chicos descubren restos de alimento que se habían perdido hacía tiempo y se los llevan a la boca antes de que uno lo pueda impedir. Por fortuna es raro que esto les haga daño.

Fuera de casa también hay que tener cuidado. Aun cuando son muchos los niños que han dejado caer el biberón en la calle y se lo vuelven a meter en la boca sin sufrir graves consecuencias, ciertamente es mucho mayor el riesgo de contraer una infección donde los perros han defecado u orinado o donde escupen personas incultas. Reemplace o lave todo alimento, biberón, chupador de entretención o juguete que se haya caído al suelo en la calle, especialmente si el piso está húmedo. Use una toallita de papel para limpiar un chupete o un juguete cuando no haya a la mano agua corriente. En los campos de juego donde no se permiten perros y donde los adultos no son tan incultos como para escupir en el suelo, hay menos motivos de preocupación siempre que el suelo no esté húmedo; bastará con sacudir brevemente la tierra de la superficie. Pero aun allí si se forman charcos pueden criarse peligrosos microbios causantes de enfermedades, y los niños y sus juguetes y golosinas deben mantenerse lejos de ellos. Para no verse en el problema de tener que escoger entre apaciguar a un niño que llora, y tirar un bocado que podría estar infectado, lleve siempre una provisión de reserva.

COME TIERRA Y COSAS PEORES

"Mi niño se mete todo a la boca. Ahora

que juega tanto en el piso, me cuesta más trabajo controlarlo. ¿Qué es lo peligroso?"

A la boca de los niños va todo lo que les quepa: tierra, arena, comida de perros, cucarachas y otros insectos, colillas de cigarrillo, comida podrida, hasta el contenido de un pañal sucio. Aun cuando es obvio que lo mejor es evitar que esté probando de todo en semejante buffet, no siempre es posible evitarlo. Pocos son los niños que pasan por la edad de gatear sin haber comido alguna cosa que sus padres consideran asquerosa; algunos no pasan ni una mañana sin comerla.

Pero son menos de temer las cosas antihigiénicas que lo que se usa por higiene. Un bocado de tierra rara vez le hace daño a nadie, pero en cambio hasta una lamedura de ciertos limpiadores sí puede causar grave daño. Como no es posible impedirle que tome todas las cosas, concéntrese en las que son potencialmente más peligrosas (vea la lista en la pág. 339), y no se preocupe tanto por un insecto o un puñado de pelo de perro que lleguen ocasionalmente hasta la boca del niño. Si lo sorprende con una cara de gato que se acaba de comer al canario, apriétele las mejillas con el pulgar y el índice de una mano para abrirle la boca, y con el dedo de la otra sáquele lo que tenga en ella.

Lo que más le debe preocupar, fuera de las sustancias obviamente tóxicas, son los alimentos que empiezan a descomponerse. Las bacterias y otros microorganismos patógenos se reproducen rápidamente a temperatura ambiente, de manera que hay que tener cuidado de que no queden al alcance del niño alimentos dañados o que se empiezan a dañar — y que se encuentran con mayor frecuencia en la escudilla del animalito consentido o en la basura de la cocina, y en el piso sin barrer del comedor o de la cocina.

También debe tener mucho cuidado de que el niño no se lleve a la boca objetos pequeños que se pueda tragar o con los cuales se pueda atorar, como botones, tapas de botella, sujetapapeles, imperdibles, monedas y demás. Antes de poner al niño en el suelo para que juegue, revise el piso y si hay cualquier cosa de menos de 3.5 centímetros de diámetro, recójala. Mantenga igualmente fuera del alcance del bebé todo objeto potencialmente tóxico, como por ejemplo periódicos y muebles con pintura de plomo. Vea en la sección "Un ambiente seguro en el hogar" (pág. 337) recomendaciones adicionales sobre este punto.

ERECCIONES

"Cuando le estoy cambiando pañales a mi niño, a veces tiene una erección. ¿Será que le estoy tocando el pene demasiado?"

No será demasiado, si se limita a lo que es necesario para asearlo cuando se le cambian pañales y a la hora del baño. La erección de su hijito es una reacción normal al tacto, de un órgano sexual sensitivo, como lo son también las erecciones del clítoris de una niñita, las cuales son menos notorias pero probablemente no menos frecuentes. Es posible que el niño experimente también una erección cuando el pañal le roza el pene, cuando está lactando, o cuando lo están bañando en la tina. Todos los bebés varones tienen erecciones en algún momento (aunque las mamás no se den cuenta), pero algunos las experimentan con más frecuencia que otros. Este fenómeno no necesita ninguna atención especial de su parte.

DESCUBRE LOS ORGANOS SEXUALES

"Mi niña recientemente ha empezado a

jugar con sus órganos sexuales siempre que le quito el pañal. ¿Es esto normal a tan temprana edad?"

Si encuentran placer en ello, los seres humanos lo hacen. En eso se fundó la madre naturaleza para crear los genitales; si eran agradables de tocar, serían tocados, primero por su dueño y más tarde, cuando fuera tiempo, por un miembro del sexo opuesto, asegurando así la perpetuación de la especie.

Los bebés son seres sexuados desde que nacen, o, más propiamente, desde antes de nacer, pues se ha observado que fetos masculinos tienen erecciones en el útero. Algunos, como la niña suya, inician la exploración de su sexualidad desde mediados del primer año; otros no antes de fines del año. Este interés es parte inevitable y sana del desarrollo de un niño, como lo fue antes la fascinación con los dedos de las manos y los pies. Tratar de frustrar esa curiosidad, como se sentían obligadas a hacerlo las generaciones anteriores, es un error comparable a tratar de suprimir su interés en los dedos.

Por más que le digan lo contrario, no tiene nada de malo, ni física ni sicológicamente, que los bebés y los niños se manoseen los órganos sexuales (ese juego no se puede llamar masturbación hasta una edad mucho mayor). En cambio, hacerle creer que eso es malo o pecado sí puede ser perjudicial y tener un efecto negativo en su futura sexualidad y amor propio. Prohibir la auto-estimulación también puede hacerla más atractiva.

El temor de que los dedos que han tocado los genitales no estén bastante limpios para llevárselos a la boca, tampoco tiene fundamento. Todos los microbios de la zona genital son propios del niño y no ofrecen peligro. Sin embargo, si ve que su niña se está tocando con las manecitas muy sucias, es bueno lavárselas para evitar una posible infección. Los órganos genitales de un niño varón no son susceptibles en la misma medida, pero tanto a los niños como a las niñas se les deben lavar las manos cuando hayan tocado una zona de pañal sucia.

Cuando su niña ya tenga edad para entender, se le debe explicar que estas partes de su cuerpo son privadas, que aun cuando ella puede tocarlas, no debe hacerlo en público ni debe permitir que nadie más se las toque.

SE ENSUCIA

"A mi bebé le encantaría gatear en el parque si yo lo dejara, pero el suelo está tan sucio...".

Déjese de tantos escrúpulos y deje que su niño ande por el suelo y se ensucie la ropa y las manos y la cara. A los que los obligan a ser simples espectadores cuando ellos quisieran tomar parte en el juego, sin duda se mantienen inmaculados, pero insatisfechos. Los niños son eminentemente lavables. La suciedad más visible se puede quitar con una toallita de papel o una toalla humedecida de antemano estando en el mismo patio de juegos, y la mugre que se prende más a la piel saldrá después en el baño. Ni siquiera la tierra que termina en la boca del niño le hará mucho daño, y los niños que pasan bastante tiempo al aire libre inevitablemente consumen cierta cantidad de tierra y arena. A usted se le revolverá el estómago de verlo comer tierra, pero a él no. Sobrepóngase, pues, a su sensibilidad y, asegurándose primero de que no haya vidrios rotos ni excremento de perro en el suelo, deje al niño que se divierta a sus anchas, sin dejar de vigilarlo. Si mete las manos en algo bien sucio, límpieselas con la toalla de papel y suéltelo otra vez.

No a todos les gusta ensuciarse; algunos prefieren ser espectadores y no jugadores. Si el suyo es de éstos, cuide de que esa actitud no se deba a que cree que usted no quiere que se ensucie. Estimúlelo para que poco a poco se muestre más activo, sin forzarlo.

Zapatos blandos o de lona le protegerán los pies cuando gatee en un piso de cemento; en el pasto en tiempo cálido puede ir descalzo. Para sus rodillas será mejor que use pantalones en estas excursiones, aun cuando se recargue un poco el trabajo de la lavandera. Si quiere que en público se presente siempre limpio y fresco, lleve en su bolsa de pañales una muda de ropa de juego y póngasela antes de soltarlo en el suelo; luego báñelo y vístalo de limpio antes de volver a salir.

JUEGO BRUSCO

"A mi cuñado le gustan los juegos bruscos con nuestro hijo, como lanzarlo al aire y volverlo a agarrar, y cosas por el estilo. Al niño parece que le encanta, pero yo no sé si esto será peligroso".

Sí que lo es. En muchos casos el mismo niño le indica a uno cuando su cuerpecito no está preparado para ciertas cosas, como por ejemplo comer cosas sólidas, pero no así cuando se trata de los juegos bruscos. A muchos bebés les gusta la sensación de voltear o de ser lanzados al aire y otra vez recibidos (aun cuando a otros les aterra); pero este trato violento, sea por juego o por enfado, puede ser sumamente peligroso para niños menores de dos años.[1]

Varios tipos de lesión pueden ser la consecuencia de lanzar a un niño al aire, o sacudirlo o zangolotearlo vigorosamente (como cuando se sale a trotar llevándolo en un portabebés por delante o a la espalda). Uno es un tipo de efecto de latigazo, como el que sufre un adulto en un choque de automóviles. Como la cabeza del bebé es pesada en comparación con el resto del cuerpo, y los músculos del cuello no están todavía bien desarrollados, el apoyo de la cabeza es débil. Cuando se le sacude con violencia, el vaivén de la cabeza hace que el cerebro rebote contra el cráneo una y otra vez. La contusión cerebral puede producir hinchazón, desangre, presión y posiblemente lesión neurológica permanente, con incapacidad mental o física. Otro daño posible es trauma del delicado ojo infantil. Si ocurre desprendimiento o escarificación de la retina o lesión del nervio óptico, pueden presentarse problemas visuales duraderos, inclusive ceguera. El riesgo de lesión es mayor aún si el niño está llorando o si se le sostiene con la cabeza para abajo cuando se le está sacudiendo, porque ambas cosas aumentan la presión sanguínea en la cabeza, lo cual hace que los frágiles vasos sanguíneos sean más susceptibles de ruptura. Estas lesiones son relativamente raras, pero el daño puede ser tan grande que no vale la pena correr el riesgo.

No pierda tiempo pensando en anteriores sesiones de juegos bruscos. Si su bebé no ha mostrado ningún síntoma de lesión, probablemente ha escapado ileso hasta ahora. Si tiene alguna duda, consulte con el médico.

Otros tipos de juegos bruscos también son peligrosos a esta edad. Como las coyunturas de un bebé (y hasta de un niño) son todavía flojas, no lo columpie sosteniéndolo por las manos ni le tire súbitamente de la mano o el brazo (para

---

[1] Algunos padres sacuden al niño en lugar de darle unas palmadas cuando están enfadados porque les parece que ésa es una manera preferible de castigarlo, o lo sacuden sólo por desahogarse, creyendo que eso no le hace mal. Estas suposiciones no son valederas. Los padres que se crean obligados a ''castigar'' a un bebé deben hacerse ver de un psiquiatra.

que se mueva cuando está reacio a ello). El resultado podría ser una dislocación del hombro o del codo, muy dolorosa aunque fácil de reparar.

Esto no significa que todo trato brusco tenga que suprimirse; sólo que hay que tener más cuidado con los juegos. A muchos niños les gusta "volar" estando bien sostenidos por la cintura y siendo suavemente llevados por el aire, participar en sesiones de cosquillas (pero suspenda en cuanto al niño le falte el aliento), en encuentros de "lucha" y jugar a ser perseguidos cuando tienen edad para gatear. Sin embargo, hay algunos, tanto niños como niñas, a quienes no les gustan los juegos bruscos de ninguna clase, y tienen derecho a un tratamiento más delicado — aun por parte de los entusiastas tíos y abuelos.

USO DEL CORRALITO

"Cuando compramos el corralito de juego hace un par de meses, mi bebé estaba feliz y no quería salir de allí. Ahora grita para que lo saquen a los cinco minutos".

Hace un par de meses el corralito de juego no le parecía una prisión a su niño; por el contrario, le parecía todo un parque de diversiones para él solo. Pero ahora ya se da cuenta de que allá afuera hay todo un mundo — o por lo menos todo un cuarto — que vale la pena explorar. Las cuatro paredes que antes delimitaban su paraíso ahora son barreras que lo encierran.

Sígale el humor y no use el corralito de juego sino para casos de emergencia, cuando sea preciso encerrarlo por su propia seguridad o, breve e infrecuentemente, para comodidad suya — cuando tenga que fregar el piso de la cocina, o meter algo en el horno, o contestar el teléfono, o ir al baño, o arreglar la casa para recibir a una visita de última hora.

Limite el tiempo en que está sentenciado al corral a no más de cinco a quince minutos cada vez, que es más o menos lo más que aguanta un bebé activo de ocho meses. Varíele con frecuencia su colección de juguetes para que no se aburra antes de tiempo. Si él prefiere verla y oírla a usted mientras juega, ponga el corralito cerca de usted; si parece permanecer más tiempo contento cuando usted no está a la vista, póngalo en la pieza siguiente pero asómese a vigilarlo con frecuencia. Si protesta antes de haber cumplido su condena, ensaye darle objetos novedosos para jugar — unas ollas y sartenes tal vez, o unas botellas plásticas de gaseosas (sin las tapas) — cualquier cosa con que no juegue habitualmente en el corralito. Si nada de esto da resultado, déle de alta lo más pronto posible.

Esté alerta para una posible fuga del prisionero. Un bebé sumamente ágil y recursivo se puede escapar trepando sobre juguetes grandes — por lo cual tales juguetes no se deben dejar en el corralito.

"Mi bebé se puede estar todo el día en el corralito si lo dejo, pero creo que no debo dejarlo".

Algunos niños plácidos parecen perfectamente contentos quedándose en su corralito de juego horas enteras, hasta bien avanzado el primer año. Tal vez no saben lo que se pierden, o quizá les falta valor para exigir su libertad. Pero si bien esta circunstancia permite a la mamá realizar más, impide que el niño realice lo suficiente, intelectual y físicamente. Anime al suyo para que vea el mundo con una perspectiva distinta. Al principio acaso vacile en dejar el corralito, un poco temeroso de perder la seguridad de sus cuatro paredes. Sentarse con él en el suelo despejado, jugar con él, darle un juguete favorito o una manta, o aplaudir sus tentativas de gatear, facilitarán la transición.

LECTURAS PARA EL BEBE

"Me gustaría que a mi bebé se le desper-
tara el interés por la lectura. ¿Será dema-
siado temprano para empezar a leerle?"

En esta edad en que la televisión aleja a
los niños de los libros fácilmente y temprano, tal vez nunca sea demasiado
pronto para empezar a leerle. Algunos
creen que hasta es valioso leerles cuando
no han salido aún del vientre materno, y
muchas mamás inician a sus hijos con
libros poco después del nacimiento. Pero
sólo hacia mediados del primer año empieza el niño a tomar parte activa en el
proceso de la lectura — al principio mordiscando las esquinas de los libros. Pronto
empieza a poner atención a las palabras
que oye leer (en esta etapa, más bien al
ritmo y sonido de las palabras que a su
sentido) y a las ilustraciones, gozando de
los colores y las formas, pero no necesariamente relacionando las láminas con
objetos conocidos.

Para que su bebé se contagie temprano
del vicio de leer:

Lea usted misma. Leerle al niño tendrá
menos impacto si usted misma pasa más
tiempo frente a la pantalla de la TV que
tras las páginas de un libro (o revista, o
periódico). Aun cuando es difícil para los
padres de niños chiquitos encontrar
tiempo para leer con calma, vale la pena
el esfuerzo; lo mismo que con cualquier
otra conducta, deseable o indeseable, hay
más probabilidades de que el niño haga
lo que usted hace, no lo que usted dice.
Lea unas cuantas páginas de un libro sostenido en algún objeto mientras le está
dando el pecho o el biberón, lea un libro
en su cuarto mientras él está jugando,
mantenga un libro en su mesita de noche
para leer antes de dormirse y para mostrarle al niño ("éste es el libro de
mamá").

Inicie una colección juvenil. En los anaqueles de las librerías se encuentran millares de libros para niños, pero sólo unos
pocos son apropiados para un principiante. Busque lo siguiente:

■ Fabricación fuerte, resistente a la destrucción. Los más fuertes son los libros
con páginas de cartulina laminada y esquinas redondeadas, que no se desintegran aun cuando el niño las chupe y que
se pueden voltear sin que se desprendan.
Los de tela laminada también son buenos, pero los de tela floja, aunque indestructibles, son poco útiles porque no se
quedan bien abiertos, el niño no puede
voltear las páginas y no se parecen a un
libro de verdad. Un libro de páginas de
cartulina con encuadernación de espiral
es bueno pues permite que el libro se
abra completamente plano y además el
niño puede jugar con el fascinante diseño
espiral. Los libros de vinilo son buenos
para la hora del baño, una de las pocas
ocasiones en que el niño se está quieto el
tiempo necesario para una sesión de lectura. Para que éstos no críen moho, séquelos después del baño y guárdelos en
un lugar seco.

■ Láminas de colores vivos y llamativos,
con imágenes realistas de temas familiares, en particular animales, vehículos, juguetes y niños. Las ilustraciones no deben
ser recargadas para que el bebé no se
confunda al echarles un vistazo.

■ Texto que no sea muy complicado. Las
rimas tienen más probabilidades de captar la atención del niño cuando se le lee,
pues a esta edad él escucha por el simple
placer de escuchar, no para comprender
lo que escucha, y pasarán meses antes de
que pueda entender un cuento. Los libros que tienen una sola palabra en cada
página también son buenos porque le
ayudan a mejorar su vocabulario de com-

prensión y más tarde también su vocabulario hablado.

■ **Actividades involucradas.** Los libros que estimulan juegos como el de esconderse y volver a aparecer, los de tocar y palpar que fomentan el aprendizaje de texturas, y los que traen sorpresas ocultas bajo pequeñas solapas, fomentan la participación del oyente.

■ **Material de lectura desechable.** A los niños también les gusta ver revistas que tengan muchas ilustraciones a todo color y jugar con ellas, así que en lugar de tirar las viejas que usted ya haya leído, guárdelas para su bebé. Naturalmente, cuando él se canse de ellas tendrá que desecharlas.[2]

Léale en estilo maternal. Si usted pasó por el segundo grado de primaria, sabe cómo tomar un libro de cuentos infantiles y leer en voz alta. Pero leerle a un niño es otra cosa. El tono y la inflexión son muy importantes; léale lentamente, con cierto sonsonete y énfasis exagerado en los lugares apropiados. Deténgase en cada página para recalcar los puntos sobresalientes ("Mira cómo rueda el niño por la loma", o "¿Ves cómo se ríe el perrito?") o señálele animales o personas ("Esta es una vaca — la vaca dice mú", o bien "El niño está en la cuna — se va a dormir").

Haga de la lectura un hábito. Incluya la lectura entre las diarias actividades del niño — unos pocos minutos por lo menos dos veces al día, cuando esté bien despierto y cuando ya haya comido. Después de la siesta, después del almuerzo, después del baño y antes de acostarlo, son buenos momentos para leerle. Pero cíñase al programa sólo si el niño se muestra receptivo; no lo obligue a oír leer un libro cuando lo que él quiere es jugar o hacer música con un par de tapas de ollas.

Mantenga la biblioteca abierta. Los libros valiosos que se pueden dañar guárdelos en un anaquel alto para las sesiones de lectura bajo la supervisión materna, pero mantenga unos pocos libros infantiles donde el niño los pueda tomar y disfrutar de ellos. No deben ser muchos para que no se sienta abrumado, y debe variarlos para que no se aburra. A veces un bebé que se resiste a que lo sienten a oír leer a su mamá o su papá, se divierte "leyendo" por sí mismo, volteando las páginas y viendo las ilustraciones como él quiera.

NIÑOS ZURDOS

"He observado que mi niño agarra las cosas o alcanza los juguetes con cualquiera de las dos manos. ¿Debo enseñarle a usar más la derecha?"

Vivimos en un mundo que no trata a las minorías con igualdad — y los zurdos son una minoría como de un 10 por ciento. Las puertas, el aparato de pelar papas, las tijeras y los cubiertos de la mesa se diseñaron para usarlos con la mano derecha. Y los zurdos están destinados a tropezar con los codos en la mesa y saludar "con la mano que no es"... para ellos. Muchos padres, no queriendo dejar a sus hijos dentro de esta minoría, tratan de forzarlos a usar la mano derecha aunque sean zurdos.

En un tiempo los expertos creían que esa insistencia de los padres en modificar lo que se cree que es una característica determinada genéticamente, daba por re-

---

[2] Cuide, sin embargo, de que el niño no se meta a la boca las revistas y periódicos. Estos pueden contener altas cantidades de plomo y la ingestión frecuente puede dar por resultado niveles peligrosos para el niño. (Quemarlos también libera plomo al aire, de modo que no se deben usar periódicos ni revistas para encender fuego.)

sultado el tartamudeo y diversos problemas de aprendizaje. En la actualidad, aunque no recomiendan que se trate de cambiar la inclinación natural a usar una u otra mano, sospechan de que varias características, tanto positivas como negativas, están vinculadas genéticamente con el uso de la mano izquierda. Muchas de estas parecen estar relacionadas con diferencias en el desarrollo de los hemisferios derecho e izquierdo del cerebro. En los zurdos el lado derecho del cerebro es el dominante, lo que los hace sobresalir en áreas tales como las relaciones espaciales y acaso explique por qué están tan superrepresentados en los deportes, la arquitectura y las bellas artes. Como hay más zurdos entre los niños que entre las niñas, también se ha propuesto la teoría de que los niveles de testosterona, una hormona masculina, afectan de alguna manera al desarrollo cerebral y la preponderancia del uso de una u otra mano. Se necesitan muchos estudios más, antes de que lleguemos a entender por qué unas personas son zurdas y otras no, y de qué manera esta circunstancia afecta diversas áreas de nuestra vida.

La mayoría de los niños son ambidextros al principio; algunos muestran preferencia por una de las dos manos a la vuelta de unos meses, mientras que otros siguen valiéndose igualmente de ambas hasta cumplir un año. Los hay también que empiezan valiéndose de una mano y luego cambian. Lo importante es dejarlos usar la mano que manejen mejor, no la que usted prefiera. Como 70% de la población usa la mano derecha (otro 20% es ambidextro) se puede esperar que su niño siga el mismo camino. Ofrézcale cosas a la mano derecha; si las toma con la izquierda, o si luego de tomarlas con la derecha las pasa a la izquierda, a lo mejor está destinado a ser campeón de béisbol o a diseñar el edificio más alto del mundo.

LA CASA "A PRUEBA DE NIÑO"

"Yo antes decía que un hijo no iba a cambiar nuestra manera de vivir. Pero ahora que el bebé anda por todas partes, los objetos valiosos que hemos coleccionado a lo largo de los años están en peligro. ¿Debo guardarlos o enseñarle a no tocarlos?"

En una tienda de loza fina un niño de siete u ocho meses no sería más acepto que un toro. Y a la verdad, los frágiles y valiosos objetos que usted posee tampoco están más seguros en la sala con su bebé que lo estarían en la plaza de toros.

De modo que si no quiere que su plato de bacará que compró en París o el florero Wedgewood que le dieron de regalo de bodas acaben en añicos a los pies del bebé, colóquelos donde no los pueda alcanzar, hasta que tenga edad suficiente para tratarlos con respeto — y eso no será hasta dentro de un par de años por lo menos. Haga lo mismo con otros objetos (de arte o no) que sean pesados y lo puedan lastimar si los hace caer.

Sin embargo, no es posible que la familia pase los próximos años en una casa desnuda de todo ornamento; eso no sería bueno ni para ustedes ni para el niño. Para que aprenda a vivir con las cosas bellas y frágiles debe aprender a conocerlas desde temprana edad. Deje a su alcance unas pocas piezas de su colección, de las más resistentes y menos valiosas. Cuando trate de agarrarlas ordénele con firmeza: "No, eso no se toca. Es de mamá y papá". Déle un juguete y explíquele que éste sí es *de él*. Si insiste en querer tomar el objeto prohibido, retírelo y vuélvalo a sacar otro día. Aunque no pueda contar por ahora con que el niño obedezca, pues es corta la memoria de los pequeños, poco a poco irá entendiendo y al fin podrá usted volver a colocar en su puesto su bacará y su Wedgewood.

LO QUE IMPORTA SABER: Un ambiente seguro en el hogar

Si se coloca a un frágil bebé recién nacido al lado de uno fuerte de siete meses, el primero parecerá muy débil y vulnerable. Pero en realidad el más vulnerable de los dos es el segundo. Las destrezas que acaba de adquirir pero que todavía no van acompañadas de buen juicio, hacen que los niños en la segunda mitad de su primer año de vida estén expuestos a muchos peligros.

Una vez que el niño puede andar solo, o en las andaderas, la casa se convierte en un país de maravilla, tan emocionante como peligroso, lleno de asechanzas capaces de causarle daño y aun la muerte. Lo único que puede proteger al niño, recién nacido o ya en edad de gatear, durante lo que la compañía de seguros Metropolitan Life llama ''el peligroso primer año de vida'', es el buen sentido de usted, su previsión y vigilancia permanente.

En general, para causar un accidente se combinan diversos factores, incluyendo un objeto o sustancia peligrosos (en el caso de un bebé, tal vez una escalera o una droga), una víctima susceptible, que es el niño mismo, y posiblemente condiciones ambientales (como escalones sin reja o un botiquín que se ha dejado abierto) que permiten la coincidencia de víctima y peligro. En el caso de un bebé, el accidente puede obedecer también a falta de vigilancia, a veces sólo por un instante, de la persona encargada de cuidarlo.

Para minimizar la posibilidad de accidente, todos estos factores se deben modificar en alguna forma. Hay que quitar de en medio los objetos y sustancias peligrosas, el bebé susceptible debe hacerse menos susceptible mediante entrenamiento gradual en medidas de seguridad, el ambiente peligroso tiene que modificarse (con rejas en las escaleras, llave en las gavetas), y, lo que es posiblemente más importante que todo, las personas que lo cuidan deben estar siempre alerta, sobre todo en tiempos de tensión que es cuando ocurren más accidentes. Debido a que son muchos los accidentes que ocurren en casa ajena, sobre todo en las casas de los abuelos, muchas de estas medidas de seguridad se deben extender a las casas que el bebé visita con frecuencia, y este capítulo se debe hacer leer a las personas que cuidan del cuidado del niño.

Esta es la manera de modificar los factores que contribuyen a los accidentes:

Cambie de comportamiento

Puesto que modificar la conducta del bebé será un proceso educativo largo y lento, que puede empezar ahora pero no se completará sino dentro de varios años, el comportamiento de usted es el que tendrá más impacto en la seguridad de su bebé en esta etapa.

■ Vigilancia constante. Por más cuidado que ponga en crear un ambiente seguro para su hijo en el hogar, recuerde que es imposible evitar todos los accidentes. Su atención, o la de otras personas, tiene que ser continua, especialmente si su niño es muy recursivo.

■ No permita que ninguna cosa distraiga su atención cuando esté ocupada con objetos o sustancias que ofrezcan peligro, como cuando tiene que usar productos de limpieza, medicinas, máquinas eléctricas, herramienta mecánica y demás mientras el niño anda suelto. Basta un segundo de descuido para que un niño se ponga en grave peligro.

■ Tenga especial cuidado en las épocas de tensión emocional o en los momentos más tensos del día. Cuando usted está angustiada es cuando son mayores las probabilidades de que se olvide de quitar el cuchillo de la mesa, asegurar el cinturón del niño en su silla alta o cerrar la reja de la escalera.

■ No deje al niño solo en su casa o apartamento en ningún momento, ni solo en un cuarto excepto en el corralito de juego, en la cuna u otro lugar seguro — y eso únicamente por unos pocos minutos, a menos que esté dormido. Nunca deje a un bebé solo, aun cuando esté "seguro" en su cuna o su corralito de juego, despierto o dormido, con un niñito de edad escolar. Los niños de esta edad no conocen su propia fuerza ni se dan cuenta de las posibles consecuencias de sus actos. Tampoco deje al bebé con un animalito consentido, aunque sea muy manso.

■ Proteja al niño con ropa adecuada. Use únicamente ropa de dormir no inflamable (y lávela debidamente); vea que los pies de la pijama no le queden flojos, que los pantalones no sean demasiado largos ni las medias o pantuflas muy resbalosas para un bebé que se empieza a poner de pie o a andar. No use bufandas ni bandas largas en que se pueda enredar, ni cordones que lo puedan ahorcar (los de más de 15 centímetros de largo).

■ Familiarícese, si ya no lo está, con los procedimientos de emergencia y primeros auxilios (vea la página 506). No siempre se pueden evitar los accidentes, pero saber qué hacer si ocurre uno serio puede salvar una vida o una pierna o un brazo.

■ Déle al niño amplia libertad. Una vez que haya hecho el ambiente tan seguro como sea posible, no ande detrás del niño. Es bueno que conozca los peligros pero no hay que disuadirlo de la experimentación normal de la infancia. Los niños aprenden de sus errores, como todos nosotros; no permitirles que cometan nunca un error perjudica su desarrollo. Y el niño que tiene miedo de correr, trepar o ensayar cosas nuevas no sólo se pierde la educación que proviene del juego libre, sino también una gran parte de la felicidad de la infancia.

Cámbiele las cosas que lo rodean

Hasta ahora su bebé ha visto el mundo y su casa desde los brazos de usted y al nivel de sus ojos. Pero ahora que empieza a verlo de otra manera, como se ve cuando uno está en cuatro pies en el suelo, usted también tendrá que cambiar su punto de vista; y una manera de hacer esto es bajarse, literalmente, hasta el suelo. Desde allí usted verá una multitud de peligros que antes ni siquiera sospechaba. Otra manera es examinar todo lo que esté a menos de 90 centímetros de altura del suelo, que es más o menos el alcance de un bebé.

Cambios en la casa. Al recorrer su casa, éstas son las cosas que usted debe observar y alterar según se necesite:

■ Ventanas. Si están sobre el nivel del piso, instale guardas de acuerdo con las instrucciones del fabricante; o gradúelas de manera que no se puedan abrir más de 15 centímetros.

■ Cuerdas de persianas y cortinas. Amárrelas de manera que el niño no se pueda enredar en ellas; no coloque la cuna ni el corralito de juego, ni la silla o cama del bebé donde las pueda alcanzar.

■ Cordones eléctricos. Retírelos del alcance del niño, métalos detrás de los muebles de modo que no se los pueda meter a la boca con riesgo de choque eléctrico, o tire de ellos y haga caer las lámparas u otros objetos pesados.

■ Tomacorrientes. Tape las tomas de la pared con tapitas o protectores, o ponga enfrente muebles pesados para evitar que

CONTROL DE VENENOS

Todos los años mueren centenares de miles de niños, víctimas de ingestión accidental de sustancias venenosas. Esto es triste pero no puede sorprender. Los niños, sobre todo los muy pequeñitos, van descubriendo el mundo más que todo con la boca. Virtualmente todo lo que encuentran se lo meten a la boca. No han aprendido a clasificar sustancias y objetos como "inocuos" o "peligrosos"; para ellos todo es sencillamente "interesante". Ni están sus papilas gustativas bastante perfeccionadas para indicarles, como nos indican a nosotros, que determinada sustancia es peligrosa porque tiene un sabor espantoso.

Para proteger a los inocentes de estos peligros, siga sin falta estas reglas:

■ Guarde con llave toda sustancia potencialmente venenosa, lejos del alcance y de la vista de su niño, pues hasta los que apenas gatean son capaces de subirse en una silla o taburete o en cojines.

■ Siga las reglas de seguridad para administrar o tomar medicinas (página 477).

■ No compre limpiadores, detergentes ni otros artículos para el hogar que vengan en empaques de colores vistosos y llamativos. Estos llaman la atención del niño. Si es necesario, cubra las ilustraciones con cinta negra (pero sin tapar las instrucciones o prevenciones). Evite igualmente sustancias tóxicas con atractivos aromas de alimentos (como menta, limón o albaricoque).

■ Compre productos envasados a prueba de niños, siempre que esto sea posible.

■ Adquiera el hábito de volver a guardar en lugar seguro las cosas peligrosas inmediatamente después de usarlas; no deje por ahí un atomizador de brillador de muebles o una caja de bolas de naftalina "apenas un minuto" mientras contesta el teléfono.

■ Guarde por separado las cosas de comer y las que no lo son y no ponga nunca éstas últimas en envases desocupados de alimentos (por ejemplo, blanqueador en un frasco de jugo de manzana, o aceite lubricante en un bote de jalea). Los bebés aprenden muy pronto a identificar los envases de las cosas de comer y no entienden por qué no pueden tomar lo que está en el frasco de jugo o en el bote de jalea.

■ No use objetos que no son cosas de comer pero que las simulan (como frutas de cera).

■ Al desechar sustancias potencialmente venenosas, échelas por el derramadero, enjuague el envase antes de tirarlo, a menos que en la etiqueta se indique otra cosa, e inmediatamente échelo en un cubo de basura bien cerrado — nunca en el cesto de los papeles ni en el cubo de basura de la cocina.

■ Siempre que sea posible prefiera el producto menos peligroso al que trae una larga lista de prevenciones. Entre los productos para el hogar que generalmente se consideran menos peligrosos se cuentan los blanqueadores sin cloro, vinagre, Bon Ami, bórax, sosa para blanquear, aceite de limón, cera de abejas, aceite de olivas (para los muebles), papel atrapamoscas no químico, cola, aceite mineral (para lubricación, no para uso interno), destapadores de cañerías de aire comprimido (más bien que líquidos corrosivos o gránulos).

■ Para recordar qué cosas son venenosas cuando las ve, póngales letreros a las que sean posiblemente tóxicas, o si no, simplemente una "X" de cinta negra en cada producto (pero sin cubrir las instrucciones o prevenciones). Poco a poco su niño aprenderá a reconocer que esos productos son peligrosos.

■ Considere todos los siguientes como potencialmente peligrosos:
Bebidas alcohólicas
Mercurio amoniacado (medicinalmente inútil)
Aspirina
Acido bórico (medicinalmente inútil)
Aceite alcanforado (medicinalmente inútil)
Blanqueador de cloro
Cosméticos
Detergentes para lavadoras de platos
Destapadores de cañerías
Pulidores de muebles
Insecticidas y venenos para roedores

Píldoras de hierro (incluso las de bebé)
Queroseno
Lejía (mejor no tenerla en la casa en abso-
    luto)
Toda clase de medicinas
Bolas de naftalina

Trementina (inútil)
Aceite de gualteria (medicinalmente inú-
    til)
Píldoras para dormir
Tranquilizantes
Herbicidas

el niño vaya a meter en ellos alguna cosa (como una horquilla de cabello) o los esté hurgando con el dedito húmedo y reciba un choque.

■ Muebles desvencijados. Las sillas, mesas u otros muebles tambaleantes o desvenci-jados que el niño pueda hacer caer ti-rando de ellos, quítelos de en medio por el momento; asegure bien a la pared es-tantes de libros y otros artefactos que el bebé pueda hacer caer.

■ Cajones de las cómodas. Téngalos ce-rrados para que el niño no se pueda subir sobre ellos y echarse encima la cómoda; si ésta no es estable, se puede asegurar con-tra la pared.

■ Superficies pintadas. Asegúrese de que las que están al alcance del niño no con-tienen plomo; si lo contienen, o si usted no está segura, hágalas pintar de nuevo o cúbralas con papel de empapelar. Si las pruebas indican pintura de plomo, lo me-jor es quitarla del todo.

■ Ceniceros. Póngalos donde el niño no los alcance, para que no vaya a tocar una colilla ardiendo o a probar una manotada de cenizas y cabos de cigarrillo; mejor aún, para la salud y seguridad de su niño no permita en su casa tabaco en ninguna forma.

■ Plantas. Téngalas donde no las alcance el bebé para que no se las vaya a echar encima o a comerlas; tenga especial cui-dado con las que son venenosas (vea la página 348).

■ Tiradores flojos de muebles o gavetas. Quite o asegure todos los que sean sufi-cientemente pequeños para tragárselos o para atragantarse con ellos (los de menos de 3.5 centímetros de diámetro).

■ Radiadores. Póngales barreras alrede-dor o tapas encima durante la época de calefacción.

■ Escaleras. Coloque una reja de seguri-dad en la parte alta, y otra en el tercer escalón de abajo para arriba.

■ Barandas. Cuide de que la separación entre balaústres en escaleras y balcones no sea más de 12 centímetros y que no haya balaústres flojos.

■ Chimeneas, calentadores, estufas. Colo-que pantallas protectoras para que los pequeños deditos no toquen superficies calientes ni llamas (hasta la rejilla de una estufa de piso se puede calentar lo sufi-ciente para causar quemaduras de se-gundo grado). Desconecte los calentado-res de espacio cuando no se estén usando, y si es posible guárdelos fuera del alcance de los niños. (Encontrará infor-mación sobre los riesgos ambientales de estos calentadores en la página 274).

■ Manteles. Si cuelgan a los lados de la mesa y no están bien sujetos, quítelos hasta que su bebé entienda que no debe tirar de ellos; o como alternativa, no deje al niño en el suelo cuando le ponga man-tel a la mesa.

■ Mesas de tapa de vidrio. Cúbralas con una carpeta gruesa de protección o póngalas temporalmente fuera del alcance del niño.

■ Bordes agudos y esquinas de mesas, cómodas, etc. Si hay peligro de que el niño tropiece con ellas, cúbralas con almohadillas o guardas para las esquinas, que usted puede hacer o comprar hechas.

■ Tapetes sueltos. Los pequeños tapetes sueltos deben tener por debajo un revestimiento antideslizante; no los ponga en la parte alta de las escaleras ni los deje arrugados en el suelo.

■ Baldosines y alfombras. Remiende y arregle cualquier área suelta para evitar que uno tropiece.

■ Adornos pesados y sostenes de libros. Póngalos donde el niño no los pueda alcanzar y hacer caer; un bebé tiene más fuerza de lo que uno cree.

■ Cajón de los juguetes. Este debe tener una tapa de poco peso con mecanismo de cierre de seguridad (mejor es que no tenga tapa ninguna) lo mismo que agujeros de ventilación, por si el niño se queda encerrado en él. En general, para guardar los juguetes son mejores los anaqueles abiertos.

■ Cuna. Una vez que empiece a mostrar interés por ponerse de pie (no espere hasta que pueda realizar esta operación) gradúe el colchón en la posición más baja y retire de la cuna los juguetes voluminosos, las almohadas, cojines protectores y cualquier otra cosa que pudiera usar como punto de apoyo hacia la libertad... y el desastre. Cuando el niño mida ya de 85 a 90 centímetros, es tiempo de pasarlo a una cama.

■ Desorden en el piso. Trate de mantener el paso despejado para evitar traspiés y caídas. Seque inmediatamente todo lo que se derrame y recoja los periódicos y revistas.

■ Garaje, sótano y áreas de trabajo. Tenga éstos bien cerrados y no deje entrar a los niños, pues en estos lugares siempre hay herramientas peligrosas y sustancias tóxicas.

■ Otras áreas con objetos peligrosos o frágiles, como una sala donde haya una colección de finas tazas de té. Coloque una reja u otra barrera para que el bebé no entre.

También debe tener cuidado con muchas otras cosas peligrosas que se encuentran

EQUIPO DE SEGURIDAD

Cerraduras (para las gavetas y cajones de la cocina, a fin de que el niño no pueda meter dentro los dedos)

Cerrojos para gavetas (con igual fin)

Guardas para la estufa

Guardas para los tiradores de las puertas (para dificultar que los pequeños las abran)

Empaquetaduras de plástico para las esquinas (para suavizar las esquinas de las mesas)

Almohadillado para los bordes agudos de los muebles

Tapones o cubiertas para las tomas eléctricas (además de tapas de presión, hay también protectores embisagrados que se pueden usar aun cuando estén conectados los aparatos)

Cubierta de seguridad para el grifo de la bañera

Decoraciones antideslizantes para el fondo de la bañera

Taburete de peldaño a prueba de resbalón (cuando ya camine)

Seguros para la puerta del patio

Bacín seguro (copas de succión o cerrojo para mantener la tapa cerrada cuando no esté en uso)

en cualquier casa, y guardarlas en sitio seguro, en cajones a prueba de niños, gavetas o cajas, o bien en anaqueles absolutamente inalcanzables (se sorprendería usted si supiera a qué alturas son capaces de subirse algunos niños). Cuando tenga que usar tales objetos, asegúrese de que su niño no los pueda tomar mientras usted vuelve la espalda, y siempre vuélvalos a guardar en cuanto termine de usarlos o en cuanto vea alguno que se ha quedado fuera. Tenga especial cuidado con:

■ Utensilios cortantes como tijeras, cuchillos, cortapapeles, máquinas de afeitar y cuchillas (no deje éstas al borde de la bañera).

■ Cosas pequeñas que se pueda tragar, como canicas, monedas, imperdibles y cualquier otro objeto de menos de 3.5 centímetros de diámetro.

■ Plumas, lápices y otros instrumentos de escritura (reemplácelos con trozos de crayones no tóxicos.[3]

■ Artículos de costura y tejido, en especial alfileres y agujas, dedales, tijeras y botones.

■ Bolsas de plástico como las que se usan en los supermercados, o en los establecimientos de limpieza en seco, o en el empaque de ropa nueva (un bebé se puede asfixiar con una de estas bolsas).

■ Artículos inflamables como fósforos, encendedores de cigarrillo y colillas calientes de cigarrillo.

■ Herramientas de su oficio o diversión — pinturas y adelgazadores, si hay un artista en la casa; alfileres y agujas si hay una costurera; equipo de carpintería si hay un carpintero, etc.

■ Juguetes de los hermanitos mayores; en general, los niños menores de tres años no deben jugar con tales juguetes, incluyendo cajas de construcción con piezas pequeñas, triciclos y patinetas, autos en miniatura, y cualquier cosa que tenga bordes agudos, piezas pequeñas, partes de quitar o que se puedan romper, o conexiones eléctricas.

■ Pilas en forma de disco, como las que se usan en relojes, cámaras, calculadoras, audífonos y demás (son fáciles de tragar y pueden soltar su contenido venenoso en el esófago y estómago del niño).

■ Imitaciones de alimentos, hechas de cera, cartón piedra, caucho o cualquier otro material no apto para que un niño se lo lleve a la boca (una manzana de cera, una vela que parece y huele a helado, un borrador con aspecto y olor de fresa madura).

■ Materiales de aseo.

■ Vidrio, loza y otras cosas rompibles.

■ Bombillas de luz eléctrica, especialmente las pequeñas como las de luces nocturnas, que un niño puede morder y romper.

■ Joyas, en especial abalorios, que se pueden soltar; y objetos pequeños como anillos (todos son atractivos para el bebé y fáciles de tragar).

■ Bolas de naftalina (son venenosas).

■ Betún para zapatos (además de manchar todo, puede intoxicar al bebé).

■ Perfumes y cosméticos de toda clase (son potencialmente tóxicos); vitaminas y medicinas.

■ Silbatos de juguete (el niño se puede atragantar con ellos, y con la bolita que traen dentro si se desprende).

■ Globitos de caucho (desinflados o rotos, se pueden inhalar y causar asfixia).

---

[3] Algunos niños gustan de usar pluma o lápiz imitando al papá o la mamá. Si eso es lo que el suyo quiere, permítaselo, pero sólo cuando esté sentado y bajo su vigilancia inmediata.

■ Alimentos pequeños de comer con las manos, como nueces y pasas, rosetas de maíz o dulces duros que se puedan quedar a la mano en un plato (el niño se puede ahogar con ellos).

■ Armas de fuego, si es que usted las tiene en su casa.

■ Lejía y ácidos (mejor es no tenerlos en la casa).

■ Bebidas alcohólicas (una cantidad que a usted apenas la tranquiliza puede enfermar mortalmente al niño).

■ Cuerdas, cordones, gimnasios de cuna, casetes de cinta o cualquier otra cosa que se pueda enredar alrededor del cuello del niño y estrangularlo. (Los bebés no deben dormir con muñecas o animalitos rellenos que tengan cintas de audio.)

■ Cualquier otra cosa en su casa que pueda ser peligrosa si el niño se la mete en la boca o la traga. Vea lista de venenos, página 339.

Para prevenir incendios. Enterarse de que un niño o varios niños han perecido en un incendio, es desolador; pero peor aún es saber que el incendio pudo evitarse, o se pudo haber descubierto antes de que adquiriera proporciones fatales. Examine hasta el último rincón de su casa en busca de posibles peligros de incendio, para estar segura de que "aquí no puede ocurrir":

■ Si usted permite fumar en su casa (y sería mejor para todos que no lo permitiera), recoja cuidadosamente todas las colillas de cigarrillo o cigarro, cenizas de pipa y fósforos usados y nunca los deje donde el niño les pueda echar mano. Las personas que fuman deberían adquirir el hábito de tirar las colillas inmediatamente a la basura, y usted debe desocupar pronto los ceniceros si la visita fuma.

■ No permita a nadie (inclusive los visitantes) fumar en la cama.

■ Mantenga fósforos y encendedores fuera del alcance de los niños.

■ No deje acumular basura (especialmente cosas combustibles como pinturas y trapos impregnados de pintura).

■ No use líquidos inflamables, queroseno o productos comerciales, para quitar manchas de la ropa.

■ Para cocinar o trabajar cerca de la chimenea, de una estufa de leña o un calentador de espacio, no use (ni permita que otros usen) ropa con mangas largas, bufandas colgantes o camisas de faldones, prendas todas éstas que se pueden incendiar accidentalmente.

■ Cuide de que la ropa de dormir de su bebé sea de telas resistentes a las llamas.

■ Haga revisar anualmente su sistema de calefacción, no recargue los circuitos eléctricos, cuando necesite desconectar un aparato saque el enchufe de la toma correctamente (no tirando del cordón), y revise con regularidad los aparatos eléctricos y sus cables por si hay desgaste o conexiones flojas. Para el alumbrado use únicamente fusibles de 15 amperios; jamás reemplace un fusible con ninguna otra cosa.

■ Si usa calentadores de espacio, cuide de que se desconecten en forma automática si accidentalmente se hacen caer o si se pone alguna cosa recostada en ellos.

■ Coloque extintores en las áreas donde hay mayor riesgo de incendio, como la cocina o el lugar donde esté la estufa de calefacción, y cerca de la chimenea o estufa de leña. En caso de urgencia, se puede usar bicarbonato de soda para apagar incendios en la cocina. Trate de apagarlos solamente si son pequeños y están contenidos (por ejemplo en el horno, en una sartén de freír o un cesto de los papeles). Si el fuego no está contenido, lo que debe hacer es salirse de la casa.

■ Instale detectores de incendio y humo de acuerdo con lo que recomiende en su localidad el cuerpo de bomberos. Revíselos periódicamente para ver que estén en buenas condiciones de operación y que las pilas no se hayan agotado.

■ Instale sillas y escalas de cuerdas en ventanas seleccionadas de los pisos altos para facilitar el escape; enséñeles a los niños mayores y a los adultos cómo se usan. Practique haciendo bajar una muñeca-bebé.

■ Practique periódicamente simulacros de incendio para que todos los que viven o trabajan en su casa sepan cómo salir sin peligro y rápidamente en una emergencia y dónde encontrarse con el resto de la familia. Asigne a los padres y otros adultos la responsabilidad de evacuar cada uno a un niño específico. Asegúrese de que todos (inclusive niñeras) entiendan que la prioridad en caso de incendio es evacuar inmediatamente la casa — sin preocuparse por vestirse, salvar objetos de valor ni apagar el incendio.[4] La mayoría de las muertes se deben a asfixia o quemaduras por los gases calientes y el humo, no directamente por las llamas. Se debe llamar a los bomberos lo más pronto posible desde un teléfono público o de una casa vecina.

Modificaciones en la cocina. Practique un examen especial de la cocina, uno de los sitios más interesantes de la casa para un bebé que ya se mueve por todas partes — y también uno de los más peligrosos. Lo puede hacer más seguro tomando las siguientes medidas:

■ Póngales cerraderos seguros a todos los cajones y gavetas que contengan cualquier cosa que no deban tocar los niños chiquitos, como artículos rompibles de vidrio, instrumentos cortantes, compuestos de aseo peligrosos, medicinas, o cosas de comer que ofrezcan peligro como maní, mantequilla de maní (con los cuales un niño se puede atragantar), o ají. Si su niño descubre cómo abrir el cerrador de seguridad (algunos son muy ingeniosos para esto) tendrá usted que relegar todos los artículos peligrosos a espacios de almacenamiento que estén enteramente fuera de su alcance, o sencillamente no dejar entrar al niño a la cocina poniéndole para ello una reja u otra barrera. Lo que deba quedar fuera de su alcance irá cambiando a medida que el niño crece, y entonces también tendrá que variar los sitios de almacenamiento.

■ Reserve para su pequeño explorador un armario donde tenga menos peligro de machucarse los dedos que en los cajones de una cómoda, y que pueda disfrutar libremente. Unas cuantas ollas y sartenes, cucharas de madera, cedazos, paños de secar platos, escudillas de plástico y demás, lo tendrán entretenido muchas horas y podrán satisfacer su curiosidad para que no ande en los lugares prohibidos.

■ Los mangos y asas de sartenes y jarros que tenga sobre la estufa colóquelos hacia atrás, donde el niño no los alcance. Si los botones de control de su estufa están al frente, protéjalos con alguna guarda para que no los toque, o póngales tapas de presión. Póngales pestillo a los hornos convencionales o de microondas.

■ No siente al niño sobre un mostrador cerca de aparatos eléctricos, de la estufa, o de cualquier otra cosa que pueda ofrecer peligro, pues es muy capaz de meter los dedos en la tostadora o en una olla caliente, o llevarse la punta de un cuchi-

---

[4] La única excepción es un fuego contenido que se pueda apagar con un extintor.

llo a la boca al momento que usted vuelve la espalda.

■ Cuando tenga alzado al niño no lleve al mismo tiempo café ni ningún otro líquido caliente. Es muy fácil que el bebé salte de pronto y se lo haga derramar y los queme a los dos. Tampoco deje una bebida caliente o un plato de sopa al borde de la mesa donde el niño lo alcance.

■ Mantenga la basura en un receptáculo bien tapado, que el bebé no pueda abrir, o debajo del vertedero tras una portezuela con cerrojo seguro. A los niños les encanta escarbar en la basura y son muchos los peligros — desde alimentos dañados hasta vidrios rotos.

■ Seque rápidamente todo lo que se derrame y que pueda hacer el piso resbaladizo.

■ Siga las reglas de seguridad para seleccionar, usar y guardar detergentes de cocina, polvos de fregar, pulidores de plata y todos los demás artículos de cocina (vea la página 339).

Cambios en el baño. Casi tan interesante para el niño como la cocina, y no menos peligroso, es el baño. Una manera de impedir la entrada es ponerle una aldabilla o cualquier otro tipo de pestillo bastante alto en la puerta, y mantenerlo cerrado cuando no se esté usando. Evite accidentes tomando las siguientes precauciones:

■ Mantenga todas las medicinas, inclusive las de venta libre como los antiácidos, dentífricos, enjuagues bucales, píldoras de vitaminas, preparaciones y atomizadores para el cabello, lociones para la piel y cosméticos, bien guardados fuera del alcance del niño. (En realidad, las medicinas y vitaminas es mejor guardarlas en la alcoba, donde están menos expuestas a la humedad que en el baño.)

■ No deje una lámpara de sol o un calentador donde el niño los pueda encender; si no los puede guardar donde no los encuentre, quítele a la lámpara de sol la bombilla y desenchúfela cuando no se esté usando.

■ No use ni permita que nadie más use un secador de pelo cerca del bebé cuando esté en el baño o jugando con agua.

■ Nunca deje aparatos eléctricos enchufados cuando no los esté usando. Un niño podría meter el secador de pelo en la taza del excusado y recibir un choque eléctrico fatal, hacer funcionar una maquinilla de afeitar y cortarse los dedos, o quemarse con un rizador de pelo. Desenchufar los aparatos no será suficiente si su niño tiene mucha habilidad manual (hay unos que se las arreglan para enchufar un aparato, con resultados posiblemente desastrosos). Lo mejor es no dejar afuera estos aparatos.

■ Mantenga la temperatura del agua de su casa alrededor de los 50° centígrados para evitar escaldaduras accidentales y siempre cierre primero el grifo del agua caliente que el de la fría. Como cuestión de rutina, pruebe con el codo la temperatura del agua del baño antes de meter en ella al niño. Si su bañera no tiene fondo antideslizante, péguele tiras o un tapetito para este fin.

■ Cuando no esté usando el excusado, mantenga la tapa cerrada con copas de succión u otro dispositivo hecho especialmente para este propósito. Muchos niños ven la taza del excusado como una piscina privada y les encanta jugar ahí si se les da la oportunidad. Aparte de que esto es antihigiénico, un niño podría caerse de cabeza adentro, con resultados catastróficos.

■ Compre una cubierta protectora para el grifo de la bañera, a fin de evitar golpes o quemaduras si el niño cae contra él.

■ No deje al niño solo en la bañera, aun cuando ya se pueda sentar bien, ni siquiera en un asiento especial para la tina. Esta regla debe estar en vigencia hasta que su niño tenga cinco años de edad.

■ Nunca deje agua en la bañera cuando no se esté usando; un niño pequeño puede caerse dentro jugando, y se puede ahogar hasta *en tres centímetros* de agua.

Precauciones fuera de la casa. Aun cuando la casa es el ambiente más peligroso para un bebé, también pueden ocurrir accidentes serios en su propio jardín o en el de algún vecino, lo mismo que en la calle y en el campo de juego de la comunidad. Muchos de esos accidentes son fáciles de prevenir:

■ No deje nunca a un niño chiquito jugando solo fuera de casa. Hasta un bebé que hace su siesta con el arnés de seguridad en su cochecito, tiene que vigilarse casi constantemente, pues podría despertar súbitamente y enredarse en el arnés al tratar de soltarse. Si el niño duerme sin el arnés abrochado, es preciso que esté permanentemente bajo la vigilancia de alguien.

■ Mantenga las piscinas o tinas de recreo y cualquier otro recipiente de agua (aun cuando sólo tenga dos o tres centímetros de agua) inaccesibles a los niños chiquitos, ya sea que éstos estén en la edad de gatear o de andar solos, o de movilizarse en las andaderas. Si en su casa hay piscina de natación, póngale alrededor una reja y mantenga las puertas cerradas en todo momento; desocupe y voltee boca abajo las piscinitas de juego y saque el agua de cualquier otro sitio donde ésta se pueda acumular, antes de permitir al niño jugar cerca.

■ Examine los lugares públicos de juego antes de soltar a su niño. Aun cuando es relativamente fácil mantener el patio de la casa propia libre de excrementos de perro (en que se pueden criar gusanos), vidrios rotos y otros desperdicios peligrosos, en los parques públicos no se puede confiar en que se hayan tomado las debidas precauciones.

■ Hay que tener especial cuidado con las matas. Asegúrese de que su bebé entienda que no se pueden comer plantas de ninguna clase, ni dentro ni fuera de casa. No siembre plantas venenosas, o por lo menos téngalas con rejas (vea el cuadro de la página 348).

■ Cuide de que el equipo de juegos y deportes sea seguro. Debe ser de construcción firme, estar correctamente armado, firmemente asegurado e instalado por lo menos a una distancia de 1.80 centímetros de cercos o paredes. Póngales tapas a todos los pernos y tornillos para evitar heridas y golpes, y examínelos periódicamente para ver que no se hayan aflojado. No use garfios en forma de S en los columpios (las cadenas del columpio se pueden soltar), ni use en ninguna parte del equipo argollas que tengan entre 12 y 25 centímetros de diámetro, puesto que en ellas podría quedar atrapada la cabeza de un niño. Los columpios deben ser de materiales blandos como cuero o lona, más bien que de madera o metal, para prevenir graves lesiones en la cabeza. Las mejores superficies para las áreas de juego al aire libre son arena, aserrín, astillas de madera, cortezas, composiciones de caucho, hierba y otros materiales que absorban choques.

Enséñele al niño

Los niños chiquitos, desde luego, son muy susceptibles de sufrir accidentes, y nunca es demasiado temprano para empezar a prepararlos para que se defiendan, al mismo tiempo que se toman las medidas necesarias de seguridad en la casa. Enséñele al niño cuáles son los peligros. Por ejemplo, fingiendo tocar la punta de una aguja exclame "¡ay!" y retire rápidamente el dedo como si se hubiera pinchado. Enséñele y utilice un vocabulario de términos de prevención ("ay", "caliente", "frío") y frases como "No toques", "Eso es peligroso", "Ten cuidado", de tal manera que el niño se acostumbre a asociar automáticamente estas voces con los objetos, sustancias y situaciones peligrosas. Al principio parecerá que sus pequeñas dramatizaciones no están al alcance del niño, pero poco a poco su cerebro empieza a almacenar la información y llega el día en que se hace evidente que las lecciones han surtido efecto. Empiece por enseñarle a su hijo lo siguiente:

Instrumentos cortantes y punzantes. Cuando use en presencia del niño navaja, tijeras, cuchilla o abrecartas, comente que éste es un instrumento cortante, que no es un juguete y que sólo mamá y papá y otras personas grandes pueden manejarlo. Cuando su niño haya crecido un poco más y tenga mejor control de las manos, enséñele a cortar con unas tijeras infantiles de seguridad y un cuchillo de mantequilla. Finalmente, pase al uso supervisado de las versiones "para adultos" de estos utensilios.

Cosas calientes. Hasta un bebé de siete u ocho meses empezará a entender cuando usted repetidamente le previene que el café (o la estufa o un fósforo o vela encendida, el radiador o calentador, o la chimenea) está caliente y no se debe tocar. Muy pronto la palabra "caliente" automáticamente significará no tocar para el bebé. Ilustre el punto dejándolo tocar algo que esté caliente, pero no lo suficiente para quemarlo, por ejemplo la taza del café por fuera. Así, cuando ya tenga edad para encender un fósforo o llevar una taza de café, habrá aprendido cómo se manejan estas cosas sin peligro.

Peldaños. A los padres se les suele aconsejar que pongan rejas en las escaleras si en la casa hay niños que empiezan a moverse, con independencia o en andaderas. Esta es una precaución importante que muy pocas familias toman. El niño que no sabe nada de peldaños sino que está prohibido acercarse a ellos, es el que corre mayor peligro de accidente la primera vez que descubre la escalera. Por eso se debe poner una reja al comienzo de toda escalera de su casa que tenga más de tres peldaños. Bajar es mucho más difícil y peligroso para un niño que subir. Pero también conviene poner una reja en el tercer peldaño de abajo para arriba, a fin de que el niño pueda practicar subir y bajar sin correr peligro. Cuando ya haya adquirido destreza en estos tres escalones, ábrale la reja ocasionalmente para que ensaye subir toda la escalera, estando usted detrás de él y muy cerca, lista para sostenerlo si le fallan los pies o las manos. Una vez que haya aprendido a subir, enséñele a bajar — empresa mucho más exigente y que puede tardar varios meses en dominar. Los niños que saben subir y bajar las escaleras están mucho más seguros cuando se vean ante una escalera sin protección, como les sucede a todos de vez en cuando, que los que no han tenido experiencia en este ejercicio. Pero siga usando la reja y asegurándola cuando usted no esté cerca para supervigilarlo, hasta que ya se pueda confiar plenamente en el niño (más o menos hacia los dos años).

Peligros eléctricos. Las tomas eléctricas, los cordones y todos los aparatos que funcionan con electricidad tienen un gran atractivo para las manecitas inquietas y las mentes curiosas de los chicos. No es suficiente distraer a un niño que va a hurgar una toma no protegida ni esconder todos los cordones visibles en su casa; también es necesario recordarle repetidamente el peligro ("¡Ay!"), y enseñar a los niños mayores los peligros de la electricidad, y especialmente de mezclarla con agua.

Tinas, estanques y otros atractivos acuáticos. El juego con agua es divertido y educativo; foméntelo, pero también enséñele a su hijo que nunca debe meterse en una tina, un estanque, un lago o cualquier otra cosa que contenga agua sin la mamá o el papá o alguna otra persona adulta. Esto se aplica aun a los niños que hayan tomado clases de natación. Nunca será suficiente la preparación del niño, y por consiguiente nunca se le debe dejar solo en el agua o cerca de ella, pero sí se le pueden empezar a enseñar algunas reglas de seguridad.

Sustancias venenosas. Usted tiene mucho cuidado de guardar siempre los limpiadores caseros, las medicinas y otras cosas. Pero sus padres vienen de visita y su papá deja en la mesa de la sala las cápsulas que está tomando para el corazón; o va usted a la casa de su hermana soltera y ella tiene en el vertedero de la cocina blanqueador de cloro y detergentes para platos. En estas ocasiones, se expone usted a un peligro si no le ha empezado a enseñar a su bebé las reglas relativas a las sustancias peligrosas. Repítale estas instrucciones una y otra vez:

■ No tomes ni comas ninguna cosa a menos que te la den papá o mamá u otra persona adulta a quien conozcas. (Este es un concepto difícil para un niño pequeño, pero es muy importante que todos lo aprendan en algún momento.)

■ Las medicinas y píldoras de vitaminas *no* son dulces, aun cuando a veces les ponen sabores que los hacen parecer ta-

---

PLANTAS PELIGROSAS

Muchas plantas comunes que se tienen en la casa o en el jardín son venenosas si se comen. Como los niños tienen la tendencia a meterse en la boca hojas y flores, lo mismo que cualquier otra cosa que encuentren a la mano, las variedades venenosas no hay que dejarlas a su alcance. Dentro de la casa, coloque las macetas en lugares altos donde las hojas o las flores no puedan caer al piso, y donde el niño no las pueda alcanzar tirando de ellas o trepando a alguna parte. Mejor aún, regálele las matas venenosas a una amiga que no tenga hijos. A las plantas que conserve en la casa póngales etiquetas con el nombre botánico exacto, de manera que si el niño se traga accidentalmente algunas hojas o flores, usted pueda darle al médico o al hospital una información precisa. Coloque todas las plantas, aun las no venenosas, donde no haya peligro de que caigan de un empujón.

Las siguientes plantas caseras son venenosas, algunas aun en dosis muy pequeñas:

Caña agria, hiedra inglesa, dedalera, jacinto (bulbos y hojas y flores en cantidad), hortensia, rizomas de lirios, lirio de los valles, filodendro, cerezo de Jerusalén.

Entre las plantas de jardín que son venenosas se cuentan: Azalea, rododendro, caladio, narciso y bulbos de narciso, adelfa, hiedra inglesa, dedalera, acebo, bulbos de jacinto (y hojas y flores en cantidad), hortensia, rizomas de lirios, semillas y hojas de tejo japonés, espuela de caballero, laurel, lirio de los valles, semillas de dondiego de día, adelfa, alheña, hojas de ruibarbo, guisante de olor (especialmente las "arvejas" que son las semillas), hoja de la mata de tomate, vainas y semillas de glicina, tejos.

Otras flores muy apreciadas como el muérdago y la flor de pascuas también están en la lista peligrosa.

les. No las comas ni las tomes a menos que te las den mamá o papá u otra persona adulta conocida.

■ No te lleves nada a la boca si no sabes qué es.

■ Solamente mamá o papá u otra persona adulta pueden usar aspirina, polvos de fregar, cera líquida de atomizar, o cualquier otra sustancia potencialmente peligrosa. Repita esto cada vez que tome o dé medicación, que friegue la bañera, pula los muebles, etc.

Fuera de la casa también existen peligros, para los cuales se debe preparar al niño:

Peligros en la calle. Empiece desde ahora a enseñar al niño las precauciones que hay que tener en la calle. Cada vez que cruce una calle con el niño, explíquele que hay que tener cuidado con los vehículos, pasar sólo cuando está la luz verde, o esperar la señal de "Pase". Si en su cuadra hay entradas de automóvil, también debe explicarle que es necesario detenerse y mirar si no hay peligro. Una vez que su niño ya pueda andar, enséñele a no cruzar nunca sin que lo lleve de la mano una persona adulta — aun cuando no haya tráfico. También es una buena idea llevarlo de la mano cuando caminen por la acera, pero a muchos les encanta la libertad de andar solos. Si usted permite esto (y es probable que tenga que permitirlo por lo menos algunas veces), no puede quitarle los ojos de encima ni un instante, pues basta un instante para que un chiquillo se lance al pavimento cuando viene un automóvil. Hay que reñir al niño con severidad por toda infracción de esta regla de no pisar la calle solo.

Cuide también de que su niño sepa que no puede salir de la casa o apartamento sin usted u otra persona adulta. De vez en cuando un niñito que apenas gatea se sale de la casa y corre peligro.

Seguridad en el auto. Acostumbre al niño a sentarse en el asientito de automóvil, pero además hágale comprender por qué esto es indispensable. Explíquele también otras medidas de seguridad en el auto, tales como no arrojar los juguetes, no agarrar el timón de dirección y no jugar con las manijas de las puertas ni los botones de las ventanillas. A los niños mayores enséñeles cómo se abren las cerraduras en caso de que se queden encerrados solos.

Seguridad en el patio de recreo. Hasta un bebé puede empezar a aprender las reglas de seguridad para el patio de recreo. Enséñele al suyo a no retorcer el columpio (con él o algún otro niño dentro, o aun cuando esté desocupado), no empujar un columpio vacío ni pasar frente a uno que esté en movimiento. Observe estas reglas usted misma y mencióneselas varias veces a su hijo. Explíquele que es necesario esperar hasta que el niño que está adelante salga del deslizador antes de lanzarse él, y que es peligroso trepar por éste desde abajo.

La mejor manera de enseñar al niño a vivir con seguridad es practicar ésta. No se puede esperar que el niño acepte que a él lo aseguren con el cinturón en el automóvil cuando usted misma no usa el cinturón de seguridad, ni que obedezca las señales de tráfico si usted se pasa cuando el semáforo está en rojo, ni que tenga cuidado con el fuego si usted deja la chimenea sin pantalla y colillas encendidas de cigarrillo por toda la casa.

CAPITULO DOCE

El noveno mes

LO QUE DEBE ESTAR HACIENDO SU BEBE

A fines de este mes, su niño
... debe ser capaz de:

■ tratar de alcanzar un juguete que está lejos

■ buscar un objeto que se ha caído

Nota: Si su bebé parece no haber alcanzado alguno de estos hitos, hable con el médico. Son raros los casos en que la tardanza indica un problema y casi siempre resulta que es normal para su hijo. Los niños prematuros suelen alcanzar estos hitos más tarde que otros de la misma edad de nacimiento y más bien los alcanzan cerca de su edad ajustada (la edad que tendrían si hubieran nacido en tiempo) y a veces más tarde.

... probablemente podrá:

■ estando sentado, ponerse de pie (a los $9^1/_2$ meses)

■ estando boca abajo, sentarse (a los $9^1/_3$ meses)

■ protestar si tratan de quitarle un juguete

■ pararse agarrándose de una persona o un objeto

■ recoger un objeto muy pequeño con cualquier parte del pulgar y otro dedo (a los $9^1/_4$ meses)

■ decir mamá o papá indiscriminadamente

■ jugar a esconderse y volver a aparecer

... posiblemente podrá:

■ jugar a aplaudir o hacer con la mano el ademán de despedida

■ dar unos pasos agarrándose de los muebles

■ entender la palabra "no" (pero no siempre obedecerla)

... hasta podría:

■ "jugar a la pelota" (devolvérsela a usted haciéndola rodar)

■ tomar de una taza independientemente

■ recoger limpiamente un objeto pequeñito con la punta del dedo pulgar y el índice

■ quedarse un momento parado solo

■ quedarse bien parado solo

■ decir papá o mamá indiscriminadamente

■ decir una palabra además de papá y mamá

■ responder a una orden sencilla con gestos, por ejemplo (dame eso — estirando la mano)

LO QUE PUEDE ESPERAR EN EL EXAMEN DE ESTE MES

Cada médico o enfermera practicante tiene su manera personal de hacer los exámenes del niño que está en buena salud. La organización general del examen físico, lo mismo que el número y tipo de técnicas de evaluación y los procedimientos que se apliquen también varían según las necesidades individuales del niño. Pero, en general, usted puede esperar lo siguiente en un examen cuando su hijo tenga unos nueve meses:

■ Preguntas sobre cómo les va en la casa a usted y al bebé y al resto de la familia, y acerca de cómo está comiendo y durmiendo el niño y su progreso general; y acerca de quién va a cuidarlo si usted está trabajando.

■ Medida del peso, tamaño, circunferencia de la cabeza, y gráficas del progreso del niño desde que nació.

■ Examen físico, incluyendo revisión de problemas anteriores. La fontanela de la parte superior de la cabeza es ahora más pequeña y aun es posible que ya se haya cerrado.

■ Evaluación del desarrollo. El examinador puede someter al niño a una serie de pruebas para evaluar su capacidad de sentarse solo, levantarse con ayuda o sin ella, estirar la mano y agarrar objetos, empujar y tomar objetos diminutos, buscar cosas que se hayan caído o se hayan perdido, responder a su nombre, reconocer palabras como mamá, papá, adiós y no-no y gozar de juegos sociales como aplaudir y esconderse para volver a aparecer; o quizá se contente con la observación más lo que usted misma le informe sobre lo que el niño está haciendo.

■ Inmunizaciones, si no se le aplicaron antes y si el niño está en buena salud y no hay contraindicación. No olvide mencio-

nar antes cualquier reacción previa. La prueba cutánea de tuberculina se puede aplicar ahora en zonas de alto riesgo, o puede esperar hasta el decimoquinto mes. Es posible que se aplique antes o al mismo tiempo que la vacuna contra sarampión/paperas/rubéola.

■ Posiblemente prueba de hemoglobina o hematócrita para averiguar si hay anemia.

■ Guía en cuanto a lo que se puede esperar el próximo mes en relación con temas como alimentación, sueño, desarrollo y seguridad infantil.

■ Recomendaciones relativas a fluoruro, hierro y vitamina D u otros suplementos, según se necesiten.

Preguntas que usted puede hacer si el médico no se las ha contestado ya:

■ ¿Cuáles son las reacciones positivas y negativas a la prueba de tuberculina, si ésta se aplicó? ¿Cuándo debo llamar si hay una reacción positiva?

■ ¿Qué nuevos alimentos se le pueden dar ahora al niño? ¿Puede tomar leche en taza? ¿Cuándo se pueden introducir frutas cítricas, pescado, carnes, claras de huevo si no se han dado antes?

■ ¿Cuándo se debe pensar en destetar al niño del biberón, si lo está criando con leche de fórmula, o del pecho si no lo ha destetado ya?

Igualmente, puede plantear preocupaciones que hayan surgido el mes anterior. Anote las instrucciones del médico para que no se le olviden. Escriba toda la información pertinente (peso del niño, longitud, circunferencia de la cabeza, vacunas, enfermedades, remedios que le hayan dado, alimentos nuevos, etc.) en un registro permanente de salud.

LA COMIDA DEL NIÑO ESTE MES:
Iniciación en los hábitos sanos

Todos la conocemos. Es la mamá de un niño de edad preescolar que se lamenta porque el chico se llena de helados, pasteles y dulces en una fiesta, grita porque le den papas fritas en un restaurante en lugar de un almuerzo nutritivo, o insiste en que le den una gaseosa en vez de un jugo a la comida; la mamá que sufre porque el niño no quiere comer el emparedado de pan integral que le ofrecen en la casa de una amiga, o cuando la maestra le informa que no quiere la leche a la hora de la merienda; habla mucho de que quisiera que aprendiera a comer cosas más nutritivas, pero en el fondo está convencida de que ésa es una batalla perdida. ¿No es cierto que los niños nacen con una preferencia innata por las golosinas que no alimentan?

La respuesta, que esta bienintencionada pero equivocada mamá se sorprendería de oír, es que no. El paladar de un niño al nacer está virgen, los gustos que desarrolle dependen de la comida que se le dé — aun en los primeros meses. Al fin y al cabo, a un niño chino no le gustan los fideos fríos con salsa de ajonjolí ni a un niño hindú la raita, ni a un chico inglés el pastel de riñones por ninguna predestinación genética, sino porque eso es lo que les han dado. Y cómo comerá el niño de usted — si va a preferir el pan blanco o el integral, o una bolsa de tajadas de zanahoria o una caja de galletas de chocolate — será principalmente consecuencia de los alimentos que usted le ponga ahora en la bandeja de su silla de comer.

Para que no tenga que lamentar más tarde los hábitos de comida de su hijito, empiece a alimentarlo correctamente desde el principio.

Que no vea lo blanco. Desdeñar el pan blanco, bolillos, panqueques, bizcochos y galletas es una forma de discriminación de color que sí conviene enseñarles a los niños. El que nunca desarrolla el gusto por los productos blandos y refinados de pastelería o panadería, nunca se negará a comer los de todo el grano. Escoja únicamente productos de todo el grano en los supermercados, use para hornear en su casa únicamente harinas de todo el grano y cuando sea posible en los restaurantes pida también pan integral.

Aplace los dulces. Cuanto más tarde en introducir alimentos realmente dulces, tanto mejor. No dé por sentado que el niño no comerá requesón ni yogur natural si no se le mezcla con plátano maduro, ni cereal a menos que se le endulce con compota de manzana o de durazno; los bebés cuyas papilas gustativas no se han echado a perder, no sólo aceptan estos alimentos "al natural" sino que les encantan. Limite las frutas dándoselas únicamente después de que haya comido algo no dulce, y déle vegetales desde temprano. Aun cuando está bien introducir gradualmente galletas endulzadas con jugo de frutas, bizcocho y jaleas como golosinas, no adquiera el hábito de darle galletas en lugar de frutas frescas en la tarde, de terminar todas las comidas con un dulce, o de untarles jalea a todas las galletas que le da a su niño. Cuando no hay hermanitos mayores, la introducción de las cosas dulces puede esperar hasta que el niño tenga un año o aun más.

Proteja al niño del azúcar. Suprimir totalmente el azúcar del régimen alimentario del niño — por lo menos durante el primer año, y de preferencia durante los dos primeros — es en realidad mucho más fácil que tratar de moderar la cantidad de azúcar que come. Si usted le permite desde el principio comer cosas endulzadas con azúcar, será difícil limitarlas más tarde. Es mejor prohibirlas de una vez hasta que su niño entienda conceptos tales como "uno nada más" y "ocasión especial". Esta restricción traerá dos beneficios importantes. Primero, modificará su gusto por el azúcar más tarde — los estudios indican que los niños acostumbrados al azúcar desde temprano desarrollan un gusto muchísimo más fuerte por las cosas dulces. Y segundo, le dará la oportunidad de desarrollar el gusto por las cosas sabrosas que son sanas desde el punto de vista nutritivo.

Exponga su niño a gérmenes. Gérmenes de trigo, se entiende. Rociar germen de trigo en el cereal del niño, en el yogur, el requesón, la compota de manzana o la pasta, le da una abundante cantidad de minerales y vitaminas y proteína extra que es difícil encontrar juntos en otros alimentos; y le desarrollará el gusto por este importante alimento básico. Después de unos pocos meses encontrará usted que su niño pide "más germen de trigo" en el cereal del desayuno mientras el niño de su vecina está pidiendo otra cucharada de azúcar. En años posteriores, cuando ya usted no pueda resolver lo que come, esta diferencia le asegurará una buena nutrición.

Descarte los purés. Hasta un bebé completamente desdentado necesita algo en qué hincar las encías. Ya a esta edad los alimentos cernidos deben ser cosa del pasado, habiendo sido reemplazados del régimen alimentario del niño por otros de consistencia más gruesa y alimentos de comer con los dedos (vea la página 308). Los niños que duran mucho con comidas cernidas tienden a rechazar las verduras más gruesas que al fin se les ofrecen y se ponen perezosos para masticar. Este pa-

trón puede dificultar gravemente que obtengan una variedad adecuada de alimentos nutritivos más tarde.

Déle la leche al natural. Cuando el médico autorice que se le dé leche de vaca — a veces sólo en pequeñas cantidades a esta edad — désela al niño sin adulterar. La leche con chocolate no solamente contiene muchísimo azúcar sino que el chocolate a veces disminuye la absorción del calcio de la leche (aun cuando estudios recientes indican que esto puede no ser en un grado significativo) sino que también puede producir reacciones alérgicas a algunos niños. Además, cuando usted le disfraza el sabor de la leche natural (aun cuando sea en una malteada endulzada con jugo), le está saboteando al niño el sabor de la leche pura. Guárdese esas técnicas para la inevitable rebelión de los años preescolares: "Yo no quiero leche".

Economice la sal. Los niños no necesitan sal en la comida fuera de la que ésta contiene naturalmente. No sale los alimentos que le prepare. Tenga especial cuidado de no darle golosinas saladas, que pueden estimular su gusto por las comidas de alto contenido de sodio.[1]

Variedad en la comida. No hay por qué sorprenderse de que tantos niños hagan caras cuando se les pone delante alguna comida que no les es familiar. En la mayoría de los casos los padres les han venido sirviendo el mismo cereal todas las mañanas al desayuno y las mismas variedades de comida infantil para el almuerzo y la cena, día tras día, sin ofrecerles nunca un

[1] Algunos niños mayores gustan echar sal en la palma de la mano y lamerla. Consulte con el médico si su niño hace esto. Aun cuando en la mayoría de los casos no es más que un hábito, hay una pequeñísima posibilidad de que el deseo de comer sal guarde relación con algún desorden metabólico.

cambio ni la oportunidad de probar alguna cosa distinta. Hay que tener imaginación para alimentar al niño — claro está que sin pasarse de los límites que fije el médico o que determine la edad misma del niño. Ensaye con distintos tipos de cereales de todo el grano, calientes y fríos; variedades de panes integrales (de avena y de centeno lo mismo que de trigo) en distintas formas (panecillos, roscas, hogazas, galletas y demás); distintas formas de pastas de todo el trigo o de alto contenido proteínico; productos lácteos en diferentes formas (yogur, requesón, kéfir, quesos de distintas clases); vegetales y frutas, además de zanahorias, arvejas y plátanos (cubitos de batata, col con crema de leche evaporada, melón maduro y rebanadas de mango, moras frescas cortadas y otras cosas).

La variedad ahora no es garantía de que su niño no pase por una etapa en que sólo quiere dulces y jaleas — casi todos los niños pasan por ella. Pero la familiaridad con una amplia variedad de alimentos será una base dietética más amplia y a la larga más nutritiva.

Convénzalo. No se contente con sólo practicar buena nutrición en su casa; predíquela también. Hasta un niño muy pequeñito aprende que el azúcar es "malo", que el pan blanco no es bueno, que el pan integral es el mejor. Eso no significa, desde luego, que el niño nunca pida azúcar o pan blanco o insista siempre en pan integral. Los niños ponen a sus padres a prueba, y el suyo con seguridad la pondrá a usted a prueba pidiéndole la fruta prohibida. No ceda. Si se muestra débil una vez, el bebé insistirá aún más en la próxima ocasión, dando por sentado que usted volverá a ceder.

Haga excepciones. Si los comistrajos se prohiben del todo, el niño suspirará por ellos. En lugar de una prohibición total,

permítale que de vez en cuando, como agasajo especial, coma alguna golosina, cuando ya tenga edad para entender la idea de que se trata de algo extra para una ocasión especial. Claro está que si sus papilas gustativas ya están bien educadas, quizá esos bocaditos no le parezcan tan sabrosos como era de esperar.

Hágalo usted misma. Todos los esfuerzos anteriores están condenados a fracasar si la predicadora no hace lo que predica. Si usted se desayuna con tortas dulces, almuerza con pan blanco y salchichón, y está todo el día comiendo papitas fritas y dulces, no puede esperar otra cosa de su niño, ni ahora ni nunca. Así que si aún no se ha pasado al mejor régimen alimentario (pág. 621), ahora es el momento de hacerlo — para usted y para todos los demás de su casa, jóvenes y viejos.

Que no le remuerda la conciencia. La razón de que las madres acaban por darles a los niños las cosas que saben que les hacen daño, es que les remuerde la conciencia. No queriendo privar a sus hijos de lo que ellas mismas consideran los derechos de la infancia (incluyendo leche malteada y salchichas), ceden y abandonan la lucha. Si usted se siente tentada a caer en este error, considere estos dos puntos: Primero, un bebé de muy tierna edad no sabe realmente lo que se está perdiendo. Si usted está en una fiesta y sirven helados y torta, su niño quedará tan contento si le da una galletita endulzada con jugo de frutas para que se entretenga. Y segundo, aun cuando es muy probable que empiece a oír quejas cuando llegue la edad del uso de razón (así que requesón y helado no son la misma cosa, ¿eh?), y puede estar muy segura de que el niño tratará de hacerle sentir remordimientos cuando le limite las golosinas en una fiesta de cumpleaños, a la larga el niño se lo agradecerá. Mejor es sufrir ahora los remordimientos y no esperarse hasta que el dentista le informe que su hijo tiene la boca llena de caries, o cuando su niña adolescente tenga un problema de exceso de peso, o cuando ya en la edad adulta se le presenten problemas de alta tensión como resultado de malos hábitos dietéticos.

LO QUE LE PUEDE PREOCUPAR

LA COMIDA DEL BEBE A LA MESA

"Hemos venido dándole de comer a nuestro hijo aparte, poniéndolo en el corralito de juego cuando come. ¿Cuándo debemos empezar a hacerlo comer con nosotros?"

Comer al tiempo con los niños es una proeza muy difícil de realizar y muchos padres no salen bien librados de ella, o por lo menos tienen que tomarse un calmante después de cada comida. Así pues, mientras su niño no aprenda a comer por su propia mano, sígale dando sus comidas aparte. Eso no significa que no se deba sentar a la mesa de los adultos (siempre que su programa lo permita) para que adquiera práctica en urbanidad y sociabilidad. Siempre que sea práctico y deseable, acerque la silla alta de su niño a la mesa o siéntelo en su asientito de comer, póngale su puesto especial (platos irrompibles y una cuchara únicamente) y algunas cosas de comer con la mano, e inclúyalo en la conversación. Por otra parte, reserve algunas comidas tarde para adultos únicamente, a fin de preservar o recuperar el romance de su vida.

CAMINA MUY PRONTO

"Nuestro bebé quiere caminar todo el tiempo, agarrándose de la mano de cualquier adulto que se preste. Muchos parientes nos dicen que no lo debemos dejar, porque andar antes de tiempo le daña las piernas".

Más daño sufrirá la espalda de usted que las piernas del niño. Si éstas no estuvieran listas para esa actividad, el niño no la pediría. Lo mismo que pararse temprano, andar temprano (con ayuda o sin ella) no puede hacer que las piernas se tuerzan (esto es realmente característica normal de los bebés menores de dos años) ni puede causar ningún otro problema. En efecto, ambas actividades son benéficas, ya que ejercitan y fortalecen algunos de los músculos que se usan para andar solo. Y si está descalzo, contribuirán a fortalecerle también los pies. Mientras la espalda de usted aguante, déjelo andar cuanto quiera.

Un bebé que no anda a esta edad, naturalmente no debe ser forzado a ello. Lo mismo que con otros aspectos del desarrollo, hay que seguir el ritmo que el mismo niño determine.

HACER PINITOS

"Nuestro niño aprendió ya a pararse. Parece que le encanta por unos pocos instantes, pero luego empieza a llorar. ¿Será que le duelen las piernas cuando se pone de pie?"

Si las piernas del niño no estuvieran preparadas para soportar su peso, no se pararía. Si llora es por frustración, no por dolor. Como la mayoría de los bebés que acaban de aprender a hacer pinitos, se ve de pronto en una posición que no le es familiar, hasta que se vuelve a caer o alguien le ayuda a sentarse. Aquí es donde entra usted. Tan pronto como note que el niño se asusta o está molesto, suavemente ayúdele a sentarse. Poco a poco irá entendiendo cómo hacerlo por sí mismo. Esto debe tardar unos pocos días o unas pocas semanas. Mientras tanto, usted tendrá que pasar muchos ratos acudiendo en su ayuda.

"Mi bebé trata de pararse agarrándose de todo lo que encuentra en la casa. ¿Debo mantenerlo en el corralito de juego para mayor seguridad?"

Cuanto más aprenden a hacer nuestros hijos, más nerviosos nos ponemos nosotros — y con toda la razón. Cuando aprenden a pararse, luego a dar unos pocos pasos y finalmente a andar, entran en una etapa en que tienen más energía que sesos y se hallan en alto riesgo de sufrir un accidente. Pero la solución no es condenarlos al corralito de juego (salvo por breves períodos, cuando no hay nadie que se pueda encargar de la vigilancia). Por más que le ponga a usted los nervios de punta, su niño necesita amplias oportunidades de explorar el mundo fuera del corralito de juego, y usted tiene que hacer ese mundo tan seguro como sea posible.

Cuide especialmente de que estén bien aseguradas todas las cosas de las cuales se pueda agarrar para levantarse (si es necesario bájese a su nivel para determinar cuáles pueden ser éstas). Mesas, estantes, sillas y lámparas de pie que no sean estables deben retirarse temporalmente. Las esquinas y bordes agudos de las mesas deben protegerse con acolchonamiento por si el niño cae contra ellas (probablemente caerá, y a menudo). Asegúrese de que los adornos rompibles o peligrosos que antes no alcanzaba estén guardados. Si tiene lavadora de platos, no la deje abierta cuando el niño ande suelto. Para evitar tropezones y caídas, retire del paso los cordones eléctricos, cerciórese de que no haya periódicos tirados por el suelo y seque rápidamente los líquidos que se derramen en un piso de superficie lisa. Y para que los pequeños pies no traicionen al bebé, téngalo descalzo o póngale medias o pantuflas antideslizantes más bien que zapatos de suela lisa.

Cuando el niño empiece a pararse no estará lejos el día en que empiece a dar pasos por toda la pieza, por ejemplo de la silla a la mesa, a la pared, al sofá, a las rodillas del papá. Esto significa que si usted lo pone en un punto en el suelo, debe estar preparada para verlo mover a un punto totalmente distinto y tal vez hasta a otra pieza. Así pues, todas las esquinas de todas las piezas de la casa (excepción hecha de las que se mantengan cerradas) tienen que prepararse de modo que sean seguras para el niño. Si no atendió usted a esto cuando su niño empezó a gatear, o si jamás gateó, vea en la página 337 consejos para crear un ambiente seguro en el hogar.

TEMOR A LOS EXTRAÑOS

"Nuestra niñita había sido siempre muy sociable, pero ayer cuando vinieron a visitarnos unos parientes de fuera de la ciudad, con quienes antes siempre jugaba, empezó a llorar porque se le acercaban. ¿Qué le está ocurriendo?"

Madurez... de un tipo muy inmaduro. Aun cuando muestre una preferencia clara por la mamá y el papá después de los dos primeros meses, un bebé de menos de seis meses generalmente responde en forma positiva casi a cualquier adulto. Ya se trate de personas que le son familiares o de extraños, a todos los considera más o menos en la misma categoría de personas capaces de satisfacer sus necesidades. Con frecuencia al acercarse a los ocho o nueve meses (a veces a los seis o aun antes) empieza a hacer distinciones, entiende que la mamá y el papá y posiblemente alguna otra persona familiar son sus principales cuidadores; y que debe permanecer cerca de ellos y lejos de cualquier otra persona que trate de separarla de ellos (extraños). Durante esta época hasta las abuelas, antes muy queridas, y las niñeras, pueden ser súbitamente rechazadas, y el niño se prende desesperadamente de sus papás (especialmente a cualquiera de los dos que sea el que más se encargue de su cuidado).

El temor a los extraños puede desaparecer rápidamente o no llegar a un máximo hasta después de un año; como en 2 de cada 10 niños nunca se desarrolla (posiblemente porque esos niños se acomodan fácilmente a nuevas situaciones de todas clases), o pasa tan rápidamente que no se nota. Si su niño muestra "ansiedad ante los extraños" (éste es el término oficial con que se conoce el fenómeno) no lo presione para que sea sociable; lo será a su debido tiempo, y es mejor que sea en forma espontánea. Mientras tanto, advierta a parientes y amigos que está pasando por una etapa de esquivez (que ellos no deben tomar a ofensa) y que se asusta con manifestaciones súbitas. Sugiérales que en lugar de tratar de abrazarlo o alzarlo inmediatamente, más bien traten de vencer su resistencia poco a poco sonriéndole, conversándole u ofreciéndole alguna cosa con qué jugar mientras él está bien seguro en el regazo de la mamá. Poco a poco cederá, y aun cuando no ceda, por lo menos no habrá lágrimas ni quedarán resentimientos.

Si es con una niñera ya muy conocida con quien de súbito el niño no quiere quedarse, lo más probable es que una vez que usted salga de la casa — por más que haya gritado en su presencia — se calle. Si se trata de una niñera nueva, es posible que tenga usted que destinar algún

tiempo a orientación adicional antes de que el niño se conforme a quedarse con ella. Si el niño realmente no se puede consolar cuando se le deja con una niñera, nueva o antigua, entonces es tiempo de revisar la situación. Es posible que la niñera no le esté dando la atención y el amor que el niño necesita, aun cuando parezca muy buena cuando usted está presente. O puede ser simplemente un caso extremo de ansiedad ante extraños. Algunos bebés, particularmente los que se crían al pecho, pueden llorar horas enteras cuando se va la mamá, aun cuando se quede cuidándolos el papá o la abuelita. En un caso de éstos, quizá tenga usted que limitar el tiempo que se aleja del niño, hasta que le pase esta etapa de "mamitis".

OBJETOS DE SEGURIDAD

"Durante los últimos dos meses nuestro niño se ha mostrado más y más apegado a su manta. Hasta la arrastra cuando está gateando. ¿Significará esto que se siente inseguro?"

Se siente inseguro y con buenas razones. En los dos últimos meses ha descubierto que él es una persona distinta, no una extensión de sus padres. El descubrimiento es sin duda emocionante (¡tantos atractivos nuevos!); y sin embargo, muy asustador (¡tantos peligros!). Muchos niños cuando se dan cuenta de que el papá y la mamá no están siempre a la mano para confortarlos, se apegan a algún objeto de transición (una manta, un osito de juguete, un biberón, un chupador de entretención) como una especie de sustitutivo. Como los padres, ese objeto le ofrece confort — particularmente cuando el niño se siente frustrado, enfermo o cansado — pero, a diferencia de los padres, está bajo el control del bebé. Para el niño a quien le cuesta trabajo separarse de sus padres, llevar el objeto de seguridad a la cama le facilita dormirse.

A veces un niño que antes no tenía un objeto predilecto se apega a algún artículo súbitamente, cuando se ve confrontado con una situación nueva y perturbadora (una nueva niñera, una guardería infantil, mudanza a una casa nueva, etc.). Por lo general el objeto se abandona entre las edades de dos y cinco años (más o menos al mismo tiempo que deja de chuparse los dedos), aun cuando hay niños que lo conservan hasta que se pierde o se desbarata o de alguna otra manera ya no lo pueden seguir usando. Algunos niños se lamentan durante un día o dos, hasta que al fin siguen haciendo su vida normal; a otros no les afecta para nada la desaparición de su viejo amigo.

Aun cuando los padres y otras personas encargadas del cuidado del niño no lo deben reñir ni burlarse de él por causa del objeto de seguridad, ni deben presionarlo para que lo abandone, a menudo se pueden fijar ciertos límites para hacer esta costumbre menos desagradable y preparar al niño para la inevitable separación:

■ Si el hábito está en sus primeras etapas y todavía no muy arraigado, trate de prevenir futuras disputas limitando su uso a la casa o a la hora de dormir. Pero no olvide llevarlo cuando vayan a pernoctar por fuera o salgan de vacaciones.

■ Antes de que el objeto empiece a tomar mal olor que el niño pueda percibir, lávelo. De otra manera, es posible que se apegue al olor mismo tanto como al objeto y que proteste si se lo devuelven oliendo a limpio. Si no se lo puede quitar mientras está despierto, láveselo cuando el niño esté durmiendo.

■ Si el objeto es un juguete, se puede comprar un duplicado. Así contará usted con un reemplazo a la mano en caso de pérdida, los puede lavar alternativamente y turnárselos de manera que ninguno de los dos se llegue a ensuciar demasiado. Si se trata de una manta, se puede cortar en varias secciones de modo que los pedazos perdidos o gastados se puedan reemplazar a medida que se necesite.

■ Cuanto menos se hable del objeto, tanto mejor; pero, sin embargo, le puede recordar al niño de vez en cuando que ahora que ya está grande no necesita la manta (u otro objeto).

■ Aun cuando es aceptable un frasco vacío o un biberón de agua, no le permita usar como objeto de confort un biberón de jugo o de leche. Tomar tales líquidos durante un período largo, especialmente durante la noche, puede producile caries dentaria e impedir que el niño obtenga sólidos adecuados.

■ Cuide de que su niño esté recibiendo la confortación y amor y atención que necesita de usted, incluyendo abrazos y besos en abundancia, si esto le gusta, y frecuentes sesiones de charla y juego durante las cuales usted le da toda su atención.

Si bien el apego a un objeto de confortación es un paso normal en el desarrollo infantil, un niño que se obsesione con dicho objeto hasta el punto en que no dedica suficiente tiempo al trato con los demás o a jugar con sus juguetes, o a practicar actividades físicas, quizá tenga alguna necesidad emocional que no se está satisfaciendo. Si parece que tal es el caso de su niño, hable con el médico.

PIES PLANOS

"Los arcos de los pies de mi niño parecen enteramente planos cuando se pone de pie. ¿Será que tiene pies planos?"

En los niños ésa es la regla, no la excepción. Y es una regla que casi no tiene excepciones. Hay varias razones: en primer lugar, como los bebés no andan mucho, los músculos de los pies no se han ejercitado lo suficiente para desarrollar completamente los arcos. En segundo lugar, un colchón de grasa llena los arcos haciendo difícil distinguirlos, particularmente en los niños gorditos. Y cuando empiezan a andar, se paran con las piernas abiertas para mantener el equilibrio, poniendo más peso sobre el arco y dándole al pie la apariencia de plano.

En la mayor parte de los niños, esta apariencia se va borrando poco a poco con los años, y cuando el pie llegue a su desarrollo completo el arco estará bien formado. Solamente en un pequeño porcentaje el pie sigue plano (lo cual no es de todas maneras un problema serio), pero ésa es una cosa que no se puede predecir desde ahora.

NO TIENE DIENTES

"Nuestro bebé ya casi tiene nueve meses y todavía no le ha salido el primer diente. ¿Qué le puede estar retardando la dentición?"

Disfrute de esas sonrisas sin dientes todo lo que pueda y no se preocupe tanto, pues hay muchos niños de nueve meses con sólo encías — hasta unos pocos que terminan su primer año sin un solo diente que hincar en su primera torta de cumpleaños — pero a su debido tiempo a todos les salen los dientes. Por término medio, los dientes deben empezar a salir a los 7 meses, pero en realidad esto varía desde dos meses (ocasionalmente más temprano) hasta 12 (a veces más tarde). La dentición tardía suele ser hereditaria y no tiene nada que ver ni con la inteligencia ni con el desarrollo del niño. (Los dientes permanentes también saldrán

más tarde.) Digamos de paso que la falta de dientes no impide que el bebé pase a comer alimentos sólidos, pues tanto los que tienen dientes como los desdentados se valen de las encías para masticar hasta que les salen las muelas, o sea hacia mediados del segundo año.

TODAVIA CALVO

"Nuestra niña nació con la cabeza calva y todavía no tiene sino una ligera pelusa. ¿Cuándo le saldrá el cabello?"

Para una mamá cansada de oír decir "¡Oh, qué niñito tan lindo!" cuando sale con su niñita, y que quiere a toda costa destacar su feminidad con cintas y lazos, la calvicie o casi calvicie que persiste hasta bien entrado el segundo semestre del primer año puede ser una contrariedad. Pero, lo mismo que la falta de dientes, la falta de pelo a esta edad no es nada extraño ni es permanente. El problema es más común entre los bebés muy blancos y rubios, y no significa que vayan a ser calvos más adelante en la vida. A su tiempo le saldrá el cabello (aun cuando tal vez no en gran abundancia hasta por allá en el segundo año). Por ahora, agradezca que no tiene el problema de una cabellera abundante y enredada cuando le tiene que lavar la cabeza o peinarla.

PERDIDA DE INTERES EN LA LACTANCIA

"Cuando me siento a darle el pecho a mi hijo, parece que quiere hacer otra cosa: jugar con mis botones, tirarme del pelo, mirar la pantalla de la TV, cualquier cosa menos mamar".

En los primeros meses, cuando todo el mundo del lactante parece reducirse a los pechos de la mamá, parece imposible que ha de venir un momento en que ya no le interese la lactancia. Sin embargo, aun cuando algunos siguen apasionados por ella hasta que los destetan, muchos muestran pérdida de interés y concentración hacia el noveno mes. Algunos sencillamente empiezan a rechazar del todo el pecho; otros maman seriamente uno o dos minutos y después se retiran; y otros, en fin, se distraen fácilmente cuando están comiendo, ya sea con lo que está ocurriendo a su alrededor o por su deseo de practicar habilidades físicas recién descubiertas. A veces el boicoteo es transitorio. Puede ser que el niño esté pasando por un período de reajuste en sus necesidades nutritivas, o bien que el sabor de su leche haya cambiado debido a cambios hormonales durante su período menstrual, o al sabor de ajo de la *pasta al pesto* que comió usted la víspera. O tal vez ha perdido el apetito por causa de un virus, o por la dentición.

Pero si su niño rechaza sistemáticamente el pecho, es posible que esto indique que está listo para ser destetado, bien porque ya no necesite lactar tanto puesto que está tomando más alimentos sólidos y leche de vaca, o bien porque ya no le gusta que lo tengan alzado o acostado largo tiempo para comer. Antes de tomar la decisión de destetarlo, sin embargo, asegúrese de que no se trate de un problema ambiental que distrae al niño y no lo deja concentrarse en la tarea de alimentarse. Para descartar esta posibilidad, ensaye darle de comer en una pieza tranquila, con las luces bajas, donde no haya ruido de televisión ni radio, ni de niños mayores que estén jugando, ni de conversación de adultos. Si todavía no quiere mamar, posiblemente esté ya preparado para el destete. Desde luego, tal vez usted no lo esté — pero aprenderá, como han aprendido muchas otras madres, que obligar a un niño a tomar el pecho cuando no lo quiere, no es posible.

Con todo, al destete se debe proceder gradualmente, tanto por la salud de su niño como por comodidad para usted. El destete gradual le da al niño tiempo de aumentar su ingestión de reemplazos nutritivos, tales como leche de vaca o de fórmula, antes de abandonar del todo el pecho. Y dará a sus pechos la oportunidad de reducir lentamente la producción para evitar una dolorosa congestión (vea en la página 395 consejos sobre el destete; si su niño absolutamente se niega a tomar el pecho, consulte la página 396, sobre cómo facilitar el destete abrupto).

Consulte al médico si ya le puede dar leche de vaca (no descremada ni baja en grasa), o si debe darle leche de fórmula hasta que tenga un año de edad. Si ha venido tomando biberón, es probable que obtenga suficiente leche de esta fuente — a menos que tampoco le interese mamar del chupete de un biberón, como suele suceder. En ese caso, o si jamás ha aceptado el biberón, o si usted no quiere verse en la necesidad de destetarlo del biberón más tarde, la alternativa es darle leche en taza. Los niños que empezaron con la taza desde temprana edad son ya diestros para ello en esta edad; los demás aprenderán pronto. Yogur natural de leche entera o quesos duros se le pueden dar como suplemento de calcio al que no toma suficiente leche o fórmula natural.

CAPRICHOS ALIMENTARIOS

"Cuando le empezamos a dar comida sólida a mi niño le gustaba todo. Pero últimamente no quiere comer sino pan".

A juzgar por lo que dicen las mamás, parecería que algunos niños (hasta la adolescencia, cuando el mercado de una semana no dura tres días) viven del aire, del amor y de vez en cuando de una corteza de pan. Pero pese a las preocupaciones paternales, hasta los más caprichosos para comer se las arreglan para tomar, mordiscar e ingerir lo suficiente para no morirse de hambre. Los niños están programados para comer cuanto necesitan para vivir y crecer — a menos que algo suceda para alterar esa programación temprano en su historia alimentaria. En esta etapa del desarrollo, el niño obtiene de la leche materna, de la de fórmula o de leche entera lo que necesita para satisfacer la mayor parte de sus necesidades nutritivas, y esto se complementa con los bocados de alimento sólido que pueda obtener durante el día. Gotas de vitaminas y hierro son un seguro adicional. Pero a los nueve meses las necesidades de nutrición aumentan y la necesidad de leche disminuye. Para estar segura de que su niño sigue obteniendo lo que necesita, incorpore lo siguiente en su estrategia de alimentación:

Déjelo que coma pan... O cereal, o plátanos, o cualquier alimento que le guste más. Muchos bebés y niños chiquitos parece que siguieran un plan de "el alimento de la semana", o "del mes". No quieren comer sino una sola cosa durante un determinado período. Lo mejor es respetar esas preferencias y aversiones dietéticas, aun en casos extremos. Por ejemplo, cereal para el desayuno, el almuerzo y la comida. Después de un tiempo, si se le deja solo, el niño mismo buscará otras cosas que comer.

...pero que sea de trigo entero. Naturalmente, si su bebé está comiendo una sola cosa o dos (y en realidad aunque esté comiendo una mayor variedad) hay que asegurarse de que lo que coma sea realmente nutritivo. Así, pues, si es pan, galletas, o cereales lo que busca, déle sólo variedades de trigo entero. Si lo que quiere son frutas o zumos de fruta, asegúrese de

que no sean endulzados y trate de estimular los más nutritivos como albaricoques, duraznos, melones, mangos y naranjas.

Agréguele cuando pueda. Aun cuando no se le debe dar nada a la fuerza, nada impide que a veces se le haga alguna trampa. Untele el pan con queso de crema batido o adelgazado,[2] plátanos machacados, puré de calabaza endulzado con jugo de manzana concentrado y canela, o requesón, o derrítale encima queso suizo. O convierta el pan en tostada a la francesa, o "pan con huevo", que se sirve entera o cortada en trozos pequeños. O ensaye comprando o preparando usted misma panes en que se incorporen los requisitos del mejor régimen alimentario, tales como calabaza, zanahoria, queso y fruta. Si lo que quiere su bebé es cereal, mézcleselo con germen de trigo e introdúzcale una porción de fruta en forma de plátano en cubitos, compota de manzana, trozos de durazno cocido u otra fruta, o algo de hierro en forma de fruta cocida y seca en pedacitos. Si su única pasión son los plátanos, ensaye meter las tajadas en leche y agregarles germen de trigo, y servirlas conspicuamente con pequeñas cantidades de cereal o requesón, o untarlas sobre pan.

No más purés. La rebelión de su niño puede no ser otra cosa que su manera de decirle a usted que ya está harto de purés y mazacotes, y que quiere comida más parecida a la de los grandes. Pasarlo a alimentos de comer con los dedos pero suficientemente blandos para que los pueda manejar, y al mismo tiempo suficientemente interesantes en cuanto a sabor y textura, para satisfacer su paladar

---

[2] Los quesos de crema de grasa reducida tienen más proteína que las variedades corrientes, y son por tanto más nutritivos para el niño. Pero lea las etiquetas para saber qué está comprando.

que ya está más maduro, puede convertirlo en el gourmet que usted quiere.

Varíele el menú. Tal vez el bebé simplemente está aburrido de comer siempre la misma cosa; un cambio puede ser lo que necesita para abrirle el apetito. Si no muestra interés por el cereal al desayuno, ofrézcale en cambio yogur y tostada. Si el requesón y arvejas machacadas y zanahorias para el almuerzo le aburren, agréguele unos fideos con mantequilla y con coliflor o brécol cocidos y picados en pedacitos pequeños, y queso rallado. Si el picadillo de carne y puré de papas ya no le gusta a la comida, ensaye pescado cocido y batatas al horno. (Vea otras ideas sobre el mejor régimen alimentario en la pág. 414.) Piense también, cuando planifique los menús de su hijo, que seguramente le gustará comer lo que comen los demás en lugar de que se le hagan cosas aparte. (Si le está introduciendo alimentos que no ha comido antes, vea la pág. 250.)

Cambie de táctica. Tal vez no sea más que un nuevo brote de independencia y terquedad lo que le hace que cierre la boca a la hora de comer. Entréguele la responsabilidad de alimentarse, y es posible que entonces sí la abra para una amplia gama de experiencias gustativas que nunca habría aceptado en la cuchara ofrecida por usted. (En la página 322 se ofrecen selecciones apropiadas para que coma por su propia mano.)

No le ahogue el apetito. Muchos bebés y niños chiquitos comen muy poco porque toman demasiados jugos, leche de fórmula o leche materna. Su niño no debe tomar más de dos porciones de fruta al día en forma de jugo (de preferencia una de jugo y la otra de fruta entera) y no más de tres de fórmula (o más tarde de leche). Si quiere beber más de eso, déle agua o jugo diluido en agua, repartiendo las tomas durante el día. Si le está dando el pecho, no sabrá exactamente cuánto está tomando, pero puede estar bien segura de que más de tres o cuatro lactaciones al día le quitarán el apetito; redúzcalas.

Nada de bocaditos. ¿Qué hace la mamá cuando el bebé no quiere el desayuno? Lo llena de bocaditos toda la mañana, naturalmente, lo que significa que para el almuerzo no tendrá apetito. ¿Y qué pasa si no almuerza? Que tiene hambre otra vez por la tarde, y entonces siguen los bocaditos y no dejan campo para la comida. Evite este ciclo, nocivo para el apetito del bebé y para el buen humor de usted, limitando estrictamente las golosinas a una por la mañana y una por la tarde, aun cuando sea poco lo que coma el niño a las horas regulares de comida. Sin embargo, se puede aumentar la cantidad del refrigerio un poquito, a fin de que el niño aguante hasta el almuerzo si comió mal al desayuno o hasta la comida si comió mal al almuerzo.

Sonría. La manera más fácil de crear un problema permanente de alimentación es mostrar disgusto cuando el niño desvía la cabeza para evitar la cuchara que se le acerca, lamentarse cuando se baja de su silla tan vacío como cuando se sentó, o pasar media hora tratando de meterle un par de cucharadas de comida en la boca cerrada, rogándole o jugándole (''¡Aquí viene el avión!''). El niño debe sentir que come porque tiene hambre, no porque usted quiere que coma. Así que, a toda costa — y aun a costa de unas pocas comidas perdidas — no le dé tanta importancia a que coma o que no coma. Si evidentemente no quiere más, o si no quiere comer nada, retírele el plato y se acabó el problema.

Es evidente que puede haber una pérdida

temporal de apetito como consecuencia de un resfriado o de una enfermedad más grave, sobre todo si hay fiebre. Es raro que el niño muestre una crónica falta de apetito debida a anemia (vea la página 294) o malnutrición (ambas comunes entre los niños de clase media) u otra enfermedad. Si la pérdida de apetito de su niño va acompañada de falta de energía, falta de interés en el ambiente, lentitud en el desarrollo e insuficiente aumento de peso, o un cambio notorio de personalidad (por ejemplo, súbita irritabilidad o nerviosismo) consulte con el médico.

QUIERE COMER EL SOLITO

"Cada vez que le acerco la cuchara, la agarra. Si el plato está cerca, mete las manos y se vuelve una lástima tratando de comer por sí solo. No come nada y yo no sé qué hacer".

Claramente ha llegado el momento de pasar la cuchara a la nueva generación. Su bebé está expresando su deseo de independencia, por lo menos en la mesa. Estimúlelo en lugar de descorazonarlo. Pero para reducir al mínimo el desorden y para que no se quede sin comer hasta que le dé el visto bueno la Señora Urbanidad, pásele la responsabilidad gradualmente . . . si eso es posible.

Empiece por darle una cuchara al mismo tiempo que usted le sigue dando de comer. Posiblemente al principio no pueda hacer mucho con la cuchara, como no sea jugar un poco, y cuando al fin logre recoger con ella alguna comida, seguramente se la llevará a la boca al revés. Sin embargo, el solo hecho de tener la cuchara en la mano lo distrae lo suficiente para que usted le pueda dar la comida, por lo menos durante algún tiempo. El paso siguiente es darle cosas de comer con los dedos, que él mismo se

pueda llevar a la boca mientras usted le da con la cuchara. La combinación de alimentos de comer con la mano y una cuchara personal (y una taza con tapa para ir tomando sorbos) mantiene al niño ocupado y feliz mientras la mamá o el papá le dan el resto de la comida, pero esto no siempre da resultado. Algunos niños insisten en hacerlo todo por sí mismos; si ésa es la única manera como va a comer su niño, déjelo. Al principio las horas de comer serán más largas y más desordenadas pero el niño tardará menos en adquirir experiencia. (Extender periódicos en el suelo debajo de la silla del bebé por lo menos hará más fácil la limpieza.)

En todo caso, no permita que la hora de comida se convierta en una hora de batalla, pues estará sentando las bases para un problema permanente de alimentación. Cuando la comida del niño por sí mismo degenere en que todo es juego y nada comida (algo de juego es normal), puede ensayar tomando usted otra vez la cuchara para darle. Si el niño se resiste, es hora de limpiarle la zanahoria de la barbilla y el requesón de entre los dedos y suspender hasta la próxima comida.

CAMBIOS EN LAS PAUTAS DE DORMIR

"De pronto mi niño no quiere hacer su siesta por la mañana. ¿Es suficiente una siesta al día?"

Aun cuando una sola siesta al día quizá no sea suficiente para los agotados padres, eso es todo lo que necesitan muchos bebés cuando se acercan a su primer cumpleaños. Unos pocos hasta tratan de prescindir de ambas siestas a esta edad. De la que primero se prescinde generalmente es de la matinal, pero ocasionalmente es la de por la tarde. Los niños de algunos padres afortunados siguen haciendo dos siestas al día hasta el segundo año, y esto también es perfectamente normal, siempre que no perjudique el sueño de por la noche. Si lo altera, se debe limitar a una sola siesta diurna (vea la página 259).

El tiempo que duerma el niño es menos importante que la conducta que muestre con el sueño que está obteniendo. Si el niño se niega a hacer su siesta pero parece irritable y excesivamente cansado a la hora de comida, puede ser que sí necesite más sueño pero protesta porque no quiere perder un tiempo precioso que más bien podría dedicar a la actividad y la exploración. Si no duerme lo suficiente, estará menos contento y menos dispuesto a cooperar durante el día, y probablemente tampoco dormirá bien por la noche; por estar excesivamente cansado y recargado le cuesta mucho trabajo tranquilizarse y quedarse quieto.

Si parece que su niño no está haciendo las siestas que necesita, haga un esfuerzo especial para inducirlo a dormir. Acuéstelo en una pieza oscurecida donde no haya distracciones y después de haberle dado de comer, haberle cambiado de pañales y haberlo calmado con un poco de juego tranquilo y música suave. Si esto no resulta, quizá tenga que apelar a pasearlo en el cochecito o sacarlo en el automóvil. (Muchos bebés de la ciudad toman sus siestas en el cochecito y los que viven en las afueras en el automóvil.) Si es necesario, ensaye dejarlo llorar antes de abandonar el esfuerzo para que haga su siesta, aun cuando no tanto como lo dejaría llorar de noche. Más de 20 minutos de llanto, y se ha perdido el tiempo que pudiera haber estado durmiendo.

"Nosotros creíamos haber hecho todas las cosas bien. El niño siempre se dormía sin molestar. Ahora parece que quiere quedarse despierto y jugar toda la noche".

Es algo así como mudarse de un pueblecito pequeño a la capital de la república. Hace un par de meses no había mucho que pudiera mantener a su niño despierto por la noche. Hoy, con tantos descubrimientos por hacer, juguetes con que jugar, personas con quienes tratar y habilidades físicas que afinar (¿quién quiere acostarse cuando apenas está aprendiendo a pararse?), su niño no quiere perder el tiempo en dormir.

Infortunadamente, en este caso el niño no sabe qué es lo que le conviene. Lo mismo que el poco dormir durante el día, el acostarse demasiado tarde por la noche lo cansa, lo cual a su vez le impide que se quede tranquilo. A los niños que no duermen lo suficiente de día les cuesta más trabajo quedarse dormidos por la noche y tienen más probabilidades de despertar durante la noche. También se muestran más descontentos de día y son más propensos a sufrir accidentes.

Si su niño no se duerme fácilmente por la noche, hágalo dormir lo suficiente durante el día (vea la página 259). En seguida establezca una rutina para la hora de ir a la cama — o si ya la ha establecido pero no la cumple, póngala en práctica. Si una niñera o los abuelos van a acostar al niño ocasionalmente, asegúrese de que se hayan familiarizado con el ritual.

Si usted no está segura de lo que se debe incluir en una rutina para la hora de ir a la cama, ensaye algunas de las siguientes, o todas:

Un baño. Después de un día de limpiar el piso con las rodillas, darse masajes en la cabeza con plátanos y revolcarse en la arenera, el bebé necesita un baño. Pero el baño por la noche hace algo más que limpiarlo: lo tranquiliza. El agua tibia calmante tiene un mágico poder de inducir el sueño; no desperdicie ese poder bañando al niño antes, durante el día.

Atmósfera propicia. Disminuya la intensidad de las luces, apague la TV, haga salir del cuarto a los niños mayores y reduzca a un mínimo todas las demás distracciones.

Un cuento, una canción, un mimo. Después de ponerle el pañal y el pijama, siéntese con él en una poltrona cómoda o en un sofá, o en la cama del niño cuando él ya duerma en cama. Léale un cuento sencillo, si se queda quietecito oyéndolo, en voz suave y monótona más bien que con animación. O si lo prefiere, déjelo ver un libro de láminas. Cántele suavemente canciones de cuna, estréchelo en sus brazos un poco, pero guarde para mejor ocasión los juegos más bruscos como partidas de lucha o sesiones de cosquillas, pues una vez que se ponga en marcha el motor del niño es muy difícil apagarlo.

Una luz de compañía. Algunos niños tienen miedo de la oscuridad. Si el suyo es de éstos, déle una luz nocturna para que lo acompañe.

Adioses. Acueste a dormir a un juguete o animal favorito y haga que el niño se despida de él, lo mismo que de otros animalitos rellenos, de los hermanitos, del papá y la mamá. Compartan besos de despedida entre todos, deje al niño bien abrigadito en su cuna, y retírese.

Si llora cuando usted sale del cuarto, vuelva por un momento para ver que esté bien, déle otro beso y luego retírese. Si sigue llorando, déjelo llorar. La técnica ya bien probada que se describe en la página 302 probablemente le dará resultado, pero para usted puede ser más difícil ahora que él no sólo es mayor sino que entiende más las cosas. En esta edad probablemente sabe cómo hacer para que usted vuelva al cuarto, o por lo menos cómo hacer para que le remuerda la conciencia si no vuelve. Se levantará repetidas veces y gritará hasta que usted le ayude a salir otra vez de la cuna. O empezará a llamar "mamá" o "papá" y a usted se le parte el alma si no responde. Y en lugar de tranquilizarse con una visita, como se tranquilizaría un bebé más chiquito, el niño de esta edad probablemente se mostrará mucho más enfadado si usted lo vuelve a dejar. Lo mejor que se puede hacer con un chiquillo tan avispado es sencillamente no acercarse y dejarlo hasta que él solo adquiera el hábito de dormirse por su cuenta.

"No hemos podido establecer una rutina para la hora de acostar al bebé porque se queda dormido lactando".

Si su niño se queda dormido siempre durante la última lactación de la noche, ejecute toda la rutina de acostarlo — inclusive las despedidas — antes de sentarse a darle de comer. O si quiere quitarle el hábito de quedarse dormido lactando, ensaye darle de comer antes del baño, en condiciones que no sean propicias para el sueño — con ruido, luces encendidas, actividad y la promesa de un baño y un cuento que vendrán. Si a pesar de todo se queda dormido, trate de despertarlo para el baño. Si eso no funciona, vuelva al sistema de darle el pecho después del ritual de la hora de dormir y ensaye otra vez dentro de algunas semanas.

"Creo que a mi niño le cuesta trabajo dormirse porque está echando los dientes. Aun cuando no hay nada que yo pueda hacer por él, me da mucha lástima dejarlo llorar por la noche".

Mejor es la lástima ahora que el insomnio de ahora en adelante. Como muy bien lo saben los padres, hay muy poco que puedan hacer para confortar a un bebé que sufre agudos dolores por la dentición. Y en medio de la noche no hay ni para qué ensayar. Si usted se queda en vela acompañándolo durante estos períodos de dentición, lo acostumbrará tanto a su presencia por la noche que la exigirá hasta mucho después de que ya le haya salido el nuevo diente, o todos los dientes. El dolor de la dentición por lo general tiene a un niño despierto esporádicamente sólo unas pocas noches a la vez; pero saber que la mamá aparecerá en cuanto llore lo puede mantener despierto indefinidamente. Así pues, resista la tentación de acudir a su lado y déjelo que se calme por sí solo — aun cuando nada se pierde con asomarse para ver que no se haya levantado y no se pueda volver a acostar, que no se haya desabrigado o esté en alguna otra dificultad. Si le parece mejor, entre al cuarto, acaríciclo por un minuto o dos, dígale que se vuelva a dormir, y sálgase.

Si parece inconsolable, pregúntele al médico si se le puede dar una dosis infantil de acetaminofén antes de acostarlo. Sin embargo, asegúrese de que ese despertar de noche no se debe a enfermedad que los medicamentos analgésicos pueden ocultar — por ejemplo infección del oído, cuyo dolor se intensifica por la noche.

DESARROLLO LENTO

"Estamos preocupados porque nuestro niño apenas ha empezado a sentarse hace poco — mucho después que los hijos de nuestros amigos".

El desarrollo de cada niño está predeterminado por sus genes, los cuales señalan la rapidez con que se desarrolle su sistema nervioso. Está programado para sentarse, levantarse, pararse, andar, sonreír por primera vez y decir su primera palabra a una edad determinada. Pocos se desarrollan a una tasa uniforme en todas las áreas; casi siempre son más precoces en unas y más lentos en otras. Por ejemplo, un niño puede sonreír y hablar temprano (destrezas sociales y lingüísticas) pero no levantarse hasta casi un año de edad (destreza motriz grande). Otro puede andar a los ocho meses (destreza motriz grande) y sin embargo no ser capaz de agarrar objetos pequeños con el pulgar y el índice (destreza motriz pequeña) hasta después de cumplir el año. La tasa a que se desarrollan las destrezas motrices no guarda ninguna relación con la inteligencia.

Hacer la mayor parte de las cosas más tarde que otros niños no es un motivo de preocupación, siempre que el desarrollo caiga dentro del amplio campo que se considera normal y progrese de un paso al siguiente. Sin embargo, cuando un niño sistemáticamente alcanza los hitos del desarrollo mucho después que otros niños, es bueno consultar con el médico. En la mayoría de los casos tal consulta servirá para disipar los temores de los padres. Algunos niños maduran lentamente y sin embargo son perfectamente normales. Ocasionalmente se necesitarán otras pruebas para determinar si existe realmente algún problema, lo que naturalmente ocurre de vez en cuando.

En muy raras ocasiones el médico del niño no se preocupa pero a los padres sí les queda alguna duda a pesar de todas las seguridades que se les dan. En esos casos lo mejor para tranquilidad de su conciencia es consultar con un especialista en desarrollo. A veces al médico del niño, que no lo ve sino para breves evaluaciones, se le pasa algún síntoma de desarrollo deficiente que los padres sí ven o presienten, y que un experto haciendo pruebas más detenidas puede precisar. La consulta sirve para un doble fin: primero, si los temores de los padres eran infundados, se puede poner fin a la preocupación, por lo menos en cuanto a desarrollo se refiere; segundo, si resulta que sí hay un problema, una temprana intervención permitirá remediarlo oportunamente.

DEPOSICIONES EXTRAÑAS

"Cuando le cambié hoy el pañal al niño me quedé realmente perpleja. La deposición parecía estar llena de granitos de arena. Pero él nunca juega en la arenera".

Justamente cuando uno ya se está aburriendo de cambiar pañales, aparece en ellos otra sorpresa. A veces es fácil adivinar qué fue lo que comió el niño para producir el cambio en la deposición. ¿Una asustadora coloración rojiza? Generalmente inocente remolacha o jugo de remolacha. ¿Manchas negras o hebras? Plátanos. ¿Pequeños objetos extraños oscuros? Tal vez arándanos o pasas. ¿Bolitas de color verde claro? Tal vez arvejas. ¿Amarillas? Maíz. ¿Semillas? Probablemente tomates, pepinos o melón del cual no se separó totalmente la semilla.

Como los niños chiquitos no mastican bien y su tubo digestivo no está completamente desarrollado, lo que les entra muchas veces les vuelve a salir sin cambio de color o textura.[3] Una deposición arenosa, como la que apareció en el pañal de su niño, es relativamente común, no porque los niños coman arena (aun cuando a veces sí la comen) sino porque ciertos alimentos — particularmente los cereales de avena y las peras — con frecuencia aparecen arenosos cuando han pasado por el tubo digestivo.

Cambios extraños de la deposición pueden ser causados no solamente por

alimentos naturales en el régimen del niño sino también por los productos sintetizados en el laboratorio, la mayor parte de los cuales no son adecuados para bebés pero que sin embargo suelen llegar a los pequeños estómagos. Se sabe que dichos productos dan a las deposiciones coloraciones tan dramáticas como verde fluorescente (por una bebida con sabor de uvas) y un rosado escandaloso (de un cereal para el desayuno con sabor de frutas).

No se asuste, pues, con lo que aparece en el pañal de su niño; más bien póngase a pensar qué fue lo que le dio de comer.

EL BEBE Y LAS BICICLETAS

"Mi marido y yo somos ardorosos ciclistas, pero desde que nació nuestro hijito no hemos vuelto a montar en bicicleta. ¿Será peligroso llevarlo con nosotros en un asientito para el caso?"

En cualquier momento después de los seis meses de edad, cuando se haya establecido bien el control de la cabeza, su bebé puede salir con ustedes a la pista de bicicletas. Así pues, saque la aceitera y la bomba de inflar los neumáticos — pero observe estas reglas vitales:

■ No lleve al niño si usted no es un ciclista competente.

■ Haga revisar la bicicleta para asegurarse de que está en buen estado antes de salir a pasear.

■ Entre los seis meses y el año de edad el niño debe ir únicamente en un fuerte portabebés de llevar a la espalda. Usted debe practicar con este dispositivo — con el niño o con un osito grande que lo reemplace y pese más o menos lo mismo — en un área segura para acostumbrarse al cambio del centro de gravedad que producirá el aumento de peso.

---

[3] Majar y machacar las pasas, frutas pequeñas, arvejas y granos de maíz, no sólo los hará más fáciles de digerir sino también más seguros.

■ Una vez que el niño cumpla un año, y hasta que tenga cuatro o pese 18 kilos, asegúrelo en un sillín de bicicleta que le proteja los pies y las manos de modo que no se le vayan a enredar en los rayos de las ruedas y que minimice el riesgo de lesiones en caso de que usted se caiga. Cuide de que el sillín quede bien instalado y de que el niño esté asegurado con el cinturón, antes de ponerse en marcha.

■ Nunca saque al niño a pasear en bicicleta si no le pone el casco de protección especialmente diseñado para un niño de su edad. Y use usted también el casco para darle buen ejemplo y para protegerse en caso de accidente. ¿Qué sería del bebé si usted va a parar al hospital?

■ Limite sus paseos en bicicleta a áreas seguras como parques, pistas para ciclismo, calles y caminos tranquilos. Evite las vías de mucho tráfico, el tiempo lluvioso o de nieve o hielo y los caminos cubiertos de hojas húmedas; bájese de la bicicleta cuando llegue a una pendiente — en una pendiente se pueden alcanzar velocidades peligrosas sin proponérselo y frenar se hace sorprendentemente difícil.

LO QUE IMPORTA SABER: Juegos de los bebés

En lo que se refiere al cuidado de los niños, son muchas las cosas que han cambiado desde que las mamás de nuestras madres fueron madres. La tendencia hoy es hacia la alimentación al pecho y no lo contrario. Los pañales sucios se tiran a la basura en lugar de ponerse a fregarlos y hervirlos en la estufa para volverlos a usar. En la programación se atiende más al niño que a la teoría. Y sin embargo, en medio de tantos cambios, unas cosas han permanecido iguales: El aro de dentición de plata, demasiado precioso para permitirle al niño usarlo. La cuna hecha a mano, en que se han mecido tres generaciones. Y los juegos que les encantan a los niños.

Los tradicionales juegos del escondite y de los deditos, que hacían gritar de felicidad al bebé de su abuela, seguramente tendrán igual éxito con el suyo. Pero tales juegos hacen algo más que entretenerlo: mejoran las destrezas de trato social, enseñan conceptos tales como la permanencia de las cosas, la coordinación de palabras y acciones, la habilidad de contar y las destrezas lingüísticas.

Es posible que aun cuando usted no haya oído los juegos infantiles desde hace décadas, muchos de los que su mamá le hacía vuelvan a su memoria ahora que usted está en ese papel. Si no, pídale a su mamá que se los recuerde (las mamás nunca olvidan); apele también a otros parientes, en particular a los que conservan en sus familias las viejas tradiciones, y a los parientes por el lado de la familia de su esposo.

Refresque su memoria o aprenda juegos nuevos de la lista siguiente.

El escondite. Cúbrase la cara (con las manos, con la esquina de una manta, una prenda de ropa, un menú en un restaurante, o escondiéndose detrás de una cortina o tras los pies de la cuna) y diga: "¿Dónde está mamá?" (o papá). Luego descubra la cara o asómese y diga: "Pajarito feo, desde aquí te veo". Tendrá que repetir este juego mil veces, hasta que ya no pueda más; los niños parece que no se cansan nunca. O diga "pajarito feo" cuando se cubre la cara y "por aquí te veo" cuando se la descubre.

Palmoteo. Enséñele al niño a palmotear cantándole al mismo tiempo alguna letrilla tradicional o de su propia invención. (Por ejemplo: "Tapa tapa tan, ya vienen y dan, dame una tortilla, dame dos también, tapa tapa tan, ya vienen y dan".) Tome en las suyas las manos del bebé y muéstrele cómo palmotear. Al principio probablemente él no las abrirá bien, pero al fin aprenderá. También puede tardar un poco en aprender a aplaudir o palmotear independientemente, pero eso también vendrá. En el ínterin, quizá le divierta tomarle a usted las manos y así dar palmadas.

Los deditos. Tome el dedo pulgar del pie o de la mano del niño para empezar con "Este compró un huevito". Pase al dedo siguiente diciendo "Este lo puso a hervir". En seguida "Este rompió la cáscara". En el cuarto dedo, "Este le echó la sal". Al cantar la línea final con el dedo meñique, "Y este más chiquitito se lo comió...se lo comió...se lo comió", hágale cosquillas con sus dedos a lo largo de las piernas, o de los brazos hasta el cuello.

Tan grande así. Pregunte: "¿De qué tamaño es el bebé?" (o use el nombre del niño, o del perro, o de un hermanito). Ayúdele a extender los brazos todo lo posible y exclame: "¡Tan grande así!"

Ojos, nariz, boca. Tome en sus manos las del niño, tóquese con ellas los ojos, luego con ambas manos la nariz, y por fin la boca (en la cual termina con un beso) nombrando al mismo tiempo cada una de estas facciones: "Ojos, nariz, boca". Nada le enseña más rápidamente los nombres de estas partes del cuerpo.

A la rueda rueda. Ensaye este juego cuando el niño ya pueda andar. Con el niño, y si es posible con un hermanito, un amiguito u otro adulto, se toman todos de las manos formando un ruedo y van girando y cantando al mismo tiempo: "A la rueda rueda, que alguno se queda...yo no, yo no, yo no". Al decir estas últimas palabras, todos se dejan caer al suelo sentados.

CAPITULO TRECE

El décimo mes

LO QUE DEBE ESTAR HACIENDO SU BEBE

*A fines de este mes, su bebé
. . . debe ser capaz de:*

- pararse agarrándose de una persona o un objeto

- estando sentado, ponerse de pie

- protestar si tratan de quitarle un juguete

- decir mamá o papá indiscriminadamente

- jugar al escondite

Nota: Si su niño parece no haber alcanzado alguno de estos hitos, hable con el médico. Son raros los casos en que la tardanza indica un problema y casi siempre resulta que es normal para su bebé. Los niños prematuros suelen alcanzar estos hitos más tarde que otros de la misma edad de nacimiento y más bien los alcanzan cerca de su edad ajustada (la edad que tendrían si hubieran nacido en tiempo) y a veces más tarde.

. . . probablemente podrá:

- estando boca abajo, sentarse

- jugar a palmotear o hacer con la mano la señal de despedida

- recoger un objeto muy pequeño con cualquier parte del pulgar y otro dedo

- dar unos pasos agarrado de los muebles

- entender la palabra "no" (aunque no siempre obedecerla)

. . . posiblemente podrá:

- pararse solo momentáneamente

- decir papá (a los 10 meses) o mamá (a los 11 meses) discriminadamente

. . . hasta podría:

- indicar lo que quiere de una manera distinta de llorar

- "jugar a la pelota" (devolvérsela a usted haciéndola rodar)

- tomar en taza independientemente

- recoger un objeto diminuto limpiamente con las puntas del pulgar y el índice

- pararse solo bien

- hablar en media lengua (un galimatías que suena como si estuviera hablando en un idioma extranjero inventado)

- decir una palabra distinta de mamá o papá

- responder a una orden sencilla acompañada de gesto (dame eso — estirándole la mano)

- caminar bien

Muchos bebés a los diez meses han aprendido a dar unos pasos, que son un preludio para soltarse realmente a andar. Apoyándose cuidadosamente en un mueble, adelantan primero una mano y en seguida un pie hacia otro mueble cercano. Déle a su niño la oportunidad de empezar a dar pasos apoyándose en sillas y mesas firmes.

LO QUE PUEDE ESPERAR EN EL EXAMEN DE ESTE MES

Los médicos no suelen programar este mes un examen regular para un niño que esté en buen estado de salud. Pero llámelo si tiene alguna preocupación que no pueda esperar hasta la consulta del mes entrante.

LA COMIDA DEL NIÑO ESTE MES:
Hay que pensar en destetarlo

En los distintos países del mundo y en las distintas culturas se han desarrollado y se practican costumbres muy diversas en lo que se refiere a la duración de la lactancia natural y el momento en que se debe pensar en destetar al niño. Algunas mujeres amamantan a sus hijos solamente durante seis semanas, otras seis meses, otras tres años o incluso más. Es posible que el momento de destetar al niño se haya fijado desde antes del nacimiento, con base en un regreso programado al trabajo, o simplemente en la idea que la madre tiene de lo que parece más apropiado. O bien puede obedecer a consideraciones del momento; por ejemplo, cuando el bebé o la mamá súbitamente pierden todo interés en lactar.

Para resolver cuánto tiempo debe darle el pecho a su niño, debe considerar muchos factores personales, lo mismo que los pocos hechos científicos disponibles.

Los hechos. Ya hemos dicho que dar el pecho, aun cuando sólo sea por unas pocas semanas, es beneficioso para el niño, pues ésta es la etapa en que recibe importantes anticuerpos para luchar contra las enfermedades. Pero mejor aún se desarrollan los niños — con menos enfermedades y menos alergias — si se les alimenta con leche materna los seis primeros meses. En efecto, aun cuando es aceptable empezar a darles sólidos desde los cuatro meses, los alimentados al pecho viven muy bien con sólo la leche materna durante los primeros seis meses de vida. De ahí en adelante, aun cuando la leche (natural o de fórmula, según el caso) pueda seguir siendo la fuente principal de nutrición, se hace necesario aumentarla con alimentos sólidos.

Ya hacia finales del primer año, según opinan los científicos, la leche materna deja de ser adecuada; no sólo es insuficiente su contenido proteínico para un niño de esa edad, sino que se va haciendo menos rica en varios nutrientes vitales, como zinc, cobre y potasio. En el segundo año los niños necesitan los nutrientes de la leche de vaca, y la madre que todavía está lactando debe reconocer que, aun cuando tanto ella como el niño disfruten todavía de esa experiencia, la leche materna no se puede seguir considerando como una fuente principal de nutrimento para el niño. Por otra parte, los niños de más de un año no parecen necesitar ya el ejercicio de mamar que les da el pecho materno.

Pese a todo lo que se ha dicho al respecto, no hay pruebas sólidas de que la lactancia más allá del primer año, o aun del segundo o el tercero, perjudique el desarrollo emocional del niño; pero sí parece que una lactancia prolongada, lo mismo que una prolongada alimentación con biberón, puede ocasionar caries dentaria porque durante el acto de mamar, sea del pecho o del biberón, hay una constante retención de leche en la boca. Esto no ocurre cuando toma en taza, porque entonces es más probable que trague inmediatamente lo que toma en la boca. Otra desventaja de prolongar más allá del primer año la alimentación con leche del pecho o del biberón es que hay más riesgo de infección del oído, por tomar el niño su leche acostado, como hacen muchos, especialmente antes de dormirse.

Sus sentimientos. ¿Disfruta usted todavía de dar el pecho, o ya se está cansando de meterse y sacarse los pechos de la camisa todo el día (y tal vez toda la noche)? ¿Ansía algo de la libertad y flexibilidad que parecen inalcanzables mientras esté lactando? ¿Se siente bien ante la perspectiva de dar el pecho a un niño más grandecito? Si su actitud hacia la lactancia se ha vuelto negativa, el niño ciertamente captará intuitivamente ese cambio. Hasta podría tomarlo por un rechazo personal, más bien que como un rechazo de la lactación en sí. Probablemente ya es hora de destetarlo.

Los sentimientos del bebé. Hay niños que se destetan solos. Con sus actos y reacciones (inquietud e indiferencia al pecho, inconstancia y brevedad en el mamar) muestran que están listos para pasar a alguna otra forma de obtener nutrimento. Tenga en cuenta, sin embargo, que es fácil interpretar erróneamente las señales del niño. A los cinco meses, la falta de interés por lactar puede ser sólo un indicio del creciente interés del niño por lo que le rodea; a los siete meses acaso sugiera el deseo de actividad física superior al deseo de alimento; a los nueve meses o más tarde significa a menudo creciente independencia y madurez. A cualquier edad, podría ser una reacción a enfermedad o a la dentición. En ninguna edad se debe interpretar como rechazo de la mamá, sino sólo de la leche que le ofrece.

La edad más común para que un niño se auto-destete es entre los nueve y los doce meses. Si el apego de su bebé al pecho no da señales de debilitarse hasta los 18 meses (lo cual no es raro), no es probable que sea él el que tome la iniciativa para el destete.

Su situación. Hasta madres que al principio están muy en su elemento lactando al niño empiezan a sentir que esto es una carga a medida que se multiplican los inconvenientes y la lactancia dificulta las actividades normales de la vida (ya sean necesarias o de lujo), como trabajar, estudiar, practicar un deporte, hacer el amor, etc. Cuando esto ocurre, los sentimientos negativos se transmiten fácilmente al niño y la lactancia se convierte en un problema más que en un placer para ambos.

El destete es la medida indicada en tales casos, pero se debe cuidar de que no coincida con algún otro cambio importante en su vida. Siempre que sea posible, déle al niño y dése usted misma tiempo para acomodarse a cada cambio por separado. Una enfermedad o la necesidad de un viaje también es posible que impongan la necesidad de un destete, a veces súbito.

La situación del niño. El mejor tiempo para destetar al niño es cuando todo está tranquilo en el frente doméstico. Una enfermedad, la dentición, una mudanza, un viaje, su regreso al trabajo, un cambio de niñera o cualquier otra circunstancia análoga que ocasione una tensión emo-

cional aconsejan aplazar el destete, para no imponer una tensión adicional.

Su salud. Si usted se siente permanentemente agotada, sin otra explicación que las demandas físicas y emocionales de la lactancia, es bueno que consulte con su médico si le conviene destetar al niño para recuperar sus fuerzas. Antes de proceder, sin embargo, cuide de que lo que la está agotando no sea algún problema fácilmente remediable, como mala nutrición o descanso insuficiente.

La salud del niño. A veces la producción de leche parece disminuir excesivamente a medida que el niño crece. Si su bebé no está aumentando de peso lo que debiera aumentar, si se muestra aletargado o irritable o muestra otros síntomas de inadecuado desarrollo (vea la página 116), puede ser porque su leche natural ya no le esté dando todo lo que necesita para una nutrición adecuada. Se puede entonces pensar en agregar sólidos al régimen alimentario, o un suplemento de fórmula, o destetarlo del todo. A veces un niño destetado muestra un súbito interés en otras formas de nutrición, que antes no le llamaban la atención porque el pecho estaba a su disposición, y empieza a prosperar otra vez.

Otras fuentes de nutrición. Si su bebé siempre ha aceptado el biberón, destetarlo del pecho será en cualquier momento relativamente fácil. Igualmente, si ha aprendido a tomar líquidos en taza, será posible destetarlo directamente a la taza, aunque por lo general no antes de los nueve o diez meses. Por el contrario, si no sabe tomar la leche de ninguna otra manera sino del pecho, habrá que aplazar el destete hasta que aprenda a manejar el biberón o la taza.

La edad del niño. Aun cuando no tomen ellos mismos la iniciativa, la mayoría de los niños se pueden destetar entre los nueve y los doce meses, edad a la cual tienen menos interés y menos necesidad de mamar, se resisten a que los sujeten o los tengan sentados para comer (algunos prefieren comer de pie) y son por lo general más independientes. También están menos apegados al pecho a esta edad que más tarde y son menos tercos, lo cual los hace más fáciles de destetar que cuando ya se paran.

Tomar la decisión de destetarlo es apenas un paso en el largo proceso de pasar al niño del pecho a alguna otra fuente de nutrición, proceso que comienza con el primer sorbo de un biberón o la primera cucharadita de sólidos. Para algunas mujeres la decisión es más fácil que el destete; para otras, la decisión es lo difícil. Venga como viniere, el destete es una etapa de emociones mixtas para muchas. Se sienten aliviadas de no estar ya amarradas a las necesidades del bebé y orgullosas de que éste haya dado un paso más en el camino del crecimiento, pero al mismo tiempo las entristece ver que se aflojan los lazos y que los hijos ya no dependen ni volverán jamás a depender de ellas tanto como antes.

Sea temprano o sea tardío, el destete es un paso inevitable en el desarrollo del niño. Aun los que más apego han mostrado al pecho rara vez lo echan de menos durante mucho tiempo; y las madres sobreviven... aun cuando todavía sientan dolor cuando ven a otras madres lactando, aun años después.

LO QUE LE PUEDE PREOCUPAR

DESASEO PARA COMER

"Mi hijo no come nada sin estrujarlo y amasarlo primero y untárselo en el pelo. ¿No debemos enseñarle buenas maneras?"

Comer con un bebé de diez meses es como para quitarle a cualquiera el apetito. No se sabe si es más lo que juega con la comida que lo que come, y al fin parece que lo que le llega al estómago no es tanto como lo que se le queda encima — en la ropa, en la silla, hasta en el perrito que espera fiel debajo de la mesa.

Esto se explica porque las horas de comida ya no son únicamente para alimentarse, sino también para explorar y descubrir. Lo mismo que en el cajón de arena y en la bañera, está aprendiendo lo que son las texturas de las cosas y las diferencias de temperatura. Cuando estruja en el puño una manotada de yogur, amasa la batata sobre la mesa, lanza una cucharada de cereal desde la bandeja de su mesa, se unta plátano en la camiseta, sopla en el jugo para hacer bombas, desbarata las galletas con los dedos... para usted es un desastre, pero para él es una experiencia de aprendizaje.

Armese de paciencia porque va a necesitar servilletas de papel en cantidades durante muchos meses, hasta que su niño haya aprendido todo lo que se puede aprender acerca de las fascinantes propiedades físicas de los alimentos y esté listo para pasar a otra cosa. Eso no significa que tenga que aguantar impotente, sin tomar ciertas medidas de defensa de su sensibilidad y su hogar y preparar al niño para un futuro de buena urbanidad (bueno, por lo menos regular urbanidad) en la mesa:

Medidas de protección. Conviene tomar algunas medidas de protección, aun cuando se gasten cantidades de servilletas de papel. Válgase de todo lo que encuentre a la mano: periódicos para extender en el piso bajo la silla o mesa donde come el bebé, que después de la comida se pueden recoger y tirar; un babero limpio que le cubra el pecho y los hombros, pero que sea cómodo para que no se resista a usarlo. Arremánguele las mangas hasta más arriba de los codos para mantenérselas relativamente secas y limpias. (Si la temperatura ambiente lo permite, lo mejor si hay que darle cosas que se presten para ensuciar demasiado, es dárselas sin más ropa que el pañal.)

No le facilite ensuciar. No hay que prohibirle toda experimentación pero tampoco es bueno facilitarle que lo ensucie todo. Déle la comida en una escudilla más bien que en un plato plano del cual es muy fácil echarla fuera. O póngasela directamente en la bandeja de la silla alta (limpiándola muy bien de antemano). Una escudilla que se prende a la mesa o la bandeja por succión da protección adicional, pero sólo funciona en una superficie no porosa, como plástico. Para minimizar los derrames, déle las bebidas en un vaso o taza con tapa de presión, si es que el niño acepta tomar por la espita que traen estas tapas. Si no, ponga entonces una cantidad pequeña de líquido en una taza corriente y désela cada vez que quiera tomar, pero no se la deje al alcance de la mano. No le ofrezca más de una escudilla de comida a la vez, y no sirva en la escudilla más de dos o tres cosas distintas, pues los niños parece que se confunden cuando se les dan muchas cosas para escoger y lo que hacen es ponerse a jugar en lugar de comer. Todos los utensilios y platos deben ser irrompibles, por seguridad y por economía.

Permanezca neutral. Como ya probablemente lo habrá aprendido, los niños son actores natos. Si usted responde riendo de las extravagancias que hace en su silla alta, él se sentirá estimulado para hacer más. Tampoco les gusta que los critiquen, de modo que de nada sirve reñirlos u ordenarles "¡Basta ya!". Esto más bien los anima a continuar el juego. Lo mejor es no hacer ningún comentario sobre la falta de urbanidad. Por el contrario, si el niño toma unos cuantos bocados limpiamente, ya sea con la cuchara o con la mano, elógielo como si eso fuera una gran cosa. Hágale entender que la limpieza es valiosa.

Déle una cuchara. Póngale una cuchara en la mano cuando lo siente a comer, y también periódicamente durante este proceso, si la ha soltado. No importa que al principio no acierte a hacer gran cosa con ella, fuera de agitarla en el aire mientras come con la otra mano; al fin entenderá que la cuchara es para comer.

No se desespere. A veces la mamá pierde la paciencia y, no sabiendo qué hacer, le quita al niño totalmente el control del proceso de comer (junto con la posibilidad de hacer cochinerías). Si usted le da la comida es obvio que habrá más aseo, pero en cambio el niño tardará más en aprender a comer por sí mismo y en adquirir buenas maneras de comportamiento en la mesa.

Déle buen ejemplo. A la larga, ni los sermones ni las buenas palabras le enseñarán al niño buenas maneras de comer, sino lo que él mismo observe en la familia. Si en su casa los demás comen con las manos, tragan sin masticar, mascan a dos carrillos, estiran el brazo para agarrar las cosas en vez de pedir que se las pasen — si todo el mundo habla con la boca llena o, peor aún, habla todo el tiempo durante las comidas — su niño adquirirá esos hábitos y no los que usted querría que cultivara.

Aprenda a ponerle fin a la lucha. Cuando el tiempo que pasa jugando con la comida empiece a ser mucho más largo que el que dedica a comer, es hora de dar por terminada la comida. Levante la mesa y saque al niño de su silla alta apenas llegue ese momento. No es probable que proteste, puesto que su mala conducta se debió a que ya estaba aburrido; pero si protesta, distráigalo con un juguete u otra actividad.

TOPETAZOS Y BALANCEOS

"A mi niño le ha dado ahora por topetarse la cabeza contra la pared o la baranda de la cuna. A mí me duele verlo hacer eso, pero a él como que no le duele; más bien parece feliz".

Parece que su bebé ha descubierto el sentido del ritmo, y ésa es su manera de expresarlo, por lo menos hasta que ya empiece a bailar o tocar el tambor. Dar topetadas con la cabeza (lo mismo que bambolearla, mecerse y balancearse, todo lo cual es común a esta edad) es un movimiento rítmico, y los movimientos rítmicos, especialmente los que ellos mismos inventan, fascinan a los niños. Casi todos empiezan a mecerse cuando oyen música, pero parece que no se trata simplemente de una diversión. Se sospecha que algunos de estos niños quizá traten de reproducir la sensación de ser mecidos por la mamá o el papá. O en el caso de los que están echando los dientes, que ésa sea una manera de hacer frente al dolor, caso en el cual el bamboleo continúa durante todo el tiempo de la dentición, o aun más allá si para entonces se les ha convertido en hábito. Para los que se dan de topetadas o se mecen o se bambolean a la hora de la siesta, a la de acostarse o cuando despiertan en medio de la noche, estas actividades parecen ser una ayuda para el sueño y pueden ser una manera de aliviar tensiones acumuladas durante el día. Esa conducta suele ser inducida o aumentada por diversas tensiones en la vida del niño (el destete, aprender a andar, el nacimiento de un hermanito, etc.). Niños y niñas son igualmente propensos a mecerse y bambolearse, pero las topetadas son mucho más comunes en los varones.

Los bamboleos suelen empezar hacia los seis meses; los topetazos no empiezan hasta los nueve. Estos hábitos pueden durar unas pocas semanas o meses, o un año o más. Pero la mayor parte de los niños los abandonan sin intervención paterna cuando llegan a los tres años. Regaños, burlas y en general cualquier otra forma de llamar la atención hacia esta conducta no sirven para nada, sino que más bien empeoran las cosas.

Aunque cueste trabajo creerlo, mecerse, balancearse y aun golpearse contra la pared no son ordinariamente cosas peligrosas para la salud de su niño. Tampoco se asocian en el desarrollo infantil normal con desórdenes neurológicos o psicológicos. Si por lo demás su niño parece contento, no se golpea la cabeza por furia y no se está lastimando constantemente (un pequeño cardenal de vez en cuando no vale la pena), usted no tiene por qué preocuparse. Pero si dedica un tiempo excesivo a estas actividades, si da muestras de otras conductas extrañas, se está desarrollando con demasiada lentitud o parece estar descontento la mayor parte del tiempo, hable con el médico.

No es posible obligar a un niño a abandonar estos hábitos antes de que esté listo para dejarlos; pero los consejos siguientes le ayudarán a sobrellevarlos mientras llega la hora de suprimirlos:

■ Prodíguele a su niño más amor, atención y caricias, y mézalo durante el día y a la hora de acostarlo.

■ Ofrézcale durante el día otras actividades rítmicas que sean más aceptables para usted. Entre las posibilidades se cuentan: sentarse con él en una silla mecedora, o enseñarle a mecerse él mismo en una mecedora chiquita para niños; darle uno o más instrumentos de juguete, o sólo una cuchara y una olla con qué producir sonidos; columpiarlo en un columpio; y jugar a palmotear o hacer juegos con los dedos al compás de música.

■ Darle tiempo suficiente para juegos activos durante el día, y tiempo suficiente para que se calme otra vez antes de acostarlo por la noche.

■ Establecer una rutina regular calmante antes de meterlo en la cama, que incluya juegos tranquilos, abrazos y tal vez mecerlo un poco (aunque no hasta el punto que se quede dormido).

■ Si es en la cuna donde se da de topetadas, no lo acueste hasta que ya tenga sueño.

■ Si se bambolea o da topetazos en la cuna, reduzca a un mínimo el riesgo para los muebles y las paredes (que suele ser más serio que el riesgo para el niño) poniendo la cuna sobre un tapete grueso y quitándole las ruedecillas para que no rebote en el piso. Colóquela tan lejos como pueda de la pared y de otros muebles, y si es necesario acolche las barandas de la cuna para suavizar el impacto.

■ Se puede proteger la cabeza del niño poniendo cojines parachoques en la cuna y un tapete en el suelo donde acostumbra golpearse, si el piso no está alfombrado — aunque lo más probable es que no le gusten los golpes amortiguados y que busque una superficie más dura.

PARPADEO

"Desde hace unas dos semanas mi hijita pestañea muchísimo. No creo que sienta ninguna molestia ni que le cueste trabajo ver, pero siempre me queda el temor de que haya algún problema".

Lo más verosímil es que se le haya despertado la curiosidad. Sabe cómo se ve el mundo con los ojos abiertos, ¿pero qué pasa si los cierra un poco, o si los cierra y los vuelve a abrir rápidamente? El resultado del experimento puede ser tan intrigante que sigue parpadeando hasta que pase la novedad. (Cuando sea mayor, hacia los dos años, probablemente ensayará experimentos análogos con los oídos, metiéndose los dedos en ellos o tapándoselos con las manos a ver qué le pasa al sonido.)

Desde luego, si parece que la niña no reconoce a las personas o los objetos, o si no puede enfocarlos, llame inmediatamente al médico. De lo contrario, y si esta manía no ha desaparecido para la fecha del siguiente examen médico, menciónesela al examinador.

Guiñar es otro hábito temporal que adquieren algunos niños, también por cambiar de escenario, y tampoco debe ser motivo de preocupación a menos que esté acompañado de otros síntomas o que sea muy persistente. En este caso, consulte con el médico.

SE TIRA DEL PELO

"Cuando mi niño está molesto o tiene sueño, se tira de un mechón del pelo".

Tirarse del pelo o pasarse la mano por él es otra manera que tiene el niño para aliviar tensiones, o para volver a captar la confortación que obtenía cuando era más pequeño, durante la lactancia, cuando acariciaba el pecho o la mejilla de la mamá o le tiraba a ella del pelo. Es más probable que busque esta satisfacción en momentos de tensión, sobre todo cuando está excesivamente cansado o molesto.

Un ocasional movimiento de acariciarse o tirarse del pelo, al que suele acompañar chuparse el dedo, es común y puede durar hasta ya bien avanzada la infancia, sin efectos nocivos. Continuos y vigorosos repelones con pérdida de mechones de pelo que el niño se arranca de la cabeza, obviamente tienen que impedirse. Ensaye estas ayudas:

■ Darle al niño más confortación y atención, especialmente en tiempos de mayor tensión.

■ Cortarle el pelo de manera que no pueda agarrar bien un mechón.

■ Darle otra cosa de la cual pueda tirar; por ejemplo, un animalito relleno, de pelo largo.

■ Incítelo a otras actividades que le mantengan ocupadas las manos.

Si todo esto falla, solicite consejo de su médico.

RECHINAR DE DIENTES

"A veces oigo que mi bebé rechina los dientes cuando está haciendo su siesta. ¿Es malo esto?"

Lo mismo que darse de topetadas o mecerse, o tirarse del pelo, o chuparse el dedo, la manía de rechinar los dientes es una manera que tienen los niños de aliviar tensiones. Para minimizar ese rechinar, reduzca en lo posible las tensiones en la vida de su niño y cuide de que disponga de otras maneras de aliviarlas — como por ejemplo actividades físicas y juguetes que sirvan para golpear. Mucho amor y atención antes de la siesta o de meterlo en cama por la noche también pueden reducir la necesidad de rechinar los dientes, pues le ayudan al niño a calmarse. En la mayoría de los casos el hábito se abandona a medida que mejoran las destrezas del niño y antes de que se cause daño a la dentadura.

La tensión no es siempre la causa del rechinar de dientes. A veces un niño descubre accidentalmente ese juego cuando está experimentando con sus nuevos dientes; le gusta la sensación y el ruido que produce, y lo agrega a su creciente repertorio de habilidades. Pero no pasa mucho tiempo sin que le pase el entusiasmo y pierda interés en su orquesta dental.

Si encuentra usted que el rechinar de dientes de su niño se está haciendo más frecuente, en lugar de disminuir, y teme que pueda causar daño a la dentadura, consulte con su médico o con un dentista pediatra.

SE QUEDA SIN RESUELLO

"Ultimamente mi niño se queda sin resuello durante un acceso de llanto. Hoy le duró tanto que perdió el conocimiento. ¿Qué peligros ofrece esto?"

Invariablemente, son los padres los que más sufren cuando el niño se queda sin resuello. El adulto que es testigo de este espectáculo no se recupera del susto durante muchas horas, pero un niño, aun cuando se ponga azul y pierda el conocimiento, se recupera rápida y completamente porque el mecanismo respiratorio automático entra en juego y la respiración se restablece.

La pérdida del aliento suelen precipitarla la ira, una contrariedad o un dolor. El llanto, en lugar de disminuir, se vuelve más y más histérico, el niño empieza a hiperventilarse y finalmente deja de respirar. En casos leves, los labios se ponen azules. En casos más graves todo el niño se pone azul y luego pierde el conocimiento. Mientras esté inconsciente, el cuerpo se le puede entiesar y hasta experimentar contorsiones. El episodio termina por lo general en menos de un minuto — mucho antes de que el cerebro alcance a sufrir lesión.

Más o menos uno de cada cinco niños pierde el resuello alguna vez. Unos sólo tienen episodios ocasionales, otros experimentan uno o dos al día. La pérdida del aliento parece ser cosa de familia y es más común entre los seis meses y los cuatro años de edad, aunque ocasionalmente puede empezar antes y durar hasta más tarde. Se puede distinguir de la epilepsia (con la cual no tiene ninguna relación) porque es precedido de llanto y por el hecho de que el niño se pone azul antes de perder el conocimiento. En la epilepsia no hay usualmente un factor precipitante y el niño no se pone azul antes del ataque.

No se requiere ningún tratamiento para el niño que ha perdido el conocimiento debido a pérdida del resuello. Y aun cuando no existe ningún remedio para este hábito — fuera del correr del tiempo — sí es posible prevenir algunos de los berrinches de cólera que dan lugar a estas manifestaciones:

■ Cuide de que su niño goce de descanso adecuado. Un niño sumamente cansado o excesivamente estimulado es más susceptible que el que ha descansado bien.

■ No arme pelea por todo. Nadie pone en duda que usted es la figura de autoridad, que es más grande y que sabe más; usted no necesita probarlo constantemente.

■ Trate de calmar al bebé, antes de que se ponga histérico, con música, juguetes u otras distracciones (pero no con comida, que le creará otra mala costumbre).

■ Trate de reducir las tensiones que rodean al niño — al suyo y a cualquier otro — si esto es posible.

■ Reaccione con calma si sobreviene el ataque de pérdida de resuello; su angustia lo puede empeorar.

■ No ceda después del ataque. Si el niño se da cuenta de que puede obtener lo que quiere conteniendo el resuello, repetirá esa conducta frecuentemente.

Si su niño sufre estos ataques en forma severa, si le duran más de un minuto, si no tienen relación con el llanto, o si por cualquier otra razón le preocupan, coméntelos con el médico cuanto antes.

USO DEL INODORO

"Mi mamá asegura que mi hermana y yo a los diez meses ya sabíamos usar el inodoro. Hoy yo veo niños con pañales hasta los tres años de edad. ¿A qué edad debo empezar a enseñar a mi hijito?"

A juzgar por lo que nos cuentan las mamás, los niños de hace treinta años eran más precoces que los de ahora, y antes de cumplir el año ya estaban perfectamente entrenados en estas cuestiones. Pero no eran ellos sino más bien las mamás las que estaban entrenadas. Es posible adiestrar temprano a un niño que sea muy regular (por ejemplo, que haga una deposición todas las mañanas después del desayuno) o que dé claras señas de que tiene una necesidad (poniéndose en cuclillas, por ejemplo). Mucho más difícil es saber cuándo va a orinar, aunque hay algunos que lloran antes de mojar el pañal. Pero "pillarlo" en esta forma es una pequeña victoria, puesto que la cooperación es puramente reflexiva y el bebé no entiende lo que está haciendo ni por qué lo hace. Y a menudo se convierte en una derrota más tarde, cuando el niño que parecía enseñado súbitamente se niega siquiera a acercarse a la bacinilla, o cuando lo sientan para que haga sus necesidades no las hace y se pone estítico.

El entrenamiento tiene más éxito, se logra más rápidamente y es menos duro para el entrenador y menos traumático para el entrenado cuando aparecen los siguientes síntomas de que ya es tiempo: el niño se da cuenta de la eliminación (primero, entiende que acaba de hacer del cuerpo; luego, sabe qué está haciendo; y, finalmente, sabe que va a hacer una deposición; puede permanecer seco dos o tres horas seguidas; es capaz de vestirse y desvestirse él solo para hacer sus necesidades; y tiene capacidad para comprender instrucciones y seguirlas.

Pero aun cuando todavía no esté preparado para aprender a usar el inodoro o la bacinilla, sí puede empezar a familiarizarse con lo relativo a ellos desde ahora:

Que sepa lo que está haciendo. A menudo se sabe cuando el niño está haciendo una deposición; tal vez suspende el juego, gruñe, puja, se pone colorado, o simplemente muy serio. Cuando sorprenda al niño en ese acto, dígale lo que está haciendo, usando siempre la misma palabra descriptiva (''popó'', o ''fo'', o la que sea tradicional en su familia). En seguida utilice el pañal sucio como ayuda visual cuando lo esté aseando.

Es virtualmente imposible saber cuándo está orinando, claro está, a menos que el niño esté desnudo. Pero cuando se presente la ocasión — cuando suelte el chorro en la bañera, o cuando le esté cambiando el pañal, o cuando ande desnudo por el patio — llámele la atención a lo que está sucediendo. Use también la misma palabra convencional (''pis'', o ''pipí'' o lo que sea). Y cuando le cambie el pañal, explíquele por qué está mojado.

Que vea lo que usted hace. Los niños son grandes imitadores, sobre todo de las personas a quienes admiran, como los padres o los hermanos. Por esa razón, en lugar de impedirle que entre al cuarto de baño cuando usted esté haciendo uso del inodoro, invítelo para que observe, y vaya haciendo al mismo tiempo un comentario sobre lo que está ocurriendo. Si tiene otro niño a quien no le moleste tener compañía en el excusado (muchos no la toleran) permítale al niño asistir también a esa función. Explíquele que las mamás y los papás y los hermanitos mayores se sientan en el inodoro y que él también hará lo mismo cuando sea grande. Si no le asusta el ruido y es capaz de accionar la palanca, déjelo que él suelte el agua; luego observe junto con él cómo ésta gira en remolino y desaparece con los excrementos por el sifón de desagüe. Si el niño quiere sentarse en el inodoro, cómprele un bacín de colocar encima del asiento grande, o un bacín especial para niños con su asientito apropiado (que es más seguro, más cómodo, menos asustador y más fácil de hacer a un lado), y permítale ensayarlo. Pero no lo deje nunca solo, y levántelo en cuanto se canse de esa posición. Si se siente cómodo en el bacín ahora (siempre que la idea sea de él y no de usted) más tarde ya no le tendrá miedo.

Que no sienta asco. Una auto-imagen positiva es muy importante en cualquier tipo de entrenamiento. Así pues, no le haga sentir al niño que lo que su cuerpo expele es inmundo (''¡Ah, esto sí que huele feo!''), aun cuando para usted lo sea. Absténgase de hacer caras y comentarios desfavorables cuando le esté cambiando de pañal y aseándolo. Por el contrario, muéstrese positiva y tranquila en su comportamiento y sus comentarios.

Si bien el final del primer año, cuando un niño es curioso y todavía bastante maleable, es una buena época para familiarizarlo con el inodoro, no lo fuerce a ninguna edad a que lo use. Estimúlelo, enséñele, pero espere hasta que esté completamente listo — probablemente hacia el segundo cumpleaños, pero quizá no hasta el tercero — antes de iniciar un entrenamiento serio.[1]

CLASES PARA LOS BEBES

"Veo tantos anuncios de clases para bebés, que me parece que si no matriculo al mío por lo menos en una de ellas, lo estoy privando de algo importante".

Usted probablemente no asistió a ninguna clase antes de que la matricularan en el jardín infantil, a menos que fuera una de las pocas personas de su generación que iban a una guardería infantil desde los tres o los cuatro años. Ciertamente no estudió arte, ni música ni natación antes de que pudiera andar o hablar — y no pensará que la privaron de algo importante. A pesar del entusiasmo de los padres modernos por hacer tomar parte a sus hijos lo más pronto posible en actividades organizadas, su niño tampoco se privará de nada porque no lo matricule desde ahora en clases para bebés.

En efecto, las clases formales no sólo son innecesarias para un bebé sino que a veces resultan perjudiciales. Lo que los niños necesitan para desarrollarse bien es tiempo suficiente para explorar el mundo por sí mismos y aprender a su propio ritmo, con sólo una pequeña ayuda de sus amigos adultos. Obligarlos a explorar o aprender en un lugar y a un ritmo y horario predeterminados, como en una sala de clase, puede debilitar el entusiasmo natural del niño por nuevas expe-

riencias y herir su amor propio. Esto no significa que se deban rechazar automáticamente todas las oportunidades de actividades en grupo para su bebé. Es bueno que juegue cerca de otros niños — probablemente todavía no está en edad de jugar con ellos — y que conozca y pase algún tiempo con otros adultos. Para usted también es muy conveniente tener la oportunidad de conversar con otras mamás, compartir las preocupaciones y experiencias comunes y captar nuevas ideas para jugar con su niño.

Hay varias maneras de lograr los beneficios del grupo para su niño sin necesidad de matrícula prematura:

■ Llévelo a un campo de juegos de la localidad. Aun cuando todavía no sepa andar, disfrutará de los columpios, los deslizaderos y la arenera; y sobre todo gozará viendo a los demás niños.

■ Organice un grupo de juegos, o ingrese en uno que ya exista. Si no conoce a otras mamás que tengan hijos de la edad del suyo, ponga avisos en la oficina del pediatra, en su iglesia o sinagoga, hasta en el supermercado. Los grupos de juego se reúnen por lo general una vez a la semana en las casas o los patios de recreo, son muy informales, tienen una rotación frecuente y ofrecen una introducción ideal a las actividades de grupo.

■ Inscríbalo en una clase informal de ejercicios para bebés, observando las reglas de la página 243.

ZAPATOS PARA CAMINAR

"Mi nena está dando los primeros pasos. ¿Qué clase de zapatos debe usar ahora?"

Lo mejor para el bebé que empieza a caminar es andar descalzo. Los médicos han descubierto que los pies, como las manos, se desarrollan mejor desnudos,

[1] Una razón de que la nueva generación se esté entrenando tarde es el pañal desechable. Esta maravilla moderna absorbe la orina tan eficazmente para que no toque la piel, que los niños ni se dan cuenta cuando están mojados — todo lo contrario de las generaciones anteriores de niños que vivían perpetuamente incómodos ensopados en los pañales de tela.

no cubiertos ni encerrados. Andar descalzos contribuye a fortalecer los arcos y los tobillos; y así como las manos del niño no necesitan guantes en tiempo caluroso, los pies tampoco necesitan zapatos dentro de la casa ni en superficies seguras fuera de ella, excepto cuando hace frío. Aun caminar sobre superficies disparejas como arena es bueno para los pies pues obliga a los músculos a trabajar más.

Pero por seguridad y por higiene (nadie quiere que su niño pise vidrios rotos o porquería de perros) lo mismo que por apariencia, su niño necesitará algún calzado para las excursiones y las ocasiones especiales (¿para qué un trajecito de fiesta sin zapatos?). Escoja el calzado que más se asemeje a andar descalzos buscando lo siguiente:

Suelas flexibles. Zapatos que se doblen con relativa facilidad, al doblar hacia arriba la puntera, estorbarán menos el movimiento natural del pie. Muchos médicos recomiendan los de lona con suela de caucho por su flexibilidad, pero algunos sostienen que los tradicionales zapatitos para principiantes son aún más flexibles y por tanto los niños tienen menos peligro de caerse. Pídale recomendaciones a su pediatra y pruebe los que ofrezca la zapatería local antes de decidirse.

Corte bajo. No compre botitas de caña alta como las que su mamá probablemente le compraba a usted cuando empezó a andar. Aun cuando ese calzado dure más tiempo puesto y no se lo pueda quitar tan fácilmente como los zapatos, muchos expertos opinan que encierra el pie demasiado y estorba el movimiento del tobillo. Ciertamente no se debe usar para obligar a pararse a un niño que todavía no está preparado para andar.

Pala porosa y flexible. Para conservarse en buena salud los pies tienen que transpirar y hacer mucho ejercicio. Transpiran mejor y obtienen la mayor libertad de movimiento con zapatos de cuero, tela o lona. El plástico y el cuero de imitación son asfixiantes, a veces muy duros, y hacen que los pies suden excesivamente. Evite los zapatos "de correr" con bandas de caucho alrededor que aumentan el sudor. Si compra zapatos o botas para lluvia, hechos de plástico o de caucho, úselos únicamente cuando se necesiten y quíteselos otra vez en cuanto regrese a la casa.

Suelas planas, antideslizantes, sin tacón. Ya tiene bastante que hacer el bebé principiante para mantener el equilibrio, sin tener que luchar con zapatos resbalosos. Las suelas de caucho o de composición, especialmente cuando son estriadas, ofrecen una superficie menos resbaladiza que el cuero, a menos que éste también tenga estrías. Si un par de zapatos por todos los demás aspectos satisfactorios le resultan muy resbaladizos, déles aspereza a las suelas frotándolas con papel de lija o póngales unas tiras de esparadrapo.

Talones firmes. La parte de atrás del zapato (el talón) debe ser firme, no flojo. Es mejor si el borde superior va acolchado o envuelto, y si la costura posterior es suave, sin irregularidades que puedan producir irritación al talón del niño.

Que sean holgados. Es preferible que los zapatos le queden muy grandes y no muy pequeños; pero, naturalmente, lo mejor es que sean del tamaño preciso. Aun cuando ningún zapato puede ofrecer la misma libertad de andar descalzo, los muy apretados no permiten libertad alguna. Si se van a usar con medias, póngale medias al bebé cuando se los vaya a probar. Hágale tomar la medida del pie y pruebe los nuevos zapatos (ambos) haciendo parar al niño con todo el peso del cuerpo sobre los pies. La pala del zapato no se debe abrir cuando el niño se pone de pie (pero no importa que se abra al caminar), y los talones no deben moverse hacia arriba y hacia abajo a cada paso. Para probar el ancho, trate de apretar el zapato en su parte más ancha. Si puede agarrar un pedacito muy pequeño con los dedos, el ancho está bien; si alcanza a tomar un buen pedazo de zapato, es demasiado; y si no puede agarrar nada, el zapato es demasiado estrecho. Para probar el largo, empuje con el dedo pulgar entre los dedos del niño y la punta del zapato. Si queda el espacio de un dedo (como un centímetro) la longitud está bien. También debe quedar espacio para su dedo meñique en el talón. Una vez que haya comprado un par de zapatos para su bebé, compruebe semanalmente si todavía le vienen bien, pues los niños crecen y los zapatos les quedan chicos rápidamente, a veces en seis semanas, a veces en tres meses. Cuando la distancia en la puntera sea menos de un centímetro, hay que pensar en comprarle otros zapatos. Zonas rojizas en los dedos o pies del niño, que se noten al descalzarlo, también son señal de que los zapatos ya le quedan cortos.

Formas corrientes. Los estilos extravagantes, como botas de vaquero o zapatos puntiagudos de fiesta, deforman el pie que va creciendo. Busque más bien un zapato de ancho de empeine y puntera y con tacón plano.

La durabilidad no es un requisito de los zapatos para niños puesto que pronto les van a quedar pequeños. Debido al alto precio del calzado y al breve tiempo que el niño puede usar cada par, es grande la tentación de pasar a los niños menores los que se les van quedando a los mayores. Resista esta tentación. El zapato se amolda a la forma del pie de quien lo usa,

y usar zapatos moldeados por otra persona no es bueno para los pequeños pies. Haga excepción únicamente si se trata de zapatos (como los de fiesta) que apenas se han usado, que conservan su forma original y no están gastados por los tacones.

El zapato sólo es bueno si es buena la media que va dentro. Las medias, como los zapatos, deben ser del tamaño apropiado y de un material (como algodón u orlón) que permita la transpiración del pie. Las muy apretadas dificultan el crecimiento del pie; las demasiado largas se arrugan y producen irritaciones o ampollas, aunque a veces este problema se puede resolver doblando cuidadosamente la punta de la media antes de ponerle el zapato. Las medias de estirar que sirven para distintos tamaños indudablemente vienen bien al pie, pero hay que tener cuidado porque llega el momento en que ya son demasiado cortas y empiezan a apretar el pie, lo que se ve por las señales que dejan en los pies del niño.

EL NIÑO MUERDE

"El niño empezó a mordernos por juego — en el hombro, en la mejilla, en cualquier área vulnerable. Al principio nos pareció gracioso. Ahora nos preocupa que esté adquiriendo una mala costumbre... y además duele".

Es natural que el niño quiera ensayar sus dientes nuevos en toda superficie posible, inclusive en usted; pero también es natural que a usted no le guste que la muerda, y es justo que quiera ponerle punto a lo que se puede convertir en una mala costumbre, más dolorosa para las víctimas a medida que al bebé le salen más dientes.

Al principio el morder es un juego y un experimento. El niño no tiene ni la menor idea de que la esté lastimando. Al fin y al cabo, ha mordido muchos aros de dentición, se ha chupado muchos juguetes rellenos y ha probado los dientes en las barandas de la cuna sin que nadie se queje. Pero cuando obtiene una reacción humana, se siente estimulado a continuar para obtener más reacciones. Le parece muy graciosa la expresión de la mamá cuando le muerde el hombro, divertido el "¡Ay!" exagerado del papá, y definitivamente señal de aprobación la actitud de la abuelita que dice: "¡Qué lindo, me está mordiendo!" Hasta un grito real de dolor o un regaño fuerte pueden reforzar el hábito de morder porque el niño los encuentra divertidos o los ve como un desafío a su emergente sentimiento de independencia, o ambas cosas. Y contestarle mordiéndolo empeora las cosas; no solamente es cruel sino que le da a entender que él está autorizado para hacer lo mismo, puesto que lo hace la mamá. Por la misma razón, los mordiscos de amor de padres y abuelos estimulan también ese vicio.

La manera más eficaz de responder es retirar al niño tranquila y firmemente del área que ha mordido, con un severo "Morder no". Luego, distraerle la atención con un juguete, una canción u otra distracción. Proceda así cada vez que muerda, y al fin aprenderá.

CUIDADO DEL CABELLO

"Nuestra niña nació con una gran cantidad de pelo y ahora lo tiene tan enredado que es difícil manejarlo".

A los padres de incontables bebés calvos de nueve meses, eso no les parecería un problema sino un bien envidiable. Pero sin duda arreglar una abundantísima cabellera, sobre todo cuando es de una niña que no coopera y no se está quieta un minuto, puede poner a prueba la paciencia de un santo. Probablemente la situación va a empeorar más, antes de que empiece a mejorar: para algunos niños hasta de pre-escolar cada vez que les lavan la cabeza o los peinan es motivo de una rabieta. Pero, si no quiere llegar al extremo de cortarle el pelo bien corto (lo cual puede ser lo mejor, si usted tiene valor para eso), puede reducir las penalidades a un mínimo y al mismo tiempo mantener la cabellera de su niño o niña presentable tomando estas medidas:

■ Desenrédele el pelo antes de empezar a jabonárselo para evitar peores enredos después.

■ Use un acondicionador infantil después del champú si su bebé se está quieto para este doble proceso. Si no, use una combinación de champú y acondicionador, o un enjuague de crema atomizada que no hay que lavar. Esto facilitará muchísimo el peinado.

■ Use un peine de dientes bien separados o un cepillo con las puntas de las cerdas cubiertas de plástico para peinar el cabello húmedo. Un peine de dientes finos tiende a romper las puntas y también repela más.

■ Desenrede empezando por las puntas del cabello, manteniendo una mano firmemente sobre las raíces a fin de minimizar los tirones del cuero cabelludo y el dolor que los acompaña.

■ Si tiene que usar un secador de soplar, gradúelo bien bajo o en frío para no ir a dañar el delicado pelo del niño o quemar su sensitiva piel.

■ A una niña no le haga trenzas ni le estire el cabello para hacerle cola de caballo o coletas, pues estos estilos pueden dar lugar a zonas de calvicie o de pelo ralo. Si de todas maneras quiere hacerle cola de caballo o coletas, hágaselas flojas y préndaselas con sujetadores especiales o bandas revestidas más bien que con bandas de caucho comunes o pinzas, que pueden arrancar y dañar el pelo.

■ Pódele el pelo (o hágaselo arreglar en un salón que se especialice en corte para niños) por lo menos cada dos meses, para que crezca sano. Recórtele el flequillo cuando le llegue a los ojos.

■ Si la niña tiene carrera en el pelo, cámbiesela cada pocos días a fin de evitar que el pelo se le ponga ralo alrededor de la carrera.

■ Programe el arreglo de la cabeza para cuando la niña no esté cansada, ni malgeniada, ni tenga hambre. Hágalo más agradable dándole un juguete para que se entretenga antes de comenzar, posiblemente una muñeca y un peine. O póngala frente al espejo de modo que la pueda ver a usted arreglándole el cabello; al fin aprenderá a apreciar el resultado, y así las sesiones serán más tolerables.

TEMORES

"A mi bebé le encantaba verme trabajar con la aspiradora; ahora se aterra, lo mismo que de cualquier otra cosa que produzca un ruido fuerte".

Cuando su niño era más pequeñito, no le asustaban los ruidos fuertes, aun cuando momentáneamente podían sobresaltarlo, porque no percibía la posibilidad de que ofrecieran peligro. Ahora que ha aumentado su comprensión del mundo, es posible que empiece a darse cuenta de los peligros y el potencial de daño que le rodea, sobre todo si ya ha sufrido unas cuantas magulladuras.

Hay muchas cosas en la vida de un niño que, aun cuando inofensivas para usted, le pueden dar a él mucho miedo. Ruidos como el rugido de la aspiradora eléctrica, el zumbido de una mezcladora, el ladrido de un perro, el ulular de una sirena, la descarga del agua del inodoro, el gorjeo del agua que sale de la bañera; una camisa que le pongan por encima de la cabeza; que lo levanten en alto en el aire (especialmente si ya ha empezado a trepar, a levantarse por sí mismo o a desarrollar de alguna otra manera la percepción de la profundidad); que lo zambullan en el baño; el movimiento de un juguete mecánico de cuerda.

Probablemente todos los niños experimentan temores en algún momento, aun cuando los vencen tan rápidamente que los padres ni siquiera se dan cuenta. Los niños que viven en un ambiente de gran actividad, en particular cuando hay otros hermanitos, suelen experimentar estos temores más temprano.

Tarde o temprano, los niños dejan atrás los temores de la primera infancia y entran denodadamente al mundo, a veces con un valor temerario. Mientras tanto, usted le puede ayudar al suyo a dominar sus temores en estas formas:

No lo fuerce. Obligarlo a que se acerque a la aspiradora no sólo no sirve para nada sino que, por el contrario, bien puede intensificar su temor. Aun cuando a usted le pueda parecer irracional esa fobia, para él es muy legítima. Necesita esperar y enfrentarse a esa bestia ruidosa en sus propias condiciones y a su debido tiempo, cuando sienta que no corre peligro.

No apele al ridículo. Burlarse de los temores del niño, decirle que son tontos o reírse de ellos sólo sirve para minar su confianza en sí mismo y su capacidad de enfrentarse a ellos. Tome sus temores en serio como los toma él.

Acepte y simpatice. Aceptando los temores de su bebé como reales y confortándolo cuando lo rodean sus demonios personales, usted disminuirá la carga y le ayudará a enfrentarla. Si llora cuando usted conecta la aspiradora (o suelta el agua del inodoro o pone a andar la mezcladora) álcelo rápidamente y déle un buen abrazo para tranquilizarlo. Pero no exagere la simpatía, so pena de reforzar la idea de que hay algo a qué temer.

Déle confianza y enséñele habilidades. Aun cuando conviene respetar sus temores, su meta final es ayudarle a vencerlos. Esto lo puede lograr el niño familiarizándose con las cosas a las cuales teme, aprendiendo qué hacen y cómo trabajan, y obteniendo algún sentido de control sobre ellas. Permítale que toque la aspiradora y aun que juegue con ella cuando esté apagada y desconectada — probablemente la máquina le fascina tanto como lo asusta.

Una vez que juegue confiadamente con la aspiradora apagada, álcelo con un brazo mientras con el otro maneja la aspiradora — si esto no lo pone nervioso. En seguida enséñele a encender el aparato, con un poco de ayuda si el interruptor no es fácil de accionar. Si a lo que teme es al agua del inodoro, hágale tirar adentro un poco de papel y anímelo para que él mismo suelte el agua cuando esté listo. Si es el desagüe de la bañera, déjelo observar cómo sale el agua estando él afuera, seguro, completamente vestido, y si es necesario, en sus brazos. Si a los perros les tiene miedo, ensaye jugar con un perrito mientras el niño observa desde la distancia — tal vez sentado en las rodillas del papá. Cuando al fin esté dispuesto a acercarse al perro, estimúlelo (teniéndolo alzado) para que acaricie a un animalito que usted sepa que es manso y que no le va a tirar de pronto una dentellada.

LO QUE IMPORTA SABER: Los comienzos de la disciplina

Usted aplaudió locamente los primeros ensayos felices que hizo su niño para levantarse, y se sintió muy orgullosa viendo cómo finalmente pasaba de arrastrarse a gatear. Ahora se pregunta por qué tanta alegría. Junto con la nueva movilidad, ha venido la capacidad de hacer toda clase de pilatunas. Si no le apaga la grabadora cuando usted está tratando de grabar su programa favorito, le está quitando el mantel de la mesa del comedor (junto con el frutero que había encima), desenrollando con gran alegría rollos enteros de papel higiénico para echarlos en el excusado, o vaciando industriosamente el contenido de cajones, gavetas y anaqueles de libros al suelo. Antes, todo lo que usted tenía que hacer para que la casa permaneciera en orden era depositar al niño en un lugar seguro; ahora ya no existen lugares seguros.

Por primera vez siente mortificación en vez de orgullo ante las proezas de su retoño. Y por primera vez surge en su hogar la cuestión de disciplina. El momento es adecuado. Esperar para introducir disciplina en la vida del niño hasta mucho después de los diez meses, puede dificultar mucho esa labor; mientras que tratar de introducirla mucho antes, cuando todavía no se ha desarrollado la memoria, es inútil.

¿Por qué disciplinar a un bebé? Ante todo, para infundirle el concepto de lo que está bien y lo que está mal. Aun cuando todavía falta mucho tiempo para que lo capte completamente, es ahora cuando se le debe empezar a enseñar con el ejemplo y la guía. En segundo lugar, para sembrar las semillas del dominio de sí mismo. No echarán raíces durante algún tiempo pero es necesario que en algún momento las echen para que su niño pueda funcionar en una forma eficiente. En tercer lugar, para enseñarle respeto por los derechos y sentimientos de los demás, de modo que pase de ser un bebé normalmente centrado en sí mismo a ser un niño y un adulto sensitivo y comprensivo. Y, finalmente, para proteger al niño, el hogar y su propia salud mental — ahora y en los meses de diabluras que vendrán.

Al iniciar el programa de disciplina infantil, tenga en cuenta lo siguiente:

■ Aun cuando para muchos la palabra "disciplina" se asocia con estructura, reglas y castigos, lo cierto es que se deriva de una palabra latina que significa "enseñanza".

■ Cada niño es distinto, cada familia es distinta, cada situación es distinta. Pero hay reglas universales de conducta que se aplican a todos y en todo momento.

■ Hasta que el niño comprenda qué cosas son seguras y cuáles no, o por lo menos qué actos están permitidos y cuáles no, los padres tienen la responsabilidad total de mantener el ambiente seguro, lo mismo que la de proteger sus pertenencias y las de los demás.

■ Retirarles el amor paternal afecta el amor propio de los niños. Es importante hacerles saber que siguen siendo amados, aun cuando su conducta sea censurable.

■ La disciplina más eficaz no es la rígida e inexorable, ni tampoco la demasiado permisiva. La estricta que se basa totalmente en la policía paterna más bien que en fomentar el desarrollo del autodominio,

produce niños totalmente sumisos a sus padres pero totalmente incontrolables en el momento en que no estén directamente bajo la autoridad paterna o de otro adulto. Por otra parte, los padres excesivamente tolerantes no producen hijos bien educados, capaces de enfrentarse con el mundo real. Los niños consentidos son egoístas, groseros, desagradables en su trato, inclinados a contradecir y desobedecer.

Los dos extremos hacen que el niño sienta que no lo quieren. Los padres demasiado estrictos parecen crueles y por eso no amantes; los tolerantes se ven como indiferentes. Una disciplina más constructiva es la que adopta un término medio: fija límites justos y los hace respetar con firmeza pero con amor.

Esto no quiere decir que no haya variantes normales en cuanto a estilos disciplinarios. Algunos padres son sencillamente por naturaleza más tolerantes, y otros son más rígidos. Y eso está bien, siempre que no se llegue a un extremo.

■ La disciplina eficaz tiene que ser individualizada. Si usted tiene más de un hijo, seguramente habrá notado diferencias de personalidad desde que nacieron. Esas diferencias afectan al modo como se debe disciplinar a cada uno. Por ejemplo, un niño se abstiene de jugar con las tomas eléctricas una vez que se le hace una leve advertencia al respecto, mientras que otro no hace caso de tales advertencias a menos que se le hable muy recio y con mucha autoridad. Con un tercer niño quizá sea necesario retirarlo materialmente del lugar de peligro. Acomode su estilo a la personalidad del niño.

■ Las circunstancias pueden alterar la reacción de un niño a la disciplina. Uno que por lo regular requiere enérgicas advertencias se puede sentir abatido si se le regaña cuando está cansado o cuando le están saliendo los dientes. Cambie de táctica según lo requieran las circunstancias del momento.

■ **Los niños necesitan límites.** No se pueden dominar a sí mismos ni controlar sus impulsos, y al verse sin control se asustan. Los límites que los padres fijan y hacen respetar amorosamente son como puntos de referencia y de apoyo seguro, que les dan confianza mientras exploran y crecen. Estirar demasiado esos límites, con el solo pretexto de que "apenas es un bebé", no es justo ni para el niño ni para aquéllos cuyos derechos se vulneran. Una tierna edad — por lo menos después de los diez meses — no debe ser carta blanca para que tire del pelo al hermanito o rasgue la revista que la mamá todavía no ha leído.

Cuáles son los límites que se deben fijar dependerá de sus prioridades. En algunos hogares, no pisar los muebles y no comer en la sala son prohibiciones muy importantes. En otros no se permite que el niño ande en el escritorio de mamá o papá. En casi todas estas familias se exige que se cumplan normas corrientes de cortesía y urbanidad, como decir "por favor" y "muchas gracias"; compartir las cosas; respetar los sentimientos de los demás. Determine cuidadosamente cuáles son las reglas que usted va a hacer cumplir, y limite su número.

Aprender desde temprana edad a vivir dentro de límites determinados contribuye a que sean menos turbulentos y terribles los dos primeros años, además de que es necesario para sobrevivir en una sociedad que está llena de límites — en la escuela, en el trabajo y en el juego.

Es mucho más fácil, desde luego, hablar de fijar límites para los bebés que hacerlos cumplir en la práctica. Es muy tentador ceder ante un adorable niño que le sonríe a uno picarescamente

cuando le dice que "¡No!", o ante otro muy sensible que empieza a llorar con sólo oír la palabra. Pero plante, y recuerde que es para bien del niño mismo. Tal vez no le parezca ahora que es vital impedirle llevar galletas a la sala, pero si no aprende desde ahora a obedecer unas pocas reglas, le será más difícil aceptar las muchas que va a encontrar más tarde en la vida. Es posible que continúe protestando, pero gradualmente encontrará usted que el niño va aceptando cada vez más los límites.

■ **Un niño que hace diabluras no es "malo".** Los niños no distinguen el bien del mal, de modo que sus travesuras no se pueden considerar maldades. Aprenden a conocer el mundo experimentando, observando causa y efecto, y poniendo a prueba a los adultos. ¿Qué pasa si volteo el vaso de jugo? ¿Pasará lo mismo si lo hago otra vez? ¿Y otra? ¿Qué hay en los cajones de la cocina y qué pasará si los saco del todo? ¿Qué hará mi mamá?

Decirle constantemente que él es malo lo afecta en el concepto que debe tener de sí mismo y lo hace perder confianza. El niño que oye decir a cada rato "Tú eres muy malo" quizá cumpla más tarde la profecía ("Si dicen que soy malo, seguramente seré malo"). Critique sus acciones pero no lo critique a él. ("Morder es malo", pero no "Tú eres malo".)

■ **La constancia es importante.** Si hoy está prohibido pisar los muebles pero mañana se permite, o si lavarse las manos antes de comida era obligatorio ayer pero hoy no se exige, la única lección que se aprende es que el mundo es una confusión y que las reglas no tienen sentido. Si usted no es constante, el niño no le cree.

■ **Hágase obedecer.** Levantar la vista del libro que está leyendo apenas lo suficiente para murmurar "No" a un bebé que está tirando de los alambres del televisor, pero no lo suficiente para asegurarse de que suspenda, no es disciplina eficiente. Si sus palabras no tienen el respaldo de la acción, sus amonestaciones pierden autoridad. Cuando no surta efecto el primer "no", actúe inmediatamente, sobre todo en una situación tan peligrosa como esa. Deje el libro a un lado, levante al niño y apártelo de los tentadores cables de la TV, y de preferencia llévelo a otro cuarto. En seguida hágale olvidar la televisión con algún juguete favorito. La mayoría de los niños olvidan rápidamente lo que no tienen a la vista — aun cuando hay unos pocos que quizá vuelvan al lugar del hecho, caso en el cual usted tendrá que impedírselo. La distracción cuando funciona también le permite guardar las apariencias a un bebé que considere el "no" como un desafío.

■ La memoria de los niños es muy limitada. No se puede esperar que aprendan la lección la primera vez que se les enseña, y es preciso repetirles una y otra vez que no deben hacer tal o cual cosa. Tenga paciencia y dispóngase a repetir el mismo mensaje — "No toques el televisor" o "No comas la comida del perro" — todos los días durante varias semanas, hasta que al fin entienda o se le quite la tentación.

■ A los niños les encanta "jugar al no". Cuando la mamá les dice que "¡No!" lo toman como un reto parecido al de subirse las escaleras o poner en su lugar una figura del rompecabezas. Así que, por más que su niño insista, no permita que su "no" se convierta en un juego o un motivo de risa. El niño no la tomará en serio.

■ Muchos "noes" pierden su eficacia y desmoralizan. Nadie querría vivir en un mundo regido por un dictador inexorable cuyas tres palabras favoritas fueran "no, no, no". Tampoco querría usted que viviera en él su niño. Limite las prohibiciones a aquellas cosas en que el bienestar del niño o de otra persona se vea amenazado. Recuerde que no todas las cuestiones valen la pena pelear por ellas. Se necesitarán pocas prohibiciones si se crea un ambiente seguro en el hogar (vea la página 337) con muchas oportunidades para explorar en condiciones que no ofrezcan peligro.

Junto con cada "no" ofrezca siempre un "sí" en forma de una alternativa. "No puedes jugar con el libro de papá pero sí puedes ver éste", o "No puedes desocupar la gaveta de los cereales pero sí puedes desocupar el anaquel de las ollas". En lugar de decirle "No, no toques los papeles del escritorio de mamá" a un bebé que ya ha esparcido varias cosas por el suelo, dígale: "Vamos a ver si puedes volver a guardar estos papeles en el cajón de mamá y cerrar el cajón". En esta forma se guardan las apariencias y el niño aprende sin que lo haga sentirse mal.

De vez en cuando, cuando lo que esté en juego no sea gran cosa o cuando se dé cuenta de que ha cometido un error, permítale al niño ganar — un triunfo ocasional compensará las muchas derrotas que tiene que aceptar todos los días.

■ Es preciso dejar que los niños cometan algunas equivocaciones y que aprendan de ellas. Si usted nunca le da la oportunidad de hacer una trastada (por ejemplo, si esconde todos los adornos) no tendrá que decir "no" con tanta frecuencia, pero también perderá importantes ocasiones de enseñarle. Deje campo para los errores, de manera que su niño aprenda de ellos, aun cuando hay que evitar aquéllos que puedan resultar peligrosos o demasiado costosos.

■ La corrección y las recompensas son mejores que los castigos. El castigo, siempre de dudoso valor, es particularmente inútil para los niños chiquitos puesto que no entienden por qué se les castiga. Un bebé es demasiado joven para asociar el ser encerrado en el corralito de juego con haber derramado el salero, o para entender que se le priva del biberón porque mordió al hermanito. En lugar de castigar la mala conducta, premie al niño cuando es bueno. El refuerzo positivo, la recompensa y el elogio del buen comportamiento, funcionan mucho mejor. Fortalecen en lugar de debilitar la confianza en sí mismo y refuerzan la buena conducta. Otra táctica productiva y que enseña que los actos tienen consecuencias, consiste en hacer que el responsable ayude a reparar el daño que hizo — secar la leche derramada, recoger las servilletas que tiró al suelo, pasarle a usted los libros para volverlos a colocar en el anaquel.

■ La ira engendra ira. Si usted no reprime la expresión de su cólera cuando el niño rompe su plato de dulces favorito tirándolo como si fuera una pelota, él también reaccionará con furia en vez de remordimiento. Si es necesario, tómese unos minutos para calmarse antes de hablarle al culpable, abandone brevemente la escena del delito, si eso le ayuda a dominar sus nervios. Una vez que se sienta otra vez dueña de sí misma, explíquele al niño que lo que hizo está mal y por qué. ("Eso no era un juguete, era el plato de mamá. Lo rompiste y mamá está triste".) Es importante hacer esto aun cuando la explicación no la pueda entender el bebé o ya se haya distraído.

En los momentos de mucha ansiedad, recuerde, aun cuando no sea fácil, que su meta a largo plazo es enseñarle buen comportamiento, y que gritar o pegarle cuando uno está furioso le enseña mal comportamiento y le da mal ejemplo.

No se preocupe si de vez en cuando le

es imposible dominarse. Como todo ser humano, usted tiene derecho a sus flaquezas, y su niño debe saberlo. Siempre que sus explosiones sean relativamente poco frecuentes y de corta duración, no perjudicarán la buena crianza del niño. Cuando ocurran, no olvide dar excusas: "Siento mucho haberte gritado, pero estaba muy enojada". Agregar "Te quiero mucho" será reconfortante y le hará entender al niño que a veces nos enfadamos con personas a quienes amamos y que esos sentimientos no son malos.

■ La disciplina puede ser cuestión de risa. El humorismo es la levadura de la vida — y un instrumento disciplinario de sorprendente eficacia. Utilícelo sin reparo en situaciones que de otro modo llevarían a la exasperación — por ejemplo, cuando el niño no se deja poner el abrigo. En lugar de emprender una lucha inútil con gritos y chillidos de protesta, evite el berrinche y la pelea con alguna bobada inesperada, por ejemplo sugiérale que le puede poner el abrigo al perro (o a la muñeca o a mamá) y haga el ademán de ponérselo. La incongruencia de lo que usted propone probablemente alejará la mente del niño de su objeción a ponerse el abrigo por un tiempo suficiente para que usted pueda cumplir su meta.

El humor puede entrar en diversas situaciones disciplinarias. Dé las órdenes fingiendo que usted es un perro o un león, o un pájaro, o cualquiera que sea el favorito de su bebé; realice las tareas desagradables con acompañamiento de alguna canción; lleve al niño boca abajo a la mesa de cambiarlo; haga muecas ante el espejo con el niño en lugar de reñirlo, "No llores, no llores". Tomarse el uno al otro menos en serio a menudo agregará un rayito de sol a sus días, particularmente al aproximarse el tormentoso segundo año. Permanezca seria, sin em-

PEGARLE O NO PEGARLE

Aun cuando castigar a un niño pegándole es una tradición que ha pasado de generación en generación en muchas familias, la mayoría de los expertos están de acuerdo en que no es ni ha sido nunca una manera eficaz de disciplinarlos. Los niños a quienes se les pega tal vez se abstienen de repetir la falta por temor de un nuevo castigo; pero obedecen sólo mientras exista ese riesgo. No quieren ni respetan a la persona que les pega. Sólo saben que por unas cosas les pegan y por otras no, pero no aprenden a diferenciar lo que está bien y lo que está mal, que es una meta principal de la disciplina.

El castigo corporal también tiene muchos aspectos negativos. Por una parte, da ejemplo de violencia. Los hombres que les pegan a los hijos y a la mujer casi siempre han sido víctimas ellos mismos de iguales castigos en su niñez. Si a un chico que golpea a un compañero se le pregunta "¿Dónde aprendiste eso?" es muy posible que conteste: "De mi mamá (o papá)". Por otra parte, pegarles a los niños les enseña que la mejor manera de arreglar las disputas es por la fuerza y les niega la oportunidad de aprender maneras alternas y menos dañinas de actuar cuando se siente cólera o gran contrariedad. También representa un abuso del poder por parte de una persona muy grande y fuerte contra una pequeña y débil. Y puede causarle al niño graves lesiones, sin proponérselo, sobre todo si se castiga con furia. Pegar después de que ha pasado la cólera, aun cuando puede causar menos daño físico, parece todavía más cuestionable que el castigo aplicado en el calor del momento. Ciertamente es más cruelmente calculado y hasta menos eficaz para corregir el comportamiento.

Si no es conveniente que los padres les peguen a sus hijos, mucho menos lo es que les peguen otras personas. Con el papá o la mamá el niño se siente generalmente seguro sabiendo que la azotaina se la administra una persona que lo quiere; con otras personas, no existe esa seguridad. A las niñeras, maestras y otras personas a cuyo cuidado esté su hijo, hay que advertirles que *jamás* le peguen ni le administren ninguna otra forma de castigo corporal.

La mayoría de los expertos (y de los padres) estarán de acuerdo en que una oportuna palmada en la mano o en las posaderas puede justificarse en una situación de peligro, para hacerle llegar un mensaje serio a un niño demasiado pequeño para entender palabras — por ejemplo, cuando se baja a la calle o se acerca a una estufa caliente y no hace caso de una advertencia. Sin embargo, una vez que se establece la comprensión, la fuerza física ya no tiene justificación alguna.

bargo, cuando se presente una situación realmente peligrosa, pues en ese caso hasta una sonrisa puede ser fatal para la eficacia de la lección que pretende comunicarle.

■ Los accidentes requieren un tratamiento distinto de la mala conducta intencional. Recuerde que todos cometemos errores, pero los bebés debido a su inmadurez emocional, física e intelectual, tienen derecho a cometer muchos más. Cuando el suyo tropiece el vaso y haga derramar la leche por tratar de alcanzar una tajada de pan, una reacción apropiada de su parte sería: "¡Ay, se derramó la leche! Ten más cuidado, querido". Pero si derramó intencionalmente la taza, entonces lo que se le debe decir es: "La leche es para tomarla, no para derramarla. Si la derramas, lo ensucias todo y la desperdicias. ¿Ves? Ya no queda más". En ambos casos conviene darle una toallita de papel para que ayude en la limpieza, y en adelante no llenar la taza del todo sino poner en ella cantidades pequeñas de líquido, y ver que el niño tenga bastantes oportunidades de experimentar derramando líquidos en una tina o en otro ambiente aceptable.

■ Los padres tienen que ser los adultos de la familia. Si usted espera que su niño actúe en forma responsable, tiene que darle el ejemplo: si le prometió que lo iba a llevar al parque, pero después piensa que le gustaría más ver el programa vespertino, una mamá seria cumple su promesa. Si quiere que el niño reconozca sus equivocaciones con ecuanimidad, reconózcalas usted también: si lo hizo llorar por haber derramado la leche y después se enteró de que el que la derramó fue el papá, una mamá seria da excusas y la próxima vez se cuida de hacer juicios precipitados. Si a menudo se sorprende poniéndose al mismo nivel del niño, por ejemplo, correspondiendo con una rabieta suya a una del niño, o exigiendo que las cosas se hagan a su manera cuando se podían hacer igualmente bien como él quiere, es tiempo de que revise su conducta.

■ Los niños merecen respeto. En lugar de tratar a su niño como si fuera un objeto, una pertenencia o "apenas un bebé", trátelo con el mismo respeto que le merecería cualquier otra persona. Háblele con cortesía (diga por favor, gracias y perdón), ofrézcale explicaciones (aun cuando no crea que él las entienda todavía) cuando le prohíbe algo, muéstrese comprensiva de las necesidades y sentimientos del niño (aun cuando no le pueda permitir que haga lo que quiera), evite hacerlo quedar mal (regañándolo delante de extraños), y escuche lo que dice. En esta etapa que precede a la expresión verbal, cuando gruñidos y señales son las maneras principales de comunicación, es difícil escuchar, y seguirá siéndolo hasta que se desarrolle un verdadero lenguaje (o sea entre los cuatro y los cinco años); pero es importante hacer el

esfuerzo. Recuerde que para el niño también la situación es difícil.

■ Debe haber una equitativa distribución de derechos entre padres e hijos. Cuando el niño está todavía muy pequeño, es fácil que los padres sin experiencia se equivoquen en esta área yendo a uno u otro extremo. Algunos renuncian a todos sus derechos en favor del niño — basan su vida en la programación del bebé, nunca salen, olvidan el valor de los amigos adultos. Otros siguen viviendo como si todavía no tuvieran hijos, sin hacer caso de las necesidades del niño — llevan a las reuniones de adultos a un niño que está más que cansado, se saltan el baño del bebé por ir a un partido de fútbol y no cumplen la cita con el pediatra por asistir a una gran venta en una tienda favorita. Estos últimos abusan de su poder, que es grandísimo si se compara con el de un bebé; los otros no usan sus poderes en absoluto. Lo que se necesita es un término medio.

■ Nadie es perfecto — y no hay que esperar que lo sea. No fije normas inalcanzables para su bebé. Los niños necesitan todos los años que ofrece la infancia para desarrollarse hasta el punto en que se puedan manejar como adultos. Y tienen que saber que usted no espera perfección. Elogie realizaciones particulares en vez de hacer comentarios generales sobre la naturaleza de su niño: "Hoy te has manejado muy bien" en lugar de "Tú eres el mejor bebé del mundo". Como nadie puede ser "bueno" todo el tiempo, el elogio exagerado, que se repite constantemente, hace temer al niño que sus expectativas jamás se puedan cumplir.

Tampoco puede esperar perfección en usted misma. No existen padres que nunca se salgan de sus casillas, nunca griten ni tengan jamás el deseo de pegarle a un chiquillo rebelde. Y desfogarse y aclarar la atmósfera de vez en cuando puede ser mejor que guardarse el enfado y la contrariedad. El enfado reprimido suele estallar en la forma menos apropiada, a menudo desproporcionada a la falta cometida.

Sin embargo, si sus estallidos de impaciencia son muy frecuentes, trate de determinar la causa subyacente. ¿Está enfadada por ser responsable de todas las tareas que implica el cuidado del niño? ¿Está realmente enfadada consigo misma o con alguna otra persona y hace víctima de su mal humor al ser más indefenso, al bebé? ¿Ha fijado demasiados límites o le está dando al niño demasiadas oportunidades de hacer travesuras? Si es así, trate de poner remedio a esa situación.

■ Los niños tienen que saber que disponen de cierto control sobre su propia vida. Para preservar la buena salud mental, todos, hasta los bebés, necesitan sentir que disponen de algún poder decisorio. No siempre será posible que el niño se salga con la suya, pero en los casos en que se pueda, permítaselo. Déle la oportunidad de elegir — la galleta o el pedazo de pan, el columpio o el deslizadero, el babero de elefante o el de payaso.

CAPITULO CATORCE

El undécimo mes

LO QUE DEBE ESTAR HACIENDO SU BEBE

A fines de este mes, su bebé
. . . debe ser capaz de:

- estando boca abajo, sentarse

- recoger un objeto muy pequeño con cualquier parte del pulgar y otro dedo (a los 10 $1/2$ meses)

- entender la palabra "no" (aunque no siempre obedecerla)

Nota: Si su bebé parece no haber alcanzado alguno de estos hitos, hable con el médico. Son raros los casos en que la tardanza indica un problema y casi siempre resulta que es normal para su niño. Los niños prematuros suelen alcanzar estos hitos más tarde que otros de la misma edad de nacimiento y más bien los alcanzan cerca de su edad ajustada (la edad que tendrían si hubieran nacido en tiempo) y a veces más tarde.

. . . probablemente podrá:

- jugar a palmotear o hacer con la mano el ademán de despedida

- dar unos pasos apoyándose en los muebles

. . . posiblemente podrá:

- recoger limpiamente un objeto diminuto con el pulgar y el índice

- pararse solo momentáneamente

- decir papá o mamá discriminadamente

- decir alguna palabra distinta de papá o mamá

. . . hasta podría:

- pararse solo bien

- indicar lo que quiere de una manera distinta de llorar

- "jugar a la pelota" (devolvérsela a usted haciéndola rodar)

- tomar en taza independientemente

- hablar en media lengua (un galimatías que suena como si estuviera hablando en un idioma extranjero inventado)

- decir tres o más palabras distintas de mamá o papá

- responder a una orden sencilla no acompañada de gesto (dame eso — estirándole la mano)

- caminar bien

LO QUE PUEDE ESPERAR EN EL EXAMEN DE ESTE MES

Los médicos no suelen programar este mes un examen regular para un bebé que esté en buen estado de salud. Pero llámelo si tiene alguna preocupación que no pueda esperar hasta la consulta del mes entrante.

LA COMIDA DEL NIÑO ESTE MES: Cómo destetarlo

Puesto que destetar al niño se presenta como una de las tareas más graves que haya tenido que acometer hasta ahora, le complacerá saber que probablemente ya ha iniciado el proceso. La primera vez que le ofreció un sorbo de una taza, o una chupada de un biberón, o cualquier cosa en la punta de una cuchara, dio usted un paso hacia el destete. Este es básicamente un proceso de dos fases:

Fase uno: acostumbrar al niño a tomar leche de otra fuente distinta del pecho. Como un niño criado al pecho puede tardar un tiempo en aprender a tomar de un biberón o una taza, y algunos tardan mucho en querer siquiera ensayar semejantes métodos alternos de alimentación, conviene introducir esos métodos bastante antes de iniciar realmente el destete.[1]

Si no introduce temprano el biberón o la taza, el destete puede ser más lento y más difícil. En algunos casos aun puede ser necesario dejar que pase temporalmente hambre saltándose una lactación cada día durante tres o cuatro días, y ofreciéndole en cambio únicamente la alternativa que usted haya escogido. Si bien un niño terco puede rechazar el sustituto al principio, todos al fin se acostumbran a dejar el pecho.

Use leche extraída del pecho o de fórmula o agua para la práctica con biberón o taza antes de los seis meses; después de esa edad, los médicos en general aprueban pequeñas cantidades de leche entera de vaca o jugos de frutas diluidos en agua. Como es más probable que el niño acepte esta alimentación del papá y no de la mamá, es el momento para que el papá tome parte en el proceso de alimentación del niño.

Fase dos: disminuir las lactaciones. A diferencia del fumador que se propone dejar el cigarrillo o del enviciado a los dulces de chocolate que quiere corregirse, cortar en seco no es lo mejor para que el niño abandone el pecho. Tampoco es lo mejor para la madre cuyos pechos deben retirarse del servicio. Para el niño eso es demasiado traumático, física y emocionalmente; para la mamá, si suspende súbitamente la lactación, pueden sobrevenirle derrames, congestión de los pechos, conductos atascados, e infección. Por eso, a menos que una enfermedad o algún otro suceso de su vida haga necesario un destete apresurado, proceda gradualmente, empezando por lo menos varias semanas antes de la fecha en que proyecta haber completado el destete. Aplace el proceso del todo en tiempo de cambio grande o pequeño en la vida del niño — como cuando se va a encargar de él una niñera nueva, cuando la madre tiene que regresar al trabajo o cuando la familia se va a mudar a otra casa.

La técnica más común consiste en su-

[1] Si resuelve pasar primero al niño al biberón, recuerde que conviene que abandone también el biberón hacia la terminación del primer año o poco después, a fin de evitar el problema de la caries dentaria (vea la página 293).

primir una comida a la vez y esperar por lo menos unos pocos días, y de preferencia una semana, hasta que sus pechos y el niño se hayan acomodado a la pérdida antes de imponerle otra. Casi todas las mamás encuentran que es más fácil omitir primero la comida que parece interesarle menos al niño y en la cual come menos, o la que más se atraviese en las actividades de la madre. En el caso de una mamá que esté empleada, ésta suele ser la comida del mediodía. Con los niños menores de seis meses, que dependen más de la leche para su nutrición, cada lactación que se suprima debe reemplazarse con leche de fórmula. Para los niños mayores, un tentempié o una comida sólida pueden reemplazar las lactaciones suprimidas.

Si usted ha venido dándole el pecho a su niño sin horario fijo y cuando él lo pide, probablemente va a tener que ser más estricta y establecer una programación bastante regular reduciendo el número de comidas antes de que pueda pensar seriamente en destetarlo.

PARA COMODIDAD DE LA MADRE

El destete gradual contribuye a impedir molestias serias. Pero, ocasionalmente, y sobre todo si su niño está muy joven cuando lo desteta y ha sido criado exclusivamente al pecho, usted puede sufrir algo de congestión. En ese caso, extraiga un poquito de leche, apenas suficiente para aliviarla; extraer demasiada podría estimular más producción de leche. El destete gradual disminuirá también el impacto emocional para usted, pero probablemente no lo eliminará del todo. Este es un período de cambios hormonales, como la menstruación, el embarazo, el parto y el sobreparto, y a veces está acompañado de ligera depresión, irritabilidad y alteración de humores. Todo esto suele exagerarse por una sensación de pérdida y tristeza por haber puesto fin a esta relación especialísima con su niño, especialmente si usted no piensa tener más hijos. (En algunas mujeres la depresión que sobreviene al destete puede ser grave y requerir inmediata ayuda profesional; vea señales de alarma en la página 634.)

Unas pocas semanas después de destetar al niño puede parecerle que tiene los pechos totalmente vacíos. Pero no se sorprenda si todavía puede seguir extrayendo pequeñas cantidades de leche meses después, o hasta pasado un año o más; esto es perfectamente normal. También es normal que los pechos tarden un poco en volver a su tamaño anterior — muchas veces terminan siendo un poco más grandes o más pequeños y con frecuencia menos firmes, debido tanto a factores hereditarios y al embarazo como a la lactancia.

Si es necesario realizar el destete súbitamente, sobre todo en los primeros meses, cuando su producción de leche es más abundante, la madre puede experimentar considerable molestia. Puede ocurrir una gran congestión acompañada de fiebre y síntomas parecidos a la gripe, y las posibilidades de infección o de otras complicaciones son mucho mayores que cuando el destete es gradual. Compresas calientes o duchas de agua caliente, más aspirina, alivian un poco el dolor y la congestión; y tomar menos líquidos ayuda a disminuir la producción de leche. También puede ser útil extraer apenas la leche suficiente para aliviar la congestión pero no suficiente para estimular la producción. Consulte con el médico si los síntomas no disminuyen después de 24 horas.

El destete súbito también puede afectar al niño. Si se ve obligada a destetarlo sin preparación previa, cuide de prodigarle mucha atención extra, amor y caricias, y trate de minimizar cualquiera otra tensión en su vida. Si tiene que ausentarse de la casa, pida al papá, a la abuelita, a otra parienta o a una niñera cariñosa que hagan lo mismo.

Cualquiera que sea el programa de una mamá, las comidas de las primeras horas de la mañana o las últimas de la tarde —que son las más reconfortantes y gratas tanto para la madre como para el niño— son por lo general las últimas que se suprimen. En efecto, algunas mujeres continúan durante semanas dándoles una de estas comidas o ambas a niños que ya por lo demás estén destetados, por el solo placer que sienten en ello. (Esta opción no es para todas; algunas mujeres encuentran que su producción de leche disminuye rápidamente una vez que han reducido tanto el número de lactaciones.)

Otro método que les da buen resultado a algunas mujeres consiste en ir disminuyendo la cantidad de cada lactación, en lugar de suprimir lactaciones completas. Para empezar, se le da al niño una onza de leche en taza o en biberón antes de ponerlo al pecho y luego se le da menos tiempo al pecho. Gradualmente en el curso de varias semanas se va aumentando la cantidad en la taza o biberón y se va disminuyendo el tiempo de amamantarlo en cada comida. Al fin llega el momento en que el niño está tomando cantidades adecuadas de leche de vaca o de fórmula y se ha realizado el destete.

Ocasionalmente una enfermedad, un período de dentición dolorosa, un cambio desorientador de habitación o de rutina (por ejemplo, cuando se sale de vacaciones) puede interrumpir el proceso y el niño exige el pecho con más frecuencia. Sea comprensiva y no se preocupe — estos tropiezos son sólo temporales. Una vez que se vuelva a normalizar la vida del niño, puede reanudar su misión.

Tenga en cuenta que la lactancia es sólo una parte de su relación con su niño. Ponerle fin no debilitará el lazo que los une ni el amor que existe entre los dos; en efecto, algunas mujeres encuentran que la relación se fortalece cuando pasan menos tiempo amamantándolo y más tiempo en otras actividades.

Es posible que cuando se le quite el pecho, el niño busque otro objeto de confortación, como el dedo o una manta. Esto es normal y saludable. O también puede querer que usted le dé más atención; désela libremente. Esa atención les da a los niños la seguridad que necesitan para ser más tarde independientes.

No tema que su bebé se vaya a lamentar indefinidamente por la pérdida del pecho después de que lo destete. Eso no va a ocurrir. Los niños parecen tener un mecanismo integrado de supervivencia, en virtud del cual aun los que tienen mejor memoria olvidan rápidamente la experiencia de lactar, o por lo menos dejan de añorarla.

LO QUE LE PUEDE PREOCUPAR

PIERNAS TORCIDAS

"Mi niña empieza a dar los primeros pasos y yo estoy aterrada porque parece completamente estevada".

Estevada hasta los dos años, patituerta a los cuatro, la niña ciertamente no parece por ahora destinada a ganar muchos concursos de belleza; pero probablemente las reinas de belleza también tenían las piernas torcidas cuando empezaron a andar. Casi todos los niños pequeños son estevados (es decir, que las rodillas no se tocan cuando se paran con los pies juntos) durante los dos primeros años de vida. Después, como pasan más tiempo andando, se vuelven patituertos (las rodillas se tocan pero no los tobillos). Sólo en la adolescencia se alinean rodillas y tobillos y entonces las piernas toman su forma normal. Zapatos especiales, soportes, bragueros u otros aparatos ortopédicos no se necesitan ni hacen ningún papel en esta progresión normal.

Ocasionalmente un médico observa una verdadera anormalidad en las piernas de un niño. Tal vez una sola de ellas esté torcida, o una rodilla doblada hacia adentro, o tal vez el niño sí sea patituerto (aun cuando a veces sólo lo parece por ser muy gordos los muslos) o el arqueo normal se hace progresivamente más pronunciado una vez que empieza a andar. En tales casos, si entre los adultos de la familia hay antecedentes de tales defectos, sería prudente hacer examinar más detenidamente al niño, ya sea por su propio médico o por un pediatra ortopédico. Según el caso, se podrá recomendar o no un tratamiento (vea la página 170). Afortunadamente el raquitismo, que era antes la causa principal de piernas torcidas, es hoy menos común en los países civilizados, gracias a la fortificación de la leche de fórmula, la leche natural y otros productos lácteos con vitamina D, y a los suplementos de vitamina D para los niños alimentados al pecho.

HABLA CONFUSA

"Nuestro niño dice varias palabras, pero sólo mi marido y yo le entendemos. Parece que le cuesta trabajo pronunciar algunas consonantes y las confunde. ¿Significa esto que necesita un tratamiento para que aprenda a hablar?"

Es demasiado temprano para empezar a pensar en semejante cosa. Al fin y al cabo, hay 22 consonantes, que en combinación con las vocales y entre sí representan un gran número de sonidos distintos, y por lo general el niño no aprende a pronunciarlos todos correctamente hasta bien entrado el tercero o el cuarto año, y a veces mucho más tarde. Las palabras polisílabas son especialmente difíciles. Aun cuando algunos niños hablan con suficiente claridad a los dos años para ser entendidos por adultos fuera de la familia, a muchos no se les entiende hasta que llegan a la edad de cuatro o cinco años.

No es raro que los extraños se queden totalmente a oscuras con la media lengua que los padres del niño entienden sin dificultad porque su oído ya se ha acostumbrado a ella. Se necesita tiempo y trato constante con los niños para aprender a sintonizarlos, lo mismo que se necesita mucho tiempo y familiaridad con un idioma nuevo para llegar a dominarlo.

No adquiera la mala costumbre de estar corrigiéndole a su niño la pronunciación a cada rato. Y no le imponga privaciones por pronunciar mal, como retenerle el biberón porque pide "tete" en lugar de "leche". Este método sólo sirve para hacerlo vacilar antes de ensayar nuevas palabras y hasta para decir las que ya sabe. Pero tampoco repita las palabras del niño ni las use para hablarle ("Ya viene la-lá"), ni le deje entender que usted considera su pronunciación graciosa (aun cuando sí lo es). Si se da cuenta de que su defectuosa pronunciación es encantadora, seguirá usándola indefinidamente.

Lo que sí puede hacer usted en cambio es aceptar y aplaudir sus esfuerzos, y al mismo tiempo corregirle la pronunciación con el ejemplo. Cuando señale la lámpara diciendo "ú-ú", responda (mostrando el debido orgullo maternal, por supuesto): "Muy bien. Esa es la *luz*". Tal vez el niño no podrá decir "luz" durante varios meses, o hasta un par de años, pero apreciará que usted acepte su manera actual de decir la palabra y entenderá que su pronunciación todavía no es perfecta. Desde luego, usted se sentirá muy orgullosa cuando el niño ya pueda pronunciar las palabras correctamente, pero al mismo tiempo experimentará un poco de tristeza por perder su adorable media lengua.

DESNUDEZ DE LOS PADRES

"A veces me desvisto en presencia de mi bebé; pero me preocupa un poco que verme desnuda pueda ser en alguna forma perjudicial para su desarrollo".

Todavía falta tiempo para que usted tenga que ocultarse y vestirse y desvestirse a puerta cerrada. Los expertos están de acuerdo en que hasta los años preescolares la desnudez de los padres no molesta en forma alguna a un niño. Después de la edad de tres o cuatro años, sin embargo, la opinión varía. En ese punto, creen algunos, puede ser inconveniente que el niño o la niña vean completamente desnudos a su mamá o su papá. Ciertamente, un niño de menos de un año es demasiado joven para ser estimulado al ver desnuda a su mamá (a menos que sea criado al pecho), y también demasiado joven para recordar años después lo que ha visto. En efecto, no hará más caso del traje de Eva que de su mejor traje de fiesta, y probablemente ni se dará cuenta.

Sin embargo, si su bebé muestra curiosidad y quiere tocarle los pezones o cualquier parte privada del cuerpo, si a usted le molesta no tenga reparo en impedírselo. Pero actúe con naturalidad, sin exagerar. Al fin y al cabo, la curiosidad del niño por esas regiones del cuerpo es tan natural como la que siente por la nariz o las orejas. "Eso es de mamá" es una respuesta que ayudará al niño a entender el concepto de lo privado y le enseñará a mantener más tarde en privado sus propias partes pudendas — sin hacerle sentir vergüenza.

CAIDAS

"Desde que mi niño empezó a andar y subirse a todas partes, yo me siento como si viviera al borde del desastre. Se enreda en sus propios pies, se golpea la cabeza en el borde de las mesas, se cae de los asientos . . .".

A esta edad muchos padres temen que ni ellos ni los niños van a sobrevivir: labios partidos, ojos negros, chichones, topetazos, golpes y accidentes incontables para el niño; nervios destrozados y sobresaltos constantes para la mamá y el papá.

Y sin embargo el niño vuelve a las andadas . . . por fortuna, pues si no, nunca aprendería a vivir por su cuenta ni aprendería en realidad nada. Había un viejo dicho de que nadie aprendía a montar a caballo sin dar primero siete caídas; pero se necesitan muchas más para aprender a andar y a trepar, y las siete caídas o aun muchas más bien pueden ocurrir en el curso de una sola mañana. Unos niños aprenden pronto a ser cuidadosos; después de la primera caída de la mesita de la sala, se repliegan por unos días, y luego proceden con más cuidado. Otros parece que nunca van a aprender, o no conocen el miedo, o no les duelen los porrazos; cinco minutos después de la décima caída, vuelven por la undécima.

Aprender a andar es cuestión de ensayos y tanteos, de pasos y fracasos. Usted no puede ni debe impedir ese proceso. Su papel, además de orgullosa pero nerviosa espectadora, consiste en hacer todo lo posible para asegurar que cuando el niño caiga, no se haga daño. Una caída en la alfombra de la sala sólo herirá su amor propio, pero una caída escaleras abajo puede herirle mucho más. Un encuentro de cabeza con el borde redondeado del sofá le sacará algunas lágrimas, pero con una esquina aguda de una mesa de vidrio le puede sacar sangre. Para disminuir las posibilidades de accidentes serios, cuide de que en su casa haya un ambiente seguro (vea la página 337). Y aun cuando haya retirado los peligros más obvios del paso de su niño, recuerde que el factor más importante de seguridad en su hogar es usted misma (o la persona que tenga el cuidado de la criatura). Es cierto que el niño necesita mucha libertad para explorar el mundo que le rodea, pero esa libertad sólo se le puede conceder bajo la vigilancia estrecha y *permanente* de un adulto.

Aun en las casas donde se toman todas las precauciones, pueden ocurrir accidentes serios. Prepárese para esa eventualidad aprendiendo lo que se debe hacer si ocurre alguno. Tome clases de resucitación de niños y aprenda los procedimientos de primeros auxilios (página 506).

En estos casos la reacción de los padres suele condicionar la del niño. Si cada vez que se cae acuden presurosos los adultos muertos del susto preguntándole en coro y anhelantes "¿Qué te pasó? ¿Qué te pasó?", su soldadito caído seguramente exagerará tanto como los que lo rodean, derramará tantas lágrimas cuando no le ha pasado nada como cuando realmente se ha lastimado, y puede volverse excesivamente prudente o perder el gusto por la aventura, quizá hasta el punto de vacilar antes de ensayar actos normales del desarrollo corporal. En cambio, si la reacción de los adultos es serena —"¡Ah! ¿Te caíste? No te pasó nada. ¡Arriba!"—, el niño aprende a ser un buen soldado, a hacer poco caso de los pequeños tropiezos y volver a pararse como si tal cosa.

NO SE PARA TODAVIA

"Aun cuando desde hace tiempo viene tratando de pararse del suelo, mi bebé no lo logra todavía. Me temo que no se esté desarrollando normalmente".

Para los bebés la vida es una serie interminable de retos físicos, no menos que emocionales e intelectuales. Las destrezas que los adultos toman como la cosa más natural — como voltearse, sentarse o ponerse de pie — son para ellos proezas grandes que no se dominan sin gran esfuerzo. Y no bien han dominado una cuando se presenta otra.

En cuanto a pararse solitos, hay niños que adquieren esta destreza desde los cinco meses y los hay que tardan hasta bastante después de su primer cumpleaños. La mayoría se sitúan entre estos dos extremos. El peso influye en la edad a que el niño se para; un niño muy gordo tiene más lastre que levantar que un niño flaco, de manera que el esfuerzo tiene que ser mayor. Por otra parte, un niño fuerte y bien coordinado es capaz de ponerse de pie aun cuando pese mucho. El que permanece la mayor parte del día preso en el cochecito de paseo, o en el portabebés o el corralito de juego, no tiene cómo practicar; ni tampoco adquirirá práctica el que viva rodeado de muebles frágiles que ceden en cuanto trata de apoyarse en ellos para levantarse. Zapatos y medias que resbalan también obstaculizan sus esfuerzos por pararse, y bien pueden enfriar su entusiasmo por esta actividad. Los pies descalzos, o con pantuflas-medias, de suelas antideslizantes, le dan al niño bases más firmes para ponerse en pie. Se puede estimular al niño colocando un juguete en un lugar adonde tenga que pararse para alcanzarlo. Ayúdele también con frecuencia a ponerse de pie en su regazo; esto le hará desarrollar los músculos de las piernas a la vez que la confianza.

La edad de dominar la destreza de ponerse de pie es por término medio nueve meses. La mayor parte de los niños, aunque ciertamente no todos, la han dominado a los doce. Naturalmente, es una buena idea consultar con su médico si su niño cumple un año sin haber logrado pararse solo, para estar segura de que no exista ningún problema físico. Por el momento, lo único que hay que hacer es esperar tranquilamente a que se pare cuando le llegue el momento oportuno. Los niños adquieren confianza cuando se les deja progresar al paso que les sea natural, cuando descubren que son capaces: "Yo lo puedo hacer solo". Tratar de forzar a un niño a que se ponga de pie antes de tiempo, puede más bien retardar el proceso, no acelerarlo.

COLESTEROL EN LA COMIDA DEL NIÑO

"Mi marido y yo tenemos mucho cuidado con el colesterol en nuestro propio régimen alimentario; pero cuando le preguntamos al pediatra si al niño le debíamos dar leche descremada, dijo que no. ¿Significa esto que no debemos preocuparnos por el colesterol?"

El niño en su primer año de vida, y probablemente también en el segundo, está en una posición envidiable — por lo menos desde el punto de vista de los papás que echan de menos su diaria ración de carne y huevos. Las grasas y el colesterol no ofrecen peligro alguno para la salud del niño; antes bien, se cree que son indispensables para el adecuado crecimiento y desarrollo del cerebro y el resto del sistema nervioso. Además, la leche descremada y las leches bajas en grasa no son alimento apropiado para niños porque su elevada relación de proteína a grasa y sus altos niveles de sodio someten los riñones a un esfuerzo excesivo. Casi todos los médicos recomiendan leche materna por lo menos durante los seis primeros meses o un año, y leche entera después del destete. Algunos opinan que se puede pasar a leche 2% a los 15 meses y a leche descre-

mada a los 18; otros no autorizan ésta última hasta que el niño cumpla dos años.

Por falta de suficientes pruebas científicas, es difícil precisar qué cantidad de grasa es excesiva o insuficiente en la infancia. Probablemente lo más sensato es la moderación.[2]

Aun en el caso en que no sea necesario, ni siquiera aconsejable, limitarle estrictamente al niño la ingestión de grasas y colesterol, es necesario ver que los hábitos que adquiera ahora sienten las bases para una alimentación saludable para el resto de la vida. Un régimen recargado desde la infancia de grasas y colesterol y bajo en fibras puede predisponerlo más tarde a enfermedades cardiovasculares y aun a diversos tipos de cáncer, incluyendo algunos de los más tenaces como los del pecho, el colon y el recto.

Así pues, aun cuando es bueno que le siga dando leche entera a su bebé durante algún tiempo, y no necesita limitar rígidamente los huevos ni el queso, sí debe tomar las medidas necesarias para reducir el riesgo de enfermedades cardiacas o muerte, estableciendo desde ahora hábitos prudentes de alimentación.

Fuera la mantequilla. Si su niño se acostumbra a comer el pan, los panqueques, los vegetales, el pescado y otros alimentos sin agregarles mantequilla, no tendrá más tarde el problema de tratar de reducir ésta. Y si cuando sea mayor quiere untarle un poco al pan o sofreír el brécol en ella,

---

[2] Aparentemente, limitar estrictamente la grasa y el colesterol a los niños que tienen tendencia hereditaria a producir un exceso de colesterol, sirve para reducir los niveles de éste y parece que no perjudica el crecimiento y el desarrollo. Si en su familia existe esa tendencia, y especialmente si hay antecedentes de ataque cardíaco prematuro u otras enfermedades vasculares, consulte con el médico sobre la necesidad de hacerle al niño una prueba de colesterol en la sangre.

una cantidad muy pequeña será enteramente satisfactoria.

Prescinda de los fritos. Los alimentos fritos no son buenos para nadie — y mucho menos para los niños chiquitos. Sirva o pida papas asadas en lugar de fritas para el niño (y para el resto de la familia), ase el pollo en lugar de freírlo, y haga el pescado escalfado en una cacerola que no se pegue o asado al horno.

Elija bien los quesos. Los quesos duros de alto contenido de proteína y calcio, como el suizo, el Gouda, el mozzarella y el Cheddar, serían muy buenos en un régimen bien balanceado, si no fuera por su muy alto contenido de grasas saturadas y colesterol, que es alto aun para los niños pequeños, para quienes parece necesario un régimen moderadamente alto en colesterol. Busque más bien quesos de bajo contenido de grasa (como mozzarella parcialmente descremado, emental y otros de leche descremada) con no más de 5 a 7 gramos de grasa por cada 30 gramos, y úselos moderadamente, pues aun éstos no se pueden considerar "bajos en grasa".

Como el alto contenido de sodio de los quesos no es bueno para los niños ahora ni para su corazón más tarde, escoja quesos relativamente bajos en sodio — por ejemplo, los que no contienen más de 35 miligramos por cada 30 gramos.

Si los niños desarrollan desde muy temprano el gusto por quesos bajos en grasa y sodio, a lo mejor cuando sean grandes los preferirán a los de alto contenido de grasa y sal.

Otros productos lácteos. Aun cuando todavía no es tiempo de pasar a su bebé a leche descremada, sí puede empezar a darle quesos de crema bajos en grasa, yogures y requesón (escoja las variedades de éste último que tengan poca sal o nada

de sal) para fines del primer año, suponiendo que su bebé está tomando cantidades adecuadas de leche entera o quesos duros y algo de huevos, de manera que no tenga necesidad de las variedades más ricas. No se le deben dar helados comerciales porque contienen grandes cantidades de azúcar además de grasas, ni otros postres congelados (inclusive los quesos de soya que contienen muy poco nutrimento y mucho azúcar); en la página 726 se dan recetas de postres helados nutritivos que se pueden preparar en la casa.

Escoja las proteínas. Las proteínas en cantidades adecuadas son importantes para toda la familia, pero conviene escoger aquéllas que tengan un bajo contenido de colesterol y grasas, tales como: pescado, aves sin piel, fríjoles secos y arvejas, queso vegetal (queso de soya). Si su niño aprende a comer pescado y pollo, será menos probable que más tarde rechace "todo lo que no sea hamburguesa". Sírvale carne roja no más de tres veces a la semana, compre los cortes de carne magra y límpielos bien de toda grosura. Se puede prescindir totalmente de la carne, pero entonces es indispensable ver que el niño disponga de otras fuentes de hierro en su régimen.

Complete el menú con fibras. Si las grasas aumentan los niveles de colesterol en la sangre y el riesgo de ataque cardiaco, ciertos tipos de fibra, tales como pectina y salvado de avena, lo disminuyen. Asegúrese de que en el régimen de su bebé se incluyan frutas ricas en pectina, como manzanas, lo mismo que avena en alguna forma.

Déle pescado. Lo mismo que la fibra, el pescado en el régimen alimentario parece tener el efecto de rebajar el nivel de colesterol en la sangre, probablemente gracias a los aceites omega-3 que contiene. Acostumbre desde temprano a su niño a distintas variedades de pescado fresco, la mayor parte de los cuales tienen un gusto agradable y suave y una textura fácil de masticar, siendo al mismo tiempo bajos en grasas y sodio. Pero tenga mucho cuidado con las espinas.

Fíjese en las etiquetas. La mayor parte de la grosura y el colesterol en el régimen tanto de adultos como de niños está oculta en los alimentos preparados. Tortas y pasteles, por extraño que parezca, son una fuente importante de grasas, sobrepasando a la mantequilla y la margarina. Para evitar las grasas ocultas lea cuidadosamente las etiquetas y no compre productos que contengan los que figuran en la columna de "los malos" en el cuadro adjunto. Busque en cambio los preparados sin grasa o con las grasas y aceites recomendados. Cuanto más abajo figure "grasa" en la lista de ingredientes, menor es la cantidad que el producto contiene de ella y menor por tanto el peligro para la salud de la familia.

Disminuya la grasa en la cocina. La grasa que piden las recetas se puede reducir casi siempre al cocinar, sin dañar la receta. El uso de sartenes y cacerolas que no se peguen, lo mismo que de líquidos vegetales, permitirá reducir grandemente la cantidad de grasa que se necesita para saltear o escalfar. Para hornear, reduzca la grasa y reemplácela con cantidades equivalentes de líquidos.

Divida los huevos. Todos los 280 miligramos de colesterol que contiene aproximadamente un huevo están en la yema. Cuando una receta pida huevos, use únicamente las claras de algunos o de todos ellos (dos claras equivalen a un huevo

PARA PROTEGER EL CORAZON

Nunca es demasiado temprano para empezar a proteger al niño del peligro de un futuro ataque cardiaco. Lo siguiente ayudará:

■ A partir de fines del segundo año déle un régimen alimentario bajo en grasas saturadas y colesterol, pero introduzca desde antes hábitos prudentes de alimentación. Si en la familia hay antecedentes de hipercolesteremia (colesterol demasiado alto) haga examinar al niño por el médico.
■ Déle desde la primera infancia un régimen bajo de sal.
■ Déle un régimen alto en ácidos grasos omega-3, que se encuentran en abundancia en pescados aceitosos (salmón, sábalo y caballa, por ejemplo). No use cápsulas de aceite de pescado omega-3 pues su eficacia e inocuidad no están demostradas.
■ Vigile el peso de su niño, y actúe si empieza a subir mucho más rápidamente que su estatura (vea la página 239). Un bebé demasiado gordo seguirá engordando con exceso y casi con seguridad llegará a ser un adulto obeso.
■ No fume ni permita fumar en su casa. Los padres fumadores tienen mayores probabilidades de tener hijos fumadores. Eduque a sus hijos desde la infancia sobre los peligros del cigarrillo, además de lo desagradable que es para los demás.
■ Enseñe a su hijo desde temprano el valor y el placer de la actividad física; no sea usted sedentaria ni permita que lo sea el niño.
■ Si la tensión arterial del niño es alta, o está en el borde, siga las instrucciones que le dé el médico para controlarla.
■ Mantenga bajo el consumo de azúcar. El azúcar aumenta la necesidad de cromo y puede aumentar también la probabilidad de que se desarrolle diabetes, que es un factor de riesgo de ataque cardíaco.

entero) para hornear o cocinar para toda la familia. En general, los niños y los adultos no deben comer más de tres yemas a la semana; los que sufren de altos niveles de colesterol deben comer menos. Puede seguirle dando a su niño un huevo al día, pero empiece a reducir el número de yemas más o menos a los 18 meses. Recuerde que los huevos que se usan en la cocina cuentan en la cuota.

Cuidado con las comidas rápidas. La mayor parte de las comidas rápidas tienen un alto contenido no solamente de grasa y colesterol sino también de sal. Además, carecen por lo general de muchos nutrientes. De modo que no lleve a la familia sino rara vez a los restaurantes de comidas rápidas, y en esas ocasiones escoja los platos que sean más bajos en grasa (pizza, pescado asado, pollo al horno, papas asadas sencillas, vegetales sin preparación del mostrador de ensaladas). Las albóndigas de carne hechas en casa están bien para el niño pero las de comidas rápidas, conocidas como "hamburguesas", por lo general tienen demasiado sodio y grasas, y el panecillo de harina blanca que las acompaña es superfluo desde el punto de vista de la nutrición.

Cuando su niño tenga ya más de dos años, puede pasar a un régimen alimentario como el del resto de la familia, en el cual de 50 a 55% de las calorías provengan de hidratos de carbono (panes y cereales de grano entero, legumbres tales como fríjoles secos y arvejas, vegetales, frutas), 15 a 20% de proteínas (pescado, aves, carne, productos lácteos, legumbres, queso de soya), y sólo un 30% de grasas (no más del 10% debe ser saturada y 10% debe ser de aceites no saturados o aceite de oliva).[3]

La ingestión total diaria de colesterol (que se encuentra en gran cantidad en productos animales como mantequilla, leche entera, queso, carne y especialmente huevos), según reglas alimentarias prudentes no debe exceder de 100 miligramos por cada 1 000 calorías consumidas, hasta un máximo de 250 a 300 miligramos por día. Tenga en cuenta que un huevo grande contiene aproximadamente 280 miligramos de colesterol; un pedazo de mantequilla, 10 miligramos; una taza de leche entera, 33; un trozo de queso Chedar de 28 gramos, 30; una hamburguesa de 85 gramos, 76; y que un niño de dos años consume más o menos de 1 000 a 1 300 calorías por día, y un adulto típico entre 1 800 y 2 400.

CAMBIOS DE ESTATURA

"La pediatra me acaba de informar que mi niño bajó del noventabo percentil al cincuentavo en estatura. Me dijo que no me preocupara, pero yo me temo que tenga algún problema de desarrollo".

Cuando la médica evalúa el desarrollo del niño, observa muchas otras cosas además del cuadro de crecimiento. ¿Están aumentando en forma paralela la estatura y el peso? ¿Está pasando el niño por un hito del desarrollo (sentarse, pararse, etc.) más o menos por esta época? ¿Es activo y despierto? ¿Parece estar contento? ¿Parece entenderse bien con la mamá? ¿El pelo y la piel se ven sanos? Seguramente

---

[3] Esto es lo que recomienda la Asociación Norteamericana del Corazón para los que estén en buena salud y tengan poco riesgo de sufrir ataque cardíaco. No le reduzca a su niño las grasas por debajo de este nivel sin consultar antes con el médico. Las grasas, y en particular aquéllas que como la leche materna y los aceites de alazor, maíz y soya, contienen ácido linoleico, que es un ácido graso esencial, son indispensables para una buena alimentación. Y un régimen alimentario excesivamente bajo en grasas será necesariamente deficiente en ciertos nutrientes esenciales.

ACIDOS Y GRASAS: BUENOS Y MALOS

Los aceites que usted escoja para preparar la comida de su familia tendrán una influencia muy grande en su salud. Siempre que sea posible, escójalos entre "los buenos" o "los mejores" más bien que de "los malos'.

LOS BUENOS	LOS MEJORES	LOS MALOS
Margarina con una relación de grasas no saturadas a saturadas de 2:1 o mejor	Aceite de aguacate	Aceite de palma
Aceite de maní	Aceite de olivas	Aceite de coco
Aceite de semilla de algodón (un poco alto en grasas saturadas)	Aceite de colza	Manteca de cacao
	Aceite de alazor	Grasa hidrogenada vegetal o de pastelería
	Aceite de girasol	Grasa de pollo u otra ave
	Aceite de maíz	Sebo (grasa de carne)
	Aceite de soya	Manteca de cerdo
	Otros aceites ricos en grasas no saturadas	Mantequilla*
		Grasas parcialmente hidrogenadas

* Si su familia prefiere el sabor de la mantequilla (manteca de vaca), usar cantidades pequeñas (no más de una cucharadita por persona y por día) no aumentará apreciablemente la ingestión de colesterol.

la médica encontró que su niño se estaba desarrollando normalmente, de manera que usted debe seguir su consejo.

La razón más común de estos cambios en el crecimiento es que un niño que nació muy grande se está amoldando a su tamaño genéticamente predestinado. Si usted y su marido no son altos, no deben esperar que su niño permanezca en el noventabo percentil, pues todas las probabilidades son de que no será así.

Sin embargo, la estatura no se hereda por un gen único. El hijo de un papá de 1.80 y una mamá de 1.50 probablemente no alcanzará como adulto una estatura exactamente igual a la de uno u otro de sus padres. Lo más probable es que llegue a un punto intermedio. (Sin embargo, cada generación por término medio va siendo un poquito más alta que la anterior.)

Ocasionalmente se ha cometido un error, bien en la visita actual o bien en una anterior. A los bebés los suelen medir estando acostados, y como no se están quietos, es muy posible que el resultado no sea preciso. Cuando ya el niño pasa a ser medido estando de pie, puede parecer que perdiera un par de centímetros de estatura porque los huesos se asientan un poquito cuando se pone en pie.

Asegúrese, por supuesto, de que el niño esté bien alimentado y que continúe comiendo bien a medida que va creciendo. Cualquier inquietud que tenga sobre su salud, póngala en conocimiento del médico. En seguida anote los datos estadísticos que produzca la consulta y olvídese de ellos. Ya verá que los niños de todas maneras crecen con una rapidez alarmante.

LO QUE IMPORTA SABER: Ayudándole a hablar

Su bebé ha recorrido ya un largo camino desde el momento en que nació, cuando la única manera que tenía para comunicarse era llorar y no entendía nada fuera de sus necesidades primordiales. Luego, a los seis meses, empezó a articular sonidos, comprender palabras, expresar ira, contrariedad y felicidad; a los ocho meses ya podía comunicar mensajes mediante sonidos primitivos y gestos; y ahora, a los once, pronuncia (o pronunciará pronto) su primera palabra de verdad. Sin embargo, a pesar de todo lo que ha aprendido, todavía tiene mucho por aprender. En los meses venideros su comprensión aumentará en una forma increíble. Hacia la edad de año y medio vendrá una expansión dramática de lenguaje expresivo.

He aquí la manera como le puede ayudar en su desarrollo lingüístico:

Nombre las cosas. En el mundo de su bebé todo tiene nombre; úselo. Llame todos los objetos por sus nombres (baño, excusado, vertedero, estufa, cuna, corralito, lámparas, silla, sofá y demás); juegue a "ojos-nariz-boca" (tomando la mano del niño y tocándose con ella sus propios ojos, nariz y boca, dándole un beso en la manecita en la última parada), y señale otras partes del cuerpo; señale pájaros, perros, árboles, hojas, flores, autos, camiones y aviones cuando salgan de paseo. No olvide a las personas. Señale mamás, papás, bebés, señoras, hombres, niños y niñas. O "Toñito" o "Paquita", usando su nombre con frecuencia para desarrollar su sentido de identidad.

Escúchelo a él. Tan importante como lo que usted le dice al bebé es lo que le permita a él mismo decirle a usted. Aun cuando todavía no haya identificado palabras reales, escuche su parloteo y respóndale: "Oh, qué interesante", o bien "¿De

veras?" Cuando le haga una pregunta, espere la respuesta, aun cuando ésta sea sólo una sonrisa, un ademán o un balbuceo ininteligible. Haga un esfuerzo por entresacar palabras de sus escarceos verbales; muchas "primeras palabras" son tan confusas que los padres no las notan. Trate de hacer corresponder las palabras irreconocibles del niño con los objetos que puedan representar; tal vez no suenen ni remotamente correctas, pero si el niño usa la misma "palabra" para el mismo objeto constantemente, eso cuenta. Cuando le cueste trabajo traducir lo que pide, señale posibles candidatos ("¿Quieres la pelota? ¿el vaso? ¿el rompecabezas?"), dándole la oportunidad de que él diga si usted acertó. Habrá frustración de ambas partes hasta que las peticiones del niño se hagan más inteligibles, pero continuar tratando de actuar como intérprete acelera el desarrollo del lenguaje y le da al niño la satisfacción de ser entendido por lo menos un poco.

Concéntrese en los conceptos. Muchas de las cosas que usted da por sentadas el niño todavía no las ha aprendido. He aquí algunos conceptos que usted le puede ayudar a desarrollar; seguramente usted podrá pensar en muchos otros.

■ *Caliente y frío:* permítale al niño tocar por fuera la taza del café, luego un cubito de hielo; agua fría, después agua caliente; avena tibia, luego leche fría.

■ *Arriba y abajo:* alce suavemente al niño en el aire, luego bájelo hasta el piso; coloque un cubo sobre la cómoda, en seguida bájelo al suelo; en un columpio de tabla suba y baje al niño.

■ *Adentro y afuera:* meta juguetes en una caja o un cubo, luego échelos fuera; haga lo mismo con otros objetos.

■ *Lleno y vacío:* llene un recipiente con agua del baño, luego vacíelo; llene un balde de arena y en seguida desocúpelo.

■ *Pararse y sentarse:* teniendo al bebé de la mano, póngase de pie con él y luego siéntense los dos otra vez; juegue a "la rueda rueda".

■ *Mojado y seco:* compare un paño de aseo húmedo con una toalla seca; el pelo del niño cuando se lo acaba de jabonar con el suyo seco.

■ *Grande y pequeño:* coloque una bola grande al lado de una pequeña; muéstrele en el espejo que "mamá es grande y el niño es pequeño".

Explíquele el ambiente y causa y efecto. "Salió el sol, por eso tenemos luz". "En el refrigerador la comida se conserva fría para que sepa bien y esté fresca". "Mamá usa un cepillo pequeño para limpiarte los dientes, un cepillo mediano para arreglarte el cabello, y uno grande para fregar el piso". "Mueve hacia arriba el interruptor y se enciende la luz; muévelo hacia abajo y se vuelve a apagar". "Si rompes el libro no tendremos en qué leer". Y así sucesivamente. Un más dilatado conocimiento y comprensión de lo que le rodea, lo mismo que sensibilidad para otras personas y sus necesidades y sentimientos, es un paso más importante para su posterior dominio del idioma y de la lectura que aprender como loro un montón de palabras que no significan nada.

Los colores. Empiece a identificar los colores cuando ya sea apropiado. "Mira, el globito es rojo lo mismo que tu camisa", o "Ese carrito es verde; tu cochecito también es verde". O "Mira esas flores amarillas tan lindas".

Háblele el doble. Use frases de adulto y luego tradúzcalas a las abreviaturas del niño: "Ahora tú y yo nos vamos de paseo. Mamá y bebé a pasear". "Ah, ya terminaste la merienda. Bebé acabó". Hablarle el doble le ayudará a comprender el doble.

Hable como adulto. Se le debe hablar al niño en forma muy sencilla pero siempre como hablan las personas adultas, y no tratar de imitar su media lengua. Esto le ayudará a aprender más pronto a hablar correctamente.

Introduzca los pronombres. Aun cuando probablemente el niño no usará correctamente los pronombres durante un año o más, ahora es buen tiempo para empezar a familiarizarlo con ellos usándolos junto con los nombres. *"Mamá* le trae el desayuno a *Tomasito — Yo* te voy a traer a *ti* el desayuno". Este es el libro de *mamá* — es *mío;* y éste es el libro de *Nina* — es *tuyo*. Esto último le enseña también el concepto de propiedad.

Estimúlelo para que le conteste. Válgase de cualquier truco que se le ocurra para que el niño le conteste de alguna manera, ya sea con palabras o con gestos. Déle alternativas. "¿Quieres pan o galleta?" o bien "¿Quieres ponerte la pijama del ratoncito o la de los avioncitos?" Y déle la oportunidad de señalar o indicar con palabras lo que prefiera, nombrando usted en seguida el objeto designado. Pregúntele: "¿Estás cansado?" "¿Tienes hambre?" "¿Quieres columpiarte?" Un movimiento de cabeza probablemente precederá a un sí o un no verbal, pero es una respuesta legítima. Pídale al niño que le ayude a buscar las cosas (aun cuando no estén realmente perdidas): "¿Dónde está la pelota? ¿Puedes encontrar el osito?" Déle tiempo para que encuentre lo que sea y recompénselo con vítores y caricias. Aun cuando la reacción del niño sólo sea mirar en la dirección correcta, eso también se cuenta. "Sí, allí está el osito".

No fuerce la situación. Estimule al niño a hablar, diciéndole: "Díme qué quieres" cuando se valga de comunicación no verbal (señalando o gruñendo) para indicar alguna necesidad. Si el niño vuelve a gruñir y a señalar, ofrézcale una alternativa, por ejemplo: "¿Quieres la pelota o el carrito?" Si todavía le da una respuesta no verbal, nombre usted el objeto: "Ah, lo que quieres es la pelota, ¿no?" y pásela. *Nunca* lo prive de una cosa porque no la pueda pedir por su nombre o porque la pronuncie incorrectamente. Pero sí trate de que la próxima vez diga el nombre del objeto — en la misma forma paciente, no exigente.

Déle órdenes sencillas. A esta edad los niños sólo pueden obedecer órdenes sencillas, de modo que déselas paso por paso. En lugar de "Recoge la cuchara y dámela", dígale primero "Recoge la cuchara", y una vez que haya hecho esto, agregue: "Dame la cuchara". También le puede ayudar a disfrutar del éxito ordenándole que haga lo que ya está empezando a ejecutar. Por ejemplo, si estira la mano para tomar una galleta, dígale: "Recoge la galleta". Estas técnicas ayudarán a desarrollar la comprensión que tiene que preceder al habla.

Corrija cuidadosamente. Muy raramente dirá un niño siquiera una palabra con perfección, y no hay ninguno que pueda hablar con la precisión de un adulto. Muchas consonantes están más allá de su capacidad y lo estarán durante varios años. Seguramente seguirá comiéndose sílabas. Pero cuando pronuncie mal, no lo corrija con el rigor de una maestra de escuela — la crítica excesiva desanima al niño para seguir esforzándose. Por el contrario, use una técnica

más sutil enseñándole sin sermonear, para proteger su tierno ego. Cuando el niño mire al campo y diga "á-ca", usted dígale: "Sí, ésa es la vaca". Aun cuando la manera como el niño dice las cosas es graciosísima, usted no debe tratar de imitarlo porque lo confunde. (El ya sabe cómo deberían sonar las palabras.)

Amplíe su repertorio de lecturas. Las rimas todavía les encantan a los niños cuando llegan a la edad de empezar a hacer pinitos, y les encantan también los libros de láminas de animales, vehículos, juguetes y niños. Unos pocos tienen ya capacidad para escuchar cuentos muy sencillos pero a la mayoría todavía les faltan meses para que se puedan quedar quietos escuchando una lectura. Hasta los que se interesan en los cuentos no resisten más de tres o cuatro minutos con un libro; su atención es muy limitada. Toleran la lectura mejor si pueden participar activamente. Suspenda para comentar las ilustraciones ("Mira, el gato tiene un sombrero"), pídale al niño que señale objetos familiares (nombrarlos vendrá más tarde), y nombre usted los que él no ha visto antes o que ha olvidado. Más adelante (en algunos casos muy pronto) su bebé será capaz de suplir las últimas palabras de un verso o de una frase de un libro favorito.

Piense numéricamente. Contar está todavía muy lejos de las capacidades de un niño de esta edad, pero el concepto de uno y muchos sí está a su alcance. Comentarios como "Puedes comerte *una* galleta" o "Mira cuántos pajaritos hay en ese árbol", o "Tienes dos gatitos", empiezan a inculcarle algunos conceptos matemáticos básicos. Cuente "uno, dos, tres..." a medida que va subiendo o bajando las escaleras con su bebé de la mano, cuando él ya pueda subir y bajar con su apoyo. Aplique el sistema de contar a las actividades corrientes de la vida del niño: cuando haga ejercicios gimnásticos en su presencia cuéntelos de uno en adelante; cuando agregue harina a la masa para hacer galletas cuente las tazas una por una a medida que las va agregando; cuando le agregue plátano al cereal del niño cuente las rebanadas.

CAPITULO QUINCE

El duodécimo mes

LO QUE DEBE ESTAR HACIENDO SU BEBE

*A fines de este mes, su bebé
. . . debe ser capaz de:*

■ dar unos pasos apoyándose en los muebles (a los 12 $^2/_3$ meses)

Nota: Si su niño parece no haber alcanzado alguno de estos hitos, hable con el médico. Son raros los casos en que la tardanza indica un problema y casi siempre resulta que es normal para su bebé. Los niños prematuros suelen alcanzar estos hitos más tarde que otros de la misma edad de nacimiento y más bien los alcanzan cerca de su edad ajustada (la edad que tendrían si hubieran nacido en tiempo) y a veces más tarde.

. . . probablemente podrá:

■ jugar a palmotear o hacer con la mano el ademán de despedida (casi todos los niños hacen esto a los 13 meses)

■ tomar en taza independientemente (muchos no pueden hacer esto hasta los 16$^1/_2$ meses)

■ recoger limpiamente un objeto diminuto con las puntas del pulgar y el índice (a los 12$^1/_4$ meses; muchos no lo logran hasta los 15 meses)

■ pararse solito un momento (muchos no lo logran hasta los 13 meses)

■ decir papá o mamá discriminadamente

(casi todos dicen por lo menos una de estas palabras a los 14 meses)

■ decir una palabra distinta de papá o mamá (muchos no dicen su primera palabra hasta los 14 meses o aun después)

. . . posiblemente podrá:

■ indicar necesidades en formas distintas de llorar (muchos no llegan a esta etapa hasta después de los 14 meses)

■ jugar a la pelota (hacerla rodar para devolvérsela a usted; muchos no hacen esta proeza hasta los 16 meses)

■ pararse solo bien (muchos no llegan a este punto hasta los 14 meses)

■ balbucir confusamente (un galimatías que suena como un idioma extranjero; la mitad de los niños no empiezan a parlotear hasta después de cumplir un año, y muchos se demoran hasta los 15 meses)

■ andar bien (tres de cada cuatro niños no caminan bien hasta los 13$^1/_2$ meses, y muchos tardan bastante más; los que gatean bien pueden tardar más en andar; mientras otros aspectos del desarrollo sean normales, que el niño se demore para andar no es motivo de preocupación)

. . . hasta podría:

■ decir tres o más palabras, fuera de papá y mamá (como la mitad de los niños no llegan a esta etapa hasta los 13 meses, y muchos tardan hasta los 16)

■ obedecer una orden única no acompa-

ñada de ademán (dame eso — sin estirarle la mano; la mayoría de los niños no llegan a esta etapa hasta después del año y muchos tardan hasta los 16 meses)

LO QUE PUEDE ESPERAR EN EL EXAMEN DE ESTE MES

Cada médico o enfermera practicante tiene su manera personal de hacer los exámenes del niño que está en buena salud. La organización general del examen físico, lo mismo que el número y tipo de técnicas de evaluación y los procedimientos que se apliquen también varían según las necesidades individuales del niño. Pero, en general, usted puede esperar lo siguiente en un examen cuando su niño tenga unos doce meses.

■ Preguntas sobre cómo les va en la casa a usted y al bebé y al resto de la familia, y acerca de cómo está comiendo y durmiendo el niño y su progreso general. Acerca de quién va a cuidarlo si usted está trabajando.

■ Medida del peso, tamaño, circunferencia de la cabeza, y diagramación del progreso del niño desde que nació.

■ Examen físico, incluyendo revisión de problemas anteriores. Ahora que el niño puede pararse, se examinarán las piernas y los pies cuando esté de pie, apoyado o sin apoyo, y andando si es que ya puede andar.

■ Una prueba de hemoglobina, o hematócrita, para ver si hay anemia (por lo general mediante un pinchazo en el dedo), si no se ha realizado antes.

■ Evaluación del desarrollo. Es posible que el examinador se contente con observar al bebé y con lo que usted le informe sobre lo que está haciendo; o bien que lo someta a ciertas pruebas para evaluar su capacidad para sentarse, para ponerse de pie y dar algunos pasos apoyado (o aun suelto), tratar de alcanzar y agarrar objetos, recoger objetos diminutos con una limpia acción de pinza, buscar un objeto que se ha caído o que está oculto, responder cuando se le llama por su nombre, comer por su propia mano, usar una taza, cooperar para vestirse, reconocer y posiblemente decir palabras tales como mamá, papá, adiós y no-no, y disfrutar con juegos sociales tales como el de palmotear y el escondite.

■ Vacunas, si no se le aplicaron antes y si el niño está en buena salud y no hay contraindicaciones. No olvide mencionar de antemano reacciones previas, si las hubo. Es posible que se administre ahora la prueba cutánea de tuberculina para medir el contacto con tuberculosis en las áreas de alta incidencia, o tal vez no se le administre hasta los 15 meses. Se le puede hacer antes de la vacuna para sarampión, paperas y rubeola, o al mismo tiempo.

■ Guía en cuanto a qué esperar en el próximo mes con relación a temas como alimentación, sueño, desarrollo y seguridad infantil.

■ Recomendaciones sobre fluoruro, hierro y vitamina D u otros suplementos que se puedan necesitar.

Puede hacerle las preguntas siguientes si el doctor no se las ha contestado ya:

■ ¿Cuáles son las reacciones negativas y positivas a la prueba de tuberculina, si ésta se administró? ¿Cuándo debo llamarlo si hay una reacción positiva? (Enrojecimiento durante las primeras 24 horas es común; pero si hay enrojecimiento o hinchazón después de 48 a 72 horas, esto se considera reacción positiva.)

■ ¿Qué alimentos nuevos se le pueden dar ahora al niño? ¿Se le puede dar leche en taza? ¿Cuándo se le puede dar leche entera, frutas cítricas, pescado, carne y claras de huevo si no se le han dado antes?

■ ¿Cuándo se puede destetar del pecho o del biberón, según sea el caso, si no se ha destetado ya?

Háblele también de cualquier inquietud que haya surgido en el curso del último mes. Anote la información y las instrucciones del médico para que no se le olviden. Anote igualmente toda la información pertinente (peso del niño, longitud, circunferencia de la cabeza, vacunas, resultado de las pruebas, enfermedades, medicación que se le haya recetado, y demás) en un registro permanente de salud.

LA COMIDA DEL NIÑO ESTE MES:
El régimen alimentario de mejores perspectivas

Es poco el alimento sólido que ha comido hasta ahora el niño que ya hace pinitos, fuera de plátanos machacados y batatas cernidas, de manera que básicamente su paladar está virgen y a la espera de todo un mundo de nuevas experiencias desconocidas. Lo que se le dé ahora y en el curso de los próximos años formativos tendrá una gran influencia en lo que le va a gustar más tarde — lo cual naturalmente tendrá impacto significativo en su futura salud y longevidad. Pero una buena nutrición traerá también beneficios más inmediatos. Así como el buen régimen alimentario prenatal que observó usted le dio a su bebé las mejores probabilidades de nacer vivo y bien, un régimen excelente durante la primera niñez le asegurará las mejores perspectivas de conservar la salud y de disponer de la energía necesaria para su exploración del mundo.

LOS NUEVE PRINCIPIOS BASICOS

Los principios básicos de una alimentación nutritiva son más o menos los mismos para el niño de un año que para el resto de la familia, aun cuando hay ligeras variaciones debidas a la edad del niño.

Todo bocado cuenta. Este fue un principio importante mientras usted alimentaba a su criatura a través de la placenta, y posteriormente con su leche, si le dio el pecho; es igualmente importante ahora que le da de comer con cucharas, tazas y platos y es el niño el que toma los bocados. Para los niños pequeños, cuya capacidad y apetito son limitados y su gusto más limitado aún, los bocados desperdiciados en cosas no nutritivas no se repondrán nunca. Golosinas inútiles (tales como galletas azucaradas, pasteles y dulces) deben ser raras — pero en cambio otras saludables como molletes de grano entero, galletas y pasteles endulzados con zumo de frutas, sí pueden ser parte del régimen alimentario.

No todas las calorías son iguales. Las 100 calorías de una pastilla de chocolate no son equivalentes en cuanto a valor nutritivo a las 100 calorías de un plátano pequeño; las comidas y meriendas deben planificarse teniendo esto en cuenta.

Saltarse comidas es peligroso. Saltarse comidas priva a los bebés y niños pequeños de nutrientes que necesitan para desarrollarse y crecer. No comer a intervalos regulares durante el día les resta energía y los pone malgeniados e irracionales, a veces debido a bajo nivel de azúcar en la sangre. Y por causa de su pequeña capacidad, el niño de un año necesita comer algo además de sus tres comidas regulares. Desde luego, algunos rechazan a veces una comida o un refrigerio, y en ese caso no se les debe obligar a comer. Siempre que le dé sus comidas regulares, no importa que de vez en cuando se pierda una.

Selección cuidadosa. Los problemas de peso muchas veces se inician desde la infancia. Pero si un niño está adquiriendo peso no deseado, el remedio no es ponerlo a dieta sino seleccionar cuidadosamente lo que come. Prefiera las cosas que ofrecen mucha nutrición y pocas calorías, tales como frutas frescas y vegetales, y pan integral sin mantequilla. Si el niño está muy flaco o gana peso muy lentamente, una eficiente selección de alimentos significa escoger los que ofrecen abundante nutrición en combinación con muchas calorías y no demasiado volumen (mantequilla de maní, plátanos, aguacate, queso). Sea o no sea el peso un problema, seleccionar alimentos que satisfacen más de un requisito nutritivo a la vez (brécol para vitamina C y vitamina A, yogur para proteína y calcio) es siempre eficaz y especialmente conveniente cuando hay poco apetito.

Los hidratos de carbono son cuestión compleja. Los hidratos de carbono, almidón y azúcar, son favoritos de la infancia, y los niños muy chiquitos — sobre todo los que rechazan las comidas ''de proteínas'' como carne y pescado — parece que no vivieran de otra cosa. Pero no todos los hidratos de carbono son iguales. Algunos que se llaman complejos suministran vitaminas, minerales, proteína y fibra, lo mismo que calorías (panes y cereales integrales, arroz moreno, arvejas, fríjoles, pasta de grano entero y alta proteína, frutas y vegetales); otros que se conocen como azúcares simples y almidones refinados ofrecen poco o nada fuera de calorías (azúcar, miel, granos refinados y alimentos hechos de éstos). Sirva en su casa los hidratos de carbono apropiados y los demás sólo permítalos en raras ocasiones (en fiestas, cuando va de visita, o cuando no se puede escoger otra cosa).

Los dulces son malos. El azúcar no da otra cosa que calorías inútiles y los alimentos azucarados suelen llenar a los niños y no dejarles campo para los nutrientes que necesitan. Además, el azúcar contribuye en forma significativa a la caries dentaria, probablemente estimulando el crecimiento de bacterias dañinas. También puede contribuir indirectamente al desarrollo de diabetes (por aumentar la necesidad de cromo del organismo). Todavía no se ha podido establecer si el azúcar es causa de hiperactividad. En un estudio hecho con fondos oficiales se encontró que los niños que comían mucho azúcar eran más activos que los otros; otros estudios no han vinculado el azúcar con la hiperactividad.

Casi todos los niños parecen preferir los dulces a las cosas no dulces desde el principio, pero la investigación demuestra que los que comen muchos alimentos azucarados desde temprano, siguen gustando de ellos más tarde. Mantenga los azúcares fuera de su cocina (inclusive el azúcar moreno, mascabado y centrifugado, fructosa, miel de arce, de maíz y de caña, y miel de abejas) y ofrézcale al niño alimentos endulzados con azúcar únicamente como agasajo especial en raras ocasiones. Muchas madres encuentran fácil prescindir totalmente del azúcar por lo menos hasta que sus niños llegan a la edad de dos años o empiezan a mezclarse con otros niños. Prescindir del azúcar no significa sin embargo prescindir de todas las cosas dulces. Los niños deben y pueden seguir disfrutando de pasteles, bizcochos y molletes si usted los hace en casa o los compra escogiendo los que hayan sido endulzados con frutas o con jugos concentrados de fruta.

Déle alimentos que recuerden su origen. Cuanto más cerca esté un alimento a su estado natural, tanto mayor probabilidad tendrá de haber retenido los nutrientes originales. Lo que se agrega a los alimentos procesados — sustancias químicas dudosas, accidental o incidentalmente — puede ser aun más peligroso que lo que se pudiera perder.

Como los niños elaboran y secretan más lentamente las sustancias químicas extrañas (de modo que las retienen más tiempo), y como tienen el cuerpo de tamaño más pequeño y teóricamente tienen más años que vivir durante los cuales las sustancias químicas puedan hacer daño, son más susceptibles a los peligros de contaminación química que los adultos.

Por tanto, sírvales alimentos naturales, permitiéndoles sólo raramente alimentos procesados, y en ese caso prefiriendo los no refinados a los refinados, carnes y quesos frescos en lugar de los procesados, y seleccionando frutas y vegetales frescos o congelados frescos, más bien que los altamente elaborados, enlatados, congelados o deshidratados. Después, altérelos lo menos posible: no los cocine con exceso ni los guarde durante períodos largos, ni los exponga innecesariamente al aire, el agua o el calor.

Los buenos hábitos deben ser cuestión de familia. El niño no comerá sus zanahorias ni dejará los dulces azucarados, ni preferirá el pan integral al blanco, si ve que el papá siempre deja la zanahoria en el plato, que la mamá se desayuna con rosquillas dulces y está comiendo todo el día galletas y golosinas, y que el hermanito mayor vive de mantequilla de maní untada en pan blanco. Tener que comer virtuosamente uno solo no es justo; tener compañía es divertido. Imponer buenos hábitos dietéticos como regla general en el hogar, será beneficioso no sólo para el niño sino para todos los que se sientan a la mesa familiar.

Cuidado con el sabotaje. No es tiempo todavía de que su niño tenga la tentación de minar su régimen alimentario con tabaco, exceso de alcohol o cafeína, o drogas peligrosas. Pero el exceso de comistrajos inútiles puede sabotear también el régimen alimentario reemplazando comidas más nutritivas. Y si el niño aprende en su propia casa que se puede fumar o consumir drogas ilegales, en cualquier cantidad que sea, o cantidades excesivas de alcohol y cafeína, todos estos factores de sabotaje al régimen alimentario pueden venir más pronto de lo que usted se imagina.

LA MEJOR DOCENA DIARIA INFANTIL

La "Docena Diaria" se desarrolló originalmente como una pauta fácil de seguir para la nutrición prenatal de mejores perspectivas. En esta forma modificada, es la manera más fácil de alimentar a su niño. Como los niños toman porciones pequeñas, se pueden mezclar y combinar las comidas parciales para que el total se ajuste a los requisitos mínimos prescritos — recordando igualmente que muchos alimentos se pueden contar para más de un requisito (por ejemplo, el melón como fuente de vitamina C y como fruta amarilla). Las cantidades no tienen que ser exactas, pero siempre es bueno que las mida o las pese hasta que adquiera práctica para juzgar al ojo cuánto son 30 gramos de queso o media taza de zanahorias. Una manera fácil de llevar la cuenta de las porciones es usar como cuestión de rutina cucharas o tazas de medir para sacar los alimentos de los recipientes en que vienen.

Calorías: un promedio de 900 a 1 350. No se necesita hacer cálculos. Usted sabrá si su niño está tomando la cantidad necesaria de calorías simplemente por lo que pese en los exámenes de control. Si el peso sigue aproximadamente una curva normal, la ingestión de calorías es suficiente pero no excesiva, aunque pueda haber ocasionalmente un salto o una caída si un niño flaquito engorda o uno muy gordo vuelve a lo normal. La cantidad de alimento que necesita el niño para mantenerse en la curva normal dependerá del tamaño individual, del metabolismo y de su nivel de actividad. Pero tenga en cuenta que una deficiencia de calorías puede perjudicar seriamente el crecimiento y desarrollo de un niño a esta edad.

Proteínas — cuatro porciones infantiles (unos 25 miligramos). Una porción infantil, o sea para un niño que está en el duodécimo mes, equivale a cualquiera de las siguientes: $3/4$ de taza de leche; $1/4$ de taza de leche evaporada sin grasa; $1/2$ taza de yogur; 3 cucharadas de requesón; 20 gramos de queso duro; un huevo entero o dos yemas de huevo; de 20 a 30 gramos de pescado, pollo o carne; 55 gramos de queso de soya; $1^1/2$ cucharadas de mantequilla de maní; 28 gramos de pasta de alta proteína; una combinación para vegetarianos (vea la página 417).

Alimentos de vitamina C — dos o más porciones infantiles.[1] Repartir estas porciones en el curso del día — darle jugo de naranja al desayuno, una tajada de melón al almuerzo, y brécol a la comida — mejorará la asimilación de hierro proveniente de los alimentos que lo contengan. Una porción infantil es igual a cualquiera de los siguientes: $1/2$ naranja pequeña o $1/4$ de toronja mediana; $1/4$ de taza de fresas frescas; $1/8$ de melón cantalupo o $1/12$ de melón común pequeño; $1/4$ de taza de jugo de naranja fresca o congelado reconstituido; $1/4$ de guayaba grande o $1/4$ de taza de papaya; $1/2$ plátano grande; $1/4$ de taza de brécol o de repollitos de Bruselas; $1/2$ taza de verduras cocidas; $1/4$ de pimiento verde mediano o $1/4$ de pimiento rojo mediano; un tomate pequeño pelado; $3/4$ de taza de salsa de tomate o $1/2$ taza de jugo; $3/8$ de taza de jugo de vegetales.

Alimentos con calcio — dos porciones infantiles. Una porción infantil equivale a una de las siguientes: $2/3$ de taza de leche; $1/3$ de vaso de leche enriquecida con $1/8$ de taza de leche seca desnatada; $1/4$ de taza de leche seca desnatada;[2] $1/2$ taza de yogur; de 20 a 28 gramos de queso bajo en grasa; 40 gramos de queso alto en grasa; 120 ml de jugo de naranja fortificado con calcio.

La mitad de una ración infantil de calcio es igual a 85 gramos de queso vegetal preparado con calcio, $2/3$ escasos de taza

---

[1] Aumente a cuatro porciones infantiles cuando el niño tenga catarro o gripe.

[2] Usar leche seca desnatada o leche con calcio agregado es una manera fácil de agregar calcio al régimen del niño, pero no las use con frecuencia a menos que agregue 1 cucharada de crema ligera o dos de crema y leche por mitades a cada comida, pues el niño todavía necesita la grasa. También agréguele crema a la leche con calcio agregado si tiene menos del 4% de grasa.

LECHE APROPIADA

Si ya destetó a su niño o lo va a destetar pronto, es importante escoger la leche que sea apropiada para reemplazar la materna o de fórmula. La Academia Norteamericana de Pediatría y la mayor parte de los pediatras recomiendan leche entera porque la descremada contiene demasiada proteína y sodio para los bebés o niños muy pequeños, y porque los niños chiquitos parece que siguen necesitando grasa extra y colesterol por lo menos hasta los quince meses para su mejor desarrollo cerebral y del sistema nervioso. Algunos creen que es aconsejable pasar entonces a leche 2%, y finalmente a leche descremada a los 18 meses. Otros opinan que se debe continuar con leche entera hasta los dos años. Discuta con su médico el caso de su bebé.

Se aconseja igualmente que la leche sea pasteurizada. Aun cuando es cierto que la pasteurización le quita a la leche algo de su valor nutritivo, los expertos opinan que el riesgo de enfermedad por consumir leche cruda es tan grande que su uso no se justifica.

Se preguntará usted cómo va a saber si su bebé está tomando suficiente leche ahora que ha abandonado los biberones claramente calibrados. Una manera es medir todas las mañanas el requisito diario — 2 tazas y $2/3$ (agregándole $1/3$ de taza para compensar lo que se derrame) — echarlo en un frasco transparente y refrigerarlo. Sirva de este frasco toda la leche que el niño consuma (para su cereal, para beber, para hacerle el puré de papas u otros vegetales). Si al final del día se ha acabado y el niño no derramó nada ni dejó mucha, se

habrá cumplido con la cantidad requerida de leche. Si queda mucha en el jarro o se ha desperdiciado en la bandeja de la silla o en el suelo varios días seguidos, agregue calcio adicional al régimen del niño en esta forma:

■ Si el niño ha venido tomando sólo $1^1/2$ taza de leche al día, agregue $1/2$ taza de leche seca desnatada más una cucharada de crema ligera, o 2 cucharadas de leche y crema por mitades, a esa cantidad de leche líquida, y use la mezcla como la ración diaria del niño. Si ha venido tomando unas 2 tazas, agregue $1/3$ de taza de leche seca desnatada más una cucharada de crema ligera o 2 cucharadas de leche y crema por mitades.

■ Pásese a leche con calcio agregado, de la cual su niño necesita menos (2 tazas en lugar de 2 tazas y $2/3$) para cumplir con el requisito de calcio. Pero agregue 1 cucharada de crema ligera, o 2 cucharadas de leche y crema por mitades a cada comida.

■ Agregue uno de los siguientes al régimen de su niño por cada $1/3$ de taza de leche entera que deje de tomar: de 10 a 15 gramos de queso duro bajo en grasa (como mozzarella); 20 gramos de queso duro alto en grasa (como Cheddar); $1/4$ de taza de yogur; 85 gramos de queso vegetal coagulado con calcio; 60 mililitros de jugo de naranja enriquecido con calcio; o la mitad de cualquier otra ración infantil de calcio.

No se preocupe si algunos días el niño deja de tomar uno o dos de los suplementos de calcio. Seguramente los compensará al día siguiente.

de brécol cocido, $1/2$ taza de col o nabo cocidos, 38 gramos de salmón con hueso (quebrantado), 1 sardina con los huesos (quebrantados).

Vegetales de hoja verde y amarilla y frutas amarillas — dos o más porciones infantiles al día.[3] Una porción infantil es igual a cualquiera de las siguientes: 1 alba-

ricoque fresco mediano o 2 mitades pequeñas de albaricoque seco; 1 tajada de melón cantalupo o $1/2$ taza en cubitos; $1/8$

---

[3] Las cantidades excesivas de carotina, que es la forma en que se presenta la vitamina A en las frutas y vegetales, pueden teñir de amarillo la piel de un niño (y en cantidades mucho más altas, la de un adulto). No exagere — por ejemplo, tres o cuatro zanahorias en un día son demasiado.

COMBINACIONES INFANTILES DE PROTEINAS PARA VEGETARIANOS

Es preferible que su niño obtenga algo de proteínas de fuentes animales: carne, pescado, aves, huevos o productos lácteos; pero si sus prácticas dietéticas hacen esto totalmente imposible, o si ocasionalmente quiere servir comidas enteramente vegetarianas, cada una de las siguientes combinaciones de alimentos le dará raciones adecuadas de proteínas.

Para obtener una ración infantil completa de proteínas (unos 6 gramos) combine una porción de la columna de Legumbres con una de la columna de Granos.

LEGUMBRES*

3 cucharadas de lentejas, arvejas o garbanzos, haba soya, haba o fríjol colorado
$1/4$ de taza de garbanzos o fríjoles de careta o alubias blancas
$1/3$ de taza de arvejas verdes
28 gramos de queso vegetal

GRANOS

15 gramos de soya o de pasta de alta proteína
28 gramos de pasta de trigo entero
$1^1/2$ cucharadas de germen de trigo

$1/6$ de taza de avena
$1/4$ de taza de arroz silvestre cocido
$1/3$ de taza de arroz moreno, gachas de trigo sarraceno o alforjón molido grueso, o millo**
1 tajada de pan integral
1 pita pequeña (28 gr) de trigo integral
$1/2$ panecillo o rosca
$3/4$ de cucharada de mantequilla de maní

* Los fríjoles, arvejas y garbanzos deben dárseles quebrantados o un poco machacados para que no ofrezcan peligro de atragantarse.
** Estos granos son pobres en proteína; cuando se los dé, agrégueles como cuestión de rutina $1^1/2$ cucharadita de germen de trigo por porción.

Nota: Las nueces son ricas en proteínas y también se pueden combinar con las legumbres para completar las porciones de proteína en el régimen vegetariano. Pero no se las dé a un niño de 12 meses sino muy bien molidas, puesto que de otro modo se corre el peligro de que se ahogue con ellas.

de un mango grande; 1 nectarina mediana pelada; $1/2$ durazno grande amarillo (no blanco) pelado; $1/2$ plátano mediano; 6 puntas de espárrago; $1/2$ taza escasa de brécol cocido; $3/4$ de taza de arvejas; 2 a 3 cucharadas de verduras picadas cocidas; $1/4$ de una zanahoria pequeña; $1/2$ cucharada de puré de calabaza sin endulzar; 2 cucharadas de calabaza de invierno cocida y machacada; 1 cucharada de batata; 1 tomate pequeño pelado; $1/2$ taza escasa de tomates cocidos o en puré; $3/4$ de taza de jugo de tomate o 90 ml de jugo de vegetales; $1/4$ de un pimiento rojo grande.

Otras frutas y vegetales — una o dos o

más porciones infantiles. Una porción infantil es igual a una de las siguientes: $1/2$ manzana pelada; $1/2$ pera pelada; $1/2$ durazno blanco pelado; 1 ciruela mediana pelada; un plátano pequeño; $1/4$ de taza de compota de manzana; $1/3$ de taza de cerezas, moras o uvas; 1 higo grande; 2 dátiles; 3 mitades de durazno seco; $1/2$ pera seca; $1/2$ tajada de piña; 2 cucharadas de pasas o aros de manzana seca; 2 o 3 puntas de espárrago; $1/4$ de un aguacate mediano; $3/8$ de taza de fríjoles verdes; $1/2$ taza de remolachas, berenjenas o nabos picados; $1/4$ de taza de hongos, chayote amarillo o calabacín picados; 5 quingombós (okra); $1/3$ de taza de arvejas; $1/2$ mazorca de maíz pequeña. Corte

COMBINACIONES INFANTILES DE PROTEINAS LACTEAS

Combine una de las siguientes con una porción de Legumbres o Granos de las Combinaciones Infantiles de Proteínas para Vegetarianos (vea la página 417), para obtener una Combinación Diaria de Proteína.

2 cucharadas de requesón
$^1/_3$ de taza de leche
2 cucharadas de leche seca desnatada

$^1/_6$ de taza de leche evaporada
$^1/_3$ de taza de yogur
$^1/_2$ huevo o 1 clara de huevo
10 gramos de queso duro poco graso (como suizo o mozzarella)
15 gramos de queso duro rico en grasa (como azul o Camembert)
1 cucharada de queso parmesano

los granos del maíz por la mitad tajando cada fila a lo largo, y pele las frutas de piel dura antes de servírselas a un niño.

Granos enteros y otros hidratos de carbono complejos concentrados — cuatro a cinco porciones infantiles. Una porción infantil es igual a cualquiera de las siguientes: 1 cucharada de germen de trigo; $^1/_2$ rebanada de pan integral; $^1/_2$ pita pequeña (30 gramos); $^1/_4$ de rosquilla o panecillo de trigo entero; 1 porción infantil (o $^1/_2$ porción de adultos) de panecillos u otros productos de panadería; 3 a 4 palillos de pan integral o 2 a 3 galletas de grano entero; $^1/_4$ de taza de arroz moreno o silvestre; $^1/_2$ porción de cereal de desayuno de trigo entero, sin dulce o endulzado con fruta; 15 gramos de pasta de trigo entero o de alta proteína; $^1/_4$ de taza de lentejas cocidas, garbanzos o fríjoles pintados o colorados (cocinados hasta que estén blandos y se abran).

Alimentos ricos en hierro — algo todos los días. Entre las buenas fuentes se incluyen: carne; melaza espesa; productos de panadería hechos con harina de soya o de algarrobo; granos enteros; germen de trigo; arvejas secas, judías y haba soya; fruta seca; hígado y otros órganos animales (sírvalos con poca frecuencia porque son muy ricos en colesterol y almacenan muchos contaminantes químicos que se encuentran hoy en el ganado); sardinas; espinaca (sírvala con poca frecuencia por sus altos niveles de nitratos y ácido oxálico). El hierro de estos alimentos se asimilará mejor si se comen en la misma comida alimentos de vitamina C. Si su niño no está consumiendo suficientes alimentos de alto contenido de hierro, o si se muestra anémico, el doctor puede recomendar un suplemento de hierro.

Alimentos altos en grasa — seis o siete porciones infantiles al día. Una porción infantil es igual a cualquiera de las siguientes: $^1/_2$ cucharada de aceite no polisaturado, aceite de olivas, mantequilla, margarina o mayonesa; $1^1/_2$ cucharada de queso de crema; 1 cucharada de mantequilla de maní; $^1/_4$ de un aguacate pequeño; un huevo; $^2/_3$ de taza de leche entera; $^3/_4$ de taza de yogur de leche entera; 3 cucharadas de leche y crema por mitades; 1 cucharada de crema espesa; 2 cucharadas de crema agria; 20 gramos de queso duro; 6 rebanadas de pan integral o $1/2$ taza de germen de trigo; 45 gramos de carne magra, cordero o cerdo. Estas cantidades dan más o menos un 30% de las calorías que provienen de grasas. Para el niño de esta edad que esté tomando leche entera (o comiendo el equivalente en otros productos lácteos de la lista) y comiendo varios huevos a la semana, no se necesitan grasas animales adicionales; el resto de los requisitos de alimentos altos en grasa debe llenarse con grasas vegetales altas en no polisaturados (por ejemplo, aceites de alazor o de semilla de girasol) o aceite no monosaturado (aceite de olivas) en lugar de grasas saturadas (aceite de coco o grasas vegetales o grasas vegetales endurecidas de pastelería). Por ejemplo, un niño de esta edad podría obtener las grasas en esta forma: 2 tazas de leche; 20 gramos de queso; 1 huevo; 3 rebanadas de pan integral; y 40 a 45 gramos de carne. No se necesitan grasas adicionales.

Alimentos salados — no les ponga más sal. Todo ser humano para vivir necesita el sodio que contiene el cloruro de sodio (sal común de mesa), pero muchísimas personas, incluyendo los niños chiquitos, consumen mucho más de lo que necesitan. Como el sodio se encuentra en forma natural o se agrega en las preparaciones a la mayor parte de los alimentos que comen los niños (leche, queso, huevos, zanahorias, pan y otros productos de panadería) los requisitos de sal del régimen se cumplen muy fácilmente y también se exceden fácilmente. Para evitar un consumo excesivo, sale la comida muy poco o nada cuando la esté preparando para los niños, y limite el consumo de alimentos salados de antemano, tales como galletas, papitas fritas, pretzels, encurtidos, aceitunas y demás (las nueces de todas clases son peligrosas para un niño chiquito si no se le dan molidas). Toda la sal que use debe ser iodizada para prevenir la deficiencia de yodo.

Líquidos — cuatro a seis tazas diarias. Su niño obtendrá una parte de sus requisitos de líquidos en los alimentos, especialmente en las frutas y vegetales, que son en un 80 a un 95% agua. Pero deben consumirse de 4 a 6 tazas adicionales de líquido en jugos de frutas (de preferencia diluidos con agua o gaseosa), jugos de vegetales, sopas, gaseosas o agua natural. La leche (de la cual una tercera parte consiste en sólidos lácteos) suministra sólo $2/3$ de la ración de líquido por taza. Se necesitan líquidos extra en tiempo caluroso o cuando el niño tenga fiebre, catarro u otra infección del aparato respiratorio, o diarrea o vómito.

Suplementos. Algunos médicos no creen que se necesiten suplementos para los niños sanos de un año de edad o mayores. Pero otros recomiendan que se continúe con un suplemento infantil de vitaminas y minerales hasta más allá del año, como póliza de seguros. Teniendo en cuenta los hábitos desordenados y caprichosos de comer de los niños a esta edad, ésta es una buena precaución. Sin embargo, darle al niño una pastilla de vitaminas diaria no la exime de la obligación de suministrarle un buen régimen alimentario. La formulación que elija debe ser apropiada para un niño de 12 meses y no contener más del ciento por ciento de la dosis diaria recomendada para esa edad. (Algunas vitaminas son tóxicas a niveles no mucho más altos que la dosis diaria recomendada.) Continúe dándole una preparación líquida hasta que le salgan las muelas y luego pase a tabletas masticables que no tengan azúcar.

LO QUE LE PUEDE PREOCUPAR

LA PRIMERA FIESTA DE CUMPLEAÑOS

"Toda la familia se está preparando para el primer cumpleaños del niño. Yo quiero que sea una ocasión muy especial, pero tampoco quiero que sea nada excesivo para el bebé".

Muchos padres se dejan llevar por la emoción de programar una fiesta para celebrar el primer cumpleaños del niño, y parece que se olvidan de que el niño todavía es un bebé. La fiesta que programan con tanto cuidado resulta inadecuada para el invitado de honor, el cual probablemente acaba abrumado por la tensión y pasa la mayor parte de su fiesta de cumpleaños llorando.

Para que la celebración sea inolvidable y no una que usted no quisiera volver a recordar, siga esta estrategia:

Pocos invitados. Una sala repleta, aun cuando sea de rostros familiares, agobia a un niño chiquito, con el resultado indeseable pero probable de que se prenda de usted y empiece a llorar. Guarde la larga lista de invitados para la boda, y haga esta reunión íntima limitándola a unos pocos miembros de la familia y amigos íntimos. Si el niño pasa mucho tiempo con otros bebés de su edad, puede invitar a dos o tres; si no, su primera fiesta de cumpleaños no es la mejor ocasión para iniciar su carrera social.

Pocos adornos. Una pieza decorada con todo lo que ofrece la tienda de adornos de fiesta, puede ser el sueño de usted, pero es la pesadilla del bebé. Demasiados globitos, confetti, banderolas, máscaras y gorros, lo mismo que demasiadas personas, le causan gran confusión. Modérese, pues, en la decoración para la fiesta, tal

vez con un tema que al niño le guste (ositos, o muñecos, o personajes de Plaza Sésamo). Como siempre se usan globitos en estas fiestas, recuerde que los niños chiquitos se pueden ahogar con los restos de caucho cuando el globito se revienta.

Que coma torta... Pero cuidado de que no sea torta de las que no debe comer (de chocolate, nueces, azúcar o miel). Déle más bien torta de zanahoria cubierta de crema batida fresca, sin endulzar, o queso de crema endulzado con jugo de frutas — decorada o en forma de un personaje favorito si se siente con disposiciones artísticas. Sírvala con helado encima, hecho en la casa o comprado.[4] Si es posible, sirva la torta a la hora normal de la merienda del niño y en porciones pequeñas para evitar desperdicio. Y si la torta que ha elegido es suficientemente nutritiva para reemplazar una comida, no importa realmente que el bebé coma cuanta quiera y que esté demasiado lleno o demasiado cansado a la hora de la comida regular. Finalmente, si sirve bocaditos, elíjalos no sólo nutritivos sino también inocuos. Una fiesta de cumpleaños no es la ocasión para arriesgarse a que un niño se atragante con rosetas de maíz, maní, uvas u otros bocaditos pequeños. También en aras de la seguridad insista en que todos sus jóvenes invitados coman sentados.

Nada de payasos. Ni de magos, ni de ninguna otra forma de entretención voluntaria o pagada que pueda asustar a su

---

[4] Buena noticia: el helado endulzado con zumo de frutas lo venden muchas tiendas de alimentos higiénicos; es delicioso y natural. Mala noticia: algunos de estos helados los preparan con crema espesa y yemas de huevo. Así pues, considérelos como un extra y no como comida diaria, o busque las variedades "ligeras".

niño y a sus amiguitos. Los bebés de un año son muy sensibles y sus reacciones no se pueden prever. Lo que les encanta un minuto los puede aterrar en el siguiente. Y no trate de organizar a los niños para juegos formales en compañía: todavía no están preparados para eso. Sin embargo, si hay varios niños invitados, tenga a mano una buena provisión de juguetes para que se diviertan como ellos quieran, y con suficientes de la misma especie para que no peleen. "Sorpresas" no peligrosas, tales como pelotas de colores llamativos, libros de láminas o juguetes para el baño son una diversión extra y se pueden repartir a los invitados inmediatamente antes de abrir los regalos.

No le exija nada. Sería espléndido, por supuesto, que el niño sonriera a la cámara, que diera unos pocos pasos para lucirse delante del público, o que abriera cada regalo con interés y manifestaciones de agradecimiento... pero no hay que hacerse ilusiones. Quizá aprenda a apagar la velita si usted le proporciona suficiente práctica durante el mes que precede a la fiesta, pero no espere cooperación completa ni lo presione. Por el contrario, déjelo que haga lo que quiera — aun cuando eso signifique soltarse de sus brazos durante la pose para la foto de la fiesta, negarse a ponerse de pie durante la exhibición de dar pasos, o dedicarse a jugar con una caja vacía en lugar del juguete costoso que vino en ella.

El tiempo oportuno. La programación es importantísima en tratándose de la fiesta del bebé. Trate de disponer las actividades del día en tal forma que el niño esté descansado, que haya comido (no le demore la comida pensando que va a comer en la fiesta), y que no se altere su programa normal. No haga una fiesta matinal si tiene la costumbre de dormir por las mañanas, o una fiesta vespertina si

generalmente hace su siesta después de almuerzo. Invitar a un niño cansado a participar en la celebración es buscar un desastre. Y que la fiesta sea corta: no más de una hora y media, como máximo, para que el bebé no esté agotado al final o, peor aún, en medio de la celebración.

Regístrela para la posteridad. La fiesta pasará demasiado pronto, lo mismo que la infancia de su hijito. Vale, pues, la pena hacer el esfuerzo para registrar la ocasión en instantáneas, en videocinta o en película.

NO ANDA TODAVIA

"Hoy mi niño cumple un año y no ha hecho ni siquiera un esfuerzo por dar el primer paso. ¿No debería estar andando ya?"

Puede parecer apropiado que el niño dé los primeros pasos el día que cumple un año (y es gran diversión para los invitados) pero son pocos los que pueden o quieren dar esta función. Aun cuando algunos empiezan a andar semanas o meses antes, otros no dan el primer paso hasta mucho después (a lo mejor cuando ni el papá ni la mamá los están viendo). Aun cuando pasar el niño su primer cumpleaños sin dar un paso puede ser una desilusión para la familia, y especialmente para los que han sacado el equipo de vídeo para captar el histórico acontecimiento), no es en modo alguno señal de un problema de desarrollo.

En efecto, la mayor parte de los niños no empiezan a andar hasta después del año, y varios estudios fijan el promedio de edad para el primer paso entre los 13 y los 15 meses. De todas maneras, la edad a que empiece a andar, sea a los 9 meses, a los 15 o aun después, no tiene nada que ver con su inteligencia.

Esto se relaciona a menudo con su composición genética — que sean precoces o demorados en este aspecto es en gran parte cuestión de familia o también tiene que ver con el peso y la constitución — un niño nervudo y musculoso probablemente caminará antes que uno plácido y gordito, y un niño de piernas cortas y fuertes antes que uno que las tenga largas y esbeltas, en las cuales le cuesta más trabajo guardar el equilibrio. También puede tener relación con la manera como aprenda a gatear. Un niño que muestra torpeza para gatear, o que no gatea en absoluto, a veces camina antes que el que se siente muy a gusto andando en cuatro pies.

La mala nutrición o un ambiente no estimulante pueden también demorar el andar, lo mismo que una experiencia negativa — quizá una caída la primera vez que se soltó de la mano de la mamá. En tal caso el niño acaso no quiera aventurarse otra vez hasta que se sienta ya muy seguro, y entonces se lanza a andar como un veterano, no con la torpeza de movimientos de un principiante. El niño a quien padres superentusiastas obligan a aguantar sesiones de práctica de caminar varias veces al día, posiblemente se rebele (especialmente si es un poco porfiado) y andará independientemente más tarde que si lo hubieran dejado en paz, sin sacarlo de su paso. Los primeros pasos de un niño que ha perdido energía debido a infección del oído o a cualquier otra enfermedad, pueden tardar hasta que se sienta mejor. Otro que ha estado virtualmente danzando de un cuarto a otro puede regresar súbitamente a la etapa de dos pasos y caída cuando se sienta malito, pero reaccionará con igual rapidez una vez que se recupere.

Un niño que siempre está encerrado en el corralito de juego (en el cual no puede ponerse de pie con comodidad) o asegurado con el cinturón en el cochecito de paseo, o que por cualquier otra causa tiene poca oportunidad de desarrollar los músculos de las piernas y la confianza poniéndose de pie y dando pasos, posiblemente se demore para andar; en efecto, puede desarrollarse también lentamente en otros aspectos. De igual modo, tener demasiado tiempo en las andaderas a un niño un poco mayor no le da una ventaja sino que más bien le demora su capacidad para andar independientemente. Déle al suyo suficiente tiempo y espacio para que practique levantarse, dar pasos, permanecer de pie y andar en una pieza donde no haya pequeños tapetes sueltos ni el piso sea resbaladizo, y en que haya muebles fuertes, de los cuales se pueda agarrar y que estén dispuestos de manera que pueda pasar confiadamente de uno a otro. Lo que más le conviene es estar descalzo, pues los niños utilizan los dedos de los pies para agarrar cuando dan los primeros pasos; las medias son resbalosas y los zapatos demasiado tiesos y pesados.

Si bien muchos niños perfectamente normales y hasta excepcionalmente brillantes no andan hasta la segunda mitad de su segundo año, sobre todo si tal fue el caso de uno u otro de los padres, un niño que a los 18 meses no camine debe ser examinado por su médico para eliminar la posibilidad de que estén interviniendo factores físicos o emocionales. Pero aun a esta edad — y ciertamente a los 12 meses — el hecho de que el niño no camine todavía no es motivo de alarma.

APEGO AL BIBERON

"Yo tenía la esperanza de destetar a mi hijito del biberón al año, pero está tan apegado a él que no se lo puedo quitar ni por un minuto, mucho menos permanentemente".

Lo mismo que un osito o una manta, un biberón es fuente de confort emocional y gratificación para un niño pequeño. Pero, a diferencia del osito y la manta, puede ser perjudicial si se usa indebidamente o se conserva mucho más allá del primer cumpleaños del niño.

El mayor peligro es para los dientes, tanto para los que ya le han salido como para los que están por venir, incluyendo los permanentes. El hábito de estar siempre con el biberón en la boca puede ocasionar pérdida de los dientes y deformación de la boca, lo mismo que perjudicar los buenos hábitos de comer. Otro peligro es para los oídos; los que siguen con el biberón después del primer año son más propensos a sufrir infecciones del oído. La nutrición del niño también se perjudica. Estar chupando todo el día leche o jugo le aplaca el hambre y le quita el apetito para otros alimentos, estorbando así que el régimen alimentario sea bien equilibrado. Y como si estos peligros no fueran suficientes para justificar que a esta edad se pase a la taza, hay que tener también en cuenta el efecto que el frasco, eternamente presente, puede tener en el desarrollo. El niño que siempre lo lleva consigo no tiene sino una mano libre para jugar, aprender y explorar; y el que permanentemente está chupando (ya sea del biberón o del chupador de entretención) tiene la boca demasiado llena para hablar.

Por estas razones, muchos pediatras recomiendan que se destete al niño cuando cumpla un año o poco después. Destetar en cualquiera de sus formas no es fácil en ningún momento, sobre todo si ya se ha formado un hábito y está muy arraigado, pero de todas maneras será más fácil ahora que más tarde, cuando negativismo y tenacidad serán más pronunciados. Los consejos para el destete que se dan en la página 395 deben facilitar el proceso.

Si a usted no le parece que su niño esté preparado para dejar del todo el biberón a esta edad, por lo menos trate de limitar cuándo, en dónde y cómo se lo da. Ofrézcaselo sólo dos o tres veces al día, supliéndolo entre las comidas con bocados o bebidas de una taza. Llenar el biberón de agua en lugar de jugo o leche reducirá también el interés del niño en él, al mismo tiempo que le protege la dentadura. No le permita que lleve el biberón a la cama, que esté andando o gateando con él, o que chupe casualmente mientras está jugando. Por el contrario, insista en que lo tome únicamente estando sentado en el regazo de un adulto. Cuando quiera bajarse, ponga el biberón en el refrigerador si no está vacío. Al fin llegará a fastidiarse tanto con tener que estarse quieto en el regazo para comer, que estará dispuesto a abandonar del todo el biberón. Y aun cuando ese día tarde en llegar, restringir en esta forma el uso del biberón disminuirá el daño que le puede causar mientras tanto.

COMO ACOSTAR A DORMIR AL NIÑO DESTETADO

"Nunca he acostado a mi niño despierto — siempre se queda dormido comiendo. ¿Cómo voy a hacer para que se duerma por la noche una vez que esté destetado?"

Qué fácil ha sido hasta ahora para su niño quedarse beatíficamente dormido mamando. Y qué fácil había sido para usted darle su última comida y acostarlo tranquilamente sin lucha. De ahora en adelante, si en serio quiere destetarlo, la cosa va a ser muy distinta y va a requerir un mayor esfuerzo de parte y parte.

Lo mismo que el enviciamiento con cualquier ayuda para dormir — desde píldoras sedativas hasta los somníferos programas de televisión de medianoche — el vicio de la lactación a la hora de acostarse se puede romper. Y una vez que se rompa, su niño habrá dominado una de las destrezas más valiosas: la de quedarse dormido por su propia cuenta. Para convertir este ideal en realidad, siga este plan:

Conserve la vieja rutina. Una rutina para la hora de acostarse, llevando a cabo todos los pasos uno por uno en el mismo orden todas las noches, ejerce un mágico efecto soporífico sobre cualquiera, adulto o niño. Si usted no ha establecido antes tal rutina para su bebé, iníciela por lo menos dos semanas antes de tratar de destetarlo de la comida nocturna. Al mismo tiempo, cuide de que las condiciones ambientales sean propicias para el sueño: la alcoba oscura, a menos que el niño prefiera una medialuz; ni muy caliente ni muy fría, y tranquila; el resto de la casa debe mantener el rumor de las actividades habituales, de modo que el niño sepa que usted está allí si la necesita (vea otros consejos para hacer dormir al niño en la página 139).

Agregue algo nuevo. Unos pocos días o una semana antes del Día D, agréguele a la rutina habitual un bocado a la hora de acostarse, algo que pueda comer estando ya en pijama y mientras usted se lo lee. Debe ser algo ligero pero satisfactorio (puede ser una galleta endulzada con jugo y media taza de leche, o un pedazo de queso), y permítale que lo coma en su regazo si lo desea. Esta minicomida llegará a reemplazar la lactación que se le quita y además la leche tendrá efecto soporífero. Desde luego, si ha tenido la costumbre de cepillarle los dientes antes, al anochecer, ahora tendrá que pasar esta parte de la rutina para después del bocado. Si manifiesta sed después de que se le han limpiado los dientes, déle agua.

Rompa el vicio antiguo pero no lo reemplace con uno nuevo. Lo que más anhela un enviciado a las ayudas para dormir, es que se le facilite conciliar el sueño. Si usted le ofrece a su niño otra muleta (mecerlo o acariciarlo, cantarle o hacerle oír música) para ayudarle a que se quede dormido, lo que hace con eso es crearle otro vicio que después habrá que romper también. La autosuficiencia total sólo se desarrolla dejando al niño por su cuenta. Así pues, si quiere utilice caricias, música y demás en la rutina anterior al ir a la cama, pero no hasta que el niño se duerma. Acuéstelo seco, contento, bien abrigadito y soñoliento pero despierto.

Habrá algo de llanto. Y posiblemente mucho. Lo más probable es que su niño se resista a esta nueva y audaz manera de meterlo en la cama. Pocos niños aceptan el cambio sin lucha. Pero, afortunadamente, el llanto disminuye considerablemente después de unas pocas noches, y pronto se acaba del todo. (Vea en la página 301 los métodos de dejar llorar al niño de una vez o gradualmente.)

DESPIERTA POR LA NOCHE

"Nuestro niño dormía muy bien toda la noche, pero ahora le ha dado por despertarse una o dos veces. Se pone furioso si lo dejo solo en el cuarto y yo no quisiera dejarlo llorar".

La ansiedad de separación, el familiar duendecillo que ronda durante las horas del día, sobre todo entre los 12 y los 14 meses de edad, también puede aparecer de noche. En efecto, como la separación por la noche deja al niño completamente solo, puede causar mayor trauma emocional que la separación de día. El resultado para muchos bebés es ansiedad, noches de desasosiego y problemas de insomnio.

La ansiedad de la separación nocturna suele ser más grave entre los niños de madres que están empleadas (el niño que no ve mucho a su mamá durante el día teme perderla también de noche), especialmente si hay una niñera de por medio. Ya sea que esté o no con su niño durante el día, trate de aliviar sus temores prodigándole antes de acostarlo una dosis extra de mimos y atenciones (deje para más tarde los oficios de preparar la comida o lavar los platos). Una dosis concentrada de amor maternal o paternal antes de separarse por la noche hará más fácil la separación.

Si al niño le cuesta trabajo quedarse dormido, o si se despierta asustado en medio de la noche y dejarlo llorar no surte efecto o parece demasiado cruel, ensaye sentarse al lado de la cuna durante unos diez minutos, calmándolo con un suave "Shhhh" y poniéndole levemente la mano en la espalda. Pero no se esté con él hasta que se duerma; eso sólo sirve para que se acostumbre a no dormirse sino con su presencia. Por el contrario, déjelo soñoliento y ojalá cansado — y trate de no regresar si llora.

Si el niño se empieza a despertar por dolor de muelas, vea la página 482. Si todo lo demás falla, consulte con su médico sobre la posibilidad de adoptar una dieta sin leche; a veces la intolerancia a la leche causa insomnio.

TIMIDEZ

"Mi marido y yo somos muy sociables y nos mortifica ver que nuestra niña sea tan tímida".

Por sociables que sean usted y su esposo, la timidez de su hija, si es realmente tímida, se la debe a ustedes. No al ejemplo que le han dado sino al molde genético que crearon. La timidez, lo mismo que la disposición para los números o para escribir, es una característica hereditaria. Aun cuando no se manifieste en los padres, fueron ellos los que la llevaron a la concepción del hijo. Es posible modificarla pero es casi imposible extirparla del todo. Ni conviene tampoco que los padres traten de eliminarla, si es parte de la personalidad del niño.

Muchos que son cortos desde la infancia conservan algo de cortedad toda la vida, pero la mayoría cuando llegan a la edad adulta suelen mezclarse bien con los demás. No es la insistencia y presión de los padres lo que los saca de su concha, sino mucho amor y apoyo. Llamar la atención a la cortedad de un niño como un defecto mina la confianza en sí mismo, lo cual a su vez lo hace más tímido aún. Por el contrario, ayudarle a sentirse bien consigo mismo contribuye a que aprenda a llevarse bien con los demás y a disminuir con el tiempo su timidez.

También es posible que lo que parece timidez no sea otra cosa que la normal falta de sociabilidad de un niño de 12 meses. Los de un año y hasta los de dos años no están todavía en edad de hacer amistades. Cuando su hijita llegue a su tercer cumpleaños es posible que los sorprenda por su rápido progreso en el arte de la sociabilidad.

RETRASO SOCIAL

"Hemos tomado parte en un grupo de juegos en las últimas semanas y observo que mi hijo no juega con otros niños. ¿Cómo hago para que sea más sociable?"

No hay nada que hacer, ni se debe intentar. Un niño de menos de dos años no es un ente social, y ningún esfuerzo va a cambiar esa situación. La falta de sociabilidad no era un problema para las generaciones anteriores puesto que los niños no participaban en situaciones de juegos en grupo por lo menos hasta los tres o cuatro años de edad, y más bien a los cinco. Pero causa muchas preocupaciones a los padres modernos que matriculan a sus hijitos en grupos de juego o guarderías diurnas antes de que cumplan un año, y en un jardín infantil a los dos o tres años.

El roce con otros niños de su edad no le causa al suyo ningún mal (fuera de unos pocos catarros extra y otros virus), pero sí le puede causar daño emocional la presión de los padres para que actúe en una forma sociable. Esto se debe a que los niños de menos de tres años no están todavía preparados para eso. Es raro que sean capaces de otra cosa que juego paralelo — juegan unos al lado de otros pero cada uno por su cuenta. No es que sean egoístas sino simplemente que todavía no reconocen que otros niños merezcan su tiempo y atención.

Recuerde que su niño no sabe tratar a sus compañeritos y que su comportamiento es apropiado para su edad. Forzarlo a jugar con otros niños de su grupo tiene el efecto de que se retraiga totalmente de tales situaciones. Para lograr los mejores resultados usted tendrá que aceptar que las deficiencias sociales del niño son perfectamente normales, y estar preparada para permitirle que proceda según su propio paso, no sólo ahora sino en los años venideros.

COMPARTIR

"Mi niño pertenece a un grupo de juego. El y otros niños se la pasan peleando por el mismo juguete. ¿Cuándo aprenderán a no pelear?"

Todavía falta tiempo para eso. Hasta los dos o los tres años de edad el niño no entiende el concepto de compartir. Por ahora sus propias necesidades y deseos son lo único que le interesa; a los demás niños los trata como objetos, no como personas. Cada niño del grupo de juego está convencido de que su derecho a jugar con cualquier juguete y cuando él quiera es absoluto. Se van a necesitar muchas explicaciones y muchos halagos en los dos años siguientes (sin forzarlo nunca) para llevarlo al punto en que aprenda a compartir. Y desde luego es importante que llegue a ese punto. Pero también es importante que usted se muestre comprensiva cuando su niño de dos o tres años no permita que un visitante toque siquiera sus camiones o sus ositos, no comparta sus galletas con otro niño en el parque, y ponga el grito en el cielo porque a su primito lo pasean en su coche. Al fin y al cabo ¿cuántas veces deja usted que una amiga, para no decir nada de un extraño, conduzca su automóvil, se coma la mitad de su helado u ocupe su poltrona favorita?

PEGAR

"Mi hijo está en un grupo de juego con unos pocos niños un poquito mayores. Algunos de ellos pegan cuando no se les da gusto, y mi hijo ha empezado a hacer lo mismo. ¿Qué debo hacer en este caso?"

Los puñetazos de un bebé de menos de un año no pueden causar mucho daño, y todavía falta tiempo para que su niño vuelva del parque con un ojo negro o la nariz reventada; pero eso no quiere decir que se le pueda permitir adquirir esa mala costumbre. Tal vez antes de los dos años no entienda que los demás también sienten (él es el único niñito en todo el mundo que siente) pero sí puede entender que pegar no está permitido.

Cuando su niño pegue (o muerda o muestre cualquier otra forma de conducta agresiva indeseable), responda inmediatamente, con firmeza pero con calma. La cólera lo que hace es ponerlo a la defensiva y provocar más comportamiento iracundo. Darle unas palmadas sólo le enseña que la violencia es una manera apropiada de expresar enfado. Y si se exagera la reacción, probablemente se le estimulará a repetir la acción en busca de mayor atención. Retire al niño del lugar explicándole al mismo tiempo (aun cuando no entienda bien) que pegar es malo y puede causar daño a una persona. Terminado el regaño, distráigalo y cambie de tema. Use este método cuantas veces sea necesario y al fin el niño entenderá.

Mientras tanto, cuide de que las sesiones de juego con otros niños estén cuidadosamente supervisadas, puesto que siempre existe el peligro de que un niño use algo más que los puños para pegarles a sus compañeros y es mayor el riesgo de lesión si se sirve del pie, de un juguete, una piedra o un palo.

DESTREZAS QUE SE OLVIDAN

"El mes pasado mi niño hacía siempre el ademán de despedida, pero ahora parece que se le ha olvidado. Yo pensaba que debería progresar en su desarrollo, no retroceder".

Está progresando en su desarrollo, pasando a otras destrezas. Es muy común que un niño practique una habilidad durante un tiempo casi continuamente hasta perfeccionarla — con gran contento de todos sus admiradores — y luego, una vez que la ha dominado, la deje a un lado y se dedique a otra cosa. Aun cuando su niño se haya cansado del viejo truco de decir adiós con la mano, probablemente está emocionado con otras destrezas que está aprendiendo, tal vez ladrando cuando ve un animal de

cuatro patas o jugando al escondite o a palmotear. Todo lo cual dejará también temporalmente una vez que pierda su atractivo. En lugar de preocuparse por lo que parece haber olvidado, observe y fomente las nuevas habilidades que esté desarrollando.

Sólo tiene que preocuparse si súbitamente el niño parece incapaz de hacer muchas cosas que antes hacía, y si no está aprendiendo nada nuevo. En ese caso, sí consulte con el médico.

PERDIDA DE APETITO

"De pronto mi hijo parece haber perdido el interés en las comidas. No hace más que picar un poco y no ve la hora en que lo bajen de la silla. ¿Será que está enfermo?"

Más probable es que la Madre Naturaleza lo haya puesto a dieta de sostenimiento. Porque si siguiera comiendo como comió durante el primer año de vida y siguiera engordando al mismo ritmo, pronto parecería más bien un barril que un niño. Casi todos triplican en el primer año el peso que tenían al nacer; en el segundo año sólo aumentan más o menos la cuarta parte del peso. De manera que una disminución del apetito a esta edad no es sino un síntoma de que el organismo está experimentando una retardación normal del aumento de peso.

Hay también otros factores que pueden afectar a sus hábitos de comer. Uno es el aumento de su interés en el mundo que lo rodea. Durante la mayor parte de su primer año de vida, las horas de comida — ya fuera que las pasara en los brazos de la mamá o en la silla alta — eran puntos culminantes de su existencia. Ahora representan una interrupción indeseable de las actividades del niño, quien preferiría estar en movimiento

(¡tantas cosas que hacer, tantas que ver, tantas travesuras interesantes — y tan poquito tiempo en el día!).

El sentido de independencia también influye en la reacción del niño ante la comida que se le sirve. Cuando sale ya de la primera etapa y entra en la de hacer pinitos, le parece que es él y no usted el que debe ser árbitro en la mesa de comer. Amplias variaciones de gusto pueden ser la regla — mantequilla de maní toda una semana, a la siguiente rechazo de todo lo que se le parezca; y es mejor aceptar la planificación dictatorial del menú por el niño (siempre que lo que escoja sea nutritivo) que luchar contra ella. Con el tiempo esas excentricidades disminuirán.

Tal vez su niño no quiere comer porque no le gusta que lo destierre a la silla alta. Si ése es el caso, ensaye sentándolo a la mesa de la familia en un asientito de enganchar. O tal vez no se pueda estar quieto tanto tiempo como el resto de la familia; en ese caso, no lo ponga en el asientito sino cuando la comida ya esté servida y déjelo otra vez libre apenas empiece a mostrar desasosiego.

Hay niños que pierden temporalmente el apetito durante la dentición, especialmente cuando les están saliendo las primeras muelas. Si la pérdida de apetito de su bebé va acompañada de irritabilidad, chuparse los dedos y otros síntomas de dentición, puede estar segura de que le pasará una vez que cese el malestar. En cambio, si va acompañada de síntomas de enfermedad como fiebre, letargo o fatiga, consulte con el médico. Igualmente, busque consejo médico si se suspende del todo el aumento de peso, si parece muy flaco, o débil, apático e irritable, o si tiene el pelo particularmente seco y quebradizo y la piel reseca, con poca tonicidad.

No hay nada que hacer (ni que se deba hacer) si hay pérdida del apetito como resultado de una retardación normal del crecimiento; pero sí hay maneras de asegurarse de que coma lo que necesita para crecer (ver las secciones siguientes).

NUTRICION ADECUADA

"Mucho me temo que mi hijito no esté tomando suficientes proteínas o vitaminas porque no come carne ni vegetales".

Les puede parecer a los padres que un niñito de un año que come esporádica y caprichosamente no puede de ninguna manera obtener su Docena Diaria de nutrimento de las pequeñas cantidades de alimento que consume en el curso del día; pero por ser increíblemente pequeños los requisitos nutritivos de un niño de un año, sí los puede obtener muy fácilmente. Y esos requisitos no sólo se presentan en las formas más obvias (proteína en la carne y el pescado, vitamina A en las espinacas); también se presentan en formas inesperadas y deliciosas.

■ Proteína. Su bebé puede tomar proteínas en cantidades adecuadas sin probar jamás carne ni pollo ni pescado. Requesón, quesos duros, leche, leches malteadas, yogur, huevos, cereales y panes integrales, germen de trigo, fríjoles y arvejas secas, y pastas (especialmente las de altas proteínas) son sustancias que ofrecen proteínas. Los requisitos de la Docena Diaria para un niño de un año se pueden cumplir con $2^2/_3$ de taza de leche y 2 tajadas de pan; o 2 tazas de leche y 30 gramos de queso suizo; o 1 taza de leche, 1 taza de yogur, 1 escudilla de gachas de avena y 1 tajada de pan integral; o 1 taza de leche, $1/_4$ de taza de requesón, 1 escudilla de cereal de avena y 2 tajadas de pan.

Si a su niño no le gustan los alimentos proteínicos al natural, ensaye un pequeño truco. Hágale panqueques con leche evaporada sin grasa, huevos y germen de trigo; tostadas a la francesa con pan integral, huevos y leche; pastelitos de pescado con pescado y huevos; pasta de alta proteína con queso rallado. Vea recetas empezando en la página 717, y las combinaciones infantiles de proteínas para vegetarianos en la página 417.

■ Vitaminas vegetales. Se pueden servir todas las vitaminas vegetales con una variedad de disfraces tentadores: panecillos de calabaza, pastel de zanahorias, salsa de tomate y brécol en la pasta, panqueques vegetales, vegetales revueltos con salsa de queso o en una cacerola de fideos. Muchos de sabores favoritos, como melón, mango, duraznos y batatas, ofrecen las mismas vitaminas que se encuentran en alimentos menos atractivos para los niños, como los vegetales de hoja verde y amarilla. Vea otras fuentes en la lista de vegetales verdes y frutas amarillas y ensaye las recetas de la página 717.

También tenga en cuenta los puntos siguientes para darle de comer a un niño chinchoso:

Guíese por el apetito del niño. Déjelo que coma todo lo que quiera cuando tenga hambre y cuando no, no. Nunca lo fuerce. Pero agúcele el apetito para las comidas limitándole los bocaditos a deshoras.

Evite lo que le daña el apetito. Aun pequeñas cantidades de comistrajos poco alimenticios y que sólo suministran calorías inútiles (dulces azucarados, alimentos fritos, granos refinados) llenan al niño y no le dejan campo para las comidas nutritivas que necesita. Prohíba totalmente todas esas cosas que no hacen más que llenarlo.

No se dé por vencida. El hecho de que el niño no coma hoy su carne (o pollo o pescado) ni la espinaca (o brécol o zanahorias) no quiere decir que no los coma

mañana. Ponga estos alimentos a su alcance en la mesa de la familia — pero no lo obligue nunca a comerlos — en distintas formas y con regularidad. Un día de estos el niño la sorprenderá sirviéndose él mismo.

Y si termina no comiendo en todo el día otra cosa que jugo de naranja, cereal con plátano, panecillos de calabaza y leche, o melón, panqueques, pan con queso y jugo de manzana — y toma un poco de agua más su suplemento de vitaminas y minerales — usted tendrá la satisfacción de saber que ha cumplido con su Docena Diaria.

AUMENTO DEL APETITO

"Yo creía que los niños de un año debían experimentar pérdida de apetito; pero el de mi hijo ha aumentado enormemente y me temo que se vaya a engordar demasiado si sigue comiendo como ahora".

Lo probable es que esté comiendo más porque está bebiendo menos. Los niños que se acaban de destetar del pecho o del biberón y empiezan a tomar en taza obtienen de la leche y otros líquidos una proporción menor de las calorías que necesitan, y compensan aumentando la cantidad de alimentos sólidos. Aun cuando parezca que su niño está tomando más calorías, probablemente está tomando la misma cantidad, o aun menos, sólo que en una forma distinta. Otra posibilidad es que esté comiendo más porque está pasando por un período de rápido crecimiento, o porque es más activo — posiblemente porque está andando mucho — y su organismo necesita las calorías extra.

Los niños sanos, cuando se les permite comer como se lo dicte su apetito, bueno o malo, continúan creciendo normalmente. Y si las curvas de peso y estatura de su niño no se han separado súbitamente, no hay motivo para creer que esté comiendo en exceso. Póngale más atención a la calidad que a la cantidad de lo que come; y cuide de que ese buen apetito no lo desperdicie en cosas frívolas y no nutritivas y que su régimen alimentario no se recargue de alimentos muy altos en grasa (que podrían conducir a obesidad). Observe igualmente su motivación para comer; por ejemplo, si parece que come por aburrimiento más bien que por hambre, le puede ayudar proporcionándole suficientes motivos de entretención fuera de la cocina entre las comidas. (En la página 314 se dan otras recomendaciones para controlar las golosinas.) O si sospecha que está comiendo porque necesita gratificación emocional, prodíguele suficiente atención y cariño.

NO QUIERE COMER SOLO

"Sé que mi hijo puede perfectamente comer por su propia mano, pues ya lo ha hecho varias veces; pero ahora se niega en absoluto a agarrar el biberón o la taza o la cuchara".

Acaba de empezar para su niño la lucha interna entre querer seguir siendo un bebé y querer crecer. Por primera vez es capaz de atender él mismo a una de sus necesidades, pero vacila en hacerlo si eso significa abandonar el seguro y cómodo papel de bebé. Instintivamente presiente que si él es menos bebé usted será menos mamá.

No lo fuerce a crecer demasiado pronto. Cuando quiera comer por sí mismo, permítaselo; pero cuando quiera que le den, déle usted la comida. Al fin el niño se impondrá al bebé si usted los deja que los dos se las arreglen en el curso natural de las cosas — si bien el conflicto interno volverá a presentarse en todas las

etapas del desarrollo hasta la edad adulta. Mientras tanto, ofrézcale todas las oportunidades posibles de autosuficiencia — déjele a la mano el biberón, la taza y la cuchara, aunque sin insistir en que las use. Ofrézcale a menudo alimentos de comer con los dedos, tanto a las horas de comida como para la merienda intermedia. Pocos niños a esta edad son realmente competentes con la cuchara y casi todos se ensayan en el arte de alimentarse solos sirviéndose de las cinco cómodas prolongaciones de la mano como utensilios.

Cuando coma por sí mismo, refuércele la decisión permaneciendo a su lado para animarlo, elogiarlo e infundirle confianza. El necesita saber que el hecho de que su mamá ya no le dé la comida no quiere decir que haya perdido a su mamá.

CAPRICHOS

"Mi bebé parece que no sabe lo que quiere. Anda detrás de mí por toda la casa agarrándose de mis piernas mientras yo trato de hacer algún oficio; pero si me siento y lo alzo, se desespera por soltarse".

No es que su niño sea esquizofrénico — es un bebé normal de un año. Lo mismo que el que no quiere comer por su mano, vacila entre su deseo de independencia y el temor de pagar un precio demasiado alto por ella. Cuando usted está ocupada en alguna otra cosa, especialmente cuando se está moviendo más rápidamente de lo que él puede seguirla, siente que está perdiendo el amor, el sustento, la confortación y la seguridad que usted representa, y reacciona prendiéndose. Por el contrario, cuando lo alza, sus temores se disipan y se siente más capaz de probar su independencia en la seguridad de la presencia materna.

A medida que se acostumbra a la independencia y se siente más seguro de que usted seguirá siendo su mamá por más que crezca, se prenderá menos. Pero esta división de su personalidad se manifestará repetidas veces en los años venideros, probablemente hasta la edad adulta. (¿No le entran a usted misma a veces ganas de volver a ser la bebé de su mamá, aun cuando sea sólo por un momento, y al mismo tiempo se resiente si ella interviene en su vida?)

Mientras tanto, usted le puede ayudar a bandearse solo haciéndolo sentirse más seguro. Si está en la cocina pelando zanahorias y el niño está en la pieza contigua, charle con él, suspenda periódicamente su labor para acercársele o invítelo a que le ayude, por ejemplo poniéndole su silla alta a su lado cerca del vertedero y dándole unas zanahorias y un cepillo de vegetales. Apoye y aplauda los pasos que el niño da hacia la independencia pero tenga paciencia y sea comprensiva si tropieza y corre otra vez a la seguridad de sus brazos.

También sea realista en cuanto a la cantidad de tiempo que puede consagrar a satisfacer sus exigencias. Habrá momentos en que tendrá que dejarlo llorar un rato a sus pies mientras pone la comida en la mesa, y momentos en que sólo podrá concederle una atención intermitente mientras hace la reconciliación de su cuenta bancaria en el talonario de cheques. Por importante que sea para el niño saber que usted siempre lo quiere y atenderá a sus necesidades, también es importante saber que otras personas, inclusive usted misma, también tienen necesidades.

MAYOR ANSIEDAD DE SEPARACION

"En otras ocasiones hemos dejado al bebé con una niñera. Pero ahora hace un escándalo si ve que nos preparamos para salir y nos hace sentir remordimiento".

Eso es precisamente lo que él quiere que sientan. Si no puede obligarlos a cancelar planes y quedarse en casa, por lo menos tratará de que les remuerda la conciencia si salen. Uno puede ser comprensivo frente a estas desesperadas tentativas del niño, pero no se le puede permitir que se salga con la suya. Es normal que la ansiedad de separación aumente en esta etapa del desarrollo, y es raro que sea resultado de alguna cosa que los padres hayan o no hayan hecho — como lo pueden temer muchos papás y mamás que tienen que hacer frente a este problema. Se debe en parte al hecho de que el niño tiene ahora mejor memoria. Recuerda lo que significa que usted se ponga el abrigo, tome el bolso en la mano y se despida sin llevarlo a él, y tiene capacidad para prever que una vez que salga por esa puerta, va a permanecer alejada por un tiempo indefinido. En efecto, si no se ha quedado antes con una niñera, puede tener sus dudas de que usted regrese.

Pero aun cuando el remordimiento que él logró suscitar en sus padres les dure a éstos toda la noche, el berrinche que lo causó generalmente pasa pronto apenas se acaban las despedidas, se cierra la puerta y el niño entiende que ya no gana nada con seguir llorando.

Para minimizar estas manifestaciones y maximizar su conformidad con que lo dejen con la niñera, siga estos pasos antes de salir:

■ Cuide de que quede en manos de una niñera digna de confianza y además comprensiva, paciente y amante por más intratable que se ponga el niño.

■ Cuide de que la niñera llegue quince minutos antes de que usted salga (o antes si es la primera vez que se va a quedar con el niño), de modo que los dos se puedan ocupar en alguna actividad (pintar con los lápices de colores, ver Plaza Sésamo, mirar por la ventana, hacer casitas de bloques, acostar a la muñeca) mientras usted está todavía en la casa. No se preocupe si el bebé rechaza a la niñera antes de que ustedes hayan salido; es la manera que tiene de decirles a sus padres que no acepta sustitutos. Una vez que hayan salido, casi con seguridad la aceptará.

■ Informe al niño por anticipado de que va a salir. Si trata de evitar la rabieta saliéndose a escondidas de la casa cuando el niño no está viendo, él temerá que usted puede desaparecer en cualquier momento y responderá pegándose excesivamente. Lo que se debe hacer es decirle diez o quince minutos antes, que va a salir. Si se le da más tiempo, se puede olvidar y no tiene la oportunidad de acomodarse.

■ Haga alegre la despedida con un abrazo y un beso de ambos padres. Pero no la prolongue ni exagere el sentimentalismo. Sonría aun cuando él esté llorando y actúe en una forma enteramente natural. Si hay ventana, que los vea marcharse; dígale a la niñera que lo asome a la ventana para hacerle desde afuera señales de despedida.

■ Si el niño está llorando cuando usted sale, confórtelo. En lugar de decirle que ya es grande y no debe llorar, dígale que usted comprende que le va a hacer falta y que él también le hará falta a usted.

■ Asegúrele que va a volver. "Hasta la vista" es una buena frase que puede empezar a asociar con su ida y regreso.

Si llora durante todo el tiempo que usted esté por fuera, considere si no será que la niñera no es apropiada, o que usted no le ha dado al niño suficientes seguridades y atenciones cuando está con él, o que se necesita darle alguna ayuda extra para que se conforme con su ausencia. Para esto último, empiece por dejarlo con una persona a quien conozca bien, durante 15 minutos cada vez y en diversas ocasiones. Una vez que adquiera confianza de que usted sí va a regresar, se conformará con estas cortas ausencias y estará preparado para otras de mayor duración. Aumente el tiempo que permanece lejos en incrementos de 15 minutos, hasta que pueda permanecer por fuera varias horas seguidas.

LENGUAJE NO VERBAL

"Nuestro niño dice muy pocas palabras pero ha desarrollado un sistema de hacerse entender por señas. ¿Será que no oye bien?"

Probablemente no es que no oiga bien sino que tiene muy buena imaginación. Mientras parezca entender lo que usted le dice y trate de imitar los sonidos, aun cuando no lo logre, casi con seguridad su oído es normal. El empleo de señas y otras maneras primitivas de expresar sus necesidades y sus pensamientos (como gruñir) es solamente un modo original de hacer frente a una dificultad temporal: la limitación de un vocabulario comprensible. A esta edad algunos niños sencillamente tienen mayor dificultad que otros para formar las palabras. Para muchos la dificultad continúa hasta los años preescolares y a veces hasta el jardín infantil y hasta el primer grado, cuando la mayoría de sus compañeritos ya están hablando claramente.

Para compensar esta incapacidad de comunicación verbal, muchos de estos niños desarrollan sus propias formas de lenguaje. Algunos, como el suyo, son diestros para hacerse entender por señas. Señalan lo que quieren y rechazan lo que no quieren. Un ademán de la mano significa adiós, un dedo hacia arriba es arriba y hacia abajo es abajo. Quizá ladren para indicar un perro, se toquen la nariz para "decir" elefante o las orejas para conejo. Algunos tararean una tonada para comunicarse: "Duérmete niño . . ." cuando tienen sueño, o el tema de Plaza Sésamo cuando quieren ver TV.

Como esto exige mucha creatividad y un fuerte deseo de comunicarse (dos cualidades que se deben cultivar) usted debe hacer todo lo posible por descifrar el idioma especial del niño y mostrarle que lo comprende. Pero no olvide que la meta final es el lenguaje de verdad. Cuando tararee una canción de cuna dígale: "¿Tienes sueño?" Cuando señale la leche respóndale: "¿Quieres un vaso de leche? Te lo voy a dar." Y cuando se señale las orejas al ver un conejo en el libro de cuentos dígale: "Muy bien, ése es un conejo. El conejo tiene orejas largas".

Sin embargo, si parece que no la oye cuando lo llama, estando detrás de él o en otra pieza, o que no entiende órdenes sencillas, lo mejor es pedirle al doctor que le haga una prueba del oído.

DIFERENCIAS ENTRE NIÑOS Y NIÑAS

"Hacemos todo lo posible por no criar a nuestros hijos en un ambiente sexista; pero por más que hagamos, no logramos convencer a nuestro niñito de once meses para que juegue con muñecas — prefiere tirarlas contra la pared".

Están haciendo ustedes el mismo descubrimiento que han hecho muchos otros padres bienintencionados, resueltos a evitar que sus hijos se amolden a determinados estereotipos. La igualdad de derechos entre hombres y mujeres es un ideal que ya se está cumpliendo, pero la igualdad sexual es una idea que jamás se realizará — por lo menos mientras la madre naturaleza tenga algo que decir al respecto. Niños y niñas son moldeados de antemano en la matriz, no después en el patio de recreo.

Los científicos opinan que la diferencia entre los sexos se inicia en el seno materno, cuando empiezan a producirse hormonas sexuales tales como testosterona y estradiol. Los fetos machos reciben más de la primera y las hembras más de la segunda. Aparentemente esto produce un desarrollo cerebral un poco distinto, y distintas fuerzas y actitudes frente a la vida.

Aun cuando falta aún mucho trabajo por hacer antes de que los científicos puedan precisar todas las diferencias, todos sabemos que hay algunas que existen desde el nacimiento en adelante. Aun antes de salir de la clínica a la casa, las niñas se fijan más en las caras, especialmente en caras que hablan, y reaccionan más al tacto, el dolor y el ruido; los niños reaccionan más a los estímulos visuales. Las niñas son más sensibles pero se calman y se confortan con mayor facilidad; los varones lloran más y son por lo general más irritables. Desde luego, estas diferencias se aplican a grupos de niños y niñas, no necesariamente a individuos; algunas niñas pueden tener características más "masculinas" que algunos niños, y algunos niños más características "femeninas" que algunas niñas.

También es aparente desde muy temprano que los varones tienen mayor masa muscular, pulmones y corazón más grandes, y menos sensibilidad al dolor, mientras que las niñas tienen más grasa en el cuerpo, forma distinta de la pelvis y una manera diferente de procesar el oxígeno en los músculos, lo cual más tarde en la vida les da menos fortaleza que a los muchachos. Las niñas, sin embargo, definitivamente no son el sexo débil: tienden desde el principio a ser más sanas y más resistentes que los varones.

A medida que progresa el desarrollo físico, se hace claro que la mayor parte de los niños son físicamente más activos que la mayoría de las niñas. Estas generalmente muestran más interés en las personas, los niños en las cosas. Lo cual quizá explique por qué a ellas les gustan las muñecas y jugar a vestirlas, mientras que ellos prefieren camiones y bombas de incendio. Las niñas adquieren las destrezas lingüísticas primero y más rápidamente, tal vez porque como resultado del ambiente hormonal en la matriz ambos hemisferios del cerebro son de igual tamaño y funcionan en armonía. Los varones, por su parte, se desempeñan mejor en tareas que requieren destrezas espaciales y mecánicas, posiblemente porque en ellos el hemisferio derecho se desarrolla más que el izquierdo. Es muy interesante, sin embargo, que los niños chiquitos son tan bondadosos como las niñas, aun en la primera infancia; y que éstas últimas no muestran más miedo que los niños, aun cuando quizá sí lo muestren más fácilmente — probablemente una característica aprendida.

Para la época en que ya juegan con sus compañeros (ésta es la edad del juego paralelo), se hace claro que en general los niños son mucho más agresivos, tanto física como verbalmente, mientras que las niñas son más complacientes. A ellos les gusta el juego en grupos, a ellas el juego con una sola compañera. En la escuela las niñas siguen sobresaliendo en las áreas lingüísticas (ortografía, comprensión de la lectura, vocabulario, escritura creativa) y los niños en las destrezas espaciales (percepción de profundidad, solución de rompecabezas y problemas geométricos, lectura de mapas) y en matemáticas en la

adolescencia (aun cuando no está claro si esto es una habilidad natural o aprendida). Las mujeres tienden a madurar más temprano — aun cuando no siempre.

Las diferencias sicológicas y emotivas se hacen más obvias a medida que los niños crecen. Los muchachos son más vulnerables sicológicamente — son ellos los que probablemente sufren más cuando los padres se divorcian. El desarrollo moral también parece que es distinto. Los niños tienden a formar juicios morales sobre la base de la justicia y la ley, en tanto que las niñas los forman sobre bases afectivas.

Eso de que a las niñas les encanten las muñecas mientras que los niños se distraen con camiones, ¿significará que sus destinos están preordenados? En parte sí: a su tiempo ellas serán mujeres y ellos serán hombres. Pero en gran parte sus actitudes dependerán de las que muestren sus padres y de otros ejemplos que les den. Ustedes pueden criar hijos que no sean ''sexistas'' en sus puntos de vista, que respeten a hombres y mujeres, que gocen de pertenecer al sexo que les dio la naturaleza, que escojan su futuro papel en la vida no a base de estereotipos (de ninguna clase) sino a base de su fortaleza personal y sus deseos. Seguir estas indicaciones le ayudará a cumplir esas metas:

■ Recuerde que el hecho de que existan diferencias innatas entre varones y hembras no significa en modo alguno que un sexo sea en ninguna forma mejor o peor, más fuerte o más débil que el otro. Las diferencias enriquecen, la igualdad idiotiza. Comuníqueles esta actitud a sus hijos.

■ Trate a sus hijos como individuos. Si bien es cierto que como grupo los hombres tienen más músculos y son más resueltos que las mujeres, hay algunas mujeres que tienen más músculos y son más resueltas que algunos hombres. Si usted tiene una hija que tenga más características "masculinas" o un hijo que tenga más "femeninas", no los culpe ni los ridiculice por eso. Acepte, ame y apoye a su hijo tal como es.[5]

■ Corrija los extremos. Aceptar a su hijo tal como es no significa que no pueda valerse de su buen sentido para hacer algunas correcciones. Si un niño se muestra excesivamente agresivo, usted debe enseñarle a moderarse. Por el contrario, si es demasiado pasivo, conviene estimularlo para que sea más afirmativo.

■ Escoja los juguetes no para tratar de crear o romper un estereotipo sino porque realmente crea que su hijo va a gozar con ellos y obtener algún beneficio. Si usa un juguete en una forma distinta de la que se esperaba, acéptelo. (Niños y niñas usan un mismo juguete en formas distintas y aun dentro de cada sexo el uso puede variar.)

■ No caiga inconscientemente en una trampa sexista. No le diga a su niñito de un año que no llore porque él ya es un niño grande, y luego consienta a su hermanita cuando está llorando. No limite sus cumplidos para una hija a "Qué linda estás" y para un hijo a "Qué fuerza tienes" o "Ya eres un niño grande". Dígales estas cosas, claro está, cuando sean apropiadas pero también cumplimente al niño por ser bueno con su hermana y a la niña por lanzar bien una pelota. Esto no debe hacerse para tratar de cambiar el papel sexual de los niños — nada de eso — sino porque la personalidad del niño se forma en muchos aspectos, todos los cuales tienen que estimularse.

■ Trate de evitar formar juicios valorativos sobre diversos tipos de destrezas o papeles en la vida. Por ejemplo, si usted les da a sus hijos la impresión de que el cuidado de los niños es una tarea que merece poco respeto, ni los niños ni las niñas lo valorarán como adultos. Si les da la idea de que trabajar en una oficina es en alguna forma más honroso que trabajar en la casa o en un ambiente que no sea de oficina, tampoco darán valor a éstos últimos.

■ Reparta las tareas del hogar de acuerdo con las actividades, intereses y tiempo disponible de cada uno, y no según estereotipos preconcebidos o con el ánimo de romper tales estereotipos. Esto significa que el mejor cocinero debe hacer la mayor parte de la comida (el otro, sea el papá o la mamá, puede lavar los platos y arreglar la cocina), y el mejor contabilista debe encargarse de manejar la libreta de cheques. Si el padre o la madre tienen un trabajo que consuma menos tiempo o no tienen ningún trabajo fuera de la casa, él o ella debe pasar más tiempo con los niños y el otro debe esforzarse por dedicarles todo el tiempo que pueda. Los oficios que a ninguno de los dos les guste hacer se pueden turnar o convenir en repartírselos, o dejarse para hacerlos por el impulso del momento ("Querido, ¿quieres sacar la basura, por favor?"), pero este último sistema puede fracasar (como cuando ninguno de los dos saca la basura) a menos que se controle cuidadosamente.

---

[5] Los niños que desde temprana infancia muestran características femeninas, gustan de jugar con muñecas y evitan los juegos bruscos, tienen mayores posibilidades de llegar a ser homosexuales más tarde si los padres (particularmente el papá) tratan de obligarlos a "ser hombres" haciéndoles burla, presionándolos sutilmente, o retirándoles el afecto, o con castigos corporales. Algunos creen que estos muchachos se malquistan con tal padre y por eso pueden buscar afecto masculino y compañía cuando sean adultos. Si una niña o un niño parecen realmente descontentos con el sexo que les tocó y no gustan de jugar con niños del mismo sexo, puede ser una buena idea consultar con un profesional.

■ Dé buen ejemplo. Resuelvan cuáles son las cualidades masculinas y femeninas que usted y su marido aprecian más y trate de cultivarlas en ustedes mismos y en sus hijos. Háganse ustedes los modelos que quieren que ellos adopten. Darle a un niño pequeño muñecas para que juegue es mucho menos eficaz para enseñarle a ser bondadoso, que darle su papá buen ejemplo de conducta bondadosa. Para estimular a una niña a desarrollar sus aptitudes físicas, regalarle una pelota es menos eficaz que el ejemplo de la mamá que sale todas las mañanas a trotar. Los niños pequeños desarrollan su identidad sexual, en parte jugando con los de su mismo sexo y en parte identificándose con el papá o la mamá, según el caso. Si ustedes no están seguros de cuál es su papel sexual, tampoco ellos lo estarán.

DE LA CUNA A LA CAMA

"Esperamos otro bebé dentro de seis meses. ¿Cuándo y cómo debemos pasar a nuestro hijo de la cuna a dormir en una cama?"

El momento apropiado para pasar a su hijo a dormir en cama depende de su edad y su tamaño, más que de la circunstancia de que esté por venir un hermanito. La regla generalmente aceptada es que si mide 90 centímetros o más, o se puede salir solo de la cuna, ya está listo para una cama. Algunos bebés muy ágiles son capaces de salirse de la cuna antes de llegar a ese límite de los 90 centímetros; otros, menos dados a la aventura, quizá no lo intenten jamás.

Si le parece que su hijito mayor no está preparado para pasar a dormir en cama, y que acaso no lo esté ni cuando nazca el hermanito, cómprele una nueva cuna convertible en cama juvenil. Así puede pasarlo desde ahora a la nueva cuna y no

se sentirá más tarde desplazado por el bebé. Cuando ya reúna las condiciones o parezca suficientemente maduro para la cama juvenil, simplemente convierta la cuna en cama. Prepárese para la posibilidad de que se salga de la cama a medianoche manteniendo la puerta cerrada o con reja, y el cuarto tan seguro por la noche como de día, libre de peligros tales como ventanas abiertas o ventiladores eléctricos al alcance de manecitas inquietas. Si teme no alcanzar a oírlo desde su alcoba, instale un intercomunicador que le indique cuando haya actividad en el cuarto del niño. Para los que se mueven mucho dormidos y se caen de la cama, una baranda es una buena precaución.

Si su primogénito ya entiende, dígale que le va a conseguir una linda camita nueva. Por estrategia agregue: "El bebé no podrá dormir en ella porque es una cama para niño grande". Hágalo participar en la elección, si esto es posible; o si lo va a pasar a una cama que ya tenga en su casa, déjelo que escoja nuevas sábanas y mantas. Haga del paso a la cama una ocasión especial, dándole para que lo acompañe en ella un nuevo juguete o muñeco ataviado de fiesta, y tal vez algunos adornos "de persona grande" para el cuarto, todo acompañado con muchos aspavientos.

Lo ideal es desarmar la cuna y guardarla durante algunas semanas, y no volverla a alistar sino cuando ya falten pocos días para que nazca el nuevo bebé. En esta forma el niño mayor se sentirá menos directamente desplazado. Si se le quiere dar más tiempo para que se acostumbre al cambio, al recién nacido se le puede hacer dormir las primeras semanas en un cochecito, canasta o cuna portátil. Cuando sea tiempo de pasarlo a la cuna, explíquele al niño mayor que ya hay que preparar la cuna para su hermanito. ("¿Te acuerdas de que tú dormías en la cuna cuando estabas chiquito?'') No le pida permiso para usarla, porque si dice que "no", se verá en un problema; pero sí pídale que le ayude a poner algunos juguetes en la cuna, y acaso a seleccionar cuadros u otra decoración para el cuarto o la esquina del bebé.

DEMASIADA TV

"Me remuerde un poco la conciencia porque para que el niño me deje hacer la comida, lo pongo a ver Plaza Sésamo. A él le encanta, pero me temo que se vaya a enviciar a la TV".

Tiene razón. Según el Indice Nielsen de los Estados Unidos, los niños de dos a doce años de edad ven un promedio de 25 horas semanales de televisión. Si su hijito sigue por ese camino, cuando termine la escuela secundaria habrá pasado 15 000 horas pegado a la pantalla, o sea unas 4 000 más que en la escuela. Y si lo que ve no se le selecciona cuidadosamente, habrá presenciado 18 000 asesinatos, incontables crímenes más, desde estupros hasta explosiones y golpes, y más escenas sexuales de lo que usted se imagina (13.5 momentos sugestivos por hora). También habrá sido la víctima inocente de 350 000 comerciales que tratan de venderle a él (y a usted por su conducto) productos de dudoso valor.

La excesiva afición a la TV tiene otras desventajas. Se relaciona con obesidad y mal aprovechamiento escolar, y, como reduce el trato con los demás, puede perjudicar la vida familiar. Tal vez lo más grave es que presenta una visión del mundo distorsionada e inexacta, y confunde el sistema de valores que se está desarrollando en el niño, ofreciendo normas de conducta y creencias que no son aceptadas en el mundo real.

El problema se agrava para los padres porque la televisión casi no tiene programas decentes para niños (dibujos animados generalmente llenos de violencia y comedias "enlatadas" son lo normal). Programas de interés público suelen ser una notable excepción, con su loable objetivo de difundir conocimientos valiosos y conceptos como autodominio, cooperación, tolerancia y amor al prójimo. Pero aun éstos no se recomiendan para niños de menos de 10 meses, para los cuales la pantalla se cree que no es más que una hipnótica confusión de luces y colores; no tienen ni idea de lo que se representa.

Cuando su niño ya tenga edad para entender la televisión (lo cual puede indicar, por ejemplo, saltando de contento cuando aparecen los animalitos dibujados o aplaudiendo al escuchar el tema de Plaza Sésamo), permítale ver un solo programa, sin comerciales, y que tenga algún valor. Aun cuando sea mayor, hay que limitarle el tiempo que dedique a la televisión. Tales restricciones serán difíciles si usted misma u otras personas de la familia se pasan todo el día frente a la pantalla.

La atención de un niño dura poco, así que es posible que sólo mire unos minutos y se canse, o que mire esporádicamente. Pero si la TV permanece encendida todo el tiempo, llegará a creer que eso es lo normal y la echará de menos cuando la apaguen. Acuérdese de apagarla a las horas de la comida, especialmente cuando la familia se reúne para comer, pues de lo contrario se sacrificará gran parte de la comunicación familiar en aras del monótono e hipnótico efecto de la pantalla.

Resista hasta donde sea posible (no siempre lo será) la tentación de usar la TV como una cómoda niñera. Por el contrario, acompañe a su niño a ver el programa escogido señalándole los objetos familiares, animales y personas, y explicándole lo que están viendo. Cuando el niño sea mayor, amplíe las explicaciones y sesiones de discusión. Si el tiempo de TV del bebé es su tiempo de hacer oficio, trate de hacer éste a la vista del televisor para poder hacer algún comentario ocasional.

En lugar de permitir que la TV sea la única forma de entretención audiovisual del niño, válgase de grabaciones en cinta y discos para estimular su imaginación y ofrecerle oportunidad de oír buena música. Use también videocintas de alta calidad, que le dan a usted control sobre lo que el niño ve y, lo mismo que la programación de interés público, están libres de comerciales.

HIPERACTIVIDAD

"Mi hijo no para un instante: se arrastra, anda, trepa — siempre está en movimiento. Me temo que resulte hiperactivo".

Observando los movimientos increíbles de un niñito de un año, es fácil entender por qué tantas mamás comparten esa preocupación de que sus hijos quizá sean hiperactivos. Pero en la gran mayoría de los casos no hay por qué preocuparse. Lo que a una persona relativamente inexperta en estos asuntos le puede parecer una actividad anormal, es en realidad perfectamente normal. Después de muchos meses de frustración, el niño al fin ha alcanzado la movilidad que tanto anhelaba, de modo que no tiene nada de extraño que aproveche cuanta oportunidad se le presente para correr, andar, arrastrarse o trepar. El día le parece demasiado corto para todas las expediciones que quiere emprender.

La verdadera hiperactividad, que es diez veces más común en los niños que en las niñas, se caracteriza por una actividad excesiva que es a la vez inapropiada e improductiva, por un período de atención sumamente breve, y por conducta impulsiva. Como lo saben todos los pa-dres, estas manifestaciones son comunes en los niños de un año; sólo indican un problema cuando se exageran hasta el punto en que perjudican el buen funcionamiento.

Si continúa la preocupante conducta hiperactiva y la duración de la atención del niño no aumenta paralelamente con su crecimiento, entonces sí hable con el médico. Hay varias técnicas para controlar la verdadera hiperactividad. Como ésta se asocia ocasionalmente con retardación mental, lesión cerebral, pérdida del oído o trastornos emocionales, estos problemas deben verificarse antes de empezar.

Mientras tanto, cuide de que su niño obtenga cantidades adecuadas de descanso. Un niño demasiado cansado tiende a acelerarse más bien que a calmarse. Anímelo a realizar actividades tranquilas, como leer libros, resolver rompecabezas y seleccionar formas, pero tenga en cuenta que su período de atención es normalmente breve y recuerde que a esta edad tales distracciones requieren participación de un adulto. Ensaye un baño de agua tibia para calmarlo si está demasiado excitado. También hay que ver que esté bien alimentado y que no esté tomando un régimen alimentario demasiado rico en azúcar. La evidencia no es definitiva pero es posible que un pequeño porcentaje de niños reaccionen al azúcar, y posiblemente a otros alimentos, colorantes alimenticios y aditivos, con conducta hiperactiva.

NEGATIVISMO

"Desde que mi niño aprendió a sacudir la cabeza y a decir "no", responde a todo en forma negativa, aun a las cosas que estoy segura que sí quiere".

Felicitaciones. Su hijo está dejando de ser

un bebé para volverse un niño. Y con esta transición viene una pauta de conducta que usted tendrá ocasión de observar mucho más, y en forma más intensa, en el curso del próximo año más o menos: el negativismo.

Es parte normal y sana del desarrollo infantil, aun cuando para los padres sea un problema. Por primera vez el niño se siente dueño de sí mismo, deja de ser el bebé sumiso de la mamá, ejerce algún poder, prueba sus límites y desafía la autoridad paterna. Lo más importante es que ya puede expresar opiniones propias clara y distintamente; y ha descubierto que la opinión que tiene más impacto es "¡no!"

Por fortuna en esta etapa de negativismo no es probable que el niño en realidad quiera decir que "no" con tanta fuerza como lo expresa — como cuando dice que "no" al plátano que hace un momento pedía a gritos, o sacude la cabeza cuando se le ofrece el columpio que usted sabe que él realmente quiere. Lo mismo que levantarse y dar unos pasos, aprender a decir "no" y sacudir la cabeza son habilidades y necesita practicarlas, aun en momentos en que no son apropiadas. El hecho de que los niños invariablemente sacudan la cabeza en ademán de "no" mucho antes de que la muevan para decir que "sí", tiene menos que ver con el negativismo que con el hecho de que ése es un movimiento menos complejo, más fácil de ejecutar y requiere menos coordinación.

El negativismo se puede evitar con un poquito de manipulación verbal de su parte. Si no quiere oírle decir que "no", no le haga una pregunta que pueda contestar con esa palabra. En lugar de "¿Quieres una manzana?" pregúntele más bien: "¿Quieres manzana o plátano?" En vez de "¿Quieres jugar en el deslizadero?" propóngale: "¿Quieres el deslizadero o el columpio?" Pero tenga en cuenta que algunos niños contestan con un "no" aun a una pregunta de elección múltiple.

De vez en cuando un chiquillo de 12 meses ofrece una versión primitiva de un berrinche digno de los dos años. Estas manifestaciones suelen ser risibles, pero reírse de ellas o del vigoroso empleo del "no" y el sacudir la cabeza, sólo sirve para prolongar ese comportamiento e incitar a su repetición. A esta edad el mejor remedio, que tal vez más tarde no funcione (un niñito de más de un año puede sostener una rabieta hasta desesperar a los padres) es no hacerle caso; al fin se cansa y, derrotado, recoge algún juguete y se distrae.

Por lo menos durante un año más, lo probable es que los "noes" sigan oyéndose en su casa, y aun es posible que se intensifiquen antes de empezar a apagarse.

Lo mejor para hacer frente a este tormentoso período es hacer el menor caso posible del comportamiento negativo, pues cuanta más importancia se le dé, más se prolongará. Verlo en la debida perspectiva y conservar al mismo tiempo su buen humor, quizá no acabe con los "noes" pero por lo menos le permitirá aguantarlos.

LO QUE IMPORTA SABER: Estímulos para el niño de un año

Primeras palabras. Primeros pasos. Con estas dos proezas realizadas (o casi), el juego de aprender se hace más emocionante que nunca. El mundo crece a ojos vistas; proporciónele a su niño la oportunidad de explorarlo y conocerlo y fomente su continuo desarrollo físico, social, intelectual y emotivo ofreciéndole lo siguiente:

Espacio seguro donde caminar — tanto en la casa como afuera. El principiante por lo común no quiere ser aprisionado en el cochecito de paseo o el portabebés, así que estos aparatos no se deben usar sino cuando sean absolutamente imprescindibles. Anime al niño para que camine con la mayor frecuencia posible, pero vigile con ojo de águila por si hay peligro, especialmente cerca de las calles, caminos y entradas de automóvil. Para el bebé que todavía no anda bien, póngale algún objeto llamativo fuera de su alcance, a fin de darle un aliciente para que se esfuerce por pararse o dar unos pasos.

Espacio seguro para trepar vigilado. A los niños les encanta subir escaleras (y si usted no lo puede vigilar es indispensable una reja), trepar por el deslizadero (vaya usted detrás, por si acaso), subirse a una silla o bajarse de la cama. Permíta-selo . . . pero permanezca a su lado para acudir al salvamento en caso necesario.

Alicientes para la acción. Un niño inactivo puede necesitar un poco de estímulo para que sea más activo. Tal vez usted tenga que ponerse en cuatro pies con él y desafiarlo para que se acerque ("¡A que no me alcanzas!" o jugar a amenazarlo ("¡Que te cojo, que te cojo!") para incitarlo a huir de usted. Ponga juguetes y otros objetos deseables fuera de su alcance a fin de estimular alguna forma de locomoción para apoderarse de ellos. El bebé miedoso quizá necesite apoyo moral lo mismo que físico. Trate de persuadirlo para que haga el esfuerzo, pero nunca insista demasiado ni lo riña por no esforzarse. Suba y láncese por el resbaladero con el niño tímido en sus brazos hasta que él adquiera la confianza necesaria para lanzarse solo. Acompañe al caminador vacilante llevándolo de la mano para darle apoyo. Colúmpiese con el niño tímido en el columpio "de los grandes" hasta que su niñito se atreva a columpiarse solo en el de los chiquitos.

RECORDERIS DE SEGURIDAD

Su niño está desarrollando la inteligencia día por día, pero todavía le falta mucho para que su buen juicio se equipare a su inteligencia y sus destrezas motrices, de modo que ahora que va a entrar en su segundo año de vida, es preciso que usted continúe su vigilancia constante, lo mismo que las precauciones de seguridad que ha venido poniendo en práctica — y algunas más, teniendo en cuenta que el niño ya puede o podrá muy pronto trepar con mayor habilidad. Esto significa que ya no hay nada en la casa a salvo de sus manecitas a menos que se guarde bajo llave o cerrojos — y el niño puede hacer una buena trastada más rápidamente que antes. Haga, pues, un nuevo inventario de seguridad, tomando en cuenta no sólo las cosas que el niño alcance desde el suelo sino también cuanto se pueda imaginar alcanzable trepando, y retire todo lo que ofrezca peligro o lo que quiera proteger del pequeño. Y advierta que se sabe de niñitos que muestran una ingeniosidad increíble para alcanzar lo que quieren, por ejemplo apilando libros o pasando sillas o juguetes para subirse hasta un anaquel alto. Asegúrese, igualmente, de que cualquier cosa sobre la cual el niño se pueda subir — sillas, mesas, entrepaños — sea bastante fuerte para resistir su peso. Siga fijando límites ("No, no te puedes subir allí"); pero por ahora no se fíe de que su bebé recuerde mañana las prohibiciones de hoy.

Un ambiente variado. El niño que no ve más que el interior de su casa, el auto de la familia y el supermercado, será un niño aburrido (para no hablar de lo que se aburrirá la persona que lo cuide). De puertas para afuera hay un mundo emocionante y él debe verlo a diario. Aun salir bajo la lluvia (siempre que no sea una verdadera tormenta) puede ser una experiencia de aprendizaje. Lleve a su niño en gira por los patios de recreo, parques, museos (a los chiquillos de un año les fascinan los cuadros y las estatuas; en días que no hay que hacer, una espaciosa galería es una espléndida pista para andar o gatear); tiendas de juguetes (donde la supervisión es indispensable), restaurantes (elija aquéllos donde aceptan niños), tiendas de animales y centros comerciales y otros lugares de gran actividad con muchos escaparates y mucha gente que ver.

Juguetes de empujar y halar. Los juguetes que hay que empujar o halar ofrecen práctica a los que han aprendido a caminar, y confianza y apoyo material para los que apenas empiezan. Los juguetes de ruedas, en que los bebés se pueden montar y empujarse con los pies quizá les ayuden a algunos a andar pero para otros es más fácil andar independientemente. Por otra parte, el uso de andaderas en esta etapa es un impedimento en lugar de una ayuda.

Materiales creativos. Borronear con crayones les proporciona gran satisfacción a muchos niños de un año. Para que el papel no se resbale, se fija con cinta pegante a la mesa, al suelo o a un caballete. Los crayones se deben confiscar en cuanto el niño los aplique donde no debe o si resuelve metérselos en la boca, para que aprenda cómo deben usarse. No tolere lápices ni plumas pues sus puntas aguzadas ofrecen peligro de que se los

entierre si se cae con ellos. La pintura con los dedos puede ser divertida para algunos mientras que a otros no les gusta sentir los dedos untados, como es inevitable en este arte. Aun cuando lavándoles las manos se les demuestre que eso es pasajero, algunos no aceptan ese medio de expresión. Los juguetes musicales también pueden ser divertidos pero busque los que tengan un sonido de buena calidad. El niño también puede aprender a improvisar música con una cuchara de madera o de metal y una olla, por ejemplo, si usted le enseña primero.

Juguetes de meter y sacar. A los bebés les encanta meter cosas y volverlas a sacar, si bien esta última destreza se desarrolla antes que la primera. Usted puede comprar juguetes de meter y sacar, o usar objetos comunes y corrientes como cajas vacías, cucharas de madera, tazas de medir, vasitos y platos de cartón, y servilletas. Llene un canasto con cosas pequeñas (pero no tan pequeñas que se las pueda meter en la boca y ahogarse). Al principio usted tendrá que meterlas hasta que el niño aprenda. Arena y agua se prestan para meter y sacar en forma de verter, y a los niños les gustan mucho estos materiales, pero requieren vigilancia constante. Dentro de la casa muchos padres prefieren arroz crudo en lugar de arena (vea la página 275). El uso del agua se puede limitar a la bañera y a la silla alta.

Seleccionadores de formas. Por lo general, mucho antes de que los niños puedan decir círculo, cuadrado o triángulo ya han aprendido a reconocer estas formas y las pueden colocar en las correspondientes aberturas en un tablero seleccionador. Estos juguetes enseñan también destreza manual y en algunos casos los colores. Es posible, empero, que el niño necesite muchas demostraciones y mucha ayuda antes de llegar a dominar estas habilidades.

Juguetes de habilidad. Los juguetes que requieren voltear, torcer, empujar, presionar y halar estimulan al niño para usar las manos en diversas formas. Pueden necesitarse muchas demostraciones paterna antes de que el niño sea capaz de realizar algunas maniobras complicadas, pero una vez que las domine, estos juguetes le ofrecen horas de juego concentrado.

Juguetes y juegos de agua. Estos enseñan muchos conceptos y permiten jugar y gozar con el agua sin empapar todo el piso y los muebles. La bañera es también un buen lugar para hacer pompas de jabón — pero usted misma tendrá que hacerlas porque el niño está todavía muy chiquito para eso.

Imitar al guía. Papá empieza a palmotear, luego mamá. Se anima al bebé para que haga lo mismo. En seguida papá bate los brazos como alas y mamá lo imita. Después de un tiempo, el niño imita al guía sin que se lo manden, y más adelante será capaz de hacer de guía.

Libros, revistas y láminas. No puede usted tener en la sala un caballo de verdad, un elefante ni un león — pero sí los puede invitar a todos a su casa, y a muchos más, en un libro o una revista. Mire y lea libros con su niño varias veces durante el día. Cada sesión será corta, quizá no más de unos minutos, debido a la corta duración del período de atención del niño; pero en su conjunto sentarán las bases para gozar más tarde de la lectura.

Materiales para juegos de imaginación. Vajillas de juguete, batería de cocina, alimentos simulados, casitas de muñecas, autos y carritos, gorros, zapatos de adultos, cojines de los sofás... casi cualquier cosa se puede transformar mágicamente en el mundo imaginario del niño de un año. Juegos de este tipo desarrollan las destrezas sociales lo mismo que la pequeña coordinación motriz (ponerse y quitarse ropa, batir huevos o hacer la sopa) la creatividad y la imaginación.

Paciencia. Si bien las habilidades del bebé que ya está pasando a ser un niño han progresado mucho desde que tenía seis meses, la duración de su atención no ha aumentado gran cosa. Tal vez pueda jugar con algún juguete durante cierto tiempo, pero si se trata de leerle un cuento o de hacer que se interese en otros juguetes, quizá no se pueda estar quieto más de cinco minutos. Sea comprensiva con estas limitaciones y no se desespere: a medida que los niños crecen, aumenta también la duración de su atención.

Aplauso. Elogie a su niño cuando domine una nueva habilidad. La realización es satisfactoria pero significa mucho más si va acompañada de reconocimiento.

SEGUNDA PARTE

De especial interés

CAPITULO DIECISEIS

El niño en todas las estaciones

———

A menos que usted esté criando a su hijo dentro de una burbuja plástica de clima controlado, las variaciones meteorológicas tendrán alguna influencia en su vida. Y a medida que se suceden las estaciones y con ellas van y vienen el sol, los vientos, el calor, el frío, la nieve y la lluvia, nuevos y múltiples interrogantes surgen para los padres, especialmente para los primerizos: cuestiones relativas a alimentación, vestido y juegos, quemaduras de sol o congelación, a alambreras para las ventanas y pantallas para las chimeneas, a lecciones de natación y adornos para las fiestas.

LA ALIMENTACION DEL NIÑO: Todo el año

Las necesidades de nutrición de su bebé son más o menos las mismas durante todo el año, pero los extremos estacionales de temperatura obligan a ciertas variaciones:

En tiempo frío. Si el niño pasa mucho tiempo a la intemperie en tiempo frío, su organismo necesita calorías extra que le den mayor calor, y como en los meses muy fríos los niños no se exponen mucho a los rayos directos del sol, es preciso ver que el régimen alimentario le dé suficiente vitamina D, ya sea en la forma de fórmula fortificada, leche u otros productos lácteos, o en el caso de los que toman del pecho materno casi toda la leche que consumen, un suplemento de vitaminas múltiples.[1] Pasarlo a cereales agradablemente tibios (nunca calientes) puede resultar más satisfactorio que un desayuno frío las mañanas de invierno. Sin embargo, la mayoría de los niños prefieren tomar su leche fría, lo que en todo caso es mejor porque al calentarla pierde algo de sus nutrimentos. Para conservar fuerte el sistema inmunológico y asegurarse de que las enfermedades que le den no lo ataquen con mucha fuerza, déle mucha vitamina A de vegetales de hoja verde y amarilla y frutas amarillas, y vitamina C en alimentos que la contengan (vea la página 254).

En tiempo caluroso. En verano o en climas permanentemente cálidos, su bebé sudará más y querrá comer menos. Para compensar los líquidos que se pier-

---

[1] Es posible que el médico de su bebé le recomiende darle un suplemento de vitamina D durante todo el año, ya que una excesiva exposición a los rayos del sol no es aconsejable, sobre todo en el caso de los niños chiquitos.

den por transpiración, aumente los que le dé a beber. Al niño muy pequeñito ofrézcale agua frecuentemente entre las lactaciones de leche materna o de biberón. (Al que se esté criando al pecho, si no acepta el biberón, déle el pecho con más frecuencia.) Para los niños mayorcitos, agregue jugos de fruta diluidos, en biberón y en taza, y, una vez que se hayan introducido, frutas jugosas como melones, duraznos y tomates. No le dé bebidas endulzadas con azúcar, tales como gaseosas, jugos y ponches, puesto que éstas aumentan la sed (y de todos modos no son apropiadas para bebés), ni bebidas que contengan sal agregada (como las bebidas atléticas), puesto que, al contrario de lo que cree la gente, grandes cantidades de sodio no sólo son innecesarias en tiempo caluroso sino que pueden ser perjudiciales para la salud.

Cuando el calor le haya quitado el apetito al niño, en un día caluroso no le dé de comer tan pronto como lo lleve del exterior a la casa. Primero déle tiempo de refrescarse un poco, y luego, si es posible, déle la comida en un cuarto que tenga aire acondicionado o un ventilador que lo refresque. Si ya está comiendo sólidos, déle menos cantidad en las comidas regulares y más en las meriendas intermedias si no parece que quiera comer mucho cada vez, y elija lo que más le gusta. Sírvale alimentos muy nutritivos (como zanahorias, melón, mango, brécol, queso) y evite los que sólo contienen calorías inútiles. A los cereales, postres y pastas agrégueles germen de trigo, o revuelva éste en el jugo o en una leche malteada si su niño no parece estar tomando suficientes granos alimenticios. Si rechaza la leche natural o de fórmula por tomar jugos, asegure la ingestión de calcio agregando leche desnatada en polvo o leche entera evaporada a los cereales y postres, sirviéndole cubos de queso para la merienda, haciendo en la casa postres congelados y dándole helados comerciales endulzados con jugo de frutas, que refrescan, deleitan y dan mucho nutrimento.

LO QUE LE PUEDE PREOCUPAR EN VERANO O EN TIEMPO CALUROSO

QUE EL NIÑO ESTE FRESCO

Estamos en verano y vestirlo es fácil . . . ¿o no? Es frecuente el espectáculo de una mamá ataviada en traje ligero, sandalias, el pelo recogido en una "cola de caballo", empujando un cochecito en que lleva a su niño vestido como para un invierno polar. No se dan cuenta estas mamás, bienintencionadas por supuesto, de que en tiempo caluroso los niños, aun los más pequeños, no necesitan más ropa que los adultos. Tanto abrigo, además de innecesario, puede traer consecuencias indeseables como salpullido o miliaria y, en casos extremos, insolación.

A menos que usted adolezca de un ineficiente termostato personal (siente calor cuando todos los demás están frescos, o frío cuando todos están acalorados) no vacile en vestir a su bebé como se viste usted misma. Si a usted le gustan los calzones cortos y una blusa floja, su niño se sentirá muy bien en el equivalente infantil. Si usted suda con un suéter, también sudará el niño. Las prendas ligeras de peso, sueltas y de colores claros son las más confortables cuando la temperatura sube mucho; un gorro o sombrero liviano y poroso protegerá la cabeza del bebé sin recalentársela. Las telas deben ser absorbentes para enjugar el sudor, pero cuando la ropa se sienta húmeda se debe cambiar, de modo que siempre debe llevar consigo una muda extra para el niño. No use un portabebés hecho de material pesado que cubra totalmente al bebé de pies a cabeza. La falta de ventilación, junto con el calor del cuerpo de la madre y la elevada temperatura del ambiente pueden producir un calor excesivo dentro del portabebés. Si el niño va a estar expuesto al sol directamente, al escoger la ropa hay que pensar en protegerlo de los rayos perjudiciales.

Dentro de la casa, en tiempo caluroso, su bebé disfrutará tanto como usted del efecto refrescante de un climatizador o un ventilador. Sólo que hay que tener cuidado de que estos aparatos no soplen directamente sobre el niño, que la temperatura de la pieza no baje mucho de 22°C, y que el equipo refrescante y sus cables no estén al alcance del niño. El solo pañal basta para dormir en las noches calurosas, aunque si se deja funcionando el climatizador es posible que se necesite un pijama ligero y hasta una sábana.

Manos o pies fríos no son síntoma de que el niño se haya enfriado; en cambio, el sudor sí es señal de que está demasiado caliente (pálpelo en las mejillas, el cuello y los sobacos).

INSOLACION

Aunque las mamás se preocupan mucho de que sus hijitos se puedan enfriar, con frecuencia no reparan en que igualmente peligroso es que se calienten demasiado. En su primer año de vida los niños chiquitos son particularmente susceptibles al calor porque su sistema regulador de la temperatura todavía no se ha perfeccionado y les es difícil refrescarse eficientemente. En consecuencia, puede ocurrir un recalentamiento que lleve a una seria

y aun fatal postración por el calor. Es típico de la insolación que se presente súbitamente. Los síntomas que hay que vigilar son, entre otros, piel caliente y reseca (ocasionalmente húmeda), fiebre muy alta, diarrea, agitación o letargo, confusión, convulsiones y pérdida del conocimiento. Si su niño llegare a mostrar tales síntomas, solicite inmediatamente atención médica de urgencia y siga los procedimientos de primeros auxilios que se dan en la página 516.

Lo mismo que en tantos otros casos de urgencias médicas, es mejor prevenir que curar. La insolación se puede prevenir en estas formas:

■ Nunca deje a un niño en tiempo caluroso en un automóvil estacionado. Aun cuando las ventanillas queden abiertas, la temperatura interior puede subir rápida y peligrosamente. Por ejemplo, cuando la temperatura exterior llegue a 35°C, la del interior del vehículo puede pasar de 40.5°C en menos de quince minutos estando los vidrios bajados hasta la mitad, y llegar a 65°C con las ventanillas cerradas.

■ A un niño con fiebre no lo envuelva en mantas o cojines calientes. Lo que necesita en caso de fiebre es enfriarse, no calentarse. "Sudar la fiebre" no es un tratamiento que se recomiende en ningún tipo de clima.

■ Vista al niño con ropa ligera en tiempo caluroso y evite exponerlo directamente al sol. Tenga mucho cuidado de que no se recaliente en un portabebés.

■ Asegúrese de que tome suficientes líquidos en tiempo caliente.

■ Cuando haga mucho calor o humedad limite el ejercicio de los niños activos de un año a no más de treinta minutos seguidos, de preferencia a la sombra.

DEMASIADO SOL

Hubo un tiempo en que todos creíamos que los niños bronceados que retozaban al rayo del sol en una tarde de verano estaban muy sanos; los "enfermizos" eran los que estaban pálidos por pasar demasiado tiempo bajo techo. Creíamos que los rayos del sol eran tan saludables como el pan y tan restaurativos como caldo de gallina. Por desgracia, estábamos equivocados. Hoy sabemos que nada ofrece mayores probabilidades de causar cáncer cutáneo (incluso el posiblemente fatal melanoma), manchas pardas y arrugas y envejecimiento prematuro de la piel más tarde en la vida. Aun cuando un bronceado parezca "saludable", la verdad es que es señal de una lesión causada a la piel, y es la manera que tiene ese sensible órgano de protegerse de mayor daño.

La exposición excesiva a los rayos del sol se ha vinculado también con el desarrollo de cataratas (que son mucho más comunes en los climas soleados), y se ha encontrado recientemente que reduce los niveles de carotina beta en la sangre (sustancia que se cree protege al organismo contra el cáncer). Y si esto no bastara para templar el entusiasmo de los adoradores del sol, considere esto: también puede precipitar otras enfermedades, o agravarlas, entre ellas el herpes simplex y algunas otras enfermedades virales; vitíligo (manchas blancas o descoloridas en la piel); fenilcetonuria; y eczema fotosensitivo. Y a los que estén tomando ciertos antibióticos, como tetraciclina, u otras medicinas, les puede producir serios efectos colaterales. Esto constituye un largo pliego de cargos contra lo que se creía una panacea.

En un tiempo sí se necesitaban siquiera unos pocos minutos de sol directo para el crecimiento y desarrollo normal de los niños, pues ésa era la única fuente disponible de vitamina D, indispensable para fortalecer los huesos. Hoy las fórmulas infantiles, toda la leche y muchos otros productos lácteos están fortificados con dicha vitamina, que también se encuentra en los suplementos vitamínicos para niños; no hay que sacrificar el futuro de la piel de los niños para asegurarles la dosis requerida de vitamina D.

Para estar segura de que el suyo no sufra las consecuencias de un sol excesivo, tenga en cuenta los siguientes hechos y recomendaciones.

Lo que hace el sol

■ La intensidad del sol es mayor, y por consiguiente más peligrosa, entre las 10 A.M. y las 3 P.M.

■ No menos de un 80% de la radiación solar penetra la cubierta de nubes; esto quiere decir que se necesita protección tanto en los días cálidos y nublados como en tiempo despejado.

■ El agua y la arena reflejan los rayos del sol, aumentando el riesgo de lesión cutánea y la necesidad de protección.

■ La piel húmeda permite que la penetren más rayos ultravioleta que la piel seca — de manera que se necesita más protección en el agua.

■ La sombra de quitasoles y árboles no es suficiente protección contra los rayos del sol, sobre todo en la playa.

■ El calor extremo, el viento, la altitud sobre el nivel del mar y la cercanía al ecuador también acentúan los peligros de los rayos solares, así que se deben tomar precauciones extra en tales condiciones.

■ La nieve en el suelo puede reflejar los rayos del sol lo bastante en un día muy claro para producir quemaduras de la piel.

■ Los niños chiquitos son especialmente susceptibles de eritema solar o quemadura, debido a la delicadeza de su piel. Un solo episodio de eritema en la infancia duplica el riesgo del más mortal de los cánceres cutáneos, el melanoma maligno. Y hasta un bronceado en apariencia inocuo y sin quemadura en los primeros años se ha vinculado con carcinoma de las células basales y escamosas, el tipo más común de cáncer cutáneo, lo mismo que con envejecimiento prematuro de la piel. Se cree que el sol es responsable por lo menos de un 90% de los cánceres de la piel, la mayoría de los cuales se habrían podido prevenir.

■ Los individuos muy blancos, de ojos claros y cabello rubio, son los más susceptibles, pero nadie está a salvo de los peligrosos efectos de los rayos solares.

■ No existe ningún bronceado inofensivo, aun cuando se haya adquirido gradualmente. Tampoco es cierto que un bronceado básico proteja la piel de posterior daño.

■ La nariz, los labios y las orejas son las partes del cuerpo más susceptibles de sufrir daño por el sol.

Medidas preventivas

■ Evite exponer a bebés de menos de seis meses a fuerte luz solar, especialmente durante la máxima intensidad solar en verano o en climas que sean calientes todo el año. Proteja a tales niños con un quitasol o una cubierta en el cochecito de paseo, pero no use crema protectora sin el visto bueno de un médico.

■ Por lo menos quince minutos (de preferencia treinta) antes de exponer al sol a un niño mayor de esa edad, aplíquele crema protectora en todas las áreas del cuerpo no cubiertas por la ropa — aunque un niño de piel oscura puede tolerar breves exposiciones sin dicha protección.

Tenga cuidado de que la crema no le caiga en la boca, los ojos o los párpados. Para protección extra en zonas muy sensibles, como los labios, la nariz y las orejas, pregúntele al médico si puede usar algún bálsamo o lápiz labial antisolar, u óxido de cinc.

■ Las exposiciones iniciales al sol no deben durar sino unos pocos minutos, y se pueden ir prolongando gradualmente, aumentando un par de minutos al día hasta veinte minutos.

■ Cuando su bebé tenga ya seis meses, lleve una crema protectora en la pañalera, en caso de que la necesite inesperadamente.

■ En el sol, todos los bebés y niños deben usar sombreros ligeros con ala para proteger los ojos y la cara, y camisa para proteger el tronco, aun estando en el agua. La ropa debe ser de telas ligeras, de tejido apretado. Dos capas delgadas protegen mejor que una sola, puesto que los rayos del sol pueden atravesar algunas telas — pero cuide de no abrigarlo demasiado.

■ En tiempo caluroso trate de programar las actividades al aire libre para temprano en la mañana o al caer del día. En cuanto sea posible, mantenga a los niños fuera del sol de mediodía.

■ Aplíqueles crema protectora en todo el cuerpo a los pequeñines que salgan a refrescarse bajo un surtidor o en una tina de recreo o en una piscina. Después del juego en el agua, séquelos con toalla y vuelva a aplicar la crema protectora.

■ No use dispositivos artificiales de bronceo, tales como lámparas de sol, pues también contribuyen al envejecimiento prematuro y cáncer de la piel, y son inapropiadas para bebés.

■ Si su niño está tomando alguna medicina, asegúrese de que no produce foto-

QUE BUSCAR EN UNA CREMA PROTECTORA

Alto FPS. Las cremas protectoras vienen marcadas con un "factor de protección solar" (FPS) de 2 a 30 (raras veces hasta 50). Cuanto más alto el número, mayor la protección. Para bebés y niños pequeños se recomienda un FPS no inferior a 15, aunque 30 es mejor para los de piel muy delicada y sensible. No use ningún bronceador pues éstos no protegen en absoluto.

Eficacia. Busque un producto con ingredientes que detengan tanto los rayos ultravioleta cortos que queman y pueden producir cáncer, como los largos que broncean, producen a la larga lesiones cutáneas y refuerzan los efectos carcinógenos de los cortos.

Seguridad. Algunos ingredientes de las cremas protectoras son irritantes o producen reacciones alérgicas a algunas personas, en particular a los bebés de piel delicada. Los más comunes son ácido para-aminobenzoico (PAB) y sus derivados, como por ejemplo padimato 0, u octil-dimetil PAB, fragancias y colorantes. Antes de untarle al niño una crema, haga con ella una prueba de mancha de 24 horas. Aplique una pequeña cantidad al brazo del niño por dentro y cúbrala con una vendita. Déjela 24 horas; quite la vendita y exponga el área a la luz solar directa durante 15 minutos, manteniendo el resto del cuerpo protegido con sombrero y ropa. Si la mancha de prueba se enrojece o se hincha, ensaye otro producto. Si después de haber empezado a usar una crema el niño muestra una erupción rojiza y urticante o cualquier otra reacción cutánea, o si los ojos parecen irritados, busque algún producto distinto, de preferencia alguno destinado a los niños o que sea hipoalergénico.

Protección en el agua. Cuando el niño vaya a estar en el agua, escoja un producto impermeable (esto es, que conserve su eficacia durante cuatro inmersiones de 20 minutos cada una), o resistente al agua (que conserve su eficacia durante dos inmersiones).

Y recuerde que aun con crema protectora la exposición al sol se debe limitar.

---

sensibilidad (aumento de sensibilidad a la luz del sol) antes de permitirle exponerse al sol.

■ Dé buen ejemplo protegiendo su propia piel de los destrozos de los rayos solares.

Señales de quemadura

Muchos padres suponen que sus niños están perfectamente al sol porque no se les ha enrojecido la piel. Desgraciadamente, se equivocan. La quemadura del sol no se puede ver mientras está ocurriendo, y cuando se ve, ya es demasiado tarde. Sólo dos o cuatro horas después de la exposición se enrojece la piel, se pone caliente e inflamada, y el color no sube a rojo brillante hasta después de diez a catorce horas. Una quemadura grave hace ampolla, va acompañada de dolor localizado y en los casos muy serios hay dolor de cabeza, náusea, escalofríos y postración. El enrojecimiento comienza a desaparecer y los síntomas a disminuir después de 48 a 72 horas, punto en el cual la piel, aun en los casos menos graves, puede empezar a pelarse. Hay ocasiones, sin embargo, en que el malestar se prolonga durante una semana o diez días. Para el tratamiento de la quemadura de sol, vea la página 510.

PICADURAS DE INSECTOS

La mayor parte de los insectos son inofensivos, pero sus picaduras y aguijones casi siempre producen dolor o comezón muy molesta, y hay algunos que transmiten enfermedades graves o causan serias reacciones alérgicas. Conviene, pues, proteger a los niños todo lo posible de tales picaduras. (Para su tratamiento, vea la página 507.)

Protección de picaduras

Abejas y otros insectos de aguijón. Mantenga al bebé alejado de áreas donde se congreguen abejas, como campos de trébol y flores silvestres, huertos de frutales, o pilas donde se bañan los pajaritos. Proteja al niño aun en el patio de su propia casa, especialmente en los días brillantes y cálidos y después de un aguacero. Si descubre una colmena de abejas o un nido de avispas, hágalos eliminar por un experto. Para no atraer a las abejas, cuando salgan a jugar al aire libre vista a su familia de blanco o tonos pastel en vez de colores oscuros o brillantes o estampados de flores. No use polvos ni lociones fragantes, colonias ni rociadores perfumados para el cabello. En el automóvil mantenga a mano un pedazo de tela ligera para atrapar los insectos.

Mosquitos. Estos se crían en el agua, de modo que hay que secar los charcos que queden de la lluvia, barriles destapados o cualquier otro lugar donde el agua se pueda empozar cerca de la casa. Mantenga al niño dentro de la casa desde el anochecer, que es cuando salen los mosquitos, y cuide de que las ventanas tengan alambreras y de que éstas no estén rotas.

Garrapatas. Antes de salir de paseo en áreas donde abunden las garrapatas, aplique a la ropa del niño — no a la piel — un repelente de baja concentración de pesticida (de preferencia 20%). Examine a toda la familia, los animalitos consentidos y los vestidos y enseres en busca de ácaros diminutos. Estos son más fáciles de ver en la ropa de colores claros, y se prenden menos a los tejidos apretados. Para prevenir la enfermedad de Lyme,

quite rápidamente las garrapatas (vea la página 736).

Insectos que pican o punzan. Mantenga brazos, piernas, pies y cabeza cubiertos en áreas donde abunden tales insectos. Donde haya mucha garrapata, meta los pantalones dentro de las medias.

SEGURIDAD EN EL VERANO

La llegada del verano plantea la posibilidad de toda una serie de accidentes. Las siguientes precauciones servirán para minimizar las probabilidades de que se conviertan en realidad:

■ Como el tiempo caluroso obliga a abrir las ventanas, cuide de que en todas las de su casa se instalen guardas. No se fíe de las mallas de alambre, pues éstas las puede empujar hacia afuera un niño vigoroso. Si no hay guardas de ventana en su casa o donde esté usted de visita, abra las ventanas no más de 15 centímetros (y asegúrese de que no se puedan abrir más), o si son de guillotina ábralas únicamente por arriba. No coloque bajo las ventanas muebles ni ningún otro objeto sobre el cual pueda trepar un niño.

■ Las puertas también suelen dejarse abiertas en tiempo caluroso, y eso es una invitación a los chiquillos que gatean o que ya caminan para que se salgan y corran peligro. Cuide de que se mantengan cerradas con aldaba todas las puertas, incluso las deslizantes y las de malla.

■ De puertas para afuera, no le quite un instante los ojos de encima al niño; vigílelo especialmente cerca de los columpios y otros equipos de diversión. En su propia casa tales equipos deben estar a no menos de 1.80 m de distancia de cercos y paredes, y el piso debajo de ellos debe tener una cubierta protectora (caucho, arena, aserrín, astillas de madera o corteza). Insista en que su niño se agarre con ambas manos de las cuerdas del columpio, que se siente en el centro y no trate de bajarse estando el columpio en movimiento. No le permita lanzarse en el deslizadero con la cabeza para abajo, y enséñele a tener cuidado con otros niños que puedan estar al pie del aparato o arriba. En tiempo de calor no use un deslizador metálico sin palparlo antes — al rayo del sol puede calentarse al punto de causar quemaduras.

■ No ponga al bebé en la hierba alta donde pueda haber zumaque venenoso u ortiga, o donde pueda tocar o masticar otras plantas, flores, arbustos y árboles venenosos. En zonas de monte no deje andar al niño si no tiene ropa protectora. Si accidentalmente toca cualquier especie de zumaque venenoso, desvístalo del todo protegiéndose usted misma con guantes en las manos o toallitas de papel. Inmediatamente lave bien la piel del niño con agua y jabón (de preferencia amarillo) . . . si se tarda cinco minutos puede ser demasiado tarde para evitar una reacción. Cualquier otra cosa que haya tocado la planta también debe lavarse (ropa, el cochecito de paseo, hasta el perro). Los zapatos se deben limpiar con líquido limpiador. Si ocurre reacción, aplique calamina u otra loción calmante para aliviar la picazón (vea la página 481).

■ Como el tiempo caluroso también es la ocasión de hacer asados al aire libre, tome las medidas del caso para evitar quemaduras accidentales. Mantenga las parrillas fuera del alcance de las pequeñas manecitas; cuide de que no haya cerca del asador asientos ni otros objetos para subirse. Parrillas de sobremesa sólo deben usarse en superficies sólidas. Recuerde que los carbones pueden conservar el calor durante largo tiempo. Para reducir el riesgo de quemaduras accidentales, una

vez terminado el asado eche cantidades de agua sobre las brasas y en seguida eche éstas en un lugar donde el niño no pueda llegar a ellas.

NIÑOS EN EL AGUA

Con frecuencia los padres, ansiosos de darles máxima protección a sus hijitos y al mismo tiempo una ventaja competitiva sobre sus compañeros, ceden a la tentación de matricularlos en clases de natación. Pero según la Academia Norteamericana de Pediatría y otros expertos, tales clases no son buenas para bebés. Es fácil enseñarles a flotar puesto que el cuerpo de un chiquillo flota naturalmente por contener una mayor proporción de grasa que el de un adulto; pero no es posible enseñarles a utilizar esta destreza en una situación de amenaza para la vida. Las clases de natación en la primera infancia tampoco los hacen mejores nadadores posteriormente, que las clases tomadas un poco más tarde en la niñez. En efecto, se duda de que un niño menor de tres años obtenga beneficio alguno de tal adiestramiento. Se ha sugerido, además, que tan temprana exposición a piscinas públicas puede aumentar el riesgo de infecciones como diarrea (por los microbios que se tragan con el agua de la piscina), infección del oído por el agua que penetra en éste, y algunas formas de irritación de la piel.

Esto no significa que no se le pueda enseñar al niño a tener confianza en el agua, que es un primer paso importante en busca de la seguridad acuática. Sin embargo, antes de zambullirse con el bebé, familiarícese muy bien con los puntos siguientes. Téngalos en cuenta, igualmente, si piensa matricular a su niño en una clase de natación.

■ No se debe meter a un niño en una

piscina ni ninguna otra extensión considerable de agua antes de que haya adquirido buen control de la cabeza; es decir, cuando ya pueda levantarla fácilmente en un ángulo de 90°. Antes de dominar esta habilidad, lo que por lo general se logra a los cuatro o cinco meses de edad, la cabeza podría hundirse en el agua accidentalmente.

■ Un niño que padezca de cualquier afección crónica, incluso frecuentes infecciones del oído, no se debe dejar jugar en el agua sin autorización del médico. Al que esté resfriado o tenga alguna otra enfermedad se le deben prohibir temporalmente las actividades acuáticas, fuera de la bañera, hasta que se recupere completamente.

■ El niño a quien le gusta el agua y está acostumbrado a ella, tal vez esté menos seguro que el que le tiene miedo. Así pues, no lo deje solo cerca del agua (piscina, tina de agua termal, bañera, lago, mar, charco) ni por un momento, aunque haya tenido clases de "natación". Se puede ahogar en menos tiempo del que usted necesita para contestar al teléfono... *y en menos de tres centímetros* de agua. Si tiene que alejarse, aun cuando sea por un segundo, lleve al bebé consigo.

■ Todas las actividades acuáticas infantiles tienen que desarrollarse en compañía de un adulto responsable. Este debe ser una persona que no tenga miedo del agua, pues el miedo se le puede contagiar al niño.

■ Los maestros de natación de niños deben estar debidamente capacitados para enseñarles natación y deben tener su certificado de expertos en RCP (resucitación cardiopulmonar).

■ A un niño que le tenga miedo al agua o se resista a que lo zambullan no se le debe obligar a tomar parte en juegos acuáticos.

■ El agua para que jueguen los niños debe estar agradablemente tibia. Por lo general les gusta que esté entre los 29° y los 31°C. Los menores de seis meses no se deben meter nunca en agua más fría. La temperatura del aire debe ser por lo menos 5 grados más alta que la del agua, y el juego en el agua se debe limitar a treinta minutos para evitar enfriamientos. Para reducir el riesgo de infección, el agua de piscina debe someterse a tratamiento de cloro y las aguas naturales deben estar libres de contaminación.

■ Los bebés de pañal deben usar pantaloncitos impermeables con elástico ajustado en las piernas, pero no hay que preocuparse mucho porque haya escape. Como la vejiga de los bebés es pequeña, la cantidad de orina que se expele es insignificante; el cloro basta para dar cuenta de cualquier microbio perdido.

■ La cara del niño no se le debe sumergir. Aunque los bebés contienen instintivamente el resuello bajo el agua, siguen tragando. Tragar grandes cantidades de agua, como tragan muchos niños durante el juego, diluye la sangre y produce intoxicación de agua. El aguarse la sangre puede reducir peligrosamente los niveles de sodio. La resultante hinchazón del cerebro es causa de intranquilidad, debilidad, náusea, contorsiones nerviosas, estupor, convulsiones y hasta coma. Los niños son mucho más susceptibles que los adultos a la intoxicación con agua debido a su menor volumen sanguíneo (no se necesita una gran cantidad de agua para diluir la sangre) y a que tienden a tragar cuanto les entra en la boca. Esta forma de intoxicación despista mucho. Como el niño no muestra síntoma alguno mientras está en el agua y pueden pasar de tres a ocho horas antes de que aparezcan los síntomas, muchas veces no se reconoce la relación entre éstos y la natación.

La sumersión aumenta también el riesgo de infección, especialmente del oído y los senos frontales, lo mismo que de hipotermia (temperaturas del cuerpo peligrosamente bajas).

■ Neumáticos, aletas natatorias, colchones de aire y otros dispositivos de flotar dan una falsa sensación de seguridad al niño y a los padres. Basta un instante para que un chiquillo se caiga del neumático o de un flotador. Bebés y niños pequeños deben usar salvavidas siempre que estén cerca del agua, pero ni aun éstos reemplazan la constante vigilancia de un adulto.

■ Un juguete flotando a la deriva en una piscina puede ser una atracción fatal: saque todos los objetos de la piscina cuando ésta no esté en uso.

■ No se debe usar una piscina ni un surtidor al cual le falte la tapa del desagüe. Haga reparar antes esta falla. Un bebé o un niño pequeño pueden sufrir una lesión grave por la fuerza de succión.

■ Los adultos encargados de cuidar a los niños cerca del agua deben ser prácticos en las técnicas de resucitación (vea la página 523), y ojalá hayan seguido un curso en esta materia. Cerca de las áreas de natación se deben fijar equipos de salvamento, como salvavidas, y carteles con las técnicas de RCP. Debe haber cerca un teléfono para llamadas de emergencia.

EL DESTETE EN VERANO

Aun cuando las comadres (o las madres jóvenes que hayan consultado con sus mayores) repitan muchas consejas contradictorias, no hay ninguna razón para apresurarse a hacerle dejar al niño el pecho o el biberón antes de que entre el verano, o aplazar el destete hasta el otoño. La mejor época para destetarlo es la que sea más práctica para usted y para el niño, y no hay necesidad de programarlo según las estaciones o el informe meteorológico.

PROTECCION EN EL AGUA

La mejor manera de proteger a los niños en el agua es:

1. Enseñarles a no meterse al agua nunca sin que esté presente un adulto, y a no hacer chanzas pesadas o juegos bruscos al borde de una piscina o un lago. Aun los que saben nadar no deben entrar en el agua sin un compañero.

2. Ver que los niños estén *siempre* vigilados por una persona mayor y responsable cuando estén cerca del agua, aun cuando ésta no sea más que una piscinita portátil con sólo tres centímetros de agua.

3. Desocupar las piscinitas portátiles cuando no se estén usando y voltearlas boca abajo para que no se llenen con la lluvia.

4. Cuidar de que las áreas de una piscina (la suya o de los vecinos) que sean accesibles a sus hijos estén protegidas por un cerco bastante alto para que no se puedan trepar, y aseguradas con una aldaba automática que no puedan alcanzar.

5. Cuando jueguen cerca de una piscina o cualquier extensión natural de agua, insistir en que usen chalecos salvavidas (pero no juguetes de flotación) hasta que sepan nadar bien y tengan edad para actuar con sentido de responsabilidad.

6. Instalar una alarma, si tiene piscina en su casa, pero reconociendo que ésta no da una seguridad absoluta.

7. No usar nunca una piscina con la cubierta parcialmente puesta, en la cual podrían quedar atrapados los niños.

8. Recordar que las cubiertas de piscina se pueden llenar de agua y ser tan peligrosas como la piscina misma.

9. Enseñar a sus niños a flotar y nadar como perritos desde los tres o cuatro años.

Descartada esa fábula, hay que agregar que sí es cierto que los niños necesitan más líquidos en los meses calurosos (y todo el año en tierra caliente) que cuando el mercurio desciende. Tenga, pues, buen cuidado de que su bebé tome bastantes líquidos, ya sea del pecho, del biberón, de una taza o de alimentos que contengan bastante agua.

ALIMENTOS ALTERADOS

Los alimentos se dañan más fácilmente cuando brilla el sol y la temperatura sube, de modo que en tiempo caluroso hay que tener especial cuidado con lo que el niño coma. Siga las recomendaciones de la página 264 para reducir el peligro de botulismo. Cuando vaya de paseo, lleve hielo para conservar fresca la leche de fórmula o natural, los frascos abiertos de jugos y alimentos infantiles (tenga en el refrigerador de su casa paquetes de hielo listos para llevarlos cuando salga). También se pueden llevar las bebidas en termos o en frascos con cubitos de hielo. Esto último sólo para los jugos, pues la leche no se debe diluir. Para un paseo de cierta duración, lo más práctico es una neverita portátil que sea fácil de llevar. No use alimentos ni bebidas que ya no estén fríos al tacto, pues con las temperaturas elevadas las bacterias pueden haber tenido tiempo de multiplicarse.

MEJILLAS INFLAMADAS

A veces una mamá o un médico se confunden en el verano por una hinchazón inexplicable de las mejillas de un bebé, acompañada a veces por enrojecimiento. El problema resulta no ser más que una "paniculitis de paleta", efecto estacional debido al daño que sufren los tejidos por estar chupando paletas de helado. La cura es sencilla: darle al niño otra golosina. La hinchazón disminuye pronto y la coloración desaparece en pocas semanas.

LO QUE LE PUEDE PREOCUPAR EN INVIERNO O EN TIEMPO MUY FRIO

TENER AL NIÑO ABRIGADO

Cuando afuera hace mucho frío, lo mismo que cuando hace mucho calor, la madre se puede guiar por su propia reacción para vestir a un niño mayorcito, pero los bebés de menos de seis meses necesitan más protección que las mamás porque tienen una relación más alta de superficie corporal a peso del cuerpo y también porque todavía no pueden tiritar para generar calor.

Aun cuando el tiempo sólo esté ligeramente frío, un niño pequeño debe llevar la cabeza cubierta para conservar el calor (el 25% de calor corporal se pierde por la cabeza).

Cuando la temperatura se acerque al punto de congelación, el gorro del niño le debe cubrir las orejas, las manos se le deben proteger con guantes, los pies con medias y botas calientes, y el cuello con una bufanda u otra prenda de abrigo. Cuando sople un viento helado y la temperatura haya bajado mucho, se le puede envolver una bufanda alrededor de la cara o ponerle un gorro tejido que se la cubra, pero teniendo cuidado de que no le tape la nariz. Una cubierta impermeable guardará el calor en el cochecito de paseo y lo conservará seco si llueve o nieva. Pero aunque esté muy bien abrigado, un bebé no debe pasar mucho tiempo afuera en tiempo muy frío.

TIEMPO VARIABLE

Lo que realmente desconcierta hasta a las personas que saben más del arte de vestirse, es ese tiempo variable, que no es ni una cosa ni otra, y que es muy común en muchos países. Para la madre de poca experiencia con un niño chiquito, el problema es más serio aún. ¿Qué ponerle un día que amanece lindísimo, pero se anuncia que por la tarde va a llover, o al contrario?

En general, el atavío de varias capas es la clave del éxito en tiempo variable. Lo más práctico son capas de peso ligero que se pueden añadir o suprimir fácilmente, según cambie de improviso el tiempo de caliente a frío o de frío a caliente. Siempre es prudente llevar consigo un suéter o una manta extra por si el termómetro cae. Para un bebé chiquito siempre conviene un gorro: uno ligero y con visera para cuando haga sol, y otro más caliente para los días ventosos. Un niño un poco mayor puede llevar la cabeza descubierta si la temperatura es entre 15 y 20 grados y el sol y el viento no son excesivamente fuertes. Y, recuerde, una vez que el termostato de su bebé quede bien regulado (como a los seis meses) usted se puede guiar por su propia reacción para vestirlo. Para saber si el niño está bien, tóquele los brazos, los muslos y la nuca (pero no las manos ni los pies, pues éstos siempre los tienen fríos los niños chiquitos). Si estas partes del cuerpo las encuentra frías, o si el niño está desasosegado, tal vez tenga frío.

En tiempo frío, muchas capas de poco peso son más eficientes y menos restrictivas que un par de prendas pesadas. Si por lo menos una de ellas es de lana, el bebé estará mejor abrigado. El plumón, natural o de imitación, sirve para trajes de nieve y edredones bien calentitos.

Las siguientes recomendaciones para tiempo frío contribuirán también a conservar a su niño bien abrigado:

■ Antes de salir, el niño debe haber tomado su comida regular o algún refrigerio, pues en tiempo frío se necesitan muchas calorías para conservar el calor del cuerpo. Una comida caliente es reconfortante pero su efecto no dura mucho tiempo.

■ Si alguna de las prendas que lleva el niño se moja, múdela inmediatamente.

■ Un niño que ya anda debe usar botas impermeables, forradas, en tiempo de invierno; deben ser bastante holgadas para permitir que les entre aire y circule alrededor de los pies protegidos con medias, lo cual les dará aislamiento adicional.

■ En el automóvil, quítele al bebé el gorro y una o dos capas de ropa si es posible, para evitar un calor excesivo; si no, mantenga fresco el auto. Igualmente, quítele algunas prendas en un bus o un tren caliente.

■ En tiempo ventoso aplíquele una suave loción o crema humectante a las partes expuestas de la piel, para evitar que se cuarteen.

■ No se preocupe si al salir a la intemperie en tiempo frío su niño experimenta una fluxión nasal. Los cilios o pelillos de la nariz que de ordinario mueven las secreciones nasales a la parte trasera de la nariz en lugar de permitirles caer fuera, se paralizan temporalmente por el frío; cuando vuelvan a entrar en la casa la fluxión debe cesar. Un poco de crema o vaselina bajo la nariz (no adentro) ayudará a prevenir los labios cuarteados.

CONGELACION

Si no hay por qué preocuparse por la fluxión nasal, en cambio tenga mucho cuidado si la nariz, o las orejas, las mejillas o los dedos de las manos o los pies se ponen muy fríos, blancos o grises amarillentos. Esto indica congelación y puede ser muy serio. Las partes del cuerpo que sufran congelación hay que recalentarlas inmediatamente. Vea cómo se hace esto en la página 515.

Después de una prolongada exposición al tiempo frío, la temperatura del cuerpo del niño puede caer por debajo de los niveles normales. Este es un caso de urgencia y no se puede perder tiempo para llevar a un niño que parezca excesivamente frío al tacto, a la clínica de urgencias más cercana.

Evite estas peligrosas situaciones vistiendo adecuadamente a su niño, protegiendo las áreas expuestas de la piel, y limitando el tiempo que pase a la intemperie en tiempo en extremo riguroso.

QUEMADURA DE NIEVE

No es sólo el niño a quien llevan a las playas tropicales para las vacaciones de invierno el que está expuesto a una quemadura de sol en el invierno: también está expuesto el que se queda para la estación de las nevadas. Como la nieve refleja hasta un 85% de los rayos ultravioleta del sol, hasta un sol invernal puede causar quemaduras a la delicada piel de un niño si se refleja primero en el paisaje nevado. Por eso es necesario proteger a los niños con ropa adecuada, un gorro con visera y crema protectora si se va a pasar mucho tiempo al aire libre cuando haya nevado.

TEMPERATURA ADECUADA DENTRO DE LA CASA

En tiempo frío, el cuarto del niño debe mantenerse entre 20° y 22° durante el día, y entre 15° y 18° por la noche. Si la temperatura del interior es más alta que esto, el aire seco y recalentado reseca las membranas mucosas de la nariz, haciéndolas más vulnerables a los microbios del catarro, y produce picazón en la piel, también porque la reseca. Se pueden calentar previamente las sábanas de la cama del niño con un cojín caliente o una bolsa de agua caliente, pero cuide de que no estén demasiado calientes al momento de acostarlo. O use mantas de franela que se conservan confortables al tacto aun en las noches frías. Para abrigo y confort póngale varias mantas de poco peso. Si el niño tiene la costumbre de patear de noche y desabrigarse, póngale un talego de dormir. Tenga en cuenta que la habitación del niño está más fría de noche que de día (por lo menos debiera estarlo), y que se requiere más abrigo durante el sueño, cuando el metabolismo se hace más lento. Pero trate de no cometer el error común de abrigar demasiado al niño en la cama. Y si se despierta por la noche sudando, quítele una o dos capas de ropa de cama.

PIEL RESECA

Pocas personas, de cualquier edad, están libres de que se les reseque la piel en invierno y sientan picazón. Aunque la mayoría de las personas suponen que basta proteger a los niños del cruel embate de los vientos y el aire frío del exterior para que su piel se mantenga suave y tersa, esto no es así. La causa principal de la piel reseca en invierno está en el interior de la casa. Una vez que empieza la temporada de calefacción artificial, el aire se pone caliente y seco. Y este aire es uno de los principales factores de piel reseca en invierno. Se puede contrarrestar ese efecto tomando las siguientes medidas:

Aumentar la humedad en la casa. Consiga un humectador para su sistema de calefacción, o por lo menos una unidad de vapor frío (vea la página 729) para la pieza del niño. Si esto no es posible, ponga palanganas de agua caliente sobre los radiadores (donde no las pueda agarrar el niño); al evaporarse el agua, el aire del cuarto se humedece.

Aumente la humedad del niño. Los bebés (lo mismo que todos nosotros) obtienen humedad para la piel desde el interior lo mismo que del exterior. Asegúrese de que el suyo esté tomando suficientes líquidos.

Aumente la humedad de la piel. Untarle una loción de buena calidad en la piel húmeda inmediatamente después del baño le ayudará a retener la humedad. Pídale al doctor que le recomiende un buen producto, o escoja en la botica uno que sea hipoalergénico.

Use menos jabón. El jabón reseca la piel. Rara vez es necesario usarlo para niños muy pequeñitos — salvo una vez al día en la zona del pañal. Los niños que se arrastran por el suelo quizá necesiten que se les jabonen rodillas, pies y manos. Pero, en general, use muy poco jabón; en particular, evite los líquidos que hacen burbujas en el baño del bebé, pues el agua jabonosa reseca más que el agua clara. Y use un jabón suave; pídale recomendaciones al médico.

Baje la temperatura. Cuanto más caliente esté la casa, más seco el aire (suponiendo que no se está devolviendo humedad al ambiente al calentar la casa). Para niños de más de unas pocas semanas de edad, la casa no necesita estar a más de 20°. Si a esta temperatura el niño parece que se ha enfriado, es mejor agregarle ropa que grados de calor.

PELIGROS DE LA CHIMENEA

Antes de que hubiera televisión, había chimeneas en torno a las cuales se congregaba la familia para pasar la velada invernal. Aun hoy, un buen fuego supera cuanto puedan ofrecer como atractivo los programas de tiempo preferencial, llevando calor al cuerpo y al espíritu. Pero si en la familia hay niños pequeños, hay que tener cuidado de que no corran peligro. Mantenga la chimenea, aun cuando esté apagada (las brasas conservan largas horas el calor), protegida con una pantalla bastante pesada para que no la puedan mover las fuertes y persistentes manecitas del pequeño. Para mayor protección, enséñele desde temprano a su niño que el fuego es "¡caliente!" y que si lo toca se quema y le duele. Vea que el cañón de la chimenea esté limpio para que el cuarto no se llene de humo.

PELIGROS EN LAS FIESTAS

Nada es más maravilloso para un niño que la casa adornada para las fiestas. Pero si no se toman las precauciones del caso, nada puede ser más peligroso. Hasta las cosas más lindas pueden esconder peligros. Todas las siguientes son amenazas potenciales para su bebé. Algunas se deben usar con cuidado, otras desterrarse del todo — por lo menos hasta que el niño tenga más edad y cordura.

Plantas de adorno. Hay algunas, como el muérdago, que pueden ser mortales si se comen. No las tenga en su casa o no permita que su bebé juegue con ellas cuando va de visita a otra parte.

Acebo. Esta planta sólo es ligeramente tóxica (el niño tendría que consumir una gran cantidad para que sufriera consecuencias graves), pero es conveniente mantenerla fuera de su alcance.

Flor de Pascuas. Esta belleza puede causar irritación local de la boca, y envenenamiento más grave si se come una buena cantidad. Téngala donde el niño no la alcance.

Arboles y ramas siempre verdes. Estos pueden agravar el asma y dolencias análogas, y también ofrecen peligro de incendio si no se manejan con cuidado. Si en su familia hay alguien que padezca de tales alergias, tal vez le convenga más usar un arbolito artificial.

Pinochas. Estas pueden causar tos persistente y angustiosa si se atragantan en la tráquea (es posible desalojarlas poniendo al niño con la cabeza para abajo y golpeándolo en la mitad de la espalda). Bárralas constantemente, y, si es posible, mantenga los pinos, coronas y ramas fuera del alcance de los niños chiquitos.

Pisapapeles de escenas de nieve. A pesar de lo que generalmente se cree, el líquido que contienen éstos no es peligroso, pero si se rompen, se puede contaminar con microbios. Si el pisapapel se raja, deséchelo.

Cabello de ángel. Esto es vidrio hilado que puede irritar la piel y los ojos y producir hemorragia interna si se traga; si lo usa, póngalo en lo más alto, donde el niño no lo alcance.

Nieve artificial o borra. Estas pueden agravar cualquier problema respiratorio; no se deben usar si lo sufre alguien de la familia.

Luces para el árbol. Como el niño puede morder estos llamativos adornos y sufrir cortaduras internas, cuelgue las luces bien altas. Tenga especial cuidado con las pequeñas que se encienden y se apagan, las cuales contienen una sustancia química peligrosa si se traga.

Velitas. Enciéndalas y manténgalas completamente fuera del alcance del niño — y, naturalmente, lejos de cortinas u otro material inflamable. Si las coloca frente a una ventana, no olvide correr y sujetar bien las cortinas.

Minidecoraciones. Los adornos muy pequeñitos, como las luces para el árbol y cualquier otro objeto de menos de 4 cm de diámetro, o que tenga partes de menos de este tamaño que se puedan arrancar o romper, son un peligro porque el niño se puede ahogar si se los mete en la boca. No los use, o úselos sólo donde el niño no los pueda tomar.

Adornos de hoja de estaño, vidrio o plástico. Todos estos objetos decorativos son un atractivo peligroso: si se muerden y se rompe un pedazo, es posible que se quede atascado en la garganta.

Preservativos para el árbol. Si usa alguno, cuide de que no contenga nitratos, que producen desórdenes de la sangre si se consumen. Un bebé curioso es capaz de meter la mano en el recipiente para probar a qué sabe.

Regalos. Estos ofrecen diversos riesgos. Los perfumes, aguas de colonia y cosméticos suelen ser venenosos; las pilas pequeñitas como botones y los juguetes con piezas pequeñas pueden causar asfixia. Tire a la basura las envolturas y cintas de los regalos, que también ofrecen el mismo peligro para los niños.

Comida y bebida. No sólo los objetos de adorno ofrecen peligro, sino también lo que se sirve a la mesa. Todos los años centenares de niños pequeños tienen que ser llevados a las salas de urgencias de los hospitales por haberse tomado un martini, una cerveza o un vaso de ponche con licor que alguien dejó descuidadamente a su alcance. Los dientes, el apetito y las costumbres alimentarias de muchos otros sufren las consecuencias de comer golosinas azucaradas de la fiesta que les pasan a sus manecitas. Tenga cuidado de que no se dejen bebidas alcohólicas ni por un momento en las mesitas y consolas, donde un bebé aun moderadamente activo las puede agarrar. Y obsequie a su niño (lo mismo que a sus invitados) con artículos de pastelería endulzados con concentrados de jugo de frutas; muchos se pueden comprar y muchos más se pueden hacer en la casa.

Mientras esté adornando la casa para las fiestas, mantenga las decoraciones lejos del alcance del niño, o dedíquese a esos arreglos cuando él esté durmiendo. Por si ocurriere algún accidente a pesar de todas sus precauciones, prepárese para las fiestas familiarizándose con las técnicas de primeros auxilios y de RCP, si ya no lo está, y teniendo a la mano los números de teléfonos para llamar en casos de urgencia.

REGALOS INOFENSIVOS

Lo primero en cualquier lista de compras de los padres debe ser la seguridad. En esta época del año las jugueterías son muy tentadoras, pero resista la tentación hasta que se haya familiarizado completamente con las recomendaciones para comprar cosas útiles e inofensivas para su niño, que empieza en la página 244. Recuerde que no se puede confiar en que los fabricantes produzcan lo que sea mejor para el bebé. En la temporada de fiestas, especialmente, usted que es la compradora es la que tiene que tener cuidado.

LO QUE IMPORTA SABER: La temporada de viajes

En los días anteriores a la paternidad, cualquier época era buena para un viaje. Excursiones de verano a la casa de unos amigos en la playa, vacaciones de invierno con los padres en tierra caliente, fines de semana de esquiar en medio de temporadas de trabajo, una maravillosa visita a París en primavera, o escapatorias al embrujo de las islas del Caribe o a las montañas para huir del calor.

¿Y ahora qué? Pensando en el esfuerzo que representa llevar a su niño en una simple expedición de compras en la misma ciudad — las horas de preparación, la difícil ejecución, los diez kilos de niño y equipaje que tendrán que aguantar sus hombros — unas vacaciones de dos semanas o hasta una visita de dos días a la abuelita pueden parecer imposibles de realizar.

Y, sin embargo, no hay necesidad de esperar hasta que sus hijos tengan edad para llevar su propio equipaje o estén en un campamento de verano para satisfacer su deseo de viajar o complacer a su mamá que quiere que vaya a verla. Las vacaciones con un bebé rara vez serán muy descansadas y siempre presentarán problemas, pero sí son posibles y pueden ser muy agradables.

HAY QUE PROGRAMAR

El fin de semana improvisado, cuando el espíritu inquieto y unas pocas prendas y artículos de tocador metidos de carrera en un maletín la llevaban a usted adonde quería ir, terminaron abruptamente con la llegada del bebé. Ahora va a tener que dedicar más tiempo a programar el viaje que a realizarlo. Preparativos sensatos para un viaje con un bebé son los siguientes:

Itinerario restringido. Olvídese de aquellos itinerarios que la llevaban como un torbellino en cinco días a seis maravillosas ciudades. Ahora su programa tiene que ser más modesto, dejando mucho tiempo libre — para un día extra de camino si lo llega a necesitar, una tarde extra en la playa o una mañana al lado de la piscina si la desea.

Pasaportes al día. Si va al exterior probablemente ya no podrá incluir a su niño en su pasaporte. En esta época todo viajero, cualquiera sea su edad, debe tener su propio pasaporte.

Precauciones médicas. Si va a salir del país, consulte con su médico para asegurarse de que las vacunas del niño estén al día. Si el viaje es a algún lugar exótico, quizá toda la familia necesite vacunas específicas (por ejemplo, contra la fiebre tifoidea) o tratamientos profilácticos (para prevenir el paludismo o la hepatitis A).

Antes de emprender un viaje largo, programe una revisión médica del niño aunque esté sano, si hace tiempo no se le ha hecho ningún examen. Esta visita, además de asegurarle que el niño esté en buena salud, le dará la oportunidad de hablar de su proyectado viaje con el médico y hacerle preguntas que de otro modo podrían preocuparla estando lejos, cuando ya sea imposible o por lo menos poco práctico tomar el teléfono y llamar al consultorio. Si hace menos de un mes desde el último examen del niño, tal vez todo lo que se requiere es una consulta telefónica.

Si el niño está tomando algún remedio, cuide de llevar una cantidad suficiente para todo el viaje, además de la receta por si la provisión que lleva se le pierde o se derrama o sufre algún otro percance. Si la medicina necesita ser refrigerada, puede resultar difícil mantenerla constantemente en hielo, así que mejor pregúntele al médico si no se puede reemplazar por otra que no tenga que conservarse fría. Puesto que la nariz tupida puede molestar mucho a un niño, no dejarlo dormir y causarle dolor de oído en los vuelos, pídale también al médico que le recomiende algún descongestionante en caso de que el bebé pesque un catarro. Si se propone visitar lugares donde se sabe que los viajeros sufren del estómago, pídale también un remedio para la diarrea. Para cualquier medicación que lleve consigo, debe saber cuál es la dosis inocua para un niño de la edad del suyo, lo mismo que las condiciones en que se ha de administrar y sus posibles efectos secundarios. Igualmente útil, especialmente para viajes largos, es llevar el nombre de un pediatra en cada lugar que se proponga visitar.

Hora del viaje. A qué hora del día o de la noche se ha de iniciar el viaje dependerá, entre otras cosas, del programa del niño y cómo reacciona a los cambios, el medio de transporte elegido, el lugar de destino y cuánto tiempo se tarda en llegar a él. Si viaja en avión y los itinerarios lo permiten, conviene programar la llegada a su destino para la hora de acostar a dormir al bebé. Suponiendo que haga una siesta durante el vuelo, la excitación y caos de la llegada posiblemente permitirán mantenerlo despierto una o dos horas más allá de la usual.

Considere las ventajas de viajar en horas que no sean las de tráfico máximo, cuando es posible que haya asientos desocupados para que su niño tenga más espacio, y menos pasajeros a quienes incomodar.

En un viaje largo por carretera, si su niño tiene la costumbre de quedarse dormido en el automóvil, proyecte conducir, si es posible, la mayor parte del tiempo en las horas en que él debería normalmente estar durmiendo: las de la siesta y por la noche. De otra manera, llegará usted a su destino con un niño que ha dormido todo el día y está dispuesto a jugar toda la noche. Si su niño duerme bien en los trenes o aviones pero al despertar se muestra desasosegado en un sitio tan estrecho, coordine el tiempo de siesta con el tiempo de viaje. Por el contrario, si siempre se muestra demasiado excitado para dormir en semejante ambiente, viaje después de la hora de la siesta para evitar que esté chinchoso durante el viaje.

Podría parecer que llegar a su destino lo más pronto posible es lo mejor. Pero no siempre lo es. Por ejemplo, para un niño muy activo un vuelo en dos etapas, con cambio de aviones que le dé la oportunidad de desahogarse, puede resultar mejor que un largo vuelo sin etapas.

Comida especial. Cuando viaje en avión, no piense en darle al niño, aunque ya sea mayor, la comida corriente de las aerolíneas. Esos platos son astronómicamente ricos en sodio, el pan es invariablemente del tipo refinado, los postres son siempre azucarados y sin valor nutritivo. Lleve una buena provisión de jugos de frutas, de requesón. Esto también la sacará de apuros cuando los vuelos se demoran, pues las largas esperas entre una y otra comida ponen de muy mal genio al niño... y a todos los demás que estén cerca.

Algunas aerolíneas, especialmente en los vuelos al exterior, ofrecen comida de niños, biberones, pañales y cunas. Pregunte por estas cosas cuando haga su reservación.

Puestos cómodos. Cuando vaya a viajar en avión, trate de reservar los puestos delanteros de la cabina, frente al mamparo, pues allí el niño tendrá más espacio para dormir o para jugar a sus pies. Si éstos no están disponibles, pida asientos sobre el pasillo: quizá tenga que pasar mucho tiempo paseando de arriba abajo. De todas maneras, no acepte asientos en el centro de una sección ancha, no sólo por comodidad para usted misma sino también por consideración con los demás pasajeros.

Al reservar, pregunte también si no sería posible que le dieran un puesto al lado de uno desocupado... por lo menos hasta que el avión se llene por completo.

En los ferrocarriles de algunos países se pueden y se deben reservar cupos en los trenes, aunque no siempre es posible reservar puestos específicos. Las literas en los coches-camas para viajes largos casi siempre se pueden reservar. En esos camarotes se disfruta de cierta medida de independencia que usted apreciará mucho cuando tenga que pasar largas horas o días con un bebé en un tren.

Alojamiento previsto. Podría pensarse que viajando por carretera en la baja temporada no es necesario reservar alojamiento de antemano. Pero, por lo menos en los Estados Unidos, país de viajeros, todas las noches son muchos los establecimientos, sobre todo los de menos precio, que sacan el letrero de ''no hay vacantes''. Programe pues, dónde se va a quedar cada noche, dándose mucho más tiempo para llegar que el que es realmente necesario, y reserve una habitación con cuna.

Alojamiento acogedor. Siempre que sea posible elija un hotel donde atiendan a familias. Muchos no las quieren. Un buen indicio de lo que se puede esperar es que haya cunas y niñeras disponibles. No lo pasará usted muy bien en un hotel donde no se disponga de tales comodidades. Y acaso tampoco sea usted bienvenida.

Equipo adecuado. Las cosas se le facilitarán, especialmente si viaja sin compañía de otro adulto y con más de un niño, si cuenta con el equipo adecuado:

■ Un portabebés, si el bebé es pequeño. Le dejará libres las manos para manejar el equipaje al subir a bordo o al desembarcar.

■ Para un niño un poco mayor, una silla de ruedas plegable, ligera de peso y muy compacta, con mangos de bastón de los cuales pueda colgar cosas; pero tenga cuidado de que no se caiga para atrás.

■ Una "traílla" de muñeca a muñeca, para un niño que ya camina y es muy inquieto. Esto puede parecer bárbaro, pero tal vez sea la única manera de que el niño no se separe de usted.

■ Un asientito infantil portátil; si es de tela agrega muy poco peso a su equipaje.

■ Un asientito de automóvil. En los aviones, si hay al lado un puesto desocupado, le puede servir de asiento de seguridad, o lo puede guardar arriba. O si proyecta alquilar un auto a su llegada, puede tomar al mismo tiempo en alquiler un asientito de seguridad; pero debe pedir que se lo reserven al mismo tiempo que reserva el automóvil.

También puede alquilar o conseguir prestadas en el lugar de su destino otras cosas, como cunas, corralitos de juego, sillas altas o asientitos de comer. Haga por anticipado estas diligencias.

No complique las cosas. Para evitar problemas innecesarios en su viaje, evite hacer cambios innecesarios inmediatamente antes de partir. Por ejemplo, no destete al niño en vísperas de un viaje. No hay para qué agregarle esa tensión a la tensión natural de verse en un ambiente que no le es familiar y de cambiar de rutina. Por lo demás, estando de viaje no hay ninguna manera tan fácil y cómoda de alimentar al bebé como darle el pe-

cho. Tampoco empiece a darle alimentos sólidos cuando se acerca el momento de partir; aprender a comer con cuchara es empresa ardua, para el niño y para usted, aun estando quietos en la casa. Sin embargo, si su niño está preparado para tomar cosas de comer con los dedos, piense en empezar a dárselas con varias semanas de anticipación. Bocaditos portátiles son espléndidos para tener a los niños ocupados y contentos en el camino.

Si el niño no duerme toda la noche, éste no es el momento de tratar de poner remedio a esa situación. Es probable que haya algo de regresión a despertar de noche durante el viaje y durante un tiempo después del regreso, y dejar llorar a un niño en un cuarto de hotel o en la casa de la abuelita no aumentará su descanso ni su bienvenida.

Calma y compostura. Si cuando esté haciendo sus solicitudes por anticipado no encuentra una cooperación total, conserve la calma. No se muestre exigente o malhumorada, pero tampoco ceda innecesariamente. Estos pequeños altibajos durarán todo el viaje; algunos asistentes de vuelo o administradores de hotel se desvivirán por complacerla mientras que otros ni siquiera la volverán a mirar.

Confirme. La víspera de la partida confirme sus reservaciones si no han sido ya confirmadas, y llame para verificar la hora de salida, antes de salir de su casa, evitando así el contratiempo de llegar al aeropuerto y encontrar que su vuelo ha sido cancelado o está demorado cuatro horas; o a la estación del ferrocarril para que le digan que el tren saldrá con retraso.

LO QUE HAY QUE EMPACAR

Si bien es cierto que todo podría ser útil en un viaje — hasta el vertedero de la cocina para lavar el biberón que se cae y las manchas de la ropa — obviamente no es práctico llevar todo lo que uno quisiera. Pero tampoco le conviene salir desprovista de lo necesario. Trate, pues, de lograr un justo medio, llevando sólo lo estrictamente indispensable y escogiendo con la mayor eficiencia posible: jabón líquido para niños, acetaminofeno, dentífrico y cosas por el estilo en cantidades de tamaño de muestras; pañales extra-absorbentes desechables; prendas de ropa que se puedan mezclar y hagan juego, de patrones vistosos que disimulen las manchas y por tanto resistan más tiempo sin lavar, y de telas ligeras que se sequen rápidamente si es preciso lavarlas.

Usted puede llevar menos cosas si va a estar en un lugar donde las pueda reemplazar y reemplazarlas sea parte de la diversión — como comprar un par de conjuntos de pantalón corto y camiseta en Bermuda, o un bote de champú para bebé en París. Pero si el plan es hacer una excursión por las montañas o acampar en despoblado, llene su mochila de excursionista con cuanto se le ocurra que se le podría ofrecer. Para un viaje típico, es bueno llevar bolsas y maletines empacados como sigue:

Una bolsa de pañales. Debe ser ligera de peso, forrada en plástico, con compartimientos externos para llevar pañuelos y toallas de papel, frascos y otras cosas que se necesitan al instante, y con correa para colgársela al hombro de modo que no le ocupe las manos. Los artículos que debe llevar a la mano en esta bolsa son:

■ Una chaqueta ligera (ojalá de nilón impermeable y con capucha, que sirva también para la lluvia) o un suéter, en caso de que haga frío en el auto, tren, avión o bus.

■ Suficientes pañales desechables extra-absorbentes para la primera etapa del viaje, y algunos más por si hay alguna demora o un ataque de diarrea de viajeros. Es mejor ir comprando los pañales por el camino en lugar de llevar de la casa una gran cantidad, a menos que viaje en automóvil y tenga suficiente espacio, o que en el lugar de su destino no se puedan conseguir.

■ Toallas de papel para las manos (las suyas y las del bebé), y ¡para lo obvio! También le servirán para limpiar el brazo de la silla del avión que el bebé insiste en morder o la ventanilla del tren que se empeña en lamer, y para enjugar lo que se derrame en la ropa o en los muebles antes de que se convierta en manchas.

■ Ungüento para el salpullido del pañal, pues los alimentos no familiares, los cambios poco frecuentes de pañal y el calor pueden producir tales erupciones.

■ Un babero grande impermeable, o un paquete de desechables, para proteger la ropa. Por si accidentalmente se le queda el babero plástico en un restaurante o se le acaban los desechables, lleve una pinza de ropa o un imperdible para asegurar una servilleta de restaurante sobre la ropa del niño.

■ Unas bolsas plásticas que se puedan volver a cerrar, para echar los frascos con escapes, baberos o prendas sucias, y pañales sucios cuando no haya a la mano un cubo para desperdicios.

■ Crema protectora si va a lugares donde haga mucho sol o haya nieve y si su niño tiene más de seis meses.

■ Una manta ligera o edredón donde el niño pueda hacer su siesta o jugar por el camino, en restaurantes y en las casas que visite. O lleve un chal que pueda ponerse sobre los hombros y usarlo para el bebé cuando sea necesario.

■ Una pequeña colcha liviana para proteger las camas de los hoteles y otras superficies cuando usted tenga que cambiar al niño.

■ Un metro cuadrado de plástico transparente fuerte, para proteger los muebles y alfombras de los hoteles durante las comidas, y para servir también de protección disimulada bajo la silla alta del bebé en los restaurantes.

■ Un objeto para apaciguar al bebé, si el niño tiene uno.

■ Un par de medias o zapatitos para el niño descalzo, en caso de que encuentre aire climatizado muy frío.

■ Tapitas plásticas para tomas eléctricas, si su niño gatea o anda solo, para usarlas en los cuartos de hotel o casas que visite. También podría ser conveniente un cierre para baños si su niño es aficionado a jugar con agua.

■ Una buena provisión de bocados y bebidas. No se fíe de que por el camino, o en el avión o en los trenes va a encontrar lo que su niño necesita. Lleve suficiente provisión de ambas cosas para dos comidas más de las que calcule que va a necesitar, por si acaso. Según el régimen alimentario del bebé, lleve comida infantil (deshidratada si no puede llevar mucho peso); galletas de grano entero; cajitas pequeñas de cereal seco para mordiscar; una caja pequeña de germen de trigo para enriquecer panes blancos, cereales, pastas y arroces; fórmula lista para usar para el niño que toma biberón, en biberones desechables (de preferencia de plástico liviano e irrompible); jugo en un frasco pequeño o termo con taza con tapa o pequeños vasitos de papel para los que ya puedan tomar en taza. Lleve botes de comida de bebé de 85 gramos para darle variedad y evitar desperdicio.

· Una docena de cucharitas de plástico

en una bolsa de plástico, para darle la comida al niño por el camino. Si no hay cómo lavarlas, se pueden tirar.

■ Toallas de papel, desenrolladas, que son más prácticas, fuertes y absorbentes que servilletas.

■ Algo viejo y algo nuevo para entretener al niño — lo viejo para confort y confianza; lo nuevo para llamarle la atención. Un pequeño tablero de actividades y un libro ilustrado son buenas elecciones para un niño mayor; un espejo, un sonajero y un animalito musical, para uno pequeño. Deje en casa los juguetes que constan de un montón de piezas que se pueden perder, o que son demasiado voluminosos para poderlos empacar con facilidad y usarlos en sitios estrechos. Para el que esté echando los dientes, no olvide llevarle un par de cosas que morder.

■ Una cartera pequeña. Puesto que usted no tiene sino dos manos, llevar un bolso le será virtualmente imposible lo mismo que aventurado (se va a ver bastante confundida y desorganizada para que la señalen como presa fácil los carteristas). Lleve, en cambio, dentro de la bolsa de los pañales una cartera pequeña, fácil de identificar al tacto, en la cual le quepan sus artículos personales, pasajes de avión, tren o bus, y su billetera con dinero, tarjetas de crédito y copias de las recetas esenciales, lo mismo que los teléfonos del médico del niño y de los médicos que le hayan recomendado en el lugar de destino. O, como alternativa, lleve la billetera en el bolsillo. Si sus trajes de viaje tienen bolsillos hondos y seguros, tanto mejor.

Un maletín para la ropa del niño. Lo ideal para la ropa de viaje del niño es un pequeño maletín, de material blando y con correas para cargarlo al hombro o a la espalda. Como lo puede llevar a la mano en el auto, el avión o el tren, puede sacar sin dificultad una muda limpia sin necesidad de escarbar en público en su propia maleta de viaje. Sin embargo, si prefiere empacar en su maleta la ropa del niño, como no la tendrá a mano (seguramente estará aforada en el avión, el tren o el bus, o guardada en el baúl del auto), no olvide llevar una o dos mudas extra para el niño en la bolsa de pañales.

Un maletín para botiquín y neceser. Este debe ser en todo tiempo inaccesible para el niño curioso (por ejemplo, en el compartimiento superior en el avión o el tren), y de preferencia debe tener llave o ser difícil de abrir. Lo mejor es que sea impermeable, fácil de asear, y también con correas si es posible. Mantenga este maletín a la mano por si necesita alguna medicina y también para proteger los líquidos de daño por congelación en los compartimientos de equipajes de los aviones. Puede contener:

■ Los remedios y vitaminas que le hayan recetado, en cantidad para todo el viaje; acetaminofén para niños; un antiemético para el vómito; un antiperistáltico para la diarrea (Lomotil no se recomienda para niños menores de dos años); un descongestionante, si el médico lo recomienda.

■ Toda la información relativa al seguro médico.

■ Para viajes al aire libre, repelente de insectos, jabón amarillo para el zumaque venenoso, loción de calamina, medicina para picaduras de insectos y equipo para aguijón de abejas si el niño es alérgico.

■ Un estuche de primeros auxilios que contenga jarabe de ipecacuana para envenenamiento accidental (pero no lo administre sino por consejo del médico); venditas, gasa y esparadrapo; crema antibacteriana; vendas elásticas para dislocaciones o esguinces; termómetro; pinzas; cortauñas para el niño.

■ Jabón líquido para niños, que sirve para asear tanto el pelo como la piel. Los jabones que se encuentran en los cuartos de hotel no son por lo general suficientemente suaves para los niños.

■ Cepillo de dientes del niño, o gasa para limpiarle los dientes si ya le han salido.

■ Cortaplumas de bolsillo, de usos múltiples, con abrelatas y tijeras.

■ Una luz nocturna, si a su niño le gusta dormir con ella.

EL VIAJE ES PARTE DE LA DIVERSION

Ya sea que viaje por carretera, por aire o por ferrocarril, hay diversas maneras de hacer el viaje más agradable.

Si vuela. Los aviones ofrecen a las familias la ventaja de que son la manera más rápida de llegar de un punto a otro. Puede usted hacer el vuelo más agradable si tiene en cuenta lo siguiente:

■ Llegue con suficiente anticipación para atender a los detalles de equipaje, asientos, etc., pero no tan temprano que tenga que esperar demasiado tiempo en la incomodidad del aeropuerto.

■ Pida los puestos delanteros, si no los ha reservado antes. Si no están disponibles, trate de hacer un cambio una vez dentro del avión.

■ La prelación para pasar a bordo es una ventaja que se les da a los que viajan con niños, y les permite acomodarse y colocar el equipaje de mano en los compartimientos superiores antes de que llegue todo el mundo. Sin embargo, si tiene usted un niño que va a mostrar desasosiego en un lugar estrecho (recuerde que no lo podrá pasear por los pasillos mientras éstos estén llenos de gente que está entrando) quizá le convenga esperar y pasar a bordo la última. Si viaja con otra persona adulta, pregunte si es posible que una de las dos entre primero con el equipaje mientras la otra pasa algún tiempo extra con el niño en los espacios abiertos del área de espera.

■ Coordine las comidas con el despegue y la llegada. Los niños (especialmente los muy pequeños) son más susceptibles aún que los adultos al dolor de oído causado por las variaciones de presión de la cabina durante la ascensión y el descenso de la nave. Darle el pecho o el biberón en esos momentos (o algo de morder o un chupador de entretención) lo estimula a tragar frecuentemente, lo cual alivia los efectos penosos de la presión y la molestia y llanto que los acompañan.

■ Si su niño se queja ruidosamente, acepte la bondadosa ayuda que le pueda ofrecer algún otro pasajero, y no haga caso de las miradas airadas de otros pasajeros ignorantes o incomprensivos.

■ Durante el vuelo déle al niño muchos líquidos; los viajes aéreos deshidratan. Si le está dando el pecho, usted también necesita tomar más líquidos, pero no bebidas con cafeína o alcohol.

■ Si el niño pide comidas calientes, pídales a las cabineras que le hagan el favor de calentarle los biberones y la comida del bebé (sin tapas). Pero no olvide agitarlos bien y verificar su temperatura antes de dárselos, para evitar accidentes y quemaduras pues los microondas suelen calentar en forma dispareja.

■ Si viaja sola, no tenga reparo en pedirle a una cabinera que le tenga al niño mientras usted va al baño.

■ Salga del avión la última, para evitar apreturas, y para darse tiempo de recoger todas sus pertenencias. (Si alguien sale a recibirla, hágale saber de antemano que usted será la última en salir del avión.)

Si viaja en tren. El viaje en tren, aunque más lento que en avión, les da a los niños mayor movilidad. El viaje de su familia será más agradable si recuerda lo siguiente:

■ Pregúntele a un conductor cuáles son los vagones de no fumar.

■ Llegue lo más temprano posible para encontrar un buen puesto. Si un pasajero en silla de ruedas (que tiene prelación) no ha ocupado el primer asiento del vagón, ése es un buen puesto para la familia por el espacio amplio que tiene enfrente, donde el bebé puede dormir o jugar. También son buenas las unidades de cuatro puestos que se encuentran en los dos extremos de casi todos los vagones y que permiten a las familias instalarse muy cómodamente. Si el tren está muy lleno y el viaje es largo, vale la pena tomar un asiento para el niño, pagándolo a bordo cuando pase el conductor. (Casi siempre aceptan tarjetas de crédito o cheques.) Si sólo dispone de un asiento, no se sabe cuál es mejor, si el de la ventanilla (para que el niño se distraiga viendo el paisaje), o el del pasillo (para que usted se pueda levantar con frecuencia si el niño está inquieto).

■ Lleve un portabebés si viaja sola y el niño todavía puede usarlo; sin él, encontrará que le es imposible ir al baño. (No deje al bebé ni siquiera por breve tiempo con una extraña, por amistosa que parezca, particularmente cuando el tren se acerque a una parada.)

■ Acepte ayuda con el equipaje al desembarcar, si alguien se lo ofrece, pero no permita que ninguna persona extraña lleve al niño.

■ Si el viaje en tren va a ser largo, lleve una variedad de juguetes para que pueda sacar uno nuevo cuando el niño se canse

GRANDES ALTITUDES

Si se dirige a un lugar que esté a gran elevación sobre el nivel del mar, hay ciertas precauciones que debe tomar. Como en las grandes altitudes son más intensos los rayos del sol, tiene que apelar más al uso de la crema protectora y limitar la exposición al sol. Además, aumentan los requisitos de líquidos del organismo y su niño va a necesitar vasos adicionales de jugos de fruta o de agua diariamente mientras permanezcan en el lugar de gran altitud. A un niño anémico, la merma del nivel de oxígeno en el aire puede acelerarle el corazón y el ritmo respiratorio y causarle fatiga. Esto no es motivo de preocupación, a menos que el niño tenga alguna infección o sufra de alguna dolencia, como la cardíaca, caso en el cual debe consultar con el médico antes de emprender el viaje. De todas maneras, haga frecuentes paradas de descanso.

del anterior. O distráigalo haciéndolo mirar por la ventanilla, mostrándole automóviles, caballos, perros, personas, casas, las nubes; ésta es una actividad que ha salvado a muchas mamás cuando ya se les ha agotado el repertorio de juegos.

■ No olvide tener a la mano bastantes cosas de comer. Muchas veces en los trenes las colas para obtener comida son largas y no es raro que cuando uno al fin llega al mostrador se encuentre con que el emparedado que quería ya se acabó.

Si va por carretera. El viaje en automóvil es más lento que otras formas de transporte, más duro para usted si usted misma tiene que conducir, y más limitante para el niño. Pero, en cambio, se puede usted dar el lujo de ir al paso que quiera, parar cuando quiera y donde quiera, y de contar con transporte en el lugar de su destino. Haga más seguro, agradable y cómodo el viaje de la familia en estas formas:

■ Asegúrese de que haya cinturones de seguridad para todos los adultos y niños mayores, asientitos de automóvil para los pequeños, y que el auto no se ponga en marcha hasta que todos estén bien asegurados y las portezuelas cerradas con seguro. En tiempo caluroso, si los asientos del auto son de plástico, cúbralos con telas suaves, toallas o lana artificial. Es bueno apoyarle la cabeza al bebé con una toalla enrollada o con un apoyo de cabeza que se puede comprar en una tienda; una manta doblada bajo los muslos le aumenta la comodidad y la resistencia.

■ Pare con frecuencia (cada dos horas más o menos), pues los niños se cansan mucho permaneciendo sentados en el automóvil durante etapas largas. Cuando pare, saque al niño del coche para que respire aire puro y déjelo andar o gatear, si ya está en edad para ello. Aproveche las paradas de descanso para darle el pecho.

■ Túrnense conduciendo. Por variedad y mejor compañía para todos, túrnense al timón, alternando con períodos de sentarse en el asiento de atrás a distraer al pequeño.

■ Ate los juguetes al asientito de automóvil del niño con cintas plásticas o cuerdas no más largas de unos 12 centímetros, a fin de que no tenga que estarse quitando constantemente el cinturón para recoger los juguetes que se caen.

■ Si viaja en tiempo frío, especialmente si se pronostica tormenta, lleve ropa y mantas extra, en caso de que se quede varada. Un automóvil se puede convertir rápidamente en una nevera mortal en temperaturas bajo cero.

■ Nunca deje a un niño en un automóvil estacionado en tiempo caluroso. Aun con las ventanillas abiertas, el auto se puede convertir rápidamente en un horno mortal.

EN LOS HOTELES — O EN CASA AJENA

La primera vez que usted pernocte fuera de su casa con el bebé puede ser un poco desalentadora. Pero puede sobrevivir si toma las precauciones siguientes:

■ Al llegar a su destino, inspeccione la pieza que va a ocupar, para ver si es segura — especialmente si su niño ya se mueve solo. Fíjese que los barrotes de la cuna no tengan una separación superior a unos 8 o 9 cm. Si están más separados, es preferible que el niño duerma con usted. Vea que las ventanas abiertas, los cables eléctricos, vasos y demás no estén accesibles. Tape las tomas descubiertas.

■ Si pone al niño en la cama para cambiarle pañales o para que juegue, use una colcha impermeable — para proteger la cama del niño y al niño de una sobrecama tal vez no muy higiénica.

■ Cuando le dé de comer en la pieza, tienda un periódico o un cuadrado de plástico en el suelo para proteger la alfombra — no sólo por cortesía sino también para evitar que le cobren daños y perjuicios.

■ No aprisione a un niño activo. Déjelo gatear bajo su vigilancia, a menos que la alfombra esté visiblemente sucia; que ande por el cuarto y explore, tampoco se le debe impedir, pero siempre bajo la mirada vigilante de un adulto.

■ Contrate niñeras por conducto del hotel. Entrevístelas en el escritorio del jefe de botones o conserje para asegurarse de escoger a una persona idónea.

EN EL RESTAURANTE

En un tiempo era raro ver niños en lugares públicos; hoy muchos pasan tanto tiempo en restaurantes como en el patio de recreo. Si el suyo todavía no ha tenido ese placer, los siguientes consejos harán esa experiencia menos difícil para usted en su viaje o en cualquier otra ocasión:

■ Dispóngase a comer temprano y rápidamente. Cuando coma por fuera con el bebé, tendrá que acomodarse al horario de él y no al suyo. Escoja los lugares donde sirvan rápidamente para que el niño pueda pasar más tiempo comiendo que esperando. Y cuando el bebé haya acabado de comer, es tiempo de levantarse. Quedarse haciendo sobremesa con el postre y el café es un placer del pasado para los padres de niños pequeños.

■ Llame con anticipación para estar segura de que en el restaurante hay sillas altas o asientos de comer para niños, a menos que usted vaya a llevar uno portátil (un asiento de automóvil no resulta práctico hasta que el niño haya cumplido un año). La manera como le contesten cuando llame, lo mismo que el hecho de que tengan o no tales equipos, le dará una idea de cómo van a recibir al bebé.

■ Pida una mesa atrás o en una esquina tranquila del restaurante, donde su grupo sea lo menos molesto posible para los demás comensales y no estorbe al personal del establecimiento. Esto también le dará más independencia si necesita pasar una parte de la hora de la comida lactando al niño (sea discreta).

■ Lleve un babero y si el restaurante está alfombrado, un pedazo de plástico transparente para ponerlo bajo la silla del niño.

■ Lleve algunos juguetes y libros para diversión entre un plato y otro o cuando el niño haya acabado de comer. Sin embargo, no los saque hasta que se necesiten, y vaya sacándolos uno por uno para que no pierdan la novedad antes de que llegue el primer plato. El bebé probablemente se contentará con jugar con una cuchara, flirtear con el mozo, y señalar las **luces durante** los primeros minutos.

■ Lleve algo de comer (especialmente cosas de comer con los dedos para mantener al niño ocupado) en caso de que se demoren mucho en servir la comida o de que no haya nada que el niño quiera comer. Manténgalas también en reserva hasta que se necesiten. Si su niño todavía no come alimentos de mesa, lleve uno o dos botes de comida infantil y déselos mientras los adultos están esperando que les sirvan.

■ Nunca permita que un niño ande solo o gateando por un restaurante. Semejante exploración puede tener como resultado graves heridas y destrozos si un mozo que lleva una pesada bandeja llena de platos o bebidas calientes o frías se tropieza.

■ Elija sin demora lo que va a pedir y pida que le lleven la comida del niño lo más pronto posible. Si la acompaña su esposo u otra persona adulta, uno de ustedes puede pedir la comida mientras el otro se encarga de distraer al niño afuera o en el vestíbulo mientras traen la comida.

■ Si lo que desea no está en el menú, pregunte si lo tienen. Muchos restaurantes tienen en la cocina una amplia provisión de víveres, de los cuales usted puede escoger una comida apropiada para el niño. Entre éstos se cuentan: requesón, pan integral, queso, albóndigas de carne (pida que no se las traigan muy crudas debido al peligro de bacterias en la carne no bien cocinada), pollo asado al horno o a la parrilla, pescado suave (examínelo bien para que no tenga espinas), papa en puré o hervida, arvejas (macháquelas), zanahorias bien cocidas, y habichuelas, pasta, melón.

■ En lugares donde haya dudas sobre la pureza del agua y la sanidad sea un problema, evite la del acueducto (use agua carbonatada embotellada y jugos embotellados para el niño); evite también los vegetales crudos, el hielo, productos lácteos no pasteurizados y refrigerados, y los restaurantes donde haya moscas volando y los vidrios se vean sucios.

■ Tenga consideración con los demás comensales. Si su niño empieza a llorar y gritar, o a molestar en cualquier otra forma a las personas que están cerca, es hora de sacarlo a dar un paseo.

■ A veces encontrará que usted y su compañero o compañera de viaje (si tiene la suerte de ir acompañada) no tienen más alternativa que turnarse comiendo la una mientras la otra pasea al niño.

COMO DIVERTIRSE

■ Sea práctica en cuanto a itinerario. Reconozca que yendo con un niño no puede moverse con la misma libertad que en un viaje de sólo adultos. Si trata de visitar demasiados lugares, no podrá disfrutar de ninguno.

■ El itinerario debe ser flexible. Si ha programado una determinada jornada de automóvil pero a la mitad del camino el niño ya no aguanta más encerrado en el vehículo, es mejor agregarle al itinerario una parada adicional para pasar la noche. Si ha proyectado pasar dos días viendo las ruinas de Atenas pero al final de la primera mañana el bebé ya los tiene a todos desesperados, deje la visita al Partenón para otro día, quizá para otro viaje.

■ Limítese a sitios donde el niño no esté restringido ni obligado a guardar silencio durante largos períodos de tiempo. Ruinas al aire libre, parques, jardines zoológicos y hasta algunos museos pueden ser interesantes para los niños, aun cuando pasen la mayor parte del tiempo mirando a otras personas. Si es posible, contrate a una niñera cuando quiera ir a la ópera, a un concierto o a teatro.

■ Recuerde a quién es preciso atender primero para que todos se puedan divertir. Si el niño no come o no duerme a tiempo, o si repetidas veces se trasnocha, todo el grupo del paseo sufrirá las consecuencias. El consejo "adonde fueres haz lo que vieres" es muy bueno pero sólo en el caso de que el niño se pueda acomodar fácilmente a él.

CAPITULO DIECISIETE

El niño enfermo

No hay nada que parezca tan patético, vulnerable e impotente como un niñito enfermo . . . si se exceptúan los papás.

Una enfermedad infantil, aunque sea leve, por lo general afecta más a la mamá y al papá que al niño, especialmente si se trata de la primera que sufre el primogénito. Hay ansiedad cuando aparecen los síntomas iniciales, alarma cuando parecen agravarse o se desarrollan otros, indecisión de si se llama o no se llama al médico (los niños casi invariablemente se enferman a medianoche o los fines de semana, no en el horario normal del consultorio), pasear de arriba abajo esperando que el médico corresponda la llamada (espera que parece interminable aun cuando sólo sean quince minutos), la penosa tarea de administrar los remedios, y la preocupación constante.

Pero, aun cuando parezca imposible, esta situación mejora. Con la experiencia los padres aprenden a tratar a un niño calenturiento o que esté vomitando, sin llenarse de pánico y con más seguridad. Para llegar más rápidamente a ese punto será útil aprender a evaluar síntomas, a tomar e interpretar la temperatura del niño, qué se le debe dar al enfermo, cuáles son las enfermedades infantiles más comunes, y cómo reconocer y hacer frente a una emergencia de verdad.

ANTES DE LLAMAR AL MEDICO

El pediatra necesita que usted le informe,

sea cual fuere la hora del día o de la noche, si cree que el niño realmente está enfermo; pero antes de marcar ese número que ya seguramente se sabrá de memoria, tenga a la mano una lista escrita de toda la información que el médico pueda necesitar a fin de evaluar correctamente la situación. Para colaborar eficientemente en el cuidado de la salud de su hijito, usted debe estar preparada para suministrarle toda la información que sea pertinente, entre la que se detalla a continuación. En las enfermedades más sencillas, sólo dos o tres síntomas estarán presentes, pero revisar la lista le servirá para cerciorarse de que no se le pase nada. Prepárese para decirle al doctor cuándo aparecieron por primera vez los síntomas; qué los produjo, si hubo una causa inmediata; qué los agrava o los alivia (por ejemplo, si al sentarse se reduce la tos o si al comer se aumenta el vómito); y con qué remedios caseros o de venta libre los ha tratado usted. También le será útil al médico saber si el niño ha estado en contacto con un primo que tenga varicela o un hermanito con diarrea, o cualquier otra persona con alguna enfermedad contagiosa, o si ha sufrido recientemente alguna herida como en una caída. Y recuérdele al médico la edad del niño y cualquier problema crónico que padezca.

Tenga a la mano el nombre y el número telefónico de una farmacia de turno en caso de que el doctor quiera telefonearle directamente una receta, y papel y lápiz para apuntar las instrucciones que le dé.

Temperatura. Primero toque con los labios la frente del niño. Si la siente caliente, obtenga una lectura más precisa con el termómetro (vea la página 498). Recuerde que además de la enfermedad, la lectura del termómetro se puede ver afectada por factores tales como la temperatura de la pieza o la atmósfera (la del niño probablemente será más alta después de jugar en un apartamento muy caliente que después de entrar en la casa en un día muy frío); nivel de actividad (el ejercicio, un juego vigoroso, llanto fuerte, son cosas que hacen subir la temperatura); y la hora del día (son más altas las temperaturas hacia el final del día). Si la frente del niño se siente fresca, se puede suponer que no hay fiebre significativa.

Latidos del corazón. En algunos casos puede ser útil para el médico saber cómo está el pulso. Si el niño parece aletargado o tiene fiebre, tómele el pulso en el brazo (o braquial) como se ve en la ilustración. Lo normal para niños chiquitos es entre 100 y 130 latidos por minuto durante el sueño, 140 a 160 estando despiertos, y 160 a 200 cuando están llorando. Las pulsaciones del corazón se desaceleran progresivamente a medida que el niño crece, y a la edad de dos años suelen ser entre 100 y 140.

Respiración. Si su niño tiene dificultad para respirar, si está tosiendo o parece que resuella rápida o irregularmente, verifique la respiración contando cuántas veces por minuto se le eleva y baja el pecho. La respiración es más rápida durante la actividad (incluyendo el llanto) que durante el sueño y puede acelerarse o desacelerarse por causa de enfermedad. Los recién nacidos normalmente toman de 40 a 60 resuellos por minuto; los de un

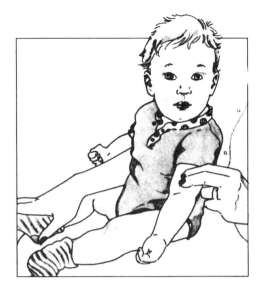

Practique tomándole el pulso braquial cuando el niño esté sano y tranquilo.

año sólo 25 a 35. Si el pecho de su niño no parece levantarse y volver a caer con cada inspiración y espiración, o si el resuello parece difícil y raspante (no relacionado con nariz tupida) déle también esta información al doctor.

Síntomas respiratorios. ¿Tiene su niño fluxión nasal? ¿Está con la nariz tupida? ¿Es la fluxión aguada o espesa? ¿Clara, blanca, amarilla o verde? ¿Tiene tos? ¿Es ésta seca y trabajosa? ¿Al toser expele flemas por la garganta? (A veces con una tos fuerte se vomitan mucosidades.)

Comportamiento. ¿Hay algún cambio en el comportamiento normal del niño? ¿Se puede decir que está cansado o aletargado, caprichoso e irritable, inconsolable o insensible? ¿Se le puede hacer sonreír?

Sueño. ¿Está durmiendo mucho más de lo normal o parece anormalmente aletargado? ¿O le cuesta trabajo dormirse?

Llanto. ¿Llora más que de costumbre? ¿El llanto tiene distinto sonido o intensidad — por ejemplo, es de tono más elevado?

Apetito. ¿Está comiendo como de costumbre? ¿Rechaza el biberón o el pecho, o la comida sólida? ¿O come todo lo que se le pone por delante?

La piel. ¿Parece la piel distinta en alguna forma? ¿Está roja e inflamada? ¿Blanca y pálida? ¿Azulada o gris? ¿Está húmeda y caliente (sudorosa) o húmeda y fría (pegajosa)? ¿O sumamente seca? ¿Los labios, nariz o mejillas están excesivamente secos o resquebrajados? ¿Hay manchas o lesiones en cualquier parte de la piel — debajo de los brazos, detrás de las orejas, en las extremidades o el tronco o en cualquier otra parte? ¿Cómo describiría usted su color, forma, tamaño, textura? ¿El niño trata de rascárselas?

La boca. ¿Hay hinchazón de las encías donde podrían estar tratando de apuntar los dientes? ¿Puntos rojos o blancos o manchas visibles en las encías, por dentro en las mejillas o en el paladar o la lengua?

La garganta. ¿El arco que enmarca la garganta está rojo? ¿Hay puntos o manchas rojas?

Fontanela. Si el lugar blando encima de la cabeza está todavía abierto, ¿está hundido o sobresaliente?

Los ojos. ¿Se ven los ojos del niño distintos de lo corriente? ¿Parecen vidriosos, vacíos, hundidos, sin brillo, lagrimosos o irritados? ¿Tiene ojeras alrededor de los ojos o parecen éstos parcialmente cerrados? Si hay fluxión, ¿cómo describiría usted su color, consistencia y cantidad?

Los oídos. ¿El niño se tira de las orejas o trata de hurgárselas? ¿Hay secreción del oído?

Glándulas linfáticas. ¿Parecen inflamadas las glándulas linfáticas del cuello?

Aparato digestivo. ¿Ha estado vomitando? ¿Con qué frecuencia? ¿Vomita una gran cantidad de materia o son sus arcadas principalmente secas? ¿Cómo describiría usted el vómito (como leche

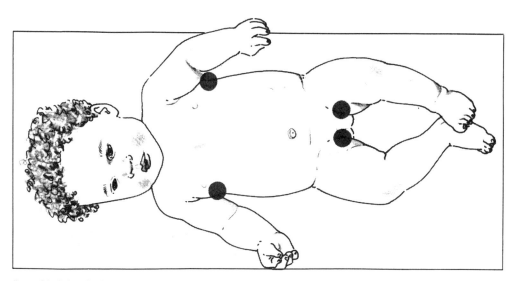

Las glándulas linfáticas (cuya posición indican los círculos) son parte del sistema inmunológico. Su dilatación en cualquier parte del cuerpo puede indicar infección y se debe informar al médico.

INTUICION MATERNA

A veces, y sin que haya un síntoma específico, el bebé sencillamente no le parece a usted "bien". Llame al médico. Probablemente él la tranquilice, pero también es posible que usted haya descubierto alguna cosa sutil que necesite tratarse.

cuajada, salpicado de mucosidades, rosado, sanguinolento)? ¿Es el vómito violento? ¿Se proyecta a gran distancia? ¿Hay algo que parezca provocarlo — comer, por ejemplo? ¿Ha habido algún cambio en las deposiciones del niño? ¿Hay diarrea con deposición floja, mucosidades aguadas o sanguinolentas? ¿Son las evacuaciones más frecuentes, súbitas y fuertes? ¿O padece el niño estreñimiento? ¿Hay aumento o disminución de la saliva? ¿O dificultad aparente para tragar?

Aparato urinario. ¿Están los pañales menos húmedos que de costumbre, o, al contrario, más húmedos? ¿Hay algún cambio notable en el olor o color de la orina (por ejemplo, amarilla oscura o rosada)?

El abdomen. ¿El estómago del bebé parece distinto (más plano, más redondo, más abultado)? ¿Cuando se le presiona suavemente o se le dobla la rodilla hacia el abdomen, siente dolor? ¿En dónde parece localizarse ese dolor — en el lado izquierdo o en el derecho, en la parte superior o en la inferior?

Síntomas motores. ¿Ha tenido su niño, o tiene actualmente, escalofríos, temblor, rigidez o convulsiones? ¿Parece rígido el cuello o difícil de mover — puede bajar la barba hacia el pecho? ¿Tiene dificultad para mover alguna otra parte del cuerpo?

¿CUANTO DESCANSO PARA UN NIÑO ENFERMO?

Pese a todos los consejos bienintencionados de las abuelas, las tías y las vecinas, un niño enfermo no necesita estar metido en la cuna ni hay que "tenerlo quieto". Se puede confiar en que el niño seguirá los dictados de su propio organismo. Si está muy enfermo, él mismo abandona sus actividades habituales porque necesita descanso; pero si la dolencia es leve o si ya está en vías de recuperación, se mostrará activo y juguetón. Cualquiera sea el caso, no hay necesidad de imponerle restricciones sino más bien seguir sus iniciativas. (La que sí necesita descanso cuando el niño está enfermo es la mamá.)

LA COMIDA DEL NIÑO ENFERMO

Con frecuencia cuando hay enfermedad hay también pérdida de apetito y, a veces, como en el caso de trastorno del aparato digestivo, esto es muy bueno puesto que dejar de comer da al estómago y los intestinos el necesario descanso mientras se recuperan. Otras veces, como cuando hay fiebre, no es tan bueno, porque pueden hacer falta las calorías que se necesitan para alimentar la fiebre que combate la infección.

Para dolencias de menor cuantía que no afectan al sistema digestivo no se necesita por lo general una dieta especial, salvo lo que se anota bajo enfermedades específicas. Pero ciertas reglas se aplican a la alimentación de cualquier niño enfermo:

Necesidad de líquidos. Si su niño tiene fiebre, una infección respiratoria (como catarro, gripe o bronquitis), o un desorden gastrointestinal con diarrea, los líquidos claros y alimentos de alto contenido de agua (jugos, frutas jugosas, sopas, gelatinas y postres de jugo congelado) o líquidos de rehidratación si se necesitan, ayudarán a prevenir la deshidratación y deben preferirse a los sólidos. Ofrézcaselos con frecuencia durante todo el día, aun cuando no tome más que un sorbo cada vez. Los bebés que se están criando con fórmula o leche materna deben mamar cuantas veces quieran, a menos que el médico indique otra cosa.

Enfasis en la calidad. Aun cuando tenga la tentación de dejar al niño que coma todo lo que quiera — aunque no sea muy nutritivo y esté recargado de azúcar o sal — no ceda a ella. Los alimentos que no ofrecen sino calorías le quitan al niño el apetito para cosas de más valor. Y puesto que el niño (lo mismo que un adulto) necesita muchas vitaminas y minerales para que el sistema inmunológico se pueda defender, hay que cuidar de que lo que coma tenga realmente valor nutritivo. (Cuando los desórdenes digestivos limiten la dieta, vea la página 490.) Y continúe también con el suplemento vitamínico del niño, a menos que el médico lo desaconseje.

Déle gusto. Aun cuando no se puede permitir que el niño enfermo se limite a una dieta de comistrajos sin valor, sí se le puede dar libertad para comer los alimentos saludables que sean de su preferencia, aun cuando eso signifique que durante cuatro días no tome más que leche de fórmula o materna y plátanos, o cereal tres veces al día, o panecillos de calabaza, jugo de naranja y leche exclusivamente. Si el niño tiene ya edad para ello, ensaye distraerlo con algunas de las comidas novedosas que se sugieren en la sección titulada ''Para Consulta Rápida''.

No lo fuerce. Aun cuando no haya probado bocado en 24 horas, no lo obligue. Forzarlo a comer contra su voluntad puede crear un problema alimentario del cual quizá no se reponga tan espontáneamente como de la enfermedad. Y no se preocupe si durante unos días no come gran cosa y se ve flaquito; los niños después de la enfermedad compensan las comidas que se perdieron comiendo con un apetito voraz hasta que recuperan el peso perdido. Informe al médico, eso sí, de la pérdida de apetito.

CUANDO SE NECESITE MEDICACION

Es muy probable que en el curso del primer año en algún momento se necesite medicación para su niño. Empezando desde la primera vez que esto ocurra, acostúmbrese a hacer las preguntas pertinentes a ella y a la manera correcta de administrarla.

Lo que usted debe saber sobre la medicación

El médico o el farmaceuta podrán contestarle las preguntas siguientes. Anote las respuestas en una libreta (o, mejor aún, en un ''registro de salud'' permanente) para que tenga un elemento de consulta inmediata ahora y en el futuro. No se confíe en la memoria.

■ ¿Cuál es el nombre genérico de la droga? ¿Cómo se llama en el comercio?

■ ¿Cuál es su función?

■ ¿Cuál es la dosis apropiada para su niño? (Usted debe saber el peso aproximado de su niño para que se lo diga al médico y así él pueda calcular la dosis adecuada.)

■ ¿Con qué frecuencia se le debe administrar al bebé la droga? ¿Se debe despertar al niño en medio de la noche para dársela?

■ ¿Debe tomarla con las comidas, o antes, o después?

■ ¿La debe pasar sólo con ciertos líquidos y no con otros?

■ ¿Qué efectos secundarios comunes se pueden esperar?

■ ¿Qué reacciones adversas podrían ocurrir? ¿Cuáles se deben informar al médico? (Recuérdele al médico cualquier reacción anterior.)

■ Si su niño padece de alguna enfermedad crónica, ¿podría la droga tener un efecto indeseable en ella? (No olvide recordarle esa enfermedad al médico que le esté recetando, pues es posible que él no tenga a la mano la historia clínica del niño.)

■ Si el niño está tomando otros remedios, ¿puede producirse una reacción adversa?

■ ¿Cuándo se puede esperar que empiece a mejorar?

■ ¿Cuándo debe llamar al médico si no hay mejoría?

■ ¿Cuándo se puede suspender la medicación?

Correcta administración de la medicina

Los medicamentos son para curar, pero si no se usan correctamente causan más mal que bien. Observe siempre estas reglas:

■ A un niño menor de tres meses no le dé ninguna medicina que no haya sido recetada por un médico, ni siquiera de las de venta libre. Los niños muy pequeños tienden a conservar las drogas en el organismo más tiempo que los niños mayores o los adultos, de modo que rápidamente pueden acumular una dosis excesiva.

■ Cuide de que el medicamento que le esté dando al niño sea fresco. No lo use si ya ha pasado la fecha de vencimiento o si ha cambiado en textura, color u olor. Derrame por el inodoro las medicinas de plazo vencido.

■ Mida los remedios meticulosamente de acuerdo con las instrucciones que le haya dado el médico, o con las que aparezcan en la etiqueta de los productos de venta libre. Use una cuchara calibrada, un cuentagotas o una taza de medir (todas éstas se pueden conseguir en la droguería) para obtener medidas precisas. Las cucharas de mesa y de cocina son variables. Para evitar que se derrame, cuando use una cuchara calibrada pase la cantidad medida a una cuchara más grande antes de dár100sela.

■ Lleve el registro de la hora en que le administró cada dosis para saber siempre cuándo le dio la última. Para esto se puede pegar una hoja de papel al refrigerador o sobre la mesa de cambiar al bebé, o apuntar en el libro de registro. Esto minimiza el riesgo de que se salte una dosis o de que accidentalmente la duplique. Pero no se preocupe si se atrasa un poquito en darle una toma; emparéjese en la siguiente.

■ Fíjese en las indicaciones de la etiqueta para el cuidado y almacenamiento. Algunas medicinas tienen que conservarse en el refrigerador o a baja temperatura, y unas hay que agitarlas antes de darlas.

■ Si las instrucciones de la etiqueta están en contradicción con las que le dio el médico o el farmaceuta, llame a éste o al médico para resolver el conflicto *antes* de administrar la medicina.

■ Lea siempre la etiqueta antes de dar la medicina, aun cuando esté segura de que tiene el frasco que es. Cuando la administre en la oscuridad, lea primero la etiqueta a la luz.

■ No le dé a un niño un remedio que se haya recetado para otra persona (aunque sea para un hermano) si no lo autoriza el médico. Ni siquiera le vuelva a dar un remedio que antes le habían recetado al mismo niño, sin el visto bueno del doctor.

■ No le dé un remedio a un niño que esté acostado; esto lo puede hacer atragantar.

■ Déle los antibióticos durante todo el tiempo prescrito, aun cuando parezca que el niño ya está completamente recuperado, a menos que el médico disponga otra cosa.

■ Si el niño muestra una reacción adversa a una determinada medicación, suspéndala temporalmente y consulte con el médico antes de reanudarla.

■ No le siga dando un remedio después del tiempo estipulado por el médico; no vuelva a empezar a dárselo después de haberlo suspendido, sin consultar antes con el médico.

■ Anote en la historia clínica del niño, para futura referencia, cualquier medicamento que le dé, para qué enfermedad se lo dio, durante cuánto tiempo lo estuvo tomando, y si hubo algún efecto secundario o adverso (vea la página 493).

Para que tome la medicina

Aprender a dar correctamente los medicamentos es sólo la primera parte para los padres, y generalmente la más fácil. Por lo que hace a los niños, la cura es casi siempre peor que la enfermedad; hacérsela tragar parece totalmente imposible, y cuando al fin la traga, muchas veces vuelve a salir inmediatamente en una gargantada sobre el niño, la mamá, los muebles y el piso.

Si usted tiene suerte, su niño será uno de ésos a quienes les encanta el ritual de los remedios y hasta el gusto de líquidos extraños — ya sean vitaminas, antibióticos o analgésicos — y se abren como pajaritos apenas ven el cuentagotas. Si no tiene tanta suerte, su niño será de los que tercamente se resisten, ya sea desde el principio o después de haber aprendido más mañas cuando son mayorcitos. Seguramente no hay nada que haga de la administración de medicinas a tales niños un placer, pero las siguientes indicaciones ayudarán a hacer que trague más con menos trabajo:

■ Enfríe el medicamento si esto no afecta su eficacia (consulte con el farmaceuta); el sabor es menos pronunciado cuando están fríos.

■ Use una cuchara ligeramente redondeada, más bien que honda, para que el niño la pueda dejar limpia más fácilmente. (Si no sale limpia la primera vez, voltéela y pásela sobre la lengua del bebé para limpiar lo que quede.) Si a su niño no le gusta la cuchara y el cuentagotas no es suficientemente grande para la dosis que le han recetado, pídale al farmaceuta una cuchara de medicamentos o una jeringa plástica que le permitirá echarle

Use una cuchara de medicina o un cuentagotas para meterle el remedio en la boca.

una chorretada del remedio bien adentro de la boca; pero no le eche más de lo que el niño pueda tragar de una vez. Si su niño rechaza el cuentagotas, la cuchara y la jeringa y le gusta más bien un pezón, ensaye poniendo el medicamento en un chupete de biberón que usted sostendrá con la mano para que el niño succione. En seguida déle agua con el mismo chupete para que tome lo que se haya quedado en éste.

■ Apunte la cuchara hacia la parte de atrás de la boca, el cuentagotas o la jeringa entre las muelas o la parte posterior de la encía y la mejilla, puesto que las papilas gustativas están concentradas al frente y en el centro sobre la lengua. Pero evite que el cuentagotas o la cuchara toquen la parte posterior de la lengua, lo cual podría provocar un reflejo de bascas.

■ A menos que le hayan indicado que le dé el remedio con las comidas o después de ellas, déselo inmediatamente antes de comer. Primero, porque es más probable que lo acepte estando con hambre; y segundo, porque si lo vomita inmediata-

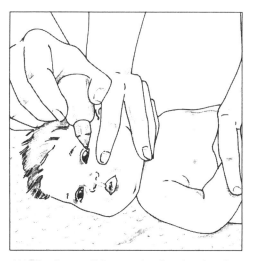

Al aplicarle un colirio, manténgale quieta la cabeza para que le entren siquiera unas gotas.

mente, será menos el alimento que se pierde.

■ Pida ayuda siempre que pueda. Sostener a un chiquillo que se contorsiona y no coopera y tratar al mismo tiempo de llevar una cuchara llena hasta el borde, a una boca que se cierra tercamente, sin derramar ni una gorta, sería una prueba difícil aun para una mamá pulpo, cuanto más para una mamá que no tiene sino dos manos. Si no está el papá u otra persona que le ayude a sostener al niño, trate de usar un asientito infantil o una silla alta para ayudarse; pero antes de empezar cuide de que el niño quede bien sujeto con los cinturones. Si está sola y no tiene un asiento adecuado, ensaye este procedimiento con su enfermito rebelde: Primero, mida anticipadamente la medicina y téngala lista en una mesa al alcance de la mano, en un cuentagotas, una jeringa, taza de medicina o cuchara (la cual no debe llenarse hasta el borde). Siéntese en un asiento recto y coloque al niño en su regazo, bien hacia adelante. Con su brazo izquierdo rodee el cuerpo del niño aprisionándole seguramente los bracitos. Con la mano izquierda tómele la mandíbula poniéndole el dedo pulgar en una mejilla y el índice en la otra. Incline ligeramente la cabeza del niño hacia atrás y presione suavemente las mejillas para abrirle la boca. Con la mano derecha (cambie de mano si es zurda), déle el medicamento. Mantenga las mejillas del niño ligeramente deprimidas hasta que trague el remedio. Todo este procedimiento debe tardar apenas unos pocos segundos; si se demora más, el niño empieza a forcejear para libertarse.

■ Acérquese confiadamente a su niño con la medicina — aun cuando las experiencias anteriores le hayan enseñado a esperar lo peor. Si él sabe que usted espera una batalla, seguramente se la dará.

LA CURA DE CALDO DE GALLINA

Ahora resulta que las comadres y las abuelas no estaban tan equivocadas cuando sostenían que su caldo de gallina curaba tanto como cualquier cosa que pudieran recetar sus hijos médicos. La investigación médica ha venido a justificarlas en lo que siempre nos han dicho: que una taza de caldo de gallina caliente, además de hacernos sentir amados, ayuda a combatir los síntomas de los resfriados, toses y gripes. Pero cuando le vaya a dar a su bebé una dosis de esta penicilina en olla, no use los caldos comerciales que vienen en cubitos o en lata, los cuales contienen cantidades astronómicas de sal y pueden producir serios desequilibrios químicos y recargar los riñones. Más

bien póngase un delantal y prepare el caldo desde cero, utilizando trozos de carne de pollo o huesos de pollo o pavo y cantidades de perejil, nabos, zanahoria, apio, puerros, cebollas y un par de dientes de ajo. Déjelo hervir hasta que la carne se desprenda de los huesos, desnatándolo a medida que la espuma y la grasa aparezcan en la superficie. Cuélelo y déselo al niño a una temperatura agradable, tibia, en cuchara, o de taza, o en biberón si él lo prefiere. (Las zanahorias que queden en la olla no se las dé al niño en puré, a menos que las acompañe con el caldo en que las cocinó, pues la mayor parte de las vitaminas pasan al caldo.)

Claro que de todas maneras puede haber lucha, pero la actitud de confianza puede ser una ventaja para usted.

■ Como último recurso, mézclele el medicamento con una pequeña cantidad (una o dos cucharaditas) de jugo de fruta — pero sólo si el médico no ha prohibido esa mezcla. No diluya la medicina

en una cantidad mayor de alimento o de jugo, pues entonces el niño no acabará de tomarla toda. A menos que su niño no muestre generalmente curiosidad por las comidas nuevas, para la mezcla use una fruta o jugo que no le sea familiar, pues la medicina puede darles un sabor desagradable a los alimentos familiares haciendo que en el futuro el niño los rechace.

LOS PROBLEMAS MAS COMUNES DE SALUD INFANTIL

En su primer año de vida los niños generalmente son muy sanos y la mayor parte de las enfermedades de que son susceptibles sólo les dan una vez. Pero hay algunas tan comunes, o que se repiten con tanta frecuencia en algunos, que a los padres les conviene saber lo más posible acerca de ellas. Se cuentan entre éstas las alergias, el catarro común, el estreñimiento, las infecciones del oído, las enfermedades gastrointestinales con diarrea y vómito.

ALERGIAS

Síntomas. Dependen del órgano o sistema inflamado por la hipersensibilidad. Los siguientes son los sistemas orgánicos afectados comúnmente, y los síntomas concomitantes:

■ El aparato respiratorio superior: catarro nasal (rinitis alérgica), sinusitis (aun cuando no les da a los niños muy pequeños), dolor de oído (otitis media), dolor de garganta (resultado tanto de respirar

TRATAMIENTO DE LOS SINTOMAS

SINTOMA	TRATAMIENTO ADECUADO
Tos	Aire humedecido* Aumento de líquidos* Reducción de productos lácteos, para niños menores de seis meses a quienes la leche les aumente la producción de mocos Remedio para la tos, si se le receta Drenaje por posición, si el médico lo recomienda y le enseña a usted a practicarlo
Tos cruposa	Vapor abundante* Un paseo al aire libre
Diarrea	Aumento de líquidos (vea la página 490) Dieta restringida (vea la página 490) Medicina antidiarrea, sólo si se receta Posición erguida*
Dolor de oído	Analgésico, como acetaminofén o aspirina** Aplicación local de calor seco al oído (bolsa de agua caliente) Descongestionante sólo si se receta Antibióticos, sólo si se recetan para la infección Gotas para el oído, sólo si se recetan
Fiebre	Aumento de líquidos (vea la página 502) Adecuada ingestión de calorías Medicación antipirética, como acetaminofeno o aspirina,** sólo si lo recomienda el médico Baño tibio o de esponja, si la medicación es inapropiada o ineficaz (vea la página 503) Ropa ligera y temperatura fresca en el cuarto (vea la página 502)
Picazón	Loción de calamina (pero *no* Caladryl ni ninguna otra preparación antihistamínica) Baño caliente confortable (pruebe con el codo o la muñeca; no para bebés menores de seis meses)

SINTOMA	TRATAMIENTO ADECUADO
Picazón **(continuación)**	Baño tibio calmante* Baño de avena coloidal Evitar que se rasque y se infecte (manténgale las uñas cortas y lávelo con jabón antibactérico; cúbrale las manos con medias o mitones para dormir) Analgésico, como acetaminofeno (pero *no* aspirina si hay posibilidad de varicela)** Antihistamina oral, sólo si se receta (pero *no* antihistaminas tópicas o anestésicos)
Congestión nasal	Aire humedecido* Irrigación con aguasal* Aspiración nasal* Elevación de la cabeza* Aumento de líquidos* Descongestionante, sólo si se receta Gotas nasales, sólo si se recetan
Dolor y malestar de una herida pequeña	Confortarlo (consentirlo) Distracción (vea la página 514) Analgésico, como acetaminofeno o aspirina** Calor o frío local, según se indique
Dolor de garganta	Alimentos y bebidas calmantes, no ácidos Analgésicos, como acetaminofeno o aspirina** Tratamiento para fiebre, si se necesita (vea la página 481) Gárgaras de aguasal, para niños mayores
Dolor de la dentición	Confortarlo (mimarlo) Frío local, aplicado a las encías (vea la página 257) Presión sobre las encías (pág. 257) Analgésico, como acetaminofeno o aspirina,** sólo si lo recomienda el doctor
Vómito	Aumento de líquidos en tragos pequeños (vea la página 490) Dieta restringida (vea la página 490)

*Vea en la tercera parte "Para consulta rápida" indicaciones prácticas para realizar este tratamiento.
**Vea precauciones en la página 503 antes de dar aspirina a un niño.

por la boca aire seco como de alergia), secreción postnasal (chorrear de mocos detrás de la nariz a la garganta, que puede provocar tos crónica), crup espasmódico.

■ Aparato respiratorio inferior: bronquitis alérgica, asma.

■ Aparato digestivo: diarrea aguada, a veces sanguinolenta; vómito; gases.

■ La piel: dermatitis atópica, incluyendo erupciones urticantes como eczema (vea la página 260), urticaria (erupción rojiza con ronchas), y edema angioneurótico (hinchazón facial, especialmente alrededor de los ojos y la boca, que no produce tanta comezón como la urticaria). Cuando hay hinchazón de la garganta, ésta puede dificultar la respiración.

■ Los ojos: ardor, irritación, lagrimeo y otros síntomas de conjuntivitis.

Estación: Cualquier época del año para la mayoría de las alergias; primavera, verano y otoño para las que tienen relación con el polen.

Causa: La secreción de histamina y otras sustancias al sistema inmunológico en respuesta a exposición a un alergeno en personas que son hipersensibles a éstos (la sensibilización ocurre en la primera exposición). La tendencia a la alergia es cuestión de familias. La manera como se manifiesta suele ser distinta en los distintos miembros de la familia — uno experimenta fiebre del heno, otro asma y un tercero se brota con urticaria cuando come fresas.

Modo de transmisión: Inhalación (por ejemplo, de polen o caspa animal), ingestión (de leche o claras de huevos), o inyección del alergeno (penicilina o el aguijón de un insecto).

Duración: Variable. La duración de un solo episodio alérgico puede variar desde unos pocos minutos a varias horas o varios días. Algunas, como la alergia a la leche de vaca, se superan; otras cambian de un tipo de alergia a otro a medida que los niños crecen. Muchas personas sufren de alguna clase de alergia durante toda la vida.

Tratamiento: El tratamiento más eficaz para la alergia, aun cuando también el más difícil, es suprimir el alergeno culpable. Damos a continuación algunas maneras en que usted puede eliminar alergenos del ambiente de su niño, ya sea que éste sea definitivamente alérgico, lo cual es difícil de determinar puesto que las pruebas cutáneas no son muy seguras en niños menores de 18 meses, o simplemente a modo de prevención:

■ Alergenos en la comida. Vea "Cambios dietéticos" en la página 485.

■ Polen. Si sospecha alergia al polen (la clave es persistencia de los síntomas cuando haya polen en el aire, y su desaparición en cuanto éste desaparece), mantenga al niño dentro de la casa la mayor parte del tiempo cuando el índice de polen sea alto o cuando hace mucho viento durante la estación de polen (primavera, fines del verano u otoño, según el tipo de polen); báñelo diariamente y jabónelo para quitarle el polen, y cuando haga mucho calor utilice un acondicionador de aire más bien que abrir las ventanas para que no se entre el polen. Si usted tiene un animalito consentido, éste también puede recoger polen cuando está fuera de la casa, así que también hay que bañarlo con frecuencia. Esta alergia es rara en los niños pequeñitos.

■ Caspa animal. Algunos animalitos consentidos producen ellos mismos una alergia. Si éste es el caso, mantenga al animalito y al niño en cuartos separados, o tenga al animal en el sótano, el garaje o el

SONIDOS RESPIRATORIOS QUE NO DEBEN PREOCUPAR

Entre las cuatro y las ocho semanas de edad, muchos niños empiezan a producir un sonido que se puede describir mejor como un gorgor. Estos sonidos se deben a que respiran a través de mucosidades sueltas en la nariz y la garganta, las cuales son probablemente producto de un aumento del funcionamiento de las glándulas productoras de mocos, que se encuentran en el revestimiento normal del aparato respiratorio. Muchas veces estos sonidos van acompañados de un traqueteo en el pecho del niño, que se puede sentir con la mano. El gorgor no obstaculiza la respiración y el niño puede seguir respirando perfectamente con la boca cerrada, cosa que a veces no puede hacer cuando tiene un fuerte catarro. Este trastorno es más notable en bebés que tienen alto el arco del paladar, o los conductos nasales más estrechos que lo normal. La respiración ruidosa no es motivo de alarma; por lo general desaparece a las pocas semanas, a medida que el niño madura.

Algunos niños hacen un "gluglú" que se nota cuando comen o aspiran el aire. Se origina en la laringe o más abajo. Este estado se asocia a menudo con traqueomalacia, o reblandecimiento del cartílago traqueal, común en muchos niños pequeños. A veces no hay tos aun cuando sí puede haber un estridor o un sonido vibratorio. Estos gorgoteos pueden durar hasta bien entrado el segundo año, pero no suelen estorbar el crecimiento y desarrollo y no necesitan tratamiento curativo alguno. La afección se resuelve a medida que los anillos cartilaginosos de las vías aéreas se hacen más rígidos.

Si nota un gorgor o gluglú en su niño cuando está muy pequeño, pregúntele al médico. Lo más probable es que sea algo normal. Por otra parte, si un niño ya un poco mayor empieza de pronto a emitir sonidos raros al respirar, llame inmediatamente al médico. Un ruido raspante — que generalmente se llama un resoplido — también debe informarse al médico.

---

patio. (En casos graves, la única solución podría ser deshacerse del animal.) Como el pelo de caballo también puede provocar alergia, no compre un colchón de este pelo para la cuna del bebé.

■ Polvo de la casa. Partículas invisibles de polvo llenan el aire de su casa y todos los miembros de la familia las respiran. Para la mayor parte de las personas esto no es ningún problema, pero para algunas que son hipersensibles a estas sustancias, sí pueden ser muy molestas. Limite la exposición de su niño, aun cuando sólo sospeche esta alergia, manteniendo los cuartos en que vive tan libres de polvo como sea posible. Sacuda diariamente los muebles con un paño húmedo o con un rociador de muebles cuando el niño no esté en el cuarto; limpie a menudo con la aspiradora las alfombras y los muebles tapiza-

dos, y friegue los pisos con un paño húmedo; evite las colchas, alfombras y cortinas de felpa y otros captadores de polvo donde el niño duerme y juega; lave con frecuencia los juguetes rellenos; mantenga la ropa en bolsas de plástico; forre colchones y almohadas en fundas herméticas (los colchones para niños generalmente tienen tales fundas); ponga filtros en los respiraderos de aire caliente; instale un filtro de aire. Las cortinas, tapetes sueltos y otras cosas por el estilo que tenga, debe lavarlos por lo menos dos veces al mes, o guardarlos. Mantenga baja la humedad.

■ Hongos. Controle la humedad en su casa utilizando un deshumectador bien conservado, viendo que sea adecuada la ventilación y sacando el vapor de la cocina, la lavandería y los baños. Los lugares donde haya mayor probabilidad de que se críen hongos (cubos de basura, cortinas del baño, refrigeradores, baldosines del baño, rincones húmedos) deben limpiarse meticulosamente con alguna sustancia fungicida. Las plantas dentro de la casa deben ser pocas y la leña no se debe guardar en la casa. En el exterior cuide de que estén en buen uso los desagües alrededor de la casa, que no se acumulen hojas y otros desechos de plantas, y que dé mucho sol en el patio y en la casa para impedir que crezcan hongos en sitios húmedos. Mantenga cubierto el cajón de arena del niño en la lluvia.

■ Veneno de abejas. Cualquiera que sea alérgico al veneno de las abejas debe evitar los parajes donde se sabe que son numerosas las poblaciones de abejas o de avispas. Para tales personas es indispensable andar siempre provistas de los correspondientes antídotos.

■ Alergenos diversos. Muchos otros alergenos en potencia también se pueden eliminar del mundo de su niño: mantas de lana (cúbralas o use mantas de algodón o fibras sintéticas); almohadas de plumón o de plumas (use almohadas rellenas de poliéster o espuma hipoalergénica) cuando el niño ya tenga edad para usar una de éstas; humo de tabaco (no se debe permitir en absoluto fumar dentro de la casa, ni afuera en lugares cercanos a donde esté el niño); perfumes (use paños de aseo, rociadores y demás que no sean perfumados; jabones (use los tipos hipoalergénicos únicamente); detergentes (es posible que tenga que cambiar de detergente en la lavandería).

Puesto que la alergia es una reacción de hipersensibilidad (es decir, sensibilidad excesiva) del sistema inmunológico ante sustancias extrañas, la desensibilización (generalmente por aumento gradual de dosis inyectadas del alergeno respectivo) a veces tiene éxito en la eliminación de las alergias — particularmente de las que se deben a polen, polvo y caspa animal. Sin embargo, con excepción de los casos muy graves, la desensibilización no se inicia hasta que el niño tenga unos cuatro años. Antihistaminas y esteroides pueden usarse para contrarrestar la reacción alérgica y hacer bajar la hinchazón de membranas mucosas en los bebés y en los niños.

Cambios dietéticos:
■ Eliminación de posibles alergenos en los alimentos, usando siempre sustitutos nutritivamente equivalentes (vea la Docena Diaria del Bebé en la página 253). Suprima del régimen alimentario del niño, con supervisión médica, lo que se sospeche que sea alergénico (leche de vaca, trigo, claras de huevo y frutas cítricas son algunas posibilidades); si los síntomas desaparecen en unas pocas semanas, probablemente ha descubierto usted la causa. Obtendrá mayor confirmación si los síntomas vuelven a aparecer cuando el alimento suprimido se vuelve a incluir en la comida.

Reemplace la harina de trigo con harina de avena, arroz y cebada; la fórmula de leche de vaca con fórmula de soya o hidrolizada;[1] los huevos enteros por yemas de huevo; y el jugo de naranja por mangos, melón cantalupo, brécol, coliflor y pimientos rojos para asegurarle una buena provisión de vitamina C.

■ Líquidos   en   cantidades   adecuadas

---

[1] Como un 40% de los bebés alérgicos a la leche de vaca son también alérgicos a la soya, es preferible una fórmula hidrolizada. *No use* las llamadas leches de soya puesto que no suministran nutrición adecuada para los niños. Si lo pasa a leche de cabra, se necesitará un suplemento vitamínico porque esta leche es deficiente en ciertos nutrimentos.

cuando hay alergias respiratorias. La mayoría de los bebés criados al pecho o con biberón obtienen líquidos suficientes, pero muchos destetados no.

Prevención:
■ Es conveniente la alimentación al pecho, particularmente cuando en la familia hay antecedentes de alergias, por lo menos durante seis meses y de preferencia durante todo un año.

■ Introducción tardía de sólidos, usualmente no antes de los seis meses y aun así con precauciones (vea la página 247). Introducción aun más tardía de los alimentos de mayor peligro (leche de vaca, claras de huevo, trigo, chocolate, frutas cítricas). Observación cuidadosa de reacciones cuando se introduce el alimento.

Complicaciones:
■ Asma

■ Choque anafiláctico, que puede ser fatal sin tratamiento (pero es raro).

Cuándo llamar al médico: Apenas sospeche que hay alergia. Llame otra vez cuando el niño tenga síntomas nuevos. Llame inmediatamente si hay señales de asma (resuello con resoplido), dificultad para respirar, o indicios de shock (desorientación, respiración anhelante, pulso muy rápido, piel pálida, fría, húmeda; aletargamiento, pérdida de conocimiento).

Posibilidad de repetición: Algunas alergias desaparecen en la edad adulta y jamás recurren; otras repiten bajo distintas apariencias.

Enfermedades con síntomas parecidos:
■ Bronquitis (pero un niño que parezca tener esta enfermedad en forma recurrente probablemente lo que tiene es asma bronquial).

■ El resfriado común (como rinitis alérgica).

■ Enfermedades gastrointestinales (síntomas parecidos a desórdenes del tubo digestivo).

EL RESFRIADO COMUN O INFECCION RESPIRATORIA SUPERIOR

Los resfriados son muy comunes entre los bebés y niños pequeños porque éstos no han tenido todavía tiempo de desarrollar inmunidades contra los diferentes virus que los producen.

Síntomas:
■ Fluxión nasal (la secreción es al principio aguada, después más espesa y amarillenta)

■ Estornudos

■ Congestión nasal

A veces:
■ Tos seca, que puede ser peor cuando el niño está acostado

■ Fiebre

■ Comezón en la garganta

■ Fatiga

■ Pérdida del apetito

Estación: Todo el año.

Causa: Se conocen más de 100 virus distintos que causan resfriados.

Modo de transmisión: Por lo general, de persona a persona.

Período de incubación: De uno a cuatro días.

Duración: Generalmente de tres a diez días, pero en los niños pequeños los resfriados pueden durar más.

Tratamiento: No se conoce ninguna

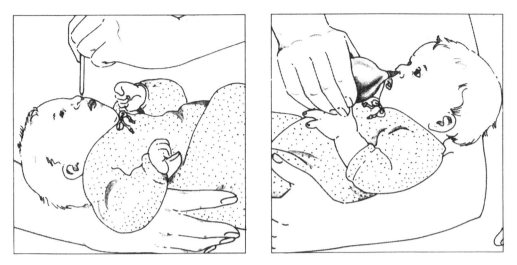

Para el niño que no puede respirar por tener la nariz tupida, gotas salinas (izquierda) para ablandar las mucosidades, y aspiración (derecha) para extraerlas por succión, serán de gran alivio.

cura, pero los síntomas se pueden tratar según se necesite:

■ Succionar los mocos con una bomba de succión (vea la ilustración). Si la mucosidad se ha endurecido, antes de succionarla ablándela con gotas salinas nasales. Esto puede ser necesario para que el niño pueda comer y dormir.

■ Humectación (vea la página 729) para ayudar a humedecer el aire, reducir la congestión y facilitarle al niño la respiración.

■ Poner a dormir al niño boca abajo más bien que de espaldas, con la cabeza elevada (levantando la cabecera de la cuna o el colchón del cochecito con un par de almohadas o cojines u otro apoyo *debajo* del colchón (para facilitarle la respiración).

■ Descongestionantes si se necesitan para que coma y duerma bien, pero *únicamente* con orden del médico.

■ Gotas nasales comerciales, si las recomienda el médico, para aliviar la congestión. Pero siga cuidadosamente las instrucciones; su uso por más de unos pocos días puede ser contraproducente y hacer sentir peor al niño.

■ Vaselina u otro ungüento parecido aplicado ligeramente afuera y debajo de la nariz para evitar que la piel se resquebraje y se enrojezca. Pero tenga cuidado de no dejar que penetre en la nariz, donde podría ser inhalada y obstruir la respiración.

■ Medicina para la tos, pero únicamente para aliviar una tos seca que no deje dormir, y sólo si la receta el médico. Por lo general a los niños no se les recetan remedios para la tos. *Los antibióticos no ayudan y no se deben usar a menos que haya infección bacteriana secundaria.*

■ Aislamiento, manteniendo al niño en la casa y lejos de otros durante los tres primeros días; esto no acelera la recuperación pero minimiza el contagio para los demás.

Cambios dietéticos: El niño puede continuar con su régimen normal, aun cuando muchos pierden el apetito, con las siguientes excepciones:

LA TOS SUBITA

Si su bebé o niño pequeño empieza de pronto a toser sin poderse controlar y no parece que tenga catarro ni otra enfermedad, piense en la posibilidad de que haya inhalado algún objeto que le está produciendo esos síntomas. (Vea la página 530.)

■ Reduzca el consumo de leche y otros productos lácteos, puesto que es posible que éstos espesen las secreciones; los niños que están tomando exclusivamente leche materna o de fórmula pueden continuar con ellas, a menos que el médico ordene lo contrario.

■ Aumente el consumo de líquidos para reemplazar los que se pierden por la fiebre o la fluxión nasal. Si el niño tiene edad suficiente, tomar en taza le será más fácil que lactar o tomar el biberón teniendo tupida la nariz.

■ Consumo adecuado de alimentos ricos en vitamina C. Que la vitamina C prevenga o no un resfriado, es cuestión controvertible, pero algunos estudios sí han demostrado que puede reducir la severidad de los síntomas. Por eso es una buena idea incluir jugos cítricos y otros jugos ricos en esta vitamina entre los que tome el niño.

Prevención: Todos los miembros de la familia deben lavarse cuidadosamente las manos, especialmente cuando alguien tenga un resfriado y en particular antes de alzar al niño o tocar sus cosas. Al toser o estornudar se debe uno cubrir la boca y la nariz; se deben usar pañuelos de papel desechables en lugar de pañuelos de tela; los cubiertos y las toallas no se deben compartir. Si es posible, nadie que tenga un resfriado debe tocar los juguetes del niño ni los utensilios que usa para comer.

Complicaciones: Algunas veces los catarros se convierten en infecciones del oído o bronquitis, y con menos frecuencia en neumonía o sinusitis.

Cuándo llamar al médico: Si éste es el primer resfriado; si su niño tiene menos de tres meses o si teniendo menos de cuatro tiene fiebre de más de 38°C; si la temperatura le sube súbitamente o la fiebre continúa durante más de dos días; si una tos seca persiste más de dos semanas impidiéndole dormir, o le causa ahogo o vómito, se vuelve gruesa y productiva o con resoplido, o si se presentan dificultades para respirar; si se presenta una fluxión nasal espesa, de color amarillo verdusco y dura más de un día, o si la secreción está manchada de sangre; si llora en forma desacostumbrada (a veces tirándose de las orejas) o muestra pérdida total del apetito; o si parece realmente desasosegado; una tos que le dure más de tres semanas a un bebé o de seis a un niño mayor, quizá requiera consulta con un especialista.

Posibilidad de repetición: Como sufrir de un catarro causado por determinado virus no inmuniza al bebé contra un resfriado causado por otro virus distinto, los niños, que todavía no han desarrollado inmunidades contra muchos virus, pueden contraer un resfriado tras otro.

Enfermedades con síntomas parecidos:
■ La varicela y la rubeola empiezan con síntomas parecidos a los del resfriado; estudie los síntomas adicionales de estas enfermedades (vea la tabla que empieza en la página 732).

- Alergias respiratorias
- Gripe

ESTREÑIMIENTO

Este problema es raro en los niños criados al pecho, aun en los casos en que las evacuaciones sean poco frecuentes y parezcan difíciles, porque las deposiciones nunca son duras. En cambio, el estreñimiento sí se presenta en los que son alimentados con leches de fórmula.

Síntomas:
- Deposiciones poco frecuentes, con heces duras (a menudo pelotitas pequeñas) y difíciles de expeler; sin embargo, la sola falta de frecuencia no es señal de estreñimiento y puede ser lo normal para su niño.

- Heces con manchas de sangre, si hay fisuras anales (rajaduras en el ano causadas por el paso de heces duras).

- Molestia gástrica y dolor abdominal.

- Irritabilidad.

Estación: En cualquier tiempo, pero puede ser más frecuente en el invierno, cuando se consumen menos frutas.

Causa: Tubo digestivo lento, enfermedad, insuficiente fibra en el régimen alimentario, insuficiente actividad, o una fisura anal que hace dolorosa la defecación; ocasionalmente algún problema médico grave.

Duración: Puede ser crónico u ocurrir sólo ocasionalmente.

Tratamiento: Aun cuando el estreñimiento no es usual en los bebés criados con biberón, los síntomas siempre se deben informar al médico, quien puede, si es necesario, investigar cualquier anormalidad que pudiera estarlo causando. El estreñimiento ocasional o el crónico leve se tratan generalmente con cambios dietéticos (vea abajo); un aumento de ejercicio puede ayudar (en el caso de un niño pequeño, trate de moverle las piernas como pedaleando en una bicicleta cuando vea que tiene dificultad para evacuar). No le dé laxantes ni enemas ni ninguna medicación sin orden del médico.

Cambios dietéticos: Hágalos únicamente después de consultar con el médico.

- Déle de 30 a 60 ml de jugo de ciruela o manzana en biberón, taza o cuchara.

- Al niño que ya esté comiendo cosas sólidas agréguele una cucharadita de salvado al cereal de la mañana; auméntele el consumo de frutas (distintas del plátano) y de vegetales.

- Para los niños mayores, disminuya la leche si el consumo diario pasa de tres tazas.

Prevención: Cuando se agreguen sólidos al régimen del niño, cuide de incluir únicamente los de granos integrales, además de muchas frutas y vegetales. Páselo a texturas más consistentes en cuanto parezca listo para ellas, en lugar de mantenerlo todo el primer año con alimentos cernidos. Asegúrese de que sea adecuado su consumo de líquidos y que el niño tenga muchas oportunidades de actividad física.

Complicaciones:
- Fisuras

- Dificultad para aprender a usar el inodoro

- Heces impactadas (excremento que no sale naturalmente y puede ser doloroso de remover con la mano)

Cuándo llamar al médico: Si su niño parece estreñido a menudo o con regularidad; si el problema se presenta súbitamente cuando no se había notado antes; o si hay sangre en la deposición.

Posibilidad de que repita: El problema puede convertirse en "hábito" si no se atiende cuando primero se presenta.

Enfermedades con síntomas parecidos:
■ Obstrucciones intestinales u otras anormalidades.

DIARREA

Este problema también es raro en los niños criados al pecho porque parece que la leche materna contiene ciertas sustancias que destruyen muchos de los microorganismos que lo causan.

Síntomas:
■ Deposiciones muy sueltas, casi líquidas
Algunas veces:

■ Aumento de frecuencia

■ Aumento de volumen

■ Mucosidad

■ Vómito

Estación: Cualquier tiempo, pero puede ser más común en el verano cuando se consumen más frutas y es fácil que los alimentos se dañen. La infección de algunos virus es más común en invierno.

Causas: Muy variadas:
■ Enfermedad

■ Dentición

■ Sensibilidad a algún alimento de la dieta

■ Exceso de frutas, jugos (especialmente de manzana o de uva), u otros alimentos de efecto laxante

■ Infección gastrointestinal (viral, bacteriana o parasítica)

■ Medicación antibiótica (darle yogur con cultivos vivos a un bebé que esté tomando antibióticos puede prevenir este tipo de diarrea)

Modo de transmisión: La infección se puede transmitir por la vía de las heces a las manos y de ahí a la boca. También se transmite por los alimentos contaminados.

Período de incubación: Depende del organismo que la cause.

Duración: Por lo general, de unas pocas horas hasta varios días, pero algunos casos pueden volverse crónicos si no se descubre y se corrige la causa.

Tratamiento: Depende de la causa, pero los métodos más corrientes son dietéticos. Algunas veces se puede recetar medicación. No le dé a un niño ninguna medicación antidiarréica sin aprobación del médico — algunas pueden ser peligrosas para los niños chiquitos. Para evitar que se le irrite la piel, cámbiele los pañales lo más pronto posible apenas los ensucie y después de mudarlo aplíquele una gruesa capa de ungüento. Si se presenta salpullido del pañal, vea la página 205.

Un niño que esté muy enfermo quizá necesite hospitalización para estabilizar los fluidos del cuerpo.

Cambios dietéticos:
■ Limitar la alimentación por 24 horas. Algunos médicos también limitan la leche de fórmula, aun cuando no la materna. Otros creen que la fórmula se puede continuar en la mayoría de los casos leves. Puesto que un niño con diarrea puede desarrollar una intolerancia temporal a la lactosa, puede recomendarse un cambio a fórmula a base de soya sin lactosa hasta que el niño se mejore.

■ Alto consumo de líquidos (por lo menos 90 ml por hora) para reemplazar los que se pierden por la diarrea. Un niño alimentado al pecho obtiene suficientes fluidos en la lactación y lo mismo se puede decir del que toma en biberón. El médico quizá recomiende jugo de frutas diluido, o administre o recete una fórmula de rehidratación. Estas se pueden dar en biberón, o con cuchara, o en taza. No le dé bebidas endulzadas (como colas), jugo de manzana no diluido, bebidas que se venden para atletas, agua pura o con glucosa, ni una mezcla casera con sal y azúcar.

■ Para niños menores de seis meses que estén comiendo alimentos sólidos, el médico puede recomendar que se reanude la alimentación entre 8 y 24 horas después de la iniciación del mal. Alimentos blandos, tales como plátanos majados, compota de manzana cernida, cereal infantil de arroz, y gelatinas de frutas, son apropiados. A los niños mayores, algunos médicos les vuelven a dar comidas sólidas a las cuatro o seis horas, aun cuando otros recomiendan esperar 24 horas. A un niño que coma alimentos de manipular con los dedos, se le puede dar plátano, compota de manzana, arroz blanco cocido blando, tostada de pan blanco y pastelitos de arroz.

■ Si hay vómito, la alimentación sólida por lo general no se reanuda hasta que éste pase. Ofrézcale en cambio líquidos claros (jugo diluido o líquidos de rehidratación oral si se le han recetado), o para un niño un poco mayor helados hechos de jugo de frutas diluido. Ofrecerle cantidades pequeñas (no más de una cucharada o dos cada vez, y menos para un niño chiquito) aumentará grandemente la probabilidad de que no lo devuelva. Una vez que haya cesado el vómito, se pueden agregar los alimentos antes indicados.

■ Cuando las deposiciones empiecen a normalizarse, lo cual ocurre por lo general a los dos o tres días, el médico le recomendará que empiece a reanudar la dieta regular del niño, pero continúe limitándole la leche y otros productos lácteos (distintos de la leche materna y de fórmula) durante uno o dos días más.

■ Si la diarrea dura dos semanas o más a un niño alimentado con biberón, el médico puede recomendarle que cambie de fórmula.

Prevención: La diarrea no siempre se puede prevenir, pero los riesgos sí se pueden reducir:

■ Atención a la preparación sanitaria de los alimentos (vea la página 264).

■ Lavarse cuidadosamente las manos las personas que cuidan del niño después de manejar pañales y de ir al baño.

■ Diluir los jugos de frutas que toman los niños; limitar el consumo total. (Se sabe de bebés y niños pequeños que han contraido diarrea crónica como resultado de beber menos de un litro de jugo de manzanas o de uvas al día.)

Complicaciones:
■ Salpullido del pañal

■ Deshidratación, la cual si es grave podría llevar a coma y aun a la muerte

Cuándo llamar al médico: Una o dos deposiciones sueltas no son motivo de alarma; pero lo siguiente indica diarrea que necesita atención médica:

■ Que usted sospeche que el niño puede haber consumido alimentos o fórmula dañados.

■ Que el niño haga deposiciones sueltas, aguadas, durante 24 horas.

■ Que vomite (más de lo normal) repetidamente o que haya estado vomitando durante 24 horas.

- Que aparezca sangre en la deposición.

- Que el niño tenga fiebre o parezca enfermo.

Llame *inmediatamente* si muestra síntomas de deshidratación: disminución de la secreción de orina (los pañales no están tan húmedos como de costumbre); los ojos sin lágrimas, hundidos; fontanela hundida; piel reseca; saliva escasa.

Posibilidad de repetición: Es probable si la causa no se ha eliminado; algunos bebés están más predispuestos a la diarrea.

Enfermedades con síntomas parecidos:
- Alergias a los alimentos

- Intoxicación con alimentos

- Deficiencias enzimáticas

INFLAMACION DEL OIDO MEDIO (OTITIS MEDIA)

Los niños chiquitos son muy susceptibles a infecciones del oído, debido a que tienen las trompas de Eustaquio cortas y estrechas. En la mayoría de los casos esto se corrige a medida que crecen.

Síntomas: En la otitis media aguda

Generalmente:
- Dolor de oído, a menudo peor por las noches (los niños a veces se tiran de las orejas o se las frotan, pero muchas veces no hay ninguna indicación de dolor, fuera del llanto, y a veces ni siquiera eso; el llanto mientras está lactando al pecho o tomando el biberón puede indicar que el dolor de oído ha radiado a la mandíbula).

- Fiebre, que puede ser muy ligera o muy alta.

- Fatiga e irritabilidad.

Algunas veces:
- Náusea o vómito.

- Pérdida de apetito.

Ocasionalmente:
- Ningún síntoma obvio.

Al examinarla, la membrana timpánica aparece primero rosada, luego roja e inflada (aun cuando también puede aparecer roja si el niño ha estado llorando o debido a la luz que se use); si no se trata, la presión puede romper dicha membrana, permitiendo que salga pus al conducto auditivo y aliviando así el dolor; la membrana timpánica sana con el tiempo, pero el tratamiento ayuda a prevenir complicaciones.

En casos serios de otitis media (o fluido en el oído medio)

Generalmente:
- Pérdida de audición (que es temporal pero se puede convertir en permanente si persiste sin tratamiento durante varios meses).

Algunas veces:
- Ruidos como de traqueteo al tragar o mamar.

- Ningún síntoma, fuera del fluido en el oído.

Estación: Todo el año, pero mucho más común en invierno.

Causas: Generalmente bacterias o virus, aun cuando una alergia también puede causar inflamación del oído medio. Los bebés y los niños pequeños son más susceptibles, debido a la forma de sus trompas de Eustaquio; o porque tienen mayores probabilidades de contraer infección respiratoria, que por lo general precede a la infección del oído; porque su sistema inmunológico no ha madurado aún; o porque se les da de comer estando acostados de espaldas. Las trompas de Eustaquio, que drenan los fluidos y mucosidades de los oídos hacia la parte

HISTORIA CLINICA DEL BEBE

Si en el libro del bebé no hay espacio suficiente, compre una libreta para usarla
como historia clínica permanente. Registre
todos los datos del niño al nacer, y toda la

información relativa a enfermedades, remedios que le hayan dado, inmunizaciones, médicos y demás. Lo siguiente es una
muestra de las cosas que se deben incluir.

AL NACER		
Peso:	Longitud:	Circunferencia de la cabeza:
Estado al nacer		
Prueba Apgar al minuto y a los 5 minutos:		
Resultados de prueba Brazelton u otras:		
Problemas o anormalidades		

ENFERMEDADES INFANTILES	
Fecha:	Recuperación:
Síntomas:	
Médico a quien se llamó:	
Diagnóstico:	
Instrucciones:	Cuánto tiempo:
Remedio que se le dio:	
Efectos secundarios:	

INMUNIZACIONES	
Fecha:	Reacciones:
DTP:	
Refuerzos:	
Polio:	
SPR:	
Otros	

posterior de la nariz y la garganta, son más cortas en un niño chiquito que en un adulto, de modo que los microbios viajan fácilmente por ellas al oído medio y como dichas trompas están horizontales, más bien que verticales (como en el adulto) el drenaje es pobre, especialmente en niños que pasan mucho tiempo de espaldas. La corta longitud las hace también más susceptibles a bloqueo (por hinchazón alérgica o por infección, por ejemplo catarro, por malformación o por inflamación de las adenoides). Cuando el fluido no puede drenar normalmente, se acumula en el oído medio causando seria otitis media. Los fluidos también se pueden acumular al sufrir colapso las trompas, debido a cambios de presión cuando se viaja en avión. Este fluido es un excelente caldo de cultivo para bacterias causantes de infección (por lo general estreptococos o hemophilus influenzae).

Modo de transmisión. No es directa pero los niños que van a guarderías están más expuestos. Puede existir disposición de familia a las infecciones del oído.

Período de incubación: A menudo sigue a un catarro o gripe.

Duración: Varía, pero el tratamiento para otitis media aguda se hace generalmente durante diez días. Esta otitis puede convertirse en crónica.

Tratamiento: La infección del oído requiere tratamiento médico; no trate de hacerlo usted. El tratamiento generalmente incluye:

■ Antibióticos para la otitis media aguda, a fin de superar la infección bacteriana. Algunas veces se administra un agente anti-inflamatorio (corticosteroide) junto con el antibiótico.

■ Gotas para el oído, sólo si se le recetan.

■ Acetaminofeno o aspirina de bebés, a veces con codeína, para el dolor y la fiebre.

■ Calor aplicado al oído en forma de un cojín caliente graduado bajito o una bolsa de agua caliente llena de agua tibia, o compresas calientes (vea la página 728) — todas las cuales se pueden usar mientras está tratando de conseguir al médico.

■ Un descongestionante en forma de gotas nasales o vaporizador para ayudar a abrir una trompa de Eustaquio bloqueada, pero sólo si se le receta. Estudios recientes muestran que esta medicación no acelera la recuperación.

■ Miringotomía (cirugía menor para drenar el fluido infectado del oído a través de una diminuta punción de la membrana timpánica) si parece que la membrana timpánica se va a reventar; la incisión sana en unos diez días pero requiere cuidado especial.

■ Inserción de un tubo diminuto para drenar los fluidos que queden, cuando una infección crónica no cede a la terapia con antibióticos. Esto se hace con anestesia general y es un último recurso para casos que no responden a otros tratamientos. Generalmente se ensaya con el tubo si el fluido ha permanecido en un oído durante más de seis meses — o en ambos durante más de cuatro meses — sin mejoría. El tubito se cae después de nueve a doce meses, a veces antes, y por lo general da buenos resultados para prevenir mayores infecciones.

■ Exámenes periódicos del oído hasta que éste vuelva a lo normal, para asegurarse de que el estado no se haya vuelto crónico.

■ Eliminación o tratamiento de las alergias relacionadas con repetidas infecciones de los oídos.

Cambios dietéticos: Líquidos extra para la fiebre.

Prevención: No se conoce aún ninguna manera segura de prevenir la otitis media. Sin embargo, recientes investigaciones sugieren que lo siguiente puede reducir el riesgo para su niño:

■ Buena salud general mediante nutrición adecuada, descanso suficiente y cuidado médico regular.

■ Alimentación al pecho por lo menos durante los tres primeros meses.

■ Adecuada posición para alimentarlo manteniéndolo erguido, no acostado, especialmente cuando tenga una infección respiratoria.

■ Posición elevada para dormir cuando tenga un resfriado (coloque unas cuantas almohadas debajo de la cabecera del colchón, no debajo de la cabeza del niño).

■ Descongestionantes para niños que tengan resfriados o alergias, particularmente antes de un viaje aéreo, y hacer que el niño chupe del pecho o el biberón durante el despegue y especialmente durante el aterrizaje, que es cuando se presentan la mayoría de los problemas de los oídos.

■ Bajas dosis de antibióticos para niños que sufren frecuentes infecciones del oído, durante la alta temporada de otitis media, o justamente apenas se resfrían (los antibióticos no curan el resfrío pero sirven para prevenir una infección secundaria, como otitis media).

■ Espacio vital libre de humo.

■ Cuidado del niño en la casa, más bien que en situaciones de grupo o guarderías, donde los niños están más expuestos a contraer otitis media.

Complicaciones:
Entre otras:

■ Otitis media crónica con pérdida de audición.

■ Infección mastoidea.

■ Meningitis, bacteriemia, neumonía.

■ Abscesos cerebrales.

■ Parálisis facial.

Cuándo llamar al médico: Inicialmente, tan pronto como sospeche que su niño pueda tener un dolor de oído. Después, si los síntomas no parecen ceder en dos días o si el niño parece peor. Aun cuando no se sospeche infección, llame si el niño súbitamente no oye tan bien como de costumbre.

Probabilidad de repetición: Algunos bebés nunca tienen infección del oído; otros sufren una o dos en la infancia y no les repiten, mientras que hay otros que las sufren repetidamente hasta la edad escolar.

Enfermedades con síntomas parecidos: Un objeto extraño que se ha metido en el oído, oído de nadador, y dolor referido de una infección respiratoria, pueden simular dolor de oído.

LO QUE IMPORTA SABER SOBRE LA FIEBRE

Quizá recuerde usted a su mamá a la cabecera de su cama, termómetro en mano y preocupación en la voz, que decía: "Tienes fiebre; voy a llamar al médico". Pero la fiebre no ha sido siempre causa de alarma. Por el contrario, los antiguos la aceptaban con agrado porque creían que quemaba los "malos humores''. En la edad media, algunas veces hasta se inducía artificialmente para combatir la sífilis y algunas otras infecciones; y, en efecto, se consideraba tan beneficiosa que hasta hace cien años no se empezó a tratar. Fue entonces cuando la aspirina, que tiene propiedades febrífugas, entró en escena. Para la época en que su generación empezó a madurar, aun la más mínima alza de temperatura era causa de alarma, y una fiebre alta producía pánico en la familia.

Curiosamente, resulta ahora que Hipócrates tenía una mejor idea de lo que significa la fiebre, que la comunidad médica de hace una generación. Investigaciones recientes confirman que, tal como lo suponía Hipócrates, las fiebres generalmente hacen más bien que mal — que en cierto sentido sí queman, no los malos humores sino los malos microbios que invaden y amenazan al organismo. En lugar de ser un síntoma temible que se deba combatir, hoy se reconoce que la fiebre es parte importante de la reacción inmunológica del cuerpo a la infección.

Esta es la manera como los científicos creen que actúa. En respuesta a invasores tales como virus, bacterias y hongos, los glóbulos blancos de la sangre producen una hormona que hoy se llama interleucina, la cual va al cerebro donde estimula al hipotálamo para que suba el termostato del cuerpo. Parece que a temperaturas más altas del resto del sistema inmunológico está mejor capacitado para luchar contra la infección. Posiblemente la fiebre baje también los niveles de hierro, aumentando al mismo tiempo la necesidad que tienen los invasores de este mineral, lo que equivale a matarlos de hambre. Y cuando es un virus el que ha lanzado el ataque, la fiebre contribuye a aumentar la producción de interferonas y otras sustancias antivirales del cuerpo.

Cuando la temperatura corporal de un individuo sube de pronto un par de grados por encima de lo normal $(37°C)^2$ el individuo se siente paradójicamente enfriado. El escalofrío sirve para estimular una mayor alza de la temperatura, en varias formas. El involuntario tiritar que generalmente ocurre, indica al organismo que debe subir todavía más el termostato y obliga al paciente a tomar otras medidas que aumentan la temperatura corporal, como tomar bebidas calientes, echarse encima otra manta o ponerse un suéter. Al mismo tiempo, los vasos sanguíneos superficiales se contraen para reducir la pérdida de calor, y los tejidos corporales — tales como las grasas almacenadas — se descomponen para producir calor (razón por la cual es importante tomar calorías extra durante una fiebre).

Una fiebre muy alta provoca ocasionalmente convulsiones en los niños pequeños, por lo general al iniciarse la fiebre. Aun cuando aterran a los padres, los médicos creen hoy que las convulsiones febriles no son peligrosas. (Vea la página 502 sobre la manera segura de tratar las convulsiones.) Los estudios han indicado que los niños que las sufren no muestran posteriores lesiones neurológicas ni mentales, aun cuando son ligeramente más propensos a tener un mayor riesgo de epilepsia en el futuro (pero las convulsiones, según se cree, son más probablemente el resultado que la causa de esa tendencia a la enfermedad). Los niños que han sufrido una vez convulsiones con la fiebre, tienen una probabilidad de 30 a 40% mayor de que se repita el episodio. El tratamiento médico no afecta ese riesgo. Tampoco parece que el tratamiento de una fiebre durante una enfer-

---

² Todas las temperaturas que se dan en este capítulo son lecturas orales normales, a menos que se indique otra cosa.

medad reduzca la incidencia de los ataques en los niños predispuestos, probablemente porque las convulsiones casi siempre ocurren precisamente cuando la fiebre aumenta al comienzo de la enfermedad, antes de que se haya administrado ningún tratamiento.

Se estima que entre el 80 y el 90% de todas las fiebres de los niños se relacionan con infecciones virales autolimitantes (que se mejoran sin tratamiento). Hoy la mayoría de los médicos no recomiendan que se trate de reducir tales fiebres en los bebés mayores de seis meses, a menos que llegue a 39° centígrados o más, y muchos esperan hasta que se produzcan temperaturas significativamente más elevadas, antes de aconsejar a los padres que traten de bajarlas. Pueden sugerir, sin embargo, que se use acetaminofén para bebés, aun con temperaturas más bajas, para aliviar los dolores, de modo que el niño se sienta más cómodo y pueda dormir mejor, y a veces también para que una mamá nerviosa se sienta mejor. Por otra parte, una enfermedad causada por bacterias sí debe tratarse. Los antibióticos bajan la temperatura directamente suprimiendo la infección. Según la enfermedad, el antibiótico que se elija, el nivel de confort del niño y la altura de la fiebre, antibióticos y febrífugos pueden o no recetarse simultáneamente.

A diferencia de la mayoría de las fiebres que se relacionan con una infección, la que proviene de shock debido a una invasión bacteriana generalizada del organismo, como en la septicemia (envenenamiento de la sangre), requiere inmediato tratamiento médico para hacer bajar la temperatura del cuerpo.

Normalmente la temperatura corporal es más baja (hasta 35.8°C tomada oralmente) entre las 2:00 y las 4:00 de la mañana, todavía relativamente baja (hasta 36°) cuando nos levantamos, y en

seguida sube lentamente en el curso del día hasta llegar entre las 6:00 y las 10:00 de la noche a 37.2°. Tiende a ser un poco más elevada en tiempo caluroso y más baja en tiempo frío, y más alta durante el ejercicio que durante el descanso. En los niños es más caprichosa y experimenta mayores variaciones que en los adultos.

Las fiebres se comportan de distintas maneras en distintas enfermedades. En algunas, la fiebre permanece constantemente elevada hasta que el niño se mejora. En otras, es siempre más baja por las mañanas y más alta por las tardes, elevándose periódicamente, o apareciendo y desapareciendo sin ninguna pauta obvia. Las pautas a veces ayudan al médico a precisar su diagnóstico.

Cuando la fiebre es una reacción del organismo a la enfermedad, las temperaturas superiores a 41° centígrados son raras, y las superiores a 42.2° son desconocidas. Pero cuando es el resultado de una falla del mecanismo regulador de la temperatura corporal, como en la insolación, las temperaturas pueden subir hasta 45.5°. Semejantes temperaturas ocurren cuando el cuerpo produce demasiado calor o no se puede enfriar eficazmente, ya sea por anormalidad interna o, lo que es más común, por calentamiento excesivo debido a una fuente externa de calor, tal como una sauna o una tina caliente, por ejemplo, o el interior de un auto estacionado en tiempo caluroso (dentro del vehículo las temperaturas del aire pueden elevarse rápidamente a 45° aun con las ventanillas abiertas 5 centímetros y con una moderada temperatura exterior de 29°). El calentamiento excesivo puede ser también consecuencia de actividad física exagerada en tiempo caluroso o húmedo, o de llevar demasiada ropa en días calientes. Los niños chiquitos y los ancianos son los más susceptibles a postración por el calor, debido a que sus mecanismos reguladores de temperatura son menos confiables. La fiebre debida a falla de la regulación del calor es una enfermedad en sí misma, y no sólo no es beneficiosa sino que parece peligrosa y requiere tratamiento inmediato. Temperaturas extremadamente elevadas (por encima de los 41°) que guarden relación con enfermedades, también requieren tratamiento inmediato. Se cree que cuando una fiebre llega a tales alturas, deja de ser beneficiosa y sus efectos positivos sobre la reacción inmunológica se invierten.

COMO TOMAR LA TEMPERATURA DEL NIÑO

El contacto de los labios de la mamá o del dorso de sus manos con la frente del niño puede detectar con mucha precisión la presencia de fiebre en nueve casos de cada diez, mientras que tomar la temperatura es motivo de una batalla con un niño chiquito. Por estas razones, unos pocos médicos recomiendan a los padres que no se preocupen mucho por tomar la temperatura del bebé después de los seis meses. Sin embargo, la mayoría prefieren tener una indicación más precisa del estado del niño que el beso de la mamá. Tomarle la temperatura durante una enfermedad permite contestar interrogantes como: "¿El tratamiento le ha hecho bajar efectivamente la fiebre?" o bien "¿Le ha aumentado la fiebre indicando que ha empeorado?" Pero aun cuando las lecturas del termómetro son útiles, no hay necesidad de tomarlas cada hora ni a la hora en punto, como creen unas mamás inexpertas y ansiosas. En la mayoría de los casos una vez por la mañana y otra por la tarde es suficiente. Tómesela en horas intermedias sólo si súbitamente el niño parece estar enfermo. Si parece mejor y el toque con los labios le indica que la fiebre ha bajado, en realidad no nece-

sita confirmación del termómetro. Y su bebé apreciará que no lo sometan a esta molestia.

Los tres puntos del cuerpo que más exactamente reflejan la temperatura corporal son la boca, el recto y la axila (sobaco). Como meterle un termómetro en la boca a un niño es cosa peligrosa, los médicos no recomiendan que se les tome oralmente la temperatura sino después de los cuatro o cinco años. Por lo pronto, habrá que recurrir al método rectal o al axilar.

Antes de empezar. Trate de que su niño esté tranquilo entre media hora y una hora antes de tomarle la temperatura, pues el llanto o los gritos pueden elevar grandemente una temperatura moderada. (Aun cuando es necesario suspender las bebidas o alimentos calientes o fríos antes de tomar la temperatura oral, puesto que éstos afectan a la lectura del termómetro, esta precaución no es necesaria cuando se toma rectal o axilar.)

Prepare el termómetro. Lávelo con agua fría y jabón (el agua tibia o caliente hace dilatar el mercurio y puede rajar o romper el vidrio), enjuáguelo, luego límpielo con un algodón absorbente empapado en alcohol de fricciones. Observe la lectura del mercurio, y si está por encima de 36° sacúdalo con cuidado sosteniéndolo por el extremo opuesto a la ampolla entre el dedo pulgar y el índice, con varias sacudidas de la muñeca hacia abajo. Si es posible haga esta operación sobre una cama o sofá, lejos de superficies duras como el lavabo del cuarto de baño, por si acaso el instrumento se le suelta de las manos. Permítase bastante espacio para que el termómetro no vaya a golpear algo accidentalmente y romperse. Lubrique el extremo de la ampolla de un termómetro rectal con vaselina antes de insertarlo. Lave un termómetro oral completamente con agua fría para quitarle el sabor de alcohol.

Para tomar la temperatura. *Rectal:* Prepare el termómetro; exponga al aire las posaderas del bebé diciéndole al mismo tiempo palabras tranquilizadoras. Luego póngalo boca abajo sobre sus faldas (lo cual le da a usted mejor control y permite que las piernecitas cuelguen en un ángulo de 90 grados, facilitando la inserción) o en una cama o mesa de cambiarlo. En este último caso, ponga debajo una almohada o una toalla doblada para levantarle las nalgas, de manera que la inserción sea más fácil. Para distraerlo, cántele alguna canción favorita o póngale delante un libro de láminas o un juguete. Ábrale las nalgas con una mano exponiendo el ano (el orificio rectal). Con la otra mano introdúzcale en el recto unos dos centímetros y medio del termómetro por el lado de la ampolla, teniendo cuidado de no forzarlo. Manténgalo introducido unos dos minutos, sosteniéndolo entre los dedos índice y del corazón y usando los otros dedos para apretar las nalgas de modo que el termómetro no se salga y evitar que el niño se mueva. Sin embargo, si empieza a oponer una resistencia activa, retire inmediatamente el termómetro. Aun cuando sólo haya estado insertado medio minuto, registrará la temperatura con una diferencia no mayor de un grado de la exacta y esto le dará por lo menos una idea aproximada para informar al médico. Limpie el termómetro con una toallita de papel antes de leerlo. (Si usted es novicia, puede dejar el termómetro a un lado — la temperatura no cambiará — mientras le vuelve a poner el pañal al niño y lo acuesta, y en seguida tomar otra vez el instrumento para leerlo.)

Es raro que un termómetro se rompa estando insertado. Si esto ocurre y no puede encontrar los pedazos, llame al doctor. Pero no se preocupe; el riesgo de sufrir algo más que un rasguño es pequeño y, al contrario de lo que cree la gente, el mercurio en sí no es venenoso. (Sin embargo, al recoger un termómetro roto tenga cuidado de que el mercurio no toque ningún objeto de metal precioso, como un anillo, pues la reacción química daña el metal.)

Axilar, o bajo el brazo: Use este método, que es un poco menos exacto, cuando el niño tenga diarrea o no se esté quieto para tomarle la temperatura rectal, o si no tiene sino un termómetro oral (*nunca* use un termómetro oral en el recto). Quítele al niño la camisa para que nada se interponga entre el termómetro y la piel, y vea que el sobaco esté seco. Coloque la ampolla del termómetro, sea oral o rectal, bien adentro de la axila, bajándole el brazo al niño y sosteniéndoselo contra el cuerpo. Manténgalo en esta posición por lo menos cuatro o cinco minutos si es posible — se pueden necesitar hasta ocho minutos para obtener una lectura precisa. Cántele canciones, tóquele una grabación, ponga la televisión — escoja cualquier actividad que lo distraiga para que se esté quieto.

Oral: Se pueden empezar a tomar temperaturas orales cuando el niño ya sea capaz de sostener firmemente el termómetro debajo de la lengua, con los labios apretados, y entienda las instrucciones de no morderlo, lo cual será aproximadamente hacia los cuatro o cinco años de edad, aun cuando ocasionalmente también antes. Para obtener una buena lectura oral el termómetro debe meterse bien debajo de la lengua y mantenerse allí durante dos a cuatro minutos (si respira por la boca, el instrumento tardará más en registrar).

Lectura del termómetro. El método

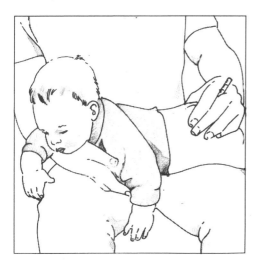

Método rectal.

El termómetro bajo el brazo.

rectal es el que da una idea más precisa de la verdadera temperatura del cuerpo, pero la lectura oral se considera normal. Las temperaturas que se obtienen por el método rectal, que es el que se usa con mayor frecuencia con los niños, suelen ser de uno a dos grados más altas que las determinadas en forma oral; las lecturas axilares son unos dos grados más bajas. En un termómetro oral, 37° centígrados es normal; 37.6° es lo normal en la rectal; y 36.4° es normal en una lectura axilar. Una fiebre de 39° tomada rectalmente equivale a 38.4° tomada oralmente y a 37.9° de una lectura axilar.

Para leer el termómetro de mercurio, sosténgalo a la luz y hágalo girar hasta que se vea claramente la columna plateada de mercurio. Compare ésta con las rayitas y números de calibración que están marcados en grados enteros y décimas de grado. El punto en que termina la columna de mercurio indica la temperatura. Anótelo junto con la hora en que lo leyó, y cuando informe al médico no olvide decirle si la lectura fue rectal, axilar u oral.

Guarde el termómetro. Después de usarlo, lávelo otra vez con agua fría y jabón, enjuáguelo y límpielo con alcohol. En seguida guárdelo en su estuche, lejos de fuentes de calor tales como una ventana donde dé el sol, una repisa de chimenea, una secadora de ropa o la estufa de la cocina, pues el calor dilata el mercurio y puede romper el vidrio.

EVALUACION DE LA FIEBRE

El comportamiento del niño es mejor medida de su estado de salud que la temperatura del cuerpo. Un bebé puede estar gravemente enfermo, por ejemplo con neumonía o meningitis, y no tener fiebre en absoluto; o, por el contrario, puede tener una fiebre alta con sólo un catarro leve.

En las siguientes circunstancias la fiebre requiere inmediata atención médica (llame al médico aun cuando sea a medianoche, o vaya a la clínica de urgencias de un hospital si no puede encontrar al médico):

■ Si el niño tiene menos de dos meses.

■ Si la fiebre pasa de 40.5° centígrados, lectura rectal.

■ Si tiene convulsiones por primera vez (el cuerpo se pone rígido, pone los ojos en blanco, brazos y piernas se sacuden).

■ Si llora inconsolable (y no es cólico), llora como si sintiera dolor cuando lo tocan o lo mueven, o se queja, no responde o está fláccido.

■ Si tiene manchas moradas en cualquier parte de la piel.

■ Si no puede respirar aun después de que se le hayan limpiado los conductos nasales.

■ Si tiene la nuca rígida; se resiste a que le hagan doblar la cabeza sobre el pecho.

■ Si el comienzo de la fiebre sigue a un período de exposición a una fuente externa de calor, tal como el sol, en un día de verano, o el interior cerrado de un automóvil en tiempo caluroso. Es posible que se trate de insolación (vea la página 447), y entonces se requiere atención médica de urgencia.

■ Si ocurre un alza súbita de temperatura en un niño que tenía una fiebre moderada y a quien se le haya puesto demasiada ropa o se le haya envuelto en mantas. Esto debe tratarse como postración de calor o insolación.

■ Si el médico le ha dicho que lo llame inmediatamente que el niño tenga fiebre.

■ Si a usted le parece que hay algo anormal, aun cuando no sepa exactamente qué es.

En las siguientes circunstancias un niño con fiebre necesita atención médica tan pronto como sea práctico:

■ Si tiene de dos a seis meses (los menores de esta edad necesitan atención inmediata).

■ Si tiene alguna dolencia crónica, como enfermedad del corazón, de los riñones, o neurológica, o anemia falciforme u otra anemia crónica.

■ Si ha tenido antes fiebre con convulsiones.

■ Si está deshidratado, con síntomas tales como orinar con menos frecuencia u orina de un color amarillo oscuro, la saliva escasa, lo mismo que las lágrimas, y tiene los ojos hundidos.

■ Si su conducta se aparta de lo que le es característico: está excesivamente chinchoso; aletargado o demasiado dormido; no puede dormir; sensible a la luz; llora más que de costumbre; no quiere comer; se tira de las orejas.

■ Si una fiebre que ha sido baja durante un par de días de pronto sube extraordinariamente; o si el niño que ha estado resfriado desde hace unos días empieza a tener fiebre (esto puede indicar una infección secundaria, como otitis media o infección de la garganta).

■ Si la temperatura rectal pasa de 39° (o cualquier otra temperatura que el médico le haya indicado para llamarlo). Aun cuando esta temperatura de por sí no indica que el niño esté muy enfermo (pues a veces los niños chiquitos llegan a 40.5° o 41° con enfermedades menores), es bueno consultar con el médico por prudencia.

■ Si la fiebre no baja con la medicación.

■ Si la fiebre baja (inferior a 39°, lectura rectal) con síntomas leves de catarro o gripe, dura más de tres días.

■ Si una fiebre dura más de 24 horas cuando no hay otras señales visibles de enfermedad.

TRATAMIENTO DE LA FIEBRE

Si un niño tiene fiebre, tome las siguientes medidas según se necesite, a menos que el médico le haya recomendado otra manera de proceder.

Mantenga al bebé fresco. Al contrario de lo que la gente cree, abrigar al niño que tiene fiebre, con mantas, ropa gruesa o en una pieza muy caliente, no es una práctica sana. Estas medidas pueden elevar la temperatura del cuerpo a los peligrosos niveles de la insolación. Póngale al niño ropa ligera que permita escapar el calor del cuerpo (en tiempo caluroso no se necesita más que el pañal), y mantenga la temperatura de la pieza entre los 20° y los 21° (cuando sea necesario, use un climatizador o un ventilador eléctrico si lo tiene, para tener fresco el aire, pero sin que el viento le dé directamente al niño).

Aumente el consumo de líquidos. Como la fiebre aumenta la pérdida de agua a través de la piel, es importante ver que el niño que tiene fiebre tome líquidos en cantidad adecuada. A un niño mayor ofrézcale con frecuencia nuevas fuentes de líquidos, entre ellas jugos diluidos y frutas jugosas (como las cítricas y los melones); agua; caldos; postres de gelatina (vea la página 726; y helados hechos de jugo de frutas. A los niños chiquitos déles con frecuencia el pecho o el biberón. Estimúlelos para tomar con frecuencia, pero sin forzarlos. Si el bebé se resiste durante varias horas del día a tomar líquidos, informe al doctor.

Déle un febrífugo si es necesario. Si su niño tiene menos de seis meses, espérese hasta comunicarse con el médico antes de administrarle ningún medicamento. Si la temperatura pasa de 39.5° y el niño parece muy molesto y no puede encontrar inmediatamente al médico, trate de bajarle la fiebre con una esponja tibia (vea cuadro). Con los niños de más edad, la decisión de darle remedios debe basarse en las recomendaciones previas del médico. Pregúntele anticipadamente qué debe hacer en caso de que su niño despierte calenturiento en medio de la noche. ¿A qué temperatura le recomienda que administre un febrífugo o un baño de esponja o que lo llame por teléfono? Si usted no tiene esta información por adelantado y si su niño tiene más de seis

---

CONVULSIONES FEBRILES

Las convulsiones debidas a la fiebre por lo general sólo duran uno o dos minutos. Si su niño sufre un ataque de éstos, no pierda la calma (recuerde que estas convulsiones no son peligrosas) y tome las medidas siguientes. Mantenga al niño sin restricción en sus brazos o en una cama u otra superficie blanda tendido de costado, con la cabeza más baja que el cuerpo si es posible. No trate de darle de comer ni le ponga nada en la boca; antes por el contrario, sáquele lo que tenga en ella, como por ejemplo un chupador de entretención. Los bebés a menudo pierden el conocimiento durante un ataque, pero por lo general reviven rápidamente sin ayuda. Cualquier ataque que dure más de 5 minutos requiere ayuda de emergencia.

Cuando pasa el ataque, es posible que el bebé quiera dormir. Si éste es el caso, acomódelo bien, acostándolo sobre el costado, con mantas y una almohada. En seguida llame al médico. Si no puede obtener auxilio inmediato, puede darle al niño un baño de esponja o si tiene más de seis meses, acetaminofeno para tratar de bajarle la fiebre mientras espera. Pero no lo meta en la bañera porque si sobreviene otro ataque podría inhalar agua.

meses y sufre de noche de una fiebre de más de 39° sin ninguna otra indicación de que necesite atención médica inmediata (vea Evaluación de la Fiebre), déle una dosis apropiada de acetaminofeno para niños (vea la página 730). Si la temperatura no le baja, o si le sube, o si el niño está muy molesto, llame al médico. Mientras se puede comunicar con él, ensaye un baño tibio de esponja o de bañera.

Baños de esponja. Este tratamiento era en un tiempo de rutina para la fiebre, pero hoy sólo se recomienda en ciertas circunstancias, como por ejemplo cuando la medicación antipirética no está dando resultados (la temperatura no baja en el término de una hora después de darla); cuando se necesita bajarle la calentura a un niño menor de seis meses sin medicación; o para proporcionar alguna comodidad a un niño muy calenturiento.

Para la fricción con esponja sólo se debe usar agua tibia (a la temperatura del cuerpo, ni caliente ni fría al tacto). El empleo de agua fría, o de alcohol que antes era tan socorrido para bajar la fiebre, puede hacerla subir más bien que bajar porque hace tiritar al paciente y entonces el organismo se confunde y sube el termostato. Por otra parte, los vapores de alcohol son nocivos si se inhalan. El agua caliente también hace subir la temperatura del cuerpo y, lo mismo que el exceso de abrigo, puede provocar insolación. Se le puede dar la fricción con esponja dentro de la bañera o fuera de ella, pero en todo caso el cuarto tiene que estar agradablemente tibio y libre de corrientes de aire.

ASPIRINA... ¿SI O NO?

Tanto la aspirina como el acetaminofeno (Tylenol y sus similares) son antipiréticos, o sea que reducen la fiebre y la bajan igualmente bien, pero la aspirina es más eficaz para reducir las inflamaciones (el calor, hinchazón, enrojecimiento y dolor de infecciones localizadas), y posiblemente para aliviar el dolor. Cuando se dan juntos, aspirina y acetaminofeno, según las estadísticas resultan más eficaces para reducir la fiebre durante más tiempo (por lo general unas seis horas). No está claro si administrándolos en forma alterna se obtiene o no algún beneficio.

La aspirina, aun cuando es una droga poderosa y valiosa, se asocia con muchos efectos secundarios comunes. Puede debilitar la reacción inmunológica, causar inflamación y derrame de sangre en el conducto gastrointestinal, menoscabar la función de las plaquetas (aumentando el riesgo de todo tipo de hemorragias), e inducir un ataque de asma en las personas susceptibles. Dar aspirina a niños con enfermedades virales, como varicela y gripe, se ha asociado con el desarrollo del síndrome de Reye y por consiguiente no se recomienda nunca para un niño que tenga o se sospeche que tenga tales afecciones.

En comparación, el acetaminofeno, aun cuando se sabe que puede producir daño al hígado en casos raros y provocar ocasionalmente alguna reacción alérgica, está notablemente libre de efectos secundarios. Por esta razón es más probable que los médicos lo recomienden en lugar de aspirina para reducir la fiebre en los niños. El acetaminofeno viene en forma líquida para los bebés pequeñitos, lo mismo que en supositorios rectales para los que no puedan retener el líquido en el estómago.

Hay además otros antipiréticos y analgésicos para niños, pero sólo se pueden vender con fórmula médica.

Como todos estos remedios pueden ser peligrosos en dosis grandes, nunca le dé más de lo que el médico recomiende; y, cuando no los esté usando, manténgalos fuera del alcance de los niños, lo mismo que todas las medicinas.

■ Fricción fuera de la bañera. Antes de empezar tenga listos tres paños de aseo en una tina o palangana de agua tibia. Extienda una tela o colcha impermeable, o un mantel de plástico, sobre la cama o sobre su falda; encima ponga una toalla gruesa y en ella coloque al niño, boca arriba. Desnúdelo y cúbralo con una mantilla ligera o con otra toalla. Exprima uno de los paños de aseo de modo que no escurra agua, dóblelo y colóquelo en la frente del niño (remójelo si se empieza a secar durante la fricción). Tome otro de los paños y empiece a friccionarle al niño suavemente la piel, exponiendo por turnos solamente la parte del cuerpo que está friccionando y manteniendo el resto ligeramente cubierto. Concéntrese en el cuello, cara, estómago, parte interior del codo, y corvas, pero sin descuidar los sobacos y las ingles. La sangre que la fricción atrae a la superficie se refresca al evaporarse de la piel el agua tibia. Cuando el paño con que le está dando la fricción empiece a secársele, cámbielo por el tercero. Continúe friccionando al niño, alternando los paños según sea necesario, por lo menos durante 20 minutos a media hora, pues esto es lo que tarda en bajar la temperatura del cuerpo. Si en cualquier momento el agua de la palangana se enfría por debajo de la temperatura del cuerpo, agréguele agua tibia para volverla a calentar.

■ Fricción en la bañera. Para muchos niños el baño es sedativo y reconfortante, sobre todo cuando están enfermos. Si el suyo es de éstos, déle la fricción en la bañera, con el agua a la temperatura del cuerpo, friccionándolo no menos de veinte minutos a media hora para bajarle la temperatura. A un niño que haya tenido una convulsión no lo meta en la bañera para friccionarlo.

Lo que no debe hacer. Tan importante como saber lo que hay que hacer cuando el niño tiene fiebre es saber lo que no se debe hacer:

■ No lo obligue a estarse quieto. Si el niño está realmente enfermo, él mismo busca el descanso, en la cuna o fuera de ella. Si su niño quiere salir, una actividad moderada no le hace mal; pero no se le debe permitir que realice una actividad fuerte, pues ésta podría hacerle subir más la fiebre.

■ No le ponga un enema, a menos que el médico lo ordene.

■ No le ponga demasiada ropa de abrigo ni lo envuelva mucho.

■ No cubra al niño con una toalla húme-

CONOZCA A SU NIÑO

Los bebés, como todo el mundo, varían en cuanto a sus reacciones al dolor. Hay unos que aguantan mucho — un bebé inquieto se cae del sofá, se levanta sin llorar, como si no le hubiera pasado nada, y se vuelve a subir. Pero en cambio otros no aguantan nada: un niño que está empezando a hacer pinitos pone el grito en el cielo cada vez que se cae, aunque sea en una alfombra mullida. Conviene tener en cuenta estas diferencias para determinar el grado de gravedad del niño enfermo. Por ejemplo, si su niño es generalmente estoico pero tiene fiebre y se tira de una oreja, o de ambas, así no parezca estar muy adolorido, piense en la posibilidad de una infección del oído y llame al doctor. Por el contrario, si tiene usted un bebé muy sensible al dolor, quizá no sería prudente correr al teléfono cada vez que se suelte a llorar.

da o con una sábana húmeda, puesto que esto impide que el calor escape de la piel.

■ No trate de combatir la fiebre teniendo al niño con hambre. La fiebre aumenta la necesidad de calorías y los niños cuando están enfermos necesitan más calorías, no menos, que cuando están sanos.

■ No le dé aspirina ni acetaminofeno si se sospecha que hay insolación.

CAPITULO DIECIOCHO

Primeros auxilios: Lo que se debe hacer y lo que no se debe hacer

---

Accidentes tienen que ocurrir. Ni los más cuidadosos padres y niñeras pueden evitarlos todos. Pero lo que sí pueden hacer es evitar que tengan graves consecuencias, sabiendo lo que se debe hacer cuando ocurran. Esta sección le ayudará a usted a prepararse. Le será más útil aún si la refuerza siguiendo un curso de primeros auxilios. Pero no espere hasta que el bebé se caiga escaleras abajo o se coma una hoja de rododendro para buscar en estas páginas lo que se debe hacer en un caso de urgencia. Familiarícese desde ahora — antes que suceda una desgracia — con los procedimientos para tratar lesiones comunes, lo mismo que ha aprendido a bañar al niño o a cambiarle los pañales, y revise los más comunes en el momento oportuno (por ejemplo, picaduras de culebra cuando vaya a salir de excursión). Haga que se prepare también cualquier otra persona que cuide de su bebé.

Aparecen en seguida las heridas más comunes, lo mismo que lo que usted debe saber acerca de ellas, cómo tratarlas (y cómo no tratarlas), y cuándo buscar ayuda médica. Las distintas heridas van numeradas para facilitar la remisión de unas a otras.

En el encabezamiento de estas páginas se ha puesto una franja gris para facilitar su localización en caso de urgencia.

Lesiones abdominales

1. Hemorragia interna. Un golpe en el abdomen puede producirle a su niño una lesión interna. Los indicios de tal lesión serían, entre otros: un cardenal u otra descoloración del abdomen; vómito o tos con sangre roja oscura o brillante, con la consistencia de café molido (esto también podría ser señal de que el niño se ha tragado una sustancia cáustica); sangre (que puede ser oscura o roja brillante) en las heces o la orina; shock (piel fría, pegajosa, pálida; pulso débil, rápido; escalofríos; confusión; y posiblemente náusea, vómito o respiración anhelante). Busque asistencia médica de urgencia. Si el niño parece estar en shock (# 44) trátelo inmediatamente. No le dé nada de comer ni de beber.

2. Cortaduras o laceraciones del abdomen. Trátelas lo mismo que otras cortaduras (# 47, # 48). En caso de una laceración seria, el intestino puede sobresalir. No trate usted misma de volverlo a meter en el abdomen. Por el contrario, cúbralo con un paño de aseo limpio y húmedo o con un pañal, y busque inmediatamente asistencia médica de urgencia.

Mordeduras y picaduras

3. Mordeduras de animales. Trate de no mover la parte afectada. Llame inmediatamente al médico del niño. Lave la herida, suave pero completamente, con agua y jabón durante 15 minutos. No aplique ningún antiséptico ni ninguna otra cosa a la herida. Controle cualquier flujo de sangre (# 47, # 48, # 49), y aplique un vendaje esterilizado. Retenga al animal si es posible para hacerle posteriormente la prueba de rabia, pero no se vaya a dejar morder usted también. (Los murciélagos, mapaches y mofetas, lo mismo que los perros y los gatos, pueden estar rabiosos; se debe sospechar hidrofobia especialmente si la mordedura no fue provocada.)

4. Picaduras de insectos, arañas y otros. Trate las picaduras de insectos como sigue:

■ Raspe hacia afuera el aguijón de abeja o avispa con el lomo de un cuchillo o con la uña del dedo. No trate de agarrarlo con sus uñas ni con pinzas, pues esto puede hacer que penetre en la piel más del veneno que queda.

■ Para desprender una garrapata, use pinzas romas o los dedos de la mano protegidos con una toallita de papel o guantes de caucho. Agarre la sabandija lo más cerca posible a la piel del niño y tire hacia arriba con un movimiento continuo y uniforme, sin retorcer, zarandear, aplastar o reventar la garrapata. *No use* remedios caseros como vaselina, gasolina o un fósforo encendido, pues éstos pueden empeorar la situación. Guarde la garrapata para que la examine el médico. Si sospecha enfermedad de Lyme (página 736), llame al médico.

■ Lave con agua y jabón una picadura pequeña de abeja, avispa, hormiga, araña o garrapata. En seguida aplique hielo o compresas frías (página 728) si hay hinchazón o dolor. Luego aplique alguna medicina para picaduras de insectos.

■ Aplique loción de calamina a picaduras urticantes como las causadas por los mosquitos.

■ Si parece que el dolor es muy intenso después de una picadura de araña, aplique hielo o compresas frías y busque ayuda de urgencia. Trate de encontrar la araña y llévela cuando vaya al hospital, o por lo menos recuerde cómo era para poderla describir; podría ser venenosa. Si sabe que el animal era venenoso (por ejemplo, una araña viuda, tarántula o alacrán) consiga inmediatamente tratamiento de urgencia aun antes de que aparezcan síntomas.

■ Observe síntomas de hipersensibilidad, tales como dolor fuerte o hinchazón, respiración fatigosa, después de una picadura de abeja, avispa o avispón. Los individuos que muestran tales síntomas con una primera picadura, por lo general desarrollan hipersensibilidades o alergias a la ponzoña, caso en el cual una picadura posterior puede ser fatal si no se administra inmediatamente tratamiento de urgencia. Si la reacción de su niño es algo más que un simple dolor o una pequeña inflamación, informe al médico, quien probablemente recomendará pruebas de alergia. Si se le diagnostica alergia, usted probablemente se verá obligada a llevar el necesario equipo de emergencia cuando salgan de paseo y las abejas estén en estación.

■ Es posible, desde luego, que ocurra sensibilización al veneno de abejas sin que se haya notado previamente una reacción, especialmente en un bebé. Por tal razón, en caso de que la víctima de una picadura se llene de urticaria por todo el cuerpo, experimente dificultad para respirar, ronquera, tos fuerte, dolor de cabeza, náusea, vómito, lengua pesada, hinchazón de la cara, debilidad, mareos o desmayo, consiga inmediatamente atención médica de urgencia.

5. Picaduras de culebra. Es raro que un niño chiquito sea picado por una culebra venenosa, como la serpiente de cascabel o la coral, cuyos colmillos dejan la señal donde los entierran; pero estas picaduras son sumamente peligrosas. Por el pequeño tamaño de un niño, una cantidad incluso mínima de veneno puede ser fatal. En caso de picadura, es muy importante mantener al niño y la parte afectada tan quietos como sea posible. Si la picadura es en una de las extremidades, inmovílicela entablillándola si es necesario, y manténgala a nivel inferior al corazón. Para aliviar el dolor use compresas frías, pero no aplique hielo ni le dé ninguna medicación sin orden del médico. Chupar el veneno con la boca (y escupirlo) puede ayudar si esto se hace inmediatamente; pero no practique incisión de ningún tipo a menos que esté a cuatro o cinco horas de distancia de ayuda y que se presenten síntomas graves. Si el niño no está respirando, apliquele resucitación cardiopulmonar (página 523). Hágale el tratamiento de shock (# 44), si es necesario. *Obtenga ayuda médica inmediata;* y esté preparada para identificar la especie de culebra si es posible. Si no va a poder obtener ayuda médica antes de una hora, aplique una venda constrictora floja (un cinturón, una corbata, una cinta suficientemente floja para que pueda meter un dedo por debajo), cinco centímetros arriba de la picadura para retardar la circulación. (No ate semejante torniquete en un dedo de la mano o del pie ni alrededor del cuello, la cabeza o el tronco.) Verifique el pulso (vea la página 473) más abajo del torniquete y con frecuencia para estar segura de que la circulación no se ha interrumpido, y afloje el torniquete si el brazo o pierna se empieza a hinchar. Anote la hora en que lo ató.

Trate las picaduras de culebras no venenosas lo mismo que las punzaduras (# 50) y notifique al médico del niño.

6. Picaduras de animales marinos. Estas no suelen ser serias, aunque de vez en cuando un niño pequeño tiene una reacción grave. Por precaución se debe buscar inmediatamente ayuda médica. El tratamiento de primeros auxilios varía según el tipo de animal marino de que se trate, pero en términos generales, los fragmentos que queden del aguijón se deben quitar delicadamente con un pañal o una prenda de ropa (para protegerse usted los dedos). El tratamiento para hemorragia (# 49), shock (# 44) o suspensión de la respiración (vea la página 523), si se hace necesario, debe iniciarse inmediatamente. (No se preocupe si la sangre que sale es poca; ésta podría ayudar a purgar las toxinas.) La picadura de una pastinaca, una escorpina, un pargo, una sinanceja o un erizo de mar debe dejarse a remojo en agua caliente durante 30 minutos o hasta que llegue el médico. Las toxinas de la picadura de una medusa se pueden contrarrestar aplicando alcohol o amoniaco diluido (en su bolsa de playa puede llevar por precaución alcohol y algodón).

Fracturas de huesos

7. Posible fractura de brazos, piernas, clavículas o dedos. Entre los síntomas de fractura se incluyen: un crujido que se oye en el momento del accidente; deformación (aun cuando esto también puede indicar dislocación, # 16); imposibilidad de mover la parte afectada o resistir peso sobre ella; dolor fuerte (el llanto persistente es un indicio); entumecimiento u hormigueo (de los cuales el bebé no puede avisar); hinchazón y descoloración. Si se sospecha fractura de una extremidad, no mueva al niño sin hablar antes con el médico, a menos que sea absolutamente necesario para su seguridad. Si se ve obligada a moverlo, trate primero de inmovilizar la parte herida (pierna o brazo, cabeza, nuca) entablillándola en la posición en que se encuentra con una regla, una revista, un libro o cualquier otro objeto rígido, acolchándolo con tela suave para proteger la piel. O use una almohada pequeña y firme como tablilla. Asegure la tablilla en el punto de la fractura y arriba o abajo de éste con vendajes, tiras de tela, bufandas o corbatas, pero no tan apretados que impidan la circulación. Si no tiene a mano nada que le pueda servir para entablillar, trate de inmovilizar la parte herida con su propio brazo. Verifique constantemente que los vendajes no estén impidiendo la circulación. Aplique hielo para reducir la hinchazón hasta que llegue el médico. Aun cuando las fracturas en los niños se curan rápidamente, es necesario el tratamiento médico para asegurar que la lesión sane correctamente. Lleve a su niño al médico o a una sala de urgencias aunque sólo sospeche que hay fractura.

8. Fracturas abiertas. Si el hueso sobresale de la piel, no lo toque. Cubra la herida, si es posible, con gasa esterilizada o con un pañal de tela muy limpio; contenga la hemorragia, si es necesario, haciendo presión (# 49); y consiga ayuda médica de urgencia.

9. Posible lesión de nuca o espalda. Si se sospecha una lesión de la nuca o la espalda, no mueva al niño *en absoluto*. Pida asistencia médica de urgencia. Conserve al niño cómodo mientras llega la ayuda, y si es posible coloque algunos objetos pesados (como libros) alrededor de la cabeza para inmovilizarla. No le dé nada de comer ni de beber. Si hay fuerte hemorragia (# 49), shock (# 44) o suspensión de la respiración (vea la página 523), trate éstos inmediatamente.

Quemaduras y escaldaduras

Importante: Si la ropa del niño está en llamas, use un abrigo, una manta, una colcha o su propio cuerpo (usted no se quemará) para ahogar las llamas.

10. Quemaduras térmicas limitadas. Meta la extremidad quemada en agua fría, o aplique compresas frías (10°C a 15°C) a la quemadura si es en el tronco o en la cara. Continúe hasta que al bebé le pase el dolor, por lo general en una media hora o una hora. No aplique hielo, pues podría complicar la lesión cutánea, y no reviente las ampollas que se formen. Después de la inmersión, seque suavemente la zona quemada y cúbrala con un material no adhesivo (como por ejemplo, un vendaje o, en caso de emergencia, papel de aluminio). Quemaduras en la cara, manos, pies o partes genitales debe verlas el médico inmediatamente. Cualquier quemadura, aun cuando sea pequeña, en un niño de menos de un año justifica que se llame al médico.

11. Quemaduras termales extensas. Mantenga al niño tendido. Quítele la ropa de la parte quemada que no esté pegada a la herida. Aplique compresas frías a la zona lesionada (pero no más de un 25% del cuerpo a la vez). Mantenga al niño confortablemente abrigado, con las piernas más altas que el corazón si éstas se han quemado. No ejerza presión ni aplique ungüentos, mantequilla ni otras grasas, polvos ni ácido bórico a la quemadura. Si el niño está consciente y no tiene quemaduras graves en la boca, déle el pecho o déle agua o cualquier otro líquido. Transpórtelo inmediatamente al consultorio del médico o a una sala de urgencias, o pida asistencia médica de urgencia.

12. Quemaduras químicas. Las sustancias cáusticas (como la lejía y los ácidos) pueden causar quemaduras muy serias. Sacuda suavemente de la piel cualquier materia química seca y quítele toda prenda de vestir que se haya contaminado. Lave inmediatamente la piel con grandes cantidades de agua, usando el antídoto que se recomiende en el envase de la sustancia química, o jabón. Llame a un médico o a un dispensario o sala de urgencias para que le den más consejos. Obtenga inmediata asistencia médica si el enfermo tiene dolor o dificultad para respirar, lo cual podría indicar lesión pulmonar por la inhalación de vapores cáusticos. (Si se ha tragado una sustancia química, vea # 41.)

13. Quemaduras eléctricas. Desconecte inmediatamente la fuente de energía, si es posible. O retire a la víctima de dicha fuente usando un objeto seco no metálico, como una escoba, una escalerilla de madera, una cuerda, un cojín, una silla y hasta un libro grande — pero no con las manos desnudas. Inicie la resucitación cardiopulmonar (RCP, página 523), si el niño no está respirando. Toda quemadura eléctrica debe ser evaluada por un médico, así que llame al suyo o vaya a la sala de urgencias inmediatamente.

14. Eritema solar. Si su niño, o cualquier otra persona de la familia, es víctima de quemadura solar, o eritema, trátelo aplicando compresas de agua fría del acueducto (vea la página 728) durante 10 a 15 minutos, tres o cuatro veces al día, hasta que se reduzca la inflamación; el agua al evaporarse contribuye a refrescar la piel. Entre uno y otro de estos tratamientos aplique Nutraderm, Lubriderm o cualquier otra crema humectante por el estilo, o linimento de calamina, que tiene la ventaja adicional de secar las ampollas. No use vaselina en una quemadura porque impide la entrada del aire que se necesita para la curación. Y no le dé antihistaminas a menos que las ordene el doctor. Para quemaduras graves, es posible que le receten ungüentos o cremas esteroides y que se proceda a drenar y curar las ampollas grandes. Aun cuando algunos aseguran lo contrario, la aspirina no impide el daño a la piel; pero un analgésico para bebé, como acetaminofeno, puede reducir el malestar.

Convulsiones

15. Los síntomas de un ataque o convulsión son: Colapso, ojos en blanco, espumarajos, rigidez del cuerpo seguida por sacudidas incontrolables, y, en los casos más serios, dificultad para respirar. Las convulsiones breves son comunes cuando la fiebre es muy alta (vea la página 497). En caso de un ataque, haga esto: despeje el área alrededor del bebé, pero no lo sujete a menos que sea necesario para impedir una lesión. Aflójele la ropa alrededor del cuello y el abdomen y colóquelo de lado, con la cabeza más baja que las caderas. No le meta nada a la boca, ni alimento ni bebida, ni el pecho ni el biberón. Llame al médico. Cuando pase la convulsión, refrésquelo con una esponja empapada en agua fría si hay fiebre, pero no meta al niño dentro del

CONVIENE ESTAR PREPARADA

■ Discuta con el médico de su niño cuál sería el mejor plan de acción en caso de una lesión — llamar al consultorio, ir a una sala de urgencias o seguir algún otro procedimiento. Las recomendaciones pueden variar según la gravedad de la lesión, el día de la semana y la hora del día.

■ Mantenga los artículos de primeros auxilios (vea la página 46) fuera del alcance del niño y en una caja o estuche fácil de manejar, de modo que lo pueda llevar completo al sitio del accidente. Y, si es posible, el próximo teléfono que compre que sea portátil para que lo pueda llevar al sitio del accidente en la casa o alrededor de ella.

■ Al lado de cada teléfono que tenga en su casa fije los números telefónicos de los médicos cuyos servicios utilice su familia, del dispensario, la farmacia, la sala de urgencias del hospital más cercano (o la que se proponga usar), el servicio médico de urgencia, lo mismo que el teléfono de una amiga o vecina a quien pueda llamar en caso de necesidad. Lleve en la pañalera una tarjeta con estos mismos teléfonos.

■ Conozca la vía más rápida al hospital o al dispensario.

■ Haga un curso de resucitación cardiopulmonar (RCP) para bebés y mantenga sus habilidades al día y listas para emplearlas mediante cursos periódicos de repaso y práctica regular en la casa con una muñeca. Familiarícese igualmente con los procedimientos de primeros auxilios para las lesiones comunes.

■ Mantenga algún dinero en efectivo reservado en un lugar seguro, en caso de que necesite para pagar un taxi que la lleve a la sala de urgencias o al consultorio médico en una emergencia.

■ Aprenda a manejar con calma los accidentes pequeños, lo cual le ayudará a conservar la serenidad en caso de que ocurra uno grave. Su actitud y tono de voz (o el de cualquier otra persona que cuide del niño) afecta a la reacción del bebé cuando éste sufre una herida. Pánico o angustia de su parte pueden trastornar al niño, y un niño intranquilo no coopera en una emergencia y es más difícil de tratar.

■ Recuerde que muchas veces la mejor manera de tratar una herida pequeña es consentir al bebé; pero el mimo debe adecuarse al grado de gravedad que tenga la lesión. Una sonrisa, un beso, unas palabras de estímulo (''Eso no es nada'') son todo lo que necesita un pequeño golpecito en la rodilla. Pero un pinchazo doloroso en el dedo seguramente necesitará una gran dosis de besos y probablemente alguna distracción. En la mayoría de los casos es necesario calmar primero al niño antes de aplicarle los primeros auxilios. Sólo en las situaciones en que la vida esté en peligro (que por fortuna son raras) no se debe perder tiempo en tranquilizar al niño porque se podría perjudicar el resultado del tratamiento.

agua ni le eche agua en la cara. Si no está respirando, inicie la RCP inmediatamente (vea la página 523).

Dislocaciones

16. Dislocaciones de hombros y codos son comunes entre los niños que están haciendo pinitos — principalmente porque los adultos impacientes los arrastran tirándolos del brazo. Indicios típicos son una deformación del brazo o imposibilidad del niño para moverlo, combinada por lo común con llanto persistente por el dolor. Una rápida visita al consultorio del médico o a una sala de urgencias, donde profesionales expertos vuelven a colocar en su sitio la parte dislocada, traerá alivio virtualmente instantáneo. Antes de salir aplique hielo y entablille, si el dolor parece excesivo.

Ahogamiento

17. Aunque un niño que sea sacado inconsciente del agua reviva pronto, debe examinarlo un médico. Si permanece inconsciente, haga que alguna otra persona pida ayuda médica de urgencia, si es posible, mientras usted inicia la RCP (vea la página 523). Aun cuando no haya otra persona disponible para que pida ayuda por teléfono, inicie inmediatamente la RCP y llame después. No suspenda la resucitación hasta que el niño reviva o llegue ayuda, aunque tarde mucho. Si hay vómito acueste al niño de lado para evitar que se asfixie. Si sospecha que se ha dado un golpe en la cabeza o se ha lastimado la nuca, inmovilice estas partes.

Lesiones de los oídos

18. Objetos extraños en los oídos. Trate de que el objeto salga volteando al niño de manera que el oído quede hacia abajo y sacudiéndole la cabeza muy suavemente. Si esto no da resultado, ensaye estas técnicas:

■ Si es un insecto, use una linterna eléctrica para atraerlo con la luz para que salga.

■ Si es un objeto de metal, ensaye con un imán para extraerlo.

■ Si es un objeto de plástico o de madera, unte una gota de pegamento de secado rápido en el extremo de un sujetapapeles desdoblado y toque con él el objeto, si éste es visible. No use ningún pegante que se pueda adherir a la piel. No introduzca el sujetapapeles hasta el oído interno. Espere a que el pegamento se seque, luego retire el sujetapapeles, ojalá con el objeto adherido. No ensaye esto si no tiene alguien que le ayude a mantener quieto al niño.

Si estas técnicas no dan resultado, no trate de extraer el objeto con los dedos ni con ningún instrumento. Lo que debe hacer es llevar al niño al consultorio del médico o a una sala de urgencias.

19. Lesión del oído. Si un objeto puntiagudo se ha introducido en el oído o si su hijo da señales de haber sufrido una lesión (sangre que sale por el canal auricular, súbita dificultad para oír, oreja hinchada), llame al médico.

Choque eléctrico

20. Rompa el contacto con la fuente de energía eléctrica apagando el encendedor, si es posible, o separe al niño de la corriente usando un objeto seco no metálico, como una escoba, una escalerita de madera, una bata, un cojín, un asiento o hasta un libro grande. Pida asistencia médica de urgencia, y si el niño no está respirando, inicie la RCP (vea la página 523).

Lesiones de los ojos

Importante: No haga presión sobre un ojo herido, no toque el ojo con los dedos ni le aplique ninguna medicación sin órdenes del médico. No permita que el niño se frote el ojo, cubriéndoselo con una copa pequeña (o una ojera), o sujetándole ambas manos, si es necesario.

21. Objeto extraño dentro del ojo. Si se puede ver el objeto (por ejemplo pestaña o grano de arena), lávese bien las manos y use una mota de algodón para tratar de sacárselo suavemente. También puede tratar de sacarle el objeto lavándole el ojo con un chorro de agua tibia (a la temperatura del cuerpo) mientras otra persona mantiene al niño quieto, si es necesario. Si esto no tiene éxito, trate de estirarle el párpado superior sobre el inferior durante unos pocos segundos.

Si después de estas tentativas todavía se puede ver el objeto en el ojo, o si el niño sigue mostrándose desasosegado, vaya al consultorio del doctor o a la sala de urgencias, pues es posible que el objeto se

Al bebé no le gustará el lavado del ojo, pero es indispensable cuando le ha caído dentro una sustancia corrosiva.

haya incrustado o que haya rayado el ojo. No trate usted misma de extraer un objeto incrustado. Cúbrale el ojo con gasa esterilizada asegurada flojamente con esparadrapo, o con unas pocas toallitas de papel limpias o un pañuelo limpio, para aliviar algo del malestar por el camino.

22. Sustancias corrosivas en el ojo. Lave el ojo inmediatamente con un chorro de agua tibia (echándosela con una jarra, una taza o un frasco) durante 15 minutos, manteniéndole el ojo abierto con sus dedos. Si es un solo ojo el afectado, manténgale al niño la cabeza de manera que el ojo no afectado quede más alto que el otro, para que al ojo sano no le caiga el agua contaminada. No use gotas ni ungüentos y no le permita al niño frotarse los ojos. Llame al médico o a un dispensario para obtener mayores instrucciones.

23. Lesión del ojo con instrumento agudo o cortante. Mantenga al niño en una posición semirreclinada mientras busca ayuda. Si el objeto está todavía dentro del ojo, no trate de extraerlo. Si no está, cúbrale el ojo ligeramente con un

tapón de gasa, un paño de aseo limpio o un pañuelito de papel; no haga presión. En cualquier caso, obtenga inmediatamente asistencia médica. Si bien tales lesiones muchas veces parecen más graves de lo que son, es conveniente consultar con un oftalmólogo cuando el ojo haya sido arañado o punzado, aun cuando sea levemente.

24. Lesión del ojo con objeto romo. Mantenga al niño acostado boca arriba. Cubra el ojo herido con una compresa de hielo o compresa fría (página 728); si el ojo se pone negro, si parece que el niño no ve bien o se frota mucho el ojo, o si un objeto lo golpeó a alta velocidad, consulte con el médico.

Desmayos

25. Verifique la respiración y si ésta se ha suspendido inicie *inmediatamente* la RCP (vea la página 523). Si usted ve que hay respiración, mantenga al niño tendido, ligeramente cubierto para que no se enfríe. Aflójele la ropa alrededor del cuello. Voltee la cabeza del niño hacia un lado y sáquele de la boca cualquier alimento u otro objeto que tenga en ella. No le dé nada de comer ni de beber. Llame inmediatamente al médico.

Lesiones de los dedos

26. Contusiones. Como los niños son tan curiosos, están muy expuestos a machucarse dolorosamente los dedos con los cajones y las puertas. Para una contusión de este tipo, métale el dedo en agua helada. Se recomienda una inmersión hasta de una hora, interrumpiendo cada 15 minutos lo suficiente para que el dedo se vuelva a calentar, a fin de evitar la congelación. Por desgracia, pocos son los niños que se quedan quietos durante tanto tiempo, pero sí puede usted aplicar el tratamiento durante unos pocos minutos valiéndose de la distracción o de la fuerza. Un dedo del pie que ha sufrido un tropezón también se alivia en esta forma, aun cuando tampoco suele ser práctico el remedio con un niño que no quiere cooperar. El dedo lastimado, sea de la mano o del pie, se hinchará menos si se mantiene elevado.

Si se hincha mucho y muy rápidamente, si pierde su forma y no se puede enderezar, hay que sospechar una fractura (# 7). Llame al médico inmediatamente si la lastimadura se produjo con un rodillo de exprimir ropa o con los rayos de una rueda en movimiento.

27. Sangría bajo la uña. Cuando un dedo del pie o de la mano está muy lastimado, es posible que se forme un coágulo de sangre debajo de la uña, produciendo una dolorosa presión. Si sale sangre de debajo de la uña, presione sobre ella para aumentar el flujo, lo cual ayudará a aliviar la presión. Meta el dedo lastimado en agua helada si el bebé la tolera. Si el dolor continúa, es posible que haya necesidad de practicar un orificio en la uña para aliviar la presión. Su médico hará esta operación o le indicará a usted cómo hacerla.

28. Uña rota. Si la desgarradura es pequeña, asegúrela con un pedacito de esparadrapo o una vendita hasta que la uña vuelva a crecer y se pueda recortar. Si es casi total, corte con las tijeritas a lo largo de la línea de desgarradura y cúbrala con una vendita hasta que la uña crezca otra vez lo suficiente para proteger la yema del dedo.

TRATAMIENTO DEL PEQUEÑO PACIENTE

Los niños chiquitos no suelen ser buenos pacientes. Por más desasosiego que les produzcan los síntomas de la enfermedad, o por dolorosas que sean las heridas que han sufrido, les parece que la cura va a ser peor. No vale explicarles que la loción de calamina les disminuirá la comezón de la varicela, o que la compresa de hielo impedirá que el dedo lastimado se hinche. Hasta niños mayorcitos que ya son capaces de entender este razonamiento casi con seguridad se resisten. Pero se les puede distraer un poco mientras uno trata la enfermedad o lastimadura. Como entretención, que se debe empezar antes del tratamiento y ojalá antes de que empiecen las lágrimas, se puede apelar a una caja de música favorita; cintas de vídeo o audio; un perrito de juguete que ladra y bate la cola; un automóvil pequeño de juguete que viaja sobre la mesa; o un papá o un hermanito que pueda bailar, saltar o cantar canciones infantiles. Con esto se puede convertir en un éxito lo que de otra manera sería una sesión desastrosa. O ensaye con unos botecitos en el agua de la inmersión; tomándole la temperatura al osito; dándole a una muñeca una dosis de medicina; poniéndole una compresa de hielo en un chichón al perrito.

Con qué vigor haya que aplicar el tratamiento dependerá de lo grave que sea la enfermedad o la herida. En un caso leve de nariz tupida, quizá no valga la pena la batalla por sonarlo. Pero si la nariz tupida le está impidiendo dormir o comer, entonces la batalla puede ser necesaria. Un leve chichón tal vez no justifique que usted y el niño se mortifiquen si él rechaza una compresa de hielo. En cambio, una quemadura grave ciertamente necesita el tratamiento, aun cuando el bebé ponga el grito en el cielo. En la mayoría de los casos, haga lo posible por aplicar el tratamiento, aun cuando sea brevemente; unos pocos minutos de hielo en un cardenal reducen el desangre bajo la piel; y aun 30 segundos de tomar la temperatura le dan una idea bastante buena del estado del niño. Y cuando el enfado del niño sea superior a los beneficios del tratamiento, abandone éste.

29. Uña desprendida. Desprenda completamente la uña si está todavía en parte adherida. Introduzca el dedo del pie o de la mano durante 20 minutos en agua fría, si es posible, luego aplique un ungüento antibiótico y cubra con una vendita que no se pegue. Durante los tres días siguientes, una vez al día métalo en aguasal (media cucharadita de sal en un litro de agua) durante unos 15 minutos. Aplique ungüento antibiótico y cubra el dedo con una vendita limpia después de cada inmersión. Hacia el cuarto día suspenda el ungüento si la mejoría continúa, pero siga con las inmersiones diarias todo el resto de la semana. Mantenga la raíz de la uña cubierta con una vendita hasta que la uña crezca completamente. Si en cualquier momento se presentan síntomas de infección como enrojecimiento, calor e hinchazón, llame al médico.

Congelación

30. Los bebés son sumamente susceptibles de sufrir congelación, particularmente en los dedos de manos y pies, orejas, nariz y mejillas. En la congelación la parte afectada se enfría muchísimo y se pone blanca o gris amarillenta. Si observa estos síntomas en su niño, trate inmediatamente de calentar contra su cuerpo las partes afectadas, abriéndose la blusa y metiendo al niño dentro en contacto con su piel. Tan pronto como sea posible, consiga un médico o vaya a una sala de urgencias. Si esto no es factible por el momento, lleve al niño bajo techo y empiece un proceso gradual de recalentamiento. A un niño que haya sufrido congelación no lo ponga cerca de un radiador, estufa, fuego abierto o lámpara de calefacción, porque la piel lesionada puede quemarse. No trate de descongelarlo rápidamente en agua caliente, pues también puede agravar el daño. Lo que debe hacer es meter los dedos afectados directamente en agua a una temperatura aproximada de 39°C, o sea apenas ligeramente superior a la temperatura normal del cuerpo, y que apenas se sienta tibia al tacto. Para las partes que no se pueden sumergir en agua, como la nariz, las orejas y las mejillas, use compresas (paños de aseo o toallas húmedas) a la misma temperatura, pero no haga presión. Continúe las inmersiones hasta que el color vuelva a la piel, generalmente a los 30 o 60 minutos (agregue agua tibia según se necesite), dándole el pecho al niño o líquidos moderadamente calientes en biberón o taza. A medida que la piel congelada se vuelve a calentar, se pone roja y ligeramente inflamada, e inclusive puede ampollarse. Si hasta ese momento la lesión no la ha visto todavía el médico, es importante que la vea ahora.

Si una vez que se han calentado las partes lastimadas usted tiene que salir otra vez para llevar al niño al médico (o a cualquier otra parte), tenga especial cuidado de mantener dichas partes calientes en el camino, pues la recongelación de los tejidos descongelados puede producir daño adicional.

Después de una prolongada exposición al frío, la temperatura del cuerpo del niño puede caer por debajo de los niveles normales. Esta es una emergencia médica conocida como hipotermia. En esos casos, al niño que parezca inusualmente frío al tacto hay que llevarlo sin pérdida de tiempo a la sala de urgencias más próxima. Por el camino manténgalo calentito contra su cuerpo.

Heridas en la cabeza

31. Descalabraduras y chichones. Por la profusión de vasos sanguíneos en el cuero cabelludo, es corriente que cualquier cortadura en la cabeza, por pequeña que sea, sangre muchísimo y que los chichones tiendan a adquirir el tamaño de huevos

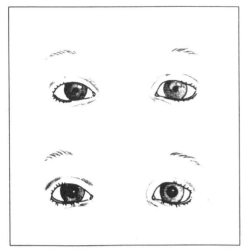

Las pupilas deben cerrarse en respuesta a la luz (arriba) y dilatarse una vez que la luz se retira (abajo).

rápidamente. Trate estas lesiones como cualquier otra cortadura (# 47, # 48) o contusión (# 45). Toda herida de la cabeza, salvo las muy insignificantes, debe llegar a conocimiento del médico.

32. Posible traumatismo grave. Casi todos los niños sufren muchos golpes de menor cuantía en la cabeza durante el primer año. Por lo general son percances que se curan con un beso de la mamá, pero si el niño sufrió un golpe fuerte, lo prudente es observarlo cuidadosamente durante seis horas. Llame al médico o pida asistencia de urgencia si su bebé muestra cualquiera de estos síntomas si sufrió una herida en la cabeza:

■ Pérdida del conocimiento (un breve período de somnolencia, no más que dos o tres horas, es común y no hay por qué preocuparse).

■ Convulsiones.

■ Dificultad para despertarse (verifique cada hora o cada dos horas durante las siestas diurnas, y por la noche dos o tres veces durante las seis primeras horas des-

pués de la herida, para estar segura de que el bebé responde; si no lo puede despertar, examine si respira; vea la página 523).

■ Más de uno o dos episodios de vómito.

■ Una depresión o hundimiento del cráneo.

■ Imposibilidad de mover una pierna o un brazo.

■ Supuración de sangre o fluido acuoso de los oídos o la nariz.

■ Areas negras o azules que aparecen alrededor de los ojos o detrás de las orejas.

■ Dolor aparente durante más de una hora, que altera las actividades normales o el sueño.

■ Mareo que persiste más de una hora después del golpe (el niño parece que ha perdido el equilibrio).

■ Tamaño anormal de las pupilas, o pupilas que no responden a la luz de una linternita de mano contrayéndose (véase ilustración) o dilatándose al apagarse la luz.

■ Palidez no usual que dura más que un corto tiempo.

Mientras espera que le llegue ayuda, mantenga al niño tranquilo y acostado con la cabeza volteada a un lado. Hágale tratamiento para shock (# 44), si es necesario. Empiece la RCP (página 523) si el niño deja de respirar. No le dé nada de comer ni bebida alguna hasta que hable con el médico.

Insolación

33. La insolación se produce súbitamente. Los síntomas que hay que vigilar son: piel caliente y seca (u ocasionalmente, húmeda), fiebre muy elevada, diarrea, agitación o letargo, confusión, convulsiones y pérdida del conocimiento. Si sospecha insolación, envuelva al niño en una toalla grande que haya sido empapada en agua helada (eche cubos de hielo en el vertedero mientras se esté llenando con agua fría del grifo, luego meta la toalla) y pida inmediatamente ayuda médica de urgencia, o lleve al niño sin pérdida de tiempo a la más cercana sala de urgencias. Si la toalla se calienta, repita con otra toalla enfriada.

Lesiones de la boca

34. Labios partidos. Pocos son los niños que terminan su primer año sin haber sufrido por lo menos una cortadura del labio. Por fortuna, estas lesiones por lo general sanan muy rápidamente. Para aliviar el dolor y controlar la sangre, aplique una compresa de hielo. O si el niño ya tiene edad para ello, permítale chupar una paleta de helado o un cubo grande de hielo bajo supervisión de un adulto (cuando el cubito se haga suficientemente pequeño para que se pueda atorar con él, cámbieselo por otro grande). Si la herida queda abierta, o si la sangre no se contiene en diez o quince minutos, llame al médico. A veces una herida en los labios se produce porque el niño se mete en la boca un alambre eléctrico. Si sospecha que éste es el caso, llame al médico.

35. Cortaduras dentro del labio o la boca. Estas lesiones también son comunes en los niños. Una compresa de hielo para los muy pequeños o una paleta de helado o un cubo de hielo para que lo chupen si son ya mayorcitos, alivian el dolor y controlan la sangre. Para restañar la sangría de la lengua, si no para espontáneamente, comprima los dos lados de la herida juntándolos con un pedazo de gasa o un paño limpio. Si la herida es atrás en la garganta o en el velo del paladar (que separa la cavidad de la boca de la faringe), o si es una herida causada por

Hacer presión sobre un labio cortado con un pedazo de gasa sostenido entre el pulgar y el índice, restañará el flujo de sangre.

un objeto puntiagudo como un lápiz o un palo, o si el flujo de sangre no se detiene dentro de 10 o 15 minutos, llame al médico.

36. Diente sacado por un golpe. Si un diente permanente es desalojado, se debe lavar en agua corriente sosteniéndolo por la corona (no por la raíz). En seguida, es posible volverlo a insertar en la encía o mantenerlo en la boca o en agua o en leche, mientras se lleva al dentista, quien posiblemente podrá volverlo a colocar en su lugar si no han pasado más de 30 a 45 minutos del accidente. Pero hay pocas probabilidades de que un dentista trate de volver a insertar un diente de leche (estas reinserciones a menudo causan abscesos y rara vez duran), de manera que no vale la pena tratar de conservar el dientecito. Pero el dentista sí querrá verlo para estar seguro de que esté completo. Si han quedado fragmentos en la encía, éstos pueden desprenderse y luego ser inhalados y atragantar al niño. Lleve, pues, el diente al dentista o a la sala de urgencias si no puede encontrar un dentista.

37. Diente roto. Limpie bien la boca de tierra o cualquier otra cosa que haya quedado en ella, con agua tibia y gasa o un paño limpio. Asegúrese de que no le queden astillas del diente roto con las cuales se pueda ahogar. Coloque compresas frías (vea la página 728) en la cara en el área del diente afectado para reducir la hinchazón. Llame inmediatamente al dentista para que le dé más instrucciones.

Heridas de la nariz

38. Hemorragia nasal. Manteniendo al niño en posición vertical o ligeramente inclinado hacia adelante, apriétele suavemente la nariz con el pulgar y el índice durante 5 o 10 minutos. (El niño automáticamente empezará a respirar por la boca.) Trate de calmarlo porque el llanto aumenta la hemorragia. Si ésta persiste, ensaye taponar la nariz con una mota de algodón absorbente y apriétele la nariz otros 10 minutos o aplíquele compresas frías. Si nada de esto sirve y la hemorragia continúa, llame al médico, conservando al niño mientras tanto en posición vertical. La frecuente hemorragia nasal, aun

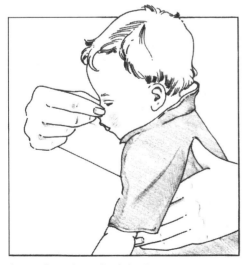

Apretar la nariz con los dedos detiene la hemorragia nasal.

cuando se restañe con facilidad, debe informarse al médico del niño.

39. Objeto extraño en la nariz. Dificultad para respirar y una fluxión nasal maloliente y a veces sanguinolenta son señales de que algo se le ha metido en la nariz. Mantenga al niño en calma y trate de que respire por la boca. Extraiga el objeto con los dedos si lo puede alcanzar con facilidad, pero no trate de hurgar ni use pinzas ni ninguna cosa que pueda lastimarle la nariz, si el niño se mueve inesperadamente, o que pueda empujar el objeto más adentro en las fosas nasales. Si no puede extraer el objeto, trate de enseñarle al niño a soplar por la nariz haciendo usted el ademán para que él la imite. Si esto falla, lleve al niño al médico o a una sala de urgencias.

40. Golpes en la nariz. Si hay hemorragia, mantenga al niño en posición vertical e inclinado un poco hacia adelante para reducir la sangre que trague y el peligro de que se ahogue con ella (# 38). Use una compresa de hielo o fría (página 728) para reducir la hinchazón. Hágalo examinar del médico para estar segura de que no haya fractura.

Envenenamiento

41. Venenos tragados. Cualquier sustancia que no sea alimenticia es potencialmente un veneno. Si el niño pierde el conocimiento y usted sabe o sospecha que ha ingerido alguna sustancia peligrosa, inmediatamente inicie el tratamiento de urgencia. Coloque al niño boca arriba sobre una mesa y compruebe la respiración (vea la página 523); si no hay señales de respiración, inicie prontamente la resucitación cardiopulmonar. Pida asistencia médica de urgencia después de dos minutos, luego continúe la RCP hasta que el niño reviva o llegue ayuda.

Los síntomas más comunes de envenenamiento son: letargo, agitación u otro comportamiento que se aparte del normal; pulso acelerado e irregular o resuello rápido; diarrea o vómito (en este último caso el niño se debe volver sobre un lado para evitar que se ahogue con el vómito); lagrimeo excesivo, sudor, babear; boca y piel calientes, secas; pupilas dilatadas o muy cerradas; movimiento oscilante y lateral de los ojos; temblor o convulsiones.

Si su niño tiene varios de estos síntomas (y no se pueden explicar de ninguna otra manera), o si usted tiene pruebas de que con seguridad o posiblemente ha tragado una sustancia dudosa, no le haga usted misma el tratamiento. No le dé nada por la boca (incluso alimento o bebida; ni la mezcla de carbón activado conocida como antídoto universal; ni ninguna otra cosa para provocar el vómito, como jarabe de ipecacuana, aguasal o claras de huevo). Por el contrario, lo que debe hacer es llamar al médico, a un dispensario o a la sala de urgencias del hospital para que le den *inmediatamente* instrucciones. Llame aunque no haya síntomas, pues es posible que éstos no aparezcan durante varias horas. Lleve al teléfono el envase de la sustancia sospechosa con la etiqueta intacta, lo mismo que lo que haya quedado del contenido. Informe el nombre de la sustancia (o de la planta, si es que se ha comido una mata) y cuánto comió o cuánto cree usted que tomó, si es posible determinarlo. Esté también preparada para suministrar la edad, tamaño, peso y síntomas del bebé.

Para muchos venenos le darán a usted instrucciones de que provoque el vómito con jarabe de ipecacuana, a fin de vaciar el estómago de la mayor cantidad posible de veneno.[1] Déle la dosis que recomiende el médico. (Si no tiene a mano jarabe de ipecacuana, pregunte al personal médico qué otro remedio casero puede usar para provocar el vómito.) Si en el término de 20 minutos no vomita, repita la dosis — pero sólo una vez. Si logra provocar el vómito, guarde la materia vomitada en una olla o escudilla. Si le dan instrucciones de que vaya a la sala de urgencias o al consultorio del médico, lleve el vómito para análisis. Puede ser más fácil llevarlo en un frasco con tapa o en una bolsa de plástico de cierre automático, pero lleve también otro cuenco o balde, en caso de que el niño vuelva a vomitar. No olvide también llevar la sustancia sospechosa (un frasco de píldoras, el envase de líquido de limpiar, una rama de filodendro).

El vómito no se provoca en bebés menores de seis meses por el gran peligro de que se ahoguen. En niños de seis meses a un año, se debe provocar sólo con supervisión médica. El vómito no se debe provocar a ninguna edad cuando se ha ingerido una sustancia corrosiva (como blanqueador, amoniaco o destapador de cañerías) o cualquier cosa que tenga base de queroseno, benceno o gasolina (pulidores para muebles, líquido de limpiar, trementina). Tampoco cuando la víctima esté inconsciente, soñolienta o tenga convulsiones o temblor. En algunos casos el tratamiento preferido es carbón líquido, que absorbe el veneno.

42. Vapores o gases tóxicos. Los vapores de la gasolina, los gases de escape de automóvil, algunas sustancias químicas y el humo denso de los incendios son tóxicos. A un niño que se haya expuesto a tales peligros sáquelo al aire libre rápidamente (abra las ventanas o lleve al niño fuera). Si no está respirando, inicie *inmediatamente* la RCP (vea la página 523) y

---

[1] Si gasta toda la ipecacuana que tenía, no olvide reponer la provisión.

continúe hasta que se restablezca por completo la respiración o llegue ayuda. Si es posible, haga que otra persona llame a pedir auxilio mientras usted continúa la RCP. Si no hay nadie más en la casa, tómese un momento para llamar después de dos minutos de esfuerzos de resucitación — y vuelva inmediatamente a la RCP. A menos que ya esté en camino la ambulancia, transporte al bebé al consultorio lo más pronto posible, pero siempre que eso no implique suspender la RCP o que usted misma no haya estado expuesta y por consiguiente no pueda pensar a derechas. En este caso, debe conducir el automóvil otra persona. Aun cuando logre restablecer la respiración, es necesaria la atención médica inmediata.

Extremidades o dedos desprendidos

43. Accidentes tan graves como éstos son raros, pero saber qué hacer cuando ocurran puede salvar una pierna, un brazo o un dedo. Tome estas medidas inmediatamente según se necesiten:

■ Trate de controlar la hemorragia. Con varios tacos de gasa esterilizada, un pañal limpio, una toalla sanitaria o un paño de aseo limpio, haga fuerte presión sobre la herida. Si continúa la hemorragia aumente la presión sin preocuparse porque pueda causar daño apretar tanto. No aplique un torniquete sin instrucciones del médico.

■ Si hay shock proceda con el tratamiento adecuado. Si la piel del niño parece pálida, fría o pegajosa, el pulso débil y rápido y la respiración muy débil, haga el tratamiento de shock aflojándole la ropa, cubriendo al niño ligeramente para evitar un enfriamiento y elevándole las piernas sobre una almohada (o prenda de ropa doblada), a fin de forzar la sangre al cerebro. Si la respiración parece difícil, levántele ligeramente la cabeza y los hombros.

■ Restablezca la respiración, si es necesario. Inicie inmediatamente la RCP si el bebé no está respirando (vea la página 523).

■ Conserve la extremidad o dedo desprendido. En cuanto sea posible, envuélvalo en una tela limpia húmeda y métalo en una bolsa de plástico. Cierre la bolsa muy bien y póngala en hielo. No ponga el miembro desprendido directamente sobre el hielo, no use hielo seco y no lo meta en agua ni antisépticos.

■ Obtenga ayuda. Llame o haga llamar para obtener asistencia médica inmediata, o corra a la sala de urgencias llamando por anticipado para que estén listos a su llegada. No olvide llevar el miembro conservado en hielo; quizá los cirujanos puedan volver a colocarlo en su sitio. Durante el transporte mantenga la presión sobre la herida y continúe con otros procedimientos de salvamento, si es necesario.

Shock

44. El shock se puede presentar en casos de heridas o enfermedades graves. Entre los síntomas se incluyen piel fría, húmeda, pálida; pulso rápido, débil; escalofríos; convulsiones; y, con frecuencia, náusea o vómito, sed excesiva y respiración débil. Como tratamiento, coloque al niño de espaldas. Aflójele la ropa apretada, levántele las piernas sobre una almohada o prenda de ropa doblada para obligar a la sangre a acudir al cerebro, y cubra ligeramente al niño para impedir enfriamiento o pérdida de calor corporal. Si la respiración parece difícil, levántele la cabeza y los hombros muy ligeramente. Consiga ayuda médica de urgencia.

Lesiones de la piel

Importante: La exposición al tétanos es una posibilidad cuando se rompe la piel. Si su niño sufre una herida abierta de la piel, verifique si las inmunizaciones antitetánicas están al día. También esté alerta por si hay síntomas de posible infección (hinchazón, fiebre, sensibilidad, enrojecimiento de la zona circundante, supuración de pus de la herida), y llame al médico si éstos se presentan.

45. Contusiones o cardenales. Estimule juego tranquilo para dar descanso a la parte herida, si es posible. Aplique compresas frías, una compresa de hielo o hielo envuelto en un paño, durante media hora a una hora. (No aplique hielo directamente a la piel.) Si la piel está rota, trate la contusión como si fuera una cortadura (# 47, # 48).

Llame al médico sin pérdida de tiempo si la herida fue causada por algún tipo de exprimidor o por haber metido la mano o el pie entre los rayos de una rueda en movimiento. Cardenales que aparecen sin saber por qué o que coinciden con una fiebre, también deben ser examinados por el médico.

46. Rasguños y excoriaciones. En este tipo de heridas, que son muy comunes en las rodillas y los codos, la parte superior de la piel se raspa o se desprende, quedando la carne descubierta y sensible. Por lo general sangra un poco en las áreas más hondamente excoriadas. Usando gasa esterilizada o una mota de algodón, o un paño de aseo, limpie suavemente la herida con agua y jabón para quitar la tierra o cualquier otra materia extraña. Si el niño se opone vigorosamente a este procedimiento, ensaye lavar la herida en la bañera. Haga presión si la sangre no se detiene por sí misma. Cúbrala con un vendaje esterilizado que no se pegue. La mayoría de las excoriaciones sanan rápidamente.

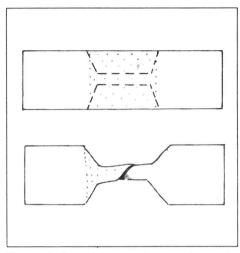

Una venda de mariposa mantiene cerrada una herida abierta para que pueda sanar. Recorte en la forma adecuada una vendita corriente y retuérzala completamente para formar una venda de mariposa fuerte.

47. Cortaduras pequeñas. Lave el área con agua limpia y jabón y en seguida meta la cortadura bajo agua corriente para lavar la tierra y materias extrañas. Aplique una vendita esterilizada que no se pegue. Una venda de mariposa (vea la ilustración) mantiene cerrada una cortadura pequeña hasta que sane. Consulte con el médico si la cortadura es en la cara del niño.

48. Cortaduras grandes. Con un taco de gasa esterilizada, un pañal limpio, una toallita sanitaria, un paño de aseo, o, si es necesario, con los dedos desnudos, haga presión para tratar de parar el flujo de sangre, elevando la parte herida por encima del nivel del corazón, si es posible al mismo tiempo. Si la hemorragia continúa después de 15 minutos de hacer presión, agregue más tacos de gasa o paños y aumente la presión. (No se preocupe por el daño causado por presionar mucho.) Si es necesario, mantenga la presión hasta que llegue ayuda o hasta que pueda llevar al niño al médico o a una sala de urgencias. Si hay otras heridas, trate de atar o asegurar las vendas en su sitio de modo que le queden libres las manos para atenderlas. Cuando la herida ya no esté sangrando, aplíquele una venda esterilizada suficientemente floja para que no impida la circulación. No use yodo ni solución Burrows ni ningún otro antiséptico sin que lo ordene el médico. Lleve al niño al consultorio del médico (llamando por anticipado) o a la sala de urgencias si la herida es abierta y profunda y no puede parar la hemorragia dentro del término de media hora.

49. Hemorragia masiva. Consiga atención médica de urgencia llamando al consultorio o dispensario más cercano, o acudiendo sin demora a una sala de urgencias si hay un miembro desprendido y está saliendo sangre a borbotones. Mientras tanto, ejerza presión sobre la herida con tacos de gasa o un pañal limpio, una toallita sanitaria o un paño de aseo o una toalla limpia. Aumente las empaquetaduras y la presión si la hemorragia no para. No use torniquete sin instrucciones del médico, pues puede hacer más mal que bien. Mantenga la presión hasta que llegue ayuda.

50. Punzaduras. Sumerja la herida durante 15 minutos en agua jabonosa confortablemente caliente. Consulte con el médico del niño o acuda a una sala de urgencias. No retire ningún objeto, como cuchillo o palo, que sobresalga de la herida, pues esto puede aumentar la hemorragia. Apúntale el objeto para impedir que se mueva. Mantenga al niño tan quieto como sea posible para evitar que las sacudidas empeoren la herida.

51. Astillas y esquirlas. Lave el área con agua limpia y jabón y en seguida aplíquele una compresa de hielo (vea la página 729). Si la esquirla está completamente incrustada, trate de aflojarla con una aguja de coser que haya esterilizado previamente con alcohol o en la llama de un fósforo.

Si una punta de la astilla está claramente visible, trate de sacarla con pinzas (también esterilizadas con llama o alcohol). No trate de sacarla con las uñas, que pueden no estar limpias. Lave otra vez el sitio después de sacar la astilla. Si ésta no sale con facilidad, ensaye meterla en agua tibia jabonosa durante 15 minutos, tres veces al día durante un par de días, lo cual puede ayudar a que salga. Si no sale o si el

---

ROTULE LA IPECACUANA

Aun cuando es una buena idea mantener un frasco de jarabe de ipecacuana en su botiquín de primeros auxilios, este emético (vomitivo) nunca se debe administrar sin orden del médico. Para no ir a cometer un error, póngale al frasco un rótulo bien grande con la leyenda "NO USAR SIN INSTRUCCIONES DEL MEDICO". Agregue el número telefónico de un centro médico de urgencias y el del médico de su niño. Estos números deben también tenerlos al lado de todos los teléfonos en su casa. Y no

tema usar ipecacuana vieja. Se sabe que es ciento por ciento eficaz y segura hasta cuatro años después de la fecha de vencimiento. Mantenga un frasco de repuesto, rotulado en la misma forma, en la pañalera para cuando vaya de visita o salga de viaje.

Estudios recientes indican que en algunos casos de envenenamiento puede ser preferible el tratamiento de carbón líquido. Consulte con el centro médico a ver si recomiendan que también mantenga este producto en su botiquín.

área se infecta (lo que se indica por enrojecimiento, calor o hinchazón), consulte con el médico. Llame también al médico

si la astilla estaba honda y las inmunizaciones antitetánicas del niño no están al día.

TECNICAS DE RESUCITACION PARA BEBES

Las instrucciones siguientes se deben usar sólo como refuerzo. Para seguridad de su niño, usted debe hacer un curso de resucitación cardiopulmonar RCP (averigüe con el pediatra o en el hospital local o en la Cruz Roja dónde dan estos cursos en su comunidad), a fin de estar segura de poder practicar estas técnicas salvavidas en forma correcta. Repase periódicamente estas instrucciones o las que le den en el curso y practíquelas una por una con una muñeca (nunca con su bebé ni con ninguna otra persona, ni siquiera con un animalito consentido), por lo menos una vez al mes, de modo que pueda estar en condiciones de ponerlas en práctica automáticamente en caso de que se presente una emergencia. Haga de vez en cuando un curso de repaso, tanto para ejercitar sus destrezas como para aprender las últimas técnicas.

El siguiente procedimiento se debe iniciar únicamente con un niño que haya dejado de respirar, o que esté luchando por respirar y se ponga azul (observe alrededor de los labios y las yemas de los dedos).

Si el niño lucha por respirar pero no se ha puesto azul, pida ayuda médica de emergencia inmediatamente o corra con él a la más cercana sala de urgencias. Mientras tanto, manténgalo calentito y lo más quieto posible y en la posición en que parezca estar más cómodo.

Si parece que la resucitación es necesaria, examine el estado del niño con los pasos 1-2-3.[2]

1. Verifique la reacción

Trate de reavivar al bebé que parece inconsciente llamándolo por su nombre varias veces en voz alta: "Anita, Anita, ¿qué te pasa?" Si esto no da resultado, ensaye darle golpecitos en las plantas de los pies. Como último recurso déle unos golpecitos en el hombro o muévalo suavemente pero no lo sacuda con fuerza y no lo sacuda en absoluto si existe la posibilidad de que haya huesos fracturados o lesión de la cabeza, la nuca o la espalda.

2. Busque ayuda

Si no obtiene respuesta, haga que cualquier otra persona que esté presente llame a pedir asistencia médica de urgencia mientras usted continúa con el paso 3. Si está sola con el bebé y se siente segura de su habilidad para practicar la RCP, proceda sin pérdida de tiempo, llamando periódicamente en voz alta para pedir ayuda de los vecinos o transeúntes. Sin embargo, si no está familiarizada con la RCP o se siente paralizada por el pánico, vaya inmediatamente con el niño al teléfono más cercano (suponiendo que no haya señales de lesión de la cabeza, nuca o espalda), o mejor aún lleve un teléfono portátil al lado del niño y llame al servicio

---

[2] Este procedimiento se basa en las más recientes técnicas de salvamento de la Cruz Roja y la Asociación Norteamericana del Corazón, y fue preparado con ayuda de Barbara Hogan, del Instituto de Cuidados de Urgencia del Hospital Bellevue de Nueva York. La capacitación que usted reciba puede ser un poco distinta y debe ser la base de su actuación.

médico de emergencia. Seguramente ahí le podrán indicar lo que debe hacer.

Importante: La persona que llame a pedir asistencia médica de emergencia debe permanecer en el teléfono cuanto sea necesario para dar información completa y hasta que el encargado del servicio de urgencias haya terminado su interrogatorio. Se debe incluir lo siguiente: nombre y edad del niño; ubicación actual (dirección, número del apartamento, la mejor vía para llegar si hay más de una); estado del bebé (¿Está inconsciente? ¿Respira? ¿Sangra? ¿Está en shock? ¿Hay pulso?); causa del trastorno (envenenamiento, ahogamiento, caída, etc.), si se conoce; número del teléfono, si lo hay donde se encuentran. Dígale a la persona que hace la llamada que en seguida le informe a usted el resultado.

3. Ponga al bebé en posición

Mueva al bebé como una unidad, sosteniéndole cuidadosamente la cabeza, la nuca y la espalda mientras lo pasa a una superficie más firme, plana (una mesa es buena porque no tendrá que arrodillarse, pero el piso también sirve). Rápidamente colóquelo boca arriba con la cabeza a nivel del corazón y use los pasos A-B-C para precisar su estado.[3]

A: Despejar las vías respiratorias

Utilice la técnica siguiente de cabeza inclinada/mentón levantado para tratar de

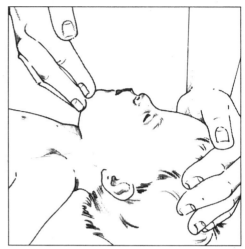
Cabeza inclinada/mentón levantado.

abrir las vías respiratorias, a menos que haya posibilidad de lesión de la cabeza, el cuello o la espalda. Si se sospecha tal lesión, use más bien la técnica de mandíbula levantada que se da más adelante.

Importante: Las vías respiratorias de un niño inconsciente pueden quedar bloqueadas por la lengua relajada o la epiglotis, o por algún objeto extraño. Es preciso despejarlas para que el niño pueda volver a respirar.

Cabeza inclinada/mentón levantado. Coloque la mano más cercana a la cabeza del niño sobre la frente de éste, y uno o dos dedos (no el pulgar) de la otra mano bajo la mandíbula inferior, en la barbilla. Incline suavemente la cabeza del niño un poco hacia atrás haciendo presión sobre la frente y levantándole el mentón. No presione en los delicados tejidos suaves que hay debajo de la barbilla ni deje que la boca se cierre por completo (si es necesario, métale el pulgar en la boca para mantenerle los labios separados). La cara del niño debe estar mirando al techo en lo que se llama la posición neutral, con el mentón ni replegado sobre el pecho ni enteramente al aire. Para abrirle las vías

---

[3] Si sospecha lesión de la cabeza, cuello o espalda, siga al paso B para observar, escuchar y palpar la respiración antes de mover al niño. Si hay respiración, no lo mueva a menos que exista peligro inminente (como de incendio o explosión) en el sitio donde se encuentran. Si no hay respiración y no se puede aplicar la técnica de resucitación en la posición en que está, hágalo rodar hasta que quede boca arriba como una unidad, de modo que cabeza, cuello y tronco se muevan como un todo, sin retorcerse.

respiratorias a un niño de más de un año, puede ser necesaria una inclinación de la cabeza un poco mayor que la de la posición neutral. Si no se abre en esta posición, pase a verificar la respiración (B).

Mandíbula levantada. Este método se usa cuando se sospecha que hay lesión del cuello o la espalda. Con los codos descansando en la superficie donde esté tendido el niño, ponga dos o tres dedos bajo cada lado de la mandíbula inferior, en el ángulo donde ésta se une a la superior, y levántele suavemente la mandíbula a la posición neutral (ver párrafo anterior).

Importante: Aun cuando el niño empiece inmediatamente a respirar otra vez, consiga ayuda médica. Todo niño que haya estado inconsciente o haya dejado de respirar, o haya estado a punto de asfixiarse, requiere evaluación médica.

B: Verificar la respiración

1. Después de llevar a cabo la inclinación de la cabeza o el levantamiento de la mandíbula, observe, escuche y palpe durante tres a cinco segundos a ver si el niño está respirando: ¿Puede usted oír o sentir el paso de aire poniendo el oído cerca de la nariz y boca del niño? ¿Se empaña un espejo que se le coloque enfrente de la cara? ¿Puede usted ver que el pecho y el abdomen del bebé se elevan y vuelven a bajar? (Esto por sí solo no es prueba de respiración; también podría significar que el niño está tratando de respirar pero no lo logra.)

Si se ha restablecido la respiración normal, mantenga abiertas las vías respiratorias del bebé inclinándole la cabeza o levantándole la mandíbula. Si el niño recupera el conocimiento y no tiene heridas que desaconsejen moverlo, vuélvalo sobre un lado. Llame para conseguir asis-

tencia médica de urgencia si esto no se ha hecho ya. Si el niño empieza a respirar independientemente y al mismo tiempo a toser con fuerza, esto puede ser el esfuerzo que hace el organismo por arrojar fuera el objeto de la obstrucción. *No le impida que tosa.*

Si no respira, o si lucha por respirar y tiene los labios azules y un débil llanto sordo, es indispensable llevar aire a sus pulmones inmediatamente. Continúe con las instrucciones que se dan en seguida. Si está sola y no se ha pedido ayuda médica de urgencia, siga tratando de atraer la atención de vecinos y transeúntes.

2. Mantenga abiertas las vías respiratorias dejando su mano sobre la frente del niño para que la cabeza permanezca en la posición neutral (un poco más inclinada, si es necesario, con un niño de más de un año). Con un dedo de la otra mano, límpiele de la boca cualquier cosa *visible* como vómito, tierra u otra materia extraña. Si no hay nada visible, no trate de limpiarle la boca.

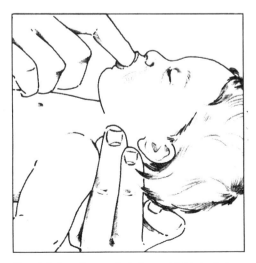

Con el dedo se le saca de la boca al bebé el vómito o cualquier materia extraña.

Importante: Si se presenta vómito en cualquier momento, inmediatamente voltee al niño sobre un lado, límpiele la boca con el dedo, vuélvalo a colocar de espaldas, y reanude rápidamente el procedimiento de salvamento.

3. Aspire aire con la boca, coloque su boca sobre la boca y la nariz del niño abarcando éstas completamente (vea la ilustración). Si el niño es mayor de un año, cúbrale únicamente la boca y tápele la nariz con los dedos de la mano con que le está manteniendo la cabeza inclinada hacia atrás.

4. Sople en la boca del niño dos bocanadas *leves, lentas,* de 1 a $1^1/_2$ segundos cada una, haciendo pausa entre una y otra para volver la cabeza a un lado y volver a tomar aire. Observe el pecho del niño con cada resuello. Deje de soplar cuando el pecho se levante y espere a que vuelva a bajar, antes de iniciar otra respiración. Además, escuche y palpe a ver si está exhalando aire.

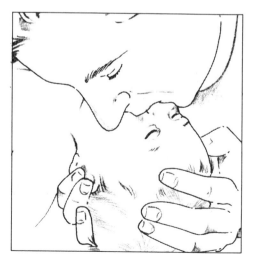

En la respiración artificial para los niños chiquitos hay que cubrir tanto la boca como la nariz.

Importante: Recuerde que un niño chiquito necesita sólo una pequeña cantidad de aire para llenar los pulmones. Soplar muy poco puede no ser suficiente para dilatar completamente los pulmones, pero soplar con demasiada fuerza o muy rápidamente puede forzar aire al estómago causando distensión. Si en cualquier momento durante la respiración de salvamento se distiende el abdomen del bebé, no trate de comprimírselo con la mano — esto podría causar vómito y presenta el riesgo de que la materia vomitada sea aspirada al pulmón. Si parece que la distensión no permite la expansión del pecho, voltee al niño sobre un lado, con la cabeza baja si es posible, y haga una ligera presión sobre el abdomen durante un segundo o dos.

5. Si el pecho no se levanta y baja con cada respiración, reajuste la posición de cabeza inclinada/mentón levantado (o mandíbula levantada) y ensaye otras dos respiraciones. Sople con un poquito más de fuerza si es necesario.

Si todavía no se levanta el pecho, es posible que las vías respiratorias estén obstruidas por comida o algún objeto extraño, caso en el cual debe actuar rápidamente para desalojar tal objeto usando el procedimiento "Cuando el bebé se está atorando" que se presenta en la página 530.

Para un niño de más de un año, y a veces hasta para uno menor que sea grande, puede ser necesario levantarle la mandíbula un poquito más de la posición neutral para abrirle las vías respiratorias y lograr que le entre aire; levántesela y ensaye unas dos respiraciones más. Si esto no funciona, levántele más el mentón y ensaye otra vez. Si a pesar de eso el pecho todavía no se levanta, pase a "Cuando el bebé se está atorando".

C: Verificar la circulación

1. Apenas se presenten dos respiraciones completas que den testimonio de que las vías respiratorias están despejadas, verifique el pulso. Con un niño menor de un año, trate de encontrar el pulso braquial en el brazo que esté más cerca de usted: manteniendo su mano sobre la cabeza del niño para que el conducto respiratorio permanezca abierto, use la otra mano para apartar del cuerpo el brazo del niño y colóquelo con la palma de la mano hacia arriba. Con sus dedos índice y medio trate de encontrar el pulso entre los dos músculos del lado interno del brazo entre el hombro y el codo; vea la página 473. (Con un niño mayor, tómele el pulso carotídeo en el cuello.) Como es peligroso aplicar respiración cardiopulmonar a un bebé cuyo corazón esté latiendo, haga una completa investigación; concédase 5 o 10 segundos para localizar el pulso. (Los padres deben practicar la técnica de encontrar el pulso del niño en condiciones que no sean de emergencia, de modo que lo puedan encontrar rápidamente en caso necesario.)

2. Si no encuentra pulso, empiece inmediatamente la RCP (vea la página 528). Si encuentra pulso es porque el corazón está latiendo. Si la respiración no se restablece espontáneamente, inicie la respiración artificial inmediatamente (página 528).

Activar el sistema médico de urgencias

Si no se ha llamado al sistema médico de urgencias y hay alguna persona disponible para hacer la llamada, dígale que llame ahora. Si la llamada se hizo antes de evaluar el estado del niño, conviene llamar otra vez para completar la información pertinente: si el bebé está consciente o no, si está respirando, si tiene pulso. No pierda usted tiempo en llamar si el niño necesita respiración artificial o RCP. Proceda sin demora, llamando periódicamente en voz alta para atraer ayuda de vecinos o transeúntes.

RESUCITACION: RESPIRACION ARTIFICIAL

1. Sople en la boca del niño como se describe antes, a razón de una vez cada 3 segundos más o menos (20 respiraciones por minuto) para un bebé de menos de un año, y una vez cada 4 segundos (15 respiraciones por minuto) para un niño mayor de un año. Observe para estar segura de que el pecho del bebé se levanta y vuelve a bajar con cada respiración.

2. Verifique el pulso del niño después de un minuto de respiración artificial para estar segura de que el corazón no se ha parado. Si se ha detenido, pase a RCP. Si no, observe, escuche y palpe si hay respiración espontánea (vea la página 525) durante tres a cinco segundos. Si el bebé ha empezado a respirar independientemente, continúe manteniéndole abiertas las vías respiratorias y verifique con frecuencia la respiración y el pulso mientras espera que llegue ayuda; tenga al niño abrigado y tan quieto como sea posible. Si no hay respiración espontánea, continúe con la artificial verificando el pulso y el resuello cada minuto.

Importante: Hay que mantener abiertas las vías respiratorias para que la respiración artificial sea eficaz. No olvide mantener la cabeza del niño en la posición neutral durante este procedimiento.

3. Si usted está sola y todavía no ha pedido ayuda médica de emergencia, llame apenas se restablezca la respiración indepen-

diente. Si al cabo de unos pocos minutos el niño no ha empezado a respirar por sí mismo, llévelo al teléfono continuando al mismo tiempo la respiración artificial. Por teléfono diga simplemente: "Mi niño no está respirando" y rápida pero claramente dé toda la información pertinente (vea lo dicho antes). No corte la comunicación hasta que la persona que recibe el informe cuelgue el teléfono; si es posible, continúe la respiración artificial mientras esa persona está hablando; de todas maneras, continúe dicha respiración artificial inmediatamente.

Importante: No suspenda la respiración artificial hasta que el niño esté respirando independientemente o hasta que le llegue ayuda médica profesional.

RESUCITACION CARDIOPULMONAR

(RCP): Niños menores de un año[4]

Importante: En la RCP, las respiraciones de salvamento, que fuerzan el oxígeno a los pulmones donde lo toma el torrente sanguíneo, deben alternarse con compresiones del pecho, las cuales llevan artificialmente la sangre cargada de oxígeno a los órganos vitales y al resto del cuerpo.

1. Continúe con el niño boca arriba en una superficie firme, plana. La cabeza debe estar a nivel del corazón.

---

[4] Un año es el límite arbitrario escogido por la Asociación Norteamericana del Corazón, la Cruz Roja y la Academia Americana de Pediatría para pasar del procedimiento de resucitación de un bebé al de un niño. En algunos casos el tamaño del niño puede ser un factor, pero los expertos dicen que un pequeño error para un lado o para otro no tiene importancia.

2. Continúe manteniéndole la cabeza en la posición neutral, sosteniéndole la frente con una mano. Coloque una pequeña toalla enrollada, un pañal u otro apoyo bajo los hombros del niño y levántelos un poquito, lo cual ayudará también a mantener abierto el conducto respiratorio. No deje inclinar la cabeza hacia atrás sino un poquito (vea la ilustración de la página 524).

3. Coloque los tres dedos centrales de su mano libre sobre el pecho del niño: imagínese una línea horizontal de tetilla a tetilla; ponga la yema del dedo índice justamente bajo la intersección de esa línea con el esternón (el hueso plano que está en el centro del pecho entre las costillas); el área que se ha de comprimir está a un dedo de distancia de este punto de intersección.

4. Usando dos o tres dedos, comprima el esternón a una profundidad de $1^1/_2$ a $2^1/_2$ centímetros (su codo debe estar doblado). Al final de cada compresión alivie la presión sin retirar los dedos del esternón y permítale retornar a su posición

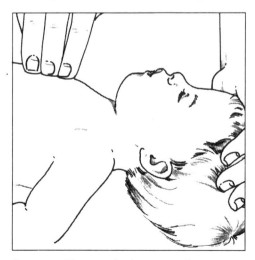

La compresión se puede efectuar con dos o con tres dedos.

normal. Establezca un ritmo uniforme de compresión y relajación, concediendo tiempo igual a cada fase y evitando movimientos bruscos.

5. Después de cada quinta compresión haga una pausa con los dedos todavía en posición sobre el esternón, y adminístrele una respiración artificial lenta de 1 a $1^1/_2$ segundos. Observe si el pecho se levanta. (Si no se levanta, retire los dedos del pecho, levántele el mentón y sople otra vez.) Trate de alcanzar cien compresiones por minuto, con respiración artificial cada cinco compresiones. Cuente más rápidamente que si estuviera contando segundos: uno, dos, tres, cuatro, cinco — respire.

6. Después de un minuto más o menos, tómese cinco segundos para verificar el pulso braquial. Si no hay pulso, adminístrele una respiración artificial lenta, en seguida continúe con los ciclos de compresión/ventilación de RCP, verificando cada cinco minutos si hay pulso. Si se encuentra pulso, suspenda las compresiones del pecho. Observe, escuche y palpe durante 3 a 5 segundos por si hay respiración espontánea. Si la hay, mantenga abiertas las vías respiratorias y al niño abrigado y quieto, y continúe vigilando su respiración. Si todavía no respira, continúe con la respiración artificial como se describe anteriormente.

7. Después de un minuto de RCP, si usted está sola y no ha podido atraer a nadie que pudiera hacer una llamada de urgencia para pedir auxilio, vaya rápidamente a un teléfono (si es posible, llevando con usted al niño o llevando el teléfono a donde está el niño) y pida ayuda; en seguida vuelva inmediatamente al procedimiento de respiración artificial que se ha indicado.

Importante: No suspenda la RCP hasta que se restablezcan la respiración y las palpitaciones del corazón, o hasta que llegue ayuda médica.

RESUCITACION CARDIOPULMONAR

(RCP): Niños mayores de un año

1. Continúe con el niño boca arriba en una superficie firme, plana. No debe ponerle almohadas bajo la cabeza; ésta debe quedar a nivel del corazón. La cabeza del niño debe estar en la posición neutral (páginas 524 a 525) para mantener despejadas las vías respiratorias.

2. Coloque las manos: con los dedos medio e índice localice el margen inferior de la caja torácica del lado más cercano a usted; siga dicho margen hasta el punto en que se unen las costillas y el esternón (el hueso plano del centro del pecho entre las costillas); coloque el dedo medio de la mano más cercana a los pies del niño en este punto y el índice a su lado; coloque el talón de su otra mano justamente arriba del dedo índice con el eje mayor de la palma de la mano en sentido longitudinal de modo que los dos dedos y su mano queden alineados con el esternón.

Importante: No haga presión sobre la punta del esternón (que se llama apéndice xifoides). Hacer esto podría causar grave lesión interna.

3. Con la palma de la mano comprima el pecho a una profundidad de $2^1/_2$ a $3^1/_2$ centímetros. El único contacto debe ser entre la parte posterior de la palma de la mano y la mitad inferior plana del esternón; no presione sobre las costillas durante la compresión. Permita que el pecho regrese a su posición de descanso

después de cada compresión sin quitar las manos del pecho. Desarrolle un ritmo compresión-relajación que conceda tiempo igual a cada fase y evite los movimientos bruscos.

4. Al final de cada quinta compresión haga una pausa y, tapándole al niño la nariz con los dedos, adminístrele un lento resuello de 1 a $1^1/_2$ segundos. Las compresiones del pecho tienen que acompañarse siempre de la respiración artificial para asegurar un suministro continuo de oxígeno al cerebro (el niño que no tiene palpitación del corazón no está respirando y no está obteniendo oxígeno). Trate de hacer de 80 a 100 compresiones por minuto, con una respiración cada cinco compresiones. Cuente más rápidamente que si estuviera contando segundos: uno, dos, tres, cuatro, cinco — respire.

5. Después de un minuto más o menos, tómese 5 segundos para comprobar si hay pulso. Si no lo hay, adminístrele una larga respiración con la nariz tapada, y luego continúe los ciclos compresión/ventilación de la RCP, verificando periódicamente si hay pulso. Si encuentra pulso, suspenda las compresiones del pecho. Pero si el niño no está respirando, continúe con sólo la respiración artificial.

6. Si no ha podido atraer ayuda, y no se ha pedido asistencia médica de urgencia, tómese un momento para ir ahora al teléfono a llamar; en seguida regrese inmediatamente a los procedimientos de salvamento según se necesite. Si es posible, lleve con usted al niño al teléfono, continuando durante todo el tiempo la respiración artificial.

Importante: No suspenda la RCP hasta que se restablezcan la respiración y las palpitaciones del corazón, o hasta que llegue ayuda médica.

CUANDO EL BEBE SE ESTA ATORANDO

La tos es la manera natural de echar fuera un objeto que esté obstruyendo las vías respiratorias. No hay que intervenir si un niño (o cualquier otra persona) que se esté atorando con la comida o con algún objeto extraño, todavía puede respirar, llorar y toser fuertemente. Pero si después de dos o tres minutos sigue tosiendo, pida asistencia médica de urgencia. Y cuando la víctima del atoramiento está luchando por respirar, no puede toser bien, produce ruidos agudos o se está poniendo azul (por lo general comenzando por los labios), deben seguirse los siguientes procedimientos de salvamento. También se deben seguir *inmediatamente* si el niño está inconsciente y no respira, y no tienen éxito los esfuerzos que se hagan por abrir las vías respiratorias y llevar aire a sus pulmones (vea los pasos A y B, de las páginas 524 a 526).

Importante: Las vías respiratorias también se pueden obstruir a causa de infecciones como tos ferina o epiglotitis. Un niño que se esté asfixiando necesita inmediatamente atención médica de urgencia. No pierda tiempo en vanos e inútiles esfuerzos por resolver usted misma el problema.

Para bebés menores de un año (Conscientes o inconscientes)

1. Consiga ayuda. Si hay otra persona con usted, pídale que corra al teléfono y pida ayuda médica de urgencia. Si usted está sola y no está familiarizada con los procedimientos de salvamento, o si se llena de pánico y se le olvidan, lleve al niño al teléfono con usted o lleve un teléfono portátil al lugar donde está el niño, y llame para pedir asistencia médica *inmediatamente*. También se recomienda que aun cuando esté familiarizada con los procedimientos de salvamento, se tome el tiempo necesario para pedir usted misma ayuda por teléfono antes de que la situación empeore.

2. Ponga al bebé en posición. Sostenga al niño boca abajo sobre su antebrazo con la cabeza más baja que el tronco (a un ángulo como de 60°; vea ilustración). Encaje el mentón del niño en la curva entre su pulgar y el índice. Si está sentada, descanse el antebrazo en el muslo para apoyarse. Si el niño es muy grande para poderlo sostener confortablemente en el antebrazo, siéntese en un asiento o arrodíllese en el suelo y coloque al niño boca abajo en su regazo, en la misma posición con la cabeza más baja que el tronco.

3. Déle golpes en la espalda. Con la palma de su mano libre déle cuatro golpes fuertes consecutivos entre los omoplatos.

Con golpes consecutivos en la espalda se puede expeler un objeto inhalado.

4. Déle empujones en el pecho. Si nada indica que el objeto que está obstruyendo ha salido o se ha aflojado (tos fuerte, respiración normal, el objeto que sale despedido afuera), colóquele en la espalda la palma de su mano libre, y sosteniéndole con la otra mano la cabeza, el cuello y el pecho, voltéelo siempre con la cabeza más baja que el tronco. Sosténgale la cabeza y el cuello con su mano y descanse el antebrazo en su muslo para apoyarse. (Un niño demasiado grande para sostenerlo en esta posición se puede colocar boca arriba en el regazo.) Para colocar la mano, imagine una línea horizontal de tetilla a tetilla. Coloque la yema del dedo índice justo debajo de la intersección de esa línea con el esternón (el hueso plano que está en medio del pecho entre las costillas). El área que se debe comprimir está a un dedo de distancia de este punto de intersección. Coloque dos dedos (tres, si con dos no obtiene compresión adecuada) a lo largo del esternón sobre el pecho del niño, pero teniendo cuidado de mantenerse dentro del área desde un dedo por debajo de la línea horizontal mencionada hasta por encima de la punta del esternón. Déle cuatro empujones en el pecho, comprimiendo el esternón a una profundidad de $1^1/_2$ a $2^1/_2$ centímetros cada vez, y permitiendo que retorne a su posición normal entre una y otra compresión sin quitarle los dedos de encima. Estas compresiones son parecidas a las del pecho, pero se hacen más lentamente — a intervalos de 1 a $1^1/_2$ segundos (uno y, dos y, tres y, cuatro).

Si el niño está consciente, siga repitiendo los golpes en la espalda y los empujones en el pecho hasta que se aclaren las vías respiratorias o el niño pierda el conocimiento. Si está inconsciente, siga con las instrucciones que se dan en la página 532.

OBJETO INHALADO NO SOSPECHADO

Si su hijo parece atragantarse con alguna cosa y luego, ya sea con tratamiento de emergencia o sin él, parece mejorar, observe bien si hay señales de que continúan los problemas, por ejemplo un tono no usual al llorar o hablar; sonido más débil de la respiración; resoplido; tos no explicable; o coloración azulada alrededor de los labios o las uñas, o en la piel en general. Si aparece cualquiera de estas señales, lleve al niño inmediatamente a una sala de urgencias. Es posible que un objeto se le haya alojado en la parte interior del aparato respiratorio.

5. Busque objetos extraños. Si no hay indicaciones de que el objeto que está obstruyendo se haya desalojado o aflojado (tos fuerte, respiración normal, el objeto que salta fuera), busque alguna cosa visible. Abrale la boca metiéndole su dedo pulgar en ella y agárrele la lengua y la mandíbula inferior entre sus dedos pulgar e índice. Deprímale la lengua con el pulgar al mismo tiempo que le levanta la mandíbula hacia arriba y alejándola de la parte posterior de la garganta. Si ve un objeto extraño, trate de extraerlo con un movimiento del dedo. Mas no lo haga si no ve que hay algo que está obstruyendo, y no trate de remover el objeto obstructor con los dedos, pues éste puede penetrar más adentro de la garganta.

6. Examine las vías respiratorias. Si el niño todavía no respira normalmente, ábrale las vías respiratorias usando la técnica de cabeza inclinada/mentón levantado, y trate de administrarle dos lentas respiraciones con su boca sobre la nariz y boca del niño, como se explica en la página 526. Si el pecho se levanta y baja con cada respiración, el conducto respiratorio está libre. Observe si hay respiración espontánea, paso B, y continúe el procedimiento según sea necesario.

7. Repita el proceso. Si las vías respiratorias continúan bloqueadas, siga repitiendo la serie de pasos anteriormente indicada, hasta que se aclaren y el niño recupere el conocimiento y respire normalmente, o hasta que llegue ayuda de urgencia.

Para niños de más de un año (Inconscientes)

1. Ponga al niño en posición. Colóquelo boca arriba en una superficie firme, plana (el piso o una mesa). Párese o arrodíllese a sus pies (no montada encima de un niño pequeño) y coloque la palma de una mano sobre el abdomen en la línea intermedia entre el ombligo y la caja torácica, con sus dedos en dirección a la cara del niño. Ponga la otra mano encima de la primera.

2. Déle empujones abdominales. Con la mano de arriba presione sobre la de abajo y administre una serie de 6 a 10 rápidos empujones abdominales hacia adentro y hacia arriba para desalojar el objeto extraño. Estos empujones deben ser más suaves de lo que serían para un adulto o un niño mayor. Y tenga cuidado de no presionar sobre la punta del esternón ni las costillas.

3. Examine las vías respiratorias. Si el niño todavía no está respirando espontáneamente, inclínele la cabeza y adminístrele dos lentas respiraciones de boca a boca, tapándole al mismo tiempo la nariz con los dedos. Si el pecho se levanta y vuelve a bajar con cada respiración, el conducto está libre. Observe si hay respiración espontánea, paso B (vea la página 525), y continúe el procedimiento según sea necesario.

4. Repita el proceso. Si las vías respiratorias continúan bloqueadas repita en orden las operaciones anteriormente detalladas, hasta que se aclaren y el niño esté consciente y respirando normalmente, o hasta que le llegue ayuda de emergencia. No suspenda, pues cuanto más tiempo dure el niño con oxígeno, más se relajarán los músculos de la garganta y habrá más probabilidades de que el objeto que esté obstruyendo se pueda desalojar.

Importante: Aun cuando su bebé se recupere rápidamente de un episodio de ahogamiento, se necesitará atención médica. Llame al médico del niño o a la sala de urgencias.

Para niños de más de un año (Conscientes)

1. Colóquese usted. Párese detrás del niño y abrácelo por la cintura.

2. Posición de las manos. Una de sus manos, cerrada en puño, debe descansar con el lado del pulgar contra el abdomen del niño en la línea media, ligeramente arriba del ombligo y bastante más abajo de la punta del esternón.

3. Empujones abdominales. El puño que tiene sobre el abdomen del niño agárrelo con la otra mano y empuje con un movimiento rápido hacia arriba (la presión debe ser menor que la que se emplearía con un adulto). Repita hasta que vea que el objeto es expelido o que el niño empieza a respirar normalmente.

CAPITULO DIECINUEVE

El niño
de bajo peso
al nacer

Los futuros padres naturalmente esperan que sus bebés lleguen en la fecha prevista, dentro de un pequeño margen de días o semanas. Y, en efecto, la mayoría de los niños sí nacen cuando se esperaba — dándoles tiempo suficiente para prepararse para la vida fuera de la matriz, y a sus padres tiempo suficiente para que se preparen a vivir con un bebé.

Pero hay muchas ocasiones en que ese vital período preparatorio se acorta inesperada y a veces peligrosamente, y el niño nace prematuro y demasiado pequeño. Algunos de estos niños pesan un poco menos de los 2 500 gramos (cinco libras) que se consideran el mínimo, pero rápida y fácilmente se colocan al mismo nivel de los nacidos en tiempo. Hay otros, en cambio, que privados de muchas semanas de desarrollo uterino, nacen tan pequeñines que caben en la palma de la mano; y pueden necesitarse meses de intenso cuidado médico para ayudarles a desarrollarse

como debían haberse desarrollado en el seno materno.

Muchos padres tampoco están preparados cuando el nacimiento ocurre demasiado temprano. Para ellos los primeros días después del alumbramiento, y a veces hasta semanas o meses, no se ocupan escribiendo notas de agradecimiento, aprendiendo a poner pañales y acomodándose a tener un bebé en casa, sino leyendo cuadros clínicos, aprendiendo a insertar tubos nasogástricos y acostumbrándose a *no tener* un bebé en la casa.

Aun cuando el niño bajo de peso al nacer, prematuro o no, corre más riesgos que los bebés más grandes, rápidos avances en el cuidado médico de los pequeñines han hecho posible que la mayor parte de ellos crezcan y lleguen a ser niños normales y sanos. Pero antes de que se los puedan llevar orgullosamente del hospital a la casa, los padres experimentan muchos días de angustia y muchas noches de insomnio.

LA COMIDA DEL NIÑO: Nutrición para el niño prematuro o bajo de peso al nacer

La alimentación de un niño prematuro es una ciencia que tampoco ha llegado a la mayoría de edad; todavía falta mucho por aprender acerca de las necesidades nutritivas de los niños que nacen antes de tiempo. Pero lo que sí se sabe, o se sospecha, aumenta cada año, a medida que los especialistas en la materia y las enfermeras dedicadas al cuidado neonatal intensivo tratan de idear y perfeccionar los mejores métodos de alimentar niños que tienen que ser nutridos fuera de la matriz cuando deberían en realidad estar siendo alimentados dentro de ella.

Una de las cosas que todavía no está clara — y que es crítica para el resto del cuadro — es cuánto peso debe ganar cada semana el niño prematuro. Hay muchas variables que afectan al aumento de peso, incluso el tamaño al nacer, factores hereditarios (por ejemplo, los hijos de mujeres asiáticas suelen ser más pequeños y crecer más lentamente que los de herencia nórdica), condiciones atmosféricas (el crecimiento es más lento a grandes altitudes que a nivel del mar), y salud general. Algunos expertos creen que el potencial de crecimiento para los niños prematuros se ha subestimado en el pasado, posiblemente porque una alimentación insuficiente llevaba a un aumento inadecuado de peso y esta última circunstancia se tomó como la norma aceptada. Al aumentar nuestra comprensión de la nutrición, y paralelamente el promedio de aumento de peso, las expectativas se han elevado. El aumento de 70 a 140 gramos semanales que antes se consideraba una meta apropiada para los prematuros, se está reemplazando rápidamente por un aumento de 90 a 210 gramos. Pero cualquiera que sea la ganancia que se espere, no es probable que empiece hasta que el estado del niño se haya estabilizado. Se debe esperar que el niño prematuro, lo mismo que el nacido en tiempo, pierda un poco de peso antes de empezar a ganar.

También se reconoce hoy que los requisitos nutrimentales de un bebé prematuro difieren considerablemente de los de un niño nacido en tiempo. Para el primero, no es adecuada la alimentación total al pecho ni la leche corriente de fórmula con que medra el segundo. Estos bebés pequeñitos necesitan una dieta más parecida a la que habrían recibido si estuvieran todavía en la matriz, incluyendo más proteína, calcio, cinc, fósforo, sodio y posiblemente otros nutrimentos. Y necesitan obtener éstos en una forma tan concentrada como sea posible puesto que sólo pueden tomar una porción muy pequeña cada vez, en parte porque su estómago es muy pequeño y en parte porque su sistema digestivo es lento, lo cual hace que el paso del alimento sea un proceso largo.

Cuando un recién nacido muy pequeñito se lleva a la sala-cuna de cuidados intensivos, se le inyecta generalmente una solución intravenosa de agua, azúcar y ciertos electrolitos para evitar la deshidratación y el agotamiento de los electrolitos. Después de la alimentación inicial, los niños muy prematuros (los que nacen antes de 30 a 33 semanas de gestación) son alimentados por un método que no depende de mamar (por ejemplo, por un tubo nasogástrico que pasa por la nariz al estómago), puesto que estos niños todavía no han desarrollado este reflejo. Los prematuros un poco más grandes (por lo menos de 1 300 gramos) que nacen a las 30 semanas de gestación o después, pueden estar en capacidad de prescindir de

RETRATO DE UN PREMATURO

Los padres de niños que nacieron en tiempo pueden sorprenderse cuando ven por primera vez a sus hijitos; los padres de niños prematuros se asustan. Generalmente el prematuro pesa entre 1 600 y 1 900 gramos al nacer, y algunos mucho menos. Los más pequeñitos caben en la palma de la mano de un adulto y sus muñecas y sus manos son tan diminutas que se podrían meter dentro de un anillo de matrimonio. La piel es traslúcida, deja ver las venas y arterias y parece quedarles floja porque le hace falta debajo una capa de grasa. A menudo la cubre un vello fino o lanudo. La coloración de la piel cambia cuando se alza al niño y se le da de comer. Como carece de la capa de grasa que a nosotros nos mantiene calientes, el bebé prematuro no se puede mantener caliente por sí mismo. Sus orejas pueden ser planas, dobladas o flojas porque les falta el cartí-

lago que las mantendrá en su forma.

Las características sexuales no están todavía completamente desarrolladas — tal vez los testículos no hayan descendido, el prepucio de los varones y los pliegues internos de la vulva de las niñas pueden estar inmaduros, y tal vez no haya areola alrededor de los pezones. Como no se ha completado el desarrollo muscular y nervioso, pueden faltar muchos reflejos (como agarrar, mamar, sobresaltarse, dar gritos) y por falta de fuerza y aliento el bebé quizá llore poco o nada. También puede ser víctima de períodos de suspensión de la respiración conocidos como apnea prematura.

Pero ser prematuro es sólo un estado temporal. Una vez que el niño llegue a las 40 semanas de gestación, es decir, el tiempo en que de acuerdo con el almanaque debía haber nacido, se parecerá al recién nacido típico en tamaño y desarrollo.

este tipo de nutrición y ponerse directamente al pecho, aun cuando si se les va a dar biberón por lo general tendrán que esperar más tiempo.

Como los prematuros pequeños no pueden autorregularse, la alimentación se les controla muy cuidadosamente: ¿Cuánto líquido, proteína, calcio y demás está tomando el niño? ¿Cuánto está excretando en forma de orina y heces? ¿Cuánto le queda en el estómago? ¿Cómo afectan a las comidas los gases de la sangre (por ejemplo, el oxígeno)? Estos cálculos, que antes se hacían exclusivamente a mano, hoy suelen pasarse al computador para un procesamiento muy rápido y preciso, de modo que la dieta de cada bebé se pueda programar individualmente. El estado del niño puede presentar indicios de deficiencias nutrimentales: rayas blancas o pelo blanco son señales de desnutrición proteínica; mala integridad de la piel y labios rajados indican deficiencia de cinc;

pérdida de pigmentación y anemia crónica acusan deficiencia de cobre.

Muchos expertos prefieren la leche materna a la de fórmula para el bebé prematuro, lo mismo que para el niño nacido en tiempo. Una razón es que contiene muchas sustancias importantes que no se encuentran en la leche de vaca, inclusive anticuerpos maternos, hormonas y enzimas, especialmente lipasa que mejora considerablemente la capacidad del niño para absorber la grasa que mucho necesita. Pero no toda leche materna es satisfactoria. Se ha averiguado que la producida por madres que acaban de dar a luz bebés prematuros tiene, gracias a la infinita sabiduría del organismo, más de las cosas que estos niños necesitan (proteína, nitrógeno, sodio, lactosa y cloruro) que la leche materna de una mujer que ha dado a luz a tiempo. Así que, mientras que su propia leche (o la de cualquier otra mamá de un niño prematuro) será

EXTRACCION DE LECHE PARA UN BEBE PREMATURO

La decisión de dar el pecho a un niño prematuro no es siempre fácil ni siquiera para una mujer que así lo haya proyectado. Generalmente está ausente una gran atracción de la lactancia natural, como es el íntimo contacto de madre e hijo, por lo menos al principio, y es reemplazada por un procedimiento madre-máquina-niño, que es difícil y además no da satisfacción. Casi todas las mujeres encuentran que extraerse la leche es fatigante y consume mucho tiempo, pero, sin embargo, hacen el sacrificio porque saben que es la manera en que pueden contribuir al bienestar del rorro, de cuyo cuidado se sienten de otra manera excluidas.

Las siguientes indicaciones pueden hacer más eficiente y menos penoso el esfuerzo de alimentar a un niño prematuro en la mejor forma posible:

■ Lea los consejos para extraer la leche materna que se dan en la página 107.
■ Pregunte en el hospital qué facilidades ofrecen para la extracción de leche; algunos hospitales tienen una pieza equipada especialmente con sillas cómodas, mamaderas, y unidades desechables o esterilizables para que usen las madres. Si el suyo no la tiene, pregunte si se puede organizar un cuarto así o pida información sobre dónde puede tomar prestado o en alquiler un sacaleches.
■ Empiece a extraer la leche lo más pronto posible después del alumbramiento, aunque el niño todavía no esté preparado para tomarla. Extráigala cada dos o tres horas (más o menos con la frecuencia con que un recién nacido se pone al pecho) si su niño va a tomar la leche inmediatamente; cada

cuatro horas si la leche se va a congelar para usarla posteriormente. Probablemente encontrará que levantarse a extraer leche una vez en medio de la noche le ayuda a aumentar su producción; o quizá descubra que dormir bien toda la noche es más útil.

■ Es probable que llegue a poder extraer más leche de la que puede tomar su hijito. No disminuya, sin embargo, pensando que se va a desperdiciar. Sacarla ahora con regularidad contribuirá a establecer una provisión abundante para cuando ya el niño haga lo que ahora está haciendo la máquina. Mientras tanto, el exceso de leche se puede fechar y congelar — en el hospital o en la casa — para uso más tarde.

■ No se descorazone si la provisión varía de día en día o de hora en hora. Estas variaciones son normales, pero usted no las nota cuando está dando el pecho directamente. También son normales, cuando la leche se extrae mecánicamente, una provisión aparentemente insuficiente o una disminución de la producción después de varias semanas. Su hijo será mucho más eficiente estimulador de su provisión de leche que la mamadera más eficaz. Cuando empiece a mamar de veras, casi con seguridad su producción aumentará rápidamente.

■ Cuando el niño esté preparado para alimentarse por la boca (por lo general no antes de que pese 1 300 gramos y llegue a las 30 semanas), pregunte si le puede dar el pecho en lugar del biberón, pues nuevos estudios indican que los niños bajos de peso al nacer toman más fácilmente aquél que éste.

buena para su niño, la leche de una madre que haya tenido el bebé en tiempo no lo será. Y si proviene de un banco de leche donde ésta se esteriliza con calor, tendrá la desventaja adicional de habérsele destruido la lipasa que es críticamente importante. De modo que, salvo fuerza mayor, se debe pensar en darle el

pecho al niño aun cuando usted no lo hubiera proyectado así antes.

A veces, sin embargo, ni la leche de la madre es adecuada para un niño prematuro. Como algunos, y en particular los muy pequeñitos, necesitan una nutrición aún más concentrada — incluyendo más calorías, proteínas, calcio y fósforo, y posiblemente más nutrientes tales como cinc, magnesio, cobre y vitamina B-6 — la leche materna que se les dé por un tubo o en biberón se puede fortificar, según se necesite. Si el niño está tomando leche directamente, se le puede dar fortificación por vía intravenosa o gavaje (alimentación forzada) o por un sistema nutritivo supletorio que permita darle simultáneamente el pecho y un suplemento (vea la página 119). A los niños que se estén criando al pecho es mejor no darles el suplemento en biberón porque esto puede llevar a confusión de pezones.

Cuando una madre no puede o no quiere dar el pecho, son un buen sustituto las fórmulas altamente concentradas diseñadas especialmente para niños prematuros (pero no las fórmulas comunes y corrientes). La ingestión de leche de fórmula, sin embargo, tiene que ser cuidadosamente controlada. Una cantidad muy grande puede resultar difícil de procesar para el sistema inmaduro, mientras que una cantidad muy pequeña no bastará para sostener un crecimiento satisfactorio. Fórmulas a base de soya no se usan para los niños prematuros porque el calcio y el fósforo que contienen no se asimilan bien.

LO QUE LE PUEDE PREOCUPAR

EL MEJOR CUIDADO

"¿Cómo puedo saber si nuestra hijita prematura, que apenas pesa un poco más de 1 100 gramos, está recibiendo el mejor cuidado posible?"

Las clínicas y hospitales de maternidad son de distintas categorías pero, en general, se pueden considerar en tres niveles distintos con relación al tipo de servicios que están en capacidad de prestar. Un primer nivel sería el de los pequeños hospitales comunitarios que pueden atender los casos no complicados de todo tipo, incluyendo partos de poco riesgo y recién nacidos normales, pero no cuentan con unidades de cuidados intensivos neonatales para los muy prematuros, los de bajo peso al nacer o los que nacen enfermos. En el segundo nivel están los que disponen de equipos más avanzados para atender casos más complicados, incluyendo muchos partos de alto riesgo, y cuentan además con unidades de cuidados intensivos para recién nacidos, de manera que están en capacidad de atender casi a cualquier bebé que esté en dificultades. Final-

mente, en el tercer nivel se encuentran los grandes centros médicos donde trabajan los especialistas mejor preparados y tienen los más modernos equipos y la última palabra en materia de unidades de cuidados intensivos para atender hasta a los más pequeñitos y enfermos.

Si bien los niños sanos, incluyendo los prematuros que pesen más de 2 250 gramos al nacer, prosperan igualmente bien en clínicas de primero, segundo o tercer nivel, a los muy chiquitos, que son los que corren mayor riesgo, sí les va mejor en un gran centro médico. Tener a su hijo en uno de estos centros es la mejor garantía de que recibirá muy buen cuidado. Si no está en un hospital de tercer nivel, hable con el pediatra o con el personal de la clínica sobre la posibilidad de mudarlo de hospital.

Donde quiera que esté, el aporte de la madre es muy importante para asegurar que el cuidado sea óptimo. Infórmese sobre los niños de bajo peso al nacer, en general, y acerca de cualquier problema específico que tenga su hijito, leyendo libros y haciendo preguntas. Cuando no

LA UNIDAD DE CUIDADOS INTENSIVOS PARA NIÑOS PREMATUROS

Un primer vistazo a una unidad o sala-cuna de cuidados intensivos para recién nacidos puede ser asustador, especialmente si su bebé es uno de los pacientes que están allí. Por eso es conveniente que antes que el niño nazca, los padres vayan a conocer estas unidades. Entender lo que uno está viendo contribuye a disipar sus temores. Esto es lo que usted verá probablemente en una unidad o sala-cuna de cuidados intensivos:

■ Bebés desnudos o en pañales; en muchos hospitales los tienen con gorritos tejidos, para evitar pérdida de calor por la cabeza.

■ Bebés en "camas calientes", colchones graduables colocados bajo lámparas de calefacción. Los que están muy enfermos son atendidos en estas camas para permitir fácil acceso a los encargados de llevar a cabo los diversos procedimientos, como la inserción de tubos para la alimentación.

■ Niños en incubadoras, o *isolettes,* o sea cunas transparentes enteramente cerradas, salvo que tienen cuatro portas, dos a cada lado. En algunas clínicas estas cunas están provistas de colchones de agua, para simular flotación en el líquido amniótico del útero y facilitar la respiración, o incluso de hamacas miniatura.

■ Tubos y alambres y cables — de los niños a los aparatos monitores, frascos de suero y otros dispositivos para alimentarlos, retirar las secreciones respiratorias, controlar temperaturas, respiración, palpitaciones cardiacas y consumo de oxígeno, tomar muestras de sangre a intervalos regulares y realizar muchas otras funciones importantes.

■ Monitores para registrar signos vitales y dar la alarma en caso de cambios premonitorios. Estos aparatos recogen información por medio de contactos que se prenden en la piel con gel o se insertan con aguja bajo la piel.

■ Cubiertas o ventiladores de plástico para administrar oxígeno y ayudar a la respiración.

■ Dispositivos de succión a cada lado de la cuna para retirar periódicamente todo exceso de secreciones respiratorias.

■ Lámparas de fototerapia para los niños que tengan ictericia. Los que estén recibiendo este tratamiento estarán desnudos, aunque con parches sobre los ojos para proteger la vista de la luz.

esté satisfecha con el rumbo que lleva su tratamiento, plantéele sus inquietudes al pediatra o a las enfermeras y médicos de la clínica de maternidad. Puede ser que quede satisfecha con las explicaciones que le den, pero, si no es así, pida una consulta con otro especialista en recién nacidos. Si no se atreve a discutir con los médicos, busque una amiga o parienta que le sirva de abogada.

FALTA DE LAZOS AFECTIVOS

"Esperábamos que apenas naciera nuestro bebé formaríamos con él fuertes lazos de afecto; pero como nació seis semanas antes de tiempo y pesó apenas 1 600 gramos, se lo llevaron antes que pudiéramos siquiera tocarlo. Nos preocupan las consecuencias que esto pueda tener para nuestras relaciones futuras".

Ya tiene usted bastantes preocupaciones en estos momentos. Lo que menos la debe preocupar ahora son los lazos de afecto, pues éstos se desarrollan entre padres e hijos en el curso de varios meses, o aun años, y florecen durante toda una vida. El amor no es una cosa que estalle de pronto en los primeros momentos de vida del niño. En lugar de lamentarse por esos primeros momentos, o aun días, que se perdió, aproveche los presentes y los meses de felicidad que le esperan. Aunque no sea necesario establecer esos lazos al nacer el bebé, sí se puede iniciar el proceso cuando el bebé está todavía en la clínica. Este es el método:

Pida una foto, y miles de palabras. Si al niño se lo han llevado de la clínica donde lo dio a luz a otro hospital para darle cuidados intensivos (lo cual puede ser indispensable para salvarle la vida), y a usted todavía no pueden darle de alta, pida que le lleven fotos. Las puede tomar su marido o el personal del hospital y usted puede gozar mirándolas mientras está en condiciones de verlo personalmente. Aun cuando lo que se vea sea más tubos y aparatos que niño, siempre será menos asustador de lo que se había imaginado. Además de las imágenes, querrá usted que le lleven miles de palabras — su esposo y después el personal médico — para describir en detalle cómo es el bebé y cómo va.

Visitas del padre. Mientras usted esté impedida de visitar a su hijo, su marido sí puede pasar con él algún tiempo extra, en lugar de visitarla exclusivamente a usted. Se sentirá más sola pero por lo menos sabrá que una persona que quiere al bebé está con él. Y apenas salga del hospital, ambos deben pasar el mayor tiempo posible en compañía del bebé — claro que sin descuidar por ello a otros hijitos que puedan quedar en casa y que la necesitarán a usted ahora más que nunca. Es preferible que descuide los quehaceres del hogar, el trabajo o cualquier otra cosa.

Recrear la vista. El solo acto de observar al bebé en su incubadora o colchón caliente le ayudará a sentirse cerca de él.

Tóquelo con las manos. Aun cuando pueda parecer que a un niño tan peque-

ñito y vulnerable es mejor no tocarlo, los estudios han demostrado que los niños prematuros a quienes se les acaricia y se les dan suaves masajes mientras están en cuidados intensivos crecen mejor y más alertas y activos, y su conducta es más madura que la de aquéllos a quienes los tocan muy poco. Las enfermeras de la unidad de cuidados intensivos le enseñarán cómo ha de lavarse manos y brazos hasta los codos y ponerse una bata de hospital antes de meterlos por las portas de la cuna para reconocer al niño. Empiece por los brazos y las piernas, que al principio son menos sensibles que el tronco. Trate de llegar por lo menos a veinte minutos diarios de suaves caricias.

Converse con él. Claro que al principio no será propiamente un diálogo — no será mucho lo que hable el bebé, o llore siquiera, mientras está en cuidados intensivos. Tal vez ni parecerá que preste oídos. Pero aprenderá a reconocer su voz y la del papá. Estas serán en un principio las únicas voces familiares para él en la sala-cuna (las ha oído desde el útero) y oírlas será reconfortante.

Contacto visual. Si al niño le tienen tapados los ojos por el tratamiento de fototerapia para la ictericia, pídale a la enfermera que apague la lámpara y se los destape por lo menos durante unos pocos minutos durante su visita, a fin de establecer contacto visual, que es muy importante para formar lazos afectivos entre madre e hijo.

Reemplace a la enfermera. En cuanto el niño esté fuera de peligro, la enfermera de cuidados intensivos seguramente tendrá mucho gusto en mostrarle cómo ponerle los pañales, darle de comer, bañarlo y hasta llevar a cabo algunos de los procedimientos médicos más sencillos. Cuidar del bebé durante sus visitas la familiarizará con el papel de madre y le dará una experiencia muy valiosa para los meses venideros.

No se reprima. Muchas madres se mantienen emocionalmente distanciadas de un hijito prematuro por el temor de amar y perder. Pero esto es un error. En primer lugar, porque todas las probabilidades están a favor del niño; la gran mayoría sobreviven y llegan a ser sanos y normales. En segundo lugar, porque si se reprime y ocurre lo impensable, siempre se lamentará por los momentos que perdió. La pérdida sería más difícil de sobrellevar, no más fácil.

CRECIMIENTO INTRAUTERINO RETARDADO

"Mi bebita no nació prematura, pero pesó menos de 2 300 gramos. El médico dijo que esto se debía a crecimiento intrauterino retardado. ¿Querrá decir que va a ser mentalmente retardada?"

Por terrible que parezca, el crecimiento retardado en el útero no tiene nada que ver con ningún tipo de retardación mental ni física después del nacimiento, sino solamente con un crecimiento menor mientras el niño está todavía en la matriz. La inmensa mayoría de los que están en este caso terminan con un cociente de inteligencia normal y funciones nerviosas normales. La retardación del crecimiento intrauterino parece ser la manera que tiene la naturaleza para asegurar la supervivencia del feto cuando por alguna razón no recibe a través de la placenta un suministro suficiente de nutrimentos. La reducción del tamaño le permite crecer con el suministro reducido de nutrimento. Los médicos sospechan que este mecanismo protector entra en acción cuando la placenta no está funcionando a máxima eficiencia, limitando el paso de alimento al feto, o cuando la alimentación de la madre no es adecuada ya sea por un régimen alimentario deficiente, o porque fuma, o por enfermedad, o por otros factores desconocidos.

Este mecanismo de supervivencia también parece proteger el cerebro infantil, que continúa creciendo normalmente tomando de lo que hay a su disposición una proporción mayor que la corriente. Esto explica por qué muchos niños que sufren de crecimiento intrauterino retardado tienen la cabeza más grande, con relación al cuerpo, que los que nacen de tamaño normal.

Aun cuando es cierto que el bebé bajo de peso al nacer está más expuesto a diversas complicaciones durante sus primeros días de vida, la mayor parte sale adelante con buen cuidado neonatal. Alimentándolo bien, empezando de preferencia con leche materna, usted puede esperar que su hijo empiece a prosperar; y al terminar el primer año seguramente se habrá puesto a nivel con sus contemporáneos en muchos aspectos o en todos. Pero si usted resuelve tener otro embarazo, trate de determinar primero qué fue lo que creó un ambiente pobre en su matriz, de modo que el niño siguiente no tenga que luchar con los mismos problemas prenatales.

LARGA HOSPITALIZACION

"La primera vez que vi a nuestro hijito en la sala-cuna de cuidados intensivos me quedé anonadada. Es horrible pensar que va a tener que pasar las primeras semanas, o aun meses, en una sala aséptica de hospital".

Entrar en una sala-cuna de cuidados intensivos puede ser una experiencia perturbadora, pero peor sería si no existieran instalaciones de este tipo para su niño.

Algún día quizá dispongamos de un método mejor de cuidar de los bebés prematuros que no están enfermos. En Bogotá, Colombia, por ejemplo, tienen un sistema "canguro" de cuidar al recién nacido, que no requiere salas-cunas asépticas de hospital y permite a la madre regresar a su casa poco después del alumbramiento. Pero en lugar de pasar a su hijito a una cuna lo lleva colgado al pecho en un cabestrillo, donde lo puede alimentar a voluntad las 24 horas del día durante las primeras semanas de vida. Incluso los prematuros muy pequeñines, siempre que no tengan complicaciones, parece que prosperan bien en ese ambiente tibio, confortable y nutricio. Pero mientras no se popularice y se apruebe como seguro ese método o algún otro por el estilo, las madres de niños prematuros deberán esperar hasta que éstos lleguen a pesar de 4 a 5 libras y a una edad de gestación de 37 a 40 semanas antes de llevarlos a casa; esto es, más o menos, el tiempo que habrían pasado en el seno materno si hubieran nacido en tiempo.

Sentir ansiedad en tales situaciones no sólo es normal sino también sano. Las que sienten ansiedad cuando tienen un hijo prematuro llegan a ser mejores madres; pero esa ansiedad es preciso canalizarla hacia actividades productivas:

Salir de compras. Como su hijo nació antes de tiempo, es posible que usted no haya tenido tiempo de conseguir muebles y ajuar infantil, servicio de pañales y otras cosas. Si tal es el caso, ahora es el momento de salir de compras. Si cree que es de mal agüero llenar la casa de artículos para el bebé antes de que éste salga de la clínica, haga sus pedidos para entrega cuando ya esté en casa. Además de cumplir tareas necesarias, esta actividad llenará muchas de las interminables horas de hospitalización del bebé, y usted habrá dado testimonio de su confianza de que sí lo va a traer a casa.

Asociarse. A los padres de un niño prematuro muchas veces les parece como si el niño no fuera de ellos sino de los médicos y las enfermeras que tantos cuidados le prodigan. En lugar de emular con el personal, colabore con él. Hágase amiga de las enfermeras (lo cual será más fácil si hay una enfermera "principal" encargada de su cuidado en cada turno), del médico especialista, de los residentes. Hágales saber que a usted le gustaría hacer algunos oficios o tareas para el niño, lo cual les ahorra a ellos tiempo y la hace sentirse a usted útil.

Conocer los términos. Aprenda la terminología que se usa en las salas de cuidados intensivos. Pídales a los miembros del personal, cuando tengan un momento libre, que le enseñen a leer el cuadro clínico de su niño. Al médico pídale detalles sobre el estado del bebé y que le explique cualquier cosa que no entienda. Los padres de niños prematuros se vuelven expertos en medicina neonatal y hablan con mucho desparpajo de cosas como el "síndrome de angustia respiratoria" o "intubación".

No apartarse del bebé. Algunos hospitales y clínicas permiten a la mamá que se quede por las noches con el niño, pero aun cuando no pueda hacer esto debe tratar de pasar con él el mayor tiempo posible, alternando turnos con su marido. En esta forma aprende a conocer mejor al bebé y los problemas médicos que tenga. Sin embargo, si tiene otros niños en la casa, éstos también la necesitan ahora. Cuide de que para ellos también quede una buena parte del tiempo de la mamá y el papá.

Ambiente casero. Aun cuando la incubadora es apenas un alojamiento temporal, trate de darle un ambiente casero en cuanto sea posible. Pida permiso para rodear al niño de simpáticos animalitos rellenos y a los lados de la cuna préndale láminas (tal vez estimulantes ampliaciones de instantáneas de mamá y papá) para que se divierta viéndolas. Lleve también una cajita musical infantil. Recuerde, sin embargo, que cualquier cosa que meta dentro de la cuna tiene que ser antes esterilizada y que nada debe estorbar el correcto funcionamiento de los aparatos que le sostienen la vida.

Preparar la provisión de leche. Su leche es el alimento perfecto para el niño prematuro (vea la página 537). Hasta que esté en capacidad de lactar por sí mismo, extráigala de sus pechos para alimentación indirecta y a fin de mantener la producción. Esta operación le dará igualmente la sensación de que está haciendo algo por su hijito.

HERMANITOS

"Tenemos una hija de tres años y no sabemos qué decirle acerca de su hermanito prematuro".

Los niños, aun tan pequeños como su hija, entienden muchas cosas más de lo que los adultos creemos. Tratar de protegerla manteniéndola a oscuras sobre el estado de su nuevo hermanito no servirá sino para angustiarla y hacerla sentirse insegura — particularmente cuando usted y su marido súbitamente, y de una manera para ella inexplicable, empiezan a pasar tanto tiempo fuera de casa. Lo que debe hacer es ponerla al corriente de todo. Explíquele que el bebé nació muy pronto, antes de que hubiera crecido lo suficiente, y por eso tiene que permanecer en una cuna especial en la clínica hasta que ya esté bastante grande para poderlo traer a casa. Con el visto bueno

del hospital, lleve a la niña a una visita inicial, y si todo sale bien y parece contenta, llévela con regularidad. Los alambres y los tubos no tienen por qué asustar a los niños y más bien les intrigan, sobre todo si los padres fijan el tono adecuado — confiados y alegres, en vez de nerviosos y sombríos. Haga que le lleve un regalito al bebé, para ponerlo dentro de la cuna, lo cual la hará sentirse parte del equipo que está cuidando del nuevo hermanito. Si la niña quiere y el personal da permiso, déjela que ella también se lave bien las manos y los brazos y luego toque al niño a través de las portas de la cuna. Lo mismo que usted, se sentirá más unida a él cuando al fin lo lleven a la casa si ahora ella tiene algún contacto. (Lea lo relativo a la relación con los hermanos en el capítulo 26.)

LACTANCIA NATURAL

"Yo había resuelto criar a mi hijito al pecho, pero como nació prematuro, he estado extrayéndome leche para alimentarlo por un tubo. ¿Le costará trabajo pasar después directamente al pecho?"

Hasta ahora todo va bien. Desde que nació, el bebé ha recibido el mejor alimento posible para una criatura nacida antes de tiempo — la leche materna — en la única forma en que la puede tomar, o sea por un tubo. Naturalmente, usted quiere que pueda seguir tomando este alimento perfecto una vez que pase a mamar.

Un estudio reciente indica que no hay motivo para preocuparse. Se encontró que los niños prematuros que pesaban unos 1 300 gramos no sólo podían tomar el pecho sino que lo hacían mejor con éste que con el biberón. A los que se les dio el biberón, tardaron entre una y cuatro semanas más en aprender a chupar, que a los que se les dio el pecho. Además, su organismo respondió mejor a la lactancia natural fluctuando poco sus niveles de oxígeno, mientras que con la alimentación con biberón los niveles de oxígeno mostraron significativos descensos y permanecieron bajos durante diversos períodos después de las comidas. Por otra parte, los alimentados al pecho conservaron una temperatura más alta y confortable, lo cual es importante porque a los prematuros, cuyos termostatos no funcionan aún, les cuesta trabajo conservar el calor. Este estudio y otros por el estilo indican que los niños muy pequeños nacidos antes de tiempo poseen el reflejo de mamar a las 30 semanas más bien que a las 33 o 36 como se creía antes, y sugieren que conviene revisar la práctica usual de esperar hasta que el niño prematuro aprenda a tomar en biberón antes de pasarlo al pecho.

Una vez que le empiece a dar el pecho a su niño, debe tomar ciertas medidas para asegurar el éxito:

■ Antes de empezar, lea todo lo relativo a la lactancia natural, que empieza en la página 58.

■ Tenga paciencia si el médico o la enfermera quieren controlar los cambios de temperatura o niveles de oxígeno durante la alimentación al pecho. Esto no interrumpe la lactancia misma y protege al niño porque da la señal de alarma en caso de que no esté respondiendo bien a dicha alimentación.

■ Permanezca tranquila y fíjese que el niño esté despierto, pero no llorando frenéticamente de hambre. Una enfermera probablemente cuidará de que esté adecuadamente abrigado para este gran acontecimiento.

■ Pregunte si hay una sala especial donde las madres de niños prematuros les puedan dar el pecho, o por lo menos un rincón privado con un sillón de brazos para usted y su niño.

■ Póngase cómoda apuntalando al niño con almohadas y sosteniéndole la cabeza. Muchas madres encuentran cómodo sostenerlo en el antebrazo para darle de comer (vea la ilustración de la página 62).

■ Si el niño todavía no tiene el reflejo de mamar, lo cual es muy probable, ayúdele metiéndole dentro de la boca el pezón del pecho con la areola. Comprímalo con los dedos para que al bebé le sea más fácil agarrarlo, e insista hasta que lo logre.

■ Con el dedo presione sobre el pecho para separarlo de la nariz del bebé de modo que éste pueda respirar.

■ Observe para estar segura de que está tomando leche. Los primeros minutos de mamar pueden ser un movimiento muy rápido y no nutritivo, destinado a estimular sus pechos para que baje la leche. Estos están acostumbrados a la extracción mecánica y tardan un tiempo en acomodarse a los movimientos de la boca del bebé, que son distintos, pero pronto observará que el ritmo se modera y que el bebé está tragando. Así sabrá que la leche ya ha bajado.

■ Si parece que al niño no le interesa el pecho, ensaye haciéndole caer con la mano unas pocas gotas de leche en la boca para que pruebe lo que le espera.

■ Si el personal del hospital lo autoriza, amamante a su niño todo el tiempo que él quiera permanecer al pecho. Los expertos que han estudiado la alimentación de los niños prematuros recomiendan que se les deje al pecho hasta que hayan dejado de mamar activamente por lo menos durante dos minutos. Hay algunos muy pequeñitos que pueden mamar cerca de una hora antes de quedar satisfechos.

■ No se descorazone si la primera sesión o varias sesiones parecen improductivas. Muchos niños nacidos en tiempo se demoran un poco en aprender y con mayor razón los prematuros.

■ Pida que las comidas que usted misma no le pueda dar se le den por gavaje más bien que por biberón, pues si le dan el biberón al mismo tiempo que usted está tratando de acostumbrarlo al pecho, se puede crear una confusión perjudicial de pezones. Si se le está dando fortificante de leche materna u otra fortificación a modo de suplemento, pida que éste también se le administre por gavaje, o por el sistema nutritivo supletorio (vea la página 119).

Sabrá cuánto le está aprovechando la alimentación al pecho observando lo que pese día tras día. Si continúa aumentando entre el 1 y el 2% de su peso corporal (entre 15 y 30 gramos diarios para un bebé de 1 500 gramos), o sea entre 100 y 210 gramos a la semana, va muy bien. Cuando llegue a la fecha en que debió haber nacido, debe estar cerca del peso de un niño nacido en tiempo — entre 2 700 y 3 600 gramos.

LA EDAD VERDADERA

"Nuestro hijo, que nació casi dos meses antes de tiempo, parece estar muy atrasado en comparación con otros niños de tres meses. ¿Se nivelará con ellos algún día?"

Quizá no esté "atrasado" como usted cree. Lo más probable es que esté justamente en el punto en que debe estar un niño concebido en el momento en que él lo fue. Tenemos en nuestra sociedad la costumbre de computar la edad de un bebé partiendo del momento en que nace, pero este sistema es engañoso cuando se trata de evaluar el crecimiento y desarrollo de los niños prematuros, puesto que no tiene en cuenta que en el momento de nacer todavía no habían cumplido los 9 meses. Por ejemplo, su niño tenía al nacer *menos* dos meses. Cuando cumplió los dos meses, tenía en realidad el equivalente de un recién nacido, en términos de la edad de gestación, que se calcula según la fecha *original* en que debió haber nacido; y ahora, cuando decimos que tiene tres meses, es más bien como un niño de un mes. Tenga esto en cuenta cuando lo compare con otros niños de su edad, o con los promedios de los cuadros de desarrollo. Por ejemplo, aun cuando el niño promedio se sienta solo a los siete meses, el suyo no se sentará hasta los nueve, que es cuando llega a los siete meses de edad corregida. Si era muy pequeñito o enfermizo en el período neonatal, es posible que tarde más aún en aprender a sentarse. En general, se puede esperar que el desarrollo motor se retrase más que el desarrollo de los sentidos (visión y oído, por ejemplo).

Los expertos hablan de la edad de gestación, que suele denominarse la "edad corregida", al evaluar el desarrollo de un niño prematuro hasta que llega a los dos años y medio. De ahí en adelante, una diferencia de unos dos meses no significa nada, pues al fin y al cabo no hay mucha diferencia en materia de desarrollo entre un niño que tiene cuatro años y otro a quien le faltan dos meses para cumplirlos. Y a medida que su niño crece, la diferencia de comportamiento entre su edad corregida y su edad de nacimiento va disminuyendo hasta que al fin desaparece, lo mismo que desaparecen cualesquiera diferencias entre él y sus pares (si bien ocasionalmente pueden necesitarse cuidados especiales para llevar a un prematuro a ese punto). Mientras tanto, si le parece mejor usar su edad corregida con extraños, hágalo. Ciertamente, hágalo así para evaluar los progresos que vaya haciendo en su desarrollo.

En lugar de esperar comportamientos específicos del niño en tiempo determinado, cálmese y disfrute de su progreso a medida que se vaya realizando, dándole el apoyo que necesite. Si sonríe y arrulla, sonríale y arrulle usted también. Si empieza a estirar la mano para tomar cosas, déle la oportunidad de practicar esta destreza. Cuando se pueda sentar apoyado, siéntelo en diferentes ambientes durante un rato cada día. Pero siempre tenga en cuenta su edad corregida y no lo apresure. Forzarlo demasiado y antes de tiempo puede tener repercusiones negativas. Una es que el niño empiece a sentirse incapaz si no puede realizar lo que usted espera de él en determinado momento. Otra es que usted desperdicie tanto entusiasmo apremiándolo cuando todavía no está preparado, que cuando ya lo esté, usted ya haya perdido el interés.

Utilice las recomendaciones de estimulación infantil que se dan en este libro (páginas 188, 303, 439), acomodándolas a la conducta del niño más bien que a su edad, y teniendo buen cuidado de suspender cuando él dé señales de que no quiere más. También es posible fomentar el desarrollo motor colocando al niño sobre el abdomen viendo hacia el interior del cuarto, no hacia la pared, con tanta frecuencia y por tanto tiempo como tolere. Como los prematuros y los bebés que pesan muy poco al nacer pasan la mayor parte de las primeras semanas y a veces meses tendidos de espaldas en incubadoras, a veces se resisten a adoptar esta posición, pero es necesaria para que desarrollen fuerza en los brazos y el cuello.

Por supuesto que si su niño está demasiado retrasado en su desarrollo, aun teniendo en cuenta el hecho de ser prematuro, y si parece que se ha quedado estancado, vea la página 366 y consulte con el médico.

COMO TRATAR AL BEBE

"Hasta ahora sólo he tocado a nuestro hijo a través de las portas de la incubadora, pero me preocupa pensar cómo lo voy a tratar cuando lo llevemos a casa. Es tan pequeñito y frágil".

Cuando al fin sea tiempo de llevar al bebé a casa, es posible que más bien le parezca gordito y fuerte, y no pequeño y débil. Lo mismo que muchos prematuros, probablemente habrá duplicado su peso al nacer, antes de llegar al que se requiere para que le den de alta, que es entre mil ochocientos y dos mil doscientos cincuenta gramos. Lo más probable es que no le cueste más trabajo cuidarlo que el que les cuesta a las madres comunes y corrientes cuidar a sus niños nacidos en tiempo. En realidad, si ha tenido la oportunidad de intervenir en el cuidado del niño en el hospital en las semanas precedentes (en lo cual debe insistir) usted llevará la ventaja. Esto no quiere decir que sea fácil; es rara la nueva mamá que lo encuentre así.

Si se pregunta cómo va a hacer con su bebé sin tener a la enfermera o al médico que estén siempre vigilantes y listos para intervenir si algo marcha mal, tenga la seguridad de que en los hospitales no mandan a sus casas niños que todavía requieran cuidado profesional de tiempo completo.

Con todo, algunas madres, especialmente las que regresan a la casa con aparatos extra como controladores de respiración y máscaras de oxígeno, encuentran que es tranquilizador contratar a una enfermera que haya tenido experiencia con niños prematuros y su cuidado médico, para que les ayude durante la primera semana o las dos primeras. Piense en esta opción si le angustia la perspectiva de verse sola.

REMORDIMIENTOS

"Yo sé que durante el embarazo no fui tan cuidadosa como debiera haber sido, y siento que tuve la culpa de que el nacimiento se anticipara".

Probablemente no hay ninguna madre de un niño prematuro que volviendo la vista atrás no se arrepienta de alguna cosa que hizo durante el embarazo, que pudo haberla hecho mejor — algo que quizá contribuyó a adelantar el parto. Estos sentimientos de remordimiento son normales, pero no productivos. Es casi imposible estar seguro de cuáles fueron los factores responsables de la anticipación, y aun cuando estuviera segura, culparse ahora no va a ayudar a su niño. Lo que él necesita es una mamá fuerte, amorosa, que le dé apoyo, no que se ponga a atormentarse con remordimientos inútiles. Lea el capítulo 20 relativo a los recién nacidos que tienen problemas médicos, y allí encontrará algunas sugerencias para hacer frente a los sentimientos de culpa, ira y frustración. También le será útil conversar con otras madres de niños prematuros; encontrará que ellas comparten muchos de estos sentimientos. Algunos hospitales tienen grupos de apoyo de padres; otros creen que a los padres les va mejor consultando con el personal especializado más bien que con otros padres. Haga lo que encuentre de mayor provecho.

Desde luego, después de cuidar en la mejor forma posible al niño que ya nació, lo más productivo que usted puede hacer es asegurarse de que su próximo hijo (si es que ha resuelto tener otro) reciba el mejor cuidado posible antes que nazca. Aun cuando no todos los partos prematuros se pueden evitar, muchos sí. Consulte con su tocólogo antes de quedar embarazada otra vez, para discutir su historia clínica y siga un plan de preembarazo para poner en óptimas condiciones su organismo y sus hábitos de alimentación y estilo de vida.

PROBLEMAS PERMANENTES

"Aun cuando el médico dice que nuestro niño va muy bien, yo sin embargo me temo que salga de esto con alguna lesión permanente".

Uno de los mayores milagros de la medicina moderna es la tasa rápidamente creciente de supervivencia de los niños prematuros. En un tiempo el niño que pesara al nacer 1 000 gramos no tenía probabilidades de vivir. Ahora, gracias a los avances en el cuidado de los recién nacidos, muchos que nacen incluso más pequeños se puede esperar que vivan.

Como es natural, con el alza en la tasa de supervivencia ha venido un aumento en el número de niños con afecciones moderadas o graves. Con todo, las probabilidades de que su niño al volver del hospital permanezca vivo y sano están todas a su favor. Se calcula que sólo el 10% de todos los prematuros y el 20% de los que pesen menos de 1 600 gramos resultan con afecciones graves. Más de dos terceras partes de los niños prematuros llegan a ser perfectamente normales y los restantes en su mayor parte sólo tendrán impedimentos moderados. El cociente intelectual generalmente será normal, si bien los niños nacidos antes de tiempo sí corren mayor riesgo de tener problemas de aprendizaje.

Durante un par de años, aun cuando su niño sea absolutamente normal, puede esperar que vaya a la zaga de otros de la misma edad de nacimiento. Es más probable que su progreso siga a la par con el de niños de su misma edad corregida. Y si era muy pequeño y tuvo complicaciones durante el período prenatal, también puede ir atrás de sus compañeros de edad corregida, particularmente en desarrollo motor.

Los niños prematuros pueden mostrar una o más anormalidades neuromusculares. Tal vez no pierdan los reflejos de recién nacido como los de Moro, de cuello tónico, o de agarrar tan temprano como los niños nacidos en tiempo, aun teniendo en cuenta la edad corregida; o su tonicidad muscular puede ser anormal, haciendo en algunos casos que la cabeza cuelgue excesivamente, y en otros casos que las piernas permanezcan rígidas y los dedos de los pies estirados. Tales síntomas pueden ser preocupantes en niños nacidos en tiempo, pero no suelen serlo en los prematuros. (Sin embargo, deben ser evaluados por el médico y si es necesario se debe practicar fisioterapia.)

El desarrollo lento en un niño prematuro no es motivo de alarma; es algo que se debe esperar. Pero si su niño parece que no está progresando en absoluto, semana tras semana, mes tras mes, o si parece que no responde (no estando enfermo), hable con el médico. Si el médico no comparte sus preocupaciones pero tampoco la tranquiliza, busque una segunda opinión. A veces la madre, que ve al niño constantemente día tras día, observa algo que se le pasa al médico. Si no hay ningún problema, como será el caso a menudo, la segunda opinión servirá para disipar sus temores; y si se descubre un problema, el diagnóstico temprano permite un tratamiento oportuno y la aplicación de los cuidados necesarios, lo cual puede ser definitivo para la calidad de la vida de su niño.

ASIENTOS DE AUTOMOVIL

"Mi niño parece perderse en el asiento de automóvil que nos prestaron. ¿No estaría más seguro en mis brazos?"

No solamente es inseguro sino que en muchas partes también es ilegal que un niño, prematuro o no, viaje en los brazos de la mamá o de cualquier otra persona, y no en un asiento de automóvil. Esto, sin embargo, presenta un serio problema a los padres de bebés de bajo peso al nacer, pues sus cuerpecitos se pierden en un asiento corriente de automóvil y además puede que no respiren con facilidad en la posición que el asiento exige. Un estudio indica que algunos niños prematuros sufren de una disminución del suministro de oxígeno cuando viajan en un asientito de automóvil, y que este déficit puede durar hasta treinta minutos después del viaje. Algunos pueden experimentar también cortos períodos de apnea (suspensión de la respiración). Para tales bebés es mejor una nueva camita de automóvil a prueba de choques, en la cual va acostado en vez de sentado y que lo protege en caso de accidente, sin comprometer la respiración. Averigüe si esta camita se consigue en las tiendas de la localidad. Si por alguna razón no la puede conseguir ni tampoco un asientito diseñado para un niño prematuro, lo mejor es limitar los viajes en automóvil con el niño durante los dos primeros meses, sobre todo si ha sufrido antes ataques de apnea. O pregúntele al médico sobre medios de controlar su respiración en un asiento corriente de automóvil por lo menos durante un rato para ver si está experimentando algún problema.

Para que el niño viaje más cómodo en un asiento de automóvil, enrolle una toalla o una manta pequeña y colóquela en forma que le sostenga la cabeza, o compre un rollo de cabeza diseñado especialmente para los asientitos infantiles. Si queda mucho espacio entre el cuerpo del niño y el arnés (o en cualquier otra parte del asientito), use otra toalla enrollada o manta para rellenarlo.

Los mismos problemas de respiración

se les pueden presentar a los niños prematuros en los asientos y columpios infantiles, de manera que no debe usar estas cosas sin aprobación del médico.

REPETICION CON EL SIGUIENTE NIÑO

"¿El hecho de que nuestro primer hijo naciera prematuramente aumenta las probabilidades de que ocurra lo mismo con el segundo?"

Que tenga usted o no un alto riesgo de repetición de parto prematuro depende principalmente de cuál fue la causa del primero. Si se sospecha que fue algún factor que esté en su mano controlar —factores de riesgo como fumar, beber mucho, usar drogas, mala nutrición, inadecuado aumento de peso, o tensión física (por ejemplo, un oficio que le exigía estar siempre de pie o trabajo corporal fuerte) — entonces usted sencillamente tiene que cambiar su estilo de vida para proteger a cualquier hijo futuro. Si su médico opina que usted es una del pequeño porcentaje de mujeres en quienes las relaciones sexuales precipitan el parto antes de tiempo, entonces tendrá que limitar éstas durante una parte o durante todo el embarazo. Si las pruebas diagnósticas indican desequilibrio hormonal como causa del parto prematuro, se puede apelar a la terapia de reemplazo hormonal.

Otros factores de riesgo que se vinculan con los partos prematuros son menos fáciles de controlar o eliminar, pero a menudo se pueden modificar. Entre ellos se incluyen:

Infección. Si una infección aguda fue la causa de su primer parto anticipado, no es muy probable que se repita esa experiencia; pero cuide de estar libre de enfermedad venérea (incluyendo clamidia) y de infecciones del conducto urinario y vaginal, y que esté inmunizada contra la rubeola, antes de concebir otra vez. Si contrae una infección durante el embarazo, hágase tratar del médico lo más pronto posible y no olvide advertirle que usted está encinta.

Cuello uterino incompetente. Si su cuello uterino se dilató antes de tiempo a causa del peso del feto (probablemente por debilidad muscular), cerrarlo temprano con unas puntadas en un nuevo embarazo debe evitar una repetición.

Anormalidades estructurales del útero. Una vez diagnosticadas, con frecuencia se pueden corregir quirúrgicamente.

Placenta previa. Si su placenta estaba demasiado baja en el útero, cerca del cuello uterino, cubriendo éste parcial o totalmente, y lo está otra vez en el siguiente embarazo (aun cuando no tiene por qué ser así), el descanso total en cama puede evitar que el parto se anticipe.

Enfermedad materna crónica. Si usted tiene diabetes, enfermedad del corazón, hipertensión o alguna otra enfermedad crónica, con buena atención médica, incluyendo a veces descanso en cama, se puede prevenir en algunos casos el parto prematuro; consulte con su médico.

Tensiones. Si la tensión física o emocional contribuyó a que su hijo naciera muy pronto, trate de reducirla la próxima vez. Obtenga ayuda profesional si es necesario.

Edad. Este es un factor de riesgo que usted no puede evitar — si tenía 35 años la primera vez, será mayor aún la próxima, pero sí puede mejorar sus probabilidades de dar a luz a los 9 meses cuidando de recibir el mejor cuidado médico posible, no sólo de su doctor sino de usted misma. Eliminar o modificar todos

CUIDADOS ESPECIALES PARA BEBES PREMATUROS

■ Lea los capítulos mes por mes de este libro; son aplicables a su niño prematuro, lo mismo que a los nacidos en tiempo. Pero recuerde que hay que tener en cuenta la edad corregida de su niño.

■ Mantenga la casa más caliente que de costumbre, a unos 22°C más o menos, durante las primeras semanas. El mecanismo regulador de la temperatura generalmente está funcionando ya en los niños prematuros cuando los mandan a la casa, pero por causa de su pequeño tamaño y de la mayor superficie de piel con relación a la grasa, les cuesta trabajo conservarse confortables sin un poquito de ayuda. Además, tener que gastar muchas calorías para conservar el calor les dificulta ganar peso. Si su niño parece especialmente descontento, compruebe la temperatura de la pieza a ver si está suficientemente caliente, y tóquele al niño los brazos, las piernas y la nuca para asegurarse de que no esté demasiado frío. (Sin embargo, no caliente demasiado la pieza.)

■ Compre pañales especiales para prematuros si es necesario. También se consigue ropa infantil de tamaño diminuto, pero no compre mucha porque se le queda más pronto de lo que usted cree.

■ Esterilice los frascos si le está dando biberón. Aun cuando puede ser una precaución innecesaria para niños nacidos en tiempo, es buena para los prematuros que son más susceptibles a la infección. Continúe durante algunos meses o hasta que el médico la autorice para prescindir del esterilizador.

■ Déle de comer al niño con frecuencia aunque esto signifique pasar la mayor parte del tiempo dándole el pecho o el biberón. Los niños prematuros tienen muy pequeño el estómago y tienen que comer con mucha frecuencia, cada dos o tres horas. Tampoco pueden mamar con tanta eficiencia como los que nacen en tiempo, de manera que se demoran más — a veces hasta una hora — para una comida. No apresure las comidas.

■ A menos que se le esté dando una fórmula que contenga todos los nutrientes necesarios, déle suplemento multivitamínico según lo prescriba el médico. Los prematuros tienen más riesgo de sufrir deficiencia vitamínica y por eso necesitan esta seguridad extra.

■ No empiece con alimentos sólidos hasta que el médico dé la orden. Por lo general los sólidos se le empiezan a dar a un niño prematuro cuando su peso llega a 6 o 7 kilos, cuando consume más de 32 onzas de fórmula diariamente por lo menos durante una semana, o cuando la edad corregida es seis meses. Ocasionalmente, cuando un niño no quede satisfecho con la sola fórmula o la leche materna, se le pueden empezar a dar sólidos a los 3 meses de edad corregida, o 5 o 6 meses de edad cronológica.

■ Trate a su niño como si hubiera nacido en tiempo. Los padres de bebés que nacieron prematuramente se inclinan a creer que éstos son en extremo frágiles y exageran las precauciones (se preocupan demasiado por si el niño está muy caliente o muy frío, si no está comiendo lo suficiente o durmiendo lo suficiente); o lo dejan hacer todo lo que quiera; o están demasiado apegados (la mamá no se puede separar un momento). No se fijan límites, y el niño es el que da la ley, no los padres. Semejante atmósfera obstaculiza el desarrollo normal y la consecuencia es un niño dependiente, exigente e infeliz.

los factores de riesgo que se han mencionado antes puede reducir su riesgo excesivo casi al de una mujer joven.

Bien se conozcan, o bien no se conozcan las razones de su anterior parto prematuro, vea a su médico antes de quedar otra vez embarazada. Discuta con él lo que se puede hacer para reducir el riesgo de repetición. Siga religiosamente las órdenes del médico, aun cuando eso signifique reducir actividades tales como hacer el amor, trabajar y otras. Discuta igualmente la posibilidad de controlar desde la casa las contracciones con un dispositivo que se conecta con el teléfono al consultorio del médico o a un hospital. Puesto que el aparato monitor detecta las contracciones antes que usted misma las sienta, permite actuar a tiempo para prevenir que se inicie el parto — por ejemplo con drogas tocolíticas que detienen las contracciones, descanso en cama y otras medidas.

LO QUE IMPORTA SABER: Problemas de salud comunes en bebés de bajo peso al nacer

El nacimiento prematuro implica riesgos. Los cuerpecitos pequeños no están completamente desarrollados y muchos de los sistemas, como el de regulación del calor, el respiratorio y el digestivo no están todavía funcionando completamente bien, por lo cual no ha de sorprender que el riesgo de enfermedades neonatales aumente considerablemente. A medida que mejora la tecnología para mantener vivos a estos niños, se concede más atención a estas situaciones, la mayor parte de las cuales son raras o desconocidas entre niños nacidos en tiempo, y el éxito en el tratamiento es cada vez más la norma para muchos de ellos. Casi a diario se inventan tratamientos, por lo cual no es posible detallarlos aquí, pero pregúntele a su médico o al pediatra sobre los avances más recientes. Los problemas médicos que con mayor frecuencia complican la vida de los niños prematuros son:

Síndrome de angustia respiratoria. Por falta de madurez, el pulmón del niño nacido antes de tiempo carece de una sustancia pulmonar llamada *surfactant,* parecida a los detergentes, que comunica a las superficies del pulmón sus propiedades elásticas. Sin ella los alvéolos o celdillas de aire sufren colapso como globitos que se desinflaran con cada espiración, obligando al niño pequeñito a esforzarse más y más por respirar. Los niños que han sufrido fuertes tensiones en el útero, por lo general durante el parto y el alumbramiento, tienen menos probabilidades de carecer de la mencionada sustancia, pues parece que la tensión acelera la maduración del pulmón.

En un tiempo el síndrome de angustia respiratoria era mortal, pero hoy día se salva el 80% de los bebés que lo sufren, gracias a una mejor comprensión del síndrome y a nuevos tratamientos tales como presión continua positiva de las vías respiratorias, que se administra a través de tubos por la nariz o la boca, o por medio de una máscara plástica de oxígeno. La presión continua evita el colapso del pulmón hasta que el organismo empieza a producir suficiente *surfactant,* generalmente a los tres o cinco días. Unas veces cuando la inmadurez del pulmón se detecta antes del alumbramiento y éste se puede retardar sin peligro, es posible prevenir totalmente el síndrome de angustia respiratoria mediante la administración, antes del nacimiento, de una hormona que acelera la maduración pulmonar y la producción de la sustancia mencionada. También es prometedor otro método de prevenir o aminorar la gravedad del síndrome, y que consiste en instilar *surfactant* artificial humano en los pulmones del bebé prematuro antes de que tome el primer resuello. A los niños que sufren de angustia respiratoria se les puede aplicar oxigenación membranosa extracorpórea (ECMO), en la cual se emplea un aparato mecánico que presta apoyo temporal al corazón y pulmones desfallecientes y permite un descanso reparador. Este método se usa para muchos tipos de afecciones respiratorias, no sólo para la que se asocia con el síndrome en cuestión.

Displasia broncopulmonar. En algunos niños, particularmente entre los que nacen bajos de peso, la prolongada administración de oxígeno y ventilación mecánica parece combinarse con la inmadurez de los pulmones para causar displasia broncopulmonar, o enfermedad crónica de los pulmones. Esta suele diagnosticarse cuando un recién nacido necesita más oxígeno después de los 28 días de vida. En las radiografías se observan alteraciones específicas de los pulmones, y estos niños ganan peso lentamente y son susceptibles de apnea. Unos pocos siguen necesitando oxígeno cuando ya están en la casa, a otros se les disminuyen los líquidos o se les dan diuréticos o broncodilatadores para evitar complicaciones, y todos requieren un alto consumo de calorías para mejorar el crecimiento. Esta dolencia se supera a medida que los pulmones maduran.

Hipoglicemia. Un bajo nivel de azúcar en la sangre puede producirle a un adulto vértigo, nerviosismo o irritabilidad; pero en un recién nacido puede ser mucho más grave y causar lesión y retardación cerebral si no se trata. Es más común en los niños nacidos en partos múltiples, en los cuales los más pequeños pesen menos de 2 000 gramos, y entre los hijos de mujeres diabéticas (los cuales por lo general son al nacer más pesados de lo normal). La hipoglicemia se vigila como cuestión de rutina durante las primeras 24 a 48 horas, y, si se encuentra, se inicia inmediatamente el tratamiento para normalizar los niveles de azúcar.

Ductus arteriosus patente. En el sistema circulatorio fetal hay un canal que conecta la aorta (arteria por la cual va la sangre del corazón al resto del cuerpo) con la arteria pulmonar izquierda (la que va a los pulmones) llamado *ductus arteriosus*. Este canal desvía la sangre de los pulmones que no funcionan todavía y se mantiene abierto durante la gestación por altos niveles de prostaglandina E (ácido graso producido por el organismo) que hay en la sangre. Normalmente, los niveles de este ácido disminuyen en el parto y el canal empieza a cerrarse a las pocas horas. Pero más o menos en la mitad de los niños prematuros muy pequeños (los que pesan menos de 1 500 gramos) y en algunos un poco más grandes, los niveles de prostaglandina E no disminuyen y el canal permanece abierto o "patente". En muchos casos no hay otros síntomas, con excepción tal vez de un poco de respiración entrecortada cuando se hace un esfuerzo, y labios azules, y el conducto se cierra por sí solo en el período neonatal. Sin embargo, ocasionalmente ocurren complicaciones graves. El tratamiento con una droga antiprostaglandina (indometasina) suele dar buen resultado para cerrar el canal; cuando no es así, se apela a un simple proceso quirúrgico.

Retinopatía de los prematuros. Esta afección, que también se llama fibroplasia retrolental, puede conducir a escarificación y distorsión significativas de la retina del ojo, aumentando el riesgo de miopía (cortedad de vista), ambliopía (debilidad de visión), nistagmo (oscilación rítmica involuntaria del globo del ojo), y aun ceguera. La retinopatía es sumamente común entre los niños muy pequeñitos; afecta al 80% de los que pesan menos de 750 gramos pero sólo al 3% de los que pesan de 1 500 a 1 750 gramos.

En un tiempo se creía que la causaba el exceso de administración de oxígeno, pero hoy se cree que en muchos casos se debe a desequilibrio de oxígeno en la sangre del niño y que pueden contribuir también muchos otros factores, incluyendo posiblemente luz excesiva en la sala-cuna, diabetes materna, o uso de antihistaminas por la madre durante las dos últimas semanas de embarazo. A un recién nacido con retinopatía debe verlo un oftalmólogo pediatra. En la actualidad, cuando se apela a la terapia de oxígeno se controlan con mucho cuidado los gases de la sangre del niño y esto parece minimizar el daño. La vitamina E por vía oral o intramuscular también parece ayudar, pero hay que controlar sus niveles en la sangre con regularidad para poder modificar las dosis a medida que el niño crece.[1] Una activa terapia con criocirugía (congelación para destruir el crecimiento excesivo de vasos sanguíneos del ojo y evitar más desprendimiento de la retina) puede resultar eficaz para prevenir la ceguera. Suplementos de hierro no se dan usualmente a niños con retinopatía que no sufran de anemia hasta que la retina haya madurado o hasta que la afección haya desaparecido, de modo que no le dé un suplemento sin aprobación del médico.

Hemorragia intraventricular. El cerebro inmaduro de un feto contiene la matriz germinal, una estructura gelatinosa llena de venas, arterias y vasos capilares, que desaparece a las 38 semanas más o menos. Los niños que nacen antes de que desaparezca corren gran riesgo de hemorragia, debido a la fragilidad de estos va-

sos y la gran cantidad de sangre que fluye por ellos. La hemorragia intraventricular es muy común entre los bebés prematuros, pues afecta al 30 o 40% de ellos, casi siempre dentro de las primeras 72 horas de vida. Las hemorragias se clasifican en una escala de cuatro grados, siendo el grado I el menos severo y el IV el más grave. Este IV grado requiere observación cuidadosa para corregir cualesquiera otros problemas que se presenten, por ejemplo hidrocefalia. Se receta generalmente seguimiento regular de ultrasonido craneal para los grados III y IV hasta que la hemorragia se resuelva. Los niños que padecen las hemorragias más graves también están mucho más expuestos a ataques inmediatos e incapacidades posteriores. Se están desarrollando técnicas de prevención y tratamiento, incluyendo una en que se induce parálisis muscular temporal para reducir las fluctuaciones del flujo sanguíneo en el cerebro.

Enterocolitis necrosante. Los síntomas de esta enfermedad intestinal en la cual el tejido del intestino se deteriora y muere, aparecen por lo general entre el segundo y el vigésimo día, casi siempre en los niños de bajo peso al nacer. Incluyen distensión abdominal, vómito biliar, apnea y deposiciones sanguinolentas. Se han propuesto muchísimas teorías para tratar de puntualizar la causa, aun cuando ninguna es totalmente satisfactoria. Lo más probable parece ser que actúan una combinación de factores, incluyendo posiblemente el uso de fórmulas (los niños criados al pecho tienen menos riesgo de ser afectados). Al niño afectado se le da alimentación intravenosa. El tratamiento depende de los síntomas. Si hay deterioro grave del intestino se interviene quirúrgicamente para extirpar la parte necrosada.

Apnea de los prematuros. Aun cuando la apnea, períodos de suspensión de la

---

[1] La vitamina E ya no se administra por vía intravenosa a los recién nacidos porque causa serias complicaciones.

respiración, puede ocurrir a cualquier recién nacido, el problema es mucho más común entre los prematuros. Se diagnostica cuando un bebé sufre tales períodos con duración de más de 15 segundos o más cortos pero asociados con bradicardia, que es la desaceleración de los latidos del corazón. Cuando se observa apnea, se hacen pruebas para determinar si el niño necesita un monitor (vea la página 211). Generalmente esto es innecesario después de los seis meses, pero durante ese tiempo el monitor tiene que graduarse a medida que el latido cardíaco del niño se hace normalmente más lento con el crecimiento (si no se gradúa, se pueden producir muchas falsas alarmas). Este tipo de apnea de los prematuros, si no se repite cuando el niño alcanza la fecha original en que debió haber nacido, no tiene relación con el síndrome de muerte infantil súbita.

Ictericia. Los niños prematuros son mucho más propensos a contraer ictericia que los niños nacidos en tiempo. Lea lo que se explica sobre esta enfermedad y su tratamiento en la página 83.

CAPITULO VEINTE

El niño con problemas

Después de haber estado nueve meses esperando un bebé sano y perfecto, es una profunda decepción dar a luz una criatura que no lo es. La que no haya sufrido este golpe no puede entender la magnitud del dolor que produce.

A pesar de todo, la inmensa mayoría de los padres se recuperan de sus iniciales sentimientos de impotencia y desesperanza. A medida que aprenden a hacer frente a las complejidades de tener un niño con defectos congénitos, empiezan a ver más allá de los problemas y a entender al niño, quien, más que todo, necesita lo que necesitan todos los niños: amor, atención y disciplina.

Algunos encuentran que el problema, que al principio parecía tan asustador, se corrige fácilmente, o por lo menos se alivia con cirugía, medicación u otro tratamiento. En otros casos no existe remedio alguno que pueda hacer perfecto al niño; pero aun estas familias descubren muchas veces que criar a un niño minusválido agrega una nueva dimensión a su vida y tienen un sentimiento de realización que quizá nunca habrían experimentado de otro modo. Encuentran que aun cuando tengan que trabajar larga y asiduamente para estimular a su hijito física e intelectualmente, las recompensas son tanto más gratificadoras y bien valía la pena el esfuerzo extra. Con el correr del tiempo se van dando cuenta de que el niño, además de enseñarles algo acerca del dolor, les ha enseñado mucho acerca del amor.

Si bien gran parte de la información general de este libro es útil para los padres del niño nacido con defectos congénitos, este capítulo trata de las acomodaciones y decisiones específicas de su situación. También puede ser útil leer el capítulo 19 sobre otras cuestiones, tales como la hospitalización prolongada.

LA ALIMENTACION DEL NIÑO: ¿Cómo influye el régimen alimentario?

Todos los padres quieren que sus hijos, inválidos o no, sean lo mejor que puedan ser. Y asegurarles una nutrición óptima desde el nacimiento es una manera de ayudarles a desarrollar su máximo potencial, cualquiera que sea éste. A pesar de que un buen régimen no pueda modificar el hecho de que un niño tenga un defecto congénito, o quizá ni siquiera mejorar su estado, sí puede tener impacto sobre la salud general y afectar a la conducta, a la capacidad de aprendizaje y al desarrollo. No hay pruebas, sin embargo, de que ponerlo a una dieta especial o darle grandes dosis de vitaminas pueda mejorar significativamente el estado médico de un niño que nació con un defecto congénito, salvo en los casos en que tal defecto se deba a la alimentación.

Para el niño que no tenga tan inusuales necesidades dietéticas, la mejor nutrición empieza con la leche materna, si es posible, o con la fórmula comercial, y luego El Mejor Régimen Alimentario, pág. 252.

LO QUE LE PUEDE PREOCUPAR

QUIEN TIENE LA CULPA

"El médico nos ha dicho que nuestro niño no es completamente normal y yo no puedo dejar de sentirme culpable, pensando que tal vez podría haber hecho algo para evitar este problema".

Muchos son los padres que se sienten responsables por todas las cosas malas que les suceden a sus hijos, aun cuando se trate de una caída precipitada obviamente por la misma torpeza de movimientos del niño. Cuando un niño nace con un defecto congénito, el sentimiento de culpa puede ser abrumador y debilitante. Los padres piensan que algo que hicieron fue la causa de esa desgracia, aunque casi siempre la causa era algo que estaba fuera de su control. El remordimiento de conciencia puede ser particularmente fuerte cuando uno de los padres, o ambos, no estaban muy seguros de que realmente querían tener un hijo, como les sucede a casi todos alguna vez en la vida. Llegan a la conclusión de que sus pensamientos no expresados tuvieron la culpa del infortunio — que éste tiene que ser castigo por no haber querido realmente tener el niño. Y aun cuando esto no sea cierto, tales padres necesitan que se les asegure repetidamente que ellos no tuvieron la culpa.

Ocasionalmente, como en el caso del síndrome alcohólico fetal, el desarrollo de un defecto congénito se puede vincular a la conducta de la madre, lo cual hace más difícil aún sobreponerse al sentimiento de culpa. Es importante recordar, sin embargo, que el alcoholismo es una enfermedad como la diabetes, que la madre alcohólica no bebía por viciosa o porque quisiera hacer mal a su bebé, sino porque la enfermedad la dominaba. Aunque no puede deshacer lo que ya está hecho, sí puede buscar ayuda profesional ahora, para curarse de la enfermedad y prevenir mayor impacto negativo sobre este bebé y otros que pueda tener en el futuro.

Fundados o infundados, los remordimientos no les hacen ningún bien ni a usted ni a su esposo ni al niño. Al contrario, pueden hacerles mucho daño. En lugar de perder energías emotivas en autoflagelación, concéntrese en las medidas positivas que pueden tomarse para hacer el futuro de su bebé, el suyo y el de su familia el mejor posible.

SENTIMIENTOS DE RABIA

"Desde que nació mi hijo, que tiene el síndrome de Down, les he tomado rabia a todos — a los médicos, a mi marido, a mis padres, a otras madres de niños normales, hasta al bebé".

¿Y por qué no? Sus sueños de nueve meses o más se han desvanecido. Mira usted en torno a las amigas, vecinas, parientas, extrañas en el supermercado con sus niños normales, y piensa con amargura: "¿Por qué yo no?" El hecho de que formularse esta pregunta no produce respuestas satisfactorias aumenta su frustración. Usted le tiene rabia al médico que la atendió en el parto, pese a que él no tuvo ninguna culpa, a su esposo, aunque sin ninguna razón lógica, a sus otros hijos normales, aun cuando bien sabe que ellos no tienen la culpa de ser normales mientras que el nuevo bebé es anormal.

Acepte su rabia como normal pero reconozca igualmente que el sentimiento de culpa no es una emoción particularmente productiva. Tener rabia consume muchísima energía — energía que realmente debiera destinar a su niño y sus necesidades. Usted no puede cambiar el pasado pero sí puede influir en el futuro de su niño.

FALTA DE AMOR

"Hace casi un mes que nació nuestro hijito con un defecto, y todavía no siento afecto por él. ¿Llegaré a sentirlo?"

Esos sentimientos no son raros. Hasta los padres de niños normales tardan a menudo meses en sentirse realmente identificados con sus recién nacidos. Del rechazo inicial pasan a la ambivalencia, luego a la aceptación y finalmente al amor. Para padres de hijos minusválidos el proceso es naturalmente más gradual y las dos primeras reacciones más exageradas. Pasar a la aceptación requiere que una madre abandone la imagen de un niño ideal que se había formado y abra su corazón al niño real que tiene. Tratarlo amorosamente, cantarle canciones de cuna, acariciarlo y consentirlo y besarlo despertará su amor y le ayudará a descubrir las bellas cualidades que tiene, como las tienen todos los niños.

Si al transcurrir el tiempo no se despiertan en su corazón sentimientos de amor, entonces sí busque consejo de alguna persona que tenga experiencia en trabajo con padres de hijos con defectos de nacimiento, o ingrese en algún grupo de ayuda mutua de tales padres. Su médico u hospital seguramente la podrán aconsejar.

"Los médicos nos dicen que nuestro niñito tal vez no vivirá, así que tenemos miedo de apegarnos mucho a él".

Los padres de niños cuya vida esté en peligro comparten a menudo este temor de amar y perder, razón por la cual deliberadamente evitan formar lazos fuertes de amor con sus recién nacidos. Pero en general los estudios demuestran que los padres que se esfuerzan por conocer bien a sus hijos críticamente enfermos (aun cuando sólo sea a través de las portas de una incubadora) están mejor preparados para hacer frente a la desgracia si el niño no sobrevive, que los que se mantienen alejados. Tal vez esto es porque pueden decir: "Por lo menos lo amamos mientras lo tuvimos", y porque realmente pueden dolerse (uno no se puede doler de lo que nunca tuvo), proceso necesario para que resuelvan sus sentimientos a propósito de la terrible pérdida. Prodigar amor a su bebé críticamente enfermo, dándole en cierto sentido una razón para vivir, puede también tener un efecto significativo sobre su voluntad de vivir e incluso podría ayudarle a salir adelante.

QUE DECIRLES A LOS DEMAS

"El defecto congénito de nuestro hijo es muy obvio. La gente no sabe qué decirme cuando lo ve, y yo no sé qué decirles a los demás".

Cuando la gente conoce a un niño que tiene un defecto de nacimiento su turbación es tan obvia como el defecto mismo. Quisieran decir algo pero no saben qué; quisieran pronunciar alguna palabra de consuelo pero no saben cómo. Desean felicitarla a usted por el nacimiento de su bebé, pero casi les parece que sería más apropiado darle el pésame. Usted les puede ayudar y ayudarse a sí misma reconociendo la inquietud de ellos, abriendo el camino para que expresen sus sentimientos. Si se siente capaz de ello, hágales saber que usted comprende lo que sienten y que eso es muy natural. Fuera de esto, a los que no sean amigos íntimos lo único que hay que decirles es que el recién nacido, aun cuando no sea el niño que usted esperaba, es suyo, que lo ama y se propone tratarlo exactamente como si fuera normal y espera que los demás procedan en igual forma.

Desde luego, éste es un enfoque racional de la cuestión y tal vez usted no se sienta al principio racional. Quizá no quiera tratar con extraños y a veces ni con amigos y parientes, o conteste duramente si se muestran faltos de tacto. No se sienta mal si no puede tomar las cosas con calma y tranquilizar a los demás. Con el tiempo, y si es necesario con consejería individual sensitiva o terapia de grupo, aprenderá a hacer frente a esta situación.

Los amigos y parientes que van a estar en más estrecho y frecuente contacto con su hijo sí necesitan algo más. Además de estimularlos para que se expresen con toda franqueza, tendrán que enterarse de los problemas y necesidades especiales del niño. Déles material de lectura relativa a los problemas médicos pertinentes, pida al pediatra que hable con ellos, anímelos para que hablen informalmente con otros padres de niños que tengan defectos congénitos, o recomiéndeles un grupo de apoyo. Inclúyalos en el cuidado del niño: déles la oportunidad de alzarlo, ponerle el pañal, bañarlo y jugar con él.

Con el tiempo ellos también lo verán como el niño adorable que es.

A veces los parientes más cercanos, particularmente los abuelos, se sienten culpables (''¿Contribuí yo con un gen defectuoso?''), o rabiosos (''¿Por qué no nos diste un nieto sano?''), o creen tener todas las respuestas (''Dale esto de comer'', ''Llévalo a tal médico''). Si sus esfuerzos por involucrarlos en la vida del bebé y educarlos acerca de sus problemas no ayudan a superar tales actitudes, y si su negativismo continúa amenazando el delicado equilibrio de su familia íntima, mantenga abiertas las líneas de comunicación pero no se apropie los problemas de ellos.

A pesar de sus mejores esfuerzos siempre habrá personas que tal vez por causa de su propia inseguridad harán comentarios impertinentes y crueles, despreciarán a su hijo porque es diferente y no querrán estar con él. Habrá ocasiones en que se sentirá ofendida por esa intolerancia. Aun cuando quisiera educar al mundo, esto no es posible. Tendrá que aprender a mantener la cabeza erguida y a no hacer caso de las personas incomprensivas.

COMO SALIR ADELANTE

"Queremos mucho a nuestro nuevo bebé a pesar de todos sus problemas y de los cuidados que necesita, pero, como al mismo tiempo debo querer y criar a otro hijo, me siento completamente ahogada y no doy abasto".

Criar un niño con un defecto congénito es una tarea física y emocionalmente agotadora, especialmente para la madre, sobre quien recae la mayor responsabilidad aun cuando esté empleada fuera del hogar. Las indicaciones de los capítulos 23 y 24, que son para nuevas madres, también puede aprovecharlas usted. Pero necesitará algo más:

AMIGA EN LA ADVERSIDAD

Pocas personas saben qué hacer o qué decir cuando se enteran de que una amiga, parienta, vecina o conocida ha dado a luz a un niño con defectos o gravemente enfermo, o a un niño que se les muere poco después del alumbramiento. No hay respuestas prefabricadas; cada individuo y cada situación son únicos. Pero, en general, las mejores maneras de ayudar son:

■ *Prestar oídos.* Nunca diga "Yo sé cómo te sientes". Usted no lo sabe y ojalá nunca lo sepa. No diga: "Tienes que ser valiente" ni le ofrezca ningún otro consejo. Los nuevos padres en una crisis reciben suficiente consejo de los profesionales. Lo que necesitan de usted es amor, apoyo y voluntad de escuchar. Preste atención a lo que piensan y sienten en su corazón sin asumir el papel de juez ni ofrecer sus propias opiniones. Permítales que desahoguen sus sentimientos, cualesquiera que sean (a veces pueden ser de ira, otras veces de desesperanza), y empatice con ellos. Esta será la mejor terapia.

■ *Informarse.* Si parece que los padres quieren hablar del problema de su bebé, escúchelos. Pero si ya han contado el terrible cuento muchas veces, obtenga su información de segunda o tercera mano, de un pariente o amigo, para que no tengan que volver a repetir. Para entender mejor lo que están sufriendo, lea este capítulo (y si es pertinente, el anterior) y obtenga más información si cree que la necesita, de alguna organización dedicada a la enfermedad de que se trate.

■ *Hacer uso de ademanes.* Muchas veces cuando las palabras nos faltan, un apretón de manos, un abrazo cariñoso o una mirada comprensiva transmiten mejor el mensaje de nuestra comprensión y afecto.

■ *Mantenerse en contacto.* Por no saber qué hacer o qué decir, muchas veces optamos por la actitud cobarde de evitar a la amiga que está sufriendo una crisis. Las que han sido víctimas de tal comportamiento casi siempre dicen: "Aun cuando me digan impertinencias, prefiero que me hablen y no que se callen". Las llamadas telefónicas, visitas e invitaciones son ahora más importantes que nunca y no se deben omitir. Uno no se debe entremeter si las personas que sufren quieren sobrellevar a solas su dolor, pero si la primera vez que les haga una invitación le contestan "No tenemos ánimo para eso", usted puede volver a intentarlo unos días después.

■ *Ayuda efectiva.* Hay un sinnúmero de quehaceres que pueden desempeñar las amigas y la familia cuando los nuevos padres están de duelo por la pérdida de un bebé o tienen al niño hospitalizado, o éste necesita una gran cantidad de atención. Vaya a su casa para prepararles la comida, quédese cuidando a los niños mayores, láveles la ropa, ofrézcales aspirar la casa o sacudir el polvo, o encárguese del bebé durante una hora o dos si es posible. Cualquier manera de aliviarles un poco la tarea será muy agradecida.

Dése un respiro. Si usted es una madre de tiempo completo, como lo son muchas madres de niños minusválidos que prefieren no regresar inmediatamente al trabajo, tiene que encontrar maneras de salir de la casa, de alejarse de la tensión continua que le impone el cuidado del niño día tras día. Tómese por lo menos unas pocas horas a la semana, dejando al bebé con una parienta, amiga, niñera de confianza o enfermera. Salga a comer con su marido, a almorzar con una amiga, juegue un partido de tenis, vaya a ver una película o a un concierto, o simplemente a dar un paseo por un centro comercial — cualquier cosa que le relaje los nervios. Mejor aún, si lo puede lograr, es escaparse durante una o dos horas todos

los días para ir a trotar, hacerse un tratamiento de belleza o arreglarse el cabello
(verse lo mejor posible le levantará el
espíritu), o darse una vuelta por la biblioteca pública para sacar un par de libros. Si
tiene otro hijo, tómese en su compañía
algunos de estos momentos de descanso;
a ambos les aprovecharán.

Más desahogo. No se guarde para sí
misma sus preocupaciones, temores y
quejas — desahóguese con su esposo, su
mamá o su hermana, con su mejor amiga,
el médico u otras mujeres que estén en la
misma situación, o con una consejera
profesional si es necesario. Tal vez no se
sienta preparada para ingresar en un
grupo de padres de hijos con problemas
análogos, pero más adelante encontrará
que esto le ayuda. Llevar un diario es otra
manera de expresar sus sentimientos y
echar fuera sus ansiedades. Registre los
problemas y progresos, lo que ha hecho y
lo que falta por hacer. Ver su vida en el
papel hará que parezca más llevadera.

Más ayuda. Usted no lo puede hacer
todo sola. Si no está en condiciones de
pagar a una empleada que realice los
quehaceres del hogar y cuide del niño,
necesitará que le ayuden las amigas y la
familia. No tenga pena de ello, aun
cuando sin desestimar el valor del tiempo
y la energía que le consagren. Podrá sentirse beneficiaria única de su bondad, mas
lo cierto es que las amigas también se
benefician, y acaso más, al ayudar.

UN DIAGNOSTICO ACERTADO

*"El médico de la familia dice que nuestro
hijo tiene una enfermedad congénita muy
grave. Yo no lo puedo creer — en nuestra
familia todos son tan sanos".*

Una enfermedad grave, especialmente en
nuestros hijos, es difícil de aceptar. La
reacción casi siempre es negarla: nos afe-
rramos a la esperanza de que alguien se
haya equivocado. La mejor manera de
resolver sus dudas es hacer verificar el
diagnóstico, pues al fin y al cabo nadie es
infalible. Si no lo ha hecho ya, haga examinar muy bien a su niño por un especialista en recién nacidos, que tenga experiencia y esté familiarizado con la enfermedad que se le ha diagnosticado, y cuide
de que se lleven a cabo todas las pruebas
apropiadas, tanto para verificar el diagnóstico como para descubrir cualesquiera
otros problemas que puedan existir. Usted puede contribuir a que el diagnóstico
sea preciso dando a los médicos examinadores toda la información posible relativa
a los antecedentes de su familia (inclusive
enfermedades genéticas) y la historia de
su embarazo y su comportamiento, incluyendo uso de tabaco, alcohol, consumo de drogas, medicinas que tomó,
enfermedades que sufrió (especialmente
las acompañadas por fiebre) y demás. Sus
respuestas *sinceras* pueden, en realidad,
ayudar a un médico a precisar un diagnóstico difícil.

Si el médico con quien se consulta está
de acuerdo con el primero, usted puede
estar bastante segura de que el diagnóstico es correcto — y llevar a su niño de
un médico a otro no va a cambiar los
hechos. Aun cuando siempre existe la
posibilidad, única en un millón, de que
varios médicos se equivoquen, todas las
probabilidades son de que en realidad sí
existe un problema y que usted, como la
mayor parte de las madres de hijos con
defectos congénitos, está tratando de ne-
garlo.

Preocúpese por aclarar perfectamente
sus ideas en cuanto a qué es el diagnóstico. La primera vez que se les dice a los
padres que su recién nacido tiene un defecto, no es raro que los detalles se di-
luyan en esa gran oleada abrumadora del
primer golpe. Lo único que oyen es "su

hijo no es normal''; más allá todo es confusión. Cuando tenga la cabeza más despejada (y puede tardar un poco en aclarar sus ideas) solicite otra entrevista con el médico. Además de la información que obtenga de los médicos y enfermeras que cuidan del niño, busque más información en libros o hablando con padres de hijos que estén en la misma situación, o de organizaciones dedicadas al cuidado de niños minusválidos o a la dolencia particular que sufre el suyo. No se fíe, en cambio, de consejos de vecinas o amigas bienintencionadas pero mal informadas, que se basan más bien en supersticiones que en conocimientos médicos.

Antes de llevar al bebé de la clínica a la casa, pregúntele al médico exactamente qué puede esperar en términos de conducta, desarrollo y problemas médicos, y qué señales de alarma debe observar, lo mismo que lo que usted y el resto de la familia puedan hacer para ayudar a su niño a alcanzar cuanto pueda dar de sí. Tome notas que le sirvan luego de referencia cuando ya esté en su casa.

ACEPTAR O NO ACEPTAR TRATAMIENTO

"Nuestro niño nació con sólo una parte del cerebro. Los médicos nos dicen que no hay ninguna posibilidad de que viva, pero quieren operarlo para mantenerlo vivo un poquito más de tiempo. No sabemos qué hacer".

Si los niños que no tienen ninguna esperanza de sobrevivir mucho tiempo se deben tratar y mantener vivos con aparatos mecánicos, se ha convertido en una cuestión ética de grave importancia para la sociedad y es ahora materia de una difícil decisión personal para usted. Esa decisión probablemente no la debe tomar sin consultar antes con la familia, y, si es posible, con un asesor religioso, con los médicos del niño y con el asesor ético del hospital, si lo hay. En muchos casos habrá tiempo para ello; pero aun cuando no lo haya y sea indispensable decidirse rápidamente, siempre será posible hablar con los médicos y quizá con un capellán del hospital. Los médicos le pueden informar sobre la calidad de vida que puede esperar si se mantiene vivo al niño, y si el tratamiento mejorará esa vida o simplemente servirá para prolongar la agonía. El capellán estará en posibilidad de explicarle las cuestiones religiosas y el consejero ético la pondrá al corriente de sus derechos y responsabilidades legales, lo mismo que de las cuestiones éticas. Cuando tome la decisión tenga en cuenta toda la información y consejos que haya recibido, pero haga lo que su propio corazón le diga que es lo correcto, porque, sea la que sea, ésa es la decisión con la cual podrá vivir más tranquila.

En algunos casos, los padres de hijos para quienes no hay ninguna esperanza han encontrado algún consuelo en poder donar algunos de los órganos del bebé para salvar la vida de otro niño enfermo. Esto no es siempre factible, algunas veces por razones médicas y otras por razones legales, pero pregunte a su médico y a las autoridades del hospital sobre la posibilidad de donación de órganos si esto le interesa.

PARA OBTENER EL MEJOR CUIDADO Y TRATAMIENTO

"Estamos resueltos a darle a nuestro niño, a pesar de sus defectos, la mejor oportunidad posible en la vida. Pero no estamos seguros de cómo lograrlo".

Su determinación de ayudar a su hijo aumenta grandemente sus posibilidades de disfrutar de una vida productiva y satisfactoria. Pero hay mucho más que usted puede hacer, y cuanto más pronto empiece, tanto mejor. Los niños con serios defectos congénitos suelen obtener el mejor comienzo en alguno de los grandes centros médicos, pero ocasionalmente un hospital comunitario está equipado con una excelente unidad de cuidados intensivos neonatales. Un hospital cerca de su casa tiene la ventaja de que le permite visitarlo con regularidad, lo cual a veces compensa la falta de adelantos científicos. Para minimizar los efectos de una larga hospitalización, si ésta es necesaria, vea las páginas 538 y 541.

Donde quiera que sea tratado su niño, conviene que cuide de él un médico especializado en atender casos del defecto particular de que se trate — aun cuando del cuidado día a día se encargue un pediatra local o el médico de la familia bajo la supervisión del especialista. Para muchos defectos congénitos lo mejor es el tratamiento en equipo. Del equipo pueden formar parte médicos de diversas especialidades, psicólogos, fisioterapeutas, nutricionistas, trabajadores sociales, lo mismo que un especialista en recién nacidos y el mismo médico del niño.

Aun cuando un excelente cuidado médico y a menudo una temprana intervención educativa serán cruciales para el desarrollo de su niño, en la mayor parte de los casos el ambiente que usted misma cree en el hogar será aun más significativo para determinar si se le prepara bien para la vida y si alcanza o no su máximo potencial. La principal necesidad de los bebés que nacen con defectos congénitos es que se les trate como a los demás — que se les mime y se les consienta, pero que también se les discipline y se les haga cumplir determinadas normas, las cuales, por supuesto, deben tener en cuenta sus limitaciones individuales. Y lo mismo que otros niños, necesitan que se halague su amor propio — saber que cada paso de avance que den, por pequeño que sea, es apreciado y aplaudido y que no se espera de ellos que se igualen con el hijo de los vecinos sino simplemente que desarrollen sus propias posibilidades.

Para ayudar a los niños minusválidos a crecer, desarrollarse y disfrutar de la vida, se cuenta hoy con una amplia gama de terapias, no menos que de ayudas de alta tecnología — cosas como equipo adaptado de juegos y deportes, juguetes especiales, programas educativos de computador, bastones láser (para los que sufren de la vista), injertos cocleares (para ayudar a la audición), dispositivos robóticos y demás. Pregunte por estos aparatos a algún miembro del equipo de cuidado de su niño, o pida información a la organización correspondiente.

Es tranquilizador saber que la mayoría de los niños con impedimento físico crecen psicológicamente sanos, son bien aceptados por sus compañeros y por otras personas, y corren el riesgo de tener problemas de ajuste apenas ligeramente superior al de los niños que no adolecen de tales defectos.

EFECTO DEL BEBE EN SUS HERMANITOS

"Hemos resuelto criar nosotros mismos a nuestro bebé, que nació con el síndrome de Down, pero no sabemos qué efecto tendrán en nuestra otra hijita de tres años los cambios que esto traerá a su vida".

Más y más padres están eligiendo criar en su casa a sus hijos minusválidos, decisión que con mucha frecuencia resulta buena, no sólo para el niño y sus padres sino también para el resto de la familia. Tener en la casa un hermanito minusválido puede ejercer una influencia muy positiva en los otros niños, haciéndolos, por regla general, más pacientes y comprensivos que otros niños, y más capaces de llevarse bien con distintas clases de personas.

Sus otros hijos necesitarán pasar algún tiempo especial con ambos padres (aunque esto parezca imposible, es absolutamente indispensable). Los niños que se sienten abandonados en tales situaciones se portan mal, manifiestan enfermedades psicosomáticas y hasta se hacen los tontos en la escuela para recuperar la atención paterna. La mayoría no necesitan consejería ni terapia — solamente un poquito de comprensión. Es preciso darles seguridad de que ellos no son egoístas o malos porque quieran que se atienda a sus necesidades, o si a veces sienten resentimiento o se avergüenzan de su hermanito. También necesitan que se les infunda confianza de que lo que le ha ocurrido al bebé no les va a pasar a ellos, y es posible que necesiten apoyo extra cuando lleven amiguitos a la casa.

Un hermanito mayor también puede necesitar atención especial si al minusválido lo internan en una institución de cuidados especiales. ("¿Por qué no está mi hermanito con nosotros?" "¿Se portó mal?" "¿Si yo me porto mal me mandarán allá?") Se necesitarán, pues, comprensión y explicaciones que lo tranquilicen. Si el niño continúa angustiado por la situación, probablemente es una buena idea consultar con un psicólogo.

Muchos hermanos mayores de niños minusválidos se benefician hablando con otros en su misma posición. Muchos hospitales y otras entidades fomentan programas para hermanitos; averigüe si existe esa posibilidad en su ciudad. Tales programas les dan a los niños la oportunidad de discutir sus preocupaciones en un ambiente seguro y comprensivo, y de aprender que ellos no están solos.

EFECTOS SOBRE SU MATRIMONIO

"Mi marido y yo hemos llorado juntos muchas veces desde que nació nuestro hijo con un defecto congénito, pero de ahí no hemos pasado. Me temo que nunca más tendremos la energía suficiente para apoyarnos emocionalmente el uno al otro".

Todos los nuevos padres encuentran que tener en la casa un bebé restringe la cantidad de tiempo que pasan como una pareja. Los padres de niños que nacen con algún defecto descubren que las restricciones al amor romántico y a la intimidad son mayores aún, puesto que el cuidado del niño agota no sólo las fuerzas físicas sino también las reservas emocionales. Pero el niño que ustedes dos crearon no va a separarlos inevitablemente. Aun cuando pudiera parecer que el efecto acumulativo de meses y años de vivir con un niño minusválido debía debilitar hasta la más fuerte relación marital, esto no es así. Casi todos los matrimonios resisten la tensión e incluso parece que se fortalecen con ella (aunque sí existe un riesgo ligeramente mayor de divorcio cuando un niño está crónicamente enfermo durante un largo período de tiempo). Para mejorar las probabilidades de que su matrimonio siga siendo feliz, tenga en cuenta lo siguiente:

Compartir el trabajo. Ninguno puede por sí solo cuidar de un niño minusválido y tener todavía la energía suficiente para ser una amante pareja de su cónyuge. Si su marido trabaja todo el día mientras usted permanece en casa, déjelo que él se encargue de algunos de los cuidados del niño por las noches para que usted tenga algún respiro. Si él está pensando en tomar un segundo empleo a fin de resolver la estrechez económica causada por no trabajar usted, acaso sería mejor que usted tomara el empleo de medio tiempo y le trasladara a él un poco más de la carga del cuidado del niño. El trabajo pagado o voluntario de cuidado del niño, siquiera por unas cuantas horas a la semana, o una empleada por horas para el servicio doméstico, también facilitan la tarea y les dejan a ustedes tiempo y energía libres para atenderse el uno al otro.

Apoyo mutuo. Ambos tienen heridas que es preciso sanar; ambos necesitan hacer reajustes en su vida. Muchas personas no se dan cuenta de que el padre de un niño minusválido puede necesitar tanto apoyo emocional como la madre. Hacer frente al futuro como una pareja será infinitamente más productivo y satisfactorio que hacerlo como individuos. Compartan sus problemas y preocupaciones y protéjanse el uno al otro de los ataques que vienen de fuera; por ejemplo, de abuelos excesivamente críticos.

Tiempo a solas. Todos los nuevos padres necesitan hacer un esfuerzo deliberado, a fin de disponer de algún tiempo para estar el uno con el otro, solos; de lo contrario, jamás tendrán tiempo. Y aun cuando para usted y su esposo sea especialmente difícil, necesitan hacer lo mismo. Vea la página 677.

Relaciones sexuales. El amor romántico puede ser lo que menos ocupa su mente en estos momentos y quizá pasarán varios meses antes de que vuelva a sentir deseos de tener relaciones sexuales. Tal es la regla entre los padres de recién nacidos y lo será más aún en la situación de ustedes. En lugar de forzarse a tener relaciones sexuales cuando no están emocionalmente dispuestos para ello, esperen hasta que sea tiempo oportuno. Recuerden que para demostrar amor no es necesario hacer el amor. Abrazarse, tomarse de las manos — hasta el simple hecho de llorar un rato juntos — puede ser lo que ambos necesitan en este momento, mucho más que cualquier otra cosa.

REPETICION CON EL PROXIMO HIJO

"Quisiéramos tener otro bebé dentro de uno o dos años, pero nos da miedo de que el defecto congénito de nuestro hijito se repita en el siguiente".

Este temor es muy común entre los padres de los niños que nacen con defectos congénitos, pero en la mayor parte de los casos no tiene fundamento. Sus probabilidades de tener un niño normal son tan buenas como las de cualquier otra pareja. Pero a fin de predecir el riesgo en su caso particular, es necesario determinar cuál fue la causa del problema de su bebé. Hay muchas posibilidades:

Genéticas. Si se llega a la conclusión de que el defecto del niño es genético (transmitido por el material genético de usted o de su esposo), un especialista, o quizá el mismo médico del niño, le podrá decir con precisión cuáles son las probabilidades de que el hecho se repita.

Ambientales. Si el defecto congénito es resultado de un hecho que ocurre una sola vez — como por ejemplo, exposición durante el embarazo a infección, sustancias químicas, rayos X, medicación u otros factores que obstaculizaron el desarrollo fetal normal — no es probable que se repita a menos que vuelvan a producirse exactamente las mismas circunstancias en el mismo punto crítico del embarazo.

Estilo de vida. Si el defecto se puede atribuir a que usted fumaba o a consumo de alcohol, abuso de drogas o mala nutrición, por ejemplo, no es probable que se repita en embarazos subsiguientes, a menos que los errores de tal estilo de vida se vuelvan a repetir.

Factores maternos. Si el problema de su niño guarda relación con su edad, con la forma o tamaño de su útero u otros factores inmodificables, podría repetirse, aun cuando el riesgo a veces se puede reducir. Por ejemplo, si usted tiene más de 35 años y dio a luz un niño con el síndrome de Down, pruebas prenatales pueden diagnosticar el desorden en futuros embarazos. O si tiene el útero deforme, es posible que se pueda corregir con cirugía.

Factores múltiples. Cuando entran en juego diversos factores, predecir el resultado futuro será más complicado pero su médico o un especialista siempre podrán ayudar en esos casos.

Desconocidos. A veces no hay ninguna razón aparente para que el niño nazca con un defecto. Estos casos no se repiten por lo general. Pero si nadie sabe por qué el niño no nació completamente normal, sería una buena idea discutir la situación con un médico entendido en consejería genética antes de quedar embarazada otra vez.

Antes de tomar la decisión de quedar otra vez embarazada, piénselo bien y asegúrese de que esto se justifica. Traer al mundo a un niño sano para compensar por el minusválido no es justo para el nuevo hijo. Hable con el pediatra o con un terapeuta de familia si está un poco confundida.

Si decide quedar embarazada otra vez, debe poner al tocólogo completamente al corriente de sus antecedentes para que él pueda vigilar así el embarazo y atender a cualquier posible problema. Pero con buen cuidado médico y buen cuidado por su parte (usted es la mejor colaboradora del médico) sus probabilidades de dar a luz un niño normal y sano son muy buenas.

UN DEFECTO CONGENITO DISTINTO LA PROXIMA VEZ

"No me preocupa tanto volver a tener un niño con el mismo defecto, pues para eso me pueden hacer pruebas. Lo que me preocupa es tener un hijo con un defecto diferente".

Aun cuando las probabilidades de repetición del defecto del primer hijo en el segundo fueran ligeramente superiores al promedio (y éste no es siempre el caso), no ocurriría lo mismo tratándose de defectos distintos. Usted y su marido tienen las mismas probabilidades de producir un niño libre de todo defecto congénito que tienen todos los demás padres.

Por consoladoras que sean estas probabilidades, es normal seguir abrigando ciertos temores, después de lo que ustedes han sufrido. Para disiparlos, converse con su médico, consulte con un especialista en genética y observe las precauciones que se han mencionado antes.

LO QUE IMPORTA SABER: Los desórdenes congénitos más comunes

Si a su niño no le han diagnosticado un desorden congénito pero usted nota síntomas de cualquiera de los problemas que se enumeran a continuación, no se asuste — lo que observe puede indicar algo mucho menos grave de lo que se imagina. Pero consulte, eso sí, con el médico del niño. Quizá se necesite algo más que una llamada telefónica para disipar sus temores: tal vez un examen o pruebas especiales. Si se descubre algún problema, el diagnóstico temprano y pronta atención médica y terapia resultarán beneficiosos. Y muchos defectos congénitos se pueden corregir completamente.

DESORDENES CONGENITOS COMUNES

Anemia falciforme

¿Qué es? Una anemia en que los glóbulos rojos, que son normalmente redondos, toman una forma como de hoz y desempeñan mal su función de llevar oxígeno a las células del organismo, atascándose a veces y bloqueando los vasos sanguíneos. Los síntomas, tales como fatiga, cortedad de resuello, hinchazón de las articulaciones, especialmente de los dedos de pies y manos, y mucho dolor de los huesos, no aparecen por lo general hasta después de los 6 meses de edad; pero es posible diagnosticarla inmediatamente después del nacimiento si se llevan a cabo las pruebas necesarias.

Frecuencia. Uno de cada 400 a 600 niños negros; incidencia menor en otros.

¿Quiénes son susceptibles? Principalmente los negros de ascendencia africana pero también los blancos de origen mediterráneo o del Oriente Medio. El riesgo es 1 en 4 si ambos padres son portadores, 4 en 4 si ambos tienen la enfermedad.

¿Qué la causa? Herencia autosómica recesiva: ambos padres deben transmitir genes recesivos para que el hijo sea afectado. Crisis periódicas pueden ser provocadas por infección, tensión, deshidratación y provisión inadecuada de oxígeno.

Problemas conexos. Crecimiento deficiente, pubertad retardada, cuerpo angosto, columna vertebral curva y pecho de barril; infección, especialmente neumocócica. La muerte prematura es común.

Tratamiento. Sintomático, inclusive analgésicos, transfusiones de sangre, oxígeno y líquidos. Vacuna neumocócica para prevenir infección. Un nuevo tratamiento puede estimular al organismo para producir células sanguíneas normales.

Pronóstico. Regular; algunos no viven más allá de la edad adulta; muchos no llegan a la edad madura.

Anencefalia

¿Qué es? Un defecto de un tubo neural, en el cual el hecho de no cerrarse el surco neural normalmente temprano en el embarazo, impide el desarrollo cerebral y falta todo el cerebro o la mayor parte de él.

Frecuencia. Muy rara en los niños que nacen en tiempo, puesto que el 99% de los fetos que tienen este defecto son abortados.

¿Quiénes son susceptibles? No se sabe.

¿Qué la causa? No se sabe por el momento. Probablemente es cuestión de herencia, junto con un ambiente prenatal adverso.

Problemas conexos. Todos los sistemas del organismo se afectan en forma negativa.

Tratamiento. Ninguno, y la mayor parte de los médicos están de acuerdo en que lo mejor es no intervenir, siempre que al niño se le mantenga tan confortable como sea posible.

Pronóstico. Este estado es incompatible con la vida. A veces los órganos pueden donarse.

Autismo

¿Qué es? Incapacidad, que arranca desde el nacimiento o se desarrolla en los dos primeros años y medio de vida, para establecer relaciones humanas normales, aun con los padres. Los bebés no sonríen ni responden a los padres ni a ninguna otra persona en ninguna forma, y no les gusta que los alcen ni los toquen. Se presentan problemas serios para hablar (inclusive patrones extraños de habla como la ecolalia, en que el niño repite las palabras que oye pero no contesta), posiciones y amaneramientos extraños, conducta excéntrica y caprichosa (comportamiento compulsivo, berrinches y agitación de los brazos), y a veces autodestrucción. El niño puede tener inteligencia normal pero parece retardado o sordo porque no responde. El autismo se puede confundir con esquizofrenia infantil y ocasionalmente puede preceder a ésta.

Frecuencia. Se calcula en 2 a 7 casos por cada 10 000 bebés.[1]

¿Quiénes son susceptibles? Los niños varones son cuatro veces más susceptibles que las niñas.

¿Qué lo causa? Probablemente herencia autosómica recesiva, según un estudio reciente: ambos padres deben transmitir genes recesivos para que el niño sea afectado. Parece haber algunas diferencias en los patrones de ondas cerebrales de los niños autísticos, que quizá se relacionen con su estado. No tiene relación con la paternidad.

Problemas conexos. Problemas de conducta y desarrollo.

Tratamiento. En la actualidad no existe tratamiento, pero a algunos niños se les puede ayudar con terapia para modificar la conducta, estímulos, adiestramiento especial y a veces ciertas drogas. Cuando es posible, el niño permanece en la casa, pero a veces la tensión es más de lo que la familia puede tolerar y se hace necesario hospitalizarlo. En ocasiones los programas de cuidados diurnos alivian la tensión y permiten que el niño permanezca en la casa. La consejería también puede ser útil para el resto de la familia.

Pronóstico. En la actualidad, más o menos la tercera parte de los niños se recuperan lo suficiente para poder funcionar en forma bastante normal, pero la mayoría permanecen autísticos y necesitan cuidados especiales en una institución. Las perspectivas son mejores cuando a un niño se le puede enseñar lenguaje significativo antes de los cinco años de edad.

Cáncer

Raro en la primera infancia. Muchos cánceres infantiles son hoy altamente curables.

Defecto cardíaco congénito

¿Qué es? Cualquier defecto del corazón, grande o pequeño, que se presente al nacer. Si bien los defectos por lo general se pueden diagnosticar con un estetoscopio, se necesitarán pruebas adicionales como radiografías, ultrasonido y electrocardiogramas para verificar las anormalidades. Según el tipo de defecto, una o más funciones del corazón pueden verse adversamente afectadas. Unas veces los síntomas se observan al nacimiento pero otras veces no son aparentes hasta que se llega a la edad adulta. Cianosis (coloración azulada de la piel, particularmente

---

[1] Ocasionalmente a un niño que parece autístico se le puede ayudar eliminando los alimentos a los cuales es alérgico. Vea la página 480.

en torno de los dedos de manos y pies y de los labios), es el síntoma más común.

Frecuencia. Aproximadamente uno de cada 175 bebés en los Estados Unidos nacen con algún defecto del corazón.

¿Quiénes son susceptibles? Hijos de madres que sufrieron de rubéola durante el embarazo, niños con síndrome de Down, y los que tengan hermanos afectados (aun cuando el aumento de riesgo es pequeño).

¿Qué lo causa? En la mayoría de los casos los científicos sencillamente lo ignoran. Algunas infecciones, como la rubéola y algunas sustancias químicas (talidomida, anfetaminas o alcohol, por ejemplo) pueden producir anormalidades cardíacas prenatales, pero también es posible que tales defectos sean el resultado de un error genético casual.

Problemas conexos. A veces deficiente crecimiento y aumento de peso, fatiga, debilidad, dificultad para respirar o mamar (por la debilidad del corazón).

Tratamiento. Cirugía (inmediata o después, durante la infancia), que varía según sea el defecto de que se trate; a veces algunos defectos cardíacos se pueden remediar con drogas. (Incluso un defecto que no cause síntomas puede requerir tratamiento para evitar problemas más tarde en la vida). Hay defectos cardíacos que se pueden diagnosticar antes del nacimiento y administrar medicación para corregirlos.

Pronóstico. La mayor parte de los defectos congénitos del corazón se pueden tratar, aun cuando los muy serios pueden incapacitar o aun ser fatales. La mayor parte de los niños que tienen un murmullo no requieren restricciones para sus actividades y pueden llevar una vida normal.

Deformidad

¿Qué es? Una anormalidad en uno o más órganos o partes del cuerpo.

Frecuencia. Más o menos 2 de cada 100 niños tienen alguna deformidad de este tipo.

¿Quiénes son susceptibles? Un feto demasiado grande en un útero muy estrecho, o cualquier feto en un útero deformado o demasiado pequeño, o en un útero con fibroides o insuficiente provisión de fluido amniótico; una localización extraña de la placenta; o un feto que comparte el útero con uno o más hermanos. Las deformaciones son más comunes en los hijos de madres pequeñas o primerizas, y también cuando hay una presentación anormal, como por ejemplo de nalgas.

¿Qué la causa? Condiciones en el útero como las que se acaban de mencionar, que hacen una presión indebida sobre una o más partes del feto en desarrollo.

Problemas conexos. Dependen de la anormalidad de que se trate.

Tratamiento. En la mayoría de los casos no se necesita ningún tratamiento, pues la parte deformada recupera gradualmente su forma normal. Hay algunas deformaciones, sin embargo, que sí requieren tratamiento, como por ejemplo la escoliosis, pie en clava y dislocación de la cadera.

Pronóstico. Bueno, en la mayoría de los casos.

Enfermedad celíaca

¿Qué es? También se llama esprúe celíaco o enteropatía por sensibilidad al gluten. Es un desorden en que hay sensibilidad (no alergia) a la gliadina que se encuentra en el gluten (componente del trigo y otros granos), y se caracteriza por deficiente asimilación de los alimentos, pérdida de apetito, deficiente crecimiento, abdomen inflado, diarrea grasa y siempre maloliente, y a veces anemia; empieza entre los 6 y los 12 meses. Es fácil confundirla con fibrosis cística.

Frecuencia. Se calcula que la contrae 1 en 3 000 de la población general; las hembras son afectadas con una frecuencia doble que los varones, y los blancos del noroeste de Europa más a menudo (es rara entre los negros, asiáticos, judíos y otros de ascendencia mediterránea).

¿Quiénes son susceptibles? Hijos de padres que sean ambos portadores del gen correspondiente.

¿Qué la causa? No está claro, pero muy probablemente una combinación de factores ambientales y predisposición genética. Posiblemente relacionada con un defecto en un gen, que hace producir anticuerpos antigliadina; se sospecha que los anticuerpos se combinan con la gliadina para atacar y aplastar las vellosidades del intestino, lo que produce mala absorción y otros síntomas.

Problemas conexos. Síntomas de desnutrición, tales como retardo en el desarrollo, retención de fluidos, dentición tardía y raquitismo.

Tratamiento. Dieta sin gluten, que por lo general empieza a dar resultado a las 3 o 6 semanas y tiene que seguirse toda la vida. También es posible que se recete un suplemento nutricional, y, a veces, esteroides.

Pronóstico. Generalmente una vida normal, siguiendo el régimen libre de gluten.

Enfermedad Rh

¿Qué es? Un estado en que el niño hereda del padre un tipo sanguíneo incompatible con el de la madre. Si la madre tiene anticuerpos a la sangre del padre (por un embarazo anterior, un aborto o transfusión de sangre), estos anticuerpos atacan la sangre del bebé.

Frecuencia. Mucho menos común desde que se desarrollaron técnicas preventivas; sin embargo, todos los años millares de niños son afectados.

¿Quiénes son susceptibles? Un niño que herede el factor Rh positivo del padre y tenga una madre con Rh negativo.

¿Qué la causa? Anticuerpos en la sangre de la madre, que atacan los glóbulos sanguíneos del niño, reconociéndolos como extraños.

Problemas conexos. Enfermedad de la sangre, lesión cerebral, o la muerte antes de nacer o inmediatamente después.

Tratamiento. A menudo una transfusión completa de la sangre del niño que tiene incompatibilidad sanguínea. Algunos bebés pueden no necesitar la transfusión inmediatamente, pero sí a la vuelta de 4 a 6 semanas por causa de grave anemia. El mejor tratamiento preventivo es la inyección de una vacuna llamada globulina Rh inmune para madres que tengan Rh negativo dentro de las 72 horas siguientes al nacimiento (o aborto) de una criatura o un feto que sea Rh positivo. Esta vacuna casi siempre inhibe el desarrollo de anticuerpos y protege a los niños futuros. También se puede administrar una dosis de la vacuna hacia mediados del embarazo. Los científicos tratan de desarrollar un tratamiento para mujeres que ya han desarrollado anticuerpos.

Pronóstico. Por lo general bueno, con tratamiento.

Espina bífida

¿Qué es? La columna ósea o columna vertebral, que protege la médula espinal, queda normalmente abierta los primeros días del desarrollo postnatal pero luego se cierra. En el estado que se conoce como espina bífida el cierre es incompleto. La abertura puede ser tan pequeña que no cause ningún problema ni se note, salvo en radiografías que se tomen por cualquier otra razón, aun cuando sí puede ser visible un hoyuelo o un mechoncito de pelo en la piel que la cubre. En otros casos es más grande y parte del tejido que cubre la médula espinal (las meninges) sale fuera cubierto por un quiste o protuberancia amoratada (meningocele), de un tamaño que varía desde un diámetro de 2.5 a 5 cm hasta el tamaño de una toronja. Si este meningocele se forma en la parte baja de la columna vertebral, puede producir debilidad en las piernas. En las formas más graves de espina bífida se produce protrusión herniaria de la médula misma (lo que se denomina mielomeningocele). Suele tener poca o ninguna piel que la proteja, permitiendo derrame del líquido raquídeo. La zona se cubre de ulceraciones, las piernas se paralizan, y el control de la vejiga y del intestino se convierte más tarde en un problema, aunque algunos niños sí retienen dicho control.

Frecuencia. Afecta a 1 en 2 000 niños nacidos en los Estados Unidos, aun cuando se cree que 1 en 4 pueden tener espina bífida oculta. Por fortuna las formas más severas son menos frecuentes.

¿Quiénes son susceptibles? Los niños de madres que ya han tenido otro hijo afectado tienen un riesgo de 1 en 40; si hay dos niños en la familia afectados, el riesgo sube a 1 en 5. Los primos de niños afectados tienen doble aumento del riesgo. Es tres o cuatro veces más común entre los pobres que entre los ricos, más frecuente en Irlanda y Gales, y menos común en Israel y entre los judíos en general.

¿Qué la causa? No se sabe en la actualidad. Probablemente tienen algo que ver con ella la herencia y el ambiente prenatal. La nutrición puede influir; se han reducido las repeticiones mediante administración de suplementos vitamínicos que contengan ácido fólico a las madres antes de la concepción y durante los dos primeros meses de embarazo.

Problemas conexos. Infección cuando la médula queda al descubierto. También hidrocefalia (agua en el cerebro) en 70 a 90% de los casos (vea la página 573). Mal control de la vejiga y el intestino.

Tratamiento. No se necesita ninguno si el defecto es leve. Los quistes se pueden extirpar quirúrgicamente y el agua drenarse. Pero si bien la cirugía puede extirpar los quistes más graves, cubriendo la abertura con músculo y piel, la parálisis de las piernas no se puede curar. Probablemente se necesitará fisioterapia y más tarde sostenes para las piernas o una silla de ruedas. Se pueden aplicar férulas para prevenir o minimizar deformaciones. Antes de una intervención quirúrgica es importante no hacer presión sobre un quiste (ni siquiera con la ropa). El tratamiento en equipo con diversos especialistas suele ser lo mejor.

Pronóstico. Depende de la gravedad del caso. La mayoría de los niños con las afecciones menos severas pueden llevar una vida activa y productiva; la mayor parte de las mujeres pueden tener hijos pero su embarazo caerá dentro de la categoría de alto riesgo. Un tratamiento rápido de la hidrocefalia suele evitar la retardación.

Estenosis del píloro

¿Qué es? Un estado probablemente congénito, en que el engrosamiento o crecimiento excesivo del músculo a la salida del estómago produce bloqueo, y, como consecuencia, vómito violento que se proyecta hasta 30 centímetros o más. Por lo general empieza a las 2 o 3 semanas de edad y va acompañada de estreñimiento. El engrosamiento lo puede palpar el médico como una protuberancia; a veces son visibles espasmos del músculo.

Frecuencia. Entre los varones, 1 de cada 200; entre las niñas, 1 de cada 1 000.

¿Quiénes son susceptibles? Los varones con más frecuencia que las hembras. A veces viene de familia.

¿Qué la causa? No se sabe qué provoca su desarrollo.

Problemas conexos. Deshidratación.

Tratamiento. La intervención quirúrgica, una vez que se hayan normalizado los niveles de fluidos del bebé, no ofrece peligro y casi siempre es completamente eficaz.

Pronóstico. Excelente.

Fenilcetonuria

¿Qué es? Un desorden metabólico en que el individuo no puede metabolizar una proteína llamada fenilalanina. La acumulación de ésta en el torrente sanguíneo entorpece el desarrollo cerebral y produce grave retardación.

Frecuencia. 1 en 14 000 nacimientos en los Estados Unidos.

¿Quiénes son susceptibles? Cuando ambos padres son portadores de la característica, tienen una probabilidad de 1 en 4 en cada embarazo de tener un hijo con fenilcetonuria. Baja incidencia entre los finlandeses, judíos askenazíes y negros.

¿Qué la causa? Herencia autosómica recesiva: ambos padres deben transmitir genes recesivos para que el hijo sea afectado.

¿Cómo se diagnostica? Como puede ocurrir lesión durante los primeros meses cuando los niños parecen normales, rutinariamente se exige una prueba sanguínea de fenilcetonuria a los pocos días del nacimiento.

Problemas conexos. Sin tratamiento, los niños se ponen irritables, inquietos y destructores; adquieren mal olor, piel seca o erupciones, y algunos son víctimas de convulsiones. Por lo general se desarrollan bien físicamente y suelen ser más rubios que otras personas de la familia.

Tratamiento. Una dieta baja en fenilalanina (lo cual significa baja en alimentos de alta proteína como leche materna, leche de vaca o fórmula a base de esta última, y carne) iniciada inmediatamente y continuada por lo menos 8 años para evitar la retardación.[2] Cuanto más pronto se inicie el tratamiento, tanto mejor. Pero la esperanza de una vida normal no se pierde totalmente para niños cuyo tratamiento se demore un poco. Los niveles sanguíneos de fenilalanina se verifican rutinariamente durante el tratamiento. Algún día, quizá podremos contar con medicación para ayudar al metabolismo de dicha proteína.

Pronóstico. Por lo general una vida normal, con dieta especial.

---

[2] Algunos estudios sugieren que puede ser aconsejable mantener estas medidas dietéticas durante los años reproductivos, por lo menos en las mujeres, y tanto como sea posible entre los hombres; ciertamente se recomienda para las mujeres que estén embarazadas o proyecten estarlo.

Fibrosis cística

¿Qué es? Un estado en que hay un mal funcionamiento generalizado de las glándulas exocrinas, es decir, aquéllas que vierten su secreción a través de una superficie epitelial (como la piel, las membranas mucosas, el revestimiento de órganos huecos); cuando son afectadas las glándulas sudoríparas, el sudor es salado y abundante, y la transpiración excesiva puede causar deshidratación y shock. Cuando es afectado el sistema respiratorio, espesas secreciones pueden llenar los pulmones causando tos crónica y mayor riesgo de infección. En el tubo digestivo las secreciones mucosas pueden dificultar el paso de las primeras heces por los intestinos después del nacimiento. También pueden obstruirse los conductos pancreáticos dando por resultado deficiencias de las enzimas pancreáticas e incapacidad para digerir proteínas y lípidos. Las evacuaciones que contienen materiales no digeridos son excesivamente frecuentes, voluminosas, malolientes, pálidas y grasosas. El aumento de peso es malo, el apetito devorador, el abdomen se distiende, las piernas y brazos son flacos y la piel pálida. Existen pruebas selectivas de sudor para identificar posibles casos, pero la falta de evacuación de meconio después del nacimiento, la piel salada y el poco aumento de peso, junto con el buen apetito, son indicios tempranos.

Frecuencia. Relativamente rara.

¿Quiénes son susceptibles? Más común entre los de ascendencia centroeuropea (1 en 2 000 nacimientos) que entre los negros, los americanos nativos o los de ascendencia asiática (1 en 17 000).

¿Qué la causa? Herencia autosómica recesiva; ambos padres deben transmitir los genes recesivos para que el niño sea afectado.

Problemas conexos. Es común la neumonía, por las secreciones respiratorias. También insuficiencia pancreática, insuficiente producción de insulina, tolerancia anormal a la glucosa, cirrosis del hígado e hipertensión, entre otros.

Tratamiento. Cuanto más pronto mejor, para prevenir el desarrollo de síntomas. No existe cura, pero el tratamiento permite a un niño llevar una vida más normal. Para el mal funcionamiento de las glándulas sudoríparas, abundante sal en la comida y suplementos salinos durante la época de calores. Para problemas digestivos, enzimas pancreáticas administradas por la boca con las comidas y colaciones, limitación de las grasas, suplemento de vitaminas solubles en grasas (A, D, E y K). Para diversos tipos de bloqueo intestinal (íleo por meconio, prolapso rectal y demás) asociados con fibrosis cística, hay tratamiento tanto quirúrgico como no quirúrgico y por lo general da buen resultado. Para problemas respiratorios, copiosa ingestión de líquidos a fin de adelgazar las secreciones, fisioterapia respiratoria diaria (inclusive drenaje por postura, para ayudar a aflojar y remover las secreciones), y terapia de oxígeno, según se necesite. El aire del cuarto es mejor mantenerlo fresco y seco. Las infecciones se tratan con fuertes dosis de antibióticos. Estudios iniciales indican que el tratamiento con agentes antiinflamatorios (como la prednisona) pueden reducir los ataques. Si los investigadores encuentran el gen (ya han localizado un marcador genético, un gen que parece ser heredado con la fibrosis cística), puede ser posible una curación.

Pronóstico. Antes casi todos los niños que sufrían esta enfermedad morían, generalmente por falla respiratoria; hoy, con el diagnóstico temprano, el tratamiento activo (sobre todo en los grandes centros médicos) y fuerte apoyo familiar, más de la mitad viven hasta la edad de 21 años, y muchos están llegando ahora a los 30, los 40 y los 50 años, y hacen una vida activa. Algunos se han casado, y aun cuando los varones que padecen la enfermedad son infecundos, varias mujeres sí han tenido hijos. La perspectiva para los que nacen ahora es mejor aún.

Fístula traqueoesofágica

¿Qué es? Un desorden congénito en que la parte superior del esófago (el tubo por el cual los alimentos pasan de la garganta al estómago) termina en un saco ciego y la parte inferior en lugar de conectar con la superior, va desde la tráquea al estómago. Puesto que esto imposibilita tomar alimentos por la boca, al comer se provoca vómito, atoramiento y angustia respiratoria. Ocurre un babear excesivo porque la saliva no se puede tragar. El alimento que llega hasta los pulmones puede causar pulmonía y aun la muerte.[3]

Frecuencia. 1 por cada 4 000 nacimientos con vida.

¿Quiénes son susceptibles? A veces los bebés de mujeres que tenían un exceso de fluido amniótico durante el embarazo; la tercera parte de las víctimas nacen prematuramente.

¿Qué la causa? Un defecto de desarrollo, posiblemente por causas hereditarias o ambientales.

Problemas conexos. En un pequeño porcentaje ocurren anomalías del corazón, la columna vertebral, riñones y extremidades.

Tratamiento. La intervención quirúrgica inmediata por lo general sirve para corregir el defecto.

_____

[3] Hay varias otras deformaciones, aunque mucho menos comunes, de la tráquea y el esófago.

Pronóstico. Si no hay otras anomalías y la cirugía corrige el defecto, la perspectiva es muy buena.

Hidrocefalia (Agua en el cerebro)

¿Qué es? La absorción del fluido que normalmente baña el cerebro queda bloqueada y el fluido se acumula. La presión separa las partes flojamente conectadas del cráneo, haciendo que la cabeza se agrande. Este ensanchamiento suele ser la primera señal del problema. Se presenta a menudo al mismo tiempo que la _espina bífida,_ o como secuela de una operación para cerrar ésta. El cuero cabelludo aparece brillante y delgado, los nervios del cuello mal desarrollados, los ojos parecen extraños, el llanto es de tono agudo y el bebé sufre de irritabilidad, falta de apetito y vómitos.

Frecuencia. Relativamente rara.

¿Quiénes son susceptibles? No está claro, aunque los bebés que sufren de espina bífida corren mayor riesgo.

¿Qué la causa? Al nacer, un defecto en la membrana que debe absorber el fluido cerebroespinal; posteriormente, un tumor o una lesión, a veces como consecuencia de intervención quirúrgica para corregir la espina bífida.

Problemas conexos. Retardación si el fluido no se drena con regularidad; complicaciones con las derivaciones, incluyendo infección y mal funcionamiento de esas derivaciones.

Tratamiento. Con el paciente anestesiado, se le inserta a través de un orificio perforado en el cráneo, un tubo hasta el cerebro para drenar el exceso de fluidos, bien a la cavidad abdominal, bien a la cavidad pleural (que rodea los pulmones), o directamente a un vaso sanguíneo principal. La cabeza retorna gradualmente a su tamaño normal, pero se necesitan frecuentes comprobaciones para estar seguros de que todo va bien y de que el tubo especial no se ha bloqueado. En la actualidad los médicos buscan un tratamiento que no requiera cirugía.

Pronóstico. Malo, si el problema está muy avanzado para el tiempo del nacimiento del niño; bueno, si se empieza suficientemente temprano; generalmente puede prevenir la retardación. Las complicaciones pueden empeorar el pronóstico. El tratamiento antes del nacimiento no ha tenido éxito.

Idiotez amaurótica familiar

¿Qué es? Consiste en una deficiencia congénita de una enzima que se necesita para desintegrar los depósitos de lípidos en el cerebro y células nerviosas. Los niños que la padecen parecen normales cuando nacen, pero unos seis meses después, cuando los depósitos de grasa empiezan a atestar las células, el sistema nervioso deja de funcionar y los niños se empiezan a retardar: dejan de sonreír, gatear y voltearse, pierden la capacidad de agarrar, se van volviendo progresivamente ciegos, se paralizan y no se dan cuenta de lo que les rodea. La mayor parte muere a la edad de tres o cuatro años.

Frecuencia. Rara (menos de 100 casos al año en los Estados Unidos).

¿Quiénes son susceptibles? Principalmente los descendientes de judíos askenazíes (europeos orientales). Cerca de 1 en 25 judíos americanos son portadores, y 1 de 3 600 niños askenazíes son afectados.

¿Qué la causa? Herencia autosómica recesiva — se necesita un gen de cada uno de los padres para que el niño sea afectado.

Problemas conexos. Preocupación por los futuros hijos; en cada embarazo hay una probabilidad de 1 en 4 de que nazca un niño afectado.

Tratamiento. No existe, pero los investigadores tratan de encontrar la manera de reemplazar la enzima que falta. Los de ascendencia askenazí deben hacerse examinar para ver si tienen el gen antes de la concepción, o durante la primera etapa del embarazo. Si ambos padres tienen el gen, se puede practicar una amniocentesis para ver si el feto ha heredado la enfermedad.

Pronóstico. Enfermedad fatal invariablemente.

Malformación

¿Qué es? Un órgano o parte del cuerpo parece anormal. A veces se afectan varios órganos o partes, y agrupados éstos forman un síndrome que indica una enfermedad específica (como síndrome de Down). A veces no hay sino una malformación aislada, por ejemplo, una extremidad atrofiada.

Frecuencia. Probablemente menos de 1 por cada 100 recién nacidos nace con una deformidad notoria, casi siempre leve.

¿Quiénes son susceptibles? Aquéllos en cuya familia haya otros miembros con deformidades parecidas; sobre todo los hijos de madres que hayan estado expuestas a ciertos peligros ambientales antes o después de la concepción.

¿Qué la causa? Diferenciación u organización anormal durante el desarrollo del embrión, por causa de una anomalía cromosomática o genética, o de un factor ambiental (como radiografía o infección).

Problemas conexos. Dependen del síndrome.

Tratamiento. Varía según el defecto.

Pronóstico. Depende de la deformación. (Véanse los diversos tipos de defectos, como espina bífida, síndrome de Down, etc.)

Paladar o labio hendido

¿Qué es? Una fisura, a veces extensa y a veces pequeña, que se presenta cuando dos partes del labio superior, o del paladar, no se juntan. Algunos bebés sólo tienen hendido el labio, que se llama también labio leporino, pero son más los que tienen únicamente el paladar hendido. Un 40% de los niños afectados tienen ambas cosas.

Frecuencia. Unos 5 000 niños al año, o sea aproximadamente 1 en cada 700 nacimientos.

¿Quiénes son susceptibles? Más común entre los asiáticos y los indígenas americanos, menos común entre los negros. También es más común entre niños prematuros y los que adolecen de otros defectos.

¿Qué la causa? La herencia influye más o menos en 1 de 4 casos. Habiendo tenido un bebé con hendidura, la probabilidad de tener otro con el mismo defecto aumenta. Pero se cree que las drogas, enfermedades, mala nutrición y otros factores que afectan adversamente el ambiente prenatal también obstaculizan el desarrollo normal del labio y el paladar, posiblemente en combinación entre sí y con la herencia.

Problemas conexos. Por serles difícil mamar, la alimentación de estos niños se vuelve un problema serio y se necesitan procedimientos especiales, por ejemplo, posición vertical, cantidades pequeñas, un pezón con agujeros grandes o una jeringa especial. También son comunes las infecciones del oído y hay que controlarlas.

Tratamiento. Una combinación de cirugía, a veces durante los primeros meses de vida, con terapia de lenguaje, correcciones dentarias (a menudo con freno más tarde en la vida) y consejería psicológica.

Pronóstico. Por lo general excelente, con tratamiento.

Parálisis cerebral

¿Qué es? Un desorden neuromuscular causado por una lesión cerebral. El impedimento motor varía desde leve hasta incapacitante. Al bebé le es difícil mamar o retener el pezón; babea constantemente; rara vez se mueve voluntariamente; experimenta temblor de piernas con movimientos involuntarios; o tiene piernas difíciles de separar; el desarrollo motor es retardado; usa solamente una mano o, más tarde, usa las manos pero no los pies, gatea en una forma extraña y anda de puntillas. El tono muscular puede ser excesivamente tieso o flojo, pero quizá esto no sea aparente hasta los tres meses más o menos. Los síntomas exactos varían en los tres tipos distintos de parálisis cerebral: la espástica, la atetoide y la atáxica.

Frecuencia. Está disminuyendo gracias al mejoramiento de las técnicas para atender los partos (excepción hecha de los niños muy pequeñitos) y mejor tratamiento de la ictericia. Se presentan unos 15 000 casos anuales en los Estados Unidos.

¿Quiénes son susceptibles? Los niños prematuros y de bajo peso al nacer; los niños ligeramente más que las niñas, y los blancos un poco más que los negros.

¿Qué la causa? Se calcula que el 50% de los casos obedece a causas prenatales (incluyendo enfermedad de la madre, infección, irradiación o mala nutrición); 33% se debe a circunstancias del nacimiento (inclusive un parto excesivamente largo o demasiado rápido, médula prolapsada, signos vitales maternos deprimidos); 10% a trauma postnatal (como caídas u otros accidentes), infección (del cerebro), ictericia patológica y falta de oxígeno (como cuando se interrumpe la respiración); y 7% a causas mixtas.

Problemas conexos. A veces, ataques; desórdenes del habla, el oído y la visión; defectos dentales; retardación mental.

Tratamiento. No hay cura, pero el tratamiento puede ayudar a un niño a desarrollar su potencial. Puede incluir: férulas, tablillas y otros aparatos ortopédicos; muebles y utensilios especiales; ejercicio; cirugía cuando se necesite; medicación para los ataques o para relajar los músculos si es necesario.

Pronóstico. Varía según el caso. Un niño que sufra una forma leve puede llevar una vida casi normal, si se le da el tratamiento adecuado. Un niño con una forma grave puede quedar totalmente inválido. La enfermedad no se agrava progresivamente.

Pie en clava

¿Qué es? Una deformación del tobillo o del pie que ocurre en tres formas. En la más grave y menos común, equinovarus, el pie se tuerce hacia adentro y hacia abajo. Si ambos pies son zambos, los dedos gordos señalan el uno en dirección al otro. El tipo más común de pie en clava, valgo calcáneo, es más leve. El pie aparece fuertemente doblado por el talón y señala hacia arriba y hacia afuera. En el tipo más leve de esta dolencia, metatarsus varus (pie varo), la parte delantera del pie está torcida hacia adentro. Es posible que este tipo no se diagnostique hasta que el niño tenga unos pocos meses de edad, aunque exista desde el nacimiento. El pie en clava no es doloroso y no molesta al niño hasta que empieza a pararse y andar.

Frecuencia. Afecta a 1 de cada 400 bebés.

¿Quiénes son susceptibles? Los niños tienen el doble de probabilidades de sufrir esta dolencia que las niñas.

¿Qué la causa? No se debe a la posición en el útero, como se creía en un tiempo (los casos de este origen se corrigen solos después del nacimiento). Probablemente una combinación de factores hereditarios y ambientales, tales como infección, drogas y enfermedad en la mayoría de los casos; pero algunos casos se relacionan con espina bífida, enfermedad nerviosa o muscular.

Problemas conexos. El pie no se puede mover hacia arriba y hacia abajo como es normal al andar; el niño camina como si tuviera una pierna de palo. Cuando ambos pies están afectados, anda sobre los lados de los pies y aun sobre el empeine de éstos, lo que produce lesión a los tejidos y desarrollo anormal de las piernas. Como consecuencia de esta anormalidad pueden presentarse problemas psicológicos. Ocasionalmente se presentan también otros defectos.

Tratamiento. Los casos leves se pueden tratar con sólo ejercicios. En los casos más graves se enyesa el pie o se apela a la cirugía para forzar suave y gradualmente al pie a moverse hacia arriba y hacia abajo en forma normal. También se usan para por la noche zapatos con refuerzos metálicos.

Pronóstico. Con tratamiento experto y a tiempo, casi todos llegan a poder usar zapatos comunes y corrientes, tomar parte en deportes y hacer una vida activa.

SIDA prenatal

¿Qué es? Un desorden grave del sistema inmunológico.

Frecuencia. Rara, pero se está volviendo más y más común a medida que más mujeres son infectadas.

¿Quiénes son susceptibles? Los bebés nacidos de madres infectadas.

¿Qué la causa? Un virus.

Problemas conexos. Neumonía, cáncer.

Tratamiento. Experimental.

Pronóstico. En los adultos, se cree que siempre es mortal, pero algunos niños han sobrevivido varios años.

Síndrome de alcoholismo fetal

¿Qué es? Un grupo de señales y síntomas que se desarrollan durante la gestación en un hijo de una madre que bebe mucho durante el embarazo. Los más comunes son bajo peso al nacer, deficiencia mental, deformidades de la cabeza y la cara, las extremidades y el sistema nervioso central; es alta la tasa de mortalidad neonatal. Efectos menos obvios pueden presentarse en hijos de las que beben moderadamente.

Frecuencia. Más o menos 1 por cada 750 nacimientos vivos.

¿Quiénes son susceptibles? Los bebés de mujeres que beben mucho. (Se calcula que del 30 al 40% de las mujeres bebedoras durante el embarazo tienen hijos con el síndrome de alcoholismo fetal.)

¿Qué la causa? Ingestión de alcohol — generalmente cinco o seis tragos diarios de cerveza, vino o bebidas espiritosas destiladas — durante el embarazo.

Problemas conexos. Problemas de desarrollo.

Tratamiento. Terapia para las distintas incapacidades.

Pronóstico. Depende de la magnitud del problema.

Síndrome de Down

¿Qué es? Un conjunto de señales y síntomas que por lo general incluyen retardación mental, desarrollo demorado, ojos en forma ovalada (la dolencia se llamaba antiguamente mongolismo por la apariencia oriental de los afectados), lengua de tamaño descomunal y cuello corto. También pueden presentarse otros síntomas como cabeza plana por detrás, orejas pequeñas (a veces un poco dobladas por arriba), y nariz chata. El oído y la visión pueden ser malos y puede haber otros defectos internos, sobre todo del corazón y el tubo digestivo. El niño por lo general es de corta estatura y tiene las articulaciones demasiado flojas. Los que sufren del síndrome de Down suelen ser niños dulces y adorables.

Frecuencia. Afecta a unos 2 800 bebés al año, o sea aproximadamente a 1 de cada 1 300.

¿Quiénes son susceptibles? Los hijos de padres que ya hayan tenido un niño con defectos congénitos, o de una madre o padre con reacomodamiento de cromosomas, o de una madre mayor de 35 años (el riesgo aumenta con la edad). Todos los grupos étnicos y todos los niveles económicos son afectados.

¿Qué lo causa? En el 95% de los casos, un cromosoma extra aportado por el padre o por la madre, de tal suerte que el niño tiene 47 en vez de 46 cromosomas. Esta causa del síndrome de Down se denomina trisomía 21 porque están presentes tres cromosomas número 21 (normalmente hay dos). Más o menos en un 4% de los casos son responsables ciertos otros accidentes que afectan a los cromosomas número 21. Por ejemplo, a veces se rompe un pedazo de un cromosoma 21 normal y se adhiere a otro cromosoma del padre (esto se llama translocación). El padre o la madre siguen siendo normales porque tienen la cantidad correcta de material genético. Pero si este cromosoma aumentado se transmite a un niño, el niño tendrá un exceso de material de cromosoma 21, que produce el síndrome de Down. Muy rara vez un accidente durante la división celular en el óvulo fecundado da por resultado un cromosoma extra en algunas células pero no en todas. Esto se denomina mosaicismo, y los niños afectados pueden no tener sino algunas de las características del síndrome de Down porque sólo algunas de sus células llevan el cromosoma extra.

Problemas conexos. Problemas dentarios, mala vista y oído, enfermedad cardíaca, defectos gastrointestinales, mal funcionamiento de la tiroides, envejecimiento prematuro (inclusive enfermedad de Alzheimer), mayor riesgo de enfermedad respiratoria, lo mismo que leucemia y otras formas de cáncer.

Tratamiento. Con pruebas prenatales se puede diagnosticar el síndrome de Down en el feto. La cirugía después del nacimiento puede corregir anormalidades serias del corazón y otras; en algunos países se practican intervenciones quirúrgicas para hacer la apariencia más normal pero los beneficios no están claros. Oportunos programas especializados de educación mejoran el coeficiente intelectual de los bebés víctimas del síndrome de Down que son leve o moderadamente retardados.

Pronóstico. La mayoría de los niños con este síndrome tienen más capacidades de lo que antes se creía, y una intervención oportuna puede sacarlas a la luz, dejando a menos del 10% gravemente retardados. Muchos se pueden adaptar a determinados niveles escolares; la mayoría encuentran posteriormente lugar en instituciones especiales, unos pocos son capaces de vivir y trabajar independientemente, y algunos hasta se casan. La expectativa media de vida, una vez que se vencen los obstáculos de los primeros dos a diez años, es 55 años, más del doble de lo que era en el pasado.

Talasemia

¿Qué es? Una forma hereditaria de anemia, en la cual hay un defecto en el proceso necesario para producir hemoglobina (la sustancia que lleva el oxígeno en los glóbulos rojos de la sangre). La forma más común, talasemia B, va desde la muy grave, llamada anemia de Cooley, hasta talasemia mínima que no produce ningún efecto pero aparece en las pruebas sanguíneas o genéticas. Aun en los casos serios los niños parecen normales al nacer pero después se tornan desatentos, chinchosos, pálidos, pierden el apetito y se hacen muy susceptibles a infecciones. El crecimiento y desarrollo son lentos.

Frecuencia. Es una de las enfermedades hereditarias más comunes en los Estados Unidos. Unas 2 500 personas son hospitalizadas anualmente para darles tratamiento.

¿Quiénes son susceptibles? Principalmente los de ascendencia griega e italiana, o del Oriente Medio, asiáticos meridionales y africanos.

¿Qué la causa? Herencia autosómica recesiva: debe heredarse un gen afectado de cada uno de los progenitores para que el niño adquiera la enfermedad en su forma más grave.

Problemas conexos. Sin tratamiento, el corazón, bazo e hígado se dilatan y se multiplica el riesgo de muerte por paro cardíaco o infección. Con el tiempo los huesos se tornan quebradizos y el aspecto se distorsiona.

Tratamiento. Frecuentes transfusiones de células sanguíneas jóvenes y a veces trasplantes de tuétano de huesos para niños con la forma más grave de la enfermedad. La acumulación de hierro, que lleva a falla del corazón, se trata con medica-

ción. Se dispone de diagnóstico prenatal para determinar si el feto está afectado.

Pronóstico. Excelente para los que sólo tienen la forma leve de la enfermedad; los que tienen la forma moderada también pueden llegar a ser adultos normales, aunque su pubertad puede retrasarse. De los que sufren la forma grave, más niños llegan hoy a la adolescencia y aun pasan de los veinte años, si bien la amenaza de paro cardíaco e infección sigue siendo grande.

COMO SE HEREDAN LOS DEFECTOS

Todo lo bueno y todo lo bello que es un bebé, es el resultado de los genes que heredó de sus dos padres, lo mismo que del ambiente uterino durante los nueve meses de gestación. Pero las cosas no tan buenas con que algunos nacen — un defecto congénito, v. gr. — también lo son. Lo normal es que los genes que transmiten los padres los hayan heredado ellos mismos de sus propios progenitores, pero a veces se operan mutaciones en los genes (por algún trauma ambiental o factores desconocidos) y éstas también se transmiten.

Hay varias clases de desórdenes hereditarios:
■ Los poligénicos (tales como pie deforme o labio leporino) se cree que se heredan por la acción recíproca entre varios genes distintos, en forma parecida a la manera como se determinan el color y la estatura.
■ Los multifactoriales (como algunas formas de diabetes) obedecen a reacciones entre diversos genes con las condiciones

ambientales, ya sea antes o después del nacimiento.
■ Los monogénicos se pueden transmitir por herencia dominante o recesiva. En este último caso, dos genes, uno de cada padre, deben transmitirse para que el hijo sea afectado. En la herencia dominante no se requiere sino un solo gen, y lo transmite el progenitor que sufra del desorden (por el hecho de tenerlo). Los desórdenes monogénicos también suelen estar vinculados con el sexo (la hemofilia, por ejemplo). Estos desórdenes, llevados en los genes de los cromosomas determinantes del sexo (las hembras tienen dos cromosomas X y los machos uno X y uno Y) se transmiten a menudo de la madre portadora al hijo afectado. El hijo macho no tiene un cromosoma opuesto para contrarrestar el portador del defecto. En cambio, la hija hembra ha recibido junto con el cromosoma X de la madre un cromosoma X normal del padre, lo cual la hace a ella portadora pero no víctima del desorden.

CUANDO MUERE UN BEBE

Usted ha esperado a su bebé nueve meses. Ha soñado con él, lo ha sentido patear e hipar, ha oído el palpitar de su corazón. Compró cuna, pidió el ajuar, preparó a sus amigas y a la familia y se preparó usted para una vida nueva con el recién nacido — y ahora resulta que vuelve a su casa con las manos vacías.

Tal vez no hay mayor dolor que el que se sufre con la muerte de un hijo. Y aun cuando nada puede aliviarlo, sí hay algunos pasos que se pueden dar para hacer más tolerable el futuro y reducir la inevitable depresión que sigue a semejante tragedia.

■ Vea a su hijito, álcelo, póngale nombre. Sufrir es un paso vital para recuperarse de la pérdida, pero no se puede uno doler por un niño sin nombre a quien nunca ha visto. Aun cuando haya nacido con una deformidad, los expertos afirman que es mejor verlo que no verlo porque lo que uno se imagina suele ser peor que la realidad. Alzarlo y ponerle nombre hará la muerte más real para usted, y al fin y al cabo, más fácil de sobrellevar. Lo mismo se puede decir de hacer arreglos para las exequias y el entierro, que además le dan otra oportunidad de decirle adiós. Y la tumba será un sitio permanente donde podrá ir a visitarlo en los años venideros.

■ Comente los detalles de la autopsia y otros con el médico para aceptar la realidad de lo ocurrido y ayudarse a sobrellevar su dolor. En la sala de partos le informaron de muchos detalles, pero las medicinas, su estado hormonal y el efecto del golpe que ha recibido probablemente le impidieron comprenderlos del todo.

■ Si es posible, pida que cuando le den la noticia no le den sedativos, los cuales, si bien alivian momentáneamente el dolor, tienden a borrar su recuerdo de lo que ocurrió. Esto le hace más difícil afrontar la pena y al mismo tiempo los priva a usted y su esposo de la oportunidad de ayudarse el uno al otro.

■ Guarde una foto (muchos hospitales las toman) u otros recuerdos, para que tenga objetos tangibles en que fijar su afecto cuando piense en el futuro en el hijo que perdió. Aun cuando esto parezca mórbido, los expertos dicen que ayuda. Recuerde los atributos positivos: ojos grandes y pestañas largas, lindas manos y dedos delicados, la cabecita cubierta de cabello.

■ Pida a sus parientes y amigas que no hagan desaparecer de su casa todos los preparativos que usted había hecho para recibir al bebé. Dígales que usted misma lo hará. Ellos seguramente proceden con buenas intenciones, pero volver a su casa y encontrarla como si nunca se hubiera esperado un hijo sólo servirá para aumentar su sentido de irrealidad.

■ Llore todo lo que quiera o crea que necesita. Llorar es parte del proceso de la pena. Si no llora ahora, algo quedará pendiente y acaso tenga que atender a ello más adelante.

■ Prepárese para un período difícil. Durante un tiempo se sentirá deprimida; probablemente le costará trabajo dormir, reñirá con su marido, descuidará a sus otros hijos. Probablemente querría volver a ser niña para que la quisieran, la acariciaran y la cuidaran. Todo esto es normal.

■ Reconozca que los padres también sufren, aunque su pena pueda ser o parecer menos duradera o intensa, debido en parte a que, a diferencia de las madres, no llevaron a la criatura en su seno. Y a menudo tienen una manera distinta de hacer frente a su dolor. Por ejemplo, algunos lo reprimen y tienen fortaleza para ayudar a su mujer. Pero el sufrimiento se manifiesta en otras formas: mal humor, irresponsabilidad, pérdida de interés en la vida; o acaso busquen un alivio en la bebida. Infortunadamente, un padre adolorido no es mucha ayuda para la esposa, ni ella para él, y es posible que ambos tengan que buscar ayuda en otra parte.

■ No se enfrente sola con el mundo. Si vacila en volver a salir por el temor de que la gente le pregunte: "¿Pero qué te pasó?", hágase acompañar por una amiga que pueda contestar las preguntas de las impertinentes las primeras veces que vuelva al supermercado, el parque, el banco, etc. Cuide de que a sus colegas en el trabajo, o en la iglesia o sinagoga o cualquier otra organización de la cual usted haga parte se les informe antes de su regreso, de modo que no tenga que estar dando explicaciones difíciles.

■ Tenga en cuenta que su dolor disminuirá con el tiempo, pero prepárese para la eventualidad de que jamás desaparezca del todo. El proceso de la pena, con pesadillas y recuerdos amargos, muchas veces puede durar hasta dos años; pero lo peor pasa por lo general a los seis meses de la pérdida. Si transcurridos seis o nueve meses la pena sigue siendo el centro de su universo, si pierde el interés en todo lo demás y parece que no puede funcionar, busque ayuda. Búsquela también desde el principio si no ha sentido ningún dolor.

■ Busque apoyo. Es posible que ingresando en un grupo de ayuda mutua, de padres que han perdido hijos, obtenga la fortaleza que necesita, como la han obtenido otros. Pero cuide de que tal grupo no sea una manera de sostener su rabia o su dolor. Si después de un año (o menos si es el caso) todavía no se puede resignar a la pérdida que ha sufrido, es bueno que busque terapia individual.

■ Vuelva los ojos a la religión, si esto la consuela. Algunos padres afligidos por la desgracia se sienten demasiado resentidos para hacer esto, pero para muchos la fe en Dios es gran consuelo.

■ No espere que tener otro hijo la va a resarcir de su pena. Si su marido y usted quieren tenerlo, muy bien; pero esperen el tiempo que su médico les recomiende. No trate de concebir con el propósito de sentirse mejor, aliviar los remordimientos o la rabia, o lograr paz para su espíritu. Eso no funciona y podría constituir una carga injusta para el nuevo hijo. Cualquier decisión que tomen acerca de su futura fecundidad (o tener otro hijo o hacerse esterilizar) debe aplazarse hasta que pase lo más profundo de la pena.

■ Reconozca que el remordimiento complica la pena y hace más difícil resignarse a la pérdida. Si usted no estaba muy convencida de que quería tener un hijo (como les pasa a muchas mujeres), si su mamá no era afectuosa y usted teme no serlo tampoco y que por eso fue por lo que perdió el niño, si se sentía insegura acerca de su feminidad (temiendo que no podría dar vida a un hijo) y ahora sus dudas se han confirmado, o si siente que no ha sido capaz de dar de sí lo que su familia y amigos esperaban de usted, busque asistencia profesional que le haga comprender que tales sentimientos de responsabilidad por la pérdida no tienen ningún fundamento. Si siente remordimiento por el solo hecho de pensar en regresar a una vida normal, porque le parece que eso sería una deslealtad para con el niño muerto, quizá le ayude pedirle espiritualmente al bebé perdón o permiso para volver a gozar de la vida.

CAPITULO VEINTIUNO

El niño adoptado

___

Llegó la hora. Ustedes van a ser o ya son padres adoptivos. Han esperado este momento desde hace meses, o quizá años; pero ahora que ha llegado, se llenan de incertidumbres. No sólo los invade la dicha sino también muchas vacilaciones y un sentimiento de incapacidad, justamente lo mismo que a los padres biológicos.

Este capítulo es para ustedes como padres adoptivos; pero lo es también casi todo el resto del libro. Su bebé es lo mismo que los demás bebés y ustedes son lo mismo que los demás padres, salvo que la madre no experimenta los síntomas físicos que siguen al parto.

LO QUE LE PUEDE PREOCUPAR

ALISTARSE

"Mis amigas que están esperando están dedicadas a toda clase de preparativos — cursos prenatales, visitas a clínicas, elección de pediatras. Pero yo no sé por dónde empezar a alistarme para la llegada de nuestro hijito adoptivo".

En lugar de sorprender a las madres con sus hijitos sin previo aviso, la madre naturaleza sabiamente dispuso la "gestación", período de espera que precede al nacimiento y les da la oportunidad de prepararse para la llegada del retoño. Da tiempo a la pajarita para emplumar su nido, a la leona para preparar su guarida, y a la mujer, por lo menos en nuestros días, para decorar el cuarto y la cuna, tomar clases, decidirse sobre cuestiones claves como la lactancia, cuidado del niño, pediatra, y en general para prepa-

rarse emocional, espiritual y físicamente para formar una familia.

Para la pareja que se dispone a adoptar un niño, el período de espera no se puede predecir y manejar como los nueve meses de otras madres que están esperando. Para algunos, como los que se valen de los servicios de una agencia del ramo, el proceso a veces se prolonga años, pero el gran día llega inesperadamente, sin dejarles tiempo suficiente para entenderse con la realidad ni mucho menos para hacer preparativos. Es como el golpe que sufriría una mujer a quien le informaran un día que estaba embarazada y diera a luz al día siguiente. Para otras parejas, como las que adoptan en privado, es posible hacer preparativos desde mucho antes de la fecha de nacimiento prevista, dando a los futuros padres adoptivos la oportunidad de tomar medidas previas que no se diferencian gran cosa de las que toman los futuros padres biológicos. Pero, en todo caso, ya sea que se disponga de mucho tiempo o de poco entre el enterarse de que se va a ser madre y la llegada del niño, hay ciertos pasos que se pueden dar para hacer más suave la transición:

Comprar con anticipación. Lea el capítulo 2 de este libro; la mayor parte de los preparativos para la llegada del bebé son los mismos, ya sea que adopte o que dé a luz. Si no está segura de la fecha, busque cuna, ajuar, cochecito y demás con anticipación. Tenga todo seleccionado (marcas de fábrica, números de estilo, tamaños) y haga una lista junto con los nombres de las tiendas y los números telefónicos de modo que pueda llamar para que le envíen lo necesario en cuanto reciba noticias de la agencia de adopciones o del abogado. Verifique con la tienda para estar segura de que lo que haya escogido lo tendrán en existencia en el momento necesario. Si va a hacer la adopción privadamente y sabe la fecha aproximada del nacimiento, muchas tiendas le permiten colocar su pedido y detienen la entrega hasta que usted llame. Si la adopción fracasa, le devuelven su dinero. Este sistema de comprar por anticipado es más práctico que esperar hasta que llegue el bebé, cuando usted estará muy ocupada recibiéndolo y acomodándose. Pero no compre demasiado. A veces los padres adoptivos esperan tanto tiempo a sus hijos que acaban con una alacena llena de tallas para seis meses que no se usarán.

Informarse sobre cómo se sienten otros padres adoptivos. Conversen con otras parejas que hayan adoptado niños, sobre sus preocupaciones, problemas y soluciones; y lean algunos libros sobre la materia. Busquen un grupo de apoyo de padres adoptantes y asistan a unas pocas

reuniones. El cura, el pediatra, el abogado o la agencia de adopciones podrán ayudarles a conectarse con individuos o grupos.

Pensar en lo que el niño siente. Lean sobre nacimientos para que se formen una idea de las dificultades por las cuales ha pasado el niño hasta nacer al fin. Se enterarán de que después de una larga y penosa lucha por nacer, los bebés están cansados, cosa que los padres biológicos entienden porque ellos también están fatigados. En cambio, los padres adoptivos están entusiastas y alegres con la llegada del niño y tienden a estimularlo demasiado, en vez de permitirle el descanso que necesita.

Aprender los detalles del oficio. Haga un curso de maternidad que le dé instrucciones sobre cuestiones básicas, como por ejemplo, cómo bañar al niño, cambiarle los pañales, darle la comida, alzarlo. O piense en contratar una enfermera que sepa enseñar no menos que practicar el oficio, por un día o dos, o más tiempo si lo prefiere para que le ayude al principio (vea la página 17). Pero cuide de conseguir una enfermera que ayude y no que la intimide.

Estudiar a los bebés. Visiten a amigos y conocidos que tengan bebés, o pasen por una sala-cuna de una clínica a la hora de visitas, de modo que un recién nacido deje de ser una criatura extraña para ustedes. Lean acerca de sus características en el capítulo 3.

Escoger un pediatra. Escoger un pediatra por anticipado es tan importante para ustedes como para la pareja que está esperando (vean la página 30). Elijan a uno que pueda revisar a su bebé desde el primer día que esté con ustedes. Una entrevista previa a la llegada del niño les dará la oportunidad de hacerle preguntas y plantear sus inquietudes de futuros padres adoptivos. Y como la salud del nuevo bebé es de vital importancia (a diferencia de los padres biológicos, los adoptivos pueden negarse a aceptar un niño minusválido), es necesario que el pediatra sea accesible para tomar parte en consulta con otros médicos en el momento que nace el niño y asesorarlos en lo tocante al pronóstico en caso de que se presente algún problema.

Posible crianza al pecho. Algunas madres adoptivas pueden criar al niño al pecho, por lo menos parcialmente. Consulte con el ginecólogo sobre esta posibilidad, y vea la página 586.

NO SE SIENTE COMO MADRE

"No habiendo pasado por el embarazo y el parto, al alzar en mis brazos a nuestro hijo adoptivo yo no puedo sentirme como madre de una criatura que en realidad es hija de otra persona".

Usted no tiene que ser una madre adoptiva para sentir lo que está sintiendo. Lo mismo les pasa a muchas primerizas cuando alzan a sus recién nacidos. La maternidad no es un sentimiento que empiece con la concepción y culmine en el parto; es algo que va evolucionando en el curso de las semanas, meses y años de amor y cuidados. Aun cuando muchas mujeres no se sienten madres los primeros y difíciles días, virtualmente todas acaban por sentirse como tales.

Mientras usted lucha por llegar a ese punto, seguramente desearía, como muchas otras madres adoptivas, que fuera posible borrar de alguna manera el hecho de la adopción y sentirse de pronto madre. Pero la intimidad biológica no garantiza intimidad emocional; y aun cuando usted encuentre difícil acomodarse al papel que la maternidad adoptiva

le impone, para el bebé no habrá ni la menor dificultad. Para él lo real es usted, que es la que lo quiere, lo protege y satisface todas sus necesidades. Y eso lo sabrá usted mucho antes de que le oiga decirle por primera vez "mamá".

Tenga en cuenta, sin embargo, que no todos los niños son igualmente afectuosos por naturaleza. Algunos no son mimosos y no les gusta que los toquen demasiado (vea la página 181), pero esto no tiene nada que ver con lo que hagan o dejen de hacer los padres. Si tiene usted un niño así, no se culpe a sí misma por el hecho de que sea adoptado.

SENTIMIENTOS DE INEPTITUD

"Tiene que haber alguna razón biológica de que yo me sienta tan inepta como madre. Desde que llegó nuestra niñita, hace cuatro días, no hago nada a derechas — ni cambiarle el pañal, ni bañarla...".

No es usted la única. Ni son esos temores exclusivos de las madres adoptivas. La habilidad de la nueva madre o del padre para desenvolverse con el niño las primeras semanas, no tiene nada que ver con niveles hormonales; es más probable que dependa de los niveles de experiencia y ansiedad. Si jamás ha tenido en sus brazos a un bebé, ni le ha cambiado los pañales ni lo ha bañado, no es raro que le falte habilidad para tales menesteres. Hasta las que han criado con confianza recién nacidos como niñeras o hermanas mayores (o aun como enfermeras o médicas), cuando súbitamente se encuentran totalmente responsables durante las 24 horas del día de su propia criaturita impotente, pueden experimentar un fuerte sentido de incapacidad.

Un aya profesional para capacitación en el oficio durante los primeros días (siempre que sea de las que están dispuestas a enseñar y no a encargarse de todo), puede ayudar mucho a una madre novata, para infundirle confianza y seguridad en el desempeño de sus tareas. También se pueden hacer cursos de maternidad y leer los primeros capítulos de esta obra, en particular la Cartilla de Cuidados del Bebé, página 87. Y desde luego, se requieren tiempo y experiencia.

AMOR AL NIÑO

"He oído decir que las madres se enamoran de sus hijitos en cuanto los dan a luz. Como el mío es adoptado, creo que nunca lo querré así".

Que el amor de madre e hijo empiece en la sala de partos, es otro mito de la maternidad. Sus temores los comparte un gran número de madres naturales que se sorprenden penosamente al descubrir que no las invade una gran ola de amor cuando por primera vez alzan a sus rorros — y ni usted ni ellas tienen por qué preocuparse. La semilla del amor maternal (o paternal) no fructifica milagrosamente a primera vista sino que requiere tiempo y cultivo para desarrollarse.

Y se desarrolla para los padres adoptivos lo mismo que para los biológicos. Los estudios demuestran que las familias adoptivas forman lazos buenos y fuertes, particularmente cuando el niño es adoptado antes de los dos años de edad. Que la relación es sólida y amorosa se refleja en el hecho de que en las pruebas psicológicas los hijos adoptivos muchas veces se muestran más confiados que los otros, ven el mundo en forma más positiva, revelan tener mejor dominio de su vida, y ven en sus padres un apoyo mayor.

EL NIÑO LLORON

"Nuestro hijo adoptivo llora mucho. ¿Estaremos haciendo algo mal?"

No hay ningún recién nacido sano que no llore, y muchos lloran muchísimo. Al fin y al cabo, ésa es su única manera de comunicarse. Pero algunas veces el llanto aumenta por exceso de estimulación. Muchos padres adoptivos se sienten felices con la llegada de su hijo y quieren mostrárselo a todo el mundo, con la consecuencia de que lo exponen a una corriente continua de visitas. Como usted no sufrió el agotamiento del parto, no se da cuenta de que el niño sí puede estar fatigado. Déjelo descansar. Vaya más despacio, trátelo con suavidad, háblele en voz queda. Después de unas pocas semanas en una atmósfera tranquila, lo más probable es que llore menos. Si no, es posible que sufra de cólico, lo cual no es culpa suya sino un modo de comportamiento muy común durante los tres primeros meses de vida.

MURRIA DE LA POSTADOPCION

"Si la murria post partum se dice que es cuestión hormonal, ¿cómo es que yo me he sentido deprimida desde que trajimos a casa a nuestro hijo adoptivo?"

Si ese decaimiento de ánimo fuera cuestión hormonal, no tenían por qué sentirlo los padres adoptivos, ni los padres biológicos; pero sí lo sienten. La verdad es que muchos factores influyen en eso que se llama comúnmente depresión post partum o murria, y muchos no tienen nada que ver con las hormonas ni con los dolores del parto. Sea que usted adopte o dé a luz, su vida como nueva madre es súbitamente muy distinta, mucho menos ordenada, mucho más fuera de su control. Tal vez eche de menos el estímulo del trabajo, sienta que no le queda tiempo para sí misma o para su marido, y le preocupe cómo se las van a arreglar con un solo sueldo, por lo menos por un tiempo. O tal vez no se siente segura como madre. Siendo su hijo adoptivo, duda si podrá establecer con él lazos de amor como si fuera su hijo de verdad; o si el niño resultará sano, si al crecer será como usted y su esposo o como sus padres biológicos. O acaso sienta algo de desencanto pensando que este bebé, pese a la felicidad que le da tenerlo, no es en realidad hijo suyo. (Este sentimiento le pasará a medida que el niño se siente cada día más hijo verdadero y usted se da cuenta de que para él no hay otros padres que ustedes.)

También le puede preocupar que la madre del niño cambie de opinión durante el período de espera, que en algunos países puede ser hasta de sesenta días. Esto también puede ocasionar noches de insomnio, días de ansiedad y un caso grave de decaimiento de ánimo.[1]

Pero como es probable que por lo menos algunas causas de su depresión sean las mismas de la depresión post partum, también muchas de las curas le pueden ayudar. Vea en la página 634 recomendaciones para sobreponerse a la depresión y disfrutar de su nuevo papel.

LACTACION DEL HIJO ADOPTIVO

"Después de varios años de tratar de concebir, nos hemos resignado a adoptar; pero me entristece pensar que no podré darle el pecho al niño cuando llegue".

Una vez que un niño nace, casi que no hay nada que la madre biológica pueda

---

[1] Una vez que termine el período de espera, no olvide formalizar la adopción ante las autoridades competentes. Algunos padres no se cuidan de este aspecto y no obtienen la custodia legal del niño, lo que les puede ocasionar más tarde serias complicaciones.

hacer y la adoptiva no. Y en esta era de milagros médicos, esto se aplica hasta cierto punto aun a la lactancia. Algunas madres adoptivas nunca logran inducir la lactación, y la mayor parte nunca producen leche suficiente para criar al niño exclusivamente al pecho; pero hay unas pocas perseverantes que sí lo logran, por lo menos en parte. Y las madres adoptivas que se esfuerzan por inducir la lactación, aun cuando no produzcan leche, disfrutan de los beneficios que trae la intimidad especial de la lactancia natural.

Darle el pecho al niño adoptado sólo es posible si éste es un recién nacido, no acostumbrado aún a un pezón artificial, y si usted no adolece de ningún problema médico (como antecedentes de cirugía de los senos) que pudiera impedirle producir leche.

Si se resuelve a ensayar, los pasos siguientes aumentarán las probabilidades de que tenga éxito:

■ Pregúntese por qué quiere darle el pecho. Si es por probar su valor como mujer y negar para sí misma y ante los demás, consciente o inconscientemente, que el niño es adoptado, piénselo bien. Es importante para usted aceptar el hecho de que no pudo concebir y que el niño es adoptado; de lo contrario, más tarde se les pueden crear problemas tanto a usted como al niño. Si lo que se propone no es otra cosa que darle la mejor nutrición inicial posible y compartir con él el gozo emocional de la lactancia, ensáyelo.

■ Pregúntese si está dispuesta a dejar a un lado todo lo demás de su vida mientras trata de establecer la lactación. Es posible que tenga que lactar casi constantemente y afrontar semanas y hasta meses de ensayos, tribulación y frustración sin más resultado que una desilusión. ¿Está preparada para resignarse en caso de que no tenga éxito? ¿O de que sólo pueda suministrar una parte de la alimentación de su bebé?

■ ¿Su esposo y otros miembros de la familia se mostrarán comprensivos y la apoyarán? Sin ese apoyo, sus probabilidades de éxito son casi nulas.

■ Discuta con su tocólogo sus deseos de darle el pecho al niño adoptivo, y cuide de que no exista ninguna circunstancia que haga esto imposible o desaconsejable en su caso. Si el tocólogo no parece entendido en la materia (lo cual no sería raro), pida que le indiquen un médico que sí esté familiarizado con la inducción de la lactancia — posiblemente un pediatra — o que le recomienden a un asesor de lactación.

■ Si sabe con anticipación más o menos cuándo le van a entregar el niño (como es el caso cuando se ha pactado la adopción del hijo de una determinada mujer que esté esperando), debe empezar a tratar de estimular la lactación más o menos un mes antes de la fecha prevista. Para ello necesitará un sacaleches, de preferencia eléctrico pues los de mano exigen tanto esfuerzo que casi con seguridad usted se dará por vencida antes de tener éxito.[2] (A algunas mujeres les gusta que su marido colabore en el esfuerzo por estimular la lactación.) Vea en la página 107 información sobre extracción de la leche; si logra producir leche antes de la llegada del bebé, embotéllela y congélela para uso futuro o para donarla a un banco de leche.

Una vez que tenga al niño en sus brazos, póngalo al pecho a ver si se satisface con lo que usted le ofrece. Observe la sensación de bajar la leche en sus pechos y señales de que el niño esté tomando cantidades adecuadas (como satisfacción después de comer, pañales húmedos, evacuaciones frecuentes). Si no parece satisfecho, conecte un sistema nutritivo supletorio (vea la página 119), llenando el frasco con la fórmula que el médico le recomiende, y déjelo que tome cuanto quiera. (Vea en la página 116 otras maneras de determinar si el niño está tomando bastante leche materna y cómo aumentar su producción.)

■ Si hasta el último momento no sabe cuándo le van a entregar al niño, pida un sistema nutritivo supletorio para que se lo entreguen cuando le den el aviso — o compre uno y téngalo en reserva. En esta forma, cuando el niño llegue usted podrá tratar de estimular su producción de leche dejándolo mamar al mismo tiempo que se nutre con la leche de fórmula. Divida la cuota de fórmula del niño (según lo que recomiende el médico) por lo menos en ocho tomas (mejor diez), de modo que lo pueda lactar cada dos o tres horas. Cuando el niño tenga hambre, ponga la fórmula en el frasco de alimentación supletoria y póngalo a él al pecho. Déjelo mamar todo lo que quiera (siempre que no tenga los pezones muy adoloridos), aun después de que haya acabado con el biberón. Una vez que le llegue la leche, si le llega, trate de empezar cada comida dándole el pecho, aumentando la leche natural con la de fórmula mediante el sistema nutritivo supletorio si parece quedarse con hambre.

■ Si le está dando trabajo que le baje la leche, pregúntele a su médico si le puede recetar un atomizador nasal de oxitocina o alguna medicación como cloropromacina o teofilina. Cualquiera de éstas puede estimular la glándula pituitaria para que produzca prolactina, hormona

[2] Pida en el hospital o a su médico de familia, al obstetra o al pediatra cuyos servicios vaya a utilizar para su niño, información sobre entidades que arrienden sacaleches eléctricos.

indispensable para la producción de leche. Pero ninguna de estas drogas debe usarse más de una semana aproximadamente.

■ Trate de obtener mucho descanso, relajación y sueño. Ni siquiera una mujer que acaba de dar a luz puede esperar una producción adecuada de leche si está tensa y muy cansada.

■ Observe "El mejor régimen alimentario después del parto" (página 621) teniendo especial cuidado de consumir suficientes calorías y líquidos y tomar un suplemento de vitaminas y minerales.

■ No se desanime demasiado pronto. El organismo de una mujer embarazada tiene nueve meses para prepararse para la lactancia; déle al suyo por lo menos dos o tres meses para que se prepare. Si a su niño le dieron al principio el biberón, acostumbrarse a la crianza al pecho puede tardar un poco más. Persevere. Si al principio no toma mucho del pecho, supla la estimulación de sus pezones extrayéndose leche con la mano o con un sacaleches.

Si a pesar de todos sus esfuerzos no logra producir leche, o no la produce en cantidad suficiente para ser la única abastecedora de su niño (muchas madres biológicas tampoco lo logran), no tenga reparo en abandonar el intento, sabiendo que usted y el bebé ya han compartido algunos de los beneficios importantes de la lactancia natural. O puede seguir lactándolo, complementando su ingestión de leche materna con leche de fórmula, bien por el sistema nutritivo supletorio o por biberón.

ACTITUDES DE LOS ABUELOS

"Mis padres ya tienen tres nietos y están chochos con ellos. Y yo me siento muy mal *porque parece que el niño que acabamos de adoptar no les interesa".*

Es natural que los padres de usted quieran mucho a sus nietecitos biológicos. Ellos tuvieron sus propios hijos y no les cuesta ningún trabajo querer a los hijos de sus hijos. Pero quizá no se crean capaces de sentir un amor igualmente intenso por un nieto adoptivo (muchos padres adoptivos tampoco las tienen todas consigo) y por eso se mantienen un poco distantes. También es posible que no hayan resuelto cualquier sentimiento de desencanto (o culpa) que hayan podido abrigar por no haber sido usted capaz de concebir — en el fondo de su corazón puede que todavía crean que sí es capaz — o de contrariedad si fue que usted prefirió adoptar.

Es comprensible que usted se sienta mal por la aparente falta de interés de sus padres en su bebé, pero resista el impulso de vengarse excluyéndolos de la vida de éste. Por el contrario, cuanto más los incluya más pronto lo aceptarán y lo querrán.

Lo mejor es hacer participar a los abuelos en los preparativos para la llegada del nieto adoptivo, tal como si se tratara de un nieto biológico. Pídales su colaboración para la compra de muebles y ajuar, para escoger los juguetes y móviles musicales; consúlteles sobre colores posibles para el cuarto del bebé y nombres que se le podrían poner. Elegir para su hijito un nombre de familia servirá para que ellos lo acepten más fácilmente como miembro de la familia.

Cuando lo tenga ya en la casa, pida a los padres de usted consejo sobre cómo darle de comer, sacarle los gases, bañarlo y ponerle los pañales, aun cuando en realidad no necesite ese consejo. Si viven cerca, pídales que se queden un rato cuidando al niño cuando les sea fácil. Si va a celebrar una circuncisión ritual o un bautismo, invítelos para que tomen parte activa en la organización de la celebración. Si no van a hacer una ceremonia religiosa, piense en la posibilidad de dar una recepción de "bienvenida al niño" para los parientes y amigos. Poder mostrar al bebé los hará sentirse más como abuelos.

Si no le cuesta trabajo, hable con ellos sobre lo que sienten. Dígales que ante una experiencia nueva como ésta, la incertidumbre es natural — que usted misma la ha sentido. Si se les brinda la ocasión de expresar sus sentimientos, los podrán sobrellevar mejor y se entenderán mejor con usted y con el niño. Si no se siente capaz de abordar el tema, válgase de un sacerdote, del médico, un pariente respetado, o algún amigo de la familia que se encargue de hablarles.

Ante todo, déles a sus padres tiempo para que vayan conociendo al niño. Conocer a un niño es quererlo. Cuide de no dejarse dominar por su enfado ni ponerse a la defensiva, o imaginarse que a su hijo lo están tratando en una forma distinta. Si al fin todavía no parecen aceptarlo del todo, trate de disimular su desencanto y mantenga atados los lazos familiares con la esperanza de que el afecto vendrá gradualmente con los años.

PROBLEMAS DE SALUD DESCONOCIDOS

"Acabamos de adoptar una niña lindísima. Parece perfecta pero a mí me preocupa pensar que pueda salir a la superficie algún problema hereditario".

La composición genética de todo niño, adoptado o no, es incierta. Y todos los padres se preocupan alguna vez por posibles defectos que no se conocen. Afortunadamente los defectos genéticos realmente serios son raros y las preocupaciones de los padres son innecesarias. A pesar de todo, siempre será útil conseguir una historia clínica tan completa como sea posible de ambos padres fisiológicos de la criatura, para mostrarla al médico en caso de futura enfermedad. Por otra parte, cuando estén preparando los documentos de adopción, traten de obtener la manera de averiguar el paradero de la madre biológica de la niña (tal vez con el número de su tarjeta de identidad, de seguro social o de ciudadanía) para que si se presenta una crisis, aunque esto no sea muy probable, y la niña necesite ayuda de su verdadera mamá (por ejemplo, un transplante de tuétano de los huesos) ustedes puedan localizarla.

Las probabilidades de sufrir de un desorden hereditario no son mayores para la niña adoptiva que para la no adoptiva, pero aquélla sí está más expuesta a infección. Como no nace dotada de los mismos microbios que sus padres adoptivos, es menos probable que tenga en su organismo los anticuerpos contra los organismos infecciosos que se encuentran en su nuevo ambiente. Tome algunas precauciones extra durante las primeras semanas:

■ Vea que se esterilice cuidadosamente el equipo de las comidas (vea la página 66).

■ Lávese las manos antes de tocar a la niña, el biberón o cualquier cosa que vaya a estar en contacto con la boca o las manos del bebé.

■ Limite las visitas. Aunque es grande la tentación de mostrarla, espere unas pocas semanas antes de exponerla a grandes números de personas. (El descanso también le será beneficioso.)

CON LOS AMIGOS Y LA FAMILIA

"Unos pocos amigos íntimos sabían que íbamos a adoptar un niño. Pero ahora

que ya está aquí, tenemos que informar a todos nuestros conocidos. No sé cómo hacerlo".

Que hayan adoptado, o dado a luz, la manera tradicional de que los padres se valen para difundir la grata nueva es enviar participación a los amigos y parientes, y a veces al periódico local. En su caso, en la participación debe quedar en claro que el niño es adoptado ("Nos complace participarles la adopción de . . ."). La inclusión de una foto ayudará a hacer el niño más real para amigos y parientes.

Cuando hablen del asunto con alguna persona, digan de una vez "mi bebé" o "nuestro bebé". Al referirse a los padres que lo concibieron, empleen el término "biológicos" en vez de "reales" o "naturales". *Ustedes* son los padres verdaderos, y cuanto más lo digan, más pronto lo aceptarán ustedes mismos y los demás. Si tienen otros hijos biológicos, no digan "mis propios" hijos ni permitan que otras personas se refieran a ellos en esos términos.

CUENTESELO AL NIÑO

"Aun cuando nuestro hijito todavía es un bebé, pienso cuándo y cómo le diremos que es adoptado".

Ya no se discute, como se discutía antes, si se le debe o no se le debe informar al niño que es adoptado. Hoy los expertos están de acuerdo en que los niños necesitan saberlo y tienen derecho a ello, y que los que deben decírselo son los padres — no enterarse por indiscreciones de los parientes o las pullas de los demás chiquillos en la escuela. Hay menos acuerdo en cuanto a la oportunidad en que se debe comunicar esta información, pero parece que está ganando terreno la opinión favorable a que la idea se le vaya comunicando gradualmente desde la infancia, de manera que la noticia no le caiga de sorpresa más adelante.

Puede usted empezar desde ahora, cuando su bebé es tan pequeñito y no entiende realmente lo que se le dice. Así como la madre de nacimiento habla del día en que nació su hijo, usted puede hablar del día en que lo trajo a su casa. "¡Fue el mejor día de nuestra vida!" Y cuando lo esté mimando le puede decir: "¡Cómo nos alegramos de haberte adoptado!" y "¡Qué suerte tuvimos de poder adoptar un bebé tan lindo como tú!" Aun cuando él no entienda, ni en los términos más sencillos, hasta que tenga tres o cuatro años qué cosa es la adopción, escuchar desde temprano ese concepto se lo hará parecer natural y cuando sea tiempo de explicárselo le será más fácil entenderlo y aceptarlo.

CAPITULO VEINTIDOS

Los primeros días después del parto

LO QUE USTED PUEDE SENTIR

Usted puede experimentar todos los efectos físicos y emocionales del alumbramiento en un momento u otro durante las primeras semanas del sobreparto, o puerperio, o bien puede observar sólo unos pocos de ellos. También es posible que tenga otros síntomas menos comunes. Informe a la enfermera del hospital o al médico acerca de cualquier síntoma extraño o grave.

Físicos:

■ Escalofríos, hambre y sed en los minutos inmediatos al alumbramiento.

■ Derrame vaginal sanguinolento (loquios) que cambia a rosado y luego a pardusco para fines de la primera semana.

■ Calambres (entuertos) en el vientre aun después de las primeras 24 horas.

■ Malestar perineal o dolor y embotamiento si hubo intervención vaginal en el parto, y sobre todo si le tomaron puntos.

■ Agotamiento, especialmente si el parto fue difícil o largo.

■ Dolor incisivo, y más tarde entumecimiento en la región si se le practicó la operación cesárea (sobre todo si era su primer parto).

■ Malestar al sentarse o al andar si le tomaron puntos.

■ Maltrato general del cuerpo si pujó durante largo tiempo.

■ Capilares rotos (en los ojos, en la cara) si el pujar fue largo o difícil.

■ Dificultad para orinar durante un día o dos.

■ Dificultad y malestar en las evacuaciones los primeros días; estreñimiento.

■ Hemorroides.

■ Fiebre ligera inmediatamente después del alumbramiento, debida posiblemente a deshidratación.

■ Sudor excesivo los primeros días; sudores nocturnos.

■ Accesos repentinos de calor.

■ Escalofríos los primeros días.

■ Malestar y congestión de los pechos entre el segundo y el quinto día post partum (a veces más tarde).

■ Pezones adoloridos o rajados si está criando al pecho, después de varios días de lactación.

- Retención de fluidos e hinchazón durante los primeros días de dar el pecho.

Emocionales:

- Entusiasmo, depresión, o ambos alternativamente.

- Sentimiento de impotencia y miedo de la maternidad y de dar el pecho, si está lactando al niño.

- Contrariedad, si está todavía en la clínica y quisiera irse a su casa.

- Poco interés en el sexo, o, menos comúnmente, aumento del deseo sexual (pero el médico no autorizará la reanudación de relaciones sexuales por lo menos hasta después de tres semanas post partum, y más a menudo seis).

QUE PUEDE ESPERAR EN LOS EXAMENES DEL HOSPITAL

El procedimiento varía según el hospital y lo que acostumbre cada médico, pero en general puede esperar que inmediatamente después del parto le hagan los exámenes siguientes:

- Placenta y membranas amnióticas, para ver que estén intactas.

- Colocación y firmeza del fondo del útero.

- Su nivel de ansiedad, excitación e intranquilidad.

- Pulso y tensión sanguínea. El pulso se acelera inicialmente y la tensión sanguínea sube por la excitación y el esfuerzo, pero deben volver a lo normal en el curso de pocas horas.

En las horas que siguen al alumbramiento, y después con menos frecuencia mientras permanezca en el hospital, periódicamente le harán estos exámenes:

- Pulso, tensión sanguínea y respiración.

- Temperatura (que puede elevarse ligeramente durante las primeras 24 horas después del parto, a menudo por deshidratación).

- Colocación del fondo del útero. (Se eleva por encima del nivel del ombligo durante un par de días, luego empieza a descender otra vez; debe estar en el centro del abdomen. Si está a la derecha del centro, se examina a ver si hay distensión.)

- Firmeza del fondo del útero. Si está blando, es posible que le den masajes para expeler coágulos.

- El perineo: color y estado de los puntos, si es el caso.

- Los loquios, cantidad y rapidez del flujo y color. Si inicialmente el flujo es muy abundante, se examinará con frecuencia para asegurarse de que vaya haciéndose más lento; si parece saltar en chorro, el médico buscará si hay laceración.

- La vejiga, por si hay distensión.

- Los senos, para determinar si le ha bajado la leche y verificar el estado de los pezones.

- Las piernas, en busca de señales de trombosis (coágulos sanguíneos en las venas).

- La incisión, si se le practicó la operación cesárea.

- Los efectos secundarios de la medicación, si los hay.

También le preguntarán:

- Si ha orinado, y, en ese caso, si está orinando con regularidad y si siente ardor o malestar al orinar.

- Si se le ha movido el estómago, en caso de que permanezca en el hospital más de uno o dos días, y si se ha restablecido la regularidad de la función digestiva.

- Si siente algún malestar o dolor.

Probablemente le darán instrucciones acerca de:

- Cuidado del perineo.

- Cuidado postoperatorio, incluyendo cuidado de la incisión si le hicieron la cesárea.

- Ejercicios sencillos post partum.

- Lactancia y cuidado de los pechos, si está lactando al bebé.

- Cuidado de los pechos, si no lo está lactando.

- Cuidado básico del bebé.

Si es necesario, se le recetará medicación para el estreñimiento, el dolor, la infección, o para que se le seque la leche si no va a lactar al niño.

LO QUE DEBE COMER: Cómo sobrevivir con la comida de hospital

En las revistas médicas han aparecido informes de pacientes gravemente enfermos, especialmente los convalecientes de cirugía mayor, que murieron de hambre con la comida del hospital. No es probable que usted corra con tan mala suerte en el pabellón de maternidad, pero en la mayor parte de los hospitales o clínicas no es fácil disponer una comida nutritiva con lo que ofrecen en su menú, lo cual obliga a estudiar cuidadosamente dicho menú.

Según la hora en que haya dado a luz y la política del hospital, usted podrá o no podrá ordenar sus primeras comidas. Si se las llevan preseleccionadas, tenga en cuenta que posiblemente no se han escogido específicamente para una parturienta que tiene necesidades especiales, sobre todo si le va a dar el pecho a su niño. Prepárese, pues, para lo peor, empacando unos cuantos bocados nutritivos en la maleta que lleve al hospital. Cosas buenas de llevar son: pasteles o galletas de grano entero endulzados con jugos para satisfacer su afición a las golosinas y darle al mismo tiempo volumen que ayude al intestino a volver al ritmo regular; frutas frescas, algunas cítricas, o pasas y otras frutas secas, también para contribuir fibra lo mismo que vitaminas y minerales; un frasco de germen de trigo para espolvorear sobre pasta o panqueques o cualquier otro alimento de grano refinado que encuentre en la bandeja de la comida; un paquete o dos de leche deshidratada y descremada para agregar al cereal del desayuno o al café, como suplemento de su consumo de leche líquida; un bote pequeño de salvado sin procesar, en caso de que su intestino necesite un estímulo extra. Averigüe con el personal del hospital si hay un refrigerador disponible para los pacientes, en el cual pueda guardar lo que lleve de su casa — y no olvide marcar todo con su nombre y número de pieza.

Es claro que sus especiales requisitos dietéticos no tienen por qué impedirle que celebre como es debido el nacimiento del niño. Cualquiera que sea el gusto que quiera darse — helado con almíbar y crema de chocolate caliente, salmón ahumado y queso de crema en una rosca, confituras importadas — se lo merece. Pídaselo a algún miembro de la familia o a alguna amiga.

Cuando en el hospital le den tarjetas para pedir la comida, dedique algún tiempo a estudiarlas y considere estos puntos antes de decidirse:

Usted necesita leche (u otra fuente de calcio) para hacer leche. Si no obtiene cinco tomas diarias mientras está lactando, el calcio que se necesita para producir leche tendrá que salir de sus propios huesos, con el peligro de que en años posteriores sufra de osteoporosis. No debe ser difícil obtener leche en el hospital. Pida por lo menos una botella con cada comida. Todos los hospitales le pueden suministrar leche descremada o baja en grasa si usted la exige. Complete sus requisitos con más leche a la hora del refrigerio o con el equivalente en otros alimentos que contengan calcio, como queso (35 gramos de suizo, o 40 gramos de Cheddar o 55 gramos de mozzarella equivalen a una taza de leche), yogur (1 taza), vegetales de hoja verde oscura (2 tazas de brécol o $1^1/_2$ de col), queso vegetal coagulado con calcio (225 gramos). Si no le gusta tomar mucha leche pura, fortifique el cereal (caliente o frío), las sopas o el café con leche deshidratada y descremada que le lleven de su casa. Cada $^1/_3$ de taza que rocíe es una taza menos de leche líquida que tiene que tomar. Si por cualquier razón usted no toma productos lácteos, use fuentes no lácteas de calcio para obtener un suplemento de este elemento para mayor seguridad. Si usa leche de cabra, asegúrese de que sea pasterizada y de que esté tomando una fórmula vitamínica de lactación.

Necesita mucha fibra para activar el intestino. Necesita además muchas vitaminas y microminerales para acelerar su recuperación general. Para estar segura de que obtiene todo esto, al recorrer las tarjetas del menú sáltese el pan blanco, los bollos y roscas, y marque las "x" frente a lo "integral" en todas las comidas (o si esto no aparece en la lista, pídalo como cosa especial). Seleccione para el desayuno cereales de grano entero (como avena o trigo desmenuzado), elija un panecillo de salvado más bien que de arándanos, ciruelas pasas en vez de pastel de ciruelas, una manzana fresca en lugar de compota de manzana. Si el pan "integral" del hospital es claramente un pan comercial hecho en parte o principalmente de harina blanca, pídale a alguna amiga que la visite que le lleve el verdadero (para rehacer usted los emparedados de atún o acompañar los huevos revueltos). Si en la carta no figuran cereales de grano entero, fortifique los que le ofrezcan con germen de trigo o salvado de su propia provisión.[1] Si las ciruelas pasas las han hervido con azúcar y no se dispone de frutas frescas, pida que le lleven éstas de su casa.

Necesita proteínas para recuperar y conservar sus fuerzas y hacer leche. Obtenerlas no debe ser difícil. Aun cuando esté lactando, una sola porción de 85 gramos de carne, pollo o pescado, 3 huevos, $^3/_4$ de taza de requesón, o una combinación completa de vegetales y proteínas (granos y legumbres, por ejemplo) al almuerzo y otra a la comida — más la leche — bastarán para satisfacer sus requisitos de proteínas, que habrán bajado a tres porciones diarias en lugar de las cuatro que necesitaba durante el embarazo. Si no está lactando al niño, dos porciones es todo lo que necesita. Prescinda de platos fritos o recargados de salsas si quiere empezar a perder el peso

---

[1] Si usa salvado, recuerde que disminuye la asimilación del calcio que se tome con él, y que no puede hacer su oficio sin el acompañamiento de muchos líquidos.

extra que acumuló en el embarazo y digerir más fácilmente los alimentos.

Para recuperarse necesita vitaminas y minerales, sobre todo vitamina C. Pida una ensalada y por lo menos una hortaliza cocida (de preferencia de las de hoja verde o amarilla), más frutas frescas y jugo de fruta todos los días. Tenga cuidado con las compotas almibaradas y frutas enlatadas que contienen mucho azúcar y pocos nutrientes. Como fuentes de vitamina C busque las frutas cítricas, fresas, melón, pimientos verdes o rojos, y coliflor o brécol que no hayan sido cocidos hasta quitarles todo nutrimento. Si en la carta del hospital no encuentra lo que desea, pida que se lo lleven de fuera.

Necesita hierro para reemplazar el que perdió con la sangre durante el parto y después de él. Tome su suplemento de hierro prenatal o el que le haya recomendado el médico, pero también trate de comer algunos alimentos ricos en hierro. Aun cuando normalmente no coma mucha carne roja, pida bistec o aun hígado por lo menos para una de las comidas, y fruta seca entre las comidas. Si prefiere fuentes de hierro distintas de la carne, busque en el menú garbanzos, fríjoles o arvejas, espinacas y sardinas. Y siga tomando su suplemento prenatal de hierro.

Necesita líquidos. Una adecuada ingestión de líquidos le ayudará a orinar y a facilitar el movimiento intestinal, no menos que en la producción de leche, y reemplazará los fluidos del cuerpo que se pierden por la transpiración después del parto. Además de leche (que es sólo dos terceras partes líquido), tome jugos de frutas y de vegetales. Si los que ofrece el hospital no le llaman la atención, pida de fuera algo que sí le guste, como por ejemplo un jugo de fresa o manzana. Tome sopas y pida una jarra de agua para tener a la cabecera de su cama.

No necesita calorías vacías. Aunque tenga la tentación de probar todos los postres que aparezcan en el menú del hospital, recuerde que toda caloría vacía puede, o bien reemplazar una caloría nutritiva que usted necesita para recuperarse (y producir leche si está lactando), o bien agregarse a las calorías nutritivas que necesita y darle más calorías de las que debe tomar si se propone bajar el peso extra del embarazo. No se permita más de un postre vacío de nutrimento al día mientras permanezca en el hospital, escogiendo los que le parezcan en verdad imprescindibles. Cuando pueda escoger, elija de preferencia los helados, flanes o budines (que por lo menos contienen algo de calcio y proteína) en lugar de tartas, bizcochos y pastelería. De todas maneras, lo más probable es que los postres no sean gran cosa; nada como lo que consigue en su restaurante favorito o lo que usted misma hace. Mientras puede darse el gusto, y especialmente si su permanencia en el hospital es larga, engañe su deseo de golosinas con pastelillos endulzados con jugos, que se consiguen en las tiendas de alimentos naturales.

LO QUE LE PUEDE PREOCUPAR

TEMORES DE FRACASO

"Durante nueve meses me forjé la ilusión de que mi alumbramiento iba a ser natural, agradable, tranquilo. Pero resultó que no fue nada de esto. Mi desconcierto y sentido de fracaso es tan grande, que me la he pasado llorando desde que nació mi hijo, hace dos días".

Hace un siglo, cuando todos los partos eran "naturales", las madres se congratulaban del solo hecho de sobrevivir. Hoy, el riesgo se ha reducido a tal punto que nadie se acuerda de él. Y muchas mujeres esperan, y hasta exigen, además de un buen resultado físico, ciertas recompensas emocionales. Si no las obtienen, se desconsuelan y creen que han fracasado.

El problema se deriva en parte de los libros y clases que preparan a las parejas en forma poco realista para el alumbramiento, recalcando la "experiencia" misma en vez del resultado. Aun cuando la educación puede ayudar mucho a las jóvenes parejas a entender y hacer frente a lo que es el parto, también a veces les dan la idea de que el dar a luz es como un examen en que a una la aprueban o la reprueban. Y luego, si el gran acontecimiento no resulta ser el glorioso clímax del embarazo que han visto en una película o han leído en los libros — si han aceptado la aplicación de unas gotas de pitocina para activar las contracciones después de 24 horas de inútiles esfuerzos, si han gritado obscenidades en vez de acezar con la serenidad de madonas, si su voluntad y su cuerpo fueron violados por el escalpelo en una episiotomía o una cesárea — estas mujeres (y a menudo también sus maridos) sienten que han fracasado.

Pero no hay tal. Porque el criterio fundamental para juzgar del éxito de un alumbramiento es: una madre sana y una criatura sana. El comportamiento de una mujer durante nueve meses de embarazo — qué come y bebe, cómo cuida de su organismo — es mucho más significativo que lo que haga durante las catorce horas más o menos que dura el parto. Es una pérdida de tiempo dedicar valiosos momentos de la nueva maternidad a llorar por lo que pudo haber sido.

Un parto que llene todas sus grandes expectativas es ideal, y tal vez el próximo las llene. Pero su importancia es insignificante ante la realidad de un bebé sano de 7 u 8 libras que duerme en su cunita al lado de su cama. Un parto — o una pareja — que produce ese especial recién nacido no puede considerarse un fracaso.

FRACTURA DEL COCCIX

"Me quedé de una pieza cuando el médico me dijo que me había fracturado el hueso caudal de la columna vertebral durante el parto. Jamás en mi vida había oído tal cosa".

Probablemente no ha oído hablar de fractura de ese hueso, llamado el cóccix, porque es muy rara. Pero, como ya lo sabe, puede ocurrir. Es más común que se lesionen los músculos de la pelvis, con el consiguiente espasmo muscular y dolor en la región.

Cualquiera de estas causas puede producir lo que en medicina se llama coccigodinia, o dolor en el cóccix en la base de la columna vertebral. Las mujeres lo sienten más intensamente al sentarse en una superficie dura o al pujar (no simplemente al sentarse) en el inodoro. Se obtiene alivio acostándose o sentándose en un cojín o un aro de caucho.

Para el tratamiento se hacen aplicaciones de calor y masajes en las nalgas a fin de relajar la región, y, posiblemente, masaje intrapélvico. El dolor disminuye gradualmente con el tratamiento y por lo general desaparece en uno o dos meses.

OJERAS Y OJOS IRRITADOS

"Después de dar a luz tenía los ojos irritadísimos y ahora me están saliendo unas ojeras espantosas".

El parto puede dejar a una mujer como si

CUANDO LLAMAR AL MEDICO

Durante las primeras seis semanas del sobreparto, queda la posibilidad de que se presenten complicaciones. Estas pueden ser anunciadas por uno o más de los indicios siguientes, todos los cuales requieren consulta *inmediata* con el médico:

■ Sangre que satura más de una almohadilla por hora, durante más de unas pocas horas. Llame al médico o hágase llevar a una sala de urgencias. Por el camino o mientras espera que llegue el médico, permanezca acostada y póngase sobre la parte baja del abdomen una bolsa de hielo o una bolsa de plástico llena de cubitos de hielo y bien asegurada, y un par de toallas de papel para absorber el hielo derretido. Colóquela directamente sobre el útero, si lo puede localizar, o en el sitio donde siente el dolor.

■ Flujo de sangre de color rojo vivo en cualquier momento después del cuarto día del sobreparto. Pero no se preocupe por una ocasional manchita de sangre en el flujo, un breve episodio de sangría sin dolor como a las tres semanas del puerperio, o un aumento del flujo que disminuye cuando usted disminuye su actividad.

■ Loquios hediondos. El olor debe ser el mismo del menstruo normal.

■ Coágulos grandes de sangre en los loquios. Sin embargo, coágulos pequeños ocasionales los primeros días son cosa normal.

■ Falta de loquios durante las dos primeras semanas del sobreparto.

■ Dolor o malestar en la región inferior del abdomen, con hinchazón o sin ella, después de los primeros días que siguen al alumbramiento.

■ Después de las primeras 24 horas, calentura superior a 37.8°C y que dure más de un día. Muchas mujeres tienen fiebre hasta de 38°C inmediatamente después del alumbramiento por deshidratación, y algunas tienen fiebre baja cuando les viene la leche, pero estas fiebres no tienen importancia.

■ Fuerte dolor en el pecho, que puede ser indicio de un coágulo. Hágase conducir a una sala de urgencias si no encuentra a su médico inmediatamente.

■ Dolor localizado, sensibilidad y calor en la pantorrilla o el muslo, con enrojecimiento o sin él, y dolor al doblar el pie; esto puede ser señal de un coágulo de sangre en una vena de la pierna. Acuéstese con la pierna elevada, mientras trata de comunicarse con el médico.

■ Una bola o área dura en un pecho después que haya pasado la congestión, lo cual puede indicar obstrucción de un conducto galactóforo. Inicie el tratamiento casero (página 648) mientras trata de comunicarse con el médico.

■ Dolor localizado, hinchazón, enrojecimiento, calor y sensibilidad en uno de los pechos una vez que haya pasado la congestión, lo que puede indicar mastitis o infección del seno. Inicie el tratamiento casero de la página 647 mientras espera al médico.

■ Hinchazón localizada, con posible enrojecimiento, calor y supuración en el sitio de una incisión cesárea.

■ Dificultad, dolor, o ardor al orinar; frecuentes ganas de orinar que dan escaso resultado; orina escasa o de color oscuro. Tome mucha agua mientras trata de conseguir al médico.

■ Decaimiento de ánimo que afecte a su capacidad para sobreponerse a las dificultades o que no le pase después de unos pocos días; sentimientos de cólera hacia su niño, especialmente si van acompañados de impulsos violentos.

la hubieran pasado por una exprimidera, o como si hubiera estado en un cuadrilátero de boxeo. Pujar largo tiempo y fuerte durante la segunda etapa del parto puede romper los pequeños vasos capilares que hay alrededor de los ojos, produciendo irritación de éstos y aun poniendo lívidos los párpados. Esto tiene mayores probabilidades de ocurrir si la mujer contiene la respiración en lo más fuerte del pujo, aumentando la presión en la cabeza. Si su apariencia la asusta cuando se ve al espejo, o si cree que las visitas se van a alarmar cuando le vean esas ojeras, disimúlelas con un par de anteojos ligeramente oscuros.

Por supuesto, hable de esto con su médico y pregúntele por el tratamiento apropiado. En la mayoría de los casos, compresas frías durante diez minutos varias veces al día alivian la molestia y pueden acelerar la recuperación; en casos extremos, quizá haya que consultar con un oftalmólogo.

Seguramente podrá prescindir de los anteojos oscuros en unos pocos días o semanas. Mientras tanto, no se afane: todas las miradas estarán fijas en su bebé, no en usted.

ENTUERTOS

"Siento unos dolores como calambres en el abdomen, especialmente cuando estoy lactando al niño".

Después de tantas horas de penoso esfuerzo en el parto, no quisiera usted ni oír hablar de contracciones. Pero probablemente eso es lo que está sintiendo. Se llaman "entuertos" y parece que son causados por las contracciones normales del útero después del parto, al dedicarse este órgano a la importante tarea de volver a cerrar los vasos sanguíneos que se rompieron al separarse la placenta, y de volver al tamaño y posición que tenía antes del embarazo. Los entuertos los sienten más y con mayor intensidad las mujeres cuya musculatura uterina carece de tonicidad debido a partos anteriores o estiramiento excesivo (como en el caso de mellizos); hay muchas primerizas que no los sienten en absoluto. El dolor suele ser más pronunciado durante la lactación porque el mamar del niño libera la hormona oxitocina que estimula las contracciones.

Si los dolores son tan fuertes que no la dejan dormir, o si la tensión que le causan es un obstáculo para amamantar al niño, quizá le receten un analgésico suave. No vacile en tomarlo; esta medicación no afectará al bebé porque no pasa al calostro en cantidad significativa, y la puede aliviar. Los dolores deben desaparecer naturalmente a la vuelta de dos a siete días. Si no es así, o si el analgésico no le hace efecto, consulte con el médico.

DOLOR DEL PECHO

"Di a luz ayer, después de tres horas de esfuerzo, y hoy me duele el pecho cuando respiro. ¿Qué será?"

Si usted hiciera tres horas de flexiones no se sorprendería de que después el pecho le doliera. Del mismo modo, no puede esperar que después de pujar tres horas en el parto no tenga el cuerpo resentido. Cuáles músculos sean los más afectados dependerá de cuáles fueron los que tensionó y relajó más al pujar; los dolores pueden ser en la región de la caja torácica, la espalda, las piernas y hasta los hombros.

Naturalmente, tales dolores ocasionalmente pueden indicar problemas más serios — por ejemplo un coágulo sanguíneo o hemorragia interna —, de modo que se debe informar prontamente a la enfermera de turno lo mismo que al médico en la primera oportunidad. Si el dolor es en realidad muscular, debe disminuir gradualmente en los próximos días. Es posible que le recomienden calor, en forma de baños o ducha caliente, o un cojín caliente para aliviar el malestar, o quizá analgésicos.

DESANGRE

"Yo sabía que debía esperar un flujo sanguinolento después de dar a luz, pero

cuando me levanté de la cama por primera vez y vi que por las piernas me chorreaba sangre, me asusté mucho".

No se alarme. Ese flujo de sangre sobrante, moco y tejido del útero, llamado loquios (de una palabra griega que significa "del parto"), es normalmente tan espeso como el menstruo corriente (y a veces más espeso) durante los tres primeros días del sobreparto. En total puede llegar a dos tazas antes que empiece a disminuir, pero a veces parece más copioso de lo que es en realidad. Y los primeros días un flujo súbito al levantarse es común y no es motivo de alarma. Al principio este flujo es muy rojo porque el ingrediente principal de los loquios es la sangre que proviene principalmente de vasos sanguíneos rotos en el sitio de la placenta. A medida que progresa la recuperación y el sangrar disminuye, el flujo se torna de color rosado aguado, luego pardusco y finalmente blanco amarillento en el curso de la semana o dos semanas siguientes.

Se deben usar toallas sanitarias, *no* tampones (que pueden causar infección), para absorber el flujo, el cual puede continuar en forma esporádica por tiempo variable, desde dos hasta seis semanas, y puede aparecer ocasionalmente salpicado de manchitas de sangre. A veces para durante uno o dos días y en seguida vuelve. Las mujeres que hacen muy pronto demasiado esfuerzo, notan a veces que vuelven a sangrar después de la primera semana — síntoma claro de que deben moderar su actividad porque el esfuerzo físico está impidiendo el proceso de recuperación. Algunas mujeres experimentan lo que parece una "pequeña menstruación" como a las tres semanas de sobreparto. Este episodio de sangrar sin dolor es normal mientras no sea muy abundante o prolongado, o no se repita,

caso en el cual se debe consultar con el médico.

Cualquier cosa que pase de un ligero flujo sanguíneo después de la primera semana se debe informar al médico, pues podría indicar que un pequeño fragmento de la placenta permanece aún adherido a las paredes del útero, o que el sitio en que la placenta estaba adherida al útero no ha sanado del todo. En cualquiera de estos dos casos, una operación de dilatación y curetaje (raspado), en que el cirujano dilata el cuello de la matriz y raspa y saca cualquier trozo de placenta que haya podido quedar en la pared uterina, o tejido muerto de un sitio de la placenta que no haya sanado bien, detiene por lo general la hemorragia. Informe igualmente al médico si persisten loquios parduscos o amarillentos más de seis semanas, pues esto podría indicar infección, sobre todo si hay también fiebre y dolor abdominal y sensibilidad.

La lactancia y la aplicación de oxitocina por vía intramuscular o intravenosa (que algunos médicos ordenan siempre después del parto), reducen la secreción de loquios porque estimulan las contracciones uterinas, lo cual contribuye a que el útero vuelva más rápidamente a su tamaño normal. Algunos médicos dan masaje al fondo uterino suavemente durante un rato después del parto para estimular dichas contracciones. La contracción del útero es vital porque cierra los vasos sanguíneos expuestos en el sitio donde la placenta se separa del útero, evitando la hemorragia.

Si el útero está demasiado relajado y las contracciones son débiles, puede ocurrir un desangre excesivo. Esto es más probable que ocurra si el útero se ha sometido a un duro trabajo durante un parto traumático y largo; o si se distendió excesivamente por causa de un parto múltiple, una criatura muy grande, o exceso de fluido amniótico; si la placenta estaba mal colocada o se desprendió antes de tiempo; si hubo fibroides que impidieron la contracción simétrica del útero; o si la madre estaba en un estado de debilidad general al momento de dar a luz (por anemia, preeclampsia, o extremada fatiga, por ejemplo).

Más común es la hemorragia puerperal que se presenta por laceraciones del conducto genital. En raras ocasiones ocurre como consecuencia de un desorden hemorrágico previo no detectado. Una infección también puede causarla, ya sea inmediatamente después del parto o semanas más tarde.

La mayoría de las hemorragias ocurren sin previo aviso entre los siete y los catorce días después del parto. Puesto que esta rara complicación de sobreparto puede ser fatal, un pronto diagnóstico y tratamiento son vitales. Cualquiera de los seis primeros síntomas que se mencionan en el cuadro "Cuándo llamar al médico", de la página 597, puede ser síntoma de inminente hemorragia (o en algunos casos, de infección) y debe informarse inmediatamente.

TROMBOFLEBITIS

"Me hicieron la operación cesárea y el médico me ha ordenado que use medias elásticas desde por la mañana. ¿Por qué?"

Porque más vale prevenir que curar... aun cuando haya que aguantar la incomodidad de medias elásticas. Muy de tarde en tarde, después de una intervención quirúrgica o un parto vaginal traumático, o de un largo período de guardar cama (que hace perezosa la circulación), se forma un coágulo de sangre en una vena de la pierna y la vena se inflama. Son más susceptibles las mujeres que tienen venas varicosas, y a veces precipita el problema la presión de los estribos durante el alumbramiento. Esta afección del sobreparto, llamada tromboflebitis, es mucho menos común hoy que hace cuarenta años, cuando a las mujeres no se les permitía ni siquiera sacar los pies de la cama hasta una semana o más después del parto, y cuando los alumbramientos traumáticos eran más comunes.

Medias elásticas y ambulación (paseos por el cuarto y los corredores en cuanto esto no ofrezca peligro y sea práctico) pueden prevenir el problema. Si por cualquier razón se ve obligada a guardar cama más de ocho horas después del parto (v. gr., si le aplicaron raquianestesia), hacer sencillos ejercicios de las piernas, como los que se detallan en la página 611, le ayudarán a mejorar la circulación de la sangre en las extremidades. Si siente un fuerte dolor al hacer cualquier ejercicio, especialmente aquéllos en que se dobla el pie con los dedos volteados en dirección al cuerpo, suspenda el ejercicio y avise a la enfermera.

Hay dos clases básicas de tromboflebitis. Cuando el coágulo se forma en una vena superficial, cerca de la piel, los síntomas son sensibilidad y calor sobre la región afectada y posiblemente una línea roja visible a través de la piel. Mantener las piernas elevadas y aplicar calor húmedo suele resolver rápidamente el problema. Cuando la vena afectada está más adentro, el área a lo largo del curso que sigue dicha vena se pone adolorida, un poco hinchada y sumamente sensible. Doblar el pie causa dolor en la pantorrilla, según parece porque este movimiento estira la vena inflamada. Ocasionalmente, la hinchazón de la pierna puede ser muy grande. La tromboflebitis en una vena profunda es muy grave, puesto que el coágulo se puede desprender y ser llevado a los pulmones, de manera que requiere un rápido tratamiento para disol-

CUIDADO PERINEAL

Es necesario prestar escrupulosa atención al cuidado de la región perineal para evitar infecciones, no sólo en el área donde se haya practicado una episiotomía o haya habido laceración, sino también en el conducto genitourinario de la parturienta. Se recomiendan los pasos siguientes:

■ Lávese las manos antes y *después* de ir al baño o cambiar la almohadilla sanitaria.
■ Cambie las almohadillas sanitarias por lo menos cada cuatro o seis horas. Asegúrelas bien de manera que no resbalen adelante y atrás.
■ Coloque y retire las almohadillas de adelante hacia atrás para no llevar microbios del recto a la vagina.
■ Eche agua tibia (o una solución antiséptica si se la recomienda el médico) sobre el área después de ir al baño. Seque con tacos de gasa, toallas de papel, o tapones impregnados con una sustancia medicinal (que le puede suministrar el hospital), siempre de adelante hacia atrás.
■ Mantenga las manos — las suyas y las de cualquier otra persona — fuera del área hasta que sane por completo.

Si bien la molestia es mayor cuando se ha hecho una reparación (hay comezón alrededor de las puntadas y posiblemente inflamación), las siguientes sugerencias les sirven a todas las que acaban de dar a luz:

■ Baños de asiento con agua tibia, compresas calientes o exposición a lámpara de calor. Si usa la bañera para un baño de asiento, llame inmediatamente a la enfermera si siente algún desvanecimiento estando en dicho baño. Para evitar quemaduras con la lámpara, use la del hospital únicamente bajo supervisión; en su casa, úsela sólo con instrucciones de su médico.
■ Un tapón de gasa esterilizada impregnada de solución antiséptica enfriada, o un guante de caucho relleno de hielo machacado, aplicados al lugar de la molestia. O ponga tapones con sustancia medicinal bajo sus toallas sanitarias cada vez que las cambie.
■ Anestésicos en atomizador, cremas o almohadillas; medicación suave para el dolor, si la receta el médico.
■ Evitar posiciones de presión. Acostarse de lado y evitar permanecer largos períodos de pie o sentada disminuyen la presión sobre el área afectada. Sentarse en un cojín o en un aro de caucho (que llaman "rosca") puede ayudar, lo mismo que apretar las nalgas antes de sentarse.
■ Ejercicios Kegel (página 618). Haga estos ejercicios con la mayor frecuencia posible después del alumbramiento y durante todo el período de sobreparto para estimular la circulación en la región afectada y así apresurar la curación. No se alarme si al principio no siente nada; el perineo estará entumecido inmediatamente después del alumbramiento. La sensibilidad volverá poco a poco a la región en el curso de unas pocas semanas.

---

verlo. Medidas terapéuticas corrientes son: descanso absoluto en cama, con la pierna afectada en alto; calor húmedo; medias elásticas o venda; y medicación anticoagulante para reducir la capacidad de coagulación de la sangre. Si el tratamiento no da resultado, lo que sería raro, quizá haya que atar la vena quirúrgicamente.

DOLOR EN LA REGION PERINEAL

"A mí no me hicieron episiotomía, ni sufrí desgarramiento. ¿Por qué estoy tan adolorida?"

No se puede esperar que una criatura de siete u ocho libras pase por el perineo sin producir algún efecto. Aun cuando el perineo haya quedado intacto durante el advenimiento del niño, de todas maneras la región fue estirada, maltratada y en general traumatizada. Consecuencia normal de ello es ese malestar, que puede ser leve o no tan leve. La cura más eficaz es el tiempo, pero si la incomodidad es muy grande, ensaye algunos de los remedios que se dan en la pág 601.

"Me temo que se me haya infectado la cicatriz de la episiotomía que me practicaron. Está muy inflamada y me duele mucho cuando me río".

La inflamación que se experimenta en un alumbramiento vaginal es probable que se agrave si hubo desgarramiento del perineo o una incisión quirúrgica para hacer la episiotomía, suturada luego. Duele más cuando usted se ríe, pero también duele sin reírse, como cuando usted tose o estornuda. (Sin embargo, la risa, la tos o el estornudar no pueden hacer que los puntos se abran, como tampoco el ir al inodoro.) Lo mismo que cualquier otra herida reciente, la cicatriz de una episiotomía o de una laceración tardará algo en sanar — por lo general de siete a diez días. El dolor, a menos que sea muy intenso, no es en sí mismo indicio de que se haya producido una infección.

Mientras usted permanezca en el hospital, una enfermera examinará periódicamente los puntos para ver si hay inflamación u otros indicios de infección. Pero son muy pocas las probabilidades de infección si se ha practicado buena higiene perineal.

CUANDO LEVANTARSE DE LA CAMA

"Me siento capaz de levantarme, pero la enfermera me dice que no puedo dejar la cama hasta ocho horas después del alumbramiento".

La regla de descansar de seis a ocho horas en cama es cuestión de rutina en muchos hospitales, en parte porque el organismo de la mujer ha sufrido maltrato y necesita reposar, y en parte porque en esas primeras horas del puerperio son comunes los desvanecimientos y los desmayos que pueden ocasionar caídas y graves lesiones.[2] Para protegerla a usted (y a la criatura si la lleva en brazos), y también para salvar su responsabilidad, el hospital por lo general exige ocho horas de cama en el sobreparto. Hasta es posible que no le permitan ir al baño y que tenga que usar una silleta o vaso de noche en la cama. Si le permiten ir al baño, probablemente no la dejarán ir sola.

Para las que tienen su hijito por la noche o a la madrugada es fácil observar esta regla, puesto que pueden dormir tranquilamente las ocho horas requeridas, aunque no sin interrupción porque las despiertan para las comidas del bebé. Pero para las que dan a luz de día es una contrariedad no poder levantarse cuando se sienten capaces de ello. Lo mejor, sin embargo, es aceptar el criterio del médico que es el que sabe lo que conviene. Usted se sentirá más fuerte cuando se levante si ha gozado de un buen descanso. Hacia el final de ese período de ocho horas habrá empezado a sanar la episiotomía o laceración, si la hubo, la inflamación le molestará menos al caminar y el flujo vaginal habrá disminuido un poco.

También tenga esto en cuenta: pasará mucho tiempo antes que usted se pueda volver a dar el lujo de descansar ocho horas seguidas en la cama. Aproveche esa experiencia y gócela.

---

[2] Esto se debe a una súbita baja de tensión sanguínea, como las que se experimentan durante el embarazo si usted se levanta muy súbitamente.

DIFICULTAD PARA ORINAR

"Han pasado varias horas desde que di a luz y todavía no he podido orinar".

Durante las primeras 24 horas del sobreparto, muchas mujeres tienen dificultad para hacer aguas. Unas no sienten ganas; otras las sienten pero no pueden orinar. Y otras sí orinan pero con acompañamiento de dolor y ardor. Hay varios factores que dificultan el retorno de la función normal de la vejiga después del parto:

■ La capacidad de la vejiga aumenta porque, ya sin el útero agrandado, tiene de súbito más espacio para dilatarse, de suerte que la necesidad de orinar es menos frecuente.

■ La vejiga, estropeada o traumatizada durante el alumbramiento a causa de la presión, puede haberse paralizado temporalmente, y aun cuando esté llena no da las señales acostumbradas para vaciarla.

■ Las drogas y la anestesia pueden mermar la sensibilidad de la vejiga, o la capacidad de la madre para captar sus señales.

■ Un bajo consumo de líquidos y la pérdida de fluidos por transpiración durante el trabajo del parto, pueden combinarse con una inadecuada ingestión de líquidos después del alumbramiento para causar deshidratación. El resultado es que hay poca orina que excretar.

■ El dolor en la región perineal puede causar espasmo reflejo en la uretra (el tubo que lleva la orina de la vejiga), haciendo difícil orinar. Una inflamación del perineo también puede dificultar esta operación.

■ La orina puede hacer arder el sitio sensitivo de una episiotomía o reparación de una laceración, haciendo que la mujer vacile en orinar. Esto se puede aliviar un poco parándose a horcajadas sobre el inodoro de manera que la orina fluya directamente hacia abajo sin tocar el tejido sensitivo.

■ Muchos factores psicológicos pueden contribuir a la dificultad: no poder hacerlo en privado, temor de que duela, vergüenza o incomodidad al usar la silleta en la cama o necesitar ayuda para ir al excusado.

A pesar de todos estos impedimentos, es indispensable desocupar la vejiga dentro de las seis u ocho horas que siguen al parto, a fin de evitar infección del conducto urinario, pérdida de tonicidad muscular en la vejiga por distensión excesiva, y desangre porque la vejiga distendida impide el descendimiento normal del útero después del parto. Es probable, por tanto, que la enfermera por lo menos una vez en cada turno le pregunte si ha orinado. También es posible que le pidan que la primera vez orine en un receptáculo para que la cantidad se pueda medir. Y quizá le examinarán la vejiga para ver que no se halle distendida con orina retenida.

Si transcurridas ocho horas del alumbramiento no ha orinado, es posible que le pasen un catéter (un tubo delgado que se inserta en la uretra para vaciar la vejiga). Pero probablemente la función normal se puede restablecer más rápidamente sin necesidad de catéter (o si ya le han hecho la cateterización después de una cesárea, reanudar la función urinaria) con las siguientes medidas:

Pasearse. Levantarse de la cama y dar un paseíto tan pronto como se lo permitan después del alumbramiento, contribuirá a activar la vejiga (y el intestino).

Tomar líquidos. Tomar una cantidad adecuada de líquidos también estimula la actividad de la vejiga.

Hacerlo sola. Si se avergüenza por estar acompañada y cree que lo puede hacer sola, pídale a la enfermera que espere afuera del cuarto la primera vez que usted trata de orinar. Ella puede volver a entrar cuando usted haya terminado para indicarle cómo se hace el aseo de la región perineal y ayudarle a volverse a meter en la cama si es necesario.

Acostumbrarse a la silleta. Deje a un lado sus preocupaciones y convénzase de que lo mejor es usar la silleta si usted está demasiado débil para caminar hasta el baño, si la política del hospital exige que las pacientas de maternidad permanezcan en cama las primeras ocho horas, o si su vejiga insiste en desocuparse gota a gota. Sentarse en la silleta (si es de metal pida que se la calienten) facilita la operación de orinar porque le permite hacerlo en el momento que sienta la necesidad. También es bueno buscar un poco de independencia (haga correr la cortina alrededor de la cama si está en una pieza compartida), verter un poco de agua tibia sobre la región perineal, abrir el grifo en su cuarto, y sentarse más bien que acostarse en la silleta o vaso de noche.

Calor o frío. Caliente el área de un baño de asiento, o enfríela con paquetes de hielo, si el calor o el frío le inducen las ganas.

Dejar correr el agua. Dejar correr el agua en el vertedero ayuda realmente a estimular la función urinaria, lo mismo que verter agua tibia sobre la región perineal.

DEPOSICIONES

"Hace casi una semana que di a luz y todavía no he podido hacer una deposición. Creo que el temor de que se suelten los puntos de la episiotomía que me hicieron me mantiene estreñida".

El paso de la primera evacuación es un hito en el sobreparto, y no llega tan pronto como muchas mujeres quisieran.

Muchos factores, tanto físicos como psicológicos, pueden aplazar el retorno de la función normal del intestino después del alumbramiento. Uno de éstos es que los músculos abdominales que ayudan a la eliminación se han estirado durante el parto, haciéndolos menos eficaces para el cumplimiento de su tarea. Otro es que, lo mismo que la vejiga, el intestino puede haberse traumatizado durante el parto, y está perezoso. Además, puede estar relativamente desocupado debido al aumento de actividad (tal vez con diarrea) al principio del parto, a que le pusieron un enema antes del parto, a algo de evacuación durante éste, a que comió menos durante ese proceso, y quizá a poco apetito en el período inmediato del sobreparto por causa de la excitación o el agotamiento.

Tal vez los inhibidores más poderosos de la función excretoria del sobreparto son psicológicos: el temor de que se suelten los puntos; la vergüenza por falta de un ambiente privado en el hospital; y la presión para hacer del cuerpo.

Volver a regularizar el sistema no se logra sin esfuerzo ni es cosa de un instante; pero hay varios pasos que puede dar para agilizar y facilitar el proceso:

No preocuparse. Lo que más eficazmente impide el retorno al normal funcionamiento del sistema digestivo es precisamente preocuparse por él. No tema que se le revienten los puntos; eso no va a suceder (aunque a veces usted siente como si se fueran a soltar). Y no se afane si tarda unos cuantos días en volver a la normalidad; simplemente, unas mujeres tardan más que otras.

Pedir alimentos ásperos. Escoja granos enteros, fruta fresca y verduras del menú del hospital, si es posible. Como suplemento de éstos pida que le lleven de fuera alimentos estimulantes del intestino, como manzanas, uvas y ciruelas pasas y otras frutas secas, nueces, molletes de salvado, y cereal de afrecho de trigo o afrecho sin procesar. Tenga cuidado con el chocolate. Este clásico obsequio que se les lleva a los pacientes de un hospital tiende a endurecer el estómago.

Tomar líquidos. Para compensar la pérdida de fluidos durante el parto, y para contribuir a ablandar las heces si está estreñida, debe aumentar su consumo de líquidos, especialmente agua y jugos de frutas. Pero no apele al jugo de ciruelas sino cuando todo lo demás le falle pues un vaso de este jugo puede ser un laxante demasiado fuerte.

Moverse. No se trata de correr el maratón al día siguiente del alumbramiento, pero sí puede dar sus paseítos por los corredores. Un organismo activo estimula la actividad peristáltica. Los ejercicios de Kegel, que se pueden hacer poco después de dar a luz, ayudarán a tonificar el recto.

No aguantar las ganas. Vaya a hacer del cuerpo en cuanto sienta la necesidad, aun cuando sea en medio de una comida del niño (déjelo en la cuna); o si hay otras personas en el cuarto, pídales que salgan por unos minutos, o haga uso del baño de emergencia.

No esforzarse. Hacer mucho esfuerzo en el inodoro no le hará abrir la herida de una episiotomía o laceración, pero sí puede causarle o agravarle las hemorroides. Ponga los pies sobre un taburete bajo o una caja para simular la posición de acurrucarse, que es la posición natural para una evacuación, y evite el esfuerzo.

Puede que el médico le recomiende también un ablandador de heces.

Una vez que haya pasado la primera deposición seguramente dará usted un gran suspiro de alivio. Pero recuerde que el estreñimiento puede retornar si cuando vuelva a su casa se descuida y no observa estas medidas de prevención. Pero el malestar se alivia a medida que las heces se hacen más blandas y la función se regulariza.

HEMORROIDES

"Durante nueve meses me libré de las hemorroides; ahora, después del parto, las tengo".

Las hemorroides, que también se llaman almorranas, son en realidad venas varicosas del recto o del ano. Producen dolor, comezón y ardor, y a veces sangran. Las hemorroides internas se encuentran bien adentro del recto, mientras que las externas aparecen a flor de piel cerca del esfínter del ano.

Se desarrollan con frecuencia durante el embarazo, sobre todo en el último trimestre. El parto las puede agravar, por la gran presión que se ejerce sobre el recto y el ano al pujar, o aun las puede convertir en problema cuando antes no lo eran. En las parturientas que no las tenían antes del embarazo, los síntomas molestos generalmente disminuyen o desaparecen después de los primeros días del puerperio. Mientras tanto, los pasos siguientes contribuirán a reducir las molestias y ojalá a acelerar esa desaparición:

■ Mantenga la regularidad. El estreñimiento agrava las hemorroides, por lo cual debe seguir las indicaciones de la página 604 para evitarlo. En algunos casos su médico puede recomendarle un ablandador de heces. (Pero *no tome* aceite mineral, que puede privar al organismo de nutrientes.)

■ Aplique calor o frío, según que el uno o el otro le den más alivio. Se recomiendan por lo general baños tibios de asiento, de unos veinte minutos de duración, pero algunas mujeres sienten más alivio con compresas de hielo. O también se puede ensayar alternando el tratamiento de calor y frío.

■ Mantenga la región perineal escrupulosamente limpia. Al principio, bañe el área con agua tibia después de cada evacuación, usando para ello un envase de chisguete (es de plástico y por lo general lo suministran los hospitales), para mantener limpia la zona perineal. Cuando ya pueda limpiarla, use toallitas suaves de papel, blancas y sin perfumar (son menos irritantes que las de colores) y limpie de adelante hacia atrás.

■ Duerma o descanse de costado, no de espaldas, y evite permanecer durante largo tiempo de pie (de todas maneras esto no le conviene por ahora) o sentada. Cuando se siente, use un cojín o rosca si así se siente más cómoda.

■ Haga los ejercicios de Kegel (página 618) para mejorar la circulación en la zona.

■ Use supositorios impregnados de sustancia medicinal o anestésicos tópicos según lo recomiende su médico.

■ Si las hemorroides sobresalen, pídale a la enfermera que le enseñe a volverlas a meter.

Si a pesar de todo sigue el desangre o continúa el malestar, hable con el médico, por si hubiera algún otro problema más serio, o a ver si se necesita una terapia más radical para curar las almorranas.

TRANSPIRACION EXCESIVA

"Me despierto por las noches bañada en sudor. ¿Es esto normal?"

Lo que los médicos a veces denominan diaforesis, y que en lenguaje vulgar no es otra cosa que sudor, es una manera que tiene el organismo para echar fuera durante los días que siguen al parto los humores acumulados de la preñez. (Otra manera es el orinar con frecuencia.) A veces la transpiración sigue siendo un problema durante varias semanas, con acompañamiento de súbitos accesos de calor o escalofríos, por reajustes hormonales del sobreparto. Aun cuando estos síntomas no son motivo de preocupación, sí se debe cuidar de que se reemplacen los fluidos que se pierden por evaporación cutánea, en particular cuando se está dando el pecho. Para ello usted debe tomar muchos líquidos. Una toalla absorbente colocada sobre la almohada le hará más confortable la cama, si es de noche cuando suda más.

Una vez que regrese a su casa, es una buena idea tomarse la temperatura si está sudando con exceso, y, como precaución, informar al médico si pasa de 38°C oralmente.

SENOS CONGESTIONADOS

"Al fin me vino la leche, pero tengo los senos henchidos, como del triple de su tamaño normal; y tan duros, congestionados y dolorosos que no aguanto el sostén. ¿Seguiré así hasta destetar al niño?"

Si todas las madres estuvieran condenadas a este suplicio durante todo el tiempo de la lactancia, no habría rorro a quien no destetaran a la segunda semana de vida. La congestión de los pechos, que viene con la leche materna, puede hacer temporalmente muy penosa la crianza natural, y como los pezones se aplanan por la hinchazón de los senos, el niño no puede mamar bien. Esta situación puede ser más grave aún si no se le da el pecho hasta las 24 o las 36 horas después del nacimiento.

La congestión sobreviene más bien de súbito, por lo general en el término de unas pocas horas, entre el tercero y el cuarto día después del parto, pero también puede presentarse desde el segundo día o demorarse hasta el séptimo. Es más molesta para unas mujeres que para otras, más severa con el primer hijo, y también ocurre más temprano con éste que con los posteriores. A algunas afortunadas les viene la leche sin que experimenten molestia o congestión visible, especialmente si empiezan a dar el pecho con regularidad desde el principio.

Por suerte, la congestión y sus desagradables manifestaciones desaparecen en cuestión de días. Mientras tanto, se pueden hacer aplicaciones frías o calientes (a algunas las alivian las compresas de hielo, a otras los baños calientes) o tomar un analgésico suave que aconseje el médico para reducir la molestia. Con una mamadera o extracción manual de leche se puede iniciar el flujo y aliviar la congestión lo suficiente para que el niño pueda tomar el pezón y mamar. También se puede obtener algún alivio usando un atomizador nasal de oxitocina que le recete el médico o metiendo los pechos en agua tibia inmediatamente antes de lactar al bebé.

Pero no vaya a saltarse una lactación ni abreviarla por miedo al dolor; cuanto menos mame el bebé, tanto más se le congestionarán a usted los pechos. Por el contrario, cuanto más lo amamante, tanto más pronto se aliviará la congestión. Si el recién nacido no mama con suficiente fuerza para aliviar la congestión de ambos pechos en cada comida, use una mamadera para aliviarla usted.

"Acabo de dar a luz a mi segundo hijo. Tengo los pechos mucho menos congestio-nados que con el primero. ¿Será que voy a tener menos leche?"

Es común que los pechos se congestionen menos en el segundo parto y los siguientes. Tal vez por haber pasado ya por esa experiencia les cueste menos trabajo acomodarse al flujo de la leche, o quizá la madre ya sabe iniciar más fácil y rápidamente al bebé en la lactancia, lo cual hace más eficiente la operación de vaciar los pechos.

Muy rara vez, el hecho de que no haya congestión ni sensación de que la leche está bajando es indicio de que no se está produciendo leche, pero esto sólo les ocurre a las primerizas. Muchas mujeres, aun primerizas, que no experimentan congestión sí tienen una abundante provisión de leche. No hay razón para preocuparse de que la producción de leche sea insuficiente a menos que el niño no esté progresando satisfactoriamente (vea la página 116).

CUANDO LA LECHE SE SECA

"No estoy amamantando a mi hijo. Me han dicho que hacerse secar la leche puede ser doloroso".

Que usted esté lactando o no a su hijito, sus pechos se congestionan (es decir, se llenan excesivamente de leche) entre el segundo y el séptimo día después del parto, más frecuentemente al tercero o el cuarto. Puede ser una experiencia molesta y hasta dolorosa, pero afortunadamente es temporal.

A veces se usan medicinas hormonales o de algún otro tipo para suprimir la lactación, pero éstas no siempre alivian la congestión; y si la alivian, suele presentarse otra vez a la vuelta de una o dos semanas al suspender la medicación. Estas drogas también pueden tener efectos secundarios que ocasionalmente podrían ser graves, razón por la cual los médicos casi siempre prefieren dejar que la naturaleza obre por su cuenta y el mismo organismo se encargue de suprimir la producción de leche. Los pechos se hicieron para producir leche solamente cuando se necesite, y si usted no amamanta, la producción se suspenderá sola. Aun cuando puedan ocurrir derrames esporádicos durante algunos días o aun semanas, lo peor de la congestión no debe durar más de 12 a 48 horas. Durante ese tiempo se pueden aplicar compresas de hielo o tomar algún calmante suave. Pero ducha o baños calientes, aun cuando sean calmantes, no son aconsejables porque pueden estimular la producción de leche. Es importante usar un sostén firme y que le venga bien hasta que sus pechos vuelvan a su tamaño normal de antes del embarazo, lo que puede tardar hasta seis semanas después del parto.

CONFUSION EN EL HOSPITAL

"El doctor me dijo que me estuviera en cama hoy hasta mediodía; a las nueve de la mañana entró un interno y me dijo que me podía levantar y dar un paseo. ¿A cuál de los dos le hago caso?"

En un hospital, como en cualquier otra institución, pueden cometer errores. Por eso es importante que usted misma se responsabilice en parte de su cuidado. Si hay algo que no le parezca bien — si le dan instrucciones contradictorias, si el tratamiento es doloroso o molesto, si alguien le quiere dar un remedio que usted cree que ya tomó o que dijo que no quería — hable. Si la enfermera no puede resolver el problema, haga llamar a la jefe de enfermeras, y si todavía no queda satisfecha, llame a su médico o a la partera, o pida una consulta. Si se trata de una cuestión no médica, pregunte si en el hospital hay un abogado de pacientes (casi todos

tienen un abogado de planta) y busque su ayuda.

CUANDO VOLVER A SU CASA

"Di a luz con relativa facilidad, mi hijo está en perfectas condiciones y yo me siento muy bien. Quisiera irme a mi casa pero todo el mundo me dice que debo permanecer en el hospital y descansar".

Este es un caso en que escuchar a "todo el mundo" puede ser una buena idea. Dar a luz a una criatura es duro para el organismo, por más que el parto sea rápido y fácil. Y aun cuando en su actual estado de euforia no le parezca que necesita descanso, pronto se convencerá de lo contrario si trata de hacer demasiado, antes de tiempo. Antes de un mes estará diciendo "¿Quién pudiera descansar?" en lugar de "¿Descanso para qué?"

Así pues, la cuestión no es si necesita descanso (ya se sabe que sí lo necesita) sino dónde lo obtendrá en mejores condiciones. Para la que tiene en la casa parientes, amigas o una empleada a sueldo que le ayuden y le permitan vivir sin preocupaciones, salir pronto del hospital la librará de la disciplina y de la atmósfera relativamente impersonal del hospital. Pero para la mujer que vuelve con un bebé en sus brazos a una casa llena de otros chiquillos y que no tiene quien le ayude, la permanencia en el hospital, aun cuando sea breve e imperfecta, suele ser un idílico período de calma antes de la tormenta.

También debe influir en su decisión su carácter, si éste es tal que en la casa no pueda descansar aun cuando tenga quien le ayude. Si usted no es una persona que se quede tranquila un par de días viendo que otras le lavan la ropa, le cocinan y le arreglan la casa, le irá mejor tomándose las vacaciones forzosas que el sobreparto le proporciona en el hospital, sin responsabilidades hogareñas.

En algunos casos esta permanencia en el hospital puede no ser necesaria para usted, desde el punto de vista médico, pero sí para el bebé. Y a menos que no le importe la separación, tendrá que quedarse con él todo el tiempo que el médico juzgue necesario, suponiendo que no se trate de una hospitalización prolongada.

"Me sorprendí cuando el médico me dijo que podía irme a casa apenas 48 horas después del nacimiento de mi hijito. ¿Por qué tanta prisa?"

Como los costos del cuidado de la salud están subiendo tanto, los economistas médicos buscan toda forma posible de recortarlos, y una de las más prácticas es mandar pronto a casa a las nuevas madres con sus rorros. Después de un parto vaginal sin complicaciones, se puede asegurar que el mejor lugar donde puede estar una madre es en su casa. Allí está en un ambiente familiar, puede comer lo que más le guste, está rodeada de afectos y no está expuesta a los microbios de un hospital. Si bien es prudente ir a una clínica de maternidad a tener el niño, por si algo sale mal, cuando todo es normal se puede decir que lo mejor es que madre e hijo se marchen a su casa en el término de uno o dos días.

Por de contado, también en la casa pueden presentarse contratiempos, de manera que si usted sale pronto, cuide de seguir fielmente las instrucciones médicas que le den sobre el cuidado del niño y de usted misma. Si observa cualquier indicio de un problema en usted (vea la página 597) o en el bebé (página 83), llame *inmediatamente* al médico que sea. Si le piden que lleve al niño al consultorio a los pocos días de estar en la casa, no deje de cumplir la cita. Y recuerde que si le permiten irse a su casa eso no significa

que esté autorizada para ponerse a hacer toda clase de trabajos fuertes como fregar los pisos o siquiera sacudir el polvo de la sala. Si no toma las cosas con calma, terminará otra vez en el hospital — y perderá todo lo que se había economizado.

RECUPERACION DE UNA OPERACION CESAREA

"A mí me hicieron la operación cesárea. ¿En qué forma será distinta mi recuperación de la de una madre que tiene un parto vaginal?"

La recuperación de una cesárea es lo mismo que la de cualquier otra intervención quirúrgica abdominal importante — con una diferencia muy grata: en lugar de perder una vieja vesícula o apéndice, se gana un bebé nuevecito.

Claro que hay otra diferencia un poco menos agradable, y es que además de recuperarse de la cirugía, hay que recuperarse también del parto. Es cierto que tendrá intacto el perineo, pero experimentará todas las molestias de sobreparto que sentiría si hubiera dado a luz en forma natural: entuertos, loquios, congestión de los pechos, fatiga, pérdida de cabello, transpiración excesiva, murria; y si el período del parto fue muy largo, agotamiento y otros efectos secundarios.

En cuanto a la cirugía, puede esperar lo siguiente en la sala de recuperación:

Vigilancia permanente hasta que pase la anestesia. Si le aplicaron anestesia general, su memoria del tiempo que esté en recuperación puede ser borrosa o nula. Como cada uno reacciona de manera distinta a las drogas, que usted vuelva a tener la mente lúcida a las pocas horas o que tarde uno o dos días, dependerá de su organismo y del tipo de medicación que le den. Si se siente desorientada o tiene alucinaciones o pesadillas, su marido o una enfermera comprensiva le pueden ayudar a volver a la realidad rápidamente.

Se tarda más en recuperarse de los efectos de raquianestesia o de bloqueo epidural que de los de la anestesia general. El entumecimiento va desapareciendo de abajo hacia arriba, empezando por los dedos de los pies, y le dirán que mueva dedos y pies en cuanto pueda. Si a usted le aplicaron raquianestesia tendrá que permanecer tendida de espaldas entre ocho y doce horas. Posiblemente les permitan a su marido y al niño que la visiten en la sala de recuperación.

En algunos casos el médico resuelve continuar el bloqueo epidural durante varias horas después del parto, extendiendo los efectos de la anestesia pero aliviándole el dolor.

Dolor de la incisión. Una vez que pase el efecto de la anestesia, le dolerá la incisión; pero cuánto le dolerá, depende de muchos factores, incluso su umbral de dolor y de si le han practicado antes otra cesárea (las recuperaciones subsiguientes son menos penosas que la primera). Probablemente le administrarán calmantes, según se necesiten, y éstos la dejarán medio atontada y aturdida pero también le permitirán dormir un poco, que bien lo necesita. Si está lactando al niño, no se preocupe: la medicación no pasará al calostro en cantidades apreciables, y para cuando le baje la leche seguramente ya no necesitará más calmantes.

Posible náusea. Si siente náusea, es posible que le den alguna preparación antiemética para impedir el vómito. Si usted vomita con facilidad, hable con el médico a ver si ordena que se le dé esa medicación aun antes que empiece a sentir bascas.

Ejercicios respiratorios y de toser. Estos le ayudan a limpiar el organismo de los restos de anestesia general que le hayan quedado, lo mismo que a dilatar los pulmones y mantenerlos despejados para prevenir la complicación de neumonía. Realizados correctamente, pueden causarle alguna molestia, pero ésta la puede reducir a un mínimo poniéndose una almohada contra la incisión al ejecutarlos.

Evaluación regular de su estado. Una enfermera comprobará sus signos vitales (temperatura, tensión sanguínea, pulso, respiración), la cantidad de orina, flujo vaginal, vendaje sobre la incisión y firmeza y posición del útero. Examinará igualmente la inyección del suero fisiológico y el catéter urinario.

Una vez que la pasen a su pieza en el hospital, puede esperar:

Evaluación continuada de su estado. Comprobarán con regularidad sus signos vitales, vendaje, cantidad de orina, flujo vaginal, lo mismo que la inserción de suero fisiológico y el catéter mientras éstos continúen en su lugar.

Remoción del catéter después de 24 horas. Orinar en forma natural puede ser difícil en este punto, así que ensaye las recomendaciones de la página 603. Si no puede orinar espontáneamente, es posible que le vuelvan a pasar el catéter hasta que pueda.

Entuertos. Lo mismo que la mujer que ha tenido un parto vaginal, usted puede empezar a sentir entuertos entre 12 y 24 horas después del alumbramiento. Vea en la página 598 más sobre estas contracciones, que ayudan a que el útero retorne a su forma anterior al embarazo.

Retorno gradual al régimen alimentario corriente. Unas 24 horas después de la operación, o poco después de que los intestinos empiecen a mostrar señas de actividad (moviéndose o pasando gas) le desconectarán el suero y le permitirán tomar líquidos por vía bucal. En los días subsiguientes volverá poco a poco a su régimen alimentario corriente. Aun cuando se esté muriendo de hambre no le haga trampa al médico pidiendo que le lleven comida de contrabando. Tenga paciencia para volver gradualmente a lo normal, pues de lo contrario sufrirá innecesariamente de trastornos digestivos. Si está dando el pecho, debe tomar muchos líquidos.

Dolor de hombros. Una irritación del diafragma por aire en el abdomen después de la operación puede causar unas cuantas horas de dolor agudo referido al hombro. Puede tomar un analgésico, que no pasará al calostro.

Posible estreñimiento. Lo mismo que la madre que tuvo un parto vaginal, usted también puede sufrir unos días de estreñimiento. Pero no hay razón para preocuparse, sobre todo en vista de que no es mucho lo que ha comido y por consiguiente no hay mucho que expeler. Cuando ya empiece a comer, quizá le receten un ablandador de heces o un laxante. También puede ensayar las recomendaciones de la página 604, pero no coma los alimentos ásperos hasta que el médico la autorice. Si pasan cuatro, cinco o seis días sin que haya hecho una deposición, acaso le pongan un supositorio o un enema.

Estímulo para hacer ejercicio. Aun antes de que se levante de la cama le dirán seguramente que trate de mover los dedos de los pies, doblar los pies y hacer presión con ellos contra la cama, y que se voltee de un lado a otro. También puede ensayar estos sencillos ejercicios: 1) Tendida de espaldas en la cama, recoja una pierna doblando la rodilla, manteniendo la otra pierna estirada, y apriete ligeramente el abdomen. Estire lentamente la pierna que tenía recogida; repita, cambiando de pierna. 2) Tiéndase de espaldas, ambas rodillas recogidas, los pies planos sobre la cama, y levante ligeramente la cabeza unos pocos centímetros por unos 30 segundos. 3) De espaldas, con las rodillas recogidas, apriete el abdomen, y pase un brazo sobre el cuerpo al otro lado de la cama, más o menos a la altura de la cintura. Repita cambiando de brazo. Estos ejercicios mejoran la circulación, especialmente de las piernas, reduciendo el riesgo de que se forme un coágulo sanguíneo. Pero prepárese porque algunos pueden resultar dolorosos, por lo menos durante las primeras 24 horas.

Levantarse entre 8 y 24 horas después de la operación. Primero la ayudarán a sentarse, sostenida por la cabecera de la cama, que se alza. Cuando ya se vaya a poner de pie, el proceso será gradual, probablemente así: apoyándose en las manos, sacará las piernas por el borde de la cama y las dejará colgando unos minutos. En seguida, lentamente, le ayudarán a poner los pies en el suelo. Si se siente mareada, lo cual es normal, vuélvase a sentar y después de unos minutos ensaye otra vez. Una vez en pie, dé unos pocos pasos. Estos pueden ser muy penosos (aunque no todas sienten dolor). Párese lo más derecha que pueda, sin ceder a la tentación de encorvarse para aliviar el malestar. Esta dificultad de movimiento es sólo temporal. En realidad, pronto se encontrará seguramente más expedita que su vecina que tuvo un parto vaginal — y ciertamente le llevará la ventaja en cuanto a sentarse.

Usar medias elásticas. Estas mejoran la circulación y se recetan para evitar coágulos sanguíneos en las piernas.

Dolor de gases. Al empezar a funcionar nuevamente el sistema digestivo (temporalmente paralizado por la cirugía) los gases atrapados pueden causar mucho dolor, especialmente si presionan sobre la línea de la incisión. El dolor es mayor cuando usted se ríe, tose o estornuda. Dígale a la enfermera o al médico lo que le pasa. Posiblemente le aconseje que camine de arriba abajo por el corredor, o que se tienda sobre el costado izquierdo o de espaldas con las rodillas recogidas y respire hondo sosteniendo al mismo tiempo una almohada contra la incisión. Si estas tácticas no dan resultado, quizá le pongan un enema o un supositorio para ayudar a expulsar los gases. Narcóticos no suelen recomendarse para el dolor de gases porque pueden prolongar la dificultad, que de ordinario no dura sino un día o dos. Sin embargo, si persisten los dolores muy agudos, un tubo insertado por el recto puede ayudar a que los gases escapen y se sienta alivio.

Tiempo con su hijo. Todavía no puede levantar a su bebé, pero sí lo puede acariciar y darle de comer. (Póngalo en una almohada sobre la incisión para darle la comida.) Según como se sienta y si el reglamento del hospital lo permite, tal vez la dejen compartir un poco la pieza con el niño. Algunos hospitales permiten compartirla totalmente después de una cesárea, lo cual se facilitará si su esposo o su mamá o una amiga pueden ir a acompañarla bastante tiempo.

Baños de esponja. Hasta que le quiten las grapas o los puntos (o hasta que éstos se absorban) probablemente no le permitirán baños de tina ni ducha. Conténtese con la esponja.

Remoción de puntos y grapas. Si los puntos no son absorbibles, o si le han puesto grapas, se las quitarán entre los cuatro y los seis días después de la operación. Esto no es muy doloroso, pero sí molesto. Cuando le quiten la venda observe la incisión con la enfermera o el médico (aunque usted sea impresionable) para que sepa cómo es. Pregunte cuándo sanará por completo, qué cambios de apariencia puede esperar cuando sane, y qué cambios indican la necesidad de atención médica.

Puede esperar que le permitan irse a su casa entre cuatro y siete días después del alumbramiento.

LO QUE IMPORTA SABER: Para recobrar su figura

Cuando usted quedó embarazada, uno de sus grandes placeres era que todos lo supieran. ¿Recuerda cuánto gozó comprando ropa de maternidad? ¿O viendo crecer su vientre, de un bultito apenas perceptible hasta el tamaño de una gran sandía? ¿O el día en que al fin pudo salir a la calle segura de que todos los transeúntes verían que estaba esperando, y no era que estuviera muy gorda?

Pero una vez que ha llegado y ha pasado el día del alumbramiento, parecer embarazada ya no tiene ningún encanto. Ninguna mujer quiere seguir viéndose como si llevara una criatura en el vientre cuando ya la lleva en los brazos.

Para muchas mujeres no es el peso adicional del embarazo lo que las hace ver como si todavía estuvieran embarazadas; ese peso se puede perder sin gran esfuerzo en las seis primeras semanas de sobreparto. Son los músculos abdominales estirados los que se interponen entre la nueva madre y su figura anterior.

Desgraciadamente, no sirve dar tiempo al tiempo. Los músculos que se estiran con el embarazo recuperan algo de su tonicidad posteriormente pero no vuelven jamás a su anterior estado si no se hace un esfuerzo especial para lograrlo. Dejados sin atención ninguna, siguen aflojándose con el correr de los años y con cada nuevo hijo que usted tenga.

Los ejercicios durante el sobreparto hacen algo más que meterle el estómago. Los abdominales mejoran la circulación general y reducen el riesgo de problemas de la espalda, várices, calambres en las piernas, tobillos y pies hinchados, y la formación de coágulos en los vasos sanguíneos. Los perineales ayudan a evitar incontinencia por esfuerzo (orina que se sale), que a veces ocurre después del parto; caída o prolapso de los órganos pelvianos; y ajustan el perineo de manera que hacer el amor, una vez que usted lo reanude, será tan agradable como antes o aun mejor. El ejercicio regular también estimula sus maltratados músculos uterinos, abdominales y pelvianos apresurando su retorno a la normalidad y evitando mayor debilitamiento por inactividad, al mismo tiempo que ayuda también a que se fortalezcan otra vez sus coyunturas aflojadas por la preñez y el parto. Si el exceso de peso es un problema, el ejercicio le ayudará a deshacerse de él (100 calorías de una papa asada se pueden quemar en sólo 20 minutos de una vigorosa caminata). Y finalmente, el ejercicio trae también beneficios psicológicos, mejorando su capacidad para hacer frente a las tensiones y de relajarse, al mismo tiempo que minimiza la posibilidad de depresión del sobreparto.

Si tiene tiempo, ocasión e inclinación para ello, inscríbase en un curso de ejercicios de sobreparto, o compre un libro o vídeo sobre la materia y organice un programa para realizarlo en su casa. Si la idea de un intenso programa de ejercicios no le llama la atención, hacer unos pocos ejercicios sencillos con regularidad, orientados a sus problemas específicos (como estómago, muslos, nalgas) también le puede ayudar a recuperar la línea. Agregue una rápida caminata diaria u otra actividad aeróbica y tendrá un programa adecuado de ejercicio físico. Por supuesto que antes de emprender cualquier programa debe consultarlo con su médico.

REGLAS PARA HACER EJERCICIO SENSATO EN EL SOBREPARTO

■ Si su parto no tuvo complicaciones y tiene buena salud, puede seguir el sencillo programa de ejercicio que empieza en la página 615. Si tuvo que someterse a cirugía o el parto fue difícil, o si tiene problemas médicos, consulte con el especialista para saber cuándo podrá comenzar a hacer ejercicio y cuáles ejercicios son apropiados.

■ Cíñase al programa. El ejercicio que sólo se hace esporádicamente es inútil y por consiguiente una pérdida de tiempo. Los de tonificar los músculos (levantar las piernas, sentarse, e inclinación pelviana, por ejemplo) es mejor hacerlos diariamente en sesiones cortas; dos o tres sesiones de 5 minutos por día la entonarán mejor que una sola de 20. Una vez que empiece a hacer ejercicios aeróbicos (por ejemplo, caminar rápidamente, trotar y nadar), hágalos por lo menos en tres sesiones semanales de 20 minutos de actividad sostenida — aun cuando 40 minutos cuatro o cinco veces a la semana sería mejor para fortalecer los huesos y prevenir osteoporosis más tarde en la vida.[3]

---

[3] Hay acuerdo general en que los ejercicios muy fuertes, como trotar, es mejor no hacerlos a diario. El organismo necesita un día intermedio de recuperación para evitar lesiones.

■ No se apresure. Los ejercicios para tonificar los músculos son más eficaces cuando se hacen lenta y deliberadamente, con tiempo adecuado de recuperación entre unos y otros. Durante estos períodos de descanso es cuando los músculos se reponen.

■ Comience lentamente si no ha hecho ejercicio recientemente o si los que está haciendo no le son familiares. El primer día haga sólo unas pocas repeticiones y vaya aumentando gradualmente en el curso de la semana o las dos semanas siguientes. No haga más de la cantidad recomendada, aun cuando se sienta muy bien. Suspenda apenas empiece a sentirse cansada.

■ Evite los deportes de competencia hasta que el médico le diga que ya puede participar.

■ Puesto que todavía tiene las coyunturas inestables y el tejido conjuntivo laxo, evite los saltos, los cambios súbitos de dirección, los movimientos bruscos, las sacudidas violentas, y la flexión extrema o estiramiento de las coyunturas. Evite igualmente los ejercicios en que hay que llevar las rodillas sobre el pecho, incorporarse totalmente, y levantar ambas piernas simultáneamente, durante las seis primeras semanas del sobreparto.

■ Haga los ejercicios de tonificación muscular en un piso de madera o una superficie con alfombra tirante para reducir los choques y asegurar el equilibrio.

■ Haga cinco minutos de calentamiento (movimientos suaves de estirarse, caminar lentamente o pedaleo estacionario contra baja resistencia) antes de empezar los ejercicios. Enfríese después de cada sesión con algún ejercicio suave de estiramiento, pero para evitar lesionar coyunturas sueltas, no se estire al máximo durante las primeras seis semanas.

■ Levántese lentamente para evitar el vértigo por una súbita baja de la tensión arterial, y para regularizar la circulación continúe moviendo las piernas algunos minutos (por ejemplo, caminando) cuando se pone de pie.

■ Una vez que empiece a hacer los ejercicios aeróbicos, tenga cuidado de no exceder el latido límite del corazón para su edad. Pregúntele al médico cuál es éste o guíese por la tabla de la página 615.

■ Evite el ejercicio vigoroso en tiempo caluroso o si tiene fiebre. Cuando haya pasado el período de seis semanas de sobreparto, puede empezar a hacer ejercicio en tiempo caluroso pero a menos de la mitad de su nivel usual de actividad, y luego ir aumentando ésta gradualmente. Trate de hacer el ejercicio temprano por la mañana o al caer la tarde, cuando el calor suele ser menos intenso. Póngase ropa ligera y de colores claros y un sombrero o gorra de tejido abierto cuando haga ejercicio al rayo del sol.

■ Tome muchos líquidos antes y después del ejercicio, y si el tiempo es muy caluroso o usted suda mucho, lleve también algo para beber durante el ejercicio. Lo mejor es agua; evite las bebidas endulzadas con azúcar, inclusive las que se venden como especiales para atletas.

■ Suspenda inmediatamente el ejercicio e informe al médico si siente cualquiera de los síntomas siguientes: dolor, mareo, vértigo, visión borrosa, falta de respiración, palpitaciones (el corazón parece temblar, aletear o correr), dolor de espalda, dolor púbico, náusea, dificultad para andar o un súbito aumento del flujo vaginal (si los loquios pardos o rosados se tornan rojos después del ejercicio, es porque usted está exagerando).

■ No deje de hacer ejercicio con el pretexto del niño. A casi todos les encanta

GUIA DEL LATIDO DEL CORAZON PARA EJERCICIOS POSTNATALES

Su edad	Limítese a este número* (latidos por minuto)	Máximo para su edad (latidos por minuto)
20	150	200
25	146	195
30	142	190
35	138	185
40	135	180
45	131	175

* Estas cifras representan 75% del máximo de latidos para cada grupo de edad. Con vigilancia médica adecuada, es posible que se permitan actividades más vigorosas que producen un número de latidos superior a estos límites.

Fuente: Programas ACOG de ejercicios en casa, 1985

reposar sobre el pecho de la mamá durante una sesión de gimnasia o metidos en un confortable portabebés mientras ella pedalea en la bicicleta estacionaria, trabaja en un aparato de remar, una máquina de esquí o una rueda de andar; y que los vayan empujando en el cochecito mientras la mamá trota. Pero no haga zangolotear al niño llevándolo en un portabebés cuando usted sale a trotar, ni tampoco lo apuntale en la bicicleta cuando todavía no sabe sentarse independientemente.

PROGRAMA DE EJERCICIOS PARA EL SOBREPARTO

Todos los ejercicios siguientes se hacen en la posición básica — tendida de espaldas, con las rodillas recogidas —, aunque los Kegels se pueden hacer en cualquier posición. Los de la fase uno los puede hacer en la cama, ya sea en el hospital o en su casa; los demás es mejor hacerlos en una superficie dura, como el piso. (Si invierte en un tapete para ejercicios, éste le puede servir también como tapete de juegos para el niño.) Recuerde que este programa sólo es apto para mujeres que hayan tenido un parto vaginal sin complicaciones y estén en buen estado de salud. Las otras deben consultar con su médico.

Fase uno: Veinticuatro horas después del parto

Ejercicios Kegel. Quizá usted haya estado haciéndolos durante todo el embarazo, y los puede reanudar casi inmediatamente después del parto. Si no los ha hecho antes, siga las instrucciones que se dan en estas páginas. Al principio, como tiene el perineo todavía entumecido por el estropeo del parto, no sentirá que los está haciendo. Se pueden hacer en la cama, o mientras lee o le da el pecho al niño, o cuando está orinando — contraiga para parar, luego afloje para soltar el flujo de orina, repitiendo varias veces cada vez que vaya al baño. A medida que mejora la tonicidad muscular, podrá restringir el flujo a sólo unas pocas gotas

FASE DOS: LOS EJERCICIOS

Posición básica. *Tiéndase de espaldas con los brazos a los lados, las palmas de las manos hacia abajo, las rodillas dobladas, los pies separados 30 cm y planos sobre el piso.*

Inclinación pelviana. *Tome la posición básica. Inhale al mismo tiempo que presiona la región lumbar contra el piso. En seguida exhale y relájese, permitiendo que la espalda vuelva a arquearse normalmente. Repita tres o cuatro veces al principio, aumentando gradualmente hasta 24.*

Para la cabeza. *Tome la posición básica. Respire hondo. Levante la cabeza muy ligeramente, exhalando al mismo tiempo. Baje la cabeza lentamente, inhalando. Levántela un poquito más cada día hasta llegar gradualmente a separar un poco los hombros del suelo. No se siente del todo antes de tres o cuatro semanas, y entonces hágalo sólo si tiene muy buen tono de los músculos abdominales.*

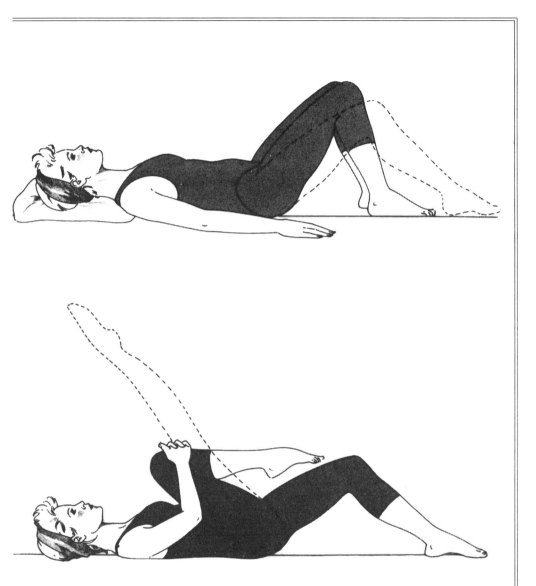

Para las piernas. *Tome la posición básica. Lleve el pie derecho hacia las nalgas deslizándolo con la planta plana sobre el suelo y doblando la rodilla, al mismo tiempo que presiona la región lumbar contra el suelo. Estire otra vez la pierna. Repita con la pierna izquierda. Empiece con tres o cuatro ejercicios de cada pierna, aumentando gradualmente hasta poder hacer 12 o más con comodidad. Después de tres semanas, modifique el ejercicio: teniendo una pierna recogida, levante lentamente la otra un poco del piso, luego bájela despacio. Si puede hacer esto confortablemente, empiece con tres o cuatro veces con cada pierna, aumentando poco a poco hasta doce. Logrado esto, lleve la pierna levantada hasta el pecho, estírela hasta donde pueda, luego vuélvala a bajar lentamente hasta el suelo. Repita doce veces con cada pierna.*

EJERCICIOS KEGEL

Tensione firmemente los músculos alrededor de la vagina y el ano. Aguante todo lo que pueda, hasta ocho o diez segundos, luego afloje lentamente los músculos y relájese durante varios segundos. Repita. Haga por lo menos 25 repeticiones a distintas horas del día estando sentada, de pie, tendida de espaldas, o cuando esté orinando.

entre una y otra repetición del Kegel. Su salud general y su vida sexual se pueden beneficiar si sigue haciendo estos ejercicios después del período de sobreparto; y hacerlos durante el acto sexual es una de las mejores maneras de combinar lo útil para el cuerpo con lo agradable.

Respiración diafragmática profunda. Empiece en la posición básica (vea la página 616). Coloque las manos sobre el abdomen para sentirlo subir mientras respira lentamente por la nariz; luego exhale por la boca, también lentamente, templando al mismo tiempo los músculos abdominales. Repita sólo pocas veces al principio para evitar la hiperventilación. (Si siente vértigo, mareo, o se le duermen los dedos de los pies o de las manos, o se le nubla la vista, haga aspiraciones y espiraciones en una bolsa de papel o en las manos ahuecadas.) Aumente el número de respiraciones en dos cada día hasta llegar a diez. Este ejercicio se puede repetir varias veces durante el día.

Fase dos: Tres días después del parto

Ahora que su organismo empieza a recuperarse de los efectos más inmediatos del alumbramiento, puede empezar a hacer ejercicios más serios. Pero antes de empezar, asegúrese de que durante el embarazo no se separaron los rectos abdominales (los dos músculos que bajan por el centro de la pared abdominal). Esta separación, llamada diastasis, es bastante común, sobre todo en las mujeres que han tenido varios hijos, y se agrava si usted hace ejercicio aun moderadamente fuerte antes de que se haya cerrado. Pregúntele a su médico en qué condición se encuentran sus rectos abdominales, o haga usted misma este examen: acostada en la posición básica, levante ligeramente la cabeza, con los brazos extendidos; palpe si tiene un bulto blando abajo del ombligo. Tal bulto sería probable indicio de separación de dichos músculos, lo cual se puede corregir haciendo lo siguiente: tome la posición básica; inhale, cruce las manos sobre el abdomen, luego con los

NOTA PARA LAS MADRES ADOPTIVAS

La maternidad es una experiencia agotadora, ya sea que usted haya pasado personalmente por el trance de dar a luz o no. El ejercicio es una manera maravillosa de aliviar las tensiones, conservar la línea, mejorar la salud y disfrutar de su hijito. Y le da a él buen ejemplo. De manera que un programa de ejercicios como el que aquí esbozamos es importante también para usted como madre adoptiva, aun cuando no tenga que preocuparse por los detalles del sobreparto. Si no tiene la costumbre de hacer ejercicio con regularidad, piense en la conveniencia de empezar ahora.

dedos junte las dos mitades de músculos rectos al mismo tiempo que expele el aire de los pulmones, levantando la cabeza lentamente. Repita tres o cuatro veces, dos veces al día. Cuando la separación se haya cerrado, o si no hubo separación, puede pasar a los ejercicios siguientes.

Fase tres: Cuatro a seis semanas después del parto; ejercicios vitalicios

Empezar un programa de ejercicios aeróbicos después de las primeras cuatro o seis semanas — y perseverar en él a medida que el niño crece — es importante no sólo para su buena salud y longevidad sino también para su bebé. Una madre que hace ejercicio con regularidad tendrá probablemente hijos que sigan su buen ejemplo. Pero obtenga autorización de su médico para proceder, especialmente si tuvo un parto difícil. Si lo prefiere, puede hacer ejercicio con una videocinta o en una clase de gimnasia aeróbica, o bien seguir su propio programa de correr, montar en bicicleta, remar, esquiar o nadar.[4]

---

[4] Aun cuando la natación es un excelente ejercicio aeróbico y aprovecha a la función cardiorrespiratoria tanto como trotar o caminar, no ofrece ejercicio de aguantar peso, que según las investigaciones más recientes fortalece los huesos y previene la osteoporosis más tarde en la vida. También parece menos útil para reducir de peso.

CAPITULO VEINTITRES

Cómo sobrevivir las seis primeras semanas

———

LO QUE USTED PUEDE SENTIR

Durante las seis primeras semanas del sobreparto se estará usted recuperando del traumatismo que significa dar a luz a una criatura. Probablemente experimentará en algún momento muchos de los síntomas siguientes, en diversos grados de intensidad.

Físicos:

■ Continuo flujo vaginal (loquios) de coloración rosada, luego pardusca, y finalmente blanca amarillenta.

■ Fatiga, a veces cercana al agotamiento.

■ Algo de dolor, malestar y entumecimiento del perineo, si su parto fue vaginal (especialmente si le tomaron puntos).

■ Merma del dolor de la incisión y continuo entumecimiento, si le hicieron la cesárea (sobre todo si fue la primera).

■ Continuos días de estreñimiento (pero éste debe disminuir).

■ Gradual aplanamiento del abdomen a medida que el útero retorna a su posición de antes del embarazo en la pelvis (pero sólo con ejercicios podrá usted recuperar su figura anterior).

■ Pérdida gradual de peso. (Es posible que todo lo que ganó durante el embarazo lo haya perdido hacia el final del segundo mes, o quizá no antes de fines del primer año.)

■ Malestar de los pechos y sensibilidad de los pezones, si está lactando al niño, hasta que la lactancia esté bien establecida.

■ Dolor en los brazos y el cuello; dolor de espalda (de alzar y lactar al bebé).

■ Pérdida notoria de cabello.

■ Inflamación de las glándulas del cuello; sequedad y constricción de la garganta.

Emocionales:

■ Felicidad, depresión, o ambas cosas alternativamente.

■ O bien se siente apabullada, o bien llena de creciente confianza, o las dos cosas por turnos.

■ Merma del deseo sexual (aun cuando el médico le haya dicho que ya puede reanudar las relaciones); o bien aumento del deseo (esto es más raro).

LO QUE PUEDE ESPERAR EN EL EXAMEN MEDICO A LAS SEIS SEMANAS

Probablemente su médico querrá hacerle un examen a las cuatro o seis semanas del alumbramiento; si le hicieron la operación cesárea, seguramente la verá también a la semana o tres semanas del parto para verificar el estado de la incisión. A las seis semanas puede esperar que el examen comprenda las siguientes cosas, si bien el contenido exacto de la visita dependerá de sus necesidades particulares y del modo de pensar de su médico:

■ Tensión sanguínea.

■ Peso, que probablemente habrá bajado entre 7 y 9 kilos en comparación con lo que pesaba antes del alumbramiento.

■ Forma, tamaño y colocación del útero, para ver si ha vuelto a su estado anterior al embarazo.

■ Cuello uterino, que estará regresando a su estado anterior a la preñez pero estará todavía algo congestionado; la superficie puede estar erosionada.

■ Vagina, que se habrá contraído y habrá recuperado en gran parte su tonicidad muscular.

■ Cicatriz de la episiotomía o de una laceración curada, si la hubo; o si el alumbramiento fue quirúrgico, el sitio de la incisión.

■ Pechos, por si hay alguna anormalidad.

■ Hemorroides o várices, si las ha sufrido durante el embarazo o en el sobreparto.

■ Sus proyectos para la planificación familiar; si es el caso, le aplicarán un diafragma o le recetarán píldoras anticonceptivas (vea la página 661).

Tenga listas las preguntas que se le ocurran sobre su recuperación o su salud general (lleve una lista para que no se le olvide nada).

LO QUE DEBE COMER: El mejor régimen alimentario después del parto

Si le costó trabajo corregir sus hábitos de alimentación durante el embarazo, no es ahora el momento de abandonarlos, ni temporal ni permanentemente. Y si no comía bien cuando estaba embarazada, no podía escoger mejor momento que el actual para adquirir buenos hábitos. Aunque en un plan de régimen nutritivo pueden permitirse más libertades en el sobreparto que en el embarazo, es indispensable tener cuidado con lo que se come, para poder conservar su nivel de energía, ir perdiendo poco a poco los kilos extra que se acumularon en los nueve meses de embarazo, y, si está lactando, producir suficiente leche.

NUEVE PRINCIPIOS DIETETICOS BASICOS PARA NUEVAS MADRES

Una alimentación nutritiva es vital para que la recuperación sea rápida después del parto, lo mismo que para conservar la abundante energía, la óptima salud y el vibrante espíritu que se necesitan para ser una buena madre. También es indispensable para una buena lactación. Si bien la no atención a los valores nutritivos de lo que se come no disminuye necesariamente la producción de leche, por lo menos durante un par de meses (hay mujeres desnutridas que producen leche por un tiempo) sí puede afectar el valor nutritivo de su leche y ser perjudicial para su propio organismo. Sea que resuelva o no dar el pecho a su niño, estos nueve principios básicos le servirán de guía para alimentarse bien en el período del sobreparto:

Hacer que todo bocado cuente. Aun cuando cada bocado no es ya tan vital como lo era cuando usted lo compartía todo con la criatura en gestación, sigue siendo importante hacer que sea nutritivo todo lo que come. Una cuidadosa elección de alimentos contribuirá a asegurar una adecuada provisión de leche materna de alta calidad, suficiente energía para sobrevivir las noches de insomnio y los días interminables, y para volver rápidamente a su figura anterior. No desperdicie bocados; reduzca a un mínimo el consumo de golosinas agradables al paladar pero que no le dan sino calorías inútiles.

Todas las calorías no son iguales. En la alimentación de cualquier persona de la familia no son iguales las 1 500 calorías de *una* comida rápida típica (derivadas principalmente de grasas saturadas y azúcares sin valor nutritivo y hasta peligrosos) que las 1 500 calorías de *tres* comidas bien equilibradas (provenientes de proteínas e hidratos de carbono complejos, cargados de vitaminas y minerales). Compare también esto: las 235 calorías de una tajada de torta de chocolate congelada, con las 235 calorías de medio melón cantalupo más $^1/_2$ taza de leche helada; o las 160 calorías de diez papitas fritas con las 160 calorías de una papa asada más dos cucharadas de yogur y cebollinos y $^2/_3$ de taza de florecillas de brécol.

Pasar hambre es engañar al bebé. Saltarse una comida ahora no es tan peligroso como cuando estaba embarazada, pero el desorden permanente en las comidas sí le agota las reservas y le resta energías que necesita para ejercer sus funciones maternas. Si está criando al pecho, una mala nutrición — que podría ser consecuencia de una de esas dietas de moda — puede reducir seriamente su producción de leche.

Hágase experta en eficiencia. Para seguir perdiendo peso después del parto y al mismo tiempo alimentarse bien, es importante elegir alimentos de alto contenido nutritivo en comparación con su contenido calórico: atún en lugar de salchichón para el almuerzo, pasta primavera en lugar de fettuccine Alfredo para la comida. Si su problema es perder mucho peso, busque comidas ricas tanto en nutrientes como en calorías pero bajas en volumen, como aguacates y nueces, pero evite cosas como palomitas de maíz que la llenan pero no la alimentan ni cumplen con sus requisitos nutritivos.

Los hidratos de carbono son cuestión compleja. Y los hidratos de carbono complejos, sin refinar, son precisamente los que le convienen después del parto (en realidad, toda la vida para una buena nutrición para usted y para toda su familia). Panes integrales, cereales y pasteles, arroz moreno, fríjoles secos, arvejas y otras legumbres dan fibra (tan importante ahora como durante el embarazo para asegurar regularidad de la función digestiva) y muchas vitaminas y minerales, la mayoría de los cuales no se encuentran en los granos refinados aun cuando sean enriquecidos.

El exceso de azúcar es perjudicial. Hoy se come por lo general una cantidad excesiva de azúcar. La mayor parte se sirve del azucarero sobre los cereales, frutas, y en la taza de café o té. Una buena cantidad se consume, como es lógico, en pasteles, galletas, dulces y tartas. Pero una proporción sorprendente proviene de donde uno menos lo espera: sopas, salsas de ensalada, cereales para el desayuno, panes, salchichas, carnes frías, y comidas procesadas, enlatadas o congeladas, y platos auxiliares (escondida en forma de sucrosa, dextrosa, miel, fructosa, jarabe de maíz y muchas otras cosas).

Hay personas que consumen en azúcar más de 800 calorías inútiles al día. Para una nueva madre que quiera estar segura de alimentarse bien pero sin engordarse demasiado, una ocasional golosina dulce no le va a acarrear consecuencias terribles, pero consumir diariamente muchas calorías vacías sí se las causará.

Coma alimentos poco procesados. Los alimentos altamente procesados pierden en el proceso gran parte de su valor nutritivo, y las personas que los consumen habitualmente son las que se perjudican. Con frecuencia dichos alimentos contienen también cantidades excesivas y perjudiciales de grasas saturadas, sodio y azúcar, lo mismo que colorantes artificiales y otros aditivos químicos, ninguno de los cuales mejora la alimentación y en cambio cualquiera de ellos puede contaminar ocasionalmente la leche materna (vea la página 643). Cuanto más cerca esté a su estado natural lo que usted come, tanto mejor para su bebé y para usted misma.

Comer bien es cuestión de familia. Incluya a toda la familia en el régimen alimentario que más conviene, y su bebé se criará en un ambiente en el cual la buena nutrición es cosa natural. Así se aumentarán los años de vida no sólo de sus hijos sino también de su marido y de usted.

No sabotear la dieta. Bien puede volver a tomar su taza de café al desayuno y ocasionalmente alguna bebida alcohólica, aunque le esté dando el pecho al niño; pero mayor cantidad de cafeína o de alcohol sí pueden afectar adversamente al bebé, lo mismo que lo afecta cualquier cantidad de tabaco o drogas ilícitas (vea la página 627).

LA MEJOR DOCENA DIARIA PARA EL SOBREPARTO Y LA LACTANCIA

Si usted está familiarizada con El mejor régimen alimentario, ya sabe que no necesita sentarse con un libro de cuentas, una calculadora y un volumen de tablas de valores nutritivos antes de cada comida para estar segura de obtener los nutrientes que necesita (para producir leche y conservar la salud si está amamantando, o si no, sólo para conservar la salud). Todo lo que tiene que hacer es practicar la Docena Diaria.[1]

Calorías. Usted necesita suficientes calorías para conservar sus niveles energéticos (como madre necesita más energía que antes) y su provisión de leche si está dando el pecho; pero no tantas que no la dejen seguir perdiendo gradualmente los kilos extra del embarazo. Si está amamantando al bebé, necesita diariamente unas 400 o 500 calorías extra, por encima de lo que necesitaría para conservar su peso de preñez (el doble si está criando mellizos, el triple para trillizos). Puede reducir esa cantidad un poco, después de las primeras seis semanas del sobreparto, si no está perdiendo peso; pero no debe suprimir calorías en forma radical porque enton-

---

[1] Tenga en cuenta que algunos alimentos ofrecen más de una ración de Docena Diaria. Por ejemplo, el brécol suministra una porción de verdura, una de vitamina C, y en cantidad un poco mayor, una de calcio. Muchos productos lácteos suministran porciones de proteína y de calcio y algunas frutas y hortalizas dan porciones tanto de vegetales de hoja amarilla y verde como de vitamina C.

ces es posible que su organismo empiece a producir cetonas, productos metabólicos que, pasando a la leche, son perjudiciales para el lactante.[2] Además, la grasa del cuerpo se disuelve y vierte rápidamente en el torrente sanguíneo y luego en la leche de usted sustancias químicas tóxicas que contiene la grasa.

Si usted está amamantando, le será posible perder los kilos no deseados del embarazo y estimular su recuperación comiendo el número aproximado de calorías que necesitaría para mantener su peso anterior a la preñez.[3] Después de las primeras seis semanas del puerperio, cuando la recuperación es completa y es menos arriesgado ponerse a dieta, puede reducir ese número en 200 a 500 calorías diarias, pero no se ponga a dieta rigurosa sin supervisión médica.

Esté lactando o no, pesarse con regularidad es la mejor manera de saber si su consumo de calorías es alto, bajo o correcto. Mientras esté perdiendo gradualmente los kilos del embarazo y deje de perder una vez que llegue al peso deseado, todo está bien. Si no es así, reajuste el consumo de calorías aumentándolo o reduciéndolo. Tenga en cuenta que siempre es mejor aumentar el ejercicio que reducir calorías. Si no puede parar una pérdida de peso demasiado rápida, hable con el médico.

Proteínas: Tres porciones diarias si está amamantando; si no, dos. Una porción es igual a cualquiera de las siguientes: $2^1/_2$ a 3 vasos de leche descremada o baja en grasa; $1^1/_4$ tazas de leche evaporada desnatada; $1^3/_4$ tazas de yogur bajo en grasa; $^3/_4$ de taza de requesón bajo en grasa; 85 gramos de queso suizo; 2 huevos grandes más dos claras; 5 claras de huevo; 85 a 100 gramos de pescado, carne o ave; 140 a 170 gramos de queso vegetal; 5 a 6 cucharadas de mantequilla de maní; una combinación de proteínas de legumbres y granos (vea la página 417).[4] Las madres que amamantan mellizos o trillizos necesitan porciones extra por cada bebé adicional. Las vegetarianas que no comen proteína animal deben agregar una porción extra al día, ya que la calidad de las proteínas vegetales no es tan alta como la de las animales.

Alimentos con vitamina C: Dos porciones diarias si está lactando; si no, por lo menos una. Una porción es igual a cualquiera de las siguientes: $^1/_2$ taza de fresas; $^1/_4$ de melón cantalupo pequeño; $^1/_2$ toronja; 1 naranja pequeña; $^1/_2$ a $^3/_4$ de taza de jugo cítrico; $^1/_2$ mango grande, kiwi o guayaba; $^2/_3$ de taza de brécol o coliflor; 1 taza de repollo o col; $^1/_2$ pimiento verde mediano o $^1/_3$ de pimiento rojo mediano; 2 tomates pequeños o 1 taza de jugo de tomate.

Calcio: Cinco porciones diarias, si está amamantando; si no, tres o más. Una porción es igual a cualquiera de las siguientes: $^1/_4$ de taza de queso parmesano; 35 a 40 gramos de casi cualquier otro queso duro (como suizo o Cheddar); 1 taza de leche descremada o leche baja en grasa;

---

[2] Algunas investigaciones recientes indican que las madres que están dando el pecho pueden necesitar menos de las nombradas 400 a 500 calorías extra al día, especialmente en los últimos meses. Su peso debe servirle de guía.

[3] Para calcular cuántas calorías se necesitan para mantener su peso anterior al embarazo, multiplique dicho peso en kilos por 26 si es usted una persona sedentaria, por 33 si es moderadamente activa, y hasta por 48 si es muy activa.

[4] El tamaño de las porciones en estas combinaciones es para niños de un año. Una porción para un adulto sería como cuatro veces mayor.

$^1/_2$ taza de leche evaporada descremada; $^1/_3$ de taza de leche seca sin grasa; $1^3/_4$ tazas de requesón bajo en grasa; $1^1/_2$ a $1^3/_4$ tazas de brécol, coles o berzas; 3 cucharadas de melaza oscura; 110 gramos de salmón enlatado u 85 gramos de sardinas, con espinas; 255 gramos de queso vegetal preparado con calcio. Las madres que amamantan mellizos, trillizos o más necesitan una porción extra por cada bebé adicional; pueden tomar como suplemento productos lácteos enriquecidos con calcio para completar su cuota. Las vegetarianas que no comen productos lácteos pueden hallar difícil llenar los requisitos con sólo fuentes vegetales, a menos que sean fortificadas con calcio (jugo de naranja, por ejemplo) y quizá necesiten suplementos de calcio. Aun cuando la falta de calcio cuando se está dando el pecho pueda no afectar a la composición de la leche, el calcio que se extrae de los huesos de la madre para producir leche sí puede hacerla a ella más susceptible de osteoporosis más tarde en la vida.

Vegetales verdes y amarillos y frutas amarillas: Dos a tres porciones diarias si está amamantando; si no, dos. Una porción es igual a cualquiera de las siguientes: 4 mitades de albaricoque; $^1/_8$ de melón cantalupo; $^1/_4$ de mango grande; 1 durazno grande amarillo (no blanco); $^3/_4$ de taza de brécol; $^1/_2$ zanahoria pequeña; $^1/_4$ a $^1/_2$ taza de verduras cocidas; $^1/_4$ de taza de chayote, o $^1/_8$ de taza de batata, o 1 cucharada de calabaza enlatada sin endulzar; 1 tomate grande; $^1/_2$ pimiento rojo o chile.

Otras frutas y vegetales: Una a dos porciones diarias. Una porción es igual a cualquiera de las siguientes: 1 manzana, pera, plátano o durazno blanco; $^2/_3$ de taza de cerezas o uvas; 1 taza de grosellas; 1 tajada de piña; 2 tazas de sandía; 5 dátiles; 3 higos; $^1/_4$ de taza de uvas pasas;

5 o 6 puntas de espárragos; 1 taza de brotes de soya, berenjena o cebolla; $^2/_3$ de taza de nabos o arvejas; 1 papa pequeña; $^1/_4$ de cabeza de lechuga; $^1/_2$ taza de hongos o chayote.

Granos enteros y otros hidratos de carbono complejos concentrados: Cuatro a cinco porciones diarias si está lactando; si no, cuatro. Una porción es igual a cualquiera de las siguientes: $^1/_2$ taza de arroz moreno cocido, arroz silvestre, millo, gachas de trigo sarraceno molido grueso, cebada no perlada o trigo resquebrajado; $^1/_4$ de taza de harina de maíz (antes de cocinarla); 1 porción de cereal de grano entero cocinado y listo para servir; 2 cucharadas de germen de trigo; $^1/_4$ de taza de salvado sin procesar; 1 rebanada de pan integral; $^1/_2$ rosca o mollete de harina integral; 1 pita pequeña o $^1/_2$ grande de harina integral; 2 a 6 galletas de grano entero; 2 pastelitos de arroz moreno; $^1/_2$ taza de lentejas, fríjoles o arvejas majados; $^2/_3$ de taza de habas o fríjol de careta; 28 gramos de pasta integral o rica en proteínas; 2 tazas de palomitas de maíz. Las vegetarianas no deben contar una porción de hidratos de carbono, como la dosis requerida tanto de proteína como de hidrato de carbono, pues en esa forma se reduce peligrosamente el consumo de calorías.

Alimentos ricos en hierro: Uno o más al día. El hierro se encuentra en cantidades variables en la carne, la melaza espesa, las arvejas, los garbanzos y otras legumbres secas, frutas secas, alcachofas, ostras (pero no las coma crudas), sardinas, semillas de soya y productos de soya, espinaca e hígado.[5] También se encuentra en el

---

[5] El hígado, a pesar de su gran valor nutritivo, se debe comer sólo de vez en cuando porque contiene mucho colesterol y porque es un almacén de las sustancias químicas, algunas dudosas, a que está expuesto un animal.

germen de trigo, los granos enteros y los cereales fortificados con hierro.

Alimentos ricos en grasas: Pequeñas cantidades diarias. Durante el embarazo era indispensable una ingestión adecuada de grasas y su organismo asimilaba perfectamente aun los alimentos de alto contenido de colesterol, pero ahora es necesario que vuelva a limitar las grasas en su régimen alimentario y escoja con cuidado las que debe consumir. Hay acuerdo general en que un adulto no debe obtener de las grasas más del 30% de las calorías que necesita. Las personas que están expuestas a un ataque cardíaco deben restringirlas más aún. Esto quiere decir que si usted necesita unas 1 800 calorías diarias para conservar su peso, no debe tomar más de 62 gramos de grasa al día (a 9 calorías por gramo). Pero es fácil excederse de este límite porque la mayor parte de los alimentos contienen grasa, desde la tostada del desayuno (1 gramo por rebanada, sin mantequilla) hasta un emparedado de queso del almuerzo (14 gramos en 55 gramos de queso suizo) o salmón a la parrilla para la comida (10 gramos en 170 gramos de salmón asado seco). En realidad, una sola comida rápida (una hamburguesa grande, papitas fritas, batido de leche y pastel) es suficiente para excederse. Si usted evita estas exageraciones y mantiene en general un régimen bajo en grasas, bien puede tomar un par de porciones de alimentos altos en grasa al día. Una porción (más o menos 11 a 14 gramos de grasa) es igual a cualquiera de las siguientes: 1 cucharada de aceite rico en enlaces no saturados o aceite de olivas, mantequilla, margarina o mayonesa; $1/2$ aguacate pequeño; 2 cucharadas de queso de crema; 4 cucharadas de crema agria; 2 cucharadas de crema dulce espesa; 3 cucharadas de pacanas, maní o nueces; $1^{1}/2$ cucharadas de

mantequilla de maní. Elija las grasas no saturadas (aceites de girasol o de maíz) y monosaturadas (aceite de olivas, aguacate, nueces) en vez de las saturadas (mantequilla, queso de crema, crema agria y dulce, aceites de coco y de palma) o las hidrogenadas (grasas vegetales endurecidas); prefiera aceites vegetales a grasas animales. Pero aun cuando conviene cuidarse del exceso de grasas, tampoco hay que excluirlas del todo de su régimen alimentario, a menos que se lo recomiende un médico.

Alimentos salados: Cantidades limitadas. Si bien la sal le era necesaria durante el embarazo, ahora tiene que limitarla. Como regla general, evite los alimentos muy salados como maní salado, papitas fritas y encurtidos. Busque quesos y colaciones sin sal y alimentos preparados bajos en sodio. A menos que a alguna persona de la familia le hayan prohibido el sodio, se pueden salar ligeramente los alimentos en la cocina, pero recuerde que para el bebé o para un niño pequeño la comida debe llegar a la mesa sin sal porque los niños no están en capacidad de procesar una gran cantidad de sodio, y además si se les empieza a dar sal desde temprano, se aficionan demasiado a ella.

Líquidos: Por lo menos 8 tazas diarias si está amamantando; si no, de 6 a 8. Tendrá que agregar 4 tazas más si está dando el pecho a gemelos. Agua (de preferencia tratada con flúor), jugos de frutas y vegetales, leche, sopas y gaseosas son líquidos adecuados; pero tenga cuidado de no exagerar: el exceso de líquidos (más de 12 tazas al día si está lactando a un niño) puede inhibir la producción de leche materna.

Suplemento vitamínico. Tome una fórmula para embarazo y lactación si está amamantando — no en reemplazo de un buen régimen alimentario sino como medida de precaución puesto que ninguna dieta es perfecta. Si no consume productos animales, ni siquiera leche y huevos, debe cuidar de que su suplemento contenga por lo menos 4 microgramos de vitamina B-12 (que sólo se encuentra en su forma natural en alimentos animales), 0.5 miligramos de ácido fólico, y si no recibe el sol siquiera media hora al día, 400 miligramos de vitamina D (la cantidad que fortifica una botella de leche).

Si no está criando al pecho, debe continuar tomando las vitaminas que tomaba durante el embarazo por lo menos durante seis semanas después del parto. De ahí en adelante, un suplemento corriente de múltiples vitaminas y minerales suplirá las deficiencias nutritivas si usted no tiene tiempo u oportunidad para comer como quisiera. Un suplemento diseñado para mujeres en la edad reproductiva le dará el hierro extra que se requiere para reemplazar el que se haya podido agotar por desangre en el embarazo y después del parto y que volverá a perderse cuando se reanude la menstruación. Mientras esté amamantando, el suplemento debe contener cinc.

SI NO ESTA CRIANDO AL PECHO

Aun cuando una buena nutrición es importante para todas las madres en el puerperio, hay ciertas diferencias básicas en las necesidades dietéticas, que usted debe conocer, entre las que crían a su niño al pecho y las que lo crían con biberón. Una de ellas es que si usted no está amamantando, no puede seguir comiendo por dos . . . si no quiere acabar por verse como dos. Otra es que, puesto que lo que coma y beba no afectará directamente al bebé (a menos que le altere a usted el humor o su nivel energético), podrá ser un poco menos rígida en lo tocante al azúcar, la cafeína, las bebidas gaseosas dietéticas y el alcohol. Recuerde, empero, que de todas maneras la moderación sigue siendo necesaria. Considere lo siguiente:

■ El exceso de azúcar en la comida produce caries dentaria, obesidad y, una vez pasado el efecto estimulante del azúcar, depresión de la energía y abatimiento de espíritu.

■ El exceso de cafeína le altera los nervios, le ocasiona inestabilidad emocional, y en dosis de 10 o más tazas diarias de café puede ser causa de ruidos en los oídos, delirio, latido irregular del corazón, tensión muscular y temblor.

■ De la sacarina se sospecha que es un carcinógeno débil, y aunque no se ha demostrado que el consumo moderado de aspartame (Equal, Nutrasweet) sea peligroso, los efectos de cantidades excesivas durante períodos prolongados no se conocen todavía.

■ El abuso del alcohol puede menoscabar su capacidad para desempeñar de una manera sensata y acertada las tareas propias de la maternidad, además de agravar una depresión del sobreparto — para no hablar del daño potencial, físico y emotivo para toda la familia, a la larga. Una madre que beba más que moderadamente (uno o dos tragos al día) expone a sus hijos a muchos peligros.

■ Excederse al ingerir bebidas o alimentos no nutritivos (como azúcar, vino, cerveza, licores espiritosos o gaseosas) perjudica la absorción de los nutrientes que usted necesita.

■ Si usted fuma, en cualquier cantidad que sea, aumenta el riesgo que corre su hijo de sufrir diversas enfermedades y lo priva prematuramente de tener una madre.

■ El uso de cualquier droga prohibida (cocaína, marihuana, heroína, crack y demás) o el abuso de las que son legales (estimulantes o calmantes) puede per-

judicar sus relaciones con su hijo, amenazar la salud y seguridad de éste (y de usted) y ser catastrófico en futuros embarazos.

LO QUE LE PUEDE PREOCUPAR

COMO HACER TODAS LAS COSAS

"Apenas hace dos días que volví a casa con mi recién nacido y ya estoy atrasada en todo: barrer, limpiar, lavar. Mi casa, que antes era una tacita de plata, es ahora un desorden total".

Asumir por primera vez la responsabilidad de cuidar de un niño es cosa seria. Los días y las noches parecen interminables sesiones de darle de comer. Vienen demasiadas visitas. Agréguese una buena dosis de alteraciones hormonales del sobreparto. Posiblemente una buena cantidad de desorden acumulado durante su estada en el hospital. Y la inevitable montaña de regalos, cajas, papel de envolver, tarjetas. Es natural que sienta que con su bebé empieza una vida nueva, y que su vieja vida de orden y aseo se le está derrumbando.

No se desconsuele. Su incapacidad para atender al niño y a la casa durante los primeros días no es un indicio de lo que va a ser después su vida como madre. Al fin y al cabo, no se puede juzgar del desempeño futuro de una nueva empleada por lo que haga los dos primeros días en un empleo difícil en el cual no tiene experiencia. Las cosas seguramente mejorarán a medida que usted recupera sus fuerzas, se familiariza con las tareas básicas de la crianza y aprende a ser un poquito menos estricta. También le ayudará:

Tranquilizarse. Angustiarse pensando en todo lo que tiene que hacer le dificulta

más hacerlo. Tranquilícese. Concentre la atención en lo que es realmente importante: aprender a conocer al recién nacido y disfrutar de él. Olvídese de los quehaceres del hogar mientras esté con el bebé (las técnicas de relajación que se aprenden en los cursos de maternidad son útiles para esto). Cuando vuelva a mirar a su alrededor más tarde, el desorden no habrá desaparecido pero usted estará de mejor ánimo para hacerle frente.

Descansar. Es paradójico, pero la mejor manera de hacer las cosas es descansar primero. Concédase a sí misma la oportunidad de recobrarse completamente del parto y estará en mejores condiciones para desempeñar sus nuevas responsabilidades.

Conseguir ayuda. Si no ha conseguido todavía quien le ayude (a jornal o gratuitamente) y no ha dado los pasos conducentes a facilitar los quehaceres domésticos y la cocina, ya es el momento de hacerlo (vea la página 19). Si es necesario, recuérdele a su marido que en su hogar son dos los socios (pero delicadamente, sobre todo si él todavía no está acostumbrado a esa idea; vea la página 632). Piense en qué formas él u otra persona de confianza pueden contribuir a aliviarle la carga: llamarla por teléfono antes de salir del trabajo por la tarde a ver si hay algo de última hora que llevar de la tienda; o dejar de paso la ropa en la lavandería al ir al trabajo por la mañana;

o aspirar la casa y recoger las cosas dispersas mientras usted le da al bebé la última comida de la noche. Encontrar siquiera un poco de orden en la casa al despertar por la mañana le levantará a usted el espíritu.

Establecer prioridades. ¿Qué es lo más importante? ¿El estado de la casa o el recién nacido? ¿Es más importante aspirar la sala mientras el bebé está durmiendo, o recostarse y descansar para estar fresca cuando despierte? ¿Es realmente importante arreglar las camisas, o sería mejor dedicar ese tiempo a sacar al bebé a pasear en su cochecito? Tenga en cuenta que hacer demasiado cuando todavía no es tiempo le resta energías que necesita para hacer las cosas bien; y que, mientras que la casa algún día volverá a estar en orden, su hijo nunca volverá a tener dos días (o dos semanas, o dos meses).

Organizarse. Lo mejor que puede hacer una nueva madre es una lista. Todas las mañanas, lo primero que debe hacer mientras le da el pecho al niño (si puede) o mientras su esposo juega con él, es elaborar una lista de las cosas que hay que hacer. Divida sus prioridades en tres categorías: tareas que se deben atender lo más pronto posible; otras que pueden esperar hasta más tarde; y otras que se pueden dejar para el día siguiente — o la semana siguiente, o aplazar indefinidamente. Asigne tiempos aproximados a cada tarea, teniendo en cuenta su reloj biológico personal (¿es usted inútil al amanecer, o se desempeña mejor a esa hora?) lo mismo que el de su bebé, hasta donde se pueda determinar a edad tan temprana.

Es cierto que organizar el día en papel no siempre significa que todo se va a llevar a cabo según el programa (en realidad, para una nueva madre rara vez sucede así), pero sí le da un sentido de control de una situación que ahora le parece incontrolable. Los planes que se escriben son siempre más manejables que los que simplemente le están dando vueltas en la cabeza. Hasta podría encontrar, una vez hecha la lista, que en realidad tiene que hacer menos de lo que creía. No olvide tachar cada tarea terminada, para tener la satisfacción de lo realizado. Y no se preocupe por las no tachadas. Sencillamente, páselas a la lista del día siguiente.

Otro detalle útil de organización es llevar la lista de todos los regalos que reciba, con el nombre del donante. Creerá que no se va a olvidar que fue la prima Pepa la que le mandó ese lindo saquito amarillo y azul; pero cuando llega el decimoséptimo saquito empieza la confusión. Y no olvide ir señalando en la lista cada persona a quien le manda una nota de agradecimiento, para que no tenga que estar vacilando: "¿Ya le di o no le he dado todavía las gracias a tía Odilia?"

Simplificar. Use para el piso de la cocina un producto que lo deje limpio con una sola pasada, platos de cartón para comer, vegetales congelados en lugar de frescos; un día pida pizza, otro día una ensalada; tome las medidas que sean prácticas para reducir el tiempo necesario para los oficios domésticos. Mantenga los materiales y equipos cerca al sitio donde los va a usar, a fin de reducir el número de veces que tiene que ir de un cuarto a otro. Por ahora guarde los adornos que requieren cuidado especial; de todas maneras tendrá que esconderlos una vez que el niño empiece a gatear.

Anticiparse a las tareas de mañana. Una vez que haya acostado al niño por la noche, y antes de dejarse caer en el sofá para gozar de un merecido descanso, haga acopio de energía para atender a unas pocas tareas que le permitirán adelantarse a las del día siguiente. Reponga los pañales en la bolsa. Prepare fórmula y llene los frascos. Mida el café para la cafetera. Escoja la ropa para lavar. Saque ropa limpia para usted y para el niño. En unos diez minutos realizará lo que con el bebé despierto le exigiría diez veces más tiempo, por lo menos. Y podrá dormir mejor (si la deja) sabiendo que tendrá menos que hacer por la mañana.

Hacer dos cosas a la vez. Aprenda a hacer dos cosas a un mismo tiempo. Lave los platos o ralle zanahorias para el pastel de carne mientras habla por teléfono. Cuadre su cuenta bancaria o doble la ropa lavada mientras atiende a las noticias por televisión. Lea un libro o nárrele un cuento a un niño mayor mientras lacta a un bebé dormilón (si está muy despierto necesitará más atención). Aun así el día no tendrá suficientes horas, pero usted sólo desearía 36 en lugar de 48.

Salir. A menos que haga mal tiempo, salga a pasear todos los días. Esto no le ayudará a sacudir el polvo ni a fregar los pisos, pero sí le hará parecer estas tareas menos urgentes.

Esperar lo inesperado. Hasta los planes más cuidadosamente trazados suelen fallar, y a las madres les fallan con mucha frecuencia. Ya está el bebé vestido y envuelto para el paseo, la bolsa de los pañales lista, ya se ha puesto usted el abrigo, y de pronto suena por allá debajo de las ropas del bebé el ruido inconfundible de una deposición. A quitarse otra vez el abrigo; a cambiarle de pañales. Son diez minutos que se pierden y dan al traste con un programa estricto. Para que percances de esta clase no la tomen de improviso, calcule tiempos extra en su programación.

Saber reír. Si es capaz de reírse de sus apuros, no tendrá que llorar. Conserve, pues, su buen humor — aun en medio de una catástrofe total. Así se librará usted de perder el juicio y librará a su hijo de ser uno de aquellos adultos cuya niñez transcurrió en un ambiente donde nadie sonreía porque todos estaban demasiado ocupados en mantener el orden.

Acostumbrarse. Vivir con un bebé significa vivir en medio del desorden la mayor parte del tiempo. Y a medida que el niño crece, crecerá la dificultad de limitar el desorden. No bien ha acabado usted de recoger los cubitos y meterlos en su caja cuando el niño los vuelve a esparcir por el suelo. Apenas limpia usted el puré de arvejas de la pared detrás de la silla infantil, él vuelve a decorarla con compota o jalea. Pone usted aldabillas de seguridad en las gavetas de la cocina, y él descubre la manera de abrirlas y desparramar ollas y peroles por todo el piso.

Pero recuerde: cuando ya despache al último de sus hijos al colegio, su casa se verá otra vez inmaculada — y tan solitaria que usted no verá la hora en que vuelvan con todo el alboroto que traen en las vacaciones.

PERDIDA DEL CONTROL

"Durante los últimos diez años he administrado sin problema mi negocio, mi hogar y todos los demás aspectos de mi vida. Pero desde que regresé a casa con mi niño, no puedo controlar nada".

En su casa ha ocurrido una revolución, como ocurre siempre en todos los hogares de nuevos padres. Y el que va a ser rey no es un hombre: no es otro que el niño recién nacido. Por impotente que parezca, es muy capaz de alterarle a usted la vida y arrebatarle el mando que antes ejercía. Para él nada significa que usted acostumbre a tomar su ducha a las 7:15 y su café a las 8:05, que a las 6:30 le guste tomar su coctel y a las 7:00 en punto la comida, o salir a bailar el sábado hasta el amanecer y dormir hasta tarde el domingo. No. El exige que se le dé de comer y se le atienda cuando él quiere, sin ponerse a averiguar si para usted esas horas son cómodas o no. Lo cual significa que tendrá que abandonar su vieja rutina y muchas de sus antiguas y cómodas costumbres durante varios meses, o quizá años. El único horario que importa, sobre todo en estas primeras semanas, es el de él. Y ese horario, al principio, puede ser bien caprichoso. Usted perderá la noción del día y de la noche. A menudo se sentirá como un autómata (y si está lactando, como una vaca lechera) más que como una persona, más servidora que ama, sin poder ejercer ni el más mínimo control sobre su vida.

¿Qué hacer? Entregar el cetro de buen grado — por lo menos por ahora. Con el correr del tiempo y a medida que usted se hace más diestra y adquiere mayor confianza en su nuevo papel, y su niño va aprendiendo a ser más capaz e independiente, recuperará en parte el control que ha perdido. Pero no espere que ese control llegue a ser total.

Hay que aceptar el hecho de que su vida no podrá volver a ser lo que era antes; pero ¿quién querría que lo fuera?

RECOBRAR SU FIGURA

"Yo sabía que inmediatamente después del parto no iba a estar como para lucirme en bikini; pero pasada una semana, todavía me veo como si tuviera seis meses de embarazo".

A pesar de que el alumbramiento produce una pérdida más rápida de peso que todas las dietas combinadas (unos 5 kilos por término medio en el parto), pocas mujeres quedan contentas con el resultado, sobre todo cuando se miran al espejo y ven que todavía parecen embarazadas. Por suerte, casi todas pueden volver a guardar su ropa de maternidad antes que termine el mes; pero tal vez tengan que esperar un poco para que la vieja ropa les venga tan bien como antes.

Cuánto tarde en volver a su figura y peso de antes del embarazo dependerá de cuántos kilos y centímetros ganó con la maternidad — y en qué partes. Las que aumentaron entre 9 y 14 kilos con un buen régimen alimentario y gradualmente, podrán volverlos a perder, sin necesidad de ponerse a dieta, hacia el final del segundo mes más o menos. En cambio, las que abusaron y engordaron más de lo que se necesitaba para dar a luz una criatura sana y de buen tamaño — especialmente si el aumento fue a saltos disparejos y con comistrajos sin valor nutritivo — encontrarán más difícil volver a su figura anterior.

No importa cuál haya sido su aumento de peso, observando ahora ''El mejor régimen alimentario para el sobreparto y la lactancia'' se debe producir una lenta y continua disminución de peso, sin pérdida de energía.

Una vez pasado el período de recuperación de seis semanas, las que no están dando el pecho pueden pasar a una dieta bien equilibrada para reducir peso, combinada con ejercicio para perder los kilos que aún le sobren. Las que crían al pecho y no están perdiendo peso pueden reducir el consumo de calorías en un par de centenares al día y aumentar la actividad para estimular la pérdida de peso sin mermar la producción de leche. Perderán por lo general los kilos sobrantes cuando desteten al bebé.[6]

Existen, con todo, otras razones que no tienen nada que ver con el aumento de peso y que contribuyen a dar la apariencia de embarazo. Una de ellas son los 2 kilos de líquidos sobrantes que le inflamarán el vientre durante los primeros días después del alumbramiento, pero que desaparecerán en forma natural a la vuelta de una semana. Otra es el útero, todavía dilatado, que le sigue dando al vientre el aspecto de preñez hasta que al fin vuelve a su tamaño normal y a su posición en la pelvis, por lo general hacia la sexta semana del sobreparto. Pero la razón principal para que las madres se sigan viendo demasiado gordas después de dar a luz es el estiramiento de los músculos abdominales y la piel. En la mayoría de los casos, aun después de haber perdido peso, recuperar la tonicidad muscular es algo más que esperar a que la naturaleza siga su curso. En realidad, el abdomen seguirá flácido durante toda la vida, a menos que deliberadamente se hagan ejercicios para corregirlo (vea ''Para recobrar su figura'', página 612).

Hay, sí, ciertos cambios corporales que persistirán, por más ejercicios que usted haga y por más cuidado que ponga en el régimen alimentario — aun cuando no se dé cuenta de ellos. El más común es la modificación de la configuración del cuerpo, debida a que las coyunturas se aflojan durante el embarazo (para facilitar el parto) y se vuelven a endurecer en el puerperio. Los cambios pueden ser im-

perceptibles o bastante notorios para que aumente un número el tamaño de sus zapatos o la talla de sus trajes. Las que han sufrido una operación cesárea pueden notar también una ligera alteración en la forma del abdomen, que no cede al ejercicio.

COMPARTIR EL CUIDADO DEL BEBE

"Me remuerde la conciencia pedirle a mi marido que me ayude con el bebé, sobre todo por la noche, pues él trabaja todo el día y tiene que madrugar. Sin embargo, estoy rendida de hacerlo todo yo sola".

No hay oficio más exigente que el suyo; usted necesita y merece toda la ayuda que pueda recibir de su compañero. Que él tenga un trabajo fuera del hogar, aun cuando sea penoso, no lo exime automáticamente de echar una mano en casa, visto que la mitad de la responsabilidad por el advenimiento del bebé le cabe al padre. Y recuerde que usted también ha trabajado todo el día, en un oficio que casi con seguridad es más duro y enervante (principalmente por ser tan nuevo) que el de su compañero. Por otra parte (a menos que él sea de profesión un enfermero de niños), ayudarle a usted en el cuidado del bebé será para él un cambio agradable de las exigencias de su propia jornada, y no una extensión fatigante y pesada de la misma. Y aun cuando sea enfermero — o pediatra, o maestro de escuela, o trabaje con niños en alguna otra actividad — cuidar de su propio hijo será para él mucho más satisfactorio.

Desde luego, tendrá usted que recurrir a la persuasión para lograr una completa cooperación, y quizá haya necesidad de alguna negociación laboral previa para llegar a un acuerdo satisfactorio para ambas partes. Lo ideal es que usted se pueda

---

[6] La madre que está amamantando no debe nunca perder peso con demasiada rapidez, pues quemar excesivamente las grasas de su propio cuerpo puede provocar la secreción de cetonas (subproductos del metabolismo de los lípidos) y sustancias químicas tóxicas o drogas almacenadas en las grasas, todas las cuales, pasando a la leche materna, son perjudiciales para el bebé.

aliviar de una parte del peso sin echarle a él demasiado. (El pacto inicial se puede renegociar si usted vuelve al trabajo.) Empiece con estos pasos:

Hable. Tal vez su esposo ni siquiera se ha dado cuenta de que usted necesita su ayuda — quizá usted se esfuerza demasiado para que parezca fácil — o de que usted quiere que le ayude — tal vez tiene la idea de que usted prefiere hacer las cosas por sí misma, o lo considera a él incapaz de atender a un bebé. Siéntese con él en un rato de calma, cuando su hijito esté dormido y ustedes dos bastante tranquilos, y explíquele sus necesidades racionalmente. Acaso encuentre que a él le mortifica tanto como a usted que todo lo esté haciendo usted sola.

Enséñele un poco. Si la falta de confianza y experiencia es lo que no lo deja ayudar en el cuidado del niño, le aprovecharán unas cuantas lecciones. Primero muéstrele cómo se hace y luego explíquele durante varios cambios de pañales. Hágale observar y ayudar a la hora del baño y para vestir al bebé. Enséñele una canción de cuna y muéstrele su mejor técnica de mecerlo (pero recuerde que los papás tienen una manera diferente de alzar a los niños que las mamás y es posible que el método de él sea mejor que el suyo). Sea una maestra paciente y no se desanime ni lo deje desanimar a él aun cuando gaste diez minutos para cambiar un pañal sucio o el niño salga del baño todo lleno de jabón, o si le pone el vestido al revés. Tenga en cuenta (y recuérdeselo a él) que los padres, lo mismo que las madres, tienen que aprender el oficio, y que él tiene una capacidad innata para dominar el difícil arte del cuidado infantil. Al principio le parecerá más fácil cambiar el pañal usted misma que verlo luchar a él por lograrlo. Pero con el tiempo, el éxito coronará sus esfuerzos y su ma-

rido será un auxiliar perfectamente competente.

Déjelo solo. Es decir, con el bebé. Busque algún pretexto, si es necesario, para justificar que los dos se queden solos. Empiece con períodos cortos, digamos, de quince a veinte minutos, que luego se irán alargando. Obligados a bandearse por sí mismos, los padres se sorprenden casi siempre al comprobar que lo pueden hacer perfectamente. Esto les infunde confianza y les da la oportunidad de conocer más íntimamente al niño, lo cual los predispone mejor para ayudar.

Disimule los errores. A menos que lo que haga sea peligroso para el bebé (como por ejemplo, el juego de lanzarlo al aire), no se apresure a criticar los errores de su marido. Aprenderá más de ellos (y del buen ejemplo de usted) que de sus críticas. Cuando sea preciso hacerle caer en la cuenta de algo que no está bien, proceda con suavidad, evitando minar su confianza o herir su amor propio. Y aprenda usted de él.

Resuelvan cómo van a operar. Para algunas parejas, la única manera de asegurarse de que todas las tareas se cumplirán y de que el trabajo se dividirá equitativamente, es trazarse un programa y cumplirlo (por ejemplo, lunes, miércoles y viernes por la noche usted cambia pañales y él baña al niño; martes y jueves usted baña, él cambia, etc.). A otros, si no ven la necesidad de llevar la cuenta, les resulta buen sistema repartirse las responsabilidades a medida que se presentan ("¿Quieres cambiarle el pañal mientras yo acabo de lavar los platos?"). Para otros, en fin, lo mejor es asignar los deberes de acuerdo con las habilidades de cada uno. Si su marido es un *chef* de primera mientras que a usted se le quema hasta el agua, déjelo que él se encargue de la cocina. Si al bebé le parece que papá tiene más ritmo que usted, pues que él lo meza. Pero si él es absolutamente incapaz de sostener a un chiquillo empapado que no se está quieto un instante, aun después de practicar muchas veces, atienda usted al baño.

Compartan las noches. Aun cuando usted esté amamantando, no hay razón para que su marido duerma toda la noche y usted y el niño no. En la rutina de por la noche hay otras cosas que hacer, fuera de dar de comer. El papá puede alzarlo, cambiarle de pañales si es necesario, y luego llevárselo a la cama para que usted le dé el pecho. Cualquiera de los dos, según el que tenga más fuerzas, puede pasarlo otra vez a la cuna después de que coma. Pero es menos probable que se despierte si es el papá el que lo pasa, pues la proximidad de los pechos de la mamá lo puede incitar a pedir repetición. Si lo está criando con biberón, total o parcialmente, las comidas nocturnas se pueden turnar entre padre y madre de acuerdo con un programa aceptable para ambos. Por ejemplo, el uno se encarga de todas las comidas hasta las 2:00 A.M. y el otro de allí en adelante. O alternan las noches.

Pese a las mejores intenciones y buena voluntad, es posible que siempre la mayor parte del trabajo recaiga sobre usted. Aunque muchos hombres sean teóricamente partidarios de la igualdad de los sexos y hayan querido asistir al alumbramiento, no están dispuestos a aceptar una participación total en el cuidado de un niño (y especialmente si no son partidarios de dicha igualdad). Para algunos, ser buen padre significa ser buen proveedor y sentir que están haciendo por la familia más de lo que les corresponde si trabajan más horas. Otros, no habiendo tenido ejemplos que seguir (o bien fueron huérfanos o su padre rehuía los cuidados in-

fantiles), no se sienten cómodos o seguros frente a las responsabilidades de la paternidad. Las viejas actitudes persisten.

Si por cualquier razón su esposo no ayuda a sobrellevar la carga, trate de comprender por qué y de comunicar con claridad cuál es su posición. No espere que él cambie de la noche a la mañana, y no permita que su resentimiento por esa actitud dé origen a disputas y tensiones. Por el contrario, explíquele, edúquelo, convénzalo; con el tiempo, él se avendrá a su modo de pensar — si no del todo, por lo menos en parte.

DEPRESION

"Tengo todo lo que siempre anhelé: un marido maravilloso, una linda niña recién nacida — ¿por qué me siento tan decaída de ánimo?"

Más o menos la mitad de las nuevas madres (algunos calculan que el 90%) hacen la misma pregunta. Se quejan de ganas de llorar, desconsuelo, angustia y cambios de humor durante la primera semana después del parto. Este ataque de murria probablemente guarda relación con la fuerte caída de estrógeno y progesterona después del alumbramiento, y por lo general pasa en unos pocos días, aunque a algunas mujeres les da y se les quita en forma intermitente durante las primeras seis semanas.

Menos común y de más larga duración es la verdadera depresión del sobreparto, que afecta probablemente al 25% de las primerizas y al 20% en posteriores embarazos, y a menudo empieza en las primeras seis semanas y puede durar meses. Una explicación que se da para esta depresión está en las variaciones hormonales. Se cree que el hecho de ser distinta la sensibilidad de cada mujer a dichas fluctuaciones explica, por lo menos en parte, por qué aun cuando todas experimentan los mismos cambios de niveles hormonales después del parto, no todas sufren esas alteraciones del ánimo. Cambios hormonales relacionados con el destete también pueden provocar la depresión.

Pero hay muchos otros factores que se cree contribuyen a ella. Algunos de estos factores no hormonales pueden explicar por qué los padres, y las madres adoptivas, que no sufren cambios hormonales también son susceptibles de dicha depresión:

Fin del embarazo. Para una mujer que haya pasado nueve meses de sufrimientos — náuseas por la mañana, várices, dolores de espalda, mala digestión — el fin del embarazo merece celebrarse; pero si usted gozó de esa experiencia sin ninguna molestia, su terminación es sensible, sobre todo si no tiene programados otros hijos. Tal vez tiene una sensación de pérdida, de vacío, y echa de menos la sensación de extraordinaria intimidad de llevar a su bebé en sus entrañas. Hasta puede que lamente la desaparición de esa barriga redonda a la que ya se había acostumbrado.

Decepción. El alumbramiento — ese gran suceso para el cual se preparó tanto — ya pasó.

De centro de atracción a lugar secundario. Su bebé es ahora la estrella de la función. Las visitas se paran ante la ventanilla de la sala-cuna en vez de sentarse a la cabecera de su cama a preguntarle cómo se siente. Su marido, que la puso en un pedestal durante nueve meses, ahora está tan chocho con la niña que, aun sin quererlo, ni se acuerda de usted cuando usted más necesita su cariño. Con un solo movimiento de la varita mágica del obstetra usted ha hecho el papel de Cenicienta al revés: la princesa embarazada se ha

convertido en la muchacha abandonada del sobreparto. Este cambio de condición la acompañará a su casa. Ahora, cuando salga con su hijita, la gente se apresurará menos a prestarle ayuda (cuando lucha por plegar el cochecito de paseo mientras tiene al bebé y la bolsa de pañales en brazos y trata de parar un taxi) que cuando estaba embarazada y llevaba la criatura sin ningún esfuerzo. Los extraños ya no sonreirán viendo su vientre, las amigas no harán comentarios sobre su felicidad; todas las miradas serán para la niña, lo mismo que todos los cumplidos y sonrisas.

Hospitalización. Ansiosa por volver a su casa y empezar a desempeñar sus tareas de madre, se sentirá frustrada por la falta de control sobre su vida y la de la niña en el hospital, y una permanencia prolongada en la clínica aumentará su contrariedad. Si no es su primer hijo, le harán falta el mayor o los mayores, sentirá pesadumbre y preocupación por haberlos dejado solos, especialmente si es la primera vez que se separa de ellos.

Regreso a la casa. No es raro sentirse abrumada por el trabajo que implican sus nuevas responsabilidades (''¿Qué debo hacer primero?''), sobre todo si no tiene quien le ayude y durante su ausencia se han dejado acumular los platos, el polvo y la ropa sucia. Regresar a una casa que ahora está atestada de cosas de bebé (esta pequeña invasora se ha apoderado de todo) puede ser poco agradable.

Desilusión. Con la recién nacida: es tan pequeña, tan colorada, tan hinchada, no responde — no es la niña sonrosada y sonriente de los anuncios de jabones que usted se había imaginado. Con el parto y con usted: si no se cumplieron las expectativas poco realistas que usted se había forjado, tal vez sienta (innecesariamente) que ha sido un fracaso. Con la maternidad: no era lo que usted esperaba y eso la deprime.

Agotamiento. La fatiga después del alumbramiento, combinada con el trabajo de cuidar de una recién nacida, pueden hacerla sentir incapaz de hacer frente a los múltiples deberes que se le presentan.

Falta de sueño. Las personas privadas de sueño, como pilotos de avión, prisioneros de guerra o médicos que están haciendo prácticas pueden sufrir graves alteraciones de ánimo. Las nuevas madres no son la excepción.

Malestar físico o dolor. Le arde la cicatriz de la episiotomía o de la operación cesárea, tiene los pechos congestionados, las hemorroides le duelen muchísimo y los entuertos son una gran molestia. No es fácil estar de buen humor con tantos padecimientos.

Sentimiento de inutilidad. Casi todas las nuevas madres dudan de su capacidad para desempeñarse como tales. Si usted es totalmente novata, se preguntará: "¿Por qué tengo una hija si no la puedo cuidar?" Y si es veterana y ha llegado al punto de criar bien a un niño pero no a dos, tal vez se arrepienta de haber repetido. Si le parece que la respetan menos como madre que cuando desempeñaba un empleo pagado, se sentirá menos persona. Y es descorazonador no sentirse bien con usted misma.

Remordimientos. Tal vez usted realmente no quería tener una hija cuando quedó embarazada, y aun cuando ahora sí la quiere, le remuerde la conciencia. O siente remordimientos por no amarla a primera vista, o por no creerla linda, o por no gozar con el tedio de la maternidad. O porque va a tener que volver pronto al trabajo, o por no traer un ingreso al hogar si proyecta quedarse en casa. El remordimiento, cualquiera que sea su causa, es muy deprimente.

Añoranza de los viejos tiempos. Con el nacimiento del bebé se acabó aquella época de libertad y quizá de orientación profesional, por lo menos temporalmente. Es preciso aplazar para mejor oportunidad el estilo de vida, de usted sola o en pareja, que incluía diversiones que consumen mucho tiempo, como comer con frecuencia fuera de casa, tomar clases, ir al cine y otras.

Disgusto con su apariencia. Antes usted estaba embarazada y gorda; ahora, a sus ojos supercríticos, está simplemente gorda. Ya no tolera usar ropa de maternidad, pero ninguna otra le sirve.

Falta de apoyo. Si no cuenta con suficiente apoyo — de la familia y amigos, pero especialmente de su marido — hacer frente a los nuevos deberes que impone la maternidad puede ser abrumador y deprimente.

Otras tensiones. Problemas no directamente relacionados con su nueva hija — cuestiones de familia, del trabajo, financieras — también pueden causar depresión del sobreparto.

Aun cuando el único remedio seguro es el paso del tiempo, sí existen maneras de minimizar la depresión del sobreparto y lograr que poco a poco vaya desapareciendo la murria. (Algunos médicos están usando con éxito dosis cada vez menores de hormonas.)

■ Si la murria le da en el hospital, pídale a su marido que le lleve una comida romántica para dos; limite las visitas si su cháchara le pone los nervios de punta; o bien invite a más amigas si la ponen alegre. Si lo que la deprime es el ambiente del hospital, averigüe si puede salir pronto (vea la página 608).

■ Combata la fatiga aceptando ayuda de otras personas, aprendiendo a dejar para después muchas tareas que pueden esperar, y tratando de echar una siestecita o tomarse un rato de descanso mientras el bebé duerme. Aproveche como períodos de descanso las comidas de la niña, dándole en la cama el pecho o el biberón, o sentada en una cómoda poltrona con los pies en alto.

■ Siga "El mejor régimen alimentario después del parto" (página 621) para conservar sus fuerzas. Evite el azúcar, especialmente en combinación con chocolate, porque a algunas personas las deprime.

■ Si le gusta echarse un trago, disfrute de un coctel en compañía de su marido a la hora de la comida de su hija, o tome una copa de vino con la comida, pero teniendo cuidado de no abusar, pues el alcohol, aun en pequeñas cantidades, le puede aumentar la depresión y, si está lactando, intoxicar al niño.

■ Dénse el gusto de salir a comer fuera. Si esto no es posible, hagan un simulacro. Pidan la comida (o tal vez su marido sepa cocinar), vístase, disponga un ambiente de restaurante de cinco estrellas con luz de velas y música suave. Y conserve su sentido del humor por si su hijita resuelve interrumpir su romántico intermedio.

■ Comunique a su esposo cualquier sentimiento de falta de aprecio que pueda estar experimentando; es posible que él no se haya dado cuenta de que usted lo necesita a él tanto como la niña.

■ Pida ayuda para los quehaceres del hogar, el cuidado de la niña o de otros niños; pídala a su esposo, a su mamá, a las vecinas, a las amigas o a cualquiera que esté disponible y quiera y pueda prestarla.

Si no puede obtener gratis toda la ayuda que necesita, piense en pagar a alguien (una adolescente o una vecina de edad) para que usted pueda descansar, darse un baño, hacer siesta, preparar la comida o hacer cualquier otra cosa que necesite hacer.

■ Si su problema es cuidar de la recién nacida al mismo tiempo que de otro hijo que ya está haciendo pinitos, o de varios hijos, vea los consejos del capítulo 26. La depresión suele aumentar en proporción geométrica con cada nuevo hijo.

■ Para sentirse bien, arréglese y vístase bien. Eso de andar todo el día en bata de levantarse y despeinada deprime a cualquiera. Dése una ducha por la mañana antes de que salga su marido (tal vez después no pueda); péinese; póngase maquillaje, si lo usa habitualmente.

■ Salga de la casa. Vaya a almorzar con una amiga, a ver tiendas, a dar una vuelta por el museo. Puede llevar a su hija, o dejarla en la casa si tiene con quien.

■ Manténgase activa. El ejercicio puede ahuyentar la murria y al mismo tiempo contribuir a que usted se libre de la gordura indeseable que la deprime. (Vea la página 612.)

■ Reserve algún tiempo para usted sola. Destine una media hora al día nada más que para usted, como si fuera una dama ociosa. Mientras su niña duerme o la cuida otra persona, lea unas páginas de una novela o los periódicos (a menos que las noticias corrientes la depriman), vea una película en videocinta, haga gimnasia, ponga su correspondencia al día, dése el gusto de un masaje facial, una sesión de manicura o un baño de burbujas.

■ Si necesita compartir sus penas, busque a otras nuevas madres a quienes conozca y con quienes pueda comparar frustraciones. Si no conoce a nadie, investigue un poco. Pídale a su pediatra los nombres de nuevas madres en su vecindario y forme un grupo con ellas. Póngase en contacto con mujeres que asistieron con usted a las clases de alumbramiento y organice una reunión semanal. Tome un curso de ejercicios postnatales o de maternidad (casi todos aceptan a las señoras con sus bebés).

■ Si no le gusta la compañía, aprenda a disfrutar de la soledad. Aun cuando la depresión común y corriente por lo general se autoalimenta, algunos expertos opinan que esto no es cierto cuando se trata de la depresión del sobreparto. Si pasar el tiempo con gente alegre sólo sirve para ponerla de mal humor, evite la sociedad por un tiempo. Pero esto no quiere decir que deje solo a su marido. Los maridos también son víctimas de la depresión del sobreparto y el suyo tal vez necesite su apoyo tanto como usted necesita el de él.

■ *Busque ayuda profesional inmediatamente* si su depresión persiste por más de una semana y va acompañada de insomnio (no puede dormir aunque la niña sí duerma); falta de apetito; pérdida de interés en sí misma y en su familia; sentimiento de desconsuelo, inutilidad y falta de control; impulsos suicidas; deseo de que la niña desapareciera o nunca hubiera nacido; ideas de causarle daño; otros pensamientos absurdos o temores y alucinaciones.

Aun cuando es rara la severa depresión del sobreparto que requiere terapia profesional (se calcula en menos de 1 en 1 000), siempre hay algunas mujeres que la sufren, de manera que, por prudencia, obtenga un diagnóstico profesional rápidamente si experimenta cualquiera de los síntomas que se han descrito. No se deje convencer cuando los demás le digan: "Eso no es más que una murria pasajera", o "No le hagas caso y estarás mejor". Una prolongada depresión materna es un obstáculo para la formación de un fuerte vínculo madre-hijo, y es perjudicial para la niña.

Si no sabe a quien acudir, consulte con el tocólogo, la partera, el médico de la familia, el cura o alguna amiga que le puedan recomendar un buen centro de consultoría o salud mental. Si ve a una terapeuta que no sea médica, debe también incluir en su tratamiento a un médico porque la depresión del sobreparto tiene un componente hormonal.

Si en algún momento siente un fuerte impulso de hacer daño a la niña, sea que se sienta deprimida o no, vaya inmediatamente a la casa de una vecina, llame a un médico (el suyo o el de la niña) o a alguna persona que pueda acudir inmediatamente adonde usted se encuentre — una amiga, su marido, su mamá, en fin, cualquiera que le pueda ayudar.

"Me siento muy bien desde el momento que di a luz hace dos semanas. ¿Esta euforia me llevará a un grave caso de murria?"

Infortunadamente, sentirse bien no es noticia, como sí lo es sentirse mal. Sobre el 50% de las parturientas que sufren de depresión del sobreparto encontrará usted abundantísima información en revistas, periódicos y libros; pero es poco o nada lo que se escribe acerca del otro 50%, es decir, las madres que se sienten felices después del parto.

La depresión es común pero no inevitable, y no hay razón para pensar que si ahora se siente feliz es porque le va a sobrevenir un ataque de abatimiento emocional. Como los casos más graves ocurren en la primera semana después del alumbramiento, lo más probable es que usted ya haya escapado. Si quiere mejorar aún más las probabilidades, vea los consejos que se dan en la página 634. Pueden prevenir, lo mismo que curar.

Algunas mujeres sufren ligeras alteraciones de ánimo después del parto, como las sufrieron en el embarazo: se sienten abrumadas e inútiles un día (el bebé no durmió nada, se vomitó encima de una nueva blusa, hizo del cuerpo en el sofá), y al día siguiente eufóricas y competentes (el niño hizo tres siestas de tres horas durante el día, se portó como un angelito en el supermercado, sonrió por primera vez). Estos vaivenes son normales y pasajeros.

Muy rara vez una mujer sufre un ataque retardado de depresión del sobreparto, a veces lo padece al tiempo de destetar al niño. Toda la que sienta en cualquier momento los síntomas de severa depresión que se describen en la página 638 debe buscar ayuda profesional inmediata.

SENTIMIENTOS DE INCOMPETENCIA

"Yo me creía muy capaz de cuidar de un recién nacido, pero apenas me pasaron a mi niñito, perdí toda la confianza. Me siento totalmente incompetente como madre".

Aun cuando las verdaderas recompensas de la maternidad son mayores que las de cualquier otra ocupación, las tensiones y exigencias son también superiores, sobre todo al principio. Al fin y al cabo, no hay en el mundo ningún otro oficio que la lance a usted, sin preparación ni experiencia previa y sin supervisión ni guía, a turnos de dieciocho a veinte horas de responsabilidad total. Y, lo que es más, no hay otro oficio que ofrezca tan poco feedback durante las primeras semanas para que usted pueda saber cómo lo está haciendo. La única persona que le pudiera dar una evaluación de oficio es un recién

nacido que no coopera y cuyas reacciones no se pueden predecir, que no sonríe cuando está satisfecho, no la abraza a usted cuando está agradecido, se duerme cuando debiera comer, llora cuando debiera dormir, casi nunca la mira por más de un par de minutos y no parece distinguirla a usted de la vecina. El sentido de satisfacción por una tarea cumplida parece que falta en absoluto. Virtualmente, todos los oficios que se ejecutan — como cambiar pañales, preparar la fórmula, lavar la ropa del bebé, darle de comer — se deshacen al momento o hay que volverlos a hacer casi inmediatamente. Con razón usted se siente como si hubiera fracasado en su nueva profesión.

El período del sobreparto no es un juego, incluso para las veteranas; mucho menos para una primeriza, a quien le puede parecer que es una serie de errores, percances y contratiempos de nunca acabar. Pero sí vendrán tiempos mejores, aun cuando cueste trabajo imaginarlos. Más pronto de lo que se imagina adquirirá competencia. Mientras tanto, tenga en cuenta estos puntos:

Usted es distinta. Y lo mismo su hijo. Lo que les da buen resultado a otra mamá y otro niño, acaso no le resulte a usted, y al contrario. No se ponga a hacer comparaciones.

Usted no es la única. Son poquísimas las primerizas que han tenido experiencia previa con recién nacidos; y aun cuando la hayan tenido, no pueden pasar por esas primeras semanas como si lo hubieran hecho toda la vida. Recuerde que la maternidad hay que aprenderla; no es una habilidad innata. Las hormonas no transforman mágicamente a una parturienta en una madre competente. Se necesita tiempo, práctica y experiencia. Si se le presenta la oportunidad de compartir sus preocupaciones con otras madres novatas, observará que, aun cuando usted sea distinta, no es la única.

Necesita que la consientan. Para ser una madre eficiente usted necesita un poco de mimo. Dígase, como se lo diría su mamá, que tiene que comer bien y descansar, especialmente en el período del sobreparto; y también es importante el ejercicio moderado para mantener alto su nivel de energía, y un poco de relajación para levantar su espíritu.

Nadie es perfecto. No espere ni exija perfección, ni de usted misma ni de su bebé, ni ahora ni más adelante.

Confíe en sus instintos. Sígalos, en lugar de desconfiar de ellos y contrariarlos. En muchos casos hasta la madre más novata sabe mejor qué es lo que le conviene al niño que las amigas o parientas de más experiencia o los libros sobre bebés.

No lo haga todo sola. Aun cuando debe confiar en sus instintos y no hacer comparaciones, sí puede aprovechar muchos buenos consejos y apoyo que los demás puedan prestarle. Buscarlos en las abuelas, hermanas o amigas, o en libros y revistas no la señala a usted como una incompetente sino como una persona de mente abierta, dispuesta a aprender. Seleccione juiciosamente la información adquirida de otros, pruebe lo que parezca acertado para usted y su hijo, y deseche lo demás.

Los errores le ayudan a madurar, y no se cuentan en contra suya. Nadie la va a despedir si comete errores (aun cuando al final de una jornada especialmente difícil a usted le gustaría poder renunciar). Las equivocaciones son parte importante del aprendizaje de la madre, y sin duda usted las seguirá cometiendo hasta que sus hijos ya vayan a la universidad. Y si al principio no tiene éxito, pruebe otra cosa (por ejemplo, si mecer al bebé en sus brazos no tiene otro efecto que hacerlo

llorar más fuerte, no lo meza más; póngalo sobre su hombro balanceando el cuerpo de atrás adelante).

Hay que aprender a amarlo. A veces resulta difícil amar de veras a un recién nacido — una criaturita que no corresponde a sus halagos, que toma con avidez pero no da nada en cambio (como no sea un pañal sucio). Y acaso transcurra algún tiempo antes que usted deje de sentirse como una tonta balbuciendo en media lengua y canturreando desentonadas canciones de cuna, y antes que pueda estrechar y besar a ese diminuto ser con naturalidad y con verdadero amor. (Vea en la página 305 recomendaciones sobre cómo hablar con el bebé.)

El bebé perdona. Que se le olvidó cambiarle de pañal antes de darle de comer; que le dejó caer jabón en los ojitos en el baño; que se le atascó el suéter en la cabeza; no importa. El niño le perdona éstos y muchísimos otros pecadillos, siempre que perciba de una manera absolutamente inconfundible que usted lo ama. Si es así, la perdonará aun cuando usted esté demasiado enojada para sonreírle, o cuando lo deje llorar unos cuantos minutos extra porque está ocupada en el baño o porque la comida se está quemando.

Las recompensas finales son fantásticas. Piense en la maternidad como un proyecto a largo plazo, con resultados que se desenvolverán en los meses y años venideros. Cuando vea la primera sonrisa del niño, cuando lo vea alcanzar un juguete, reír de verdad, pararse solito, decir "Mamá, te quiero mucho", sabrá que ha hecho un buen trabajo, que ha logrado en realidad algo muy especial.

LAS VISITAS

"No quisiera mostrarme desagradecida, pero no aguanto más visitas, pues han

estado viniendo desde que nació nuestro hijito".

A menos que usted se resuelva a poner en la puerta un letrero que diga "Enfermedad contagiosa" o "Hay perro bravo", es poco lo que se puede hacer para evitar a los admiradores del bebé. Para las amigas, la familia y los vecinos no hay atracción más grande que un recién nacido. Pero sí hay maneras de reducir a un mínimo el número de visitas, y de hacer menos pesadas las que sean inevitables:

■ Limite las visitas a la familia inmediata y amigos íntimos la primera o las dos primeras semanas. El pretexto puede ser "órdenes del médico", puesto que la mayoría están de acuerdo en que las primeras semanas esa limitación es necesaria.

■ Compre o consiga prestado un contestador telefónico automático y grabe una cinta que les dé a las personas que llamen todos los datos del caso: fecha de nacimiento, peso, nombre, y también les informe que las visitas están limitadas. Devuelva las llamadas cuando le sea cómodo, e invite a parientes y amigos a visitarla en determinado día y hora.

■ Pídales a los visitantes que llamen antes por teléfono; no tema decir que la hora que proponen no es cómoda, pero proponga una alterna cuando sea posible.

■ Por ahora, atienda a sus visitas con el mínimo posible. Ponga sobre la mesita de la sala un frutero bien provisto y unos vasitos de cartón cerca al vertedero de la cocina, si eso la hace sentirse mejor, pero no ofrezca refrescos más complicados; conserve sus energías para el niño.

■ No vacile en hacerles saber a los invitados cuándo es hora de que se marchen. Una insinuación no muy velada, como "Tengo que hacer mi siesta mientras el niño duerme", será suficiente para la mayoría, pero para los que no entiendan de indirectas, no está mal pedirles francamente que se retiren.

■ Se puede "presentar al niño en sociedad" en un acto colectivo, como un bautismo, una circuncisión ritual o una reunión especial para celebrar su advenimiento, invitando previamente a las amistades para que vayan a conocerlo en dicha ocasión. Válgase de abuelas, parientas o amigas para que le ayuden a organizar la fiesta, de modo que no tenga que hacerlo todo usted sola. La reunión debe ser sencilla (a menos que tenga con qué pagar servicio profesional de banquetes), con un menú limitado de queso, galletas y vino, o té o café con bizcochos.

En todo caso, si no siente deseos de recibir visitas, eso no tiene por qué hacerla sentir mal. Usted está pasando por un período muy complejo de acomodación y tiene derecho de aspirar a un poco de paz y tranquilidad.

HACER LAS COSAS BIEN

"Me angustia tanto ir a cometer un error, que me paso horas enteras pensando hasta el menor detalle de lo que debo hacer. Quiero estar muy segura de hacerlo todo bien, pero estoy volviendo loco a mi marido".

Nadie puede hacer todas las cosas bien — ni siquiera una madre. En la crianza de los hijos todos cometemos errores, generalmente pequeños y a veces grandes, pero casi todos salimos adelante. (En realidad, cometer algunas equivocaciones y aprender las correspondientes lecciones es la manera como aprendemos a ser padres eficientes.) Por lo demás, no siempre es posible saber qué es lo que conviene en determinada situación. Lo que está bien para una mamá y su hijo puede no estar bien para otra.[7]

Ni siquiera leer toda la literatura ni consultar con los expertos le dará todas las respuestas. Aprender a conocer a su bebé y a usted misma, y aprender a confiar en su instinto y buen sentido, suele ser una manera mejor de tomar decisiones apropiadas para los dos. Por ejemplo, es cierto que a algunos bebés les gusta que los envuelvan bien ajustados, pero si el suyo llora cuando lo envuelve bien apretado en una mantilla, será porque prefiere gozar de libertad para patalear. Los expertos le dirán que a los niños pequeños les gusta oír sonidos agudos, pero si el suyo claramente responde más positivamente a una voz grave, bájese una octava. Confíe en usted misma y en el bebé; tal vez no siempre acierte, pero no será mucho lo que se equivoque.

BAÑOS EN LA BAÑERA DESPUES DEL PARTO

"Me dan consejos contradictorios sobre el baño en la bañera en el período del sobreparto. ¿Ofrece algún peligro?"

En un tiempo no se les permitía a las nuevas madres meter el pie en la bañera hasta un mes después del alumbramiento, porque se creía que las bacterias del agua causaban infección. Hoy, se sabe que el agua quieta del baño no penetra en la vagina y por consiguiente no existe tal amenaza de infección. Por el contrario, algunos médicos recomiendan los baños en la bañera en el hospital (si se dispone de ellos), con la teoría de que limpian los loquios del perineo y de los pliegues de los labios vaginales más eficientemente que una ducha. Además, el agua tibia es reconfortante para la cicatriz sensible de una episiotomía, alivia la hinchazón de la región y suaviza las hemorroides.

Sin embargo, es posible que su médico prefiera que usted aplace el baño en la bañera hasta que vuelva a su casa, a veces más aún. Si usted está ansiosa de darse un baño de bañera (sobre todo si en la casa no tiene ducha), hable del asunto con el médico. Quizá la autorice. En ese caso, durante las dos primeras semanas después del parto cuide de que la bañera se friegue muy bien antes de llenarla (pero que no sea usted la que haga este oficio). Y consiga quien le ayude a meterse en la bañera y volver a salir de ella los primeros días del sobreparto, cuando todavía estará débil. Ya sea que use la ducha o la bañera, tenga cuidado de usar siempre paños de aseo y toallas limpias, lavándose los pechos y pezones primero (con agua sola), y después el perineo (con jabón suave y agua), antes de pasar al resto del cuerpo. No tema que se le abran los puntos al bañarse; no se le abrirán.

TIEMPO QUE SE DEDICA A AMAMANTAR

"¿Por qué no me dijeron que me iba a pasar las 24 horas del día dándole de comer al niño?"

Tal vez porque no lo habría creído. O por no asustarla. En todo caso, ya lo sabe. Para muchas madres, dar el pecho es una ocupación de todo el día y toda la noche durante las primeras semanas. Pero no se descorazone. A medida que pasan los días, esa esclavitud va mermando, y a me-

---

[7] Hay excepciones, por ejemplo en cuestiones de seguridad. Ponerle al niño el cinturón de seguridad en el automóvil *siempre* está bien, aun cuando sea para un recorrido corto; y *siempre* está bien mantener las sustancias venenosas fuera del alcance de los niños. Y en cuestiones de salud, no se deben tomar decisiones sin consultar con el médico.

dida que la lactancia se establece y se regulariza, el número de comidas también disminuye; así que cuando su hijo ya esté durmiendo toda la noche, probablemente las comidas ya no serán más que unas cinco o seis, que ocuparán en total sólo unas tres o cuatro horas de su día.

Mientras tanto, olvídese de todas las demás cosas que hay que hacer; tranquilícese y saboree esos momentos especiales que sólo usted y su bebé pueden compartir. Aprovéchelos el doble llevando un diario del bebé, leyendo un libro, o programando su jornada con lápiz y papel. Lo más seguro es que una vez que haya destetado al niño recordará con nostalgia las delicias de la lactancia.

CONTAMINACION DE LA LECHE MATERNA

"¿Pasa a mi leche todo lo que yo como? ¿Algo de lo que pasa puede ser perjudicial para mi hija?"

Alimentar a la criatura fuera de la matriz no requiere una vigilancia tan estricta del régimen alimentario de la madre como la que se requería cuando la llevaba en sus entrañas. Sin embargo, mientras le esté dando el pecho, es necesario observar ciertas precauciones, a fin de estar segura de que lo que usted coma no le vaya a hacer daño a la niña.

La composición básica de lípidos, proteínas e hidratos de carbono de la leche humana no depende de lo que la madre coma; si no consume calorías o proteínas en cantidades suficientes para producir leche, su organismo las toma de sus propias reservas hasta que éstas se agoten. Ciertas deficiencias vitamínicas del régimen alimentario de la madre, sin embargo, pueden alterar el contenido vitamínico de la leche. Lo mismo pasa con el exceso de algunas vitaminas. Muchísimas

sustancias, desde condimentos hasta medicinas, pueden aparecer también en la leche, con diferentes resultados para la recién nacida.

Para mantener su leche sana y segura, y que sea del gusto de su niña, siga estas recomendaciones:

■ Observe "El mejor régimen alimentario después del parto" (página 621).

■ Evite alimentos a los cuales su hija parezca sensitiva. Los ajos, cebollas, repollo y chocolate suelen causar molestias pues les producen gases a algunos niños, aunque no a todos. Algunos, en particular los que ya tienen un paladar exigente, simplemente rechazan el pecho cuando la mamá ha comido alguna cosa que le dé un sabor fuerte o extraño a su bebida habitual.

■ Tome un suplemento vitamínico formulado especialmente para madres embarazadas o que estén lactando. Excepción hecha de la vitamina C, que parece entrar sólo en cantidades minúsculas en la composición de la leche materna, *no tome* ninguna otra vitamina sin orden del médico.

■ No fume. Muchas de las sustancias tóxicas del tabaco pasan a la sangre y de allí a la leche. Aun cuando no se conocen con seguridad los efectos a largo plazo de estos venenos en su niña, se puede decir en todo caso que no son positivos. Además, es sabido que respirar el humo del cigarrillo que fuma la madre es causa de diversos problemas de salud de los hijos.

■ No tome ninguna medicina ni alcohol (fuera de pequeñas cantidades) sin consultar con su médico. La mayor parte de las drogas pasan a la leche en mayor o menor cantidad. Algunas parece que no tienen ningún efecto en el lactante, otras tienen un efecto leve y pasajero, mientras que el de otras es significativamente perjudicial. Pero no se sabe lo suficiente so-bre el efecto a largo plazo de la medica-ción en el lactante para poder recomen-dar que la madre tome droga alguna sin medir antes los riesgos en comparación con los beneficios.

Toda medicina que ofrezca un riesgo, aun cuando sea teórico, para el lactante lleva una prevención en la etiqueta o en-vase. Cuando los beneficios sean mayores que el riesgo posible, su médico proba-blemente aprobará el uso ocasional de algunas de éstas (remedios para el catarro o los dolores, por ejemplo) sin consulta previa, y le recetará otros cuando así lo exija su salud. Lo mismo que la madre embarazada, la madre que está dando el pecho no le hace ningún favor a su hijo, ni a sí misma, negándose a tomar las me-dicinas que ordene el médico en tales circunstancias. Desde luego, al médico que la recete hay que advertirle que usted está amamantando.

Para obtener la información más actua-lizada sobre las drogas que se consideran peligrosas y las que no lo son, consulte con el pediatra de su niña. Las siguientes se cree que son especialmente peligrosas: drogas antitiroides, antihipertensión, an-ticarcinógenas; penicilina (exposición a la penicilina a edad temprana puede de-sarrollar sensibilidad o alergia a la droga); narcóticos, incluyendo heroína, meta-dona y analgésicos de fórmula, mari-huana, cocaína y crack; tranquilizantes, barbitúricos y sedantes; litio; preparacio-nes hormonales como píldoras anticon-ceptivas; yodo radiactivo; bromuros.

Algunas medicinas que la madre esté tomando para una dolencia crónica pue-den descontinuarse sin peligro alguno durante la lactancia; para otras quizá se encuentre un producto sucedáneo que no ofrezca peligro. En caso de que se vea obligada a tomar temporalmente un me-dicamento que pudiera ser peligroso para su hijita, utilice las técnicas que se descri-ben en las páginas 672-673 para evitar un destete súbito.

■ Tome bebidas alcohólicas sólo rara vez. Hasta hace poco se creía que uno o dos tragos al día no le hacían daño al bebé, pero estudios más recientes sugieren que hasta una copa de vino al día podría retar-dar su desarrollo motor, grande y pe-queño. Se necesita más investigación, pero por precaución y para no tener que arrepentirse después, más vale limitar el consumo de alcohol. Este tiene, además, otras desventajas: deshidrata, causando la pérdida de fluidos necesarios para la pro-ducción de leche. En dosis grandes pone al bebé soñoliento, perezoso, insensible e incapaz de mamar bien. En cantidades muy grandes puede entorpecer la respira-ción. Igualmente, puede ser muy perjudi-cial para la madre (sea que esté dando el pecho o no) haciéndola más susceptible a la depresión, fatiga y lapsos mentales, de-bilitamiento de su reflejo de decepción, y menos capaz de cuidar, proteger y ali-mentar a su niño. Y lo mismo que cual-quier otra comida o bebida no nutritiva, demasiado alcohol le agrega calorías (y por consiguiente kilos) y le quita el ape-tito para los nutrientes necesarios. Así pues, no beba sino rara vez y limítese a uno o dos tragos (un trago es igual a 350 ml de cerveza, 150 ml de vino, o 45 ml de licor destilado). Si no puede limitar la bebida o parar a los dos tragos, tiene un problema. Busque ayuda del médico o de Alcohólicos Anónimos.

■ Limite su consumo de cafeína. Una o dos tazas de café, té o cola al día no la afectan ni a usted ni a su hija, pero más sí les pueden hacer daño a ambas, ponién-dolas nerviosas, irritables e insomnes. La cafeína actúa igualmente como diurético, extrayendo del cuerpo fluidos valiosos. Y demasiadas bebidas no nutritivas, tengan o no tengan cafeína, quitan el apetito para bebidas y alimentos nutritivos.

■ No tome laxantes; algunos le harán efecto a la niña. Para remediar el estreñimiento aumente su ingestión de fibras y líquidos y haga más ejercicio.

■ Tome aspirina o acetominofeno sólo con autorización del médico, y nunca se exceda de la dosis o frecuencia que le indique. El ibuprofén pasa a la leche sólo en cantidades mínimas, de manera que los medicamentos que lo contienen se pueden considerar más inocuos para la madre que está criando al pecho.

■ Evite cantidades excesivas de sustancias químicas en los alimentos que coma. Una ocasional gaseosa dietética no le hará daño, pero el consumo frecuente de las que contienen sacarina no es una buena idea. Las endulzadas con aspartame parecen ser mejor elección puesto que esta sustancia se secreta a la leche sólo en cantidades mínimas. Sin embargo, el consumo excesivo de aspartame, sea que esté usted lactando o no, no es aconsejable porque sus efectos a largo plazo no se conocen todavía. No lo consuma en absoluto si usted o la niña sufren de fenilcetonuria. Y aun cuando ninguno de los aditivos alimentarios que hoy son de uso general se ha demostrado que sean tóxicos para el niño que los toma con la leche materna, muchos son sospechosos. Por esta razón es prudente que limite su consumo total de comidas que contienen largas listas de aditivos, inclusive preservativos, colorantes y sabores artificiales, y estabilizadores.

■ No tome tés de hierbas. Algunas de las que se encuentran en las tisanas de verdad (a diferencia de los tés descafeinados aromatizados) son drogas poderosas, posiblemente dañinas para el lactante. Absténgase, pues, de hierbas o infusiones de hierbas que no hayan sido recetadas y que contengan ingredientes que no se hallen en su dieta corriente (por ejemplo, cáscara de naranja y manzana seca están bien).

■ Minimice los pesticidas incidentales en su alimentación. Cierta cantidad de residuos de pesticidas que queda en los alimentos (por ejemplo, en las hortalizas) y que pasa a su leche, es virtualmente inevitable y no es probable que haga ningún daño. Pero lo prudente es reducir a un mínimo dichos residuos, comprando, siempre que sea posible, productos vegetales que se certifiquen como cultivados orgánicamente; pelando o restregando las verduras y las frutas con detergente para platos y agua y lavándolas bien; escogiendo productos lácteos bajos en grasa, carnes magras, pechuga de pollo sin piel; y comiendo sólo de vez en cuando carne de vísceras (los pesticidas y otras sustancias químicas que ingieren los animales se almacenan en la piel grasa y en órganos como el hígado y los sesos).

■ Evite comer pescado de agua dulce (como trucha, perca, róbalo rayado, esturión blanco y salmón) que pueda estar contaminado con desperdicios industriales en lagos y ríos. Se pueden hacer excepciones si usted sabe que proviene de aguas puras (por ejemplo, truchas o barbos criados en la granja). La mayor parte de los peces de alta mar se considera que se puede comer sin peligro, pero el pez espada y el atún, que pueden contener altos niveles de metilmercurio, deben comerse con menor frecuencia. Periódicamente se encuentra que el pescado de determinadas costas ofrece peligro. Si no está segura respecto a algún pescado en particular, consulte con las autoridades locales de la Dirección de Protección Ambiental.[8]

PEZONES ADOLORIDOS

"Dar el pecho es una cosa que yo siempre quise hacer. Pero me duelen tanto los pezones que no me creo capaz de seguir lactando a mi hijito".

Primero usted no sabe si el bebé va a aprender a tomar el pecho; y en un abrir y cerrar de ojos está mamando tan vigorosamente que los pezones se resienten y hasta duelen. El problema es común y casi todas las madres lo sufren un poco antes que la lactancia se establezca bien. Pero en la mayoría de estas mujeres, el dolor llega al máximo más o menos hacia la vigésima comida, después de la cual los pezones se endurecen y amamantar se hace más agradable. Sin embargo, a algunas mujeres, especialmente a las de piel delicada y blanca y las que tienen hijos muy comilones, los pezones se les agrietan, se les inflaman y a veces hasta sangran, así que amamantar al niño es una tortura.

Por fortuna, existen medidas de alivio, incluso para estas mujeres, aun cuando a veces el remedio tarda un mes o seis semanas en hacer efecto. Mientras tanto, estas precauciones ayudarán a aliviar el malestar:

■ Cuide de que el bebé tome en la boca toda la areola (el área oscura alrededor del pezón) cuando esté mamando, y no únicamente el pezón. Si sólo toma el pezón, no sólo se lo lastima sino que come mucho menos. Si la congestión de los pechos le dificulta tomar toda la areola, extraiga un poco de leche manualmente o con una mamadera antes de empezar la lactación, a fin de reducir la congestión y facilitarle que agarre bien el pecho.

■ Exponga los pezones al aire siempre que sea posible, especialmente después de darle el pecho. Cierre las cortinas y deje suelto el sostén mientras atiende a los quehaceres domésticos.

■ Quítele al sostén cualquier forro impermeable que tenga (también para estimular la circulación) y no le ponga almohadillas impermeables.

■ Si sólo uno de los pezones está adolorido, no lo favorezca dándole al bebé más del otro. Déle primero del que no le duele, puesto que el niño mamará más vigorosamente al principio de la sesión de comida. Si ambos pezones le duelen, alterne los pechos para comenzar cada lactación. Si es posible, reduzca los períodos de lactación a cinco minutos de cada lado y déle de comer con más frecuencia.

■ Deje que la naturaleza le alivie los pezones — no las compañías de cosméticos. Los pezones son protegidos y lubricados naturalmente por aceites cutáneos; preparaciones comerciales sólo deben usarse cuando el agrietamiento es grave, y en ese caso tan puras como sea posible. La lanolina no medicada y el ungüento A & D son eficaces; los ungüentos a base de petróleo y la vaselina no. Límpiese los pezones con agua únicamente — nunca con jabón, alcohol, tintura de benzoína o toallitas prehumectadas — sea que le duelan o no.

Al bebé lo protegen de los microbios los anticuerpos que contiene la leche, y la leche en sí misma es limpia.

■ Cambie las posiciones de amamantar,

---

[8] Si usted cree que se ha expuesto excesivamente a sustancias contaminantes, ya sea por la naturaleza de su trabajo o por comer mucho pescado contaminado, o por cualquier otra causa, haga examinar su leche antes de decidirse a dar el pecho. Si encuentran altos niveles de contaminación en ella, es posible que le aconsejen no amamantar.

de manera que en cada comida una parte distinta del pezón sufra compresión.

■ Descanse unos quince minutos antes de darle el pecho — escuchando música, viendo televisión, haciendo siesta o ejercicios de relajación —, con el fin de aliviar tensiones que podrían obstaculizar la bajada de la leche. O tómese una copa de vino o de cerveza de vez en cuando para estimular la bajada de la leche. O estimúlela con un atomizador nasal de oxitocina que le recomiende su médico, o metiendo los pechos en agua tibia o dándose una ducha también tibia antes de lactar al niño. Si la leche no baja, el niño tendrá que mamar desesperadamente para obtenerla, y con ello aumenta la inflamación de los pezones.

LA LECHE SE SALE

"La leche se me sale mucho. A veces hasta salta al otro lado del cuarto. Es una gran incomodidad y me hace pasar malos ratos".

Por lo menos hay un consuelo, y es que eso indica que los pechos están llenos; lo malo es que no se puede hacer gran cosa para detener ese escape. Probablemente disminuirá durante el segundo mes, una vez que la necesidad del niño y la producción de usted se emparejen. Mientras tanto, hay unos pocos trucos que usted puede ensayar:

■ Use almohadillas de pecho en el sostén para absorber la leche que se sale; pero cuide de cambiarlas con frecuencia para no crear condiciones de calor y humedad en que proliferen las bacterias.

■ Use ropa que disimule las manchas de la leche — los estampados oscuros las disimulan mejor —, y que sea lavable.

■ Ensaye cruzar los brazos fuertemente sobre el pecho cuando sienta que la leche

se va a salir en público; la presión puede detener el escape.

■ Trate de que no pase mucho tiempo entre una comida y otra; pero si esto es inevitable, extraiga un poco de leche cuando tenga los pechos demasiado llenos.

MASTITIS

"Mi bebé mama con entusiasmo, y aun cuando tengo los pezones un poco agrietados y adoloridos, pensé que todo andaba bien. Pero ahora uno de los senos está muy sensible y duro — peor que cuando me bajó la leche por primera vez".

Para la mayor parte de las mujeres, dar el pecho es un proceso que no tiene problemas, aun cuando se inicie con algo de inseguridad. Pero aproximadamente en 1 de cada 20 casos (y parece que tal es el suyo) la mastitis (inflamación de los senos) viene a complicar las cosas. Esta infección puede ocurrir en cualquier momento durante la lactancia, pero es más común entre los días décimo y vigésimo octavo del sobreparto.

La causa común de la mastitis es la entrada de microbios, a menudo de la boca del niño, a los conductos lactíferos a través de una grieta o cisura en la piel del pezón. Como el agrietamiento de los pezones es más común entre las madres que dan el pecho por primera vez, porque sus pezones no están habituados a los rigores de la mamada, estas madres padecen mastitis con mayor frecuencia. Los síntomas de la mastitis incluyen severa inflamación, endurecimiento, calor, enrojecimiento e hinchazón encima del conducto afectado, con escalofríos generalizados y generalmente fiebre de 38 a 39°C, aun cuando a veces los únicos síntomas son fiebre y fatiga. Es importante un rápido tratamiento médico; informe inmediamente al médico en cuanto aparezca cualquiera de estos síntomas. La terapia que le ordene puede ser descanso en cama, antibióticos, analgésicos y compresas heladas o calientes.

Pese a que amamantar teniendo el pecho afectado puede ser penoso, no debe usted prescindir de darlo. Por el contrario, hay que dejar que el niño mame con frecuencia para mantener el flujo de la leche y evitar que los pechos se congestionen. Después de cada comida, si el niño no ha dejado los pechos completamente vacíos, complete usted la tarea extrayendo a mano o con mamadera la leche que haya quedado. No se afane pensando que le pueda transmitir la infección al bebé; los microbios que la causaron probablemente eran de él mismo.

La demora en tratar la mastitis puede causar un absceso en el pecho; el síntoma de esta dolencia es un dolor extremadamente agudo; hinchazón, sensibilidad y calentura alrededor del absceso; la temperatura fluctúa entre 38 y 39°C. El problema se trata con antibióticos y drenando el absceso con anestesia local. Si usted se ve afectada por un absceso, debe descontinuar la lactancia con el pecho afectado, aunque es conveniente que se extraiga la leche con un sacaleches hasta que esté perfectamente curada. Mientras esto ocurre, continúe alimentando al bebé con el otro pecho.

UN BULTO EN EL PECHO

"Acabo de descubrir que tengo un bulto en el pecho. Está muy sensible y un poco rojo. ¿Tendrá que ver con la lactación, o será algo peor?"

Este es un descubrimiento como para aterrar a cualquiera, pero por fortuna, lo que usted describe está casi con seguridad relacionado con la lactancia: probablemente uno de los conductos lactíferos se ha atascado y el flujo de leche se ha represado. La zona congestionada parece como un bulto rojizo y sensible. Aun cuando la congestión de un conducto lactífero no es grave en sí misma, sí puede ser causa de una infección del pecho, de manera que no se debe descuidar. El tratamiento básico consiste en mantener el flujo de la leche:

■ Vaciar completamente el pecho afectado, después de cada comida. Déselo primero al niño y trate de que tome lo más que pueda. Si parece que todavía queda una buena cantidad después de mamar (si se puede extraer un chorro y no sólo unas pocas gotas) extraiga lo que quede con la mano o con una mamadera.

■ No hacer presión sobre el conducto congestionado. Vea que ni el sostén ni la ropa le queden demasiado apretados. Cambie de posición a cada mamada para que la presión se distribuya en distinto conducto cada vez.

■ Cuidar de que leche seca no esté obstruyendo el pezón. Si la hay, límpiela con algodón esterilizado empapado en agua fría hervida.

■ No dejar de darle el pecho, a menos que le sea absolutamente imposible. Este no es el momento de destetar al bebé ni de disminuir la lactación. Tal cosa agravaría el problema.

Ocasionalmente se presenta una infección, por más cuidado que usted tenga. Si la zona sensible se pone más y más adolorida, dura y rojiza, o si le da fiebre, llame al médico (vea la página 647).

PERDIDA DEL CABELLO

"Durante el embarazo yo tenía el cabello abundantísimo. Ahora se me está cayendo a manotadas".

No se asuste, y no mande por una peluca. Esa caída del pelo es normal y puede ser muy abundante, pero se suspenderá mucho antes de que se quede calva, aun cuando a veces a una nueva madre le parece que nunca va a acabar. En circunstancias corrientes, una persona pierde por término medio 100 cabellos al día, y ésos son reemplazados por otros tantos que van naciendo. Cuando la mujer está embarazada (o está tomando sustancias anticonceptivas por vía oral), cambios hormonales retardan la caída del pelo considerablemente, haciendo la cabellera más espesa y abundante que nunca. Pero esto sólo dura lo que la preñez. En los tres o seis primeros meses después del alumbramiento (o de dejar de tomar las píldoras), se caen todos los cabellos que se deberían haber caído durante el embarazo. Al principio los nuevos cabellos que nacen no alcanzan a reemplazar los que se pierden, de modo que la cabellera parece mucho más rala que de costumbre.

Para cuando su hijo cumpla un año, la cabellera de usted debe estar otra vez tan lozana como antes del embarazo. Mientras tanto, el remedio temporal sería ponerse en manos de un hábil peluquero que se la arregle convenientemente.

FLUJO SANGUINOLENTO

"Mi flujo vaginal se volvió rosado hacia fines de la primera semana del sobreparto, y más claro aún a la siguiente. Ahora, después de catorce días, súbitamente está rojo otra vez, y más espeso".

Si encuentra que su flujo vaginal es rojizo o un poco más espeso de lo que había sido últimamente, quizá eso sólo signifique que usted ha estado más activa de lo que conviene. En ese caso, períodos forzosos de descanso, con los pies en alto, volverán los loquios a su estado normal.

Por otra parte, si el flujo sanguíneo parecido a la menstruación continúa después de la primera semana o súbitamente vuelve a aparecer más tarde en el período del sobreparto, llame inmediatamente al tocólogo que la atendió en el parto. Si no lo puede localizar pronto y la sangre es abundante y satura una almohadilla sanitaria en una hora o menos durante varias horas, acuda a la sala de urgencias más cercana. Si no es muy abundante, comuníquese de todas maneras con el tocólogo en el término de pocas horas (o si es de noche, a primera hora a la mañana siguiente) para que la puedan examinar, ya sea vaginalmente o mediante sonograma, para determinar el origen del desangre.[9]

Un flujo vaginal anormal después de la primera semana del sobreparto sugiere la posibilidad de que el sitio de la placenta no esté sanando (haciendo involución) debidamente, o que un fragmento de placenta haya quedado en el útero (lo cual puede suceder aun cuando al examinarla al tiempo del alumbramiento parezca estar completa). Cualquiera de estas circunstancias puede producir una hemorragia fatal si no se trata prontamente. La falta de involución suele responder a tratamiento de descanso, antibióticos y a veces medicación para ayudar a la contracción del útero. Fragmentos retenidos de placenta requieren hospitalización, con cirugía, raspado del revestimiento del útero, terapia con antibióticos y posiblemente transfusiones de sangre. La recuperación casi siempre es rápida y a las pacientes se les da de alta a las 24 horas de haber sido admitidas. En la mayoría de los

---

[9] Algunas mujeres experimentan un mini-período hacia las tres semanas del puerperio, pero es breve y no tan intenso como lo que se describe en el texto. Aun cuando usted sospeche que ésta es la causa de su desangre, infórmeselo al médico.

casos se permite llevar a un bebé lactante a la madre hospitalizada para que le dé el pecho. Si esto no es posible, hay que poner en práctica un plan alterno de alimentación temporal (véase la pág. 107).

INFECCIONES Y FIEBRE PUERPERAL

"Acabo de regresar del hospital a mi casa y tengo una fiebre de más de 38°. ¿Tendrá alguna relación con el parto?"

Gracias al doctor Ignaz Semmelweis, las probabilidades de que una parturienta contraiga fiebre puerperal son hoy mínimas. En el año 1847 este joven médico húngaro descubrió en Viena que si los médicos y las parteras se lavaban bien las manos antes de ayudar a nacer a una criatura, se reducían bastante las probabilidades de que la madre contrajera una infección. En aquel tiempo, las teorías de Semmelweis se consideraron tan absurdas que lo echaron de su puesto, lo desterraron, y al fin murió decepcionado. Y gracias a Sir Alexander Fleming, científico inglés que desarrolló los primeros antibióticos para combatir las infecciones, hoy es fácil curar las pocas que se presentan.

Los casos más graves se inician dentro de las 24 horas que siguen al alumbramiento. Si bien una fiebre al tercero o cuarto día del sobreparto podría indicar infección puerperal, también puede ser originada por un virus de resfriado o gripe o algún otro problema de menor importancia. Ocasionalmente una fiebre baja, de menos de 38°C, acompaña la congestión de los pechos al bajar por primera vez la leche.

Hay varias formas de infección puerperal y los síntomas varían según el sitio donde ésta ataque. Calentura ligera, un vago dolor en la región baja del abdomen, y a veces olor hediondo del flujo vaginal caracterizan la endometritis, infección del revestimiento del útero (endometrio), que es particularmente susceptible después del parto hasta que sane el sitio de donde se desprendió la placenta. Existen mayores probabilidades de endometritis si ha quedado en el útero un fragmento de placenta; la infección se puede extender del endometrio al útero y hasta al torrente sanguíneo. Cuando se infecta una laceración del cuello uterino, la vagina o la vulva, habrá dolor y sensibilidad en la región y a veces un flujo espeso y maloliente, dolor abdominal o del costado, o dificultad para orinar. En algunos casos de infección puerperal la fiebre sube hasta 40.5°C y va acompañada de escalofríos, dolor de cabeza y malestar. A veces no hay más síntoma obvio que la fiebre.

El tratamiento con antibióticos es muy eficaz, pero hay que iniciarlo pronto. Por tanto, usted debe informar al médico de cualquier fiebre que tenga en el curso de las primeras tres semanas del sobreparto — aun cuando también tenga síntomas de resfriado o gripe — para que se pueda precisar la causa y proceder a tratarla, si es necesario.

LARGA RECUPERACION DE UNA CESAREA

"Ahora vuelvo a casa, una semana después de una operación cesárea. ¿Qué sigue?"

El proceso de recuperación es un poco más largo cuando el parto es quirúrgico que cuando es vaginal. En las próximas semanas usted puede esperar:

Que va a necesitar mucha ayuda. Contratar ayuda confiable — una niñera o ama de llaves — es lo ideal por lo menos para la primera semana, cuando sus fuerzas y sus niveles de energía estarán en un punto muy bajo. Si sus circunstancias económicas no le permiten pagar una empleada, necesitará ayuda adicional de su marido, y cuando él no esté en casa, de parientas y amigas por turnos. Usted no debe hacer esfuerzo de alzar nada (incluso el bebé), ni ponerse a hacer oficio por lo menos durante la primera semana que esté de vuelta en su casa. Si le es indispensable alzar al niño, haga colocar el colchón de la cuna a la altura de su cintura y álcelo de manera que la fuerza la hagan sus brazos y no el abdomen. Si tiene que agacharse, doble las rodillas, no la cintura.

Que no sentirá dolor, o muy poco. Pero si lo siente, un analgésico suave la aliviará. No tome, sin embargo, ninguna medicina si le está dando el pecho al niño, a menos que su médico se la recete.

Que habrá mejora progresiva de la incisión. Esta seguirá inflamada y sensible unas pocas semanas, pero poco a poco se irá aliviando a medida que sana. Una venda ligera y ropa floja la protegerán de irritación. A medida que va sanando se puede esperar sentir tirones, torceduras y otros dolores pasajeros, y después comezón. Todo esto pasará en el curso de unas pocas semanas. El entumecimiento alrededor de la cicatriz puede durar más tiempo, posiblemente varios meses. La hinchazón del tejido cicatricial disminuirá (a menos que usted sea susceptible a queloide o engrosamiento de dicho tejido), y la cicatriz puede ponerse rosada o púrpura antes de esfumarse del todo. Si el dolor vuelve o se agudiza, si la zona en torno a la incisión se pone muy colorada o se inflama, o si usted observa supuración parda, gris, verde o amarilla de la herida, la incisión puede haberse infectado. Informe pronto de estos síntomas a su médico. Si el flujo es claro también se

debe informar, aun cuando puede ser perfectamente normal.

Que por lo menos deberán transcurrir cuatro semanas para reanudar sus relaciones sexuales. Su médico le puede recomendar que espere de cuatro a seis semanas antes de volver a tener relaciones sexuales (aun cuando otras formas de hacer el amor ciertamente están permitidas). Cuándo le den la luz verde dependerá de cómo esté sanando la incisión y cuándo regrese el cuello uterino a la normalidad. (Vea en esta página indicaciones sobre dichas relaciones después del parto.) Digamos de paso que usted tiene mayores probabilidades de encontrarlas confortables que las mujeres que tienen un parto vaginal.

Que le permitan hacer ejercicio cuando ya no tenga dolores. Como el tono muscular del perineo no se ha comprometido mucho, tal vez usted no necesite los ejercicios Kegel (aun cuando son buen tonificante pelviano para cualquiera). Cuando su médico la autorice, concéntrese más bien en los músculos abdominales (vea la página 615). Que su lema sea: "Lento y constante". Inicie gradualmente un programa de ejercicios y sígalo a diario. Tendrán que pasar varios meses antes que usted vuelva a su anterior condición de aptitud física.

REANUDACION DE LAS RELACIONES SEXUALES

"El médico me dice que espere seis semanas antes de tener otra vez relaciones sexuales. Una amiga me dice que eso no es necesario".

Es de suponer que el médico conoce mejor su estado de salud que su amiga. En algunos casos el médico autoriza las relaciones sexuales apenas dos semanas después del parto; pero si el suyo la hace esperar más, es porque él sabe qué es lo que más le conviene, tomando en cuenta el tipo de parto que usted tuvo, si le hicieron o no una episiotomía o una reparación de una laceración, y la rapidez de su curación y recuperación. Algunos facultativos, empero, les aplican la regla de las seis semanas a todas las parturientas, cualesquiera que sean sus circunstancias individuales. Si usted cree que esto es lo que ha hecho su médico, y si se siente con ánimos de hacer el amor, consúltele si en

su caso se puede hacer una excepción. Esto sólo será posible si el cuello uterino ha sanado ya y los loquios han cesado por completo. Si la autorizan, usted puede, sin embargo, concederse un plazo mayor si el acto sexual le produce mucho dolor en la región perineal.

Por el contrario, si su solicitud no es aprobada, lo sensato es que siga las órdenes del médico. Esperar las seis semanas completas no le puede causar daño alguno (por lo menos físico), mientras que no esperar sí puede serle perjudicial.

LO QUE IMPORTA SABER: Al volver a hacer el amor

¿Se acabó la luna de miel? ¿Desapareció de su vida el romanticismo ahora que un chiquitín comparte su nido de amor? ¿No volverá a sentir nunca esa excitación y ansia de entrega total en la cama? Y para decir la verdad, ¿dejará algún día de sentir tanto cansancio para poder sentir cualquier otra cosa?

La mayoría de las mujeres, aun las que han tenido antes una vida amorosa muy satisfactoria, abrigan muchas y muy serias dudas de que puedan volver a tener con sus maridos cualquier tipo de relaciones sexuales, por lo menos con regularidad. Aun cuando unas pocas se sienten amorosas inmediatamente después del alumbramiento (aun antes que el médico las haya autorizado para satisfacer sus deseos sexuales y a veces antes que sus compañeros se sientan dispuestos), por causa de congestión genital, la mayoría encuentra el sobreparto un desierto sexual (que en ocasiones se extiende hasta varios meses después).

¿POR QUE LA FALTA DE INTERES?

No faltan razones para explicar por qué

usted no siente ahora deseo de hacer el amor. Entre ellas se cuentan:

■ El reajuste hormonal suprime el apetito sexual durante el período del sobreparto, y aun más allá si usted está dando el pecho.

■ Alteraciones fisiológicas temporales provocan una reducción tanto de la rapidez como de la intensidad de la reacción sexual.

■ Su líbido (tanto la suya como la de su esposo) sale perdiendo cuando compite con noches de desvelo, días de cansancio, pañales sucios, y las necesidades interminables de un recién nacido.

■ Los temores que la asaltan de sentir dolor o de alguna lesión interna, o de que se estire la vagina, o de quedar otra vez embarazada demasiado pronto, matan todo sentimiento amoroso.

■ Si el primer acto sexual después del parto le resulta doloroso, la idea de repetir no le llamará la atención. Y si en nuevos ensayos vuelve a sentir mucho dolor, hacer el amor vendrá a ser un sacrificio penoso. El dolor puede persistir durante algún tiempo, aun después de que el perineo haya sanado.

■ La incomodidad por insuficiente lubricación de la vagina, como consecuencia de cambios hormonales durante el sobreparto y durante la lactancia en mujeres que están dando el pecho, también puede amortiguar el deseo sexual. El problema dura más en las madres que crían al pecho, pero aun en las que no lactan a sus hijos puede durar hasta seis meses.

■ La intranquilidad por la falta de independencia, sobre todo si el bebé comparte el cuarto con ustedes, quita el deseo sexual. Aun cuando usted crea lo que le han dicho — que el bebé ni se da cuenta ni le afecta que ustedes hagan el amor — siempre tiene dudas al respecto.

■ La maternidad tal vez está absorbiendo todo el amor que usted está en capacidad de dar, y a veces no tiene más para darlo a nadie, ni siquiera a su esposo.

■ Amamantar puede satisfacer sus necesidades sexuales (aun cuando no se dé cuenta de ello), haciéndola menos receptiva a los obsequios amorosos de su marido. (Sin embargo, las madres que lactan se interesan más pronto en reanudar relaciones sexuales que las que no dan el pecho.)

■ Un escape de leche de los pechos, provocado por la estimulación erótica previa, puede hacer que usted o su esposo se sientan incómodos, tanto física como psicológicamente. O quizá usted no quiera que él le toque los pechos en absoluto, viendo éstos ahora como funcionales más bien que sexuales y encontrando molesta esa estimulación previa.

■ Hay tantas otras cosas que usted siente que necesita o quiere hacer, que el sexo le parece ahora menos importante; si tiene una media hora disponible, hacer el amor no estará a la cabeza de la lista.

¿QUE SE PUEDE HACER?

Aun cuando las perspectivas para hacer el amor no sean por ahora las mejores, el futuro guarda muchas promesas. Seguramente ustedes volverán a amar con tanto placer y pasión como antes — y acaso más, puesto que ser padres los ha acercado más el uno al otro. Mientras tanto, hay muchos pasos que pueden dar ahora mismo para mejorar tanto el interés como la ejecución:

No apresurarse. Para que su organismo se recupere por completo se necesitan por lo menos seis semanas, y a veces mucho más, especialmente si tuvo un parto vaginal difícil o sufrió una operación cesárea. Acaso su equilibrio hormonal no retorne a la normalidad hasta que le vuelva la menstruación, lo cual, si está dando el pecho, puede tardar varios meses. No se sienta obligada a saltar a la cama en cuanto el médico le dé permiso. Si no se siente dispuesta — mental, emocional o físicamente — espere un poco.

Expresar el amor de otras maneras. El acto sexual no es la única manera como la pareja expresa su amor. Si no está dispuesta para él, ensaye mimos y caricias enfrente de la TV, acariciarse mutuamente en la cama, tomarse de las manos mientras pasean por el parque con el niño. Lo mismo que para cualquier pareja que se está conociendo (y al fin y al cabo ustedes se están volviendo a conocer físicamente), la ternura en el camino a la cama es un importante primer paso. Algunas noches no habrá nada más satisfactorio que la intimidad compartida de estar el uno en brazos del otro.

Esperar algunas molestias. Muchas mujeres se sorprenden y se descorazonan al encontrar que el acto sexual después del parto puede ser realmente doloroso. Si le

PARA FACILITAR EL ACTO SEXUAL

Las observaciones siguientes le ayudarán a vencer algunos de los obstáculos más comunes a las relaciones sexuales postnatales:

Lubricación. Los niveles hormonales sufren alteración durante el sobreparto y quizá no se normalicen en la madre que lacta hasta que su hijo esté total o parcialmente destetado. Esto deja la vagina incómodamente reseca. Use alguna jalea lubricante o supositorios vaginales lubricantes hasta que le vuelvan sus propias secreciones naturales.

Medicación. Si es necesario, pídale a su médico que le recete una crema estrógena tópica para disminuir el dolor en el área sensible.

Tómese una copa. No es cuestión de emborracharse, naturalmente, pues el abuso, como dijo Shakespeare: "Provoca el deseo pero impide la ejecución"; pero si a usted le gusta, tómese una copa de vino con su marido antes de hacer el amor, para relajarse ambos física y emocionalmente. El alcohol, además, amortigua el dolor, disminuye en usted el temor de sentirlo y en su esposo el de causarlo. Si no bebe, ensaye en cambio técnicas de relajación o meditación.

Ejercicio. Los ejercicios Kegel (página 618) ayudan a tonificar los músculos pelvianos, que tienen que ver con la sensación y la reacción vaginales durante el acto sexual.

Cambios de posición. Las posiciones uno al lado del otro o la mujer encima permiten mayor control de la profundidad de penetración y menos presión sobre el perineo delicado. Experimente para encontrar las que sean mejores para usted.

---

hicieron una episiotomía o una sutura de una laceración, puede en efecto experimentar cierto grado de dolor o molestia (que va desde leve hasta fuerte) durante semanas y aun meses después de que los tejidos han sanado externamente. Puede sentir dolor en el acto sexual, aunque probablemente menos, si su parto fue vaginal, y el perineo le quedó intacto — y aun cuando le hayan hecho la cesárea. Para minimizar el dolor ensaye las indicaciones del cuadro "Para facilitar el acto sexual", de esta página.

No esperar la perfección. No cuente con un orgasmo perfecto desde la primera vez que vuelve a tener relaciones sexuales. Muchas mujeres no lo experimentan hasta varias semanas después. Pero con el tiempo, empeño y paciencia, la sensación retorna y el acto sexual vuelve a ser tan satisfactorio como antes.

Acomodarse al horario del niño. Caer el uno en brazos del otro en cualquier lugar y momento que venga el deseo sexual, ya no será posible. Más bien, tendrán que guiarse por ese implacable despertador que está en la cuna. Que el bebé está durmiendo a las 3 de la tarde el sábado ... pues aprovechen el momento. O si el angelito se ha acostumbrado a dormir todas las noches de 7 a 10, prepárense de antemano para un intermedio sentimental. Si se despierta llorando justo en el momento culminante, traten de ver la gracia que tiene; o, si son capaces de concentrarse, déjenlo que espere unos pocos minutos si es necesario. Si los encuentros sexuales con su esposo siguen siendo menos frecuentes durante algún tiempo (a veces por largo tiempo) busque calidad más bien que cantidad.

Observar las prioridades. Si hacer el amor es importante para usted, resérvese para él, haciendo rápido algunas de sus tareas (en áreas que no afecten al bienestar material ni emocional de su familia). Tómese un día adicional antes de volver a usar la aspiradora, use vegetales congelados en vez de frescos, vista a la familia con ropa fácil de cuidar. Si se pasa todo el día a todo vapor, tratando de ser una supermamá, ama de casa y quizá mujer profesional, todo a la vez, no le quedarán fuerzas para hacer en la cama otra cosa que cerrar los ojos.

Hablar del asunto. Una gran parte de la relación sexual se basa en la confianza, en la comprensión y en la comunicación. Por ejemplo, si una noche está demasiado agotada para sentir deseos sexuales, después de 24 horas de cuidar al niño, no apele al pretexto de que le duele la cabeza. Dígale francamente a su marido qué es lo que le pasa; y si él ha venido compartiendo las responsabilidades desde el principio, probablemente comprenderá (en realidad, algunas noches él también estará agotado). Si no las ha compartido y no entiende, ésta será una buena ocasión para explicarle que hacer usted sola todo el trabajo de la casa y el cuidado del niño la está acabando, y que si él ayudara, aun cuando sólo fuera un poquito, usted tendría más energías por la noche.

Comuníquele, igualmente, problemas tales como la resequedad de la vagina o el dolor durante el acto sexual. Dígale qué le duele, qué le gusta, qué preferiría aplazar hasta la próxima vez.

No preocuparse. Cuanto más se preocupe por la falta de líbido, tanta menos líbido tendrá. Haga, pues, frente a la realidad de la vida en el sobreparto, tranquilícese, y tome sus relaciones sexuales una a la vez, confiando en que su vida sentimental se restablecerá.

CAPITULO VEINTICUATRO

Disfrute del primer año

LO QUE USTED PUEDE SENTIR

Hacia el final de las primeras seis semanas del sobreparto, su organismo debe haberse recuperado de los traumatismos del embarazo y el alumbramiento. Sin embargo, es posible que durante el primer año experimente algunos de los siguientes síntomas:

Físicos:

■ Pérdida adicional de peso, hasta llegar al que tenía antes del embarazo, o a alguna otra meta.

■ Más aplanamiento del abdomen, especialmente si hace ejercicio.

■ Cansancio extremo, por lo menos hasta que su niño duerma toda la noche.

■ Retorno de la menstruación si no está dando el pecho, o si ha reducido el número de lactaciones o ha destetado al niño.

■ Dolor de espalda y otros dolores por alzar al bebé.

Emocionales:

■ Disminución del apetito sexual, por lo menos al principio.

■ Alegría, frustración, aburrimiento.

■ Aumento gradual de confianza y disminución del sentimiento de estar abrumada.

LO QUE DEBE COMER: El mejor régimen alimentario para un futuro con buena salud

Comer con regularidad durante el primer año de vida de su hijo es bien difícil, pero comer bien parece imposible. Sin embargo, un buen régimen alimentario es indispensable para poder conservar las energías y la buena salud, y si está lactando, para producir leche de calidad. De manera que es importante que siga observando "El mejor régimen alimentario después del parto" (página 621) y los

Nueve Principios Básicos de una sana alimentación.

Si cría a su hijo al pecho, su dieta tendrá que cambiar según vaya cambiando la comida del niño: a medida que él vaya tomando más nutrimento de otras fuentes — fórmula, leche de vaca, alimentos sólidos — y menos de la leche materna, usted tendrá que reducir su ingestión de calorías. Pero esto no requiere llevar la cuenta de las calorías; basta con vigilar la balanza. Si le indica que está aumentando de peso cuando debiera estar bajando o permanecer estable, entonces es que está tomando demasiadas calorías. Si está perdiendo cuando no debiera, o está bajando con demasiada rapidez, es porque no está comiendo lo suficiente. Corrija la situación como corresponda.

Una vez que haya destetado a su niño, o si nunca lo amamantó, "El mejor régimen alimentario después del parto" le puede seguir sirviendo de pauta para alimentarse satisfactoriamente en los años venideros. Sígalo, no solamente para sentirse mejor y vivir más, sino también para darle buen ejemplo a ese nuevo bebé suyo.

LO QUE LE PUEDE PREOCUPAR

ENCONTRAR INTERESES FUERA DE CASA

"A pesar de mi decisión de ser una madre de jornada completa, me estoy empezando a sentir asfixiada, encerrada en casa con el nuevo bebé. En la vida tiene que haber algo más que cambiar pañales".

Los primeros meses de la vida de un niño, cuando las exigencias de alimentarlo y cuidarlo ocupan las veinticuatro horas del día y parecen no tener fin, a la nueva madre no le queda tiempo para otra cosa que pensar en dormir un poco. Pero una vez que se establece para el bebé una rutina y para la madre un ritmo controlable, horas de tedio reemplazan la confusión de las primeras semanas. En lugar de verse con demasiadas cosas por hacer y sin tiempo para atender a todas ellas, se encuentra con tiempo de sobra y sin suficientes cosas en qué ocuparlo. Habiendo desaparecido la presión del quehacer cotidiano que implica el cuidado del niño, empieza a sentirse como una madre de cuerda que lo hace todo mecánicamente, pero en su vida faltan estímulos y satisfacciones que no se encuentran dentro de las cuatro paredes de la casa. En particular, si antes se dedicaba a muchas actividades — una profesión, distracciones favoritas, estudios, deportes, trabajo comunitario — tal vez empiece a sentir que esas cuatro paredes la ahogan y empiece a dudar de su propio mérito personal, lo mismo que de su decisión de quedarse en casa con el niño.

Sin embargo, un estilo de vida rico, pleno y satisfactorio y la vida con un bebé no son incompatibles, como pudiera parecer. Como primer paso para alcanzar dicho estilo de vida, lo más importante es reconocer que no sólo del bebé vive la mujer (ni el hombre) — aun cuando su mamá y otras señoras de su generación hayan tardado veinte años en descubrirlo. Bien puede usted ser feliz todo minuto que pase con su hijito, pero sin embargo necesita estímulo intelectual y la oportunidad de comunicarse con alguien que sepa decir algo más que gú-gú (por gracioso que esto sea). Hay varias maneras de realizar estos objetivos y de recuperar el sentido de identidad que le parece haber perdido:

Por medio del niño

Al niño se le puede ver, o bien como un obstáculo para entrar en el mundo de los adultos, o como un billete de entrada. Las actividades siguientes le permitirán valerse de su hijito para tener trato con otras personas:

Grupos de juego. Busque un grupo ya existente, o madres interesadas en colaborar para formar uno nuevo poniendo un aviso en el consultorio del pediatra, en su iglesia o sinagoga, en su conjunto habitacional, en el supermercado o en la cartelera comunitaria. Para formar el grupo busque madres que tengan intereses análogos a los suyos.

Clases para bebés. Las clases diseñadas para los bebés resultan a veces más útiles para las madres. Inscribiéndose en una de tales clases (asegurándose primero de que sea apropiada y no ofrezca peligro para su niño; vea la página 381) tendrá semanalmente la oportunidad de conocer y tratar a otras mujeres, muchas de las cuales han resuelto quedarse en su casa con sus hijos.

Grupos de discusión. Inscríbase en uno ya establecido, o intervenga en la formación de uno nuevo. Invite a diversos expositores (un pediatra local, una enfermera, una bibliotecaria, un escritor u otras personas que entiendan sus necesidades como madres y como mujeres); consignen entre todas niñeras para que cuiden de sus hijos durante las reuniones. Celebren sus reuniones en sus casas, en una iglesia, sinagoga o escuela — o donde quiera que haya espacio disponible — semanalmente, cada dos semanas, o mensualmente.

El patio de recreo. Donde jueguen los niños, allí estarán las madres. El patio comunitario de recreo es una maravilla para todos, aun para los pequeñines que todavía no andan solos, pues éstos se divierten viendo jugar a los demás. Los que ya se pueden sentar solitos gozan con los columpios y muchos pueden aprovechar los deslizaderos y otros aparatos. Pero también es un lugar ideal de reunión para las madres, quienes allí pueden co-

nocerse y organizar "sesiones de juego". Las sesiones también son más para beneficio de las madres que de los bebés, pues en esta edad los bebés todavía no están para juegos colectivos.

Mediante actividades de enriquecimiento personal

Ser una madre de tiempo completo no significa que usted no pueda hacer nada más. Siga practicando sus viejos intereses, o encuentre otros nuevos, mediante algunas de las siguientes actividades:

Un curso en una universidad local. Sígalo para obtener créditos o simplemente por pura diversión o enriquecimiento intelectual.

Una clase de educación de adultos. Están proliferando por todas partes y ofrecen de todo, desde gimnasia aeróbica hasta Zen.

Un grupo de estudio o clase en su iglesia o sinagoga. Cuando usted trabajaba, a lo mejor no le quedó tiempo para seguir un curso de crítica bíblica o religión comparada. Ahora tiene la oportunidad.

Una clase de ejercicios. Ejercitar el cuerpo activa la mente. Por lo demás, un programa de ejercicios, sobre todo uno que ofrezca cuidado del niño o que combine ejercicio de la madre y del bebé, es una buena ocasión para conocer a otras mujeres con intereses similares.

Deportes. Jugar tenis, o golf, o cualquier otro deporte favorito con regularidad ayudará a mantener el tono del cuerpo y de la mente, al mismo tiempo que da ocasión para cultivar amistades.

Un museo o galería de arte. Hágase socia de un museo local para que lo pueda visitar con regularidad, estudiando cada vez una exposición. Será más divertido aún si va acompañada de otra mamá.

Estas visitas le aprovecharán también al niño, pues ese contacto temprano con pinturas y otras obras de arte es visual e intelectualmente estimulante (los niños con frecuencia se fascinan con las pinturas y las esculturas) y lo acostumbra a tener más tarde abierta la mente para el arte.

Cintas educativas audiovisuales. Vea videocintas mientras está haciendo oficio en la casa o dándole de comer al niño, escuche música grabada mientras conduce el automóvil, cultive sus viejos intereses o busque otros nuevos (por ejemplo, estudiando un idioma extranjero con grabaciones). En algunas bibliotecas públicas se pueden sacar cintas educativas prestadas.

Libros. Estos la llevan a cualquier parte, en cualquier momento. Le enseñan, la estimulan y la entretienen. Lleve el libro que está leyendo adonde quiera que vaya — lea mientras le da el pecho al niño, en la bicicleta fija, cuando el niño hace su siesta, antes de acostarse.

Con buenas obras

Hay crisis en el trabajo de voluntariado porque son cada vez más las mujeres que trabajan de tiempo completo en empleos pagados, y la sociedad no valora debidamente el trabajo no pagado. Si usted no está en la fuerza laboral remunerada, los organismos locales de caridad y acción social la necesitan. Escoja una organización a la cual ya pertenezca o una nueva y ofrezca sus servicios. Si no sabe por dónde empezar, en el hospital, en la escuela, en la iglesia o la casa de oración o el centro comunal se puede informar dónde necesitan voluntarias. Las posibilidades son infinitas: dar clases a niños o adultos; visitar a los ancianos (sin duda lo agradecerán si en la visita lleva a su niño) o a los enfermos; consolar a los pacientes en el hospital; servir comidas en los centros de asistencia a los indigentes; y mil cosas más.

O aproveche el trabajo voluntario para mantenerse al día en su profesión. Dé un curso en el área de su especialidad en la iglesia local, sinagoga o centro de aprendizaje para adultos; escriba un boletín noticioso; diseñe una campaña de correo directo; u ofrezca consejería médica o legal.

Mediante trabajo remunerado

Ser una madre de tiempo completo no quiere decir que no pueda ser una trabajadora de medio tiempo. Unas cuantas horas de trabajo a la semana, relacionado con su actual especialidad o con alguna nueva que quiera aprender, le ofrecerán la oportunidad de tratarse con otras personas y escapar un poco de la rutina diaria de la casa. Vea en la página 682 indicaciones sobre cómo encontrar o crear tales opciones, particularmente las que puede aprovechar en su casa.

Haciendo que el bebé se acomode

Aun cuando el niño sea la causa de la falta de estimulación en su vida, no tiene por qué ser obstáculo para la cura. Virtualmente en todas las situaciones se puede atender a sus necesidades al mismo tiempo que a las de la madre.

Llévelo consigo. En un portabebés o en un cochecillo de paseo disfrutará de cortas visitas a museos o galerías, o dormirá todo el tiempo. En algunos casos también la podrá acompañar en sus trabajos de voluntaria (éstos suelen ser mucho más flexibles que los remunerados), y a los cursos menos formales como los que se dan en los centros comunales. Trate de coordinar las comidas y siestas del niño con las conferencias, para reducir el riesgo de que la distraiga a usted o a otras personas; para un niño mayorcito, lleve juguetes silenciosos.

Déjelo con otra persona. Acepte ofertas de ayuda de parientas o amigas. O estudie la posibilidad de cuidado cooperativo con otra madre de un niño pequeño (por ejemplo, usted cuida a los dos niños los lunes y la otra madre los cuida los jueves).

Contrate una niñera. Si tiene cómo pagarla, ésta es por lo general la forma más segura de alivio.

Válgase del papá. Programe sus actividades fuera del hogar para las horas en que su esposo esté en casa (juegue tenis o vaya a una clase de gimnasia aeróbica los fines de semana, tome un curso nocturno de francés). Aun cuando esto disminuye el tiempo que pasan juntos en familia, le da al padre más tiempo para estar solo con el hijo, cosa que de ordinario no podría hacer si trabaja tiempo completo, y mejorará maravillosamente sus relaciones.

Utilice cuidados infantiles. En algunas universidades se cuenta con guardería infantil para los hijos de los estudiantes casados. Algunos programas de ejercicios ofrecen servicio de niñeras, y en unas pocas fábricas y oficinas hay cuidado diurno para los hijos de las empleadas. Si en una clase o curso que usted esté tomando hay otras madres de bebés o niños pequeños, pregúnteles si estarían dispuestas a contribuir para conseguir una niñera comunal. La ventaja de tener quien cuide de su niño en el lugar de trabajo es mayor si usted lo está criando exclusivamente al pecho.

DEJAR AL NIÑO CON UNA NIÑERA

"Yo no trabajo fuera de la casa, pero ocasionalmente dejo a mi hijo de nueve meses con una niñera — y me remuerde la conciencia".

Como lo sabe todo el que tenga empleados, no hay ninguno que pueda trabajar día y noche y seguir siendo eficiente. Y usted, como madre que trabaja por su cuenta, también tendrá que reconocer este hecho. Por más que goce con su hijito y él con usted, ambos se beneficiarán si pasan algunas horas separados. Tómeselas — y no tenga remordimientos.

ESTIRAMIENTO DE LA VAGINA

"Ahora que nuestro hijo ya duerme toda la noche, mi esposo y yo hemos reanudado una vida sexual bastante activa. Lo malo es que parece que tengo la vagina más holgada que antes de dar a luz, y hacer el amor es menos satisfactorio para ambos".

La mayor parte de las mujeres salen del parto con la vagina más holgada que antes. A menudo la diferencia es insignificante y ninguno de los dos la nota. A veces, si antes era demasiado estrecha e incómoda, el cambio es bienvenido; pero en ocasiones un parto vaginal, especialmente si no se practicó episiotomía, puede dejar a una mujer que estaba antes ''perfecta'', con la vagina bastante holgada para que ambos esposos experimenten menos placer en el acto sexual.

El paso del tiempo puede ayudar a remediar un poco esta situación, y lo mismo los ejercicios Kegel. (Si no los ha estado practicando durante el embarazo y el sobreparto, no es demasiado tarde para empezarlos ahora; vea la página 618.) Repita estos ejercicios tonificantes musculares cuantas veces pueda durante el día; acostúmbrese a practicarlos mientras está cocinando, viendo TV, dando el pecho o leyendo — hasta durante el acto sexual.

Es muy raro que los músculos no se fortalezcan. Si han pasado seis meses del alumbramiento y todavía le parece que sigue demasiado holgada, convendría discutir con el tocólogo la posibilidad de apelar a cirugía para corregir el defecto. El procedimiento es sencillo y puede ser muy importante en su vida amorosa.

RETORNO DE LA MENSTRUACION

"Hace dos meses que desteté a mi hijita y todavía no me ha venido la regla. ¿Habrá algo anormal?"

La reanudación del ciclo menstrual en las mujeres que han estado criando a sus hijos al pecho puede variar muchísimo. Algunas, sobre todo las que tienen amplias reservas grasas, producen estrógeno suficiente mientras están lactando para empezar a menstruar antes de haber destetado al niño, a veces sólo seis semanas o tres meses después del parto. Pero otras, particularmente las que han amamantado durante largo tiempo, o han dado el pecho exclusivamente, o tenían períodos menstruales irregulares antes de la preñez, quizá no vuelvan a menstruar hasta después de varios meses de haber destetado al niño. Cuide, sin embargo, de comer lo suficiente y no estar perdiendo peso con demasiada rapidez. Una dieta muy rígida, sobre todo combinada con ejercicio fuerte, puede retardar temporalmente el ciclo regular. Hable del asunto con su médico en su próxima visita de examen, que seguramente estará programada para después del sexto mes del sobreparto.

En las mujeres que no están amamantando a sus niños, el ciclo se reanuda entre las cuatro semanas y los tres meses después del parto. También en este caso un retraso para la reanudación de la regla puede ser consecuencia de desnutrición por observar una dieta excesiva.

Si todavía no le ha venido la regla, no se fíe de que esto le garantiza que no va a quedar embarazada otra vez. Vea a continuación información sobre métodos anticonceptivos más dignos de confianza.

UN NUEVO EMBARAZO

"Quiero esperar por lo menos dos años antes de tener otro hijo. Una amiga me dice que no me preocupe por usar anticonceptivos porque ella ha oído decir que una no puede volver a quedar embarazada mientras esté dando el pecho".

Su amiga sólo acierta a medias, lo cual significa que si usted se fía de la lactancia como anticonceptivo, puede acabar embarazada a medias. A algunas mujeres no les viene la regla mientras estén criando al pecho, y a veces tarda meses después de destetar al niño. Esto por lo general indica que no hay ovulación y no pueden concebir. Se cuentan entre los factores que contribuyen a suprimir la ovulación: bajo nivel de grasas en el organismo (las hormonas producidas por dichas grasas estimulan la menstruación); lactación frecuente (más de tres veces al día pueden suprimirla); destete tardío (cuanto más se aplace el destete, más se retrasa la ovulación); y tardanza en iniciar la alimentación supletoria (la leche de fórmula, los sólidos y hasta el agua reducen la cantidad de leche materna que el niño toma, indicando al organismo que es tiempo de reanudar la menstruación).

Sin embargo, a muchas madres que dan el pecho, sobre todo a las que tienen un exceso de reservas de grasa o cuyos bebés sólo se alimentan al pecho parcialmente, sí les viene la regla y pueden quedar embarazadas. En realidad, es imposible predecir quiénes menstruarán y quiénes no. Esto no sería problema si todas tuvieran un período de menstruación "estéril" antes de reanudarse la ovulación; entonces la aparición de la regla sería una advertencia para volver a usar anticonceptivos. Pero éste no es el caso. Algunas mujeres experimentan ovulación y conciben otra vez antes de que les vuelva la regla, pasando de un embarazo a otro sin menstruar en absoluto entre uno y otro.

Si para usted otro embarazo sería una fatalidad en estos momentos (como bien puede serlo para su organismo, aunque mentalmente lo acepte), debe valerse de métodos anticonceptivos más dignos de confianza. Todos los siguientes tienen ventajas y desventajas, y la elección es cuestión personal que debe basarse en su estado de salud, su estilo de vida, las recomendaciones de su médico y sus propios sentimientos y circunstancias. Todos son eficaces si se usan correctamente y con perseverancia, pero sólo la esterilización es 100% segura.

Anticonceptivos orales. Los anticonceptivos orales de hoy, de dosis bajas, operan básicamente suprimiendo la ovulación y son muy eficaces para prevenir la concepción. Pero muchas mujeres están confundidas en cuanto a su seguridad. Y no les falta razón, pues los informes de los científicos oscilan locamente de un lado a otro. Consulte con su médico para enterarse de las últimas ideas.

El riesgo de ataque cardíaco o coágulos sanguíneos aumenta para las que usan anticonceptivos orales, por lo cual no se recomiendan a las que tienen alto riesgo de estos problemas cardiovasculares (vea abajo). El riesgo aumenta con el uso prolongado — más de cinco años.

Si bien estos anticonceptivos parecen proteger contra ciertas formas de cáncer (por ejemplo, ováricos y endométricos), estudios recientes indican una conexión entre la píldora y el cáncer del seno en algunas mujeres (las que empezaron a tomarla temprano, antes del embarazo, y la han tomado durante más de tres años). Por el contrario, parecen proteger contra la enfermedad no maligna de los senos, preñez ectópica, quistes ováricos y anemia por deficiencia de hierro (debida a menos sangre con el flujo), y que reducen el riesgo de artritis y la incidencia de calambres menstruales. Otros beneficios, para algunas mujeres, son: reducción de tensiones menstruales y períodos muy regulares.

Si usted está criando al pecho, la píldora probablemente no es el método anticonceptivo indicado para usted porque el estrógeno que contiene puede suprimir la lactación. Su médico, sin embargo, podría autorizar el uso de una píldora de progestina únicamente, cuando la alimentación al pecho esté ya bien establecida. Tampoco se recomienda para mujeres mayores de 45 años, las mayores de 35 que fuman (algunos dicen que 35 debe ser la edad límite hasta para las que no fuman), las que tienen antecedentes de coágulos sanguíneos (trombosis), ataque cardíaco, angina, cáncer conocido o sospechado del pecho o endométrico, tumores del hígado, hemorragia vaginal no diagnosticada (que podría indicar un tumor maligno) o ictericia durante el embarazo. La píldora también puede ser inconveniente para mujeres con antecedentes de fibroides del útero, diabetes, altos niveles de colesterol, alta tensión arterial (o antecedentes de ésta durante el embarazo), obesidad, depresión o enfermedad de la vesícula biliar. Las que sufran de asma, jaquecas, epilepsia o enfermedad de los riñones o del corazón pueden encontrar que la píldora agrava sus males; si resuelven tomarla, necesitan estricta vigilancia médica.

Los anticonceptivos orales son el método más eficaz no permanente de control de la natalidad (la mayoría de los fracasos se deben a que la que los usa se salta un día o no toma las píldoras en el orden debido) y permiten espontaneidad para hacer el amor. Pero algunas mujeres sufren efectos secundarios indeseables, siendo los más comunes retención de fluidos; cambios del peso; náuseas y vómito; sensibilidad de los pechos; calambres abdominales; descoloración de la piel; aumento de infecciones vesicales y vaginales; aumento o disminución del deseo sexual; pérdida del cabello; intolerancia a los lentes de contacto (por la retención de fluidos); e irregularidades menstruales (manchas, desangre, o de vez en cuando amenorrea o suspensión total de la regla). Menos comunes son los casos de depresión, indiferencia o tensión. Otros efectos secundarios son menos graves o menos comunes con las nuevas píldoras de combinación de dosis bajas y las mini-píldoras de progestina únicamente, aunque las irregularidades menstruales son más comunes con éstas. Los efectos secundarios generalmente disminuyen o desaparecen completamente después de los primeros ciclos de uso de la píldora.

Si usted piensa tener otro hijo, la fecundidad puede tardar más en retornar si usa un anticonceptivo oral que si usa uno de barrera. Lo mejor es pasarse al uso de condón o diafragma unos tres meses antes de la época en que proyecte concebir. Más o menos el 80% de las mujeres experimentan ovulación dentro de los tres meses siguientes a la suspensión de la píldora, el 95% en el término de un año; pero debe consultar con el médico si después de seis meses todavía no ha quedado embarazada.

Si resuelve ensayar la píldora, su médico le ayudará a resolver qué tipo es el que más le conviene según su ciclo menstrual, peso, edad e historia clínica, y elegirá la menor dosis posible que sea compatible con sus necesidades. A la mayoría de las mujeres les va mejor con menos de 50 microgramos de estrógeno. Después, está en sus manos usar este método de control de la natalidad de una manera inteligente. Tome las píldoras con regularidad; si deja de tomar una siquiera, o si tiene diarrea o vómito (que entorpecen la asimilación de la píldora por el organismo), utilice una protección supletoria (como un condón y espuma) hasta la siguiente regla. Visite a su médico cada seis meses o cada año para comprobar su estado de salud; infórmele de todo problema o señal de complicaciones que apa-

SEÑALES DE PELIGRO CON ANTICONCEPTIVOS ORALES

Si usted está tomando anticonceptivos orales y experimenta cualquiera de los síntomas siguientes, llame al médico *sin pérdida de tiempo*. Si no lo encuentra, acuda a la sala de urgencias más cercana.

- Fuerte dolor de pecho.
- Sangre al expectorar.
- Falta súbita del aliento.
- Dolor o sensibilidad en la pantorrilla o muslo.

- Fuerte dolor de cabeza.
- Mareo o desvanecimiento.
- Debilidad muscular o entumecimiento.
- Habla enredada.
- Súbita pérdida parcial o total de la visión, vista nublada, destellos de luz.
- Profunda depresión.
- Coloración amarillenta de la piel.
- Fuerte dolor abdominal.

rezcan entre una y otra visita, y no olvide advertir a quien le recete medicinas de cualquier clase que usted está tomando anticonceptivos orales (hay drogas que reaccionan en una forma adversa con la píldora). Limite la ingestión de cafeína; *no fume,* y como los anticonceptivos orales aumentan la necesidad de ciertos nutrimentos (aunque disminuyen la de otros), tome un suplemento vitamínico diario, que contenga las dosis recomendadas de las vitaminas B-6, B-12, C, riboflavina, cinc y ácido fólico.

Dispositivo intrauterino (DIU). Este método de control de la natalidad (que no es realmente un anticonceptivo puesto que impide la implantación más bien que la concepción), fue rechazado durante varios años porque se presentaron casos de infecciones graves, preñez ectópica, infertilidad y hasta muertes, que dieron lugar a muchas demandas ante los tribunales de justicia. Víctimas de los consiguientes juicios de responsabilidad (o temiendo serlo), los médicos por lo general dejaron de recomendar el DIU y los fabricantes suspendieron la producción.

Hoy, empero, se está volviendo a usar. Por lo menos dos compañías producen en los Estados Unidos dispositivos aprobados por la Dirección de Alimentos y Drogas (FDA) y se espera que otros sigan el ejemplo. Pero por protección, tanto para las usuarias como para las compañías, sólo los venden a médicos y clínicas que se comprometan a suministrarlos únicamente a mujeres de 25 años o mayores, que tengan por lo menos un hijo y vivan en una situación de monogamia. Se exige igualmente a los médicos que les informen a los pacientes detalladamente sobre los riesgos de su uso.

Para muchas mujeres, sobre todo para las que no quieren tener más hijos, los beneficios superan los riesgos. El principal es que, una vez insertado el dispositivo, uno se puede olvidar de él durante todo un año (y a veces hasta cuatro, según el tipo que se use), pues basta con examinar una vez al mes la cuerda adherida a él. Esto permite una vida sexual espontánea sin tener que estar buscando y poniéndose un diafragma o un condón, y sin necesidad de acordarse de tomar la diaria píldora. Además, el DIU no impide la lactación ni afecta al niño.

No debe usar un dispositivo intrauterino una mujer que tenga relaciones sexuales con varios hombres o cuyo compañero tenga trato con diversas mujeres. Tampoco las que tengan antecedentes de enfermedad inflamatoria de la pelvis o preñez ectópica; tumores uterinos o cervicales malignos o premalignos conocidos o sospechados (y hasta un frotis anormal no explicado); anormalidades del útero o un útero demasiado pequeño; irregularidades menstruales o desangre (el DIU puede aumentar el flujo menstrual y los calambres); infección después del parto o de un aborto en los últimos tres meses; ni tampoco una mujer que haya dado a luz recientemente o haya tenido un aborto. La alergia o sospecha de alergia al cobre excluye el uso de un DIU de cobre.

Entre las complicaciones posibles se cuentan calambres (que pueden ser fuertes) durante la inserción, y en raras ocasiones durante algunas horas o aun días después; perforación uterina; expulsión accidental (que tal vez no se note y la deja sin protección); e infecciones de las trompas de Falopio o la pelvis. El dispositivo intrauterino es sumamente eficaz para prevenir el embarazo, si bien cuando éste ocurre estando el DIU puesto puede causar complicaciones.

Diafragma. El diafragma es un obturador de caucho en forma de copa, que se pone en el cuello uterino para impedir la

SEÑALES DE PELIGRO CON LOS DIU

Una mujer que esté usando un dispositivo intrauterino debe llamar inmediatamente al médico si observa alguno de estos síntomas:

■ Un período faltante o retrasado, seguido por desangre esporádico, escaso o irregular.
■ Calambres, sensibilidad, dolor fuerte en la pelvis o bajo abdomen (después de que haya pasado la molestia de la inserción inicial).

■ Desmayos o urgencia de hacer del cuerpo asociados con tal dolor.
■ Ese mismo dolor que irradia por las piernas abajo, o dolor en los hombros.
■ Desangre vaginal inusual o anormal, con dolor o sin él, distinto de las manchas no anormales que siguen a la inserción inicial.
■ Escalofríos y fiebre no explicados.
■ Coito doloroso.
■ Inflamación genital o flujo vaginal.

entrada del semen. Es un medio eficaz cuando se usa debidamente con un gel espermaticida para desactivar cualquier semen que pase la barrera. Fuera de un posible mayor riesgo de síndrome de choque tóxico si se deja durante períodos prolongados (contrariando las instrucciones) o de infecciones del aparato urinario y una ocasional reacción alérgica provocada por el espermaticida o el caucho, el diafragma es seguro. En realidad, si se usa con espermaticida parece reducir el riesgo de infecciones pelvianas que son origen de infecundidad. No impide en absoluto la lactancia ni afecta al niño.

El diafragma tiene que ser recetado y ajustado por un profesional médico. *Es indispensable reajustarlo después del alumbramiento* porque el tamaño y forma de la vagina cambian. La desventaja del diafragma es que hay que ponérselo antes de cada acto sexual, dejarlo puesto seis u ocho horas, y retirarlo otra vez antes de 24 horas. (Algunos expertos dicen que es prudente quitarlo en el término de 12 a 18 horas, y recomiendan que las mujeres se pongan el diafragma todas las noches cuando se cepillan los dientes para no dejar de usarlo por inadvertencia en un momento de pasión.) Como se inserta por la vagina, a algunas mujeres no les gusta este método.

Casquete cervical. Fue aprobado por la FDA a fines del decenio de los 80 para uso en los Estados Unidos. Por muchos aspectos es parecido al diafragma. Tiene que ser ajustado por un médico, se usa con un espermaticida y su función es impedir la entrada de semen al útero. Su eficacia para prevenir embarazos es más o menos igual a la del diafragma, aunque teóricamente la de este último es mejor. El casquete, que tiene la forma de un dedal grande, ofrece otras ventajas. Es de caucho flexible y su borde firme se ajusta bien alrededor del cuello uterino. En tamaño es como la mitad del diafragma y se puede dejar puesto 48 horas en vez de las 24 que son el límite recomendado para el diafragma. Sin embargo, el olor y la dificultad de insertar el casquete son un problema para algunas mujeres.

Esponja vaginal. Una adición más reciente al arsenal de armas para el control de la natalidad es la esponja vaginal, que como el diafragma, el casquete cervical y el condón, se considera un método de barrera; es decir, que cerrando la entrada del útero impide que los espermatozoides puedan llegar hasta los óvulos para fecundarlos. Pero su principal efecto anticonceptivo se debe probablemente al espermaticida que lleva. Parece ser un poco menos eficaz que el diafragma, pero cuando contiene monoxinol-9 parece reducir el riesgo de contraer enfermedades que se transmiten sexualmente como la gonorrea y la clamidia. Sin embargo, puede aumentar el riesgo de infección cándida, menos grave. Los temores de que el uso de la esponja cause defectos congénitos, cáncer o síndrome de choque tóxico, no se han confirmado, y, por el contrario, hay algunos indicios de que más bien puede inhibir el desarrollo de este último. Algunas personas son alérgicas al espermaticida que se usa en ella y a algunas mujeres les molesta tener que introducir la esponja en la vagina.

La popularidad de la esponja está aumentando porque no requiere visita al médico ni receta, es relativamente fácil de usar (la introduce usted misma, como el diafragma), permite mayor espontaneidad que otros métodos de barrera, dando protección continua durante 24 horas, y se cree que no tiene ningún efecto en el lactante. No se debe dejar puesta más tiempo de lo que se recomienda y hay que tener mucho cuidado de sacarla completa, pues un pedacito que se quede adentro puede causar mal olor e infección. No se debe usar en el período de las seis primeras semanas de sobreparto ni poco después de un aborto o dilatación y raspado, sin aprobación de un médico.

Condón. Este es una funda para el pene, hecha de látex o de piel natural (intestino de carnero). Es muy eficaz si se usa a conciencia, aun cuando un poco menos seguro que la píldora. Su eficacia y su capacidad de combatir la infección pelviana aumentan si se usa con un espermaticida y se tiene cuidado de ver que no esté roto antes de usarlo. Es totalmente inocuo, si bien el látex o el espermaticida pueden provocar alergia a algunas personas. Tiene las ventajas de no requerir visita al médico, ser fácil de adquirir y de llevar, y reducir el riesgo de transmitir infecciones tales como gonorrea, clamidia y SIDA (los de látex son mejores para impedir el paso de los virus del SIDA). Puesto que no obstaculiza de ninguna manera la lactancia ni afecta al niño, y no necesita reajuste después del parto (como el diafragma), es un método ideal "de transición" para muchas mujeres. Sin embargo, como hay que ponérselo antes del coito (y una vez que se haya producido la erección), perjudica la espontaneidad. Otras personas, por el contrario, encuentran que el acto de ponerse el condón puede ser parte de hacer el amor. Al enfundar el pene hay que tener cuidado de dejar un pequeño receptáculo en la extremidad del condón para recoger el semen (algunos ya lo traen). El pene debe retirarse antes que la erección se pierda del todo y mientras el condón está aún adherido. El empleo de una crema lubricante (o un condón lubricado) ayuda a hacer más fácil la inserción cuando la vagina está reseca después del embarazo y durante la lactancia.

Espumas, cremas, jaleas, supositorios y películas espermaticidas anticonceptivas. Usados solos, estos productos son bastante eficaces para prevenir el embarazo. Son fáciles de obtener sin receta médica y no estorban sensiblemente las relaciones sexuales, pero pueden ser incómodos de manejar.

Método del ritmo. Este método se basa en vigilar cuidadosamente el almanaque y anotar cuándo ocurre la menstruación, para abstenerse del coito en los días intermedios del ciclo, que es cuando ocurre la ovulación. Naturalmente, no es posible usarlo hasta que se reanude la regla. Debido a la irregularidad del ciclo menstrual en muchas mujeres, es el menos eficaz de los diversos métodos populares

CALCULO PARA EL METODO DEL RITMO

Señalando en un almanaque, la mujer lleva la cuenta de sus ciclos menstruales durante un período de tres a seis meses. Luego calcula:
- Día A = el número de días de su ciclo más corto menos 18
- Día Z = el número de días de su ciclo más largo menos 11

Así, por ejemplo, si su ciclo más largo es 30 días y el más corto 28 días, calcula:
- Día A = 28 - 18 = 10
- Día Z = 30 - 11 = 19

Su período fecundo (en que no debe tener relaciones sexuales si no quiere quedar embarazada) será de A a Z, los días 10 a 19 de su ciclo menstrual, contando el primer día de menstruación como 1.

de control de la natalidad. Pero no ofrece ningún riesgo, como no sea el de quedar otra vez embarazada (que para algunas mujeres puede ser serio), y para muchas tiene la ventaja adicional de tener la aprobación de grupos religiosos que rechazan otras formas de control.

Planificación familiar natural. Esta es un refinamiento del método del ritmo. Se basa en observar una o más señales o síntomas del organismo para determinar el tiempo de la ovulación. Cuantos más sean los factores que la pareja tenga en cuenta, tanto mayores las probabilidades de buen éxito. Entre estos factores se cuentan: alteraciones de las mucosidades de la vagina (éstas son claras y se pueden estirar como cuerdas durante la ovulación); cambios de la temperatura basal del cuerpo (la temperatura basal, tomada por la mañana apenas se despierta, baja ligeramente poco antes de la ovulación, llega a su punto más bajo durante ésta, y vuelve a subir inmediatamente a un máximo antes de regresar a la línea de base, donde permanece el resto del ciclo; vea el diagrama); y cambios cervicales (el cuello uterino, normalmente rosado, se pone azulado). El coito se evita desde el primer síntoma de que va a ocurrir la ovulación hasta tres días después de ésta.

Aun cuando es posible utilizar el método de planificación familiar natural sin ayuda de un médico, su eficacia, como la de cualquier otro tipo de procedimiento, aumenta si un profesional entendido en la materia le enseña a uno las últimas técnicas. Se pueden conseguir equipos para determinar el tiempo exacto de la ovulación, que se han desarrollado para ayudar a concebir a las parejas que quieren tener hijos, pero que también se pueden utilizar para la planificación familiar natural.

Lo mismo que el método del ritmo, la planificación familiar natural es absolutamente segura, salvo el riesgo de embarazo, que teóricamente puede ser pequeño.

Esterilización quirúrgica. Consiste en la ligadura de las trompas de Falopio en las mujeres, y en los hombres la vasectomía, que es la ligadura o corte de los vasos deferentes (conductos por donde pasa el semen de los testículos al pene). La operación debe considerarse como permanente, aun cuando ocasionalmente es posible volver atrás (las nuevas técnicas pueden ser más fáciles de invertir). La esterilización es cada vez más segura y no hay noticia de efectos a largo plazo nocivos para la salud. Los ocasionales fracasos de que se oye hablar no se deben al método en sí, sino más bien a errores que se cometen al practicar la operación o a descuidos del hombre que no usa otros

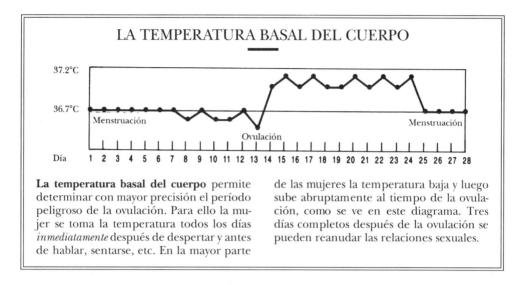

LA TEMPERATURA BASAL DEL CUERPO

La temperatura basal del cuerpo permite determinar con mayor precisión el período peligroso de la ovulación. Para ello la mujer se toma la temperatura todos los días *inmediatamente* después de despertar y antes de hablar, sentarse, etc. En la mayor parte de las mujeres la temperatura baja y luego sube abruptamente al tiempo de la ovulación, como se ve en este diagrama. Tres días completos después de la ovulación se pueden reanudar las relaciones sexuales.

anticonceptivos hasta que haya sido eyaculado todo el semen disponible.

La esterilización es el método escogido por parejas a quienes les parece que su unidad familiar está completa. Algunas mujeres resuelven hacerse ligar las trompas de Falopio inmediatamente después de dar a luz a su último hijo.

DIAGNOSTICO DE UN NUEVO EMBARAZO

"Hace unas diez semanas que di a luz, y ayer me empecé a sentir un poquito mareada. ¿Cuándo puedo quedar otra vez embarazada, y si estoy dando el pecho, cómo sé si he quedado?"

Un embarazo a las diez semanas del parto no es común, sobre todo en una madre que esté dando el pecho, pues la ovulación por lo general no se reanuda hasta que se empiezan a dar suplementos de la lactación. Pero casos se han visto. Si usted o su esposo no han sido esterilizados, puede quedar embarazada en cualquier momento que tenga relaciones sexuales, aunque use anticonceptivos, y con mayor razón si no los usa. Sin embargo, un embarazo durante el puerperio es difícil de reconocer. Esto es especialmente cierto si la menstruación no se ha reanudado aún, pues uno de los primeros indicios que tienen las mujeres de que pueden estar embarazadas es que no les venga la regla. Si están dando el pecho, otra señal — aumento de sensibilidad y tamaño de los senos, con vascularización — también puede pasar desapercibida. Sin embargo, cuando ocurre un nuevo embarazo, se empiezan a notar otras señales: disminución de la producción de leche porque en el embarazo y en la lactancia operan distintas clases de hormonas (pero la disminución también puede ser consecuencia de fatiga, de no lactar lo suficiente, o de otros factores); mareos matinales (que también podrían ser originados por algo que comió o por un virus gastrointestinal); o frecuentes ganas de orinar (que podría igualmente obedecer a una infección del conducto urinario).

Si usted tiene alguna razón para presumir que está embarazada, o aun cuando sólo se sienta muy nerviosa ante tal posibilidad, haga una prueba casera de preñez o vaya al médico o a una clínica para que le hagan un análisis de sangre. En el caso, poco probable, de que lo esté, consulte con un obstetra, con la partera o con el médico de la familia lo más pronto posible. Un nuevo embarazo dentro del año siguiente a un parto somete al organismo a un desgaste enorme y usted necesita estrecha vigilancia médica, descanso extra, y muy buena alimentación. Como es casi imposible alimentar al mismo tiempo a un bebé lactante y a un feto que se está desarrollando, es aconsejable destetar al niño y pasarlo al biberón. Si de todas maneras quiere seguir dándole el pecho, consulte con el médico; tal vez pueda seguir lactándolo parcialmente, completando con fórmula. En tal caso, será muy importante que consuma suficientes calorías extra (unas 300 para el feto y otras 200 a 500 para producir leche), proteínas (cinco raciones diarias), y calcio para el bebé y para producir leche (el equivalente de seis raciones diarias), y que tenga mucho descanso.

AGOTAMIENTO

"Yo sabía que me iba a sentir con pocas fuerzas en el sobreparto, pero hace tres meses que tuve mi bebé y todavía estoy agotada. ¿Qué será lo que me pasa?"

Muchas nuevas madres llegan al consultorio del médico quejándose de una fatiga crónica abrumadora y convencidas de que son víctimas de alguna enfermedad fatal. En estos casos, el diagnóstico casi invariable es que no se trata sino de los síntomas clásicos de la nueva maternidad.

Rara es la mujer (o el hombre, si es un padre de tiempo completo) que se libre de este síndrome de fatiga de la paternidad, caracterizado por un agotamiento físico que no parece aliviarse nunca y una falta casi total de energía. Esto no puede sorprender. No hay ningún otro oficio tan exigente, emocional y físicamente, como criar un niño el primer año. La

tensión no se limita a ocho horas diarias y cinco días a la semana, y no hay horas de almuerzo ni de salir a tomar café que den algún alivio. La que es madre por primera vez, experimenta igualmente las tensiones de todo oficio nuevo: temor de cometer errores, problemas que resolver, muchísimo que aprender. Como si todo esto no bastara para conducir al agotamiento, la nueva madre ve también sus fuerzas mermadas por la lactación, por cargar el peso de una criatura que está creciendo rápidamente, junto con todo el equipo necesario, y por noche tras noche de sueño interrumpido.

La nueva madre que vuelve a un empleo fuera del hogar también puede sufrir de fatiga y agotamiento por tratar de hacer dos oficios bien. Se levanta temprano para desempeñar diversos quehaceres de madre, incluso muchas veces dar el pecho, antes de iniciar siquiera su segundo oficio por fuera. Este puede ser o no un descanso, según el esfuerzo que exija, pero cuando regresa por la noche tiene que ponerse a hacer la comida, lavar la ropa y atender al niño — a menos que tenga un ama de casa de jornada completa o un esposo competente y dispuesto a ayudar. Para colmo, acaso tenga que trasnochar hasta altas horas con el niño, pese a lo cual se espera que se levante muy temprano y alegre a la mañana siguiente. El agotamiento es inevitable hasta para una supermamá.

Desde luego, es buena idea ver al médico para estar segura de que no existe ninguna causa patológica de su agotamiento. Si resulta que su salud es buena, puede estar segura de que con el tiempo, a medida que adquiere experiencia, que sus actividades entran en una rutina manejable y el niño se acostumbra a dormir bien por las noches, esa fatiga irá desapareciendo poco a poco, aun cuando usted no se vuelva a sentir perfectamente "al día'' hasta que sus hijos estén todos en la escuela. Su nivel de energía también debe mejorar un poquito en cuanto su organismo se acostumbre a las nuevas exigencias. Mientras tanto, cuide de comer bien y hacer algo de ejercicio, y ensaye las recomendaciones para aliviar la depresión del sobreparto, muchas de las cuales le ayudarán también a reducir la fatiga.

DOLORES

"He venido padeciendo dolores de espalda, lo mismo que de la nuca, los brazos y los hombros, desde que nació nuestro hijito".

No hay nada como cargar todo el día a un niño y una bolsa repleta de pañales. Esta pesada carga explica casi siempre esos dolores de la nuca, los brazos, las muñecas, los dedos, los hombros y la espalda de las nuevas madres — y de los nuevos padres a medida que éstos comparten más las tareas.

Reconocer la causa de sus dolores es el primer paso para ponerles remedio. Muchas veces ni las madres ni los médicos a quienes consultan establecen esta relación, con el resultado de que se llevan a cabo incontables pruebas innecesarias. El paso siguiente es tratar de aliviar el problema con una combinación de medidas preventivas y curativas:

■ Si todavía no ha perdido todo el peso extra del embarazo, proceda ahora gradualmente a perderlo. El peso excedente es una carga adicional innecesaria para su espalda.

■ Haga ejercicios con regularidad, concentrándose en los que fortalecen los músculos abdominales, puesto que éstos son los que sostienen la espalda, y en los que fortalecen los brazos (vea en la página 615 un programa de ejercicios básicos para el sobreparto).

■ Adopte una posición cómoda para darle de comer al niño. Siéntese bien, con la espalda apoyada; si no alcanza al respaldo de la silla, ponga un cojín detrás. Use almohadas o cojines, según sea necesario, para descansar los brazos cuando tiene al niño alzado para darle el pecho o el biberón. Y no cruce las piernas.

■ Aprenda el método correcto de agacharse a alzar cosas. Coloque los pies separados como el ancho del pecho y doble las rodillas, no la cintura. Al levantar al niño o cualquier objeto, ponga el peso en sus brazos y piernas, pero no en la espalda.

■ No se estire para alcanzar lugares altos; más bien párese en un banquito.

■ Cuide de su postura. Camine, siéntese o tiéndase con las nalgas apretadas y el abdomen metido hacia adentro (esto se llama "tensión pelviana").

■ Duerma en un colchón duro, o póngale una tabla al suyo si es demasiado blando. Un colchón que se hunda en el medio también la hará hundirse. Tiéndase de espaldas o de costado, pero no sobre el estómago, con las rodillas recogidas.

■ Si empuja un cochecito de paseo, vea que los manubrios queden a una altura conveniente para usted. Si no lo están, trate de hacerlos ajustar, o si son demasiado bajos, compre extensiones.

■ Si le dan dolores de hombros, lleve la bolsa de los pañales colgada del brazo en lugar del hombro, o use una mochila de llevar a la espalda.

■ Use un cojín caliente o dése un baño caliente para alivio temporal del dolor y espasmo muscular.

■ Trate de no permanecer de pie largos períodos de tiempo. Si se ve obligada a ello, mantenga un pie sobre un banquito bajo, con la rodilla doblada. Si está en una superficie dura, use un pequeño tapete o un cojín para pararse encima.

■ En vez de pasear de arriba abajo con un niño que sufre de cólico noche tras noche, ensaye un columpio (cuando ya tenga seis meses o más) o una mecedora para confortarlo.

INCONTINENCIA URINARIA

"Desde que nació nuestro segundo hijo, noto que se me sale un poco la orina al toser, o reír, o hacer un esfuerzo por alzar alguna cosa".

Su problema probablemente es incontinencia de tensión nerviosa, bastante común en las mujeres después del alumbramiento, sobre todo en las que han tenido varios hijos. La causa corriente es débil tonicidad muscular en la pared vaginal que soporta la uretra y la vejiga. Esta última puede sobresalir de la musculatura debilitada, causando un cistocele o protuberancia, que en realidad es una hernia vesical. Un cistocele pequeño quizá ni se note, pero uno grande puede descender y aun caer por la abertura vaginal, causando molestia además de incontinencia. Hacer de doscientos a trescientos ejercicios Kegel al día, todos los días, durante un par de meses (vea la página 618), puede fortalecer los músculos de la pared vaginal y corregir el problema. En casos graves, es posible que le recomienden cirugía. Infortunadamente, el cistocele puede volver a aparecer, a menos que se extirpe también el útero, por razón del peso de este último, sobre todo si está preñado, pues hace presión hacia abajo sobre la vejiga y la empuja otra vez a la pared vaginal.

AMISTADES

"Me siento incómoda en compañía de mis amigas que no tienen hijos, pero no conozco a ninguna que tenga niños pequeños y me siento sola".

Los grandes cambios que sobrevienen en la vida — una nueva escuela, un nuevo empleo, el matrimonio, el divorcio, los hijos que se van del nido, la jubilación, la viudez — siempre afectan a nuestras relaciones. Lo mismo sucede con el advenimiento de un bebé. Lo curioso es que muchas mujeres se sienten menos seguras de cómo hacer frente al cambio del equilibrio de sus amistades cuando tienen un hijo que en cualquier otra circunstancia. Tal vez esto obedezca a que nada cambia tanto la manera como usted se ve a sí misma y la manera como otros la ven (a pesar de que para algunas el divorcio y la viudez también tienen el efecto de redefinirlas como personas).

Muchos factores contribuyen a los cambios de su vida social con el nacimiento de un niño. Por una parte, no hay duda de que tendrá menos tiempo y energías para la vida social. Por otra, hasta que regrese a un empleo pagado — sea a las seis semanas o a los seis años del nacimiento de su hijo — se sentirá un poco alejada emocional y físicamente del círculo de amistades que se movían en torno a su empleo o profesión. Hay más aún: sus intereses empezarán a cambiar, si es que no han cambiado ya. Por más que disfrute de una conversación sobre política, literatura o chismes, lo más probable es que ahora le interese discutir las ventajas de las clases de ejercicios para bebés o la eficacia de diversas pomadas para la erupción del pañal, o cambiar ideas sobre cómo hacer callar a un niño que llora, o cómo lograr dormir un poco más, o contar las gracias de su bebé que ya se voltea solito o ha echado el primer diente. Otro factor que afecta a su vida social es que algunas amigas solteras parecen sentirse ahora menos cómodas con usted, quizá

porque tienen menos intereses en común, o a que consciente o inconscientemente le tienen envidia. Finalmente, las
amistades que no se ven sino en el empleo (o en las fiestas o en el tenis) son
superficiales y no resisten los cambios.

Lo que la mayor parte de las mujeres
buscan es integrar la mujer que eran antes con la madre que son ahora — sin
que ninguna de las dos sufra disminución. Eso no es fácil. Si usted trata de
permanecer completamente dentro del
círculo anterior, niega que ahora es una
madre. Y si abandona a sus antiguas amigas y pasa el tiempo únicamente en compañía de nuevas madres, niega lo que era
antes. Hacer nuevas amistades pero conservando algunas de las antiguas es probablemente lo más indicado para usted,
puesto que le permite satisfacer todos los
aspectos de su personalidad.

Es bueno que se vea a veces con sus
antiguas amigas — para almorzar, ir a un
concierto o asistir a un seminario. Ellas
querrán saber de su bebé y su nuevo estilo
de vida (aunque no exclusivamente) y
usted querrá enterarse de las novedades y
cómo van las cosas en el trabajo y con sus
relaciones. Trate de hablar de las cosas
que tienen en común, cualquiera que sea
el motivo que las hizo reunirse. Al principio puede que se sienta un poquito incómoda, pero pronto sabrá qué amistades
van a continuar y cuáles es mejor tenerlas
distanciadas, salvo para los cumpleaños y
vacaciones. Quizá se sorprenda al encontrar que una o más de sus viejas amigas se
interesan en su nueva vida y le ofrecen
muchísimo apoyo. Y aquéllas a quienes ha
perdido de vista aparecen de pronto
cuando tienen familia.

Hacer nuevas amistades entre las nuevas madres de su comunidad es relativamente fácil. Sólo se necesita que usted se
presente donde se congregan las madres
de nuevos bebés (los patios de recreo,

clases de ejercicios, grupos de madres, su
iglesia o sinagoga). Busque a las que comparten no sólo su interés en niños sino
también sus demás intereses, para que
esas amistades puedan ser multidimensio-
nales y así podrá usted hablar de diversas
cosas, no sólo de pañales y cuidados infantiles — aunque encontrará que el
tema dominante será siempre los niños.

DISTINTOS ESTILOS DE MATERNIDAD

*"Mi mejor amiga es alegre y despreocu-
pada, no le importa si a su hijo de siete
meses no le da el desayuno hasta la hora
de la comida, lo lleva a todas partes y a
cualquier hora, y no tiene prisa por regresar al trabajo. Yo soy estricta para todo:
la hora de acostarlo, la comida, la ropa
limpia — y volví a trabajar medio
tiempo cuando mi niño cumplió tres meses. ¿Cuál de las dos está equivocada?"*

Ninguna. Cada madre tiene que actuar
de la manera que le resulte más cómoda.
Usted sufriría un colapso nervioso si en-
sayara el estilo despreocupado de su
amiga, y ella se volvería loca si tuviera que
ser tan metódica como usted. Sólo tiene
que preocuparse de estar haciendo algo
mal cuando su hijo se lo advierta — haciendo alharacas o llorando mucho, o no
medrando físicamente. Si esto ocurre,
tendrá que modificar su método de maternidad porque los bebés, lo mismo que
las madres, son individuos y tienen distintos estilos.

Un bebé alegre y sano le está diciendo
a su madre, cualquiera que sea su estilo:
"Lo estás haciendo muy bien".

DAR EL PECHO ESTANDO ENFERMA

*"Estoy con gripe. ¿Puedo seguirle dando
el pecho a mi hijo sin que se contagie?"*

Darle el pecho al niño es la mejor manera de fortalecer sus defensas contra los microbios de usted y cualesquiera otros, y mantenerlo sano. La leche materna no le puede transmitir el microbio de la gripe, aun cuando sí podría contagiarse por otros contactos con usted. Para minimizar el riesgo de infectarlo, lávese bien las manos antes de tocar al niño o sus pertenencias, lo mismo que antes de darle de comer. Si a pesar de todas sus precauciones se le enferma, vea los consejos para el tratamiento en la página 481. Para acelerar su propia recuperación y mantener su producción de leche y sus fuerzas cuando tenga catarro o gripe, beba muchos líquidos (una taza de agua, jugo, sopa o té descafeinado cada hora mientras esté despierta), no olvide tomar su suplemento vitamínico, trate de obtener su Docena Diaria (cuidando especialmente de cumplir los requisitos de vitamina C), y descanse todo lo posible. Si tiene mucha congestión, tome jugos en vez de leche durante un par de días para reducirla (aun cuando esta teoría es controvertible). Consulte con su médico si necesita medicación, *pero no tome ninguna* sin que él se la recete.

Si usted sufre un ataque de un "virus del estómago", o gastroenteritis, también debe tomar precauciones para que el niño no se contagie, — aunque el riesgo es pequeño porque los bebés criados al pecho parecen estar protegidos contra la mayor parte de estas infecciones. Lávese las manos, especialmente después de ir al baño, antes de tocar al niño o cualquier cosa que se pueda llevar a la boca. Tome muchos líquidos (especialmente jugos de fruta diluidos o tés descafeinados)[1] para reemplazar los que se pierden por diarrea o vómito, pero limite los sólidos a cosas blandas como tostadas de pan blanco, arroz, papas hervidas o asadas sin cáscara, crema de trigo o crema de arroz, plátanos, compota de manzana y postres de gelatina (vea la página 726).

Si bien el resfriado corriente y la gripe no se pueden transmitir por la leche materna, algunas formas de hepatitis sí. Si le da esta enfermedad, consulte con el médico del niño si es aconsejable suspender la lactación. El SIDA también se puede transmitir por la leche materna; la madre que esté infectada debe consultar con un pediatra entendido en la materia si en su caso se debe o no se debe dar el pecho.

"Tengo herpe labial; ¿se puede contagiar mi bebé?"

Este herpe labial, que por lo general se desarrolla en los labios o alrededor de la boca, es causado por un virus del herpe, pero de una cepa distinta de la que produce herpes genital. El individuo se infecta generalmente durante la niñez y el episodio inicial incluye fiebre, lo mismo que pústulas en los labios. Después de la fase aguda, el virus permanece inactivo en el cuerpo durante meses o quizá años. Puede reactivarse en épocas de tensión física o emocional. El síntoma más obvio es una ampolla que supura y luego forma costra. El virus sólo es transmisible durante el período de ampolla, pero parece que no todo el mundo es susceptible.

Para no pasarle al niño la infección, lávese muy bien las manos antes de tocarlo a él o de tomar cualquier cosa que vaya a su boca (incluso las manecitas, el biberón o chupador de entretención y sus pezones) — y ¡nada de besos ni de tomar en la misma taza! Los lactobacilos (el cultivo bacteriano que se usa para hacer yogur), que se consiguen en forma de pastillas en las droguerías, si se toman si-

---

[1] Antes era popular como cura para la diarrea tomar cola, ginger ale u otras bebidas gaseosas, pero ya no se recomienda porque el azúcar parece que aumenta la diarrea.

guiendo las indicaciones del caso, ayudan a prevenir la amenaza de una ampolla al primer síntoma de su aparición, o por lo menos a impedir que se desarrolle completamente. Ensaye este tratamiento o pídale al médico que le recomiende otro.

Si usted padece una infección activa de herpes genital, debe tener mucho cuidado y lavarse muy bien las manos cada vez que vaya al baño y antes de darle de comer al niño; su esposo debe usar condón si no está ya infectado. Para que el bebé no toque las ampollas ni ninguna ropa que haya tenido contacto con ellas, póngase una bata limpia o cubra su regazo con una toalla antes de alimentarlo o tocarlo. Como el herpe puede ser muy peligroso para un recién nacido, tenga especial cuidado si la infección se agudiza poco después del alumbramiento.

DEPRESION PERSISTENTE

"No puedo salir del decaimiento del sobreparto. Mi bebé ya cumplió cuatro meses pero yo no tengo fuerzas ni ánimo para hacer nada ni ver a nadie, ni siquiera para salir de la casa. Mi marido dice que necesito ayuda; yo sigo confiando en salir adelante por mi cuenta".

Tal vez salga adelante por su cuenta y tal vez no. En un caso de cada mil, la depresión del sobreparto es tan grave que se requiere un tratamiento profesional para restablecer el equilibrio emocional de la madre. Su prolongado desaliento sugiere que usted podría ser esa una entre mil. No hay para qué sufrir (y hacer sufrir a su familia) con la esperanza de que por sí sola pueda vencer la murria. Consiga ayuda ya. Hable primero con el tocólogo o con el médico de la familia. Si ellos no la pueden curar, le recomendarán a un especialista. Probablemente su problema es físico más bien que emocional (cau-

sado por un desequilibrio hormonal), por lo cual un médico está en mejores condiciones de ayudarle más rápida y más satisfactoriamente que un terapeuta no médico. En algunos casos puede ser útil la terapia hormonal.

Pero en todo caso, no pierda más tiempo y busque ayuda. Cuanto más pronto se libre de la murria, tanto más pronto empezará a disfrutar de su hijo y de su nueva vida como madre.

TIEMPO PARA USTED MISMA

"Estoy tan ocupada atendiendo a las necesidades de mi nueva niña que no tengo tiempo para atender a las mías. A veces ni siquiera me queda tiempo para darme una ducha".

La cosas pequeñas significan mucho para la madre de un bebé. Y a veces estas pequeñeces en que los demás no reparan — ir al baño cuando tiene ganas, tomar una taza de café antes de que se enfríe, sentarse para tomar el almuerzo — se vuelven lujos que ya no se puede dar.

Pero tiene que *hacer* tiempo para usted misma; no sólo para que usted y su marido recuerden que sus necesidades son importantes, sino para que la niña, a medida que crece, lo reconozca también. "Madre" no tiene por qué ser sinónimo de "mártir". No tiene por qué sufrir de infecciones del aparato urinario por no ir al baño con la frecuencia necesaria, ni de indigestión por comer de carrera, ni tener el cabello siempre feo y grasiento por aplazar la ducha. Sin duda se necesita tino y buen juicio para satisfacer sus necesidades sin descuidar las de la niña, pero para bien de ambas, vale la pena hacer el esfuerzo. Al fin y al cabo, una madre contenta es una madre mejor.

Cuál sea la mejor manera de hacer tiempo para usted misma dependerá de factores tales como su programa de actividades, sus prioridades, y a qué va a destinar ese tiempo. Las siguientes indicaciones le servirán para poner un poco de tiempo personal en su vida:

Dejar llorar a la niña. No media hora, pero ciertamente no le hará ningún daño ponerla en la cuna y dejarla un rato sola mientras usted se cepilla los dientes o se aplica un poco de maquillaje y lápiz labial.

Incluirla en sus actividades. Siéntese a almorzar con la niña. Si todavía no come cosas sólidas, póngale a la mesa su asientito infantil y convérsele mientras usted come. O lleve el almuerzo al parque si a ella le gusta más el cochecito y si el clima lo permite. Póngala en su asiento en el piso del baño mientras usted atiende a sus necesidades personales — así irá aprendiendo a usar la bacinilla mientras usted está ocupada. O juéguele a esconderse y aparecer tras la cortina del baño mientras toma su ducha.

Valerse del papá. Tome su ducha mientras su esposo se desayuna con su hija por la mañana, o hágase un tratamiento de belleza mientras él la saca a pasear un sábado por la tarde. No tenga remordimientos por dejar la niña a su cuidado en sus ratos libres; el trabajo de una madre, sea de tiempo completo o parcial, es más absorbente y más exigente que cualquier oficio remunerado.

Cambiar favores. Intercambie servicios de niñera con otras madres que también necesiten algún tiempo libre. Cuide al niño de una amiga y a su hija una tarde o una mañana a la semana mientras ella hace lo que tenga que hacer; otro día le tocará a ella el turno de quedarse con los dos niños.

Contratar ayuda. Es posible que sus recursos económicos no le permitan contratar una niñera ni siquiera por pocas horas, pero tal vez sí podrá conseguir que una adolescente entretenga a la niña mientras usted prepara la comida o atiende a otros quehaceres del hogar.

EL NIÑO NO LA OLVIDA

"Dentro de un par de semanas voy a volver al trabajo. Lo que más me preocupa es que mi hijito no me reconozca cuando vuelva por la noche".

Esta preocupación figura a la cabeza de todas las que atormentan a las nuevas madres que por cualquier razón tienen que separarse de sus hijitos, aunque sea por corto tiempo. Pero es una de las que se pueden borrar rápidamente de la lista. Los niños conocen temprano a su madre, reconocen su voz casi desde que nacen y no la olvidan aun cuando esté ausente todo el día.

TIEMPO DE CALIDAD

"Oigo hablar mucho de la importancia de pasar tiempo de calidad con el niño. Yo paso casi todo mi tiempo con el mío, pero estoy tan ocupada que no estoy segura de que tenga calidad alguna".

Junto con la proliferación de las madres que trabajan (designación inapropiada puesto que *todas* las madres trabajan) se popularizó el concepto de "tiempo de calidad": si la madre no podía pasar mucho tiempo con su hijo, lo menos que podía hacer era aprovechar lo mejor posible el que le podía dedicar. La teoría parece implicar que la cantidad ya no tiene importancia. Pero también hay calidad en la cantidad. No se necesita dejar todo a un lado, sentarse en el suelo y jugar con el niño todo el día para que reciba cuidado de calidad. Usted se lo prodiga cada vez que le cambia el pañal, le da de comer y le conversa, cada vez que lo baña y le da los juguetes. Hasta cuando le charla desde la cocina mientras él corre en sus andaderas, le canta en el automóvil, se inclina para hacerle cosquillas en el corralito de juego al pasar a su lado cuando está aspirando, o lo sienta con unos cubos mientras usted revisa sus cuentas.

El tiempo de calidad es el que pasa con su bebé en formas pasivas tanto como activas, y es algo que una madre amante y que pasa bastante tiempo con su hijo no puede dejar de darle. Sabrá si tiene éxito con sólo observar al niño: ¿Sonríe, responde, parece básicamente contento? Si es así, le está dando tiempo de calidad.

"Como tengo un empleo de jornada completa fuera de casa, temo que no paso suficiente tiempo de calidad con mi hijito".

Bastantes preocupaciones tiene una madre que está empleada, sin echarse encima una más pensando que el tiempo que dedica a su hijo o hijos no es de calidad adecuada; inquietud que, dicho sea de paso, no es más que un obstáculo para su buen desempeño. Si tiene poco tiempo para dedicarlo al niño, querrá aprovechar con él todo minuto. Reconocer que esto es imposible (habrá momentos en que tenga que hacer otras cosas, días en que usted o él no estén de humor) será el primer paso para asegurarse de que el tiempo que pasen juntos será bien empleado. Otros pasos que puede dar son:

Actuar con naturalidad. No necesita su capa de supermamá antes de cruzar el umbral. Lo único que el niño quiere es *a usted*. Y no necesita llenar todo momento con actividades estimulantes. Por el contrario, actúe con naturalidad y guíese por las manifestaciones del niño (es posible que al final del día esté demasiado can-

sado para juegos activos). Tiempo de calidad es el tiempo que pasan juntos, ya sea comiendo juntos, o bien mimándose mutuamente, o simplemente estando juntos en la misma pieza, aun cuando no estén haciendo la misma cosa.

Incluir al niño. Llévelo a su cuarto mientras se cambia de la ropa de trabajo e inclúyalo en cualquier oficio de rutina que tenga que hacer cuando regrese a la casa. Déjelo jugar con los sobres vacíos mientras usted abre la correspondencia, con las bolsas vacías mientras acomoda el mercado, o hacer ruido con las ollas mientras usted hace la comida.

Contarle lo que hizo. Esto sirve para dos cosas: La primera, para comunicarse con él (le encanta oír su voz, aunque no entienda una palabra). La segunda, para descargar su ánimo de las experiencias de la jornada, lo cual le ayudará a despreocuparse y hacer una transición más rápida a su vida de hogar.

Abreviar el trabajo casero. Siendo el tiempo tan escaso, concédales menos a las tareas menos importantes (limpiar, cocinar, arreglar la ropa, por ejemplo). Ahorre tiempo en la preparación de la comida, cocinando el doble para congelar la mitad y recalentarla otra noche; usando vegetales congelados y trayendo las ensaladas del restaurante. Deje acumular el polvo toda la semana y límpielo todo de una sola vez el fin de semana, con ayuda de su esposo. O si tiene con qué, contrate quien vaya a hacer la limpieza una vez a la semana. Use ropa que no necesite plancha y sáltese los retoques, y si las camisas tienen que quedar perfectas, mándelas a la lavandería.

Dejar la cena para después. O no calentarla hasta que el bebé esté dormido. Las comidas tarde puede que no sean lo mejor para la digestión, pero le darán más tiempo para pasar con el niño mientras está despierto (prestarle toda su atención mientras come) y más tiempo para pasar con su esposo, que será el centro de atención mientras el bebé duerme. Después las comidas en familia serán importantes, pero por ahora realmente no son necesarias. Por el contrario, a esta edad del niño, comer con él puede ser una experiencia muy poco tranquilizadora.

Suprimir las distracciones. No es posible conceder a su bebé tiempo de calidad mientras está viendo el noticiario de la tarde. Reserve para cuando ya esté acostado ver la televisión, escuchar la radio y hacer sus llamadas telefónicas. Conecte el contestador automático para aplazar la charla con las personas que llamen, hasta que el niño esté dormido.

No dejar por fuera al esposo. Cuando busque tiempo de calidad con su hijo, no olvide el tiempo que se pasa en familia. Incluya a su esposo en todo lo que esté haciendo con el niño, desde bañarlo hasta jugar. Igualmente, tenga en cuenta el tiempo que su marido pasa solo con el bebé. Es importante por varias razones. Le permite a él disfrutar de los placeres de la paternidad participante, cosa que se perdían los padres en generaciones anteriores; y al niño le concede el beneficio de intimidad con dos individuos únicos, con lo cual se duplica su tiempo de calidad.

TIEMPO PARA EL AMOR CONYUGAL

"Mi marido y yo vivimos tan ocupados — cada uno en su empleo, el niño, la casa — que rara vez tenemos tiempo el uno para el otro. Y cuando lo tenemos, estamos demasiado cansados para aprovecharlo".

Ese tercer miembro de la familia que ha venido ahora no se puede decir que sea un tercero en discordia, pero es tanto el tiempo que exige su cuidado, que a ustedes no les queda tiempo para estar juntos. En realidad, ese período inicial de su nueva vida como padres bien puede distanciarlos entre sí, en lugar de unirlos más. Pero para usted, sus relaciones con su esposo son lo más importante de su vida — más aún que su relación con el hijo — (los hijos crecen y abandonan el nido, en tanto que el esposo la acompañará hasta la vejez, por lo menos así lo debemos esperar). Fue su mutuo amor lo que creó su familia, y es ese amor lo que mejor la puede fomentar y sostener.

A pesar de todo, a la relación marido-mujer es a la que se presta generalmente menos atención. Si cualquiera de ustedes dos descuidara su oficio o al niño, las consecuencias no tardarían en manifestarse. Aun el resultado de descuidar quehaceres domésticos como limpiar y cocinar se verían rápidamente. Pero las consecuencias de descuidar un matrimonio no suelen ser aparentes al principio; sin embargo, pueden minar las buenas relaciones de la pareja antes que ésta lo advierta.

Haga por su matrimonio lo que él merece, con esfuerzo consciente por mantener encendida la llama del amor, o reavivarla si parece que se está apagando. Vuelva a pensar en sus prioridades y reorganice su tiempo de cualquier manera que sea necesario, con tal que le quede libre el que deben pasar juntos. Una de esas maneras es establecer para el niño un horario que permita acostarlo razonablemente temprano (vea la página 199), de modo que ustedes dos puedan pasar la velada juntos. Compartan una tranquila cena tarde, sin TV, sin llamadas telefónicas, sin periódico que leer, sin lloriqueos del bebé. Una copa de vino la puede sosegar (con tal que no conduzca a tres o cuatro, que le sentarían mal); luz de velas y suave música de fondo contribuyen a crear un ambiente romántico.

Estas veladas no tienen que culminar siempre en el acto sexual. En realidad, éste puede ser raro en los primeros meses agotadores y aun es posible que a usted no le interese mucho durante un tiempo. Para la buena armonía de la pareja, la comunicación verbal puede ser ahora más importante que las relaciones carnales. Pero resista la tentación de hablar únicamente del bebé; eso contrariaría la finalidad que se busca.

Traten de salir a divertirse juntos por lo menos una noche al mes; si se puede con más frecuencia, tanto mejor. Vayan a comer, a un cine, a visitar a los amigos, o a lo que más les guste hacer. Traten también de lograr un par de horas libres del bebé los fines de semana para realizar algún interés compartido. Contrate una niñera, alterne con una amiga el cuidado de los niños, o pida a los abuelos que se queden con el bebé. (Esto es una gran cosa para todos.)

Si no pueden acomodar ese tiempo libre en su programa actual, tendrán que revisar el programa. Quizá estén tratando de hacer demasiado. Tal vez uno de los dos, o ambos, tendrán que recortar las horas de trabajo, salirse de una clase, dejar de ir una noche a jugar bolos, o reducir las horas de ver TV.

CELOS DEL PAPA CON EL BEBE

"Por absurdo que parezca, siento celos del tiempo que mi esposo pasa con nuestra hija; ojalá que a mí me dedicara la mitad de esas atenciones".

Los amores de un papá con su hijita parecen inofensivos y hasta enternecedores cuando se ven desde fuera; pero le pueden parecer una amenaza a una mujer que no está acostumbrada a compartir el afecto de su esposo, particularmente si ha gozado de su solícita atención durante los nueve meses de embarazo.

Si bien esos sentimientos de celos probablemente desaparecerán una vez que la dinámica familiar haya tenido tiempo de establecerse, hay varias medidas que se pueden tomar para hacerles frente mientras tanto:

No afanarse. Lo primero que tiene que hacer para sobreponerse a los sentimientos que está experimentando es reconocer que son normales y comunes — no mezquinos, malvados, egoístas, inmorales ni en modo alguno vergonzosos. Deje a un lado esos remordimientos.

Agradecer. Piense qué suerte tiene de estar casada con un hombre que está dispuesto a pasar su tiempo con su hijita. Es cierto que hoy la participación del marido en el cuidado infantil es menos rara que antes, pero tampoco es cosa común y corriente. Aproveche el tiempo que ellos están juntos para ponerse al día en sus quehaceres o sus necesidades personales. Observe con aprecio el amor que despierta entre ellos dos y trate de apoyarlo; los lazos que formen ahora durarán toda la vida, pasando por los dos primeros años terribles y aun por los turbulentos de la adolescencia, y harán de su hija una mujer mejor.

Hacerse partícipe. Padre e hija ciertamente deben compartir algún tiempo solos, pero a veces un tercer jugador será bienvenido. Tome parte en el juego de cosquillas (él en el pecho, usted en los pies), échese en la cama a su lado cuando están viendo un libro, siéntese en el suelo con ellos a hacer trío en el juego de lanzar y recibir un juguete.

Hablar con franqueza. No se quede callada y resentida cuando papá y bebé la dejen por puertas en sus retozos. En la emoción de haber hallado una nueva camarada, su esposo ni habrá caído en la cuenta de que ha dejado a un lado a la antigua. A lo mejor creerá que le está ayudando a usted. Sin ofenderlo ni ponerlo a la defensiva dígale cómo se siente y exactamente qué puede hacer él para remediarlo (por ejemplo, decirles *a ambas* que son muy bonitas, darles un beso y un abrazo *a ambas* cuando entra y cuando sale, arrimarse espontáneamente *a las dos*). El no puede satisfacer las necesidades de usted si no las conoce.

Atender al marido. Recuerde que las relaciones que funcionan son las de doble vía. No puede esperar que su marido le dedique a usted más atención si usted no le corresponde. Cuide de no dedicar todo su tiempo, energías y afecto a la niña, dejándolo a él por fuera. Consiéntalo, y con seguridad él le pagará con la misma moneda.

Atender también a la hija. Es posible que su marido, consciente o inconscientemente, esté tratando de compensar lo que considera falta de atención de usted para la niña. Tal vez usted ha estado tan ocupada con otras responsabilidades (un empleo, quehaceres domésticos, deportes o lo que sea), que no le ha quedado tiempo suficiente para su hija. Si ése es el caso, dé gracias de que haya habido quien le diera atención maternal, y piense en revisar sus prioridades para que la niña reciba más de usted.

CELOS DE LAS HABILIDADES DEL PAPA

"Yo pensaba que las madres éramos las que sabíamos tratar a los niños; pero mi marido tiene una manera de hacer reír a nuestro bebé, de callarlo y mecerlo para que se duerma, que yo no tengo. Me da envidia".

Todos los padres se inician en la paternidad con algo que ofrecer a su retoño, sin que la contribución del uno sea más valiosa o deseable que la del otro. Unos son más hábiles en materia de juegos y diversiones (juegos bruscos, risas, esconderse y aparecer), otros son diestros en cosas prácticas (darle de comer, bañarlo, vestirlo sin lucha). Algunos, como su marido, tienen el don de entenderse bien con el niño.

Con todo, no es raro que uno de los dos se sienta un poco celoso de las habilidades del otro. Pero esto se puede remediar:

Considérese afortunada. Un padre capaz y dispuesto a tomar parte en el cuidado del niño en forma completa y competente, es algo muy valioso y le puede aliviar muchísimo la carga a la madre. Déjelo practicar su magia infantil siempre que pueda. Para que una sociedad sea productiva (y el matrimonio debe ser una sociedad), cada uno de los socios debe aportar lo que sepa hacer mejor.

No sea una feminista exagerada. La idea convencional de que las mujeres son por naturaleza más capaces para cuidar a los niños, es inexacta y en el fondo perjudicial para todos. Fuera de la lactancia, no hay ningún aspecto de la crianza para el cual la mujer sea necesariamente más hábil que el hombre, o viceversa. Algunos padres poseen ciertas habilidades naturales para ello, mientras que otros, hombres o mujeres, tienen que esforzarse por adquirirlas; pero si se les ofrece la oportunidad, todos con el tiempo aprenden.

Sepa que lo hace bien. Tal vez usted no se da cuenta de cuánto está haciendo por su hijo y qué bien lo está haciendo. Pero él sí lo siente, y no podría pasar sin usted.

Espere un poco. El hecho de que algunas destrezas sean menos fáciles para usted que para su esposo, no significa que nunca las va a adquirir. Si le está dando el pecho al niño, quizá encuentre que una vez que lo destete y que haya pasado la distracción de la leche materna, lo podrá calmar cargándolo, como lo hace su esposo. Con práctica y dejando a un lado la vergüenza, aprenderá a canturrear las canciones de cuna y estribillos que encantan a los bebés, a jugar juegos de dedos y hacer muecas, a mecerlo con un ritmo confortante.

En lugar de remedar lo que su marido hace bien, empiece a hacer lo que sea natural para usted. Sus probabilidades de éxito serán mejores si no empieza con una actitud derrotista que detectará su hijo, más listo de lo que usted se imagina. Busque igualmente alguna manera de aliviar un poco su tarea. Si sus oficios son los más rutinarios y desagradables (por ejemplo, cambiar pañales o hacerle el temible champú), negocie con su marido algunos cambios de deberes entre los dos. Cuando él se encargue de algunos de los menos gratos, usted quedará libre para algunos de los divertidos.

Y recuerde: Por buenas que sean las relaciones que se desarrollen entre el papá y el bebé, siempre habrá ocasiones en que nadie la puede reemplazar a usted, y escuchará ese gemido familiar: "¡Yo quiero a mi mamá!"

SE SIENTE POCO APRECIADA COMO MUJER

"Desde que nació nuestro bebé, siento que mi marido me ve sólo como la madre de su hijo, no como la mujer amada".

Un hombre no crece pensando en su madre como un ente sexual, o por lo menos rápidamente sublima tales pensamientos. Cuando se convierte en madre la mujer que ama, que es el ente sexual de

su vida, se le crea una confusión en sus sentimientos acerca de ella. Y ella muy a menudo le aumenta esa confusión comportándose más como madre que como compañera, en su esfuerzo por dominar los difíciles deberes de la maternidad.

Aun cuando este problema es común en las nuevas familias, no es insoluble; y resolverlo es uno de los pasos más significativos que usted puede dar para asegurarse de que su hijo se críe en un hogar feliz. Usted puede ser ambas cosas: madre para su hijo y esposa y amante de su marido, con sólo que haga un pequeño esfuerzo extra.

Haga por sentirse como mujer. Atender a su apariencia será un buen comienzo. Cabello limpio y bien cuidado (un corte fácil de cuidar ayuda), maquillaje sencillo (si está acostumbrada a usarlo, o si le parece que lo necesita ahora que duerme menos) y ropa limpia (una camisa que el niño haya escupido no inspira sentimientos románticos) no sólo la harán sentirse más atractiva, sino que permitirán a su esposo verla como una mujer deseable. Para la mayor parte de las madres no sería realista esperar que cada día empiece así; pero sí se puede llegar a ese estado antes de que se oiga la llave del marido en la cerradura de la puerta al volver del trabajo. Aun en el peor de los días, cuando no ha tenido tiempo para un champú ni encuentra en la cómoda una blusa que no desentone con sus pantalones de trotar, puede tomarse cinco minutos para un rápido lavado de la cara y un minimaquillaje: aplíquese un poco de crema y colorete, pásese el cepillo por la cabellera, échese unas gotas de su perfume favorito. Se sentirá mejor y su esfuerzo no pasará inadvertido para su esposo.

Hágalo sentirse hombre. Las nuevas madres casi siempre transfieren su centro de atención del marido al niño, por lo menos inicialmente. Eso está bien para preservación de la especie, pero no para la preservación del matrimonio. Esfuércese por enamorar a su marido como quisiera que él la cortejara a usted. Abrácelo inesperadamente por la espalda cuando él esté lavando los platos; apriétele la mano cuando le pase el jabón del niño; prodíguele cumplidos cuando llega a la casa habiéndose hecho cortar el pelo; béselo en cualquier momento y en cualquier parte, sin pretexto alguno. Prepárele sus platos favoritos, déle un regalo aunque no sea su cumpleaños, pregúntele cómo le fue en el trabajo en lugar de quejarse usted de su propia jornada.

Compartan el niño. Hacer sentir a su esposo más cómodo como padre le ayudará a sentirse más como hombre, reducirá cualquier resentimiento por compartirla a usted con el bebé, y lo hará a él más parte de su nueva vida, lo cual a su vez reavivará el fuego del amor entre los dos. Anímelo a participar en el cuidado del niño sin sermonearlo al respecto, haciendo que eso parezca más bien como un privilegio y un placer que como una obligación. Y no olvide alabar sus esfuerzos, no criticarlos, aun cuando al principio parezcan un poco desmañados.

PENSANDO EN EL SIGUIENTE HIJO

"Ya casi tengo cuarenta años y tuve mi primer hijo el año pasado. Sé que es muy pronto para pensar en otro, pero es que no me quedan muchos años de fecundidad".

Hoy la decisión de espaciar los hijos depende más de las exigencias de nuestro tiempo que de lo que digan los últimos textos de psicología sobre qué es lo mejor para su niño. Muchas mujeres tratan de tener un segundo hijo, antes de llegar a los cuarenta años, o poco después.

Lo mejor es esperar por lo menos un año después de tener un hijo, antes de quedar otra vez embarazada. Es cierto que muchas madres y niños no tienen problemas con un espaciamiento más corto, pero el intervalo de un año le da al organismo de la madre tiempo para sanar y recuperar las fuerzas, lo cual es particularmente importante si el primer niño nació por operación cesárea. También permite lactar a éste todo un año si se desea. Por desgracia, lo que no permite es tiempo óptimo para que el niño sea el bebé de la familia. Seguramente no será lo ideal ser desplazado por un hermanito menor cuando uno todavía está en pañales; y hoy los bebés casi siempre lo están hasta a los 21 meses. Los expertos están divididos en cuanto a qué es lo ideal. La mayoría aconsejan esperar de dos a cuatro años, que según algunos estudios (aun cuando no todos) dan una ligera ventaja a los niños. Pero las generalidades no sirven para todas las familias, y para ustedes la mejor época de tener otro hijo será cuando a usted y a su esposo les parezca que están preparados.

Puesto que esperar más de un año no es siempre una opción aceptable, conviene anotar que un espaciamiento menor entre uno y otro hijo también puede resultar perfectamente bien, y aun ofrece algunas ventajas, sobre todo una vez que pasen los pocos años de caos, noches de desvelo y pañales interminables: los hermanitos pueden ser mejores camaradas; y los mismos juguetes, cines, actividades y vacaciones les interesan a los dos. Con mucho amor, atención y preparación, el hijo mayor hace la transición de bebé a hermano mayor con un mínimo de traumatismo (vea la página 697).

Si usted piensa en serio en volver a quedar embarazada pronto, vaya a ver a su médico ahora para que le haga un examen completo; atienda igualmente a cualquier problema de la dentadura. Luego, en los dos o tres meses antes de que empiece a tratar de concebir, empiece a preparar su organismo:

■ Destete a su bebé, si no lo ha destetado ya, pues de lo contrario, en la competencia por los nutrimentos, alguno de los dos saldrá perdiendo — seguramente el que no ha nacido aún. Esa rivalidad entre los hermanitos ni es sana ni se recomienda. Usted también puede sufrir si sus reservas de calcio y otros nutrimentos esenciales se agotan.

■ Siga "El mejor régimen después del parto" y recomiéndele a su esposo que él también mejore su alimentación. Continúe tomando un suplemento de vitaminas para el embarazo.

■ Póngase en forma y consérvese sana mediante ejercicios, y trate de ajustar su peso lo más cerca posible a lo ideal. Sin embargo, no haga dieta rigurosa durante los pocos meses anteriores a la concepción, y *no trate de perder peso* una vez que quede embarazada.

■ Suspenda las píldoras anticonceptivas y los espermaticidas por lo menos dos meses (o mejor tres) antes de empezar a tratar de concebir. Opte por el condón hasta que esté lista para empezar.

■ Evite el abuso del alcohol durante el embarazo; suspenda totalmente la bebida cuando empiece a tratar de concebir. Si fuma o usa otras drogas suspéndalas antes de tratar de concebir. Su marido también debe abstenerse del alcohol y las drogas mientras usted esté tratando de quedar embarazada. Si alguno de ustedes no puede parar, busquen ayuda.

■ Una vez que haya empezado a tratar de concebir, limite las drogas recetadas o de venta libre a las que el médico apruebe para uso durante el embarazo.

■ Evite igualmente toda exposición a los rayos X o a sustancias químicas potencialmente peligrosas.

■ Cálmese. El exceso de tensiones en su vida podría impedirle concebir, mientras que durante el embarazo no son buenas para el feto, ni para su hijo mayor, ni para usted.

LO QUE IMPORTA SABER: Trabajar o no trabajar

Muchas mujeres, por diversas exigencias — sociales, profesionales o financieras — no tienen la opción de quedarse en casa después de tener un niño. Para las que sí pueden elegir, el proceso de tomar la decisión suele ser angustioso. Los expertos en cuidado de los niños no les dan muchas luces para guiarse porque no están de acuerdo. Unos creen que el niño no sufre perjuicio alguno, y antes bien puede beneficiarse, cuando lo dejan al cuidado de otras personas; mientras que otros opinan, con no menos convicción, que esto puede ser altamente perju-

dicial cuando ambos padres trabajan, y que uno de los dos (que por razones prácticas suele ser siempre la madre) se debe quedar en la casa por lo menos parte del tiempo, hasta que el niño tenga tres años.

Las investigaciones tampoco ayudan mucho. Los estudios arrojan resultados contradictorios, principalmente porque tales investigaciones son difíciles de realizar y difíciles de evaluar. (¿Cómo se juzgan los efectos que tiene en el niño el que la madre desempeñe un empleo pagado? ¿O que no tenga empleo? ¿Cuáles efectos son importantes de evaluar? ¿Cuáles son difíciles de cuantificar? ¿Hay algunos que ni siquiera podemos predecir? ¿Aparecerán temprano los problemas o sólo en la edad adulta?) Además, la investigación no es siempre objetiva y se orienta según los prejuicios del investigador.

No contando, pues, con datos ciertos sobre los riesgos o beneficios a largo plazo de trabajar o no trabajar la madre fuera del hogar, todo el peso de la decisión recae sobre los padres. Si usted está tratando de decidirse, hágase estas preguntas, que le pueden ayudar a encontrar el camino que más le convenga.

¿Cuáles son sus prioridades? Considere cuidadosamente qué es lo más importante en su vida. Tome un lápiz y haga una lista de sus prioridades en orden. Incluirán seguramente el niño, la familia, su carrera, la seguridad financiera, los lujos de la vida, vacaciones, estudios — y pueden ser muy distintas de las de su vecina o las de la que ocupa el escritorio siguiente en la oficina. Después de hacer la lista, piense si se cumplirán mejor volviendo al empleo o quedándose en casa.

¿Qué papel de jornada completa se ajusta mejor a su personalidad? ¿Está más contenta en su casa con el bebé? ¿O esto la impacienta y la pone tensa? ¿Será capaz de dejar en la casa sus preocupaciones por el niño cuando va al trabajo, y en la oficina las relativas al trabajo cuando está en la casa con el bebé? O si no puede dividir así su vida en compartimientos ¿eso le impedirá dar lo mejor de sí en ambos oficios?

¿Estaría tranquila dejando que otra persona cuide del niño? ¿Le parece que nadie puede hacerlo tan bien como usted? ¿O está segura de poder encontrar, o ha encontrado ya, una persona o grupo que

la reemplace adecuadamente durante sus horas de ausencia en el trabajo?

¿Qué tal perderse las primicias del bebé? La primera vez que su bebé ríe, se sienta, se pone en cuatro pies y gatea, o da su primer paso — ¿le da lo mismo que se lo cuenten, y no verlo usted misma? ¿Le dará tristeza o pesar si es a la niñera a quien el niño acude cuando se golpea? ¿Cree que podrá percibir las necesidades no expresadas del bebé con sólo pasar las noches y fines de semana en su compañía?

¿Cuánta energía tiene? Necesitará mucha fortaleza emocional y física para levantarse con el niño, arreglarse para salir, trabajar la jornada completa y luego volver a su casa a atender a las necesidades del bebé, el hogar y el marido. Generalmente lo que más sufre cuando falta energía en el hogar donde ambos padres trabajan y hay niños pequeños son las relaciones entre marido y mujer.

¿Son muy exigentes el empleo y el niño? Si su trabajo no es muy fuerte y cuidar del niño es un juego, las dos cosas son relativamente fáciles de manejar. Pero si desempeña un oficio de alta presión y el bebé también le exige mucho, ¿se encontrará con que no puede atender a ambas cosas día tras día?

Si vuelve a trabajar, ¿encontrará apoyo adecuado de su esposo o de otra fuente? Ni siquiera una madre del planeta Krypton lo puede hacer todo sola. ¿Su esposo estará dispuesto a hacer su parte en el cuidado del niño, las compras, la cocina, la limpieza, el lavado de la ropa? ¿O tienen con qué pagar ayuda de fuera para compensar?

¿Cuál es su situación financiera? Si usted no vuelve al trabajo, ¿la supervivencia de la familia se verá amenazada, o simplemente será necesario recortar los extras a que estaban acostumbrados? ¿Hay manera de hacer los recortes sin que se sienta tanto la merma de sus ingresos? Si vuelve al trabajo, ¿en cuánto afectarán a su ingreso los costos relacionados con el empleo (ropa, transporte, cuidado del niño)?

¿Es flexible el empleo? ¿Podrá hacer uso de una licencia si el niño o la niñera se enferman? ¿O llegar tarde o salir temprano si en su casa se presenta una emergencia? ¿El trabajo exige largas horas, fines de semana o viajes? ¿Está usted dispuesta a pasar períodos prolongados lejos de su hijo?

¿Cómo se afectará su carrera si no vuelve al empleo? Interrumpir una carrera la puede retrasar a usted profesionalmente cuando vuelva al trabajo. Si sospecha que esto le puede ocurrir a usted (aunque muchas mujeres encuentran al regresar que sus temores no se realizaron) ¿está dispuesta a hacer el sacrificio? ¿Hay maneras de mantenerse al día en su profesión durante los años que permanezca en casa sin comprometerse de jornada completa?

¿Existe una posición intermedia? No podrá aprovecharlo todo sin perder el juicio, pero tal vez sí logre obtener lo mejor de ambas situaciones buscando una transacción creativa. Las posibilidades son infinitas y dependen de sus habilidades y experiencia en el trabajo. Si hay quien considere sus habilidades valiosas para ocuparlas de jornada completa, entonces no hay por qué no pueda venderlas también por horas. Es posible que un patrono anterior, o uno nuevo, la contraten con horario reducido o de oficio compartido. O acaso pueda trabajar independientemente como asesora más bien que

como empleada a sueldo. Tal vez pueda hacer el trabajo en la casa, o llevar al niño a la oficina parte del tiempo (algunas mujeres lo han hecho todo el tiempo). O llevarlo consigo a ver clientes o cumplir un encargo. Cuando pueda escoger, es mejor trabajar cuatro o cinco medios días que dos o tres días completos, pues en esa forma no se separará de su niño por largos períodos.

Si usted es vendedora de propiedad raíz, muestre casas dos veces a la semana; si es maestra, dé clases privadas dos o tres tardes; visite clientes un par de noches a la semana si es terapeuta; dé clases de higiene personal si es enfermera; acepte trabajo de mecanografía si es secretaria; o trabaje por horas para un grupo o en una clínica si es usted médica. Si le gusta enseñar, organice en el club de su localidad o en su iglesia o sinagoga, o centro de aprendizaje para adultos una clase en el campo de su especialidad (cualquier cosa que sea: culinaria, redacción creativa, gimnasia aeróbica, mecánica de automóviles o cómo preparar una declaración de renta, etc.).

O monte un negocio en su casa. Si es contadora o redactora de anuncios, busque unos pocos clientes cuyas cuentas pueda administrar desde su casa; si es escritora, editora o diseñadora gráfica, busque encargos a destajo. Si tiene habilidad para tejer, diseñe saquitos para venderlos a las tiendas de ropa infantil; si sabe hacer magníficos pasteles, venda sus creaciones a las tiendas de especialidades gastronómicas.

Si decide trabajar en su casa, para sí misma o para otra persona, quizá necesite de todas maneras una niñera por lo menos durante parte de sus horas de trabajo. Pero también puede trabajar de día mientras el niño duerme o de noche cuando está en la cama, y llevarlo consigo cuando vaya a recibir o entregar trabajos. Conseguir ayuda para los quehaceres del hogar es importante para no tener que sacrificar una gran parte de su tiempo con el niño.

Cualquiera que sea su decisión, probablemente requerirá cierto grado de sacrificio. Por más resuelta que esté a quedarse en su casa, no dejará de sentir un poco de nostalgia cuando hable con amigas que siguen ejerciendo su profesión. O al contrario, si decide volver al trabajo sentirá cierto arrepentimiento al encontrarse con madres que van al parque con sus hijos cuando usted está en camino a la oficina.

Estas contradicciones son normales, y como son pocas las situaciones perfectas en este mundo imperfecto, hay que acostumbrarse a vivir con ellas. Con todo, si se multiplican y encuentra que las insatisfacciones son más que las satisfacciones, es tiempo de revisar su elección. Una decisión que en teoría parecía acertada puede resultar equivocada en la práctica, caso en el cual no debe usted vacilar en modificarla, si esto es posible.

Y cuando todo no salga tan bien como quisiera, recuerde que los niños que reciben mucho amor son muy resistentes. Aun una decisión equivocada, si tal cosa existe, no les dejará cicatrices permanentes.

CUANDO VOLVER AL TRABAJO

No hay un momento perfecto previsible en que alguien diga: "Muy bien, ahora ya puede volver al trabajo. Su niño estará muy bien y lo mismo usted". Si resuelve volver al trabajo durante el primer año, el momento de regresar dependerá en parte de su oficio y de los días de licencia de maternidad de que disponga, y en parte de cuándo estén listos usted y el niño. Y eso es algo muy personal e individual.

Si puede elegir, los expertos sugieren que espere hasta que haya hecho una buena "compenetración" o "enlace" con su hijo y se sienta competente como madre. Esto puede tardar unos tres meses (pero si el niño ha tenido cólico, probablemente apenas ahora empezarán a hacerse amigos), o puede tardar cinco o seis. Infortunadamente, muchas mujeres con hijos difíciles se apresuran a volver al trabajo suponiendo que otra persona puede entenderse mejor con el niño que ellas. Dejando incompleta la tarea de enlace, estas mujeres nunca llegan a sentirse competentes como madres, lo cual es perjudicial para la relación madre-hijo.

La opinión pública mundial pide cada vez más largas licencias de maternidad, con alguna garantía del empleo. Más de 100 países garantizan alguna forma de licencia para estos casos, pero en otros todavía la legislación al respecto es deficiente o sólo se da a las mujeres una licencia sin paga. En el Canadá las mujeres tienen garantizadas hasta 41 semanas de licencia con seguridad del empleo y 60% del salario; las italianas obtienen hasta cinco meses con 80% del salario, y las alemanas 18 semanas con sueldo completo.

CAPITULO VEINTICINCO

El nuevo padre

Durante los nueve meses de embarazo de su esposa, el cuidado directo de su hijito estuvo fuera de sus manos, no por decisión suya sino porque así lo dispone nuestra naturaleza biológica. Usted podía estar a su lado ofreciéndole apoyo y amor, pero no podía asumir esa responsabilidad ni por un instante.

Ahora que se ha cortado el cordón, las reglas del juego son otras. Usted ya no necesita equipo biológico especial para desempeñar la tarea. Ni siquiera necesita experiencia. Todo lo que requiere es voluntad para colaborar. No como principal asistente y lavaplatos de su mujer, sino como su socio en la tarea maravillosa, imprevisible, agotadora, emocionante y siempre exigente de criar un hijo.

LO QUE LE PUEDE PREOCUPAR

SU REGIMEN ALIMENTARIO Y SU BEBE

"Durante el embarazo de mi mujer prescindí de muchas cosas que me gustan, por apoyarla en sus esfuerzos por comer bien para alimentar a la criatura. Pero basta ya. Ahora que nuestro hijo ha llegado ¿no puedo comer lo que me gusta?"

La dependencia nutritiva de su hijo no termina cuando se corta el cordón umbilical. Hasta que crezca y se vaya del hogar, su hijo será lo que coman ustedes y el resto de la familia. Elija para el desayuno rosquillas o pasteles dulces, tome entre las comidas un piscolabis de papitas fritas o galletas, acompañe su emparedado del almuerzo con una Coca-Cola, deje a un lado las zanahorias y calabacines de la comida, y le habrá dado un ejemplo dietético que con seguridad va a seguir.

Otra razón significativa para que usted tome en serio su régimen alimentario, incluso cuando su hijo es todavía un bebé, es que así aumenta las probabilidades de estar vivo cuando él crezca, y de ser para él un padre sano y productivo en los años de su desarrollo. Todas las enfermedades que tienen mayores probabilidades de quitarles la vida prematuramente a usted y a muchos otros hombres — cáncer, enfermedad del corazón, paro cardiaco, diabetes — se pueden prevenir hasta cierto punto comiendo bien.

Continúe con una dieta de alto contenido de hidratos de carbono complejos ricos en fibras (como cereales y panes integrales, pastas de alta proteína o grano entero, fríjoles y arvejas secas, frutas y vegetales), bajo contenido de azúcar, sal, grasas (especialmente grasas endurecidas o saturadas) y colesterol, y moderado en proteínas — para bien de su niño y de usted.

Y no sabotee fumando los beneficios que le da al niño alimentándose bien. Los hijos de padres fumadores contraen muchas más enfermedades que los de no fumadores, son más propensos a contraer el vicio, y más susceptibles de sufrir de cólicos. Si usted fuma y le cuesta trabajo dejar el cigarrillo, busque ayuda de su médico o ingrese en un grupo o programa para dejar de fumar.

UN ALUMBRAMIENTO DECEPCIONANTE

"Mi mujer y yo esperábamos un alumbramiento natural. Pero las cosas no resultaron así, y necesitó medicación. Esto me disgustó mucho y todavía me siento desilusionado".

Muchos hombres y mujeres creen que el parto es una especie de examen en que uno es aprobado o reprobado. Si se hace necesario administrar medicación, practicar una episiotomía o aun una cesárea, estos maridos consideran que el parto fue un fracaso y acaban por sentirse no sólo desilusionados sino hasta defraudados. Tales actitudes tienen generalmente su origen en los cursos de educación prenatal y libros sobre la materia, que hacen demasiado hincapié en la felicidad de la experiencia misma, en vez del resultado, y presionan a las parejas para que opten por un alumbramiento natural en cualquier circunstancia. Se da la impresión de que la mujer que pida medicación es inexcusablemente débil, no que los dolores sean inaguantablemente fuertes. Las descripciones del proceso de dar a luz son más idealistas que realistas, y a los dolores del parto se les dice "malestar", pese a que las investigaciones revelan que son los más fuertes que puede sufrir un ser humano.

Esto no quiere decir que la experiencia del alumbramiento nunca sea perfecta y natural, sino que con más frecuencia no lo es. Y a la larga, en realidad no importa que lo sea o no lo sea. Mientras madre e hijo salgan sanos y salvos de la sala de partos, el alumbramiento ha sido un éxito y ambos padres deben estar felices. Dándole a entender a su esposa que usted está descontento con su "comportamiento" (aun indirectamente) si se hizo necesaria una intervención médica, puede aumentarle su propio sentimiento de incapacidad y desencanto, todo lo cual la hace más propensa a padecer depresión del sobreparto. Lo que usted debe hacer, en cambio, es decirle que se siente orgulloso de ella, que está encantado de que ella y el niño hayan salido con bien de la prueba, y cuánto significan ambos para usted.

LAZOS DE AFECTO

"Yo creía que me iba a sentir inundado de amor por mi hijita cuando la cargara por primera vez en la sala-cuna, pero no fue así. No responde, es tan colorada e hinchada, tan distinta de lo que yo imaginaba".

Para el hombre que por primera vez es padre y nunca en la vida había visto a un recién nacido, la reacción inicial al ver al suyo bien puede ser desilusión más bien que afecto. Los amores necesitan tiempo y cultivo para fructificar. Hasta los padres que parecen enamorarse "a primera vista" de sus bebés, encuentran que los lazos de afecto se fortalecen con el correr de los meses.

Tranquilo. A medida que su hija aprenda a responder mejor, usted también la irá entendiendo. Y lo que usted sienta cuando ya la conozca bien tendrá mayor impacto en su vida futura que la primera impresión.

Sin embargo, si en el curso de las semanas siguientes no siente amor alguno por su niña, y especialmente si siente resentimiento, hostilidad o impulsos violentos, busque asesoría psicológica inmediata del médico de la familia, de un terapeuta, un psiquiatra o algún otro especialista en higiene mental.

"Mi mujer tuvo que someterse a una intervención cesárea de urgencia y a mí no me permitieron acompañarla. No alcé a nuestro hijito hasta 24 horas después y temo que los lazos de afecto van a sufrir mengua".

Hasta el decenio de los 70 era raro que los padres presenciaran el nacimiento de sus hijos, y ni siquiera habían oído el concepto de ''lazos de afecto'', pese a lo cual estos lazos se desarrollaban de una manera natural. En los últimos años, presenciar el alumbramiento ha enriquecido la experiencia de muchos hombres, pero no garantiza una relación de amor para toda la vida entre padres e hijos.

Compartir con su esposa ese momento es ciertamente ideal, y perder esa oportunidad justifica la decepción, especialmente cuando los dos pasaron juntos varios meses preparándose para el acontecimiento. Pero no es causa de una relación menos que amorosa con su bebé. Lo que lo une en realidad con él es el contacto cotidiano: cambiarle los pañales, bañarlo, darle la comida, mimarlo, cantarle canciones de cuna, jugar con él. Que usted no haya compartido el nacimiento o las primeras horas de su vida no le va a importar nada al niño; pero no encontrarlo después cuando lo necesita sí lo afectará.

DEPRESION DEL SOBREPARTO DE LA ESPOSA

"Tenemos una niñita lindísima, muy sana, tal como la quería mi mujer. Sin embargo, ella está triste y se la pasa llorando desde que volvió del hospital".

Muchos factores — desde el sentimiento de desilusión por no estar ya embarazada, hasta frustración por parecerlo — se combinan con alteraciones hormonales para provocar depresión del sobreparto en la mitad de las mujeres (algunos cálculos suben hasta 90%). Afortunadamente, para una gran mayoría (unas 999 de cada 1 000) la depresión ni es grave ni dura mucho, y generalmente se resuelve en el término de unas pocas semanas después del parto.

Aun cuando cambios hormonales pueden contribuir a la depresión, no se necesita ser endocrinólogo para ayudar a remediarla: basta con ser un marido amante y atento. Ensaye esto:

Alíviele la carga. El cansancio, factor principal de la depresión, es componente inevitable del puerperio. Cuide de que su mujer reciba toda la ayuda que necesita — de usted mismo cuando esté en la casa y de otras personas cuando no esté.

Alégrele sus días — y sus noches. Cuando el recién nacido es el centro de atención de todos, a la nueva madre le parece que a ella la hacen a un lado; o se siente incompetente (teniendo tanto que aprender acerca del cuidado y alimentación de un niño) o poco atractiva con ese exceso de kilos que le ha dejado el embarazo. En esto usted también le puede ayudar mucho. Elógiela en momentos inesperados por lo bien que lo está haciendo con la niña, cuán radiante parece, con cuánta rapidez está recuperando su figura, cuánto le sienta la maternidad. Anímela con pequeños regalos: flores, un libro, una linda camisa de dormir — pero no chocolates, que sólo servirían para aumentarle la depresión y los kilos.

Aléjela de todo. Que marido y mujer pasen algunas horas los dos solos es indispensable, no sólo para ella sino también para la buena armonía del matrimonio. Disponga sus quehaceres de manera que les sea posible pasar a diario esas horas de intimidad (vea la página 677).

Si la depresión de su esposa dura más de dos semanas o va acompañada de insomnio, pérdida de apetito, expresiones de desaliento o inutilidad, o impulsos suicidas o violentos, no espere más: insista en que reciba ayuda médica, ya sea del tocólogo, del médico de la familia o de un buen terapeuta. Son raros los casos en que una nueva madre necesita atención psiquiátrica para superar las dificultades de los dos primeros meses.

De vez en cuando una depresión espera hasta que la nueva madre que cría al pecho haya destetado a su niño. Esta depresión, lo mismo que cualquier otra, debe tratarse si persiste.

DEPRESION DEL PADRE

"¿Cómo es que mi mujer se siente feliz desde que nació nuestro hijo y yo soy víctima de la depresión del sobreparto?"

Los padres de hoy tienen que ver más que nunca con el embarazo, el alumbramiento y el cuidado del niño. Salvo llevar el feto y alimentar al bebé, no hay prácticamente ningún aspecto en que no tomen parte, incluso la depresión del sobreparto, como lo revela un estudio en que 62% de los padres resultaron víctimas de ella. Se han hecho conjeturas sobre las hormonas como posible causa de ella, pero no existen pruebas para sostener tal teoría. Más probable es que se combinen varios de los factores siguientes para deprimirlo a usted en lo que esperaba que sería uno de los momentos culminantes de su vida:

Aprietos económicos. Es raro el padre que no tiene preocupaciones financieras ahora que hay una tercera boca que alimentar, otra persona a quien vestir y educar, y para cuyo futuro hay que hacer planes. La tensión aumenta cuando una familia que contaba con dos sueldos para su ingreso se ve de pronto reducida a uno solo.

Desplazamiento a tercer puesto. Un hombre que se ha acostumbrado a ser centro de la vida de su esposa, no se siente muy bien cuando se ve de pronto relegado a un lugar secundario en las atenciones de ésta, quien ahora las prodiga más bien a ese bullicioso recién venido.

Vida de amor perdida. Muchos hombres ven disminuida su vida sexual, lo cual es bastante deprimente. Temen, además, que las relaciones románticas con su esposa, de que gozaron antes, no revivirán nunca en forma completa.

Relaciones alteradas. Un marido a cuyas necesidades atendía siempre su esposa, puede enfadarse al encontrar que de un día para otro ella ya no se ocupa de él porque está muy ocupada atendiendo a las necesidades de otro. Y, por el contrario, un marido cuya esposa dependía de él para todo, se resiente de que ella ya no lo necesite porque otra persona ocupa su atención. Mientras se amolda al cambio ocurrido en la dinámica familiar, el nuevo padre se siente emocionalmente a la deriva.

Otro estilo de vida. Aun cuando su vida social no haya sido muy activa antes del nacimiento del bebé, lo puede deprimir no tener ninguna ahora. Por lo menos durante un tiempo no podrá ni siquiera salir a comer con amigos o ir a un cine, y quedarse en la casa noche tras noche puede poner de muy mal humor a cualquiera que no sea un recluso consumado.

Falta de sueño. El padre que como cuestión de rutina atiende a las llamadas del bebé es el que está más expuesto a la fatiga de los paseos nocturnos; pero todos los demás alguna vez sienten los efectos de noche tras noche de no poder dormir. El cansancio físico tiene al fin efectos emocionales, a menudo en forma de depresión.

Conocer las causas posibles de su depresión le ayudará a librarse de ella, o por lo menos a tolerarla, especialmente si toma las medidas conducentes a modificar sus efectos (vea indicaciones en este capítulo). Siempre es posible, desde luego, que la depresión le dure unas cuantas semanas y luego desaparezca tan inesperadamente como llegó. Si no es así, y si empieza a ser un obstáculo para el desempeño de sus deberes o amenaza sus buenas relaciones con su esposa o su hijo, hable de ello con el médico de la familia, o póngase en contacto con un terapeuta.

PERDIDA DEL APETITO SEXUAL

"Ver el nacimiento de nuestra hijita fue como presenciar un milagro. Pero verla salir de la vagina de mi esposa me quitó todo deseo sexual".

La reacción sexual del ser humano es un mecanismo delicadísimo, en comparación con el mecanismo de otros animales. Está a merced no sólo del cuerpo sino también de la mente, que en algunas ocasiones puede perturbarla seriamente, como ocurre con el embarazo. Lo mismo puede suceder durante el período del sobreparto.

Es muy posible que la súbita falta de interés de usted en las relaciones sexuales no tengan nada que ver con haber presenciado el nacimiento de su hijita. La mayoría de los nuevos padres, sea que hayan tenido o no esa experiencia, encuentran que ni física ni espiritualmente quieren tener relaciones sexuales durante un tiempo, sin que esto indique nada anormal en ellos. Existen para ello varias razones fáciles de entender: cansancio, sobre todo si la niña se despierta de noche con frecuencia; inquietud por la falta de independencia, especialmente si la niña comparte la pieza con ustedes; temor de que se despierte llorando en el momento más inoportuno; temor de que el acto sexual sea penoso para su esposa, aunque el médico lo haya autorizado; y finalmente, preocupación general física y mental con su recién nacida, a quien se dirigen naturalmente sus energías en esta etapa de su vida.

En otros términos, tal vez sea mejor que no sienta por ahora motivación sexual, especialmente si tampoco la siente su esposa, como les pasa a muchas mujeres en los primeros meses de maternidad. No es posible prever cuándo vuelvan ustedes a sentir deseo sexual. Como en todo lo que se relaciona con el sexo, existen grandes diferencias entre unas personas y otras perfectamente normales. Unas parejas quieren volver a tener relaciones carnales aun antes que el médico las autorice; otras tardan seis meses o más antes que el amor conyugal y el cuidado del bebé puedan coexistir en armonía. Algunas mujeres no vuelven a sentir deseo sexual hasta que destetan al niño, aun cuando, por término medio, las que dan el pecho encuentran que la pasión se les vuelve a despertar antes que a las que no amamantan.

Algunos padres, sin embargo, aun cuando se hayan preparado en clase para esa experiencia, salen del alumbramiento sintiendo que su "territorio" ha sido "invadido", que el lugar especialmente reservado para el amor se destina ahora para un fin demasiado funcional. Si esto es lo que le pasa a usted, tendrá que irse acostumbrando — primero intelectual y luego emocionalmente — a la idea de que las funciones sexual y reproductiva de la vagina son igualmente importantes y maravillosas. Ninguna de las dos excluye a la otra. Más importante aún: la vagina es un vehículo del parto sólo temporalmente, pero es una fuente de placer para usted y su esposa toda la vida.

"Acariciar los pechos de mi mujer era una parte importante de nuestra estimulación erótica previa. Ahora que está lactando al niño, esto se ha vuelto un gran problema".

Lo mismo que la vagina, los pechos tienen dos funciones: dar placer y proporcionarle alimento al bebé. Y aun cuando estos dos fines no se excluyen mutuamente sino que más bien son interdependientes (si el acto sexual no fuera placentero no habría tantos bebés que lactar), pueden estar temporalmente en conflicto durante la lactancia.

Muchas parejas encuentran que la crianza al pecho definitivamente les quita el apetito sexual, ya sea por razones estéticas (por ejemplo, la leche que se sale) o porque les repugna utilizar la fuente de nutrición del niño para su propio placer sexual. Otras, en cambio, se sienten excitadas por ella, posiblemente por su intensa naturaleza sensual. Ambas reacciones son perfectamente normales.

Si le parece que los pechos de su mujer son demasiado funcionales para ser por ahora objetos de placer sexual, si al estimularlos se sale la leche y eso le desa-

grada, o si a ella se le apaga el ardor cuando se los toca, sencillamente déjelos por fuera de la estimulación erótica hasta que el niño sea destetado. Y no se preocupe: toda inquietud cesará una vez que termine la lactancia.

Pero, eso sí, hable con toda franqueza con su esposa. Si de súbito y sin explicación ninguna prescinde de acariciarle los pechos, ella podría creer que es porque la maternidad le ha quitado sus atractivos. Cuide igualmente de no abrigar resentimiento contra el bebé por usar lo que a usted "le pertenece". Por increíble que parezca, muchos hombres se resienten.

"La primera vez que tuvimos relaciones sexuales después de que nació el niño, mi mujer sintió mucho dolor. Ahora el temor de hacerla sufrir me hace evitar esas relaciones".

Puede hacer sufrir más a su esposa evitando las relaciones sexuales que iniciándolas. Ella necesita ahora más que nunca sentirse atractiva, deseable y deseada — aun cuando también vacile por temor al dolor o por falta de deseo. Las intenciones de usted son sin duda nobles, pero su abstención del acto sexual puede llevar al desarrollo de resentimientos ocultos por parte y parte, capaces de poner en peligro sus buenas relaciones.

Pero antes de acercarse a ella sexualmente, acérquesele verbalmente. Explíquele sus inquietudes y entérese de las de ella. Decidan de común acuerdo si deben esperar un poco más antes de ensayar otra vez, o si van a hacer el amor a pesar de las molestias. Tenga en cuenta que no debe abrigar ningún temor de causarle daño si el médico la ha examinado y ha dado su visto bueno. Sea cual fuere su decisión, las indicaciones de la página 652 le servirán para minimizar el dolor y maximizar el placer al reanudar su vida sexual. Y recuerde también que aplazar esa reanudación no significa eliminar de su vida el amor. El acto sexual no es la única manera que tienen dos personas para gozar una de otra y demostrarse su amor. Ahora pueden encontrar igual realización con sólo estar el uno en brazos del otro.

EXCLUIDO DE LA LACTACION

"Mi mujer le está dando el pecho a nuestro hijito, y entre los dos se ha establecido una intimidad que yo no puedo compartir. Me siento excluido".

Hay ciertos hechos fisiológicos inmutables que lo excluyen a usted, el padre, de la paternidad: usted no puede concebir, ni dar a luz (lo que muchos considerarán una suerte), ni dar el pecho. Pero, como lo descubren millones de padres anualmente, esas limitaciones naturales no significan que tenga que contentarse con el papel de simple observador. Usted puede participar de casi todos los gozos, expectativas, pruebas y tribulaciones del embarazo y el parto de su esposa — desde la primera patada hasta el último pujo — como un socio activo y apoyador. Y hasta en el proceso de darle al bebé la comida puede colaborar, siempre que no se trate de lactancia natural:

Como alimentador suplente. Hay más de una manera de alimentar a un niño. Y ya que usted no lo puede lactar, sí puede encargarse de darle el biberón supletorio. Esto, además de proporcionarle un alivio a su esposa (en medio de la noche o en la mitad de la cena) le da a usted más tiempo de intimidad con el bebé. No desperdicie esa oportunidad dejándolo solo con el biberón en la boca. Adopte la posición de lactar, arrimando al niño contra su pecho.

No duerma toda la noche. Compartir los placeres de la lactancia le da a usted derecho de compartir también las noches en vela. Aunque no le estén dando al niño biberones supletorios, usted puede tomar parte en el ritual de las comidas nocturnas levantándose a sacarlo de la cuna, cambiándole de pañales si es el caso, y llevándolo a la mamá para que le dé el pecho. Si después de comer no se queda dormido, lo puede mecer y calmar antes de volverlo a poner en la cuna. Aquí está a su favor el no ser usted el que lo lacta, pues como el niño no siente el olor de pechos llenos de leche, es más fácil que se calme con usted que con la mamá.

Observe y admire. Una enorme satisfacción se puede obtener con sólo observar el milagro de la lactación. La próxima vez que se sienta excluido, tómese unos minutos para sentarse con su esposa y su hijito y presenciar esa escena de amor entre ellos, que seguramente lo hará sentirse más unido a los dos.

Participe en todo. La lactación *es la única* actividad diaria del cuidado infantil reservada exclusivamente a las mujeres. Lo más probable es que si usted asume la responsabilidad de una o varias de las demás tareas (como bañar al niño, vestirlo, darle el alimento sólido, cambiarle el pañal), se interesará tanto en ellas que no tendrá tiempo para sentir envidia de su esposa.

CELOS POR LA ATENCION DE LA MADRE AL BEBE

"Quiero mucho a nuestro hijito, pero también a mi mujer — y aun cuando me cuesta trabajo confesarlo, siento celos por el tiempo que le dedica. Parece que ya no le queda tiempo para mí".

Que se haya formado en la familia una nueva pareja de camaradas no tiene por qué hacerle sentir a usted que sobra una persona. Es natural que su esposa se preocupe por el bebé, aun cuando no a costa de las buenas relaciones conyugales, que son vitales para el futuro de toda la familia y tienen que cultivarse para que resistan las vicisitudes de la paternidad, ahora y en el futuro. Para dominar sus sentimientos, que aunque normales y comunes pueden ser destructivos si se les deja prosperar, y para preservar y mejorar la armonía de la pareja, tome estas medidas:

Haga conocer sus sentimientos. Tal vez su esposa no se haya dado cuenta de que a medida que va conociendo mejor al bebé, está perdiendo contacto con usted. Dígale lo que usted siente, pero en una discusión constructiva, no en un monólogo destructivo. Hágale saber que aprecia lo mucho que ella está haciendo como madre, pero recuérdele que un hombre hecho y derecho también necesita sus dosis continuas de cariño — aunque no exprese esa necesidad en forma tan ruidosa como el bebé.

Forme un buen trío. Como la madre y el niño no se pueden separar (ni usted querría separarlos), únase a ellos para formar un trío. Disponer de tiempo a solas con uno de los dos es cada vez más difícil, de modo que lo que se debe hacer es pasar más tiempo juntos los tres, como una familia unida. Encontrará que esto fortalece el vínculo entre usted y su esposa como pareja. Ayudarle con el cuidado del niño le dejará a ella más tiempo para dedicárselo a usted, y a usted menos inclinación (y energías) para sentir celos.

Hagan un trato. Póngase de acuerdo con su mujer para dedicar un tiempo determinado a estar los dos solos. Traten de reservar una hora todas las noches (cuando el bebé esté dormido y antes de encender la televisión) para cenar juntos (si no es muy tarde), para tomar una taza de té o una copa de vino, descansar y charlar, ojalá no sólo del niño, y en fin, para volverse a conocer. Propónganse dejar libre por lo menos una noche al mes (ojalá más) para salir juntos. Pero no se ofenda si ella se queda dormida en el cine o cuando usted está tratando de interesarla en un tema serio de conversación: a veces el cansancio es superior a la voluntad.

Vuelva a cortejarla. El amor es una calle de doble vía. Es posible que su mujer se esté sintiendo tan abandonada por usted desde que nació su hijo, como se siente usted olvidado por ella. Así pues, haga un esfuerzo por volver a cortejarla: Sea espontáneo (flores sin pretexto alguno), coquetee (un abrazo inesperado cuando ella se inclina a recoger alguna cosa). Llénela de cumplidos, sobre todo cuando más los necesita. Haga el papel de un verdadero Romeo y no pasará mucho tiempo sin que ella vuelva a ser su Julieta.

A pesar de todos sus esfuerzos y aun de las buenas intenciones de su esposa, es posible que todavía ella se muestre un poco indiferente con usted. Esto no es raro en las mujeres entre seis semanas y seis meses después del nacimiento del niño. Tal actitud puede ser parte de un mecanismo automático de protección que la hace retraerse de cohabitar y concebir demasiado pronto después del alumbramiento, con el fin de que su atención y sus energías se puedan concentrar en el recién nacido. No menoscaba el honor de su marido ni es termómetro de su amor por él.

Tenga paciencia, que todo pasará. Sin embargo, si esa frialdad persiste hasta la segunda mitad del año y la situación no se mejora conversando, quizá se necesite consejería profesional.

SE SIENTE INUTIL COMO PADRE

"Quisiera ayudar a mi mujer a cuidar del niño; pero nunca he tenido experiencia con un recién nacido y me siento completamente inútil".

Usted es un pionero en un territorio que la gran mayoría de padres de las anteriores generaciones nunca se atrevieron a pisar. Seguramente no ha tenido experiencia personal ni heredada (si su padre no participó en cuidado infantil). Con razón se siente un poco inseguro al principio.

Este sentimiento, sin embargo, será de corta duración. Voluntad de ensayar y mucho amor que aportar son los únicos requisitos para tener éxito como padre. Los que hayan tenido antes algún contacto con niños chiquitos aprenderán más rápidamente, pero hasta un novato como usted, a la vuelta de un par de meses desempeñará igualmente bien las tareas de mecerlo, bañarlo o cambiarlo. Mientras tanto, no se preocupe porque su niño vaya a sufrir las consecuencias de su falta de experiencia. Primero, el niño es mucho más resistente de lo que usted se imagina, y no se va a "romper" porque usted lo toque con vacilación o torpeza. Segundo, será muy tolerante mientras usted aprende, ya que no tiene ningún marco de referencia, ningún padre "perfecto" con quien compararlo. Siempre que se atienda a sus necesidades inmediatas, aunque sea de una manera no muy hábil, y vea que usted tiene buenas intenciones, sin duda lo aceptará, con todo y sus imperfecciones e inexperiencia.

Los estudios indican que los padres muestran las mismas reacciones fisiológicas que las madres al llanto de los niños y son igualmente sensibles a sus señales, pero como por lo general pasan menos tiempo con ellos que la mamá, aguzan menos esa sensibilidad y responden de acuerdo. Hay padres que, una vez que vencen la timidez inicial, muestran mayores disposiciones naturales que las mujeres para el cuidado infantil. Los niños no son insensibles a este hecho, y cuando tienen un año protestan si los separan del papá tanto como de la mamá, y un 25% se inclina a irse con él más bien que con ella si se les pone a elegir.

Si su mujer ha tenido experiencia previa con niños chiquitos o si está aprendiendo más rápidamente que usted, pídale que le enseñe las tretas del oficio. Si es tan bisoña como usted, aprendan juntos (las indicaciones de la "Cartilla de cuidados del bebé" le servirán para el caso). La próxima vez ambos serán ya veteranos.

COMO TRATAR AL BEBE

"Temo que no estoy tratando a mi niñita con suficiente suavidad".

La ventaja de tener papá y mamá es que la niña tiene la oportunidad de experimentar el amor y atención de dos personas distintas. Muchas veces la madre es más delicada y más lenta en sus movimientos, le canta en voz suave y de tono elevado. A ella es a la que se vuelve la niña por lo general cuando llora y busca quien la consuele. El padre puede ser un poco más duro, más vivo y rápido en su trato; su voz es grave, su cuerpo fuerte. A él es a quien se vuelve la niña cuando quiere juego y diversión. La niña aprende pronto a aceptar esas diferencias entre sus padres y goza con ellas. Naturalmente, el grado de suavidad o dureza varía de persona a persona. Las madres que trabajan se asemejan más a los padres en el modo de tratar a los niños; y aun suele darse el caso en algunas familias, en que los papeles se invierten totalmente a este respecto.

Aun cuando usted puede tratar a su hija con cierto grado de energía, la verdadera brusquedad es peligrosa; vea la página 216.

LLANTO DEL NIÑO

"Nuestro niño tiene cólicos y a veces llora tanto que a mí no me dan ganas de volver a la casa".

Los gritos de un niño con cólico no son nada agradables, ni para el padre más amante. Tampoco es un placer para la madre quedarse con él en casa. Su esposa seguramente abriga algún secreto deseo de escaparse e irse lejos cuando el bebé empieza su diario maratón de alaridos, y no regresar hasta que se haya quedado dormido. Pero, a menos que tengan una empleada permanente a su servicio, ustedes no se pueden escapar, aunque sí pueden reducir un poco la angustia para no volverse locos, siguiendo las indicaciones de la página 143. Por fortuna, puede estar bastante seguro de que, por mal que anden las cosas, pronto mejorarán. Casi todos los cólicos desaparecen misteriosamente cuando el niño llega a los tres meses de edad.

Mientras tanto, si el llanto lo saca a usted de quicio, ensaye un ejercicio fuerte o desfóguese un poco con una pelota de boxeo. Si en algún momento se siente tan enfadado que podría causarle daño al niño, hable con el médico o con un terapeuta inmediatamente.

CARGA INJUSTA

"Trabajo todo el día en la oficina mientras mi mujer se queda en casa con el niño. Yo estoy dispuesto a ayudarle un poco los fines de semana, pero no es justo que me pida también ayuda todos los días, sobre todo a medianoche".

Cuidar del niño al regresar de la oficina, que era cuando usted podía descansar de las fatigas de la jornada, le puede parecer una carga injusta; así les parece a muchos maridos de mujeres que no trabajan fuera del hogar. Pero en realidad es una oportunidad incomparable. En generaciones anteriores pocos padres podían pasar un tiempo apreciable en compañía de sus hijitos, lo cual era una vergüenza. Como miembro de una generación más ilustrada, usted sí tiene la oportunidad de conocer mejor a su bebé. Acaso se privará del noticiario de la noche o de una siestecita en su sillón antes de la comida, pero encontrará que la mejor forma de descansar es pasar ese tiempo con el niño, parloteando con él, mudándolo, viéndolo retozar y reír en la bañera o meciéndolo suavemente para que se duerma. Nada le hace olvidar más rápidamente un problema personal, un error en el trabajo o un negocio malogrado. Y mientras está olvidando los cuidados del día, estará atesorando también una colección de momentos para recordar.

Lo cual no significa que todos los momentos que pasa con su pequeño, sobre todo a medianoche, sean dignos de recordación (algunos los pasará tan soñoliento que no los podría recordar aun cuando quisiera). Lo mismo que cualquier otro oficio, el cuidado infantil trae su cuota de afanes y congojas.

Y este oficio, con sus alegrías y sinsabores, es el que hace todo el día su esposa mientras usted está en la oficina. La jornada de ella es física y emocionalmente tan exigente como la suya (y aun más si está dando el pecho). Ella necesita alivio por la noche, más de lo que necesita usted el descanso que sacrificará por ayudarle. Sin duda usted tiene que madrugar a iniciar otra jornada, pero ella también, con la diferencia de que ella no disfruta de tiempo libre para el almuerzo, ni para la hora del café, y a veces ni para ir al baño.

Y la próxima vez que le toque a usted pasear al niño con cólico mientras su mujer aderza la cena, recuerde que pronto las recompensas del cuidado infantil empezarán a superar las tensiones. Al principio, serán las sonrisas y gorjeos para usted solo, luego el anhelante "pa-pá" cuando lo ve entrar por la puerta, después el dedito maltratado que le alarga para que se lo cure con un beso. Más adelante y durante muchos años vendrán las compensaciones en forma de intimidad con su hijo, que no sólo le traerá alegría sino que hará más fácil sobrellevar los tiempos difíciles.

Por supuesto, a veces su mujer y usted necesitan olvidarse un rato del cuidado infantil. Cuide de que no falte la ocasión de salir juntos unas noches.

FALTA DE TIEMPO PARA PASAR CON EL NIÑO

"Trabajo largas horas, a veces me quedo hasta tarde en la oficina. Quisiera pasar más tiempo con mi hijito, pero no puedo".

Si hay algo para lo cual vale la pena reservar tiempo, es para su nuevo hijito. Por más que uno de los padres pueda hacer por él, los dos juntos pueden hacer el doble. Los hijos varones que reciben mucha atención del padre son más despiertos y felices cuando llegan a los seis meses de edad, de modo que no es usted el único perjudicado si no pasa tiempo con su hijo. (Las niñas también adquieren mayor confianza al crecer cuando tienen intimidad con el papá.)

Dedíquele tiempo a su bebé, aunque eso signifique sacrificar otras actividades de su vida. Organizarse le ayudará. Trate de coordinar sus horas de trabajo con las que el niño pasa despierto. Si no tiene que llegar a la oficina hasta las diez, pase las primeras horas de la mañana con el niño; si no llega a la casa hasta las ocho, pídale a su esposa que le arregle el horario de modo que haga su siesta más temprano para que usted lo encuentre despierto (claro que esto le disminuye el tiempo de estar solo con ella). Si muchas otras actividades, como reuniones por la noche o deportes de fin de semana, le impiden estar con el niño, recorte el tiempo que les destina. Ya habrá ocasión de volver a ellas más adelante, cuando el niño sea mayor y su horario se regularice y sea más fácil de acomodar.

Si no es mucho el tiempo que usted puede dedicarle al niño, es importante aprovechar lo mejor posible el que le pueda destinar. No lea el diario al desayuno, ni se prenda al noticiario de las seis antes de la cena, ni duerma hasta mediodía el sábado. Al contrario: tome la cuchara del bebé al desayuno, báñelo a las seis, llévelo al parque el sábado por la mañana.

También puede hacer tiempo para el niño incluyéndolo, cuando ello sea posible, en sus otras actividades. Si tiene varias diligencias que hacer, póngalo en un portabebés y llévelo con usted. Si sale a trotar, aumente su esfuerzo aeróbico llevándolo en el cochecito de paseo (pero en ningún caso vaya a trotar con el bebé en un portabebés). Y si tiene algún trabajo que hacer, siéntelo en un cochecito infantil para que lo vea trabajar, y vaya contándole lo que hace, paso por paso.

CAPITULO VEINTISEIS

De hijo único a hijo mayor

Cuando trajeron a casa a su primer hijo, usted y su marido eran novatos en materia de paternidad, con mucho que aprender, ajustes que hacer, y teniendo por delante el problema de aprender a querer a un nuevo miembro de la familia. Al traer a un segundo hijo, ya son veteranos en la materia; y ya no son ustedes sino el hijo mayor el que va a tener que aprender, acomodarse a la nueva situación y hacer el esfuerzo de vincularse al recién nacido. No será más fácil para él de lo que fue para ustedes, y teniendo en cuenta su edad y nivel de madurez, es posible que le sea mucho más difícil. Las indicaciones de este capítulo no van a suprimir por completo para su primogénito (ni para usted) las dificultades de la transición de hijo único a hijo mayor, pero sí la pueden suavizar.

La mejor recomendación es que tenga calma. Los niños siguen el ejemplo de los mayores que los rodean. Si usted se angustia por la forma en que su hijo va a reaccionar cuando venga el nuevo hermanito, el niño probablemente también se angustiará.

LO QUE LE PUEDE PREOCUPAR

PREPARACION DE UN HIJO MAYOR

"Tenemos un hijo de dos años y medio y esperamos otro bebé. ¿Cómo puedo preparar al primero para que no se sienta amenazado?"

El embarazo y el parto se han convertido en una cuestión de familia. Como a los padres de hace un decenio, a los niños de hoy ya no se les excluye de los nueve meses de preparativos y exaltación que culminan con la llegada del nuevo hermanito o hermanita. En lugar de tratar de adivinar lo que va a ocurrir, guiándose por medias palabras que pescan al vuelo o misteriosas referencias de los adultos a la tal cigüeña, hoy los primogénitos saben desde los primeros meses qué es un embarazo.

La preparación de un hermano es por lo menos tan complicada como la de los futuros padres. El primer paso, desde luego, es decirle al niño mayor que su mamá está embarazada; pero cuándo se le debe decir, es cosa que ha generado mucha controversia entre los expertos. Durante mucho tiempo la opinión más generalizada era que a los niños pequeños no se les debía informar muy al principio del embarazo porque eso dejaba un tiempo de "espera" demasiado largo — y esperar no es el fuerte de los niños. Más recientemente, empero, se ha sugerido que los niños perciben desde muy temprano que "está pasando algo". Tal vez alcanzan a escuchar conversaciones serias o animadas de los adultos, ven que la mamá no se siente bien, observan otros cambios en la casa, y se preguntan: "¿Qué me estarán ocultando? ¿Qué va a ocurrir?" A menudo los temores nacidos de la ignorancia son peores que la realidad — y peores también que una larga y aburrida espera. Informar temprano al niño también le da a usted más tiempo para prepararlo y ayudarle a acomodarse de antemano a la idea de un hermanito. Puede ser conveniente esperar hasta tener los resultados de la prueba si se hace una amniocentesis, o hasta que haya pasado el período de peligro si tiene antecedentes de aborto — si bien su niño puede sufrir una perturbación mayor si la ve a usted en cama y no le han dicho por qué.

Una vez que el secreto se escapa, hay varias medidas que los padres pueden tomar para que la esperada llegada del bebé sea menos amenazante para el niño mayor — y tal vez para que lo espere con ilusión:

■ Los cambios que proyecte hacer en la vida de su hijo hágalos temprano en el embarazo, si no los pudo hacer antes. Por ejemplo, matricúlelo en una guardería o grupo preescolar, de manera que tenga una experiencia fuera del hogar a la cual acudir cuando nazca el bebé y no crea que lo están sacando de la casa por culpa del bebé. Empiece a enseñarle el uso del inodoro o destételo del biberón ahora, y no inmediatamente después del nacimiento del bebé. Cualquier cambio importante que no se haya hecho un mes o dos antes de la fecha en que se espera el bebé, es mejor dejarlo ya para un par de meses después del nacimiento, si esto es posible.

■ Vaya acostumbrando al niño a pasar un poquito menos tiempo con usted. Si usted nunca lo ha dejado solo con una niñera, pero va a necesitar hacerlo cuando nazca el nuevo bebé, comience desde ahora a dejarlo con ella algunos momentos durante el día. Si hasta ahora el papá no ha participado mucho en la crianza, debe empezar a aprender las rutinas de darle la comida, bañarlo y acostarlo, para que sea un sustituto experto cuando usted esté ocupada con el nuevo bebé. Inicie algunas actividades regulares entre padre e hijo (desayuno los domingos fuera de casa, el patio de recreo los sábados por la tarde, un cuento después de la comida), cosas que pueden continuar hasta bien avanzado el primer año de su segundo hijo. Tenga cuidado, sin embargo, de no alejarse demasiado de su primogénito, quien necesita que se le asegure (con actos de amor, no simples palabras) que la llegada del nuevo hermanito no significa que él haya perdido a su mamá.

■ Sea franca acerca de los cambios físicos que usted está experimentando. Explíquele que si la nota cansada o malhumorada no es porque esté enfadada con él sino porque tener un bebé es mucho trabajo. Pero no tome la preñez como pretexto para no alzarlo lo mismo que antes. Alzar al niño no ofrece ningún riesgo para su embarazo, a menos que el médico se lo haya prohibido por alguna razón, como dilatación prematura del cuello uterino. Si no lo puede alzar porque le duele mucho la espalda, culpe a la espalda, no al niño, y déle abrazos extra estando sentada. Si tiene que permanecer más tiempo acostada, invítelo a acostarse con usted a hacer siesta, léale un cuento o vean la televisión.

■ Hágale conocer el bebé desde antes de nacer éste, mostrándole mes por mes fotos del desarrollo fetal que parezcan apropiadas para su edad, explicándole que a medida que el bebé crece, crece también el vientre de mamá, y que cuando el bebé ya haya crecido bastante, estará listo para salir. Apenas se puedan sentir las patadas y movimientos de la criatura, permítale que él mismo los vea y los palpe. Sugiérale que lo bese, lo abrace y le hable (pero no lo obligue si no quiere). Al hablar del bebé dígale "nuestro bebé" o "tu hermanito" para darle la idea de que le pertenece a él tanto como a usted. Explíquele que no se puede saber si va a ser niño o niña (a menos que esto se haya determinado ya mediante una amniocentesis) y apuesten a ver quién adivina.

■ Lleve al niño por lo menos a una o dos consultas prenatales (o a todas si parecen interesarle y no lo perturban) para que se sienta más como un actor en el drama del embarazo que se está poniendo en escena. Oír los latidos del corazón le hará sentir que el bebé es más real. Si se ha tomado una foto-sonograma, muéstresela también. Pero no olvide llevar al consultorio un refrigerio y un libro o un juguete, por si la consulta se prolonga y el niño se aburre. Y si dice que no quiere volver a acompañarla en sus visitas al médico, no insista en llevarlo.

■ Haga que el niño tome parte en los preparativos que le interesen para la llegada del bebé. Déjelo que le "ayude" a escoger lo que haya que comprar, el ajuar, los juguetes, y aun permítale que elija él mismo alguna monstruosidad de poco costo. Repase en su compañía la vieja ropa de bebé y juguetes descartados, para escoger lo que pueda servir para el nuevo bebé — pero no lo obligue a ceder nada contra su voluntad. Déle permiso de abrir algún regalo que llegue antes que el bebé.

■ Familiarice al niño con bebés en general, mostrándole fotos de él de cuando nació, y cuéntele cómo era. Cuéntele anécdotas que muestren cuánto ha crecido desde entonces. Si es posible, llévelo a la sala-cuna de una clínica de maternidad para que conozca recién nacidos y vea que no son tan lindos como cuando ya son mayorcitos. Si tiene amigas con bebés pequeños, vaya a visitarlas. Enséñele los bebés en todas partes — en el supermercado, en el parque, en libros. A fin de prepararlo para la realidad, explíquele que no es mucho lo que hace un bebé, fuera de comer, dormir y llorar (esto en abundancia) y que no será un buen compañero de juegos sino después de mucho tiempo. Dígale que lo mismo que él cuando estaba chiquito, el bebé también va a tomar leche de los pechos de mamá (si es que piensa lactarlo); y si tiene una amiga que esté criando al pecho, vaya a visitarla con su hijo a la hora en que le esté dando de comer al bebé.

■ Al tratar de preparar a su hijo, no hay para qué plantear problemas que probablemente nunca se van a presentar. Por ejemplo, no le diga: "No te preocupes, que a ti te vamos a querer tanto como al nuevo bebé", o "Siempre tendremos tiempo para ti". Estas cosas lo hacen pensar en lo que no se le había pasado por la imaginación y entonces sí empieza a sufrir pensando si podrá competir con el hermano por su amor y atención.

■ Si ha pensado en que el niño le ceda la cuna al nuevo bebé, haga esto desde varios meses antes del nacimiento. Si el niño todavía no puede dormir en cama, cómprele otra cuna, ojalá convertible en camita. Si lo va a pasar a otro cuarto, haga esto también con mucha anticipación y propóngale que él mismo le ayude a arreglarlo y escoger los muebles. Haga hincapié en que se pasa a una nueva cama o a un nuevo cuarto porque ya está grande, no porque el nuevo hermanito lo esté desplazando.

■ Si tiene automóvil, acostumbre al niño mayor a sentarse en el asiento de atrás, si es que no se ha acostumbrado ya. Le facilitará hacer la transición un asientito de automóvil, nuevo o usado. El asiento de automóvil para el bebé póngalo adelante, tal vez con una muñeca en él, desde algunas semanas antes de la fecha en que se espera el parto.

■ Ensaye con su hijito los nombres que esté pensando para el nuevo bebé, haciendo que tome parte en el proceso de selección, pues escoger el nombre lo hará sentirse más ligado al hermanito. (Desde luego, sería un desastre darle al preescolar control total del proceso; usted tendrá que tomar la decisión final, si no quiere que su nuevo bebé se llame Plaza Sésamo.)

■ Si en su barrio hay clases para hermanos mayores (algunos hospitales las ofrecen) matricule a su niño. Es importante que sepa que hay otros niños en el mismo caso — que van a tener un hermanito. Aun cuando tome las clases, y con mayor razón si no las toma, prepárelo más aún leyéndole libros sobre la materia. En el mercado hay muchos libros sobre "el nuevo bebé", escritos para niños de su edad.

■ Al aproximarse la fecha prevista para el alumbramiento, prepare al niño para cuando usted tenga que pasar varios días en la clínica. Pídale que le ayude a empacar la maleta y déjelo que agregue por su cuenta algo que quiera que usted lleve para acompañarla — por ejemplo un osito, una foto suya, o un dibujo que él haya hecho. Cuide de que la persona que se vaya a encargar del niño esté completamente familiarizada con su rutina, de modo que no ocurra ninguna alteración del horario en estos momentos críticos. Dígale por anticipado quién lo va a cuidar. Los mejores sustitutos de la mamá son el papá, la abuela o el abuelo, otro pariente, una niñera experta o una amiga íntima de la familia. Asegúrele que usted volverá a casa dentro de pocos días. Si el hospital permite visitas de los hermanos mayores (muchos las permiten), dígale cuándo podrá ir a visitarlos a usted y al bebé. Aunque no pueda ir, un recorrido del hospital antes del alumbramiento, si esto es posible, lo hará sentirse mejor cuando usted se ausente.

■ No lo abrume súbitamente con regalos o paseos especiales en las semanas inmediatamente anteriores al alumbramiento. Tan desacostumbrados obsequios en lugar de tranquilizarlo le harán creer que algo espantoso va a ocurrir y que usted está tratando de suavizar el golpe. También puede darle la idea de que la llegada del bebé le da a él un valioso poder de negociación, y que puede ofrecer buena conducta a cambio de regalos y favores en el futuro. Compre sólo un par de cosas pequeñas pero buenas para darle una quizá en el hospital y otra cuando regrese a la casa, como premio por haberse portado tan bien mientras mamá estuvo ausente. Para una niña chiquita, una muñeca lavable y de tamaño adecuado es un buen regalo. Podrá "darle de comer", bañar y vestir a su bebé de juguete mientras la mamá atiende al de verdad. Salga con el niño a comprar un regalito que él le pueda llevar al bebé cuando vaya a la clínica a conocerlo.

■ No se extralimite en sus esfuerzos por preparar a su primer hijo para el advenimiento del segundo. No permita que el embarazo y la esperada adición a la familia se conviertan en el foco principal de la vida del hogar ni el tema dominante de la conversación. Recuerde que en la vida de su hijo primogénito hay, y debe haber, otros intereses y que éstos también merecen su atención.

HERMANITOS QUE PRESENCIAN EL PARTO

"Voy a tener mi segundo hijo en una clínica de maternidad donde nos permiten llevar a nuestro niño de tres años a presenciar el parto. Pero no sabemos si esto será conveniente para él".

Cuando nació la generación de usted, el parto era cuestión de las madres únicamente. Los padres esperaban impacientes en la sala de espera y los hermanos jamás asomaban las narices en el hospital: los mandaban a la casa de los abuelos donde los consentían y les daban galletas y dulces, y apenas se daban cuenta de lo que estaba ocurriendo. Hoy, los padres generalmente están presentes en el gran acontecimiento, muchos hacen de parteros y cortan ellos mismos el cordón umbilical, y los niños han pasado a la sala de espera. Lo lógico, según dicen algunos, es que el paso siguiente sea la admisión de los niños con el resto de la familia a la sala de partos. En efecto, algunas clínicas de maternidad ya les han abierto las puertas de dicha sala a hermanos y hermanas de cualquier edad.

Casi todos están de acuerdo en que el acceso de los padres a la sala de partos fue una medida positiva, pero sobre la conveniencia de que sus hijos sigan el ejemplo se ha desatado una gran controversia. Aun cuando se citan algunos beneficios teóricos (menos rivalidad o más afecto entre hermanos; menor traumatismo para el niño, que no se siente abandonado cuando la madre se va a recibir su "reemplazo"), la principal razón para que los niños presencien el parto parece ser que los padres así lo quieren. Y los posibles resultados negativos exceden de los positivos. Por una parte, un parto es una experiencia perturbadora y difícil de entender para un niño — con la sangre, los lamentos y quejidos y a veces los gritos de la madre, y el aspecto del recién nacido que es algo muy distinto del bebé que ellos se imaginaban. (Por lo menos en un estudio, sin embargo, se indica que no todos los niños sufren siendo testigos de un nacimiento; algunos simplemente se aburren si el parto dura mucho tiempo, y algunos hasta toman parte activa.) Por otra parte, aunque las complicaciones no son comunes en un parto normal, no hay manera de predecir si todo va a salir bien. Si se hace necesaria una operación cesárea de urgencia o si la criatura nace con algún defecto grave, las carreras consiguientes y el súbito cambio de atmósfera, que probablemente exigen sacar al niño visitante sin más explicaciones, pueden ser realmente aterradoras y dejarle huella permanente. En cuanto a la madre, la presencia de un niño cuando ella está luchando y pujando puede ser un inconveniente y una inhibición (tal vez quiera gritar pero no se atreve estando él allí). Y luego, mientras el padre y la madre se concentran en el parto y en el nuevo bebé, y expresan su asombro y excitación por su llegada, el niño mayor siente que a él lo dejan por puertas.

Por otra parte, la mayoría de los expertos están de acuerdo en que en circunstancias normales, hacer que el hermano mayor conozca al bebé inmediatamente *después* del nacimiento ofrece todas las ventajas de haber presenciado el parto, sin ninguno de sus riesgos. Y si su hospital permite esta opción, es bueno aceptarla. Si no, hable con el médico a ver si se puede hacer que cambien de política o por lo menos que hagan una excepción en su caso. Si esto tampoco se logra, recuerde que retrasar un poco el conocimiento de los dos hermanitos no perjudica para nada la armonía que ha de reinar entre ellos; hay muchas otras maneras de crear una relación de cariño recíproco entre sus hijos.

Si usted resuelve que su hijo presencie el parto, cuide de que esté muy bien preparado para esa experiencia. Debe ver películas y fotos de partos, observarla a usted cuando practica sus ejercicios respiratorios, y, si es posible, asistir a clases prenatales para hermanitos. Además, disponga que haya a mano comida, libros, juguetes u otras distracciones para mantenerlo ocupado mientras usted sufre las contracciones. Si en cualquier momento se quiere ir, déjelo, sin mostrar ninguna desilusión. Asegúrese de que algún otro adulto de la familia esté esperando afuera para acompañarlo o llevarlo a su casa o a la de los abuelitos.

LA SEPARACION Y LAS VISITAS EN EL HOSPITAL

"Si mi hijito mayor me visita en el hospital, ¿eso lo hará sentir más mi ausencia que si no me ve?"

Todo lo contrario. Aquí no se aplica aquello de ojos que no ven, corazón que no siente. Verla a usted en el hospital le dará la seguridad de que está bien, de que no lo ha abandonado y de que él sigue siendo importante en su vida. Los estudios indican que los niños que no visitan a la madre en el hospital muestran más hostilidad hacia ella cuando regresa a casa ("No te quiero porque me dejaste solo"). En casi todas las clínicas de maternidad les permiten ver y hasta tocar y "alzar" a su nuevo hermanito o hermanita, lo que les da un sentido de realidad

y los hace sentirse más importantes en el nuevo orden de cosas.

Las visitas al hospital y la separación se pueden facilitar haciendo lo siguiente:

■ Prepare al niño con anticipación a la visita. Debe saber cuánto tiempo va a durar ésta, y que volverá a casa sin usted y sin el bebé. Y en caso de que las reglas del hospital sólo le permitan ver al bebé por las ventanillas de la sala-cuna, adviértaselo de antemano.

■ Usted también debe estar preparada para la visita de su primogénito. Si espera que va a correr a sus brazos y se va a enamorar del bebé a primera vista, se puede llevar una desilusión. Es muy posible que se muestre indiferente con los dos, tímido y desconcertado, y que se deshaga en lágrimas de sentimiento o rabia cuando se lo lleven. Estas reacciones negativas o neutras son comunes, no la deben preocupar, y son preferibles a que no haya visita. Mantenga sus expectativas en el campo de la realidad y será gratamente sorprendida si todo sale bien; y si no, por lo menos la desilusión no será tan grande.

■ Si tiene que salir para la clínica a medianoche o cuando el niño mayor esté en la guardería o en alguna otra parte fuera de casa, déjele una nota que le puedan leer cuando se despierte o regrese. Dígale que lo quiere mucho, que ya va a venir "nuestro" bebé y que pronto se volverán a ver. Si es factible y el hospital lo permite, llévelo a la clínica a esperar la llegada del bebé (la abuelita u otra persona puede acompañarlos para quedarse con él). Téngale preparado un maletín como el suyo, con una muda de ropa, pañales si los usa, juguetes y algunas cosas de comer que le gusten. Si el parto es prolongado (aunque con el segundo hijo hay menos probabilidades de que lo sea) y usted debe permanecer en la respectiva sala largo tiempo, su esposo puede llevar boletines de información y aun ir a almorzar con el niño mayor a la cafetería. Por supuesto que si la hora de acostarlo llega antes que el nuevo bebé, será mejor que lo lleven a la casa para que duerma en su propia cama. Si está todavía en la clínica cuando nazca el bebé, trate de que le permitan verlo o por lo menos visitarla a usted.

■ Ponga una fotografía del niño mayor a la cabecera de la cama para que cuando vaya a visitarla sepa que lo ha estado pensando.

■ Si es posible, recomiéndele a la persona que lleve al niño mayor a visitarla, que en el camino pasen por una tienda donde pueda comprar algún regalito para usted y para el bebé. Este es también el momento para darle a él lo que le tenga reservado para celebrar el nacimiento. El intercambio de regalos sirve para romper el hielo y hacerlo sentir importante. La costumbre de dar regalos en nombre del bebé es común, pero los niños saben perfectamente que son los padres los que los dan, y no conviene iniciar estas relaciones con un engaño, por inocente que sea.

■ En la pieza del hospital celebre una pequeña fiesta de "cumpleaños" para la nueva familia aumentada, con pastel, velitas y adornos. El niño mayor se sentirá orgulloso de poder comerse un buen pedazo mientras que el recién nacido no puede comer, y gozará apagando las velitas y poniendo los adornos.

■ La misma persona que lleve a su primogénito al hospital debe volver a llevarlo a la casa. Si el papá lo lleva a la clínica pero luego se queda haciendo visita y al niño lo mandan a casa con otra persona, se sentirá doblemente abandonado.

■ Entre una y otra visita, o si el niño mayor no puede ir a la clínica, manténgase en contacto con él por teléfono (evi-

tando los momentos críticos como el de acostarse, pues escuchar la voz de la mamá lo podría excitar) y escribiéndole notas que el papá le puede leer. También querrá el niño hacerle uno o dos dibujos para que usted los exhiba en su cuarto en la clínica. El papá o algún pariente deben llevarlo a comer fuera o a pasear para que vea que el nuevo bebé no es el único que les interesa a todos en estos días, y cuide de que durante los paseos la conversación no verse sobre el bebé, a menos que el mismo niño lo quiera.

■ Prepárese para regresar a la casa pronto, si lo desea y puede hacerlo, para que el niño mayor empiece a compartir más temprano la experiencia de tener un hermanito, y para reducir el tiempo de la separación.

COMO FACILITAR EL REGRESO A CASA

"¿Cómo puedo hacer menos traumático para mi hijo mayor mi regreso a casa con un bebé?"

Un hermanito mayor abriga sentimientos contradictorios respecto del regreso a la casa. Por supuesto que quiere que su mamá vuelva, pero no está tan seguro en cuanto al nuevo bebé que va a traer. Por una parte, le gusta la idea: será algo distinto y emocionante, y si tiene edad para ello, podrá jactarse ante sus amiguitos. Pero al mismo tiempo se siente un poco inseguro cuando piensa cómo va a cambiar su vida una vez que entren por la puerta a ese bebé y lo depositen en lo que antes era su cunita.

Cómo maneje usted el regreso influirá, por lo menos inicialmente, en que se cumplan o no las grandes expectativas o los peores temores de su primogénito. He aquí cómo acentuar lo positivo y minimizar lo negativo:

■ Asígnele al niño un papel activo en el regreso: que vaya con el papá a la clínica para llevarlos a usted y al recién nacido a la casa. Esto sólo funcionará si va también la abuela u otra persona adulta para que el papá pueda atender con libertad a firmar papeles y otras diligencias, y si el reglamento del hospital lo permite.

■ O que ayude en los preparativos para recibir al bebé (por ejemplo, puede sacar los pañales y motas de algodón) mientras el papá va por ustedes a la clínica. Trate de entrar usted primero en la casa, dejando que su marido espere en el auto con el bebé, de modo que pueda abrazar al niño privadamente unos pocos minutos.

■ Empiece a usar desde el principio el nombre del recién nacido, en lugar de decirle siempre "el bebé". Esto le dará al hijo mayor la sensación de que su hermanito es en realidad una persona, no un simple objeto.

■ Durante los primeros días, limite las visitas — por su propio bienestar y el de su niño mayor. Aun los visitantes mejor intencionados cometen el error de hablar interminablemente del bebé y no hacer caso del otro. A los visitantes a quienes no se les puede negar acceso (como los abuelos, tíos y tías y amigos íntimos) se les debe advertir por anticipado que no exageren las alabanzas exclusivas del bebé y que atiendan también al niño mayor. Les puede sugerir igualmente que vayan a visitarla cuando éste esté en la escuela o después de acostarlo a dormir. Limitar las visitas durante las primeras semanas tiene además otras ventajas: más tiempo para que usted recupere sus fuerzas y más oportunidad para que se consoliden los lazos de unión de su nueva familia.

■ Concentre una gran parte de su atención en su hijito mayor, sobre todo los primeros días cuando el bebé probablemente pasará la mayor parte del tiempo durmiendo. Cuelgue sus dibujos en el refrigerador, apláudalo si ya ha aprendido a usar el inodoro, dígale que está muy orgullosa de que él sea un hermanito mayor tan bueno. Sea pródiga en elogios y parca en regaños. Evite el error tan común de los padres que se deshacen en elogios en la cuna del nuevo bebé ("¡Oh, mírale los deditos!" o "¿No es una belleza?" o "¡Mira, se está riendo!"), dejando al niño mayor que se sienta como un apéndice innecesario y no apreciado. Pero tampoco se vaya al otro extremo, de no besar nunca al bebé ni acariciarlo ni mostrarle afecto en presencia del mayor. Esto lo confundiría ("Yo creía que debíamos querer a este bebé. ¿Será que mis papás van a dejar de quererme a mí también?") o adivinaría cuál es la intención de ustedes ("Fingen que no quieren al bebé para que yo no sepa que en realidad lo quieren más que a mí"). Lo que debe hacer, en cambio, es incluir al niño mayor en los comentarios sobre el bebé: "Mírale los deditos; ¿serían así los tuyos cuando estabas chiquito?" o bien: "¿No te parece lindo? Yo creo que se parece mucho a ti", o "Mira, se está riendo contigo; es porque ya te quiere mucho". Su hijo se sentirá mejor si usted expresa sin exageraciones su afecto natural por el bebé no menos que por él.

■ Permítale que abra todos los regalos del bebé y que juegue un poco con ellos si quiere (suponiendo que no sean objetos rompibles ni peligrosos), advirtiéndole que son del bebé pero que puede jugar con ellos hasta que su hermanito tenga edad para apreciarlos. Algunos visitantes comprensivos llevan también alguna cosa para el niño mayor; pero si pasan muchos días y no llegan sino cantidades de cosas para el bebé y nada para él, pídales a la abuelita o al papá que le lleven algún regalo especial. También le puede mostrar algunos de los regalos que le hicieron cuando nació, explicándole que ahora le toca al hermanito el turno de recibir regalos. Si son demasiados, guarde algunos para que el niño no los vea. Al fin dejarán de llegar.

■ Si el niño no quiere volver a la escuela de párvulos durante algunos días, no lo mande. Así se sentirá seguro de que usted no lo está echando de la casa para quedarse con el bebé, y le dará la oportunidad de unirse más a éste. Pero resuelva con anticipación y en consulta con él mismo cuánto van a durar las vacaciones, para que no crea que se puede quedar en la casa permanentemente. Tampoco lo obligue a quedarse en casa si él quiere ir a la escuela. Quizá sienta la necesidad de estar en un lugar donde no haya bebés y donde encuentre otros centros de interés.

RESENTIMIENTO DEL NIÑO

"Mi hijito de dos años está muy resentido con el bebé. Quiere que me lo lleve otra vez al hospital".

Ya que no le puede dar gusto, por lo menos déjelo que exprese sus deseos. Estos sentimientos pueden parecer muy negativos, pero el hecho de que los pueda expresar es muy positivo. Todo hermanito mayor siente cierto grado de resentimiento con el nuevo intruso (o con su mamá por haberlo traído); sólo que unos lo expresan más abiertamente que otros. En lugar de decirle que él es un niño malo porque no quiere a su hermanito, dígale que usted comprende que no siempre es divertido tener un bebé en la casa, ni para él ni para usted. Déjelo que se desahogue pero cambie pronto de tema. Pase a otra cosa más optimista (''¿Qué te

parece si envolvemos al bebé y nos vamos todos al parque?'').

Algunos niños no se sienten en libertad para expresar lo que sienten y es una buena idea estimularlos para que hablen con franqueza. Una manera de lograrlo es confiarles lo que usted misma siente: ''Yo quiero mucho al bebé pero no me gusta tener que levantarme por la noche a darle de comer'', o ''Con el nuevo bebé ya casi no me queda un momento libre para mí''. Otra manera es contar o leer cuentos sobre hermanos mayores con sentimientos mixtos sobre los recién llegados. Si usted es una hermana mayor, háblele de cómo se sentía cuando nació su hermano o hermana menor.

"Mi hija no muestra hostilidad hacia su nuevo hermanito, pero se muestra muy malhumorada y antipática conmigo".

A veces los hermanos mayores no consideran útil enfrentarse al recién nacido (a quien no se le puede provocar, por más que uno haga), o se sienten demasiado cohibidos para expresar su hostilidad hacia él (es tanto lo que se les ha dicho que tienen que quererlo mucho). Entonces buscan otra víctima a quien atormentar sin remordimiento y con resultados más satisfactorios: la mamá. Al fin y al cabo, ella es la que se pasa las horas dándole de comer al bebé, meciéndolo, mimándolo y concediéndole el tiempo que antes pasaba con ellos. Un primogénito puede desahogar sus sentimientos contra la mamá con berrinches o con conducta regresiva, negándose a comer o rechazando totalmente a la mamá y acudiendo al papá o a otra persona (por ejemplo, a una niñera) como su ''favorita''. Este tipo de conducta es parte común y normal del período de acomodación al nuevo bebé.

Como ocurre con todas las etapas del desarrollo, es importante tomar la antipatía con calma y no como una ofensa personal. Trate de reaccionar con paciencia, comprensión, confianza y atención extra. Y recuerde que esto también pasará, por lo general en unos pocos meses.

RESENTIMIENTO DE LA MADRE

"Desde que llegó nuestro segundo hijo, no sé qué camino tomar; me siento resentida por el tiempo y la atención que me exige mi hijo mayor, y eso hace que me remuerda la conciencia".

Usted está demasiado cansada y sometida a tensiones excesivas, así que no es raro que abrigue sentimientos de hostilidad que le es preciso desahogar. Tampoco es raro que tenga la tentación de desahogarse con su hijo mayor más bien que con el recién nacido, si bien algunas mujeres hacen víctima a su marido. Como un hijo mayor que dirige su enfado contra su mamá, usted reconoce que un bebé chiquito no es digno de su resentimiento. Seguramente cree también, por lo menos inconscientemente, que ahora que su primogénito está más grandecito ya debiera tener más madurez. Podría pensar que si por lo menos se portara como corresponde a su edad, todo se facilitaría. Es una creencia injusta y poco realista pero bastante común. (Además, su niño probablemente sí se está portando como corresponde a su edad.)

Estos sentimientos no son usuales para la que es madre por segunda vez, pero sí suelen sorprender a las que han pasado su segundo embarazo pensando que no van a querer tanto a su segundo hijo como quisieron al primero. Les asombra ver cuán rápida y fácilmente el nuevo bebé se les entra en el corazón, y se sienten volubles y culpables si escatiman al hijo mayor el tiempo y atenciones que pide.

Reconocer sus sentimientos negativos y aceptar las razones que los explican es un paso importante para sobreponerse a ellos. Esta puede ser la primera vez en su vida que haya sentido enfado o resentimiento contra sus hijos, pero no será la última. Tales sentimientos ocurren aun en las mejores relaciones humanas. Pero a medida que se acomoda a un ritmo confortable como madre de dos niños y se hace más diestra para atender a las necesidades de ambos, encontrará que esos sentimientos se disipan. (Si no es así, o si se agravan, hable con su médico o con un consejero que le pueda ayudar a modificarlos.)

EXPLICAR LAS DIFERENCIAS GENITALES

"Mi hijita de tres años está obsesionada con el pene de su hermano menor. Quiere saber qué es eso y por qué ella no lo tiene. No sé qué decirle".

Ensaye a decirle la verdad. A pesar de ser tan pequeña, si tiene edad suficiente para hacer preguntas sobre el cuerpo de su hermanito, también la tiene para recibir respuestas honradas. Para una niñita puede ser una gran sorpresa descubrir en el cuerpo de su hermanito algo que ella misma no tiene (o para un niño observar que su hermana no tiene pene; se preguntará si él también lo podría perder). Probablemente lo único que se necesita es la simple explicación de que los niños y los hombres (como papá) tienen penes y las niñas y las mujeres (como mamá) tienen vagina, y quizá esto baste para que su niña entienda una diferencia fundamental entre los dos sexos. Use los nombres correctos para estas partes del cuerpo, como los usaría para los ojos, la nariz o la boca, y déle más información únicamente si la pide — aunque se le podría explicar que las niñas tienen vagina para que cuando sean grandes puedan tener bebés y que los niños tienen pene para que puedan ser padres. Si la niña quiere saber más de lo que usted le puede informar cómodamente, busque un libro para padres que le pueda ayudar, o uno escrito e ilustrado para niños del nivel apropiado que le pueda leer a su niña.

DAR EL PECHO EN PRESENCIA DE UN HIJO MAYOR

"Tengo la intención de darle el pecho a mi segundo hijito, pero me preocupa hacerlo delante del mayor, que tiene cuatro años".

Se discute si es perjudicial para un niño de edad preescolar o mayor, ver completamente desnudos a sus padres del sexo opuesto, pero no hay razón para pensar que a un niño le pueda hacer daño ver a su mamá darle el pecho al bebé. Por el contrario, lo perjudicial puede ser esforzarse por mantenerlo alejado. Como la lactación es una actividad que consume mucho tiempo, sería poco el que usted podría dedicarle a su hijo mayor. Y fuera de las horas de siesta del bebé, el único tiempo que le queda para el mayor es mientras está dando el pecho. Cualquier actividad tranquila, como leer cuentos o jugar ciertos juegos, se puede realizar durante las sesiones de lactación.

Si no se siente cómoda dejando ver sus pechos al niño (aunque casi seguramente no serán excitantes para él, sobre todo en esa función), amamante discretamente. Pero no se alarme si él alcanza a ver algo, o si la curiosidad lo lleva a estirar la mano y tocar. Los expertos están de acuerdo en que tanto la gazmoñería, que le puede dar al niño la idea de que hay algo malo o sucio en el cuerpo humano y sus funciones, como el exhibicionismo descarado, que rebaja el respeto por la intimidad

personal, contribuyen a crear actitudes malsanas sobre la sexualidad.

EL NIÑO MAYOR QUE QUIERE MAMAR

"Mi niño de dos años y medio, viéndome darle el pecho al bebé, dice que él también quiere leche. Pensé que no insistiría si yo no le hacía caso, pero no ha sido así".

La mejor manera de curar a un niño hasta de tres o cuatro años de ese deseo es dejarlo que lo cumpla. (Un niño mayor de cuatro años debe entender que tomar el pecho es para bebés.) Con frecuencia bastará con decirle que puede hacerlo, para que no insista; pero si insiste, déjelo. Para usted será incómodo pero él sentirá que ha tenido acceso a esa misteriosa y especial relación que el bebé tiene con usted. Es probable que baste una chupada para que se convenza de que lo que toman los bebés no es tan delicioso como él se imaginaba, y que por esa pobre imitación de leche que extrae — un líquido extraño, tibio, aguado — no valía la pena tanto trabajo. A lo mejor desiste antes de que la leche le llegue a la boca. Una vez satisfecha su curiosidad, probablemente nunca volverá a pedir que le den el pecho, y en vez de envidiar al hermanito le dará pena verlo obligado a tomar semejante cosa mientras él se deleita con jugo de manzana y leche "de verdad", y pasas y frutas y otras cosas ricas.

Si sigue mostrando interés en mamar, o celos de que su hermanito lacte, probablemente lo que busca no es un pecho que le dé leche sino un pecho para ampararse en él y una mamá que le prodigue el mimo y el amor que le parece que el bebé siempre recibe cuando está mamando. Tal vez lo único que se necesita para curarlo es incluirlo a él también en las sesiones de lactación, para lo cual hay varias maneras sencillas. Por ejemplo, antes de sentarse a dar el pecho, dígale: "Le voy a dar leche al bebé. ¿Tú quieres un jugo?" o bien: "¿Quieres almorzar ahora mientras el bebé come?" O aproveche la oportunidad del rato de tranquilidad que da la lactación para leerle un cuento, ayudarle a armar un rompecabezas o escuchar discos con él (muy bueno porque no tiene que usar las manos), resistiendo siempre la tentación de poner la TV o hacer llamadas por teléfono. Y cuide de que el primogénito reciba muchos abrazos y mucho consentimiento cuando usted no esté lactando al bebé.

CONDUCTA REGRESIVA

"Desde que nació su hermanita, mi hija mayor, que tiene tres años, ha empezado a actuar como un bebé. Habla en media lengua, quiere que la carguen todo el tiempo, y hasta tiene «accidentes» de pañal".

Hasta los adultos a veces envidian la pacífica existencia de un recién nacido. "¡Ah, eso sí es vida!" dicen al ver pasar bien abrigado en su cochecito un bebé dormido. No puede sorprender que una niñita que hasta hace poco estaba también en el cochecito y que apenas empieza a dominar algunas de las mil y una responsabilidades que vienen con el crecimiento, anhele el retorno a la primera infancia al verse en presencia de una hermanita, especialmente cuando ve que comportarse como bebé le da a ésta muy buenos resultados, pues lleva una vida regalada, la alzan para llevarla a todas partes, la miman a todas horas y no tiene sino que abrir la boca para quejarse y le dan lo que quiera (en lugar de un perentorio "¡Cállate ya!").

En lugar de apremiar a su niña mayor para que se porte como "grande", con

siéntala también cuando pida consentimiento, aunque esto signifique cuidar de dos "bebés" al mismo tiempo. Préstele la atención que busca (mézala en sus brazos cuando esté cansada, llévela alzada escaleras arriba de vez en cuando, déle de comer cuando lo pida), y no la riña cuando regrese a hablar en monosílabos (aunque esto le ponga los nervios de punta), o si se le ocurre volver a tomar su leche en biberón, o si olvida el uso debido del inodoro. Al mismo tiempo, estimúlela para que actúe de acuerdo con su edad, elogiándola mucho cuando así proceda — por ejemplo, cuando recoja sus cosas, le ayude a mamá o avise cuando quiera ir al baño. Hacerle tales elogios en presencia de otros aumentará sus beneficios. Recuérdele que ella fue su primer bebé y ahora es su niña grande. Señálele, igualmente, las cosas especiales que ella puede hacer y su hermanita no, como tomar helado en la fiesta de cumpleaños, echarse por el deslizadero del patio de recreo, o salir a comer pizza con papá y mamá.

Cocine con ella mientras el bebé duerme, llévela para que la acompañe a hacer las compras, mándela a pasear con el papá, llévela a ver una película mientras el bebé se queda con una niñera. A su tiempo ella misma comprenderá las ventajas de ser una niña mayor y resolverá dejar atrás a la hermanita.

EL NIÑO QUE LASTIMA AL HERMANITO

"Salí un momento del cuarto, y al regresar me horroricé al ver que mi hijo mayor estaba hurgando al bebé con un juguete. No alcanzó a hacerle daño, pero parecía que lo quería hacer llorar adrede".

A primera vista, semejante ataque aparece nada menos que como una tentativa sadista de causar daño a un intruso no deseado; pero no suele ser éste el caso, aun cuando encierre algún elemento de hostilidad (lo cual es natural, en vista de la gran alteración que un recién nacido produce en la vida de otro niño). Con frecuencia, estos ataques que parecen obra de la maldad no son sino investigaciones inocentes. Su hijo tal vez trataba de hacer llorar al chiquitín, no por malo sino por la curiosidad de averiguar cómo funciona esa extraña criaturita que usted ha traído a casa (de la misma manera él examina constantemente todo lo que lo rodea).

Lo que hay que hacer en estos casos es reaccionar sin exageraciones. Hágale entender al niño mayor, por el ejemplo y haciéndolo tomar parte en el cuidado del bebé estando usted presente, que al bebé hay que tratarlo con suavidad. Cuando sea brusco, reaccione usted con calma y racionalmente, evitando el enfado y los regaños (si él está por atormentarla, le complacerá haberla hecho poner furiosa), lo mismo que una exagerada protección histérica del bebé, que reforzaría cualquier posible sentimiento de celos por parte del niño mayor. Si el bebé ha sido lastimado, evitar la reacción explosiva es más importante aún, pues hacer sentir al mayor culpable de lo que ha hecho, intencionalmente o no, le puede dejar huella emocional permanente y no sirve para ningún fin positivo.

En todos estos casos es mejor prevenir que castigar. Aun cuando le parezca que el niño mayor ha aprendido muy bien la lección, no los vuelva a dejar a los dos solos hasta que el mayor ya tenga edad — tal vez hacia los cinco años — para comprender el daño que puede causar. Los niños pequeños en realidad no se dan cuenta de las consecuencias de sus actos y pueden causar graves lesiones sin proponérselo.

EVITAR LOS CELOS

"No sé cómo repartirme de manera que tanto mi hijito de cuatro años como su nuevo hermanito reciban la atención que necesitan, y para que el mayor no sienta celos".

Lástima que usted no pueda ser dos personas a la vez o ni siquiera tenga un par de brazos extra. Usted no es sino una sola mamá y tendrá que repartirse por lo menos en dos durante varios años. La cuestión es cómo hacer la división en la forma más conveniente tanto para el niño preescolar como para su nuevo hermanito.

Más adelante en los años de crianza de sus hijos la división tendrá que ser muy pareja: la cantidad de tiempo que le concede al uno deberá ser igual a la que pasa con el otro (de la misma manera que toda manzana o trozo de pastel se tiene que cortar exactamente para contentarlos a ambos). Por ahora, sin embargo, un poquito de desigualdad en favor del mayor es no sólo aceptable sino que es lo mejor. Considere, en primer lugar, que su niño mayor estaba acostumbrado a ser el único, sin tener que compartir la atención de usted (como no fuera con el papá); y que el bebé, felizmente ignorante de quién está recibiendo más de usted, quedará muy contento siempre que se atienda a sus necesidades fundamentales. Además, durante un tiempo el bebé recibirá una atención considerable de otras personas, significativas o no, que no harán mucho caso del mayor y éste se verá reducido al papel de espectador. Tenga igualmente en cuenta que, a diferencia del primogénito, quien llegó del hospital a una casa más o menos tranquila, su segundo hijo ha nacido en el seno de una familia muy activa, con mucho trato recíproco para mantener sus sentidos ocupados y estimulados. Si el bebé está sentado en su regazo mientras usted construye una ciudad de cubos o arma un rompecabezas con el niño mayor, o si lo tiene en un portabebés mientras empuja el columpio del primogénito, el bebé recibe tanto estímulo como si estuviera jugando directamente con él. Finalmente, recuerde que ahora hay en la casa otro "cuidador" — su hijo mayor — que prestará mucha atención al bebé.

Hacer este oficio de "doble mamá" será cada vez más difícil y exigente a medida que el bebé crece y empieza a hacer pinitos, pero usted será pronto una experta. Aprenderá a prestarle atención al hijo mayor sin mermar el tiempo que le concede al menor, no sólo atendiendo a las necesidades de ambos al mismo tiempo (dándole de comer al uno mientras le lee al otro o le ayuda con un rompecabezas, por ejemplo), sino también nombrando a su primogénito su ayudante principal. El puede ir a traer el pañal para cambiar al bebé cuando esté mojado, cantarle y bailarle cuando esté chinchoso, y ayudarle a usted a doblar y guardar la ropa del bebé — buscar las medias compañeras es un fastidio para usted pero para él es un juego y una experiencia de aprendizaje. Sentirse útil no lo dejará sentirse abandonado.

El hermano mayor necesita algo más que tiempo compartido: necesita pasar un tiempo no interrumpido, a solas con usted todos los días. Si no se tiene una empleada doméstica, encontrar ese tiempo es difícil, pero es indispensable. Es ideal la hora de hacer su siesta el bebé (suponiendo que duerme bien durante el día), si usted puede olvidar la urgencia de lavar la ropa, arreglar la casa o leer el periódico (lo cual tendrá que esperar hasta que ambos niños estén acostados). También es buena hora la del anochecer, cuando su esposo está en casa y puede entretener un rato al bebé. No olvide que

su hijo mayor también gozará pasando un tiempo a solas con su padre.

Además de ver que el niño mayor reciba su debida cuota de atención, hay otras medidas que se pueden tomar para modificar el factor de celos. Por ejemplo, refiriéndose al bebé diga siempre "nuestro" o "tuyo", no "mío". Evite que la vida del hijo mayor gire en torno de la del menor: "Cállate, que despiertas al niño", o "No te puedes sentar en mi regazo; le estoy dando de comer al bebé", o "No le hagas tan duro, que lo maltratas". Se pueden obtener iguales resultados, o mejores, reduciendo los "noes" a un mínimo y expresándose en forma más positiva: "El bebé está dormido; hablemos pasito para no despertarlo"; o "¿Te sientas aquí a mi lado y me acompañas mientras le doy de comer?"; o bien "Al bebé le encanta que lo acaricien así, suavecito".

Aunque debe limitar las veces que le diga que no puede jugar con él o alcanzarle alguna cosa porque está ocupada con el bebé, no sería realista tratar de no apelar nunca al pretexto del bebé; eso es parte de la vida con un hermano que su hijo mayor tendrá que aprender a aceptar. Será más fácil para él si le sigue recordando las ventajas de ser el hijo mayor, y si de vez en cuando invierte los papeles. Dígale al bebé (aunque el niño mayor no crea que entiende): "Tienes que esperar un rato para que te cambie el pañal porque primero tengo que darle su merienda a tu hermano", o "Ahora no te puedo alzar porque voy a acostar a tu hermano mayor".

Puesto que no es posible atender a todo, tendrá que postergar un poco los quehaceres domésticos para no tener que abandonar a los niños. Será más importante sentarse a ver "Plaza Sésamo" con el mayor que pasar la aspiradora por la alfombra de la sala, o llevarlos al parque que ponerse a cortar y picar alimentos para la comida. Limite los quehaceres domésticos a lo absolutamente esencial (o si no se aguanta el desorden y tiene con qué pagar, consiga quien le ayude); use pañales desechables o contrate este servicio, y ropa que no necesite plancha para el resto de la familia; compre vegetales congelados, que son tan nutritivos como los frescos, y haga las comidas sencillas, inclusive las del bebé; vea en la página 284 el valor de los alimentos infantiles comerciales. Obtenga la ayuda de su hijo mayor para tareas como sacudir el polvo, abrir los paquetes del mercado o poner la mesa; al principio esa ayuda le parecerá más bien un estorbo, pero con un poco de práctica el niño la sorprenderá ayudándole efectivamente.

FALTA DE CELOS

"Yo estaba preparada para un poco de rivalidad cuando resolvimos tener otro hijo. Pero durante el embarazo y en los cuatro meses que hace que nació su hermanito, nuestra hija no ha mostrado celos en absoluto. ¿Es esto natural?"

Como ya lo habrá visto usted, su hija tiene su propia personalidad. Su reacción al nacimiento de un hermanito puede ser totalmente distinta de la de otras niñas, siendo sin embargo perfectamente normal y natural. Muchos niños muestran hostilidad en estos casos, pero tales sentimientos no son inevitables ni necesarios para el desarrollo de fuertes lazos fraternales. Si la niña parece feliz con el bebé no es necesariamente que esté ocultando sentimientos de celos; sencillamente se puede sentir tan segura que no se cree amenazada. Pero bien puede encontrar motivos de resentimiento cuando el chiquitín empiece a andar por el piso y a romperle sus libros, desparramarle los cubitos y arrancarle a su muñeca un dedo de un mordisco.

Con todo, conviene que usted le conceda tanto tiempo y atención como al nuevo bebé, aun cuando no lo pida. Si como es tan buenecita con el hermano menor, usted sin quererlo se olvida un poco de ella, es muy posible que empiece a sentirse abandonada y después resentida.

Y como casi todos los niños en algún momento tienen sentimientos negativos hacia un hermanito, hágale entender que éstos son normales y déle la oportunidad de expresarlos.

APEGO FRATERNAL

"No sé cómo hacer para que mi hijo mayor sienta más apego por su nuevo hermanito".

La madre y el padre cobran afecto al niño en el cuidado y trato cotidiano, y no hay razón para que no suceda lo mismo con los hermanos. Con adecuada supervisión de un adulto, cualquier niño pequeño puede participar en el cuidado del bebé y empezar a sentir apego a él, dejando a un lado los celos del sobreparto. Según la edad que tenga, el hijo mayor puede compartir diversas actividades, incluidas las siguientes:

Cambiar pañales. Un niño o una niña de edad escolar puede muy bien mudar un pañal mojado, estando a su lado la mamá; un chico de dos años puede ir por uno limpio, pasarle a mamá un paño de aseo, ajustar la cinta adhesiva de un pañal desechable, o entretener al bebé durante la operación.

Darle la comida. Si su bebé se está criando con biberón, o si toma ocasionalmente un biberón de alivio, hasta un niño bastante pequeño se lo puede sostener para dárselo. Si sólo toma el pecho, el niño mayor no lo puede alimentar pero sí se puede sentar a su lado con un libro mientras usted le da de comer a su hermanito.

Sacarle los gases. Hasta un niñito de dos años le puede dar al bebé palmaditas en la espalda después de la comida para sacarle los gases — y eso por lo general los divierte muchísimo.

Bañarlo. La hora del baño puede ser una diversión para toda la familia. Un hermano mayor puede pasar el jabón, la toalla o el paño de aseo, echarle encima el agua de enjuagarlo (a una temperatura probada antes por un adulto), y entretener al bebé con sus propios juguetes o cantándole. Pero no deje nunca a un hermanito menor de doce años encargado totalmente del bebé en el baño — ni por un momento siquiera.

Cuidarlo. No permita nunca que un niño de edad preescolar se quede solo cuidando al bebé ni por un minuto. Antes de los trece años un hermano mayor no puede asumir totalmente la responsabilidad del menor, pero sí puede hacer oficio de niñera estando usted cerca. Para un bebé no hay nadie más divertido que su hermanito mayor, y descubrir que tiene la habilidad de divertir al bebé estimula el amor propio de aquél.

EMPIEZA LA GUERRA

"Mi hija era muy afectuosa con su hermanito desde que nació; pero ahora que ya anda gateando y le agarra sus juguetes, se ha vuelto contra él súbitamente".

Para muchos niños un recién nacido no es una amenaza. No puede hacer nada, permanece básicamente inmóvil, incapaz de arrebatar un libro o romper un juguete. Pero después de unos meses ha aprendido a gatear, a alcanzar las cosas, a ir de una parte a otra y otras destrezas

motrices, y entonces todo cambia de cariz. Niños que hasta ahora se habían mostrado tan afectuosos con sus hermanitos menores, empiezan de súbito a mostrarles hostilidad. Y no les falta razón: aquel bárbaro en miniatura ha invadido sus terrenos, saquea su caja de colores, viola sus libros, desbarata sus muñecas.

La tensión suele ser mayor cuando la diferencia de edades es tres años o menos. Para defender lo suyo, el mayor le grita al menor, le pega, lo empuja, lo hace caer al suelo. A veces se da una mezcla de afecto y agresión en estos actos: lo que empieza como un abrazo acaba con el bebé en el suelo llorando. La acción suele reflejar los íntimos sentimientos mixtos del niño. Usted como madre tiene que guardar un delicado término medio en estas situaciones, protegiendo al hermanito menor sin castigar al mayor. A éste hay que hacerle entender que no está permitido causarle daño intencionalmente al menor; pero también que usted comprende que tiene razón para sentirse ofendido. Trate de darle la oportunidad de jugar parte del tiempo sin el chiquito (cuando éste esté durmiendo, o en el corralito de juego, u ocupado en otra cosa).

En particular, cuando vayan a visitarlo sus amiguitos, respete su independencia y sus pertenencias y cuide de que las respete también el niño menor. Pase algún tiempo extra con el mayor e intervenga en su favor cuando el bebé trate de arrebatarle sus cosas o rompérselas, en lugar de estar siempre disculpando al bebé "porque es chiquito". Elógielo, eso sí, cuando por su propia cuenta llega a esta conclusión.

Muy pronto los papeles se van a invertir. El hermano menor, cansado de ser la víctima y sintiéndose ya bastante fuerte para medirse con el otro (y repelerlo y morderlo), empieza a defenderse. Esto ocurre por lo general hacia finales del primer año, y es seguido por un par de años o más de sentimientos mixtos entre los hermanos — una confusa combinación de amistad y enemistad. Son años en que usted tendrá que hacer el papel de árbitro más bien que de mamá, y puede esperar que sean una prueba constante de su paciencia y su ingenio — y también motivo de felicidad.

TERCERA PARTE

Para consulta rápida

Las mejores recetas

PARA EL PRIMER AÑO Y MAS ALLA

Aun cuando no distingan un *bisque* de un *brioche* ni un *pâté* de un *pot-au-feu*, los niños son muy exigentes en materia gastronómica y se niegan, por ejemplo, a comer verduras, alimentos proteínicos y casi todo lo que las madres quieren que coman. A la hora de comer, complacerlos es muy difícil, contrariarlos facilísimo, y lograr que tomen su cuota de la Docena Diaria casi imposible — o así lo parece.

Pero hay esperanza y ayuda en las páginas siguientes. Aun cuando no se ha inventado todavía una receta que les haga abrir la boca a todos como pajaritos hambrientos, las que se dan a continuación probablemente serán aceptadas por la mayoría de los exigentes críticos infantiles. Y todas contribuirán mucho a su buena alimentación y a satisfacer a un mismo tiempo, en la mayoría de los casos, varios requisitos mínimos de nutrición.

SUPER CEREAL

Con un plato de este poderoso cereal, su niño tendrá bastante para salvar de un solo salto altas torres de cubos.

Hace 1 porción infantil

1/3 de taza de hojuelas de avena u otro cereal seco de grano entero, sin endulzar
1 cucharada de germen de trigo
2 cucharadas de leche en polvo descremada instantánea
2 cucharadas de albaricoques secos, finamente picados
1/2 taza de leche entera

Amontone los cuatro primeros ingredientes en un plato pequeño de cereal en el orden en que se dan en la lista. Vierta encima la leche y sírvalo inmediatamente.

Cantidades del mejor régimen alimentario infantil por porción: 1 proteína; 1^1/2 grano entero; 1 calcio; 1 fruta amarilla; algo de hierro.

PAN DE QUESO CON FRUTAS

Hasta un niño que esté resuelto a vivir sólo de pan no podrá menos de medrar si el pan está cargado de proteínas, calcio y minerales. Aselo por anticipado, córtelo en rebanadas y congélelo para mañanas de descontento o para las meriendas de por la tarde.

Hace 2 hogazas de 24 × 14 × 8 cm

4 a 4^1/2 tazas de harina integral
3/4 de taza de germen de trigo
1 cucharadita de sal
2 paquetes de levadura activa seca
1 taza de agua
1/2 taza de jugo de manzana concentrado
1/4 de taza de aceite vegetal
1 taza de requesón sin sal, bajo en grasa
1 huevo entero
2 claras de huevo
3/4 de taza de avena desmenuzada
1^1/2 tazas de queso suizo bajo en sodio, desmenuzado (unos 170 gramos)
1 taza de pasas secas o dátiles, picados

1. Mezcle 3^1/2 tazas de la harina, el germen de trigo y la sal en el vaso de una batidora eléctrica. Saque 1^1/2 tazas de

POLVO DE HORNEAR BAJO EN SODIO

El polvo de hornear corriente de doble acción tiene un alto contenido de sodio y es una fuente principal de éste en la alimentación de mucha gente. Como el exceso de sodio no es bueno para los niños (ni para nadie), para la preparación de estas recetas sugerimos usar polvo de hornear de bajo contenido sódico, que se puede conseguir en las tiendas de alimentos naturales. Si usa el polvo ordinario, use sólo $2/3$ de lo indicado (2 cucharaditas por cada 3 que se indiquen).

la mezcla y combínela con la levadura. Haga un hueco en el centro de las 2 tazas de harina que quedan y vuelva a echar la mezcla de levadura al hueco.

2. Mezcle el agua, el jugo concentrado y el requesón en una sartén y póngala a fuego moderado hasta que esté bien caliente. Agregue poco a poco esta mezcla a la mezcla de levadura que puso en el hueco, revolviendo a medida que la vierte. Bata todo a velocidad media, raspando los lados del vaso según se necesite, por 2 minutos.

3. Agregue el huevo, las claras y otra $1/2$ taza de harina a la masa; bata la masa otra vez, raspando los lados del vaso según se necesite, durante 2 minutos. Mezcle la avena desmenuzada.

4. Pase la masa a una tabla ligeramente espolvoreada con harina. Amase hasta que se ponga suave y elástica, unos 8 a 10 minutos (o amase en una batidora o procesador de alimentos, siguiendo las instrucciones del aparato). Si la masa todavía está muy pegajosa, agregue el resto de la harina, 2 cucharadas a la vez, según se requiera. Póngala en una escudilla grande untada con un poquito de aceite vegetal, volteándola para engrasarla por todos lados. Cúbrala ligeramente con papel de aluminio. Ponga la escudilla en un lugar tibio hasta que la masa haya crecido al doble de su volumen, en 1 hora más o menos.

5. Golpee la masa. Pásela a una tabla ligeramente enharinada. Agregue el queso suizo y la fruta, amasando. Divida la masa en dos partes. Con cada una de ellas forme una hogaza y póngalas en moldes de $24 \times 14 \times 8$ centímetros, bien untados previamente de más aceite vegetal. Con una brocha unte ligeramente de aceite las hogazas por encima, cúbralas con un paño y déjelas crecer en un lugar caliente hasta que dupliquen su tamaño, aproximadamente en 1 hora.

6. Quince minutos antes de meterlas al horno, póngalo a calentar a 375°F (190°C).

7. Déjelas asar hasta que se doren por encima y la base suene hueca al darle golpecitos, unos 35 a 40 minutos.

Cantidades del mejor régimen alimentario infantil en 1 rebanada o $1/10$ de hogaza: 2 granos; $1^1/2$ proteína; $1/2$ otras frutas; $1/2$ calcio; algo de hierro.

MOLLETES DE CALABAZA

Estos son muy nutritivos y deliciosos, y el niño no se da cuenta de que está comiendo vegetales. Consérvelos congelados para cuando no quiera comer las verduras frescas.

Hace unos 24 molletes

1¹/₂ tazas de jugo de manzana concentrado
¹/₄ de taza de aceite vegetal
2 huevos enteros
4 claras de huevo
1¹/₂ tazas de calabaza enlatada, sin endulzar
1¹/₄ tazas de pasas
1¹/₂ tazas de harina integral
¹/₂ taza de germen de trigo
4¹/₂ cucharaditas de polvo de hornear, bajo en sodio
2 cucharaditas de canela molida
Rociador vegetal de cocina, o aceite vegetal o margarina

1. Caliente previamente el horno a 400°F (200°C). Unte de rociador vegetal de cocina 24 moldes de lata para molletes, o póngales moldes de papel. Déjelos a un lado.

2. Mezcle el jugo concentrado, el aceite, los huevos, las claras de huevo, la calabaza y las pasas en el vaso de una licuadora hasta que las pasas queden picadas.

3. Mezcle la harina, el germen de trigo, el polvo de hornear y la canela en una escudilla grande. Combine esto poco a poco con la mezcla de calabaza, ya sea en una batidora eléctrica a velocidad baja, o a mano lentamente, hasta que todo quede bien mezclado.

4. Vierta la mezcla en los moldes preparados de antemano, llenando cada uno hasta dos terceras partes de su capacidad. Métalos al horno durante 15 a 20 minutos. Los molletes están asados cuando un palillo de dientes que se meta en uno de ellos se saca limpio (o con sólo una o dos migajas adheridas).

Cantidades del mejor régimen alimentario infantil en 1 mollete: 2 vegetales ama- rillos; 1+ grano entero; 1 otras frutas; ¹/₂ **proteína.**

CARAS DE PANQUEQUE

Panqueques que se ríen traen también sonrisas a la silla alta. Sírvalos solos o con conserva de sólo frutas, yogur mezclado con éstas, rebanadas de banano (plátano), manzanas o peras salteadas, o compota de manzana sin endulzar. Congele los que sobren para usarlos en cualquier momento, pues son comida sabrosa y nutritiva.

Hace unos 24 panqueques pequeños

1 taza de leche entera
¹/₄ de taza de leche en polvo desnatada
2 cucharadas de jugo de manzana concentrado
1 cucharada de mantequilla o margarina derretida
1 huevo entero
2 claras de huevo
³/₄ de taza de harina integral
¹/₃ de taza de germen de trigo
1¹/₂ cucharaditas de polvo de hornear, bajo en sodio
Rociador vegetal de cocina, o aceite vegetal o margarina
Pasas picadas
Albaricoques secos cortados en tiras delgadas

1. Combine los ingredientes hasta el polvo de hornear en una licuadora y procese hasta que quede todo suave. Deje reposar la mezcla 15 minutos.

2. Unte de rociador vegetal de cocina una sartén o parrilla y póngala a fuego medio-alto hasta que esté muy caliente. Baje el calor a medio, bata la mezcla, y échela con cuchara en la sartén o parrilla para hacer panqueques de 8 centímetros.

3. Con pedacitos de pasas y tiras de albaricoque, póngale a cada panqueque

ojos, nariz y boca. Cuando la superficie de los panqueques empiece a hacer burbujas y por debajo estén bien dorados (en unos 2 minutos) voltéelos para dorar la otra cara, como 1 minuto más.

4. Sirva los panqueques con la cara para arriba, con cualquiera de los acompañamientos sugeridos.

Cantidades del mejor régimen alimentario infantil en tres panqueques de 8 cm: 1 proteína; 1 grano entero; $1/4$ calcio; algo de hierro.

HOJUELAS DORADAS DE CEBADA

Toda la familia se volverá loca con estos panqueques de frutas. Sírvalos con yogur, compota de manzana sin endulzar, fresas o moras frescas, conserva de albaricoque sin endulzar, o compota de albaricoques secos (vea la página 724).

Hace como 48 panqueques de unos 5 cm de diámetro

1 taza de leche entera
$1/4$ de taza de jugo de manzana concentrado
2 cucharadas de mantequilla o margarina derretida
1 huevo entero
2 claras de huevo
1 taza de harina integral
$1/2$ taza de avena desmenuzada
$1/2$ taza de germen de trigo
$2^1/2$ cucharaditas de polvo de hornear, bajo en sodio
$1/4$ de taza de leche en polvo desnatada
$1^1/2$ cucharaditas de extracto de vainilla
1 cucharadita de canela molida (opcional)
$1/2$ taza de albaricoques secos, finamente picados
Rociador vegetal de cocina, o aceite vegetal o margarina

1. Bata la leche entera, el jugo concentrado, la mantequilla, el huevo y las claras de huevo en una escudilla grande. Agregue los demás ingredientes hasta la vainilla o canela (si la usa) y bata hasta que esté apenas suave. Envuelva los albaricoques picados con la masa.

2. Unte del rociador vegetal de cocina una sartén o parrilla. Póngala a fuego medio-alto hasta que esté muy caliente. Reduzca el fuego a medio y saque cucharadas de la mezcla para hacer hojuelas de 5 centímetros. Cuando la superficie de éstas empiece a hacer burbujas y por debajo estén bien dorados, en unos 2 minutos, voltéelos para que se doren por el otro lado, como 1 minuto más.

Cantidades del mejor régimen alimentario infantil en cuatro panqueques de 5 cm: $2/3$ grano entero; $1/2$ proteína; algo de calcio; $1/6$ grasa.

CROQUE BEBE (EMPAREDADOS)

Su hijo no necesita saber ni una palabra de francés (ni de ningún otro idioma) para disfrutar del delicioso sabor y valor nutritivo de estos emparedados de queso en tostada, estilo francés, hechos a la parrilla.

Hace 1 emparedado

1 huevo
$1/4$ de taza de leche
2 rebanadas (como 55 gr) de queso suizo o Cheddar, bajo en sodio
2 tajadas de pan integral bajo en sodio
Rociador vegetal de cocina, o aceite vegetal o margarina

1. Bata ligeramente el huevo con la leche en una escudilla bastante grande para que quepa el pan.

2. Ponga las rebanadas de queso entre las tajadas de pan. Remoje el emparedado en la mezcla de leche y huevo, volteándolo hasta que el líquido sea absorbido.

3. Unte con el rociador vegetal de cocina una sartén antiadherente. Póngala a fuego medio-alto hasta que esté bien caliente. Reduzca el calor a medio y dore el emparedado por ambos lados.

Cantidades del mejor régimen alimentario infantil en emparedado: 2 grano entero; 1 calcio; 1 proteína.

TOSTADA FRANCESA CON BANANO (PLATANO)

Uno de los sabores predilectos de los niños — el plátano — realza el atractivo de esta tostada francesa; la leche en polvo de bajo contenido de grasa agrega proteína y calcio. Es un alimento nutritivo para el desayuno, el almuerzo o la comida.

Hace 4 tajadas

1 huevo
2 cucharadas de jugo de plátano y naranja concentrado
2 cucharadas de jugo de manzana concentrado
1/2 plátano pequeño
1/4 de taza de leche en polvo desnatada
4 rebanadas de pan integral bajo en sodio
Rociador vegetal de cocina, o aceite vegetal o margarina

1. Mezcle los ingredientes hasta la leche en una licuadora y procese hasta que quede suave. Pase la mezcla a una escudilla bastante grande para que quepa el pan.

2. Empape el pan en la mezcla, volteando las tajadas hasta que el líquido sea absorbido.

3. Unte de rociador vegetal una sartén antiadherente. Póngala a fuego medio-alto hasta que esté bien caliente. Reduzca el calor a medio-bajo. Agregue las tajadas y cocínelas hasta que por debajo queden bien doradas, unos 3 minutos. Voltéelas y cocínelas por el otro lado, unos 2 minutos. Sírvalas calientes.

Cantidades del mejor régimen alimentario infantil en 1 tajada: 2 grano entero; $3/4$ proteína; $1/2$ otras frutas; $1/4$ calcio.

Variante: Prescindir del plátano y del jugo de plátano y naranja concentrado, y usar en cambio 4 cucharadas de jugo de manzana concentrado.

POSTRE DE REQUESON

Prescinda de los helados con almíbar y crema de chocolate. Un bebé que no tiene malacostumbradas las papilas gustativas quedará muy contento con esta versión naturalmente dulce, naturalmente nutritiva. Désela a cualquier hora del día, variándola según las frutas que se encuentren en cosecha.

Hace 1 porción infantil

1/4 de taza de fruta fresca (plátano, melón, melocotones, fresas)
1/4 de taza de requesón sin sal, bajo en grasa
1 cucharada de crema agria (omitir para niños mayores de dos años)
2 cucharadas de conservas endulzadas con frutas
1 cucharada de germen de trigo

Colocar las frutas formando un círculo en un plato pequeño. En el centro del círculo poner el requesón. Cubrir con los demás ingredientes.

Cantidades del mejor régimen alimentario infantil por porción: $1^1/2$ proteína; 1

grano entero; 1 otras frutas (si se usan plátanos o melocotones blancos); 1 vitamina C (si se usan fresas o melón cantalupo); 1 fruta amarilla (si se usa melón cantalupo o duraznos amarillos); $^1/_2$ grasa.

DEDITOS DE COMER

Su proteína predilecta puede ser también la predilecta de su hijo con esta cubierta quebradiza. Sirva los deditos para comerlos con los dedos, desde luego.

30 gramos de pescado fresco, como lenguado, rodaballo o abadejo, o pechuga de pollo sin hueso; o 40 gr de queso vegetal o de soya
$^1/_4$ de taza de migas finas de pan integral[1]
1 cucharada de queso parmesano rallado (opcional)
$^1/_2$ cucharadita de mayonesa
Una pizca de ajo en polvo
Rociador vegetal de cocina, o aceite vegetal o margarina

1. Caliente previamente el horno a 350°F (175°C).

2. Corte el pescado (cuidando de que no le queden espinas), el pollo o el queso vegetal en tiras de 1 cm.

3. Mezcle las migas de pan, el queso rallado (si lo usa) y el ajo en polvo en una escudilla pequeña, revolviendo hasta que quede bien mezclado.

4. Unte de mayonesa las tiras de pescado, pollo o queso vegetal y envuélvalas luego en la mezcla de migas. Coloque las tiras en una sartén de poco fondo, rociándolas con el rociador vegetal de cocina. Métalas al horno 5

---

[1] Usted misma puede hacer las migas en una licuadora o un procesador de alimentos, usando cubos de pan que se haya puesto un poquito viejo. Las migas que no utilice guárdelas en el congelador hasta que las vuelva a necesitar.

minutos; voltéelas y áselas otros 5 minutos.

Cantidades del mejor régimen alimentario infantil por porción: $1^1/_2$ proteína; 1 grano entero; $^1/_3$ calcio.

LA PRIMERA TARTA DEL BEBE

Aun cuando el médico todavía no los haya autorizado para comer huevos, los niños chiquitos pueden disfrutar de su primera tarta — si es esta delicia tachonada de frutas y sin huevos.

Hace una tarta cuadrada de una sola capa, de 20 cm por lado

1 taza más 2 cucharadas de jugo de manzana concentrado
$^1/_2$ taza de pasas enteras
$^1/_2$ taza de pasas picadas
$^1/_2$ taza de dátiles picados
$^1/_4$ de taza (4 cucharadas) de mantequilla o margarina
$1^1/_2$ cucharaditas de canela molida
$^3/_4$ de taza de harina integral
$^1/_2$ taza de germen de trigo
$4^1/_2$ cucharaditas de polvo de hornear bajo en sodio
Rociador vegetal de cocina, o aceite vegetal o margarina

1. Caliente previamente el horno a 325°F (160°C). Ponga una capa de rociador vegetal de cocina en una cacerola cuadrada antiadherente, de 20 cm por lado. Déjela a un lado.

2. Mezcle el jugo concentrado, las frutas secas, la mantequilla y la canela en una sartén pequeña. Cueza a fuego lento hasta que la mantequilla se derrita. Retire de la estufa. Déjelo enfriar.

3. Mezcle la harina, el germen de trigo y el polvo de hornear en una escudilla. Agregue gradualmente la mezcla de frutas, revolviendo apenas hasta que

todo se mezcle. No revuelva demasiado.

4. Vierta la mezcla en la cacerola de meter al horno que se había preparado
de antemano. Hornee unos 30 minutos. La tarta está bien asada cuando un
palillo de dientes que se meta en el
centro sale seco. Cuando se esté
asando en el horno, cubra la tarta flojamente con papel de aluminio si se
empieza a dorar.

5. Para que la tarta no se seque y se
endurezca demasiado para las encías
del bebé, cúbrala con papel de aluminio o guárdela en una bolsa de plástico en cuanto se haya enfriado un
poco.

**Cantidades del mejor régimen alimenta-
rio infantil en $1/16$ de tarta: $1^1/2$ otras
frutas; 1+ grano entero; $1/3$ proteína.**

PASTEL DORADO

La vitamina A se encuentra otra vez
donde menos se esperaba: en este exqui-
sito pastel casero, aromatizado con canela. Congélelo en cuadrados para servirlo cuando convenga.

**Hace 1 pastel cuadrado, de 23 cm por
lado, de una sola capa**

1 taza de albaricoques secos, finamente picados
*$1^1/2$ tazas de jugo de manzana concentrado, o
    más si es necesario*
1 taza de harina integral
$1/2$ taza de germen de trigo
*3 cucharaditas de polvo de hornear bajo en
    sodio*
$1^1/2$ cucharaditas de canela molida
2 claras de huevo, ligeramente batidas
$1/4$ de taza de aceite vegetal
*$1/2$ taza de conserva de albaricoque endulzada
    con jugo, o compota de albaricoques secos
    (vea la siguiente receta)*

*Rociador vegetal de cocina, aceite vegetal o
    margarina*

1. Caliente previamente el horno a 350°F
(175°C).

2. Cocine los albaricoques con 1 taza del
jugo concentrado en una cacerola pequeña. Espere a que hiervan y luego
déjelos a fuego lento, destapados,
hasta que se ablanden, 5 a 15 minutos.
Escurra, guardando el jugo en una
taza de medir líquidos, y deje a un
lado los albaricoques.

3. Mezcle la harina, el germen de trigo,
el polvo de hornear y la canela en una
escudilla grande. Agregue las claras de
huevo y la $1/2$ taza de jugo concentrado que quedaba; revuelva para que
se mezclen.

4. Si es necesario, agregue más jugo concentrado al que se había guardado
hasta completar $1/2$ taza. Agregue el
aceite revolviéndolo y ponga al fuego
hasta que apenas esté caliente. Agregue la taza de jugo y los albaricoques
que tenía separados a la mezcla de
harina. Revuelva hasta que esté apenas
suave.

5. Vierta el batido en una cacerola cuadrada de 23 cm por lado, a la cual se le
habrá aplicado previamente una capa
de rociador vegetal de cocina. Meta al
horno hasta que la parte de encima al
tocarla ligeramente vuelva a levantarse
y los lados hayan empezado a separarse de la cacerola, unos 35 minutos.
Estando todavía caliente cúbralo con
las conservas o compota de albaricoque. Deje enfriar para servirlo.

**Cantidades del mejor régimen alimenta-
rio infantil en un cuadrado de 5 cm: 1
grano entero; $1/2$ proteína; $1/2$ fruta amarilla; hierro.**

COMPOTA DE ALBARICOQUES SECOS

Esta es una compota rápida y fácil de hacer en la casa, y es rica en vitamina A y hierro.

Hace más o menos 1^1/$_2$ tazas de compota

1 taza de albaricoques secos
1 taza de jugo de manzana concentrado

Combine los ingredientes en una cacerola y póngalos a fuego lento, sin taparlos, hasta que la fruta esté blanda, unos 5 a 15 minutos. Bata en una licuadora o procesador de alimentos hasta que quede un puré blando. Usela para extenderla sobre el pan, o para ponerla sobre yogur o requesón.

Cantidades del mejor régimen alimentario infantil en 2 cucharadas: 1^1/$_2$ fruta amarilla; 1 otras frutas; algo de hierro.

PRIMERA TORTA DE CUMPLEAÑOS DEL BEBE

Las zanahorias desaparecen del plato del niño como por arte de magia cuando vienen en una torta. Para el día del cumpleaños u otra ocasión especial, póngale a la torta la cubierta, pero también guarde en el refrigerador una buena provisión de cuadrados sin cubierta para la merienda o postre cotidiano.

Hace 1 torta cuadrada de 23 cm, de dos capas

2^1/$_2$ tazas de zanahorias cortadas en tajadas delgaditas
2^1/$_2$ tazas de jugo de manzana concentrado (le sobrará un poco)
1^1/$_2$ tazas de pasas
2 tazas de harina integral
^{1}/$_2$ taza de germen de trigo
2 cucharadas de polvo de hornear bajo en sodio
1 cucharada de canela molida

^{1}/$_4$ de taza de aceite vegetal
2 huevos enteros
4 claras de huevo
1 cucharada de extracto de vainilla
^{3}/$_4$ de taza de compota de manzana sin dulce
Rociador vegetal de cocina, o aceite vegetal o margarina
Cubierta de queso de crema (vea la receta siguiente)

1. Ponga las zanahorias con 1 taza más 2 cucharadas del jugo concentrado en una cacerola de tamaño mediano. Hiérvalas y luego déjelas a fuego lento, destapadas, hasta que se pongan tiernas, 15 a 20 minutos. Bátalas en una licuadora o procesador de alimentos hasta que quede un puré uniforme. Agregue las pasas y procese hasta que estén finamente picadas. Deje enfriar la mezcla.

2. Caliente previamente el horno a 350°F (175°C). Forre dos cacerolas cuadradas, de 23 cm por lado, con papel encerado y unte el papel de rociador vegetal de cocina.

3. Mezcle la harina, el germen de trigo, el polvo de hornear y la canela en una escudilla grande. Agregue 1^1/$_4$ de tazas de jugo concentrado, el aceite, los huevos, las claras de huevo y la vainilla; bata hasta que esté bien mezclado. Envuelva en el puré de zanahoria y compota de manzana. Vierta el batido en las cacerolas preparadas de antemano.

4. Ase al horno hasta que un cuchillo metido en el centro salga limpio, 35 a 40 minutos. Deje enfriar brevemente en las cacerolas, luego páselo a parrillas de alambre para que se acabe de enfriar. Cuando esté frío cúbralo con la cubierta de queso de crema.

Cantidades del mejor régimen alimentario infantil en un cuadrado de 5 cm con su

cubierta: **3 vegetales amarillos; 2+ otras frutas; 1^1/$_2$ grano entero; 1+ proteína; algo de hierro; 1 grasa.**

CUBIERTA DE QUESO DE CREMA

El complemento perfecto de la torta de zanahoria, pero sin el azúcar.

Alcanza para cubrir un pastel de 2 capas

^{1}/$_2$ taza de jugo de manzana concentrado
450 gramos de queso de crema
2 cucharaditas de extracto de vainilla
^{1}/$_2$ taza de pasas muy bien picadas
1^1/$_2$ cucharaditas de gelatina sin sabor

1. Deje aparte 2 cucharadas del jugo concentrado.

2. Procese el resto del jugo concentrado, el queso de crema, la vainilla y las pasas en una licuadora o procesador de alimentos, hasta que quede uniforme. Páselo a una escudilla.

3. Revuelva la gelatina con las 2 cucharadas de jugo concentrado en una cacerola pequeña; deje reposar 1 minuto para que se suavice. Caliente hasta que hierva y revuelva para disolver la gelatina.

4. Bata la mezcla de gelatina con la mezcla de queso de crema hasta que todo quede bien combinado. Refrigere hasta que la cubierta empiece apenas a asentarse, entre 30 y 60 minutos. Cubra la torta.

GALLETAS DE AVENA Y PASAS

Su bebé no necesita haber echado aún el primer diente, para saborear estas suaves galletitas, que puede comer con las encías.

Hace de 3 a 4 docenas de galletas

1 taza de harina integral
^{3}/$_4$ de taza de germen de trigo
^{1}/$_2$ taza de avena desmenuzada
1 cucharada de polvo de hornear bajo en sodio
2 cucharaditas de canela molida
1 taza de jugo de manzana concentrado
^{1}/$_4$ de taza de aceite vegetal
2 claras de huevo o 1 huevo entero
^{3}/$_4$ de taza de pasas
Rociador vegetal de cocina, o aceite vegetal o margarina

1. Caliente previamente el horno a 375°F (190°C). Unte de rociador vegetal de cocina 2 bandejas. Déjelas a un lado.

2. Mezcle la harina, el germen de trigo, la avena, el polvo de hornear y la canela en una escudilla grande.

3. Mezcle el jugo concentrado, el aceite, el huevo y las pasas en una licuadora. Bata a velocidad media hasta que las pasas queden picadas. Vierta la mezcla sobre los ingredientes secos y revuélvalo todo.

4. Vaya echando el batido a cucharadas rebosadas sobre las bandejas preparadas de antemano, a una distancia más o menos de 2.5 cm entre cucharadas. Aplane cada montoncito con un tenedor. Meta al horno, teniendo cuidado de que las galletas no se doren ni se tuesten, unos 8 a 10 minutos. Déjelas enfriar ligeramente en las bandejas antes de pasarlas a una bolsa de plástico. (Así se evita que se endurezcan.) Espere hasta que estén completamente frías antes de cerrar la bolsa de plástico. Continúe asando galletitas hasta que se termine la mezcla. Las galletas se pueden congelar.

Cantidades del mejor régimen alimentario infantil en 2 a 3 galletas: 1+ grano entero; ^{3}/$_4$ otras frutas; ^{1}/$_2$ proteína; algo de hierro.

CUBOS DE GELATINA DE MANZANA Y GROSELLA

Estos cubitos de gelatina de fruta bailan y tiemblan — y no tienen ni pizca de azúcar para aguar la fiesta. Son además la solución perfecta cuando el bebé está enfermo y no puede o no quiere comer nada sólido y se niega a tomar líquidos.

Hace 4 porciones infantiles

1 cucharada de gelatina sin sabor
$^1/_4$ de taza de agua
$1^1/_2$ tazas de jugo de manzana y grosella sin dulce
$^1/_4$ de taza de jugo de manzana concentrado

1. Mezcle la gelatina y el agua en una escudilla de tamaño mediano; deje reposar 1 minuto para que se suavice.

2. Mientras tanto, hierva en una cacerola pequeña el jugo de manzana y grosella; agrégueselo a la mezcla de gelatina y revuelva hasta que la gelatina se disuelva por completo. Agregue el jugo concentrado. Vierta la mezcla en un molde de hornear de 20 cm y déjela enfriar hasta que se endurezca. Córtela en cubitos y póngalos en un lindo plato de postre.

Cantidades del mejor régimen alimentario infantil en $^1/_4$ de la receta: 1 otras frutas.

Variante: Use jugo de manzana en lugar del de manzana y grosella para bebés o niños con virus intestinales.

GELATINA DE BANANO (PLATANO) Y NARANJA

El mismo atractivo de la anterior, un poco más sabrosa.

Hace 4 porciones infantiles

1 cucharada de gelatina sin sabor

$^1/_2$ taza de agua
1 taza de jugo de naranja fresca
$^1/_2$ taza de jugo concentrado de plátano y naranja
1 plátano pequeño, en rebanadas

1. En una cacerola pequeña, revuelva la gelatina en agua; déjela reposar 1 minuto para que se suavice. Caliente a fuego medio-alto hasta que empiece a hervir.

2. Agregue el jugo de naranja y el jugo concentrado, revolviendo hasta que la gelatina se disuelva completamente.

3. Vierta la mitad de la mezcla en un molde metálico de 20 cm por lado y congele hasta que espese, unos 10 minutos. Agregue una capa de plátano en rebanadas y cubra con el resto de la mezcla de gelatina. Refrigere hasta que esté firme.

4. Para servir, corte en cuatro cuadrados.

Cantidades del mejor régimen alimentario infantil en una porción: 1 otras frutas.

YOGUR DE DURAZNO

El yogur comercial congelado contiene tanto azúcar como el helado, y a veces más. Este yogur sabe como si tuviera azúcar.

Hace 4 porciones infantiles

2 tazas de yogur natural de leche entera
1 taza de duraznos amarillos frescos, pelados y en rebanadas
$^1/_4$ de taza de jugo de manzana concentrado

1. Combine todos los ingredientes en una licuadora y procéselos hasta que la mezcla sea uniforme.

2. Prepare según las instrucciones de su heladera. O, vierta en un molde metálico cuadrado de 20 cm por lado y congele hasta que esté blando. Re-

bañe la mezcla y pásela a una escudilla grande en que se pueda batir para que se esponje. Repita una o dos veces el proceso de congelar y batir. Congele en seguida hasta alcanzar la consistencia deseada. Si se endurece demasiado en el congelador, descongele hasta que se pueda comer con cuchara.

Cantidades del mejor régimen alimentario infantil en $1/4$ de la receta: 1+ frutas amarillas; 1 proteína; 1 calcio.

Remedios caseros comunes

El médico recomienda succionar la nariz del bebé para aliviar la congestión de un resfriado. Usted ha oído decir que las compresas frías son la manera ideal de tratar una quemadura, y el vapor para tratar a un niño que tiene el crup. ¿Pero cómo se hace para succionar la nariz de un bebé? ¿Qué es una compresa fría? ¿Y cómo se produce suficiente vapor para aliviar el crup? Esta guía de remedios caseros le dará las respuestas.

ASPIRACION NASAL

Sosteniendo al niño en posición vertical, apriete el bulbo del aspirador (vea la ilustración, página 487) y coloque cuidadosamente la punta en una de las fosas nasales. Lentamente afloje el bulbo para que absorba los mocos. Repita en la otra ventana de la nariz. Si los mocos están secos y apelmazados, aplique irrigación de aguasal (vea la página 729).

BOLSA DE AGUA CALIENTE

Llene la bolsa con agua apenas tibia al tacto. Envuélvala en una toalla o un pañal de tela antes de aplicarla a la piel del niño.

COJIN CALIENTE

Lo mejor para un niño chiquito es una bolsa de agua caliente que no tiene cordones ni elemento de calefacción, pero si usa un cojín caliente vuelva a leer las instrucciones cada vez que lo vaya a aplicar, cuide de que el cojín y el cordón se encuentran en buen estado y envuélvalo en un pañal de tela si el cojín no tiene cubierta de tela. Mantenga baja la temperatura, no deje solo al niño, y no lo use durante más de 15 minutos seguidos.

COMPRESAS CALIENTES

Vea "Compresas tibias". No use nunca compresas calientes para un bebé.

COMPRESAS FRESCAS

Llene un recipiente de agua fría del grifo. Empape en el agua un paño de aseo o una toalla, exprímala y aplíquela a la parte lesionada. Vuelva a mojar el paño cuando ya no parezca húmedo y fresco.

COMPRESAS FRIAS

Llene un recipiente, como un balde de plástico o un enfriador, de agua fría del grifo con una o dos bandejas de cubitos de hielo. Empape en el agua un paño de aseo limpio, exprímalo y colóquelo sobre la parte afectada. Vuelva a enfriar el paño cuando el frío se haya disipado.

COMPRESAS PARA LOS OJOS

Para los ojos, empape un paño de aseo limpio en agua tibia, no caliente (pruébela con la muñeca o el antebrazo para ver que esté confortable), y aplíquela a los ojos del niño, de 5 a 10 minutos cada tres horas.

COMPRESAS TIBIAS

Llene un recipiente (un balde de plástico o un enfriador es lo mejor) con agua tibia, no caliente, que apenas se sienta confortable al tocarla con el brazo. Empape un paño de aseo limpio en el agua, exprímalo y colóquelo sobre la parte afectada, como lo indique el médico del niño.

HIELO PARA APLICACIONES FRIAS

Use un paquete comercial de hielo que tenga en el congelador, o una bolsa llena de cubitos de hielo (y un par de toallas de papel para absorber el hielo derretido) y cerrada con un lazo retorcido o con una banda de caucho. También sirven para el caso una lata sin abrir de jugo concentrado congelado, o un paquete de comida congelada sin abrir. No aplique hielo directamente a la piel del niño.

HUMECTADOR

Vea "Vapor".

INMERSIONES CALIENTES

Llene un recipiente de agua que se sienta confortablemente caliente en la muñeca o en el brazo (no en los dedos). No use nunca agua que no haya probado primero. Meta la parte lesionada en el recipiente.

INMERSIONES FRIAS

Llene un recipiente, como un balde de plástico o un enfriador, de agua fría del grifo con una o dos bandejas de cubitos de hielo. Meta en el agua la parte afectada, durante 30 minutos, si es posible. Repita a la media hora si es necesario. No aplique hielo directamente a la piel del niño.

IRRIGACION DE AGUASAL

Si bien es posible usar una solución hecha en la casa (disolviendo $1/8$ de cucharadita de sal en $1/2$ taza de agua hervida, ya fría), las soluciones salinas comerciales son más seguras. Póngale dos gotas en cada ventana de la nariz con un cuentagotas pequeño limpio para ablandar las costras, y succione con un aspirador nasal. No aplique irrigación ni gotas nasales comerciales por más de tres días, pues eso puede empeorar la congestión.

LIQUIDOS ABUNDANTES

Al niño que esté tomando el pecho exclusivamente, déselo con frecuencia. Al que se cría con biberón, déle su fórmula, a menos que el médico le indique lo contrario. Déle agua entre las comidas, y si el niño está tomando jugo, dilúyaselo en agua, mitad y mitad. Pero no lo obligue a tomar jugos, a menos que el médico se lo ordene.

Cuando el niño tiene vómitos, retiene mejor cantidades pequeñas de líquido que se le den espaciadas, que cantidades grandes de una sola vez. (Vea enfermedades específicas y líquidos preferidos en cada caso.)

VAPOR

Use un humectador de niebla fría o un vaporizador colocados fuera del alcance del niño para humedecer el aire, o coloque un recipiente de agua caliente sobre un radiador caliente (fuera del alcance del niño), o una olla o caldera de agua caliente en la estufa en el mismo cuarto donde esté el bebé. Para obtener rápidamente vapor abundante para un niño con crup (vea la página 734), cierre la puerta del cuarto de baño, abra totalmente la llave del agua caliente de la ducha y llene el cuarto de vapor. Permanezca con el niño en el cuarto de baño hasta que le pase el ataque de tos.

Como los microbios y mohos se pueden multiplicar en un humectador de niebla fría, lave el suyo diariamente, según las instrucciones del fabricante, cuando lo esté usando. Generalmente se recomienda que el tanque se lave con detergente de platos y agua, y luego se enjuague con una solución débil de blanqueador de cloro y agua. Cada vez que se use se debe volver a llenar de agua fresca. Los humectadores de niebla fría son los que más pueden lanzar al aire microbios y mohos, los de vapor ofrecen menos probabilidad de esta contaminación pero en cambio tienen el peligro de quemaduras. Las mejores son las unidades de ultrasonido que no despiden mohos vivos al ambiente y muy pocas bacterias. Pero debido a que las unidades de ultrasonido pulverizan no sólo bacterias y mohos sino también los minerales del agua, no se debe usar en ellos agua corriente del grifo con su contenido normal de minerales. Las

DOSIFICACION DE LOS REMEDIOS*
COMUNES PARA LA FIEBRE INFANTIL

Tempra	Gotas	Jarabe
Menos de 3 meses 6 kilos**	$1/2$ cuentagotas	$1/4$ de cucharadita
3 a 9 meses 6 a 9 kilos **	1 cuentagotas	$1/2$ cucharadita
10 a 24 meses 9.5 a 12 kilos	$1^1/2$ cuentagotas	$3/4$ de cucharadita
2 a 3 años 12 a 16 kilos	2 cuentagotas	1 cucharadita
Tylenol o Panadol	**Gotas**	**Jarabe**
Menos de 3 meses 3 a 5 kilos**	$1/2$ cuentagotas	$1/2$ cucharadita
4 a 11 meses 5 a 8 kilos**	1 cuentagotas	$3/4$ de cucharadita
12 a 23 meses 8 a 10 kilos	$1^1/2$ cuentagotas	1 cucharadita
2 a 3 años 10 a 16 kilos	2 cuentagotas	$1^1/2$ cucharaditas

* Estas son preparaciones de acetaminofeno; aspirina no se debe dar sin orden del médico.
** No les dé ninguna medicación a bebés menores de seis meses sin orden del médico. Déles los remedios cada cuatro horas, según se necesite, pero no más de cinco veces al día. Si el peso no está de acuerdo con la edad, use las dosis apropiadas para el peso del niño.

partículas minerales emitidas por el humectador son tan diminutas que pueden penetrar con la respiración hasta las partes más profundas de los pulmones, aumentando el riesgo de catarros y gripe y agravando las enfermedades respiratorias crónicas. Use agua destilada o filtre la del acueducto para limpiarla de minerales.

Enfermedades comunes de la infancia

El médico es el que en última instancia va a diagnosticar cualquier enfermedad que tenga su hijo; pero, sin embargo, la información básica que se da en el siguiente cuadro le servirá a usted para orientarla y prepararse para solicitar la ayuda médica, cuando sea necesario. Tenga en cuenta que no todos los niños desarrollan los síntomas que se detallan en los libros. Los del suyo pueden ser distintos de los que se mencionan en estas páginas.

Para evitar repeticiones, se omiten del cuadro los detalles de cómo tratar síntomas específicos (por ejemplo tos, diarrea o una picazón) o qué hacer en caso de fiebre. La información sobre el tratamiento de síntomas aparece en la página 481; para el tratamiento de la fiebre, vea la página 501.

A fin de facilitar el diagnóstico, los síntomas se han numerado si se sabe que pueden aparecer en diferentes tiempos en el curso de la enfermedad. Las erupciones se ponen en lista aparte para rápida y fácil comparación.

Los hombres de ciencia no siempre

ENFERMEDAD/ESTACION/ SUSCEPTIBILIDAD	SINTOMAS SIN ERUPCION (los números indican orden de aparición)	ERUPCION
AMIGDALITIS	(Véase **Tonsilitis viral**)	
BRONQUIOLITIS (inflamación de los bronquios) **Estación:** Virus respiratorio sincitial, invierno y primavera; virus parainfluenza, verano y otoño. **Susceptibilidad:** Más alta en los niños menores de 2 años, sobre todo en los menores de 6 meses o con antecedentes familiares de alergia.	1. Síntomas de catarro. 2. *A los pocos días:* Respiración rápida, corta, silbante al espirar; fiebre baja durante unos 3 días. *A veces:* El pecho no parece expandirse al inspirar; color pálido o azulado.	

están seguros de la manera como se transmite una enfermedad, pero los microbios más frecuentes parece que se contagian a una persona sana en gotitas del estornudo o tos de un individuo infectado; en partículas de polvo que están en el aire; por contacto directo (tocar a la persona infectada, con más frecuencia de mano a mano); por contacto indirecto (tocando un objeto contaminado por la persona enferma); por las secreciones respiratorias (mocos, flemas), directa o indirectamente; por las heces, directa o indirectamente; por los humores del cuerpo (lágrimas, saliva, sangre, pus, orina), en contacto directo o indirecto; por la actividad sexual o contacto con secreciones sexuales; por alimentos contaminados; o por vectores o portadores animales o insectos. Según el organismo infeccioso, una persona puede ser más susceptible a la infección cuando su salud general es mala, cuando hay una herida abierta, una pústula u otra lesión de la piel, o cuando no se ha desarrollado inmunidad.

El riesgo de contraer la mayoría de las enfermedades se reduce manteniendo a su hijo en buen estado de salud general (vacunación, exámenes médicos regulares, buena nutrición, descanso adecuado), practicando buenas reglas de higiene (lavarse las manos después de ir al baño o cambiarle pañales y antes de atender al bebé o su comida, desechar los pañales usados o toallas de papel en una forma sanitaria), y aislando de la mejor manera posible a cualquiera que tenga alguna enfermedad contagiosa en su casa (teniendo aparte la ropa blanca, los platos y los cubiertos que esa persona utilice).

Aun cuando este cuadro le diga todo lo que quiere saber sobre una enfermedad infantil en particular, no reemplaza el consejo médico. Consulte con el médico de su niño como se recomienda.

CAUSA/TRANSMISION/ INCUBACION/DURACION	LLAMAR AL MEDICO/ TRATAMIENTO/DIETA	PREVENCION/REPETICION/ COMPLICACIONES
Causa: Diversos virus, con frecuencia el respiratorio sincitial y el de parainfluenza; rara vez, bacterias. **Transmisión:** Generalmente por las secreciones respiratorias, por contacto directo u objetos del hogar. **Incubación:** Varía según el organismo que la cause; generalmente entre 2 y 8 días. **Duración:** La fase aguda puede durar sólo 3 días; la tos, de 1 a 3 semanas más.	**Llamar inmediatamente al médico o ir a una sala de urgencias** si no puede encontrar al médico. **Tratamiento:** Hospitalización; posiblemente drogas antivirales. **Dieta:** Si puede tomar alimento por vía bucal, frecuentes comidas pequeñas.	**Prevención:** No hay vacuna; evitar exponer al contagio a niños que tengan antecedentes familiares de alergia respiratoria. **Repetición:** Puede repetir, pero los síntomas pueden ser más leves. **Complicaciones:** Paro cardíaco; asma bronquial.

ENFERMEDAD/ESTACION/ SUSCEPTIBILIDAD	SINTOMAS SIN ERUPCION (los números indican orden de aparición) ERUPCION		
BRONQUITIS (inflamación de los bronquios y a veces de la tráquea) **Estación:** Varía con el organismo causante. **Susceptibilidad:** Mayor en los menores de 4 años.	1. *Usualmente:* Síntomas de catarro. 2. *Ataque súbito de:* Fiebre de 38 a 39°C; tos áspera, peor por la noche, a veces con paroxismos y vómito; esputo verdoso o amarillo; resoplido o silbo al espirar, especialmente cuando hay antecedentes familiares de alergia respiratoria; labios y uñas azulados.		
CONJUNTIVITIS (inflamación de la conjuntiva, membrana anterior del ojo)	*Según la causa, pueden ser:* Ojos irritados; lagrimeo; fluxión; ardor; comezón; sensibilidad a la luz. Empieza por lo general en un ojo pero puede pasarse también al otro.		
CRUP (**Laringotraqueitis aguda**) **Estación:** Varía; generalmente ataca de noche. **Susceptibilidad:** Niños pequeñitos.	Ronquera; tos fuerte, carraspeante; resuello ruidoso con silbido al inspirar. *A veces:* Dificultad para respirar.		

CAUSA/TRANSMISION/ INCUBACION/DURACION	LLAMAR AL MEDICO/ TRATAMIENTO/DIETA	PREVENCION/REPETICION/ COMPLICACIONES
Causa: Generalmente un virus; menos frecuentemente, bacterias, pero la infección bacteriana secundaria es común. La tos empeora con el humo de cigarrillo. **Transmisión:** Generalmente por las secreciones respiratorias. **Incubación:** Varía con el organismo causante. **Duración:** La fiebre dura de 2 a 3 días; la tos, 1 o 2 semanas o más.	**Llamar al médico** si la tos es mucha o dura más de 3 días. **Tratamiento:** Sintomático para la tos, si es necesario; en algunos casos, antibióticos. **Dieta:** Aumento de líquidos claros.	**Prevención:** Cuidado adecuado para un niño con catarro común (vea la página 486). **Repetición:** Algunos niños son muy susceptibles y les da bronquitis con cada resfriado. **Complicaciones:** Otitis media (infección del oído).
Causa: Muchas, incluso virus, bacterias, clamidias, alergenos, parásitos, hongos, irritantes ambientales, conductos lagrimales obstruidos (vea la página 126), y gotas de nitrato de plata al nacer. **Transmisión:** Para los organismos infecciosos, ojo-mano-ojo. **Incubación:** Generalmente corta. **Duración:** Varía: de nitrato de plata, 3 a 5 días; de virus, 2 días a 3 semanas (puede volverse crónica); bacteriana, unas 2 semanas; otras, hasta que desaparezca el alergeno, irritante u obstrucción.	**Llamar al médico** para confirmar el diagnóstico; **volver a llamar** si la situación empeora o no empieza a corregirse. **Tratamiento:** Compresas para los ojos; ropa de cama y toallas aparte para evitar que la infección se extienda; supresión de irritantes como humo de cigarrillo, cuando sea posible; gotas o ungüento que se receten para infecciones bacterianas y de herpe, posiblemente para conjuntivitis viral (para prevenir infección secundaria) y para aliviar la molestia de la reacción alérgica.	**Prevención:** Buena higiene (toallas separadas cuando un miembro de la familia esté infectado); evitar alergenos y otros irritantes. **Repetición:** Algunas personas son más susceptibles y más propensas a que les repita. **Complicaciones:** Ceguera (es rara, salvo cuando hay infección gonorreica); inflamación crónica de los ojos; lesión de los ojos por ataques repetidos.
Causa: Usualmente, un virus (muy a menudo virus de parainfluenza o adenovirus); ocasionalmente bacterias o un objeto aspirado. **Transmisión:** Probablemente de persona a persona; objetos contaminados; o por inhalación. **Incubación:** 2 días (generalmente sigue a un catarro o gripe). **Duración:** 1/2 hora; puede repetir en el curso de varios días.	**Llamar al médico inmediatamente** si no se obtiene alivio aplicando vapor; si el bebé parece azul, o tiene los labios azules, o está salivando con exceso; o si sospecha que ha aspirado algún objeto. **Tratamiento inicial:** Vapor (vea la página 729). **Seguimiento:** Humectador. **Dieta:** Reducir en la comida los productos lácteos, sobre todo si hay mucha mucosidad. Dormir en el mismo cuarto con el niño para tranquilizarlo y estar lista para tratar otro ataque.	**Prevención:** Al niño que tiene catarro o gripe, tenerlo en habitación con humectador. **Repetición:** Tiende a repetirles a algunos niños. **Complicaciones:** Problemas respiratorios; pulmonía; infección del oído unos 5 días después de la recuperación.

ENFERMEDAD/ESTACION/ SUSCEPTIBILIDAD	SINTOMAS	
	SIN ERUPCION (los números indican orden de aparición)	ERUPCION
DESORDEN GASTROINTESTINAL	Véase **Diarrea,** página 490.	
ENCEFALITIS (inflamación del cerebro) **Estación:** Depende de la causa. **Susceptibilidad:** Varía según la causa.	Fiebre; amodorramiento; dolor de cabeza. *A veces:* Daño neurológico; coma en una etapa posterior.	
ENFERMEDAD DE LYME **Estación:** 1° de mayo a 30 de noviembre; la mayor parte de los casos ocurre en junio y julio. **Susceptibilidad:** Todo el mundo; la más alta concentración de casos es en el Nordeste de los EE.UU. pero se está extendiendo.	1. o 2. *A menudo:* Cansancio; dolor de cabeza; fiebre y escalofrío; dolor en todo el cuerpo; glándulas hinchadas cerca al sitio de la picadura. *Algunas veces:* Conjuntivitis; hinchazón alrededor de los ojos; cambios intermitentes de conducta, por complicación del sistema nervioso; hinchazón de los testículos; dolor de garganta; tos seca. 3. *Semanas o años después:* Dolor de las articulaciones (artritis); anormalidades del corazón.	1. *Usualmente:* Erupción roja en forma de ojo de buey en el sitio de la picadura hasta 1 mes después de ocurrida ésta. 2. *A veces:* Otras erupciones, inclusive manchas rojizas o círculos; enrojecimiento general; salpullido en la cara; urticaria.
ENFERMEDADES VIRALES NO ESPECIFICAS **Estación:** Verano, principalmente. **Susceptibilidad:** Más que todo los niños pequeños.	*Varían, pero pueden incluir:* Fiebre, pérdida del apetito, diarrea.	Se ven diversos tipos de erupciones en las enfermedades virales.
EPIGLOTITIS (inflamación de la epiglotis) **Estación:** Los meses de invierno en las zonas templadas. **Susceptibilidad:** No es común en niños de menos de 2 años.	Tos de tono bajo; voz apagada; dificultad para respirar y tragar; babeo. *A veces:* Lengua salida; fiebre. El niño parece enfermo.	

CAUSA/TRANSMISION/ INCUBACION/DURACION	LLAMAR AL MEDICO/ TRATAMIENTO/DIETA	PREVENCION/REPETICION/ COMPLICACIONES
Causa: Bacterias o virus (también suele ser complicación de otra enfermedad). **Transmisión:** Depende de la causa; algunos virus son transmitidos por insectos. **Incubación:** Depende de la causa. **Duración:** Varía.	**Llamar al médico inmediatamente o acudir a una sala de urgencias** si usted sospecha encefalitis. **Tratamiento:** Se requiere hospitalización.	**Prevención:** Inmunización contra las enfermedades de las cuales ésta es una complicación, por ejemplo el sarampión. **Repetición:** No es probable. **Complicaciones:** Lesión neurológica; puede ser fatal.
Causa: Una espiroqueta. **Transmisión:** Se transmite por la picadura de una garrapata de los ciervos, del tamaño de una cabeza de alfiler, de la cual son portadores los ciervos, los ratones y otros animales, y que salta de éstos al hombre; y posiblemente también de otras garrapatas. Como éstas tardan largo tiempo en inyectar las bacterias, quitarlas rápidamente puede prevenir la infección. **Incubación:** De 3 a 32 días. **Duración:** Sin tratamiento, posiblemente años.	**Llamar al médico** si se sospecha que alguna persona de la familia haya podido sufrir picadura de garrapata. **Tratamiento:** Los antibióticos parecen indispensables para vencer la enfermedad; eficaces aun en etapas tardías. **Dieta:** Ningún cambio.	**Prevención:** Ropa protectora cuando se ande por el campo en zonas infestadas; desprender las garrapatas; estar prevenido para posibles picaduras de éstas; quitarlas pronto. **Complicaciones:** Anormalidades neurológicas, cardíacas, motrices.
Causa: Diferentes enterovirus. **Transmisión:** De las heces a la mano y a la boca; posiblemente de boca a boca. **Incubación:** 3 a 6 días. **Duración:** Generalmente unos pocos días.	**Llamar al médico** para confirmar el diagnóstico; **volverlo a llamar** si el niño sigue peor o si aparecen nuevos síntomas. **Tratamiento:** Sintomático. **Dieta:** Líquidos extra para diarrea y fiebre (vea las páginas 490, 502).	**Prevención:** Ninguna. **Repetición:** Común. **Complicaciones:** Muy raras.
Causa: Bacterias, generalmente la de influenza hemofílica (Hib). **Transmisión:** Probablemente de persona a persona, o por inhalación. **Incubación:** Menos de 10 días. **Duración:** 4 a 7 días o más.	**Pedir ayuda inmediata o acudir a una sala de urgencias.** Mientras llega ayuda, mantener al niño derecho, inclinado hacia adelante con la boca abierta y la lengua afuera. **Tratamiento:** Hospitalización; mantener abiertas las vías respiratorias; antibióticos.	**Prevención:** Inmunización Hib. **Repetición:** Pequeña posibilidad. **Complicaciones:** Puede ser fatal sin pronta atención médica.

ENFERMEDAD/ESTACION/ SUSCEPTIBILIDAD	SINTOMAS SIN ERUPCION (los números indican orden de aparición) ERUPCION	
ERITEMA INFECCIOSO ("**Quinta Enfermedad**") **Estación:** Principios de la primavera. **Susceptibilidad:** Mayor en niños de 2 a 12 años.	*Rara vez:* Dolor en las articulaciones.	1. Intensa erupción en la cara. 2. *Al día siguiente:* Salpullido en brazos y piernas. 3. *Tres días después:* Erupción en las superficies interiores, dedos de manos y pies, tronco y nalgas. 4. La erupción puede desaparecer y volver a aparecer con exposición al calor (agua del baño, el sol) durante 2 o 3 semanas.
ESCARLATINA **Estación:** Todo el año, pero más frecuente en los meses fríos. **Susceptibilidad:** Mayor entre los niños de edad escolar; menos común entre los menores de 3 años y en los adultos.	Parecidos a los de la tonsilitis, pero a menudo anunciada por vómito y caracterizada por erupción.	Erupción rojiza en la cara, la ingle y los sobacos; se extiende al resto del cuerpo y las extremidades; la piel se pone áspera y se pela.
ESTOMATITIS VESICULAR **Estación:** Verano y otoño en las zonas templadas. **Susceptibilidad:** Mayor en los bebés y niños chiquitos.	1. Fiebre; pérdida del apetito. *Con frecuencia:* Inflamación de la garganta y la boca (le es penoso tomar el pecho); dificultad para tragar.	2. *En 2 o 3 días:* Lesiones en la boca; después en los dedos, quizá en los pies, nalgas y a veces en brazos y piernas, y con menor frecuencia en la cara. Las lesiones de la boca generalmente se ampollan.
FARINGITIS ESTREPTOCOCICA **Estación:** De octubre a abril. **Susceptibilidad:** Más común en niños de edad escolar.	*En bebés menores de 6 meses:* Fiebre, inflamación moderada de la garganta. *En niños mayores:* Fiebre baja, ligero dolor de garganta. *Algunas veces:* No se nota ningún síntoma. *En tonsilitis crónica:* Mocos, temperatura fluctuante, mal genio, pérdida de apetito, palidez. *En niños más grandes:* Temperatura alta, dificultad para tragar, amígdalas y glándulas inflamadas, dolor abdominal.	

CAUSA/TRANSMISION/ INCUBACION/DURACION	LLAMAR AL MEDICO/ TRATAMIENTO/DIETA	PREVENCION/REPETICION/ COMPLICACIONES
Causa: Posiblemente, parvovirus humano. **Transmisión:** Probablemente de persona a persona. **Incubación:** 4 a 14 días. **Duración:** 3 a 10 días, pero el salpullido puede volver a aparecer esporádicamente durante tres semanas.	**Llamar al médico** sólo si necesita confirmación del diagnóstico o si se presentan otros síntomas. **Tratamiento:** Ninguno. **Dieta:** Ningún cambio.	**Prevención:** Ninguna. **Repetición:** Posible. **Complicaciones:** Ninguna.
Causa: Bacterias estreptococos. **Transmisión:** Contacto directo con una persona infectada. **Incubación:** 2 a 5 días. **Duración:** 1 semana en bebés menores de 6 meses, pero la fluxión nasal y el mal genio pueden durar 6 semanas; entre 1 y 2, en niños mayores.	Véase **Tonsilitis viral.**	**Prevención:** Aislar a las personas infectadas, y buena higiene preventiva. **Repetición:** Puede ocurrir. **Complicaciones:** Véase **Tonsilitis viral.**
Causa: Virus **Transmisión:** De boca a boca; de las heces a la mano y de ahí a la boca. **Incubación:** 3 a 6 días. **Duración:** Más o menos 1 semana.	**Llamar al médico** para confirmar el diagnóstico. **Tratamiento:** Sintomático (página 481). **Dieta:** Los alimentos blandos son más apropiados para el caso.	**Prevención:** Ninguna. **Repetición:** Posible. **Complicaciones:** Ninguna.
Causa: Streptococcus pyogenes, subgrupo del Grupo A de bacterias estreptococos. **Transmisión:** Por contacto directo con un individuo infectado desde 1 día antes del comienzo hasta 6 días después, pero los antibióticos reducen la posibilidad de contagio a 24 horas. Es muy contagiosa. **Incubación:** 2 a 5 días. **Duración:** Más o menos 1 semana en niños menores de 6 meses, pero la fluxión nasal y el mal humor pueden durar 6 semanas. Entre 1 y 2 semanas en niños mayores.	**Llamar al médico** inicialmente para que diagnostique (un cultivo de materia de la faringe servirá para confirmar); **volverlo a llamar** si la fiebre no baja en 2 días o si aparecen nuevos síntomas. **Tratamiento:** Sintomático. Antibióticos para prevenir complicaciones. **Dieta:** Los alimentos blandos y fríos pueden ser más fáciles de tolerar para un niño que ya come cosas sólidas. Líquidos.	**Prevención:** Aislar a las personas infectadas, y buena higiene. **Repetición:** Posible. **Complicaciones:** La infección puede extenderse a oídos, mastoides, senos, pulmones, cerebro, riñones, piel (impétigo). La fiebre reumática es menos común pero también ocurre en los bebés; también dolor de las articulaciones y erupciones.

ENFERMEDAD/ESTACION/ SUSCEPTIBILIDAD	SINTOMAS SIN ERUPCION (los números indican orden de aparición)	ERUPCION
GRIPE (Infección Respiratoria Superior) **Estación:** Más frecuente en los meses fríos; con frecuencia epidémica. **Susceptibilidad:** Cualquiera, pero la sufren más los muy viejos y los muy jóvenes.	*A veces:* No se nota ninguno. 1. *Generalmente ataque abrupto de:* Fiebre (38 a 40°C); escalofrío; malestar; tos seca sin expectoración; diarrea y vómito; cuerpo adolorido (adultos). 2. *Con frecuencia:* A los 3 o 4 días, síntomas de resfriado. 3. *Algunas veces:* Durante 1 o 2 semanas, expectoración, fatiga.	
HERPANGINA **Estación:** Principalmente, verano y otoño en las zonas templadas. **Susceptibilidad:** Mayor en los bebés y niños pequeños. Ocurre sola o con otras enfermedades.	1. Fiebre (de 37.8°C a 40°C y hasta 41°C); dolor de garganta. 1. o 3. Dolor al tragar. *A veces:* Vómito; pérdida del apetito; diarrea; dolor abdominal; aletargamiento.	2. Visibles pápulas entre grises y blancas en la parte posterior de la boca o garganta, que se ampollan y ulceran (en número de 5 a 20).
HERPE **(Ulceraciones de catarro, ampollas de fiebre).** **Estación:** Cualquiera, pero el sol puede precipitar la proliferación del virus. **Susceptibilidad:** La mayoría de las infecciones primarias ocurren en la niñez.	*Infección primaria:* Fiebre (puede subir a 41°C); inflamación de la garganta; inflamación de las glándulas; babeo; mal aliento; pérdida del apetito. *A menudo:* Ningún síntoma. *Ataques posteriores:* Posiblemente dolor de cabeza; la infección también puede afectar a los ojos.	*Infección primaria:* Ulceraciones de las membranas mucosas de la boca. *Ataques posteriores:* Se forma en los labios o cerca de ellos un verdugón que produce consquilleo y picazón, luego se ampolla y supura (etapa dolorosa), y finalmente forma costra (puede picar).
HIDROFOBIA	(Véase **Rabia**)	
INFECCION DEL OIDO (Otitis media)	Véase página 492.	
INFECCION RESPIRATORIA SUPERIOR	Véase **Resfriado Común** (página 486), y **Gripe**.	

CAUSA/TRANSMISION/ INCUBACION/DURACION	LLAMAR AL MEDICO/ TRATAMIENTO/DIETA	PREVENCION/REPETICION/ COMPLICACIONES
Causa: Diversos virus de influenza. **Transmisión:** Inhalación de gotitas respiratorias; uso de artículos contaminados. Contagiosa desde 5 días antes de aparecer los síntomas. **Incubación:** 1 a 2 días. **Duración:** Fase aguda, unos pocos días; fase de convalescencia, 1 a 2 semanas.	**Llamar ai médico** si el bebé tiene menos de 6 meses, si los síntomas son agudos o le duran tres días, o si la fiebre le sube a 39°C. **Tratamiento:** Sintomático; en casos graves se pueden prescribir drogas antivirales. NO ADMINISTRAR ASPIRINA. **Dieta:** Líquidos extra.	**Prevención:** Inmunización anual para algunos bebés de alto riesgo; antivirales para otros (pregúntele al médico y vea la página 177); evitar las multitudes en la temporada de gripe. **Repetición:** Común. **Complicaciones:** Infección bacteriana secundaria; otitis media; bronquitis, crup, pulmonía. También síndrome de Reye.
Causa: Un virus. **Transmisión:** Boca a boca; de las heces a las manos y de éstas a la boca. **Incubación:** 3 a 6 días. **Duración:** 4 a 7 días, pero puede tardar 2 a 3 semanas en sanar.	**Llamar al médico** para confirmar el diagnóstico. **Llamarlo inmediatamente** si hay convulsiones u otros síntomas. **Tratamiento:** Sintomático. **Dieta:** Alimentos blandos serán más confortables.	**Prevención:** Ninguna **Repetición:** Posible. **Complicaciones:** Ninguna.
Causa: El virus de Herpes Simplex que permanece en el cuerpo y puede ser reactivado por el sol, la tensión, la dentición, un catarro, fiebre. **Transmisión:** Contacto directo con la lesión, saliva, heces, orina o secreción de los ojos; o con objetos de la casa en el término de horas de la contaminación. **Incubación:** Posiblemente 2 a 12 días. **Duración:** La costra se desprende en unas 3 semanas.	**Llamar al médico** sólo si el bebé parece enfermo. **Tratamiento:** Un ungüento de venta libre puede aliviar; drogas antivirales para los niños de alto riesgo. **Dieta:** Para la infección primaria, alimentos blandos, no ácidos; durante ataques posteriores, yogur natural con cultivos vivos puede ayudar. (Una tableta desbaratada de lactobacilos agregada al yogur aumenta su eficacia.)	**Prevención:** Evitar, si es posible, los factores que lo provocan. **Repetición:** La infección latente puede estallar en cualquier momento. **Complicaciones:** Se pueden afectar los ojos.

ENFERMEDAD/ESTACION/ SUSCEPTIBILIDAD	SINTOMAS SIN ERUPCION (los números indican orden de aparición) ERUPCION		
MENINGITIS (inflamación de las membranas que rodean el cerebro, o de la médula espinal). **Estación:** Varía según el organismo que la produzca; para Hib, el invierno. **Susceptibilidad:** Depende del organismo causante; para Hib, es mayor en los bebés y niños chiquitos.	Fiebre; llanto de tono agudo; amodorramiento; pérdida del apetito; vómito; fontanela protuberante. *En niños mayorcitos, también:* Tortícolis; sensibilidad a la luz; visión borrosa y otras señales de desórdenes neurológicos.		
MENINGOENCEFALITIS (combinación de meningitis y encefalitis)	Véase **Meningitis** y **Encefalitis.**		
PAPERAS **Estación:** Fines del invierno, y primavera. **Susceptibilidad:** Cualquiera que no esté vacunado.	1. *A veces:* Dolor vago; fiebre; pérdida del apetito. 2. *Usualmente:* Inflamación de las glándulas salivales (parótidas) de uno o ambos lados de la mandíbula, debajo y enfrente de las orejas; dolor de oído; dolor al masticar, al tomar bebidas o alimentos ácidos o agrios; inflamación de otras glándulas salivales. Más o menos en un 30% de los casos no aparecen síntomas.		
PULMONIA (inflamación del pulmón) **Estación:** Varía según el factor que la cause. **Susceptibilidad:** Cualquiera, pero especialmente los muy jóvenes y los muy viejos, y los que padecen enfermedades crónicas.	*Comúnmente, después de un resfriado u otra enfermedad, el bebé de pronto empeora, con:* Aumento de fiebre; tos con expectoración; respiración rápida; coloración azulada; resuello ruidoso, raspante o difícil; hinchazón y dolor de vientre.		

CAUSA/TRANSMISION/ INCUBACION/DURACION	LLAMAR AL MEDICO/ TRATAMIENTO/DIETA	PREVENCION/REPETICION/ COMPLICACIONES
Causa: Con más frecuencia, bacterias, tales como Hib; también virus, que producen enfermedad menos grave. **Transmisión:** Depende del organismo. **Incubación:** Varía según el organismo; para Hib, probablemente menos de 10 días. **Duración:** Varía.	**Llamar al médico inmediatamente** si se sospecha meningitis, **o acudir a una sala de urgencias** si no se encuentra al médico. **Tratamiento:** Para la meningitis viral, sintomático; para la bacteriana, se requiere hospitalización. **Dieta:** Líquidos extra para la fiebre.	**Prevención:** Vacunación contra infección de Hib; rígidas reglas de higiene en los centros de cuidado diurno. **Repetición:** La de Hib no repite; un ataque produce inmunidad. **Complicaciones:** Hib y otras formas bacterianas pueden causar lesión neurológica permanente, o pueden ser fatales; las formas virales por lo general no producen lesión muy duradera.
Causa: Virus de paperas. **Transmisión:** Por contacto directo con las secreciones respiratorias, generalmente desde 1 o 2 días (y hasta 7) antes del comienzo, hasta 9 días después. **Incubación:** Generalmente 16 a 18 días, pero puede ser de 12 a 25. **Duración:** 5 a 7 días.	**Llamar al médico** para el diagnóstico; **llamarlo inmediatamente** si hay vómito, amodorramiento, posible dolor de cabeza, rigidez de la espalda o el cuello u otros síntomas de meningoencefalitis, ya sea al mismo tiempo con las paperas o después. **Tratamiento:** Sintomático para fiebre y dolor; compresas frescas aplicadas a las mejillas. **Dieta:** Blanda, no ácida ni agria.	**Prevención:** Inmunización. **Repetición:** Muy pocas probabilidades de repetición si sólo se ha afectado un lado. **Complicaciones:** Meningoencefalitis; otras complicaciones son raras en niños chiquitos pero pueden ser graves en varones adultos.
Causa: Varios organismos, incluso bacterias, micoplasma, hongos, virus y protozoarios, y también daño producido por sustancias químicas y otros irritantes u objetos inhalados. **Transmisión:** Varía según la causa. **Incubación:** Varía según la causa. **Duración:** Varía según la causa.	**Llamar al médico** si hay tos persistente y con expectoración; o si un niño que estaba ligeramente enfermo empeora o le sube la fiebre y le aumenta la tos; **llamar inmediatamente o acudir a una sala de urgencias** si el bebé no puede respirar, si se pone azul o parece muy enfermo. **Tratamiento:** Sintomático. La mayoría de los casos se puede tratar en la casa. Antibióticos, si es necesario. **Dieta:** Líquidos; nutrición adecuada.	**Prevención:** Inmunización contra la infección de Hib; protección de los niños susceptibles contra la enfermedad. **Repetición:** Muchos tipos repiten. **Complicaciones:** Más peligrosa para los niños que se hayan debilitado a consecuencia de otra enfermedad, o de bajo peso al nacer.

ENFERMEDAD/ESTACION/ SUSCEPTIBILIDAD	SINTOMAS SIN ERUPCION (los números indican orden de aparición) ERUPCION	
RABIA (Hidrofobia) **Estación:** En cualquier época, pero en verano hay más perros rabiosos. **Susceptibilidad:** Todo el mundo.	1. Dolor localizado o radiante, ardor, sensación de frío, escozor, hormigueo en el lugar de la mordedura. 2. Un poco de fiebre (38° a 39°C); letargo; dolor de cabeza; pérdida del apetito; náusea; inflamación de la garganta; tos suelta; irritabilidad; sensibilidad a la luz y al ruido; pupilas dilatadas; rápida palpitación del corazón; respiración corta; salivación excesiva, lagrimeo, sudor. 3. *Dos a diez después:* Aumento de ansiedad e intranquilidad; problemas visuales; debilidad facial; la fiebre sube a 39.4°C. *A menudo:* Miedo al agua; salivación con espumarajos. 4. *Unos 3 días después:* Parálisis.	
ROSEOLA INFANTIL **Estación:** Todo el año, pero más común en primavera y otoño. **Susceptibilidad:** Mayor en bebés y niños chiquitos.	1. Irritabilidad; pérdida del apetito; fiebre (39° a 40.5°C). *A veces:* Fluxión nasal, glándulas hinchadas; convulsiones. 2. *Al tercero o cuarto día:* Baja la fiebre y el niño parece mejor.	3. Leves manchas rosadas, que se ponen blancas al presionar, en el cuerpo, el cuello, los brazos y a veces en la cara y las piernas. En algunos casos no se presenta erupción.
RUBEOLA **Estación:** Fines del invierno y principios de la primavera. **Susceptibilidad:** Cualquier persona que no esté vacunada.	Ninguno en 25% a 50% de los casos. 1. *A veces:* Ligera fiebre; inflamación de las glándulas del cuello.	2. Manchitas pequeñas (2.5 mm), planas, rojizas, en la cara. 3. La erupción se extiende al cuerpo, y a veces al paladar.

CAUSA/TRANSMISION/ INCUBACION/DURACION	LLAMAR AL MEDICO/ TRATAMIENTO/DIETA	PREVENCION/REPETICION/ COMPLICACIONES
Causa: Virus de la rabia. **Transmisión:** Por la mordedura de un animal infectado, que inyecta saliva contaminada cerca del tejido nervioso, o por lamedura de una herida abierta. **Incubación:** Desde 9 días hasta 1 año, pero por término medio 2 meses. **Duración:** Unas 2 semanas hasta que sobreviene la parálisis.	**Llamar al médico** después de un mordisco de un animal que no se sabe con seguridad si está vacunado o no contra la rabia. **Tratamiento:** Refrenar al animal; vea instrucciones de primeros auxilios para mordeduras de animales (página 507); se administrará suero antirrábico si el animal no se encuentra o resulta que estaba rabioso; se le pondrá una inyección de refuerzo antitétano, según se necesite; las mordeduras graves en la cabeza o el cuello requieren también globulina antirrábica humana. Hospitalización si no se ataja el mal. **Dieta:** Ningún cambio.	**Prevención:** Inmunización de animales consentidos; enseñar a los niños a tener cuidado con los animales extraños; acción comunitaria para impedir que los animales anden sueltos por la calle, y para que la fauna silvestre esté libre de rabia. **Repetición:** Ninguna. **Complicaciones:** La enfermedad es fatal si se deja que siga su curso natural, sin tratamiento. Una vez que se presentan los síntomas, la tasa de mortalidad es elevada, aun con tratamiento.
Causa: Probablemente un virus. **Transmisión:** No se sabe; no es muy contagiosa. **Incubación:** De 5 a 15 días. **Duración:** De 3 a 6 días.	**Llamar al médico** para confirmar el diagnóstico; **volverlo a llamar** si la fiebre persiste durante 4 o 5 días, o si el niño tiene convulsiones o parece muy enfermo. **Tratamiento:** Sintomático. **Dieta:** Aumento de líquidos para la fiebre.	**Prevención:** No se conoce ninguna. **Repetición:** Aparentemente, ninguna. **Complicaciones:** Muy raras.
Causa: Virus de la rubéola. **Transmisión:** Se contagia desde 7 a 10 días antes de aparecer la erupción, hasta 7 días después de dicha aparición, por contacto directo o por inhalación. **Incubación:** 14 a 21 días; generalmente 16 a 18. **Duración:** Desde unas pocas horas hasta 4 o 5 días.	**Llamar al médico** si se ha expuesto al contagio una mujer embarazada que no esté vacunada. **Tratamiento:** Ninguno. **Dieta:** Ningún cambio.	**Prevención:** Inmunización (SPR, Sarampión-Paperas-Rubéola). **Repetición:** No repite; el que la contrae queda inmunizado. **Complicaciones:** Muy rara vez, trombocitopenia o encefalitis.

ENFERMEDAD/ESTACION/ SUSCEPTIBILIDAD	SINTOMAS SIN ERUPCION (los números indican orden de aparición) ERUPCION	
SARAMPION Estación: Invierno y primavera. Susceptibilidad: Cualquiera que no esté ya inmunizado.	1. *Durante 1 o 2 días:* Fiebre; fluxión nasal; ojos irritados, lacrimosos; tos seca. *A veces:* Diarrea; glándulas inflamadas.	2. Pequeños puntitos blancos como granos de arena aparecen en el interior de las mejillas (manchas de Koplik); pueden sangrar. 3. Una erupción de color rojo apagado, ligeramente elevada, empieza a salir en la frente y detrás de las orejas, luego se extiende hacia abajo dando a todo el cuerpo un aspecto rojizo.
SINDROME DE REYE Estación: En cualquier época. Susceptibilidad: Principalmente niños a quienes se les da aspirina durante una enfermedad viral como varicela o gripe.	*Uno a siete días después de la infección viral:* Vómito persistente; aletargamiento; deterioro rápido del estado mental (irritabilidad, confusión, delirio); rápidas palpitaciones y respiración. *Puede avanzar hasta:* Coma.	
TETANOS Estación: Cuando se pasa más tiempo a la intemperie. Susceptibilidad: Cualquiera que no esté inmunizado.	*Localizados:* Espasmo y aumento del tono muscular cerca de la herida. *Generalizados:* Contracciones musculares involuntarias que pueden arquear la espalda, cerrar y ajustar la boca, torcer el cuello; convulsiones; palpitaciones rápidas del corazón; sudor abundante; fiebre baja; en los niños, dificultad para mamar.	

CAUSA/TRANSMISION/ INCUBACION/DURACION	LLAMAR AL MEDICO/ TRATAMIENTO/DIETA	PREVENCION/REPETICION/ COMPLICACIONES
Causa: Virus del sarampión. **Transmisión:** Por contacto directo con gotitas respiratorias, desde 2 días antes hasta 4 días después de la aparición de la erupción. **Incubación:** 8 a 12 días. **Duración:** Como una semana.	**Llamar al médico** para diagnosticar; **volverlo a llamar inmediatamente** si la tos se agrava, si hay convulsiones o se presentan síntomas de pulmonía, encefalitis u otitis media, o si sube la fiebre después de haber bajado. **Tratamiento:** Sintomático; inmersiones en agua tibia; disminuir las luces si le molestan (pero la luz brillante no hace daño a los ojos). **Dieta:** Líquidos extra para la fiebre.	**Prevención:** Inmunización (SPR, Sarampión-Paperas-Rubéola); rígido aislamiento de las personas infectadas. **Repetición:** Ninguna. **Complicaciones:** Otitis media, pulmonía, encefalitis; puede ser fatal.
Causa: Desconocida, pero parece tener relación con enfermedades virales como la varicela y la gripe, y con el uso de aspirina durante éstas. **Transmisión:** No se conoce. **Incubación:** No se conoce, pero parece que ocurre a los pocos días de la infección viral. **Duración:** Varía.	**Llamar al médico** si se sospecha síndrome de Reye, **o acudir a la sala de urgencias.** **Tratamiento:** El tratamiento en un hospital es de vital importancia.	**Prevención:** Evitar darle aspirina al niño si tiene una enfermedad viral como varicela o gripe. **Repetición:** No repite. **Complicaciones:** Puede ser fatal, pero los que sobreviven no quedan por lo general con problemas permanentes.
Causa: Una toxina producida por la bacteria Clostridium tetani, que se extiende por todo el cuerpo. **Transmisión:** Se transmite por contaminación por la bacteria que infecta una herida punzante, una quemadura, un rasguño profundo, o el cordón umbilical que no ha sanado. **Incubación:** De 3 días a 3 semanas, pero por término medio 8 días. **Duración:** Varias semanas.	**Llamar al médico inmediatamente o ir a la sala de urgencias** si un niño que no esté vacunado sufre una herida susceptible. **Tratamiento:** El tratamiento médico es indispensable: Toxoide tetánico para prevenir el desarrollo de la enfermedad; antitoxinas tetánicas; relajantes musculares; antibióticos; respirador.	**Prevención:** Inmunización (DTT, Difteria-Tétanos-Tos ferina); cuidado higiénico del ombligo; evitar heridas fuera de la casa, siempre que sea posible. **Repetición:** No repite. **Complicaciones:** Muchas, inclusive: Ulceras; pulmonía; palpitaciones anormales del corazón; coágulo sanguíneo en el pulmón. Puede ser fatal.

ENFERMEDAD/ESTACION/ SUSCEPTIBILIDAD	SINTOMAS SIN ERUPCION (los números indican orden de aparición)	ERUPCION
TONSILITIS VIRAL **(Amigdalitis, dolor de garganta; faringitis)** **Estación:** Otoño, invierno y primavera. **Susceptibilidad:** Más frecuente en niños mayores.	Fiebre moderada (38° a 39°C); dolor de garganta o malestar; algo de dificultad para tragar; irritabilidad e inquietud. La garganta se ve roja y las amígdalas se pueden inflamar. *A veces:* Ronquera; tos.	
TOS FERINA **Estación:** Fines del invierno/principios de la primavera. **Susceptibilidad:** La mitad de los casos son bebés menores de 1 año.	1. *Etapa catarral:* Síntomas de resfriado, con tos seca; fiebre baja; irritabilidad. 2. *Etapa de paroxismo, 1 o 2 semanas después:* Tos en ataques explosivos, sin resuello intermedio; excreción de moco espeso. *A menudo:* Ojos saltones y lengua protuberante; tez pálida o roja; vómito; sudor copioso; agotamiento. *A veces:* Apnea en los bebés chiquitos; hernia a causa de la tos. 3. *Etapa de convalecencia:* Suspensión de la inhalación ruidosa y el vómito; mejora del apetito y el genio. Síntomas moderados en los niños inmunizados.	

CAUSA/TRANSMISION/ INCUBACION/DURACION	LLAMAR AL MEDICO/ TRATAMIENTO/DIETA	PREVENCION/REPETICION/ COMPLICACIONES
Causa: Diversos virus, sobre todo adenovirus; también enterovirus. (El dolor de garganta crónico puede ser causado por una alergia, humo de cigarrillo, aire seco caliente y otros factores.) **Transmisión:** Depende del virus que la cause; probablemente por vía respiratoria en el caso de adenovirus. **Incubación:** Depende del virus; 2 a 14 días con el adenovirus. **Duración:** 1 a 10 días.	**Llamar al médico** si se sospecha tonsilitis, para que se pueda tomar un cultivo de la garganta y descartar la faringitis estreptocócica. **Tratamiento:** Sintomático. Acetaminofeno para el dolor. (Los bebés todavía no pueden gargarizar ni chupar pastillas.) NO LE DE ASPIRINA. **Dieta:** Los alimentos blandos y fríos los tolera mejor un niño que ya esté comiendo cosas sólidas. Líquidos.	**Prevención:** Aislamiento de la persona infectada, y buena higiene. En casos crónicos, suprimir la causa. **Repetición:** Posible. **Complicaciones:** No son probables, salvo en niños con inmunidad suprimida.
Causa: Bacteria Bordetella de la tos ferina. **Transmisión:** Contacto directo por medio de gotitas respiratorias; más contagiosa durante la etapa catarral; menos contagiosa después; el período contagioso se reduce con los antibióticos. **Incubación:** 7 a 10 días; rara vez más de 2 semanas. **Duración:** Por lo general 6 semanas, pero puede durar mucho más.	**Llamar pronto al médico** si la tos persiste. **Tratamiento:** Hospitalización para los niños chiquitos; antibióticos (que pueden ayudar a reducir los síntomas en la primera etapa y el contagio después); oxígeno; succión de los mocos; humectación. **Dieta:** Comidas frecuentes y pequeñas; reposición de fluidos que se pierden; alimentación intravenosa, si es necesario.	**Prevención:** Inmunización (DTT). **Repetición:** No repite; la persona que la sufre queda inmunizada. **Complicaciones:** Muchas, inclusive: Otitis media; pulmonía; convulsiones. Puede ser fatal, especialmente en los bebés.

ENFERMEDAD/ESTACION/ SUSCEPTIBILIDAD	SINTOMAS	
	SIN ERUPCION (los números indican orden de aparición)	ERUPCION
VARICELA **Estación:** Fines del invierno y durante la primavera en las zonas templadas. **Susceptibilidad:** La mayor parte de la gente se infecta en la niñez.	Ligera fiebre; malestar; pérdida del apetito.	Manchas rojas planas que se convierten en granos, luego se ampollan y cicatrizan; salen otras nuevas durante 3 o 4 días, principalmente en el cuerpo.
VIRUS RESPIRATORIO SINCITIAL **Estación:** Invierno y comienzos de la primavera en las zonas templadas; estación lluviosa en los trópicos. **Susceptibilidad:** Cualquier persona, de cualquier edad, pero 50% la contrae al año de edad, la mayoría antes de los 3 años.	Desde síntomas de un leve catarro hasta bronquitis y bronconeumonía, con: Tos, resuello ruidoso; inflamación de la garganta; dolor al respirar; malestar; inflamación de las membranas mucosas de la nariz y la garganta. *A veces:* Apnea (especialmente en bebés prematuros).	

CAUSA/TRANSMISION/ INCUBACION/DURACION	LLAMAR AL MEDICO/ TRATAMIENTO/DIETA	PREVENCION/REPETICION/ COMPLICACIONES
Causa: Virus de varicela-zoster. **Transmisión:** De persona a persona por conducto de gotitas respiratorias, y transportado por el aire; muy contagiosa desde 1 o 2 días antes del acceso, hasta que cicatricen todas las lesiones. **Incubación:** Generalmente 14 a 16 días, pero también pueden ser menos o más, hasta 20. **Duración:** Las primeras vesículas forman costra a las 6 u 8 horas, y cicatrizan entre las 24 y las 48 horas; las costras duran entre 5 y 20 días.	**Llamar al médico** para confirmar el diagnóstico; **llamarlo inmediatamente** para los niños de alto riesgo; **llamarlo otra vez** si aparecen síntomas de encefalitis. **Tratamiento:** Para la comezón (página 481) y la fiebre (página 501). NO LE DE ASPIRINA.	**Prevención:** Evitar que se expongan los niños de alto riesgo y las madres embarazadas que no estén inmunizadas; vacuna experimental. **Repetición:** Sumamente rara; pero el virus latente puede estallar como herpe zoster más adelante en la vida. **Complicaciones:** Rara vez, encefalitis; las personas que estén tomando esteroides o estén inmunocomprometidas pueden enfermar gravemente. En madres que están esperando, posible riesgo para el feto; consultar con un médico si ocurre exposición.
Causa: Virus respiratorio sincitial. **Transmisión:** Por los ojos o la nariz, mediante contacto con la persona infectada o con artículos contaminados, de 3 días a 4 semanas antes del acceso. **Incubación:** Generalmente 5 a 8 días. **Duración:** Varía según la enfermedad producida.	**Llamar al médico** si un bebé con síntomas de resfriado tiene dificultad para respirar (la nariz se hincha) o respira con silbido, tiene tos raspante o respiración muy rápida (vea la página 473). **Tratamiento:** Sintomático; también medicación antiviral y hospitalización, si es necesario. **Dieta:** Para los síntomas únicamente.	**Prevención:** Aislamiento; lavarse cuidadosamente las manos durante la estación del virus; evitar exposición al humo; todavía no hay vacuna. **Repetición:** Posible, pero por lo común como infección respiratoria superior después de los 3 años de edad. **Complicaciones:** Enfermedad respiratoria inferior en 40% de los bebés (1% requiere hospitalización); otitis media.

GRAFICAS DE ESTATURA Y PESO

Anote en un registro permanente el peso y longitud de su hijo al nacer y mantenga este registro al día cada vez que vaya al médico. Para graficar las medidas en estos cuadros, busque la edad del bebé al pie del cuadro y el peso o estatura en la columna de la izquierda. Ponga una señal en el punto donde estas dos líneas se cruzan. Para ver el progreso de su bebé vaya uniendo los puntos con una línea a

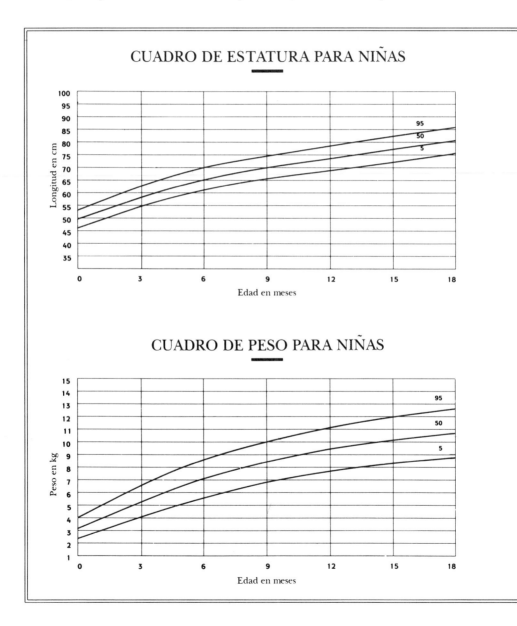

medida que los registra. Noventa de cada cien niños caen dentro de los percentiles quinto y nonagésimo quinto. De los que estén en el 5% superior o en el 5% inferior, unos tendrán ese tamaño por razones genéticas y estarán perfectamente bien, y algunos tal vez estén creciendo con excesiva lentitud o, al contrario, con demasiada rapidez. Si su niño cae dentro de estos grupos, consulte con su médico. Hable también con el médico en caso de que se presente un cambio súbito de la pauta típica (en estatura o peso, o en ambas cosas), aun cuando es posible que tal variación resulte ser perfectamente normal para su hijo.

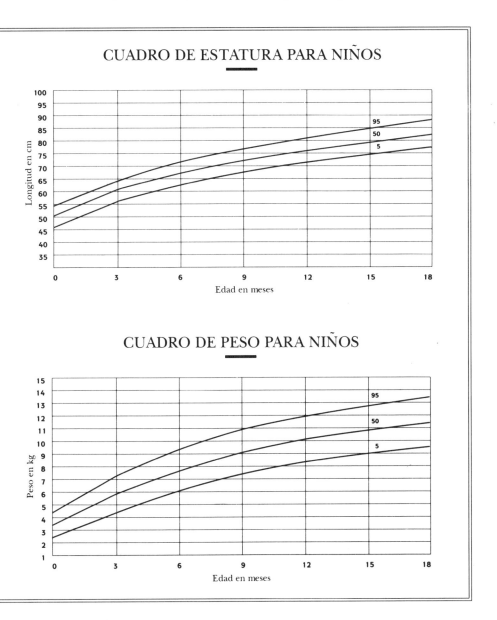

CUADRO DE ESTATURA PARA NIÑOS

CUADRO DE PESO PARA NIÑOS

UN MILLON DE GRACIAS

Si hay alguien que necesite más ayuda que los padres durante el primer año de vida del bebé, son las autoras de un libro sobre ese primer año. Nosotras hemos tenido la suerte de recibir toda la ayuda que necesitábamos, de docenas de académicos, médicos en ejercicio, otros profesionales y padres de familia. A todos les presentamos nuestros agradecimientos por su valiosa contribución a esta obra.

Gracias en particular al pediatra Henry Harris, M.D., y al obstetra Richard Aubry, M.D., nuestros confiables asesores médicos, por tomarse el tiempo de leer el manuscrito y favorecernos con sus conocimientos, su sabiduría y su penetración.

Gracias muy especiales a los doctores Max Kahn, Michael Levi, Michael Traister y Herb Lazarus, quienes en su muy escaso tiempo examinaron el manuscrito. Y a Kathy Lawrence y Eve Coulson, quienes a pesar de vivir sumamente ocupadas como madres se tomaron el trabajo de leer el original y hacernos comentarios.

Muchas gracias, igualmente, a los muchos otros profesionales y amigos que leyeron partes específicas del borrador o nos ofrecieron su experiencia, entre ellos Ronald L. Poland, M.D.; Michael Lewis, Ph.D.; Alfred T. Lane, M.D.; Irving J. Selikoff, M.D. y Jerrold Abraham, M.D.; Deborah Campbell, M.D.; Barbara Hogan; Judy Lee; Ken Gorfinkle y Doris Ullendorf; Dina Rosenfeld y Howard Berkowitz, M.D.; Richard Weisman, M.D.; Steven M. Silverman, de la American Red Cross; John J. Caravollas, D.D.S.; Paul Leonard, EMTA; la otra Sandy Hathaway, R.N.; Lisa Shulz; Phil Sherman; Bonnie Cowan; Mary Lewis, Consumer Product Safety Commission; Michelle Weber y Jeff Moulter; Mort Lebow; Bill Delay; Marvin Eiger, M.D., y Sally Wendkos Olds. Y gracias a la Asociación Americana del Corazón, March of Dimes, el Colegio Americano de Obstetricia y Ginecología, la Academia Americana de Pediatría y *Contemporary Pediatrics* por su valiosísima ayuda y montañas de información.

A David y Shana Roskies, Sarah Jacobs y David Kronfeld, Susan y David Kramer, Ann Wimpfheimer y Baruch Bokser, Herb y Judy Seaman, Bilick Shelly Bazes y Rueven Weiss, Nessa Rapoport y Toby Kahn, Linda y David Shriner-Kahn, Pearl Beck y David Fisher, Alan Nadler y Diane Sharon, Sharon y Michael Strassfeld, Betsy y David Teutsch e incontables padres más por manifestarnos sus inquietudes, de modo que pudiéramos compartirlas luego con nuestros lectores.

A Marika Hahn por sus ilustraciones.

Al personal de Workman Publishing Co. por su incansable apoyo y buen humor, pero especialmente a Suzanne Rafer por preocuparse tanto como nosotras. Y a Kathy Herlihy-Paoli, Mary Wilkinson, Lisa Hollander, Shannon Ryan, Barbara Scott-Goodman, Bert Snyder, Janet Harris, Ina Stern, Saundra Pearson, Steve Garvan, Linda Randel, Jim Joseph, Andrea Glickson, Chip Duckett y todos los que contribuyeron a sacar adelante este libro. Y a Peter Workman, sin cuya cooperación nada de esto se habría podido realizar.

A Elise y Arnold Goodman, nuestros agentes y amigos, quienes tuvieron el acierto inicial de llevarnos a Workman.

A Mimi y Gramps, quienes nos enseñaron la importancia del amor en la maternidad y la paternidad.

A los padres y madres y buenos amigos que tomaron parte en nuestras clases y seminarios y nos enseñaron tanto.